Epochen und Strukturen

Grundzüge einer Universalgeschichte für die Oberstufe

Herausgegeben von Imanuel Geiss, Rolf Ballof und
Renate Fricke-Finkelnburg

Band II

Vom Absolutismus bis zur Gegenwart

Von Rolf Ballof, Ulrich Bongertmann, Michael Fröhlich,
Imanuel Geiss, Wolfgang Hammer, Thomas Heberer,
Wieland Herold, Gabriele Intemann, Andreas Kolle,
Christel Korbmacher, Detlef Nakath, Jürgen Stillig,
Rolf Wessel und Ulrich v. Wildenradt

Verlag Moritz Diesterweg
Frankfurt am Main

Epochen und Strukturen
Grundzüge einer Universalgeschichte für die Oberstufe
Band II
Vom Absolutismus bis zur Gegenwart

Herausgeber:

Professor Dr. Imanuel Geiss
Oberstudiendirektor Rolf Ballof
Oberstudienrätin M. A. Renate Fricke-Finkelnburg

Autoren des vorliegenden Bandes:

Oberstudiendirektor Rolf Ballof: S. 78, 92–101, 361–364
Studiendirektor Ulrich Bongertmann: S. 102, 112–136, 138–165, 177–226, 249–250, 384–411
Wissenschaftl. Angestellter Dr. Michael Fröhlich: S. 70–77, 79–91
Professor Dr. Imanuel Geiss: S. 2, 9–18, 103–111, 137, 166, 170–176, 255, 256–277, 412, 461–464, 470–474, 475, 512–513, 534–542, 544–545
Oberstudiendirektor Wolfgang Hammer: S. 3–8, 19–27
Professor Dr. Thomas Heberer: S. 167–170, 464–469, 542–543
Studiendirektor Wieland Herold: S. 28–69
Gabriele Intemann: S. 227–240, 288–297, 448–460
Studienassessor Andreas Kolle: S. 331–360, 365–383
Oberstudienrätin Dr. Christel Korbmacher: S. 298–330
Wissenschaftl. Angestellter Dr. Detlef Nakath: S. 479–480, 484–485, 497–512, 526–533
Oberstudienrat Dr. Jürgen Stillig: S. 241–248, 251–254, 278–287
Oberstudienrat Rolf Wessel: S. 413–447
Oberstudienrat Ulrich von Wildenradt: S. 476–478, 480–484, 485–496, 514–525

Umweltschonendes Papier
weil aus chlorfrei gebleichtem Zellstoff
mit Holzschliff

Genehmigt für den Gebrauch an Schulen
Genehmigungsdaten teilt der Verlag auf Anfrage mit

ISBN 3-425-07312-5

Umschlaggestaltung: Reckels, Schneider-Reckels & Weber, Wiesbaden unter Verwendung eines Fotos von AKG, Berlin
Satz: Fotosatz Otto Gutfreund GmbH, Darmstadt
Reproduktion: Repro-Technik Mayr, Donauwörth
Druck: Appl, Wemding
Bindung: Franz Spiegel Buch GmbH, Ulm

Inhaltsverzeichnis

B 1870–1918

Vorwort

Der zweite Band von „Epochen und Strukturen“ widmet sich ganz der Neuzeit, mit der älteren Geschichte bis 1648 als Wissensfundament. Gewiß kann ein deutsches Lehrbuch nicht buchstäblich die gesamte Welt erfassen, weil sich deutsche Geschichte, vor allem im 19. und 20. Jahrhundert, als Schwerpunkt aufdrängt. Dennoch soll der Horizont möglichst universal bleiben. Französische Revolution 1789, Erster Weltkrieg 1914–18 und Zweiter Weltkrieg 1939–45 sind die großen Zäsuren. Nichts blieb nach diesen Großereignissen wie zuvor. Analog bietet sich für die allerneueste Zeitgeschichte der Sturz des Sowjetkommunismus 1989/91 als jüngste Zäsur an, auch sie mit schmerzhaft einschneidenden Folgen.

Angesichts der vielen Konflikte seit dem Sturz der Sowjetunion kann ein Schulbuch den explosiv wachsenden historischen Erklärungsbedarf in unserer Gesellschaft nicht annähernd befriedigen. Aber es kann über den historischen Stoff, der allzuoft aus vergangenen Konflikten besteht, zur groben Orientierung Kategorien für ein besseres Verständnis bereitstellen. Sie wirken bis in die Gegenwart und unmittelbare Zukunft hinein. An geeigneten Stellen soll ein konkreter Gegenwartsbezug zum Verständnis aktueller Probleme beitragen.

Seitdem vor unseren Augen das gewaltige Sowjetimperium unterging, das beanspruchte, für alle Ewigkeit gebaut zu sein, werden Parallelen und Unterschiede zum Aufgang und Untergang anderer Großreiche deutlich, vom Alten Orient bis heute. Der spektakuläre Wechsel Machtvakuum-Machtzentrum-Machtvakuum ist ein universaler Mechanismus: überall und zu allen bekannten Zeiten ist er zu beobachten. Doch steht das Lehrwerk „Epochen und Strukturen“ nicht unter dem Primat der Politikgeschichte, sondern erfüllt die Forderungen der modernen Geschichtsdidaktik – nicht nur nach mehrdimensionalen Erklärungsangeboten für geschichtliche Erscheinungen, sondern auch nach Mehrdimensionalität der Zugänge zur Geschichte. Geistes- und Gesellschaftsgeschichte, Kulturgeschichte im erweiterten Sinne, also auch Geschlechtergeschichte umfassend, sind solche Zugänge zur Geschichte. Sie werden flankiert durch methodische Exkurse, die schriftliche Dokumente und andere Formen historischer Quellen (z. B. Karikaturen, Plakate, Architektur) aufschließen helfen.

Hinweise für den Benutzer:
Jedes Kapitel beginnt mit einer **Auftaktseite**, die in das Thema einführt und anhand einer **Zeittafel** eine erste chronologische Orientierung ermöglicht.

Die **Darstellungsteile** bieten eine zusammenhängende Beschreibung der wichtigsten Entwicklungen einer Epoche. Im Geschichtsunterricht besonders relevante Themen werden ausführlich behandelt, knappe universalhistorische Ergänzungen dienen der Verknüpfung der thematischen Schwerpunkte und sind auch zum Selbststudium geeignet. **Karten** und **Illustrationen** veranschaulichen die Darstellung. Wichtige Begriffe sind im Anhang in einem **Glossar** erläutert.

Materialteile mit **Quellentexten**, Illustrationen, Karten und **Statistiken** dienen der Vertiefung im Geschichtsunterricht wichtiger Themen. Die universalhistorisch verbindenden Exkurse enthalten z. T. keine gesonderten Materialteile. Wichtige Quellen sind dort ggf. in die Darstellung integriert.

Methodenkapitel führen in Arbeitstechniken der Oberstufe ein. **Register** und **Literaturverzeichnis** befinden sich im Anhang des Werkes.

A 1650–1870

Das Ende des Dreißigjährigen Krieges 1648 markiert einen tiefen Einschnitt in der Frühen Neuzeit: Deutschland blieb Machtvakuum durch Verleihung der Souveränität an die Reichsstände („Teutsche Libertät"). Ebenfalls 1648 bereitete der Chmielnicki-Aufstand die Teilung Polens 1772/95 langfristig vor. Seitdem erstreckten sich in Europa drei große Machtvakuen: Italien seit Untergang des Weströmischen Reichs 476, Deutschland und Polen.

Der Weg war frei zu Frankreichs erstem Griff nach der Hegemonialmacht unter Ludwig XIV. Zur Abwehr französischer Eroberungen schloß sich Europa zusammen. Aus Hegemonialkriegen gingen die nächsten drei Großmächte Europas hervor – Österreich nach Scheitern der 2. türkischen Belagerung Wiens 1683, England nach dem Spanischen Erbfolgekrieg im Frieden von Utrecht 1713, Rußland nach dem Nordischen Krieg im Frieden von Nystad 1721. Preußens Aufstieg zur kleinsten und schwächsten Großmacht am Ende des Siebenjährigen Krieges im Frieden von Hubertusburg 1763 und seine Beteiligung an der 1. Teilung Polens 1772 vollendeten die Pentarchie.

Als letzter großer Religionskrieg gab der Dreißigjährige Krieg der Aufklärung und Säkularisierung Auftrieb. In England schufen die Revolution von 1640–60 und 1688/89 die konstitutionelle, seit 1701 die parlamentarische Monarchie. Parallel verlief Englands Aufstieg zur größten Finanz-, See- und Kolonialmacht. John Locke systematisierte seine neue Verfassung theoretisch, französische kritische Intellektuelle, Voltaire und Montesquieu, idealisierten sie und maßen an ihr die absolute Monarchie, die mit Niederlagen in weiteren Kriegen in die Agonie versank. Aus der Endkrise des Ancien Régime entfaltete sich die Französische Revolution. In ihr warf sich das Bürgertum zur revolutionären Nation auf, an Stelle des verbrauchten, fast schon parasitär gewordenen Adels und höheren Klerus. Der revolutionäre Umbruch modernisierte Staat, Verwaltung und Militär durch Beteiligung größerer Massen. Anschließend brach die noch immer zahlenmäßig größte Nation Europas zur Expansion nach außen auf.

Die Wirkungen auf Europa waren umwälzend: Das Heilige Römische Reich Deutscher Nation und das friederizianische Preußen brachen 1806 zusammen. Seitdem stellte sich die Deutsche Frage nach der künftigen politischen Organisierung der Deutschen. Ferner stieß die Französische Revolution weitere Nationale Fragen an, denn Völker ohne eigenen Staat wollten, nach dem Vorbild der französischen Nation, ihr Schicksal gegen ihr Ancien Régime selbst in die Hand nehmen. Ein Knotenpunkt Nationaler Fragen waren die Europäische Revolution 1848/49 und der Krimkrieg (1853–56). Das Drängen auf positive Antworten auf Nationale Fragen prägte die historische Entwicklung Europas bis heute.

Parallel dazu wälzte die Industrielle Revolution seit ca. 1760 die ökonomische Grundlage Europas um, erschütterte soziale und politische Strukturen. Der industrielle Vorsprung verschaffte England für 1½ Jahrhunderte eine materielle Überlegenheit als Industrie- und Seemacht. Entlang der großen Kohlefelder expandierte die Industrialisierung auf dem Kontinent – über Belgien und Nordostfrankreich nach Deutschland, Oberitalien, Polen und Rußland, übersprang den Atlantik in die junge USA. Die Kehrseite war die Soziale Frage, die Verelendung der neuen Industriearbeiterschaft.

Alle neuen Industriestaaten gingen im Zeitalter der Revolutionen durch schwere innere Krisen, auf die sie unterschiedliche Antworten fanden: England und Deutschland gingen in der Sozialgesetzgebung voran. Überall bildeten sich in Verfassungsstaaten sozialistische Parteien und Gewerkschaften, außer in Rußland. Bei den größten Völkern mit Nationalen Fragen setzte sich schließlich der Nationalstaat durch: in Italien mit dem Sieg des Risorgimento (1859/61), in Deutschland mit der Reichsgründung (1871).

1 Absolutismus und Aufklärung

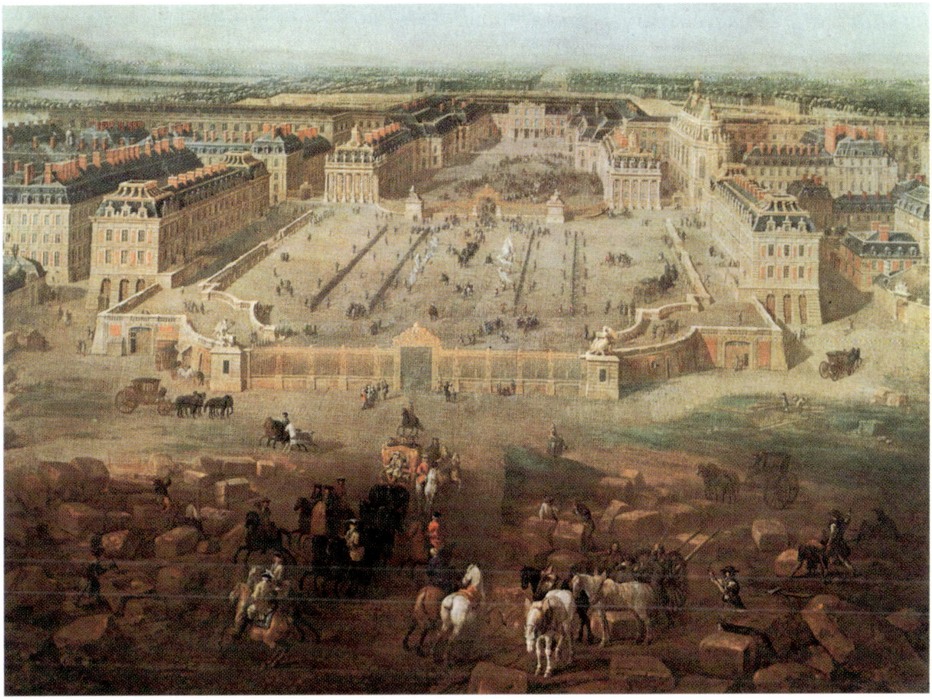

Das Schloß von Versailles. Gemälde von Pierre-Denis Martin (um 1722).

Zeittafel

1624 Kardinal Richelieu leitender Minister in Frankreich (bis 1642)
1640 Friedrich Wilhelm Kurfürst von Brandenburg (bis 1688)
1643 Mazarin leitender Minister in Frankreich (bis 1661)
1648 Aufstand der Fronde gegen französischen König (bis 1653)
1661 Regierungsübernahme in Frankreich durch Ludwig XIV. (bis 1715)
1664 Einführung des Merkantilismus in Frankreich
1667 Devolutionskrieg (bis 1668)
1672 Holländischer Krieg (bis 1678); Angriff Frankreichs auf Holland
1683 Türken vor Wien
1685 Aufhebung des Edikts von Nantes
1688/99 Glorious Revolution; Bill of Rights in England
1689 Peter der Große Zar in Rußland (bis 1725)
1689 Große Allianz gegen Frankreich
1699 Frieden von Karlowitz zwischen Österreich und dem Osmanischen Reich
1700 Nordischer Krieg (bis 1721)
1701 Krönung von Kurfürst Friedrich zum König in Preußen
1701 Spanischer Erbfolgekrieg (bis 1713/14)
1717 Erste allgemeine Schulordnung in Preußen

1721 Friede von Nystad: Rußland Großmacht
1740 Kaiserin Maria Theresia (bis 1780)
1740 Friedrich II., der Große, König in Preußen
1740 Österreichischer Erbfolgekrieg (bis 1748)
1757 Siebenjähriger Krieg (bis 1763)
1763 Friede von Hubertusburg: Preußen Großmacht
1771/2 Erste Teilung Polens
1776 Amerikanische Unabhängigkeitserklärung
1793 Zweite Teilung Polens
1795 Dritte Teilung Polens

Wie andere Epochen erschließt sich auch das Zeitalter der Aufklärung auf drei Ebenen – Ideengeschichte, politische Geschichte und Beschreibung von Lebensstilen. Aufklärung führte den Rationalismus seit Renaissance und Humanismus fort und steigerte ihn, die politische Aufklärung idealisierte die Englische Revolution und ihre Ergebnisse (1688/89) – konstitutionelle und parlamentarische Monarchie, die französische Intellektuelle („philosophes") auf das Frankreich der Absoluten Monarchie übertragen wollten.

1.1 Ideen der Aufklärung

1.1.1 Was ist Aufklärung?

Die knappste und umfassendste Definition von Aufklärung stammt vom Königsberger Philosophen Immanuel Kant (1724–1804):

„Aufklärung ist der Ausgang des Menschen aus seiner selbstverschuldeten Unmündigkeit. Unmündigkeit ist das Unvermögen, sich seines Verstandes ohne Leitung eines anderen zu bedienen. Selbstverschuldet ist diese Unmündigkeit, wenn die Ursache derselben nicht im Mangel des Verstandes, sondern der Entschließung und des Mutes liegt, sich seiner ohne Leitung eines anderen zu bedienen. Sapere aude! Habe Mut, dich deines eigenen Verstandes zu bedienen! ist also der Wahlspruch der Aufklärung."

Bis zur modernen Idee des „mündigen Bürgers" setzten sich Kants Worte aus der Schrift „Was ist Aufklärung?" (1784) fort, lieferten Argumente und Ideen zur Emanzipation. Vernunft, Kritik, Freiheit und Toleranz dienten als Kampfmittel gegen Metaphysik, religiöse Dogmatik, Unterordnung unter staatliche oder kirchliche Autorität und Vorurteile. Dem religiösen Glaubensgebäude des Mittelalters setzten die Aufklärer die Natur entgegen: natürliches Leben, Naturrecht, Naturreligion, natürliche Erziehung.

Aufklärerische Ideen veränderten das Alltagsleben. Die Menschen träumten von Humanität, Verbrüderung aller zum Weltbürgertum, vom „Ewigen Frieden" (Schrift Kants 1795). Mädchenschulen dienten einer (bescheidenen) Emanzipation von Frauen, einige Landschulen verbesserten die Volksbildung – aber eines der wichtigsten Bildungsinstrumente war das Lesen. Mitglieder der gebildeten Stände trafen sich in Lesegesellschaften, lasen sich erbauliche und belehrende Schriften vor wie „Der Vernünfftler", „Émile", einen Erziehungsroman des Philosophen Jean-Jacques Rousseau (1712–1778), oder Anstandsbücher und diskutierten darüber, „wie man gemäß der Moral... richtig lebt und gut stirbt". Die Welt der Aufklärung, die „république des lettres", entwickelte sich aber nur in der kleinen Schicht von Intellektuellen und Bildungsbürgern.

Lesender Bauer. Kupferstich von Daniel Chodowiecki (1757). Lesen wurde in der Zeit der Aufklärung zur Schlüsselqualifikation im Kampf um gesellschaftliche und politische Positionen.

Der gesellschaftliche Wandel hielt mit den humanen Ideen der Aufklärung nicht Schritt. Während Zirkel von Gebildeten über Menschenrechte diskutierten, wurden immer noch Hexen verbrannt, in außereuropäischen Ländern Menschen, „Eingeborene", gewaltsam christianisiert oder umgebracht, starben Millionen von Sklaven beim Zuckeranbau in der Neuen Welt. Rationales Denken förderte den Aufstieg der industriellen Revolution zur Unterwerfung der Natur. Menschheitsbeglückung der Aufklärung schlug zuletzt durch „Dialektik der Aufklärung" (Theodor W. Adorno, 1903–1969) ins Gegenteil um: Der Mensch wird durch rationale Gestaltung von Wissenschaft, Kunst und Gesellschaft zum Objekt der „verwalteten Welt", durch sie systematisch kontrolliert und unterdrückt. Vernunftgeleiteter Verstand formte Gesellschaftsordnungen und Lebensstile, aber auch Gefängnisse (→ M 4) und Kriegsführung.

1.1.2 Natur, Naturwissenschaft und Technik

„Worauf kann ich mich in einer Welt voller Sinnestäuschungen verlassen?" Diese Frage beantwortete der französische Mathematiker und Philosoph René Descartes (1596–1650) mit der kurzen Formel: „Cogito ergo sum" (Ich denke, also bin ich). Deshalb bildet Denken die sicherste Erkenntnisgrundlage. In seinem Buch „Discours de la méthode" (Abhandlung über die Methode des richtigen Vernunftgebrauchs, 1637) fordert Descartes klares und deutliches Erkennen des Gegenstandes, analytisches Problematisieren – beim einfachen Objekt beginnend und zum Komplexen fortschreitend –, vollständiges Aufzählen aller Informationen. Systematisches Arbeiten in der Wirklichkeit verdrängte den großen Gedankenwurf, mit dem die mittelalterliche Theologie die Welt erklärte. Den cartesianischen Rationalismus ergänzte der Empirismus* des englischen Naturwissenschaftlers Francis Bacon (1561–1626). Im „Novum organum scientiarum" (Neues Werkzeug der Wissenschaften, 1620) stellte er der (Natur-)Wissenschaft das Ziel, die Natur kennenzulernen, zu beherrschen und die Naturkenntnisse für den menschlichen Fortschritt zu nutzen. Auch er will zuerst die Trugbilder eines theologischen Zeitalters beseitigen, um die Welt direkt zu erkennen.

Rationalismus und Empirismus, von manchen auch Materialismus genannt, säkularisierten* das religiöse Denken und führten zu vielen Erfindungen und Entdeckungen: Logarithmentafel von Napier (1614), Entdeckung des Blutkreislaufs durch Harvey (1618), analytische Geometrie von Descartes (1637), Berechnung der Lichtgeschwindigkeit durch Römer (1675), Wellentheorie des Lichts durch Huygens (1690), Wahrscheinlichkeitsrechnung von Bernoulli (um 1700), Entdeckung des Wasserstoffs durch Cavendish (1766) u. a. m. Weitere technische Neuerungen entwickelten sich daraus: Addiermaschine (1642), Multipliziermaschine (1673), Spinnmaschine (1738), Hinterladergewehr (1751), Dampfmaschine (1769), Heißluftballon (1783) und viele andere Instrumente zur Beherrschung von Natur und Gesellschaft.

1.1.3 Staatstheorien

Theorien großer Staatsdenker waren kein leeres Glasperlenspiel, sondern komprimierten in äußerster Verdichtung gegenwärtige Probleme und kommende Entwicklungen. Um in Zeiten politischer Verwirrung ein Volk aus dem Chaos zu führen, muß ein Herrscher nach „Il principe" (Der Fürst, 1513) von Niccolo Machiavelli (1469–1527) rücksichtslos seinen Willen durchsetzen: „Ein Mensch, der immer nur das Gute wollte, muß zugrunde gehen unter so vielen, die nicht gut sind. Daher muß ein Fürst... auch imstande sein, nicht gut zu handeln und das Gute zu tun und zu lassen, wie es die Umstände erfordern."Machtwille, Tüchtigkeit (virtú) und hohes Ansehen des Herrschers beim Volk seien notwendig, durch staatliche Organisation die Sittlichkeit des Volkes zu erhöhen. Der „starke Mann", in Zeiten der Unsicherheiten stets vom Volk ersehnt, löst sich von allen moralischen Vorstellungen, um seinen Staat und sein Volk durch eine Tyrannis zum Glück zu zwingen.

Wie Machiavelli sieht der französische Verfassungstheoretiker Jean Bodin (1529–1596) die meisten Menschen als unehrlich und böse an. Deshalb seien sie nicht durch Demokratie, Freiheit und Gleichheit zu bändigen, sondern nur durch eine Tyrannis, durch eine Monarchie. Der König ist wie der Hausvater in der Familie, dem Elementarbaustein des Staates. Souverän herrscht er über sein Volk: Princeps legibus solutus (Der Fürst ist von der Befolgung der Gesetze befreit) – diese Formel aus dem römischen Recht wird zur Grundlage des Absolutismus, denn der König hat die Gesetzgebungshoheit inne und befiehlt durch Gesetze seinen Untertanen. Dennoch kann er nicht völlig ohne Verantwortung regieren. Auch er muß sich an das Naturrecht, zu dem sich Bodin inhaltlich kaum äußert, halten: Er muß Verträge erfüllen, Eigentum und Familie schützen, darf das Krongut nicht veräußern und muß die Thronfolgeregelung einhalten. Dem Parlament, der Volksvertretung, gesteht Bodin nach englischem Vorbild die Zustimmung zu Steuergesetzen zu. In den „Six Livres de la République" (1576) prägte Bodin den Begriff „Souveränität" (Hoheit) und trug damit zum Selbstverständnis der absoluten Herrscher im kommenden Jahrhundert bei. Ziel der Tätigkeit des Fürsten ist die Erhaltung des Staates, nicht seine Erweiterung, und der Schutz der Familien.

Als Ahne der Genfer Konvention, der Haager Konferenzen, des Völkerbundes und der UNO könnte man den holländischen Staatsrechtler Huigh de Groot (latinisiert Hugo Grotius, 1583–1645) bezeichnen, weil er in seinem Hauptwerk „De Jure Belli ac Pacis libri tres" (Über das Recht des Krieges und des Friedens) die Grundlagen zum Völkerrecht legte: Das Naturrecht entstehe aus dem Geselligkeitstrieb der Menschen, die in einer geordneten Gemeinschaft leben wollen, und der Vernunft, die ihnen zeigt, ob sie in Übereinstimmung mit Gott und ihrer menschlichen Natur leben. Grotius unterscheidet das positive, gesetzte Recht und das unveränderliche normative Naturrecht, das die Identität des Menschen mit seinem Wesen beschreibt. Das Recht habe mit dem Naturrecht idealerweise übereinzustimmen.

Viele Aufklärer verklärten Natur als paradiesische Unschuld, wie sie Denis Diderot (1713–1784) bei den Bewohnern Tahitis vermutete, idealisierten die einfache Lebensweise und Naturverbundenheit „primitiver" Gesellschaften als Gegenmodell zur europäischen denaturierten* Lebensweise im Bild vom „edlen Wilden" (→ M 7).

Für Thomas Hobbes (1588–1679) dagegen war der Mensch besessen vom Verlangen nach Macht und rücksichtsloser Durchsetzung seiner individuellen Interessen, so daß die Menschen ständig im Kriegszustand lebten, im „Krieg aller gegen alle". In seinem „Leviathan" (1651) meinte er, ein solches Leben sei kurz und elend. Deshalb müßten die Menschen den Frieden suchen, indem Individuen im Gesellschaftsvertrag ihren Willen auf einen anderen Menschen übertragen und sich verpflichten, ihm zu gehorchen. Aber der Herrscher, ein einzelner oder eine Versammlung (Parlament), habe sich dem Wohle des Volkes zu widmen. Zwar etablierte sich Hobbes mit dieser Idee als einer der grundlegenden Ideologen des Absolutismus, er fügte jedoch bisherigen Herrschaftstheorien eine soziale Komponente bei.

Bis heute hat sich die Gewaltenteilung, die der Engländer John Locke (1632–1704) in den „Two Treatises of Government" (Zwei Abhandlungen über die Regierung; geschrieben wahrscheinlich 1679; anonym erschienen 1690) beschrieb, erhalten. Im Naturzustand seien die Menschen frei und gleich, nur an das Naturgesetz der Selbsterhaltung und Arterhaltung gebunden. Es verbietet, Gesundheit, Leben, Freiheit oder Besitz eines anderen zu beschädigen oder zu vernichten. Da einige Menschen dieses Naturgesetz nicht beachten, müßte die Mehrheit zur Friedenssicherung und Selbsterhaltung im Gemeinschaftsvertrag Rechte an eine übergeordnete Instanz abtreten. Da aber die Gefahr von Mißbrauch groß ist, könne man nicht einem einzelnen alle Gewalten überlassen. Höchste Gewalt ist die Legislative, die Gesetzgebung in der Hand des Herrschers, die die Regeln festlegt, nach denen sich die anderen Gewalten zu richten haben. Die Exekutive vollstreckt die Gesetze nach innen, die Föderative betreibt Außenpolitik. Den Absolutheitsanspruch, den andere Staatstheoretiker dem Herrscher zugestanden, schränkt Locke damit ein.

Lockes Dreiteilung der Gewalten, modifiziert von Charles Louis de Secondat de Montesquieu (1689–1755), soll seitdem Machtmißbrauch verhindern. In „De l'esprit des lois" (Vom Geist der Gesetze, 1748) unterscheidet er (→ M 5) die gesetzgebende, richterliche und vollziehende Gewalt (puissance législative, p. de juger, p. exécutrice). Als Anhänger der Monarchie will er so die Gefahr bannen, alle Macht in die Hand eines einzelnen zu geben, da dann Despotie herrschen würde. Montesquieu nennt drei Staatsformen: Republik mit den Unterformen Demokratie und Aristokratie, Monarchie, in der ein Herrscher nach Gesetzen regiert, und Despotie als reine Willkürherrschaft eines Herrschers. Sein Vorbild sieht Montesquieu in der englischen Verfassung. Herrschaft solle dem Bürger die Möglichkeiten geben, alles zu tun, was die Gesetze erlauben, und zu verhindern, daß andere ihn im Genuß der Freiheit einschränken.

Die Akademie von Dijon stellte 1750 für ein Preisausschreiben die Frage: Hat der Fortschritt der Künste und Wissenschaften zur Reinigung der Sitten beigetragen? Der Genfer Jean-Jacques Rousseau (1712–1778) antwortete, der Fortschritt habe Seelen und Sitten der Menschen verdorben. Im Urzustand, so Rousseau in seinem „Discours sur l'origine de l' égalité parmi des hommes" (Zweiter Diskurs, 1754), sei der Mensch von den Grundtrieben zur Selbsterhaltung und zum Mitleid geleitet (→ M 8). Erst Besitz und Eigentum korrumpieren* die Seelen, die zur Erhaltung ihres Eigentums Macht erstreben: „Alles, was aus den Händen des Schöpfers kommt, ist gut, alles entartet unter den Händen der Menschen." (Emile, 1762) Ein Staat, in dem der Mensch frei ist, sei nur durch Bündelung des Willens aller Menschen zum Gesellschaftsvertrag (contrat social) zu ordnen. Herrscher und Untergebene sind damit gleichermaßen alle Menschen in einem solchen Staat, in dem ihr Gemeinwille (volonté générale) mit dem individuellen Willen zusammenfällt (→ M 6).

Rousseaus Staatstheorie wirkte zwiespältig: Ist in diesem Staat der Mensch wirklich frei, nur weil er einem Gesetz gehorcht, das er sich selber gegeben hat? Ist es eine Wurzel des modernen Totalitarismus, der sich Bürger und Staat als untrennbar eins vorstellt? Ist Freiheit durch Staatsverneinung zu erreichen? Rousseaus Modell der direkten Demokratie eignet sich für kleine und überschaubare Staaten wie sein heimatliches Genf oder für Korsika, für das er eine Verfassung ausarbeitete, aber kaum für große Staatsgebilde.

1.1.4 Die „Encyclopédie"

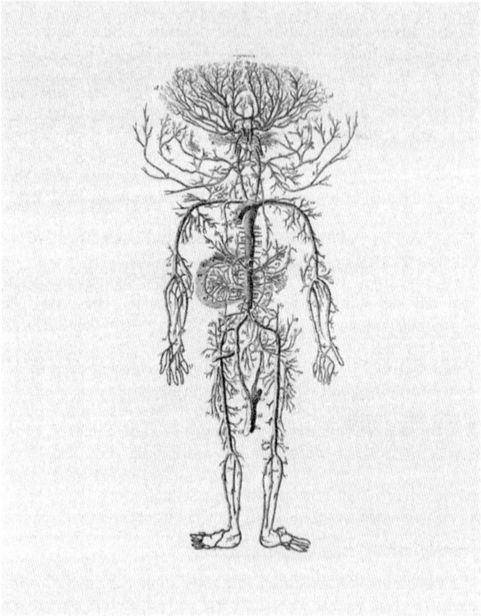

Die Tafel „Anatomie" aus der Encyclopédie. Aufklärerisches Denken eroberte den Makro- und Mikrokosmos.

In stillen Studierstuben, in Diskussionszirkeln von Intellektuellen und an Universitäten entwickelte die Geisteselite der Aufklärung ihre Ideen von Freiheit, Staat und Menschentum. Für die Popularisierung* der Aufklärung spielte die „Encyclopédie, ou Dictionnaire raisonné des Sciences, des Arts et des Métiers" (Erstausgabe 1751–1772) eine entscheidende Rolle. Das „Theoretische-methodische Wörterbuch der Wissenschaft, der Künste und des Gewerbes" enthielt in 17 Textbänden und 11 Tafelbänden Artikel der bedeutendsten Wissenschaftler Europas: d'Alembert, Diderot, die Herausgeber, Voltaire, Rousseau und viele andere Kapazitäten der „Gelehrtenrepublik". In 71 818 Artikeln und 2885 Tafeln bekämpften die „philosophes" vor allem die Kirche, deren Institutionen und Inhalte nach den Religionskriegen fragwürdig geworden waren, und fochten für eine rationalistische Weltanschauung. Der Blick der Menschen sollte nicht mehr zum Himmel gehen, sondern auf die Welt gerichtet sein. Religion führe nur zu Aberglauben und Vorurteil, während dank der Erkenntnisse von Locke und Newton der Mensch mit seinen Sinnen die Welt erkennen und zu seinem Glück gestalten könne. Durch die Säkularisierung der Welterklärung änderte sich die Lebenseinstellung der Menschen grundlegend: Nicht mehr im Jenseits suchten sie ihr Heil, sondern im Diesseits.

Solche Ideen rüttelten an den Grundfesten von Religion und Staat. Die Obrigkeit verdammte die „Encyclopédie" wegen Atheismus und Untergrabung der königlichen Majestät. Das Aufsehen erhöhte zwar Bekanntheitsgrad und Auflagen – aber auch Mißtrauen und Haß. 1759 wurde sie verboten, später in der Schweiz gedruckt. Bis 1782 erschienen 23400 Exemplare, für ein so teures Werk eine sensationelle Zahl. Die „Encyclopédie" verbreitete aufklärerisches Denken über ganz Europa. Und sie wirkt bis heute fort: Willy Brandt (Bundeskanzler 1969–1974) sah sich, als er 1969 im Deutschen Bundestag „mehr Demokratie" forderte, in der Tradition der Aufklärung. Auch die gesellschaftskritische Studentenbewegung von 1968 und viele Friedens- und Menschenrechtsgruppen entnahmen ihre Ideen der Aufklärung.

1.2 Das Entstehen der Europäischen Pentarchie*, 1683–1772

Zwischen Dreißigjährigem Krieg und Französischer Revolution formierte sich das Europäische System um: Aus dezentralisierten politischen Einheiten des Mittelalters schälten sich relativ kompakte Machtstaaten heraus. Zuletzt bildeten fünf Großmächte die Europäische Pentarchie, denn sie gaben bis zum Ersten Weltkrieg machtpolitisch den Ausschlag – in Hegemonialkriegen wie im friedlichen „Konzert der Mächte".

1.2.1 Allgemeine Rahmenbedingungen: Fünf Großmächte als Machtzentren zwischen Hegemonie und Gleichgewicht

Da Frankreich schon seit der Schlacht bei Bouvines (1214) die erste und lange Zeit einzige Großmacht Europas war, besteht die Formierungsperiode der Pentarchie aus dem Aufstieg der übrigen vier Großmächte durch Hegemonialkriege und Friedensschlüsse nach dem Westfälischen Frieden (1648): Seit dem Mittelalter zeichnete sich das Europäische System durch seinen antihegemonialen Affekt aus: Jede Macht, die sich als Hegemonialmacht erhob, rangen Koalitionen der meisten anderen Mächte nieder und stellten ein neues Gleichgewicht der Kräfte her. Die vier neuen Großmächte traten in dieser chronologischen Reihenfolge auf die Bühne der Weltgeschichte – Österreich (1683) in Verfolgung der vor Wien geschlagenen osmanischen Türken; England (1713) mit dem Frieden von Utrecht zur Beendigung des Spanischen Erbfolgekrieges; Rußland (1721) mit dem Frieden von Nystad zur Beendigung des Nordischen Krieges; Preußen (1763/72) mit seiner Behauptung im Frieden von Hubertusburg zur Beendigung des Siebenjährigen Krieges und seiner Beteiligung an der 1. Teilung Polens.

Die neuen Großmächte erreichten ihren Rang in Abwehr der französischen Hegemonie unter Ludwig XIV., mit Siegen über das Osmanische Reich, in europäischen Hegemonialkriegen sowie durch Ausfüllung des polnischen Machtvakuums. Alle Großmächte waren mehr oder weniger zentralisiert, hatten sonst aber unterschiedliche innere Strukturen: England hatte sich durch zwei Revolutionen (1640–60, 1888/89) eine parlamentarische Monarchie erfochten (ab 1689/1701). Frankreich, Österreich und Preußen waren absolute Monarchien westlichen Typs. Rußland stand mit seiner Autokratie in östlichen, byzantinisch-orthodoxen Traditionen.

Neben den fünf Hauptmächten waren Mittel- und Kleinmächte nur noch von untergeordneter Bedeutung – Spanien, ohnehin auf dem Abstieg seit dem Pyrenäenfrieden (1659), Portugal, meist formaler Bündnispartner, in Wirklichkeit Klientelstaat Englands (seit 1386, nochmals verstärkt seit dem Methuen-Vertrag 1703), beide ihrem stagnierenden, für Spanien seit 1810 dahinschwindenden Kolonialreich in Übersee zugewandt. Auch die Niederlande waren seit der vorübergehenden Personalunion mit England unter Wilhelm III (1688–1701) faktisch ein englischer Klientelstaat. Schweden und Dänemark blockierten sich beide in Rivalität um Beherrschung der Ostsee. Die italienischen Mittelstaaten, vor allem Venedig, hatten ihre Glanzzeiten schon hinter sich. Polens Verschwinden wurde gar Bedingung zur Rangerhöhung der letzten Großmacht, Preußen.

1.2.2 Frankreich, seit 1214

Frankreich, seit Bouvines 1214 das zahlenmäßig stärkste und geschlossenste Königreich Europas, wuchs ständig weiter, mit fortschreitender Expansion nach außen und Zentralisierung nach innen, ungeachtet aller Existenzkrisen, vor allem Hundertjährigen Krieg (1337/39–1453) und Hugenottenkriegen (1562–98). Nur in nationalen Notständen traten die Generalstände als letzte Instanz der werdenden Nation zusammen, in der großen Krise nach der Ermordung Heinrichs IV. (1610) das letzte Mal vor 1789 im Jahr 1614. Seitdem wollten die beiden großen Kardinäle als Erste Minister Frankreichs, Richelieu (1624–1642) und Mazarin (1643–1661), die Macht aller Zwischen- und Partikulargewalten ausschalten – die Stände, den Hoch- und Schwertadel (noblesse d'épée), die Parlements (Gerichtshöfe) als Bastionen des Amtsadels bürgerlicher Herkunft (noblesse de robe), die Sonderstellung der Hugenotten seit dem Toleranzedikt von

Europa um 1720.

Nantes (1598) zur Beendigung der Hugenottenkriege. Mit der Eroberung von La Rochelle (1629) zerschlug Richelieu die Sicherheitsplätze der Hugenotten, ihre regionale Autonomie und ließ ihnen nur noch die Toleranz religiöser Freiheit. So beschritt schon Richelieu den Weg zur Absoluten Monarchie.

Mit der relativen Geschlossenheit im Innern konnte Richelieu in den ersten europäischen Hegemonialkrieg der Neuzeit erfolgreich eingreifen, in den Dreißigjährigen Krieg (1618–48), um Frankreichs seit dem Kampf ums burgundische Erbe 1477 traditionelle Feinde auf dem Kontinent zu schwächen, den Habsburger Kaiser und Spanien. Nachdem die von Frankreich subventionierten Schweden nach dem Tod ihres Königs Gustav Adolf (1632) in Deutschland Rückschläge erlitten und sogar den Prager Frieden mit Kaiser und Reich schlossen (1635), trat Frankreich selbst in den Krieg ein. Auch nach dem Westfälischen Frieden (1648) setzte es den Krieg bilateral fort, bis es Spanien im Pyrenäenfrieden (1659) niedergerungen hatte: Spanien verfiel in eine über 300 Jahre anhaltende Dauerkrise, bis zum Ende des Franco-Regimes 1975. Für Frankreich wurde der Weg frei zu seinem ersten Griff nach der Hegemonie. Richelieu erhöhte die königliche Armee von 40 000 Mann auf 200 000 Mann, damals eine ungeheure Zahl. Auch um die notwendigen Finanzmittel aufzubringen, verschärfte er die Zentralisierung durch Intendanten als königliche Beamte in den Provinzen, die den Eingang der Steuern beschleunigten und Ämtermißbrauch einschränkten.

Nach Mazarins Tod (1661) übernahm Ludwig XIV. selbst die Regierung als sein eigener Leitender Minister. Unter seinem berühmten Motto: „L'État c'est moi!" (→ M 1) ordnete er Staat und Gesellschaft sich selbst zu, stand als „Sonnenkönig" (Roi Soleil) im Zentrum von Staat und Gesellschaft, symbolisiert in seinem neuen Riesenschloß Versailles außerhalb von Paris, erbaut 1661–84, königliche Residenz seit 1672: Der König zwang einen großen Teil des Adels, in Versailles ständig zu wohnen, um ihn besser kontrollieren, mit üppigen „Pensionen“ auch korrumpieren zu können. Indem er den Adel so funktionslos und gesellschaftlich fast parasitär machte, untergrub Ludwig XIV. selbst die soziale Basis der Monarchie und leitete langfristig den Untergang des Adels wie der Monarchie in der Französischen Revolution selbst ein. Als eigentliche Regierung bildete Ludwig XIV. den Hohen Rat, mit drei Ressorts – Äußeres, Finanzen, Armee. Überragende Figur wurde Jean-Baptiste Colbert (1619–1683) als Oberintendant für Finanzen, Landwirtschaft, Handel, Marine, Bauwesen (1681–83). Er vollendete schon ältere staatliche Wirtschaftsförderung zum System des Merkantilismus durch Ausbau der Infrastrukturen (Landstraßen, Kanäle), Förderung des Gewerbes und Exports, aber Hemmung des Imports. Handelsüberschüsse sollten Geld für Rüstung und Kriegsführung sparen, Außenhandel verband sich mit Kolonialhandel: Eigene Kolonien sollten Rohstoffe für das Mutterland liefern und französische Produkte abnehmen.

Anfangs funktionierte die staatliche Ankurbelung merkantilistischer Wirtschaft zur Finanzierung kriegerischer Expansion, und Frankreich konnte sich nach Osten fast zu seinen heutigen Grenzen ausdehnen: im Devolutionskrieg (1667/68) und Holländischen Krieg (1672–78), später synchronisiert* mit der Offensive der osmanischen Türken gegen Wien (1683). Aber schon der Pfälzische Erbfolgekrieg (1688–97) provozierte die erste Große Allianz gegen Frankreich, finanziert von Holland, getragen zu Lande vom Kaiser, zu Wasser von England. Im Spanischen Erbfolgekrieg (1701–1713/14) unterlag Frankreich fast dem gesamten übrigen Europa und scheiterte mit seinem ersten Griff nach der Hegemonie: Die Staatsschuld nahm um das 20fache zu, die Niederlage eröffnete die Existenzkrise des Ancien Régime, von Niederlagen in weiteren Hegemonialkriegen seit dem Frieden von Aachen (1748) zur Agonie verschärft. Obwohl Frankreich sich anfangs an der Übernahme moderner Wirtschaftsformen beteiligte, fiel es bald ökonomisch gegenüber England seit dem Durchbruch der industriellen Revolution (ca. 1760) zurück und erstarrte sozial in seiner Privilegien-Dreiständegesellschaft.

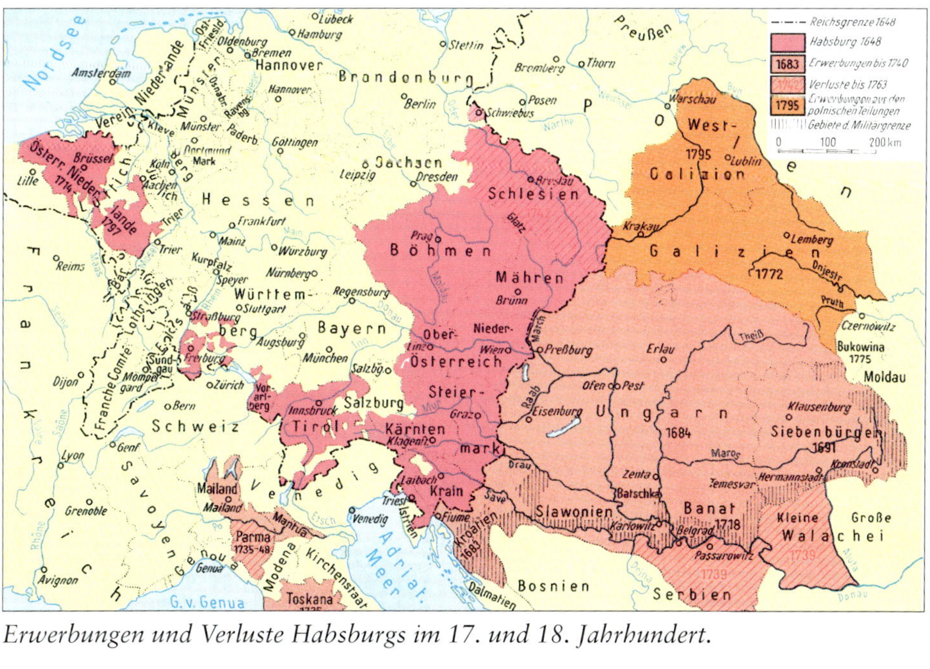

Erwerbungen und Verluste Habsburgs im 17. und 18. Jahrhundert.

1.2.3 Österreich, 1683

Österreich entfaltete sich aus seiner Keimzelle, der bayerischen Ostmark (976), also ähnlich wie Sachsen und Brandenburg-Preußen, an der militarisierten Peripherie* des mittelalterlichen Reichs. Nach der Katastrophe Ungarns in der Schlacht bei Mohács (1526) wuchs es durch den Gewinn Rest-Ungarns (mit Kroatien) und Böhmens (mit Schlesien) in europäische Dimensionen, zunächst mit der ersten Abwehr der osmanischen Türken vor Wien (1529). Den entscheidenden Umschlag in einer Serie wechselvoller Türkenkriege brachte die zweite Niederlage der Osmanen vor Wien (1683), diesmal gegen ein europäisches Heer unter dem polnischen König Jan Sobieski (1674–1696). Indem es die geschlagenen Türken nach Südosteuropa verfolgte, stieg das rasch expandierende Österreich zur zweiten Großmacht Europas auf, allerdings um den Preis einer ethnischen Zersplitterung, an der es im Ersten Weltkrieg zerbrach. Im Zweifrontenkrieg gegen den Expansionsdruck der beiden Verbündeten Frankreich unter Ludwig XIV. und Osmanisches Reich verteidigte Österreich auch die Rheinfront im Westen und übernahm, nach dem Spanischen Erbfolgekrieg im Frieden von Rastatt, auch die Spanischen, von nun an Österreichischen Niederlande (1714), ungefähr identisch mit dem heutigen Belgien.

Da Kaiser Karl VI. (1711–1740) ohne männlichen Erben blieb, wollte er mit der „Pragmatischen Sanktion“ (1713) die weibliche Thronfolge für seine Tochter Maria Theresia (1740–1780) sichern. Obwohl die meisten europäischen Mächte sie zögernd anerkannten, hielten sich die wenigsten an ihre Zusage und fielen sofort nach Maria Theresias Thronbesteigung über Österreich her. Mit Hilfe Englands behauptete es sich im Österreichischen Erbfolgekrieg (1740–48) vor allem gegen Preußen, Bayern und Frankreich, wenn auch unter dem schmerzlichen Verlust Schlesiens an Preußen. Mit seinen drei Schlesischen Kriegen (1740–42, 1744/45), die mit dem Österreichischen Erbfolgekrieg und dem Siebenjährigen Krieg (1756–63) zusammenfielen, eröffnete Preußen den Deutschen Dualismus. Nur unterbrochen durch die Revolutions- und Napoleonischen Kriege (1792–1815), hielt er bis zum Deutschen Krieg (1866) an.

Nach innen betrieben Maria Theresia und ihr Sohn Joseph II. (1765–1790), seit 1765 ihr Mitregent, die Zentralisierung der heterogenen Territorien durch Reformen im Sinne des aufgeklärten Absolutismus. Vor allem Joseph II. begann mit seinen „Josephinischen Reformen“ im erzkatholischen Österreich eine Politik der Säkularisierung (Verweltlichung), die viele seiner frommen Untertanen vor den Kopf stieß, führte aber auch Lockerung der Leibeigenschaft und Toleranz für die Juden ein (→ M 3). Im Dienste aufgeklärter Zentralisierung forcierte er in den nichtdeutschen Territorien die Germanisierung: Deutsche Sprache und Kultur, in Südosteuropa auch deutsche Siedler, sollten ein gemeinsames Band um die zahlreichen unterschiedlichen Völker schlingen. Jedoch provozierte Joseph II. mit dem Entzug altständischer Privilegien und regionaler Autonomie Aufstände in Ungarn und den Österreichischen Niederlanden (1787), so daß der Kaiser auf dem Sterbebett die meisten Reformen wieder zurücknahm. Gleichwohl schuf er die Grundlagen für ein sich im 19. Jahrhundert weiter modernisierendes Österreich, reizte aber die nichtdeutschen Völker durch Germanisierung in die Anfänge ihres Nationalismus – nach 1789.

1.2.4 England, 1713

Als Groß-Insel am nordwestlichen Rande Europas begann Englands Aufstieg zur dritten Großmacht, in Abwehr der kontinentalen Vorherrschaft Frankreichs. Langfristige Voraussetzungen waren seine traditionelle Zentralisierung seit der Normannischen Eroberung 1066, revolutionäre Strukturveränderungen seit der Reformation (ab 1529/34) nach innen, Abwehr der spanischen und französischen Hegemonie nach außen; zuletzt innerer Friede seit dem Abschluß der Ersten Englischen Revolution in der „Restoration" (1660). Durch Säkularisierung des Kirchenguts, vor allem der Klöster, und deren Weiterverkauf unter Heinrich VIII. (1509–1547) kamen riesige Ländereien überwiegend in Besitz des niederen Landadels (gentry) und des wohlhabenden Wirtschaftsbürgertums, besonders der City of London. Als Karl I. (1625–1649) durch Erzbischof Laud als leitenden Minister ab 1633 die Rückgabe ehemaliger Kirchengüter und die Ausschaltung des Parlaments forcierte, provozierte er die Englische Revolution (1640–60) zur Abwehr eines drohenden Absolutismus. Nach dem republikanischen Zwischenspiel des „Commonwealth" unter Oliver Cromwell (1649–58) und einer anarchischen Endphase stellte die „Restoration" 1660 zwar die Monarchie unter Karl II. (1660–1685) wieder her, aber nicht mehr als angestrebte absolute, sondern als konstitutionelle Monarchie. Der Versuch des katholisch gewordenen Jakob II. (1685–1689), doch noch die absolute Monarchie nach französischem Vorbild zu erzwingen, löste die „Glorious Revolution" von 1688/89 aus. „Bill of Rights" (1689) und „Act of Settlement" (1701) leiteten zur parlamentarischen Monarchie über: Die Souveränität lag nicht mehr bei der Krone, sondern beim Parlament, das Englands Dynamik weiter steigerte: Parallel zum Sieg des Parlamentarismus erreichte England über die Niederlande die modernste Form der Proto (= Vor)-Industrialisierung, als Auftakt zur industriellen Revolution etwa ab 1760. Die Personalunion mit Holland unter Wilhelm III. von Oranien (1689–1701) kam einem Bündnis mit Holland gleich, von dem neue Methoden in Wirtschaft, Landwirtschaft, Handel, Finanzen und Schiffsbau nach England einströmten.

Zugleich übernahm England die Staatsräson Hollands, damals des reichsten Landes in Europa – Schutz vor dem hegemonialen Ausgreifen Frankreichs unter Ludwig XIV. Seit 1689 wurden Holland und England die stabile Achse aller „Großen Allianzen" Europas gegen Frankreich, namentlich im Spanischen Erbfolgekrieg, denn die faktische Übernahme Spaniens samt Kolonien durch Frankreich hätte den französischen Rivalen schlagartig zur größten Kolonialmacht erhoben. Im Frieden von Utrecht (1713) triumphierte England über das fortan unterlegene Frankreich und brach das bisherige Monopol Spaniens auf dem Markt seiner lateinamerikanischen Kolonien. Nach Utrecht setzte sich der weitere Aufstieg Englands zur größten Seemacht fort, verstärkt nach seinem Sieg über das napoleonische Frankreich ein Jahrhundert später. Als Mutterland des Rechts- und Verfassungsstaats, des Parlaments und der industriellen Revolution stieg England, wieder in Abwehr der französischen Hegemonie, diesmal der Revolution und Napoleons I. (1792–1815), zur größten See-, Handels-, Kolonial- und Finanzmacht der Weltgeschichte auf – bis zu den beiden Weltkriegen.

1.2.5 Rußland, 1713

Am östlichen Rande Europas, jenseits des lateinisch geprägten Kontinents von Portugal bis Polen, nahm das orthodoxe Zarenreich seinen Aufstieg zur vierten Großmacht Europas, indem es Verbündete Frankreichs niederrang – Schweden im Nordischen Krieg (1700–21), das Osmanische Reich in einer Kette von acht Eroberungskriegen, um Konstantinopel zu erobern und ein neugriechisches Kaiserreich zu gründen („Griechisches Projekt", 1781). Seitdem Moskau die Tributsoberherrschaft der Tataren abgeschüttelt (1480) und sich mit der „Sammlung der russischen Erde" eine erste Machtbasis geschaffen hatte, wurden die warmen Meere im Westen (Ostsee) und Süden (Schwarzes

Rußland im 17. und 18. Jahrhundert. Jahreszahlen bei sibirischen Städten geben den Zeitpunkt der Gründung durch Moskau/Rußland an, ab 1582.

Meer) Ziele russischer Expansion. Nach dem Erlöschen der Rurikiden (1598) erzwang die Zeit der Wirren („Smuta") (1598–1613) mit bewaffneter Intervention Polens eine Pause in der schon traditionellen Expansion. Die neue Dynastie der Romanows (1613–1917) eröffnete eine neue Phase der Konsolidierung. Die imperiale Ausbreitung Rußlands nahm Peter der Große (1689–1725) im großen Stil wieder auf, nach Westen über die Ostseeprovinzen und das schwache Polen, nach Süden gegen das Osmanische Reich. Innere Voraussetzungen zur kriegerischen Expansion schuf er durch Modernisierung nach westlichem Vorbild, zunächst der Armee und den Bau einer ersten Flotte, u. a. mit Hilfe westlicher Spezialisten. Allerdings ließen seine technokratischen Reformen Rußlands Struktur unangetastet – Autokratie und Leibeigenschaft.

Im Nordischen Krieg (1700–21) gegen Schweden stieß Peter mit der Eroberung Estlands und Livlands (1703) erstmals das „Fenster zu Europa" auf, um es mit der Gründung seiner neuen Hauptstadt St. Petersburg (1703) auf Dauer offenzuhalten. Sein Sieg über Schweden unter Karl XII (1699–1718). bei Poltawa (1709) beendete die Großmachtstellung Schwedens und öffnete das polnische Machtvakuum der russischen Macht: Seit 1716 blieben russische Truppen in Polen stationiert. Der Friede von Nystad (1721) steht für Rußlands Aufstieg zur östlichen Hegemonialmacht Europas, die fortan über das Machtvakuum Polen auf Deutschland drückte. Katharina die Große (1764–1796) versuchte sich nach innen mit einem erneuten Reformanlauf als Aufgeklärte Monarchin, blieb aber im zähen Geflecht traditioneller Strukturen hängen. Nach außen setzte sie Rußlands Expansion fort, u. a. mit seinem führenden Anteil an den drei Teilungen Polens (1772/93/95), zuletzt schon in Eindämmung der Französischen Revolution. Mit dem Frieden von Kütschük-Kainardschie (1774) zur Beendigung des 3. russisch-türkischen Krieges (1768–74), in dessen Windschatten es zur 1. Teilung Polens schritt (1772), eröffnete Rußland die vielzitierte Orientalische Frage (1774–1923), die mit ihren Nachwirkungen seitdem immer wieder Europa in schwere Krisen und Kriege stürzte, über das Attentat von Sarajevo 1914 bis zum jüngsten Jugoslawienkrieg (seit 1992).

1.2.6 Preußen, 1763/74

Am nordöstlichen Rand des deutschen Machtvakuums bildete sich die jüngste, kleinste und stets schwächste Großmacht Europas, Preußen, aus gleich zwei Keimzellen: Markgrafschaft und Kurfürstentum Brandenburg lieferte eine frühe Machtbasis, das Herzogtum Preußen den Staatsnamen und die Rangerhöhung zum souveränen Königtum, da nur in Königsberg, außerhalb des Deutschen Reiches, am 18. Januar 1701 die Krönung des Kurfürsten zum König *in* Preußen möglich war. Die Behauptung der Eroberung Schlesiens am Ende des Siebenjährigen Krieges (1763) und die Beteiligung an der 1. Teilung Polens (1772), die mit Westpreußen und Danzig die langersehnte Landverbindung zwischen beiden Keimzellen Preußens herstellte, ebneten die Anerkennung Preußens als fünfte Großmacht und seines Herrschers als König *von* Preußen.

Erwerbungen 1618 im Westen (Kleve, Mark und Ravensberg) und Osten (Herzogtum Preußen) zeigten schon spätere Expansionslinien an, denn die territoriale Verbindung zwischen diesen Exklaven wurde Staatsziel des wachsenden Brandenburg-Preußen. Die notwendige Zentralisierung und Modernisierung begann der Große Kurfürst Friedrich Wilhelm (1640–1680), vor allem durch Übertragung vieler Anregungen aus Holland, da die Hohenzollern mit den Oraniern, den Generalstatthaltern der Niederlande, dynastisch verbunden waren. Durch bedenkenloses Wechseln der Seiten schüttelte er Polens Lehensoberhoheit über das Herzogtum Preußen ab (1660) und besiegte die Schweden in der Schlacht bei Fehrbellin (1675). Nicht minder unzuverlässig war Brandenburg anfangs in Abwehr der französischen Hegemonialexpansion, engagierte sich zuletzt aber mit „Kaiser und Reich" gegen Ludwig XIV. Die Aufnahme von ca. 20000 Hugenotten nach Aufhebung des Edikts von Nantes (1685) brachte einen mächtigen Modernisierungsschub, nach Berlin wie nach Ostpreußen.

Sein Enkel Friedrich Wilhelm I. (1713–1740), der „Soldatenkönig", begründete

Das Wachstum Brandenburg-Preußens im 17. und 18. Jahrhundert.

Preußens Ruf als moderne Variante des spartanischen Militärstaats, mit straffer und korruptionsfreier Bürokratie (→ M 2). Durch systematische Erweiterung der Armee von 38000 auf 83000 Mann schuf er das Instrument, mit dem sein Sohn Friedrich II. (1740–1786), der Große, den Durchbruch des kleinen Preußens zur Großmacht erkämpfte. In drei Schlesischen Kriegen (1740–42, 1744/45, 1756–63) eroberte und behauptete es Schlesien, in drei Teilungen Polens verband es seine drei Hauptteile – Brandenburg, Ostpreußen und Schlesien – durch die Annexion Westpreußens (1772) sowie Posens (1793). Gleichwohl blieb Preußens Existenz stets prekär: Am Ende des Siebenjährigen Krieges rettete es vor dem sonst sicheren Untergang nur Rußland durch einen Sonderfrieden (1762), gefolgt von einem Bündnis (1764). Rußlands Intervention rettete Preußen noch zweimal – in Tilsit 1807 und mit dem Sieg über Napoleon I. 1812 als Auftakt zu den preußisch geführten, deutschen „Befreiungskriegen" (1813–15). Bis zur Reichsgründung 1871 wurde das Bündnis Preußens mit Rußland, in Wirklichkeit seine Abhängigkeit vom weiter wachsenden Koloß im Osten, zu einer Konstante europäischer Machtpolitik.

1.2.7 Traditionelle und neue Machtvakuen: Italien, Deutschland

Mit der Europäischen Pentarchie in fünf Machtzentren fiel den älteren Machtvakuen (Italien, Deutschland) und einem neuen (Polen) im Europäischen System eine erhöhte Bedeutung zu: Sie dienten der Ausbalancierung der Kräfte und als Kompensationsobjekte für die Großmächte, als Kriegsschauplätze und Expansionsräume, die expandierende Machtzentren mit ihrer eigenen Macht auszufüllen suchten: Italien war seit dem Untergang des Weströmischen Reiches (476) immer wieder von fremden Eroberern beherrscht, seit dem Einfall der Langobarden (568) war es auch politisch-staatlich fragmentiert. Deutschland wurde seit dem Thronstreit zwischen Staufern und Welfen ab 1198 ein Machtvakuum mit einer extremen politischen Fragmentierung, während an seinem Ostrand auf mittelalterlichem Kolonialboden aus militarisierten Grenzmarken drei neue regionale Machtzentren entstanden – Österreich, (das meist vergessene) Sachsen und Brandenburg-Preußen. Das mittlere, Sachsen, wurde von den es flankierenden neuen Machtzentren zerrieben, zumal Sachsen durch die rangerhöhende Personalunion mit dem Königreich Polen (1697–1763) auch noch ins polnische Debakel geriet. Beide deutschen Großmächte im Osten versuchten später das innerdeutsche Machtvakuum auszufüllen, Österreich eher indirekt mit dem Glanz der seit 1438 fast schon in Erbpacht genommenen Kaiserkrone, nach 1815 im Deutschen Bund mit dem Prestige als innerdeutsche Präsidialmacht. Das rauhere Preußen verlegte sich mehr auf militärische Eroberungen, in seiner kurzen liberalen Phase (1858–61) vorübergehend auch auf „moralische Eroberungen", als Vormacht der (kleindeutschen) Reichseinigung. Obwohl Österreich und Preußen zu europäischen Großmächten aufrückten, paralysierten sie sich gegenseitig und Deutschland durch ihre Rivalität im Deutschen Dualismus (1740–1866), denn sie provozierten so Interventionen der anderen Großmächte, luden sie durch Bündnisse förmlich dazu ein. Daher blieb Deutschland auch mit deutschen Großmächten ein Machtvakuum – bis zur Reichsgründung 1871.

1.2.8 Ein neues Machtvakuum: Die Teilungen Polens, 1772, 1793, 1795

Quer zum Aufstieg der drei neuen Großmächte im Osten steht das neue Machtvakuum Polen, das sich seit dem Chmielnicki-Aufstand (1648–54) in der üblichen Kombination von inneren und äußeren Faktoren sichtbar auftat. Seine Ausfüllung durch Zerschlagung des alten polnischen Staates in den drei Teilungen Polens – 1772, 1793, 1795 – beendete die Agonie Polens. Umgekehrt bestätigte die Beteiligung an diesem aufsehenerregenden Prozeß den Aufstieg einer neuen Großmacht (Preußen) und konsolidierte die Großmachtstellung der beiden anderen Teilungsmächte (Österreich, Rußland). Dank seiner Personalunion mit dem Großfürstentum Litauen (1386) war Polen zwar der größte Flächenstaat des spätmittelalterlichen Europa, litt aber unter seiner ethnischen wie religiös-kulturellen Heterogenität (Zersplitterung) und Schwächung seiner Zentralregierung. Zugleich wies es die klassische imperiale Struktur auf: Das Reichsvolk, katholische Polen, stellte nur rund 50 % der Bevölkerung, jedoch den Adel. Im Osten lebten Orthodoxe (West-Weißrußland, West-Ukraine) und besonders viele Juden, die ursprünglich nach 1349 vor Verfolgungen aus Deutschland geflohen waren (Ashkenasim), im Westen Deutsche, die nach der Reformation meist protestantisch wurden.

Die Schwäche der Krone erklärt sich aus dem zweimaligen Fehlen jeglicher Zentralmacht im Mittelalter (1138–1320, 1370–86), so daß der Adel allmählich die Macht an sich reißen konnte. Nach dem Aussterben der Jagiellonen-Dynastie (1572) wurde Polen Wahlmonarchie („Rzeczpospolita") (1573), in der alle Macht beim Sejm (Reichstag) lag. Ihn beherrschten der niedere Landadel (Schlachta) und Hochadel (Magnaten) auf der Basis der Leibeigenschaft über polnische wie nichtpolnische Bauern. Die Umwandlung der Personal- in die Realunion von Lublin (1569) beseitigte für Litauen die innere Autonomie, die Brester Union (1596) trennte den orthodoxen Osten Polen-Litauens von der russischen Orthodoxie. Als Unierte war ihre Kirche dem Papst unterstellt, behielt aber eigene Gebräuche (Ritus, Kirchensprache, Priesterehe). Beide Unionen – Lublin 1569 und Brest 1596 – beschleunigten die Polonisierung, des Adels auf dem Lande, des Bürgertums in den Städten.

Im Scheitern des polnischen Königs Sigismund III., in den russischen Smuta (1598–1613) das Großfürstentum Moskau als katholischer Zar zu übernehmen (1612), begann Polens Abstieg. Der Aufstand der Donkosaken unter ihrem Hetman (= Hauptmann) Bogdan Chmielnicki (1648) verschärfte die schwelende Krise zur Agonie: Moskaus Eingreifen im zweiten großen russisch-polnischen Krieg der Neuzeit (1654–67) leitete im Frieden von Andrussowo (1667) das territoriale Abbröckeln Polens durch den Verlust von Kiew und Smolensk an Rußland ein. Dazwischen eröffnete das Liberum Veto (1652) die Agonie auch nach innen: Fortan konnte jeder Adlige im Sejm durch sein Veto jeden Gesetzesentwurf zu Fall bringen. Gleichzeitig hob er alle schon beschlossenen Gesetze der laufenden Reichstagssession nachträglich auf, und der Sejm selbst wurde aufgelöst („zerrissen"). Zwar suchten danach Adelsparteien als „Konföderationen" nachträglich doch noch eine Kompromißlösung. Aber insgesamt trieb Polen mit dem Liberum Veto in die Unregierbarkeit: In den letzten Jahrzehnten vor 1772 waren alle Reichstage „zerrissen".

Parallel schwächten Kriege Polen nach außen: Die letzte militärische Kraftanstrengung der Rzeczpospolita, ihr führender Anteil an der Befreiung Wiens 1683 unter König Jan Sobieski, ebnete damit jedoch nur einer kommenden Teilungsmacht den Weg zur Großmacht. Der Große Nordische Krieg (1700–21) war zugleich auch ein Bürgerkrieg und machte Polen zum Hauptschlachtfeld. Ab 1716 waren russische Truppen in Polen stationiert und kontrollierten vor allem die Königswahl. Der Friede von Nystad besiegelte Rußlands Aufstieg zur Großmacht, auf Kosten Schwedens und Polens. Der Polnische Erbfolgekrieg (1734–37) wiederholte die Konstellation, im Siebenjährigen Krieg (1756–63) war Polen nur noch ohnmächtiges Aufmarschgebiet der russischen Armeen. Nach seinem Ende sanierte sich Preußen auf polnische Kosten, indem Friedrich II. dem schwachen Polen schlechte Münzen aufzwang und so das Chaos der niedergehenden

Die Teilungen Polens im 18. Jahrhundert.

„polnischen Wirtschaft" verschlimmerte. Jahrzehntelang konservierten die drei aufsteigenden Großmächte die Unregierbarkeit und Schwäche Polens als bequemes Machtvakuum, indem sie z. B. Reformen (u. a. Abschaffung des Liberum Veto und der Wahlmonarchie) unterbanden. Im 3. russisch-türkischen Krieg (1768–74) lenkte Preußen jedoch die russische Expansion von den Donaufürstentümern durch die 1. Teilung Polens ab (1772): Polen diente vollends zur Ausbalancierung der drei Großmächte durch Zerstückelung. Rußland nahm sich Teile Litauens und Weißrußlands, Österreich vor allem das westliche Galizien, Preußen das Ermland und Westpreußen (noch ohne Danzig).

Durch den Verlust zahlreicher seiner nicht-polnischen Randgebiete wurde Rumpf-Polen national kompakter denn je zuvor. Heilung vom Schock seiner Amputation suchte das „patriotische" Polen unter seinem letzten König Stanislaus Poniatowski (1764–1795), den Katharina II. ursprünglich als Statthalter russischer Interessen eigesetzt hatte, in Reformen zur Modernisierung und nationalen Erneuerung, kulminierend in der ersten schriftlichen Verfassung einer konstitutionellen Monarchie vom 3. Mai 1791. Damit geriet Polen aber in die Dialektik der Französischen Revolution und provozierte die nächsten Teilungen: Katharina II. sah schon „die französische Pest" auf die Weichsel überspringen und schritt daher zur 2. Teilung (1793), diesmal assistiert nur von Preußen. Den ersten der von nun an stilprägenden polnischen Aufstände, unter Tadeusz Kosciuszko (1794), schlugen Rußland und Preußen gemeinsam nieder und teilten sich den Rest mit Österreich (1795): „Finis Poloniae" löschte Polen zwar von der politischen Landkarte Europas, aber der Wille zur nationalen Wiedergeburt blieb: Mit der 3. Teilung Polens (1795) begann die Polnische Frage, die erste große Nationale Frage Europas.

1.3 Lebensstile

1.3.1 Maria Sibylla Merian: Frau, Künstlerin, Forscherin

Die meisten Frauen lebten wie seit Jahrhunderten: Im bäuerlichen Betrieb versorgten sie das Haus, den Garten, das Kleinvieh. Dabei gönnte ihnen die Arbeitsteilung, die den Mann in die „Außenwirtschaft" (aufs Feld) verwies, keine Ruhepause: Im Winter konnte sich der Mann erholen, während die Arbeit der Frau ununterbrochen weiterging. Besonders hart litten Mägde unter bedrückenden Arbeits- und Lebensbedingungen. Manchen blieb nur noch „der letzte Ausweg" (Selbstmord) oder die „Vagabundage". Nur Frauen in den reicheren und sozial höheren Familien konnten sich durch mehr Bildung höheres Ansehen und mehr Einfluß erwerben.

Wenn auch Frauen mit ihren Salons manchmal Treffpunkte der künstlerischen Intelligenz bildeten, manche Mätresse Ludwigs XIV. politischen Einfluß ausübte, die Kaiserin Maria Theresia und die Zarin Katharina I. herrschten, so blieb die Frauenemanzipation nur ein Thema aufgeklärter Diskussionszirkel mit geringen Auswirkungen auf die Lebenswirklichkeit. Sängerinnen und Schauspielerinnen konnten sich allmählich eine gewisse Eigenständigkeit und (eingeschränkte) Achtung sichern. Männer beherrschten das öffentliche Leben, Frauen agierten im Haus unter Aufsicht des Mannes. Bilder aus dieser Zeit betonen eine andere Frauenrolle: Objekte neckischer Schäferspiele.

Einer der berühmtesten Kupferstecher, Matthäus Merian, hatte in Frankfurt einen Familienbetrieb, der mit seiner „Topographia Germaniae", einer Beschreibung Deutschlands in Wort und Bild, die Lust seines Publikums auf Fernes und Fremdes befriedigte. Seine Tochter Sibylla Maria (1647–1717) sollte Kochen, Sticken und Nähen lernen, wie für Mädchen üblich, lernte allerdings in einer Mädchenschule auch Lesen, Rechnen und Schreiben. Nach dem Tod des Vaters erhielt sie von ihrem Stiefvater Morell, der Maler war, Unterricht in dieser Kunst. Mit dreizehn Jahren besuchte sie eine Seidenraupenzucht und nahm einige Tiere mit nach Hause. Dort beobachtete sie ihre Entwicklung – Einspinnen des Kokons und Verwandlung zum Seidenspinner. Ihr Forscherinteresse war geweckt. Neben Blumen malte Sibylla nun auch Insekten, die der Volksglaube mit Hexen in Verbindung brachte. Mit der Erforschung von Insekten riskierte Sibylla guten Ruf und soziales Ansehen.

In der Aufklärung vollzog sich langsam eine Einstellungsänderung der Menschen zur Heirat: Bis im 17./18. Jahrhundert heirateten Männer und Frauen meist nach Nützlichkeitserwägungen. Danach forderten immer mehr Menschen die Liebe als Grundlage einer Ehe – Vernunftehe gegen Liebesheirat. Die Ehe Sibylla Maria Meri-

Maria Sibylla Merian (zeitgenössischer Stich).

ans mit dem Mitarbeiter ihres Stiefvaters, Graff, (1665) stand noch unter dem Diktat der Vernunft: Beide konnten den Stiefvater im Geschäft unterstützen. Wirtschaftliche Schwierigkeiten zwangen wahrscheinlich die Graffs, mit ihrem Töchterchen nach Nürnberg zu ziehen. Sibylla sammelte weiterhin Insekten, zeichnete die Entwicklung der Raupen, legte eine Schmetterlingssammlung an – und lernte Latein, die Sprache der (Männer-)Wissenschaft! 1679 veröffentlichte Sibylla die Früchte ihrer zwanzigjährigen Forschung: „Der Raupen wunderbare Verwandlungen und sonderbare Blumennahrung". Sie beschrieb ihre Beobachtungen und stellte Raupen und Schmetterlinge nicht isoliert, sondern in ihrer ökologischen Umwelt dar. Mit ihrem Buch beeinflußte sie den Gründer der modernen Biologie, Carl von Linné (1707–1778). Das Ehepaar Graff entfremdete sich immer mehr, und schließlich zog 1682 Sibylla mit ihren beiden Töchtern nach Frankfurt, wo sie ihre Mutter unterstützen mußte. Mit dem Verkauf ihrer Bücher hielt Sibylla die Frauengemeinschaft notdürftig über Wasser.

Sibyllas Stiefbruder holte die Frauen nach Holland, wo er in der Labadistengemeinde predigte. Diese Glaubensgemeinschaft lebte nach Regeln des Urchristentums (siehe Band 1) und glaubte an die persönliche Wiedergeburt des Menschen. Nach Jahren fleißiger Arbeit zog Sibylla mit ihrer Familie 1690 nach Amsterdam. Schnell fand sie dank ihres Raupenbuchs Anschluß an die naturwissenschaftlich interessierte Gesellschaft. Ihr Mann ließ sich damals mit der Genehmigung des Nürnberger Stadtrates von ihr scheiden. Verbindungen der Labadisten nach Surinam, einer Kolonie nördlich von Brasilien, weckten bei Sibylla den Wunsch, tropische Pflanzen und Insekten vor Ort zu beobachten, zu studieren und zu zeichnen. Die 52jährige Frau und ihre Tochter Dorothea Maria fuhren 1699 in die ferne Kolonie, durchforschten, begleitet von schwarzen Sklaven und Eingeborenen, den Urwald und lernten Blumen und Insekten in der Welt der Tropen kennen. Sie engagierten sich für eine bessere Behandlung vor allem der Sklavinnen, stießen damit aber bei den Plantagenbesitzern auf Widerstand. Eine Malariainfektion zwang 1701 beide Frauen zur Rückkehr nach Amsterdam. Danach wertete Sibylla ihre Erfahrungen aus: „Metamorphosis Insectorum Surinamensium" (1705). Dieses Monumentalwerk sicherte ihr die Anerkennung als Forscherin. Am 13. 1. 1717 starb Maria Sibylla Merian.

1.3.2 Die Verfeinerung der Sitten: Der französische Hof

Haben sich die Verhaltensweisen und Einstellungen der Menschen seit der Steinzeit bis heute verfeinert, oder nahmen Menschen in „primitiven" Gesellschaften mehr aufeinander Rücksicht; sind wir Heutigen brutaler und schamloser im Umgang miteinander? Norbert Elias verficht in seinem Buch „Über den Prozeß der Zivilisation" die erste These, Hans Peter Dürr vertritt in „Der Mythos vom Zivilisationsprozeß" eine gegenteilige Auffassung. Dürr untermalt seine These mit vielen Beispielen, wie im 20. Jahrhundert in KZs gefoltert wurde und wie gegenseitige Rücksichtnahme abnimmt. Andererseits betont Elias die Verfeinerung der Sitten im Alltagsleben.

Eine Zivilisierung der Umgangsformen läßt sich in der Oberschicht der europäischen Gesellschaften zur Zeit der Aufklärung nachzeichnen. Ob nun die Andachtsübungen der Pietisten inniger wurden, die eigenen seelischen Regungen fein beobachtet in ein Tagebuch eingetragen wurden, in zarten Liebesregungen schmachtende Liebende in Ohnmacht fielen – all das deutet auf einen feinsinnigeren Umgang der Menschen (vor allem der Oberschicht) mit sich und anderen hin. Der Hof Ludwigs XIV. übertraf alle Regierungssitze Europas; andere Fürsten und Höflinge imitierten französische Gebräuche, und die französische Sprache avancierte zur Umgangssprache der Vornehmen.

Beispiele von Tischsitten mögen die Verfeinerung der Umgangsformen illustrieren: Im Mittelalter aß man meist mit einem Löffel aus einem gemeinsamen Topf; im 17./18. Jahrhundert besaß jeder seinen eigenen Teller mit Besteck; im Mittelalter trank eine Tischgesellschaft aus einem Gefäß; jetzt hatte jeder sein eigenes Glas; beim Essen am französischen Hof die Speisen mit den Fingern zu berühren, löste Entsetzen aus; im Mittelalter war das normal. Manche mittelalterliche Tischsitten setzen sich in den unteren Schichten bis in das 20. Jahrhundert fort. Die These von Elias trifft also nur für die höheren Schichten einer Gesellschaft zu. Die Höflinge in Versailles erfanden immer neue „Moden", da sie von der politischen Betätigung nahezu vollkommen ausgeschlossen waren: Fragen der Etikette, der Kleidung oder der Stellung am Hofe – darum drehten sich die Gedanken der Adeligen. So brachte die Entmachtung des Adels durch Ludwig XIV. eine Verfeinerung der Sitten. Politisch stellte der Hof in Versailles das Idealbild des absolutistischen Staates dar: Allein der König entschied; alle anderen gehorchten und kämpften um seine Gunst. Der Adel diente Ludwig als Staffage zur Erhöhung seiner Person. Die Alltagsrituale in Versailles ähnelten kirchlichen Zeremonien und betonten die Heiligkeit des Herrschers; die „Apotheose" (Vergöttlichung) war beliebtestes Motiv der Hofmalerei. Elias' These der Verfeinerung der Sitten gilt für den Hof des Ancien Régime. Aber unterhalb dieser Zurschaustellung von Feinheit brodelte auch Gemeinheit und Schamlosigkeit, von der der Marquis de Sade (1740–1814) Kunde gibt.

1.3.3 Theaterspielen – eine barocke Lebensform

Im Dreißigjährigen Krieg erlebten viele Menschen in Mitteleuropa Hunger, Krankheit und Tod. Sie reagierten auf dieses Schicksal unterschiedlich: Viele betrauerten das schlimme Los des Menschen und klagten darüber, daß auf Erden alles „eitel" (inhaltsleer, sinnlos) sei. Andere jagten hemmungslos jedem Vergnügen nach („Carpe diem!" – Genieße den Tag!). Die Gegenreformation ordnete den Menschen durch das „memento mori" (Gedenke des Todes!) in die Hierarchie Gott – Mensch ein, allerdings – im Gegensatz zum Mittelalter – mit anderen Vorstellungen. Der spanische Dramatiker Pedro Calderón de la Barca (1600–1681) stellte in seinem Stück „Gran Teatro del Mundo" (Großes Welttheater) das Verhältnis Gottes zum Menschen so dar: Gott bereitet sich und seinem Hofstaat mit den Menschen als Schauspielern ein Theatervergnügen. Das Leben ist Theater, das Theater Leben; der Mensch spielt nach dem Willen Gottes und zum Vergnügen des Himmels.

Diese Lebenseinstellung ließ die Theaterkunst aufblühen. Schriftsteller, Regisseure und Bühnenbildner brachten dramatische Situationen auf die Bühne: Seestürme, Schlachten, zusammenstürzende Paläste, Märtyrerszenen – alles, vom Heiligsten bis zum Vulgärsten. Besonders die Bühnenbildner unterhielten das Publikum durch spektakuläre Einfälle: fliegende Drachen, tosende Wasserspiele, brennende Städte, sturmbewegte Meere.

Der Adel gestaltete sein Leben als ständiges Fest zwischen Jagd und Theater, Feuerwerk und Diners, Selbstdarstellung und Hofdienst. Das Ich drängte im barocken (portugiesisch: barocco = unregelmäßige Perle) Lebensgefühl zur Darstellung seines überhöhten Selbstbildes: mehr scheinen als sein. In der Kleidung der Oberschicht zeigte sich der Expansionswunsch des Ich nach außen: Hohe Perücken, oft weiß oder grau gepudert, sollten dem Kopf Bedeutung verleihen, weite Reifröcke bei engst geschnürtem Oberteil sollten durch Betonung ihrer Weiblichkeit Männer zur „Liebe" verführen, Männer betonten Mächtigkeit und Stärke ihres Oberkörpers durch Rüschenhemden, Westen, Überröcke und die Bundhose mit bestrumpften Beinen. Das Privileg, Macht und Würde auch durch Kleidung in der Öffentlichkeit zur Schau zu tragen, verteidigten die Oberschichten mit Vehemenz. Schon im 16. Jahrhundert schrieb die Stadt Frankfurt am Main, wie viele andere Obrigkeiten, den unteren Ständen Kleiderordnungen (1586, 1597, 1621) vor: Woll- oder Leinenstoffe, Stoffe aus Pflanzenfasern, nur eine bestimmte Länge von Bändern und Tüchern, Verbot von Silber- oder Goldschmuck.

Der soziale Kampf zwischen den Ständen drückte sich also auch in der Mode aus. Allerdings vollzog sich um 1750 ein Wandel im Geschmack. Verzierte der Adel seinen Körper mit immer mehr Schnörkeln, so besannen sich Bürger und städtische Intelligenz auf die Schlichtheit der Kleidung, wie sie in England herrschte. Mit Goethes „Leiden des jungen Werthers“ (1774) präsentierte sich dem aufstrebenden Bürgertum eine Mode der Einfachheit: Kniebundhose und Strümpfe, ein frackähnlicher Tuchrock in gedämpften Farben, eine Weste, die auch heute tragbar ist, und Krawatte. Bequem, praktisch und körpergerecht sollte die Kleidung sein, dem Pragmatismus des Bürgertums (und der Engländer) angemessen. Nicht Imitation des Adels, sondern Entfaltung des eigenen Stils stärkte sein gesellschaftliches Bewußtsein. So spiegelt der Wechsel der Mode auch die Sozialgeschichte des 17. und 18. Jahrhunderts: Der Adel lebte über seine Verhältnisse und legte damit den Grundstein zu seinem Untergang in der Französischen Revolution, während das Bürgertum durch Bescheidung Kraft für seinen späteren Aufstieg sammelte.

Die Bühne als Welt – die Welt als Bühne: Im Gartentheater von Versailles „wachsen“ Bühnenbild und Park übergangslos zusammen. Gemälde von J. Silvestre, 1678.

Absolutismus und Aufklärung

M 1 Absolutismus oder: Der Staat, das bin ich

König Ludwig XIV. von Frankreich, Selbstverständnis eines Königs: Über sein Amtspflichtbewußtsein gegenüber seinen Untertanen schrieb Ludwig XIV. in seinen Memoiren, die der Erziehung seines Sohnes dienen sollten:

Denn schließlich, mein Sohn, müssen wir das Wohl unserer Untertanen weit mehr im Auge haben als unser eigenes. Man kann sagen, daß sie ein Teil unserer eigenen Person sind; wir sind gleichsam das Haupt des Körpers, dessen Glieder sie sind. Wenn wir ihnen Gesetze geben, so geschieht dies nur zu ihrem eigenen Nutzen; die Macht, die wir über sie haben, darf uns nur dazu dienen, mit um so größerem Eifer für ihren Wohlstand zu arbeiten. Wie schön ist es, wenn man es verdient, daß sie einen nicht nur als ihren Herrn, sondern auch als ihren Vater betrachten! Mögen wir auch kraft unserer Abstammung ihre Herren sein, darf doch unser Ehrgeiz kein schöneres Ziel kennen, als von ihnen Vater genannt zu werden. Ich weiß wohl, wieviel Mühe es macht, diesen schönen Titel zu erringen; aber wie bei allen Unternehmungen, die uns Ruhm und Ehre einbringen können, so darf uns auch hier keine Schwierigkeit aufhalten. Nur schwache Seelen schrecken vor einer Arbeit zurück, und es bedeutet eine Schwäche, vorteilhafte und gerechte Pläne nicht auszuführen. Bei Männern unseres Ranges steht die Trägheit ebensosehr im Gegensatz zum Mut wie die Furcht, und ein Monarch, der verpflichtet ist, für das öffentliche Wohl zu sorgen, verdient mehr Tadel, wenn er vor einer nützlichen Anstrengung zurückschreckt, als wenn ihn eine drohende Gefahr aufhält. Denn Furcht vor Gefahren kann fast stets als Klugheit gedeutet werden, während Arbeitsscheu auf nichts anderes zurückführen kann als auf unentschuldbare Schlaffheit.

Aus: Ludwig XIV., Memoiren, Basel 1931, S. 81 f.

M 2 Friedrich Wilhelm I. von Preußen gibt folgenden Rat an seinen Sohn:

Aus den Vermächtnissen

Mein lieber Nachfolger, seid wohl versichert, daß alle glücklichen Regenten, die Gott vor Augen haben und sich keine Maetressen, um es besser zu nennen: Huren halten und ein gottgefälliges Leben führen, diese Regenten wird Gott mit allem weltlichen und geistlichen Segen beschützen. Also bitte ich meinen lieben Nachfolger, ein gottseliges reines Leben zu führen und seinem Lande und seiner Armee mit gutem Beispiel voranzugehen und nicht zu saufen und zu fressen, wovon ein unzüchtiges Leben herkommt. Mein lieber Nachfolger soll auch nicht zugeben, daß in seinen Ländern und Provinzen Komödien, Opern, Balletts, Maskeraden und Redouten gehalten werden; er soll ein Greuel davor haben, weil das gottlose und teuflische Dinge sind, durch die der Satan seinen Tempel reich vermehrt. Wir wahrhaftigen Christen sollen Satans Reich zerstören.

Arbeiten müßt Ihr, so wie ich es immer getan habe, denn ein Regent, der mit Honneur in der Welt regieren will, muß seine Angelegenheiten alle selber verrichten. Die Regenten sind zur Arbeit erkoren und nicht zum leeren faulen Weiberleben.

Aus: Reiners, Ludwig, Friedrich, München 1952, S. 143

M 3 Patent Kaiser Josephs II. zugunsten der Juden, 1782

Da Wir die jüdische Nation hauptsächlich durch bessern Unterricht und Aufklärung ihrer Jugend und durch Hinwendung auf Wissenschaften, Künste und Handwerke dem Staate nützlicher und brauchbarer zu machen, zum Ziele nehmen, so erlauben und befehlen Wir gnädigst den tolerierten Juden in jenen Orten, wo sie keine eigenen deutschen Schulen haben, ihre Kinder in die christlichen [Schulen zu schicken]. Zur Erleichterung ihres künftigen Unterhalts und Vorbereitung der nötigen Erwerbswege gestatten Wir ihnen gnädigst, daß sie von nun an alle Gattungen von Handwerken und Gewerben ... bei christlichen Meistern ... erlernen ... können. Wir verleihen weiter hiermit der jüdischen Nation die allgemeine Befugnis, alle Gattungen von Gewerben, jedoch ohne Bürger- und Meisterrecht, wovon sie ausgeschlossen bleiben, ... auf freie Hand treiben zu können ... Durch gegenwärtige Verordnung kommen Wir von der bisherigen Beschränkung auf bestimmte Judenhäuser ab, und erlauben den tolerierten Juden eigene Wohnungen sowohl in der Stadt als in den Vorstädten ... zu mieten. Nicht minder heben Wir die von fremden Juden bisher entrichtete Leibmaut

[Leibzoll] gänzlich auf... Überhaupt alle bisher gewöhnlichen Unterscheidungen, wie das Tragen der Bärte, das Verbot, an Sonn- und Feiertagen vor zwölf nicht auszugehen, öffentliche Belustigungsorte zu besuchen und dergleichen, aufgehoben (sind).

Aus: Pribram, A.F., Urkunden und Akten zur Geschichte der Juden in Wien, Bd. 1, Wien 1919, S. 494 ff.

M 4 Herrschaft durch Rationalismus oder Der Umschlag der Aufklärung

Der Titel des Buches von J. Bentham lautet: „Panoptikum, oder das Haus der Kontrolle; beinhaltet die Theorie eines neuen Konstruktionsprinzips für jede Art von Einrichtung, in der Menschen jeder Art unter Aufsicht zu halten sind...“

[...] In der Mitte stand ein achteckiger Pavillon, der im ersten Geschoß nur einen einzigen Raum enthielt, nämlich den Salon des Königs. Alle Seiten öffneten sich durch breite Fenster auf sieben ummauerte Gehege (die achte Seite war dem Eingang vorbehalten), in denen verschiedene Arten von Tieren eingesperrt waren. Zur Zeit von Bentham war diese Menagerie bereits verschwunden. Aber im Programm des Panopticon findet man dieselbe Bemühung um individualisierende Beobachtung, um Charakterisierung und Klassifizierung, um analytische Aufteilung des Raumes. Das Panopticon ist eine königliche Menagerie, in der das Tier durch den Menschen ersetzt ist, die Gruppierung der Arten durch die Verteilung der Individuen und der König durch die Maschinerie einer sich verheimlichenden Macht. Von diesen Abweichungen einmal abgesehen, betreibt auch das Panopticon Naturforschung; es stellt die Unterschiede fest: bei den Kranken beobachtet es die Symptome eines jeden, ohne daß die Nähe der Betten, das Zirkulieren der giftigen Ausdünstungen und die Wirkungen der Ansteckung die klinischen Tableaus beeinträchtigt; bei den Kindern registriert es die Leistungen (ohne daß Nachahmen oder Abschreiben möglich ist), erfaßt die Fähigkeiten, schätzt die Charaktere ab, nimmt strenge Klassifizierungen vor und unterscheidet vor dem Hintergrund einer normalen Entwicklung „Faulheit und Trotz“ von „unheilbarem Schwachsinn“; bei den Arbeitern registriert es die Fähigkeiten eines jeden, vergleicht die Arbeitszeiten und berechnet danach die Tageslöhne.

Aus: M. Foucault, Überwachen und Strafen, Frankfurt/ M. 1989, S. 261

Gewaltenteilung – Garantie für individuelle Freiheit und Demokratie?

M 5 Montesquieu: De l'Esprit des Lois

[...] In der Tat scheint das Volk in den Demokratien zu tun, was es will. Aber die politische Freiheit besteht nicht darin, zu tun, was man will. In einem Staat, das heißt in einer Gesellschaft, in der es Gesetze gibt, kann die Freiheit nur darin bestehen, das tun zu können, was man wollen darf, und nicht gezwungen zu sein, zu tun, was man nicht wollen darf [...] Freiheit ist das Recht, alles zu tun, was die Gesetze erlauben. Wenn ein Bürger tun könnte, was die Gesetze verbieten, so hätte er keine Freiheit mehr, weil die anderen ebenfalls diese Macht hätten. [...]

In jedem Staat gibt es drei Arten von Gewalt: die gesetzgebende Gewalt, die vollziehende Gewalt in Angelegenheiten, die vom Völkerrecht abhängen, und die vollziehende Gewalt hinsichtlich der Angelegenheiten, die vom bürgerlichen Recht abhängen. [...]

Vermöge der ersten gibt der Fürst oder die Obrigkeit Gesetze für eine bestimmte Zeit oder für immer, verbessert die bestehenden oder hebt sie ganz auf. Vermöge der zweiten führt er Krieg oder schließt er Frieden, entsendet oder empfängt Gesandtschaften, befestigt die Sicherheit, kommt Invasionen zuvor. Vermöge der dritten straft er Verbrechen oder richtet über die Streitigkeiten der einzelnen Bürger. Diese letztere soll die richterliche Gewalt, die zweite dagegen schlechthin die vollziehende Gewalt des Staates genannt werden [...]

Wenn in derselben Person oder der gleichen obrigkeitlichen Körperschaft die gesetzgebende Gewalt mit der vollziehenden vereinigt ist, gibt es keine Freiheit; denn es steht zu befürchten, daß derselbe Monarch oder derselbe Senat tyrannische Gesetze macht, um sie tyrannisch zu vollziehen.

Es gibt ferner keine Freiheit, wenn die richterliche Gewalt nicht von der gesetzgebenden und vollziehenden getrennt ist. Ist sie mit der gesetzgebenden Gewalt verbunden, so wäre die Macht über Leben und Freiheit der Bürger willkürlich, weil der Richter Gesetzgeber wäre. Wäre sie mit der vollziehenden Gewalt verknüpft, so würde der Richter die Macht eines Unterdrückers haben [...]

Da in einem freien Staat jeder, dem man einen freien Willen zuerkennt, durch sich selbst regiert sein sollte, so müßte das Volk als ganzes die gesetzgebende Gewalt haben. Das ist aber in den großen Staaten unmöglich, in den kleinen mit vielen Mißhelligkeiten verbunden. Deshalb ist es nötig, daß das Volk durch seine Repräsentanten das tun läßt, was es nicht selber tun kann [...]

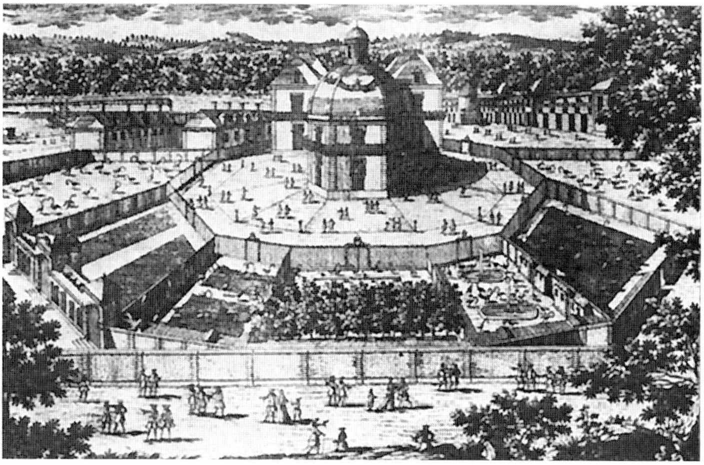

Ménagerie von Versailles zur Zeit Ludwigs XIV. Stich von Aveline.

J. F. de Neufforge, Plan für einen Gefängnisbau.

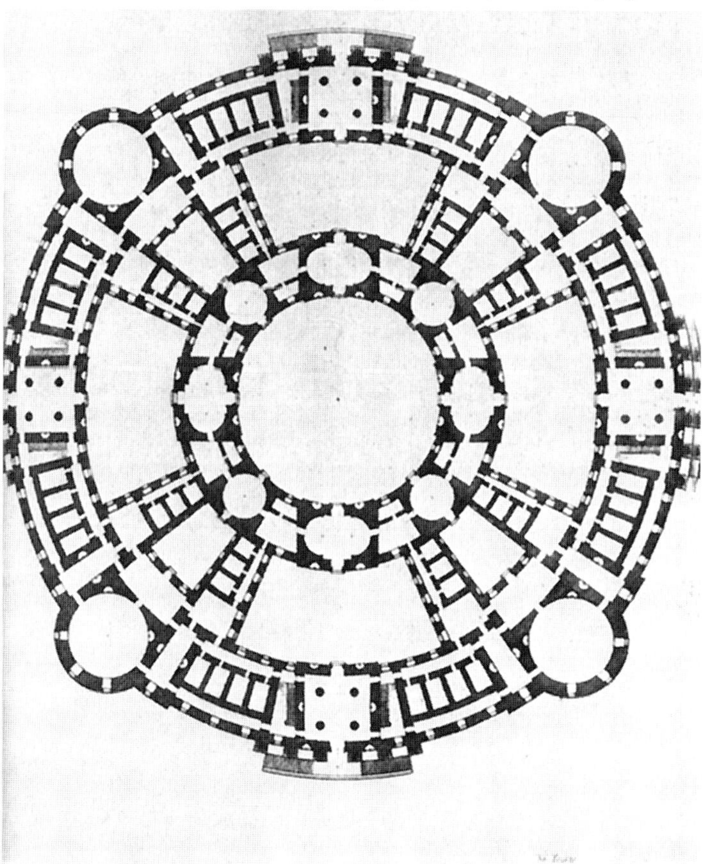

Arbeitsvorschläge

1. *Vergleichen Sie die beiden Vermächtnisse aus M 1 und M 2 im Hinblick auf die Rolle des Herrschers! Beziehen Sie diese Auffassungen auch auf heutige Politiker!*
2. *Erläutern Sie aufklärerische Ideen in dem Patent aus M 3!*
3. *Ein Vergleich der Bilder aus M 4 zeigt Ihnen, nach welchen denkerischen Prinzipien „Welt" in der Zeit nach der Aufklärung gestaltet wird. Arbeiten Sie diese zu Stein gewordene Ideologie heraus! Bewerten Sie nach der Lektüre des Textes (ebenfalls M 4) die Segnungen und Schäden, die aufklärerisches Denken damals und heute zur Folge haben kann.*

Der große Vorteil der Repräsentanten besteht darin, daß sie fähig sind, die Angelegenheiten zu verhandeln. Das Volk ist dazu keinesfalls geschickt. Das macht einen der großen Nachteile der Demokratie aus. [...]

Der repräsentative Körper soll nicht gewählt werden, damit er einen unmittelbar wirksamen Beschluß fasse, wozu er nicht geeignet ist, sondern um Gesetze zu machen und darauf zu achten, daß die von ihm gemachten Gesetze wohl ausgeführt werden. Dazu ist er sehr geeignet, das kann niemand besser als er. [...]

Die vollziehende Gewalt muß in den Händen eines Monarchen liegen. Denn dieser Teil der Regierung, der fast immer der augenblicklichen Handlung bedarf, ist besser durch einen als durch mehrere verwaltet, während das, was von der gesetzgebenden Gewalt abhängt, häufig besser durch mehrere als durch einen einzelnen angeordnet wird. [...]

Aus: Bergstraesser, A./Oberndörfer, D., Klassiker der Staatsphilosophie, Bd. I, Stuttgart 1962, S. 221

M 6 Jean-Jacques Rousseau: Der Gesellschaftsvertrag

[...] „Wie findet man eine Gesellschaftsform, die mit der ganzen gemeinsamen Kraft die Person und das Vermögen jedes Gesellschaftsgliedes verteidigt und schützt und kraft dessen jeder einzelne, obwohl er sich mit allen vereint, gleichwohl nur sich selbst gehorcht und so frei bleibt, wie vorher?" Dies ist die Hauptfrage, deren Lösung der Gesellschaftsvertrag gibt. [...]

Scheidet man vom Gesellschaftsvertrag alles aus, was nicht zu seinem Wesen gehört, so wird man sich überzeugen, daß er sich in folgende Worte zusammenfassen läßt:

„Jeder von uns stellt gemeinschaftlich seine Person und seine ganze Kraft unter die oberste Leitung des allgemeinen Willens, und wir nehmen jedes Mitglied als untrennbaren Teil des Ganzen auf."

An die Stelle der einzelnen Person jedes Vertragschließenden setzt solcher Gesellschaftsvertrag sofort einen geistigen Gesamtkörper, dessen Mitglieder aus sämtlichen Stimmabgebenden bestehen, und der durch eben diesen Akt seine Einheit, sein gemeinsames Ich, sein Leben und seinen Willen erhält. Diese öffentliche Person, die sich auf solche Weise aus der Vereinigung aller übrigen bildet, wurde ehemals Stadt genannt und heißt jetzt Republik oder Staatskörper. Im passiven Zustand wird er von seinen Mitgliedern Staat, im aktiven Zustand Oberhaupt, im Vergleich mit anderen seiner Art Macht genannt. Die Gesellschaftsgenossen führen als Gesamtheit den Namen Volk und nennen sich einzeln als Teilhaber der höchsten Gewalt Staatsbürger und im Hinblick auf den Gehorsam, den sie den Staatsgesetzen schuldig sind, Untertanen. [...]

In der Tat kann jeder einzelne Mensch einen besondern Willen haben, der dem allgemeinen Willen, den er als Staatsbürger hat, zuwiderläuft oder mit dem er noch nicht überall in Einklang steht. Sein besonderes Interesse kann ganz andere Anforderungen an ihn stellen als das allgemeine Interesse. Sein selbständiges und von Natur unabhängiges Dasein kann ihm das, was er dem Gemeinwesen schuldig ist, als eine freiwillige Beisteuer erscheinen lassen, deren Verlust den anderen einen geringeren Schaden bereiten würde, als ihm die Last der Abtragung verursacht. Das Individuum würde die moralische Person, die den Staat ausmacht, nur als eine Idee auffassen können, weil sie eben kein Mensch ist, und die Rechte eines Staatsbürgers genießen, ohne die Pflichten des Untertans erfüllen zu wollen, eine Ungerechtigkeit, deren Umsichgreifen den Untergang des Staatskörpers herbeiführen würde. Damit demnach der Gesellschaftsvertrag keine leere Formel sei, enthält er stillschweigend folgende Verpflichtung, die allein den übrigen Kraft gewähren kann; sie besteht darin, daß jeder, der dem allgemeinen Willen den Gehorsam verweigert, von dem ganzen Körper dazu gezwungen werden soll; das hat keine andere Bedeutung, als daß man ihn zwingen werde, frei zu sein.

Denn die persönliche Freiheit ist die Bedingung, die jedem Bürger dadurch, daß sie ihn dem Vaterlande einverleibt, Schutz gegen jede persönliche Abhängigkeit verleiht, eine Bedingung, die die Stärke und Beweglichkeit der Staatsmaschine ausmacht und den bürgerlichen Verpflichtungen, die ohne sie sinnlos, tyrannisch und den ausgedehntesten Mißbräuchen ausgesetzt wären, Rechtmäßigkeit gibt. [...]

Aus dem Vorhergehenden ergibt sich, daß der allgmeine Wille (volonté générale) beständig der richtige ist und immer auf das allgemeine Beste abzielt; daraus folgt jedoch nicht, daß Volksbeschlüsse immer gleich richtig sind. Man will stets sein Bestes, sieht jedoch nicht immer ein, worin es besteht. Das Volk läßt sich nie bestechen, wohl aber oft hinters Licht führen, und nur dann scheint es Böses zu wollen [...]

Aus: Bergstraesser, A./Oberndörfer, D., a.a.O., S. 247

M 7 Das natürliche Leben

Die idealen Vorstellungen von Aufklärern über Gesellschaft und privates Leben projizierten sie auf weniger zivilisierte Völker. Michel de Montaigne (1533–1592):

[...] Sie sind Wilde, ebenso wie wir die Früchte, die die Natur aus sich und nach ihrem gewöhnlichen Gange hervorgebracht hat, wild nennen. [...]

Diese Nationen scheinen mir also insofern barbarisch, als sie wenig Formung durch den menschlichen Geist erfahren haben und ihrer ursprünglichen Einfalt noch sehr nahe sind. Sie folgen noch den Gesetzen der Natur und sind durch die unseren noch kaum verderbt; sie tun dies in einer solchen Reinheit, daß es mich zuweilen betrübt, daß die Kunde von ihnen nicht früher zu uns gelangt ist, zu einer Zeit, als es noch Menschen gab, die besser darüber zu urteilen gewußt hätten als wir. [...] Die Philosophen haben sich keine so reine und einfältige Ursprünglichkeit vorstellen können, wie wir sie nun in der Tat finden, und sie haben nicht glauben können, daß eine Gesellschaft mit so wenig Formen und verbindenden Regeln bestehen könne. Hier ist ein Volk, würde ich zu Platon sagen, in dem es keine Art Handel gibt, keine Kenntnis der Schrift, keine Lehre von den Zahlen; keine Namen für Obrigkeit oder Staatsoberhäupter; keinen Geschmack am Dienen; keinen Reichtum, keine Armut; keine Verträge; keine Erbfolgen; keine Güterteilungen; keine andere Beschäftigung als die Muße; keine Verwandtschaft außer der allgemeinen; keine Kleider; keinen Ackerbau; kein Metall; keinen Wucher mit Wein und Getreide. Sogar die Wörter, mit denen wir die Lüge, den Verrat, die Verstellung, den Geiz, den Neid und die Verleumdung bezeichnen: man hat sie dort nie gehört. Wie weit von dieser Vollkommenheit entfernt fände er die Republik, die er sich ersonnen hat: „Menschen, frisch aus der Götter Hand." (Seneca, *Epist.*, XC) [...]

Aus: M. Greffrath, Montaigne, Ein Panorama, Frankfurt/M. 1992, S. 92

M 8 Jean-Jacques Rousseau, Über das Entstehen der Ungleichheit unter den Menschen, 1754

Rousseaus Gedanken über die Entwicklung des Staates übten auf seine Zeitgenossen im 18. Jahrhundert einen großen Einfluß aus.

[...] In dem Maße, als Vorstellung und Gefühle sich entwickeln, Geist und Herz sich üben, schreitet das Menschengeschlecht auf dem Wege seiner Zähmung fort. Solange die Menschen mit ihren einfachen Hütten zufrieden waren, [...] solange sie nur Arbeiten unternahmen, die ein einzelner ausführen konnte, und sich nur mit Künsten befaßten, zu deren Bewältigung nicht viele Hände notwendig waren, lebten sie als freie Menschen, gesund, gut und, soweit das ihnen von Natur möglich war, glücklich und hatten den angenehmen Genuß eines wechselseitigen Verkehrs, der jedem seine Freiheit beließ; aber von dem Augenblick an, wo ein Mensch die Hilfe eines anderen benötigte und man bemerkte, daß es für einen einzelnen nützlich sein konnte, Vorräte für zwei zu besitzen, war es mit der Gleichheit vorbei. Der Begriff des Eigentums stellte sich ein; die Arbeit wurde unerläßlich, und die weiten Wälder verwandelten sich in lachende Felder, die man im Schweiße seines Angesichts bebauen mußte und in denen man bald Sklaverei und Elend entstehen und mit jeder neuen Ernte größer werden sah.

So frei und unabhängig der Mensch zuvor gewesen war, so sehr wurde er nun, infolge einer Menge neuer Bedürfnisse, Untertan gewissermaßen der ganzen Natur und vor allem seiner Mitmenschen, sogar wenn er ihr Herr war: reich, benötigt er ihre Dienstleistungen; arm, ist er auf ihre Unterstützung angewiesen.

So entstand oder so muß die Gesellschaft entstanden sein. [...] Der Wilde und der Zivilisierte unterscheiden sich durch die Anlage ihres Herzens wie durch ihre Neigungen so sehr voneinander, daß das, was dem einen das höchste Glück bedeutet, den andern zur Verzweiflung bringen würde. Der Wilde strebt nur nach Ruhe und Freiheit; er will nur leben und müßig bleiben. Der Zivilisierte, im Gegensatz dazu, immer betriebsam, arbeitet im Schweiße seines Angesichts, quält sich ohne Unterlaß ab, noch mühsamere Beschäftigungen zu finden. [...]

Aus: Guggenbühl, G. (Hg.), Quellen zur Geschichte der Neueren Zeit, Bd. III, Zürich 1965, S. 316f.

Arbeitsvorschläge:

1. *Vergleichen Sie M 5 und M 6 auch unter dem Aspekt, wie Machtmißbrauch verhindert werden kann! Bewerten Sie die Gedanken von Montesquieu und Rousseau in Hinblick auf aktuelle Probleme in Staat und Gesellschaft!*
2. *Vergleichen Sie M 7 mit M 8! Bewerten Sie die Bedeutung, die Rousseau dem Eigentum zuschreibt!*

2 Französische Revolution und Napoleon

Kolorierter Holzschnitt, Orléans 1791: „Denkwürdige Ereignisse, welche die Revolution veranlaßt haben, die sich in Frankreich während der Jahre 1789, 1790 und 1791 ereignete."

Zeittafel

1774	Thronbesteigung Ludwig XVI.
1779	Kriegseintritt Frankreichs auf seiten der USA
1787	Notabelnversammlung: Finanz- und Steuerreform gescheitert
8. 8. 1788	Einberufung der Generalstände für den 5. Mai 1789. Berufung Neckers
5. 5. 1789	Zusammentritt der Generalstände
17. 6. 1789	Dritter Stand erklärt sich zur Nationalversammlung
20. 6. 1789	Ballhausschwur
Juli 1789	Der König zieht Truppen um Paris zusammen; Bauernunruhen
11. 7. 1789	Entlassung Neckers und Berufung eines reaktionären Ministeriums
14. 7. 1789	Erstürmung der Bastille
4./5. 8. 1789	Abschaffung des Feudalsystems und der Privilegien

26.8.1789	Erklärung der Menschen- und Bürgerrechte
5./6.10.1789	„Zug der Marktfrauen nach Versailles"; König kommt nach Paris
2.11.1789	Verstaatlichung der Kirchengüter
12.7.1790	Zivilverfassung des Klerus
20.6.1791	Gescheiterter Fluchtversuch des Königs und seiner Familie
27.8.1791	Erklärung von Pillnitz: Preußen, Sachsen und Österreich unterstützen Ludwig XVI.
14.9.1791	Eid des Königs auf die Verfassung; Frankreich wird konstitutionelle Monarchie
1.10.1791	Zusammentritt der Gesetzgebenden Nationalversammlung
20.4.1792	Französische Kriegserklärung an Österreich
25.7.1792	Manifest des Herzogs von Braunschweig
10.8.1792	Erstürmung der Tuilerien; Verhaftung des Königs; Einberufung des Nationalkonvents
2.–6.9.1792	Septembermorde; Tausende von „Verdächtigen" werden in Paris und in den Provinzen umgebracht
20.9.1792	Zusammentritt des Konvents
21.9.1792	Abschaffung der Monarchie; Frankreich wird Republik; Beginn der revolutionären Zeitrechnung (Jahr I)
21.1.1793	Hinrichtung Ludwig XVI.
ab März 1793	Aufstände in der Vendée
6.4.1793	Wohlfahrtsausschuß: Exekutives Machtorgan der Jakobiner
2.6.1793	Entmachtung der Girondisten: Jakobinerdiktatur
27.7.1793	Robespierre im „Wohlfahrtsausschuß"
23.8.1793	„Levée en masse": Massenaushebungen zur Armee
17.9.1793	„Gesetz über die Verdächtigen"
29.9.1793	Allgemeines Maximum für Lebensmittelpreise und Löhne
10.10.1793	Massenguillotinierungen; Entchristianisierungskampagne
Frühjahr 1794	„Großer Terror": Hinrichtung der Hébertisten und Dantons mit Anhängern
8.6.1793	Fest des „Höchsten Wesens"
27./28.7.1794	Hinrichtung Robespierres und seiner Anhänger
23.9.1795	Direktorialverfassung
5.10.1795	Niederschlagung eines royalistischen Aufstandes durch Napoleon
3.11.1795	Regierungsantritt des Direktoriums
10.4.1796	Beginn des Italienfeldzuges Napoleons
8./9.11.1799	Putsch Napoleons; Sturz des Direktoriums: Napoleon wird Erster Konsul
1801	Konkordat Frankreichs mit dem Papst
1804	Napoleon krönt sich selbst zum Kaiser der Franzosen; Einführung des Code civil
1812	Niederlage der „Großen Armee" Napoleons in Rußland
1813/1814	Befreiungskriege und Verbannung Napoleons

In der Nacht vom 14. zum 15. Juli 1789 eilte der Herzog von Rochefoucauld-Liancourt, Großmeister der königlichen Garderobe, von Paris nach Versailles, um Ludwig XVI. über ungeheuerliche Ereignisse zu unterrichten. Den Kommentar des Königs, dies sei ja eine Revolte, korrigierte der Herzog mit der Feststellung: „Sire, das ist keine Revolte, das ist eine Revolution." „Revolution" kommt aus der Astronomie und bezeichnete den periodischen Umlauf der Himmelskörper. Seine Umdeutung ins Politische fand der Begriff mit der englischen „Glorious Revolution“ von 1688, vor allem aber seit 1789 – Erneuerung als Umwälzung von Gesellschaft, Politik, Wirtschaft und Kultur mit Mitteln der Gewalt unter breiter Beteiligung gesellschaftlicher Schichten.

Ein engeres Verständnis sieht in der Französischen Revolution nur die Vorgänge von 1789 bis 1799, ein weiteres schließt auch die bonapartistisch-napoleonische Periode (1799–1815) mit ein. Der ganze Prozeß ist widersprüchlicher als oft dargestellt: Die Französische Revolution brachte nicht nur Befreiung, sondern auch Terror und Unterdrückung, schuf nicht nur den demokratischen Nationalstaat, sondern ließ in der jakobinischen Phase (1793–94) auch schon totalitäre Formen des modernen Staates aufscheinen. Unterschiedliche Wertungen der Revolution, auch ihre Vor- und Nachgeschichte, spalteten Zeitgenossen wie Nachgeborene: Wann begann die Revolution? 1787, im Mai 1789 oder erst am 10. August 1792? Wann war sie zu Ende? Mit Robespierres Sturz 1794? Mit dem ersten Konsulat Napoleons 1799? Mit seiner Kaiserkrönung 1804? Oder mit der Restauration der Bourbonenherrschaft 1814/15? War es DIE Revolution oder gab es mehrere? War es nur „un bloc“ (Georges Clemenceau)? Oder gab es viele Teilrevolutionen, die sich gegenseitig bedingten? Was hat sie bewirkt? (→ M 18)

Unser Bild von Revolutionen mehr als 200 Jahre danach ist verblaßt. Der Verfall der sozialistischen Systeme und die Entwicklung moderner demokratischer Staaten scheinen Revolutionen überflüssig gemacht zu haben. Friedlicher Machtwechsel ist heute das Ideal. Macht im demokratischen Staat ist Macht auf Zeit, vom Souverän, dem Volk, seinen politischen Vertretern verliehen. Dennoch ist dieser Staat auch Ergebnis von Revolutionen. Derzeit spielen vor allem Umstürze und Bürgerkriege, zumeist in der Dritten Welt, eine Rolle. Ein kurzes Scharmützel um den Präsidentenpalast, ansonsten geht man zur politischen Tagesordnung über. „Nein, Sire, das ist keine Revolution, das ist eine Revolte.“ Der entfesselte Geist der Revolution schien im Westen vorerst in seine Flasche zurückgekehrt. Angesichts ökologischer Probleme und Spannungen zwischen der „Ersten“ und „Dritten Welt“, seit dem Zusammenbruch des Kommunismus sitzt der Stöpsel wieder sehr locker. Sollte er sich noch einmal öffnen müssen auf dem Weg zur „Einen Welt“?

2.1 Krise und Agonie des Ancien Régime, 1715–1789

Zahlreiche Entwicklungen, die sich gegenseitig beeinflußten, teils auch gegeneinanderliefen, mündeten in die „Große Revolution“ ein. Der Begriff „Ancien Régime*“, 1790 von den Revolutionären selbst geprägt, bündelte die Kritik am absolutistischen Staat. Geistige Wandlungen seit der Aufklärung trugen wesentlich zur Vorbereitung der Revolution bei (vgl. Kapitel A 1.1), ferner Rückwirkungen des Amerikanischen Unabhängigkeitskrieges, von der Unabhängigkeitserklärung 1776 zur Verfassung von 1787 (vgl. Kapitel B. 5.2).

2.1.1 Soziale und wirtschaftliche Lage vor 1789

Ludwig XIV. wollte Frankreich zur Hegemonialmacht Europas erheben. Aber seine zahlreichen und verlustreichen Kriege scheiterten schließlich im Spanischen Erbfolgekrieg (1701–1714) und stürzten Frankreich in wachsende Verschuldung. Seine Beteiligung am Österreichischen Erbfolgekrieg (1740–1748), Siebenjährigen Krieg (1756–1763) und Amerikanischen Unabhängigkeitskrieg (1775–1783) verschärfte die Finanzkrise des Alten Staates. Allein der Zinsendienst für Darlehen verschlang 1788 die Hälfte der Einnahmen. Die Grenzen der Belastbarkeit waren erreicht. Steuererhöhungen waren erträglich, solange nach dem Tiefstand von 1713/14 Frankreich einen stetigen Wirtschaftsaufschwung verzeichnete und anfangs den ersten Platz im Übergang zur Industriellen Revolution einnahm. Träger des Wirtschaftswachstums waren Großkaufleute, Manufakturbesitzer, Bankiers. Schwere Rückschläge vor 1789 verschlechterten aber die Situation. Da Frankreich im 18. Jahrhundert den prozentual größten Bevölkerungsanstieg in Europa erlebte (1720: 23 Millionen – 1785: 28 Millionen), mußte es Versorgungskrisen bewältigen, denn der Lebensmittelbedarf der wachsenden Bevölkerung ließ sich ab 1770 durch Ertragssteigerungen der Landwirschaft nicht mehr auffangen. Die Preise stiegen in nahezu allen Lebensbereichen drastisch an, ohne Ausgleich durch steigende Löhne.

Die Auswirkungen auf die einzelnen gesellschaftlichen Gruppen waren unterschiedlich: Die Gesellschaftsordnung des Ancien Régime beruhte auf dem Ständestaat. Gegenüber den beiden privilegierten Ständen Klerus (ca. 130000 Personen = 0,5 % der Bevölkerung) und Adel (ca. 350000 Personen = 1,3 % der Bevölkerung) zählte der fast rechtlose Dritte Stand mit über 27 Millionen Personen etwa 98 % der Bevölkerung; davon waren aber knapp 40 % standeslos, z. B. Landstreicher und Bettler. Die ständische Einteilung bestimmte die Rechts- und Lebensverhältnisse aller Bewohner Frankreichs. Alle drei Stände kannten in sich Abstufungen: Reicher hoher Klerus, vor allem Bischöfe und Äbte, Hochadel und die privilegierten Spitzen des Dritten Standes standen der mehr oder weniger armen Masse der drei Stände gegenüber.

2.1.1.1 Dritter Stand

Frankreich war 1789 noch eine weitgehend agrarische Gesellschaft: Etwa 85 % der Franzosen lebten auf dem Lande, die Grundherrschaft prägte das ländliche Leben. Bauern, die Masse des Dritten Standes, waren meist Kleinpächter. Nur 5 % der Landbevölkerung konnten als Großbauern und Großpächter auf etwa 33 % des Grundbesitzes rationell arbeiten. Erster und Zweiter Stand besaßen mit rund 40 % am meisten Land, der Rest gehörte dem städtischen Bürgertum (→ M 2). Auf den Bauern lasteten Abgaben an die Grundherren (Zehnt, Frondienste, Grundrente, wenn sie den Boden nur gepachtet hatten) und der Hauptteil der Steuern, so daß ihnen oft nur ein Drittel des Ernteertrags für das alltägliche Auskommen blieb (→ M 5). Bei Mißernten war ihre Existenz stets gefährdet: Die Bauern mußten Geld leihen, um ihre Abgaben zu zahlen, gerieten so aber in neue Abhängigkeiten, mußten sogar Brot zukaufen. Preisanstieg und Bevölkerungswachstum verschlechterten die Lage weiter. Ein Überangebot an Arbeitskräften ließ die Löhne sinken. Besonders zwischen 1760 und 1775 wuchs die Zahl der Landlosen und Tagelöhner, die von Gut zu Gut zogen und sich in den Städten gegenseitig Konkurrenz machten. Schon vor 1789 kam es zu lokalen Unruhen und Aufständen, so zum „Mehlkrieg" von 1775. Eine Mißernte 1787 und ein besonders strenger Winter 1788/89 verschärften die Not. Die Unzufriedenheit der Zukurzgekommenen erklärt viel von der Dynamik der Revolution und Frankreichs militärischer Schlagkraft zwischen 1792 und 1815.

Das Bürgertum war zwar innerhalb des Dritten Standes eine Minderheit, übte jedoch bestimmenden Einfluß aus. Als Bourgeoisie galten die oberen Ränge des Dritten Standes – Steuerpächter, Bankiers, Großkaufleute, Manufakturbesitzer, Anwälte, Ärzte, Journalisten und höhere Beamte. Ihnen ging es wirtschaftlich immer besser, aber ihre Reichtümer investierten sie meist herkömmlich durch Kauf von Gütern verarmter Adli-

Karikaturen aus dem Jahr 1789. Überschrift zum Bild links: „Man muß hoffen, daß dieses Spiel bald beendet sein wird"; zum Bild rechts: „Die gegenwärtige Zeit will, daß jeder die große Last mitträgt."

ger, Zeichnung königlicher Anleihen oder Erwerb von Ämtern. Besonders unpopulär waren die Steuerpächter. Halb Privatgesellschaft, halb Behörde, beschäftigten 40 Generalpächter über 30 000 Angestellte. Nach Heer und Marine waren sie der zweitgrößte Arbeitgeber Frankreichs. 21 000 Mann bildeten eine paramilitärische Einheit, die Druck zur Steuereintreibung ausübte.

Die größte Gruppe in den Städten war das Kleinbürgertum, die Masse der Gewerbetreibenden und Händler, die sich noch überwiegend an vorindustriellen Produktionsformen orientierten, da Zünfte und Gilden mögliches Wachstum verhinderten. Zuletzt kamen wachsende Unterschichten – Manufakturarbeiter, Diener, Boten, Wasser- und Holzträger. Der Abstand zwischen den unteren Gruppen der Stadtbevölkerung zur Bourgeoisie war enorm. Die einen litten unter Wirtschafts- und Ernährungskrisen, die anderen unter ihrer politischen Ohnmacht. Geschult an den Schriften der Aufklärer, forderte das intellektuelle Frankreich politische Mitsprache, gar Gleichberechtigung, drängte auf Abschaffung der Feudalrechte und Zunftordnungen.

2.1.1.2 Erster und Zweiter Stand: Klerus und Adel

Wie der Adel war der Klerus in sich gestuft: Dem Erzbischof von Straßburg, mit einem Jahreseinkommen von 1,2 Millionen Livres, standen die vielen Vikare und Landpfarrer („abbé") mit unter 1000 Livres im Jahr gegenüber. Von den 130 000 Geistlichen gehörten ungefähr 4000 zum hohen Klerus. Seine Pfründe waren feste Einnahmequellen für den Zweiten Stand, da der Adel durchweg die hohen Kirchenämter besetzte. Unter den 139 Bischöfen befand sich 1789 kein einziger Nichtadliger. Der Klerus lebte vom Grundbesitz mit seinen Abgaben, vor allem vom Zehnten. Die jährlichen Einkünfte der Kirche beliefen sich auf etwa ein Drittel der Staatseinnahmen, zu denen die Kirche nur durch freiwillige „Gaben" beitrug. Der Veränderungswille des Dritten Standes rührte an die

Privilegien des Ersten und Zweiten Standes. Die 350000 Angehörigen des Schwertadels („noblesse d'épée") hielten sich weitgehend ans Wertesystem des Ständestaates, das ihnen Ehren-, Dienst-, Steuer- und Rechtsprivilegien garantierte. Der Adel war kein abgeschlossener Stand. Da die Erhebung in den Adelsstand in der Machtbefugnis des Königs lag, bemühten sich besonders reiche Bürger durch Ämterkauf um Aufstieg in den Amtsadel („noblesse de robe"). 32000 bis 50000 Bürger sollen sich im 18. Jahrhundert einen Adelstitel erkauft haben.

Die Vermögensunterschiede im Adel waren gewaltig. Aus den Kopfsteuertabellen, die auch für den Adel galten, geht hervor, daß Adlige von den obersten Stufen bis hinab zur 9. Stufe (von 22) vertreten waren. Der Klein- und Provinzadel war mit einfachen Zunfthandwerkern eingestuft. Landadlige, die nur noch mühsam ihr Auskommen fanden, hielten hartnäckig an ihren Vorrechten fest und beharrten auf ihren feudalen Abgabeforderungen gegenüber den Bauern. Das Privileg der Steuerfreiheit des Adels ist somit differenzierter zu sehen: Neben der Kopfsteuer mußten die Adligen verschiedene direkte Einkommensteuern zahlen, wie den vingtième (auf 5% ihres Besitzes). In manchen Regionen war die Hauptsteuer, die wesentlich zu Lasten des Dritten Standes ging, die Taille, nicht an die Person, sondern an den Grundbesitz gebunden, so daß Adlige auch diese Steuer zahlen mußten. Sonst erkauften sich viele Stadtbürger Steuerfreiheit, z. B. durch Übernahme eines städtischen Amtes, so in Paris Kontrolleure für Käse und Quark, Eingeweidebeschauer usw. Vor 1789 existierten ca. 50000 käufliche Ämter, für den Staat ein potentielles Kapital von 600 bis 700 Millionen Livres.

2.1.2 Wege aus der Finanzkrise

Schon seit Ludwig XIV. standen die Finanzminister unter dem Druck, die Einnahmen der Krone zu verändern, aber die absolutistischen Könige blockierten alle Reformansätze. Die Maßnahmen ähnelten sich alle: in- und ausländische Anleihen, neue Steuern. Erst unter Ludwig XVI. (1774–1793) begann die Suche nach neuen Wegen. Sein erster Finanzminister, Turgot (1727–1781), folgte physiokratischer Wirtschaftsauffassung*, wonach Zunftwesen und staatliche Reglementierungen die Produktivität der französischen Wirtschaft hemmten. Turgot forderte die Abschaffung von Zollschranken, Warensteuern und ein gerechteres Steuersystem. Um an die Stelle unüberschaubarer Steuern eine einzige Grundsteuer zu setzen, wagte er sich sogar an die Abschaffung der corvée, des staatlichen Frondienstes, die das Straßenbauprogramm ermöglichte.

Der Adel bekämpfte die Neuerungen vehement, fürchtete er doch, die Bauern könnten aus ihnen vergleichbare Forderungen gegen ihre Grundherren ableiten. 1776 entließ Ludwig XVI. Turgot. Ähnlich versuchte einige Jahre später Jacques Necker (1732–1804) die Finanzreform, aber auch er scheiterte am Widerstand des Hofes. Sein „Compte Rendu", das erste öffentlich gemachte Staatsbudget, setzte durch Offenlegung allein schon Maßstäbe (→ M 1). Necker wies ein noch etwas geschöntes Gleichgewicht zwischen Einnahmen und Ausgaben der Krone nach, klammerte aber die geheimen Anleihen an die jungen USA aus. Das Gleichgewicht erreichte der Finanzminister aus der Schweiz durch massive Einsparungen: Er reduzierte die käuflichen Ämter, sparte in der königlichen Verwaltung über 400 Ämter ein und setzte eine höhere Gewinnbeteiligung bei den Steuerpächtern durch. Der Zustimmung des Volkes konnte er sicher sein, zumal er in vielen Provinzversammlungen durchsetzen wollte, daß der Dritte Stand ebenso stark wie Adel und Klerus vertreten sein sollte. Necker stieß auf beträchtlichen Widerstand der Intendanten (Provinzgouverneure), die seinen Sturz herbeiführten. Dennoch blieben die

Finanzprobleme, verschärft u. a. durch Frankreichs Engagement im Amerikanischen Unabhängigkeitskrieg (→ M 4). 1787 startete Finanzminister Calonne (1734–1802) einen letzten Versuch, durch eine vom König einberufene Notabelnversammlung* Reformmaßnahmen durchzusetzen: Adel und Klerus lehnten es ab, sich einer allgemeinen Steuergesetzgebung zu unterwerfen. Dennoch forderte die Versammlung Ludwig XVI. auf, die Generalstände (États Généraux), die 1614 zuletzt zusammengetreten waren, wieder einzuberufen. In diesem alten Ständegremium sahen alle ein Allheilmittel: Adel und Klerus erwarteten die Wiederherstellung ihrer dominierenden Rolle und die Beschneidung der königlichen Macht, das Bürgertum wollte endlich gemäß seiner wirtschaftlichen Position auch politische Macht erreichen, die Bauern erhofften sich Befreiung von letzten feudalen Fesseln. Die politische Stimmung im Lande war aufgeheizt, das amerikanische Vorbild begann sich auszuwirken.

2.1.3 Der Einfluß Amerikas

Für viele Franzosen, auch Adlige, verkörperte Amerika die neue Gesellschaft, die sich von der Altersschwäche der Alten Welt vorteilhaft abhob. Lafayette (1757–1834) berichtete bei seiner Ankunft in Amerika im Sommer 1777: „Einfach in ihren Sitten, zuvorkommend, von Liebe zum Land und zur Freiheit erfüllt, und dazu herrscht hier eine ganz selbstverständliche Gleichheit vor. Die Reichsten und die Ärmsten stehen auf ein und derselben Stufe, und obwohl es hier enorme Vermögen gibt, möchte ich den sehen, der in ihrem Verhalten zueinander auch nur den leisesten Unterschied ausmachen könnte."

Benjamin Franklins (1706–1790) Mission als US-Gesandter in Frankreich (1779) löste eine regelrechte Franklinmanie aus, und er schlachtete geschickt die Schwärmerei der Franzosen für Amerika aus. Der Kontrast des schlicht gekleideten Franklin zum französischen Hof mit seinen spitzenbesetzten, bestickten Röcken, dem gepuderten und parfümierten Haar der Höflinge, war beabsichtigt. Auf Porträtdrucken ließ Franklin sich gern mit Bibermütze abbilden, eine direkte Kopie der frühen Bildnisse Rousseaus. Als „elektrischer Botschafter" wußte der Erfinder des Blitzableiters um den nahezu grenzenlosen Wissensdurst der französischen Elite. Von Turgot stammt das Epigramm: „Dem Himmel entriß er das Feuer, den Tyrannen das Szepter" (Eripuit cœlo fulmen, sceptrumque tyrannis). Die Verbindung zwischen Tyrannensturz und himmlischem Feuer war für das Ancien Régime ambivalent: Frankreichs Intervention auf amerikanischer Seite, um England zu treffen, wirkte auf seine interne Entwicklung zurück. Zurückgekehrte Soldaten spielten eine auffallende Rolle in der Französischen Revolution. Bedeutend war der „Flirt mit bewaffneter Freiheit" auch für den Adel, der mehr Verständnis für wirtschaftliche, soziale und politische Probleme gewann.

2.2 Die Revolution 1789 bis 1792

2.2.1 Die Einberufung der Generalstände

Am 8. August 1788 gab der König dem Druck der Öffentlichkeit nach und berief die Generalstände für Mai 1789 ein. Wichtige Fragen waren aber offengeblieben: Nach alter Tradition hatte jeder Stand 300 Abgeordnete, verfügte aber nur über eine Stimme. Für den Dritten Stand setzte der wieder amtierende Necker beim König eine Verdoppelung der Zahl der Abgeordneten durch, der Abstimmungsmodus sollte aber erhalten bleiben. Emmanuel Sieyès (1748–1836), Generalvikar der Diözese Chartres, der für den Dritten Stand kandidierte, beeinflußte mit seiner Schrift „Was ist der Dritte Stand?" (Qu'est-ce que le Tiers État?) die Entscheidung, ob nach Ständen oder Köpfen abzustimmen sei. Seine Fragen waren einfach, für alle verstehbar und trafen ins Schwarze:

„1. Was ist der Dritte Stand? Alles.
 2. Was ist er bis jetzt in der politischen Ordnung gewesen? Nichts.
 3. Was verlangt er? Etwas zu werden."

Sieyès endet mit einem als Prognose verkleideten Appell: „Die erste [Versammlung des Dritten Standes, Anm. d. Verf.] vertritt die Stelle von 25 Millionen Menschen und beratschlagt über das Interesse der Nation. Die beiden anderen, sollten sie sich vereinigen, haben nur ungefähr von 200000 Individuen Vollmacht und denken nur an ihre Vorrechte. Der Dritte Stand allein, wird man sagen, kann die Reichsstände nicht bilden. Nun. Desto besser! Er wird eine Nationalversammlung bilden."

Die Unzufriedenheit des Bürgertums über den Abstimmungsmodus verschärfte eine Wirtschaftskrise, ausgelöst durch Mißernten 1787 und 1788. Extreme Regenfälle und Überschwemmungen 1787, Dürre und Hagelschlag 1788 lösten Hungerrevolten und Brotunruhen aus. Die Getreidepreise stiegen um 100–200 %. Im Dezember 1788 wuchs die Zahl der Arbeitslosen in Paris auf 80000, auf den Pariser Märkten stieg der Preis des Vier-Pfund-Laibes Brot um 8 Sous im Juli auf 12 Sous im November, 14 Sous im Dezember 1788. Ein Arbeiter verdiente täglich etwa zwischen 15 und 20 Sous, mußte also rund 80 % seines Einkommens nur für Brot ausgeben.

Mit dem geänderten Wahlgesetz vom Januar 1789 – danach durften alle Männer über 25 Jahre, die Steuern zahlten, wählen, beim Zweiten Stand sogar auch die Frauen – konnten die Wähler in Beschwerdebriefen („Cahiers de doléances") ihre Wünsche und Klagen vortragen. Etwa 50000 Forderungskataloge, eine der größten Volksbefragungen der Moderne, geben einen guten Einblick in die Krise des Ancien Régime. Sie sind zwar meistens von Advokaten und Beamten verfaßt, aber stets als Ergebnis von Wahlversammlungen und Mehrheitsbestimmungen, gedacht als bindende Mandate für die gewählten Deputierten. Probleme der besitzlosen Landarbeiter und der städtischen Unterschichten wurden kaum angesprochen, da sie kein Wahlrecht besaßen. Auch so bargen die Cahiers genug revolutionären Sprengstoff.

2.2.2 Die Revolution der Abgeordneten

Am 5. Mai 1789 traten die Stände in Versailles zusammen. Von den 291 Abgeordneten des Ersten Standes gehörten die meisten zum niederen Klerus, mindestens die Hälfte sympathisierte mit dem Dritten Stand. Unter den 270 Adligen waren etwa 90 Reformwillige. Von den knapp 600 Abgeordneten des Dritten Standes waren fast die Hälfte Juristen, daneben 100 Bankiers, Kaufleute und Industrielle und etwa 50 reiche Großgrundbesitzer. Weder Bauern, Handwerker noch Arbeiter saßen in den Generalständen. Da der König nach Eröffnung der Versammlung an der Abstimmung nach Ständen festhielt und getrennte Ständeversammlungen forderte, löste Sieyès seine Versprechen ein: Für den 17. Juni lud er alle Abgeordneten zur Wahlprüfung. Zur Sitzung kamen Mitglieder des Dritten Standes und einige des Ersten und Zweiten Standes. Die Versammlung stellte fest, daß sie wenigstens 96 Prozent der Nation repräsentiere. Auf Antrag von Sieyès konstituierte sie sich mit 491:90 Stimmen zur „Nationalversammlung" („Assemblée Nationale*"). Das war der entscheidende revolutionäre Akt der Abgeordneten, der Bruch mit der bisherigen Staatsauffassung.

Legitimiert durch das Prinzip der Volkssouveränität (Rousseau) beanspruchten die Abgeordneten, den Allgemeinwillen („volonté générale") zu vertreten. Sieyès erklärte, daß es nur dieser Versammlung zukomme, „den allgemeinen Willen des Volkes zu erklären und vorzutragen ... Die Benennung Nationalversammlung ist die einzige, die bei dem gegenwärtigen Stand der Dinge der Versammlung angemessen ist ..., weil die Vertreter direkt von nahezu dem gesamten Volk entsandt worden sind." Zwei Tage später schloß sich die Mehrheit des Ersten Standes der Nationalversammlung an. 80 liberale Adlige wollten ihnen folgen. Am 20. Juni fanden die Deputierten ihren Sitzungssaal verschlossen und bewacht vor, so daß sie in das nahe gelegene Ballspielhaus zogen. Ihre Antwort auf das königliche Verlangen, wieder getrennt zu tagen, war der Schwur, erst auseinanderzugehen, wenn für Frankreich eine neue Verfassung verabschiedet sei. Eine Woche später gab der König nach. Er forderte „seine getreue Geistlichkeit und seinen getreuen Adel" auf, mit der Nationalversammlung zu tagen, die er damit anerkannte. Am 9. Juli endeten die Generalstände offiziell: Alle Abgeordneten erklärten sich zur Verfassunggebenden Nationalversammlung („Assemblée nationale Constituante"). Damit konnte die Verfassungsarbeit in 30 Ausschüssen beginnen. Die erste Phase der Revolution war friedlich verlaufen. Der König hatte vorerst seine Machteinbuße akzeptiert und mußte sich dem Gesamtwillen der Nation unterordnen.

2.2.3 Die Revolution des Volkes

Aber nur scheinbar hatten König, konservative Adlige und Hoher Klerus nachgegeben. Schon für den 23. Juni erwog Ludwig XVI. die militärische Auflösung der Nationalversammlung, aber am 22. Juni zog er die Marschbefehle wieder zurück. Am 11. Juli setzte er zusätzliche 11 500 Soldaten nach Paris und Versailles in Marsch, darunter über ein Drittel ausländische Regimenter, vor allem deutsche und schweizer Soldaten. Die Truppenbewegungen begründete der König mit möglichen Unruhen in Paris, sie konnten aber auch zur Wiederherstellung der königlichen Macht dienen. Als der König auf Druck seiner Berater und seiner Frau Marie Antoinette am 11. Juli Necker und weitere liberale Minister entließ, befürchteten die Pariser Bürger eine konterrevolutionäre Verschwörung des Hofes.

Die wirtschaftliche Not hatte im Juli durch weiteren Anstieg der Brotpreise einen zusätzlichen Höhepunkt erreicht, so daß die Einwohner von Paris zur Selbsthilfe schritten: Das Ancien Régime sah sich nicht mehr nur der Nationalversammlung gegenüber, sondern auch der geballten Macht der Straße. Ganz Paris war nach der Nachricht von Neckers Entlassung am 12. Juli in Aufruhr (→ M 6). Im Park des Palais-Royal schwang sich ein junger Journalist, Camille Desmoulins (1760–1794), vor mehreren tausend Zuhörern zum großen Agitator auf (→ M 7). Seinem Aufruf, zu den Waffen zu greifen, folgten viele. Die Wahlmänner von Paris schufen eine Volksmiliz, die spätere Nationalgarde. Auf der Suche nach Munition und Pulver plünderte die Menge die königlichen Möbel-Depots und erbeutete alte Piken und Hellebarden.

Das wichtige Pulver lag seit wenigen Tagen in der Bastille, dem Symbol des königlichen Absolutismus. Als gewaltige Festung mit acht Rundtürmen und zwei Meter dicken Mauern war sie seit Ludwig XI. zentrales Staatsgefängnis. Ohne Gerichtsverhandlung, durch Haftbefehl des Königs (Lettre de cachet), saßen viele Inhaftierte ein. Die Haftbedingungen waren unter Ludwig XVI. deutlich milder geworden. Die berüchtigten un-

Der Sturm auf die Bastille am 14. Juli 1789. Gemälde eines unbekannten Künstlers.

terirdischen Gefängnislöcher, voller Feuchtigkeit und Ungeziefer, waren nicht mehr in Gebrauch. Gefangene von Rang konnten sich ihre achteckigen Zellen von knapp 5 m Durchmesser selbst einrichten. Ganze sieben Gefangene befreiten die Eroberer des Bollwerks, als sie es am 14. Juli erstürmten. 98 Angreifer fielen bei der Eroberung der Festung. Die Rache des Volkes an den Verteidigern war grausam. De Launay, der Gouverneur der Bastille, wurde von der aufgebrachten Volksmenge erschlagen (→ M 6, M 7).

Der Sturm auf die Bastille hatte weitreichende Folgen: Der König war sich seiner Truppen nicht mehr sicher, befahl den Rückzug und rief Necker zurück. Am 17. Juli trat Ludwig XVI. seinen Bußgang nach Paris an und steckte die rotweißblaue Kokarde an, das Symbol der Revolution aus den Farben der Stadt Paris (blau und rot) und dem königlichen Weiß. Als „Vater der Franzosen, König eines freien Volkes“ feierten ihn die Pariser und begrenzten damit seinen Machtrahmen. Die Nationalversammlung war gerettet, die Emigration des Adels und eines Teils der königlichen Familie begann.

2.2.4 Die Revolution auf dem Lande: „La Grande Peur“

Nach dem 14. Juli erfaßte die Provinzen die „Große Furcht“ („La Grande Peur*“). Hoffnungen seit Zusammentritt der Generalstände und Angst vor Radikalisierung flossen zusammen in die Revolution auf dem Lande bis zur Fluchtbewegung des Adels. Zugleich breitete sich Massenhysterie aus: In den Grenzregionen erwartete man bewaffnete Intervention von außen, den Einfall österreichischer Truppen, die Plünderung von Bordeaux durch spanische Truppen, die Landung der britischen Marine in Brest oder Saint-Malo. Überall entstanden Freiwilligenmilizen, um zunehmende Überfälle auf Getreidespeicher und Bäckerläden zu verhindern.

Volksbewaffnung und Revolutionskomitees – Basis für die Revolution in ganz Frankreich – seien nur das Ergebnis einer Verschwörung unter dem Herzog von Orléans (1747–1793) gewesen, so die Theorie späterer royalistischer Historiker. Die Große Furcht trug, wie der französische Historiker Lefebvre nachgewiesen hat, alle Anzeichen spontaner Panik. Anfangs herrschte vage Angst mit grotesken Folgen: Im Süden der Champagne sollten am 24. Juni an die 3000 Mann eine Räuberbande stellen; sie entpuppte sich als große Kuhherde. Später bot die Volksbewaffnung die Möglichkeit, endlich mit den Vorrechten der Grundherren aufzuräumen. In einigen Regionen wurden die Herrensitze total zerstört. Meist ging es den Bauern nur um Herausgabe der Lehensurkunden. Die Massenpsychose führte zu in der Geschichte immer wiederkehrenden Pogromen gegen Unbeteiligte – im Elsaß zu Judenverfolgungen. Alle Ausländer lebten gefährlich, da sie mögliche Vorboten einer Invasion sein konnten. Marie-Antoinette, die Königin aus Österreich, wurde besonders Zielscheibe revolutionärer Ausländerfeindlichkeit: Sie sei nur im Land geblieben, um die Vernichtung der Nationalversammlung zu betreiben, behaupteten ihre Gegner. Terror und Gewalt auf dem Höhepunkt der Revolution wurden in ihrer Anfangsphase schon sichtbar. Verdächtigungen, Denunziationen, Lynchjustiz gehörten seit 1789 zum Alltag der Revolution.

2.2.5 Die Nationalversammlung, 1789–1791

Alle drei Revolutionen griffen ineinander: Mit ausgelöst durch den Sturm auf die Bastille vom 14. Juli erzwang die Große Furcht eine erstaunlich schnelle Reaktion der Nationalversammlung. Von Angriffen auf die Besitzstände des Großgrundbesitzes, Adel, Klerus und Großbürgertums fühlten sich alle getroffen. Um sie zu kanalisieren, tagte die Nationalversammlung in der Nacht vom 4. auf den 5. August und beschloß das Ende des Feudalsystems, die Abschaffung der Privilegien (→ M 8). In einer spektakulären Verzichtserklärung fielen alte Vorrechte:

- Leibeigenschaft
- grundherrliche Gerichtsbarkeit
- adlige Sonderrechte (Jagd, Fischerei, Taubenhaltung)
- Ämterkäuflichkeit
- Steuerprivilegien
- Kirchenzehnt ohne Entschädigung.

Der Gleichheitsgrundsatz für alle Franzosen beginnt mit dieser Festlegung (→ M 8, M 11, M 12). Seitdem besaßen alle nach dem Gesetz gleiche Rechte und Pflichten, hatten Zugang zu allen Stellen und Berufen, bezahlten auf ihren Besitz Steuern. Der Jubel der armen Landbevölkerung war aber verfrüht. Die Herrenrechte wurden nicht entschädigungslos aufgehoben. Nur gegen Geld konnte sich der Bauer von Lasten auf Grund und Boden freikaufen. Die Bauern waren zwar frei, nicht jedoch das Land, das sie bearbeiteten. Erst im Juli 1793 setzte das spätere 3. Revolutionsparlament, der Konvent, die vollständige und entschädigungslose Aufhebung des Abgabeeigentums durch. Die Augustbeschlüsse bewirkten aber, was sie erreichen sollten: Die Bauernunruhen hörten schlagartig auf. Die meisten Bauern waren zufriedengestellt, ihr Elan ging allerdings der Revolution verloren.

Ende August (26. 8.) steckte die Nationalversammlung den Rahmen für die Verfassung Frankreichs ab: Grundlage war die „Erklärung der Menschen- und Bürgerrechte“, mit natürlichen und unveräußerlichen Rechten der Menschen im Mittelpunkt (→ M 12). Das naturrechtliche Denken der Aufklärung und die Orientierung an der Vernunft des Menschen machten diese Erklärung zur „Charta der modernen Demokratie" (Furet). Die Gewaltenteilung (nach Montesquieu) fand ebenso Eingang wie Rousseaus Gedanke vom „Allgemeinwillen", Eigentumsgarantien standen im Vordergrund. Der Gleichheitsgrundsatz galt nur vor dem Gesetz: An wirtschaftliche Gleichheit war nicht gedacht; die Frauen mußten noch lange auf ihre Gleichberechtigung warten (vgl. Abschnitt 2.3.3 und M 13), die Befreiung der Sklaven in den Kolonien stand noch aus.

Wie würde sich der König zu all diesen Veränderungen stellen? Hatte er überhaupt noch Einflußmöglichkeiten? Die Diskussion über ein Vetorecht des Königs begann vor dem Hintergrund des Widerstands Ludwig XVI. gegen die Augustbeschlüsse. In einem Brief an den Erzbischof von Arles machte der König seine Einstellung deutlich: „Sie haben für die allgemeine Aussöhnung, für ihre patrie und für ihren König große Opfer gebracht... Nie und nimmer werden Wir (gemeint: der König) es zulassen, daß sich Unser Klerus und Unser Adel dergestalt berauben läßt." Dennoch gab die Nationalversammlung im September dem König ein Vetorecht mit aufschiebender Wirkung (suspensives Veto): Er konnte damit nichts endgültig verhindern, aber auf Zeit spielen, Entscheidungen auf die lange Bank schieben.

Die Pariser Bevölkerung war unzufrieden mit diesen Ergebnissen, zumal sich die Versorgungslage nicht gebessert hatte. Der Brotpreis war nur leicht gesunken, die Arbeitslosigkeit sogar noch angestiegen. Daß Marie Antoinette angesichts der Brotknappheit gesagt haben soll, dann sollten die Pariser doch Kuchen essen, läßt sich zwar nicht belegen, die Verbreitung des Zynismus wirft aber ein Schlaglicht auf den wachsenden Haß gegen den Versailler Hof, den das Volk für sein Elend verantwortlich machte. Nachrichten von überbordenden Festbanketten Anfang Oktober zum Empfang neuer Truppen in Versailles provozierten Empörung: 6000 Pariser Frauen, meist Marktfrauen, zogen, mit Stöcken, Äxten und Piken bewaffnet, nach Versailles, um ihrem Ruf nach Brot Nachdruck zu verleihen. Die Nationalgarde folgte ihnen, konnte aber Gewalttaten gegen die königliche Garde nicht verhindern. Dem Druck des Volkes beugte sich Ludwig XVI. notgedrungen: Er erkannte alle bisherigen Beschlüsse der Nationalversammlung an und ließ sich von der Volksmenge nach Paris führen. Versailles wurde mit Brettern vernagelt. Drastischer war das Ende des Absolutismus nicht zu demonstrieren: Der König war in seinem Pariser Stadtschloß, den Tuilerien, Gefangener der Revolution. Auch die Nationalversammlung zog nach Paris und stand damit verstärkt unter dem Druck der Straße.

Es gab noch viel Arbeit für die Abgeordneten: Die Verfassung war noch nicht fertig, die Augustbeschlüsse waren umzusetzen, die Finanznot war noch nicht behoben. Dieses drängende Problem wollte das Parlament durch Verstaatlichung der Kirchengüter lösen. Nach langen Diskussionen beschloß es am 2. November 1789 mit 578 Stimmen die Enteignung: Am 19. Dezember 1789 folgte der Beschluß, Kirchengüter im Wert von 400 Millionen Livres durch die Stadtverwaltung von Paris zu versteigern. Der Erlös sollte als Sicherheit für eine größere Regierungsanleihe dienen. Als Gegenwert gab der Staat Schuldscheine aus, die Assignaten*, die rasch zu einer Art Papiergeld in Frankreich wurden. Aber das Überangebot an zu verkaufendem Grundbesitz ließ den Wert der Assignaten schnell ins Bodenlose stürzen. Die Staatsfinanzierung auf Kosten einer Inflation ging zu Lasten der nicht besitzenden Bevölkerung, während Käufer von Kirchengütern profitierten. Aus der Verstaatlichung des Kirchenbesitzes ging eine Neuordnung des Verhältnisses von Kirche und Staat hervor: Der Katholizismus blieb zwar Staatsreligion unter Tolerierung anderer Glaubensrichtungen, aber die Beziehungen zur Kirche sollte die „Zivilverfassung des Klerus*" regeln. Klöster und Orden wurden 1790 aufgehoben, Schulen verstaatlicht, die Zivilehe eingeführt. Da der Staat auch die Bezahlung der Priester übernahm, verlangte er von jedem Geistlichen den Eid auf die Verfassung. Gegen diese Eingriffe in die Kirchenhoheit wehrte sich der Papst. Die Folge war eine Kirchenspaltung zwischen eidverweigernden und eidleistenden Priestern, bis in die Gemeinden.

Auf dem Lande, besonders in der Vendée*, der Bretagne und im Elsaß, lehnten viele Katholiken diese Kirchenpolitik ab und stärkten die Opposition gegen die Revolution, auch den Widerwillen des in Paris festsitzenden Restes des Königshauses gegen seine Entmachtung. Wenige Monate vor der endgültigen Verabschiedung der Verfassung riskierte die Königsfamilie im Juni 1791 einen Fluchtversuch ins Ausland. In Varennes wurde sie gefaßt und nach Paris zurückgebracht. Die Nationalversammlung befand sich nun in der Zwickmühle: Frankreich sollte nach den Plänen ihrer Mehrheit konstitutionelle Erbmonarchie werden. Bevor die Versammlung sie endgültig beschließen konnte, wäre ihr beinahe der Führer der Exekutive abhanden gekommen. Das Losungswort „Republik" erscholl allmählich immer lauter, doch waren republikanisch gesinnte Abgeordnete noch in der Minderheit. Um den Schein zu wahren, beschlossen die Deputierten, der König sei entführt worden, und verabschiedeten am 3. September 1791 die Verfassung.

2.2.6 Die Verfassung von 1791

Mehr als zwei Jahre dauerte es, den Ballhausschwur einzulösen: Die Prinzipien der Volkssouveränität hatten im Sinne der besitzenden Erarbeiter der Verfassung Eingang gefunden, Legislative und Judikative bestimmten Wahlen des Volkes, beim König blieb die Exekutive. Sein suspensives Vetorecht galt aber nicht für Verfassungs- und Steuerrecht. An die Stelle der Provinzen mit ihren verhaßten königlichen Intendanten traten 83 neue Departements. Robespierre (1758–1794), Deputierter aus Arras, sprach zu Recht von einem „Abbau der Gleichheit" wegen der Einschränkungen bei der politischen Mitwirkungsmöglichkeit: Das Wahlrecht verstieß gegen das Gleichheitsprinzip. Einige waren noch gleicher als andere, sofern sie Aktivbürger („citoyen actif"), männlich und mindestens 25 Jahre alt waren, einen festen Wohnsitz nachweisen und den Gegenwert von drei Arbeitstagen an Steuern bezahlen konnten. Die Abgeordneten wurden über Wahlmänner gewählt, für die ein Steuersatz von zehn Arbeitstagen galt.

Ein großer Teil der Wählerschicht, die 1789 entscheidend an der Revolution beteiligt war, blieb von der politischen Beteiligung ausgeschlossen. Nur knapp 20 % der Franzo-

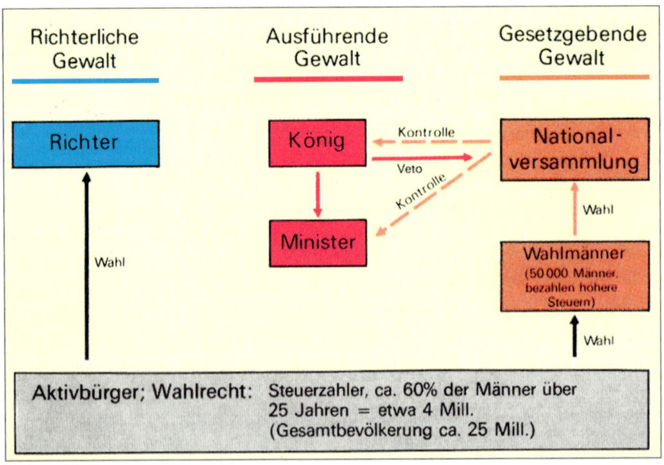

Die französische Verfassung von 1791.

sen waren wahlberechtigt, nur 2 %, etwa 450 000 Wähler, entschieden über die Zusammensetzung des neuen Parlaments. Im Stile Sieyès fragte Camille Desmoulins: „Wer sind die wahrhaft aktiven Bürger? Das sind jene, die die Bastille erstürmten, jene, die die Felder bearbeiten!" Obwohl deutlich weniger Adlige und Kirchenvertreter in diesem Parlament saßen, unterschied es sich doch in der sozialen Zusammensetzung kaum von der Nationalversammlung: Wieder überwogen die Juristen.

Parlamentarische Erfahrungen hatte in der „Législative" kein Abgeordneter, da Wiederwahl ausdrücklich verboten wurde. Die Mehrheit der 745 Abgeordneten stand hinter der neuen Verfassung, war konstitutionell orientiert. Ungefähr 260 Abgeordnete gehörten zum Club der Feuillants*, die die Revolution beenden wollten. Ihre Hauptgegner waren die Jakobiner* mit etwa 140 Abgeordneten, auch Montagnards (Bergpartei) genannt, weil sie die oberen Ränge des Sitzungssaales einnahmen, unter ihnen viele Republikaner, die für ein allgemeines Wahlrecht eintraten. Rund 350 Abgeordnete bildeten die nicht gebundene Mitte, die überwiegend ebenfalls konstitutionell eingestellt war.

2.2.7 Politische Meinungsbildung

Der Schutz der freien Rede, der Versammlungs- und Pressefreiheit in der Erklärung der Menschen- und Bürgerrechte hatte eine neue politische Kultur hervorgebracht (→ M 8). „Neuigkeiten aus Paris" überschwemmten ganz Frankreich und Europa. Vor allem die neuen „Tugenden" der Revolution fanden in Frankreich überall Verbreitung. Patriotismus floß in alle Bereiche ein. Teller, Kaffeetassen, Zinngeschirr, Spielkarten wurden Vehikel der Feiheitsidee. Wirksamstes Massenmedium wurden Zeitungen und Zeitschriften – 1792 in Paris fast 500; darunter viele Eintagsfliegen, aber auch so erfolgreiche wie Brissots „Le Patriote français" mit ausführlichen Berichten über die Tagung der Konstituante, Marats radikales „L'ami du Peuple", bis hin zu den Klatschgeschichten im Boulevardzeitungsstil in Frérons „L'Orateur du Peuple".

Alle politischen Richtungen, auch Einzelpersönlichkeiten, schufen sich ihr Sprachrohr, besonders die neu gegründeten politischen Klubs, die parteiähnliche Gruppierungen vorbereiten halfen. Am bekanntesten und einflußreichsten wurde der Jakobinerklub, benannt nach dem Dominikanerkloster Saint-Jacques. Im August 1790 war er der größte Klub in Paris. Viele Abgeordnete der Generalstände, von Mirabeau bis Robespierre, waren hier organisiert, meist wohlhabende Juristen, Schriftsteller, Journalisten, Kaufleute und selbständige Handwerker. Ein Jahr später hatte der Klub über 400 Zweigorganisationen in der Provinz. Rechts von den Jakobinern stand der Klub Valois mit vielen adligen und großbürgerlichen Mitgliedern. Auf der anderen Seite kümmerten sich Klubs um die Ausgegrenzten – Passivbürger, Frauen und Lohnempfänger. Führend waren hier die „Cordeliers*" um Desmoulins, Marat (1743–1793) und Danton (1759–1794), die radikal für soziale Gerechtigkeit und demokratische Autonomie stritten. Die Revolution hatte auch die „Passivbürger" glauben lassen, daß eine Welt der neuen sozialen und wirtschaftlichen Gerechtigkeit bevorstehe. Sie mußten aber noch immer um Arbeit betteln, für die sie mit immer wertloseren Assignaten bezahlt wurden. Ihre Demonstration auf dem Marsfeld schlug am 17. Juni 1791 die Nationalgarde blutig nieder. Das Massaker spaltete den Jakobinerklub, da ihn die „Feuillants" aus dem Besitz- und Bildungsbürgertum verließen. Zurück blieben die eher kleinbürgerlichen Jakobiner um Robespierre und näherten sich den Cordeliers.

2.2.8 Revolution und Krieg

In der Gesetzgebenden Nationalversammlung (Konstituante) wollten die Feuillants die große Gruppe der Unentschlossenen auf ihre Seite ziehen, scheiterten jedoch am außerordentlichen Einfluß der kleinen Gruppe der Girondisten* um die Abgeordneten Brissot und Isnard, die aus derselben Gegend Südwestfrankreichs stammten. Während Robespierre noch als Einzelgänger auftrat, ergänzten sie sich in ihren Reden und erzielten so vor allem in der beginnenden Kriegsdiskussion enorme Wirkung. Die Girondisten hatten ihren Rückhalt stärker in der Provinz, wußten dagegen mit den kleinbürgerlichen Strömungen in Paris wenig anzufangen.

Noch 1790 hatte die Konstituante auf Eroberungskriege generell verzichtet. Die Agitation der über 40 000 Emigranten im europäischen Ausland und ihre Interventionstruppen, die sich an der französischen Grenze formierten, änderten aber die Situation. Nachdem der österreichische Kaiser und der preußische König in der „Deklaration von Pillnitz" im August 1791 drohten, mit Waffengewalt einzuschreiten, um, aus „Solidarität", die Monarchie in Frankreich zu sichern, begannen die Girondisten, bewußt die Nuancen der Diplomatensprache mißachtend, im Herbst massiv mit ihrer Kriegsagitation. Kreuzzugsstimmung verbreiteten sie in ihren Reden, wenn Isnard verkündete: „Die Franzosen sind zum führenden Volk des Erdkreises aufgerückt, und es ist an der Zeit, daß sie sich ihrer neuen Bestimmung gemäß verhalten." Nur wenige wandten sich gegen die Kriegseuphorie, unter ihnen Robespierre: Ein Krieg würde dem Hof in die Hände spielen oder zur Militärdiktatur führen. Weitsichtig rief er im Jakobinerklub: „Niemand liebt bewaffnete Missionare!" Ludwig XVI. gehörte ab Dezember zu den Kriegstreibern und holte Girondisten in die Regierung. Am 20. April 1792 erklärten er und die Nationalversammlung dem „König von Böhmen und Ungarn" den Krieg.

Auf diese Auseinandersetzung war die französische Armee schlecht vorbereitet, trotz nationalem Enthusiasmus vieler Freiwilliger. Eine Eskalation der Krise war nicht aufzuhalten: Die Versorgungslage verschlimmerte sich dramatisch; die schleichende Inflation ließ den Wert der Assignaten um 40 % fallen. Nachrichten über Niederlagen machten eine bevorstehende direkte Bedrohung Frankreichs und besonders von Paris deutlich. Als auch der Oberbefehlshaber der Interventionstruppen, der Herzog von Braunschweig (1735–1806), in einem Manifest (25. Juli 1792) die Zerstörung von Paris androhte, falls der königlichen Familie etwas zustieße, stand der Sündenbock fest: Schuld an den militärischen Rückschlägen war der „Verrat" des Königs. In Paris forderten die Sektionsversammlungen die allgemeine Volksbewaffnung und die Absetzung des Königs. Am 9. August ersetzten sie die königstreue Stadtverwaltung durch die revolutionäre Kommune. Sie ließ einen Tag später die Tuilerien, das Stadtschloß der königlichen Familie, besetzen. Die republikanische Phase der Revolution begann.

2.3 Die Revolution 1792 bis 1794

2.3.1 Frankreich wird Republik, 1792

Umsturz und Verhaftung des Königs hatten die Volksmassen von Paris, die „Sansculotten*", erzwungen. Ihre Politisierung, gesteuert von Jakobinern und Girondisten, die sich wegen des Kriegsverlaufes mit dem König überworfen hatten und wieder aus der Regierung ausscheiden mußten, war im wesentlichen wirtschaftlich begründet. Die Sansculotten hoben sich von den bürgerlichen Oberschichten durch ihre Kleidung ab, mit langen Hosen ohne Seidenstrümpfe („pantalons"). In ihren Umgangsformen praktizierten sie die Gleichstellung aller Bürger, auch in der Anrede: Duzen war allgemein üblich. Das Volk verlangte die Güter des alltäglichen Lebens in ausreichenden Mengen zu vernünftigen Preisen, denn Hunger war ihr ständiger Begleiter auch während der Revolution. Dafür machten sie die Nationalversammlung und den König verantwortlich, maßen aber auch künftige Regierungen an der Lösung des Problems. Das Zensuswahlrecht* hatte verhindert, daß die Konstituante Vertretung des gesamten Volkes war. Neue Gegengewalt war die Kommune von Paris, die das Gesetz des Handelns festlegte.

Unter vielen Opfern erstürmten am 10. August 1792 Sektionäre* und Teile der Nationalgarde das Stadtschloß Ludwig XVI. Er flüchtete mit seiner Familie in die Nationalversammlung, die ihn nicht schützen konnte und wollte. Im Gegenteil, er wurde seines Amtes enthoben und gefangengesetzt. Unter dem Druck der Straße beschloß die Nationalversammlung Neuwahlen ohne Zensuseinschränkungen. Die meisten Abgeordneten hatten Angst um ihr Leben, teilweise flohen sie ins Ausland. Ein „Provisorischer Vollzugsrat" war die neue Regierung, abhängig von der Kommune. Danton, radikaler Cordelier, wurde als einer der Hauptvertreter der neuen politischen Machtverhältnisse Justizminister. Gegen die „Septembermorde", eine Lynchjustiz des Volkes Anfang September, der ca. 1500 Gefangene in den Pariser Gefängnissen, meist eidweigernde Priester, aber auch Feuillants und Aristokraten, zum Opfer fielen, unternahm er nichts. Royalistische Aufstände in der Vendée und Bretagne dienten als Vorwand für das barbarische Morden. So begann eine Terrorspirale, die aus Angst vor der Gegenrevolution brutale Unterdrückung im Innern forderte.

Am 21. September, einen Tag nach der Kanonade von Valmy, die den Rückzug der Invasionsarmee einleitete, trat der neugewählte Nationalkonvent zusammen und erklärte Frankreich zur Republik. Zwar nach allgemeinem Wahlrecht gewählt, aber nur von etwa 6 % der Wahlberechtigten, bildeten die ehemals linken Girondisten und Jakobiner die Gegenpole im neuen Parlament. Wiederwahl war diesmal möglich, so daß ein Drittel der Abgeordneten schon in der Verfassunggebenden oder Gesetzgebenden Nationalversammlung vertreten waren. Entsprechend vergleichbar war die soziale Schichtung der Abgeordneten. Die meisten kamen aus dem Bildungs- und Besitzbürgertum, waren überwiegend Juristen, nur zwei Arbeiter wurden zum ersten Mal in den Konvent gewählt. Die Girondisten wurden mit ihren etwa 200 Abgeordneten von der linken Opposition zur neuen Rechten. Die Jakobiner bildeten mit etwa 120 Abgeordneten die Bergpartei. In der „Ebene" („Plaine") saß die schwankende Mehrheit der Mitte. Die Hauptarbeit wurde Ausschüssen überlassen, von denen sich der Wohlfahrtsausschuß* (6. April 1793) als der entscheidende herauskristallisierte: 1793 übernahm er die exekutive Gewalt. Daneben gewann der Sicherheitsausschuß mit Polizeibefugnissen an Bedeutung.

Den Schritt in eine neue Zeit demonstrierte augenfällig der Revolutionskalender: Die Republik wandte sich gegen die Zeitrechnung ab Christi Geburt und zählte neu ab dem 22. September 1792, dem Jahr I der Französischen Republik. Arbeitsfelder des Konvents waren Ausarbeitung einer neuen republikanischen Verfassung, Fortführung des Krieges nach außen, Einsatz gegen Aufstände im Innern, vor allem den bedrohlichen gegenrevolutionären Aufstand in der Vendée, wo sich königs- und kirchentreue Bauern gegen die Rekrutierung für die Revolutionsarmee wehrten, die Versorgung der Pariser Bevölkerung und die Entscheidung über die Zukunft der königlichen Familie.

Die Lösung aller Probleme war zwischen Girondisten und Jakobinern umstritten, so beim Prozeß gegen Ludwig XVI. Die große Mehrheit der Abgeordneten hielt den König wegen seiner Kontakte zum Gegner für schuldig, nicht einig war man sich aber über das

Bewaffnete Sansculottin, Radierung (um 1790).

Strafmaß. Gegen die Mehrheit der Girondisten, die harte Gegenreaktionen des Auslands befürchteten, setzten sich die Jakobiner im Konvent knapp durch: Ludwig XVI. wurde wegen Verschwörung gegen die Freiheit und Gefährdung der inneren Sicherheit zum Tode durch die neuerfundene Guillotine verurteilt. Am 21. Januar 1793 wurde das Urteil öffentlich vollstreckt. Die „Sichel der Gleichheit", wie die Jakobiner die Guillotine nannten, arbeitete ständig weiter. Im März berief der Konvent einen außerordentlichen Gerichtshof, ein Revolutionstribunal ohne Berufungsmöglichkeit, das ständig neue Opfer den Henkern von Paris zuführte.

2.3.2 Machtübernahme der Jakobiner, 1793

Die Girondisten, die im Herbst 1792 noch die Führung der Regierung in ihren Händen hatten, sahen sich immer größerem Druck vor allem durch die Pariser Sansculotten ausgesetzt. Nicht für die Hinrichtung des Königs gestimmt zu haben, war jetzt schon ein großer Makel. Marat hämmerte den Sansculotten ein, dem König alle die nachzuschicken, die das „dicke Schwein" nicht hatten schlachten, sondern nur einsperren wollen. Die Machtfrage zwischen Konvent und Pariser Sektionen entschieden Ereignisse außerhalb von Paris: Militärische Rückschläge im Frühjahr 1793, wachsender Hunger in Paris (die Girondisten sperrten sich gegen staatliche Eingriffe ins Wirtschaftsleben) und die Vendée schwächten die Position der Girondisten. Geschickt machten sich die Jakobiner die Forderungen der Pariser Massen zu eigen. Anfang Juni forderten die Sektionen und die von ihnen abhängige Nationalgarde die Verhaftung von 29 führenden Abgeordneten der Girondisten und legten ein umfassendes Reformprogramm vor, das das Wahlrecht nur den Sansculotten vorbehalten sollte und den Brotpreis auf 3 Sous festlegte. Als sich der Konvent weigerte, zogen am 2. Juni 80 000 Kleinbürger und Nationalgardisten vor den Konvent, bewaffnet mit Piken, Flinten und über hundert Kanonen, und erzwangen die Auslieferung der girondistischen Parlamentarier: Die „Bergpartei" trat ihre Alleinherrschaft an, das parlamentarische System war beseitigt. Viele Girondisten flohen in die Provinz und stärkten dort die gegenrevolutionäre Opposition.

Nach den Unruhen vom 2. Juni sah sich die Bergpartei als neue Staatsführung vor einem Dilemma: Einerseits wollte sie das gemäßigte Bürgertum, dem seine meisten Abgeordneten entstammten, beruhigen, andererseits wesentliche Forderungen der Sansculotten erfüllen. Am 24. Juni verabschiedete der Konvent die republikanische Verfassung, die den Prinzipien der Volkssouveränität vollständig folgte: Die Gewaltenteilung war aufgehoben, die Regierung („Vollzugsrat") dem Parlament untergeordnet, das Volk erhielt plebiszitäre Mitspracherechte. Soziale Grundrechte proklamierten das Recht auf Arbeit

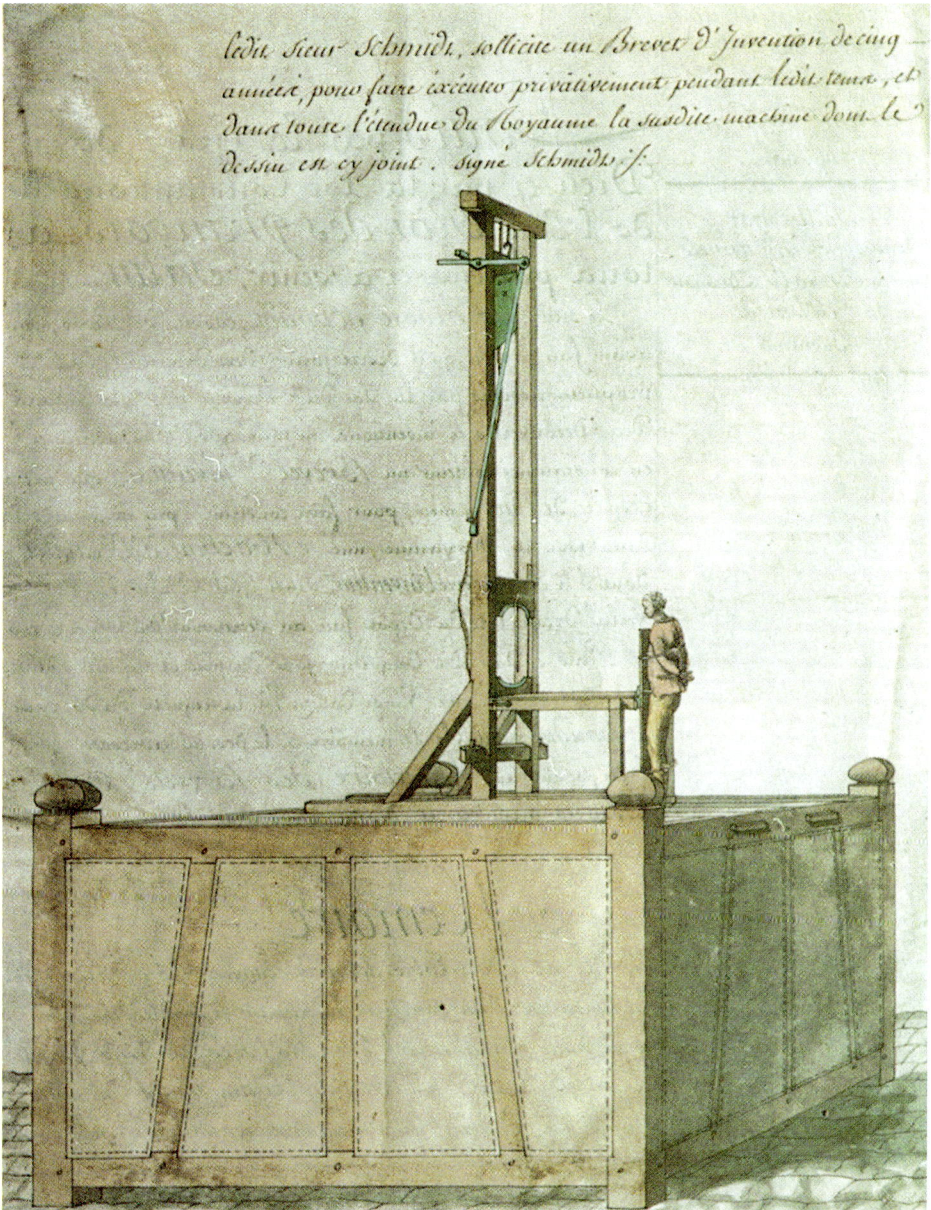

„Fünfjähriges Patent für eine Enthauptungs-Maschine", erteilt „dem Herrn Schmidt, Erfinder", im Namen „Ludwigs, von Gottes Gnaden und kraft der Staatsverfassung König der Franzosen" vom Juli 1792. Pergament mit Zeichnung.
Der deutsche Cembalobauer Johann Tobias Schmidt baute die eigentlich von dem Chirurgen Antoine Louis entwickelte Hinrichtungsmaschine. Schmidt erwarb mit diesem Patent das alleinige Herstellungsrecht in ganz Frankreich. Durch Einnahmen von 824 Pfund für jede Maschine verdiente er ausgezeichnet an der Revolution.

und Bildung. Allerdings sollte die Verfassung auf Beschluß des Wohlfahrtsausschusses erst nach Kriegsende in Kraft treten. Trotzdem war die Kritik der Sansculotten vehement, sie fühlten ihre Interessen in dieser Verfassung verraten. Der ehemalige Priester Jacques Roux (1752–1794) verfaßte ein „Manifest der Enragés*“, in dem er die Vorwürfe deutlich formulierte: „Die Freiheit ist nur ein leerer Wahn, wenn eine Klasse von Menschen die andere ungestraft verhungern lassen kann. Die Gleichheit ist nur ein leerer Wahn, wenn der Reiche kraft seines Monopols über Leben und Tod seiner Mitbürger entscheidet. Die Republik ist nur ein leerer Wahn, wenn die Gegenrevolution Tag für Tag am Werk ist und die Preise für die Lebensmittel in die Höhe treibt.“

Die Bergpartei mußte handeln, wollte sie nicht selbst Opfer der Straße werden. Robespierre wurde Ende Juli 1793 Mitglied des Wohlfahrtsausschusses. „Alles was zur Erhaltung des Lebens unerläßlich ist, ist gemeinsames Eigentum“, erklärte Robespierre am 29. September im „Gesetz über das Große Maximum“, das Höchstgrenzen bei Löhnen und Preisen festlegte. Für die Assignaten gab es einen Zwangskurs. Wer dagegen verstieß, war als Verdächtiger zu verhaften. Weitere Neuerungen folgten unter direktem Druck der Straße: Am 5. September drangen erneut Sansculotten in den Konvent ein und forderten, den „Terror auf die Tagesordnung zu setzen“. Die Freiheit sei durch Gewalt und vorübergehenden Despotismus zu verteidigen, war Robespierres Antwort (→ M 16). Gewalt und diktatorische Unterdrückung wurden fortan Selbstverständlichkeiten (→ M 15).

Im Herbst begann die Zeit des „Großen Terrors“. Bis dahin wurden von 260 Personen, die sich vor dem Revolutionstribunal zu verantworten hatten, 66 zum Tode verurteilt. Die großen politischen Prozesse setzten ab Oktober ein. Die Königin wurde am 16. Oktober hingerichtet, auch der Herzog von Orléans, obwohl er als Jakobiner für die Hinrichtung seines königlichen Vetters Ludwig XVI. gestimmt hatte. Viele der im Juni verhafteten Girondisten starben am 31. Oktober. Die Zahl der Gefängnisinsassen stieg von September bis Dezember 1793 von etwa 1500 auf 4500 Menschen. Bis zum Sommer 1794 starben durch die Revolution in ganz Frankreich wahrscheinlich über 35 000 Menschen, ein Zehntel davon allein in Paris, darunter hauptsächlich kleine Handwerker, Arbeiter und Bauern (ca. 60 %). Sie wurden Opfer des jakobinischen Justizterrors.

Ob dieser Terror notwendig war, ist umstritten. Historiker, die Robespierre verteidigen, verweisen vor allem auf die vielfache Bedrohung Frankreichs. Ohne diesen Druck wäre die Mobilisierung aller Kraftreserven im Volk durch die „levée en masse*“ undenkbar gewesen. Der Terror habe Frankreich militärisch und wirtschaftlich gerettet (→ M 17).

Die Radikalisierung führte 1794 zum Kampf unterschiedlicher Gruppen der Jakobiner gegeneinander: „Ultrarevolutionäre“ um Hébert wollten die Verschärfung der Schreckensherrschaft und die totale Entchristianisierung. Robespierre ließ im März den „rechten Flügel“ um Danton und Desmoulins gegen sie antreten. Die Gruppe der „Nachsichtigen“ war für Friedensverhandlungen und ein Ende des Terrors, gegen den Atheismus der Hébertisten. Ende März bestiegen die Anhänger Héberts die Guillotine, zwei Wochen später Danton und seine Mitstreiter. Die Macht der Sektionen beschnitt Robespierre, indem er ihre Selbstverwaltung auflöste, ihre Führer an die Front oder auf die Guillotine schickte. Nach Beseitigung der inneren Opposition und militärischen Erfolgen im Frühsommer 1794 ließ sich der Terror nicht mehr rechtfertigen. Am 27. Juli 1794, dem 9. Thermidor, verhaftete die Konventsmehrheit Robespierre und ließ ihn am folgenden Tag mit 21 seiner Anhänger hinrichten – ohne Gerichtsverhandlung und Urteil.

2.3.3 Frauen in der Französischen Revolution

Nur wenige Politiker der Nationalversammlung wollten den Gleichheitsgrundsatz konsequent weiterdenken und auf das andere Geschlecht anwenden. Eine große Ausnahme war der Marquis de Condorcet (→ M 11), der als einziger Parlamentarier die Zulassung der Frauen zum Bürgerrecht forderte. Dem Ausschluß der Frauen aus der neugebildeten politischen Öffentlichkeit stand eine reiche Bilderproduktion gegenüber, in der die Frau – als Liberté – zum Bild der Freiheit stilisiert wurde, ein Kompensationsangebot, das überhaupt nicht dem Anteil der Frauen an der Revolution entsprach. Olympe de Gouges (1748–1793), die herausragende Verfechterin der Interessen der Frauen, brachte in dem Nachtrag zu ihrer „Erklärung der Rechte der Frau und Bürgerin" die Kritik auf den Punkt: „Der Mann hat eurer Kräfte bedurft, um seine Ketten zu zerbrechen. In Freiheit gesetzt, ist er nun selbst ungerecht geworden gegen seine Gefährtin."

Schon im Vorfeld der Revolution meldeten sich einzelne Frauen deutlich zu Wort. So verbanden Bürgerinnen der Provinz Grenoble 1788 ihre Forderung nach Mitsprache mit der Drohung: „Wir werden uns nicht entschließen, Kinder auf eine Welt zu bringen, welchen es bestimmt ist, in einem vom Despotismus unterworfenen Land zu leben."

Im Juli und besonders im Herbst 1789 wurde in Paris die mitbeteiligte, wenn nicht gar ausschlaggebende Rolle von Frauen für den Revolutionsverlauf deutlich: 6000 Frauen der Sansculotten, Handwerker, Kleinhändler und Tagelöhner brachten beim Zug nach Versailles am 5. Oktober 1789 die entscheidende Wende in der zögerlichen Haltung des Königs zur Verfassungsdiskussion. Waren dies überwiegend Frauen der städtischen Unterschichten, die, an ihren elementaren Grundbedürfnissen orientiert, auch in der Folgezeit auf den Märkten Unruhe stifteten und Bauern und Händler zu niedrigeren Preisen zwangen, so setzten sich Frauen des wohlhabenden Bürgertums stärker für die Ausweitung ihrer Rechte ein. Ab 1790 in verschiedenen politischen Frauenclubs organisiert, forderten sie bessere Bildungschancen, politische Mitsprache, ein verändertes Scheidungsrecht, sogar das Recht, auch Hosen tragen zu dürfen.

Neben Olympe de Gouges (→ M 9, M 13) war mit Etta Palm auch eine junge Holländerin publizistisch aktiv. Im April 1792 veröffentlichte sie einen „Aufruf an die Französinnen über die Erneuerung der Sitten und der Notwendigkeit des Einflusses von Frauen in einer freien Regierung" und forderte gleiche Berufschancen, im zivilen wie militärischen Bereich. Außerdem trat sie wie Olympe de Gouges für Rechtsgleichheit und politische Mitbeteiligung ein. Mit ihrer Forderung nach militärischer Partizipation fand sie zu Beginn des Krieges weitere Unterstützung. Pauline Léon verlangte in einer von 300 Frauen unterschriebenen Petition vor der Nationalversammlung die Bewaffnung von Frauen. Die Parlamentarier akzeptierten aber keine Amazonen, nur „Strickweiber" waren genehm, die auch während der Parlamentsdebatten ihre Stricknadeln nicht aus der Hand legten und für die Frontsoldaten fleißig strickten.

Die Republik brachte keine Verbesserung der Situation der Frauen: Die meisten Jakobiner, auch Robespierre, verweigerten den Frauen außerhalb von Heim und Herd eine bedeutende Rolle. Im Herbst 1793 wurden alle Frauenclubs verboten. Im Frühjahr 1794 durften sie nicht einmal mehr an Zusammenkünften der Volksgesellschaften teilnehmen, herausragende Vertreterinnen der Frauenbewegung wurden umgebracht. Für Olympe de Gouges bedeutete dies die schreckliche Umsetzung ihres 10. Artikels der „Erklärung der Rechte der Frau und Bürgerin": „Die Frau hat das Recht, das Schafott zu besteigen. Sie muß gleichermaßen das Recht haben, die Rednerbühne zu besteigen."

Zug der Frauen nach Versailles, 5. Oktober 1789. Zeitgenössische, kolorierte Radierung.

2.4 Von der bürgerlichen Republik zum 1. Empire, 1795–1804

Zwischen dem Ende Robespierres 1794 und dem von Napoleon offiziell verkündeten Ende der Revolution 1799, setzte eine relative Konsolidierung der Revolution nach innen ein. Die Legislative bestimmten nicht mehr die extremen Fraktionen der Jakobiner und Girondisten, sondern erstmals die eigentliche Mehrheit, die „Mitte“, durch Übergang zu einer neuen, stärker bürgerlichen Verfassung. 1795 löste sich der Konvent auf, die neue Verfassung enthielt wieder ein Zensuswahlrecht. Die Exekutive lag in den Händen eines Direktoriums* von fünf Männern, die der „Rat der Alten“ wählte. Neben dem „Rat der Fünfhundert“ bildete er die Legislative. Inhaltlich spiegelt die neue Verfassung die Revolutionserfahrung des Bürgertums wider: Zum ersten Mal formulierte sie Pflichten der Bürger, vor allem die Beachtung der Gesetze und des Eigentums als deutliche Warnung an die Sansculotten.

Die Ausschaltung der Jakobiner und der Kommune von Paris, der Verzicht auf staatliche Lenkung der Wirtschaft verschlechterten die wirtschaftliche Situation der armen Pariser Stadtbevölkerung. Der Brotpreis stieg wieder extrem an, die Inflation galoppierte, Schwarzhandel und Wucher prägten erneut den Alltag. Bis in den Sommer 1795 forderten mehrere Hungerrevolten die Rückkehr zu den alten Verhältnissen: „Brot und die Verfassung von 1793“ war die Losung der Sansculotten, deren Aufstände aber das Militär niederschlug. Auch Anhänger der Monarchie nutzten im Herbst 1795 die Situation zu einem Gegenputsch. Retter des Konvents wurde ein junger Artilleriegeneral, der Korse Napoleon Bonaparte (1769–1821), der mit seinen Kanonen die aufständischen Royalisten zum Rückzug zwang. Im Mai 1796 rettete das Militär die bürgerliche Republik vor der „Verschwörung der Gleichen“ unter Gracchus Babeuf. Ohne die Soldaten der Revolutionsarmee war kein Staat mehr zu machen. Die Bedeutung der aktiven Generale wuchs, zumal wenn sie Erfolge im Ausland hatten.

Als Anerkennung für seine Verdienste im Innern erhielt Napoleon Bonaparte 1796 den Oberbefehl über die Alpenarmee. Den Sieg über Österreich erfocht er in Italien, nachdem Preußen im Sonderfrieden von Basel schon im April 1795 aus der Koalition ausgeschieden war. Während die französischen Hauptarmeen in Süddeutschland bei ihrem Vorstoß gegen Österreich scheiterten, zwang Bonaparte durch Erfolge in Oberitalien und seinen Vorstoß auf Wien den österreichischen Kaiser 1797 zum Frieden von Campo Formio: Österreich erkannte die Rheingrenze an, trat die Österreichischen Niederlande (Belgien) ab und stimmte der Errichtung von „Tochterrepubliken“ in Genua und Mailand zu; als Entschädigung erhielt es Venedig.

Napoleons Versuch, den übriggebliebenen Gegner England 1798 in Ägypten zu treffen, endete trotz erfolgreicher Kämpfe zu Lande mit der Vernichtung der französischen Flotte bei Abukir. Die Niederlage hatte beträchtliche außenpolitische Folgen, da es England gelang, eine zweite Koalition gegen Frankreich zustande zu bringen – Österreich, Rußland, Neapel, Portugal und das Osmanische Reich schlossen sich England an. Frankreich war erneut bedroht, und das schwache Direktorium erschien überfordert. Zudem eskalierten 1799 erneut innenpolitische Spannungen. Die jährlichen Drittelwahlen zur Erneuerung der Legislative wurden ständig manipuliert. Die wirtschaftliche Not war trotz Abschaffung der Assignaten und Kontributionszahlungen der Tochterrepubliken immer noch groß, so daß viele aufatmeten, als Napoleon 1799 ohne Auftrag seine Truppen in Ägypten verließ und am 18. Brumaire (9. November) durch einen Staatsstreich das Direktorium stürzte. Als Erster von drei Konsuln übernahm er selbst die Macht und bereitete den Weg zu seiner Alleinherrschaft vor.

Mit der neuen Konsulatsverfassung, die hauptsächlich auf Sieyès, den Revolutionär der ersten Stunde und Mitorganisator des Putsches, zurückging, erklärte der Erste Konsul: „Bürger, die Revolution ist zu Ende!“ Die Legislative war entmachtet und konnte nur noch über Vorlagen der Regierung abstimmen. Die Zusammensetzung der Volksversammlung nahm Napoleon selbst vor, so daß Opposition ausgeschlossen war. Auch Richter, Beamte und Offiziere ernannte der Erste Konsul selbst. Ferner beruhte die Stabilität des Systems auf der Armee, jedoch verstand es der frühere Jakobiner Bonaparte

Napoleons Aufstieg und Sturz. Volkstümliches Blatt 1814/15.

geschickt, seiner Militärdiktatur durch plebiszitäre Elemente einen demokratischen Anstrich zu geben. Zudem arrangierte sich das neue System mit ehemaligen Gegnern der Revolution. Die Aussöhnung mit dem Katholizismus gelang durch ein Konkordat* mit der katholischen Kirche. Emigranten* durften zurückkehren, wenn sie einen Eid auf die Verfassung ablegten. Der Rückkauf enteigneter Güter wurde dem Adel ermöglicht. Das Großbürgertum stellte Bonaparte ebenfalls zufrieden, u. a. durch Aufstiegsmöglichkeiten, vor allem aus dem Militär und dem höheren Staatsdienst, in eine neue Nobilität. Die eroberten Länder boten das Reservoir für die Bestallung des Neuadels mit Grund und Boden. Das neue bürgerliche Gesetzbuch, der „Code Civil" von 1804, sicherte die Errungenschaften der Revolution: Gleichheit vor dem Gesetz, Schutz des Eigentums.

So etablierte sich eine neue Führungsschicht aus Adel und Bürgertum, auf die sich der Staat verlassen konnte. Verwaltungs- und Wirtschaftsreformen brachten klare Strukturen, mit der Gründung der „Banque de France" auch Währungsstabilität. Den Brotpreis hielt Bonaparte niedrig. Dafür schluckte das Volk ein funktionsloses Wahlrecht, die Einschränkung weiterer Grundrechte und eine massive Pressezensur – 1800 waren 60 von 76 Zeitungen verboten. Das Volk war dem neuen Herrscher dankbar und wählte ihn 1802 auf Lebenszeit zum Konsul, stimmte 1804 begeistert der Wiedereinführung der Monarchie zu, als sich Napoleon selbst zum „Kaiser der Franzosen" krönte.

2.5 Wirkungen der Französischen Revolution auf Deutschland

2.5.1 Zusammenbruch des Heiligen Römischen Reiches Deutscher Nation

Die Französische Revolution hatte nicht nur das französische Volk aufgewühlt und große politische Veränderungen bewirkt, auch in Deutschland fand sie viel Zustimmung und Nachahmer, wenn auch die Beurteilung der Pariser Ereignisse nach 1792 immer negativer wurde. Die „Mainzer Republik" deutscher Jakobiner, an Frankreich angelehnt, blieb Episode. Das Entsetzen vieler Deutscher über die Hinrichtung Ludwigs XVI. und den „Großen Terror" sowie die Bedrohung durch Frankreichs Expansionspolitik stärkten die gegenrevolutionäre Propaganda der deutschen Fürsten, ließen anfängliche Sympathie in Ablehnung umschlagen.

Der 2. Koalitionskrieg (1799–1802) sah erneut Frankreich als Sieger. Im Frieden von Lunéville (1801) mußte Österreich die Abtrennung der linksrheinischen Gebiete bestätigen. 1802 schloß England in Amiens den einzigen Frieden zwischen beiden Staaten von 1792 bis 1815. England akzeptierte die Machtstellung Frankreichs in Europa, zumal Preußen, Österreich und Rußland durch die Teilungen Polens zugewonnen hatten bzw. Verluste ausgleichen konnten. Der Frieden für England schien gesichert, das Kräftegleichgewicht wiederhergestellt. Aber Napoleon kümmerte sich wenig um Gleichgewichtsgedanken, sondern wollte seine eigene Vorherrschaft über Europa. Im 3. Koalitionskrieg siegte er zu Lande gegen Österreich und Rußland bei Austerlitz (1805), verlor aber die Seeschlacht bei Trafalgar, die Englands Seeherrschaft für 100 Jahre begründete.

Die Neuordnung Deutschlands, die nach dem Frieden mit Frankreich 1801 notwendig geworden war, wurde Auslöser zum Ende des Heiligen Römischen Reichs Deutscher Nation, denn die Fürsten, die Gebiete an Frankreich abtreten mußten, sollten entschädigt werden. Bonaparte unterstützte die Pläne der Reichsdeputation*, eines Ausschusses auf dem Reichstag in Regensburg 1803, der nach französischem Vorbild die Säkularisierung* der geistlichen Gebiete vorsah. Mit Ausnahme des Erzbistums Mainz und der Gebiete zweier geistlicher Ritterorden fielen alle geistlichen Territorien vor allem an Preußen und die wachsenden deutschen Mittelstaaten. 45 Reichsstädte und 1500 Reichsritterschaften verloren ihre Reichsunmittelbarkeit (Mediatisierung*) und wurden der Entschädigungsmasse zugeschlagen, rund 300 Fürstentümer und Bistümer gingen in größeren Flächenstaaten auf, ferner blieben mit Hamburg, Bremen und Lübeck drei Reichsstädte übrig.

Preußen profitierte am meisten, Napoleon baute es damit als Gegengewicht zu Österreich auf. Aber auch Württemberg und Bayern wurden mehrfach für Gebietsverluste entschädigt und stiegen 1806 zu Königreichen auf, Baden und Hessen-Darmstadt wurden Großherzogtümer. Die Dankbarkeit, die Napoleon sich ausrechnen konnte, trug Früchte: Zur Sicherung ihrer Zugewinne hatten Bayern, Baden und Württemberg schon 1805 Militärbündnisse mit Frankreich geschlossen. 1806 traten sie und 13 weitere süddeutsche Staaten einer Konföderation Napoleons, dem neu geschaffenen Rheinbund, bei und verließen den alten Reichsverband. Die 16 Mitglieder verpflichteten sich, Frankreich militärisch Hilfe zu leisten. Als Reaktion darauf legte der Habsburger Franz II. im August 1806 die deutsche Kaiserkrone nieder. Damit war das Ende des Heiligen Römischen Reiches Deutscher Nation, das mit der Kaiserkrönung Ottos I. 962 in Rom begonnen hatte, nach 850 Jahren besiegelt.

Außerhalb des Rheinbundes verblieben im wesentlichen nur Österreich und Preußen. Sie mußten miterleben, wie die Durchsetzung von Reformen nach französischem Vorbild in vielen Rheinbundstaaten die liberalen bürgerlichen Kräfte stärkten. Baden übernahm den napoleonischen Code Civil, schränkte die Macht des Adels ein, schaffte Steuerprivilegien ab und öffnete Bürgerlichen hohe Ämter und Offiziersstellen. Das Großherzogtum Berg und das Königreich Westphalen sah Napoleon als Modellstaaten in Deutschland vor, unter Mitgliedern seiner Familie, Jérôme (1784–1860), seinem Bruder in Kassel, und Murat (1767–1815), seinem Schwager in Düsseldorf. Als Jérôme die in Frankreich ausgearbeitete Verfassung erhielt, schrieb ihm Napoleon: „Welches Volk wird unter die preußische Willkürherrschaft zurückkehren wollen, wenn es einmal die Wohltaten einer weisen und liberalen Verfassung gekostet hat?" Diese „Freiheiten" wurden erkauft durch Bereitstellung von Zehntausenden von Soldaten für Napoleons Feldzüge. Aber das Reformpotential wirkte später nach.

2.5.2 Die Preußischen Reformen, 1807–1811

Reform von oben statt Revolution von unten war die deutsche Antwort auf die Erfolge Frankreichs, gerade in Preußen. Der Reformdruck auf die preußische Regierung wuchs, nachdem das Land im 4. Koalitionskrieg (1806/07) seine neutrale Haltung aufgab und sich nach der Niederlage bei Jena und Auerstedt (Okt. 1806) dem Frieden von Tilsit (1807) beugen mußte: Preußen verlor alle Besitzungen aus der 2. und 3. Teilung Polens und die Gebiete zwischen Rhein und Elbe. Von Berlin aus verhängte Napoleon im Oktober 1806 die Kontinentalsperre*, um mit einem Wirtschaftsembargo seinen hartnäckigsten Gegner zu treffen, England. Die Halbierung des preußischen Königreiches verstärkte ältere Reformbestrebungen aus der Zeit vor 1806. 1807 unterstrich Hardenberg (1750–1822) in einer Denkschrift an den preußischen König Friedrich Wilhelm III. (1797–1840) den Zwang zu Reformen: „Demokratische Grundsätze in einer monarchischen Regierung", „möglichste Freiheit und Gleichheit" waren seine Grundforderungen. In Zusammenarbeit mit dem Ersten Minister Freiherr vom und zum Stein (1757–1831) begannen die Preußischen Reformen:

An erster Stelle stand die Bauernemanzipation im „Oktoberedikt" von 1807. Schon

1804 hatte Preußen für Bauern der Staatsgüter (Krondomänen) die Leibeigenschaft aufgehoben, 1807 für alle gutsuntertänigen Bauern „mit dem Martinitag 1810“. Das war noch kein Eingriff in die Eigentumsverhältnisse. Das Edikt brachte nur Freizügigkeit für die Bauern und Freigabe der Berufswahl – auch für Adlige. Jeder Bauer konnte nun in die Stadt abwandern, aber auch jeder Bürgerliche konnte Landbesitz erwerben, jeder Adlige einen bürgerlichen Beruf ausüben. Bauern, die das Land, das sie bearbeitet hatten, behalten wollten, mußten hohe Ablösesummen bezahlen oder einen Teil ihres Landes an den Grundherren abtreten. Sie verschuldeten sich fast alle hoch und konnten die erworbenen Betriebe oft nicht mehr rentabel bewirtschaften. Viele mußten sich als Landarbeiter verdingen oder wanderten in die Städte ab. Die Großgrundbesitzer gingen als Gewinner aus dieser Reform hervor. Die Steinsche Städteordnung gab 1808 den Gemeinden weitgehende Selbstverwaltung mit Wahlrecht für alle Bürger mit Bürgerrecht.

Auf Verlangen Napoleons entließ der Preußische König im November 1808 seinen Reformminister Stein, aber Hardenberg führte das Reformwerk weiter. 1810 brachte die Gewerbefreiheit das Ende des Zunftwesens. Wilhelm von Humboldt (1767–1835), Leiter der Abteilung Unterricht und Kultus, reformierte das Bildungswesen. Erst jetzt wurde die allgemeine Schulpflicht, die formal schon lange galt, durch verbesserte Lehrerausbildung und -besoldung Realität. An den Gymnasien führte er das Abitur ein, das zum Studium berechtigte. Voraussetzung war eine universale, humanistische Bildung mit Latein und Griechisch, die selbstverantwortlich handelnde Bürger erziehen sollte. Freiheit der Forschung und der Lehre wurde leitendes Prinzip an den Universitäten, die mit Fakultäten und Seminaren eine bessere Struktur erhielten. Die neue Universität in Berlin (1810)

Die politische Umgestaltung Mitteleuropas. Gebietsveränderungen zwischen 1789 (links) und 1812 (rechts).

Europa unter französischer Vorherrschaft um 1807.

galt weit über Deutschland hinaus als das große Vorbild. Hier lehrten als Folge des Emanzipationsedikts von 1812 auch jüdische Professoren. Die rechtliche Gleichstellung der Juden bezog sich auf fast alle Bereiche. Nur Staatsämter in Justiz und Verwaltung und die Offiziersstellen blieben ihnen verwehrt.

Die Niederlagen gegen Napoleon hatten deutlich gezeigt, daß auch eine Heeresreform nötig war. Die Reformer Scharnhorst (1755–1813), Clausewitz (1780–1831) und Gneisenau (1760–1831) wollten die alte Söldnerarmee durch ein modernes Volksheer ersetzen und dem Bürgertum Zugang zu Offiziersstellen geben. Die allgemeine Wehrpflicht wurde aber erst 1813 im Befreiungskampf gegen Napoleon Wirklichkeit. Bis dahin durfte das stehende Heer 42 000 Soldaten nicht überschreiten, aber im Krümpersystem* wurden stets genügend Soldaten ausgebildet: Nach der Grundausbildung wurden neue Soldaten eingezogen, der Rest der Reserve zugeteilt. In diesem Heer herrschte ein neues Bewußtsein. Unter dem Motto „Freiheit des Rückens“ wurde die Prügelstrafe abgeschafft. Mit der Landsturmordnung von 1813 arbeiteten die Heeresreformer auf den Volksaufstand gegen die französische Fremdherrschaft hin, stießen aber in konservativen Kreisen auf erheblichen Widerstand: Die Volksbewaffnung durfte sich zwar gegen Napoleon richten, was sollte aber danach mit dem Volk unter Waffen geschehen? Viele Befürchtungen wurden in geheimen Papieren artikuliert: „Eine Nation bewaffnen“, warnten Konservative, „heißt den Widerstand und Aufruhr organisieren und erleichtern.“

2.5.3 Höhepunkt und Sturz Napoleons, 1808–1815

Das Bewußtsein, eine große Nation zu sein („la Grande Nation"), hatte Frankreich mächtig gemacht und zu den Erfolgen seiner Armeen beigetragen. Umgekehrt brachten Nationalbewegungen in Uniform, getragen vom eigenen Patriotismus, Napoleons Riesenreich zum Einsturz. Seine fixe Idee, im Kampf gegen England ganz Kontinentaleuropa einzuspannen, trieb ihn zu immer neuen Eroberungen. Um die Kontinentalsperre wasserdicht zu machen, besetzte er 1807 Portugal. Ein Guerillakrieg in Spanien ab 1808 zwang ihn, mit 300000 Mann Spanien bis auf Cadiz im äußersten Süden zu unterwerfen. 1809 annektierte Napoleon Dalmatien, 1810 Holland und Nordwestdeutschland, einschließlich der Hansestädte Bremen, Hamburg und Lübeck. Napoleons Engagement in Spanien nutzte 1809 das halbabhängige Österreich zu einer Erhebung, die mit einem neuen Sieg Napoleons und der für Habsburgs Stolz demütigenden Ehe mit der Kaisertochter Marie-Louise endete (1810).

Die Kontinentalsperre traf England weniger als Napoleons Verbündete: Besonders der russische Außenhandel sank zwischen 1806 und 1808 auf 47 Prozent. 1811 löste sich Zar Alexander (1801–1825) offiziell aus der Koalition mit Frankreich und nutzte einen Verstoß Frankreichs gegen die Kontinentalsperre, das seinen Bauern Getreidelieferungen an England erlaubt hatte. Durch einen Angriff auf Rußland wollte Napoleon den Zaren zur Einhaltung der Abmachungen zwingen. Über 600000 Soldaten, nur zur Hälfte Franzosen, sonst Zwangsverpflichtete aus seinem Herrschaftsgebiet und Freiwillige (Polen), nahmen 1812 an seinem Rußlandfeldzug teil. Auch Österreich und Preußen mußten Hilfskorps stellen, die die Flanken der „Großen Armee" im Süden und Norden deckten. Anfangs siegte die „Grande Armée" wie gewohnt. Aber Zar Alexander gab auch nach der Eroberung Moskaus nicht auf. Er rief zum „Vaterländischen Krieg" auf, ließ Moskau anzünden und zermürbte die Große Armee mit ständigen Partisanen- und Kosakenüberfällen. Der Rückzug im beginnenden Winter wurde zur Katastrophe: Mindestens eine halbe Million Soldaten starben. Napoleon verließ Anfang Dezember an der Beresina heimlich seine Armee und flüchtete nach Paris.

Alexander I. wollte den Kampf gegen Napoleon fortsetzen, aber Preußen und Österreich, beide unter Napoleons Hegemonie, zögerten anfangs. Der preußische General Yorck (1759–1830), Kommandeur des preußischen Hilfskorps im Norden der Großen Armee, gab ohne Zustimmung des preußischen Königs den Russen mit der Konvention von Tauroggen den Weg nach Ostpreußen frei. Zwei Monate später schlossen Preußen und Rußland ein Bündnis, der preußische König rief sein Volk zur Erhebung auf. Seinem Aufruf „An mein Volk!" folgten viele Freiwillige, oft mit der Hoffnung auf einen freiheitlichen, deutschen Nationalstaat als Ergebnis des Krieges. Nach anfänglichen Niederlagen der russisch-preußischen Armee fiel die Entscheidung im Oktober 1813 in der Völkerschlacht bei Leipzig: Fast 450000 französische und Rheinbund-Soldaten standen rund 500000 der alliierten Truppen aus Rußland, England, Schweden, Preußen und Österreich gegenüber. Die Regimenter der deutschen Rheinbundstaaten gingen zu den Alliierten über. Nach vier Tagen stand die Niederlage Napoleons fest. Die siegreichen alliierten Truppen zogen im März 1814 in Paris ein, an ihrer Spitze Zar Alexander, der eigentliche Sieger. Napoleon mußte abdanken und wurde auf die Insel Elba verbannt. Mit Rückkehr der Bourbonen wurde Frankreich erneut konstitutionelle Monarchie. Ludwig XVIII. (1814–1824) wurde König, auch nach Napoleons vorübergehender Rückkehr für hundert Tage. Seine Niederlage gegen englische und preußische Truppen bei Waterloo (Juni 1815) brachte die endgültige Verbannung nach St. Helena.

Karikaturen bilden ein Genre, das politisch-satirische Graphiken, Zeichnungen und Gemälde umfaßt. Sie reflektieren aktuelle Ereignisse und kommentieren sie satirisch überzeichnet. Nach der Reformation erzielte die Karikatur ihre erste große publizistische Breitenwirkung vor und in der Französischen Revolution, geprägt durch englische Karikaturisten wie Hogarth und Gillray. Zahlreiche Flugblätter bereiteten die Revolution mit ihrer Kritik am Ancien régime vor. Meist erschienen Karikaturen auf Flugblättern oder Bilderbögen, anfangs meist anonym. Erst das verstärkte Erscheinen von Karikaturen in Zeitungen und Zeitschriften brachte mit dem festen Adressatenkreis auch die Nennung der Karikaturisten. Karikaturen führten vor allem der nichtlesenden Bevölkerung, den unteren Schichten des Dritten Standes, politische, gesellschaftliche und wirtschaftliche Zustände kritisch vor, um sie von der Richtigkeit des eigenen Handelns zu überzeugen, z. B. als Propaganda für die Republik. Karikaturen waren immer „parteilich".

Die Bildsprache, in vielfältigen Andeutungen oft nur aus ihrer Zeit verständlich, erschwert den Einsatz von Karikaturen im Unterricht. Andererseits erleichtern die Übertreibung als stilistisches Mittel, die Verdichtung auf das Wesentliche den Zugang zu einer Problematik. Ein Bild sagt, im wahrsten Sinne des Wortes, oft mehr als tausend Worte. Bei der Interpretation einer Karikatur sind folgende Leitfragen sinnvoll:

I. Zum Zeichner der Karikatur
1) Wer hat in welchem Auftrag die Karikatur gezeichnet?
2) Gibt es Informationen über den Karikaturisten und seinen Auftraggeber?
3) Welche Absichten verfolgt der Zeichner?

II. Zum Inhalt und Stil der Karikatur
1) Was sieht man?
2) Wen sieht man? (Sind historische Persönlichkeiten dargestellt?)
3) Auf welches Problem spielt der Zeichner an?
4) Welche stilistischen Mittel verwendet der Zeichner?

III. Entstehungsbedingungen der Karikatur
1) Wann und wo ist die Karikatur entstanden?
2) In welchem Medium ist sie veröffentlicht worden?
3) Welche Umfeldinformationen besitzen wir?

IV. Wirkung der Karikatur
1) Welche Wirkung sollte die Karikatur in ihrer Zeit erreichen?
2) Welche Wirkung hat sie auf den heutigen Betrachter?

Beispiel:
Die Karikatur (S. 56) verdeutlicht mit Stilisierung und Übertreibung besonders eindrucksvoll die Sinnlosigkeit des Mordens. Nach dem Sturz Robespierres gezeichnet, wird die Terrorherrschaft allein auf seine Person zurückgeführt. Der Zeichner läßt keine Formen der Entschuldigung, der Erklärung für die Mordtaten zu. Frankreich besteht nur noch aus einem Wald von Guillotinen. Alle Franzosen sind Opfer des blindwütigen Mordens. Die Grabpyramide trägt die Aufschrift „Hier ruht ganz Frankreich". Das

Krematorium arbeitet noch, aus einer umgekehrten Jakobinermütze steigt Qualm empor. Im Vordergrund Robespierre, in Amtstracht des Wohlfahrtsausschusses, Friedhofswächter und letzter Henker zugleich. Der Mann, der an keiner Hinrichtung teilgenommen hat, guillotiniert den Henker, der in seinem Auftrag Massen getötet hat. Die Verfassungen von 1791 und 1793 tritt er mit Füßen.

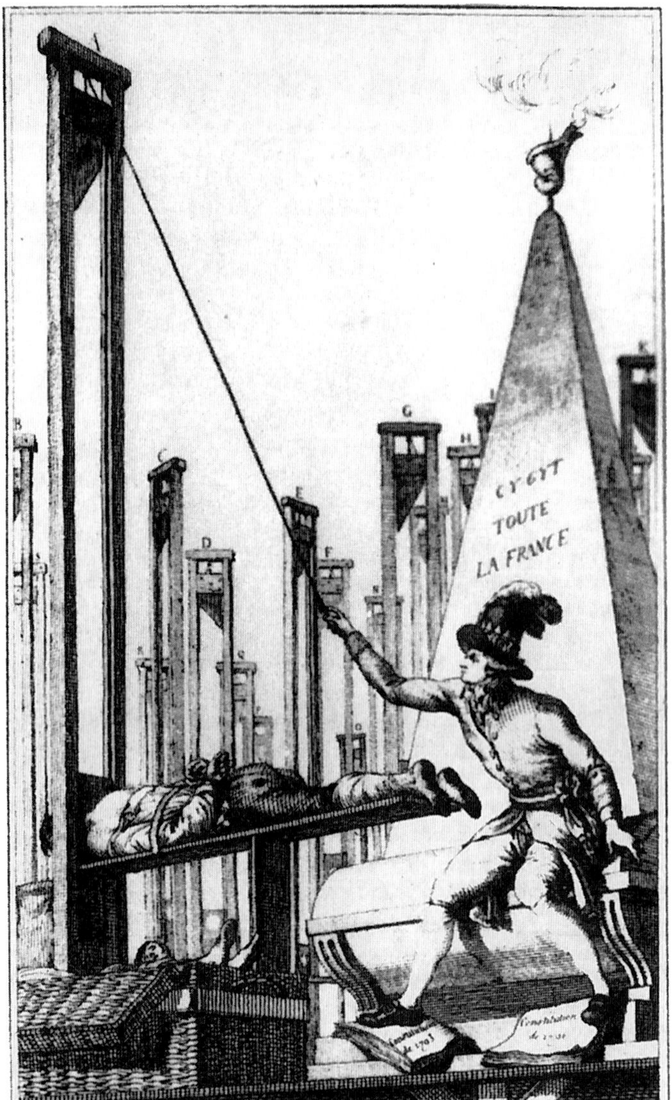

Robespierre guillotiniert den Henker, nachdem er alle Franzosen hat hinrichten lassen.
Anonyme Kupfergravur, ohne Ortsangabe, Ende 1794

Materialien

Ursachen der Französischen Revolution

M 1 Der Staatshaushalt im Jahre 1788

Einnahmen		503 Mill. Livres
Ausgaben		629 Mill. Livres
Defizit		126 Mill. Livres

Die Ausgaben des Haushalts verteilten sich folgendermaßen:

Zivilausgaben		146 Mill.
davon für:		
öffentliche Bildung und Fürsorge	12 Mill.	
Wirtschaft	25 Mill.	
Hof und Privilegierte	36 Mill.	
Militärische Ausgaben		165 Mill.
Schuldendienst		318 Mill.

Aus: A. Soboul, Die Große Französische Revolution, Frankfurt 1973³, S. 75

M 2 Die Bodenverteilung zwischen Klerus, Adel, Bürgertum und Bauern am Vorabend der Revolution:

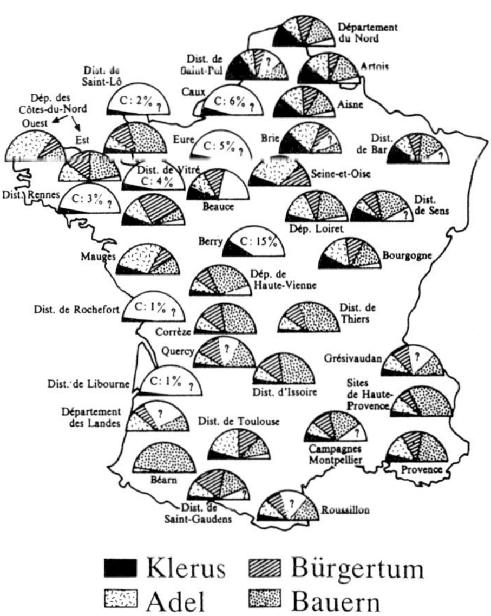

Aus: R. Reichardt, Die Französische Revolution. In: Funkkolleg Geschichte, Studienbegleitbrief 8, Tübingen 1980, S. 67

M 3 Schreiben eines Landmannes kurz vor der Revolution an seinen Intendanten

Obwohl wir wenig Adel in dieser Provinz haben... darf man noch nicht glauben, daß die Grundstücke deshalb weniger mit Zinsen belastet wären; im Gegenteil, fast alle Lehnsgüter gehören der Kathedrale, dem Erzbistum, dem Stift Saint-Martin, den Benediktinern von Noirmouties, von Saint-Julien und anderen Geistlichen, deren Renten nie verjähren und bei denen man unaufhörlich neue aus alten, verschimmelten Pergamenten zum Vorschein kommen sieht, deren Ursprung Gott allein kennt!

Die ganze Provinz ist mit dieser Rentenkrankheit behaftet. Die Mehrzahl der Landgrundstücke muß jährlich von jedem Acker Weizen den siebenten Teil entrichten, andere ebenso den siebenten vom Wein; einer hat der Herrschaft ein Viertel der Ernte zu geben, ein anderer ein Fünftel usw., nachdem der Zehnte schon abgezogen ist; dieser entrichtet den zwölften, jener den dreizehnten Teil. Alle diese Zinsen sind so seltsam, daß ich solche vom vierten bis zum vierzigsten Teil der Ernte kenne.

Was soll man zu all den Zinsen sagen, die in Gestalt von Korn, Hülsenfrüchten, Geld, Geflügel, Frone, Holz, Früchten, Kerzen entrichtet werden? Ich kenne seltsame Abgaben dieser Art bestehend in Brot, Wachs, Eiern, Schweinen ohne Kopf, Rosen- und Veilchensträußchen, vergoldete Sporen usw. Es gibt noch eine zahllose Menge anderer herrschaftlicher Rechte. Warum hat man Frankreich nicht von allen diesen übertriebenen Abgaben befreit?...

Die Intendanten geistlicher Güter pflegen, sooft ein neuer Inhaber sein Amt antritt, alle Pächter auszuplündern und zu besteuern. Wir haben neuerdings ein Beispiel davon erlebt. Der Intendant unseres neuen Erzbischofs hat bei seiner Ankunft allen Pächtern des Herrn de Fleury, seines Vorgängers, aufgekündigt, indem er alle mit ihm geschlossenen Verträge für null und nichtig erklärte und diejenigen vertrieb, die nicht ihren Pachtzins verdoppeln und ihm beträchtliche Schmiergelder geben wollten, die sie bereits dem Intendanten des Herrn de Fleury gegeben hatten. So hat man sie um sieben oder acht Jahre gebracht, die von ihrer vertraglich festgelegten Pachtzeit noch übrig waren, indem man sie zwang, sofort wegzuziehen, und zwar unmitttelbar vor Weihnachten, der

ungünstigsten Zeit des Jahres, wegen der Schwierigkeit, das Vieh zu ernähren, während man selbst nicht weiß, wo man bleiben soll. Der König von Preußen hätte es nicht schlimmer machen können.
Aus: A. de Tocqueville, Der alte Staat und die Revolution, München 1978, S. 229–231

M 4 Die zunehmende Staatsverschuldung

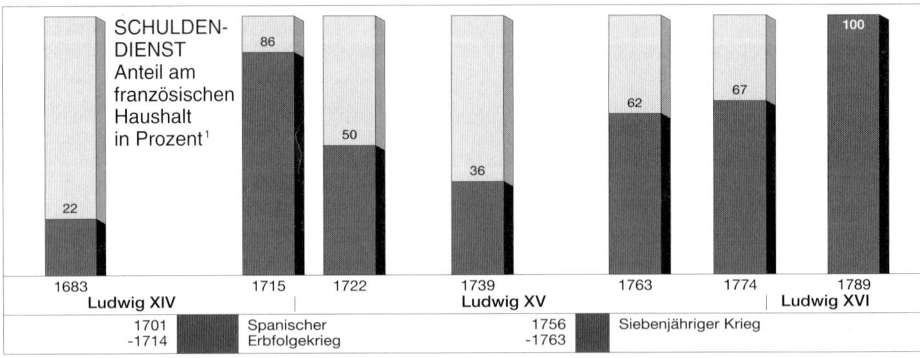

[1] Summe der jährlichen Zinszahlungen des Staates an seine Gläubiger. Die Schulden lagen um ein vielfaches höher.

M 5 Einkommensanteil, der 1789 von Pariser Arbeitern für Brot ausgegeben wurde

Beruf	Lohn pro Tag	„Realverdienst" pro Tag[1]	Ausgaben für das 4-Pfund-Brot in Prozent des Einkommens bei			
			9 S[2]	14,5 S	13,5 S	12 S
Arbeiter in der Fabrik Réveillons[3]	25 S	15 S	60	97	90	80
Bauarbeiter	30 S	18 S	50	80	75	67
Maurergeselle	40 S	24 S	37	60	56	50
Schlosser-, Schreinergeselle usw.	50 S	30 S	30	48	45	40
Bildhauer, Goldschmied	100 S	60 S	15	24	22,5	20

[1] Bei der Berechnung des „Realverdienstes" sind die zahlreichen Feiertage des Ancien régime berücksichtigt worden. Diese werden hier mit 111 im Jahr angenommen.
[2] S = Sou, der 20. Teil des Livre (Münzpfund) [3] Eine Manufaktur für Papiertapeten

Aus: G. Rudé, Die Massen in der Französischen Revolution, München 1961, S. 339

Arbeitsvorschläge

1. *Erarbeiten Sie aus den Materialien M 1 bis M 5 unterschiedliche Ursachen der Französischen Revolution.*
2. *Ergänzen Sie diese Ursachenbeschreibung mit Hilfe des darstellenden Teils S. 30 bis S. 34 unter Berücksichtigung der Karikaturen zu Beginn des Kapitels.*
3. *Bestimmen Sie bei Ihrer Arbeit den Aussagewert der unterschiedlichen Materialien.*

Schlaglichter des Revolutionsjahres 1789 – aus unterschiedlichen Perspektiven betrachtet

M 6 Briefe Dr. Edward Rigbys (* 1747)

Ein englischer Arzt, der Anfang Juli 1789 eine Vergnügungs- und Studienreise auf dem Kontinent angetreten hatte, schrieb an seine Frau:

13. Juli 1789:

Paris war vielleicht nie zuvor in solch einer wahrhaften Gefahr wie an diesem Tag, mit solchen Scharen gereizter Pöbelhaufen in seinen Mauern, solch einer furchtbaren Armee draußen, und in Versailles ein erbitterter und enttäuschter Hof, der bereit war, in dem Augenblick loszuschlagen, wo sich eine Gelegenheit bot, den Angriff zu erneuern. Symptome allgemeiner Furcht zeigten sich, mit all den Umständen, wie sie in einer volkreichen und ihrer Bevölkerung so mannigfach gemischten Stadt zu erwarten sind. Scharen von Fremden und selbst von den Einwohnern verließen eilends Paris; und wir hätten dasselbe getan, aber da wir auf dem Postamt nicht früh genug Pferde bestellten, wurde uns mitgeteilt, jetzt eben sei ein Befehl von den Gemeindebehörden eingetroffen, der es jedem verbot, die Stadt zu verlassen...

14. Juli 1789: Im Verlauf des Vormittags (erfuhren wir von einem kanadischen Franzosen), es wäre der Beschluß gefaßt worden, eine Attacke auf die Bastille zu machen. Wir lächelten über den Mann und wiesen darauf hin, wie unwahrscheinlich es wäre, daß undisziplinierte Bürger eine Zitadelle einnehmen könnten, die sich gegen die geübtesten Truppen Europas gehalten hätte. ...

[Es folgt eine Schilderung der Einnahme der Bastille, vgl. M 7]

Entweder am Fünfzehnten oder Sechzehnten wurde in der Kirche Notre-Dame ein Tedeum[1] abgehalten, und einige der wackern Burschen, die sich bei der Eroberung der Bastille am meisten ausgezeichnet hatten, erhielten Bürgerkronen. ... Die Straßen waren nun viel ruhiger, und Zeichen der Heiterkeit und des Vertrauens waren zu sehen.

[1] Lobgesang, nach den Anfangsworten „Te Deum laudamus" – „Dich Gott loben wir"

Aus: S. Petersen, Die Große Revolution und die Kleinen Leute. Französischer Alltag 1789/95. Köln 1988, S. 27, 40 f.

M 7 Aus einem Brief des Journalisten Camille Desmoulins an seinen Vater vom 16. 7. 1789 über die Ereignisse in Paris

Am Sonntag war ganz Paris bestürzt über die Entlassung Neckers; so sehr ich versuchte, die Geister zu erhitzen, kein Mensch wollte zu den Waffen greifen. Ich schließe mich ihnen an; man sieht meinen Eifer; man umringt mich; man drängt mich, auf einen Tisch zu steigen: In einer Minute habe ich sechstausend Menschen um mich.

„Bürger", sage ich nunmehr, „ihr wißt, die Nation hatte gefordert, daß Necker ihr erhalten bliebe, daß man ihm ein Denkmal errichtete: man hat ihn davongejagt! Kann man euch frecher trotzen? Nach diesem Streich werden sie alles wagen, und noch für diese Nacht planen sie, organisieren sie vielleicht eine Bartholomäusnacht für die Patrioten."

Ich erstickte fast vor der Menge Gedanken, die auf mich einstürmten, ich sprach ohne Ordnung. „Zu den Waffen", sagte ich, „zu den Waffen! Wir wollen alle die grüne Farbe tragen, die Farbe der Hoffnung." ... Dann stieg ich hinab; man umarmte mich, erstickte mich fast in Liebkosungen. ... Ich sagte: ich wollte keinen Befehl haben, ich wollte nichts weiter sein, als ein Soldat des Vaterlandes. Ich nahm ein grünes Band und befestigte es als erster an meinem Hut. Mit welcher Geschwindigkeit griff das Feuer um sich! Das Gerücht von diesem Aufruhr dringt bis ins Lager vor; die Kroaten, die Schweizer, die Dragoner, das Regiment Royal-Allemand langen an. Fürst Lambesc an der Spitze dieses letztern Regiments zieht zu Pferd in die Tuilerien. Er säbelt selbst einen waffenlosen Mann von der Garde-francaise nieder und reitet über Frauen und Kinder. Die Wut flammt auf. Nun gibt es in Paris nur noch einen Schrei: Zu den Waffen! Es war sieben Uhr. Er wagt es nicht, die Stadt zu betreten. Man bricht in die Läden der Waffenhändler ein. Am Montag morgen wird Sturm geläutet. Die Wahlmänner hatten sich im Stadthaus versammelt. Mit dem Vorsteher der Kaufmannschaft an der Spitze gründen sie ein Bürgerwehrkorps von 78 000 Mann in 16 Legionen. ... Die Menge und die Verwegensten begeben sich zum Invalidenhaus; man verlangt Waffen vom Gouverneur; er gerät in Angst und öffnet sein Magazin. Ich bin, auf die Gefahr, zu ersticken, unters Dach gestiegen. Ich sah dort, will mir scheinen, mindestens 100 000 Flinten. Ich nehme eine ganz neue, an der ein Bajonett steckte, und zwei Pistolen. Das war am Dienstag, der ganze Morgen verging damit, daß man sich bewaffnete. Kaum hat man Waffen, so geht's zur Bastille. Der Gouverneur, der gewiß überrascht war, mit einem Schlag in Paris 100 000 Flinten mit Bajonetten zu sehen, und nicht wußte, ob diese Waffen vom Himmel gefallen waren, muß sehr in Verwirrung gewesen sein. Man knallt ein oder zwei Stunden drauflos, man schießt herunter, was sich auf den Türmen sehen läßt; der Gouverneur, Graf von Launay, ergibt sich; er läßt die Zugbrücke herunter, man stürzt drauflos; aber er zieht sie sofort wieder hoch und schießt mit Kartäschen drein. Jetzt schlägt die Kanone der Gardes-françaises eine Bresche. Ein Kupferstecher steigt als erster hinauf, man wirft ihn hinunter und bricht ihm die Beine entzwei. Ein Mann von der Gardes-française ist der nächste, er hat mehr Glück, er packt die Lunte eines Kanoniers und wehrt sich, und binnen einer halben Stunde ist der Platz im Sturm genommen. Ich war beim ersten Kanonenschlag herbeigeeilt, aber, es grenzt ans Wunderbare, um halb drei Uhr war die Bastille schon genommen. Die Bastille hätte sich sechs Monate halten können, wenn sich irgend etwas gegen das französische Ungestüm halten könnte; die Bastille genommen von Bürgersleuten und führerlosen Soldaten, ohne einen einzigen Offizier! Derselbe Gardist, der im Sturm als erster nach oben gekommen war, verfolgt Herrn von Launay, nimmt ihn bei den Haaren und macht ihn zum Gefangenen. Man führt ihn zum Stadthaus und schlägt ihn unterwegs halbtot. Er ist so geschlagen worden, daß es mit ihm zu Ende gehen will; man gibt ihm auf dem Grèveplatz den Rest, und ein Schlächter schneidet ihm den Kopf ab. Den trägt man auf der Spitze einer Pike und gibt dem Gardisten das Kreuz des heiligen Ludwig.

Aus: G. Landauer, Briefe aus der Französischen Revolution, Bd. 1, 1919, S. 148 ff.

M 8 Joachim Heinrich Campe

Der Publizist und Sprachforscher besuchte als einer der ersten Deutschen im Jahre 1789 Paris. Seine „Briefe aus Paris" waren zur Veröffentlichung im Braunschweiger Journal bestimmt:

Auszüge aus dem 2. Brief – Paris, 9. August 1789

Welch ein Schauspiel für den, der für die Menschenveredelung und Menschenbeglückung noch unverdorbenen Sinne, und ein warmes und teilnehmendes Herz für alles hat, was das Emporkommen der großen Adamsfamilie angeht! Welch ein Beispiel für das ganze übrige Europa und für alle ihrer menschlichen Rechte und des göttlichen Ebenbildes, d. i. der menschlichen Würde und Selbständigkeit beraubten Menschen in allen fünf Weltteilen! Wahrlich der ärgste Despot, wäre er hier, um ein Augenzeuge von dem allen zu sein, und wäre sein von selbstsüchtigen und ehrgeizigen Begierden zusammengeschrumpftes und ausgedörrtes Herz noch der geringsten menschlichen und edelmütigen Aufwallung fähig – er würde, glaube ich, von einer unwiderstehlichen sympathetischen Gewalt ergriffen, sich geneigt fühlen, auf seine unrechtmäßige willkürliche Herrschaft – denn wo gab es jemals eine rechtmäßige? – freiwillig Verzicht tun, um des großen Anblicks, den ein freigewordenes, und dadurch auch zugleich moralisch wiedergeborenes, veredeltes und beglücktes Volk gewährt, noch einmal und zwar mit dem Zusatze von Vaterfreuden zu genießen, den das Bewußtsein, der Urheber davon zu sein, notwendig mit sich führen müßte.

Auffallend und befremdend für den Ausländer ist hier der Anblick ganz gemeiner Menschen aus der allerniedrigsten Volksklasse, z. B. die Wasserträger, welche die Küchen aller Häuser der Stadt, wohin keine Wasserleitungen führen, mit dem unreinen Seinewasser versorgen, – auffallend, sage ich, ist es, zu sehen, welch warmen Anteil sogar auch diese Leute, die großenteils weder lesen noch schreiben können, jetzt an den öffentlichen Angelegenheiten nehmen; zu sehen, wie sie ihre Eimer wohl zwanzigmal in einer und eben derselben Straße niedersetzen, um erst zu hören … was etwa einer von denen, welche vor den Bekanntmachungszetteln sich angehäuft haben, mit lauter Stimme abliest und was von andern darüber geurteilt und vernünftelt wird; zu sehn – was ich mehrmals beobachtet habe – wie vier, fünf oder sechs solcher armseliger Lastträger mit einem ihrer Kameraden, der den seltenen Vorzug besitzt, Gedrucktes lesen zu können, in Verbindung treten, ihre Liards zusammenlegen, sich dafür gemeinschaftlich eins der fliegenden Blätter oder der kleinen Broschüren des Tages kaufen, und nun zwischen ihren Eimern und sonstigen Lasten sich dicht zusammen stellen, um den vorlesenden gelehrten Kameraden, mit vorgehaltenem Ohre, starren Augen und offenem Munde zuzuhören.

[In einer Nachschrift beschreibt Campe die Ereignisse in der Nacht des 4. August 1789 und die Reaktionen des Volkes darauf.]

In meiner Nachschrift will ich Ihnen von einem Freudentaumel Nachricht geben, welcher den 5ten ganz Paris ergriff und jetzt vermutlich schon durchs ganze Königreich verbreitet ist. Gebe nur der Himmel, daß dies ohne die gewöhnlich traurigen Folgen geschehen möge, welche jede Trunkenheit, im moralischen wie im physischen Sinne, nach sich zu ziehen pflegt!

Die Ursache dieses allgemeinen Freudentaumels hat sich die Nacht vom 4ten zum 5ten in der Nationalversammlung zu Versailles ereignet; und diese Nacht ist dadurch, was auch immer für Folgen daraus entstehen mögen, für die französische Nation, und fast möchte ich sagen für die Menschheit, eine der merkwürdigsten unter allen Nächten geworden, welche in der neuern Geschichte ausgezeichnet zu werden verdienen … Das ganze Gebäude des Lehnssystems, mit allen seinen glänzenden Vorrechten für die Herrschaften, mit allen seinen erdrückenden Lasten für die Untertanen, ward in einigen Minuten von Grund aus umgestürzt und vernichtet; der Adel, die Geistlichkeit, ja ganze Provinzen taten Verzicht auf ihre angeerbten Rechte, Freiheiten und Privilegien; alle wollen künftig nur die allgemeinen Rechte eines Bürgers und Franzosen genießen, und wie jeder andere Bürger und Franzose die Staatslasten tragen helfen; kein Amt und keine Ehrenstelle soll künftig mehr für Geld zu haben sein; jeder Bürger, was Standes er auch immer sein

mag, soll von nun an zu jeder Würde im Staat, sie sei bürgerlich oder militärisch, fähig sein, sobald nur seine Verdienste ihn dazu fähig machen werden; dem Könige endlich, als dem bekannten Urheber von dem allen, soll der Ehrentitel eines Wiederherstellers der französischen Freiheit belegt werden!!!
Aus: T. Stammen und F. Eberle (Hg.), Deutschland und die Französische Revolution 1789–1806. Bd. 1, Darmstadt 1988, S. 38 f., 40, 43–45

Arbeitsvorschläge

1. *Stellen Sie mit Hilfe der Materialien M 6–M 8 und dem darstellenden Teil (S. 36–39) die wichtigsten Ereignisse zwischen Juli und Oktober 1789 zusammen.*
2. *Arbeiten Sie die jeweilige Einstellung der Verfasser zur Revolution aus dem Quellenmaterial heraus.*
3. *Versetzen Sie sich in die Position eines deutschen Besuchers in Paris des Jahres 1789. Betrachten Sie das Bild auf Seite 37 und schreiben Sie aus Ihrer Sicht einen Reisebericht über die Juliereignisse. Vergleichen Sie Ihren eigenen Bericht mit dem Campes.*

Frauen in der Französischen Revolution

M 9 Olympe de Gouges (1749–1793)

Sie beschreibt die Situation der Frauen des Dritten Standes in einer Petition an den König, 1789:

Die Töchter des dritten Standes kommen fast alle ohne Vermögen zur Welt; ihre Erziehung wird sehr vernachlässigt oder ist sehr unzulänglich: sie besteht darin, daß man sie in eine Schule gibt, wo der Lehrer selbst kein Wort von der Sprache weiß, die er lehrt… Wenn sie dann ihre religiösen Pflichten erfüllt haben, lernen sie arbeiten; mit 15 oder 16 Jahren verdienen sie fünf oder sechs Sous pro Tag. Hat ihnen die Natur Schönheit vorenthalten, heiraten sie ohne Aussteuer einen armseligen Handwerker und vegetieren ihr Leben lang in der hintersten Provinz, bringen Kinder zur Welt, die sie nicht aufzuziehen wissen. Wenn sie mit Schönheit bedacht sind und ohne Bildung, ohne Prinzipien, ohne moralische Vorstellungen aufwachsen, werden sie dem erstbesten Verführer zur Beute, machen sich schuldig und gehen nach Paris, ihre Schande zu verbergen. So enden sie gänzlich darin und sterben als Opfer ihrer Libertinage.
Aus: I. Stephan und S. Weigel (Hg.), Die Marseillaise der Weiber. Hamburg 1989, S. 40 f.

M 10 Tabelle der vergessenen Menschen

Gruppe	Ancien régime	ab 1789	spätere Entwicklung
Frauen ca. 12 Mio. (einschließlich Kinder)	Frauen unter Vormundschaft des Vaters, bzw. Ehemannes, keine Scheidung, keine Rechts- und Geschäftsfähigkeit (Ausnahmen: Lehnsherrin und bestimmte weibliche Handwerke)	1791: Gleichstellung von männlichen und weiblichen Erben 30. 8. 1792: Zivilehe und Scheidungsgesetz, sonst keine Änderung im bürgerlichen Status, und weder Wahlrecht, noch Ämterzugang	Code Civil: Frauen in der Ehe untergeordnet, Scheidung erschwert 1944: Wahlrecht
Juden ca. 30000 Osten, 5000 Süden	Zwang, im Ghetto zu wohnen, Verbot der meisten Berufe, Sondersteuer, Kleidervorschriften	28. 9. 1791: Dekret über die Gleichberechtigung der Juden Gleichstellung als Aktivbürger	Napoleon grantiert freie Religionsausübung
Protestanten ca. 1 Mio.	1598–1685: Edikt v. Nantes: Toleranz für Religionsausübung. Ab 1685: vollständiges Verbot. 1787: zivilrechtliche Anerkennung protestantischer Ehen, Geburten und Todesfälle	24. 12. 1789: Anerkennung der vollen Aktivbürgerrechte per Dekret	Napoleon grantiert freie Religionsausübung
Sklaven in den Kolonien ca. 1 Mio.	Rechtsstellung im Code Noir – geregelt: Sklave ist Eigentum des Käufers, hat weder Besitzrecht, noch Verfügung über eigenen Körper	4. 2. 1789: Code Noir und Sklaverei aufgehoben	1802 Code Noir und Sklaverei wiedereingeführt 1815 Sklavenhandel abgeschafft 1848 Sklaverei abgeschafft
freie Farbige in den Kolonien ca. 50000	persönlich frei, aber ab 1760 zahlreiche Einschränkungen in Berufswahl, Kleidung, Aufenthaltsort, Heiraten	24. 9. 1791: Aktivbürgerrechte aberkannt, aber: 24. 3. 1792 volle Bürgerrechte	

Aus: C. Tichy, L. Tornow, Französische Revolution. Menschenrechte, Machtkampf, Ideologie, Frankfurt 1989, S. 40 f.

M 11 Condorcet (1743–1794) – *über die Zulassung der Frauen zum Bürgerrecht im „Journal de sociére 1789", 3. Juli 1790:*

Die Gewohnheit kann die Menschen mit der Verletzung ihrer natürlichen Rechte bis zu einem Maße vertraut machen, daß unter denjenigen, die sie verloren haben, niemand daran denkt, sie einzufordern, niemand glaubt, eine Ungerechtigkeit zu erleiden. ...

Zum Beispiel: Haben sie [die Gesetzgeber] nicht alle das Prinzip der Gleichheit der Rechte verletzt, indem sie ruhigen Gewissens der Hälfte des Menschengeschlechts das Recht, bei der Entstehung der Gesetze mitzuwirken, entziehen, indem sie die Frauen vom Bürgerrecht ausschließen? Gibt es einen stärkeren Beweis für die Macht der Gewohnheit, sogar bei den aufgeklärten Menschen, als das Prinzip der Gleichheit der Rechte in Anspruch genommen zu sehen zugunsten von 300 oder 400 Männern, denen ein absurdes Vorurteil dieses entzogen hat, und es in bezug auf 12 Millionen Frauen zu vergessen?

Damit dieser Ausschluß nicht ein Akt der Tyrannei sei, müßte man beweisen, daß die natürlichen Rechte der Frauen nicht absolut dieselben sind wie die der Männer, oder man müßte zeigen, daß sie nicht fähig sind, sie auszuüben.

Die Menschenrechte ergeben sich nun einzig daraus, daß Menschen fühlende Wesen sind, imstande, sich moralische Ideen zu eigen zu machen, und imstande, über die Ideen vernünftig nachzudenken. Da nun also die Frauen diese selben Eigenschaften haben, haben sie notwendigerweise die gleichen Rechte. Entweder hat kein Individuum der menschlichen Gattung wirkliche Rechte, oder alle haben die gleichen; und derjenige, der gegen das Recht eines anderen abstimmt, gleichgültig, was seine Religion, seine Hautfarbe oder sein Geschlecht ist, hat von diesem Moment an seinen Rechten abgeschworen.

Es wäre schwierig zu beweisen, daß die Frauen nicht imstande sind, die Bürgerrechte auszuüben. Warum sollten Wesen, die der Schwangerschaft und vorübergehenden Unpäßlichkeiten ausgesetzt sind, nicht ihr Recht ausüben können, das man sich niemals vorstellen kann, denjenigen zu entziehen, die im Winter immer die Gicht haben oder die sich leicht erkälten? Selbst wenn man den Männern eine Überlegenheit des Geistes zugesteht, die nicht die notwendige Folge der Unterschiede in der Erziehung ist, dann kann diese Überlegenheit nur in zwei Punkten bestehen: man sagt, keine Frau habe wichtige Entdeckungen in den Wissenschaften gemacht, keine einzige habe ein Zeichen von Genie in den Künsten oder in den Sprachwissenschaften gezeigt; jedoch wird zweifellos niemand vorhaben, das Bürgerrecht nur den Genies zu gewähren. Man fügt hinzu, keine Frau habe dieselbe Weite der Kenntnisse, die gleiche Kraft der Vernunft wie gewisse Männer; aber was resultiert daraus anderes, als daß – ausgenommen eine zahlenmäßig gereinigte Klasse von hochaufgeklärten Männern – die Gleichheit zwischen den Frauen und dem Rest der Männer vollkommen ist? Daß – diese kleine Klasse beiseitegelassen – sich Unter- und Überlegenheit zu gleichen Teilen zwischen den Geschlechtern aufteilen. Da es nun vollständig absurd ist, das Bürgerrecht und die Fähigkeit, öffentliche Ämter zu übernehmen, auf diese kleine Klasse zu beschränken: Warum sollte man eher die Frauen davon ausschließen, als diejenigen Männer, die einer großen Anzahl von Frauen unterlegen sind?...

Aus: Tichy, a.a.O., S. 45 f.

M 12 Erklärung der Menschen- und Bürgerrechte, 1789

In der Überzeugung, daß die Unkenntnis, das Vergessen oder die Verachtung der Menschenrechte die alleinigen Ursachen des öffentlichen Unglücks und der Verderbtheit der Regierungen sind, haben die in der Nationalversammlung vereinigten Vertreter des französischen Volkes beschlossen, in einer feierlichen Erklärung die natürlichen, unveräußerlichen und geheiligten Menschenrechte darzulegen, damit diese Erklärung allen Mitgliedern der Gesellschaft beständig vor Augen ist und sie ohne Unterlaß an ihre Rechte und Pflichten erinnert werden; damit die Handlungen der Gesetzgebenden wie der Ausübenden Macht in jedem Augenblick mit dem Zweck jeglicher politischen Einrichtung verglichen werden können und dadurch mehr geachtet werden; damit die Beschwerden der Bürger, von nun an auf einfache und unbestreitbare Grundsätze gegründet, sich immer auf die Erhaltung der Verfassung und das Wohl aller richten mögen.

Art. 1 Die Menschen werden frei und gleich an Rechten geboren und bleiben es. Die gesellschaftlichen Unterschiede können nur auf dem allgemeinen Nutzen begründet werden.

Art. 2 Das Ziel jeder staatlichen Vereinigung ist die Erhaltung der natürlichen und unverjährbaren Menschenrechte. Diese Rechte sind Freiheit, Eigentum, Sicherheit und Widerstand gegen Unterdrückung.

Art. 3 Der Ursprung jeder Herrschaft liegt wesensmäßig beim Volke; keine Körperschaft, kein einzelner kann Herrschaft ausüben, die nicht ausdrücklich von ihm ausgeht.

Art. 4 Die Freiheit besteht darin, alles tun zu können, was einem anderen nicht schadet, also hat die Ausübung der natürlichen Rechte eines jeden Menschen keine anderen Grenzen als jene, die den anderen Mitgliedern der Gesellschaft den Genuß dieser gleichen Rechte sichern. Diese Grenzen können allein durch das Gesetz bestimmt werden.

Art. 5 Das Gesetz darf nur Handlungen verbieten, die der Gesellschaft schaden. Nur das, was das Gesetz verbietet, kann untersagt werden, und niemand kann zu einer Handlung gezwungen werden, die das Gesetz nicht gebietet.

Art. 6 Das Gesetz ist Ausdruck des allgemeinen Willens. Alle Bürger haben das Recht, an seiner Gestaltung persönlich oder durch ihre Vertreter mitzuwirken. Es soll für alle Bürger das gleiche sein, es mag beschützen oder bestrafen. Da alle Bürger vor dem Gesetz gleich sind, so sind sie auch alle gleicherweise zu allen Ehrenämtern, öffentlichen Stellungen und Beschäftigungen gemäß ihren Fähigkeiten zugelassen, ohne einen anderen Unterschied als den ihrer Kräfte und Geistesgaben.

Art. 7 Niemand darf außer in den durch Gesetz bestimmten Fällen angeklagt, verhaftet und gefangengenommen werden, und nur nach den Formen, die es vorgeschrieben hat. Wer willkürliche Anordnungen empfiehlt, erläßt, ausführt oder ausführen läßt, soll bestraft werden; aber jeder Bürger, der kraft des Gesetzes vorgeladen oder festgenommen wird, muß sofort gehorchen; durch Widerstand macht er sich strafbar.

Art. 8 Das Gesetz darf nur Strafen festsetzen, die unbedingt und offenbar notwendig sind, und man kann nur bestraft werden auf Grund eines Gesetzes, das vor der Straftat festgelegt und verkündet war und gesetzmäßig angewandt wurde.

Art. 9 Da jeder Mensch so lange für unschuldig gehalten wird, bis er für schuldig erklärt worden ist, soll, wenn seine Verhaftung für unumgänglich erachtet wird, jede Härte, die nicht notwendig wäre, um sich seiner Person zu versichern, durch das Gesetz streng unterbunden werden.

Art. 10 Niemand darf wegen seiner Ansichten, selbst nicht der religiösen, bedrängt werden, vorausgesetzt, daß ihre Äußerungen nicht die durch das Gesetz festgelegte öffentliche Ordnung stört.

Art. 11 Die freie Mitteilung der Gedanken und Ansichten ist eines der kostbarsten Menschenrechte; daher kann jeder Bürger frei sprechen, schreiben, drucken mit dem Vorbehalt, daß er verantwortlich ist für den Mißbrauch dieser Freiheit in den von dem Gesetz festgelegten Fällen.

Art. 12 Die Sicherung der Menschen- und Bürgerrechte erfordert eine öffentliche Macht; diese Macht ist also zum Vorteil aller eingesetzt und nicht zum besonderen Nutzen derer, denen sie anvertraut ist.

Art. 13 Für den Unterhalt der öffentliche Macht und für die Verwaltungsausgaben ist eine allgemeine Abgabe unerläßlich; sie muß gleichmäßig auf alle Bürger gemäß ihrem Vermögen verteilt werden.

Art. 14 Alle Bürger haben das Recht, selbst oder durch ihre Vertreter die Notwendigkeit der öffentlichen Abgaben festzustellen, sie frei zu bewilligen, ihre Verwendung zu überwachen und ihre Höhe, ihre Veranlagung, ihre Einziehung und ihre Dauer zu bestimmen.

Art. 15 Die Gesellschaft hat das Recht, von jedem Staatsbeamten Rechenschaft über seine Amtsführung zu verlangen.

Art. 16 Eine Gesellschaft, in der die Garantie der Rechte nicht gesichert und die Gewaltenteilung nicht festgelegt ist, hat keine Verfassung.

Art. 17 Da das Eigentum ein unverletzliches und geheiligtes Recht ist, kann es niemand genommen werden, wenn nicht die öffentliche, gesetzlich festgestellte Notwendigkeit es klar erfordert und unter der Bedingung einer gerechten und vorherigen Entschädigung.

Aus: Franz, Günther (Hg.), Staatsverfassungen, Darmstadt 1973, S. 287ff.

M 13 Olympe de Gouges

Sie formulierte als erste die Frauenrechte als Pendant zur Erklärung der Menschen- und Bürgerrechte, September 1791 (Auszug):

Präambel

Wir, Mütter, Töchter, Schwestern, Vertreterinnen der Nation, verlangen, in die Nationalversammlung aufgenommen zu werden. In Anbetracht dessen, daß Unwissenheit, Vergeßlichkeit oder Mißachtung der Rechte der Frauen die alleinigen Ursachen öffentlichen Elends und der Korruptheit der Regierungen sind, haben wir uns entschlossen, in einer feierlichen Erklärung die natürlichen, unveräußerlichen und heiligen Rechte der Frau darzulegen, auf daß diese Erklärung allen Mitgliedern der bürgerlichen Gesellschaft ständig vor Augen, sie unablässig an ihre Rechte und Pflichten erinnert. ... Das an Schönheit wie Mut im Ertragen der Mutterschaft überlegene Geschlecht anerkennt und erklärt somit, in Gegenwart und mit dem Beistand des Allmächtigen, die folgenden Rechte der Frau und Bürgerin:

Art. I. Die Frau wird frei geboren und bleibt dem Manne ebenbürtig in allen Rechten. Die sozialen Unterschiede können nur im allgemeinen Nutzen begründet sein.

Art. II. Ziel und Zweck jedes politischen Zusammenschlusses ist der Schutz der natürlichen und unveräußerlichen Rechte von Frau und Mann. Diese Rechte sind: Freiheit, das Recht auf Eigentum, Sicherheit und besonders das Recht auf Widerstand gegen Unterdrückung. ...

Art. IV. Freiheit und Gerechtigkeit besteht darin, dem anderen zurückzugeben, was ihm gehört. So wird die Frau an der Ausübung ihrer natürlichen Rechte nur durch die fortdauernde Tyrannei, die der Mann ihr entgegensetzt, gehindert. Diese Schranken müssen durch die von Natur und Vernunft diktierten Gesetze revidiert werden. ...

Art. VI. Recht und Gesetz sollen Ausdruck des Allgemeinwillens sein. Alle Bürgerinnen und Bürger sollen persönlich oder durch ihre Vertreter an ihrer Gestaltung mitwirken. Es muß für alle das gleiche sein. Alle Bürgerinnen und Bürger, die gleich sind vor den Augen des Gesetzes, müssen gleichermaßen nach ihren Fähigkeiten, ohne andere Unterschiede als die ihrer Tugenden und Talente, zu allen Würden, Ämtern und Stellungen im öffentlichen Leben zugelassen werden.

Art. VII. Für Frauen gibt es keine Sonderrechte; sie werden verklagt, in Haft genommen und gehalten, wo immer es das Gesetz vorsieht. Frauen unterstehen wie Männer den gleichen Strafgesetzen. ...

Art. IX. Wegen seiner Meinung, auch wenn sie grundsätzlicher Art ist, darf niemand verfolgt werden. Die Frau hat das Recht, das Schafott zu besteigen. Sie muß gleichermaßen das Recht haben, die Tribüne zu besteigen, vorausgesetzt, daß ihre Handlungen und Äußerungen die vom Gesetz gewahrte öffentliche Ordnung nicht stören. ...

Art. XI. Die freie Gedanken- und Meinungsäußerung ist eines der kostbarsten Rechte der Frau, denn diese Freiheit garantiert die Vaterschaft der Väter an ihren Kindern. ...

Art. XIV. Die Bürgerinnen und Bürger haben das Recht, selbst oder durch ihre Repräsentanten über die jeweilige Notwendigkeit der öffentlichen Beiträge zu befinden. Die Bürgerinnen können dem Prinzip, Steuern in gleicher Höhe aus ihrem Vermögen zu zahlen, nur dann beipflichten, wenn sie an der öffentlichen Verwaltung teilhaben und die Steuern, ihre Verwendung, ihre Einziehung und Zeitdauer mit festsetzen. ...

Art. XVII. Das Eigentum gehört beiden Geschlechtern, vereint oder einzeln. Jede Person hat darauf ein unverletzliches und heiliges Anrecht.

...

Nachwort

Frauen wacht auf! Die Stimme der Vernunft läßt sich auf der ganzen Welt vernehmen! Erkennt eure Rechte! Das gewaltige Reich der Natur ist nicht mehr umstellt von Vorurteilen, Fanatismus, Aberglauben und Lügen. Die Fackel der Wahrheit hat alle Wolken der Dummheit und Gewalttätigkeit vertrieben. Der versklavte Mann hat seine Kräfte verdoppelt. Er hat eurer Kräfte bedurft, um seine

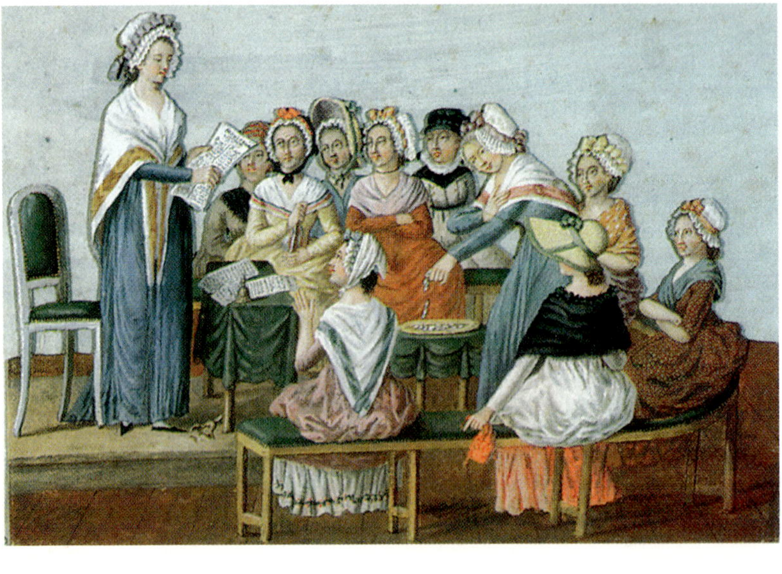

Der „Patriotische Frauenclub". Gouache der Brüder Pierre Etienne und Jaques Philippe Lesueur (Paris 1791). Die Frauen sammeln für wohltätige Zwecke und diskutieren politische Fragen.

Ketten zu zerbrechen. In Freiheit versetzt, ist er nun selbst ungerecht geworden gegen seine Gefährtin. O Frauen! Fauen, wann hört ihr auf, blind zu sein? Welches sind die Vorteile, die ihr aus der Revolution gezogen habt? Ihr werdet noch mehr verachtet, noch schärfer verhöhnt. ...

Was auch immer die Hürden sein werden, die man euch entgegenstellt, es liegt in eurer Macht, sie zu überwinden. Ihr müßt es nur wollen. ...

Aus: Tichy, a.a.O., S. 42–45

M 14 Auszug aus dem Code Civil

Buch 1: „Von den Personen":

Art. 213. Die Frau ist ihrem Manne Gehorsam schuldig.

Art. 215. Die Frau kann ohne Genehmigung ihres Mannes nicht vor Gericht auftreten.

Art. 217. Die Ehefrau kann ... weder schenken, veräußern ... noch erwerben ... sofern nicht ihr Ehemann ... eingewilligt hat.

Art. 229. Der Mann kann die Ehescheidung wegen eines von seiner Frau begangenen Ehebruches verlangen.

Art. 230. Die Frau kann nur ... die Ehescheidung verlangen, wenn der Mann seine Nebenfrau im gemeinschaftlichen Hause gehalten hat.

Art. 298. Die ehebrecherische Frau wird mit Gefängnis bestraft, der ehebrecherische Mann dagegen nicht.

Aus: Code Napoléon, Buch I, Würzburg 1813

Arbeitsvorschläge

1. *Vergleichen Sie Anspruch und Verwirklichung der Menschenrechtserklärung vom August 1789 (M 12) unter Berücksichtigung von M 9–M 11 und M 13.*
2. *Welche Aussagen läßt die Erklärung Olympe de Gouges über die Stellung der Fau während der Revolution im allgemeinen zu? Gibt es Änderungen in der napoleonischen Ära (M 14)?*
3. *Untersuchen Sie die Forderungen der Erklärung der Frauen im Hinblick auf ihre Verwirklichung in unseren Tagen. Vergleichen Sie auch mit dem Grundgesetz.*

Die „Schreckensherrschaft" 1793/94

M 15 Der Überwachungsstaat

Bereits vor dem offiziellen Gesetz zur systematischen Verfolgung verdächtiger Personen vom 17. September 1793 waren die Überwachungskomitees der Sektionen damit beschäftigt, politisch verdächtige Personen und Ausländer ausfindig zu machen. Aus einer Verdächtigungsliste der Pariser Sektion Gravilliers:

1. Der Abbè Bossel, Haus der Regnière, Rue Champs Elysées, verdächtig, mit Emigranten in Verbindung zu stehen; in diesem Haus finden Versammlungen statt, es wird bis 2 und 3 Uhr morgens gespielt.

2. In der Rue St. Jacques, neben oder gegenüber dem Collège du Plessis, wird eine Gamaschenmacherin, wohnhaft im Hause eines Tischlers im 3. Stock, verdächtigt, Priester sowie andere verdächtige Personen zu beherbergen. ...

5. Rousseau, der Neffe von Jean-Jacques Rousseau, wohnhaft im Hotel de Bourgogne, Rue de Montmorency, soll einen König gefordert haben; sein Aristokratismus hat ihn um seinen Posten und um seine Assignaten gebracht; ihm ist zu mißtrauen. ...

7. Auf dem Dachboden der Rue de la Huchette finden alle 15 Tage Versammlungen von Schlossern und Nagelschmieden statt. Gegen 5 und 6 Uhr abends haben sie sich bei mehreren Abteilungen [als Soldaten] gemeldet, einige sogar bei den Linientruppen; sie verleiten die Arbeiter zur Einschreibung; sie müssen daran gehindert werden. ...

9. Ein Mann namens Porat, Rue Notre-Dame de Magareth Nr. 227, ein ehemaliger Adliger, vor ungefähr einem Jahr emigriert, ist zurückgekehrt und befindet sich zur Zeit auf seinem Landsitz. Sichere Informationen sind vom Bürger Chandellier, Mitglied des Überwachungsausschusses der Sektion Poissonnière, einzuholen.

10. Ein gewisser Lautour, wohnhaft in der Rue Bas d'Orléans, Porte St. Martin Nr. 161, Spieler im ehemaligen Palais-Royal, hat in Gegenwart mehrerer Personen gesagt, daß die Republik nicht einmal mehr die nächsten zwei Monate überleben würde.

Aus: S. Petersen, a. a. O., S. 195 f.

M 16 Robespierre zu der Auseinandersetzung um die Schreckensherrschaft

Rede Robespierres über die Prinzipien der politischen Moral vom 5. Februar 1794:

Was ist das Ziel, dem wir zustreben? Der friedliche Genuß der Freiheit und der Gleichheit, das Reich jener ewigen Gerechtigkeit, deren Gesetze eingegraben nicht in Marmor und Stein, sondern in die Herzen aller Menschen, selbst in das Herz des Sklaven, der sie vergißt, und des Tyrannen, der sie verleugnet.

Wir wollen eine Ordnung der Dinge, in der alle niedrigen und grausamen Leidenschaften in Ketten liegen, in der alle wohltätigen und edlen Leidenschaften durch die Gesetze erweckt werden, wo der Ehrgeiz besteht in dem Verlangen, Ruhm zu erwerben und dem Vaterland zu dienen, wo sich die Unterscheidungen nur aus der Gleichheit selber ergeben, ...

Wir wollen mit einem Wort die Wünsche der Natur erfüllen, das Schicksal der Menschheit vollenden, die Versprechungen der Philosophie halten, die Vorsehung freisprechen von der langen Herrschaft des Verbrechens und der Tyrannei. ...

Um unter uns die Demokratie zu begründen und zu festigen, um zur friedlichen Herrschaft der verfassungsgemäßen Gesetze zu gelangen, müssen wir den Krieg der Freiheit gegen die Tyrannei beenden und die Stürme der Revolution glücklich überstehen; das ist das Ziel des revolutionären Systems, das Ihr organisiert habt. Ihr müßt Euer Verhalten noch nach den stürmischen Umständen einrichten, in denen sich die Republik befindet, und der Plan Eurer Verwaltung muß das Ergebnis des Geistes der revolutionären Regierung in Verbindung mit den allgemeinen Grundsätzen der Demokratie sein.

Welches ist nun der entscheidende Grundsatz der demokratischen Volksregierung, das heißt, die Haupttriebfeder, die sie hält und in Bewegung setzt? Das ist die Tugend! Und zwar die öffentliche Tugend, die in Griechenland und in Rom so viele Wunder erzeugte und die im republikanischen Frankreich noch weit erstaunlichere vollbringen wird; jene Tugend, die nichts anderes ist als die Liebe zum Vaterland und zu seinen Gesetzen.

Da aber das Wesen der Republik oder der Demokratie die Gleichheit ist, so folgt daraus, daß die Liebe zum Vaterland logischerweise die Liebe zur Gleichheit einschließt. Es folgt ferner, daß die erste Regel Eurer politischen Haltung die sein muß, Eure sämtlichen Handlungen auf die Erhaltung der Gleichheit und die Förderung der Tugend zu richten: denn die erste Sorge des Gesetzgebers muß auf die Stärkung des Regierungsprinzips gerichtet sein. So müßt ihr alles, was die Liebe zum Vaterland wecken, die Sitten reinigen, die Seelen erheben, die Leidenschaften des menschlichen Herzens erziehen soll, ergreifen oder dementsprechende Maßnahmen treffen...

Hier können wir die Entwicklung unserer Theorien beenden, wenn wir das Schiff der Republik nur bei Windstille zu steuern hätten; aber der Sturm braust, und der revolutionäre Zustand, in dem wir uns befinden, erlegt uns eine andere Aufgabe auf... Wenn die Triebkraft der Volksregierung im Frieden die Tugend ist, so ist in revolutionärer Zeit die Triebkraft zugleich die Tugend und der Schrecken; die Tugend, ohne die der Schrecken unheilvoll wäre, der Schrecken, ohne den die Tugend ohnmächtig bliebe. Der Schrecken ist nichts anderes als die rasche, strenge und unbeugsame Gerechtigkeit; er ist also ein Ausfluß der Tugend; er ist weniger ein besonderes Prinzip als eine Folge des allgemeinen Prinzips der Demokratie in seiner Anwendung auf die dringendsten Bedürfnisse des Vaterlandes...

Die Regierung der Revolution ist der Despotismus der Freiheit im Kampf gegen die Tyrannei...

Aus: Musulin, Janko (Hg.), Proklamationen der Freiheit, Frankfurt a. M. 1959, S. 81ff.

M 17 Rechtfertigungsversuch von François Barjavel,

Chefankläger des Gerichts des Départements Vaucluse, nach dem Sturz der Jakobiner:

Freiheit, Gleichheit oder Tod!

... In allen Krisenzeiten der Revolution war ich Zielscheibe von Verfolgungen meiner Feinde. Sie haben mich nacheinander Brigant, Maratist, Hébertist geheißen und nennen mich im Augenblick Fortsetzer von Robespierre.

Geboren in Carpentras, in einem Lande, das Teil des Landes des Priesters mit den drei Kronen [gemeint ist der Papst] war, besaß ich vor der Revolution nichts. Eine Frau ohne Vermögen und zwei Kinder sind heute meine einzigen Reichtümer. Im Jahre 1789 habe ich gegen die Mißbräuche des italienischen Hofes etwas geschrieben. Ich habe mich für den Anschluß [an Frankreich] eingesetzt. Im Jahre 1790 habe ich mit aller Kraft dazu beigetragen, den Gesandten des Papst-Tyrannen auszuweisen. ... 1791 und Anfang 1792 wurde ich verfolgt, beleidigt, öffentlich bloßgestellt, bedroht und von den Stützen des Papsttums verprügelt, weil ich als Wahlmann den Angliederungswunsch des ehemaligen Comtat-Vebaissin an Frankreich geäußert hatte. Im Mai 1793 wurde ich von der Tribüne der Volksherrschaft von Anhängern des Föderalismus, den Offizieren des Bataillons aus Aix, die sich damals in der Garnison in Carpentras befanden, verdrängt, weil ich gegen die Sektionen von Marseille gesprochen hatte... Damals überlebte ich nur, weil ich so schnell floh und ein gutes Versteck ausfindig machte.

Ich habe immer das Vertrauen der Bevölkerung besessen. In allen Urwählerversammlungen wurde ich stets zum Präsidenten oder Sekretär ernannt, ich wurde gewählt und als Wahlmann bestätigt, bei vier verschiedenen Gelegenheiten. Nacheinander war ich Distriktsekretär, Nationalkommissar und Öffentlicher Ankläger. Ich habe der Republik in all ihren Phasen gedient. ... Ich wohne in Avignon seit dem 4. Dezember 1793. Meine Funktion als öffentlicher Ankläger beim Strafgerichtshof des Départements Vaucluse hat meine Präsenz in dieser Kommune notwendig gemacht. Die dort herrschenden Mißstände wurden mir rasch offenbar: ich erfuhr, daß eine Gesellschaft von Dieben alle Nationalgüter aufkaufte und im Gasthaus vom Preis dieser Spekulation lebte. Ich erfuhr, daß mehrere Verwalter des Distrikts und der Generalprokurator Duprat der Ältere an diesen Betrügereien beteiligt waren, nach eigenem Gutdünken damit Handel trieben und verkauften, diese selbst erwarben oder auf Kredit kaufen ließen und zwar zum halben Preis oder noch darunter, Nationalgüter von unumstrittenen Wert. ...

Es gehörte zu meinen Aufgaben, die Volksgesellschaften oft zu besuchen. Ich habe selten auf einer Sitzung in Avignon gefehlt. Dort habe ich meinen Brüdern unermüdlich die patriotischen Gefühle entwickelt, die die Republikaner antreiben. Mißbräuche anzuzeigen, die gewählten Körperschaften an die Ausführung der von ihnen vernachlässigten Gesetze zu erinnern, den Patriotismus der Lauen wieder anzustacheln, die ultrarevolutionäre Kühnheit einiger abzuschwächen, jene an die Grundsätze zu erinnern, die sich davon entfernt haben – das war die Aufgabe, die ich mit anderen Bürgern Avignons erfüllt habe.

Man malte mich als einen blutrünstigen Mann, man beschuldigte mich, gesagt zu haben, daß man Blut und nochmals Blut vergießen müsse. Bei all meinen Aktionen habe ich stets das Glück der Menschheit im Auge gehabt. Ich habe gesagt, gedacht, daß das unsaubere Blut durch das Schwert des Gesetzes vergossen werden müsse, damit das des Volks bewahrt werde. Mein Haß gegen den Bösen hat nichts als die Menschlichkeit zum Ursprung. Ich habe das selbstmörderische System dieser Männer bekämpft, die sich über den Mord an unseren Kriegern, die in der Vendée und an den Grenzen unter den Schlägen der Royalisten dahinscheiden und die unter der Folter der Konterrevolutionäre stöhnen, ausschweigen...

... Eine vierundzwanzigjährige Frau war kürzlich für einen Diebstahl zu zwölf Jahren Haft im Maison de Force verurteilt worden. Sie sagte, sie sei im dritten Monat schwanger. Sie sollte zwei Stunden lang den Blicken des Volkes ausgesetzt sein. Ich verlangte, daß diese Zurschaustellung erst nach ihrer Niederkunft stattfinden sollte...

Wahr ist, und dies kann vielleicht von allen guten Bürgern dieser Gemeinden, die ich während der Revolution am längsten bewohnt habe, bezeugt werden, daß ich stets durch meine Reden und Schriften die Bildung propagiert habe, daß ich immer gepredigt habe, den Ultrarevolutionären zu verzeihen, daß ich unaufhörlich und mit all meiner Kraft dazu beigetragen habe, der Revolution neue Anhänger zuzuführen. Die Volksfeinde waren im Département Vaucluse zahlreich. Ich habe unter ihrer großen Anzahl gelitten; um negativen Folgen für das Vaterland vorzubeugen, habe ich mit den guten Bürgern zusammengearbeitet und das Volk seinen Feinden gegenübergestellt...

Aus: Petersen, a.a.O., S. 204–207

Arbeitsvorschläge

1. *Versetzen Sie sich in die Rolle eines Verdächtigen (M 15) und schreiben Sie einen Dialog mit einem in die Wohnung kommenden Mitglied des Überwachungsausschusses.*
2. *Wie löst Robespierre (M 16) den Widerspruch zwischen Freiheits-, Gerechtigkeits- und Wohlfahrtsprinzipien zu der die Grundrechte einschränkenden Schreckensherrschaft auf?*
3. *Gruppenarbeit: Bereiten Sie ein Rollenspiel einer Gerichtsverhandlung gegen den ehemaligen Chefankläger François Barjavel (M 17) vor.*

Die Französische Revolution in der wissenschaftlichen Auseinandersetzung

M 18 Ursachen für die Revolution

a) Die Französische Revolution bildet zusammen mit den holländischen und englischen Revolutionen des 17. Jahrhunderts die Krönung einer langen ökonomischen und sozialen Entwicklung, die schließlich die Bourgeoisie zur Herrin der Welt machte.

„200 Jahre Streit...“ Karikatur aus „L'histoire“ vom Juli/August 1988.

... Guizot zeigte, daß die Eigenart der französischen wie auch der englischen Gesellschaft wesentlich in der Existenz einer starken bürgerlichen Klasse zwischen Volk und Aristokratie bestand, die allmählich die Ideologie einer neuen Gesellschaftsordnung präzisiert und deren Rahmen abgesteckt hatte; dieser Entwicklung habe das Jahr 1789 die Weihe gegeben. Nach Guizot vertraten Tocqueville und später Taine dieselbe Auffassung....

Doch so sicher diese Historiker auch waren, daß das Auftreten und die Entwicklung des beweglichen Vermögens, der Handels- und dann der Industrieunternehmen der Hauptgrund für das Entstehen und Fortschreiten des Bürgertums waren, um eine genaue Erforschung der ökonomischen Ursprünge der Revolution oder der sozialen Klassen, die sie gemacht hatten, kümmerten sie sich nicht.

Vor allem konnten diese Historiker der Bourgeoisie trotz ihres Scharfblicks das wesentliche nicht aufhellen: Daß sich die Revolution in letzter Konsequenz durch den Widerspruch zwischen den Produktionsverhältnissen und dem Entwicklungsstand der Produktivkräfte erklärt.

... Die finanzielle Notlage war die wichtigste der unmittelbaren Ursachen für die Revolution; die entscheidenden Gründe für die Finanznot lagen in den Fehlern des fiskalischen Systems, dem schlechten Eintreibungsverfahren und der Teuerungsgleichheit. Sicherlich muß man doch die Verschwendung am Hofe, die Kriege und vor allem den Unabhängigkeitskrieg der Vereinigten Staaten von Amerika hinzufügen. Die Staatsschulden waren unter der Herrschaft Ludwigs XV. in einem katastrophalen Ausmaß angestiegen: Allein die Zinsen verschlangen über 300 Millionen Livres, das heißt mehr als die Hälfte der königlichen Einnahmen. In einem reichen Land befand sich der Staat am Rande des Konkurses. Der Egoismus der Privilegierten und ihre Weigerung, der Steuergleichheit zuzustimmen, zwangen das Königtum zum Nachgeben: Zur Überwindung der Finanzkrise berief Ludwig XVI. am 8. August 1788 die Generalstände ein.

Aus: A. Soboul, Die Große Französische Revolution, Frankfurt 1973³, S. XIV f. u. 72 f.

b) Gibt es denn so etwas wie einen Grundgedanken des Jahrhunderts? Ja: den Geist der reformerischen Erneuerung.

... Vor dem Tribunal dieser bürgerlichen Kultur, die dem Ancien régime seine sakrale Weihe nimmt, wirkt die ständig wiederholte Anklage gegen die Sinnlosigkeit der alten Gesellschaftsordnung, die Vernunftwidrigkeit der Offenbarungsreligionen und die Schmarotzerexistenz der Grundherren um so nachdrücklicher, als sie sich nicht nur auf die Demonstration des Vernünftigen und Wünschenswerten stützt. Sie bezieht ihre Kraft auch aus den dunkleren Quellen der Verdrängung und der gesellschaftlichen Demütigung: das auf allen Gebieten von der Entwicklung des Jahrhunderts gestärkte Adelsprivileg schürt den Zorn der Bürger. So kommt das Gleichgewicht eines in seinen demographischen, wirtschaftlichen und geistigen Gegebenheiten weitgehend veränderten Systems immer mehr ins Wanken. Das Elend der Bauern, die Verarmung der Lohnempfänger, die Macht und die Frustration des Bürgers stellen die Tradition durch eine wenn nicht gemeinsame, so doch gleichartige Anklage in Frage.

Diese Vorwürfe sind zwar überall zu hören, aber nur selten radikal gemeint. Man ist bereit, eine Frist zu gewähren. Reformen verlangt man, keine Revolution.

Reformen? Hier schürzt sich der Knoten des Dramas. Denn gerade in dieser Epoche erlischt die reformierende Kraft des königlichen Absolutismus. Es fehlt durchaus nicht an Plänen, an kühnen Vorstellungen, an klugen Köpfen, ja, gelegentlich nicht einmal an der allerhöchsten Geneigtheit des Königs von Frankreich. Aber die Kräfte des Widerstands sind stärker geworden als die Kräfte der Bewegung. Der Adel rächt sich für die politische Entmündigung durch Ludwig XIV. Er greift nach der Staatsführung, nach den wichtigen weltlichen und kirchlichen Ämtern, und erdrückt unter seinem gesellschaftlichen Übergewicht, seinem Reichtum und seinem politischen Konservatismus die vernünftigen Anwandlungen des Königs und die Reformpläne der oft bemerkenswert tüchtigen Verwaltung. Der Adel greift den Absolutismus im Namen der Tradition an, während die aufgeklärte Meinung des Dritten Standes ihn im Namen der Reformnotwendigkeiten angreift: Dieses Zusammenwirken entgegengesetzter Bestrebungen schwächt die Staatsmacht und drängt sie in eine ohnmächtige Beharrung, an der dem Adel vor allem gelegen ist. Daß damit die letzte Chance für eine vom Monarchen durchzusetzende Lösung verloren ist, hat Turgot 1776 beim Scheitern seiner großen Steuer- und Justizreform erlebt.

So bleibt die wichtigste innenpolitische Frage des Reiches, die Finanzfrage, ungelöst. Mit ihr stellt sich das ganze wirtschaftliche und soziale Problem. ...

Ist demnach die Revolution unvermeidlich? Theoretisch hängt noch alles von der Kraft des Königs zu schiedsrichterlichem Eingreifen und zu Reformmaßnahmen ab. Aber Ludwig XVI. ist immer weniger Herr der Ereignisse. Über seine berühmte „Willensschwäche" und deren psychologische Voraussetzungen sind in den letzten hundertfünfzig Jahren tausend Abhandlungen geschrieben worden, aber es wurde nicht genügend darauf hingewiesen, daß diese Schwäche vor allem das Symbol oder das Spiegelbild der Schwäche des Staates ist, denn der Absolutismus lebt nur noch als Prinzip. ...

[Der] Revolutionszyklus [ist] in einen Wirtschaftszyklus eingebettet. Nicht daß man den ersten allein aus dem zweiten erklären könnte. Aber die Wirtschaftskrise steigert alle sozialen und politischen Spannungen, die aus der ganzen Entwicklung des Jahrhunderts entstanden sind, aufs äußerste. Vor allem bringt sie in die große Auseinandersetzung zwischen der Krone, den Privilegierten und den Bürgern der Städte einen neuen Mitstreiter: das Volk. Mit diesem Augenblick sind Adel und König machtlos gegen die von den Ereignissen geschaffene große Allianz des Dritten Standes, die das Ancien régime von der Bühne fegen wird.

Aus: F. Furet, D. Richet, Die Französische Revolution, München 1981, S. 20f., 24f., 26

Arbeitsvorschläge

1. *Nehmen Sie die Karikatur (S. 68) als Ausgangspunkt für Ihre Überlegungen. Worüber hat man sich wohl 200 Jahre lang gestritten und was können die Motive dieses Streits sein?*
2. *Die wissenschaftliche Diskussion in Frankreich über die Bewertung der Französischen Revolution ist in den letzten 20 Jahren ganz wesentlich geprägt worden von der Interpretation Albert Sobouls auf der einen Seite und der Francois Furets und Denis Richets auf der anderen Seite. Arbeiten Sie am Beispiel der Ursachenbewertung (M 18) die wichtigsten unterschiedlichen Sichtweisen heraus.*
3. *Welche Fragen und Probleme kommen in den Ausführungen zu kurz oder sind überhaupt nicht angesprochen worden?*

3 Das Zeitalter der nationalen und liberalen Bewegungen, 1815–1870

Das Hambacher Fest am 27. Mai 1832 auf der Maxburg bei Hambach in der Pfalz.

Zeittafel

1789	Beginn der Französischen Revolution
1795	Dritte Teilung Polens – „Polnische Frage“
1801	Union Irlands mit England – „Irische Frage“
1804	Serbischer Aufstand gegen das Osmanische Reich – „Südslawische Frage“
1806	Ende des Heiligen Römischen Reiches Deutscher Nation – „Deutsche Frage“
1807–08	Johann Gottlieb Fichte: „Reden an die deutsche Nation“
1807–12	Preußische Reformen
1814–15	1. November–11. Juni 1815: Wiener Kongreß
1815	Italien bleibt nationale Einigung versagt – „Italienische Frage“
	8. Juni: Verabschiedung der Deutschen Bundesakte
	26. September: „Heilige Allianz“
1817	18./19. Oktober: Wartburgfest

1819	20. September: Karlsbader Beschlüsse durch den Bundestag
1820	Revolution in Spanien
1821–29	Griechischer Freiheitskampf – „Griechische Frage“
1830	27.–29. Juli: Französische Julirevolution. Unruhen in deutschen Bundesstaaten und Italien (bis 1831)
	Belgische Revolution; Polnischer Novemberaufstand (bis 1831)
1832	27.–30. Mai: Hambacher Fest
1834	1. Januar: Gründung des Deutschen Zollvereins
1840	Rheinkrise: „Die Wacht am Rhein“
1847	12. September: Offenburger Programm der Demokraten
	10. Oktober: Heppenheimer Programm der Liberalen
1848	22.–24. Februar: Pariser Februarrevolution
	27. Februar: Beginn der deutschen Märzrevolution
	18. Mai: Deutsche Nationalversammlung in Frankfurt am Main
	22. Mai: Preußische Verfassunggebende Versammlung in Berlin
	26. August: Waffenstillstand von Malmö
1849	3. April: Ablehnung der Kaiserwürde durch Friedrich Wilhelm IV.
1850	29. November: Vertrag von Olmütz
1858	26. Oktober: „Neue Ära“ – Prinz Wilhelm von Preußen wird Regent
1859	Sieg des italienischen Risorgimento
1860	10. Februar: Beginn des preußischen Heereskonflikts
1862	24. September: Otto von Bismarck wird preußischer Ministerpräsident
1863	Januaraufstand in Polen (bis 1864)
1864	Deutsch-dänischer Krieg
1866	Deutscher Krieg: 3. Juli: Schlacht von Königgrätz
1867	Norddeutscher Bund; Ausgleich: Doppelmonarchie Österreich-Ungarn
1870	19. Juli: Deutsch-Französischer Krieg (bis 10. Mai 1871)
1871	18. Januar: Proklamation der Kaiserwürde in Versailles

3.1 Reform und „Restauration“ in Europa, 1815–1830

3.1.1 Der Wiener Kongreß: Neuordnung Europas und Deutschlands

Nachdem die vier Großmächte Europas – England, Preußen, Österreich und Rußland – die französischen Hegemonialansprüche zurückgewiesen hatten und die Bourbonen auf den französischen Thron zurückgekehrt waren, war das Europäische System der Pentarchie (Vorherrschaft der fünf Großmächte) wiederhergestellt. Einig waren sich die Mächte in der Schonung Frankreichs, um das europäische Gleichgewicht zu erhalten, aber auch in der Ablehnung nationaler und demokratischer Revolutionen (→ M 1, M 2).

Vom Herbst 1814 bis zum Sommer 1815 ordneten in Wien unter dem Vorsitz des österreichischen Staatskanzlers Metternich Sieger und Besiegte Europa neu. Oberste Grundsätze wurden Restauration und Legitimität. Wie in der englischen „Restoration“ von 1660 bedeutete Restauration einen Kompromiß zwischen Ancien Régime und Ergebnissen der Französischen Revolution: Zwar Rückkehr der Monarchie, aber als konstitutionelle Monarchie; Rückkehr des Adels, aber ohne Rückerstattung seiner Güter. Legitimität unterstrich die Herrschaft angestammter Dynastien, in Wien vor allem vom französischen Außenminister Charles Maurice de Talleyrand (1754–1838) verfochten, um Forderungen der Sieger abzuwehren. Eine legitime und dauerhafte Neuordnung Europas schien nur möglich, wenn Sieger und Besiegte sie gleichermaßen trugen.

Die erneuerte Pentarchie bestimmte im „Europäischen Konzert der Mächte" mit Kongressen und ihrem Recht der Intervention gegen nationale und liberale Bewegungen zur Einhaltung der in Wien beschlossenen Grundsätze die europäische Politik bis zum Ersten Weltkrieg. Mit der Pentarchie lassen sich die internationalen Beziehungen in Europa gut erklären, bis der Eintritt der USA in den Ersten Weltkrieg und die Russische Revolution 1917 den Aufstieg neuer Flügelmächte zu Weltmächten vorbereiteten. Dagegen war das Ostbündnis des Kaisers von Österreich, des Zaren von Rußland und des Königs von Preußen – die Heilige Allianz – eine ideologische und religiöse Konstruktion der durch Gott gestifteten Verwandtschaft der Monarchen, nicht der Völker.

Der grundsätzliche Konsens über Legitimität und Neuordnung verdeckte konträre Interessen der Siegermächte England, Rußland, Österreich, Preußen. So verlangte Rußland die Annexion ganz Polens, Preußen die Sachsens. Frankreich, England und Österreich waren gegen eine russisch-preußische Hegemonie, so daß die sächsisch-preußische Frage die Allianz der Sieger zu sprengen drohte. Eine komplexe Kompromißlösung vermied den zwischen Preußen/Rußland und Österreich, England, Frankreich drohenden Krieg: Preußen begnügte sich mit Teilen Sachsens. Rußland erhielt in einer nicht so genannten Vierten Teilung den größten Teil Polens in Personalunion („Königreich Polen" = „Kongreßpolen"). Österreichs Interessen verlagerten sich auf Italien (Lombardei, Venetien) und Südosteuropa, so daß sein Einfluß in Mitteleuropa zurückging. Hingegen gewann Preußen die „herrenlosen" Rheinlande, damit die Keimzellen der kommenden Industrialisierung in Deutschland. Die Generalstaaten und die früheren Spanischen/ Österreichischen Niederlande wurden im „Vereinigten Königreich der Niederlande" unter den Oraniern zusammengefaßt (bis 1830). Norwegen kam von Dänemark zu Schweden, in Personalunion mit Autonomie (bis 1905), die Kapprovinz kam zu England. Frankreich mußte sich mit der alten Grenze von 1789 zufriedengeben.

Ferner legte der Wiener Kongreß die staatliche Neuordnung Deutschlands fest: Die territorialen Veränderungen folgten dem Prinzip des Gleichgewichts der Großmächte. Ein deutscher Nationalstaat hätte das Gleichgewicht der Mächte empfindlich gestört und hatte deswegen in Wien keine Chance. Kernstück wurde eine „Verfassung", die zwischen souveränen Staaten und Städten einen „unauflöslichen" Bund begründete. Der Deutsche Bund war eine lockere Konföderation (Staatenbund) souveräner Staaten, ohne gemeinsame Staatsspitze oder gar Regierung. In Frankfurt am Main tagte fortan als ständiger Gesandtenkongreß der Einzelregierungen der „Bundestag", einziges Verfassungsorgan. Der Deutsche Bund (1815–1866) sollte für die innere und äußere Sicherheit seiner Mitglieder sorgen. Die Bundesakte von 1815 war eine Rahmenordnung, während die Wiener Schlußakte vom 15. Mai 1820 Details festlegte.

3.1.2 Revolutionäre Erschütterungen

In der ersten Hälfte des 19. Jahrhunderts erschütterten Europa drei große revolutionäre Aufbrüche: 1820, 1830 und 1848. Am 1. Januar 1820 wurde in Spanien das absolute Königtum gestürzt und 1823 von französischen Truppen im Auftrag der Pentarchie wieder etabliert. In Italien erstickte Österreich Bewegungen gegen die „legitime Ordnung".

Erfolgreicher war der Unabhängigkeitskampf Griechenlands von 1821–1829 gegen den osmanischen Sultan, aber nur dank der Hilfe der drei Großmächte. Im Londoner Protokoll von 3. Februar 1830 garantierten Frankreich, England und Rußland zur Wahrung des Mächtegleichgewichts die Unabhängigkeit des griechischen Königtums. Das Prinzip der Legitimität und die Heilige Allianz war damit durchbrochen.

Die nächste europäische Eruption von 1830 begann mit der Pariser Julirevolution, die der Bourbonenkönig Karl X. auslöste, als er die Pressefreiheit aufheben und sogar das Wahlrecht einschränken wollte, um zur absoluten Monarchie von 1789 zurückzukehren. Karl dankte ab, das Ruder übernahm der liberale Louis-Philippe von Orléans („Bürgerkönig"). Nach der Erhebung des Bürgertums in Brüssel gegen die niederländische Herrschaft 1830 begab sich das selbständige Königreich Belgien unter den Schutz der westlichen Großmächte mit seiner parlamentarischen Monarchie, einer Verfassung, die für ähnliche Bewegungen Modell wurde. Zar Nikolaus I. wollte die revolutionären Bewegungen im Westen gewaltsam niederwerfen, provozierte damit aber nur den erfolglosen polnischen Novemberaufstand (1830).

England drohte an den Rand der Revolution zu treiben, beschritt aber unter dem Druck seiner wachsenden Industriebevölkerung mit der großen Wahlrechtsreform ab 1832 den „Weg der Evolution" durch schrittweise Ausweitung des Wahlrechts.

In Italien und Deutschland kam es 1830 zu Aufständen. Neben der nationalen und liberalen Frage spielten schon soziale Fragen in die Aufstände hinein. In Aachen z. B. verlangten Arbeiter bessere Arbeitsbedingungen und protestierten gegen Unternehmerwillkür. Auch wenn dieser Aufstand gewaltsam und schnell unterdrückt wurde, so zog er doch in den nächsten Wochen und Monaten weitere Kreise.

Die Lethargie* wich einer größeren Diskussionsfreudigkeit. Die liberale Opposition (→ M 3) wurde stärker, und in den süddeutschen Landtagen entbrannten große parlamentarische Debatten – u. a. über die feudale Agrarverfassung, die Realisierung bürgerlicher Freiheitsrechte, das Budgetrecht. In der vorrevolutionären Gärung des „Vormärz" nahm die Opposition immer mehr politische Züge an. Nach 1831 veranstalteten Liberale und Demokraten nationaler Gesinnung politische Feste für polnische Emigranten. Am Hambacher Fest, der ersten nationalen Massendemonstration Deutschlands, nahmen Ende Mai 1832 über 20 000 Menschen teil. Im Frankfurter Wachensturm probten revolutionäre Studenten und Handwerker 1833 den Umsturz.

Der Deutsche Bund begegnete revolutionären Umtrieben (→ M 6)mit neuen Verboten: „Reden politischen Inhalts" wurden untersagt, die Polizei intensivierte ihre Aufsicht. Die Zensur wurde verschärft, eine neue Zentralbehörde sollte den Revolutionären Paroli bieten. Hunderte von Studenten wurden verurteilt – viele zum Tode –, später aber begnadigt. Die rigorosen Maßnahmen hatten zur Folge, daß das öffentliche Leben zwischen 1834 und 1840 weitgehend starb, doch der „Erfolg" blieb nur vorläufig: Es erwies sich als unmöglich, das politische Leben auf Dauer niederzuhalten.

3.2 Anfänge des Nationalismus in Deutschland

3.2.1 Wegbereiter: Reaktion und Romantik

Die Deutschen lebten 1789 in Einzelstaaten. Nur zaghaft meldeten sich Stimmen aus Wirtschaft und Kultur, die ein größeres Deutschland haben wollten. Ein Nationalbewußtsein provozierten erst die Französische Revolution 1789, die napoleonische Fremdherrschaft , der Zusammenbruch des Heiligen Römischen Reichs Deutscher Nation 1806 und die Freiheitskriege (1813–1815). Dennoch war deutscher Nationalismus im Ursprung keine Massenbewegung, sondern blieb zunächst auf elitäre akademische Zirkel

Die mitteleuropäischen Staaten nach dem Wiener Kongreß.

beschränkt. Am Anfang stand Johann Gottfried Herder (1744–1803): In Sagen, Heldengedichten, Poesie, Mythen, Gesetzen, Tempeln, Kathedralen und anderen Ausdrucksformen sah er einen „Volksgeist", erblickte in jedem Volk eine einmalige Individualität, ein Geschöpf Gottes. Seine Ideen nahmen später auch ost- und südosteuropäische Völker auf. Eigentliche Begründer der deutschen Nationalbewegung waren indes Johann Gottlieb Fichte (1762–1814), Ernst Moritz Arndt (1769–1860) und Friedrich Ludwig Jahn (1778–1852). Das bekannteste Programm dieser frühen Jahre formulierte Fichte in seinen „Reden an die deutsche Nation" (1807/08). Napoleonische Besetzung und preußische Unterwerfung verstand er als Chance und Anstoß. Fichtes Gedanken griff Arndt auf, Jahn verankerte sie organisatorisch. Wandte sich Fichte an die preußischen Eliten, so Arndt an die breite Masse. Für ihn waren Sprache und Abstammung Fundamente deutschen Wesens. Jahn war zunächst Gymnasiallehrer und brachte es in den Befreiungskriegen bis zum Bataillonskommandanten. 1811 gründete er die Jahnsche Turnergesellschaft. Turner- und Burschenschaften gehörten zu den Katalysatoren der jungen deutschen Nationalbewegung. Die deutsche Burschenschaft, 1815 von Studenten und Professoren in Jena gegründet, entwickelte sich zur Allgemeinen Deutschen Burschenschaft. Sie kleidete sich „altdeutsch" – in den Farben Schwarz-Rot mit goldener Einfassung, die sie (fälschlich) für die Farben des mittelalterlichen Kaisertums hielt. Schwarz-Rot-Gold wurde später zur Trikolore der deutschen Nationalbewegung. Das nationale Bewußtsein erhielt durch den Aufstieg des Zeitungswesens, die Universitäten und den Ausbau des Erziehungswesens eine breitere Basis in der Bevölkerung.

Die Preußischen Reformen (1807–1812), konzipiert und vorangetrieben vom Reichsfreiherrn Karl vom und zum Stein (1757–1831) und später von Fürst Karl August von Hardenberg (1750–1822), sollten im Abwehrkampf gegen Napoleon und die Französische Revolution ständisch-feudale Strukturen auflösen und durch das Ideal des selbstbewußten kritischen Bürgers ersetzen. Konsequent durchgeführt hätten sie zu einer geschriebenen Verfassung, ja zu einer Nationalrepräsentation geführt. Preußen wäre zu einem monarchischen, bürgerlichen Verfassungsstaat geworden. Preußens Beteiligung am Sieg über Napoleon stärkte jedoch die reformfeindlichen Kräfte des Adels. So kam es nicht zu einer Verfassung. Als Ersatz diente 1823 lediglich eine „Provinzialständische Verfassung", die eine Vertretung der acht preußischen Provinzen erlaubte, ohne parlamentarische Repräsentation im heutigen Sinn.

Der Deutsche Bund wies eine Trias von Verfassungsstrukturen auf: Das absolutistische Österreich war mehr oder weniger reformfeindlich, Preußen ließ Provinziallandtage zu, aber keine tatsächliche Repräsentation, während die süd- und mitteldeutschen Staaten Verfassungen und Landtage hatten. Nach dem Wiener Kongreß waren alle von der Neuordnung Deutschlands enttäuscht, die für „Freiheit und Vaterland" freiwillig in den Krieg gezogen waren, in der Annahme, daß nach einem Sieg ein gesamtdeutsches Reich und eine Verfassung ihr Opfer belohnen würden. Zwar war das französische Joch abge-

Der Denker-Club.
Karikatur auf die Unterdrückung der Rede- und Pressefreiheit (um 1820).

schüttelt, doch Napoleon schien durch andere „Tyrannen“ ersetzt. Nach 1815 verschärften Rezession und Massenbankrotts die Misere. Der Unmut brach sich auf dem Wartburgfest vom 18./19. Oktober 1817 handgreiflich Bahn: Burschenschaftler verbrannten Symbole der Unterdrückung – einen preußischen Ulanenschnürleib und einen österreichischen Korporalstock, aber auch mißliebige Bücher, u. a. die eines jüdischen Autors. Die deutschen Burschenschaften wurden zur Speerspitze der Nationalbewegung. Obwohl zahlenmäßig noch unbedeutend, zogen sie die Aufmerksamkeit der Behörden auf sich. Nach der Ermordung des Dramatikers August von Kotzebue unterdrückten die Karlsbader Beschlüsse (1819) Burschenschaften und andere nationale und liberale Bewegungen.

Der staatlichen Repression folgte die romantisierende und idealisierende Flucht ins Mittelalter: Die Beschäftigung mit dem Mittelalter hielt – ungefährdet von staatlicher Repression – nationale Themen am Leben. Freiherr vom Stein begann die Sammlung mittelalterlicher Quellen, der „Monumenta Historiae Germaniae“. Deutschlands Größe und Bedeutung wurde in seiner älteren Geschichte gesucht, aber nach Bedürfnissen der eigenen Zeit. Die Rhein- und Burgenromantik zog immer weitere Kreise, alte Baustile wurden kopiert, die deutsche Sprache systematisch erforscht. Die Romantik wirkte sich auch auf das staatliche Leben aus: Sie zog „organische Entwicklung“ dem revolutionären Umbruch vor und kritisierte die Folgen der Aufklärung für Staat und Gesellschaft.

3.2.2 Konsequenzen der Industrialisierung

Nach 1815 drängten soziale und politische Konsequenzen der allmählich auch in Deutschland anlaufenden Industrialisierung auf größere Einheiten: Bevölkerungswachstum, von 29 Millionen (1816) auf 46 (1864), Wirtschaftswachstum durch Vordringen der industriellen Produktion und Ausbau des Verkehrswesens, vor allem der Landstraßen, Eisenbahn (ab 1835) und der Flüsse (Regulierung durch Kanalisierung) ließen Deutschland zusammenwachsen, wie auch vom späten Goethe erhofft. Der Ausbau des Bildungswesens – Volksschule, Gymnasien, Universitäten – ermöglichte eine noch breitere Publizistik und verbreitete ein Zusammengehörigkeitsgefühl, über die Grenzen der Einzelstaaten hinaus.

Kaum jemand blieb vom Wandel durch Industrialisierung unberührt. Grundlage der Industriegesellschaft wurde zunehmend weniger die Stellung des einzelnen nach dem Recht der Geburt, sondern seine wirtschaftlich-soziale Position in der von Kapital und Markt bestimmten Gesellschaft. Die Folgen für das gesellschaftlich-politische Denken und Handeln waren dramatisch: Änderungen in der gesellschaftlichen Stellen- und Rollenzuweisung drängten auf Änderungen im politischen System und können so den „dreifachen Anlauf der bürgerlichen Revolution in Deutschland“ (Rürup) erklären. Nach Rürup kam der bürgerliche Formierungsprozeß 1870 zu einem vorläufigen Abschluß: Sieg der Industriellen Revolution, aufkommende Klassengegensätze zwischen Bürgertum und industriellem Proletariat und Gründung des Nationalstaates bilden Voraussetzungen zur Entwicklung nach 1870.

Der Deutsche Zollverein, von Preußen ab 1818 betrieben, umfaßte als einheitliches Zollgebiet und gemeinsamer Markt vom 1. 1. 1834 an fast ganz Deutschland. Österreich blieb allerdings ausgeschlossen, in Vorwegnahme der späteren kleindeutschen Lösung*, wie Metternich beklommen ahnte. Die Hansestädte Hamburg, Bremen, Lübeck schlossen sich erst 1888 an, andere schon bis 1867 (u. a. Hannover, Braunschweig, Oldenburg, Mecklenburg, Baden).

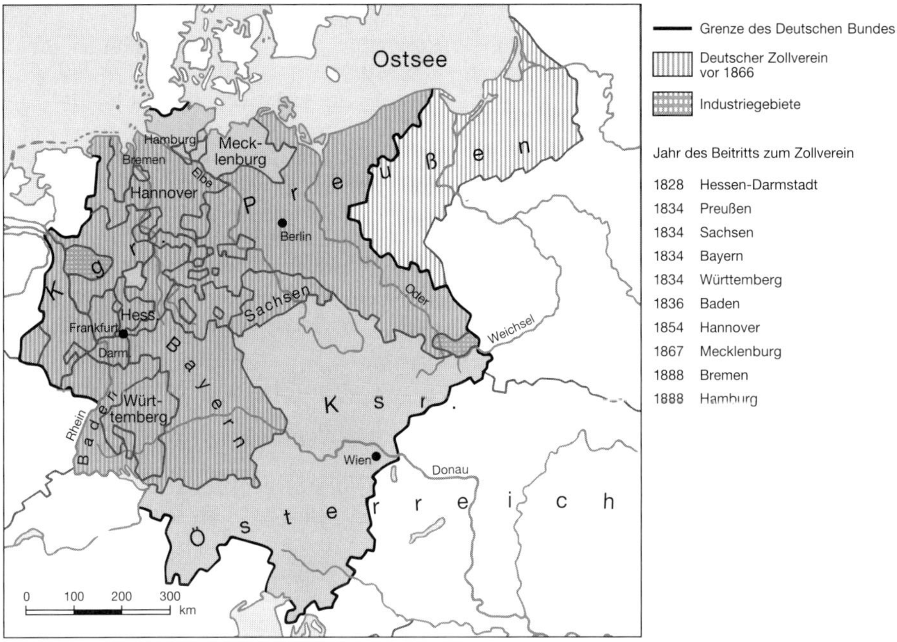

Der Deutsche Zollverein von 1833 bis 1888.

Jedoch gab es auch Verlierer des sozialen Wandels: Die Gewerbefreiheit ermöglichte es vielen, sich selbständig zu machen, meist alleinarbeitenden Meistern. Sinkende Löhne und Perspektivlosigkeit stießen Handwerksgesellen in die Armut. Die Menschen unterbäuerlicher Schichten auf dem Land (Landarbeiter), die demographisch* überproportional zunahmen, konnten kaum Beschäftigung finden. Importe aus England und beginnende Industrialisierung drängten die Menschen der Hausindustrie zu immer mehr Arbeit – eine vergebliche Mühe, denn sie erlagen letzten Endes doch der Konkurrenz. Eine Folge war der Schlesische Weberaufstand von 1844.

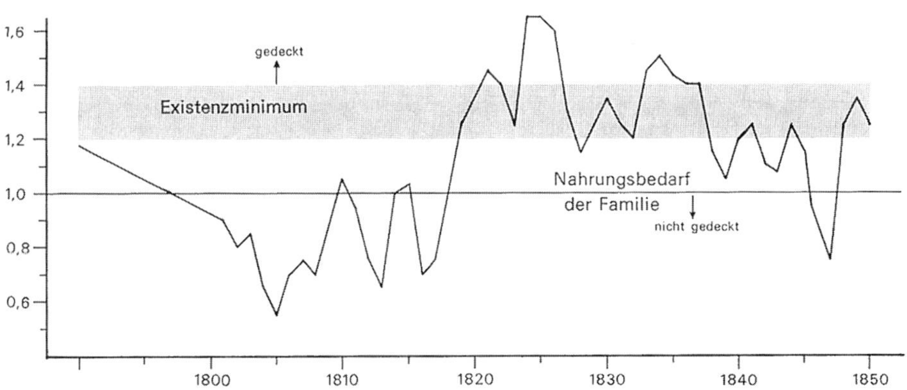

Schwankungen im Jahreseinkommen von Bauarbeitern und Nahrungsbedarf einer 5köpfigen Familie. Das Existenzminimum umfaßt die lebensnotwendigen Ausgaben.

Bis 1850 lebten 2/3 aller Familien am Rande des Existenzminimums, eine etwas schlechtere Ernte drückte sie in die Armut, so daß viele von der Rückkehr zur gebundenen Sozialverfassung mit ihrem gewissen gegenseitigen Schutz träumten: Die Zahl sozialpolitischer Eingaben beim Frankfurter Parlament überstieg die Zahl politischer Eingaben um ein Vielfaches. Andere wanderten aus, vor allem in die USA (1836: 20000; 1845: 100000). So entstand die soziale Frage, der sich einzelne Unternehmer, die Kirchen und auch die Politik stellten.

3.2.3 Emanzipation und Assimilation der Juden

In den Prozeß der Verbürgerlichung schalteten sich auch die Juden im Zuge aufklärerischen Denkens ein. Moses Mendelssohn (1729–1786) das Vorbild für Lessings „Nathan der Weise", war in die deutsche Bildungswelt eingetreten und wurde ihr führender Vertreter in Literatur und Philosophie. Auf seine Veranlassung schrieb Christian von Dohm (1751–1820) seine Schrift „Über die bürgerliche Verbesserung der Juden" (1781). Besonders betrieben jüdische Denker die Gründung eigener Schulen, wie das „Philantrophin" in Frankfurt/Main. Begleitet von Aufklärern wie Lessing (1729–1781), fanden die Juden Anschluß an die geistige Entwicklung in Deutschland und leisteten selbst wichtige Beiträge in Kunst und Wissenschaft. So sprengten sie – wie die bürgerliche Emanzipationsbewegung – ihre korporative Stellung in der feudal-ständischen Gesellschaft, ein Vorgang, der zugleich auf den Widerstand von Juden und Christen stieß, die durch die Verbürgerlichung ihre bisherige Stellung bedroht sahen. Im Gegensatz zu Frankreich, das 1791 die rechtliche Gleichstellung der Juden verwirklichte, setzte Deutschland auf Emanzipation durch Erziehung, nahm den Titel der Schrift von Dohm wörtlich. Die französische Herrschaft über Deutschland förderte durch Gesetze die vollständige Emanzipation, die jedoch die Restauration nach 1815 in den meisten deutschen Staaten wieder einschränkte.

Selbst auf die beschränkte Judenemanzipation antworteten vor allem bäuerliche und kleingewerbliche, aber auch bürgerliche Schichten mit Ausschreitungen in den „Hepp-Krawallen" von 1819 („HEP" = Hierosolyma est perdita*). Auf jüdischer Seite entstanden neue Auseinandersetzungen, weil hinter der vom christlichen, sich aber säkularisierenden Staat geforderten Assimilierung die Auflösung des Judentums in seiner sozialen, kulturellen und religiösen Identität drohte. Je nach Diskussionsstand und eigener Wahl fächerte sich die Judenheit in verschiedene Lebensformen auf: Vom voll assimilierten Staatsbürger ohne religiöse Betätigung reichte das Spektrum über den integrierten Staatsbürger, der die jüdischen Feiertage und den Sabbat einhielt, bis zum orthodoxen Juden, der die alte Lebensform nicht aufgeben wollte. Gerade die Verbürgerlichung der Juden macht die komplizierten Prozesse im Übergang von der ständisch-feudalen zur bürgerlichen Gesellschaft deutlich.

Im Geistes- und Wirtschaftsleben Deutschlands nahmen die Juden am Aufschwung teil, übertrafen sogar die Aufstiegswerte vergleichbarer Gruppen. Um 1800 gab es nur wenige Juden, deren wirtschaftliche Verhältnisse als gesichert gelten konnten; bis 1848 waren es schon 25 %, 1871 60 % aller Juden. Viele Juden gehörten nach der 1850 einsetzenden Verstädterung in Deutschland zur Oberschicht oder zur oberen Mittelschicht, obwohl ihnen der Staatsdienst völlig und die Universitäten weitgehend als Wirkungsstätten verschlossen blieben. Endgültig erlangten Juden erst 1869/71 im Norddeutschen Bund bzw. Deutschen Reich die völlige rechtliche Gleichstellung. Rechtlich und sozial war die jüdische Emanzipation durchaus eine „Erfolgsgeschichte" (Rürup) – bis 1933.

3.2.4 Anfänge der politischen Parteien

In den Vormärz fielen Anfänge politischer Strömungen, die nach 1848 politische Parteien wurden (→ M 9). Fünf Gruppierungen spielten fortan eine Rolle: von links nach rechts Sozialisten, Demokraten, Liberale, politischer Katholizismus und Konservative. Das „fünfgliedrige deutsche Parteiwesen" prägte schon die Revolution von 1848/49 (→ M 8). Parteien waren im „Vormärz" noch keine organisierten Bewegungen, sondern Gesinnungsgemeinschaften, oft gruppiert um eine Zeitschrift. Die zentrale Strömung war der Liberalismus. Seine Wurzeln lagen in der gemeineuropäischen Emanzipationsbewegung der Aufklärung. Das Credo aller Liberalen war ein Mehr an individueller Freiheit in einem repräsentativen Verfassungsstaat. Staatliche Rechte wollte er durch einen Grundrechtekatalog, die Rolle des Monarchen auf die Mitwirkung an der Exekutive einschränken. Liberale waren aber gegen die Volkssouveränität, im Unterschied zu den Demokraten, unter denen man damals noch Anhänger der Französischen Revolution verstand. 1844 präzisierte der Schriftsteller Moses Hess den Unterschied zwischen Liberalen und Demokraten: „Unter Liberalen begreifen wir alle, die nur Reformen zugunsten der politischen Freiheit wollen, ob in konservativer, friedlicher oder in radikaler, revolutionärer Weise. Demokraten hingegen nennen wir jetzt diejenigen, die nur oder doch vorherrschend die soziale Gleichheit anstreben." Liberale waren eher „Revolutionäre wider Willen". Ihnen ging es um Teilhabe an der Macht. Deshalb traten sie für die konstitutionelle Monarchie ein, bejahten das Nebeneinander von Staat und Gesellschaft, also den Dualismus von Regierung und Volksvertretung. Was Liberale und Demokraten verband, war die Gegnerschaft zur „Restauration", auch wenn sie unterschiedlich stark war. So forderte das Offenburger Programm der Demokraten vom 12. September 1847 zwar nicht einen republikanischen Nationalstaat, wohl aber das allgemeine Wahlrecht, um die „unterbürgerlichen Sozialschichten" in den Kreis der politisch voll berechtigten Staatsbürger zu integrieren. Den Liberalen ging diese Forderung zu weit. Voraussetzung war für sie ein längerfristiger ökonomischer und kultureller Erziehungsprozeß.

Gegen Liberale und Demokraten stand der Konservativismus. Auch er hatte seine Ursprünge in der Aufklärung. Rückhalt fand er bei Beamten und Adel, sofern dieser nicht mit konstitutionellen Ideen sympathisierte. Den Kern der konservativen Theorie bildete die Ablehnung des modernen Nationalismus. Konservative bekannten sich zum „monarchischen Prinzip", das sie religiös-theologisch begründeten: Der König hatte sein Amt von „Gottes Gnaden" mit unantastbaren königlichen Prärogativen*. Deshalb lehnten sie letzten Endes die deutsche Einigung ab. Eine andere politische Partei entsprang dem Katholizismus (später: „Zentrum"), allerdings erst nach 1848. Primär für die katholische Partei war, wie sich der Staat, der zunehmend alle Lebensbereiche seiner Bürger regelnd erfaßte, zur katholischen Kirche, deren Wirken übernational war, verhielt. Die deutschen Staaten waren Gewinner der Säkularisation kirchlicher Güter (1803) geworden, viele Katholiken lebten in evangelisch bestimmten Staaten, in denen sie trotz Bestimmung der Bundesakte (Gleichheit bei unterschiedlichen christlichen Bekenntnissen) keineswegs gleichberechtigt waren. So ging der Kölner Kirchenstreit 1837 um Mischehe und Erziehung der Kinder aus Mischehen. Der Streit eskalierte in der Verhaftung des Erzbischofs, die eindeutig rechtswidrig war. In dieser Auseinandersetzung formierte sich der politische Katholizismus. Das Zentrum wurde 1870 zum Vorläufer moderner Volksparteien, weil es alle katholischen Schichten des Volkes vereinte, obwohl es als Weltanschauungspartei scharfe Ausgrenzungen vornahm.

3.3 Die Europäische Revolution, 1848/49

In den Jahren 1848/49 wurde der ganze Kontinent außer Rußland durch die Europäische Revolution erschüttert, von Spanien bis Polen und die Donaufürstentümer Moldau und Walachei. Einen einheitlichen Verlauf nahmen die Einzelrevolutionen nirgends, obwohl ihnen drei Ziele gemeinsam waren: nationalstaatliche Neuordnung, demokratisches Herrschaftssystem und eine neue soziale Verfassung, womit noch überwiegend Landreformen zugunsten der Bauern gemeint waren. Die nationalen Bewegungen hatten zahlreiche Widerstände zu überwinden: Der italienische Nationalstaat sollte aus vielen Staaten entstehen und gleichzeitig die österreichische Herrschaft in der Lombardei und in Venetien beenden. Noch komplexer waren die Verhältnisse im Habsburger Reich. Hier rangen viele Nationalismen mit- und gegeneinander. Die deutsche Nationalbewegung sah sich ähnlichen Problemen gegenüber wie die italienische: Im Zentrum Europas waren viele souveräne Staaten zu einem zu vereinen, dazu kam noch der Konflikt mit nichtdeutschen Nationalbewegungen. Entgegen den idealistischen Hoffnungen des italienischen Nationalrevolutionärs Giuseppe Mazzini (1805–1872) sanken die Völker sich 1848 nicht brüderlich in die Arme, sondern führten Krieg gegeneinander.

Frankreich wurde am 24. Februar 1848 Republik, nach Wahlrechtsdemonstrationen, Barrikadenkämpfen und Flucht des Königs. An die Stelle des konstitutionellen Monarchen trat ein Präsident. Die Wende kam mit dem Pariser Juniaufstand von 1848: Konservative hatten die Nationalwerkstätten, ein kostspieliges Arbeitsbeschaffungsprogramm, geschlossen und so den Aufstand der ärmeren Bevölkerungsschichten ausgelöst. Ihn unterdrückten Militär und bürgerliche Nationalgarde in blutigen Straßenkämpfen. Die Niederlage des Pariser Juniaufstands bildete die entscheidende Zäsur im europäischen Revolutionsgeschehen. Außerhalb Frankreichs waren gegenrevolutionäre Strömungen über den Sieg erleichtert, weil sie die Gefahr einer „roten Flut“ gebannt sahen. Aussichten auf einen europäischen Revolutionskrieg gegen das zaristische Rußland zur Befreiung Polens zerstoben. Auch in Italien schwächten sich die Revolutionäre selbst, indem sie drei miteinander konkurrierende Konzepte verfolgten: den demokratisch-zentralistischen Einheitsstaat (Mazzini, Garibaldi), liberale Reformen und die Ernennung des Königs Karl Albert von Piemont-Sardinien zum Staatsoberhaupt. Die österreichische Armee unter Radetzky drängte die Nationalbewegung noch einmal für ein Jahrzehnt zurück.

In Wien begann die Revolution am 13. März 1848 mit Metternichs Rücktritt. Die Staatsgewalt sagte die Erfüllung zentraler Forderungen zu – Pressefreiheit, Nationalgarde und Verfassung. Ziel war nicht der Sturz der Monarchie, sondern Liberalisierung und Teilhabe an der Macht. Ebenfalls im Frühjahr gerieten auch nichtdeutsche Völker in Bewegung, vor allem Ungarn, Tschechen, Südslawen und die Rumänen. Da die Ungarn ihren Nationalstaat mit dem großungarischen Reich der Stephanskrone in den Grenzen von 1526 verknüpften, provozierten sie sofort den Widerstand von Kroaten, Serben und Rumänen, die damit für Habsburg Partei ergriffen. Revolutionäre Unruhen seit Mai fanden ihren Höhepunkt im Oktober 1848, weil die österreichische Zentralgewalt die ungarische Nationalbewegung militärisch niederwerfen wollte. Zwar konnte die Wiener Volksbewegung die Entsendung von Truppen verhindern, doch noch im selben Monat eroberte die Armee Wien und beendete die Revolution. Ihre Niederlage hatte viele Ursachen: Die Revolutionäre waren uneinig, unfähig zur Kooperation mit anderen Bewegungen, tastende Fühler zur ungarischen Regierung kamen zu spät.

Barrikadenkampf in Berlin im März 1848 (zeitgenössische Darstellung). Aus Bleifassungen der Fensterscheiben werden Gewehrkugeln gegossen.

3.4 Revolution in Deutschland, 1848/49

In Berlin eskalierten Volksversammlungen von Studenten und Arbeitern, Handwerkern und Kaufleuten am 13. März zu Konflikten mit dem Militär, zu Barrikaden- und Straßenkämpfen mit Todesopfern. Am 18. März erzwangen die Revolutionäre ein erstes Ergebnis: In der „Märzproklamation" versprach der König eine Verfassung, eine Volksrepräsentation und Aufhebung der Pressezensur. Die Menge dankte – trotzdem fielen Schüsse. Mit großer Erbitterung begannen neue Straßenkämpfe, bis sich das Militär zurückzog. Der König berief ein liberales „Märzministerium" zur Vorbereitung einer Verfassung. Eine preußische Nationalversammlung, im Mai 1848 gewählt, konnte eine Verfassung mit dem König lediglich beraten, in wesentlichen Fragen ohne Ergebnis. Entsprechend setzten Volksbewegungen in den Einzelstaaten im „tollen Jahr" 1848 Reformen und Verfassungen mit liberalen Regierungen durch. Die nationale und konstitutionelle Bewegung, nach vorne drängend, um der Verbürgerlichung einen ihr entsprechenden staatlichen Rahmen zu geben, erhielt Unterstützung von sozialen Protestbewegungen: Bauernunruhen drängten auf endgültige Entfeudalisierung, städtische Unterschichten, Arbeitslose und Teile der Handwerker griffen Handelsunternehmungen, Fabrikgebäude und Eisenbahnlinien an. Die Konkurrenz der Industrie trieb die Hausindustrie in den Ruin. Menschenunwürdige Arbeitsbedingungen in der Industrie drängten die Arbeiter auf die Straße. Zusätzlich verschärften Mißernten von 1845 die soziale Situation. Allerdings spielte die Sozialrebellion im weiteren Verlauf der Revolution von 1848 keine Rolle, da sich nach guten Ernten auch ohne grundsätzliche Änderung der sozialen Bedingungen die Lage entschärfte (→ M 7).

3.4.1 Die Paulskirche vor der Deutschen Frage: Großdeutsch oder kleindeutsch?

Ende März 1848 versammelten sich Volksvertreter aus allen deutschen Staaten in Frankfurt (Vorparlament), um Wahlen für eine Nationalversammlung vorzubereiten. Die Wahlen fanden Ende März, Anfang April statt. Am 18. Mai 1848 wurde die Nationalversammlung in der Frankfurter Paulskirche eröffnet. Ihr gehörten 799 Abgeordnete an, von ihnen hatten 80 % studiert, über 50 % waren Beamte, hinzu kamen Anwälte, Richter und Professoren, nur 9 % waren Kaufleute und nur 8 % Landwirte. Es gab noch vier selbständige Handwerker und einen einzigen „kleinen" Landwirt. Die Abgeordneten schlossen sich zu lockeren Fraktionen zusammen, in denen erste Parteienstrukturen erkennbar waren und die sich nach den jeweiligen Tagungsorten, Frankfurter Gaststätten, benannten (→ M 8, 9). Reichsverweser wurde der österreichische Erzherzog Johann. Seine erste Maßnahme war die Einsetzung eines Reichsministeriums. Die Reaktion auf die ersten Anordnungen waren indes ernüchternd, Anweisungen wurden nur schleppend durchgeführt, denn dem Reichsministerium standen keine Machtmittel zur Verfügung. Die deutschen Regierungen hatten wohl der Wahl der Nationalversammlung zugestimmt, weigerten sich aber, Machtmittel an das Reichsministerium abzugeben, und führten dessen Maßnahmen erst nach eigener Prüfung durch. Nur für kurze Zeit war die Nationalversammlung Zentrum der Diskussion um die Zukunft des gesellschaftlichen und politischen Lebens in Deutschland. Vor allem Zeitungen berichteten ausführlich über die Verhandlungen der Nationalversammlung.

Die deutsche Nationalbewegung bezog ihre Dynamik auch aus der Legitimationskrise der Einzelstaaten, die die gesellschaftlichen und wirtschaftlichen Entwicklungen seit der industriellen Revolution nicht mehr zufriedenstellend organisieren konnten. Zwei Hauptvarianten stürzten jedoch die Nationalbewegung von vornherein in ein unauflösbares Dilemma: Die Großdeutschen wollten ein nationales Reich mit und geführt von Österreich, die Kleindeutschen ohne Österreich, unter Führung Preußens. Schon vorher fiel eine andere Grundsatzentscheidung: Die Demokraten blieben eine kleine Minderheit mit ihrer Forderung nach einer zentralistischen Republik, während sich die liberale Mehrheit durchsetzte, den föderalistischen Charakter Deutschlands beizubehalten, damit auch seine Fürstenstaaten. Die Demokraten wollten *einen* deutschen Zentralstaat, um mit anderen demokratischen Staaten Europas die reaktionären Kräfte in Europa zu überwinden. Das rechte Zentrum verband deutsche Interessen in Europa mit dem Streben nach deutscher Hegemonie in Europa. Beide Konzeptionen rieben sich an der Tatsache, daß ein deutscher Nationalstaat Nationa-

Die Frankfurter Paulskirche in einer zeitgenössischen Darstellung.

litätenprobleme an seinen Rändern im Konflikt mit Polen, Tschechen, Slowaken, Ungarn, Slowenen, Italienern, Niederländern und Dänen aufwarf. Das Austragen der Konflikte würde die Großmächte in die Diskussion über den deutschen Nationalstaat hineinziehen, wie vor allem die Schleswig-holsteinische Frage deutlich machte: Die beiden Herzogtümer Holstein und Schleswig, in denen überwiegend Deutsche lebten, waren mit Dänemark in Personalunion verbunden und hatten weitgehende Autonomie. Offener Konflikt brach aus, als im Januar 1848 die Eiderdänische Partei die Annexion beider Herzogtümer als Provinzen in einem dänischen Einheitsstaat forderte. Die schleswig-holsteinischen Stände fürchteten um ihre Freiheit und riefen am 24. März 1848 ihre Unabhängigkeit aus. Wie in Deutschland bildeten sie eine provisorische Regierung, die in Frankfurt Hilfe suchte. Nationalversammlung und Reichszentralgewalt erwarteten von Dänemark, daß es die nördlichen Herzogtümer abtrat. Da die Nationalversammlung über keine eigenen Truppen verfügte, beauftragte sie Preußen, das Militär bis weit nach Jütland entsandte.

Die deutschen Einheitsbestrebungen und ihr Ausgreifen über die Grenze hinaus verfolgten die europäischen Mächte mit Argwohn. Unverhüllt forderten Rußland und England die preußische Regierung auf, ihr Handeln „nach internationalem Recht" auszurichten, das sich als bester Garant des Friedens bewährt habe. Britische Kriegsschiffe erschienen in der Nordsee, russische Truppen marschierten an der Ostgrenze Preußens auf, Frankreich forderte eine Bestätigung des Status quo. Am 26. August 1848 schlossen Preußen und Dänemark den Waffenstillstand von Malmö. Malmö zeigte die deutsche Ohnmacht der Nationalversammlung gegenüber der Souveränität monarchischer Einzelstaaten und den Widerstand der europäischen Großmächte gegen die Einigung in der Mitte Europas.

3.4.2 Grundrechte und Verfassung

Vom Juli 1848 an diskutierte die Nationalversammlung „die Grundrechte des deutschen Volks": Individuelle Freiheits- und Eigentumsrechte, politische Bürger- und Öffentlichkeitsrechte sollten Rechtsgleichheit für alle Deutschen in einem noch zu definierenden Deutschland herstellen, um den Feudalstaat mit seinen abgestuften Rechten und Pflichten, mit seinen Privilegien für einzelne Gruppen und mit seinen in Deutschland von Staat zu Staat unterschiedlichen Rechtsordnungen abzulösen. Das Reichsbürgerrecht sollte für alle Deutschen gelten, die Einzelstaaten sollten es in ihre Verfassung aufnehmen. Die Verwirklichung der von der Nationalversammlung beschlossenen Grundrechte des deutschen Volkes hätte den rechtlichen Durchbruch der bürgerlichen Gesellschaft bedeutet. Sie

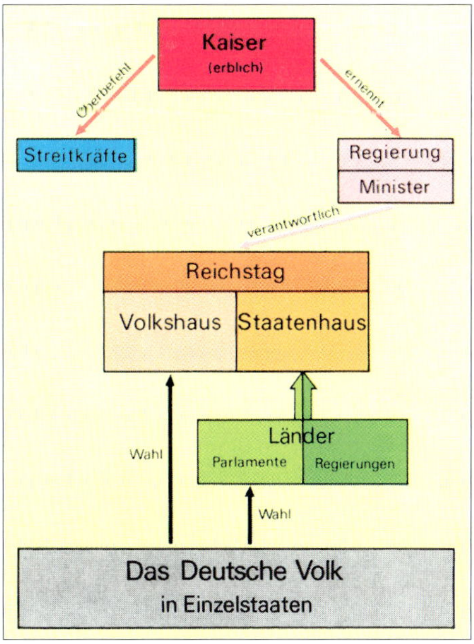

Verfassungsentwurf der Paulskirche.

wurden zwar Reichsgesetz, anschließend aber von den Einzelstaaten in Frage gestellt und nach dem Scheitern der Revolution am 23. August 1851 durch Bundesbeschluß ausdrücklich aufgehoben. Damit war die rechtliche Festlegung der Bürgergesellschaft in Deutschland noch einmal aufgehoben. Dieser Schlag gegen die bürgerliche Bewegung trug nicht unwesentlich zur „Verspätung" der deutschen Nation bei. Am 19. Oktober 1848 begannen die Diskussionen um die Reichsverfassung. Ausgangspunkte waren:

1. Bundesstaat mit starker Zentralgewalt (Auswärtige Beziehungen, Krieg und Frieden, Militär, Verkehrswesen, Maße und Gewichte, Zoll und Handelsrecht).
2. Die monarchische Spitze Deutschlands (Wahl- oder Erbkaiser), „Kaiser der Deutschen" mit Verantwortlichkeit der Minister als Haupt der Exekutive mit absolutem oder suspensivem Veto.
3. Parlamentarisierung mit Reichstag, einem Zweikammernsystem, aus Volkshaus und Staatenhaus. Der Reichstag hatte das Recht der Gesetzgebung und der Haushaltsfeststellung. Gegenüber dem Parlament hatte die Exekutive ein aufschiebendes Veto, dem allerdings kein Recht des Parlaments auf ein Mißtrauensvotum entsprach.
4. Ein Reichsgericht, das Streitigkeiten zwischen Verfassungsorganen, zwischen Einzelstaaten untereinander und in ihren Beziehungen zur Reichsgewalt zu entscheiden hatte.

In den Verhandlungen um die Reichsverfassung waren das Veto der Exekutive, das Wahlrecht und die Ausgestaltung der monarchischen Spitze besonders umstritten. Gegen einen Parlamentsabsolutismus wollte die Rechte die Exekutive mit dem Veto ausstatten, während die Linke das Veto aus Furcht vor Fürstenwillkür ablehnte. Schließlich wurde ein suspensives (aufschiebendes) Veto zum Kompromiß.

Die Wahlrechtsfrage legte die gesellschaftlichen Anschauungen der Kontrahenten zwischen einem allgemeinen und einem eingeschränkten Wahlrecht bloß: Die Linke forderte das allgemeine Wahlrecht, während die Vertreter des eingeschränkten Wahlrechts den Mittelklassen einen überwiegenden Einfluß im Staat sichern und deswegen die Unterschichten von der Willensbildung ausschließen wollten. Schließlich wurde dann doch das allgemeine Wahlrecht beschlossen (→ M 10).

Die Ausgestaltung der monarchischen Spitze hatte ihre besonderen Schwierigkeiten im deutschen Dualismus: Der Staat Österreich bestand eben nicht nur aus deutschen Gebieten. Die Versuche der Nationalversammlung, Österreich dahin zu drängen, sich nur mit seinen deutschen Gebieten dem Bund anzuschließen, die anderen Gebiete in Personalunion, nicht in staatsrechtlichem Verband zu regieren, scheiterten am österreichischen Staatsverständnis einer übernationalen Monarchie. Österreich verlangte, mit seinem *ganzen* Staatsgebiet Mitglied zu werden. Der Kompromiß, einen engeren Bund ohne Österreich und einen weiteren Bund mit Gesamtösterreich vorzusehen, scheiterte, weil Österreich auch nicht aus einem engeren Bund ausscheiden wollte. Österreich rief seine Abgeordneten zurück. Darauf antwortete die Nationalversammlung mit der kleindeutschen Lösung: sie wandte sich an den preußischen König, nachdem sie die Idee des Wahlkaisertums durch das Erbkaisertum ersetzt hatte.

Diese Verfassung wurde am 27. März 1849 mit 267 gegen 263 Stimmen verabschiedet. 28 Regierungen deutscher Einzelstaaten erkannten die Verfassung an, die vier Königreiche Bayern, Württemberg, Sachsen und Hannover verweigerten ihre Zustimmung. Am 28. März wählten 290 Abgeordnete bei 248 Enthaltungen den preußischen König zum deutschen Kaiser. Der Präsident der Nationalversammlung, Eduard Simson, trug mit einer Delegation Friedrich Wilhelm IV. die Kaiserkrone an. Dieser verweigerte die Annahme der Krone. Damit war das mühsame und dennoch nicht auf breiten Mehrheiten beruhende Werk der Nationalversammlung gescheitert (→ M 11 a). Die Aufstandsbewegung und die „Reichsverfassungskampagne" waren nach der Absage nur noch ein „verzweifeltes Aufbegehren gegen den Mißerfolg der Revolution" (Rürup). Gegenüber diesen Bewegungen der Volkssouveränität reagierte der König entsprechend seiner Antwort an die Nationalversammlung: „Bedarf es des preußischen Schildes und Schwertes gegen äußere und innere Feinde, so werde ich auch ohne Ruf nicht fehlen" und warf Aufstandsbewegungen in Sachsen, Baden und der Pfalz nieder.

In der Folge entwickelten Preußen und Österreich unterschiedliche Konzepte: Der Schwarzenberg-Plan wollte die Integration der Habsburger Monarchie in einen erweiterten Deutschen Bund, in dem Österreich automatisch die Führung zugefallen wäre. Der preußische Radowitz-Plan suchte die Versöhnung revolutionärer Ziele mit dem monarchischen Staat durch Verbindung der mittelstaatlichen Königreiche Bayern, Württemberg, Hannover und Sachsen mit Preußen. Tatsächlich kam aber nur ein Dreikönigsbündnis zustande, zwischen Sachsen, Hannover und Preußen.

Der Konflikt zwischen Preußen und Österreich drohte zu eskalieren. Österreichs Versuch, mit seinem Gesamtstaat Mitglied des Deutschen Bundes zu werden, scheiterte nicht nur an den anderen deutschen Mächten, sondern auch an den Unterzeichnerstaaten des Wiener Kongresses, die darauf hinwiesen, daß der Deutsche Bund ein Ergebnis europäischer Beratungen sei und nur durch Zustimmung der europäischen Mächte geändert werden könne. Namentlich Rußland drohte Preußen 1850 mit Krieg. So wich Preußen in der Punktation von Olmütz zurück und stimmte der Wiederherstellung des Deutschen Bundes zu. Im Mai 1851 trat der Bundestag wieder in seiner ursprünglichen Form zusammen.

Die nationale Frage war nicht gelöst, gescheitert am Widerstand der deutschen Einzelstaaten, am Beharrungsvermögen der Pentarchie, an inneren Widersprüchen (großdeutsch – kleindeutsch) und an äußeren Einsprüchen der Großmächte.

3.4.3 Das Ende der Revolution

Am 4. November 1848 erhielt Frankreich eine neue Verfassung mit Präsident Louis Napoleon Bonaparte an der Spitze der zweiten Republik. Am 5. Januar 1849 rückten Österreicher in Budapest ein. Am 11. August kapitulierten die revolutionären Ungarn. Piemont erlebte dasselbe Schicksal am 23. März und schied aus der Revolutionsbewegung aus. Am 3. Juli zogen französische Truppen in Rom ein und zerschlugen die Römische Republik unter Mazzini und Garibaldi, am 22. August legte Venedig die Waffen nieder und beendete damit die Revolution in Italien. In den deutschen Staaten setzten sich die gegenrevolutionären Kräfte durch. Immerhin erließen sie Verfassungen. In Preußen löste der König am 5. Dezember die preußische Nationalversammlung gewaltsam auf („gegen Demokraten helfen nur Soldaten") und verordnete (oktroyierte) eine restaurative Verfassung.

Nach der gescheiterten Revolution entschlossen sich ungefähr eine Million Deutsche, ihre Heimat zu verlassen und sich in den Vereinigten Staaten von Amerika, dem „Land der unbegrenzten Möglichkeiten", eine neue Existenz aufzubauen. Die Auswanderung in der ersten Hälfte des 19. Jahrhunderts hatte allerdings nicht nur politische Gründe. Außer ideellen spielten vor allem soziale und wirtschaftliche Aspekte eine Rolle.

In Deutschland folgten dem Fiasko der Frankfurter Nationalversammlung allgemeine Resignation und eine Reaktionsphase. Beendet war das ohnehin brüchige Bündnis zwischen Liberalismus und demokratischem Radikalismus. Die nationalrevolutionäre Bewegung verlor immer mehr an Rückhalt. Regierungen, die bis 1849 noch gemäßigt liberalen Programmen verpflichtet waren, wurden durch konservative Kabinette abgelöst, die alles daransetzten, die Märzverfassungen schrittweise zu revidieren. Dennoch gelang

Frauen in der Revolution: Elise Blenker führt 1849 die Plünderung des Schlosses bei Gernsbach an. Zeitgenössische Darstellung.

es nicht, die vorrevolutionären Verhältnisse völlig wiederherzustellen. Der Konstitutionalismus wurde eingeschränkt, wie in Preußen durch das Dreiklassenwahlrecht, jedoch nicht aufgehoben. Die Bauern blieben seit 1848 frei.

Auch für die Emanzipation der Frauen blieben die Revolutionen nicht ohne Folgen (→ M 13). Nach wie vor herrschte zwar allgemeiner Konsens, daß Politik nicht ihre Aufgabe sei. Frauen besaßen weder aktives noch passives Wahlrecht. Immer häufiger jedoch wurden sie in politischen Versammlungen gesehen; sie nahmen an Diskussionen teil, wirkten bei der Gründung von Zeitungen und Vereinen mit – und schreckten auch vor der Teilnahme an Barrikadenkämpfen nicht zurück. Politische Rechte konnten sie dadurch allerdings noch nicht erwerben, auch wenn sie sich mehr und mehr in der Öffentlichkeit engagierten. Zu den Protagonistinnen der deutschen Frauenbewegung zählte Louise Otto-Peters (1819–1895) (→ M 12). Sie hatte früh durch Poesie („Lerche des Völkerfrühlings") auf sich aufmerksam gemacht und gründete 1849 eine politische Frauenzeitung mit der Maxime „Dem Reich werbe ich Bürgerinnen". Wie Otto-Peters waren auch ihre Mitstreiterinnen, Alice Schmidt (1833–1903) und Henriette Goldschmidt (1825–1920), überzeugt, daß Selbständigkeit und Mündigkeit nur durch Bildung und Arbeit zu erreichen seien. Daher forderten sie die selbständige materielle Existenzmöglichkeit. In der Zeitschrift „Wort und Tat" wiesen Frauen auf Mißstände hin und verlangten eine soziale Besserstellung. In dieser Zeit lagen die Anfänge der (organisierten) Frauenbewegung, doch erst 1865 konnte der Allgemeine Deutsche Frauenverein gegründet werden.

Die neue Hochkonjunktur ab 1850 verschaffte dem Bürgertum allerdings neuen Freiraum. Jetzt erst begann in Deutschland der eigentliche Durchbruch zur Industriellen Revolution.

3.5 Europa nach der Revolution

3.5.1 Das Zweite Empire unter Napoleon III., 1852–1870

Gewinner der Februarrevolution 1848 in Frankreich war Louis Napoleon Bonaparte. Als Präsident der zweiten Republik wurde er am 10. Dezember 1848 gewählt, war aber nach vier Jahren Amtszeit nicht bereit, sein Amt zur Verfügung zu stellen. Da eine Verfassungsänderung nicht durchsetzbar war, verlangte er die Rückkehr zum allgemeinen Wahlrecht – und bereitete den Staatsstreich vor. In der Nacht vom 1. auf den 2. Dezember 1851 besetzten Truppen die französische Hauptstadt, Polizeiagenten verhafteten Anhänger früherer Regierungen und Republikaner. Die Nationalversammlung wurde aufgelöst, eine neue Verfassung mit allgemeinem Wahlrecht verkündet. Ein Referendum bestätigte den Coup, am 2. Dezember 1852 bestieg Bonaparte als Kaiser Napoleon III. den Thron im nunmehr Zweiten Empire Frankreichs (1852–1870).

Das Bürgertum fügte sich der autoritären Herrschaft und wurde durch wirtschaftliche Förderung für politische Ohnmacht entschädigt. Der Bonapartismus gestattete die Freisetzung wirtschaftlicher Kräfte und den Ausbau des Rechtsstaats, konzentrierte die Gewalt aber ausschließlich in den Händen einer Person. Stützen der Macht waren Militär und Verwaltung, erforderlich wurden Erfolge und Zugeständnisse an konkurrierende politische Gruppierungen. Außenpolitische Erfolge suchte Napoleon III. im Krimkrieg (1853/54–1856) und durch Unterstützung der italienischen Nationalbewegung gegen Österreich, anfangs mit Erfolg in Italien. Die erste Weltwirtschaftskrise von 1857 höhlte jedoch allmählich nach innen den wirtschaftspolitischen Konsens aus und erzwang immer riskantere Abenteuer. Zuletzt scheiterte er 1867 mit seinem Ehrgeiz, Mexiko zu einer französischen Kolonie zu machen, und an der Deutschen Frage 1870.

3.5.2 Krimkrieg und Sieg des Risorgimento, 1853–1861

Die Brüchigkeit der europäischen Mächtekonstellation zeigte sich im Krimkrieg. Im Kern ging es um Aufteilung oder Erhalt der Türkei, Beherrschung des Balkans, des östlichen

Die Einigung Italiens.

Mittelmeers und der Meerengen durch Rußland. St. Petersburg forderte ultimativ die offizielle Anerkennung des russischen Rechts, griechisch-orthodoxe Gläubige im osmanischen Reich schützen zu dürfen. Die Türkei weigerte sich. Als Druckmittel besetzte der Zar im Juni 1853 die Donaufürstentümer. England und Frankreich stützten den Sultan aus Furcht vor einem übermächtigen Rußland.

Österreich mobilisierte gegen Rußland, blieb aber neutral, aus Angst vor den Folgen eines großen Krieges. Die Einigkeit der Siegermächte von 1815 löste sich auf und wich neuen Mächtegruppierungen. Da auch England seine Interessen (Indien) gefährdet sah, schloß es mit Frankreich ein Bündnis und trat im 7. Russisch-türkischen Krieg (seit 1853) gegen Rußland an (28. März 1854). Nach langem Stellungskrieg (17. Oktober 1854–9. September 1855) konnten britische und französische Truppen die Festung Sevastopol auf der Halbinsel Krim erobern. Napoleon III. präsentierte sich auf dem Pariser Kongreß als europäischer Schiedsrichter, garantierte den türkischen Besitzstand und drängte Rußland auf dem Balkan zurück. England und Rußland zogen sich danach weitgehend vom Kontinent zurück, beide mit sich selbst beschäftigt durch Reformen nach innen und weitergehende Expansion nach außen. So entstand auf dem Kontinent ein (relatives) Machtvakuum, das erst die Lösung der Deutschen Frage ermöglichte.

Unter starkem innenpolitischem Druck griff Kaiser Napoleon III. die Italienische Frage wieder auf. Als Protektor europäischer Nationalitäten gegen die übernationalen Großreiche warf er sich zur Stütze des polnischen und italienischen Nationalismus auf.

Von einer politischen Einheit war das Land Italien weit entfernt. Politisch zersplittert, kulturell gespalten und wirtschaftlich brach liegend, entwickelte sich nach 1815 ein immer stärkeres Nationalbewußtsein, das sich auch aus dem Haß auf Österreich speiste. Graf Camillo Cavour (1810–1861), Ministerpräsident des Königreichs Piemont-Sardinien, war nach 1848 davon überzeugt, daß die Einigung Italiens nur gelingen würde, wenn Piemont-Sardinien mit Hilfe einer europäischen Großmacht zu einem gesamtitalienischen Staat aufsteigen könnte. Gestützt auf Napoleon III., provozierte Cavour den Italienischen Krieg 1859 und verdrängte die Österreicher aus der Lombardei. Guiseppe Garibaldi (1807–1862) forcierte im Sieg des „Risorgimento“ die staatliche Einigung Italiens. Napoleon wurde mit Nizza und Savoyen belohnt, 1861 wurde Viktor Emmanuel II. König von Italien. Mit Ausnahme Venetiens, des Kirchenstaats und einiger Randgebiete war die nationale Einigung vollzogen. Gleichwohl reklamierte der italienische Nationalismus die restlichen Gebiete (Trentino, Fiaul, Adriaküste) als „Irredenta“ („Unerlöste“).

3.5.3 „Neue Ära“, Preußischer Heereskonflikt und Deutscher Krieg, 1858–1866

Mit dem Regierungsantritt Wilhelms I. (Prinzregent 1858, König 1861) begann die „Neue Ära“ in Preußen. Er löste das konservative Ministerium Manteuffel ab und ersetzte es durch ein liberal gemäßigtes konservatives Ministerium unter dem Fürsten Karl Anton von Hohenzollern-Sigmaringen. Der Sieg des italienischen „Risorgimento“ 1859 gab auch der deutschen Nationalbewegung neuen Auftrieb. Da Österreich in außenpolitische Konflikte verwickelt war, bot sich die Chance, den Vielvölkerstaat aus Deutschland zu verdrängen. Nach italienischem Vorbild agitierte 1859 der „Deutsche Nationalverein“ für die staatliche Einheit der Nation unter Führung des Liberalismus. Gleichzeitig und mit der liberalen Bewegung verzahnt, plädierte die öffentliche Meinung für ein deutsches Reich unter preußischer Führung.

Probemobilmachung und Aufmarsch am Rhein 1859 gaben schwerwiegende organisatorische Mängel in der preußischen Armee zu erkennen. Ihnen sollte eine umfassende Heeresreform abhelfen, durch jährliche Rekrutenaushebung von 63 000 und Verlängerung der Dienstzeit. Der preußische Staat stürzte in eine tiefe Krise, als der Konflikt zwischen Krone und liberaler Mehrheit im Abgeordnetenhaus um Verstärkung und Reform des Heeres eskalierte; die Regierung setzte die Vorlage auch ohne parlamentarische Zustimmung um und löste das Parlament mehrfach auf. Dennoch wurde nach den Wahlen die liberale Opposition jedesmal stärker. Preußen trieb an den Rand des Bürgerkriegs. Wilhelm I. schloß seine Abdankung nicht mehr aus, berief in dieser Situation Otto von Bismarck 1862 zum Ministerpräsidenten. Ihm gelang es unter Verfassungsbruch, die Heeresreform am Parlament vorbei durchzusetzen. International gewann Preußen im Vakuum nach dem Krimkrieg neuen Handlungsspielraum.

In zwei Kriegen verdrängte Bismarck Österreich aus Deutschland, im Deutsch-dänischen Krieg 1864 und Deutschen Krieg 1866. Gegen dänische Bestrebungen, Schleswig dem Gesamtstaat einzuverleiben, forderte die deutsche Nationalbewegung die Trennung der Herzogtümer. Ein begrenzter Krieg brach aus, ohne Eingriff der Großmächte. Im Frieden von Wien vom 30. Oktober 1864 verzichtete Dänemark auf die Elbherzogtümer. Schleswig-Holstein wurde nun von Österreich und Preußen gemeinsam verwaltet.

Doch die gemeinsame Verwaltung (Kondominium) barg Konflikte, die Bismarck geschickt nutzte, um Österreich aus Deutschland zu verdrängen. In der Konvention von Gastein (14. August 1865) einigten sich Preußen und Österreich auf eine Teilung der Herzogtümer: Österreich verwaltete Holstein, Preußen Schleswig. Preußen verlangte von Österreich Stützpunkte in Holstein. Vermittlungsversuche scheiterten. Am 14. Juni 1866 spaltete Österreich den Deutschen Bund durch einen Mobilisierungsantrag gegen Preußen. Preußen erklärte daraufhin den Bundesvertrag für gebrochen. In der Schlacht von Königgrätz am 3. Juli 1866 unterlag Österreich militärisch. Im Frieden von Prag erlitt Österreich keine Gebietsverluste, denn Bismarck wollte sich Österreich als potentiellen Verbündeten erhalten, zumal er die französische Einmischung fürchtete. Österreich verlor allerdings im gleichzeitigen österreichisch-italienischen Krieg Venetien an Italien. Preußen annektierte außer Sachsen und Hessen-Darmstadt alle Staaten nördlich des Mains, die sich ihm 1866 entgegengestellt hatten (Hannover, Hessen-Kassel und Hessen-Nassau), dazu Frankfurt am Main. Wien stimmte der Auflösung des Deutschen Bundes zu, und im Friedensvertrag von Prag vom 23. August 1866 anerkannte Österreich einen neuen Bund nördlich des Mains, den Norddeutschen Bund.

Karikatur auf Preußens Annexionen 1866 und die Gründung des Norddeutschen Bundes 1867.

3.5.4 Vom Norddeutschen Bund zur Reichsgründung, 1867–1871

Mit Königgrätz 1866 erlitt der deutsche Liberalismus eine schwere politische Niederlage, kam aber wirtschaftlich seinem Hauptziel näher: dem gemeinsamen deutschen Markt. Bismarck sicherte Preußens Vorherrschaft im Norddeutschen Bund, indem er die Reichsverfassung von 1849 fortschrieb und den geänderten Verhältnissen anpaßte. Der Norddeutsche Bund als Zwischenetappe zur Reichsgründung bestand aus 22 Staaten nördlich der Mainlinie. Präsident war der preußische König.

Dem Norddeutschen Bund entsprach 1867 im abermals geschlagenen Österreich die Umwandlung des zentralisierten Kaiserreiches Österreich in die Doppelmonarchie Österreich-Ungarn, ohne Deutsche und Ungarn, gar Slawen zufriedenzustellen.

Rußland wie England waren im Konflikt, mit Ausnahme des isolierten Frankreich, überwiegend Zuschauer und primär mit innenpolitischen Problemen beschäftigt.

Mit dem preußischen Sieg über Österreich 1866 und der Gründung des Norddeutschen Bundes 1867 gewann die deutsche Nationalbewegung neuen Auftrieb. Frankreich war alarmiert, denn es sah in einem geeinten Deutschland ein Hindernis für eigene Interessen, wenn mit Preußen-Deutschland im Zentrum Europas ein gewaltiger Staat entstünde. Vergeblich hatten Napoleons Diplomaten versucht, die deutschen Staaten südlich des Mains gegen Preußen zu mobilisieren und Fühler nach Wien und Florenz (damalige Hauptstadt Italiens) auszustrecken, um eine Dreierallianz zu schmieden. Dagegen schloß Bismarck mit den süddeutschen Staaten geheime „Schutz- und Trutzbündnisse“ (= Defensiv- und Offensivbündnisse).

Um Frankreich zuvorzukommen, benutzte Bismarck 1870 die Spanische Thronkandidatur, um Frankreich in den Krieg zu provozieren: Nach einem der zahlreichen Bürgerkriege in Spanien hatte die provisorische Regierung in Madrid 1868 dem Prinzen Leopold von Hohenzollern-Sigmaringen eine Thronkandidatur angeboten. Als Prinz Leopold 1869 die Krone annehmen wollte, sah Napoleon III. Frankreich umzingelt und das europäische Gleichgewicht gefährdet. Daraufhin verzichtete Prinz Leopold gegen Bismarcks Willen am 12. Juli 1870 endgültig auf die Kandidatur. Der französische Botschafter Vincent Graf Benedetti verlangte aber in einem Gespräch mit dem preußischen König Wilhelm I. auf der Kurpromenade von Bad Ems über den Kandidaturverzicht hinaus von dem Hause Hohenzollern, auch künftig nicht mehr auf die Kandidatur zurückzukommen. Nach telegraphischer Unterrichtung überarbeitete Bismarck das Telegramm, verlieh durch Kürzung den ablehnenden Worten des Königs eine zusätzliche Schärfe. Die „Emser Depesche“ trieb die Spannungen zwischen Preußen und Frankreich zum Konflikt. Die französische Regierung erklärte am 19. Juli 1870 den Krieg. Die süddeutschen Staaten ergriffen für Preußen Partei. Die deutschen Armeen waren den französischen überlegen. In Sedan nahe der belgischen Grenze wurde Napoleon III. mit über 100 000 Mann umstellt und kapitulierte (2. September).

Diese Nachricht löste den Zusammenbruch des Zweiten Empire aus. In Paris bildete sich die III. Französische Republik (bis 1940), zunächst mit Leon Gambetta als treibender Kraft. Erst am 28. Januar 1871 gelang nach mehrmonatiger Belagerung von Paris der Waffenstillstand. Die militärische Niederlage vor Augen, wählte das französische Volk eine Nationalversammlung mit dem Auftrag, Friedensverhandlungen zu führen. Die Bevölkerung von Paris empfand es als Demütigung, daß deutsche Truppen in die Stadt einzogen. Ein Aufstand von Arbeitern und Kleinbürgern brach aus, eine Pariser Gemeindevertretung, die „Kommune“, wurde gewählt. Mit deutscher Zustimmung schlugen französische Regierungstruppen den Aufstand nieder. Exzesse der Kommune und ihre Liquidierung verbreiteten in ganz Europa einen Schock: Die Pariser Kommune, so die Propaganda, sei auf eine sozialistische Verschwörung zurückzuführen.

Das Deutsche Reich 1871.

Am 18. Januar 1871 wurde im Spiegelsaal zu Versailles der preußische König zum Deutschen Kaiser ausgerufen. Das neue Reich als deutscher Nationalstaat war Wirklichkeit geworden.

Die Bedingungen des Frankfurter Friedens vom Mai 1871 waren hart: Frankreich mußte eine hohe Kriegsentschädigung von 5 Mrd. Goldfrancs zahlen, deutsche Besatzungstruppen blieben bis zu ihrer Zahlung auf französischem Boden. Elsaß und der größte Teil Lothringens fielen an Deutschland. Danach belastete vor allem die Annexion Elsaß-Lothringens die Beziehungen beider Länder.

Nationalismus und Liberalismus

M 1 K. L. von Haller: Der Patrimonialstaat (1816)

1. *Die Fürsten* (sie seien Individuen oder Korporationen) *herrschen nicht aus anvertrauten, sondern aus eigenen Rechten.* Es ist ihnen keine Gewalt von dem Volk übertragen worden, welche es mithin nach bloßer Willkür zurückfordern oder in andere Hände legen könnte: sondern sie besitzen diese Macht und die damit verbundene höhere Freiheit durch sich selbst, entweder von der Natur, wie alles Angeborene, oder durch rechtmäßige Anwendung eigener Kraft (die Frucht des Angeborenen) oder endlich durch Wohltaten und Privatverträge, wie alles Erworbene, 2. *Sie sind also nicht von dem Volk gesetzt oder geschaffen, sondern* sie haben im Gegenteil *dieses Volk* (die Summe aller ihrer Untergebenen) *nach und nach um sich her versammelt,* in ihren Dienst aufgenommen, sie sind die Stifter und Väter dieses wechselseitigen Verbandes [...]

Aus: Haller, K. L. v., Restauration der Staatswissenschaft oder Theorie des natürlich-geselligen Zustandes der Chimäre der künstlich bürgerlichen entgegengesetzt, Bd. 1, Winterthur 1820, S. 356, 375, 510 ff.

M 2 Aus Metternichs Denkschrift für Zar Alexander I., 15. 12. 1820

Aus dem Durcheinander [der napoleonischen Herrschaft] resultierte, daß der revolutionäre Geist sich leicht mit dem Schleier der ernsten Vaterlandsliebe bedecken konnte, und zwar in Deutschland, in Italien, später auch in Spanien. [...] Was Napoleon so zum Schaden Frankreichs und Europas getan hatte, [...] alle diese verhängnisvollen Einflüsse lasten heute auf der Welt; sie bedrohen das Werk der Restauration mit dem totalen Ruin. [...] [Sie bedrohen] auch die Union der ersten Monarchen, die in der Geschichte beispiellos ist, und sie lassen für die Gesellschaft unkalkulierbare Katastrophen befürchten. [...]

[...] Es sind besonders die Mittelklassen der Gesellschaft, die von diesem moralischen Krebsübel befallen sind, und nur bei ihnen finden sich die wahrhaftigen Parteiführer. Die Masse des Volkes ist nicht von ihm befallen. [...] In Frankreich, Deutschland wie in Spanien und Italien will das Volk nichts als Frieden und Ruhe. In diesen vier Ländern gehören zur agitierenden Klasse die Geldleute [...], die Beamten, Schriftsteller, Rechtsanwälte, Lehrer [...] [Die Mittelklasse] hat sich der Presse bemächtigt, dirigiert sie, benutzt sie nur, um die Gottlosigkeit, den Ungehorsam gegenüber den Gesetzen von Religion und Staat zu predigen. [...]

Aus: Haller, K. L. v., Restauration, a. a. O., S. 408 ff.

M 3 Die politischen Grundsätze des Liberalismus:

Aus dem Artikel „Parteien“ im Staatslexikon, 1834.

Mit dem Namen Liberale bezeichnet man jetzt eine in allen Ländern verbreitete Partei, welche die Volksfreiheit in dem Schutze der individuellen Freiheit gegen beschränkende Institutionen von seiten der Regierung wie gegen die Gewalttätigkeit von seiten der Masse sucht. [...] Ihre Hauptzwecke einigen sich immer in dem Streben nach einer geregelten Verfassung und nach der Beseitigung aller Hindernisse, die der vollen Entwicklung der geistigen und materiellen Kräfte des einzelnen entgegenstehen. Diese Partei ignoriert nicht die Geschichte, sie achtet das Bestehende, aber sie will, daß es sich fortbilde den Bedürfnissen der Zeit gemäß. Eine Verfassung soll es dem Herrscher unmöglich machen, willkürlich in die Rechtsbefugnisse des einzelnen einzugreifen, die Gleichheit vor dem Gesetze soll vor Bedrückung sichern, die Unabhängigkeit des Richters die Gesetzlichkeit der rechtlichen Entscheidungen garantieren, Pressefreiheit der öffentlichen Meinung ungehinderten Ausdruck gewähren, Toleranz die freie Denkkraft fördern.

Aus: Rotteck, K./Welcher, K. (Hg.), Das Staatslexikon. Enzyklopädie der sämtlichen Staatswissenschaften für alle Stände, Bd. II, Leipzig 1864, S. 325

M 4 Die politischen Forderungen des Nationalismus:

Aus den Grundsätzen und Beschlüssen der Deutschen Burschenschaften, 18. 10. 1818:

2. Für diese Einheit Deutschlands, für dieses Vaterland sind alle diejenigen gefallen, welche [...], in dem Rettungskampf von 1813 ihren Tod gefunden haben. [...]

12. [...] Der Deutsche Bund aber [...] ist in Ehren zu halten [...], weil er die Sehnsucht nach Kaiser und Reich nährt. [...]

13. Die Gesamtheit der deutschen Staaten hat das Recht und die Pflicht, anderen Völkern das, was sie dem deutschen Volk tun, zu vergelten. [...]

Der Nationalhaß ist so lange gut und löblich, als er in Eifersucht auf gleiche Rechte besteht. [...]

15. Die Fürstenwürde ist das Erhabenste auf Erden und darum für das Heiligste zu ehren und zu achten. [...]

16. Der Wille des Fürsten ist nicht das Gesetz des Volkes, sondern das Gesetz des Volkes soll der Wille des Fürsten sein.

20. [...] Alle Gesetze haben die Freiheit der Person und die Sicherheit des Eigentums zum Gegenstande. [...]

31. Das Recht, in freier Rede und Schrift seine Meinung über öffentliche Angelegenheiten zu äußern, ist ein unveräußerliches Recht jedes Staatsbürgers. [...]

35. Es ist die Pflicht jedes frommen und ehrlichen Mannes und Jünglings, die Reinheit der deutschen Sprache, die Ehrbarkeit der deutschen Sitten, die Eigentümlichkeit der deutschen Bräuche und überhaupt alles dasjenige zu fördern und zu unterstützen, was Deutschland groß und stark, das deutsche Volk achtungswürdig und ehrenwert, den deutschen Namen rühmlich, jeden einzelnen Deutschen gebildeter und edler machen kann. Es ist aber auch die Pflicht jedes frommen und ehrlichen deutschen Mannes und Jünglings, alles dasjenige [...], was das Ausländische erhalten, nähren und mehren, was die Seele für die heiligsten Gefühle der Freiheit und Gleichheit des Vaterlandes abstumpfen könnte, aus Leben und Sprache auszutilgen.

Aus: Ehrenteich, H., Heinrich Luden und sein Einfluß auf die Burschenschaft. Quellen und Darstellungen zur Geschichte der Burschenschaft, Bd. 4, Berlin 1913, S. 117ff.

M 5 Theodor Schieder: Zum Umschlag des nationalen Denkens

Alle Nationalismen der europäischen Völker haben ihren Ursprung in einem metapolitischen Bereich und sind erfüllt mit einem kräftigen Messianismus, ob es sich um die religiösen Ideen vom auserwählten Volk wie in England oder um die humanitären Ideen der französischen Revolution handelt. Es ist daher nichts Außergewöhnliches, nichts, was den Rahmen der europäischen Geschichte sprengt, wenn die Deutschen jetzt seit der Wende des 18. zum 19. Jahrhundert ihr neues Nationalgefühl mit universalen Menschheitsideen begründeten. Die ältere Generation der deutschen Bewegung bestimmte die nationale Mission der Deutschen gerade in ihrer universalen Verpflichtung an den Geist und ihrem weltbürgerlichen Verzicht auf politische Macht. So erscheint es etwa in klassischer Form in Schillers Fragment Deutsche Größe in den Worten: „... indem das politische Reich wankt, hat sich das geistige immer fester und vollkommener gebildet." Doch wenig später werden aus den gleichen Voraussetzungen Schlüsse gezogen, die aus dem Anspruch des Deutschen, Weltbürger zu sein, sein Anrecht ableiten, Bürger eines Weltvolkes zu werden. Das entscheidende Dokument dieser Wandlung sind die „Reden an die deutsche Nation" von Joh. Gottlieb Fichte, gehalten in Berlin im Schicksalsjahr Steins 1808. In ihnen wird das deutsche Selbstbewußtsein, die Selbstbewußtheit der Deutschheit aus dem Gegensatz zu dem fremden Geist des „Auslands" bestimmt, das deutsche Weltvolk als das lebendige, schöpferische Urvolk schlechthin verstanden. Und so lesen wir: „Alle, die entweder selbst, schöpferisch und hervorbringend das Neue leben, oder die, falls ihnen dies nicht zuteil geworden wäre, das Nichtige wenigstens entschieden fallen lassen und aufmerkend dastehen, ob irgendwo der Fluß ursprünglichen Lebens sie ergreifen werde, oder ob sie, falls sie auch nicht so weit wären, die Freiheit wenigstens ahnen, und sie nicht hassen, oder vor ihr erschrecken, sondern sie lieben: alle diese sind ursprüngliche Menschen, sie sind, wenn sie als ein Volk betrachtet werden, ein Urvolk, das Volk schlechthin, Deutsche..."

Aus solchen, später oft genug mißbrauchten Sätzen hört man heute nur den Ton eines maßlosen Nationalismus heraus. Man könnte ihn leicht als rhetorisch-philosophische Untermalung der verzweifelten Versuche Steins und Scharnhorsts, Preußen gegen die Riesenmacht des Kaisers Bonaparte zu erhalten und zu stärken, also als geistigen Abwehrversuch der Fremdherrschaft verstehen, aber dies würde doch im Hinblick auf die weit späteren Wirkungen bis in unsere Tage nicht genügen. Wir müssen bei allem Respekt vor dem moralischen Mut des Philosophen, dem Tyrannen Widerstand zu leisten, doch zugeben, daß wir hier auf ein Zeugnis geistigen Unmaßes und zugleich auf ein Dokument für die niemals voll aufgelöste Gleichung von Geist und Staat stoßen.

Aus: Schieder, Theodor, Das Jahr 1813 und das heutige Europa, in: Schieder, Theodor/Hubatsch, Walter, Das Jahr 1813 und der Freiherr v. Stein, Freiherr-vom-Stein-Gesellschaft, Heft 4, Münster 1964, S. 20

M 6 Georg Büchner, Der hessische Landbote (1834)

Friede den Hütten! Krieg den Palästen!

[...] Das Leben der Vornehmen ist ein langer Sonntag: sie wohnen in schönen Häusern, sie tragen zierliche Kleider, sie haben feiste Gesichter und reden eine eigene Sprache; das Volk aber liegt vor ihnen wie Dünger auf dem Acker. Der Bauer geht hinter dem Pflug, der Vornehme geht hinter ihm und dem Pflug und treibt ihn mit den Ochsen am Pflug, er nimmt das Korn und läßt ihm die Stoppeln. Das Leben des Bauern ist ein langer Werktag; Fremde verzehren seine Äcker vor seinen Augen, sein Leib ist eine Schwiele, sein Schweiß ist das Salz auf dem Tische des Vornehmen [...]

Kommt ja ein ehrlicher Mann in einen Staatsrat, so wird er ausgestoßen. Könnte aber auch ein ehrlicher Mann jetzt Minister sein oder bleiben, so wäre er, wie die Sachen stehen in Deutschland, nur eine Drahtpuppe, an der die fürstliche Puppe zieht; und an dem fürstlichen Popanz zieht wieder ein Kammerdiener oder ein Kutscher oder seine Frau und ihr Günstling oder sein Halbbruder – oder alle zusammen [...]

Denn was sind die Verfassungen in Deutschland? Nichts als leeres Stroh, woraus die Fürsten die Körner für sich herausgeklopft haben. Was sind unsere Landtage? Nichts als langsame Fuhrwerke, die man einmal oder zweimal wohl der Raubgier der Fürsten und ihrer Minister in den Weg schieben, woraus man aber nimmermehr eine feste Burg für deutsche Freiheit bauen kann. Was sind unsere Wahlgesetze? Nichts als Verletzungen der Bürger- und Menschenrechte der meisten Deutschen.

[...]

Hebt die Augen auf und zählt das Häuflein eurer Presser, die nur stark sind durch das Blut, das sie euch aussaugen, und durch eure Arme, die ihr ihnen willenlos leihet. Ihrer sind vielleicht 10000 im Großherzogtum und eurer sind es 700000, und also verhält sich die Zahl des Volkes zu seinen Pressern auch im übrigen Deutschland. Wohl drohen sie mit dem Rüstzeug und den Reisigen der Könige, aber ich sage euch: Wer das Schwert erhebt gegen das Volk, der wird durch das Schwert des Volkes umkommen. Deutschland ist jetzt ein Leichenfeld, bald wird es ein Paradies sein. Das deutsche Volk ist ein Leib, ihr seid ein Glied dieses Leibes. Es ist einerlei, wo die Scheinleiche zu zucken anfängt. Wann der Herr euch seine Zeichen gibt durch die Männer, durch welche er die Völker aus der Dienstbarkeit zur Freiheit führt, dann erhebet euch, und der ganze Leib wird mit euch aufstehen [...]

Aus: Pross, Harry (Hg.), Dokumente zur deutschen Politik 1806-1870, Frankfurt/M. 1963, S. 31ff.

Arbeitsvorschläge

1. *Erarbeiten Sie aus den Materialien M 1–M 6 die geistigen Grundlagen der politischen Bewegungen!*
2. *Untersuchen Sie die politische Geschichte bis 1850 auf Erfolg und Mißerfolg dieser geistigen Strömungen (M 1–M 6)!*
3. *Erarbeiten Sie die soziale Anbindung der Gesellschaftsschichten an die politischen Strömungen (M 1–M 6)!*

Die Revolution von 1848/49

M 7 **a) Volksunruhen in Deutschland 1816–1875 (nach Typen geordnet)**

Periode	Studenten[1] Universität	Religion[2]	Politik[3]	Sozioökonomisch[4]	Andere	Summe
1816–1829	13	9	4	3	–	29
1830–1839	13	20	72	28	3	136
1840–1847	5	17	33	103	–	158
1850–1859	5	15	61	21	5	107
1860–1873	1	21	77	32	2	133
Summe	37	82	247	187	10	563

[1] Studenten waren entweder Hauptakteure, oder Studenten- bzw. Universitätsangelegenheiten waren Hauptobjekte des Konflikts.

[2] Religion war, zumindest vergeblich, Hauptobjekt des Konflikts.

[3] Der Protest war gegen den Staat mit seinen Organen gerichtet, um politische Änderungen durchzusetzen (Auswechseln eines bestimmten Standesbeamten, Durchsetzung eines neuen Gesetzes etc.).

[4] Gewalttätige Streiks, Brotkrawalle, Maschinenstürmerei (Luddismus), massenhaftes gesetzwidriges Betreten von Wäldern und Feldern, Steueraufruhr und Tumulte, die deutlich mit einer bestimmten sozioökonomischen Gruppe verbunden waren, z. B. Angriffe von Armen gegen Reiche.

b) Protestverteilung 1848/49 in Deutschland

Strukturgruppe	März–April 1848 Fälle Zahl	in %	Mai 1848–Juni 1849 Fälle Zahl	in %
Bauernaktionen	85	17,4	11	2,3
Agrarische Unterschichten	88	18,0	24	5,1
Städtische Unterschichten	94	19,2	34	7,2
Handwerkeraktionen	6	1,2	8	1,7
Arbeitskonflikte	49	10,0	47	9,9
Politische Aktion	150	30,7	335	70,6
Verschiedene	17	3,5	15	3,2
	489	100,0	474	100,0

Aus: Siemann, Deutsche Revolution 1848/49 S. 43, S. 186

M 8 Fraktionen der Paulskirche und ihre Grundpositionen.

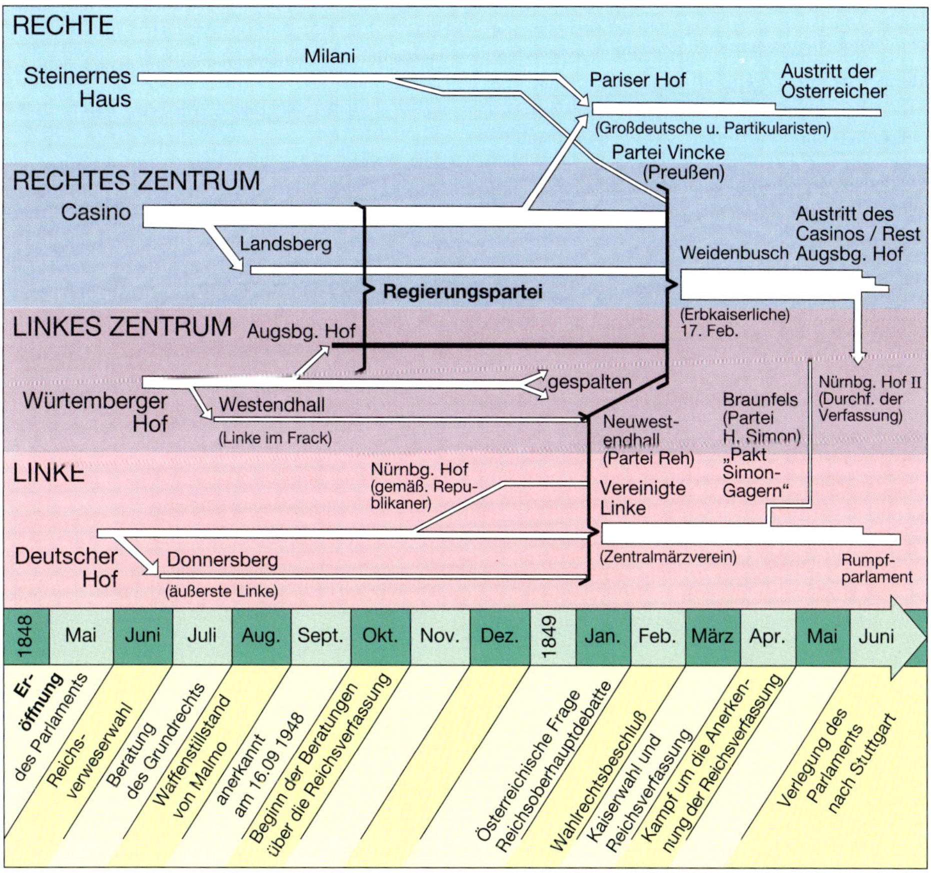

M 9 Programme der Parteien der Deutschen Nationalversammlung (Juni–Oktober 1848)

a) Das Programm der Äußersten Rechten
(Partei Milani)

1. Zweck und Aufgabe der Nationalversammlung ist die Gründung der deutschen Verfassung.

2. Dieselbe kann nur durch Vereinbarung mit den Regierungen der deutschen Einzelstaaten für diese rechtsgültig zustande kommen. Die Zustimmung der Einzelstaaten kann ausdrücklich oder stillschweigend erteilt werden. [...]

4. Die Nationalversammlung übt nur die konstitutionelle Kontrolle der Handlungen des Reichsministeriums aus und befaßt sich nicht mit der Einmischung in exekutive Maßregeln. [...]

b) Das Programm der Rechten
(Partei im Casino)

1. Die Deutsche Nationalversammlung als das aus dem Willen des Volks und den Wahlen der deutschen Nation hervorgegangene Organ zur Begründung der Einheit und politischen Freiheit Deutschlands erklärt, daß alle Bestimmungen einzelner deutscher Verfassungen, welche mit dem von ihr zu gründenden allgemeinen Verfassungswerk nicht übereinstimmen, nur nach Maßgabe des letzteren als gültig zu betrachten sind, ihrer bis dahin bestandenen Wirksamkeit unbeschadet.

2. Die Einheit Deutschlands ist vor allem zu erstreben, daher kein Partikularismus, aber Anerkennung der den einzelnen deutschen Staaten und Stämmen in der Gesamtheit gebührenden Besonderheit.

3. Die politische Freiheit soll begründet und gesichert werden, also keine Reaktion; aber mit aller Entschiedenheit ist für die öffentliche Ordnung gegen die Anarchie zu kämpfen.

c) Das Programm des Rechten Zentrums
(Partei Landsberg)

Anfang September 1848

1. Der Verein der unterschriebenen Mitglieder der verfassunggebenden Reichsversammlung nimmt für diese das Recht in Anspruch: die Verfassung des deutschen Bundesstaates selbständig herzustellen und über alle in dieser Beziehung gemachten Vorschläge endgültig zu beschließen.

2. Der Verein verlangt von den einzelnen deutschen Staaten die Aufopferung ihrer Selbständigkeit nicht, wohl aber, daß sie sich eine Beschränkung derselben insoweit gefallen lassen, als solches zur Begründung eines eigenen, festen und kräftigen Bundesstaates erforderlich ist. Demnach hält derselbe dafür, daß namentlich die obere Leitung des Heereswesens, die völkerrechtliche und handelspolitische Vertretung Deutschlands in die Hände der Reichsgewalt gelegt werden müssen.

3. Der Verein macht es sich zur Aufgabe, die durch die jüngste Staatsumwälzung zur Geltung gekommenen Rechte des deutschen Volks weiter auszubilden und sicherzustellen, aber auf Rückführung der früheren Zustände wie auf Zerrüttung der gesetzlichen Ordnung hinzielenden Bestrebungen entgegenzuwirken und einen wahren Rechtsstaat zu gründen.

4. Der Verein erkennt in der auf demokratischen Grundlagen ruhenden konstitutionellen Regierungsform diejenige, welche die Einrichtung jener Zwecke am zuverlässigsten verbürgt.

d) Das Programm des Linken Zentrums
(Partei des Württemberger Hofes)

Zweite Hälfte September 1848

1. Wir wollen, daß der verfassunggebende deutsche Reichstag selbständig die allgemeine deutsche Verfassung gründe. Wir verwerfen somit die Ansicht, daß der Reichstag in dieser Beziehung auf dem Boden des Vertrages mit den Regierungen – als Organe der einzelnen deutschen Staaten – stehe. [...]

2. Wir wollen, daß die zu gründende deutsche Bundesverfassung in allen ihren Teilen die Souveränität des deutschen Volks zur Grundlage habe und diese Grundlage sichere.

3. Wir wollen, daß die Souveränität der einzelnen deutschen Staaten denjenigen Beschränkungen und nur denjenigen Beschränkungen unterworfen werde, welche zur Begründung eines einigen und kräftigen Bundesstaats erforderliche sind.

4. Wir erachten alle übrigen Fragen zur Zeit für offen.

[...]

e) Das Programm der Linken
(Partei des Deutschen Hofes)

Ende Oktober 1848

Die Partei der Linken, welche ihre Vereinsversammlungen im „Deutschen Hof" hält, erkennt als oberste Grundlage für ihre Handlungsweise an: Volkssouveränität, demokratische Freiheit und Einheit des deutschen Vaterlandes, Humanität und Nationalität. Sie will die Volkssouveränität in ihrem vollen Umfang. Sie will daher durch die Deutsche Nationalversammlung, sie will für alle Zukunft die Gesetzgebung ausschließlich und allein der Volksvertretung mit Ausschluß des Bestimmungsrechtes der vollziehenden Reichsgewalt überlassen wissen, unbeschadet einer nochmaligen Beratung auf Grund erhobener Bedenken der Vollzugsgewalt. Sie will eine Volksvertretung, aus der freien Wahl aller volljährigen Deutschen hervorgegangen, und will deren Wirksamkeit nur auf das dauernde Vertrauen des Volkes gegründet wissen. Sie will eine verantwortliche, nur auf Zeit gewählte vollziehende Reichsgewalt. Sie will das Recht der einzelnen deutschen Staaten, ihre Verfassung festzustellen, sei es in Form der demokratischen Monarchie, sei es in Form des demokratischen Freistaates. [...], sie will gegen Verletzung eines jeden verfassungsmäßigen Rechts das Klagerecht vor dem Reichsgericht gesichert haben.

Sie will die Einheit Deutschlands. Sie will daher einen konsequent durchgeführten Bundesstaat, eine gesetzgebende und vollziehende Reichsgewalt, die Reichsgesetzgebung für bürgerliches Recht, Handels- und Wechselrecht, Strafrecht, gerichtliches Verfahren. Sie will die Reichsgesetzgebung im Schiffahrts-, Eisenbahn-, Zoll-, Post-, Münz-, Gewichts- und Bankwesen. Sie will das Gesandtschafts- und Heerwesen ausschließlich für die Reichsgewalt. Sie will die Souveränität der einzelnen Staaten und deren Selbständigkeit nur so weit, als sie sich mit der Errichtung des Bundesstaates verträgt.

[...]

Sie will endlich Gleichberechtigung aller Nationalitäten. Sie will demnach den auf deutschem Boden wohnenden fremden Nationalitäten Sprache, Sitte usw., sie will den auswärtigen Völkern das Recht ihrer Selbstbestimmung vollständig und uneingeschränkt gewährt wissen.

Nur in der Anerkennung und Ausführung dieser Grundsätze sieht sie die Bedingungen der Größe und Macht Deutschlands.

f) Das Programm der Äußersten Linken (Partei des Donnersberg)

Die demokratische Partei der Deutschen Nationalversammlung erkennt die Freiheit, Gleichheit und Brüderlichkeit als die Grundsätze an, deren Durchführung ihre Aufgabe ist. Aus dem Grundsatz der Freiheit folgt, daß jeder Mensch, jede Gemeinde, jeder Einzelstaat, jede Nation das Recht hat, sich selbst zu bestimmen, die eigenen Angelegenheiten selbst zu ordnen.

Aus dem Grundsatz der Gleichheit folgt, daß jeder Mensch, jede Gemeinde, jeder Einzelstaat, jede Nation bei Ausübung des Rechts der Selbstbestimmung und der Ordnung der eigenen Angelegenheiten verpflichtet ist, das gleiche Recht aller andern zu achten. Aus dem Grundsatze der Brüderlichkeit folgt, daß jeder Mensch, jede Gemeinde, jeder Einzelstaat, jede Nation bei Ausübung des Rechts der Selbstbestimmung und der Ordnung der eigenen Angelegenheiten verpflichtet ist, das Wohl und das Glück aller andern vor Augen zu haben.

[...]

Aus der Sorge für das Wohl und das Glück anderer entspringt die Verpflichtung der Mehrheit, die Minderheit der Gemeinde, den einzelnen des Einzelstaates, die Gemeinde der Nation, den Einzelstaat in Ausübung der eigenen Rechte zu schützen.

Es folgt daraus, daß, während jeder Einzelstaat sich seine Verfassung selbst geben muß, kein anderer Einzelstaat sich in dessen eigentümliche Angelegenheiten mischen darf, daß dagegen die Nation die Verpflichtung hat, die Durchführung des Willens der Mehrzahl der Bewohner eines Einzelstaates zu sichern.

Aus: Salomon, F., Die deutschen Parteiprogramme. Heft I: Von 1844–1871. Leipzig 1907, S. 61–68

M 10 Pro und contra allgemeines Wahlrecht

a) Rede des Abgeordneten Ziegert für das allgemeine Wahlrecht vom 15. 2. 1849 in der Nationalversammlung:

Ich bin überhaupt der Ansicht, daß die Geschichte überall auf die Emanzipation des Menschen, auf die Verwirklichung der wahren Demokratie hinausläuft und daß unser durch seinen Entwicklungsgang dazu vorbereitetes Vaterland dazu berufen ist, die Stätte der wahren Demokratie zu werden. Es ist vor kurzer Zeit mit Recht gesagt worden, daß eine neue Weihe über den Menschen gekommen ist, und daß nicht, wie früher der Besitz, das Grundstück, der Stand, die Steuerquote, die der Mensch zahlt, in Betracht kommt, sondern der Mensch gilt in seiner abstrakten sittlichen Berechtigung ohne Rücksicht auf seine Qualität, auf Bei- und Zutaten, welche früher die politische Berechtigung des Menschen ausmachte. Und wir, die von der Nation ernannten Gesetzgeber, sollten diese Zeit verkennen und das wichtigste politische Recht an den Besitz, an eine Zufälligkeit knüpfen, statt an den Menschen, an das heilige und geweihte Ebenbild Gottes? Das hieße die deutsche Revolution von 1848 verleugnen, das wäre ein Verrat an unseren Kommittenten, die uns in unbeschränkter Wahl hierher entsandt haben! – Aber, wendet man ferner ein, die politische Unreife des Volkes, die Bestechlichkeit! Meine Herren! Kommen Sie uns nicht mit der Behauptung der politischen Unreife, welche auf den früheren Satz des alten Polizeistaates vom beschränkten Untertanenverstande hinausläuft. Ich meine die sogenannten unteren Klassen, welche die Bewegungen des vorigen Jahres mit durchgemacht haben, die zur Verbesserung der jetzigen Zustände mit Hand angelegt und auch in dieser Zeit ebenso den Lockungen der Dämagogen als den Verführungen der Reaktion Widerstand geleistet haben, welche in dem Versammlungsrecht, in der freien Presse, im freien Gemeinwesen und in der Öffentlichkeit des Staatslebens die Mittel zur weiteren Ausbildung besitzen, sind nicht mehr politisch unreif zu nennen. [...]

Und beweisen Sie uns doch, meine Herren, daß gerade Ihre bevorrechteten Klassen politisch befähigter sind, als die niederen Volksklassen, die durch den Vorschlag des Ausschusses von der Wahlberechtigung ausgeschlossen werden, daß gerade, wie man immer behauptet, die arbeitenden Klassen destruktiven Tendenzen ergeben sind. Die Erfahrungen der neueren Zeit beweisen eben nicht die größere politische Einsicht der bevorzugten Stände. [...]

Sie können nicht leugnen, daß die Bewegung unserer Zeit nicht bloß eine politische, sondern auch eine soziale ist, und zwar in doppelter Richtung, einmal, indem die Besitzlosen und Minderbegüterten mehr oder weniger gegen die Herrschaft des Besitzes und des Kapitals im Kampfe stehen, und sodann dadurch, daß die arbeitenden Klassen an der Verbesserung ihrer Lage sich organisch beteiligen wollen. Statten Sie jetzt, wo von uns zur Verbesserung der Lage der arbeitenden Klassen noch nichts geschehen ist, den Besitz und das Kapital mit einer bevorzugten politischen Berechtigung aus und schließen Sie auf der anderen Seite die arbeitende Klasse von der Möglichkeit aus, Männer ihres Vertrauens in die Reichsversammlung zu wählen, so wird der ohnehin gestörte Friede in der Gesellschaft dadurch nicht wiederhergestellt, es wird der Kampf dadurch nur noch vermehrt. [...]

Aus: Freund, Michael, Der Liberalismus in ausgewählten Texten, Stuttgart 1965, S. 146ff.

b) Rede des Abgeordneten Wernher gegen das allgemeine Wahlrecht am 17.2. 1849 in der Nationalversammlung:

Es existiert eine tiefe Begriffsverwirrung über den Begriff von Volk, es gibt ein physisches Volk, unter das gehören alle, Mann und Weib, Säuglinge und Greise, die Menschen im Zuchthaus, wie derjenige, der die Zierde seines Volkes ist; aber das politische Volk ist zu allen Zeiten, wird zu allen Zeiten und muß zu allen Zeiten von dem physischen Volke unterschieden werden.

Unsere Vorfahren und die Staaten des Altertums, in denen die Gefahr war, von einem Nachbar besiegt und infolge der Besiegung zu Sklaven gemacht zu werden, bei denen war das Zeichen des politischen Volks die Waffenfähigkeit, und zwar in ihren verschiedenen Gradationen. Die Stärkeren und die bessere Waffen tragen und anschaffen konnten, die gehörten mehr zum Volk, die waren mehr Volk als die andern, und darauf gründete sich, meine Herren, die ganze Lehnsverfassung des Mittelalters. Der moderne Staat ist nicht mehr in diesen Formen, er bedarf zu seiner Erhaltung, um die hohen Zwecke der Kultur zu erfüllen, moderner Mittel, Geld, Geld und darum sind im modernen Staate alle diejenigen, die zum Bedürfnis des Staates etwas und ein Wesentliches beitragen, das eigentliche, das politische Volk; ich halte es für eine große Verkennung der Dinge, wenn man darin eine Anmaßung der Bezahlenden findet, wenn man dieses ein künstliches System nennt, ich behaupte, es gehört zu der Natur der Dinge, es ist dies eine Notwendigkeit [...]

Ich ehre das Volk, ich liebe alle Klassen desselben, ich habe mein Leben zum größten Teil mit den untersten Klassen zugebracht und an deren Seite mit Hand angelegt; ich habe, als ich hierher kam, die Schwielen noch mitgebracht von der Arbeit, und ich habe in dem Volke eine Masse häuslicher Tugenden kennengelernt, ich schlage hoch an die Sorge, die der arme Mann für seine Kinder zeigt, gerade wie das Schärflein der Witwe mehr wert ist, als die Goldmine des Überreichen; aber, meine Herren, zwischen der häuslichen Tugend und der politischen Einsicht, da ist doch ein großer Unterschied, und wer das verwechseln will, der verwechselt den engen Kreis des Hauses und den weiten des Staates; ich behaupte, nach meiner getreuen Erfahrung, daß zur Beurteilung der Bedürfnisse eines großen Staates die untersten Klassen nicht geeignet sind. Es ist das ein Gesichtskreis, der viel zu weit gespannt ist, als daß ihn ihr Auge ganz erkannt hätte. Geben Sie diesen Klassen den innigsten Anteil an den Wahlen zur Besetzung der Gemeindeämter, das können sie erkennen und übersehen, und hier liegt die Basis ihrer unmittelbaren Beteiligung am Staate. Wenn Sie aber diesen unmittelbaren Anteil auf die Wahlen zur Vertretung eines so großen Staates wie Deutschland, welcher vom Belt bis zum Adriatischen Meer sich erstrecken soll, ausdehnen, dann laden Sie jenen eine Bürde auf, welche sie nicht zu tragen vermögen.

Aus: Freund, M., Der Liberalismus, a.a.O., S. 201

M 11 Friedrich Wilhelm IV. verschmäht die Volkskrone

a) Was der König am 13. Dezember 1848 an Josias von Bunsen geschrieben hatte:

Die Krone, die ein Hohenzoller nehmen dürfte, wenn die Umstände es möglich machen könnten, ist keine, die eine, wenn auch mit fürstlicher Zustimmung eingesetzte, aber in die revolutionäre Saat geschossene Versammlung macht, sondern eine, die den Stempel Gottes trägt, die den, dem sie aufgesetzt wird nach der heiligen Ölung, „von Gottes Gnaden" macht, weil und wie sie mehr denn 34 Fürsten zu Königen der Deutschen von Gottes Gnaden gemacht und den Letzten immer der alten Reihe gesellt. Die Krone, die die Ottonen, die Hohenstaufen, die Habsburger getragen, kann natürlich ein Hohenzollern tragen, sie ehrt ihn überschwänglich mit tausendjährigem Glanze. Die aber, die Sie – leider meinen, vermehrt überschwänglich mit ihrem Ludergeruch der Revolution von 1848, der albernsten, dümmsten, schlechtesten –, wenn auch Gottlob, nicht bösesten dieses Jahrhunderts. Einen solchen imaginären Reif, aus Dreck und Letten gebacken, soll ein legitimer König von Gottes Gnaden und nun gar der König von Preußen sich geben lassen, der den Segen hat, wenn auch nicht die älteste, doch die edelste Krone, die Niemand gestohlen worden ist, zu tragen?

... Ich sage es Ihnen rund heraus: Soll die tausendjährige Krone deutscher Nation, die 42 Jahre geruht hat, wieder einmal vergeben werden, so bin ich es und meines Gleichen, die sie vergeben werden. Und wehe dem, der sich anmaßt, was ihm nicht zukommt!

Aus: Ranke, Leopold v., Aus dem Briefwechsel Wilhelm IV. mit Bunsen, 1873, S. 233 ff.

Die Ablehnung der Kaiserkrone durch Wilhelm IV. in der zeitgenössischen Karikatur. Borussia (Preußen) fragt den Präsidenten der Paulskirche: „Wat heulst'n kleener Hampelmann?" – „Ick habe Ihr'n Kleenen 'ne Krone jeschnitzt, nu will er se nicht!"

b) Was der König der Deputation der Paulskirche am 3. April 1849 erklärte:

Meine Herren! Die Botschaft als deren Träger Sie zu Mir gekommen sind, hat Mich tief ergriffen; sie hat Meinen Blick auf den König der Könige gelenkt und auf die heiligen und unantastbaren Pflichten, welche Mir als dem Könige Meines Volkes und als einem der mächtigsten deutschen Fürsten obliegen. Solch ein Blick, Meine Herren, macht das Auge klar und das Herz gewiß. – In dem Beschlusse der deutschen Nationalversammlung, welchen Sie, Meine Herren, Mir überbringen, erkenne Ich die Stimme der Vertreter des deutschen Volkes. Dieser Ruf gibt Mir ein Anrecht, dessen Wert Ich zu schätzen weiß. Er fordert, wenn Ich ihm folge, unermeßliche Opfer von Mir. Er legt Mir die schwersten Pflichten auf. Die deutsche Nationalversammlung hat auf Mich vor allen gezählt, wo es gilt, Deutschlands Einheit und Kraft zu gründen. Ich ehre ihr Vertrauen, sprechen Sie ihr Meinen Dank dafür aus. Ich bin bereit, durch die Tat zu beweisen, daß die Männer sich nicht geirrt haben, welche ihre Zuversicht auf Meine Hingebung, auf Meine Treue, auf Meine Liebe zum gemeinsamen Vaterland stützen.

Aber, Meine Herren, Ich würde Ihr Vertrauen nicht rechtfertigen, Ich würde dem Sinne des deutschen Volkes nicht entsprechen, Ich würde Deutschlands Einheit nicht aufrichten, wollte Ich mit Verletzung heiliger Rechte und Meiner früheren ausdrücklichen und feierlichen Versicherungen, ohne das freie Einverständnis der gekrönten Häupter, der Fürsten und der freien Städte Deutschlands, eine Entschließung fassen, welche für sie und für die von ihnen regierten deutschen Stämme die entscheidendsten Folgen haben muß. – An den Regierungen der einzelnen deutschen Staaten wird es daher jetzt sein, in gemeinsamer Beratung zu prüfen, ob die Verfassung dem Einzelnen wie dem Ganzen frommt, ob die Mir zugedachten Rechte Mich in den Stand setzen würden, mit starker Hand, wie ein solcher Beruf es von Mir fordert, die Geschicke des großen deutschen Vaterlandes zu leiten und die Hoffnungen seiner Völker zu erfüllen.

Dessen aber möge Deutschland gewiß sein, und das, Meine Herren, verkündigen Sie in allen seinen Gauen: Bedarf es des preußischen Schildes und Schwertes gegen äußere und innere Feinde, so werde Ich, auch ohne Ruf, nicht fehlen. Ich werde dann getrost den Weg Meines Hauses und Meines Volkes gehen, den Weg der deutschen Ehre und Treue.

Aus: Huber, B. R. (Hg.), Dokumente zur deutschen Verfassungsgeschichte, Bd. 1, Stuttgart 1978, S. 402 ff.

Arbeitsvorschläge

1. *Grenzen Sie die Protestgründe gegen die bestehende Ordnung vor 1848 gegeneinander ab (M 7–M 9)!*
2. *Erarbeiten Sie Unterschiede in der Programmatik der Parteiungen und erörtern Sie Gründe für das sich verändernde Gewicht der Parteiungen (M 8–M 9)!*
3. *Bilden Sie Gruppen, die die unterschiedlichen Positionen zum allgemeinen Wahlrecht erarbeiten und in einem Streitgespräch vorbringen (M 10)!*
4. *Erarbeiten Sie aus den Texten den geistigen Hintergrund der Ablehnung der Kaiserkrone (M 11)!*

Anfänge einer organisierten Frauenbewegung

M 12 Louise Otto-Peters

Wohl auf denn, Schwestern, vereinigt Euch mit mir

Die Geschichte aller Zeiten, und die heutige ganz besonders, lehrt: *daß diejenigen auch vergessen wurden, welche an sich selbst zu denken vergaßen!* – Das schrieb ich im Mai des Jahres 1848 hinaus in die Welt, als ich zunächst meine Worte an die Männer richtete, die sich in Sachsen mit der Frage der Arbeit beschäftigten – ich mahnte sie damit an die armen Arbeiterinnen, indem ich für meine Schwestern das Wort ergriff, auf daß sie nicht vergessen wurden!

Dieser selbe Erfahrungssatz ist es, welcher mich zur Herausgabe einer *Frauen-Zeitung* veranlaßt. Mitten in den großen Umwälzungen, in denen wir uns alle befinden, werden sich die Frauen vergessen sehen, wenn sie selbst an sich zu denken vergessen!

Wohlauf denn, meine Schwestern, vereinigt Euch mit mir, damit wir nicht zurückbleiben, wo alle und alles um uns und neben uns vorwärts drängt und kämpft. Wir wollen auch unser Teil fordern und verdienen an der großen Welterlösung, welche der ganzen Menschheit, deren eine Hälfte wir sind, endlich werden muß.

Wir wollen unser Teil fordern: das Recht, das Rein-Menschliche in uns in freier Entwickelung aller unserer Kräfte auszubilden, und das Recht der Mündigkeit und Selbständigkeit im Staat.

Wir wollen unser Teil verdienen: wir wollen unsere Kräfte aufbieten, das Werk der Welterlösung zu fördern, zunächst dadurch, daß wir den großen Gedanken der Zukunft: Freiheit und Humanität (was im Grunde zwei gleichbedeutende Worte sind), auszubreiten suchen in allen Kreisen, welche uns zugänglich sind, in den weiteren des größeren Lebens durch die Presse, in den engeren der Familie durch Beispiel, Belehrung und Erziehung. Wir wollen unser Teil aber auch dadurch verdienen, daß wir nicht vereinzelt streben nur jede für sich, sondern vielmehr jede für alle, und daß wir vor allem derer zumeist uns annehmen, welche in Armut, Elend und Unwissenheit vergessen und vernachlässigt schmachten.

Wohlauf, meine Schwestern, helft mir zu diesem Werke! Helft mir für die hier angedeuteten Ideen zunächst durch diese Zeitung wirken!

Für diejenigen, die noch nichts von mir wissen, möge einstweilen die Versicherung genügen, daß ich eben durch die Tendenz dieser Zeitung dem Irrtum entgegenzuarbeiten hoffe, welcher oft gerade die begabtesten Frauen veranlaßte, ihr Streben nach geistiger Freiheit in der Zügellosigkeit der Leidenschaften zu befriedigen. – Man wird also weder mich noch meine mitarbeitenden Schwestern zu diesen „Emanzipierten“ werfen können, wohl aber werden wir stolz darauf sein, wenn man uns Nachfolgerinnen jener edlen Jungfrau aus Bethanien nennt, von welcher das leuchtende Vorbild aller Menschen sagte: „Maria hat das bessere Teil erwählt!“ –

So fordere ich denn hiermit alle gleichgesinnten Schriftstellerinnen und Schriftsteller, welche für die Rechte der Frauen in die Schranken traten, auf, mich bei diesem Unternehmen durch Beiträge zu unterstützen. Ich bitte auch diejenigen meiner Schwestern, die nicht Schriftstellerinnen sind, um Mitteilungen, zunächst die Bedrückten, die armen Arbeiterinnen, auch wenn sie sich nicht geschickt zum stilisierten Schreiben fühlen; ich werde ihre einfachen Äußerungen gern, wenn nötig, verdolmetschen – aber es liegt mir daran, daß gerade ihre Angelegenheiten vor die Öffentlichkeit kommen, so kann ihnen am ersten geholfen werden.

Alle Gesinnungsgleichen lade ich zum recht

zahlreichen Abonnement ein, damit das Unternehmen gedeihen könne!

Louise Otto

Aus: Möhrmann, Renate (Hg.), Frauenemanzipation im Vormärz. Texte und Dokumente, Stuttgart 1989, S. 203–205

M 13 Ute Gerhard: Anfänge der Frauenbewegung

Ein wichtiges Prinzip sowohl der demokratischen wie der Bildungsvereine jener Zeit war im Gegensatz zu vielen Vereinsgründungen nach der Mitte der 60er Jahre ihre demokratische Verfassung und das Selbstvertretungsrecht der Frauen. Da Frauen die Moglichkeit zu gleichberechtigter Mitwirkung erstmals in den freireligiösen Gemeinden erhielten, kann es nicht verwundern, daß sich an Orten einflußreicher Freier Gemeinden auch die aktivsten Frauenvereine befanden, z. B. in Breslau, Hamburg und Altenburg in Sachsen. Ebenso wichtig war den engagierten Frauen die Überwindung gesellschaftlicher Schranken. Die Korrespondentinnen betonten, daß die Mitglieder ihrer Vereine „die Frauen aus dem Volke, schlichte Bürgerinnen, Arbeiterinnen, Bäuerinnen“ waren (Frauen-Zeitung 1/1849) oder daß die „politischen Vereine und Feste fast nur von Frauen der niederen Stände“ besucht wurden (Frauen-Zeitung 10/1849). Sie schwärmten von einem „Schwesternbund“, in dem jeder „Kastengeist“ aufgegeben sei, „dann würden wir aufhören, ein schwaches Geschlecht zu sein und durch uns selbst groß, stark und frei werden“ (Frauen-Zeitung 12/1849).

Vor allem anderen aber verfolgten die Frauenvereine das Ziel, die Frauen „in größerer Selbständigkeit und Selbstachtung“ zu üben (Frauen-Zeitung 27/1850). Die Zweckmäßigkeit einer gesonderten, autonomen Vereinigung für Frauen bei grundsätzlich gleichen politischen Zielen mit der demokratischen Opposition wurde also reflektiert. Die Frauen kamen zu dem Schluß, daß da, wo ihre Interessen mit denen der Männer nicht identisch sind, sie sich untereinander assoziieren müßten (Frauen-Zeitung 4/1849); auch sie machten bereits die bittere Erfahrung, daß die „Linken“ die Frauen nicht unbedingt unterstützten (Frauen-Zeitung 5/1850).

Der Gedanke der Selbsthilfe war ausschlaggebend auch für die Assoziation. Es wird in der Frauen-Zeitung von verschiedenen Assoziationsgründungen für Arbeiterinnen berichtet, z. B. einer Assoziation der Strumpf-Arbeiter und Arbeiterinnen in Berlin (Frauen-Zeitung 2/1849), einem Assoziations-Magazin von Stuhlwaren aller Art in Altenburg (Frauen-Zeitung 9/1849) und einer offensichtlich sehr gut organisierten Schneider-Assoziation im Bielefelder Raum, die jedoch nur den Frauen als Angehörigen der Familie eines Schneiders eine Versorgung zusicherte (Frauen-Zeitung 48/1850). Offensichtlich ist das Assoziationswesen in der kurzen Zeit bis zum Erstarken der Reaktion über zaghafte Anfänge nicht hinausgekommen.

Die Frauenvereine ereilte das Schicksal aller Arbeiterassoziationen und -vereine, sie wurden mit gleicher Härte verfolgt. Seit der Mitte des Jahres 1850 wurden sie aufgelöst, zunehmenden Repressalien ausgesetzt durch Haussuchungen, Beschlagnahmungen der Vereinskassen, Verhaftungen der Vorstande und schließlich ganz verboten (Frauen-Zeitung 17, 22, 30, 40/1850) usw.). Als die ersten Versammlungen in Gegenwart von Polizisten stattfanden, lästerten die Frauen noch:
„Die bewaffnete Macht wird sich doch unmöglich vor den Frauen fürchten?“ (Frauen-Zeitung 13/1850).

Doch wie sehr die Regierungen vor dieser ersten organisierten Frauenbewegung in Deutschland das Fürchten gelernt hatten, wird an ihren Reaktionen deutlich. Pressegesetze schlossen ab 1850 Frauen von der verantwortlichen Redaktion einer Zeitschrift aus (in Sachsen deshalb „Lex Otto“ genannt). Die in nahezu allen Bundesstaaten nach 1850 erlassenen Vereinsgesetze verboten „Frauenspersonen“ und Minderjährigen nicht nur die Mitgliedschaft in politischen Vereinen, sondern sogar den Besuch politischer Versammlungen. Insbesondere die Vereinsgesetze, die mehr als ein halbes Jahrhundert gültig waren (in Preußen bis 1908), nahmen den Frauen alle öffentlichen Rechte und Einwirkungsmöglichkeiten und trugen wesentlich dazu bei, die ersten Anfänge einer deutschen Frauenbewegung zu zerstören. Die scharfe staatliche Repression gegen die Vereinigung von Frauen und Organisation von Fraueninteressen liefert jedoch nicht zuletzt einen Beleg für die politische Bedeutung der deutschen Frauenbewegung um 1848.

Aus: Gerhard, U., Anfänge der Frauenbewegung (Frauen suchen ihre Geschichte, S. 220–222)

Arbeitsvorschläge

1. *Analysieren Sie die Beweggründe Louise Otto-Peters zur Gründung einer Zeitschrift (M 12)!*
2. *Stellen Sie anhand des Textes M 13 die wichtigsten Anliegen und Merkmale der frühen Frauenbewegung zusammen!*

4 Industrielle Revolution und Soziale Frage, 1760–1914

Der erste Dampfhammer des englischen Ingenieurs Nasmyth, Farbholzstich, 1842.

Zeittafel

um 1760	Beginn der englischen „Industriellen Revolution“
1767	Baumwollspinnmaschine – 1786 mechanischer Webstuhl in England
1769	Patent für James Watts Dampfmaschine
1807–14	Reformen in Preußen und Rheinbundstaaten: Bauernbefreiung, Gewerbefreiheit
1825	In England erste Gewerkschaften – in Deutschland erst nach 1861 (Aufhebung des Koalitionsverbots im Norddeutschen Bund 1869)
1825	Eisenbahn in England: Stockton–Darlington
1833	In England Factory Acts zur Einschränkung der Kinderarbeit
1834	Deutscher Zollverein
1835	Eisenbahn in Deutschland: Nürnberg–Fürth
1839	Preußisches Regulativ: Verbot der Kinderarbeit unter 9 Jahren
1848	Kommunistisches Manifest (Karl Marx/Friedrich Engels)
ab 1850	Durchbruch der Industrialisierung in Deutschland
1863	Lassalle gründet in Leipzig Allgemeinen Deutschen Arbeiterverein
1883–89	Bismarcks Sozialgesetzgebung (Kranken-, Unfall-, Rentenversicherung)
1891	Erfurter Programm der Sozialdemokratischen Partei Deutschlands

4.1 Industrielle Revolution und Industrialisierung

4.1.1 Historische Rahmenbedingungen

Die Industrielle Revolution hat die Menschheit seit 200 Jahren mehr verändert als irgendein vergleichbarer Vorgang zuvor. Vom Nordwesten Europas breitete sich seit etwa 1760 das industrielle Prinzip auf die gesamte Erde aus: Wachsendem Wohlstand – zwar nicht für alle, doch für immer mehr Menschen – steht zunehmende Verelendung von noch mehr Menschen gegenüber. Global wie in vielen Gesellschaften, auch in postkommunistischen Staaten, werden Reiche reicher, Arme ärmer. So bleibt die Soziale Frage nach wie vor offen. Dazu bedroht Industrialisierung durch Umweltzerstörung elementare Existenzgrundlagen allen Lebens, „verbesserte" Fortschritte in Wissenschaft und Technik erhöhen ständig das Zerstörungspotential, bis hin zu „Massenvernichtungswaffen". Besinnung auf die Geschichte der Industrialisierung könnte helfen, Konflikte der industriellen Epoche – Revolutionen, Bürgerkriege, internationale Kriege – besser zu verstehen und Anstöße zur konstruktiven Bewältigung anstehender Probleme zu geben.

Der Beginn der Industrialisierung setzte gewaltige welthistorische Entwicklungen voraus und eignet sich als universalhistorische Klammer für die Jüngere Neuzeit als industrielle Zivilisation. Deutschlands Anteil ist nur im globalen Zusammenhang mit dem Präzedenzfall England angemessen zu würdigen.

4.1.2 Begriff und Vorgeschichte

„Industrielle Revolution" für Übergang von agrarischer zu industrieller Produktion findet sich seit 1845 u. a. bei Karl Marx und dem Konservativen de Tocqueville, allgemeiner bekannt durch eine Vortragsreihe (1884) „Industrial Revolution" des Historikers Arnold Toynbee. Welthistorisch läßt sich die Industrielle Revolution mit dem Übergang zur agrarischen Produktion seit Ende der letzten Eiszeit vor rund 10000 Jahren vergleichen, vom Frühgeschichtler Gordon Childe „Neolithische Revolution" genannt. Nächste Schwellenepochen waren der Übergang von extensiver zu intensiver Landwirtschaft und Städtebildung am Beginn der Zivilisation im Vorderen Orient ca. 5000 v. Chr.

„Industrielle Revolution" betont stärker den universalhistorischen Prozeß, „Industrialisierung" eher die wirtschafts- und technikgeschichtliche „Modernisierung". Als symbolisches Anfangsdatum mag ca. 1760 gelten, als England im Siebenjährigen Krieg gegen Frankreich seinen Aufstieg zur See- und Weltmacht sicherte. Nur stichwortartig sind wichtige Voraussetzungen zu nennen – Interkontinentaler Fernhandel seit der Antike und wieder in Europa nach dem Jahr 1000; mittelalterlicher Landesausbau; Einströmen zahlreicher Innovationen und Kulturpraktiken aus China, Indien und Persien, Zentralasien, Arabien; frühe Kolonialreiche Europas, Transatlantischer Sklavenhandel.

Zur Vorgeschichte der Industriellen Revolution gehören Frühkapitalismus und Merkantilismus mit Manufaktur* als Vorstufen zur Fabrik-Produktion, aber auch rascheres Bevölkerungswachstum und vorindustrieller Pauperismus (Massenarmut). Die ökonomischen Schwerpunkte des lateinischen Europa wanderten seit dem Hochmittelalter von Süd nach Nord – von Oberitalien/Toskana (bis zum Einbruch der Franzosen in Italien 1494) in die Niederlande, über Antwerpen (Gründung der Börse 1531) und Amsterdam (ab 1585) bis London, seit der Glorious Revolution 1688 und Personalunion Holland-England unter Wilhelm III. von Oranien (1689–1701).

4.1.3 Elementare Voraussetzungen: Landwirtschaft, Kapital, Leitsektoren

Neben leichter Verfügbarkeit über Rohstoffe (Wolle, Baumwolle, Kohle, Eisen) benötigte die Industrialisierung eine leistungsfähige Landwirtschaft: Die „Agrikole Revolution" (Marx) mußte den Anbau intensivieren (→ M 4) über Mobilisierung des bäuerlichen Eigeninteresses: Bodenausweitung und -meliorationen, Fruchtwechsel, Zuchtmethoden, verbesserte Agrartechnik und -wissenschaft, zuerst in Holland seit dem Unabhängigkeitskrieg (1572–1648), in England nach 1688/89. Anfangs lieferten fließende Gewässer billige Energie für Mühlen (engl. „mill" = Fabrik), Kühl- und Trinkwasser. Verkehrswege und Kommunikationssysteme wurden dichter und komplexer.

Vom industriellen Produktionsfaktor Kapital hat der „Kapitalismus" seinen Namen, oft mit polemischem Unterton. Marx leitete vom schottischen Wirtschaftstheoretiker Adam Smith („The Wealth of Nations", 1776) den nützlichen Begriff „ursprüngliche Akkumulation" ab: Smith meinte mit „previous accumulation" die der Industrialisierung „vorausgehende Anhäufung" von Kapital zur Investition in die junge Industrie. Es kam von innen und/oder außen – aus Überschüssen der Landwirtschaft, des Kohlebergbaus und Fernhandels, des Transatlantischen Dreieckshandels und der Sklaverei in Übersee, aus Kolonien in Westindien (karibische Zuckerplantagen) oder Indien (britische Eroberung seit 1757), später mit auswärtigen Krediten (u. a. in Rußland).

Industrialisierung breitete sich nicht schlagartig über die Erde aus, sondern vom Ausgangszentrum England/Südschottland in Stufen, die wirtschafts- und technikgeschichtlich in „Leitsektoren" sichtbar werden: Den Anfang machte meist die Textilindustrie, auf der Basis einheimischer oder importierter Wolle und Baumwolle, die traditionelle Textilien (Leinen aus Flachs) verdrängte. Hinzu traten Kohle und Eisen etwa ab 1760, qualitativ spezialisiert durch Maschinen-, Schiffs- und Eisenbahnbau, gefolgt von Chemie- und Elektroindustrie etwa ab 1875, Auto- und Flugzeugindustrie etwa ab 1900. Zum Primat der Kohle bietet nur Südafrika eine Ausnahme: Seine Industrialisierung begann mit der Entdeckung von Diamanten (1867) und Gold (1886). In Entwicklungsländern zerstörte Industrialisierung einheimische Gewerbe durch Import billiger Konsumwaren. In Südspanien begann sie 1823 mit der Zigarettenfabrik in Sevilla (Carmen-Tragödie!).

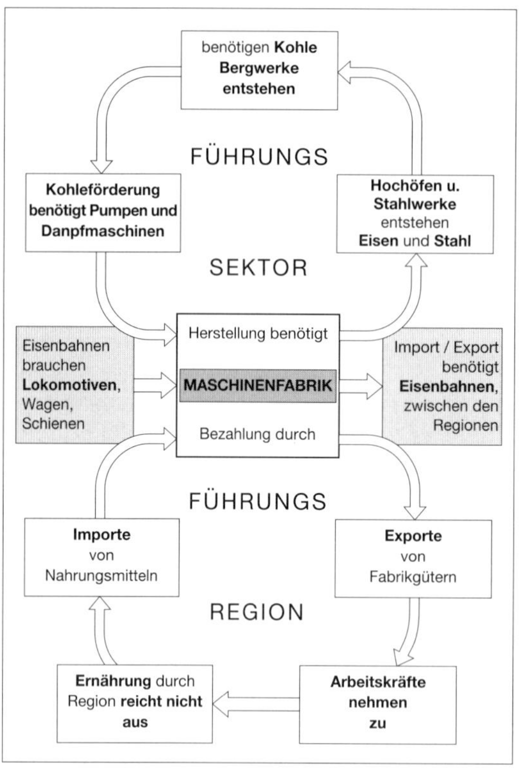

Führungssektoren und Führungsregionen der Industrialisierung.

4.1.4 Arbeitskräfte

Industrien zogen Arme vom Land in Städte und Industriezentren mit neuen, besser bezahlten Arbeitsplätzen. Arbeitskräfte mußten billig sein, doch ein Minimum elementarer Bildung mitbringen, später als Facharbeiter auch technische Spezialkenntnisse. Durch Sozialreformen wurden sie mobil, verkehrstechnisch durch Ausbau der Infrastrukturen*. Steigendes Einkommen machte sie später zu umworbenen Kaufkraftinhabern am Markt. Wo persönliche Freiheit und Mobilität fehlten, wurden sie noch vor dem industriellen Durchbruch durch Aufhebung der Leibeigenschaft eingeführt – Preußen ab 1807, Rußland 1861. Nach Amerika wanderten ständig mittellose Einwanderer ein, vor allem ins „Land der unbegrenzten Möglichkeiten", die USA. Schwarze Sklaven aus Afrika rutschten unter die weißen Unterschichten. Im südlichen Afrika besorgten sich die herrschenden Weißen schlechtbezahlte Wanderarbeiter, meist nur auf Zeit, um keine schwarze Arbeiterschaft seßhaft zu machen und Sozialkosten auf „Reservate" oder „zurückgebliebene" einheimische Gesellschaften an der Peripherie abzuwälzen. In der Sowjetunion mußten die Bauern durch Zwangskollektivierung, niedrige Preise für Agrarprodukte und hohe Preise für Industriegüter einen erheblichen Teil der internen ursprünglichen Akkumulation aufbringen. Oft genug konnten Überlebende des stalinschen Massenmords an den Bauern („Kulaken") nur in die Städte und Industrien flüchten.

4.1.5 Freihandel versus Schutzzölle (Protektionismus*)

Als Schrittmacher der Industriellen Revolution war England Vorkämpfer des Freihandels, weil es zunehmend vom Export seiner Industriewaren lebte: Exporteure sind für Freihandel, um ihren Warenabsatz ohne Einfuhrzölle zu erleichtern, wie die preußischen Agrarier Ostelbiens, solange sie noch Getreide exportierten. Umgekehrt waren neue Industriezweige in jungen Industrieländern für „Schutzzölle", um konkurrenzfähig zu werden. Die USA übernahmen nach 1945 grundsätzlich Englands Freihandelsposition, während die UdSSR und Japan ihre Industrialisierung hinter Zollmauern absicherten.

4.1.6 Wirtschaftskrisen

Industrielles Wachstum verlief nie gleichmäßig: Hochkonjunkturen wechselten mit Rückgang (Rezession) oder Stagnation (→ M 5). Soziale Folgen schwerer Wirtschaftskrisen waren Bankrotte und Arbeitslosigkeit, politische oft Revolutionen und große Kriege. Am Eingang zur Industrialisierung standen noch reine Agrarkrisen – katastrophale Mißernten (Frankreich 1788/89, Europa 1847/48), verschärft durch extrem kalte Winter. Hungersnöte schlugen unmittelbar in Revolutionen um. Dazwischen lag die allgemeine Krise nach den Napoleonischen Kriegen mit Höhepunkt um 1818/19, begleitet von ersten „Maschinenstürmern", gerade im sich industrialisierenden England.

Die Entdeckung von Gold in Kalifornien und Australien, von Silber in Mexiko um 1848 regte weltweit die Konjunktur an: 1849 in den USA, 1850 in England.

Die nächste Wirtschaftskrise 1857 war schon Industriekrise, ausgelöst durch Überkapazitäten und Börsenspekulationen. Als 1. Weltwirtschaftskrise ging sie von den USA aus, wie 1873 und 1929. In Frankreich geriet Napoleons III. Zweites Empire in innere Schwierigkeiten, vor denen er mit äußeren Erfolgen ablenken wollte (Bonapartismus*), aber in Mexiko 1867 und an der Deutschen Frage 1866/71 scheiterte. Die 2. Weltwirtschaftskrise von 1873 schlug in Deutschland und Österreich-Ungarn als „Gründerkrach" durch, nach der spekulativ angeheizten „Gründerzeit". Staatsbankrotts im Osmanischen Reich und Ägypten (1875) verlängerten sie zur „Großen Depression" mit als Krise empfundenem gebremsten Wirtschaftswachstum. Zu ihren Folgen gehörten die Große Orientkrise 1875–78 und der Übergang zum Kolonialismus in Afrika.

Nur der Erste Weltkrieg verhinderte 1914 eine neue Wirtschaftskrise, holte sie aber nach Kriegsende mit Anschlußkrisen selbst bei den Siegern (Umstellung von der Kriegs- auf die Friedensproduktion, Inflation und Währungskrise) um so massiver nach. Auf dem Höhepunkt (1931) der 3. Weltwirtschaftskrise (seit 1929) durchlebten die meisten Staaten schwere politische Krisen, die in Deutschland mit der Machtübernahme der NSDAP 1933 in den Zweiten Weltkrieg mündeten. Die lange Nachkriegskonjunktur beendete 1973 der Erdölschock, der früher („Dritte Welt", Ostblock, USA, England, Frankreich) oder später (Deutschland ab ca. 1979) allgemein durchschlug, in den USA kombiniert mit Folgen des Vietnamkriegs, in der Sowjetunion mit der Agonie seit dem Afghanistankrieg (ab Dez. 1979). Sturz des Kommunismus 1989/91 wie der Apartheid in Südafrika 1994 können auch als mittelfristige Folgen dieser Weltwirtschaftskrise gelten.

4.1.7 Machtpolitische Veränderungen

Industrialisierung veränderte das machtpolitische Gleichgewicht. Entscheidendes Motiv war oft der Wille, die eigene Macht zu stärken, z. B. gegenüber den Groß- und Weltmächten. Deshalb setzte sie häufig beim Militär an, um moderne Machtmittel (Rüstung und Finanzen) bereitzustellen. Der Aufstieg der bisherigen Randmacht England zur größten Weltmacht erfolgte mit Hilfe von „Industrie und Empire" (Eric Hobsbawm). Das Deutsche Reich wurde nach 1871 zur industriellen Supermacht des Kontinents – bis in die zwei Weltkriege. Das zaristische und kommunistische Rußland, Japan und die VR China betrieben ihre Industrialisierung bewußt zur Machtstärkung. In Entwicklungsländern waren Armee und Flotte oft der erste Sektor modernisierender Industrialisierung, z. B. in Rußland, Preußen, im Osmanischen Reich, Ägypten, Japan. Im Kalten Krieg gewann der „militär-industrielle Komplex" in den USA und der UdSSR mit seiner Möglichkeit zur globalen Selbstzerstörung eine makabre Pointe.

4.1.8 Soziale Frage: Sozialpolitik und Sozialismus

Gegen den Hintergrund zunächst zunehmender Massenarmut (Pauperismus) im Vorfeld der eigentlichen Industrialisierung sind die schwerwiegenden sozialen Wirkungen der Industriellen Revolution zu sehen – einerseits Aufstieg des Bürgertums, andererseits Bildung des „Vierten Standes", des Industrieproletariats. Trotz mittelfristig besserer Lebensbedingungen als auf dem Lande taten sich rasch wachsende Industriestädte zunächst schwer mit der Bereitstellung der Infrastruktur. Verheerend wirkten Wohnverhältnisse an den Rändern stürmisch wachsender Industriezentren (→ M 15), in Slums und „shanty towns" (frz. „bidonvilles"). Nur England machte das neue Reihenhaus mit einer kleinen Grünfläche auch der Arbeiterschaft zugänglich. So vermied es die lichtlosen Mietskasernen des Kontinents zum Preis endlos langer Straßenzüge mit monotonen „terrace houses". Typisch für Ballungszentren wurden um 1900 riesige Gasometer für Leucht- und Kochgas. Die Klassenteilung spiegelte sich in den Stadtvierteln: Die Wohlhabenden bewohnten das „Westend" der Großstädte, während Arbeiter und Abgase dank vorherrschender Westwinde

Straßenbild aus Whitechapel, dem ärmsten Stadtteil im Osten Londons. Stich von Gustave Doré (1832–1883).

ins Ostend (Londoner East End) abgedrängt wurden.

Arbeitstage bis zu 14 Stunden, ohne „soziales Netz" (Altersrente, bezahlter Urlaub, Vorsorge für Krankheit, Unfälle und Tod), waren die Regel (→ M 13). Zur Selbsthilfe entstanden Konsumgenossenschaften und Gewerkschaften. Streiks als offensive Mittel zur sozialen Defensive waren meist erfolgreich in Hochkonjunkturen, erfolglos in Wirtschaftskrisen. Hauptziel war die Begrenzung der Arbeitszeit, seit dem 1. Mai 1886, dem erstmals in Chicago mit Generalstreik begangenen Tag der Arbeit, fixiert auf den Achtstundentag. Tarifverträge für ganze Industriezweige folgten. Nach anfänglicher Repression reagierte der Staat insgesamt mit Sozialreformen, zunächst in England ab 1833. Preußen (1839) und andere deutsche Staaten zogen nach, bis zu Bismarcks Sozialgesetzgebung ab 1883, als konstruktive Alternative gegen die befürchtete soziale Revolution und die Sozialdemokratie. Bismarcks Reform wurde Vorbild für andere Länder, zunächst für England unter der liberalen Regierung vor 1914.

Aus Radikalisierung des Sozialprotests erwuchsen Anfänge des Sozialismus/Kommunismus. Führer der sozialistischen Arbeiterbewegung kamen meist nicht aus dem Proletariat, sondern waren wie Marx, Engels, Lassalle (→ M 19) oder Lenin bürgerliche Intellektuelle. Theoretisch herrschte überwiegend (Deutschland nach 1869) der Marxismus vor.

4.1.9 Expansion des Industrialismus

Englands materielle Überlegenheit reizte zur Nachahmung. So verbreitete der Export englischer Maschinen das industrielle Prinzip, zumal englisch-schottische Experten anfangs die Maschinen bedienten und unfreiwillige Entwicklungshilfe für die kommende Konkurrenz leisteten, die bald selbständige Verbesserungen vornahm. Der Aufstieg der heutigen großen Industrienationen – USA, Deutschland, Japan – demonstriert den Mechanismus von Nachahmung und Weiterentwicklung. Vom Ausgangsgebiet breitete sich die Industrialisierung seit ca. 1760 aus, mit riesigen Industrie- und Stadtlandschaften, unter Anknüpfung an ältere Gewerbegebiete (Lombardei, Wallonien, Böhmen, Sachsen), oder auf der grünen Wiese. Die Expansion orientierte sich an Kohlefeldern: von England/Schottland (Midlands = „Black Country", Südwales, Clyde-Region) über Belgien (Wallonien) und Holland bis Frankreich (Picardie, Artois, Lothringen), Deutschland, Nordspanien und -italien, Böhmen, Polen, Rußland (Don- und Donezbecken, Ural). Die USA schlossen schnell auf, im Osten langsamer Indien, China und Japan.

4.1.10 Liberaler oder autoritär-totalitärer Industrialismus

England als „Norm“ wurde in Wirklichkeit zur Ausnahme: Nur dort liefen um 1760 interne und externe Faktoren zusammen, die in ihrer Kombination den Weg zur Industrialisierung ebneten. Alle anderen Gesellschaften dagegen kamen später, mit einer im Vergleich zu England „nachholenden“ Industrialisierung, möglichst unter ähnlichen politischen und sozialen Bedingungen, wie parlamentarischer Demokratie, dynamischem Wirtschaftsbürgertum (Mittelstand) und Industrieproletariat, das sich z. B. der regierende Kommunismus in Rußland durch Industrialisierung erst zulegte. Zu den Rahmenbedingungen Englands gehörte der Rechts- und Verfassungsstaat*, so daß viele die Verknüpfung von Industrie und parlamentarischer Demokratie für unabdingbar halten. Jüngste Entwicklungen sind jedoch ambivalent: Der linkstotalitäre Kommunismus trat mit dem Anspruch als Alternative zum liberal-parlamentarischen „Kapitalismus“ an. Postkommunistische Nachfolgegesellschaften versuchen jetzt mit ungewissen Aussichten, freien Markt wie rechts- und verfassungsstaatliche „Zivilgesellschaft“ nachzuholen. Ost- und Südostasien (Japan, Taiwan, Südkorea, Malaysia, Singapur, VR China) führen autoritär-kollektive Industrialisierung unterschiedlicher Ausprägungen vor, als Gegenmodell zum westlich-individuellen Industrialismus. Allen Varianten sind mehr oder weniger selbstzerstörerische Rückwirkungen auf Umwelt und Natur gemein.

4.2 Industrielle Revolution in England: Voraussetzungen und Höhepunkt, bis 1914

Vor dem historischen Hintergrund erhält der Durchbruch des industriellen Prinzips in England seine Bedeutung als prägendes Vorbild. In Abwehr der französischen Hegemonie unter Ludwig XIV. war es als stärkste Seemacht zur Großmacht aufgestiegen (Utrechter Frieden 1713), schon auf der Basis einer respektablen technisch-ökonomischen Entwicklung. Zahlreiche Faktoren erklären seine industrielle Pionierrolle.

4.2.1 Insellage, frühe Zentralisierung

Seine Insellage gab England, am Rande des Europäischen Systems, äußere Sicherheit und genügend Raum zur Ausbildung territorialer Geschlossenheit und Macht. Kurze Wege zum Meer auf zahlreichen Flüssen, später ergänzt durch Kanäle, ausgedehnte Küsten- und wachsende Hochseeschiffahrt begünstigten den Transport. Seit der Normannischen Eroberung 1066 war England zentralisiert, hatte früh einen gemeinsamen nationalen Markt, ohne Binnenzölle und Handelsschranken, vergrößert durch Unterwerfung Irlands (endgültig 1652 unter Cromwell) und Realunion mit Schottland 1707, das auf den attraktiveren englischen Markt und einen Anteil am Transatlantischen Dreieckshandel drängte. Handel mit den Kolonien in Nordamerika dehnte den Binnenmarkt an der Schwelle zur Industrialisierung über den Atlantik aus. Der erste Handelsvertrag mit einem anderen Nationalstaat erschloß neue Dimensionen des Außenhandels: Portugal wurde ab 1703 fester Absatzmarkt für englische Produkte, das seine Importe mit Wein (Portwein, Madeira) und neuentdecktem Gold aus Brasilien (Minas Gerais) bezahlte.

4.2.2 Reformation und modernes Bildungswesen

Die englische Reformation setzte durch Säkularisierung* des Kirchenguts, vor allem der Klöster (1534/40), enorme Energien frei: Die ökonomisch aktive Verbindung des niederen Landadels (gentry) mit städtischem Wirtschaftsbürgertum, vor allem in der City of London, beruhte auf säkularisiertem Kirchengut und Fernhandel. Gleichzeitig beteiligte sich die gentry durch Zwischenheiraten und Zwang jüngerer Söhne, sich nach dem Primogeniturprinzip (Erstgeburtsrecht) ein Unterkommen in bürgerlichen Berufen selbst zu erarbeiten, am Aufstieg des Bürgertums. Eigene Verarbeitung der seit dem Mittelalter nach Flandern exportierten Schafswolle begründete die Wollindustrie in Yorkshire: Die Schafzucht verband Landwirtschaft und aufkommende Industrie. Selbst dem Hochadel war, anders als auf dem Kontinent, wirtschaftliche Tätigkeit nicht verboten, so daß sich die Aristokratie direkt in der Wirtschaft engagierte. Riesige Kohlefelder in Nordostengland gehörten dem Herzog von Newcastle („carrying coal to Newcastle").

Die neuen Grammar Schools seit der Reformation, meist unterhalten mit ehemaligem Kirchengut, lehrten Latein und Griechisch, pflegten aber stärker als sonst Mathematik und Naturwissenschaften, die seit Galileis Prozeß (1633) als Oppositionswissenschaften galten: Übersetzung und Verbreitung naturwissenschaftlicher Werke aus dem Italienischen standen in England unter Gefängnisstrafe, breiteten sich trotzdem aus. Sich modern fühlende, „fortschrittliche" Angehörige des Bürgertums und der gentry zogen es vor, statt in Oxford und Cambridge auf dem Kontinent zu studieren. Leiden (Gründung 1574) und Galileis Universität Padua (1222) waren Hochburgen moderner Naturwissenschaft. Nirgends arbeiteten naturwissenschaftlich gebildete Akademiker und praktische Handwerker so eng wie in England nach der Reformation zusammen. Das Londoner Gresham College förderte seit 1579 technologische Anwendung, z. B. im Schiffsbau. In der Englischen Revolution (1640–60) setzten sich Vertreter moderner Naturwissenschaften in Oxford und Cambridge vorübergehend durch. Mit dem Gresham College als akademischem Rückhalt gründeten die meist jungen Naturwissenschaftler die „Royal Academy of Sciences" (1661). Zu ihnen stieß Isaac Newton, dem eine prinzipielle Zusammenfassung des neuen Weltbildes in der Physik gelang.

4.2.3 Englische Revolution, Personalunion mit Holland, 1640–1701

Soziale Veränderungen mündeten in die Englische Revolution (1640–60) mit dem endgültigen Sieg des Parlaments 1688 – seit der „Restoration" der Krone 1660 als konstitutionelle Monarchie. Nach der „Glorious Revolution" (1688/89) koordinierte das Parlament eine neue Dynamik, zunächst gegen das benachbarte Holland, damals das reichste Land Europas: Cromwells „Navigation Act" (1651) zur Ausschaltung der holländischen Konkurrenz auf den Weltmeeren und die Eroberung der Zuckerinsel Jamaika von Spanien (1655) wurden der eigentliche Beginn des englischen Kolonialreiches. Parallel entfaltete sich der bürgerliche Rechts- und Verfassungsstaat, der das „Glück" („fortune" = hoher Lebensstandard) seiner Untertanen und die modernen Wirtschaftskräfte förderte.

Durch die Personalunion mit Holland (1689–1701) erhielt Englands Modernisierung neue Impulse: Im Gefolge Wilhelms III. kamen Experten und vermittelten die damals höchstentwickelte Technologie aus Holland, vor allem im Schiffs- und Kanalbau. Dem Vorbild der Bank von Amsterdam (nach der Rialto-Bank Venedig) folgte die Bank von England als private Aktiengesellschaft (1694). Ihr fester Zinssatz von 8 % auf Kredite schuf einen Finanzrahmen, mit dem Unternehmer kalkulieren konnten.

Holländische Agrartechnologien modernisierten die englische Landwirtschaft: Gentry und bürgerliche Grundbesitzer schufen Mustergüter zur Ausbreitung „wissenschaftlicher“ Landwirtschaft durch bessere Düngung sowie Zucht.

Trockenlegung von Moorgebieten weitete die Bodennutzung aus. England, seit dem Mittelalter agrarisches Zuschußgebiet, konnte sich für ein Jahrhundert selbst versorgen. Parallel zum Ausbau der Handels- und Kriegsflotte schuf England auch interne Kommunikationswege: Kanäle und Überlandstraßen (Chausseen) verkürzten Transport- und Reisewege, beschleunigten die Zirkulation von Personen, Ideen, Geld und Gütern und regten so die Produktion an. Gleichzeitig schaffte England, u. a. nach drei Seekriegen gegen Holland, den Aufstieg zur größten See-, Kolonial- und Handelsmacht, bestätigt durch den Sieg über Frankreich im Spanischen Erbfolgekrieg und Frieden von Utrecht 1713. London wurde nach Amsterdam erster Finanz- und Börsenplatz der Welt bis 1945.

4.2.4 Übergang zur Industrialisierung

Vor der Industrialisierung setzte beschleunigtes Bevölkerungswachstum (demographische Revolution) durch bessere Ernährung und Krankheitsvorsorge ein und steigerte sich in Wechselwirkung mit ihr weiter (→ M 1, M 2). Aus internen wie externen Quellen speiste sich das Anfangskapital: So finanzierte ein westindischer Plantagenbesitzer James Watts Dampfmaschine vor. Erfindungen und Wachstum auf einem Sektor strahlten auf andere aus: Der erste Leitsektor, die Textilindustrie – Wolle in Yorkshire, erst mit Eroberung Indiens auch Baumwolle in Lancashire (um Manchester) – regte das Wachstum der Eisen- und Stahlindustrie an, durch Mechanisierung des Spinnens und Webens. Der Maschinenbau förderte den Bergbau: Je tiefer er vordrang, desto mehr Grundwasser war abzupumpen, durch Dampfmaschinen, die später der Mechanisierung in den Fabriken buchstäblich Dampf machten. Zum Abtransport des Abraums und der Kohle dienten Loren auf Gleisen, erst aus Holz, dann aus Stahl. Über die Erde verlegt, wurden sie zur Eisenbahn, die als schnellere, raumsparende Alternative zu Kanälen billigem Güter- und bequemem Personentransport diente. So griff ein Faktor in den anderen, in einem fruchtbaren Zirkel.

Während auf dem Kontinent der absolutistische Merkantilismus die Wirtschaft reglementierte, setzte der Sieg des Parlaments in den beiden Englischen Revolutionen flexible Bedingungen zur freien Entfaltung, bis zum Freihandel. Dennoch blieben Staatsaufträge ein wichtiger Marktfaktor, besonders in Kriegen und in der Flottenrüstung.

Arbeitsteilig entstanden regionale Schwerpunkte: Mittel- und Nordengland sowie Südschottland wurden Industriezentren, London war das große Finanz- und Dienstleistungszentrum mit weltweiten Verbindungen und Englands größter Hafen. Die Namen seiner Dockanlagen sind symbolträchtig: West India Docks (1802), East India Docks (1806), verbunden durch Commercial Road. Liverpool und Bristol wurden englische Ausgangspunkte des Dreieckshandels, Liverpool später Ausfuhrhafen der Baumwollindustrie in Lancashire. Nicht zufällig fuhren hier die ersten Eisenbahnen (1825/30).

4.2.5 England als erste Industriemacht: „Industrie und Empire“

England stieg zum bewunderten und beneideten Mutterland der Industriellen Revolution auf, zum „workshop of the world“ (= Werkstatt der Welt). „Industrie und Empire“ schufen einen bis dahin einmaligen Durchschnittswohlstand. Politische und soziale Führungsschicht blieb die Aristokratie. Der ökonomische Machtzuwachs durch Indu-

Frauen- und Kinderarbeit in einer Baumwollspinnerei in Manchester (um 1835), dem Zentrum der englischen Textilindustrie.

strialisierung gab das militärische Potential zum Aufbau des Britischen Empire, Gewinne aus den Kolonien („Perle“ Indien) finanzierten Lohnerhöhungen der Arbeiterschaft und gemäßigte Sozialreformen.

Andererseits mußte England auch den Preis der Pioniere bezahlen – anfangs schwere soziale Probleme, auf die es mit ersten Reformgesetzen (Factory Acts) ab 1833 reagierte. Sie illustrieren Verhältnisse, gegen die sie mit Kontrollen durch Fabrikinspektoren einschritten – Verbot der Fabrikarbeit für Kinder unter 9 Jahren, Neunstundentag von 9–13 Jahren, Verbot der Kinderarbeit bei Schornsteinfegern (1840), der Arbeit von Kindern unter 13 Jahren und von Frauen in Kohlebergwerken unter Tage (1842); Begrenzung von Frauenarbeit auf 12 Stunden, für Kinder im Alter von 9–13 Jahren auf 6 ½ Stunden pro Tag, erste Sicherheitsmaßnahmen an gefährlichen Maschinen (1844). Aus Berichten englischer Fabrikinspektoren schöpfte Engels für „Die Lage der arbeitenden Klasse in England“ (1845), ein Kultbuch der sozialistisch-marxistischen Bewegung.

Politisch trug die schrittweise Ausweitung des Wahlrechts seit der Großen Wahlrechtsreform 1832 (1867, 1874, 1884) zur inneren Entspannung bei: Die soziale Revolution im Zentrum der industriellen Revolution, von Marx und Engels erhofft, von weitblickenden Konservativen und Liberalen gefürchtet, ging an England vorbei. Politisch schwankte es zwischen Tories/Konservativen und Whigs/Liberalen, während die Irische Partei seit ca. 1900 bei unklaren Mehrheiten das Zünglein an der Waage bildete. In Europa wuchs zunächst bis 1914 Deutschland zum großen Herausforderer heran, bis nach dem Ersten Weltkrieg die USA sukzessive die Führungsrolle in der Welt übernahmen.

4.3 Industrialisierung und Soziale Frage in Deutschland

4.3.1 Historische Voraussetzungen: Älteres Gewerbe und Agrarrevolution

In Deutschland brach die „Industrielle Revolution“ ca. 1850 durch – fast ein Jahrhundert später als in England, obwohl es längst hochentwickeltes Gewerbe und Bergbau gab. Neben traditionellem Handwerk produzierten nur wenige zunftfreie Manufakturen in arbeitsteiliger Handarbeit Luxuswaren (Seide, Porzellan) oder, wie das Berliner Lagerhaus ab 1714, für Armeebedarf. Mancherorts trieb dezentralisierte Verlagsproduktion besonders Textilregionen bis zur Schwelle der Industrialisierung voran: Gegen Lohn verrichteten Handwerker Heimarbeit mit Rohstoffen, die ihnen frühkapitalistische Unternehmer („Verleger") zur Verfügung stellten. Ertragsärmere Höhengebiete mit ihrem Vorland, wie Minden-Ravensberg (Bielefelder Leineweber) oder Württemberg, entfalteten „protoindustrielle" Züge, in Sachsen sank um 1800 der Anteil der nur in der Landwirtschaft Tätigen schon auf ein Viertel.

Wie in England gingen der Industrialisierung Agrarrevolution und demographische Revolution voraus (→ M 1, M 2). Die deutsche Bevölkerung wuchs schnell – von ca. 25 (1815) auf 35 Mio. (1848), auch durch Wegfall ständischer Eheverbote für Gesinde und Gesellen sowie bessere Hygiene und Medizin (Pockenschutzimpfung, Pestbekämpfung).

In den meisten deutschen Regionen war das frühe 19. Jh. Elendszeit, bis die Industrie neue Arbeitsplätze schuf. Geschäftsgeist und Experimentierlust trieben nur einzelne zu Import oder Imitation englischer Technik an: Im rheinländischen Ratingen stand 1784 die erste mechanische Baumwollspinnerei, im Rothenburger (Saale) Kupferbergbau 1787 pumpte die erste funktionsfähige Dampfmaschine Wasser ab, der Essener Dinnendahl baute ab 1804 Dampfmaschinen nach. Bis zur Annexion der Rheinprovinz 1815 war Schlesien Preußens reichste Provinz mit textilem Verlagsgewerbe, vorindustriellen Kohlegruben und Eisenhütten in Oberschlesien. In merkantilistischer Tradition ergriff der Staat Initiativen zur Modernisierung: 1796 brannte in Gleiwitz (Oberschlesien) ein erster Kokshochofen in staatlichem Besitz, 1799 folgten weitere in Königshütte. Auch subventionierte Preußen Informationsreisen und Maschinenkauf in England.

4.3.2 Industrielle Anlaufphase bis 1849

Nach Napoleons Kontinentalsperre (1806–13) überschwemmten billige englische Industrieprodukte den offenen deutschen Markt und zerstörten das alte Handwerk. Preußische Reformen und französischer Code Napoleon in den besetzten Gebieten und Rheinbundstaaten boten Voraussetzungen für Marktwirtschaft mit freiem Arbeitsmarkt, obwohl die süddeutschen Länder und Sachsen gelockerten Zunftzwang bis nach 1860 beibehielten. Trotz Beschleunigung nach 1835 blieb bis um 1850 das deutsche weit unter dem englischen, belgischen und französischen Produktionsniveau. Die geringere Dynamik hatte geographische, wirtschaftliche und politische Ursachen: Zwischen isolierten Regionen fand zu wenig Austausch auf nationaler Ebene statt, denn der Deutsche Bund (1815) zählte 39 souveräne Staaten mit eigener Zoll-, Maß- und Münzhoheit. Auch fehlten Vernetzung über natürliche Binnenverkehrswege und günstige Häfen zu den Weltmeeren (außer Hamburg und Bremen).

Preußen vereinheitlichte 1818 durch Aufhebung seiner Binnenzolltarife sein Wirtschaftsgebiet. Nach außen galt gemäßigter Freihandel, da Preußens Großagrarier ihren Getreideexport steigern wollten. Bremen begann 1827 mit dem Ausbau von Bremerhaven für Hochseeschiffe. Den Binnenverkehr erleichterten Chausseen, Kanäle und Flußregulierungen (Ruhr seit 1770). Zur Ingenieursausbildung nach Pariser Vorbild (1794) richteten viele Staaten Polytechnische Schulen ein: Nach Braunschweig (1745), Prag (1806) und Wien (1815) wurde die Berliner Gewerbeschule (1821) Vorläufer deutscher Gewerbe- und Technischer (Hoch-) Schulen. Doch unterblieb ein industrieller Aufschwung über punktuelle Nutzung von Dampf- und Spinnmaschinen hinaus, weil die englische Konkurrenz zu billig war, obwohl Textilien 1835 schon wichtigstes deutsches Exportprodukt waren.

Weitere Modernisierung stieß auf Hemmnisse, vor allem in der kleinbürgerlichen Provinz (Kotzebues „Krähwinkel“) seit der Nachkriegskrise 1816/17, als Mißernten kurzfristig die Agrarpreise hochtrieben und Tausende vor Hunger auswanderten. Englisches Preisdumping im Gewerbe, ungewohntes Konkurrenzprinzip im Kleinhandel und enttäuschter Nationalismus bei Studenten entfachten im August 1819 eine Welle antisemitischer* Ausschreitungen, Plünderungen und Morde, weil jüdische Kleinhändler am Preisverfall schuld gewesen seien. „Hep-Hep, Jud' verreck'!“ hetzte der Straßenpöbel, zuerst in Würzburg.

4.3.3 Deutscher Zollverein und Eisenbahnen, 1834/1835

Innerdeutsche Zollunionen zur Erleichterung des Handels scheiterten zunächst an Ängsten vor Vereinnahmung durch Preußen und an Metternichs Warnung vor „praktischen Revolutionären“: Der Demokrat und Tübinger Professor für Staatswissenschaften Friedrich List (1789–1846) propagierte seit 1819 über den „Allgemeinen deutschen Handels- und Gewerbeverein“ die Aufhebung der Binnenzölle mit dem Fernziel des Nationalstaats (→ M 14). Das kostete ihn sein Amt und trug ihm monatelange Festungshaft ein. Nach Auswanderung 1825 in die USA, wo er Eisenbahnen kennenlernte, kehrte er 1832 als US-Konsul zurück, um erneut den Deutschen Zollverein zu fordern. Gegen preußischen Freihandel trat List für Schutzzölle ein, um der deutschen Industrie eine abgeschirmte Entwicklung in einem übergangsweise geschlossenen Handelsstaat zu gewähren, einschließlich ganz Österreichs.

1834 schuf Preußen mit dem Deutschen Zollverein einen gemeinsamen deutschen Markt ohne Binnenzölle, mit nur geringen Außenzöllen zur Abschirmung. Es fehlten einheitliche Währung und allgemeine Freizügigkeit, und die Küstenländer traten lange nicht bei – Mecklenburg, Schleswig-Holstein, Lübeck (1867/68), Hamburg, Bremen (1888). Österreich blieb ausgeschlossen. Vehikel zur nationalen Einheit wurde die Eisenbahn mit ersten Strecken Nürnberg–Fürth (1835), Leipzig–Dresden, Berlin–Potsdam (1838), München–Augsburg (1840): Um 1850 waren schon ca. 6000 km befahrbar, billiger Massentransport von Gütern beendete regionale Versorgungsengpässe. So schufen Zollverein und Eisenbahn, wie „siamesische Zwillinge“ (List), einen nationalen Markt. Die Eisenbahn rief Nachfrage nach Eisen, Holz und Kohle hervor. Arbeitsplätze entstanden bei Firmen (Borsig, Maffei, Henschel u. a.) zum Bau von Lokomotiven (ab 1841) und Waggons. Nach anfänglichem Zögern förderten die deutschen Regierungen den privaten Bahnbau.

Seit 1835 kündigte sich in Deutschland die Industrielle Revolution an: Schnellere Zunahme der Maschinen, Kapitalbildung für Investitionen bei Privatleuten, Wandel von Handwerkermentalität zum „Arbeiter“bewußtsein. Trotzdem blieb das jährliche Wirtschaftswachstum noch bei 0,5 % (pro Kopf). Erst nach 1840 überflügelten neue Industrielandschaften „auf grüner Wiese“ traditionelle Standorte, an der preußisch-deutschen Peripherie im Westen (Ruhr- und Saargebiet) und Osten (Oberschlesien) mit Kohle als Energielieferant zur Eisen- und Stahlerzeugung. Preußen wurde Schrittmacher der Industrialisierung, seine Hauptstadt Berlin verdrängte als Wirtschafts- und Finanzmetropole das ältere Bankzentrum Frankfurt/M. nach dessen Annexion durch Preußen 1866.

Entwicklung des Eisenbahnnetzes in Mitteleuropa bis 1855.

4.3.4 Durchbruch zur Industrialisierung, 1850–1857

Nach Mißernten 1845–47 (Kartoffelfäule) mit steigenden Nahrungspreisen trafen eine herkömmliche Agrarkrise und die erste Industriekrise 1847/48 zusammen. Der Notlage wurden die Regierungen nicht mehr Herr, als nach der französischen Februarrevolution liberale und nationale Forderungen die deutsche Märzrevolution 1848 auslösten. Eine Reichsverfassung sollte wirtschaftsliberale Wünsche umsetzen: Eigentumsschutz, vollständige Zollunion, Ausgabendeckung durch Zölle und Verbrauchssteuern, Währungs- und Maßeinheit, nationale Gesetzbücher. Das Handwerk verlangte dagegen neuen Zunftschutz, z. T. handgreiflich mit Maschinenstürmerei. Widersprüchliche Ziele, auch der jungen Arbeiterbewegung, trugen mit zum Scheitern der Revolution bei. Das deutsche Besitzbürgertum warf sich auf die Wirtschaft, seinen Verzicht auf politische Mitsprache in Parlamenten honorierte der Staat mit wirtschaftsliberaler Politik.

Den Durchbruch – in der Wirtschaftswissenschaft „take off" (Rostow) genannt – von traditioneller, arbeitsintensiver, wachstumsschwacher Agrarwirtschaft zu kapitalintensiver, wachstumsbetonter Industrieproduktion mit Fabriken, hohem Energieverbrauch und entwickeltem Verkehrswesen schaffte Deutschland ab 1850 durch sprunghaftes Wachstum der Investitionen, Wertschöpfung und Produktivität (→ M 7). Die Landwirtschaft beschäftigte zwar noch bis ca. 1900 mehr Arbeitskräfte, ihr Anteil ging jedoch stetig zurück. Das Volksvermögen entstand zunehmend im sekundären, industriellen Sektor, seit 1850 mit schnellerem Wachstum als in Frankreich.

Bergbau, Hüttenwesen, Eisenbahn- und Maschinenbau bestimmten als Leitsektoren

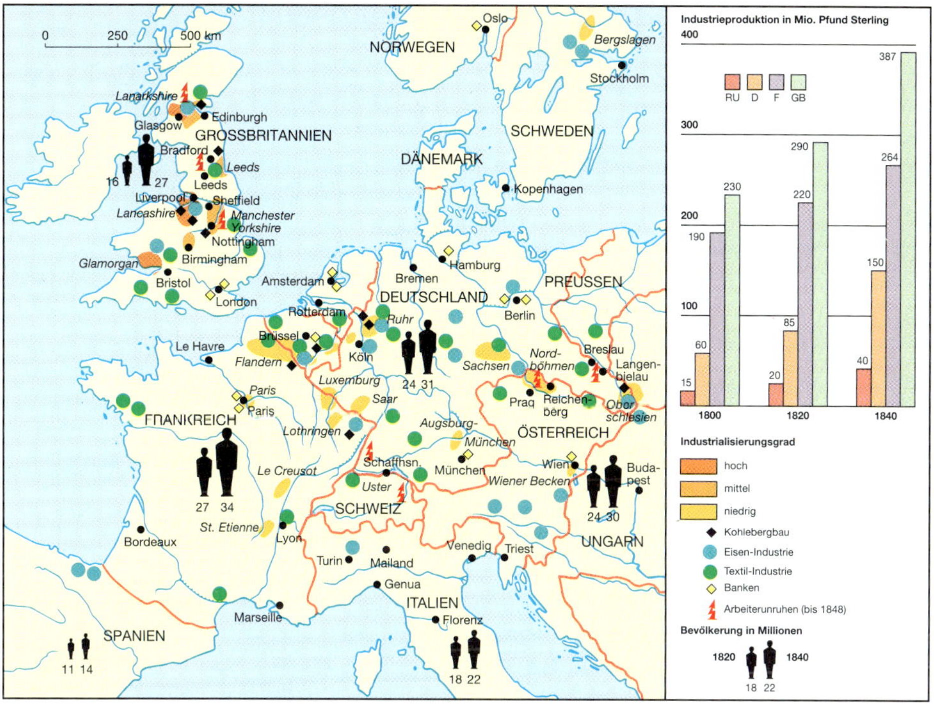

Industrialisierung in England und Mitteleuropa um 1850.

das Wachstum (→ M 8–M 10). Die Kohleförderung im Ruhrgebiet ging seit 1837/38 von der Stollentechnik zum senkrechten Tiefschachtbau über (Haniel), so daß sie sich von der Ruhr nach Norden über die Emscher bis zur Lippe (um 1900) ausdehnte. Statt Kohle zum Eisenerz, schafften die Ruhrhütten nun Erze herbei, seit 1860 auch aus dem Ausland über die Binnenschiffahrt (Duisburg-Ruhrort größter Binnenhafen). Das Eisenbahnnetz verdoppelte sich bis 1860, der Gütertransport verzwanzigfachte sich bis 1870 (→ M 10). Eisenbahnbau brauchte besonders viel Kapital, das Banken und Aktiengesellschaften aufbringen sollten. Aber erst Staatsbeteiligungen an der Finanzierung seit 1848 lösten das Problem. Auch aus strategischen Gründen setzte das Bismarckreich faktisch ein staatliches Eisenbahnmonopol durch.

In Österreich wuchs die Wirtschaft langsamer, ohne „revolutionäre" Sprünge: Im Krimkrieg (1853–56) nahm der Export sogar ab: Die Alpen waren schwer zu überwinden, Steinkohle fehlte als Energieträger. Österreichs Handelsminister Bruck schlug als Ausweg vor der drohenden preußischen Vormacht eine Mitteleuropäische Zollunion vor mit allen Habsburgerländern und deutschen Staaten als Alternative zum preußisch geführten Zollverein, doch Berlin baute sein Übergewicht in Deutschland weiter aus.

Die Entdeckung von Gold in Kalifornien und Australien, von Silber in Mexiko um 1848 regte weltweit die Konjunktur an: 1849 in den USA, 1850 in England. Bei konstanten Löhnen erhöhten sich nach 1850 rasch Unternehmergewinne als Basis verstärkter Investitionen. Nur 1857–59 unterbrach die 1. Weltwirtschaftskrise das Wachstum. Aber die Arbeiterschaft nahm noch wenig am wachsenden gesellschaftlichen Reichtum teil (Soziale Frage). Politische Folgen des sozialen Wandels (Nationalstaat, Demokratisierung) wurden sichtbar.

4.3.5 Industrielle Entwicklung im Kaiserreich, 1871–1914

Der Reichsgründung 1871 folgten Gründerboom und 1873 Gründerkrach, der bis 1895 eine internationale Wachstumsschwäche („Große Depression") einleitete (vgl. S. 144). Doch die subjektive Krisenstimmung war schlimmer als die objektive Lage: Die deutsche Industrie fand Anschluß an die Weltspitze, besonders in den neuen Leitsektoren Chemie- und Elektroindustrie. Als industrialisierte Weltmacht wurde Deutschland Frankreich und seit 1900 England ebenbürtig. Nach 1890 wuchs der Außenhandel kräftig. Stärker griff der Staat ein seit Bismarcks Übergang zur Schutzzollpolitik (1879) und zum Sozialstaat (1883) sowie Ansätzen von Konjunkturpolitik. Die Unternehmen konzentrierten sich über Preis- und Produktionsabsprachen in Kartellen* und Syndikaten* und verliehen ihren Interessen über Verbände Nachdruck. Wirtschaftliche Hegemonialstellung in Mitteleuropa gehörte zu den Vorkriegszielen, die sich im „Septemberprogramm" 1914 wiederfanden. Doch nicht wirtschaftliche Zwänge lösten den Ersten Weltkrieg aus, sondern die Machtpolitik politisch-militärischer Eliten.

4.3.6 Hochindustrialisierung: Unternehmer, Konzerne, Banken

Oft gingen aus alten Handwerks- und Kaufmannsfamilien Fabrikanten mit Unternehmergeist hervor. Mittel zur Betriebsvergrößerung kamen aus alten Gewinnen oder Krediten von Freunden, später Banken. Zum Musterfall der Ruhrindustrie wurde die Firma Krupp in Essen. 1811 noch eine Schmiede mit vier Gesellen, schaffte Alfred Krupp (1812–1887) mit der Gußstahltechnik (Firmensymbol: nahtloser Eisenbahnradreifen 1852) den Durchbruch. 1851 hatte er 704 Arbeiter, 1873 bereits 16000. Durch Erwerb von Kohlezechen und Erzgruben expandierte Krupp zum Konzern, dessen Entwicklung der Gußstahlkanone (1847) Grundlage zu breiter Rüstungsproduktion wurde. Kaufmannssohn Friedrich Harkort gründete 1819 in Wetter/Ruhr ein erfolgreiches Maschinenbauunternehmen (→ M 18). An der Ruhr bildeten die Montanindustriellen Hoesch (Dortmund), Haniel (Gutehoffnungshütte Oberhausen) und Stinnes (erste Schleppschiffahrt), an der Saar Stumm und Röchling, in München der Maschinenbauer Maffei, in Berlin Borsig Familienkonzerne. In Oberschlesien dominierten adlige Magnatenfamilien (Henckel von Donnersmarck, Pleß).

Neue Banken und Aktiengesellschaften speisten den Kapitalmarkt, zunächst für den Eisenbahnbau. Der Gründung der Bayerischen Hypotheken- und Wechselbank 1834 und der Preußischen Staatsbank 1846 folgten weitere Notenbanken, die durch staatlich kontrollierte Ausgabe von Geldnoten den Geldmarkt versorgten. Ab 1848 kamen private Geschäftsbanken (Schaaffhausensche Bank) als Kreditgeber für die Wirtschaft hinzu, die nach französischem Modell (Crédit mobilier) auch als Aktiengesellschaft (AG) zugelassen wurden: Führend waren die Disconto-Gesellschaft AG (Berlin) des Märzministers Hansemann und die Bank für Handel und Industrie (Darmstadt). Banken neuen Typs waren Genossenschaftsbanken für Landwirtschaft (Raiffeisen) und Handwerk (Schulze-Delitzsch), öffentliche Sparkassen der Kommunen, im Reichsgründungsboom Universalbanken (Deutsche Bank AG Berlin 1870, Commerz- und Discontobank AG Hamburg 1870, Dresdner Bank AG 1872), die, anders als in England, zugleich Anlage-, Handels- und Wertpapiergeschäfte betrieben. Durch Kreditvergabe und Gründungshilfe für neue Aktiengesellschaften gewannen sie großen Einfluß – Ausgangspunkt für Lenins Behauptung von der Verschmelzung zwischen Industrie- und Finanzkapital. Seit 1875 garantierte die Reichsbank als staatliche Notenzentralbank die Stabilität der Mark durch $^{1}/_{3}$-Golddeckung.

Die Riesenkanone von Krupp auf der Pariser Weltausstellung 1867.

Obwohl viele Handwerke (z. B. Stellmacher, Hufschmied) (→ M 16) untergingen, paßten sich andere dem Industriezeitalter durch Mechanisierung, neue Produkte und Dienstleistungen (Elektriker) an. Neue Schutzbestimmungen sicherten typische handwerkliche Ausbildungswege (Lehrling–Geselle–Meister). Gewerbeordnungen (1869/81) und Handwerksschutzgesetz (1897) mit öffentlich-rechtlichen Fachinnungen und Handwerkskammern schränkten selbständige Berufsausübung auf Meister ein.

4.3.7 Sozialer Wandel in Stadt und Land

Mit der Industrialisierung wandelte sich die Ständeordnung* zur besitz- und statusorientierten Klassengesellschaft*. Beträchtliche Vermögen flossen dem Großbürgertum seit 1850 zu, während viele Junker (Landadel Ostelbiens) Karrieren in der Wirtschaft scheuten und ihre Mittel nur in die Rationalisierung ihrer Gutswirtschaft steckten, sonst aber ihre Reservate in Staat und Militär verteidigten.

Vor der Industrialisierung verschlechterte sich das Leben für viele Deutsche zum Massenelend im vormärzlichen Pauperismus (lat. pauper = arm). Auf dem Lande waren immer mehr Besitzlose auf Saison- und Wanderarbeit angewiesen. Wachsende Unterbeschäftigung senkte im Handwerk die Gesellenlöhne, selbständige Meister schlugen sich in Ein-Mann-Betrieben durch. Zeitweise bis zu $^{2}/_{3}$ aller Erwerbsfähigen in Städten lebten als Tagelöhner oder Bettler am Existenzminimum. Gegen Minimallöhne bot eine riesige, ungelernte, nahezu rechtlose „industrielle Reservearmee" (Marx) wenigen Unternehmern ihre Arbeitskraft an. Nur ausgebildete Facharbeiter erhielten bis zum fünffachen Lohn und manche Freiheiten.

Arbeitszeiten von über 14 Stunden, dazu Anwege bis zu zwei Fußstunden an sechs Wochentagen waren üblich, Kündigung einfach, Arbeitsschutz und soziale Rechte gering. Betriebsordnungen erzwangen mit drakonischen Strafandrohungen militärähnliche Arbeits- und Zeitdisziplin. „Urlaub" gab es nur an den seit 1800 verringerten normalen Feiertagen. Zeitgenossen sprachen vom „Vierten Stand", der der Gesellschaft die „Soziale Frage" stellte. 1839 erließ der Rheinländische Provinziallandtag Schutzmaßnahmen gegen ausbeuterische Kinderarbeit, auch weil das preußische Heer den Rückgang tauglicher Rekruten bemängelte: Für Kinder unter 9 Jahren war Arbeit in Fabriken ganz, bis zum 16. Lebensjahr mehr als 10 Stunden täglich verboten. Lange blieb die Staatskontrolle lasch, denn die Armenunterstützung belastete die öffentlichen Kassen ohnehin stark.

Der Zusammenbruch des Verlagssystems durch industrielle Baumwollwaren eskalierte 1844 zum Schlesischen Weberaufstand: Die Absatzkrise für Leinenprodukte drückte seit langem die Löhne unter das Existenzminimum, eine offene Revolte von 3000 Webern entflammte gegen die Unternehmer, denen der Staat mit Soldaten zu Hilfe kam. Jedoch richtete sich der Weberaufstand gegen moderne Maschinen als Ursache ihres Elends – Ausdruck vorindustriellen Handwerkerprotestes. Aus Not wanderten viele ins Ausland aus, zu 90 % in die USA. Die Zehnjahresdurchschnitte zeigen folgende Zahlen:

1820er	2000	Auswanderer pro Jahr
1830er	15000	
1840er	42000	
1850er	110000	(1854 Höhepunkt 239000 = 0,7 % der Bevölkerung)
1860er	87000	
1870er	63000	
1880er	136000	(1881 Höhepunkt 221000)
1890er	61000	

Erst beschleunigte Industrialisierung senkte die Arbeitslosigkeit seit 1855 und erhöhte die Realeinkommen pro Kopf langsam ab 1860, während die Arbeitszeit – von über 90 Wochenstunden – schon seit 1840 schrittweise zurückging. Lückenhaft blieben betrieblicher Schutz bei Krankheit (von Krupp 1836, von Borsig 1839 eingeführt) und die Alterssicherung (bei Krupp erst 1858). Nach 1850 beendeten erst die faktische Durchsetzung der allgemeinen Schulpflicht und schärfere preußische Gewerbegesetze (1853/54) unzulässige Kinderarbeit.

Gering war die vertikale Mobilität: Etwa 10–20 % der Arbeiterkinder schafften den Aufstieg ins Kleinbürgertum, z. B. als selbständige Handwerker oder Beamte. Ins preußische Gymnasium kam aus dem Kleinbürgertum nur eine Minderheit, aus Arbeiterfamilien nahezu keiner. Durch Heirat durchbrach fast niemand die sozialen Grenzen seiner Schicht, schon eher durch geschäftlichen Erfolg („Neureiche").

4.3.8 Wachstum der Städte: Urbanisierung*

Die notleidende Landbevölkerung suchte zunächst in nahen Städten Arbeit, später auch in weit entfernten Ballungsräumen mit Industrie. Seit 1850 wuchsen die Städte schneller als die Bevölkerung. So entvölkerte sich der agrarische Osten, während in Sachsen, Oberschlesien oder im Ruhrgebiet aus Kleinstädten wie Essen und Dortmund Industriezentren wurden, deren Wohnverhältnisse und Infrastruktur lange trostlos wirkten (→ M 3). Fürsorgliche Unternehmer bauten Arbeitersiedlungen im Cottage-Stil, in deren Gärten auch etwas Landwirtschaft möglich war. Nur Bremen erließ 1843 eine mustergültige Bauverordnung, die für neue Wohnviertel jenseits der niedergelegten Stadtbefestigungen Einfamilienhäuser mit Vorgarten und Hauptgarten (inkl. zweier Obstbäume) vorschrieb: So entstand das „Bremer Haus" als Reihenhaus für alle Schichten, in Fortschreibung des englischen „terrace house". Die Gärten eines Straßenblocks bilden zusammen bis heute Grünoasen in der Großstadt. Größte Stadt blieb Wien bis 1870, überholt von Berlin mit über 2 Mio. Einwohnern, die sich trotz reger Bautätigkeit bei steigenden Mieten in „Mietskasernen" ballten. Daneben entstanden klassizistische Repräsentativbauten und bürgerliche Villenviertel, meist im luftsauberen Westend.

Das „Bremer Haus" (heutiger Zustand).

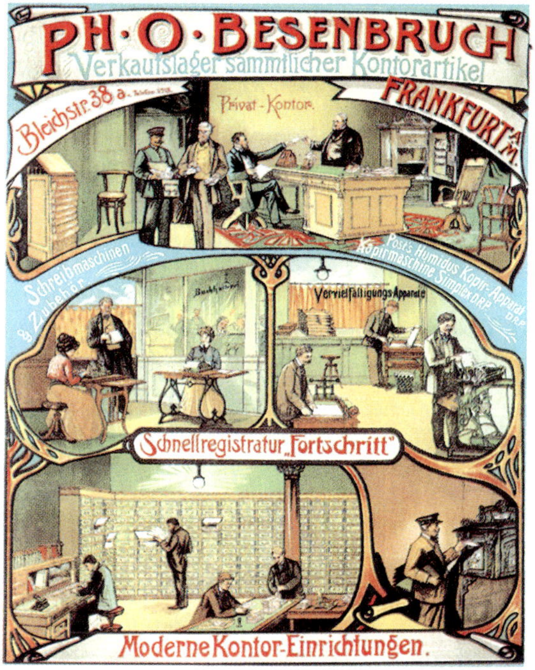

Neue Berufe für die Frau kommen auf: Sekretärin (Mitte links).

4.3.9 Frauen in der Industrialisierung

Der Familie wies die Industriegesellschaft neue Aufgaben zu: Aus der bäuerlichen oder handwerklichen Einheit von Produktion und Hausarbeit, Alten- und Kinderbetreuung wurde die bürgerliche Kleinfamilie. Der Mann war „Alleinernährer", die Frau blieb auf Haushalt und Kinder beschränkt. Dagegen leistete die Proletarierin zu harten Bedingungen Lohnarbeit, deren Bezahlung weit unter der der Männer lag; oft sorgte erst Kinderarbeit für ausreichendes Familieneinkommen. Nach meist früher Heirat mußte die Arbeiterfrau Kinderschar und Hausarbeit allein bewältigen. 1839 in Preußen verbesserte sich ihr Schutz durch Arbeitsverbot in Bergwerken u. ä. Während die breite Schicht der Dienstmädchen zurückging, öffneten sich in Büro- und Angestelltenberufen neue Chancen, zunehmend abhängig von besserer Ausbildung. Zulassung zu Abitur und Studium um 1900 ermöglichte gegen männliche Widerstände „höheren Töchtern" akademische Berufstätigkeit, meist erst nach 1919, denn das bürgerliche Ideal sperrte sich noch lange gegen weibliche Erwerbsarbeit. Doch in der Kinderzahl ging die Mittel- der Unterschicht mit der Zweikinderehe durch Familienplanung voraus. Den säkularen Trend zu mehr weiblicher Erwerbsarbeit begünstigten längere Lebenszeit und zunehmende Ehescheidungen. Noch im 19. Jh. verfielen alleinerziehende Mütter (nicht Witwen) sozialer Ächtung; bis heute stellen sie die meisten Sozialfälle.

4.3.10 Industrialisierung und Ökologie

Jüngst erst widmet sich die Geschichtsforschung ökologischen Folgen der Industrialisierung. Spätmittelalterliche Forstordnungen bekämpften schon Raubbau an den Wäldern, etwa um Nürnberg mit Neusaat, rationalisierte Forstwirtschaft setzte aber auch dem Urwald ein Ende. Romantiker beklagten die Entzauberung der Welt durch Rationalismus und Industrie: Achim v. Arnim warnte vorm „Verwirtschaften" auf Kosten alter Bäume und anderer Denkmäler. Der preußische Kronprinz „rettete" 1826 den Drachenfelsen, den die Gemeinde Königswinter an eine Steinbruchfirma verkauft hatte. Goethe kritisierte unmenschliche Maschinenarbeit in „Wilhelm Meisters Wanderjahren" (1821/29). Nach 1830 regten sich erste Tierschützer, z. B. der Philosoph Schopenhauer, bald tauchten Listen ausgeräuberter Arten auf, englischen Gesetzen gegen Grausamkeit an Tieren (1821) folgte Preußen (1851). „Naturfreunde" in der SPD (ab 1905) forderten mit Bebels Segen große Natur- und Nationalparks. Die völkische Heimatschutzbewegung (ab 1890) war zwar mit der Industrie einig für die „Stärkung des Vaterlands", plädierte jedoch für eingeschränkten Landschaftsverbrauch. Am meisten huldigten Liberale technologischem Fortschrittskult, den mehr städtische Parks und Schrebergärten vervollkommnen sollten. Aus England wirkte die Utopie der Gartenstadt (1898): Gegen sittlich verderbte Großstädte stellte sie die geplante, sozialharmonische Satellitenstadt im Grünen, umgesetzt z. B. in Hellerau bei Dresden. Die alternative Lebensreformbewegung verschrieb sich Naturheilkunde und naturgemäßer Lebensweise, vor allem in Ernährung und Kleidung, Reformhäuser boten etwa seit 1900 naturbelassene Lebensmittel an.

4.4 Politische und kirchliche Lösungen der Sozialen Frage

Lösungen für die mit Pauperismus und Industrialisierung verknüpfte Soziale Frage stellten sich nur langsam ein. Mitleidige Armenfürsorge reichte nicht mehr: Die Verhältnisse zwischen Unternehmern, Arbeitern und Staat waren grundsätzlich neu zu regeln. Initiativen kamen von engagierten Unternehmern, Gelehrten und Kirchen, Handwerkern und Arbeitern, die eigenständige soziale und politische Bewegungen gründeten. Bismarcks Übergang zum Sozialstaat seit 1883 bündelte verschiedene Motive.

4.4.1 Kirchliche und liberale Antworten auf die Soziale Frage

Zum Gebot der Kirchen gehörten Armenalmosen, die jedoch gegenüber dem Pauperismus versagten, zumal die großstädtische Arbeiterschaft am Kirchenleben kaum noch teilnahm. In Elberfeld kümmerte sich der katholische Priester Adolph Kolping (1813–1865) um ledige Gesellen und Jugendliche, die unter der Wirtschaftskrise 1847 besonders litten. Vom ersten „Katholischen Gesellenverein" in Köln 1849 wuchs das Kolpingwerk bis 1864 auf 420 Vereine mit 60000 Mitgliedern. Im Mittelpunkt stand „moralischer Halt" durch Gelegenheit in einem „freundlichen, geräumigen Saal" sonn- und feiertags wie montags zur religiösen und handwerklichen Bildung, stets unter Betreuung eines fürsorgerischen Geistlichen.

Wilhelm Emmanuel v. Ketteler (1811–1877), seit 1850 Bischof von Mainz, stieg zur Leitfigur des sozialen Katholizismus auf. In seiner Adventspredigt 1848 forderte er, über bloße Armenfürsorge hinaus, die „ungeheure Kluft in der Gesellschaft, einen tief eingewurzelten Haß zwischen Reichen und Armen" zu überbrücken. Konkrete Hilfe forderte seine Schrift „Die Arbeiterfrage und das Christentum" (1864), im Einklang mit sozialliberalen Ideen: Selbsthilfe über Genossenschaften und Produktiv-Assoziationen aus Spenden. Christlich-sozialen Arbeitervereinen öffnete sein Vorschlag von Gewerkschaften 1869 den Weg zum Streikrecht als letztem Kampfmittel. Ketteler blieb allerdings lange isoliert unter den katholischen Bischöfen, auch mit Forderungen nach staatlicher Sozial- und Arbeiterschutzpolitik, bis zu Papst Leos XIII. Sozialenzyklika „Rerum novarum" 1891 (→ M 21).

Johann Hinrich Wichern (1808–1881) belebte ab 1843 durch Ausbildung geeigneter Helfer das frühchristliche Diakonwesen neu. Betreuung verwahrloster Kinder („Rauhes Haus" in Hamburg seit 1833), handwerkliche Lehrausbildung und Besinnung aufs Evangelium gehörten für den evangelischen Pastor zur „Inneren Mission", um das vom revolutionären Atheismus bedrohte Volk für die Kirche zurückzugewinnen. Der „Central-

Wohnungsnot im Hamburger Gängeviertel am Ende des 19. Jhds.

ausschuß für die Innere Mission" (1849) erweiterte das soziale Engagement deutscher Protestanten, in dem auch Bismarcks spätere Sozialpolitik wurzelte. Seit 1872 z.B. pflegen die v. Bodelschwinghschen Anstalten in Bethel/Bielefeld Behinderte.

Liberale Antworten auf die Soziale Frage vor 1848 zielten auf bessere Bildung, Unterstützungs- und Sparkassen, mehr staatlichen Arbeiter- und Kinderschutz. Möglichst viele sollten zu Eigentum gelangen. Die rheinischen Unternehmerpioniere David Hansemann (1790–1864) und Friedrich Harkort (1793–1880) sowie der Tübinger Staatsrechtler Robert v. Mohl (1799–1875) ragen heraus trotz zunächst geringer Resonanz. „Socialpolitik" (Begriff seit 1847) sollte Radikalisierung vermeiden und die Leistungskraft der Arbeiter erhalten. Harkorts „Bienenkorbbrief" (→ M 18) vom Mai 1849 faßt die sozialliberale Reformsicht in zugespitzter Krise zusammen. Nach 1860 befürworteten liberale Reformer die Bündelung privater Initiativen und staatlicher Sozialpolitik, besonders im „Verein für Socialpolitik" (1872) die „Kathedersozialisten".

4.4.2 Vorläufer des Sozialismus

Als Ersatz für aufgelöste Zünfte gründeten Handwerker eigene Hilfskassen. Im Glauben an die Macht der Bildung beteiligten sich Tausende an Arbeiterbildungsvereinen, so daß sich hier trotz vormärzlicher Zensur liberale und radikaldemokratische Ideen ausbreiteten. Wandernde Handwerker organisierten im freieren Frankreich, England, Belgien und der Schweiz revolutionäre „Auslandsvereine", so den geheimen „Bund der Geächteten" (1834) und den radikaleren „Bund der Gerechten" (seit 1836), von dem sich 1847 der „Bund der Kommunisten" abspaltete. Typischer Vertreter des Frühsozialismus war der Schneidergeselle Wilhelm Weitling (1808–1871): Mit einer Mischung von älteren Handwerkeridealen (zünftige Absprachen statt Wettbewerb), Kapitalismuskritik und religiös motiviertem Sozialismus, der Gleichheit und Erlösung durch Abschaffung des Geldes und Gütergemeinschaft versprach, gewann er seit 1837 beschränkten Einfluß.

4.4.3 Marxismus

Karl Marx (1818–1883) und Friedrich Engels (1820–1895) schufen theoretisch eine der wirkungsreichsten politischen Ideologien des 19. Jh. durch Kombination von Philosophie, sozialwissenschaftlicher Analyse und säkularisiertem sozialrevolutionären Messianismus*. Dennoch konnten sie in der politischen Praxis über die I. Internationale

(1864–1876) weder die französische noch englische Arbeiterbewegung gewinnen. Auch beherrschte der Marxismus die SPD nur an der Oberfläche, während er über Rußland (Bolschewismus), China (Maoismus) und Befreiungsbewegungen der „Dritten Welt" im 20. Jh. weltpolitisch wirkte.

Marx, Sohn eines ehemals jüdischen Trierer Rechtsanwalts, studierte in Bonn und Berlin. Hegels (1770–1831) geschichtsphilosophisches Fortschrittsdenken stellte er „vom Kopf auf die Füße" durch Hinwendung zum Materialismus: „Das Ideelle [ist] nichts anderes als das im Menschenkopf umgesetzte und übersetzte Materielle." Vom radikalen Religionskritiker Ludwig Feuerbach (1804–1872) übernahm er den Atheismus: Gott ist bloße Projektion menschlicher Wünsche und Trostbedürfnisse. Marx wollte praktisches, revolutionäres Engagement: „Die Philosophen haben die Welt nur verschieden interpretiert; es kommt darauf an, sie zu verändern." („11. These über Feuerbach", 1846).

Als Journalist wirkte Marx in Köln bis zur Emigration nach Paris 1845, wo er sich mit dem vermögenden Unternehmersohn Engels befreundete, der ihn zum Studium der klassischen Nationalökonomie (Smith, Ricardo) antrieb. Mit dem Schlußaufruf „Die Proletarier haben nichts... zu verlieren als ihre Ketten. Sie haben eine Welt zu gewinnen. Proletarier aller Länder, vereinigt euch!" verfaßten beide als Mitglieder im „Bund der Kommunisten" in Brüssel/London das programmatische „Manifest der Kommunistischen Partei" (Febr. 1848) (→ M 19). In der Revolution 1848 propagierten sie in Deutschland Radikalisierung, mußten aber 1849 nach London ausweichen, wo Marx seine Lehre in theoretischen Schriften entwickelte: „Zur Kritik der politischen Ökonomie" (1859); „Das Kapital", I. Band (1867). Zwei Folgebände gab posthum 1885/94 Engels heraus.

Marx' Ausgangspunkt findet sich schon in den „Ökonomisch-philosophischen Manuskripten" (1844): Der Mensch entfaltet sich selbst durch freie Arbeit zur Aneignung der Natur, als „Tier, das sich selbst produziert", aber abhängig von der konkreten Gesellschaft, in der er lebt. Als „tätiges Gattungswesen" ist der Mensch „das Ensemble [frz. Miteinander] der gesellschaftlichen Verhältnisse" („6. These über Feuerbach"). Während sich der Mensch in ursprünglicher Freiheit durch Arbeit mit seinen Kräften und Kenntnissen selbst verwirklicht, haben ihn im kapitalistischen Industriezeitalter notwendige Arbeitsteilung (Kopf- und Handarbeit) und Privateigentum mehrfach entfremdet: Sein Arbeitsprodukt wird Eigentum eines anderen, der monotone Arbeitsvorgang in der Fabrik ist fremdbestimmt und unschöpferisch, Mitarbeiter sind einander fremd als Konkurrenten, der Unternehmer ist Klassenfeind, und die eigene Person ist sich insgesamt entfremdet, weil ihre Arbeit keine Selbstentfaltung mehr erlaubt. Seine Kritik an der „Entfremdung" vertieft Marx im „Kapital": Der Kapitalismus produziert Gegenstände nicht primär zum Gebrauch, sondern zum Tausch als „Waren" auf dem Markt. Der Kapitalist hat nur seinen Profit beim Tausch im Auge, nicht den Gebrauchsnutzen. Doch der Arbeiter hat nur eine Ware anzubieten, seine Arbeitskraft, im Tausch gegen Lohn. So ordnen sich zwischenmenschliche Beziehungen in der bürgerlichen Gesellschaft ganz entfremdeter „Verdinglichung" unter, unmenschlicher „Warenfetischismus" triumphiert.

Von Hegel übernahm Marx die Dialektik der Geschichte: Entwicklung vollzieht sich gesetzmäßig als Kampf von Gegensätzen (These – durch Negation Antithese), die zusammen die höherwertige Synthese der nächsten Stufe bewirken. Doch Marx ersetzt Hegels christlich-idealistisches Weltbild durch den Historischen Materialismus: In der Geschichte ringen nur vordergründig Ideen und Individuen miteinander. Dagegen kämpfen Klassen der Gesellschaft wesentlich um materielle Mittel und Macht. Marx glaubte, das Bewegungsgesetz der Klassenkämpfe wissenschaftlich-exakt erkannt zu haben: Die Menschen sichern ihre Existenz durch Arbeit und Produktion, deren Umfang und Qualität vom Stand der „Produktivkräfte" (Arbeitsfähigkeit) und „Produktionsmittel" (Land,

Karl Marx.
Zeitgenössischer Stich (um 1880).

Werkzeuge, Maschinen) abhängen. Produktion und Verteilung, Verbrauch oder Tausch der Güter regeln sich über „Produktionsverhältnisse" zwischen den Menschen, die so sozialen Klassen angehören. Kennzeichen einer Klasse sind gemeinsame ökonomische Existenzbedingungen, Besitz oder Nichtbesitz von Produktionsmitteln. Erst Privateigentum an Produktionsmitteln erzeugt Klassenkampf um Herrschaft: Die stärkere Klasse beutet die schwächere zur eigenen Bereicherung aus, indem sie ihr den vollen Wert ihrer Produktion vorenthält.

Zur Sicherung der Eigentumsverhältnisse entsteht über der ökonomischen Basis ein Überbau: Rechtssystem und Staat sichern die Macht der herrschenden Klasse, Ideologien, – Religion („Opium fürs Volk"), Moral, philosophische Systeme – untermauern „Natürlichkeit" und Rechtmäßigkeit der Ordnung. Das „gesellschaftliche Sein bestimmt das Bewußtsein". Marxistische Ideologiekritik soll „falsches Bewußtsein" enthüllen: „Die Gedanken der herrschenden Klasse sind in jeder Epoche die herrschenden Gedanken." („Deutsche Ideologie", 1845/46)

In einer Stufenfolge historischer Formationen führen Verbesserungen der Produktivkräfte zu veränderten Produktionsverhältnissen, Basisänderungen über soziale Revolutionen zu neuen Eigentumsordnungen, wenn Widersprüche zwischen Basis und Überbau zu kraß werden. Dialektisch steigt die Weltgeschichte von der klassenlosen Urgesellschaft über die antike Sklavenhaltergesellschaft zum mittelalterlichen Feudalismus auf. In der Neuzeit setzt sich der Kapitalismus in bürgerlichen Revolutionen (führend England, USA, Frankreich) durch: Vorherrschendes Produktionsmittel wird die Industriefabrik im Besitz der Kapitalisten, der Klasse der „Bourgeoisie"". Doch die Produktion liegt in Händen der lohnabhängigen, besitzlosen Arbeiterschaft, des „Proletariats", das oft nur das Existenzminimum erhält, stets aber weniger als den vollen Wert seiner Arbeitsleistung. Den „Mehrwert" streicht der Kapitalist als „Profit" ein, um sein Kapital zu vermehren. Ohne ausreichendes Kapitalwachstum verliert jede Fabrik ihre Konkurrenzfähigkeit und wird von einem größeren Kapitalisten aufgekauft (Kapitalkonzentration). So bleiben am Ende nur wenige Großkonzerne in Händen von Großkapitalisten übrig, während alle Mittelklassen untergehen und das Proletariat ständig zunimmt (Polarisierung). Arbeitslosigkeit und Lohnsenkungen stürzen es in die absolute oder, mit immer geringerem Anteil am Volkseinkommen, in die relative Verelendung. Zwischen Kapital und Arbeit verschärft sich der Antagonismus (Grundwiderspruch).

Hochkonjunkturen bessern nur kurzzeitig die Lage des Proletariats, wenn Arbeitskräfte knapper werden. Bei günstigen Gewinnaussichten steigern die Kapitalisten den Warenausstoß bis zur Überproduktion, für die keine Abnehmer mehr vorhanden oder erst in neuen Märkten zu suchen sind. Dann treten Depressionen mit Arbeitslosigkeit und Lohnsenkung ein (Krisentheorie). Der wiederkehrende Zyklus von Konjunkturanstieg und Krise ist im profitorientierten Kapitalismus unvermeidlich, nur am „wirklichen" Bedarf geplante Produktion könnte ihn überwinden. Doch das Proletariat entwickelt im

Kampf gegen seine Ausbeuter Klassenbewußtsein und organisiert sich in Arbeiterparteien und Gewerkschaften, auch über Ländergrenzen hinweg, da der Proletarier kein Vaterland kennt und seine Lebensbedingungen überall gleich sind (Internationalismus). Die sozialistische Weltrevolution setzt mit Gewalt oder, nach Engels (1891) „mit dem Stimmzettel", gegen die Kapitalisten die „Diktatur des Proletariats" mit Vergesellschaftung und Planung der Produktion durch. Nach erfolgreicher Unterdrückung des bürgerlichen Klassenfeindes kann der sozialistische Staat „absterben": Im Kommunismus gibt es keinen privaten Besitz von Produktionsmitteln, weder Klassen noch „Herrschaft des Menschen über den Menschen". Gleichheit beendet die Entfremdung und eröffnet die eigentliche menschliche Geschichte, den Sprung ins „Reich der Freiheit".

Engels erweiterte den Historischen zum Dialektischen Materialismus als Universalwissenschaft über die Analyse von Geschichte und Gesellschaft hinaus, u. a. durch Einbeziehung der Naturwissenschaften. Der Russe Lenin ergänzte, provoziert durch die moderne Physik, eine modernere Materie- und Erkenntnistheorie, die objektive Wahrheit versprach. Sein elitäres Konzept einer revolutionären Funktionärspartei „neuen Typs" als „Avantgarde des Proletariats" setzt Einsicht in die Dialektik des Klassenkampfes voraus („Was tun?", 1902): Ihr überlegenes Wissen rechtfertigte die Herrschaft der Partei über die „Massen" in der „Diktatur des Proletariats" als nötigem längeren Übergang zwischen Kapitalismus und Kommunismus in Rußland („Staat und Revolution", 1917). Im Ostblock galt die neue Lehre als „Marxismus-Leninismus".

Nach dem Zusammenbruch des Kommunismus 1989/91 steht auch der Marxismus weitgehend in Mißkredit. Dennoch lohnt sich eine ausgewogene Analyse seiner Schwächen und Stärken, um die Gründe für Aufstieg und Untergang zu erkennen. Bei aller Revolutions-Romantik steckt in Marx' Analyse der marktwirtschaftlichen Industrialisierung („Kapitalismus") ein rationaler Kern, wirtschaftsgeschichtlich in der Abfolge von „agrikoler" und „industrieller Revolution", wie in der Kritik an ihren sozialen und menschlichen Folgen. Aber schon die Ausweitung der nur für Europa stimmigen Analyse auf die übrige Welt produzierte Verzerrungen im „wissenschaftlichen" Marxismus. Erst recht landete kritiklose Parteinahme bürgerlicher Intellektueller für das „Proletariat" in Dogmatismus und Realitätsverlust. Von Lenin über Stalin zu Breschnew, mitsamt „nationalen" Varianten, verhärtete sich der Marxismus zu Spielarten eines dogmatisierten Lehrgebäudes, das weder Revision noch Kritik gemäß den eigenen Kriterien an realsozialistischen Neuen Klassen zuließ. Neue Ausbeutungsverhältnisse samt Eigenkorruption der „Nomenklaturen" (= Führungsschicht) sowie die Staats- und Parteiverbrechen linkstotalitärer Systeme planten an den Bedürfnissen der „Massen" vorbei.

4.4.4 Arbeiterbewegung seit 1848

Auch für die Arbeiterbewegung war die Revolution 1848/49 eine Zäsur. Da auf dem Frankfurter Handwerkerkongreß im Juli 1848 die Meister den Gesellen die Teilnahme verweigerten, eröffneten sie einen eigenen „Allgemeinen Arbeiterkongreß". Der Name weist auf den Wandel ihres ständischen zum neuen „Proletarierbewußtsein". Erste gesamtdeutsche Gewerkschaften bildeten Buchdrucker/Setzer und Zigarrenarbeiter, der Schriftsetzer Stephan Born gründete im August 1848 die „Allgemeine Deutsche Arbeiterverbrüderung" als Dachverband lokaler Arbeiter- und Gesellenvereine zur genossenschaftlichen Selbsthilfe, Streikunterstützung und Bildung als Mittel der Emanzipation. Politisch folgte Born linksliberalem Reformismus. Bis zur Unterdrückung 1850 erreichte der erste deutsche Arbeitermassenverband 18 000 Mitglieder.

Im Bürgertum schürte eine unabhängige Arbeiterbewegung Revolutionsängste, so daß es die obrigkeitsstaatliche Verfolgung der Reaktionsära billigte. Nur unpolitische Arbeiterbildungsvereine und Hilfskassen hielten sich unter gesetzlichem Druck (Preußen 1853/54). Erst in Preußens „Neuer Ära" (1859) rührten sich wieder lokale Gewerkschaften, 1865/66 neue gesamtdeutsche Fachgewerkschaften, die im Zeichen liberaler Öffnung das Koalitionsrecht erkämpften: 1861 in Sachsen, 1869 im Norddeutschen Bund. Trotz nur geringer Verbreitung (2–3 % der Beschäftigten) verhandelten sie über Löhne und streikten notfalls gegen das „Kapital", mit politischer Rückendeckung zunächst der Linksliberalen.

Von ihnen spaltete sich unter Ferdinand Lassalle (1825–1864) bereits 1863 in Leipzig mit dem Allgemeinen Deutschen Arbeiterverein (ADAV) die erste deutsche Arbeiterpartei ab (→ M 20). Nach einem Jahr zog sie erst 4600 Mitglieder meist aus Arbeiterbildungsvereinen mit ihren Forderungen an: allgemeines demokratisches Wahlrecht, Arbeiterproduktions-Genossenschaften mit Staatshilfe. Fernziel war die sozialistische Gesellschaft, die erst das „eherne Lohngesetz" des Kapitalismus brechen könne, nach dem die Arbeiterlöhne immer nur an der Schwelle des Existenzminimums liegen. Lassalle suchte Zusammenarbeit mit dem Staat „um praktischer Vorteile willen" (das allgemeine, gleiche Wahlrecht), sogar mit Bismarck gegen das rechtsliberale Klassenwahlrecht. Sein früher Tod im Duell 1864 beendete jedoch das Zwischenspiel. In scharfer Konkurrenz gründeten 1869 der Drechsler August Bebel (1840–1913) und der Journalist Wilhelm Liebknecht (1824–1900) in Eisenach die Sozialdemokratische Arbeiterpartei (SDAP). Sie stimmte dem Programm der marxistischen I. Internationale zu, lehnte Zusammenarbeit mit Konservativen ab, auch die kleindeutsche Lösung unter preußischer Hegemonie. Von Marx' und Engels' Revolutionseifer hielt sie ihr Eintreten für Demokratisierung über Parlamente in Distanz: Den meisten Arbeiterführern blieben ihre theoriegesättigten Schriften fremd.

Im Deutsch-Französischen Krieg begrüßte die Arbeiterbewegung Europas, organisiert in der I. Internationale (1864–1876), die Pariser Kommune (28. 3.–21. 5. 1871). Im von den Deutschen belagerten Paris widersetzte sich eine kleinbürgerlich-sozialistische Stadtregierung Thiers' neuer Nationalregierung als Nachfolger Napoleons III. Marx sah in der Pariser direkten Demokratie mit sozialisierten Fabriken ein Vorspiel zur „Diktatur des Proletariats". Die blutigen Kämpfe zu ihrer Niederschlagung erneuerten im bürgerlichen Europa Revolutionsängste, die zerschlagene französische Arbeiterbewegung verlor die Führung an die deutschen Genossen.

Nach Bismarcks Reichsgründung vereinigten sich beide Richtungen 1875 in Gotha zur Sozialistischen Arbeiterpartei Deutschlands (SAP), deren Programm Marx jedoch ablehnte und die Bismarck mit dem Sozialistengesetz (1878–1890) erfolgslos bekämpfte. Seit 1890 hieß sie Sozialdemokratische Partei Deutschlands (SPD), deren „Erfurter Programm" (1891, → S. 164) marxistische Theorie und reformistische Politik festschrieb. Ab 1885 stiegen die Reallöhne der Arbeiterschaft spürbar bis 1913, die Lebensverhältnisse in den Städten besserten sich langsam. Durch Gewerkschaften und Bismarcks Sozialgesetze wuchs die soziale Sicherheit auf bescheidenem Niveau.

Die SPD wurde stärkste Kraft in der II. Internationale (ab 1889), einem losen Dachverband ideologisch unterschiedlicher nationaler Arbeiterparteien. Einigendes Ziel war der Achtstundentag, für den am 1. Mai 1890 erstmals Millionen protestierten und streikten. Zwar beherrschte die marxistische Theorie mit der sozialistischen Gesellschaft als Ziel die Programme, doch heftige Richtungskämpfe auf den Parteitagen der SPD bereiteten die Abspaltung der Kommunisten (1918/19) vor. Die Parteiführer Bebel und Karl Kautsky (1854–1938) hielten Abwarten bis zur unvermeidlichen Revolution für die beste

„Streik". Gemälde von Robert Köhler, 1886.

Strategie und verurteilten überflüssige Gewalt im Klassenkampf. Doch verweigerten sie Integration durch Mitarbeit in der bürgerlichen Gesellschaft: „Diesem System keinen Mann und keinen Groschen!"

Die Russische Revolution 1905 eröffnete die Debatte um den Massenstreik, den der linke Flügel um Rosa Luxemburg (1870–1919) als Kampfmittel für eine Wahlrechtsreform und gegen drohenden Krieg befürwortete, während die reformerischen Gewerkschaften politische Generalstreiks verwarfen. In der Praxis der Betriebe, zunehmend auch der politischen Arbeit in den Parlamenten, zielten viele Sozialdemokraten auf konkrete Verbesserungen, die nach Marx nur die Lebensdauer des kapitalistischen Systems verlängerten.

Konsequent ging Eduard Bernstein (1850–1932) offen zum evolutionären, ethischen Sozialismus über: Marxistische Verelendungs- und Revolutionstheorie seien überholt, den Sozialismus könne die SPD durch Reformen in der bestehenden Gesellschaft erreichen, am besten in der Regierung. Auch sei die materialistische Weltanschauung nicht zwingend, Bündnisse mit idealistischen und christlichen Positionen seien möglich. Bernsteins Revisionismus verurteilte der Dresdner Parteitag 1903.

Den Probefall internationaler Solidarität bot der Erste Weltkrieg: Zwar hatten Resolutionen der Internationale (1907/1912) einhellig gegen den imperialistischen Krieg den Generalstreik angekündigt, doch nicht für Verteidigungskriege. In Berlin wie Paris demonstrierten Ende Juli 1914 Hunderttausende für den Frieden, dennoch eilten nationalistisch aufgewühlte Massen im August zu den Fahnen. „Vaterlandslose Gesellen", die ihre Nation im Stich ließen, wollten Sozialisten nicht sein. Auf den Nationalismus hatten sie keine Antwort, dem ihre Basis weitgehend zu folgen bereit war. So scheiterte die II. Internationale, symbolisiert in der Ermordung des französischen Sozialistenführers Jean-Jacques Jaurès (1859–1914) am 29. 7. und der Bewilligung der Kriegskredite durch die SPD (4. 8.).

Historische Statistiken geben quantifizierbare (=zählbare) Sachverhalte an, die vergangene Prozesse oder Zustände beschreiben, oft Massenerscheinungen der Wirtschafts- und Sozialgeschichte. Statistiken sind um so ergiebiger, je engere Zusammenhänge (Korrelationen) im Vergleich mit weiteren Datenreihen, Ereignissen und Strukturen erschlossen werden. Doch ist Vorsicht geboten: Statistisch korrelieren z. B. Schuhgröße und Einkommen in Deutschland! Dahinter steckt aber nur, daß Männer im Durchschnitt größere Füße und Einkommen als Frauen haben. Leitfragen zur Untersuchung können lauten:

Um welches Thema geht es, was sagen die angegebenen Daten genau aus? Lassen sich Trends und Änderungen erkennen? Worin könnten Ursachen liegen? Gibt es Anhaltspunkte für Zusammenhänge mit anderen Daten? Wo bleiben offene Fragen?

Übliche Formen sind Tabellen und zur Veranschaulichung graphische Diagramme: Tabellen verwenden entweder absolute Zahlen oder Prozentwerte (→ M 11). Diagramme übertragen Daten z. B. in einer Verlaufskurve auf ein proportionales Koordinatensystem (→ M 13). Schon die Maßeinheiten können den Betrachter über die wirkliche Größe der Änderungen täuschen, dazu treten Vereinfachungen auf, wenn Zwischendaten fehlen. Ein wissenschaftliches Problem stellen Verfahren dar, sichere Daten der Vergangenheit zu erheben, und Vergleiche von Datenmengen verschiedener Quellen. So erscheinen unterschiedliche Werte in der Fachliteratur, weil sich teils Meßzeitpunkte oder Bezugsgrößen wie Staats- bzw. Stadtgrenzen (→ M 1–3) ändern, teils Daten auf unsicheren Schätzungen beruhen (→ M 7a) oder pauschal gerundet sind (→ M 11).

Beispiel: Wir erfahren aus M 4 die Produktionsgrößen für vier Getreidesorten und Kartoffeln in Deutschland 1810 bis 1912, zweier Hauptnahrungsmittel bis heute. Der Zuwachs von 1873 erklärt sich durch Wechsel der Bezugsgröße von Preußen auf das Bismarckreich. Auch durch den Wiener Kongreß 1815 änderte sich das preußische Gebiet. Alle absoluten Größen wuchsen stetig und stärker als die Bevölkerung (→ M 1), mehr Nahrung stand zur Verfügung. Doch statt 1810 vorwiegend Roggen und Hafer erzeugten die Deutschen 1912 zu $^2/_3$ Kartoffeln als Hauptnahrung. Das Edelkorn Weizen, Grundlage für Wohlstandsindikatoren wie Weißbrot und Kuchen, stieg absolut um über das Elffache und fiel prozentual weniger stark als die übrigen Sorten. Aus einem Getreide- wurde ein besser ernährtes Kartoffelland. Wieviel Korn an Tiere verfüttert wurde, bleibt offen. Hypothetisch können wir Gründe für den Ernährungswandel in landwirtschaftlichen Reformen erschließen, ferner soziale Folgen vermuten: Bessere Ernährung – weniger Krankheiten – längeres Leben – größere Bevölkerung.

Arbeitsvorschläge

1. *Untersuchen Sie Bevölkerungsentwicklung und Urbanisierung auf Bezüge zur Industrialisierung! (→ M 1–3)*
2. *Fassen Sie langfristige Trends in der weltweiten Industrialisierung zusammen, und weisen Sie nationale Eigenarten nach! (→ M 7–9)*
3. *Beschreiben Sie den sozialen Wandel, der sich in den Daten von M 11–13 ausdrückt!*
4. *Versuchen Sie zeichnerisch oder mit geeigneten Computerprogrammen die Übertragung einzelner Tabellen in Kurven-, Flächen-, Säulen- oder Kreisdiagramme!*

Demographie

M 1 Bevölkerungsentwicklung

	Großbritannien (+ Irland)		Deutschland (ab 1816 in den Grenzen von 1914)
1700	6,6 Mio. (2,5)		15 Mio.
1750	7,4 Mio. (3,2)		17–18 Mio.
1800	10,5 Mio. (4,8)		23–24 Mio.
1820	14,1 Mio. (6,8)	(1816)	24,8 Mio.
1850	20,8 Mio. (6,6)		34,8 Mio.
1870	26,1 Mio. (5,4)		40,8 Mio.
1900	37,0 Mio. (4,5)		56,4 Mio.
1910	40,8 Mio. (4,4)		64,9 Mio.

Aus: Fischer u. a. (Hg.), Hb. der eur. Wirtschafts- und Sozialgeschichte 4, Stuttgart 1993, S. 54; Mitchell, Statistischer Anhang 1700–1914, S. 489

M 2 Geburt und Tod in Deutschland

Die Geborenen- und Sterbeziffern in Preußen, im Deutschen Reich und in der BR Deutschland (in gleitenden Dreijahresdurchschnitten):

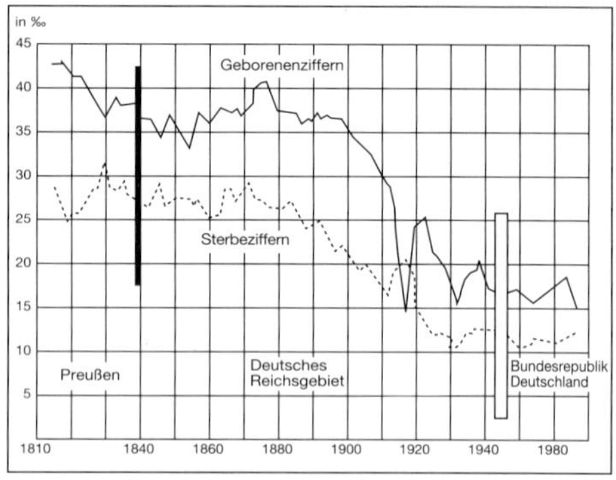

Aus: Aubin/Zorn (Hg.), Hb. d. dt. Wirtschafts- und Sozialgeschichte, Bd. 2, S. 24

M 3 Industrielle Urbanisierung

Einwohner in Tausend

	1800	1850	1880	1900	1910
London	959	2363	3830		4523
mit Vororten	(1117)	(2685)	(4770)		(7256)
Liverpool	82	376	553		746
Manchester	75	303	341		714
Paris	547	1053	2269		2888
Wien	247	444	726		2030
Berlin	172	419	1122	1889	2071 (3730)
Hamburg	130	132	290	706	932
München	40	110	230	500	596
Leipzig	30	63	149	456	588
Dresden	60	97	221	396	548
Köln	50	97	145	373	516
Breslau	60	114	273	423	512
Hannover	18	29	123	236	302
Essen	4	9	57	119	295
Dortmund	4	11	67	143	214
Kiel	7	15	44	108	211

Aus: Köllmann, Die Industrielle Revolution. S. 9 f. Mitchell, Statistischer Anhang 1700–1914. In: Cipolla/Borchardt (Hg.), Europäische Wirtschaftsgeschichte 4, Stuttgart 1985, S. 490 f.

M 4 Produktion von Getreide und Kartoffeln in Deutschland

Produktion von Getreide und Kartoffeln in Preußen und Deutschland[1] 1810–1912 (in 10 000 t)

Jahr	Weizen	in %[2]	Roggen	in %[2]	Gerste	in %[2]	Hafer	in %[2]	Kartoffeln	in %[2]	Summe
1810	39,2	7,1	179,8	32,4	89,5	16,1	154,1	27,7	93,0	16,7	555,6
1822	45,6	6,1	204,5	27,5	96,5	13,0	169,8	22,8	228,0	30,6	744,4
1831	56,2	5,5	243,7	24,0	105,6	10,4	191,6	18,8	420,5	41,3	1017,5
1840	68,2	5,3	285,7	22,0	112,9	8,7	214,2	16,5	617,0	47,5	1298,0
1852	81,8	5,5	301,7	20,2	104,0	7,0	183,2	12,3	820,9	55,0	1491,6
1861	94,0	5,8	359,2	22,2	122,4	7,5	220,3	13,6	825,7	50,9	1621,6
1873	275,7	6,7	730,0	17,8	236,7	5,8	494,1	12,1	2356,0	57,6	4092,5
1882	293,2	6,2	817,9	17,3	285,6	6,0	602,8	12,7	2735,6	57,8	4735,1
1891	273,3	6,3	641,2	14,7	318,0	7,3	698,0	16,0	2431,9	55,7	4362,4
1900	383,2	6,1	857,5	13,6	300,6	4,8	709,2	11,2	4059,2	64,3	6309,7
1912	435,3	5,6	1159,6	14,8	348,2	4,4	851,1	10,9	5023,0	64,3	7817,2

[1] Vor 1873 Preußen in dem entsprechenden Gebietsumfang, nach 1873 das Deutsche Reich.
[2] Prozentuale Anteile an der Summe.

Aus: Kiesewetter, Industrielle Revolution in Deutschland 1815–1914, Frankfurt/M. 1989, S. 155

Industrielle Revolution

M 5 Die langen Wellen der Weltkonjunktur

Technischer Fortschritt als Konjunkturfaktor – die Hauptzyklen seit 1800

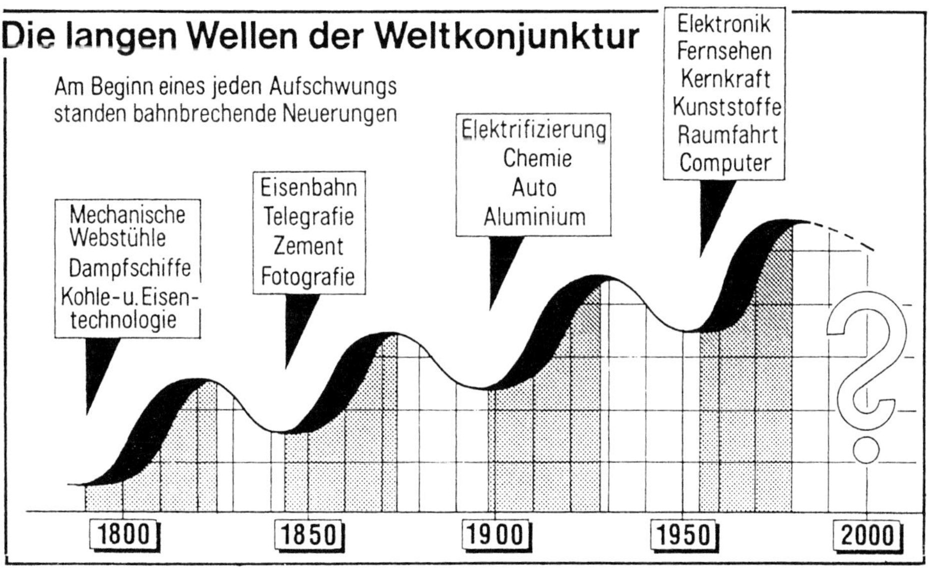

M 6 Die Entwicklung der Dampfmaschine

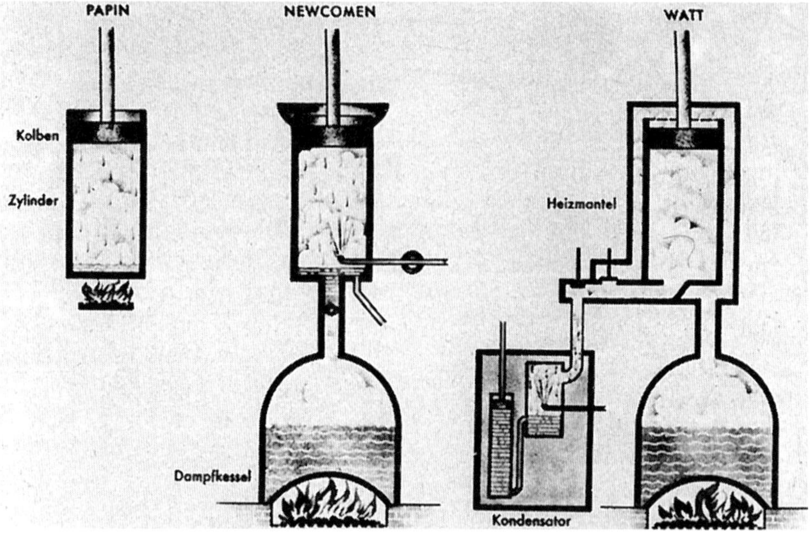

Die Entwicklung der Dampfmaschine. Im Vergleich die Dampfmaschine von D. Papin (1690), die von Th. Newcomen (1712) und die von J. Watt (1769). Bei Papin bilden Dampfkessel und Zylinder eine Einheit. Der Dampf wird in dem Zylinder kondensiert, und der äußere Luftdruck treibt den Kolben voran. Newcomen trennt Dampfkessel und Zylinder, jedoch wird in dem Zylinder der Dampf durch Einspritzen von kaltem Wasser kondensiert, und der äußere Luftdruck treibt den Kolben voran. Bei Watt sind Dampfkessel, Zylinder und die Kondensation des Dampfes getrennt. In späteren Ausführungen wirkt der Dampf auch direkt und treibt den Kolben voran.

Aus: Varchim/Radkau, Kraft, Energie und Arbeit, Reinbek 1979, S. 104

M 7 Wachstum in Industrie und pro Kopf

a) Industrieproduktion im Vergleich 1780–1896 (in Mio. Pfund, berechnet von M. G. Mulhall, The Dictionary of Statistics, 1899) – Moderne Statistiker halten sich mit Schätzungen vor 1850 mehr zurück.

	1780	1800	1820	1840	1860	1888	1896
Großbritannien	177	230	290	387	577	820	876
Frankreich	147	190	220	264	380	485	596
Deutschland	50	60	85	150	310	583	690
Österreich-Ungarn	30	50	80	142	200	253	328
Rußland	10	15	20	40	155	363	380
USA	15	25	55	96	392	1443	1980

Aus: Sandweg/Stürmer, Industrialisierung und Soziale Frage in Deutschland im 19. Jh., München 1979, S. 99

b) Durchschnittliches jährliches Wachstum des Sozialprodukts pro Kopf in %

	1700–1820	1820–1913	1913–1950	1950–1973	1973–1990
Großbritannien	0,3	1,1	0,8	2,6	1,8
Belgien	–	1,3	0,7	3,6	2,1
Frankreich	0,2	1,0	1,1	4,1	1,9
Deutschland	–	1,1	0,7	5,0	2,0
USA	–	1,7	1,6	3,1	1,5
Japan (ab 1870)	–	1,4	0,9	8,1	3,1

Aus: Buchheim, Industrielle Revolutionen, München 1994, S. 15

M 8 Eisenproduktion *(Roheisenproduktion (ohne Stahl) 1820–1910 in Mio. t)*

	1820	1850	1870	1890	1910
England	0,4	2,3	6,0	8,3	10,2
Deutschland	–	0,2	1,4	4,7	14,8
Frankreich	–	0,4	1,2	2,0	4,0
Rußland	–	–	–	0,5	0,9
USA	–	0,6	1,7	9,4	27,7

Aus: Görtemaker, Deutschland im 19. Jh., Opladen 1986, S. 133

M 9 Kokserzeugung und Wirtschaftskrisen

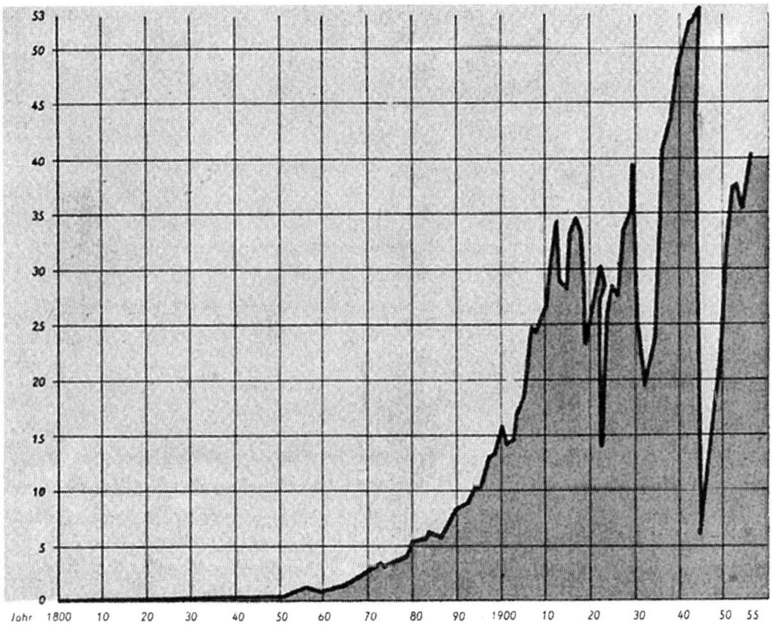

Die Kokserzeugung in Deutschland von 1800 bis 1955. Die Kohleförderung beträgt jeweils das Vier- bis Fünffache der Kokserzeugung.
Aus: Varchim/Radkau, Kraft, a.a.O., S. 116

M 10 Eisenbahnen in Europa *(Streckenlänge in km)*

	1840	1850	1870	1890	1910
Deutschland	469	5856	18876	42869	61209
Frankreich	497	2915	15544	33280	40484
Großbritannien	2390	9797	21558	27827	32182
Österreich-Ungarn	144	1579	9589	26519	43280
Rußland	27	501	10731	30596	66581

Aus: Mitchell, Statistischer Anhang 1700–1914. In: Cipolla/Borchardt (Hg.), Europäische Wirtschaftsgeschichte 4, Stuttgart, New York 1985, S. 514

M 11 **Arbeitsplätze**

Beschäftigte in den wirtschaftlichen Sektoren 1780–1914

Jahr	absolut (in 1000)	Landwirtschaft u. ä. (in %) = primärer Sektor	Industrie und Handwerk (in %) = sekundärer Sektor	Dienstleistung (in %) = tertiärer Sektor
1780	10000	65	19	16
1800	10535	62	21	17
1825	12600	59	22	19
1852	15028	55	25	20
1861	15967	52	27	21
1871	17337	49	29	22
1900	25500	38	37	25
1914	31300	34	38	28
Bundesrepublik Deutschland				
1989	27700	3	40	56

Aus: Henning, Die Industrialisierung in Deutschland 1800 bis 1914, Paderborn 1993, S. 20; Fischer u. a., Sozialgeschichtliches Arbeitsbuch I, München 1982, S. 52

M 12 **Lebensstandard – damals und heute**

Die Ausgabenstrukturen von 1810–1910/13 stammen von vier- bis fünfköpfigen Nürnberger Arbeiterfamilien mit durchschnittlichen Einkommen, vergleichbar den Einkommen von Bauhandwerkern und MAN-Handwerkern (in Prozentwerten). Gegenübergestellt ist das monatlich verfügbare Einkommen (einschließlich Kindergeld etc.) eines mittleren Arbeitnehmerhaushalts mit zwei Kindern im Jahr 1986:

	1810	1849	1883	1899	1910/13	1986
1. *Nahrungs-/Genußmittel*						
Brot	31,1	26,7	18,9	13,9	7,0	
Fleisch, Wurst	9,6	9,4	14,0	16,8	14,8	
Bier	11,0	10,6	8,5	7,5	3,2	
Milch	9,0	8,2	6,8	5,6	5,5	
Mehl, Grieß, Reis	1,5	1,5	1,8	1,7	1,5	
Schmalz, Butter	1,5	2,1	2,3	2,3	2,5	
Kartoffeln	5,8	5,8	4,1	1,3	2,0	
Eier	0,5	0,7	0,9	1,6	3,0	
sonstige	–	–	2,7	5,1	9,0	
insgesamt	70,0	65,0	60,0	55,8	48,5	19,8
2. *Wohnungsmiete*	8,6	8,7	10,1	14,8	14,8	15,2
3. *Bekleidung*	8,0	8,0	7,5	7,4	7,5	7,0
4. *Heizung*	5,8	5,7	3,3	4,0	4,0	5,6[1]
5. *Beleuchtung*	1,9	1,9	0,9	1,0	1,0	
6. *Hausrat*	2,0	2,0	3,0	3,4	4,5	7,0
Zusammen	96,3	91,3	84,8	86,4	80,3	54,5
Nur 1, 2, 4, 5	86,3	81,3	74,3	75,6	68,3	40,5

[1] Heizung, Strom, Gas

Aus: Fischer u. a., a. a. O., S. 169f. und Globus Nr. 6916

M 13 Arbeitszeit

Wöchentliche Arbeitszeit (in Stunden) der Lohnarbeiter in Deutschland 1800 bis 1914:

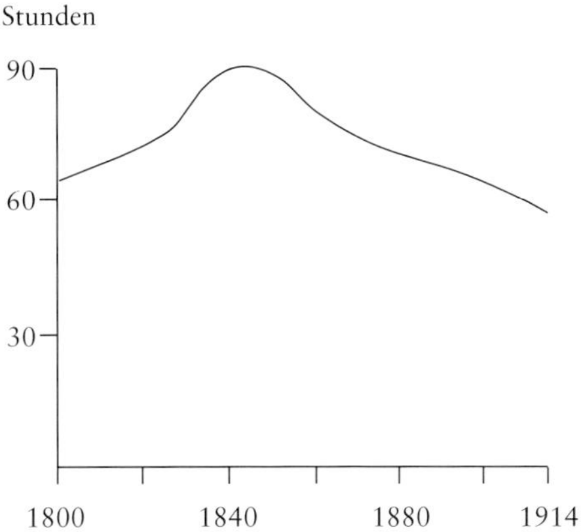

Aus: Henning, a.a.O., S. 197

Industrielle Welt

M 14 Friedrich List über die Aufgaben des Zollvereins

Der Volkswirt Friedrich List (1789–1846) trat für die liberale Wirtschaftstheorie ein, wobei er für die noch in Entwicklung befindliche deutsche Wirtschaft (befristete) Schutzzölle forderte. Er bemühte sich nachdrücklich um die Zolleinigung Deutschlands, und besonders auf seine Initiative wurde seit dem Bau der Eisenbahnlinie Leipzig–Dresden das deutsche Eisenbahnnetz ausgebaut:

Der Zollverein soll die Deutschen ökonomisch und materiell zu einer Nation verbinden; er soll in dieser Beziehung nach außen die Nation als ein Ganzes kräftigst vertreten und durch die Wahrung seiner auswärtigen Gesamtinteressen wie durch Beschützung seiner inneren Gesamtproduktivkräfte die materielle Kraft der Nation stärken; er soll durch Verschmelzung der einzelnen Provinzialinteressen zu einem Nationalinteresse das Nationalgefühl wecken und heben; er soll nicht bloß die Gegenwart, sondern auch die Zukunft der Nation im Auge haben; die einzelnen deutschen Provinzen sollen stets des Spruchs eingedenk sein: „Was hülfe es dir, so du die ganze Welt gewännest und nähmest doch Schaden an deiner – Nationalität.“

Vom Zollverein datiert sich die Wiedergeburt des deutschen Unternehmensgeistes, der jahrhundertelang geschlafen hatte. Von ihm datiert sich die Teilnahme des deutschen Publikums an allen Nationalangelegenheiten, und erst der Zollverein hat die Deutschen die Notwendigkeit und die Nützlichkeit der politischen Ausbildung gelehrt, erst infolge des Zollvereins hat der deutsche Mittelstand und der Stand der großen Güterbesitzer an der praktischen Politik Anteil genommen.

Aus: List, F., Die politisch-ökonomische Nationaleinheit der Deutschen, in: Schriften. Reden. Briefe, Band 7, Berlin 1931, S. 444f.

M 15 Alexis de Tocqueville: Manchester

Notizen von einer Reise nach England, (5. 7. 1835)

Der französische konservative Publizist, Graf de Tocqueville (1805–1859), später berühmt durch seine historischen Analysen der Französischen Revolution und der Vereinigten Staaten, bereiste 1835 England, um den industriellen Fortschritt zu studieren:

[...] Auf dem Gipfel der Hügel [...] erheben sich dreißig oder vierzig Fabriken. Mit ihren sechs Stockwerken ragen sie hoch in die Luft. Ihr unabsehbarer Bereich kündet weithin von der Zentralisation der Industrie. Um sie herum sind gleichsam willkürlich die erbärmlichen Behausungen der Armen verteilt; auf unzähligen gewundenen schmalen Pfaden gelangt man dorthin. Zwischen ihnen liegt unbebautes Land, das nicht mehr den Reiz ländlicher Natur hat, ohne schon die Annehmlichkeiten der Stadt zu bieten. [Schlechter Straßenzustand...]

Aus diesem übelriechenden Labyrinth, inmitten dieses unermeßlichen und düsteren Ziegelhaufens ragen hin und wieder herrliche Steinpaläste auf, deren kannelierte Säulen das Auge des Fremden überraschen. [...] Wer aber vermöchte das Innere jener abseits gelegenen Viertel zu beschreiben, der Schlupfwinkel von Laster und Elend, welche die gewaltigen Paläste des Reichtums mit ihren abscheulichen Windungen umfangen und erdrücken? [...] Dort [in einem Sumpfgebiet] enden gewundene und enge Gäßchen, gesäumt von einstöckigen Häusern, deren schlecht zusammengefügte Bretter und zerbrochene Scheiben schon von weitem eine Art letzten Asyls ankünden, das der Mensch zwischen Elend und Tod bewohnen kann. Unter diesen elenden Behausungen befindet sich eine Reihe von Kellern, zu der ein halb unterirdischer Gang hinführt. In jedem dieser feuchten und abstoßenden Räume sind zwölf bis fünfzehn menschliche Wesen wahllos zusammengestopft [...]

Ein dichter schwarzer Qualm liegt über der

Stadt. Durch ihn hindurch scheint die Sonne als Scheibe ohne Strahlen. In diesem verschleierten Licht bewegen sich unablässig dreihunderttausend menschliche Wesen. Tausend Geräusche ertönen unablässig in diesem feuchten und finsteren Labyrinth. [...] Ständig drängt sich die Menge in diese Stadt, aber ihre Schritte sind hart, ihre Blicke zerstreut, ihr Ausdruck ist finster und roh [...]

Inmitten dieser stinkenden Kloake hat der große Strom der menschlichen Industrie seine Quelle, von hier aus wird er die Welt befruchten. Aus diesem schmutzigen Pfuhl fließt das reine Gold. Hier erreicht der menschliche Geist seine Vollendung und hier seine Erniedrigung: hier vollbringt die Zivilisation ihre Wunder und hier wird der zivilisierte Mensch fast wieder zum Wilden [...]

Aus: Tocqueville, A. de, Das Zeitalter der Gleichheit, Auswahl aus dem Gesamtwerk, hg. v. S. Landshut, Stuttgart 1954, S. 245–248

M 16 Fabrikarbeit in Gesellensicht

Der Handwerksgeselle Dewald beschreibt seine Wanderzeit in „Biedermeier auf der Walze“ (1837):

[...] War mir aber doch neu und bisher nit unterlaufen, daß ich nit beim Meister logieren sollte [...] Ist überhaupt in einer Fabrik, wie der hiesigen, anders als in einem meisterischen Hause und kein Zusammenhalt nit unter den Gesellen. Läuft jeder seinen Weg und dreht sich nit viel nach dem anderen. Eine zunftmäßige Aufführung ist überall unter den Kollegen nit zu finden und kein Umgang, wie unter ordentlichen Gesellen.

Zudem gefällt mir das Arbeiten nit, dieweil jeder den langen Tag die gleiche Arbeit verrichten muß und dabei das Ganze aus den Augen verliert. Muß wohl in einer Fabrik solcherweise geschehen, kann mich aber nit darein schicken und mein immer, ich triebe mein Gewerb nur halb [...] Wegen meiner Arbeit, die ich mit allem Fleiß tat, verlachten mich meine Mitgesellen und redeten einher, als es gerad recht, soviel wie möglich zu faulenzen. Der Pollak [Name des Unternehmers] sei ein Reicher und zahle schlecht genug.

Aus: Fischer, W., Quellen zur Geschichte des deutschen Handwerks, Göttingen 1957, S. 132

M 17 Fabrik aus Beamtensicht:

Moritz v. Mohl (1802–1888), ein Bruder des bekannteren Staatsrechtlers Robert: Über die württembergische Gewerbs-Industrie (1828):

[...] Die Arbeiter in den Spinnereien, wird man sagen, sind zu einer geisttötenden Eintönigkeit des Geschäftes verdammt. Es ist wahr, man wird von einem Gefühle der Verzweiflung ergriffen, wenn man sich in die Lage eines Arbeiters an einer Maschine... denkt, der ein ganzes langes Leben... das leblose Wesen bedient, das... dieselbe Bewegung millionenfach wiederholt... Allein... wie viele bisher mit der Hand betriebene Gewerbszweige sind von einer Einförmigkeit, die nichts übertrifft. Das Weben z. B. ist ein so einförmiges Geschäft...

Ich gehe auf einen zweiten Vorwurf über, welcher der Maschinenspinnerei gemacht worden ist. Man sagt von der verdorbenen Luft, von dem Qualme zersetzten Lampen- und Maschinenöls... – In den Sälen großer Fabrikanlagen ist in der Regel die Reinlichkeit größer und die Luft gesünder als in den Werkstätten der kleinen Gewerbsleute. Ein Zimmer, in dem ein paar Webstühle... den engen Raum mit einem alten großen Ofen, an welchem nach Familienbedürfnis Wäsche getrocknet wird, einem Tische, auf dem die Familie häusliche Arbeiten verrichtet, ißt, und die Kinder ankleidet, ... und zuweilen mit einem Bette teilen; eine Schlafkammer als Nebenzimmer, deren Fenster aus Holzersparnis nicht geöffnet werden, dies ist so häufig der Raum, in dem die Familie des Gewerbsmannes sich bewegt, in dem er mit seinen Gehilfen eine auf die Transpiration wirkende Arbeit verrichtet...

Die Maschinen erniedrigen den Arbeitslohn nicht. ... Zwölf Kreuzer ist in Württemberg ein Maximum, das mit Flachs- oder Hanfspinnerei [von Hand] in einem Tag zu verdienen schon eine seltene Übung bei einer erwachsenen Person voraussetzt, ... während eine erwachsene weibliche Person in Württemberg bei unvollkommenen Maschinen leicht 30 bis 36 Kreuzer... erwirbt.

Aus: Kocka, J., Mütter, B., (Hg.): Wirtschaft und Gesellschaft im Zeitalter der Industrialisierung. München 1984, S. 158–162 (stark gekürzt)

Lösungsversuche der Sozialen Frage

M 18 Harkorts „Bienenkorbbrief“ 1849

Unternehmerpionier Friedrich Harkort (1793–1880) aus Wetter/Ruhr: Offener Brief an seine Arbeiter (Mai 1849) – (Name nach dem Bienenkorb auf der Titelseite):

Verteilt die Habe, und das Land wird eine Armen-Kolonie, die ohne Kunst, Wissenschaft und Bildung der Barbarei anheimfällt! Gibt es nicht unter uns Fabrikherren, Handwerker und Bauern, die früher Arbeiter waren und sich emporgeschwungen haben durch Fähigkeit, Glück und des Fleißes Hände? Keinem unter Euch ist derselbe Weg verschlossen, wenn Ihr Euch tüchtig macht und es Gottes Wille ist, dessen Ordnung Ihr nimmer brechen könnt. Gönnt jedem Mitbürger das Seine und vergrabt Euer Pfund nicht, damit Ihr zu den Getreuen des Evangeliums gerechnet werdet. [...]

Es kann und darf nicht alles beim alten bleiben, vieles kann besser werden, wenn man es vernünftig angreift, nichts Unmögliches verlangt, und jeder seine Schuldigkeit tut. Da spricht man viel von Proletariern, ohne das Wort zu deuten. Einen Proletarier nenne ich den, welchen seine Eltern in der Jugend verwahrlost, nicht gewaschen, nicht gestriegelt, weder zum Guten erzogen noch zur Kirche und Schule angehalten haben. Er hat sein Handwerk nicht erlernt, heiratet ohne Brot und setzt seinesgleichen in die Welt, welche stets bereit sind, über anderer Leute Gut herzufallen, und den Krebsschaden der Kommunen bilden. Warum sorgen die Gemeinden nicht besser für die Ausrottung dieser Zuchthauskandidaten? Ferner heiß ich Proletarier: Leute, die, von braven Eltern erzogen, durch die Verführung der großen Städte zu Grunde gegangen sind; Wüstlinge und Zecher, die den blauen Montag heiliger halten als den Sonntag [...] Diese beiden Klassen bilden die echten Hilfstruppen der Aufwiegler, bestehend aus verdorbenen Schreibern, schlechten Rechnungsführern, Haarspaltern und Doktoren ohne Kranke, Judenjungen, weggejagten Militärs und allen Taugenichtsen, die ohne Mühe zu Ehren und Ansehen gelangen wollen! [...]

Nicht aber rechne ich zu den Proletariern den braven Arbeiter, dem Gott durch die Kraft seiner Hände und den gesunden Menschenverstand ein Kapital verlieh, welches ihm niemand rauben kann, es sei denn Krankheit und Alter. [...] Diesen ehrenwerten Leuten muß geholfen werden, durch Hebung der Gewerbe, Vorschußkassen, guten Unterricht für die Kinder und Sicherstellung gegen Krankheit und Invalidität.

Aus: Harkort, F., Schriften und Reden zu Volksschule und Volksbildung, hg. v. K. E. Jeismann, Paderborn 1969, S. 101 ff.

M 19 Aus dem „Kommunistischen Manifest" von Karl Marx und Friedrich Engels (1848)

[...] Die Kommunisten sind also praktisch der entschiedenste, immer weiter treibende Teil der Arbeiterparteien aller Länder; sie haben theoretisch vor der übrigen Masse des Proletariats die Einsicht in die Bedingungen, den Gang und die allgemeinen Resultate der proletarischen Bewegung voraus.

Der nächste Zweck der Kommunisten ist derselbe wie der aller übrigen proletarischen Parteien: Bildung des Proletariats zur Klasse, Sturz der Bourgeoisieherrschaft, Eroberung der politischen Macht durch das Proletariat [...]

Das Proletariat wird seine politische Herrschaft dazu benutzen, der Bourgeoisie nach und nach alles Kapital zu entreißen, alle Produktionsinstrumente in den Händen des Staats, d.h. des als herrschende Klasse organisierten Proletariats zu zentralisieren und die Masse der Produktionskräfte möglichst rasch zu vermehren. [...]

Mögen die herrschenden Klassen vor einer kommunistischen Revolution zittern. Die Proletarier haben nichts in ihr zu verlieren als ihre Ketten. Sie haben eine Welt zu gewinnen.

Aus: Marx, K./Engels, F., Ausgewählte Schriften in zwei Bänden, Bd. I, 1951, S. 23 ff.

M 20 Ferdinand Lassalle: Leipzig 1863

Offenes Antwortschreiben an das Zentralkomitee zur Berufung eines Allgemeinen Deutschen Arbeiterkongresses zu Leipzig (1. 3. 1863):

Lassalle (1825–1864) gehörte zum linksliberalen Flügel der Fortschrittspartei, der die Arbeitervereine in Sachsen zum Teil unterstützte. Das Leipziger Zentralkomitee forderte ihn auf, die Führung der deutschen Arbeiterbewegung zu übernehmen.

[...] Der Arbeiterstand muß sich als selbständige politische Partei konstituieren und das allgemeine, gleiche und direkte Wahlrecht zu dem prinzipiellen Losungswort und Banner dieser Partei machen. Die Vertretung des Arbeiterstandes in den gesetzgebenden Körpern Deutschlands – dies ist es allein, was in politischer Hinsicht seine legitimen Interessen befriedigen kann. Eine friedliche und gesetzliche Agitation hierfür mit allen gesetzlichen Mitteln zu eröffnen, das ist und muß in politischer Hinsicht das Programm der Arbeiterpartei sein. [...]

Das eherne ökonomische Gesetz, welches unter den heutigen Verhältnissen, unter der Herrschaft von Angebot und Nachfrage nach Arbeit, den Arbeitslohn bestimmt, ist dieses: daß der durchschnittliche Arbeitslohn immer auf den notwendigen Lebensunterhalt reduziert bleibt, der in einem Volke gewohnheitsmäßig zur Fristung der Existenz und zur Fortpflanzung erforderlich ist. [...]

Den Arbeiterstand zu seinem eigenen Unternehmer machen – das ist das Mittel, durch welches – und durch welches allein – wie Sie jetzt sofort selbst sehen, jenes eherne und grausame Gesetz beseitigt sein würde, das den Arbeitslohn bestimmt. Wenn der Arbeiterstand sein eigener Unternehmer ist, so fällt jene Scheidung zwischen Arbeitslohn und Unternehmergewinn und mit ihr der bloße Arbeitslohn überhaupt fort, und an seine Stelle tritt als Vergeltung der Arbeit: der Arbeitsertrag! Die Aufhebung des Unternehmergewinns in der friedlichsten, legalsten und einfachsten Weise, indem der Arbeiterstand durch freiwillige Assoziationen als sein eigener Unternehmer organisiert, [...] das ist die einzige wahrhafte, die einzig seinen gerechten Ansprüchen entsprechende, die einzige nicht illusionäre Verbesserung der Lage des Arbeiterstandes. [...]

Ebendeshalb ist es Sache und Aufgabe des Staates, [...] die große Sache der freien individuellen Assoziation des Arbeiterstandes fördernd und entwickelnd in seine Hand zu nehmen und es zu seiner heiligsten Pflicht zu machen, Ihnen die Mittel und Möglichkeiten zu dieser Ihrer Selbstorganisation und Selbstassoziation zu bieten. [...]

Das allgemeine und direkte Wahlrecht ist also [...] nicht nur Ihr politisches, es ist auch Ihr soziales Grundprinzip, die Grundbedingung aller sozialen Hilfe. Es ist das einzige Mittel, um die materielle Lage des Arbeiterstandes zu verbessern. [...]

Organisieren Sie sich als ein allgemeiner deutscher Arbeiterverein [...] Von dem Augenblicke an, wo dieser Verein auch nur 100000 deutsche Arbeiter umfaßt, wird er bereits eine Macht sein, mit welcher jeder rechnen muß.

Aus: Mommsen, W., Deutsche Parteiprogramme, München 1960, S. 298 ff.

M 21 „Enzyklika rerum novarum“ (1891)

Papst Leo XIII. (1878–1903) prägte mit seiner „Sozialenzyklika“ 1891 die katholische Soziallehre:

[...] Zunächst kann die religiöse Lebensauffassung, deren Hüterin und Lehrerin die Kirche ist, Besitzende und Nichtbesitzende miteinander versöhnen, indem sie nämlich beide Teile zu ihren wechselseitigen Pflichten zurückruft; vor allem kommen hier die Pflichten der Gerechtigkeit in Betracht.

Folgende Pflichten berühren den Lohnarbeiter: Er soll zu dem, was in seinem Arbeitsvertrag mit Freiheit und Gerechtigkeit abgemacht ist, voll und ganz stehen; er soll sich im Arbeitsverhältnis jeder Sachbeschädigung und auch persönlichen Verletzung des Arbeitgebers enthalten; bei der Wahrnehmung seiner Interessen soll er nicht zu den Gewalttätigkeiten greifen und Empörung anzetteln; er soll nicht gemeinsame Sache machen mit verbrecherischen Menschen, die in wohlgesetzten Reden das Blaue vom Himmel versprechen und schließlich ihren Gläubigen allzu späte Reue und die Scherben von Hab und Gut zurücklassen.

Folgende Pflichten gehen den Besitz und das Arbeitgebertum an: Man soll den Arbeiter nicht wie einen Hörigen ansehen; man soll in ihm jene persönliche Würde achten, die ihm als Christen eignet; ferner lehren uns die Natur und auch die christliche Philosophie, daß es keine Schande, sondern eine Ehre für den Menschen ist, einen Erwerbsberuf zu haben, da er ja die Möglichkeit verschafft, in Ehren den Lebensunterhalt zu sichern.

[...] Desgleichen ist zu fordern, daß den religiösen und geistigen Bedürfnissen des Lohnarbeiters Rechnung getragen wird. [...] Der Arbeitgeber soll den Arbeiter auch nicht über seine Gebühr belasten und ihm nicht Arbeiten geben, die entweder zu seinem Alter oder zu seinem Geschlecht nicht passen.

Zu den wichtigsten Verpflichtungen des Arbeitgebers gehört es aber, jedem ein gerechtes Entgelt zu geben. Gewiß wirken verschiedene Faktoren zur Bestimmung der gerechten Lohnhöhe zusammen, aber im allgemeinen mögen sich die Besitzer der Produktionsmittel und die Leiter der Unternehmungen erinnern, daß es weder nach göttlichem noch nach menschlichem Recht angängig ist, um des höheren Ertrags willen die Bedürftigen und Schwachen im Lohn zu drücken und so aus der Not der andern Kapital zu schlagen. Jemand um den geschuldeten Lohn zu bringen, ist fürwahr eine schwere Sünde [...]

[...] Daher mögen die verantwortlichen Staatslenker zuerst und vor allem durch den ganzen Aufbau der Gesetzgebung und der Verwaltung dahin streben, daß daraus von selbst das Wohlergehen der Allgemeinheit wie auch der Einzelnen erblühe. [...]

Aus: Gundlach, G., Die sozialen Rundschreiben Leos XIII. und Pius XI., Paderborn 1931, S. 19, 37

Arbeitsvorschläge

1. *Stellen Sie positive und negative Aspekte von Handel und Industrie zusammen, die die vier Autoren hervorheben (M 14–17)!*
2. *Beurteilen Sie die Tragfähigkeit des Begriffes „Fortschritt“ für den Übergang zur Fabrikproduktion (M 15–17)!*
3. *Ordnen Sie den Entstehungszeitpunkt der drei Texte in den jeweiligen historischen Rahmen ein (M 18–21)!*
4. *Vergleichen Sie die Lösungen unter den Aspekten: Ziel, Mittel, Rolle des Einzelnen und des Staates (M 18–21)!*

B 1870–1918

1871 trat das kleindeutsche Reich an die Stelle Preußens und wurde über Nacht stärkste Großmacht auf dem Kontinent. In einem Europa ohne Bündnisse wollte Bismarck Bündnislosigkeit möglichst lange erhalten, damit das 1870/71 geschlagene Frankreich keinen Bündnispartner finden würde. Nach dem Prinzip Machiavellis – der Nachbar ist der Feind, also ist der Nachbar des Nachbarn der Verbündete – lag aber ein Bündnis zwischen Frankreich und Rußland in der Logik traditioneller Machtpolitik. Nach dem Berliner Kongreß 1878 entschied sich Bismarck 1879 mit dem Zweibund für die kulturell und sprachlich näherstehende Donaumonarchie als Bündnispartner gegen Rußland, erweitert durch Italiens Beitritt zum Dreibund (1882). 1884/85 eröffnete Bismarck nur widerwillig Deutschlands Expansion in Übersee. Jedoch vertiefte er mit dem Kampf gegen „Reichsfeinde" (Katholiken, Polen, Sozialdemokraten) innere Spaltungen im Reich.

Europa vollendete seine Weltherrschaft, begünstigt durch Zersplitterung der übrigen Welt: Indien und China bildeten subkontinentale Machtvakuen. Das Osmanische Reich setzte seit Eröffnung der Orientalischen Frage (1774) lokale und regionale Aufstände frei und machte den Balkan zum großen Pulverfaß Europas. England vollendete die Eroberung Indiens (1856). Die Eröffnung des Suezkanals (1869) verkürzte den Seeweg nach Indien und mündete in den Wettlauf um die koloniale Aufteilung Afrikas. Die USA, größte Demokratie der Welt, vollendeten ihr „Manifest Destiny", den Kontinent zwischen Atlantik und Pazifik auszufüllen, mit wachsender Einwanderung und Industrialisierung. Im Spanisch-Amerikanischen Krieg (1898) begannen sie ihre weltpolitische Karriere, neben Japan als neuer überseeischer Flügelmacht des kommenden Weltsystems. Durch extensive Auslegung der Monroe-Doktrin festigten sie ihre indirekte Herrschaft über Lateinamerika und griffen über den Pazifik. Japan trat in den Kreis der imperialistischen Mächte durch Kriege gegen China (1884/85) und Rußland (1904/05) ein. Rußland vollendete seine Expansion zum Pazifik und zielte auf Indien sowie China.

Nachdem 1900 alle größeren Machtvakuen (bis auf China) ausgefüllt waren, kehrten Spannungen von der kolonialen Peripherie wieder ins europäische Zentrum zurück. Zwischen 1900 und den beiden Balkankriegen (1912/13) verschärften Krisen und Bündnisse die Spannungen, das Attentat von Sarajevo (28. 6. 1914) lieferte den Funken zur Julikrise 1914 und zum Ersten Weltkrieg.

Die Mittelmächte (Deutschland, Österreich-Ungarn, Osmanisches Reich, Bulgarien) erkämpften gegen die Triple Entente auf dem Kontinent ein Patt, unterlagen jedoch in Übersee und im uneingeschränkten U-Bootkrieg (1917/1918), der die USA in den Krieg zog. Nach Rußlands Ausscheiden im Gefolge seiner beiden Revolutionen 1917 entschied der Kriegseintritt der USA 1917 gegen die Mittelmächte. Ende 1918 brachen sie nach schweren militärischen Niederlagen in revolutionären Wirren zusammen. Das orthodoxe Rußland blieb überwiegend agrarisch und autokratisch. Als Reaktion auf die Niederlage im Krimkrieg wollte der Reformzar Alexander II. (1855–1881) mit der Bauernbefreiung 1861 die Grundlagen zur gezielten Industrialisierung von oben legen, verlagerte aber nur die internen Konflikte: Mit dem stürmischen Wachstum der Industrie wuchs in den Städten ein zahlenmäßig starkes Industrieproletariat heran. Da die Autokratie weder Gewerkschaften noch legale Parteien zuließ, reifte im Untergrund die Revolution heran, die nach zwei verlorenen Kriegen durchbrach – 1905 gegen Japan, 1917 gegen Deutschland.

1 Deutsches Kaiserreich, 1871–1918

Die Kaiserproklamation von Versailles am 18. Januar 1871. Das Gemälde von Anton v. Werner (2. Fassung von 1885) stellt abweichend vom tatsächlichen Vorgang, der nach zeitgenössischen Berichten prunklos und in Eile vor sich ging, Bismarck in den Mittelpunkt einer prachtvollen Zeremonie.

Zeittafel

1862	Bismarck preußischer Ministerpräsident (bis 1890)
1863	Allgemeiner Deutscher Arbeiter-Verein (ADAV) von Ferdinand Lassalle in Leipzig gegründet
1864	Deutsch-dänischer Krieg um Schleswig-Holstein
1866	Deutscher Krieg: Preußischer Sieg über Österreich bei Königgrätz/Sadowa und Verbündete; Annexionen vergrößern Preußen; Indemnitätsvorlage
1867	Norddeutscher Bund unter preußischer Führung: Wahlen zum Reichstag nach allgemeinem, gleichem Wahlrecht
	„Ausgleich" schafft Doppelmonarchie Österreich-Ungarn (bis 1918)
1870/71	Deutsch-französischer Krieg: Deutscher Sieg bei Sedan – Sturz Napoleons III.
1871	Reichsgründung: Kaiser Wilhelm I. (bis 1888)
	Pariser Kommune, 3. Französische Republik (bis 1940)
	Frankfurter Frieden: Abtretung Elsaß-Lothringens an Deutschland

1871–78 Kulturkampf gegen katholische Kirche und Zentrumspartei
1873 Weltwirtschaftskrise leitet „Große Depression" ein (bis 1895): „Gründerkrise" in Deutschland und Österreich-Ungarn
1875 Gründung der Sozialistischen Arbeiterpartei Deutschlands in Gotha
Krieg-in-Sicht-Krise wegen französischer Aufrüstung
Große Orientkrise auf dem Balkan (bis 1878)
1878 Berliner Kongreß: Serbien, Montenegro, Rumänien souverän; Österreich-Ungarn „okkupiert und administriert" Bosnien-Herzegowina
Sozialistengesetz (bis 1890)
1879 Zweibund Deutschland – Österreich-Ungarn (bis 1918)
Schutzzölle für Landwirtschaft und Industrie
1883–89 Bismarcks Sozialgesetzgebung
1884/85 Anfänge deutscher Kolonialpolitik
1888 Dreikaiserjahr: Nach Friedrich III. wird Wilhelm II. Kaiser (bis 1918)
1890 Sturz Bismarcks: Reichskanzler Leo v. Caprivi (bis 1894)
1891 Erfurter Programm der Sozialdemokratischen Partei Deutschlands (SPD)
„Alldeutscher Verband" extrem nationalistisch und antisemitisch
1896 Mädchen zum Abitur in Berlin zugelassen
1897 1. Zionistenkongreß in Basel fordert jüdische Rücksiedlung nach Palästina
1898 1. Flottengesetz: Bau einer deutschen Schlachtflotte
1900 Reichskanzler Bernhard v. Bülow (bis 1909)
1908 Regierungskrise nach Daily-Telegraph-Affäre Wilhelms II.
1909 Reichskanzler Theobald v. Bethmann Hollweg (bis 1917)
1912 SPD wird in den Reichstagswahlen stärkste Fraktion.
1913 „Zabern-Affäre": Nach Übergriffen des Militärs auf Zivilisten in Zabern (Saverne, Elsaß) spricht der Reichstag der Regierung sein Mißtrauen aus – vom Kanzler ignoriert

Eine Zwischenantwort auf die Deutsche Frage seit 1806 gab die Reichsgründung 1871, das folgenreichste Ereignis zwischen Wiener Kongreß und Erstem Weltkrieg: In der Mitte Europas entstand im kleindeutschen Reich eine Machtzusammenballung, die das bisherige Gleichgewicht im Europäischen System sprengte, verstärkt durch Wirtschafts- und Bevölkerungswachstum. Deutschlands Weg von Bismarcks Kontinentalpolitik zu Wilhelms II. Weltpolitik als deutsche Variante des modernen Imperialismus führte in den Ersten Weltkrieg, zum ersten deutschen „Griff nach der Weltmacht" (Fritz Fischer).

1.1 Reichsgründung und Reichsverfassung von 1871

1.1.1 Vorgeschichte der Reichsgründung, 1849–1867

Zu Recht bleibt die Reichsgründung von 1871 mit dem Namen Otto v. Bismarck verbunden. Der Sache nach aber führte er ältere Tendenzen fort: Nach dem Scheitern einer liberalen Reichsgründung „von unten" 1848/49 an inner- wie außerdeutschen Widersprüchen gelang ihm eine konservativ geprägte Reichsgründung „von oben", indem er die außenpolitische Konstellation im Europäischen System nach dem Krimkrieg nutzte.

England und Rußland hatten sich nach 1856 aus inneren wie äußeren Gründen (Sozialreformen und Expansion nach Übersee bzw. nach Ost- und Zentralasien) weitgehend vom Kontinent zurückgezogen. Im relativen Machtvakuum Mitteleuropas stand Frankreich der übermächtigen Deutschen Frage isoliert gegenüber. An ihrer Dynamik zerschellte 1870 das Zweite Kaiserreich unter Napoleon III.

Bismarcks Weg zur deutschen Einheit begann mit seiner Berufung zum preußischen Ministerpräsidenten 1862, mitten in einer Staatskrise. Die liberale Mehrheit im Abgeordnetenhaus verweigerte sich einer vom König gewünschten Heeresreform und legte über das verfassungsmäßige Budgetrecht die Regierung lahm. Der als ultrakonservativ geltende Junker aus der Altmark setzte sich über den Widerstand hinweg, indem er sich auf eine angebliche Verfassungslücke berief: Es sei nicht vorgesehen, daß die eine Kammer ein Gesetz ablehne und zugleich die andere Kammer, das konservative Herrenhaus, es unterstütze. Mit seiner „Lückentheorie“ stieß Bismarck zunächst auf scharfe Ablehnung der liberalen Parlamentarier, zumal er in seiner ersten Rede im Amt 1862 programmatisch erklärte, die „großen Fragen der Zeit“ würden nicht durch „Reden und Majoritätsbeschlüsse“ entschieden, sondern durch „Eisen und Blut“.

Bismarck wollte Preußen als europäische Großmacht stärken, was nur durch Annexion weiterer deutscher Gebiete möglich war, aber auf Österreichs Opposition im Deutschen Bund stieß. Englands und Rußlands relativen Rückzug vom Kontinent seit 1856 nutzte er, um alle Widerstände zu überspielen. Nationale Empörung erfaßte die deutsche Öffentlichkeit 1863, als die dänische Regierung Schleswig-Holstein annektieren wollte, ohne die traditionelle Sonderstellung dieser weitenteils deutschsprachigen Gebiete zu respektieren. Der Deutsche Bund führte Krieg gegen Dänemark (1864), die Vormächte Österreich und Preußen zwangen den kleinen Nachbarstaat zum Verzicht auf Schleswig und Holstein, die sie nun in einem Kondominium* gemeinsam verwalteten.

In dieser schwierigen Lage schürte Bismarck noch Spannungen unter den beiden Vormächten, die sich bald wegen der Zukunft dieser Territorien auftaten. Tiefere Ursache war sein Bestreben, Österreichs Vorherrschaft im Deutschen Bund zu beenden. Zuletzt suchte Preußen gegen Österreich und die verbündeten deutschen Mittelstaaten (u. a. Bayern, Hannover) die militärische Entscheidung. In der Schlacht von Königgrätz/Sadowa (1866) erlitt Österreich, das gleichzeitig von Italien angegriffen wurde, eine schwere Niederlage und schloß rasch den Prager Frieden, in dem es ohne eigene Territorialverluste gegenüber Preußen blieb. Venetien mußte es an Italien abtreten.

Doch setzte Bismarck gegen konservative Vertreter des dynastischen Legitimitätsprinzips*, das Preußen 1848/49 gegen die Revolution blutig verteidigt hatte, die preußische Annexion von Schleswig-Holstein, Hannover (Welfen), Kurhessen, Nassau und Frankfurt/Main durch. Bereits am Tag von Königgrätz 1866 hatte er das preußische Abgeordnetenhaus um „Indemnität“ (= Nichtverurteilung) ersucht, eine nachträgliche Billigung seines Verfassungsbruchs, und so die liberale „Fortschrittspartei“ gespalten. Ihr nationalliberaler Flügel gewährte einen „Generalpardon“, im Gegensatz zu den unnachgiebigen, linksliberalen Vertretern des parlamentarischen Prinzips. Seit 1867 gab es die Nationalliberale Partei neben dem „Fortschritt“ bzw. „Freisinn“.

An die Stelle des aufgelösten Deutschen Bundes trat am 1. Januar 1867 der Norddeutsche Bund, dessen Verfassung die Führung Preußens durch das Bundespräsidium (= preuß. König) und den Kanzler (= preuß. Ministerpräsident) festschrieb. Von den süddeutschen Monarchen hatte besonders der bayrische „Märchen-König“ Ludwig II. (1864–1886) Vorbehalte gegen die Aufgabe bayrischer Souveränität durch weitergehenden Anschluß, obwohl ihn auch die Wirtschaftskraft des dynamischeren Norddeutschen Bundes nahelegte (→ M 3). Die süddeutschen Staaten schlossen daher nur

Schutz-und-Trutz-(= Defensiv- und Offensiv-)Bündnisse gegen Frankreich. Das Kaiserreich Österreich mußte 1867 im „Ausgleich“ Ungarn faktische Souveränität mit eigenem Parlament und eigener Regierung zugestehen. Seitdem hielten nur noch die Personalunion unter Kaiser Franz Joseph I. (1848–1916) und einige gemeinsame Ministerien (Äußeres, Finanzen, Armee, Flotte) die k. u. k. Doppelmonarchie* Österreich-Ungarn als Konföderation locker zusammen.

1.1.2 Deutsch-französischer Krieg und deutsche Kaiserproklamation, 1870/1871

Napoleon III. konnte sich außenpolitische Prestigeverluste nicht leisten, ohne sein plebiszitäres Kaisertum* zu gefährden. Vom bisherigen Aufstieg Preußens fühlte sich Frankreich durch die neue mitteleuropäische Machtzusammenballung bedroht. Der Konflikt brach über der Spanischen Thronkandidatur aus: Nach einem Bürgerkrieg boten die siegreichen Monarchisten Spaniens 1870 einem Hohenzollernprinzen (aus der süddeutsch-katholischen Linie Sigmaringen) die Krone an. Frankreich forderte Verzicht auf seine Thronkandidatur, um einer Umklammerung durch Spanien und Deutschland zu entgehen. Nationalistische Stimmen beiderseits des Rheins trieben zum Krieg, den die Ministerpräsidenten Bismarck und Ollivier als für ihre Interessen vorteilhaft diplomatisch förderten. Bismarck gab die „Emser Depesche“, eine Mitteilung Wilhelms I. über einen Wortwechsel mit dem französischen Botschafter auf der Kurpromenade von Bad Ems, so verkürzt an die Presse weiter, daß der Eindruck einer Schmähung durch Frankreich eintrat. Daher erklärte Frankreich am 19. Juli 1870 Preußen den Krieg.

Die Armeen des Norddeutschen Bundes und der süddeutschen Monarchien (Bayern, Württemberg, Baden, Hessen-Darmstadt) unter preußischem Kommando des Generalstabschefs Helmuth v. Moltke (1800–1891) schlugen in wenigen Wochen das französische Heer. Die vereinigten Deutschen siegten so schnell, daß andere Großmächte nicht mehr eingreifen konnten. Ihr Erfolg bei Sedan am 2. September 1870 führte Napoleon III. in deutsche Gefangenschaft. Der „Sedanstag“ wurde später ein patriotischer Feiertag des Deutschen Reiches und festigte die Idee einer deutsch-französischen „Erbfeindschaft*“. Anstelle des gestürzten Kaisertums trat die 3. Französische Republik, die den Krieg fortsetzte, als die Deutschen die Abtretung Elsaß-Lothringens forderten.

Während des siegreichen Feldzuges erreichte Bismarck sein Hauptziel: Am 18. Januar 1871 im Spiegelsaal des Schlosses von Versailles bei Paris proklamierten* die versammelten deutschen Fürsten den preußischen König Wilhelm I. zum Deutschen Kaiser und gründeten so das Deutsche Reich, einen neuen Nationalstaat in Europa mit der Hauptstadt Berlin. Danach drängte Bismarck auf ein schleuniges Kriegsende. Am 28. Januar schloß die französische Provisorische Regierung Waffenstillstand und bot Friedensverhandlungen an. Von März bis Mai war sie zusätzlich geschwächt, als im belagerten Paris die „Kommune“ eine revolutionär-sozialistische Gegenregierung bildete, die Regierungschef Thiers unter den Augen der Deutschen niederwerfen ließ. Im „Frankfurter Frieden“ (10. 5. 1871) mußte Frankreich eine Kriegsentschädigung von 5 Mrd. Goldfrancs zahlen sowie unter dem Druck der deutschen Militärs und der Öffentlichkeit Elsaß-Lothringen bis zum Kamm der Vogesen abtreten. Dessen Bevölkerung sprach zwar vorwiegend einen deutschen Dialekt, empfand sich jedoch seit der Französischen Revolution mehrheitlich als Teil der französischen Nation. Als annektiertes „Reichsland“ ohne politische Rechte (Autonomie), erhielt Elsaß-Lothringen einen minderberechtigten Sonderstatus unterhalb der deutschen Bundesstaaten.

1.1.3 Reaktionen auf die Reichsgründung

In Deutschland traf die Reichsgründung auf breite Zustimmung in der Bevölkerung und rief Begeisterung gerade bei den Liberalen (→ M 1) hervor, die lange Zeit für ein „einig deutsches Vaterland" gekämpft und das Scheitern der Revolution 1848/49 erlebt hatten. Als zum Fürsten erhobener „Reichsgründer" genoß Bismarck den Zenit seines Ruhms. Doch Altkonservative in den Bundesstaaten bedauerten den Verlust vieler dynastischer Rechte an das neue Reich. Zu ihnen gehörte der preußische König selbst, den Bismarck in die nationale Pflicht nehmen mußte, der Kaiserkrone nicht durch Rücktritt auszuweichen. Auf dem linken Spektrum verurteilten die wenigen deutschen Sozialisten die herrschende Rolle von Adel und Militär und die Klassengesellschaft (→ M 2). Vielen Linksliberalen wäre ein von Volk und Parlamenten getragenes Reich lieber gewesen. Für den elitären Philsophen Friedrich Nietzsche (1844–1900) bedeutete das Bismarckreich den Durchbruch des Massenzeitalters, das sich, statt an Geist und Bildung, an Macht und Äußerlichkeiten berauschte. Er sah die „Exstirpation (= Ausrottung) des deutschen Geistes zugunsten des Deutschen Reiches" hellsichtig voraus.

In Frankreich saß der Schock über das „Debakel" tief: Bei nächster Gelegenheit sollte eine Revanche das verlorene Elsaß-Lothringen zurückholen. Die Zahlung der Kriegsentschädigung war dagegen schon 1873 schnell verkraftet. Österreich-Ungarn sah sich endgültig aus Mitteleuropa verdrängt und wandte seine Interessen nach Südosten auf den Balkan. Rußland hatte 1870 durch Aufmarsch an der Grenze die Donaumonarchie vom Eingreifen zugunsten Frankreichs abgehalten und damit wohlwollende Neutralität für das monarchische Preußen gezeigt. England begrüßte den Sieg des liberalen Preußen als Gegengewicht zum unruhigen Frankreich und autokratischen* Rußland, dessen Interesse an den türkischen Meerengen als Zugang zum Mittelmeer eine Konfliktlinie mit der führenden Seemacht schuf. Oppositionsführer Disraeli erkannte bereits tiefere Risiken der „deutschen Revolution" von 1871.

Schweizer Karikatur v. 1887

Italien nutzte den Krieg im Norden, um sich im September 1870 des Kirchenstaates und damit seiner erträumten Hauptstadt Rom zu bemächtigen, die seit 1849 französische Soldaten geschützt hatten. So war die nationale Einheit auch Italiens vollendet. Der politischen Öffentlichkeit Europas schien die kleindeutsche Lösung der deutschen Frage „von oben" akzeptabel zu sein und das internationale System vorerst zu stabilisieren. Preußen-Deutschland war stärkste Landmacht der Europäischen Pentarchie (= Fünferherrschaft).

1.1.4 Das Reich als eingeschränkt konstitutionelle Monarchie und Bundesstaat

Der erste Reichstag von 1871 übernahm die neue Reichsverfassung fast unverändert vom Norddeutschen Bund. Das Deutsche Reich war ein Bundesstaat mit 22 formal souveränen Fürsten und drei Freien Städten (Bremen, Hamburg, Lübeck). An der Spitze stand der Deutsche Kaiser, in Personalunion König von Preußen. Die Regierung bestand formal nur aus dem vom Kaiser ernannten Reichskanzler, dem Staatssekretäre als Leiter der Reichsämter unterstanden. Weitere Reichsorgane waren der Bundesrat als weisungsgebundene Vertretung der bundesstaatlichen Regierungen mit unterschiedlicher Stimmenzahl und der Reichstag, dessen Abgeordnete alle deutschen Männer über 25 Jahre in allgemeinen, freien, geheimen und gleichen Wahlen wählen konnten. In Wahlkreisen galt das Mehrheitswahlrecht mit einer Stichwahl. Dazu kam 1879 das Leipziger Reichsgericht, das allerdings kein Verfassungsgericht war. Ein Grundrechtekatalog fehlte bzw. war nur in den Verfassungen der Bundesstaaten enthalten.

Reichsgesetze und Budget bedurften der Zustimmung von Reichstag und Bundesrat. Einfluß auf die Regierungsbildung stand den legislativen Organen nicht zu, eine parlamentarische Verantwortlichkeit des Reichskanzlers gab es nicht, d. h., er benötigte keine Mehrheit im Reichstag. Erst seine Gegenzeichnung machte kaiserliche Anordnungen gültig. Faktisch war der Reichskanzler meist zugleich preußischer Ministerpräsident und hatte den Vorsitz im Bundesrat inne. Preußen besaß hier außerdem eine Sperrminorität gegen Verfassungsänderungen. Bundesrat und Kaiser befanden gemeinsam über den Kriegszustand, der Kaiser vertrat das Reich nach außen. Für Außenpolitik war der Reichstag nicht zuständig, woran er sich aber von Beginn an nicht hielt. Anfangs hatte das Reich außer Zöllen kaum Einnahmen und war auf „Matrikularbeiträge" der Bundesstaaten angewiesen. Die Gesetzgebung erstreckte sich vorwiegend auf das Straf-, Handels- und Zivilrecht (StGB 1871, BGB 1900) und vereinheitlichte auf nationaler Ebene und im liberalen Sinne die Währung (Reichsbank 1875), die Maße und das Postwesen. Der Kaiser führte den Oberbefehl über die Armee, ihm unterstand der Generalstabschef immediat (ohne Zwischenstellung des Kanzlers). Der Militärführung gelang es, den Militäretat auf einmal für 7 bzw. später 5 Jahre bewilligen zu lassen (Septennat bzw. Quinquennat). Die meisten öffentlichen Aufgaben lagen noch bei den Bundesstaaten, vor allem weitreichende Kompetenzen für Bildungs- und Justizwesen. Den süddeutschen Staaten blieben „Reservatrechte" wie eine eigene Post, im Frieden formal eigene Armeen und eigene diplomatische Vertretungen.

Zwar wirkte die Verfassung demokratisch durch das gleiche Wahlrecht, wie es 1871 kein anderes europäisches Land außer der Schweiz kannte, doch verblieben dem Kaiser erhebliche Vollmachten: Das Parlament hatte neben dem Budgetrecht nur geringe Kompetenzen, da das Reich kein parlamentarisches System* war wie England und Frankreich. Die politischen Parteien waren zu vielfältig gespalten, um die Regierung stark zu beeinflussen. Allerdings konnte kein Kanzler dauerhaft gegen den Reichstag regieren.

Für die Verfassung traten am meisten Nationalliberale und bismarcktreue Freikonservative (Deutsche Reichspartei) ein, mit Vorbehalten auch preußenbewußte Altkonservative (seit 1876 Deutschkonservative Partei) und die katholische Zentrumspartei. Die demokratischen Linksliberalen lehnten sie teilweise, die Sozialisten vollständig ab. Die genannten fünf Grundrichtungen prägten das deutsche Parteiensystem bis 1933. Sie hatten ihre typischen „Milieus*" als Wählerbasis, organisierten sich bis auf die SPD jedoch lange nur in Form von „Honoratiorenparteien*". Später suchten sie Verbindungen zu verwandten Interessenverbänden, um ihre politische Schlagkraft durch eine Massenbasis zu stärken, wie die Konservativen mit dem Bund der Landwirte (1893 gegründet) als Stimme der Agrarinteressen.

1.2 Innere Entwicklungen unter Bismarcks Kanzlerschaft, 1871–1890

1.2.1 „Gründerjahre" und „Große Depression"

Der gewonnene Krieg 1870/71 beschleunigte als Konjunkturlokomotive die Nachfrage nach Gütern und Investitionen, weiter angeheizt durch die französischen Reparationen. Über 40 neue Banken und 500 neue Aktiengesellschaften lenkten in der „Gründerzeit" Kapital in die Industrie. Doch im Oktober 1873 brach in der Weltwirtschaftskrise, ausgehend von den USA, schlagartig die überhitzte Konjunktur zusammen, in Deutschland und Österreich als „Gründerkrach" wahrgenommen. Auch im übrigen Europa verlangsamte sich das Wirtschaftswachstum, Unternehmensgewinne und Börsenkurse gingen zurück, besonders im führenden Industrieland Großbritannien.

Nach dem kräftigen Boom wirkte die Weltwirtschaftskrise auf die Zeitgenossen ernüchternd. Obwohl Industrieproduktion und Beschäftigung weiter anstiegen oder nur zeitweise stagnierten, kam die Rede auf von der internationalen „Großen Depression" (1873–1895). Auf das Ende des Fortschrittsoptimismus reagierten Politiker und Ökonomen, Gebildete und Besitzende mit Zukunftsängsten. Die Stimmung änderte sich erst ab 1895, als die ökonomischen Wachstumsraten wieder überall stiegen. Nur in Deutschland kletterten sie schon ein Jahrzehnt früher, so daß sich der bisherige Abstand zur britischen Wirtschaftsleistung langsam verminderte.

In den neuen Leitsektoren der „Zweiten Industriellen Revolution", Chemie (synthetische Farben, Pharmazie) und Elektrotechnik (Siemens, AEG), Feinmechanik und Optik, setzte sich die deutsche Industrie an die Weltspitze. Der ältere Kohlebergbau, Eisen- und Stahlerzeugung und Maschinenbau expandierten in den großen Industrieregionen Ruhrgebiet und Oberschlesien. Hoher Kapitalbedarf und verschärfter Wettbewerb verbanden Unternehmen zu Konzernen, Kartellen und Syndikaten*. Das „Ruhrrevier" geriet zum Inbegriff deutscher Schwerindustrie, Firmen wie Krupp, Thyssen, Hoesch, Klöckner und Mannesmann errangen Weltgeltung, das „Rheinisch-Westfälische Syndikat" (1893) kontrollierte die Steinkohlenproduktion. Typisch für die Ruhrkonzerne wurde der regionale Verbund von „Produktionsstraßen": Zechenförderung – Verhüttung – Weiterverarbeitung. Hier war der Arbeitskräftebedarf so hoch, daß mit der Ost-West-Wanderung neben ostdeutschen Landarbeitern auch zahlreiche Polen zuwanderten.

1.2.2 Zentrumspartei und Kulturkampf, 1871–1878

Die deutschen Katholiken waren eine Minderheit von gut einem Drittel, die schon vor 1848 ihre konfessionellen Interessen in der Politik geltend machten. Aus Mißtrauen gegen protestantisches Preußentum und liberale Kirchenferne entstand seit 1866/67 mit Hilfe des Klerus eine katholische Volksbewegung, die 1870 die Gründung der „Zentrumspartei" im preußischen Abgeordnetenhaus nach sich zog. Die Deutsche Zentrumspartei (1871) war sozial die einzige „Volkspartei*" im heutigen Sinn, denn sie repräsentierte vom Hochadel bis zu Kleinbauern und Arbeitern alle katholischen Schichten. Die römische Kirche widersetzte sich der um sich greifenden materialistischen oder evolutionistischen* Weltanschauung und immer noch den Wirkungen der „Ideen von 1789".

Obwohl das auf dem I. Vatikanischen Konzil (1870) verkündete Unfehlbarkeits-

Karikatur zum Kulturkampf (Chicago Press, 1875). Satan: „Was hast Du vor, Bis?"– Bismarck: „Diese Kirche zu zerstören" – Satan: „Das habe ich schon mein ganzes Leben lang versucht. Wenn es Dir glückt, werde ich Dir mein Vertrauen schenken."

dogma nur für päpstliche Dogmenentscheidungen „ex cathedra*" in Glaubens- und Sittenfragen galt, verstärkte es die Absage des „Syllabus errorum*" (= Liste der Irrtümer, 1864) an moderne politische Entwicklungen vom Liberalismus bis zum Sozialismus. Die rechtliche Liberalisierung der Gesellschaft im Deutschen Reich traf die Kirche im Eherecht und Bildungswesen, da sie an der Rechtsgültigkeit von bloß kirchlich geschlossenen Ehen, am Scheidungsverbot und am kirchlichen Einfluß auf Schulen und Universitäten festhielt. Im Reichstag propagierte das Zentrum als zweitstärkste Fraktion weitere spezifisch katholische Programmpunkte: Unabhängigkeit kirchlicher Institutionen, staatliche Sozialpolitik, Föderalismus*, also Festigung bundesstaatlicher Rechte gegenüber dem Reich, wovon sich eher katholische Staaten (Bayern) Vorteile versprachen. Führende Politiker waren der Mainzer Bischof Wilhelm v. Ketteler (1811–1877) und der Niedersachse Ludwig Windthorst (1812–1891).

1871 führten erste Spannungen zwischen Liberalen und Katholiken in der preußischen Kultusgesetzgebung zum „Kanzelparagraphen" im Reich, der die Erörterung politischer Angelegenheiten durch Geistliche in ihrer Amtsausübung unter Gefängnisstrafe stellte. Das preußische Schulaufsichtsgesetz entzog 1872 der Kirche ihren bisherigen Einfluß auf Volksschulen – auch gegen den Willen der protestantischen Kirche. Ferner wurde der Jesuitenorden verboten. 1873 gipfelte der „Kulturkampf" („Fortschrittler" und Arzt Rudolf v. Virchow) in den „Maigesetzen": Geistliche mußten ein „Kulturexamen" vor dem Staat ablegen und ein Studium an einer deutschen Universität nachweisen. Standesamtlich geschlossene Zivilehen wurden 1875 Pflicht, alle geistlichen Orden außer rein karitativen verboten. Da viele Priester und Bischöfe gegen Gesetze verstießen, kamen sie ins Gefängnis oder gingen ins Exil. Das katholische Kirchenvolk stand aber hinter den Geistlichen, die Stimmenzahl des Zentrums stieg in allen Wahlen so an, daß es stärkste Reichstagsfraktion wurde.

Bismarcks Motiv für den Kulturkampf lag in seinem Mißtrauen vor einem katholischen, „reichsfeindlichen" Sonderinteresse mit unberechenbaren Bindungen zum Ausland, zumal sich das Zentrum auch für die katholischen Polen im preußischen Osten einsetzte. Parteipolitisch schien ihm ein Parlament ohne Zentrum einfacher zu lenken. Als der Mißerfolg des Kulturkampfes unübersehbar wurde, nahm er den Papstwechsel 1878 von Pius IX. zu Leo XIII. zum Anlaß für ein Einlenken. Doch blieb die Trennung zwischen Staat und Kirche trotz Aufgabe der Kampfgesetze bis heute bestehen.

1.2.3 Abkehr vom Wirtschaftsliberalismus und Aufwertung der Konservativen, 1879

Zu den Überzeugungen des europäischen Wirtschaftsliberalismus* gehörte der Freihandel: Möglichst freier Warenaustausch zwischen den Staaten fördere Produktion und Wohlstand am meisten im Interesse aller. Zölle galten als Erbübel des überwundenen Merkantilismus. Seit 1873 konnte in Deutschland Roheisen zollfrei eingeführt werden. Nationalliberale und „Fortschrittler" unterstützten diesen Kurs. Aber im „Gründerkrach" gleichen Jahres zerbrach der klassische Wirtschaftsliberalismus. Große Industrieverbände koordinierten wirtschaftliche und politische Interessen: der Verein deutscher Eisen- und Stahlindustrieller (1874) und Centralverband deutscher Industrieller (1876). Einheimische Produzenten drängten darauf, ihren Absatz im Inland durch Schutzzölle vor ausländischer Konkurrenz zu schützen, Hinweise auf gefährdete Arbeitsplätze machten Protektionismus* auch für breitere Schichten populär. Besonders Roheisen und Eisenwaren sowie Textilien englischer Herkunft waren in freier Konkurrenz preisgünstiger als deutsche Erzeugnisse, so daß Branchenverbände den inländischen Markt vor Importen abschotten wollten, entgegen der weiter wirtschaftsliberalen Mehrheit der Fabrikanten.

1875 begann ein internationaler Verfall der Getreidepreise unter dem Druck zunehmend kostengünstiger Produktion in Rußland, den USA und Argentinien. Er traf die deutschen Großgrundbesitzer in „Ostelbien" besonders hart, weil die Verschuldung hier schon erheblich war und dennoch höhere Löhne die Abwanderung von Landarbeitern mindern mußten. Die traditionell staatstreue Schicht der „Junker", die immer der preußischen Armee Offiziere gestellt hatte, forderte Schutzzölle auf ausländisches Getreide und Vieh, 1879 gab der Staat nach. Hinter dieser Zollmauer stieg die Agrarproduktion, wenn auch die Beschäftigtenzahl im Agrarsektor weiter sank.

Die Industrie hatte eigentlich kein Interesse an durch Schutzzölle verteuerten Nahrungsmitteln. Dennoch entstand 1879 das Bündnis von „Roggen und Eisen", als Bismarck Schutzzölle für Landwirtschaft und Schwerindustrie im Reichstag mit den Stimmen der Konservativen, des Zentrums und einiger Liberaler durchbrachte. Die ökonomische Achse hielt trotz mancher Konflikte bis 1918. Parlamentarisch endete Bismarcks bisher nahezu reibungslose Zusammenarbeit mit den Nationalliberalen unter Rudolf von Bennigsen (1824–1902). Seitdem regierten die Reichskanzler mit wechselnden Mehrheiten, die sie sich nach Bedarf beim Zentrum oder den Nationalliberalen, vorübergehend auch den Linksliberalen holten. Den Kurswechsel von 1879 bezeichnete ein Historiker als „zweite, innere Reichsgründung" (H. Böhme), weil er die liberale Hoffnung auf eine weitere Stärkung des Parlamentes in weite Ferne rückte und den monarchisch-konservativen Charakter des Reiches festigte. Wer eine andere Politik als Bismarck wollte, galt als „Reichsfeind": anfangs Katholiken, zeitweise Linksliberale, stets jedoch nationale Minderheiten (Polen) und Sozialisten.

1.2.4 Sozialdemokratie, „Sozialistengesetz" und Bismarcks Sozialgesetzgebung

Nach Lassalles († 1864) Gründung einer Arbeiterpartei 1863 (ADAV) gewannen August Bebel und Wilhelm Liebknecht (→ M 2) über die SDAP (1869) Einfluß auf die deutsche Arbeiterbewegung. Bebel vertrat seit 1871 seinen sächsischen Wahlkreis im Reichstag. Anders als die „Lassalleaner" lehnten die „Eisenacher" Bismarcks Kriegs- und Annexionspolitik zur deutschen Einheit ab und verurteilten die Reichsgründung als „fürstliche Versicherungsanstalt gegen die Demokratie". Ihr Eintreten für Klassenkampf und Pariser Kommune trug Bebel und Liebknecht zwei Jahre Festungshaft wegen Hochverrats ein. Obwohl sie nur eine kleine Partei (1871 mit 3,2 % Wählerstimmen) vertraten, galten sie als gemeingefährliche „Reichsfeinde", zumal die Wirtschaftskrise Stimmengewinne brachte (1874: 6,8 %). Lohnsenkungen und Wohnungsprobleme in den Industriezonen trieben ihnen viele Arbeiter zu. 1875 schlossen sich „Eisenacher" und „Lassalleaner" in Gotha zur Sozialistischen Arbeiterpartei Deutschlands (SAP) zusammen. Immer mehr Streiks zum Schutz der Arbeiterinteressen ließen sich organisieren. Weil sich einflußreiche Unternehmer wie der Saarindustrielle („König") Ferdinand Stumm als „Herr im Hause" in ihren Betrieben gefährdet sahen, forderten sie staatliches Eingreifen gegen die „Umsturzpartei" und schoben die Schuld für die Absatzkrise der wachsenden Arbeiterbewegung zu.

1878 ging Bismarck in die Gegenoffensive (→ M 5). Er konstruierte einen Zusammenhang der Partei zu zwei mißglückten Attentaten auf den Kaiser und erwirkte so in

Karikatur aus der britischen Zeitschrift „Punch" vom 28. September 1878 zu Bismarcks Politik gegenüber den Sozialisten.

zwei Anläufen im Reichstag das Gesetz „wider die gemeingefährlichen Bestrebungen der Sozialdemokratie": Die Partei und ihr nahestehende Gewerkschaften, alle Veranstaltungen und jede Öffentlichkeitsarbeit in Literatur und Presse wurden verboten, aber, aus verfassungsrechtlichen Gründen, nicht die Beteiligung an Wahlen. Parteiarbeit fand nur noch im Untergrund, vom Exil her und in der Reichstagsfraktion statt. Doch bloße politische Unterdrückung beseitigte keine sozialen Probleme der Arbeiter, wie auch christlich-konservative und liberale Stimmen kritisierten. Um weiterer Staatsentfremdung des „Arbeiterstandes" entgegenzuwirken, brachte Bismarck eine für seine Zeit hochmoderne Sozialgesetzgebung auf den Weg. 1883 beschloß der Reichstag die Krankenversicherung, 1884 die Unfallversicherung, 1889 die Alters- (ab 70 Jahren) und Invalidenversicherung. Indem der Staat etwas für die Arbeiter tat, hoffte Bismarck auf einen Rückgewinn ihrer Loyalität, wenn auch die Leistungen anfangs noch gering ausfielen. Aber das schützende Eingreifen in den Arbeitsmarkt und die Zwangsfinanzierung der Sozialleistungen durch

Arbeitgeber und -nehmer korrigierten die liberalen Vorstellungen einer möglichst staatsfreien Wirtschaft. Der „Interventionsstaat*" regulierte zunehmend durch Wirtschafts- und Sozialgesetzgebung das freie Spiel der Kräfte.

Trotzdem wählten immer mehr Arbeiter sozialistisch, die Stimmenzahl kletterte von 437000 (Reichstagswahl 1878) auf 1427000 (1890). Das Scheitern der Bismarckschen Doppelstrategie „mit Zuckerbrot und Peitsche" gegen die Sozialdemokratie hatte seine Ursache im wachsenden Gefühl der Arbeiterschaft, am steigenden Wohlstand der Gesellschaft noch zu wenig teilzuhaben und zu geringe politische Mitsprache in den Parlamenten zu erhalten, zumal sie in Preußen weiter durch das Dreiklassenwahlrecht diskriminiert wurden. Dennoch dämpfte ihre Einbindung in den Sozialstaat durch spürbare Reformen politischen Radikalismus unter den Arbeitern und eröffnete die Möglichkeit von Reformen statt einer großen Revolution. Typisch für sozialdemokratische Funktionäre und Gewerkschaftler wurden klassenkämpferisches Auftreten und pragmatische Zusammenarbeit bei Reformen in Betrieben und Staat. 1891 gab sich die wieder zugelassene Sozialdemokratische Partei Deutschlands (SPD) das „Erfurter Programm" (→ M 6).

1.3 Das Reich im Europäischen System – Bismarcks Kontinentalpolitik

Bismarck war sich über die gefährdete Stellung des Deutschen Reiches im klaren und wollte einen europäischen Krieg mit deutscher Beteiligung verhindern. Deshalb erklärte er Deutschland 1871 für „saturiert" (= zufriedengestellt), ohne weitere expansive Ziele auf Kosten anderer, um sich die Zusammenarbeit mit allen Mächten zu eröffnen außer Frankreich, das den Verlust Elsaß-Lothringens nicht verwinden konnte, solange die „Reichslande" nicht wenigstens volle Autonomie erhielten. So suchte Bismarck zunächst seine Partner im ohnehin befreundeten zaristischen Rußland, dem Preußen mit der Alvenslebener Konvention bei der Unterdrückung des polnischen Januaraufstandes 1863 geholfen hatte, und beim 1866 geschonten Gegner Österreich-Ungarn. Als Vielvölkerstaat hatte es Interesse an stabilen Verhältnissen in Mitteleuropa. Trotz russisch-österreichischer Rivalität auf dem Balkan schlossen 1873 der Zar sowie der Berliner und Wiener Kaiser das „Drei-Kaiser-Abkommen" zur Garantie des Status quo in Europa. Frankreich führte schon 1875 eine Heeresreform und Aufrüstung durch, die deutsche Ängste schürten. Bismarck verlangte in der „Krieg-in-Sicht-Krise" deren Rücknahme, stieß damit aber auf die Grenzen deutschen Spielraums im Europäischen System: Rußland und England machten deutlich, daß sie einen Präventivkrieg gegen Frankreich nicht zulassen würden. Das „Kissinger Diktat" (1877) faßte Bismarcks Einsicht in die außenpolitische Situation des Reiches zusammen (→ M 4).

Chronische Unruhe ins Europäische System brachte der Balkan, denn die zunehmende Auflösung des Osmanischen Reiches erschütterte mit ihren Fernwirkungen ganz Europa. Aufstände in der Herzegowina und Bosnien sowie Niederlagen Serbiens und Montenegros, die zu Hilfe geeilt waren (1875/76), riefen den „großen slawischen Bruder" Rußland auf den Plan. Im 8. Russisch-türkischen Krieg 1877/78 siegte das Zarenreich mit rumänischer und bulgarischer Hilfe: Russische Soldaten standen vor Konstantinopel. Im Vorfrieden von San Stefano mußte die Türkei den Balkan fast vollständig räumen zugunsten Serbiens und des neugeschaffenen Großbulgarien als russischen Klientelstaaten.

Doch England widersetzte sich, weil es hinter der russischen Expansion auf dem Balkan das Ziel erkannte, die türkischen Meerengen zu beherrschen, um der Schwarzmeerflotte Zugang zum Mittelmeer zu verschaffen. Bismarck präsidierte als „ehrlicher Makler" einem Großmächtekongreß in Berlin (1878). Serbien, Montenegro, Rumänien wurden unabhängig, Bulgarien erheblich beschnitten, Österreich-Ungarn durfte Bosnien-Herzegowina besetzen. Rußlands öffentliche Meinung sah sich von Bismarck getäuscht und spekulierte bereits über ein Zusammengehen mit Frankreich, erst recht seit den deutschen Getreideschutzzöllen und dem „Lombardverbot" (Sperrung der Berliner Börse für russische Staatsanleihen) 1879. Zum Bündnis mit einer westlichen Republik mochte Rußland sich noch nicht entschließen, und Zar Alexander II. erneuerte nach einer Phase der Verstimmung das Drei-Kaiser-Bündnis 1881, das gegenseitige Neutralität bei Verwicklungen mit einer vierten Macht zusagte. 1879 sicherten sich Deutschland und Österreich-Ungarn im Zweibund (1879) als Defensivallianz gegen Rußland mit wohlwollender Neutralität. Italien trat dem Bündnis zum Schutz vor Frankreich bei (Dreibund 1882).

Seit 1885 entwerteten neue Spannungen auf dem Balkan über Bulgarien das Drei-Kaiser-Bündnis. Bismarck ersetzte es durch den geheimen Rückversicherungsvertrag mit Rußland (1887), um einen „Draht nach St. Petersburg" zu behalten und die Gefahr eines Zweifrontenkrieges zu vermindern. Der Vertrag legte gegenseitige Neutralität im Krieg mit Drittmächten fest, außer bei einem deutschen Angriff auf Frankreich und einem russischen auf Österreich-Ungarn. Im „ganz geheimen" Zusatzprotokoll unterstützte Deutschland ein russisches Ausgreifen auf die türkischen Meerengen, obwohl im gleichen Jahr mit Bismarcks Billigung Österreich-Ungarn, Italien und England in einer Mittelmeerallianz („Orientdreibund") die türkische Hoheit dort garantierten. Im Konfliktfall wäre Deutschland in arge Schwierigkeiten gekommen. Nur hoffte Bismarck mit hohem Risiko, die deutsche Außenpolitik werde alle Spannungen auf die Peripherie (= Randgebiete) fern von Mitteleuropa lenken können. Der Bündnisfall sollte durch das „System der Aushilfen" erst gar nicht eintreten. Bismarcks Außenpolitik blieb durchweg Kontinentalpolitik: Alle Aktionen – auch der Kolonialpolitik – standen unter der Leitlinie, keine Gefahren in der Mitte Europas heraufzubeschwören und Deutschland nicht durch Provokationen zu isolieren. Offen bleibt die Frage, ob Bismarcks Bündnissystem langfristige Stabilität garantieren konnte. Nach Bismarcks Entlassung 1890 verlängerte Deutschland den Rückversicherungsvertrag nicht, um einer möglichen peinlichen Bloßstellung zu entgehen.

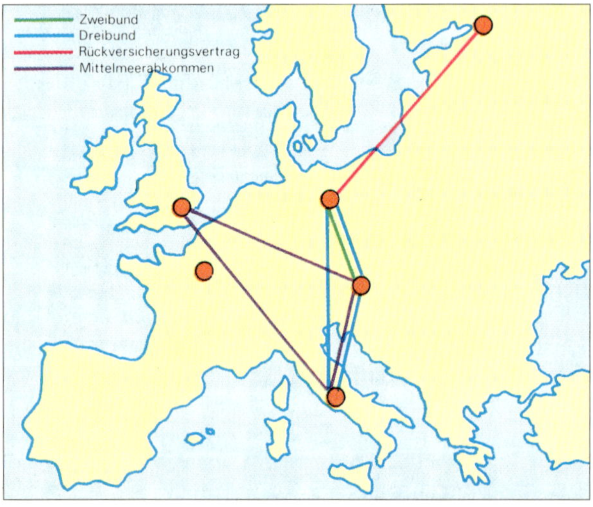

Das Bündnissystem Bismarcks (schematische Darstellung).

1.4 Das Wilhelminische Deutschland, 1890–1914

1.4.1 Kaiser Wilhelm II. und das „persönliche Regiment“

Das Jahr 1888 sah drei Deutsche Kaiser: Nach Wilhelms I. Tod folgte sein Sohn Friedrich III., der schon nach 99 Tagen an Krebs starb. Wegen seiner Vorliebe für England war er die Hoffnung reformwilliger Liberaler. Sein Sohn Wilhelm II. war 29 Jahre alt und verkörperte das junge, dynamische Deutschland, das mit Stolz auf die Leistungen der Nation schaute und große Erwartungen an die Zukunft hegte. „Herrlichen Tagen führe ich euch noch entgegen“, kündigte der gerne großspurig auftretende Kaiser an, um das Gefühl deutscher Stärke in der Welt auszudrücken.

Bisher war Bismarck Lenker der Reichspolitik mit Wilhelms I. Vertrauen gewesen. Den jungen, selbstbewußten Kaiser trieben neue Ideen um: Vor allem wollte er selbst regieren, sein „persönliches Regiment“, entgegen der Reichsverfassung, als eine Art kaiserlichen Neo-Absolutismus durchsetzen. So bemühte sich der neue Kaiser nach dem großen Streik von 90000 Ruhrbergarbeitern (1889) durch Entgegenkommen um das Vertrauen der Arbeiterschaft. An Bismarck vorbei regte er eine große sozialreformerische Offensive an und wandte sich gegen sein Vorhaben, das „Sozialistengesetz“ zu verschärfen. Hinzu kamen Differenzen über den künftigen außenpolitischen Kurs des Reiches: Während sich Bismarcks Kontinentalpolitik auf Mitteleuropa und Bewahrung des Erreichten konzentrierte, wollte der Kaiser mit seiner „Weltpolitik“ Deutschland zu einer tonangebenden Weltmacht erheben, wie bisher allenfalls England.

Die Gegensätze eskalierten in Bismarcks Entlassung (20. 3. 1890). Sein Nachfolger bis 1894 wurde General Leo v. Caprivi, dem die Autorität des „Reichsgründers“ fehlte, um seinen Modernisierungsplan durchzusetzen. Der Kaiser war entschlossen, von nun an dem Kanzler nur eine zweitrangige Rolle zuzuweisen.

Ständig griff Wilhelm II. mit impulsiven Anweisungen oder öffentlichen Meinungsäußerungen in die Politik ein, oft ohne Rücksicht auf innen- oder außenpolitische Realitäten. Sein persönlicher Stil verband Vorliebe für militärische Formen und Sprache mit starkem Imponiergehabe und spontaner Begeisterung für moderne Technik – „ein schmetternder Trompeter, der sich um die Fahrsicherheit der Karosse keine Gedanken machte“ (Stadelmann). Sein Stil fand viele Nachahmer und gab der Epoche des „Wilhelminismus“ den Namen: technische Perfektion, äußerlich imposanter Glanz (Modewort „kolossal“), Fortschrittsbewußtsein und Dynamik („mit Volldampf vor-

„Der Lotse geht von Bord“. John Tenniels Karikatur zur Entlassung Bismarcks (Originalunterschrift „Dropping the pilot“ im „Punch“ vom 29. März 1890) wurde zur berühmtesten, oft zitierten Bismarck-Karikatur.

aus“), ohne Verständnis für demokratische Ansprüche auf politische Mitbestimmung. Doch einige Blamagen stutzten Wilhelms II. „Regiment“ immer mehr. Tiefpunkt war seine „Daily-Telegraph-Affäre“ (1908), als er in einem Zeitungsinterview selbstherrlich England vor den Kopf stieß und so eine Regierungskrise auslöste.

1.4.2 Industrieboom und soziale Folgen

Schon in der „Großen Depression“ war das deutsche Wirtschaftswachstum im internationalen Vergleich beachtlich. Von 1896 bis 1913 steigerte ein fast ununterbrochener Boom die Produktion so stark, daß in vielen Branchen (neue Leitsektoren: Großchemie, Elektro, Maschinenbau) Deutschland an die industrielle Weltspitze rückte: So kamen 80 % der synthetischen Farben in der Welt 1913 aus deutscher Chemieerzeugung. Insgesamt lag das Deutsche Reich hinter den USA, aber schon vor England. Die Industrieproduktion wuchs von 1870 bis 1913 um mehr als das Fünffache. Zugleich stieg die Bevölkerung von 41 (1871) über 49 (1890) auf 67 Mio. (1914). Die Auswanderung nach Übersee hörte nahezu auf, weil es nur noch geringe Arbeitslosigkeit (um 2 %) im Reich gab. Das leistungsfähige Eisenbahnsystem (1913: 63 700 km) erreichte fast jeden Ort im Reich, erste Automobile waren zunächst noch Prestige- und Luxussymbole, während Straßen- und Untergrundbahnen (1863 in London, 1902 in Berlin) den städtischen Nahverkehr bewältigten. Der Außenhandel verdreifachte sich etwa von 1890 bis 1913. Im Weltmarkt konkurrenzfähig gewordene Branchen setzten auf den Export deutscher Produkte, deren Qualität die Aufschrift „Made in Germany“ anzeigte, und forderten, unterstützt von Kanzler v. Caprivi, die Rückkehr zum Freihandel. Sie hatten ihre politische Vertretung im Bund der Industriellen (1895) und teilweise den liberalen Parteien. Die Agrarlobby* verteidigte dagegen die Zollmauern über den Bund der Landwirte (1893), in dem ostelbische Großgrundbesitzer den Ton angaben.

In der Industrie verdoppelten sich die Beschäftigtenzahlen, zunehmend verrichteten Angestellte Verwaltungsaufgaben und Dienstleistungen. Für Frauen öffneten sich die Büroberufe, allerdings in untergeordneter Funktion (z. B. Schreibkräfte). Gesetzlicher Druck verbesserte die Arbeitsbedingungen. Obgleich die Mieten wegen Wohnungsknappheit anzogen, stiegen die Einkommen langsam bei gleichzeitig sinkender Arbeitszeit (1914: 9,5-Stunden bei Sechstagewoche). Wohnungen in den großstädtischen Mietskasernen waren häufig feucht und von geringstem sanitären Standard. Ein abgeschlossenes „bürgerliches“ Familienleben war meist unmöglich, zumal die Betten oft stundenweise an ledige „Schlafgänger“ untervermietet wurden. Alkoholismus und Kleinkriminalität griffen um sich. Staatliche Wohnungsreformpolitik zielte auf allmähliche Besserung und förderte die Ansiedlung von „Schrebergärten“ in den Vorstädten.

Starke regionale Unterschiede der Lebensverhältnisse verhinderten ein einheitliches Arbeiterbewußtsein. So konnte das Zentrum katholische Arbeiter großenteils an sich binden. Die meisten Arbeiter organisierten sich in der „Freien“ Gewerkschaft und in der SPD (1914 über 1 Mio. Mitglieder) und nutzten Angebote der „Arbeiterbildung“, um das marxistische Lehrgebäude der sozialistischen Arbeiterbewegung kennenzulernen. Viele Leser fand Bebels Buch „Die Frau und der Sozialismus“ (1883), das die sozialistische Utopie stark vereinfacht darstellte und – ungewöhnlich für die Zeit – für weibliche Gleichberechtigung eintrat. Da die Befreiung der Frau im Kapitalismus unmöglich sei, verschob sich allerdings der Zeitpunkt erhoffter konkreter Verbesserungen für die Unterdrückten in eine entfernte Zukunft nach dem „großen Kladderadatsch“, der systemsprengenden Revolution. Zur Unterschicht gehörten ferner Landarbeiter und

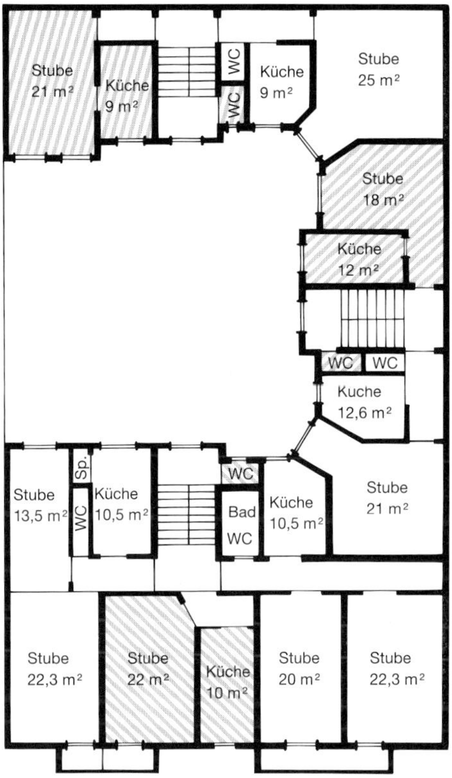

Grundriß einer „Mietskaserne" in Berlin um 1900.

Dienstboten. In wohlhabenden Haushalten dienten meist junge Mädchen bis zur Heirat gegen geringen Lohn. Zahlenmäßig ging diese Gruppe zurück, da die Industrie bessere Verdienstchancen bot. (→ M 7)

Auch die Oberschicht veränderte sich. Durch Bedeutungsverlust der Landwirtschaft verlor der im preußischen Nordosten nur grundbesitzende Adel (1900 nach F. Naumann „24 000 Köpfe") an Einfluß oder suchte über Investitionen und Heiraten Zugang zur bürgerlich-kapitalistischen Welt, wie die schlesischen Magnaten. In Militär, Diplomatie und Spitzenverwaltung verteidigten die Junker (→ M 8) zäh, aber mit sinkendem Erfolg ihre Bastionen. Häufige Nobilitierung von Bürgerlichen (Erhebung in den Adel, z. B. der Familie Siemens) schuf Brücken zwischen den oberen Schichten. Auch im höheren Bürgertum (Unternehmer, Großkaufleute) galt die Nachahmung adliger Lebensformen als fein. Außer „Besitz" bot akademische „Bildung" Zugang zum gehobenen Bürgertum; entsprechend geschätzt waren Professoren- und Doktortitel.

Zur nach Einkommen und Status weitgefächerten Mittelschicht zählte die wachsende Schar der Angestellten (1880 etwa 300 000, 1914 etwa 2 Mio. „Handlungsgehilfen" oder „Privatbeamte"). Mit lebenslangem Unterhaltsanspruch dienten Staatsbeamte, deren unbestechliche Vorschriftentreue sprichwörtlich wurde. Kritiklose Loyalität gegenüber Vorgesetzten ging mit striktem Pflichtgefühl einher. Ihre Selbständigkeit behaupteten viele Klein- und Mittelbauern, freie Berufe (Ärzte, Architekten, Anwälte u. a.) und Gewerbetreibende in Handwerk oder Einzelhandel. Alle nahmen am wirtschaftlichen Aufschwung teil, sorgten sich aber wegen der sozialistischen Gefahr von unten und des Wachstums der Industriekonzerne, das die kleineren Selbständigen bedrohte.

1.4.3 Politische Reformbestrebungen

Im Parteiensystem mit fünf Hauptrichtungen (vgl. S. 144) nahm die Stimmenzahl der SPD fast ständig zu, bis sie 1912 stärkste Fraktion im Reichstag wurde. Die Linksliberalen vereinigten sich 1910 neu in der „Fortschrittlichen Volkspartei" (FVP) um Friedrich Naumann (1860–1919).

Parlamentarismus: Im Kern großer verfassungspolitischer Debatten ging es um die Kompetenzen des Reichstages: Stärkung der Parlamentsmacht gegenüber dem Reichskanzler, mehr Einfluß auf Außenpolitik und Militärwesen waren die liberalen Forderungen, Erhalt der monarchischen Gewalt die konservative Devise. Das Zentrum stellte sich hier, anders als sonst, hinter die Liberalen. 1909 begann eine vorsichtige Zusammenarbeit zwischen Linksliberalen und SPD unter stärkster Mißbilligung aller anderen Parteien. Parteipolitische Zersplitterung verhinderte einen wirksamen parlamentarischen „Reformblock" über der Zabern-Affäre (vgl. S. 139), der von der Regierung Zugeständnisse hätte erzwingen können. Als 1913 erstmals „von Bebel bis Bassermann", also von der SPD zu den Nationalliberalen, eine Reichstagsmehrheit dem Kanzler ihr Mißtrauen aussprach, war das sensationell, blieb aber ohne Folgen.

Wahlrecht: Zwei Richtungen stellten das Wahlrecht in Frage: Die Linke forderte die Übertragung des allgemeinen, gleichen, direkten Reichstagswahlrechtes auf alle Bundesstaaten, besonders Preußen, nur die SPD auch die Ausdehnung auf die Frauen. Ferner sollten die Wahlkreise den seit 1871 veränderten regionalen Wohndichten angepaßt werden. Die Rechte, mit der zeitweise Bismarck sympathisierte, wollte in einer Art „Staatsstreich" das Reichstagswahlrecht zugunsten der konservativen und besitzenden Schichten einschränken, etwa durch ein Pluralwahlrecht, das ihnen mehrfaches Stimmrecht gab. In dieser Frage standen auch die beiden liberalen Parteien gegeneinander.

Sozialpolitik: Die Entwicklung zum Sozialstaat war seit Bismarck im Grundsatz nicht mehr strittig, das Ausmaß der Sozialleistungen um so mehr. Wilhelm II. regte anfangs einige Arbeiterschutzgesetze an („Lex Berlepsch" 1891 u.a.): Sonntagsruhe, besseren Frauen- und Jugendschutz, Verbot der Kinderarbeit unter 13 Jahren, Gewerbegerichte für Streitfälle im Arbeitsrecht. Da sie den Zulauf zur SPD nicht verringerten, versuchte der Kaiser mit einer „Umsturz-" bzw. „Zuchthausvorlage" (1894/1898) die polizeistaatliche Unterdrückung wieder einzuführen, scheiterte jedoch am Reichstag. Danach mehrten sich erfolglose Versuche einer „Sammlungspolitik" zur Bekämpfung der SPD. Die Arbeiter schrieben sozialpolitische Fortschritte mehr eigenem Kampf als dem Reformwillen des Staates zu, der auch Militär gegen Streikende einsetzte.

Gewerkschaften: Nach ihrer Wiederzulassung 1890 schlossen sich die sozialdemokratischen Gewerkschaften zur „Generalkommission der Freien Gewerkschaften Deutschlands" unter Carl Legien (bis 1920) zusammen, 1899 folgte ein wesentlich kleinerer „Gesamtverband der christlichen Gewerkschaften Deutschlands" als weltanschauliche Alternative. Kampfmittel der „Freien" waren Streiks, die in einigen Branchen erste Tarifverträge als bindende Arbeitsregelung auf Zeit erkämpften. 1914 waren die Ge-

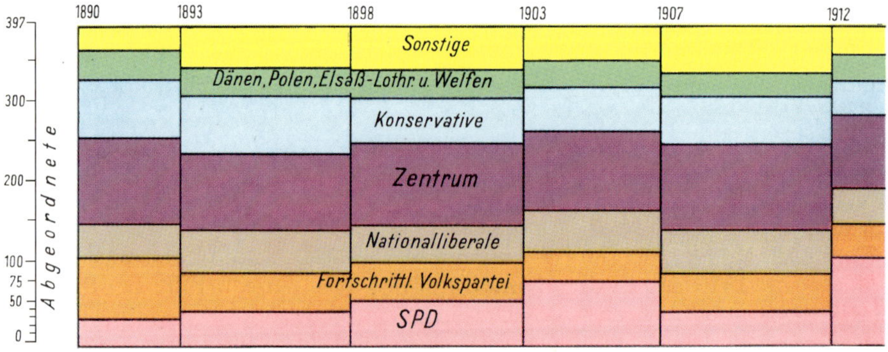

Parteien im Deutschen Reichstag 1890–1912.

werkschaften zwar noch längst nicht in allen Branchen anerkannt, ihre Funktionäre mit 2,5 Mio. Mitgliedern im Rücken aber vom Erfolg ihrer Reformarbeit überzeugt – ohne radikale Opposition zum Staat. Neben zahlreichen Detailverbesserungen wurde 1911 die reichsweite Rentenversicherung für Angestellte eingeführt, während eine Arbeitslosenversicherung erst in der Weimarer Republik (1927) zustande kam.

Höheren Belastungen der Wirtschaft, um sozialpolitische Reformen zu finanzieren, stand der Konkurrenzkampf auf dem Weltmarkt entgegen. Für ihre Interessen gründeten die Arbeitgeber eigene Verbände. Rüstungsausgaben des Staates erhöhten auch die Steuerlast der Unternehmer, doch allgemeine Begeisterung für „Weltpolitik“ sollte wenigstens weiteren Ausbau des Sozialstaats verhindern helfen.

Frauenfrage: Für mehr Frauenrechte trat eine organisierte Frauenbewegung seit 1848 ein. Freier Zugang zu höherer Bildung, Überwindung der vielen Berufsverbote und Reform des Eherechts, das den Mann bevorteilte, standen im Vordergrund. Aber die Ausdehnung der Erwerbsarbeit auf Frauen erzeugte neue Benachteiligungen um über die Hälfte geringeren Lohn, keine Aufstiegschancen. Gleichberechtigung der Frau in der Gesellschaft (volle Rechts- und Berufsfähigkeit, Wahlrecht) war lediglich in der SPD (in der Theorie!) unumstritten. Auch linksliberale Frauen mochten sich nur allmähliche Änderungen vorstellen. Sonst dominierte die traditionelle Rolle für „Küche, Kinder und Kirche“. Die sozialistische Frauenbewegung ordnete die weibliche Befreiung der vom Kapitalismus unter und organisierte sich in der SPD: Clara Zetkin (1857–1933) und Rosa Luxemburg (1870–1919) waren prominente Politikerinnen und Frauenrechtlerinnen.

Verbesserungen im Rahmen der bestehenden Ordnung erwartete die anwachsende bürgerliche Frauenbewegung (Louise Otto-Peters 1819–1895, Helene Lange 1848–1930). Der Bund Deutscher Frauenvereine, 1894 hervorgegangen aus dem Allgemeinen Deutschen Frauenverein (1865), steigerte seine Mitgliederzahl von 70000 auf 250000 (1914). Erst seit 1908 durften Frauen Mitglieder in Parteien sein.

Minderheitenprobleme: Im Reich gab es nationale Minderheiten vor allem an der französischen, danischen und polnischen Grenze. Härtere Germanisierungspolitik traf die Polen, gut 10 % der preußischen Untertanen. Schon 1873 wurde Deutsch einzige Unterrichtssprache in den Volksschulen und Amtssprache. 1886 sollte ein Kolonisationsgesetz zugunsten deutscher Siedler nach Bismarck „die Trichine des polnischen Adels aus dem Lande schaffen“. 1908 folgte ein antipolnisches Enteignungsgesetz in Preußen, das das verfassungsmäßige Eigentumsrecht aus nationalistischen Motiven eingrenzte. Hinter dieser Politik stand der Deutsche Ostmarkenverein, den „Ostelbier“ führten.

Die Elsaß-Lothringer blieben mehrheitlich bis 1914 auf Distanz zum Reich, wie die Wahl ihrer für Frankreich oder Autonomie eintretenden Reichstagsabgeordneten zeigte. Dagegen sollte die Reichsuniversität Straßburg seit 1872 die widerstrebende Bevölkerung für die deutsche Kultur „von oben“ gewinnen. Die Einführung begrenzter Autonomie 1911 kam zu spät, um noch zu wirken („Zabern-Affäre“ 1913).

1.4.4 Militarismus, Antisemitismus und Zionismus

Militarismus*: In Preußen waren Soldaten immer etwas Besonderes gewesen, ebenso im Kaiserreich nach 1871. Überall erinnerten Kriegerdenkmale an siegreiche Schlachten, in öffentlichen Feiern traten Veteranen und Kriegervereine auf. Idol war der schneidige, preußische Leutnant, der Status eines Reserveoffiziers hob das Ansehen, auch die Schule verherrlichte oft das Soldatentum. Offen gezeigter „Gesinnungsmilitarismus“ fand sich allerdings ebenso in Frankreich. Unter dieser gesellschaftlichen Oberfläche konnte das preußisch-deutsche Militär eine Sonderrolle behaupten: Der Kaiser betonte ständig seine Funktion als Oberster Kriegsherr, der Reichstag durfte das Militärbudget nur alle 7 bzw. 5 Jahre beeinflussen, die höchsten Kommandostellen wie der Generalstab unterstanden nicht dem Reichskanzler. Die militärische Kriegsplanung verlor mit der Flottenrüstung (ab 1898) und dem Schlieffenplan (1905) die politischen Folgen mehr und mehr aus den Augen. Typisch war die Äußerung des konservativen Reichstagsabgeordneten Elard v. Oldenburg-Januschau zur Machtfrage im Kaiserreich: „Der König von Preußen und der Deutsche Kaiser muß jeden Moment imstande sein, zu einem Leutnant zu sagen: Nehmen Sie zehn Mann und schließen Sie den Reichstag." (1910)

Militarismus als Durchdringung aller gesellschaftlichen Bereiche durch militärische Prinzipien war in erster Linie eine Frage der Mentalität, während die zur Bevölkerungsgröße relative Soldatenzahl, staatliche Rüstungsausgaben und die Waffenproduktion in Deutschland nicht höher als im übrigen Europa waren.

Antisemitismus*: Seit der Judenemanzipation 1812 während der Preußischen Reformen fielen Zug um Zug bis 1869 fast alle Beschränkungen für Juden weg. Ihre Integration in die moderne Gesellschaft (z. B. Zulassung zu allen Staatsämtern) war nahezu erreicht, als seit 1873 der moderne Antisemitismus aufkam, der die Verantwortung für die „Gründerkrise" jüdischen Spekulanten zuschob. Der evangelische Hofprediger Adolf v. Stoecker gründete 1878 in Berlin die erste christlich-antisemitische Partei. Im Siegeszug biologischer Kategorien verbreiteten sich judenfeindliche Ideologien, die im Judentum nicht eine andere Religion, sondern eine fremde „Rasse" in Konkurrenz zu den europäischen „Ariern" sahen (J. A. Graf v. Gobineau, „Die Ungleichheit der Menschenrassen" 1856). Houston St. Chamberlain (1855–1927) fand in den „germanischen Deutschen" die „höchststehende Rasse", die durch Vermischung mit den Juden ihre Überlegenheit zu verlieren drohe. Manche, die sich von der modernen Entwicklung beiseite gedrängt fühlten, suchten in den Juden eine Minderheit als Sündenböcke. Die Deutschkonservativen wandten sich im „Tivoli-Programm" 1892 gegen Juden als Lehrer und Offiziere. Doch viele deutsche Juden konnten sich gerade in den freien und Lehrberufen etablieren und gehörten zur obersten Gesellschaftsschicht (Hamburger Reeder Albert Ballin). Bis 1914 blieben die deutschen Antisemiten scheinbar eine Randerscheinung, während Vorurteile gegen Juden bis zur Reichsspitze (u. a. Wilhelm II.) vordrangen. Im Ersten Weltkrieg dienten 2000 deutsche Juden als Offiziere. Sammelbecken nationalistischer, imperialistischer und antisemitischer Aktivitäten im Deutschen Reich wurde der „Alldeutsche Verband" (seit 1891). Obwohl er maximal 40 000 Mitglieder umfaßte und am extremen Rande der Konservativen und Liberalen blieb, entfesselte er gegen die Regierung eine laute Propaganda, die sich nach 1911 auf Ausbürgerung von Juden, militärisches Losschlagen und ein „deutsches Mittelafrika" einschoß.

Karikatur von Olaf Gulbransson (1910). „... und dann müßt ihr bedenken, als Zivilisten seid ihr hergekommen und als Menschen geht ihr fort!"

Antisemitische Vorurteile offenbarte in Frankreich die Dreyfus-Affäre (1894–1906): In einem spektakulären Spionage-Prozeß verurteilte ein Militärgericht den jüdischen Offizier Alfred Dreyfus wegen Verrats an die Deutschen zur Verbannung auf eine karibische Gefängnisinsel. Neue Untersuchungen wiesen die Haltlosigkeit der Vorwürfe und antisemitische Motive nach.

Jüdische Auswege: Zionismus* oder Assimilation: Unter dem Eindruck massiver Pogrome gegen russische Juden als Reaktion auf die Ermordung Zar Alexanders II. (1881) und des Dreyfusskandals gründete der Wiener Journalist Theodor Herzl (1860–1904) die Zionistische Bewegung. Nach seiner Programmschrift „Der Judenstaat. Versuch einer modernen Lösung der Judenfrage“ (1896) forderte der 1. Zionistenkongreß 1897 in Basel jüdische Rücksiedlung in Palästina und einen Nationalstaat, wie ihn die europäischen Völker auch hatten. Unter den Juden war der Zionismus umstritten, da viele in Deutschland ihre Heimat sahen und sich lieber der modernen Gesellschaft über Assimilation anpaßten. Viele gaben auch ihre jüdische Lebensgewohnheiten auf. Ihre Organisation war seit 1893 der „Centralverein deutscher Staatsbürger jüdischen Glaubens“.

1.4.5 Bildungssystem und geistig-kulturelle Strömungen

1.4.5.1 Bildungssystem

Die hohe deutsche Leistungskraft basierte auf dem staatlichen Bildungssystem. Die achtklassige Volksschule vermittelte rund 90 % der Kinder einfache Bildung, Analphabetismus war verschwunden. Zugang zu Mittel- und höheren Schulen war schulgeldpflichtig und schloß völlig Unbemittelte in der Regel aus, mit Ausnahmen für Hochbegabte. Nur gut 2 % eines Jahrgangs (1900 etwa 9000 junge Männer) machten Abitur und hatten damit Aussicht auf fast sichere Karrieren. Die angeseheneren humanistischen Gymnasien legten ihren Schwerpunkt auf die alten Sprachen; Naturwissenschaften und moderne Fremdsprachen kamen in Realgymnasien und Oberrealschulen mehr zur Geltung. Mädchen waren schulpflichtig, doch der Zugang zum staatlichen Abitur folgte erst 1896 in Preußen (Berlin), zum Studium 1900 in Baden (Freiburg und Heidelberg).

Im lange zersplitterten Deutschland gab es viele Universitäten und Hochschulen. Ihre Abschlüsse galten untereinander als gleichwertig, Eliteuniversitäten wie in England und Frankreich waren unbekannt. Das System der Berliner Universität (1810) setzte sich überall durch: Forschung und Lehre waren frei, die Studenten genossen eine relativ freizügige Studienzeit und sollten selbständiges Denken durch Beteiligung an der Forschung lernen. Während der Studienzeit gingen die Studenten meist in eine akademische Verbindung oder Burschenschaft, deren „Farben“ sie offen trugen. Manche „schlagende“ Studenten pflegten als männliche Mutprobe den Säbelkampf, dessen vernarbte Spuren sie später stolz als „Schmisse“ im Gesicht zeigten. Politisch orientierten sich die Verbindungen stark nationalistisch.

Die deutsche Forschung errang Weltgeltung, im engen Kontakt zur Industrie. Mit der „Kaiser-Wilhelm-Gesellschaft“ (1911, heute „Max-Planck-Gesellschaft“) förderte der Staat naturwissenschaftliche Forschungsinstitute auf Spezialgebieten. Professoren genossen hohes Ansehen in der Gesellschaft, die deutsche Wissenschaft galt weltweit als vorbildlich, Deutsch war in vielen Disziplinen führende Wissenschaftssprache, fast wie heute Englisch.

1.4.5.2 Geistig-kulturelle Strömungen

„Darwin und der Affe". Englische Karikatur von 1880.

Im geistigen Leben prägten die Naturwissenschaften den Fortschritt, und in den Geistes- und Sozialwissenschaften herrschte fruchtbare Perspektivenvielfalt.

– Allseitiger Erkenntnisfortschritt ließ viele glauben, die Entschlüsselung aller „Welträtsel" sei nur eine Frage der Zeit und Sache der positivistischen* Wissenschaft, die alles Wirkliche meßbar erfassen und erklären könne („Monismus" des Biologen Ernst Haeckel). Einher ging die Ablehnung alles Metaphysischen und Mystischen. Stete Verbesserung menschlicher Lebensbedingungen wurde allgemeine Erwartung.

– Der biologische Darwinismus stand im scharfen Konflikt mit der religiösen Schöpfungslehre. Viele Gebildete lösten sich vom christlichen Glauben und übertrugen den Gedanken vom Überleben des Stärksten auch auf die menschliche Gesellschaft (Sozialdarwinismus). Zurückgehendes Bekenntnis zur Religion (Agnostizismus: lat. „agnosco" = „ich weiß nicht") verstärkte die Relativierung der traditionell-christlichen Moral.

– Geschichtswissenschaft und historische Bildung standen im höchsten Ansehen und verinnerlichten preußisch-nationale Werte (Heinrich v. Treitschke 1834–1896) oder bürgerlich-liberalen Fortschrittsglauben. Ereignisse der „großen Politik" interessierten mehr als Kulturgeschichte oder Volksleben. Zur Legitimation historischer Entwicklungen in Staat und Recht diente auch der Rechtspositivismus*: Was im Recht positiv Geltung hat, ist auch moralisch geboten.

– Den „bürgerlichen Idealismus" forderte die marxistische Geschichtsphilosophie heraus, deren materialistisches Unterbau-Überbau-Schema eine zwanghafte Folge historischer Stufen festlegte (vgl. S. 123). In Nationalökonomie (Verein für Socialpolitik ab 1872) und Soziologie (Max Weber 1864–1920) provozierte sie Theorien zur Rechtfertigung der bestehenden Gesellschaft sowie Reformvorschläge. Auf der Linken fand sich bis ins Utopische hinein ein Optimismus, der technische und soziale Fortschritt werde ein für alle menschenwürdigeres und von mehr Demokratie bestimmtes Leben möglich machen.

– „Kulturkritiker" beklagten den Materialismus der breiten Masse, die Gleichmacherei durch die liberale Demokratie, das „Seelenlose" der großen Städte, das „Unschöpferische" der Kunst und den fehlenden Sinn für das niveauvolle „Höhere" trotz „Bildungsphilisterei" der Zeit. Teils stammte die Kritik aus konservativ-christlicher Wurzel, teils verband sie sich mit romantischen Volkstums- oder Rasseideologien, die die deutsche Vergangenheit verklärten (Paul de Lagarde 1827–1891). Nach Nietzsches Visionen sollten „Geistesaristokraten" und „Übermenschen" jenseits der „Herden"-Masse die Zukunft gestalten. Andere, darunter viele Künstler, resignierten unter dem Gefühl, sie erlebten das Ende einer hochstehenden Kulturepoche („fin du siècle"), auf die mit Krieg und Revolution die „Barbarei" folgen werde. Nietzsches „Gott ist tot" zeigte an, daß das Christentum auch für viele nichtlinke Intellektuelle überholt war. Kennzeichnend war Julius Langbehns Buch „Rembrandt als Erzieher" (1890, 40 Auflagen in zwei Jahren): Mit deutschtümelnder Religiosität schwärmt er von „organischem Volksgeist" und „Macht des Blutes" im geniehaften Künstler. Politisch schwebt ihm ein mittelalterlicher Ständestaat vor, Lebensideal ist die „unverbildete" Jugend.

1.4.5.3 Alternative: „Wandervogel" und Jugendbewegung

Am 11. Oktober 1913 trafen sich auf dem Hohen Meißner im hessischen Bergland rund 2000 „Wandervogel"-Jugendliche und einige Erwachsene aus ganz Deutschland zum „Freideutschen Jugendtag". Die Versammelten bekannten sich zur „Jugendbewegung": „Die Freideutsche Jugend will aus eigener Bestimmung, vor eigener Verantwortung, mit innerer Wahrhaftigkeit ihr Leben gestalten. Für diese innere Freiheit tritt sie unter allen Umständen geschlossen ein." (Hepp: Avantgarde, S. 38) Die „Meißner-Formel" gab inhaltlich unklare Ansprüche auf eine von der Erwachsenenwelt autonome Jugendkultur wieder, die sich in Opposition zur wilhelminischen Gesellschaft fühlte. Seit den 1890er Jahren waren meist Gymnasiasten in ihrer Freizeit zu Tages- und Wochenendwanderungen in die freie Natur, weg von der streng disziplinierten Schul- und ungesunden Großstadtwelt, aufgebrochen. Unter sich, wetterfest, komfortlos (Zeltlager), alkohol- und nikotinfrei, mit eigenen Liedern und typischer „Kluft" suchten sie in der Natur das Gemeinschaftserlebnis in ihrer „neuen Lebensform". Unbeschwert von steifer Etikette (Erfahrung der Tanzschule), volkstümlich und edelmütig wollten sie sein. Mitbestimmung und Diskussionswille in Streitfragen gab es ebenso wie einen Autoritätskult um den meist etwas älteren „Wanderführer". Von Berlin-Steglitz aus verbreitete sich die Bewegung über ganz Deutschland. Auch Mädchen machten sich auf die Wanderschaft, wodurch die Debatte aufbrach, ob „Mischwanderung" statthaft sei. Als Ideal galt die natürlich-ungezwungene, aber sexualitätsfreie Kameradschaft. Obwohl es 1913 nur ca. 30000 „Wandervögel" gab, von denen dann etwa 7000 einen oft glorifizierten Kriegstod erlitten, durchliefen viele spätere Akademiker mit weitreichendem Einfluß auf die deutsche Pädagogik (Gustav Wyneken) diese Bewegung. Vor dem Kriege blieb sie politisch ohne eindeutige Zuordnung, ihre Nachfolger teilten sich später auf alle Lager auf mit Wirkungen in Hitler-Jugend und FDJ. Trotz Aufsässigkeit sah der Staat im „Wandervogel" auch Ansätze gegen Jugendverwahrlosung und für militärische Vorerziehung.

Heidelberger „Wandervögel" 1909 in der typischen „Kluft" der Bewegung. Mit Gitarre der Begründer Hans Breuer.

Wenn Gebäude mehr als bloße Zweckbauten sind, prägen Bauherren und -künstler absichtsvoll ihre architektonische Gestaltung. In das formal-ästhetische Streben nach Schönheit legen sie ihre epochentypischen Empfindungen: Mittelalterliche Dome im romanischen und gotischen Stil zeigen sich zur Glaubensstärkung symbolisch als „feste Burg Gottes" oder als prachtvoll-lichtes „himmlisches Jerusalem". Schlösser und Bürgerpaläste der weltlich orientierten Renaissance greifen antike Vorstellungen maßvoll-harmonischer Dimensionen um einen idealen, freien Menschen in der Mitte auf. Zentral ausgerichtete Schloßanlagen mit riesigen Gartenanlagen in Barock und Rokoko erfüllen Repräsentationsbedürfnisse absolutistischer Fürsten, auch zur Herrschaftssicherung.

Seitdem sich Parlamente bzw. „Nationen" als politische Souveräne durchsetzten, entstanden nationale Symbolbauten: Washingtoner klassizistisches Capitol (ab 1804), Londoner New Palace of Westminster (1840–52), Berliner Reichstag (1884–94). An nationale Schlüsselereignisse oder -gestalten erinnerten aus Spenden oder Steuern errichtete Baudenkmale: Das Hermannsdenkmal im Teutoburger Wald (1838–1875) sollte vom germanischen Römerbezwinger der (falsch georteten) Varusschlacht eine Traditionslinie zum deutschen Volk im 19. Jh. konstruieren, das sich der Franzosen erwehren mußte.

Nach dem Krieg von 1870/71 entstanden im Deutschen Reich zahllose Gefallenenehrenmale, die die Opfer mit der gewonnenen Einheit rechtfertigten. Häufig erweiterten sie die folgenden Generationen für die Gefallenen der Weltkriege, doch mit veränderter Sinngebung. Dem Reichsgründer Bismarck errichteten die Deutschen von 1890 bis 1914 über 300 monumentale Bismarcksäulen oder -türme, meist aus wuchtigen, rohen Steinen auf Höhen außerorts, die zum sonntäglichen „Pilgerziel" wurden. Die entrückte Stätte, oft nur mit schemenhafter Bismarckdarstellung, diente nationalistischer Schwärmerei besonders des wilhelminischen Bürgertums zu jährlichen Feiern und Feuerfanalen. Am bekanntesten wurde der Hamburger Bismarckturm, 1901 im Auftrag der Hamburger Bürgerschaft errichtet.

Leitfragen zur Deutung von Bauwerken: *Was ist über die Entstehungsumstände bekannt: Absichten der Auftraggeber, Bauzeit, Finanzierung, Widerstände? Gibt das Bauwerk Hinweise auf politische oder kulturelle Hintergründe seiner Verwendung?* Dazu kann der Besuch von Archiven Material erschließen (Projektarbeit).

Auch die Baugeschichte ganzer Städte oder Stadtteile kann Gegenstand eines Projekts werden. Neben herausragenden Bauten (Kirchen, Rathäusern u. a. Gemeinschaftshäuser) können Schüler und Schülerinnen die Wohnverhältnisse der Reichen und Armen an ihren Häusern untersuchen, stadtplanerische Absichten bei der Anlage neuer Viertel erkennen, Beziehungen zwischen Industriegewerbe und Umwelt erforschen. Über Architektur lassen sich so Alltags- und Herrschaftsverhältnisse rekonstruieren und ihre Wirkung bis in die Gegenwart einschätzen.

Oben: Die Walhalla bei Regensburg, errichtet von Leo v. Klenze. Baubeginn 1827, Einweihung 1842. König Ludwig von Bayern wollte „rühmlich ausgezeichneten Teutschen“ einen Ehrentempel des Vaterlandes schaffen. – Unten links: Das Niederwalddenkmal bei Rüdesheim am Rhein, 1871–1883 errichtet von J. Schilling. Auf 25 Meter hohem Sockel mit Reliefs zu Themen aus dem Krieg von 1870/71 steht ein Bronzestandbild der Germania. – Unten rechts: Das Hermannsdenkmal im Teutoburger Wald nahe Detmold. Erbaut von Ernst v. Bandel (Baubeginn 1838), eingeweiht von Kaiser Wilhelm I. 1875.

Drei Wertungen der Reichsgründung 1871

M 1 Aus einem Brief des nationalliberalen Historikers Heinrich v. Sybel an den Politiker Hermann Baumgarten (27. Jan. 1871):

[...] Wodurch hat man die Gnade Gottes verdient, so große und mächtige Dinge erleben zu dürfen? Und wie wird man nachher leben? Was zwanzig Jahre der Inhalt alles Wünschens und Strebens gewesen, das ist nun in so unendlich herrlicher Weise erfüllt.

Aus: L. Gall, Bismarck, S. 467

M 2 Der Sozialdemokrat August Bebel über eine Rede seines Parteigenossen Wilhelm Liebknecht in einer Debatte des Norddeutschen Reichstages Dezember 1870, in „Aus meinem Leben" (1910):

In dieser Debatte erregte eine Rede Liebknechts über die neue Verfassung und das neue Kaisertum Stürme der Entrüstung. Er warf einen Rückblick auf die deutschen Einheitsbestrebungen, die eine ganz andere Einheit Deutschlands als Ziel gehabt hätten als jene, die jetzt geschaffen werde. Diese sei ein Gewaltwerk von oben, über die sich die Fürsten verständigt hätten und zu dem der Reichstag einfach Ja sagen solle und müsse. Die Verfassung zeige, daß sie im Heerlager zu Versailles ihren Ursprung habe. [...] Das Hindernis einer wirklichen Einheit Deutschlands bilde das Haus Hohenzollern, dessen Interessen im Gegensatz zu denen des deutschen Volkes stünden. Die Krönung des neuen Kaisers solle man auf dem [Berliner] Gendarmenmarkt vornehmen, der das geeignete Symbol hierfür sei. Denn dieses Kaisertum könne nur durch Gendarmen aufrechterhalten werden.

Aus: A. Bebel, Aus meinem Leben, S. 332

M 3 Der bayrische König Ludwig II. (1864–1886) in einem Brief an seinen Bruder Prinz Otto (25. 11. 1870):

Ludwig II. bat im „Kaiserbrief" den preußischen König um Annahme der deutschen Kaiserkrone. Eine üppige Geldzuwendung Bismarcks gegen drohende Überschuldung wegen aufwendiger Lebensführung (Bau von Neuschwanstein) erleichterte dem „Märchenkönig" den Schritt:

[...] Ich erlebte mittlerweile recht viel Trauriges! Selbst der bayerische, monarchische Bray beschwor mich [...], so bald als möglich jenem König [Wilhelm] die deutsche Kaiserkrone anzubieten, da sonst die anderen Fürsten oder gar der Reichstag es tun würde. Könnte Bayern allein, frei vom [Norddeutschen] Bunde stehen, dann wäre es gleichgültig, da dies aber geradezu eine politische Unmöglichkeit wäre, da Volk und Armee sich dagegen stemmen würden und die Krone mithin allen Halt im Lande verlöre, so ist es, so schauderhaft und entsetzlich es immerhin bleibt, ein Akt von politischer Klugheit, ja von Notwendigkeit im Interesse der Krone und des Landes, wenn der König von Bayern jenes Anerbieten stellt; da, nachdem Bayern nun doch einmal aus politischen Gründen in den Bund muß, hinterher der nun doch nicht mehr fernzuhaltende Kaiser von mir bon gré mal gré [wohl oder übel] anerkannt werden muß. [...] Jammervoll ist es, daß es so kam, aber nicht mehr zu ändern [...]

Aus: H. Pross (Hg.), Die Zerstörung der deutschen Politik, S. 30 f.

Außenpolitik

M 4 Bismarcks außenpolitische Prinzipien

Das „Kissinger Diktat" (1877) entstand als Erfahrung aus der Krieg-in-Sicht-Krise (1875) und der Großen Orientkrise (1875–1878):

Ein französisches Blatt sagte neulich von mir, ich hätte „le cauchemar des coalitions" [= Alptraum von Koalitionen]; diese Art Alp wird für einen deutschen Minister noch lange, und vielleicht immer, ein sehr berechtigter bleiben. Koalitionen gegen uns können auf westmächtlicher Basis mit Zutritt Österreichs sich bilden, gefährlicher vielleicht noch auf russisch-österreichisch-französischer; eine große Intimität zwischen zweien der 3 letztgenannten Mächte würde der dritten unter ihnen jederzeit das Mittel zu einem sehr empfindlichen Drucke auf uns bieten.

In der Sorge vor diesen Eventualitäten [...] würde ich als wünschenswerte Ergebnisse der orientalischen Krisis für uns ansehn: 1. Gravitierung der russischen und der österreichischen Interessen und gegenseitigen Rivalitäten nach Osten hin, 2. der Anlaß für Rußland, eine starke Defensivstellung im Orient und an seinen Küsten zu nehmen, und unseres Bündnisses zu bedürfen, 3. für England und Rußland ein befriedigender Status quo, der ihnen dasselbe Interesse an Erhaltung des Bestehenden gibt, welches wir haben, 4. Loslösung Englands von dem uns feindlich bleibenden Frankreich wegen Ägyptens und des Mittelmeers, 5. Beziehungen zwischen Rußland und Österreich, welche es beiden schwierig machen, die antideutsche Konspiration [= Verschwörung] gegen uns gemeinsam herzustellen, zu welcher zentralistische oder klerikale Elemente in Österreich etwa geneigt sein möchten.

Wenn ich arbeitsfähig wäre, könnte ich das Bild vervollständigen und feiner ausarbeiten, welches mir vorschwebt: nicht das irgendeines Landerwerbes, sondern das einer politischen Gesamtsituation, in welcher alle Mächte außer Frankreich unser bedürfen, und von Koalitionen gegen uns durch ihre Beziehungen zueinander nach Möglichkeit abgehalten werden [...]

Aus: Stürmer, Michael (Hg.), Bismarck und die preußisch-deutsche Politik 1871–1890, München 1970, S. 100f.

Innen- und Sozialpolitik

M 5 Bismarcks Strategie gegen die Sozialdemokratie

5a) Aus einer Rede Bismarcks im Reichstag am 30.3. 1884; Bismarck verteidigt die Unfallversicherung vor allem gegen linksliberale Warnungen vor zu viel Staatseinfluß:

Für den Arbeiter ist das immer eine Tatsache, daß der Armut und Armenpflege in einer großen Stadt zu verfallen gleichbedeutend ist mit Elend, und diese Unsicherheit macht ihn feindlich und mißtrauisch gegen die Gesellschaft. Das ist menschlich nicht unnatürlich, und solange der Staat ihm da nicht entgegenkommt, oder solange er zu dem Entgegenkommen des Staates kein Vertrauen hat, da wird er, wo er es finden mag, immer wieder zu dem sozialistischen Wunderdoktor laufen [...] und ohne großes Nachdenken sich von ihm Dinge versprechen lassen, die nicht gehalten werden. Deshalb glaube ich, daß die Unfallversicherung [...] doch mildernd auf die Besorgnis und auf die Verstimmung der arbeitenden Klasse wirken wird. Ganz heilbar ist die Krankheit nicht, aber durch die Unterdrückung äußerer Symptome derselben, durch Zwangsgesetze, halten wir sie nur auf und treiben sie nach innen. [...] Nennen Sie es „sozialistische Gesetzgebung auf der Fortschrittsseite – ich ziehe den Ausdruck „christlich" vor. Der Sozialismus der Zeit der Apostel ging noch sehr viel weiter.

Aus: Bismarck. Die gesammelten Werke (Friedrichsruher Ausgabe) Bd. 12, S. 438f.

5b) In einem Interview der „Dresdner Nachrichten" zur Sozialdemokratie im Juli 1890 nach seiner Entlassung:

Er [Bismarck] habe die Absicht gehabt, die Befugnisse des Sozialistengesetzes dahin zu erweitern, daß an Stelle der Ausweisung die Verbannung trete. Damit habe er aber im Staatsministerium nicht durchdringen können. [...] Auf meine [des Interviewers] Frage, was wohl eintreten dürfte, wenn nach Ablauf des Sozialistengesetzes die Sozialdemokratie kühner vorgehe, erwiderte der Fürst: „Im letzten Grunde ist die Sozialistenfrage [...] eine militärische Frage. Wenn das Geschwür aufgegangen, kann man die Ausschreitungen ja mit Gewalt niederdrücken. Es tritt dann vielleicht an die Stelle des jetzigen kleinen Belagerungszustandes der allge-

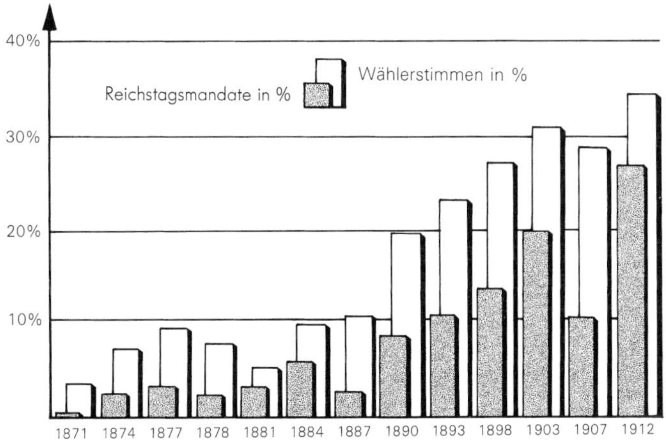

Wähleranteil und Reichstagsmandate der SPD 1871 bis 1912 in Prozent

meine, der Kriegszustand. Freilich geht das nicht auf die Dauer." [...]
Aus: Bismarck, Werke in Auswahl (VIII B): Rückblick und Ausblick 1890–1898, Nr. 31, S. 44

M 6 Erfurter Programm der SPD (1891)

Das Erfurter Parteiprogramm ersetzte das Gothaer (1875) nach dem „Sozialistengesetz":

Die ökonomische Entwicklung der bürgerlichen Gesellschaft führt mit Naturnotwendigkeit zum Untergang des Kleinbetriebes, dessen Grundlage das Privateigentum des Arbeiters an seinen Produktionsmitteln bildet. Sie trennt den Arbeiter von seinen Produktionsmitteln und verwandelt ihn in einen besitzlosen Proletarier, indes die Produktionsmittel das Monopol einer verhältnismäßig kleinen Zahl von Kapitalisten und Großgrundbesitzern werden. [...]

Immer größer wird die Zahl der Proletarier, immer massenhafter die Armee der überschüssigen Arbeiter, immer schroffer der Gegensatz zwischen Ausbeutern und Ausgebeuteten, immer erbitterter der Klassenkampf zwischen Bourgeoisie und Proletariat, der die moderne Gesellschaft in zwei feindliche Heerlager trennt und das gemeinsame Merkmal aller Industrieländer ist. [...]

Die Sozialdemokratische Partei Deutschlands kämpft also nicht für neue Klassenprivilegien und Vorrechte, sondern für die Abschaffung der Klassenherrschaft und der Klassen selbst und für gleiche Rechte und gleiche Pflichten aller ohne Unterschied des Geschlechts und der Abstammung. Von diesen Anschauungen ausgehend bekämpft sie in der heutigen Gesellschaft nicht bloß die Ausbeutung und Unterdrückung der Lohnarbeiter, sondern jede Art der Ausbeutung und Unterdrückung, richte sie sich gegen eine Klasse, eine Partei, ein Geschlecht oder eine Rasse.

Ausgehend von diesen Grundsätzen fordert die Sozialdemokratische Partei Deutschlands:

1. Allgemeines, gleiches, direktes Wahl- und Stimmrecht mit geheimer Stimmabgabe aller über 20 Jahre alten Reichsangehörigen ohne Unterschied des Geschlechts für alle Wahlen und Abstimmungen. Proportionalwahlsystem, und bis zu dessen Einführung gesetzliche Neueinteilung der Wahlkreise nach jeder Volkszählung. Zweijährige Gesetzgebungsperioden. Vornahme der Wahlen und Abstimmungen an einem gesetzlichen Ruhetage. Entschädigung für die gewählten Vertreter. Aufhebung jeder Beschränkung politischer Rechte außer im Falle der Entmündigung.

2. Direkte Gesetzgebung durch das Volk vermittels des Vorschlags- und Verwerfungsrechts. Selbstbestimmung und Selbstverwaltung des Volks in Reich, Staat, Provinz und Gemeinde. Wahl der Behörden durch das Volk, Verantwortlichkeit und Haftbarkeit derselben. Jährliche Steuerbewilligung.

3. Erziehung zur allgemeinen Wehrhaftigkeit. Volkswehr an Stelle der stehenden Heere. Entscheidung über Krieg und Frieden durch die Volksvertretung. Schlichtung aller internationalen Streitigkeiten auf schiedsgerichtlichem Wege.

4. Abschaffung aller Gesetze, welche die freie Meinungsäußerung und das Recht der Vereinigung und Versammlung einschränken oder unterdrücken.

5. Abschaffung aller Gesetze, welche die Frau in öffentlich- und privatrechtlicher Beziehung gegenüber dem Manne benachteiligen.

6. Erklärung der Religion zur Privatsache. Abschaffung aller Aufwendungen aus öffentlichen Mitteln zu kirchlichen und religiösen Zwecken. Die kirchlichen und religiösen Gemeinschaften sind als private Vereinigungen zu betrachten, welche ihre Angelegenheiten vollkommen selbständig ordnen. [...]

Aus: S. Miller/H.Potthoff, Kleine Geschichte der SPD, S. 312 ff.

M 7 Aus einem Bericht: „Die Lage der weiblichen Dienstboten in Berlin" (1902):

Wohnverhältnisse

Es hatten nach den Angaben der Dienenden:

ein besonderes Zimmer	227 = 52 %
einen anderen Raum	205 = 48 %

Von diesen 205 Dienstmädchen schliefen nach ihren eigenen Angaben:

128 auf einem Hängeboden,
27 in einer dunklen Dach- oder Treppenkammer, auf dem Boden etc.,
18 in einer Abteilung des Badezimmers,
15 in der Küche,
7 im Keller,
6 im Corridor,
3 in der Speisekammer,
1 in der Werkstatt.

Ein Dienstmädchen berichtet: Gestatten Sie, daß ich Ihnen auch auf Ihre Frage Antwort geben darf, da ich volle 16 Jahre im Dienste war, jetzt aber in ein Geschäft arbeiten gehe, was ich nicht bereue [...] Ich mußte früh $^{1}/_{2}$ 6 aufstehen, im Sommer wie im Winter. Aber da mußte man schon vollständig angekleidet sein und auch sein Bett gemacht haben. Das Ende der Arbeit war verschieden. [...] Oft habe ich bis spät in die Nacht gesessen und genäht, gestopft, gestrickt usw. Aufbleiben mußte man im Sommer sehr oft, wenn die Herrschaften im Garten saßen bis spät in die Nacht, dann mußte man noch Gläser, Flaschen, Decken und sonst was in die Wohnung tragen. Im Winter auch, z. B., wenn die Herrschaften im Theater waren, wurde erst spät Abendbrot gegesssen, und man mußte noch das Geschirr waschen [...] Auch bis nach Mitternacht hat man oft warten müssen, wenn die Herrschaften anderweit eingeladen waren [...]

Aus: G. A. Ritter/J. Kocka (Hg.): Deutsche Sozialgeschichte II, S. 258/9

M 8 Ein Engländer über die preußischen Landjunker (1912):

Der Landjunker blickte scheel auf den Fabrikanten herab als auf einen Händler, der etwas „verkauft", während doch der Landjunker selbst wenig mehr ist als ein Händler [...] Der Grundbesitzer handelt mit Getreide, Vieh, Schweinen, Gänsen und – was am wenigsten Segen bringt – mit einer schädlichen Art Alkohol. Selbst als Weidmann bleibt er oft genug Händler, denn mit dem starken wirtschaftlichen Sinn, der für seinen Stand charakteristisch ist, verkauft er in der Regel das Wild, das geschossen wird, und zwar billig.

Ein weiterer Punkt, in dem der Grundbesitzer bei einem Vergleich mit dem erfolgreichen Fabrikanten nicht vorteilhaft abschneidet, ist der niedrigere Lohn, den er seinen Arbeitern zahlt und der selten über das hinausgeht, was sie für die allernotwendigsten Lebensbedürfnisse brauchen. Andererseits produziert eine erstklassige Fabrik neue und wertvolle Waren, beschäftigt eine Anzahl hochintelligenter Arbeiter, erhöht dadurch den Wohlstand der Gemeinde und kann mit alledem einen ganzen Distrikt zur Blüte verhelfen. [...]

Die gesellschaftliche Anerkennung, deren sich dieser Landadel erfreut, ist [...] nicht wie in England ein freiwilliger Tribut von Achtung und Verehrung für den alten Adel und findet gewiß kaum eine Rechtfertigung in einer höheren Bildung des Herzens, des Geistes oder des Charakters, für die der auf der Verbindung mit dem Hof und der Armee beruhende Schliff kein vollgültiger Ersatz ist. Wenn daher gegenwärtig die reichgewordenen deutschen Industriellen so oft die Neigung zeigen, gering von ihrem eigenen Stand zu denken, den Adel für sich zu erwerben und sich in die vornehme Gesellschaft einzudrängen, so kann man das nur als eine der vielen verderblichen Formen der Reaktion bezeichnen [...]

Aus: S. Whitman, Deutsche Erinnerungen, in: Ritter/Kocka, a. a. O., S. 371

M 9 Eine Kellnerin im Berliner Kriegerverein

Ein junger Beamter lernt die Tochter einer wenig bemittelten Witwe kennen und heiratet das Mädchen trotz ihrer Armut. Nach fünfjähriger glücklicher Ehe begeht der Kriegerverein in Berlin, dem der junge Sekretär als ehemaliger Militär angehört, sein Stiftungsfest, und der Beamte führt seine junge, reizende Frau in den Familienkreis seiner einstigen Kameraden ein. Im Verlauf des Abends fängt er eine Bemerkung auf, die ein als Gast anwesender ehemaliger Vorgesetzter macht, und die dessen Verwunderung ausdrückt, daß in einer so „anständigen" Gesellschaft „auch Kellnerinnen" Zutritt fänden. Zur grenzenlosen Bestürzung des jungen Mannes weist jener dabei mit dem Finger auf seine [...] junge Gattin. Totenbleich fordert der Beamte den Gast zu einer Erklärung auf, der nun, erschrocken über das, was er angerichtet, nicht anders kann, als dabei zu bleiben, daß die von ihm bezeichnete Dame ihn früher längere Zeit in einem Restaurant [...] bedient habe. Die gänzliche Fassungslosigkeit seiner sofort von ihm unter vier Augen zur Rede gestellten Frau beweist dem Beamten, daß die Behauptung begründet ist – entrüstet, vernichtet, verläßt er das Fest.

Später gelang es wohl den Bitten der jungen Frau, ihren Mann zu beruhigen, aber der Wurm fraß weiter. Da sie damals [...] keine passende Beschäftigung finden konnte und ihre alte Mutter nicht darben lassen wollte, so hatte sie einige Zeit in ehrbarster Weise als Kellnerin gearbeitet! und nun wurde ihrem Mann zu allem noch nahegelegt, aus dem Verein auszuscheiden.

Aus: Grotthuß, Aus deutscher Dämmerung (1909), in: Ritter/Kocka, a. a. O., S. 415

Arbeitsvorschläge

1. *Erörtern Sie die verschiedenen Wertungen (M 1–3) der Ereignisse 1870/71 aus den politischen Standpunkten der Autoren!*
2. *Erörtern Sie Bismarcks Beziehung zum Sozialismus! (M 5) Bewerten Sie den Erfolg seiner Strategie mit Hilfe der Darstellung im Buch!*
3. *Beurteilen Sie das Verhältnis zwischen der Gesellschaftsanalyse und den Forderungen des Erfurter Programms! (M 6)*
4. *Ordnen Sie die in M 7–9 erwähnten Personen in die deutsche Gesellschaftshierarchie ein! Welche Merkmale und typischen Züge sind feststellbar?*
5. *Überprüfen Sie die Außenpolitik Deutschlands an den Aussagen Bismarcks im Kissinger Diktat (M 4)!*

2 Die außereuropäische Welt im 19. Jahrhundert

Landungsplatz einer deutschen Station in Ostafrika. Holzstich von Leutemann (um 1895).

Zeittafel

1757–1856	Nach Zerfall des Moghul-Reichs beherrscht England Indien (bis 1947)
1842	Niederlage Chinas im 1. Opiumkrieg gegen England
1854	Vertrag von Kanagawa: Amerikaner erzwingen Öffnung Japans
ab 1867	„Meiji"-Reformen: Beginn der Modernisierung Japans
ab 1869	Eröffnung des Suezkanals: Wettlauf um Aufteilung Afrikas
1878	Berliner Kongreß: Osmanisches Reich gerettet, aber Orientalische Frage verschärft
1885	„Indian National Congress": nach 1. Weltkrieg Keimzelle der indischen Nationalbewegung
1900	„Boxer"-Aufstand in China scheitert: Agonie der Mandschu-Dynastie
1911	Chinesische Revolution

Grundstrukturen der außereuropäischen Welt hatten sich gegenüber der Ausgangslage um 1500 wenig verändert: Vielfältige Fragmentierung hatte eher noch zugenommen, denn inzwischen lag das Chinesische Reich in den letzten Zügen seines letzten traditionellen dynastischen Zyklus seit 1644, der Eroberung durch die Mandschus. Dagegen nutzte Japan seine erzwungene Öffnung für den Welthandel durch die USA 1853 zur Modernisierung und Chinas Agonie zum Aufstieg als imperialistische Großmacht. Ähnlich bildeten Persien, Afrika und das Osmanische Reich riesige Machtvakuen, die die imperialistischen Mächte mit ihrer Expansion in Übersee sowie Rußland in Fortsetzung seiner traditionell kontinentalen Expansion nach Indien und China unterschiedlich ausfüllen wollten.

2.1 China und Japan, 1800–1918

2.1.1 China

Bis ins 19. Jahrhundert verstand sich China als „Reich der Mitte“, als zentrale Kultur der Menschheit und Mittelpunkt der Welt. Erst die Kanonenbootpolitik der Westmächte ab 1840 zerstörte diesen Mythos. Die Niederlage im „1. Opiumkrieg“ (1840–42), mit dem die Briten das Verbot des Opiumimports durch den chinesischen Kaiserhof beseitigten, offenbarte Chinas politische, ökonomische und technologische Rückständigkeit gegenüber dem Westen. Für die Briten war der Export ihres in Indien angebauten Opiums eine ihrer Haupteinnahmequellen, für China verstärkte das Opium den Geldabfluß ins Ausland und stürzte den Staatshaushalt an den Rand des Ruins. Daher hatte der Kaiserhof 1839 20 000 Kisten britischen Opiums vernichten und den Opiumhandel verbieten lassen.

Im ersten der „ungleichen Verträge“, dem Vertrag von Nanjing (1842), mußte China

China und Japan zwischen 1840 und 1914.

eine Kriegsentschädigung von 21 Mio. Silberdollar zahlen, England die bereits 1840 besetzte Insel Hongkong übereignen und einige Häfen für den europäischen Handel öffnen. Ein Zusatzvertrag sicherte 1843 den Briten erste Exterritorialrechte und eine Meistbegünstigungsklausel (sämtliche Privilegien, die dritten Ländern eingeräumt wurden, hatten zugleich Gültigkeit für Großbritannien). Das Zollwesen überwachten fortan europäische Konsuln. Die Niederlage leitete Chinas Agonie ein. Die westlichen Kolonialmächte glaubten, nun sei auch China für eine Aufteilung reif, da es nicht in der Lage war, dem Treiben der Fremden auf chinesischem Boden Einhalt zu gebieten. Nichtige Anlässe nutzten die ausländischen Mächte, um China ihren Interessen zu öffnen. Nach dem 2. Opiumkrieg, in dem Engländer und Franzosen den Kaiserlichen Sommerpalast in Peking plünderten, mußte China 1860 weitere Häfen für ausländische Kaufleute öffnen, die freie Befahrung des chinesischen Flußnetzes durch ausländische Schiffe dulden und den Hongkong gegenüberliegenden Landstreifen (Halbinsel Kowloon) an die Briten abtreten. Hinzu kamen die Errichtung einer englischen Gesandtschaft in Peking, die Ermöglichung des Landerwerbs und die Einrichtung einer speziellen Konsular-Gerichtsbarkeit für Engländer, die damit chinesischen Gerichten nicht mehr unterstanden. Ferner hatte China den Opiumhandel, die zollfreie Einfuhr ausländischer Textilien und die Zulassung christlicher Missionen im ganzen Land zu dulden und eine Kriegsentschädigung zu zahlen. Der Vertrag machte China zu einer „Halbkolonie“ (Lenin) und ermöglichte das ungehinderte Eindringen ausländischer Waren. Sie untergruben das einheimische Handwerk, Hunderttausende chinesischer Handwerker und Weber wurden arbeitslos.

Weitere „ungleiche Verträge“ verschafften Großbritannien, Frankreich, Deutschland, Japan und Rußland immer mehr Sonderrechte gegenüber China: Rußland erzielte zwischen 1858 und 1884 Landgewinne von 1,5 Mio. qkm. Deutschland okkupierte nach dem Mord an zwei deutschen Missionaren 1898 Teile der Halbinsel Shandong (Kiautschou mit dem Hafen Tsingtau, heute Qingdao) als „Schutzgebiet“. Seit dem Japanisch-Chinesischen Krieg 1894/95 beteiligte sich auch Japan an der Okkupation chinesischen Territoriums. Nach der Niederlage gegen Japan verlor China seine neu aufgebaute Flotte, die Insel Taiwan, das Protektorat über Korea und die Pescadoresinseln.

Die äußere Aggression verstärkte den inneren Verfall. Auf dem Lande hatte das rasche Bevölkerungswachstum seit dem 18. Jh. die Pro-Kopf-Anbaufläche verringert. Die je Familie zu bearbeitenden Parzellen wurden immer kleiner, so daß mehr und mehr Kleinbauern den selbständigen Ackerbau aufgaben. Die prekäre Lage der Hoffinanzen ließ die Steuerschraube anziehen und beschleunigte die Geldentwertung. Beide trafen besonders die ärmeren Schichten und verschärften die Misere, so daß eine Konzentration des Bodens in den Händen einer kleinen Zahl von Großgrundbesitzern das soziale Gleichgewicht zerstörte. Die Verarmung erheblicher Teile der Bauernschaft explodierte in großen Bauernaufständen. Der größte, der Taiping-Aufstand (1851–64), der ca. 30 Mio. Menschen das Leben kostete, richtete sich gegen die herrschende Dynastie und die konfuzianische Sozialordnung schlechthin. Die Taiping-Rebellen wollten mit einer Mischung traditionell chinesischer und importierter westlich-christlicher Elemente ein System der allgemeinen Gleichheit auf Erden schaffen. Sie enteigneten den Boden und verteilten ihn unter die arbeitsfähige Bevölkerung. Das „Reich des Himmlischen Friedens“ („Taiping“) war gleichsam eine Variante der Täuferrepublik in Münster von 1534/35, aber in chinesischen Millionen-Dimensionen. Erst mit Hilfe ausländischer Mächte gelang es dem Kaiserhof, den Taiping-Aufstand niederzuschlagen.

Die Niederlage gegen Japan verstärkte in Peking die Erkenntnis, daß nur noch einschneidende Reform- und Modernisierungsmaßnahmen seine Schwäche nach innen und außen überwinden könnten. Einige führende und weitsichtige Beamte bei Hofe versuchten 1898, den Kaiser zu Reformen des politischen Systems und einer wirtschaftlich-technischen Modernisierung zu bewegen. Jedoch scheiterten sie am Widerstand der starken Kaiserinwitwe Ci Xi und der von ihr repräsentierten großgrundbesitzenden Beamtenschaft (Gentry). Sie blockierte alle Reformen und ließ die führenden Reformer, soweit sie nicht ins Ausland fliehen konnten, hinrichten.

Nach dem Intermezzo der „Hundert Tage“ trieb 1900 der Yihetuan („Boxer“)-Aufstand das alte China endgültig in die Agonie: Die „Boxer“ standen in der Tradition chinesischer Geheimgesellschaften am Ende eines „dynastischen Zyklus“. Sie setzten sich vornehmlich aus landlosen Bauern und Tagelöhnern zusammen und richteten sich zunächst gegen die noch immer als landfremd empfundene Mandschu-Dynastie, zunehmend auch gegen die Plünderung einheimischer Rohstoffe durch die ausländischen Mächte, das verstärkte Eindringen von Missionaren und die Aufteilung Chinas durch die Fremden. Den Aufstand warf eine Streitmacht aus acht Ländern unter nominellem Oberbefehl des deutschen Generalfeldmarschalls Graf Waldersee blutig nieder. Die deutsche Expedition erlangte durch die Verabschiedungsrede des Kaisers („Hunnenrede“. Vgl. S. 205) traurige Berühmtheit.

Der neuerlichen Niederlage folgten weitere Konzessionen an ausländische Mächte und enorme Reparationszahlungen. Sie bewog die Kaiserinwitwe, der Einleitung vorsichtiger Reformversuche zuzustimmen, die allerdings weitgehend Makulatur blieben. Nach dem Tod des Kaisers und der Kaiserinwitwe 1908 wurde ein zweijähriger Prinz Chinas letzter Kaiser. Das Scheitern der Reformen und der weitere Verfall der Kaiserdynastie mündeten in die Revolution von 1911: Sie beseitigte die letzte Dynastie (Qing), und unter Führung von Sun Yat-sen wurde eine Republik ausgerufen. Yuan Shikai, ein hoher Militärführer, fiel der jungen Republik in den Rücken. Sein vergeblicher Versuch, sich zum neuen Kaiser ausrufen zu lassen, endete mit seiner Ermordung 1916. Bis 1927 zerfiel China in Herrschaftsbereiche regionaler Militärführer („Warlords“).

2.1.2 Japan

Der Niedergang des chinesischen Nachbarn trug dazu bei, daß Japan seine Rettung vor dem Eindringen ausländischer Mächte nicht in der Selbstisolation, sondern in Modernisierung durch Reformen sah. Um 1850 verfiel die Herrschaft der Tokugawa-Shogune unter ökonomischen Schwierigkeiten sowie innen- und außenpolitischem Druck: Währungsverfall, Verschuldung und fortschreitende Verarmung der Bauernschaft provozierten umfangreiche Landflucht, Unruhen und Aufstände in Stadt und Land. Die USA erzwangen den Vertrag von Kanagawa (1854). Er öffnete zwei Häfen für amerikanische Schiffe und sah die Zulassung eines US-Konsulats in Nagasaki sowie die Meistbegünstigung vor. Daraufhin setzten auch andere europäische Mächte die vertragliche Öffnung von Häfen sowie die Unterstellung der Ausländer unter die Gerichtsbarkeit ihrer Gesandten und Konsuln durch. So endete Japans jahrhundertealte Selbstisolierung.

Mit der Meiji-Restauration, benannt nach den Reformen in der Regierungsperiode des Kaisers (Tenno) Mutsuhito, der 1867 mit nur 16 Jahren den Thron bestieg (er gab sich und seiner Regierung den Namen „Meiji“ = erleuchtete Herrschaft), unterstützte der Tenno eine Gruppe im Ausland studierter junger Aufständischer, die Japan nach dem Vorbild des Westens in einen modernen und militärisch hochgerüsteten Staat umbauen wollten. Das feudale Lehenssystem verschwand, der Adel erhielt Ablösezahlungen, die er in Wirtschaftsunternehmen investierte. Anstelle der traditionellen Ständeordnung traten die Gleichheit aller vor dem Gesetz sowie Schul- und Wehrpflicht. Der Aufbau einer modernen Schwerindustrie legte den Grundstein für eine eigene Waffenproduktion. Maschinenimporte aus dem Westen regten den Aufbau einer modernen, exportorientierten Leichtindustrie an. Das notwendige Kapital beschafften hohe Steuerauflagen aus der Bauernschaft – ein Grund für weitere Verarmung auf dem Lande. Der gesellschaftliche Umbau endete mit der Verkündung einer Verfassung (1889), die Japan formal zur konstitutionellen Monarchie* mit einem Reichstag machte, obwohl die göttliche Position des Tenno erhalten blieb (bis 1945/46).

Das Ergebnis der forcierten Modernisierung war eine eigenständige Expansionspolitik nach außen: Japan wollte durch militärische Eroberungen einen Ring japanisch beherrschter Rohstofflieferanten und Absatzmärkte um sich ziehen, um es zur führenden Wirtschaftsmacht in Asien zu machen und Japan strategisch zu sichern. 1902 ging Japan ein Bündnis mit Großbritannien ein, das ihm Einflußsphären in Ostasien – Korea und Nordostchina (die Mandschurei) – einräumte. Beide Seiten schlossen ein Beistandsabkommen, sollte Japan sich in militärische Verwicklungen mit mehr als einer anderen Macht (Rußland) verstricken. So gewann Japan freie Hand zur Verdrängung der Russen aus der Mandschurei. Mit dem russisch-japanischen Krieg 1904/05 brachte Japan Rußland eine schwere Niederlage bei und stärkte seinen Einfluß in Nordostchina sowie in Korea: 1910 annektierte Japan die Halbinsel und behandelte Korea bis 1945 wie eine Kolonie. Der Sieg ermutigte zur weiteren Expansion in den asiatisch-pazifischen Raum vor und im Zweiten Weltkrieg.

2.2 Indien und Südostasien, 1757–1918

In Konkurrenz zu Frankreich füllte England, aus seinen frühesten großen Stützpunkten (Presidencies) Madras (1639), Bombay (1661) und Kalkutta (1690), das indische Machtvakuum, das der Zerfall des Moghul-Reichs seit der Sezession (Abspaltung) Bengalens (1740) eröffnet hatte, vom Sieg der East India Company bei Plassey unter Robert Clive (1757) bis zur Eroberung von Oudh (1856).

England praktizierte die klassische Kombination von direkter und indirekter Herrschaft: Staaten, die sich gewehrt hatten, verschwanden durch Annexion* in „Britisch-Indien“ im engeren Sinn; Maharadschas, die sich der überlegenen Macht beugten, behielten weitgehende innere Autonomie, aber unter Oberherrschaft (Suzeränität) der East India Company, nach dem Großen Indischen Aufstand (1857–58) der britischen Krone.

Die britische Herrschaft („Raj“) war Indiens vierte imperiale Einigung und währte am längsten, bis 1947. Mit ihr drangen Ansätze zur Industrialisierung und Modernisierung ein, vorsichtige Reformen (Verbot der Witwenverbrennung), auch zugunsten der Pariah, ohne das uralte Kastensystem anzutasten. 1857 gründete England in Madras, Bombay und Kalkutta erste Universitäten, um einheimisches Verwaltungspersonal heranzuziehen. Studenten waren Angehörige der oberen Kasten, meist Brahmanen, die sich so ihre traditionelle Führungsstellung auch im modernen Indien sicherten. 1885 schlossen sich Absolventen im „Indian National Congress“ (1885) zusammen, zunächst als reine Interessenvertretung der Oberschicht. Immerhin wurde der Nationalkongreß nach dem Ersten Weltkrieg Keimzelle zur indischen Nationalbewegung. In seine Indische Armee mit britischen Offizieren integrierte England als Berufssoldaten kriegerische Sikhs aus dem Punjab und Ghurkas aus dem benachbarten Nepal. Seine Machtstellung arrondierte es durch Unterwerfung Burmas in drei Kriegen (1824–86) und Anschluß an Britisch-Indien

Die Entwicklung Indiens bis zum Jahre 1763.

(1886). Indiens Verteidigung zu Wasser (Kontrolle der Meerenge von Suez) und zu Lande (über den Khaiber-Paß) wurde zentrales Ziel der britischen Außenpolitik bis zum Zweiten Weltkrieg. In Vervollständigung älterer Ansätze eroberte Holland sein Kolonialreich Indonesien und integrierte es durch niederländische Kultur und Sprache. Zwar kam es in der tropischen Kolonie zu keiner europäischen Massenansiedlung. Aber wie in anderen Kolonialbereichen spielten Mischlinge zwischen Europäern und Einheimischen eine bedeutende Rolle als soziale und politische Zwischenschicht.

Als Ersatz für Indien eroberte Frankreich ab 1858 Südvietnam und erzwang sein Protektorat über das chinesisch geprägte Kaiserreich Annam (1885) sowie die indisch geprägten Königreiche Laos und Kambodscha. Der Name der Kolonialföderation „Indochina" umreißt die Kreuzung chinesischer und indischer Faktoren in Frankreichs reichster Kolonie. Nun kam die französische Zivilisation hinzu. Vom neugegründeten Singapore aus, neben dem alten Malakka, setzte England sein Protektorat über muslimische Sultanate auf der Malayischen Halbinsel durch, die wie Indonesien und Vietnam Ziel einwandernder Chinesen wurde, so daß sich die Bevölkerungszusammensetzung weiter komplizierte. Dagegen behauptete Siam (Thailand) seine Identität, weil es expandierende Kolonialinteressen Englands und Frankreichs gegeneinander ausspielte.

2.3 Persien, 1499–1925

Aus der Eroberung durch den Islam 642–51 und dem Chaos seit dem Mongolensturm unter Dschinghis Khan 1220 hatte sich mit der Safaviden-Dynastie 1499/1500 die letzte persische Reichsbildung erhoben. Auf der Grundlage der traditionellen Schi'a (Bd. 1, S. 201 f.) definierte sich Persien neu als alternatives Heilszentrum des Islam, geriet aber sofort in Konflikt mit den ebenfalls expandierenden sunnitischen Türken des Osmanischen Reichs. Schon der Gründungsschah Ismail mußte eine schreckliche Niederlage gegen die überlegene osmanische Artillerie bei Tschaldiran 1514 hinnehmen. Es verlor prompt die strategisch wichtige Insel und Stadt Hormuz an die Portugiesen (1515), damit für über ein Jahrhundert die Kontrolle über den eigenen Fernhandel. Erst mit britischer Hilfe gelang die Rückeroberung von Hormuz (1622) und die vorübergehende Rückkehr als regionale Großmacht zwischen Indien, Arabien und dem Osmanischen Reich.

Schon ein knappes Jahrhundert später stürzte der verheerende Einfall von Afghanen die Safavidendynastie und Persien ins Chaos (1722). Ein Versuch zur Restaurierung der Sunna (vgl. Bd. 1, S. 201) in Persien scheiterte, provozierte jedoch die endgültige Abspaltung des kulturell persisch geprägten Afghanistan (1747). Jahrzehnte weiterer Wirren endeten mit der neuen Dynastie der Kadscharen (1794–1925), mit Teheran als neuer Hauptstadt, die ein Minimum staatlicher Zusammenfassung erreichte. Dennoch sank Persien zu einem Machtvakuum herab, das, wie üblich, seine Randgebiete an expandierende Machtzentren verlor, vor allem Georgien und Persisch-Armenien um Erewan an Rußland (1804–13, 1826–28). Ähnlich wie das Osmanische Reich in seinem Niedergang mußte Persien russischen Staatsbürgern Sonderrechte (Kapitulationen) einräumen (1828), anschließend auch britischen (1838). Im anhaltenden Chaos gab erst die „Kosakenbrigade" unter russischen Offizieren ab 1879 dem Land wieder eine zentrale Streitmacht, hauptsächlich zur Niederwerfung lokaler und regionaler Aufstände.

Trotz allem entwickelte sich in den großen Städten ein modernes Wirtschaftsbürgertum, das unter dem Eindruck der Revolution im benachbarten Rußland von 1905 eine erste Verfassung für Persien erzwang (1906), das fortan konstitutionelle Monarchie wurde. England und Rußland nutzten Persiens chronische Schwäche, sich 1907 auf seine faktische Teilung in Einflußsphären zu einigen, abgesichert durch Stationierung eigener Truppen – Rußland erhielt den Norden, England den Süden, während eine zentrale Zone mit Teheran „unabhängig" blieb. Der Süden war besonders wertvoll, da in Chusistan um Abadan riesige Erdölvorkommen, ausgebeutet von der Anglo-Persian Oil Company ab 1913, England die Möglichkeit gaben, seine Schlachtflotte auf Ölfeuerung umzustellen und sich seinen Vorsprung in der Flottenrüstung gegen Deutschland zu bewahren.

Im Zentrum verschärfte sich das Chaos durch Aufhebung der Verfassung (1908), worauf sich die Verfassungsbewegung bis zur sozialrevolutionären Verteilung des Landes radikalisierte. Nach Wiederherstellung des Parlaments (1909) warfen russische Truppen aus der Nordzone die Sozialrevolution nieder, aber Persien versank weiter in Anarchie. Im Ersten Weltkrieg versuchten deutsche Agenten, gestützt auf das prodeutsche Parlament, vergeblich, Aufstände gegen die Entente in der Südzone zu organisieren. In der anhaltenden Anarchie ergriff der Kommandeur der Kosakenbrigade Reza Khan mit einem Staatsstreich die Macht (1921), zunächst als Ministerpräsident (1923), dann Schah der letzten Dynastie Pahlewi (1925). Unter ihr begann Persien, dank verstärktem Zutritt zu den Ölschätzen im eigenen Land, die Modernisierung unter westlichen Vorzeichen, die indes neue innere Probleme aufwarf, die Opposition der fundamentalistischen Schi'a.

2.4 Afrika: Nord- und Schwarzafrika

Afrika blieb weitgehend getrennt – in den Norden als Teil der mediterranen, später muslimisch-arabischen Zivilisation und Schwarzafrika südlich der Sahara, das der Islam zunehmend vom Norden und Osten her prägte. Seit der Eroberung Ägyptens 1517 unterstand Nordafrika bis auf Marokko dem Osmanischen Reich, nach Westen mit abnehmender Intensität seiner Oberlehensherrschaft (Suzeränität). Im 19. Jahrhundert löste sie sich in Souveränitäten regionaler Herrscher in Ägypten, Libyen und Tunis auf, an deren Stelle die europäische Herrschaft trat, teilweise als koloniale Suzeränität mit Protektoraten* (Tunis, Ägypten, Marokko). Ägypten, seit 1804 unter der fast unabhängigen Herrschaft Mohammed Alis (bis 1849) spielte, wie stets, eine führende Rolle in der Vermittlung moderner Einflüsse nach Afrika.

Marokko behauptete sich gegen die Osmanen und eine Neuauflage der Kreuzzüge durch Portugal unter König Sebastian mit seinem Sieg bei Al-Kasr-al-Kabir 1578: Anschließend griff Marokko durch die Sahara nach Westafrika aus, zerstörte mit Songhai 1591 das letzte der drei großen westafrikanischen Reiche (Ghana, Mali) und hinterließ instabile Nachfolgestaaten. Marokkos kurzlebige Expansion begründete seinen postkolonialen Anspruch auf Mauretanien und die ex-Spanische West-Sahara, den Korridor zum Süden. Portugals Zusammenbruch und Eingliederung in Spanien (1580–1640) nutzten Araber aus Oman und Muscat (Arabische Halbinsel) zur Vertreibung der Portugiesen von der Ostküste Afrikas, die wieder fest in arabisch-muslimische Hände geriet.

Muslimische Reiche im Norden Schwarzafrikas, an der wandernden Kulturgrenze des Islams in der Sahelzone und an der Suaheliküste Ostafrikas dienten der Organisierung des Fernhandels. Meist exportierten sie Sklaven und Gold, importierten Konsumgüter aus traditionellen wie neuen Wirtschafts- und Machtzentren – Arabien, Indien, Persien, Europa. Zunächst hielten sich Veränderungen im Rahmen traditioneller Mechanismen und Strukturen, waren aber schon indirekt von Europa beeinflußt. So schlug die Dauerkrise des Islams nach der Niederlage der Osmanen vor Wien 1683 bis Schwarzafrika durch: Seit 1721 erkämpften sich islamische Erneuerungsbewegungen in „Heiligen Kriegen" (Jihad) regionale Reiche vom Gebirgsland des Djuta Fallon im Westen (Senegal, Guinea) über das Sultanat von Sokoto 1817 (Nordnigeria) bis zur Arabischen Halbinsel (Wahabbiten), Libyen (Senussi) und Sudan mit seinem kurzlebigen Mahdi Staat (1885–98).

Auf Dauer wichtiger wurden Entwicklungen an der Küste Westafrikas, denn sie bezogen das periphere Schwarzafrika in den neuen Weltmarkt Europas ein. Sozialgeschichtliche Wirkungen des Transatlantischen Sklavenhandels wurden dramatisch: Westafrika orientierte sich allmählich um, vom Hinterland seiner West-Ost-Achse der Savanne auf die Atlantikküste als Ausgangszone seiner Modernisierung. Stützpunkte der Europäer – Portugiesen, Holländer, Engländer, Franzosen, Dänen, vorübergehend auch Brandenburger – zogen Afrikaner aus dem Umland an, besonders an der Goldküste, wo es aus geographischen Gründen besonders viele Handelsforts gab. Dem Zusammenleben der Europäer mit Afrikanerinnen in Ehen afrikanischen Rechts entsprang eine Mischlingsbevölkerung in stadtähnlichen Siedlungen („towns"). Sie bot später Ansätze zur Europäisierung, anfangs durch die christliche Mission. Andererseits waren Küstenstädte Zentren des Transatlantischen Sklavenhandels. Dessen Verbot (Abolition) durch England 1807 wurde Schrittmacher europäischer Kolonialherrschaft. Schon im Vorfeld hatte der Abolitionismus, die Bewegung zur Abschaffung von Sklavenhandel und Sklaverei, die Kolonie neuen Typs Sierra Leone gegründet (1787), um freigelassene Sklaven aus den USA und England auf afrikanischem Boden anzusiedeln. Nach dem Verbot (1807) überwachte von Freetown aus ein englisches Geschwader ab 1808 seine Einhaltung. Von

Sklavenschiffen befreite Sklaven, meist Ibo oder Joruba aus Südnigeria, erhielten in Sierra Leone eine neue Heimat. Soweit sie nicht schon Muslims waren, wurden sie Christen.

Nach dem Verbot auch der Sklaverei im Britischen Empire (1834/38) wanderten christliche ex-Sklaven auf Schiffen die Küste entlang, auf der Suche nach ihrer verlorenen Heimat. Viele „Sierra Leoneans“ ließen sich an der Westküste nieder, bis ins Inland der Joruba. Manche forderten britische Soldaten zu ihrem Schutz an, um nicht wieder versklavt zu werden. Als Kaufleute, Rechtsanwälte, Ärzte und Angestellte in der Kolonialverwaltung begrüßten sie die Ausdehnung der britischen Herrschaft, um an ihr gleichberechtigt teilzuhaben. So sind Anfänge der Kolonialexpansion Englands mit dem Kampf gegen den Sklavenhandel verknüpft, vor allem die Besetzung des größten westafrikanischen Sklavenhafens Lagos 1851 und seine Annexion 1861; ferner die Beherrschung Ashantis, eines sklavenjagenden Königreichs, als Protektorat (1874) und durch Annexion (1901).

Im Innern Schwarzafrikas hatte das Verbot des Sklavenhandels gravierende Folgen: Als Alternative zu Sklaven trat, von England gefördert, der „legitimate trade“. Tropische Agrargüter fanden Absatz auf den wachsenden Industriemärkten Europas – Palmöl (für Schmierfette, Seifen, Margarine), Kopra (Viehfutter), Kakao, Erdnüsse. Jedoch entstand ein massiver Rückstau an Sklaven: Innerafrikanische Kriege, die oft nur der Produktion von Sklaven für den Transatlantischen Sklavenhandel gegolten hatten, endeten teilweise wieder mit dem traditionellen Massaker auf dem Schlachtfeld. Überlebende dienten einheimischen Herrschern als Sklaven auf Plantagen zur Produktion für den „legitimate trade“, ähnlich wie schwarze Sklaven weißen Sklavenhaltern in der Neuen Welt. Die innerafrikanische Sklaverei dehnte sich explosionsartig so aus, daß die neuere Forschung den Anteil innerafrikanischer Sklaven am Vorabend der europäischen Kolonialherrschaft auf ca. 40% der Bevölkerung schätzt.

Die Weltwirtschaftskrise von 1873 gab der Kolonialexpansion neuen Auftrieb: Bis dahin hatten sich europäische Kaufleute an der Küste gegen formelle Kolonien gesträubt, weil sie die Kosten ihrer Verwaltung und „Befriedung“ durch Kolonialtruppen scheuten. Nun aber brachten rapid fallende Rohstoffpreise sie dazu, die militärische Kontrolle der Preise für tropische Güter an ihrer Quelle im Inland zu fordern. Das Ergebnis war das „Scramble for Africa“, der Wettlauf um die koloniale Aufteilung Afrikas, völkerrechtlich sanktioniert durch die Berliner Afrika-Konferenz 1884/85. 1869 hatte sie durch die Eröffnung des Suezkanals schon eine strategische Dimension erhalten: England sicherte sich danach die ostafrikanische Gegenküste zu Indien, unterdrückte bei dieser Gelegenheit auch den Sklavenhandel von Ostafrika nach Arabien, Persien und Indien.

Insgesamt erlegte die europäische Kolonialherrschaft mit ihrer „Pax colonialica“ (Geiss) erstmals Schwarzafrika inneren Frieden auf, wie auch afrikanische Historiker, selbst marxistischer Prägung, eingestehen. Die Grenzen kolonialer Verwaltungseinheiten entstanden als Produkte europäischer Ambitionen und einheimischer Verhältnisse, die europäische Eindringlinge nicht durchschauen konnten, so daß einheimische Herrscher die Grenzlinien oft genug im eigenen Machtinteresse manipulierten. Meist blieben die inneren Machtverhältnisse unangetastet, so daß die Kolonialherren nach der Methode der „indirect rule“ herrschten. Dennoch waren die sozialgeschichtlichen Rückwirkungen enorm. Die Unterdrückung traditioneller Praktiken – (wo punktuell vorhanden) Menschenopfer, innerafrikanische Sklaverei, (meist) Unterdrückung der Frau – setzte ungeahnte Dynamik frei. Vor allem das allmähliche Ende der afrikanischen Sklaverei hatte eine tiefe Wirkung, vergleichbar mit dem der Leibeigenschaft in Europa. In der kurzen Zeit europäischer Kolonialherrschaft entwickelten sich in britischen, französischen, belgischen usw. Kolonien unterschiedliche Varianten afrikanischer Modernisierung als Vorstufen zur nationalen Unabhängigkeitsbewegung und Dekolonisation nach zwei Weltkriegen.

2.5 Osmanisches Reich: Niedergang und Orientalische Frage, 1683/1774–1923

Den Südostrand Europas verklammerte das Osmanische Reich mit Asien und Afrika. Auf dem Höhepunkt seiner Macht unter Suleiman dem Prächtigen (1520–1566) war es das stärkste unter den zahlreichen muslimischen Großreichen, u. a. Persien, Moghul-Reich in Indien, Tatarenkhanate von der Krim bis Zentralasien. Als Verbündete Frankreichs im Kampf um die Hegemonie über Europa ab 1526/36 hatten die Osmanen erheblichen Einfluß auf Europa. Umgekehrt erlangten Franzosen mit Kapitulationen (Privilegien) eine Sonderstellung, die sich später auch andere europäische Mächte für ihre Untertanen erzwangen, faktisch als fremde Staaten im osmanisch-türkischen Staat. Der Niedergang des Osmanischen Reiches begann mit dem Scheitern der 2. Belagerung von Wien 1683 gegen eine weitgespannte europäische Koalition unter Jan Sobieski von Polen. In Verfolgung der geschlagenen Türken stürzten Österreich, später Rußland das Osmanische Reich in die Dauerkrise. Mit dem Frieden von Kütschük-Kainardschie 1774 zur Beendigung des 3. Russisch-türkischen Krieges eröffnete Rußland den Todeskampf des „kranken Mannes am Bosporus", der sich fast 150 Jahre hinzog.

Kütschük-Kainardschie eröffnete die Orientalische Frage: Was wird aus den nicht-muslimischen und nicht-türkischen Völkern des Osmanischen Reiches? Wie reagiert das Reichsvolk der Türken auf den drohenden Verlust seines Imperiums? Antworten fielen unterschiedlich aus: In Aufstände christlicher Völker auf dem Balkan griffen europäische Mächte im eigenen Machtinteresse ein und lösten europäische Kriege aus.

Zum Verständnis der inneren Wandlungsprozesse unentbehrlich sind die Millet-Struktur des Osmanischen Reiches und die Ausstrahlungen der beginnenden Industrialisierung: In Fortführung älterer Traditionen genossen im Osmanischen Reich die „Buchreligionen" Toleranz und weitgehende innere Autonomie: Islam, Armenisch-Orthodoxe, Griechisch-Orthodoxe und Juden konnten als „millet", (= „Volk", Religionsgemeinschaft) interne Angelegenheiten ihrer Gemeinden selbst regeln. Sie waren vom Kriegsdienst befreit, mußten aber höhere Steuern zahlen, ihre Oberhäupter mußten in Konstantinopel residieren, als Geisel für die Loyalität ihres „millet". Da der Sultan als Kalif selbst Oberhaupt des „millet" Islam (z. B. Türken, Araber, Kurden, Albaner, Bosnier) war, hatte er mit drei ihm untertanen „millet"-Repräsentanten zu tun, den Patriarchen der Griechisch-Orthodoxen und Armenier sowie dem Oberrabbiner von Konstantinopel.

Das Eindringen der Industriellen Revolution ruinierte das einheimische Handwerk durch Billigimporte. Konzessionen an europäische Firmen und Anleihen machten das Osmanische Reich wie andere Länder, die formal unabhängig blieben, zu ökonomischen „Halbkolonien". Sonderprivilegien (Kapitulationen) für Europäer und von den Großmächten erzwungene Reformen zugunsten der christlichen Minderheiten beschleunigten den inneren Zerfallsprozeß: Gleichzeitig erstarrten die traditionellen Eliten vor allem der Christen zu Oligarchien und provozierten neue Nationalismen westlicher Prägung von unten. Die Politisierung älterer, religiös-ethnischer Loyalitäten, gebunden im millet-System, setzen in Nationalismen destruktive Kräfte frei, die zuletzt das Osmanische Reich zerrissen – orthodoxe Griechen und Serben auf dem Balkan, Armenier im Kaukasus, zuletzt auch Araber, die von den Türken unterdrückt und verachtet wurden. In Kombination von weiteren Russisch-türkischen Kriegen mit Aufständen christlicher Völker sank das Osmanische Reich zum neuen Machtvakuum Europas herab, zum Kompensationsobjekt für Mächte mit unterschiedlichen Interessen: Rußland wollte das Osmanische Reich zerstören, Frankreich, seit dem Frieden von Adrianopel 1829 auch England, wollten es als Verbündeten erhalten, um Rußlands Vorstoß ins Mittelmeer zu verhindern. Seit

Die Länder Südosteuropas zwischen den Großmächten nach dem Berliner Kongreß 1878.

dem Serbischen Aufstand 1804 unterstützte das orthodoxe Rußland die südslawischen Glaubensbrüder als Speerspitze zur Destabilisierung des Osmanischen Reiches und zur eigenen Expansion mit Hilfe des Panslawismus. Die ideologische Waffenbrüderschaft überdauerte zwei Weltkriege und „bewährte"sich wieder im Zerfall Jugoslawiens seit 1991.

Umgekehrt antworteten die Türken seit den Massakern der Balkanvölker an Türken in der Großen Orientkrise 1875–78 mit Nationalismus, um das Osmanische Reich zusammenzuhalten. Die türkische Politik erzwungener Assimilation von oben provozierte Widerstand von unten, zunächst der Armenier, gesteigert zu Massakern an Armeniern 1895/96, 1909 und im Schatten des Ersten Weltkrieges 1915/16, als die Türken durch muslimische Kurden rund eine Million Armenier ermorden ließen. Vor allem der Balkan wurde zum „Pulverfaß Europas", von Sarajevo I 1914 zur Auslösung des Ersten Weltkrieges bis zu Sarajevo II im Zerfall Jugoslawiens: Durch das 19. und 20. Jahrhundert zieht sich eine Kette europäischer Krisen und Kriege, die im Balkan ihren Ausgang nahmen – Krimkrieg 1853–56 beendet vom Pariser Kongreß 1856, 8. Russisch-türkischer Krieg 1877/78, beendet vom Berliner Kongreß 1878, Bulgarienkrise 1885–87, Bosnische Annexionskrise 1908/09, Balkankriege 1912/13, Erster Weltkrieg 1914–18, Jugoslawienkrieg seit 1991. Mit dem Zerfall des Osmanischen Reiches erwartete Europa den Weltkrieg, als Kampf um das osmanische Erbe. Zwar brach der Erste Weltkrieg über die Verlängerung der Orientalischen Frage nach Bosnien-Herzegovina aus, mit dem Attentat von Sarajevo 1914. Aber am Ende ging das Osmanische Reich 1920/23 unter.

3 Imperialismus und Kolonialherrschaft

Die erste Fahrt durch den Suezkanal 1869. Farbholzstich von Riou.

Zeittafel

1869	Eröffnung des Suezkanals
1877	Queen Victoria Kaiserin von Indien
1882	Britische Besetzung Ägyptens verschärft „Wettlauf um Afrika“
1884/85	Deutsche Kolonien in Afrika und in der Südsee
1885	Kongoakte auf der Berliner Afrika-Konferenz Gründung des Allindischen National-Kongresses
1892/94	Russisch-französisches Militärbündnis
1896	Beginn der deutschen „Weltpolitik“, unter Außenstaatssekretär (1897)/Reichskanzler (1900–1909) v. Bülow und Marinestaatssekretär Admiral v. Tirpitz (1897–1916)
1897/98	Kiautschou in China deutsche Kolonie
1898	Beginn des deutsch-britischen Flottenwettrüstens Faschoda-Konflikt zwischen England und Frankreich Spanisch-amerikanischer Krieg: Kolonienerwerb der USA
1899	Türkische Konzession zum Bau der „Bagdadbahn“ durch Deutschland Burenkrieg in Südafrika (bis 1902)
1900	Boxeraufstand in China
1904	Entente Cordiale zwischen England und Frankreich
1904/05	Russisch-japanischer Krieg: Russische Niederlage leitet 1. Russische Revolution (1905) ein.

1905 1. Marokkokrise isoliert Deutschland.
Schlieffenplan legt deutschen Einmarsch ins neutrale Belgien fest.
1907 Russisch-englische Verständigung: Triple Entente
1908 Österreich-Ungarn annektiert Bosnien-Herzegowina.
1911 2. Marokkokrise verstärkt deutsche Isolation.
1912 Scheitern deutsch-englischer Verständigung (Haldane-Mission)
1912/13 Zwei Balkankriege rufen internationale Krisen hervor.

Aus allen Erdteilen erhalten wir Nachrichten und Produkte und begegnen Menschen „aus aller Herren Ländern“. Seit der Frühen Neuzeit besaßen die meisten westeuropäischen Staaten überseeische Häfen und Handelsstationen, bezogen Rohstoffe und Agrarprodukte in erster Linie aus Amerika und Indien. Auf die älteren Kolonialreiche folgte um 1815 der „Frühimperialismus“ mit fließendem Übergang zum „Hochimperialismus“: Er vollendete die Weltherrschaft der Europäer, dauerte aber ungebrochen nur bis zum Ersten Weltkrieg 1914/18. Nach 1945 zwang die Dekolonisation die imperialistischen Mächte zum langsamen Rückzug bis auf geringe Reste (z. B. frz. Überseedépartements). So entließen die alten Mächte der „Ersten Welt“ – eingebunden in den „Kalten Krieg“ mit der „Zweiten Welt“ des Ostblocks – ihre Kolonien als Teil einer unterentwickelten „Dritten Welt“ in die Unabhängigkeit.

3.1 Entwicklung der älteren Kolonialreiche im Frühimperialismus

Um 1815 beherrschte England unangefochten die Meere und das „British Empire“ mit der einträglichen „Perle“ Indien, während die älteren Kolonien in Lateinamerika von Spanien und Portugal unter Fernwirkung der Französischen Revolution ihre Unabhängigkeit erkämpften (Groß-Kolumbien unter Simon Bolivar, Mexiko, Argentinien: 1810–1824, Brasilien 1822). Wirtschaftlich kontrollierte England auch dort den Handel. Als neuer Rivale traten daneben die USA auf: „Amerika den Amerikanern“. Mit der „Monroe-Doktrin“ (1823) beanspruchte US-Präsident Monroe (1817–25) das spanisch-portugiesische Erbe in Lateinamerika als Einflußfeld.

Im traditionellen atlantischen Dreieckshandel transportierten europäische Schiffe Sklaven aus Afrika nach Amerika. Aus humanitären und religiösen Motiven forderte eine Bewegung in England und den USA die Abschaffung der Sklaverei (Abolitionismus). 1807 erreichte sie ein Verbot des Sklavenhandels im britischen Empire, 1834/38 der Sklaverei. Der Wiener Kongreß beschloß 1815 eine Deklaration gegen Sklavenhandel, die USA untersagten ihn 1808, doch nur halbherzig und mit laxen Kontrollen. Am stärksten traf das Verbot Agrarproduzenten, die, wie die Baumwollplantagenbesitzer in den Südstaaten der USA oder die Buren in Südafrika, ihre Betriebe mit Sklaven bewirtschafteten. 1835 verließ der „Große Treck“ der Buren die englische Kapprovinz. In den USA ließ sich die Aufgabe der Sklaverei nur mit einem Bürgerkrieg durchsetzen (Sezessionskrieg 1861–65). Als Brasilien 1888 die Sklaverei verbot, stürzte das Kaisertum. Seit 1889 ist Brasilien Republik.

In der bedeutendsten Kolonialmacht England regten sich nach Verlust des Amerikanischen Unabhängigkeitskrieges (1775–83) Zweifel über den Sinn des weltweiten Engagements, weil Militär- und Verwaltungskosten zu hoch waren. Handelsrechte für englische Privatgesellschaften unter Staatsschutz (Chartered Companies*) in wichtigen Häfen und Versorgungsstationen genügten, solange keine Zollmauern den freien Handel auf britischen Schiffen behinderten. Freihandelsimperialismus beruhte auf vertraglicher Zusammenarbeit mit einheimischen Machthabern und indirekter Herrschaft durch Protektorate (= Schutzgebiete) über ein „Informal Empire*". So blieb der britische Fuß in der Tür des im „Opiumkrieg" besiegten Chinas auf Hongkong (1842) beschränkt, von dem aus die Briten den profitablen Opiumhandel im Land kontrollierten. Als Grundsatz galt für das staatliche Engagement: „The flag follows the trade." (= Die Fahne folgt dem Handel.)

Dagegen sah sich England in Indien als Erbe des Mogulreichs nach Abschluß der territorialen Eroberung (Oudh 1856) durch den Großen Sepoy-Aufstand (1857–58) genötigt, anstelle der privaten East India Company selbst die formelle Herrschaft zu übernehmen. Der Schriftsteller Dilke („Greater Britain" 1868) sprach offen englische Interessen aus: Die Inder würden aufhören, „ihre Güter zu exportieren und unsere Erzeugnisse zu verbrauchen".

Dennoch blieben über 500 Fürstenstaaten der Maharadschas mit innerer Autonomie bestehen. Rohbaumwolle und Jute, Opium und Tee exportierte Indien ins Empire im Austausch für britische Textilwaren, billige Industrieimporte zerstörten teilweise einheimisches Handwerk. Der indische Handelsbilanzüberschuß finanzierte den kleinen Offiziers- und Verwaltungsapparat unter dem englischen Vizekönig. Neben 1/3 britischer Soldaten bestand die indische Armee aus nepalesischen Gurkhas und Sikhs, die sich durch eine eigene Religion von den Hindus unterschieden. Im „Indian Civil Service" dienten (maximal 1300) hochqualifizierte britische Beamte mit indischen Sprachkenntnissen. Etwa 240 „district officers" oblag, neben der Verantwortung für Ruhe und Ordnung, die Steuereinziehung. Positiv stach ihre Freiheit von Willkür und Korruption ab gegenüber einheimischen Machthabern. Unter britischer Herrschaft („Raj") entstand ein einheitliches Rechtssystem für ganz Indien mit getrennter Rechtssprechung und Verwaltung. Europäische Rechtsideen drangen im Verbot der Witwenverbrennung (1829) vor, um die Stellung indischer Frauen zu verbessern, scheiterten jedoch oft an traditioneller Mentalität und dem Kastensystem, dem allgemeine Menschenrechte fremd waren. Den englischen Kolonialherren arbeitete eine breite Schicht indischer Hilfsbeamten und Polizisten zu, die hinduistische Brahmanenkaste vermehrte ihren Großgrundbesitz auf Kosten verschuldeter Bauern, die zu Pächtern absanken. So profitierten auch indische Ober- und Mittelschichten vom „drain of wealth" (= Abfluß von Wohlstand) ins englische Mutterland (→ M 2, M 3). Hohe Investitionen flossen zurück zur Industrialisierung Indiens, z. B. in den Hafen- und Eisenbahnausbau, das indische Bildungssystem orientierte sich am englischen Vorbild (Gründung indischer Universitäten in Kalkutta, Bombay, Madras 1857). Um alle Zugänge zur Schlüsselkolonie zu sichern, brachte England wichtige Häfen auf den Seewegen (Singapur 1819, Aden 1839) sowie gegen die russische Expansion im Nordwesten den Khaiber-Paß unter Kontrolle. Höhepunkt der Konflikte war die Afghanistankrise 1885–1887.

Im britischen Empire erhielten weiße Siedlungsgebiete autonome Selbstverwaltung unter formeller britischer Hoheit, wie es dem Selbstverständnis der Kolonisten entsprach: zuerst in Kanada 1839 und den Provinzen der ehemaligen Sträflingskolonie Australien ab 1842 (vollendeter Bundesstaat 1901). Selbstverwaltete Territorien hießen später „Dominion": Neufundland 1855, Kanada 1867 („British North America Act"), Neuseeland 1907, Südafrika 1910. Dahinter stand die Ideologie des „Greater Britain" (Historiker Dilke 1868 und Seeley 1883), einer über die Welt ausgebreiteten Gemeinschaft eines Volkes und verwandter Nationen im „Commonwealth of Nations*", wie es der Liberale Lord Rosebery 1884 im australischen Adelaide erstmals entwarf.

Der französische Kaiser Napoleon III. und Kaiserin Eugenie empfangen eine siamesische (thailändische) Delegation. Zeitgenössisches Gemälde.

Die europäische Durchdringung der überseeischen Welt setzten auch andere Staaten fort. Frankreich hatte sein erstes Kolonialreich (Karibik, Louisiana, Quebec) verloren, behielt jedoch einige Häfen und Inseln, u. a. Martinique, Gouadeloupe. Als Ersatzräume sicherte es sich nach dem Übergriff auf Algerien als Siedlungskolonie (ab 1830) den Maghreb und Teile Westafrikas sowie Indochina (Vietnam ab 1858). Angewiesen auf die Zustimmung seiner Untertanen, riskierte besonders Napoleons III. „bonapartistische" Herrschaftstechnik* außenpolitische Manöver wie den Versuch, Mexiko als faktische Kolonie unter französische Kontrolle zu bringen (1860–1867).

Die kleine Seemacht der Niederlande verlor die Kapprovinz der Buren (1815) an die Briten, eroberte jedoch das heutige Indonesien vollständig. Erlöse aus dem lange profitablen Zucker-, Indigo- und Kaffeeanbau sanierten die bankrotte Staatskasse.

Rußland expandierte gen Süden nach Persien/Indien sowie über den Kaukasus ab 1817 und über Zentralasien in den Fernen Osten, symbolisiert in der Gründung des Hafens Wladiwostok (= „Beherrsche den Osten!") (1860). Erst der Bau der Transsibirischen Eisenbahn (1891–1904) verbesserte Zugangs- und Transportmöglichkeiten. Vorher handelten einzelne östliche Provinzgouverneure weitgehend selbständig. Zeitweise bestanden Siedlungen in Kalifornien und Alaska, das 1867 an die USA verkauft wurde. China mußte 1858 das riesige Amurgebiet an Rußland abtreten.

Nach dem Krimkrieg (1853–1856) setzte sich der Abstieg des Osmanischen Reiches fort: Wachsende Verschuldung bei französischen und englischen Anleihegebern räumte ihnen indirekten, politischen Einfluß auf die „Hohe Pforte" in Konstantinopel ein. Da die Türkei seit 1856 vertraglich anerkannte Großmacht war, eröffnete der indirekte Finanzimperialismus den kapitalstarken Europäern auch beträchtliche Mitsprache im internationalen System.

Die Welt um 1890
Britischer Besitz
Amerikanischer Besitz
Spanischer Besitz
Portugiesischer Besitz
Französischer Besitz
Belgischer Besitz
Niederländischer Besitz
Italienischer Besitz
Deutscher Besitz
Dänischer Besitz
Osmanisches Reich
Russischer Besitz
vorläufige Interessengrenze
endgültige Grenze
Alaska 1867
Kanada
1867 Dominion
Grönland
Spitzbergen (norw.)
Jan Mayen (dän.)
Island
Färöer I. (dän.)
Neufundland 1713
St. Pierre (frz.)
Miquelon (frz.)
Montreal
Ottawa
New York
Chicago
Washington
Vereinigte Staaten
San Francisco
Mexiko
Mexiko
Bermuda-I. (brit.) 1612
Bahama-I. 1694 (brit.)
Kuba
Dominikan. Rep.
Haiti
Pto. Rico (span.)
Jamaica 1655 (brit.)
Guadeloupe (frz.)
Martinique (frz.)
Trinidad 1797 (brit.)
Honduras
Guatemala
El Salvador
Nicaragua
Costa Rica
Panama
Venezuela
Guayana
Columbien
Ecuador
Galapagos I. 1632 (ecuador)
Peru
Brasilien
Bolivien
Paraguay
Rio de Janeiro
Uruguay
Buenos Aires
Argentinien
Chile
Oster-I. 888 (chilen.)
Falkland I. 1833 (brit.)
Süd-Georgien (brit.)
Pazifischer Ozean
Atlantischer Ozean
Indischer Ozean
Groß-britannien
Dänemk.
Norwegen
Schweden
St. Petersburg
Moskau
Russisches Reich
Deutsches R.
Frankreich
Österreich-Ungarn
Serb.
R.
Bul.
Italien
GR.
Spanien
Portugal
Gibraltar 1704
Sultanat Marokko
Azoren (port.)
Madeira (port.)
Kanarische I. (span.)
Rio de Oro 1884
Kapverdische I. (port.)
Algerien 1882
Tunesien 1881
Malta 1800 (brit.)
1878 Zypern
Tripolis
Barka
Libyen
Ägypten 1882
Osmanisches Reich
Kars 1878
Franz. Westafrika
1857
Gambia
Guinea
Sierra Leone 1807
Liberia 1847
Togo 1884
Goldküste 1821
Nigeria 1861/1903
Kamerun 1884
Rio Muni
Kabinda 1886 (port.)
anglo-ägypt. Sudan 1899
Faschoda
Eritrea 1890
Abessinien
Somali 1884
Aden 1839 (brit.)
Arabien
Medina
Mekka
El Riad
Kongo-staat 1885/1908
Uganda 1890/94
Ost-Afrika 1885/95
Ost-Afrika 1885/90
Pemba
Sansibar
Angola
Rhodesien 1888
Süd-west Afrika 1884
Walfischbai 1878 (brit.)
Betschuanaland
Swasiland
Natal 1843
Basutoland 1868
Transkei 1878
Kapkolonie 1806
Madagaskar 1885/96
Ascension 1815 (brit.)
St. Helena 1651 (brit.)
Tristan da Cunha 1816 (brit.)
Gough I. (brit.)
Pr.-Eduard-I. (brit.)
Kerguelen (frz.) 1893
N. Amsterdam
St. Paul
Mauritius 1810 (brit.)
Réunion 1814 (frz.)
Seychellen 1794 (brit.)
Sokotra 1876 (brit.)
Lakkadiven 1831 (brit.)
Malediven 1815 (brit.)
Tschagos I. 1810 (brit.)
Persien
Afghanistan
Buchara
Merw
Kokand
Delhi
Britisch-Indien
Tibet
Nepal
Bhutan
Assam
Ceylon
Andamanen 1858 (brit.)
Nikobaren 1869 (brit.)
Mongolei
Sinkiang
China
Mandschurei
Tschita
Pt. Arthur
Wladiwostok
Korea
Kiautschou 1898 (dt.)
Weihaiwei 1898 (brit.)
Japan
Sachalin 1875
Kurilen I. 1875 (jap.)
Kommandeur I. (russ.)
Aleuten
St. Lorenz-I.
Bonin-I. 1876 (jap.)
Vulkan-I. 1870 (jap.)
Formosa 1895 (jap.)
Macao (port.)
Hongkong 1841 (brit.)
Indochina
Siam
Philippinen
Marianen-I. 1899 (dt.)
Guam 1899 (span.)
Karolinen (dt.) 1899
Palau-I. 1899 (dt.)
Nord-Borneo
Malaya 1887
Singapur
Sarawak
Borneo
Sumatra
Java
Celebes
Molukken
Niederländisch-Indien
Neu-Guinea
Bismarck-Arch.
K.-Wilh.-Ld.
Salomon-I. 1893 (brit.)
Timor
Christmas (brit.) 1888
Kokos I. 1857 (brit.)
Australien
Sydney
Tasmanien 1803
Neu-Seeland
Neu-Kaledonien 1853 (frz.)
Norfolk I. 1853 (brit.)

3.2 Die Wende zum Hochimperialismus, ca. 1869–1914/18

Der Kampf des konservativen Tory-Führers Benjamin Disraeli (1804–1881) gegen den liberalen, kolonialskeptischen Premierminister William Gladstone (1809–1889) markierte einen wichtigen Wendepunkt zum Hochimperialismus. In seiner Rede im Londoner Crystal-Palace 1872 forderte Disraeli eine offensive britische Kolonialpolitik:

„Meiner Meinung nach wird kein Minister in diesem Land seine Pflicht tun, der eine Gelegenheit versäumt, so weit wie möglich unser koloniales Weltreich wiederaufzubauen [...] Es geht darum, ob Sie damit zufrieden sein wollen, ein bequemes England zu sein [...] oder ob Sie ein großes Land sein wollen – ein imperiales Land, ein Land, in dem Ihre Söhne, wenn sie aufsteigen, zu höchsten Stellungen aufsteigen und nicht nur die Wertschätzung ihrer Landsleute, sondern die Achtung der ganzen Welt erringen." (Mommsen: Imperialismus, S. 48) Zwei Jahrzehnte zuvor hatte er noch vom Kolonialreich als „Mühlstein um unseren Hals" gesprochen.

Die kontinentalen Umwälzungen seit 1866, vor allem die deutsche Reichsgründung 1871, stürzten das Gleichgewicht der Mächte um: England fürchtete neue Machtkonkurrenz , die „Große Depression" seit 1873 weckte Zukunftssorgen. Disraeli, ab 1874 selbst Premierminister, erreichte, daß Queen Victoria 1877 den Titel „Kaiserin von Indien" annahm, um mit ihrem erhöhten Rang den Behauptungswillen britischer Weltherrschaft zu zeigen. Die Herrschaft über damals gut 250 Mio. Hindus, Sikhs und Moslems auf dem Subkontinent blieb das Herzstück der englischen Kolonialpolitik.

3.2.1 Suezkanal und Besetzung Ägyptens, 1869–1882

Als 1869 der Suezkanal fertiggestellt war, verkürzte sich der Seeweg nach Indien um Tausende von Seemeilen. Eine französische Aktiengesellschaft unter dem Konstrukteur de Lesseps hatte 1859 das Kapital zum Baubeginn aufgebracht, politischen Flankenschutz bot der „Khedive" (Vizekönig) von Ägypten, der im Rahmen des Osmanischen Reiches fast selbständig war, sich aber von ausländischen Anleihen abhängig machte. Premierminister Disraeli erwarb 1875 ein 44 %-Aktienpaket am Suezkanal für England, um über Eigentumsschutzrechte politischen Einfluß zu gewinnen, 1878 besetzte England im Vorfeld Zypern, 1882 schließlich Ägypten. Britische „Beratungsbeamte" übernahmen an Stelle des bankrotten Khediven faktisch die Macht in Ägypten, das auch durch exportorientierten Baumwollanbau Erträge versprach. Formal wurde es britisches Protektorat unter osmanischer Oberherrschaft.

3.2.2 „Scramble for Africa"

Frankreich fühlte sich schon vor 1882 von England aus Ägypten verdrängt. Um den Prestigeverlust für die nationale Ehre auszugleichen, besetzte es 1881 Tunesien als Protektorat, das wie Ägypten internationaler Schuldenverwaltung unterstand und so dem Finanzimperialismus offen war. In seiner Kolonialpolitik sah der französische Ministerpräsident Jules Ferry (1880–1885) eine Chance, in Übersee die Schmach von 1871 wettzumachen. Die ägyptisch-tunesische Kompensation eröffnete einen „Wettlauf um Afrika" („Scramble for Africa") unter den europäischen Mächten, an dem sich auch Deutschland beteiligte. Aus Prestigesucht und Rivalität teilten die Kolonialmächte in wenigen Jahren ganz Afrika auf, selbst die scheinbar wertlosen Wüsten. Von den Stützpunkten der Handelsgesellschaften, Missions- oder Forschungsstationen an den Küsten drangen die Kolonialmächte ins Landesinnere vor – oft nur, um nicht später als europäische Rivalen zu kommen. Vielgelesene Reiseberichte von Missionaren und Forschern wie Livingstone, Stanley, Nachtigal oder Brazza hatten die Illusion erweckt, im Innern Afrikas fänden sich leicht abbaubare Rohstoffe und fruchtbare Böden. Ferner gäbe es keine indigenen (= einheimischen) Großherrschaften, obwohl vorkoloniale Stammesreiche bestanden. Die Reiche der Aschanti (Goldküste) oder Benin (Nigeria) und das christliche Abessinien sind Beispiele afrikanischer Staaten mit eigenen Kulturen.

Die Unterdrückung des Sklavenhandels und einheimischer Sklaverei boten Rechtfertigung für europäisches Eingreifen, an dem sich auch bisherige „Habenichtse" beteiligten: 1882 besetzte Italien Eritrea (Assab), 1889 Teile Somalias; Deutschland erwarb 1884/85 seine wichtigsten Kolonien (vgl. Kap. 3.4). Gleichzeitig regelte die internationale Afrika-Konferenz in Berlin unter Bismarcks Leitung die strittigen Fragen um die Zukunft des Kongo, der als Privatbesitz dem belgischen König Leopold II. (1865–1909) zufiel. Gewinne aus dem Kautschuk- und Elfenbeinhandel flossen in die königliche Privatschatulle, bis 1908 der belgische Staat die Hoheit übernahm als Antwort auf internationale Kritik an gnadenloser Ausbeutung der Einheimischen.

Mit Madagaskars Übernahme als Kolonie 1896 durch Frankreich, das daneben in Westafrika, der Sahara und im Kongogebiet expandierte, war die Aufteilung Schwarzafrikas so gut wie abgeschlossen. Während Paris eher die Kosten der ertragsschwachen Kolonien beklagte, profilierten sich ehrgeizige Kommandeure als „Prokonsuln" vor Ort durch Feldzüge gegen einheimische Herrschaften. Ihre Fürsprecher, wie Ferry, argumentierten mit langfristigem Nutzen für Frankreich als Groß- und Wirtschaftsmacht. Seit 1894 unter einem Kolonialministerium, war die französische Kolonialverwaltung stark zentralistisch und betrieb gemäß seiner *„mission civilisatrice"* kulturelle Assimilation (= Angleichung) einheimischer Führungsschichten durch das Bildungswesen, denen aber, anders als im „British Empire", politisches Eigenleben verwehrt blieb.

Den größten Anteil Afrikas holte sich England. Schon 1874 annektierte England die westafrikanische Goldküste. Nigeria entstand in einem komplizierten Prozeß seit der britischen Besetzung (1851) und Annexion des Sklavenhafens Lagos (1861). Nach einem langen Bürgerkrieg (1821–1893) unterstellten sich die Joruba im Südwesten der „Pax Britannica", während die zersplitterten Ibo im Osten den Schutz der Kolonialmacht vor weiterer Versklavung suchten. Im Norden eroberte England nach 1900 das Sultanat von Sokoto und regierte es in der „indirect rule" (= indirekte Herrschaft), die Captain Frederik Lugard aus seiner früheren Tätigkeit in Indien bewußt auf Nordnigeria übertrug. Wenige, selbständig handelnde Kolonialbeamte konzentrierten sich auf Steuereinzug und Rechtspflege sowie vorsichtige Modernisierung „von innen" (z. B. Vorgehen gegen Sklaverei zur Herstellung des inneren Friedens, Eisenbahnbau, Erziehung).

Von der Kapprovinz und Somalia (1884) her wurden neue Kolonien in Süd-/Ostafrika (Betschuanaland/ Rhodesien/ Kenia/ Uganda 1885–95) angeschlossen. Im Auftrag Ägyptens drang General Gordon (gefallen 1885 in Khartum) nilaufwärts in den Sudan vor. Nach Bankrott der East Africa Company gab London das wirtschaftlich schwierig erschließbare Uganda nicht verloren, sondern sicherte sich das unzugängliche Gebiet trotz innenpolitischem Widerstand, um „Ansprüche für die Zukunft abzustecken" (Außenminister Rosebery 1893). Auf einer Kolonialkonferenz 1897 erklärte Kolonialminister Joseph Chamberlain den Zusammenschluß aller Kolonien „der großen britischen Rasse" zu einem Weltreich zum Ziel. Das Empire sollte zum geschlossenen Zollverband werden.

1898 eroberten Ägypten und England den Mahdi-Staat (1883–98) und errichteten ihr Kondominium (= gemeinsame Herrschaft) über den Sudan (1899–1955). Zuvor hatte die

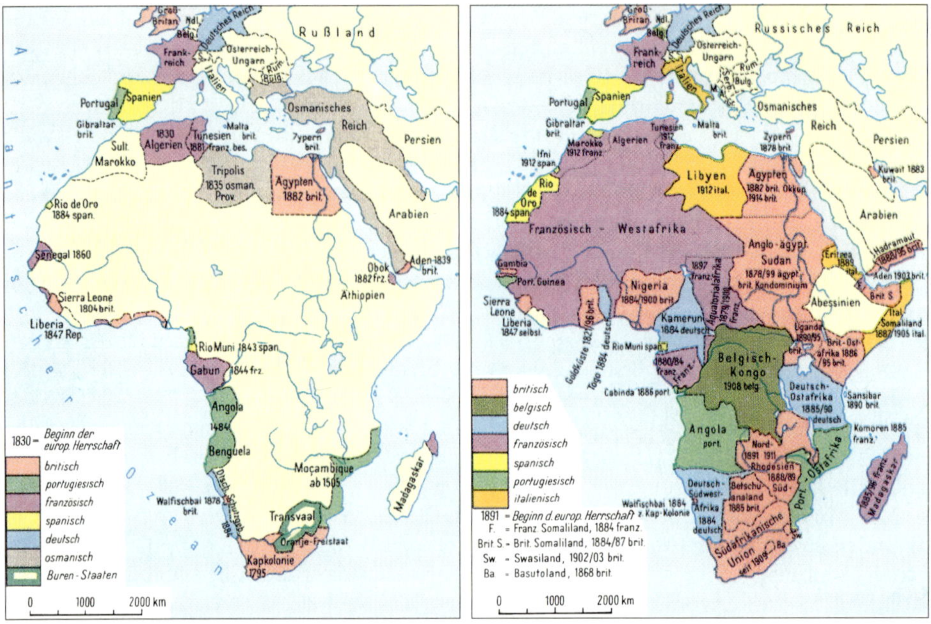

Afrika vor 1884 (links) und zu Beginn des Ersten Weltkriegs (rechts).

Entdeckung von Diamanten (1867) und Gold (1886) das britische Interesse an Südafrika gesteigert und dort die Industrialisierung in Gang gesetzt. Anfänge der späteren Rassentrennung („Apartheid") grenzten die beiden weißen Gruppen, Briten und unabhängige Buren, von den Schwarzen und den ursprünglich als Arbeitskräfte angeworbenen Indern ab. Im Burenkrieg (1899–1902), in dessen Verlauf Konzentrationslager zu Masseninternierungen dienten, machte England die Nachfahren holländischer Siedler in Südafrika zu britischen Untertanen. Eine durchgehend britische Kap-Kairo-Linie zeichnete sich ab. Die Gründung der Südafrikanischen Union (1910) mit weitgehender Autonomie für die Weißen festigte die gemeinsame Herrschaft der Briten und Buren über Afrikaner und Inder.

Dagegen lag die französische Stoßrichtung auf der Linie zwischen Dakar (West) und Djibouti (Ost). 1898 trafen englische Truppen auf eine französische Expedition bei Faschoda im Sudan. Wochenlang drohte ein militärischer Konflikt, bis Frankreich nachgab und einen Kolonialausgleich mit den Briten abschloß. Paris wollte lieber einen Verbündeten gegen Deutschland gewinnen, denn Kolonialpolitiker standen hier inzwischen im Verdacht, von der eigentlichen nationalen Aufgabe Frankreichs an der Ostgrenze zu Elsaß-Lothringen abzulenken. London brauchte freie Hand für den sich abzeichnenden Burenkrieg. Zuletzt wurden Marokko 1911/12 französisch und Libyen 1912 italienisch. Erfolgreiche Gegenwehr der Afrikaner blieb selten: Die muslimische Mahdi-Revolte vertrieb Ägypten 1883 wieder aus dem Sudan bis 1898, der abessinische Kaiser („Negus Negusti") schlug Italiens Kolonialarmee 1896 bei Adua.

3.2.3 Kampf um China

Parallel zur erfolgreichen, aber wirtschaftlich meist ertragsarmen Durchdringung Afrikas suchten die Europäer neue Ziele in Asien. Die alten Kaiserreiche China und Japan waren zunächst lange unabhängig geblieben, auch wenn sie sich dem europäisch-amerikanischen Handel öffnen mußten. Japans konsequenter Modernisierungskurs in der Meiji-Ära (1868–1912) ließ eine neue Industrie- und Militärmacht in Fernost entstehen, Chinas Machtverlust zeigte sich in den „ungleichen Verträgen" seit 1842. Vor allem das menschenreiche und zivilisierte China lockte als riesiger Markt. England war längst nach Hinterindien (Malaya 1874, Birma 1886) vorgedrungen, während Frankreich von Südvietnam aus um Annam (1883–85) gegen China einen aufwendigen Krieg führte sowie die angrenzenden Kambodscha und Laos (1893) unterwarf. Rußland expandierte nach Zentralasien und zielte in Fernost über die Mandschurei nach Korea und Nordchina. Die deutsche „Weltpolitik" sah sich hier ohne Ausgangsbasis im Hintertreffen, während Japan und die USA (Philippinen) als neue Flügelmächte erstmals eingriffen.

Japan nahm selbst an der imperialistischen Expansion teil, als es China 1894/95 im Streit um Korea besiegte und Territorialgewinne auf dem mandschurischen Festland (Hafen Port Arthur) verbuchte. Rußlands Pläne wurden so gestört, und eine europäische Allianz zwang Japan im Frieden von Schimonoseki 1895 zum Teilrückzug. Als Belohnung mußte China Häfen verpachten, um sich dem Handel durch diese für alle „offene Tür" („open door"-Politik) zu öffnen. Deutschland pachtete 1898 für 99 Jahre Kiautschou um den Hafen Tsingtao, den es im Vorgriff bereits besetzt hatte; Rußland, Frankreich und England sicherten sich ähnliche Zugänge, die USA sahen im philippinischen Manila ihr „Sprungbrett nach China" (Besetzung 1898) und bestanden auf dem „open door"-Prinzip (Hay-Doktrin 1899/1900). Nur Rivalität untereinander verhinderte die Aufteilung Chinas.

Als chinesische Reaktion richtete sich der nationalistische „Boxeraufstand" (1900) gegen Überfremdung und besonders gegen die Christianisierung durch die exterritorialen* Missionen (→ M 12). Zuvor hatte 1898 eine chinesische Reformergruppe, mit dem Ziel innerer Modernisierung nach japanischem Vorbild, ihre Macht an chinesische Ultrakonservative verloren. Unter Führung einer reaktionären Adelsgruppe standen in strenger Hierarchie die „Boxer" als milizartiger, traditionell-religiöser Geheimbund. Eine internationale Strafexpedition unter deutscher Leitung des „Weltmarschalls" v. Waldersee wurde entsandt, bei deren Verabschiedung in Bremerhaven Wilhelm II. seine „Hunnenrede" (→ M 11) gegen die „gelbe Gefahr" hielt.

Nun versuchten die Russen, sich in der Mandschurei mit Eisenbahnrechten Platzvorteile vor den anderen Mächten zu verschaffen. Dagegen schlossen England und Japan ein Bündnis (1902), das den Russisch-japanischen Krieg 1904/05 vorbereitete. Die japanische Flotte überfiel Port Arthur ohne Kriegserklärung und versenkte ein russisches Geschwader nach der langen Anfahrt aus Europa überfallartig bei Tsushima. Nach dem Landsieg bei Mukden gewann Japan Port Arthur und war als asiatische, „gelbe" Großmacht etabliert. Den Zugriff auf die Mandschurei sicherte die Übernahme russischer Eisenbahnrechte. Die russische Niederlage führte im europäischen Teil zur 1. Russischen Revolution (1905) und schwächte die bisherige Weltmacht für Jahre.

3.2.4 Imperialismus der USA

In der Außenpolitik hatten die USA lange nur Ziele auf dem eigenen Kontinent verfolgt und hielten sich gemäß George Washingtons „Farewell-Adress“ (1796) aus europäischem Streit heraus. Die Industrialisierung steigerte den Überseehandel, 1853/54 erzwang US-Commander Perry die Öffnung des japanischen Markts für amerikanische Produkte. Seit Ende der inneren Westkolonisation („going West“) richtete sich der Blick über die Meere hinweg. Die Annexion der Hawaii- (1898) und weiterer Inseln sicherte den pazifischen Vorraum. Im Sinne der „Monroe-Doktrin“ wurden die Spanier nach einem kubanischen Aufstand von der amerikanischen „Haustür“ weg aus der Karibik vertrieben, als 1898 im Spanisch-amerikanischen Krieg die Zuckerinsel Kuba (kurzzeitig als Protektorat), Puerto Rico und im Pazifik Guam und die Philippinen an die USA fielen.

Innenpolitisch war in den USA der Übergang zum Kolonialismus umstritten, traf er doch den Nerv der amerikanischen Freiheitsidee. Da jedoch Handelsinteressen eine Öffnung anderer Länder erforderlich machten, belebten die Amerikaner den Freihandelsimperialismus neu. Die „open-door“-Noten des Außenministers Hay an alle Großmächte 1899/1900 proklamierten ungehinderten Zugang aller Mächte, somit auch der USA, zum chinesischen Markt, um sich teure und militärisch aufwendige Kolonialherrschaft zu ersparen. Um ihre Flottenverbindung zwischen Pazifik und Atlantik und Handelswege zu verkürzen, bauten die USA den Panamakanal (1903–14). Mittelamerika betrachteten sie als ihren Vorhof, in dem sie das Recht hätten, notfalls mit dem „big stick“ (= dicker Knüppel) als Polizeimacht für Ordnung zu sorgen. So erweiterte 1904 US-Präsident Theodore Roosevelt (1901–09) die Monroe-Doktrin und ließ 1905 die Dominikanische Republik kurzfristig besetzen, duldete aber keine Einmischung der Europäer, wie sein Widerstand gegen eine deutsch-britische Intervention in Venezuela 1902 zeigte. Die „Dollar-Diplomatie“ unterwarf zunächst Mittelamerika den Interessen des US-Außenhandels und unterstützte befreundete Regierungen mit Finanz- und Militärhilfe. So waren die USA schon vor dem Ersten Weltkrieg eine wirtschaftliche und militärische Großmacht.

3.3 Triebkräfte und Wirkungen des modernen Imperialismus

Der Epochenbegriff „Imperialismus“ (→ M 4–M 6)beschränkt sich heute meist auf moderne Kolonialreiche in Übersee, ungefähr zwischen 1869 und 1914/18, klar abzusetzen von der imperialen Expansion traditioneller Großreiche (Imperien, z. B. Alexanderreich, Imperium Romanum, Dschingis Khan). Folgende Merkmale definieren den Hochimperialismus: Streben nach politischer Macht, territorialer Erweiterung und wirtschaftlichen Vorteilen mit Kombination von direkter und indirekter Herrschaft der entwickelteren Staaten über unterentwickelte Gebiete in Übersee; nur Rußland expandierte kontinental. In Rivalität zu anderen Industriemächten und gestützt auf technische Überlegenheit der Waffen, Nachrichten- und Verkehrssysteme, wurde für alle Bevölkerungsschichten imperialistische Expansion zur Sache des nationalen Prestiges. So verbreiteten sich Ideologien zur Rechtfertigung weltweiter Herrschaft in Europa und USA, vor allem sozialdarwinistisch gefärbter Rassismus.

3.3.1 Politische Faktoren

Im Imperialismus wetteiferten Staaten um Stärke und Einfluß. In der Angst, durch zu langes Abwarten Machtchancen vorüberziehen zu lassen, lag die Ursache des hektischen „Scramble for Africa". Den deutschen und italienischen Imperialismus trieb die Sorge der „späten" Nationen, die anderen in der Weltgeltung einzuholen, nachdem die nationale Einheit lange ausgeblieben war. Weitere Motive lieferte die Innenpolitik. Disraelis neue Begeisterung für das britische Empire speiste sich auch aus wahltaktischer Berechnung, die Liberalen unter Gladstone mit diesem Thema schlagen zu können. Ähnlich wollte Bismarck in seiner kurzfristigen Phase des „Kolonialschwindels" 1884 in den Reichstagswahlen ihm genehme, nationale Parteien stärken, und der Pariser Ministerpräsident Ferry suchte Kompensation für die Niederlage von 1870/71 – mit Bismarcks Unterstützung.

Initiativen zur kolonialen Ausdehnung gingen nicht immer von den politischen Zentren in den europäischen Hauptstädten aus. Vielmehr ergriffen an der Peripherie häufig „men on the spot" (= Männer an der Front) in älteren Siedlungen und Kolonien die Gelegenheit zu weiteren Erwerbungen. Paradebeispiel ist der britische Diamantminenbesitzer Cecil Rhodes (1853–1902), zeitweise Premierminister der südafrikanischen Kapprovinz (1890–1896) sowie nach eigenem Urteil „der größte lebende Imperialist" (→ M 1). Ohne Auftrag der Londoner Regierung ging er eigenmächtig gegen weiße Buren und Afrikaner vor und schnitt sich neue Kolonien (Rhodesien) auf dem Weg vom „Kap nach Kairo" heraus. Der Ostafrikakolonialist Carl Peters (1856–1918) handelte lange ohne Wissen und sogar gegen den deutschen Regierungswillen, um das Schutzgebiet zu vergrößern.

3.3.2 Ökonomisch-technische Faktoren

Zu den Motiven des Kolonialismus bereits im Merkantilismus zählten Sicherung billiger Rohstoffe und Abbau von Edelmetallen. Im Hochimperialismus allerdings tat sich eine Kluft zwischen ursprünglichen Erwartungen und tatsächlichen Ergebnissen in Produktion und Handel auf, vor allem für Schwarzafrika. Manche Hoffnung auf leichten Gewinn wurde enttäuscht. In der öffentlichen Debatte spielten zwei Argumente die größte Rolle: Kolonien als Siedlungsgebiete für das einheimische Bevölkerungswachstum und wirtschaftliche Märkte der Zukunft (→ M 7). Hier beeinflußte die „Große Depression" die Köpfe, denn steigende Arbeitslosigkeit und Auswanderung, vor allem in die USA, ließen soziale Probleme und einen Verlust an „nationaler Substanz" befürchten. Als Auffangbecken für Auswanderungswillige und zusätzliche Käufer heimischer Produkte boten sich Agrar- und Handelskolonien an (Friedrich Fabri 1879: „Bedarf Deutschland der Kolonien?"). Auch Bismarck erwog die Bedeutung von Kolonien bei Konjunktureinbrüchen. Die zeitweise in Europa sinkenden Renditeraten für Kapitalanlagen wiesen auf inländische Sättigung hin, während Kolonien für Investitionen ein vielversprechendes Feld zu eröffnen schienen. So zählten Bankiers und Industrielle zwar zu den frühen organisierten Kolonialpropagandisten in Deutschland, ohne jedoch allzu viel Geld in der ungewissen Ferne zu riskieren.

Indien war die große Ausnahme für England. Der Reformliberale John A. Hobson („Imperialism" 1902) sah nach dem Burenkrieg in der Suche nach neuen gewinnbringenden Möglichkeiten zur Investition das entscheidende Motiv des Imperialismus. Diese diskutable These machte Lenins Imperialismustheorie („Der Imperialismus als höchstes Stadium des Kapitalismus" 1917, → M 4) zum Dogma: Sie erhob das Verwertungsinteresse des „Finanzkapitals" (= Verschmelzung von Industrie- und Bankkapital) zum allei-

Französische Karikatur zur englischen Kolonialpolitik.

nigen Schlüsselmotiv der Expansion. Der ältere Konkurrenzkapitalismus sei in ein neues Stadium des Monopolkapitalismus fortgeschritten, in dem große Monopole (Trusts, Syndikate*, Kartelle*) auf weltweiten Kapitalexport angewiesen seien, um ihre Profite zu sichern. Nach dem marxistischen Unterbau-Überbau-Schema müßte Kolonialexpansion eine Wirtschaftskrise in den zentralen Industrieländern zugrunde liegen, die die ökonomische Durchdringung der unterentwickelten Welt erzwungen hätte. Dafür sprechen zwar vorübergehende Wirkungen der „Großen Depression", aber dagegen die relative Bedeutungslosigkeit der meisten Kolonien für die Volkswirtschaften sowie das Desinteresse des Großkapitals an Investitionen, die es lieber in bereits industrialisierten Ländern tätigte: England und Deutschland waren 1914 einander die wichtigsten Handelspartner, und ihre Handelskonkurrenz belebte beiderseitig die Geschäfte und Investitionen.

Schließlich wäre der Imperialismus unmöglich ohne moderne Technik und Wissenschaft gewesen: Waffen schufen militärische Überlegenheit, Dampfschiffe und Eisenbahnen die Transportwege, Telegraphie und Überseekabel machten Nachrichten schnell bekannt und Warenaustausch berechenbarer. Fortschrittliche Hygiene und Medizin beseitigten Krankheiten und senkten die Sterblichkeit, lösten aber starke Bevölkerungszunahme aus, die neue Nahrungsprobleme schuf.

Nachrichtentechnische Erfindungen:

1837 elektrischer Telegraph (Morse, USA)
1866 Nordatlantik-Unterseekabel
1876 funktionsfähiges Telephon (Bell, USA)
1897 drahtloser Funk (Marconi, Italien), 1901 über Atlantik

Verkehrsverbesserungen:

1840 regelmäßige „Ozeandampfer" zwischen Europa und USA
1859–1869 Bau des Suezkanals durch französische AG
1869 Eisenbahn New York – San Francisco (USA) vollendet
1891–1904 Bau der Transsibirischen Eisenbahn und
1898–1906 der Transkaspischen Eisenbahn durch Rußland
1893 Dieselmotor (Deutschland): Umstellung der Schiffahrt auf Erdöl, Lastkraftwagen

1898 einsetzbares U-Boot (des Iren Holland)
1900 Starrluftschiff (Zeppelin, Deutschland)
1903 Motorflugzeug (Gebrüder Wright, USA)
1903–1914 Bau des Panamakanals durch die USA

3.3.3 Ideologische Faktoren

Ausgangspunkt des Imperialismus war starker Nationalismus. Das Gefühl, einem besonderen Volk anzugehören, verleitete dazu, ihm eine gesteigerte Rolle im Weltgeschehen beizumessen. Gerade der lange ungestillte Nationalismus der Deutschen erzeugte Sätze wie: „Am deutschen Wesen soll die Welt genesen!" (Geibel). Das nationale Prestige zu wahren, forderte immer öfter die öffentliche Meinung in Reden und Zeitungen.

Der Machtkampf unter europäischen Staaten wurde gerne in „welthistorische" Dimensionen gerückt. So sah der Russe Nikolaj J. Danilewski („Rußland und Europa" 1869) sein Volk stellvertretend für das ganze Slawentum und das orthodoxe Christentum im Kampf gegen Islam und Westeuropa. Sein „Panslawismus*" zielte auf die Vereinigung aller Slawen unter russischer Führung.

Nicht zuletzt wirkten ältere Ideen weiter: Christliche Missionen wollten ihren Glauben weltweit verbreiten. In Rußland steigerte sich der orthodoxe Glaube an eine besondere mystische Rolle von „Mütterchen Rußland" zur Erwartung, die christliche Erneuerung der Welt werde von Moskau als dem „dritten Rom" ausgehen. In Frankreich waren viele überzeugt, es sei Pflicht der überlegenen „Zivilisation", die „Barbarei" überseeischer Völker auf ein höheres kulturelles Niveau zu heben und sie ins technische Zeitalter (Symbol: Eiffelturm 1889) zu führen. Exponent des zivilisatorischen Imperialismus

„Völker der Welt, wahret Eure heiligsten Güter!" Zeichnung nach einem Entwurf Wilhelms II. (1895). Der Erzengel im Vordergrund weist auf einen in Qualmwolken schwebenden Buddha, der offenbar die „gelbe Gefahr" symbolisieren soll.

war der französische Außenminister Gabriel Hanotaux (1894–1898). Auch in „Gottes eigenem Land", der ehemaligen Puritanerkolonie USA, gab es historisches Auserwähltheits- und Sendungsbewußtsein („Manifest Destiny*"), amerikanische Ideen von Freiheit und Selbständigkeit in die Schutzgebiete hinauszutragen und zum Lehrmeister einer freien und besseren Welt zu werden. Daneben fand der „Navalismus" (1892) des US-Admirals Alfred T. Mahan viele Anhänger: Nur Seemächte würden als Großmächte überleben, so daß Häfen und Seerouten unbedingt zu sichern und die Flotten auszubauen seien. Zu ihnen gehörten auch Wilhelm II. und Admiral Tirpitz.

Wer einzelnen Nationen besondere historische Aufgaben zusprach, verband dies leicht mit biologisch-rassistischen Theorien über die Überlegenheit der „weißen Rasse" oder Fiktionen wie der „deutschen" oder „englischen Rasse". Als Hintergrund wirkte der Sozialdarwinismus, der die menschliche Geschichte unter biologische Prinzipien stellte wie: „Ewiger Kampf ums Dasein", „survival of the fittest*", „Recht der Höherentwickelten" (Herbert Spencer, Cecil Rhodes). Völker, die zu klein oder zu friedliebend waren, galten als dem Untergang geweiht.

Alle entwickelten Gesellschaften Europas befanden sich im Übergang zu Industriestaaten. Soziale Konflikte lösten starke Krisenängste aus, meist in Verbindung mit Antisozialismus. Um die auseinanderdriftenden Schichten wieder zu verklammern, boten sich nationale Identifikation mit einem Kolonialreich und gemeinsame Bedrohungsgefühle vor neidischen Rivalen an. Radikale Forderungen „von unten" nach mehr sozialer Gerechtigkeit oder politischer Mitbestimmung ließen sich so zurückstellen und auf äußere Ziele ablenken. So deutet es die sozialimperialistische Theorie (→ M 5), belegt durch entsprechende Zitate von Politikern und Publizisten. Fragwürdig an dieser Erklärung ist ihre Reichweite für den ganzen Imperialismus: Die deutsche Kolonial- und Flottenbegeisterung war kaum das Ergebnis nur manipulativer Ablenkung von inneren Problemen durch die reformunwillige Oberschicht. Denn gerade soziale Aufsteiger oder Vertreter des reformwilligen Bürgertums, wie Friedrich Naumann oder Max Weber, waren deutsche Imperialisten. Britischer „Jingoismus*" als radikaler Imperialismus fand sich in Teilen der Unterschicht, die noch mehr vom Reichtum des Empire profitieren wollten, den sie schon an Kolonialwaren des englischen Frühstücks (Orangenmarmelade, Tee etc.) genossen.

3.4 Deutscher Imperialismus

3.4.1 Koloniales Vorspiel unter Bismarck

Bismarck 1881: „Solange ich Reichskanzler bin, treiben wir keine Kolonialpolitik. Wir haben eine Flotte, die nicht fahren kann [...] und wir dürfen keine verwundbaren Punkte in fernen Weltteilen haben, die den Franzosen als Beute zufallen, sobald es losgeht." (Gründer: Geschichte der deutschen Kolonien, S. 51). Trotzdem erwarb das Deutsche Reich 1884 die „Schutzgebiete" Deutsch-Südwestafrika (heute: Namibia), Togo, Kamerun und 1885 Deutsch-Ostafrika (heute: Tansania), dazu Kaiser-Wilhelm-Land in Neuguinea, den Bismarck-Archipel und einige Pazifikinseln (→ M 9).

Wie kam es zu diesem Kurswechsel? Die Sorge, daß Deutschland beim Kolonialwettlauf zu kurz kommen könnte, bewegte nicht wenige Zeitgenossen: Forschungsreisende und Geographen, Publizisten, Lehrer, Überseehändler u. a. m. Bismarck war bis 1879 ein zeitüblicher Anhänger des überseeischen Freihandels und unterstützte so deutsche Kaufleute nach Möglichkeit. Kolonien mit eigenen Soldaten und Beamten galten ihm nur als unnutze Kostenstellen. Die deutsche Kolonialbewegung (Deutscher Kolonialverein 1882, 1888 erweitert zur Deutschen Kolonialgesellschaft) ging dagegen viel weiter: Am bedeutsamsten schienen bei drohender Übervölkerung Kolonien als deutsche Auswanderungsgebiete, dazu als Absatzmarkt für deutsche Produkte, Investitionsgebiete für Kapital und Rohstofflieferanten. Lösung der „Sozialen Frage" über Aussiedlung von Unruhestiftern in Kolonien war ein weiterer Aspekt. Kolonialverfechter wie Carl Peters wollten einem „Herrenvolk" angehören und blickten neidisch auf Englands Größe.

Bismarck wurde jedoch nicht zum Kolonialenthusiasten: Am liebsten wäre ihm eine Verwaltung der Kolonien durch private Gesellschaften mit staatlichem Schutzbrief gewesen, was jedoch scheiterte. Dem Forschungsreisenden Eugen Wolf sagte er 1888: „Ihre Karte von Afrika ist ja sehr schön, aber meine Karte von Afrika liegt in Europa. Hier liegt Rußland, und hier [...] liegt Frankreich, und wir sind in der Mitte; das ist meine Karte von Afrika." (Gründer, Geschichte der deutschen Kolonien, S. 59)

Zur Erklärung der Kolonialphase 1884/85 ist die europäische Lage mit zu berücksichtigen: Deutsche Kolonien weckten Mißtrauen bei der Flügelmacht England; Frankreich unter Ferry im Kontinentalbund mit Deutschland war eine utopische, aber denkbare Möglichkeit. Die Kolonien konnten eventuell als Kompensationsobjekte für britische Gegenleistungen dienen, wie 1890 beim Tausch deutscher Ansprüche auf Sansibar gegen das englische Helgoland. Ganz sicher ist die Forschung bis heute nicht, Ferrys Sturz 1885 bald nach der Berliner Afrika-Konferenz beendete Bismarcks Kolonialepisode schnell.

3.4.2 „Neuer Kurs" seit 1890/96: „Weltpolitik" und „freie Hand"

Wilhelm II. leitete mit der Entlassung Bismarcks 1890 und Nichtverlängerung des Rückversicherungsvertrages einen „Neuen Kurs" ein, für den er 1896 das Stichwort „Weltpolitik" vorgab. Die deutsche Rolle in der Welt wollte er vergrößern, die bloß kontinentale Sicht erweitern und die Bindung an Rußland zugunsten einer „freien Hand" aufgeben. „Springende Unruhe" (Oncken) ergriff die deutsche Außenpolitik, als 1897 ein Vertreter der „Weltpolitik" Außenstaatssekretär, 1900 Reichskanzler wurde: Bernhard v. Bülow forderte für Deutschland einen „Platz an der Sonne" (→ M 10).

Ins Weltweite gesteigerten Nationalismus drückte Max Webers Freiburger Antrittsvorlesung 1895 aus: „Wir müssen begreifen, daß die Einigung Deutschlands ein Jugendstreich gewesen ist, den die Nation auf ihre alten Tage beging und seiner Kostspieligkeit halber besser unterlassen hätte, wenn sie der Abschluß und nicht der Ausgangspunkt einer deutschen Weltmachtpolitik sein sollte." Die Popularität solcher Auffassungen unterstützte der verbreitete Sozialdarwinismus. Bei der Suche nach geeigneten Aktionsfeldern entschied sich Berlin für China und das Osmanische Reich. Ein Staatsbesuch führte 1898 Wilhelm II. nach Jerusalem und Damaskus, wo er sich zum Freund aller 300 Mio. Moslems erklärte. Symbol der wirtschaftlichen Durchdringung wurde ab 1899 die Bagdadbahn von Berlin bis zum Persischen Golf (Baubeginn 1903). An neuen Kolonien kamen lediglich einige weitere pazifische Inselgruppen, die von Spanien gekauft wurden, hinzu und Samoa, das sich die USA und Deutschland aufteilten (1899).

Weltmacht konnte Deutschland nur werden, wenn es eine große Schlachtflotte besaß. Ihrem Aufbau lag ein Plan des Marinestaatssekretärs Alfred v. Tirpitz (1897–1916) zugrunde: Die deutsche Flotte mußte so stark werden, daß sie für die britische Marine, die größte der Welt, nicht mehr ohne Risiko angreifbar war („Risikoflotte"). Dann werde England globale Zugeständnisse an eine deutsche Expansion machen. Voraussetzung war eine schleunige, allerdings kostspielige Marinerüstung, möglichst ohne britische Gegenaktion. 1898 wurden die ersten Schlachtschiffe auf Kiel gelegt, der Kaiser äußerte: „Unsere Zukunft liegt auf dem Wasser!" und „Der Dreizack gehört in unsere Faust!". England antwortete auf die unmittelbare Drohung in der Nordsee mit einem ähnlichen Bauprogramm, um den Vorsprung zu wahren (Two-Power-Standard: größer als die beiden nächstgrößeren Flotten zusammen). 1905 legten die Briten einen neuen, größeren Schiffstyp „Dreadnought" auf, der die alten Schiffe entwertete. Deutschland konnte nachziehen, aber mit zusätzlichen Kosten. Das Wettrüsten ging auf höherem Niveau weiter, obwohl bereits 1908 deutlich wurde, daß der „Tirpitz-Plan" (V. Berghalm) gescheitert war.

3.4.3 Schlachtflotte und „Sammlungspolitik"

Die Kosten der Flottenpolitik auf beiden Seiten erzwangen Verzicht auf soziale Reformprojekte – gerade die neue deutsche Schlachtflotte war innenpolitisch hochbrisant. Mit Unterstützung der deutschen Stahl- und Werftenindustrie sollte daher ab 1898 der „Deutsche Flotten-Verein" die Schlachtflotte populär machen, mit 1 Million Mitgliedern (1914). Besonders das liberale Bürgertum schwärmte schon seit vor 1848 für Seemacht und Kolonien, während die Konservativen die „gräßliche Flotte" nur als erzwungenes Zugeständnis an den nationalen Liberalismus hinnahmen. Da die SPD das Wettrüsten als imperialistischen Weg in den Krieg brandmarkte, verknüpfte sich oft das Bekenntnis zur Flotte mit antisozialistischer Haltung. Zusammen mit anderen politischen Verbänden formierte sich eine „Sammlungspolitik" staatserhaltender Kräfte als „starkes Palliativ (= Schutzmittel) gegen gebildete und ungebildete Sozialdemokraten" (Tirpitz). Hinzu kam im Reichstag der Streit um die Flottenfinanzierung, der im Kern um den parlamentarischen Charakter der Verfassung ging. Manche Historiker sehen in der Flotte eher ein innenpolitisches Mittel, um das Kaiserreich politisch im konservativen Sinne zu stabilisieren, als ein Militärprojekt gegen England. Andere sehen damalige Politiker stärker vom „Primat der Außenpolitik" gelenkt und halten ideologische Manipulation so vieler Flottenbegeisterter für undenkbar.

Werbeplakat des „Deutschen Flottenvereins" (1901): Der kaiserlichen Jacht folgen die Großkampfschiffe in Kiellinie.

3.4.4 Die Kolonien Deutsch-Südwestafrika und Kiautschou: Herrschaftssystem und Konflikte

Im ersten „Schutzgebiet" Deutsch-Südwestafrika (1884) lebten vorwiegend drei Völker – Nama, Herero und Ovambo. Weiße Besiedlung gab es zunächst nur von Walfischfängern und Missionaren. Der Bremer Händler Franz A. Lüderitz pachtete im Mai 1883 von einem Nama-Kapitän eine Bucht, für die er von Bismarck den offiziellen Schutz des Reiches beantragte. Im April 1884 erfolgte dieser erste Schritt staatlichen Kolonialengagements. Als Lüderitz trotz erheblicher weiterer Zukäufe (580 000 km²) nicht auf die erwarteten Rohstofflagerstätten stieß, mußte er das Gebiet an eine Kolonialgesellschaft verkaufen. Reichskommissar Göring, der Vater Hermann Görings, übernahm daneben die staatliche Verwaltung, bis er 1888 vor Unruhen in die englische Walfischbai floh. Bismarck mußte wider Willen eine kleine Schutztruppe in Marsch setzen und dachte schon an Aufgabe der Kolonie.

Doch der „Neue Kurs" in Berlin fiel 1890 zusammen mit verschärften Stammeskonflikten zwischen den kriegerischen Nama unter dem getauften Hendrik Witbooi und dem Hirtenvolk der Herero, die auf deutsche Hilfe hofften. Der neue Gouverneur Theodor Leutwein (1894–1905) ging erst brutal gegen die Nama vor, schonte den geschlagenen Witbooi dann aber, als er sich der deutschen Herrschaft unterstellte (→ M 14). Zur Stabilisierung wurden deutsche Siedler ins Land geholt und die Missionsarbeit intensiviert. 1897 vernichtete eine Rinderpest fast 95 % des Viehbestandes der Herero und damit auch ihr Sozialprestige, während das Vieh der Siedler durch Impfung besser geschützt war. Die Herero gerieten in Verschuldung, mußten erstmals für Lohn arbeiten, ihr Land an Weiße verkaufen und straflose Mißhandlungen von Weißen hinnehmen. Tötung eines Schwarzen wurde höchstens mit geringen Gefängnisstrafen geahndet.

Aus Widerstand gegen deutsche „Herrenpolitik" und rücksichtslose Schuldeneintreibung erwuchsen Aufstände der Herero (Januar–August 1904) und Nama wieder unter Witbooi (Oktober 1904 – März 1907, teils im Guerillakrieg). Der deutsche General v. Trotha (→ M 15) schlug die Herero und trieb den Rest in die wasserlose Kalahari-Wüste – ca. ¾ des Stammes kamen um, die Hälfte der Nama, der Rest wurde teilweise bis nach Kamerun deportiert. Der 1905 gefallene Witbooi ist bis heute ein Freiheitssymbol der Nama. Auf deutscher Seite fielen neben ermordeten Zivilisten etwa 1500 von 14 000 eingesetzten Soldaten. Danach beschlagnahmte die Verwaltung das gesamte Land und zerstörte die Stammesstrukturen durch Umsiedlung. Nicht mehr als 10 Eingeborenenfamilien durften als Arbeitskräfte auf deutschen Farmen leben – in 1 km Distanz vom Herrenhaus. Arbeitszwang, Paßpflicht und das Verbot, Land zu besitzen und Großvieh zu halten, schufen einen der Sklaverei ähnlichen Status. Nach Ansiedlungskommissar Rohrbach war das Ziel, den Herero „nach Möglichkeit seines Volkstums und seiner nationalen Eigentümlichkeiten zu entkleiden und ihn mit den anderen Eingeborenen allmählich zu einer einzigen farbigen Arbeiterklasse zu verschmelzen" (Gründer, Geschichte der deutschen Kolonien, S. 124). Nur Mangel an Arbeitskräften auf den Farmen und hohe Frauensterblichkeit führten 1910 zu ersten Schutzmaßnahmen.

Nach Entdeckung neuer Kupferlager 1907 sowie von Diamanten 1908 versprach die Kolonie endlich zum Geschäft für die Abbaugesellschaften zu werden. Der Staat mußte für seine Kolonie stets Verluste (Verwaltung, Eisenbahnbau) verbuchen. Mit der Kapitulation der Schutztruppe im Juli 1915 ging die deutsche Herrschaft auf Südafrika über.

Das Pachtgebiet Kiautschou (1898, 560 km²) stand als Flottenstützpunkt unter Verwaltung der Marine nach handstreichartiger Besetzung des Hafens Tsingtao. Admiral Tirpitz wollte eine „Musterkolonie" zur indirekten, gewaltfreien Durchdringung der

Kolonialpolitik in Deutsch-Südwestafrika (1904).

Provinz Schantung bzw. ganz Chinas nach dem Prinzip der „offenen Tür" errichten, so daß hohe Investitionen in das Gebiet flossen für Infrastruktur (Hafen, Eisenbahn), Städtebau und Hygienemaßnahmen. Die Welt sollte sehen, was die Deutschen in ihren Kolonien zu leisten imstande waren, Tirpitz träumte von einem Stahlstandort für ganz Ostasien. Die Chinesen behielten eine beachtliche Autonomie in ihren Angelegenheiten. Vor allem nach dem „Boxeraufstand" (→ M 12) nahmen die Deutschen mehr Rücksicht auf das chinesische Ehrgefühl. Eine Besonderheit war ihr Kulturimperialismus mittels Missionsschulen und der 1909 gegründeten Deutsch-Chinesischen Hochschule. Die medizinische Versorgung erfolgte allerdings getrennt nach „Rassen" und orientierte sich am Bedarf der ansässigen Europäer. Dagegen blieb der ökonomische Erfolg gering: Der Kohlebergbau brachte nur Verluste ein. Vom Handel durch die „offene Tür" profitierten zuerst die Japaner und Briten, während auf deutsche Importe gerade 8 % (1913) entfielen. Nur die Eisenbahngesellschaft fuhr den privaten deutschen Investoren einen Gewinn ein, Kiautschou blieb staatliches Zuschußgebiet bis zur japanischen Besetzung 1914.

In der deutschen Kolonialgeschichte lassen sich drei Phasen unterscheiden: 1) Experimentierphase bis 1890, 2) schrittweise Übernahme in staatliche Verwaltung und systematische Durchdringung bis zu den großen Aufständen 1904/06, 3) Reformen mit ersten „Schutzgesetzen" nach Errichtung des Reichskolonialamtes 1907 unter dem linksliberalen Staatssekretär Dernburg (bis 1910).

Eine Bilanz aller deutschen Kolonien fällt mager aus: Die deutsche Kolonialbegeisterung blieb nach der Anfangseuphorie bald auf Randgruppen beschränkt. Vor allem erfaßte sie nie die Großindustrie und Hochfinanzkreise, denen koloniale Investitionen zu risikoreich waren und die deshalb lieber ihr Kapital in europäische Projekte steckten.

Einzig Togo und Samoa trugen vor 1914 einen kleinen Gewinn ein. Auch der Export war minimal: nach Europa 72,4 %, nach Amerika 17,3 %, in die deutschen Kolonien 0,6 %. Ganze 24 000 Deutsche wanderten dorthin aus. Der politische Ertrag war ebenso gering: Außer den hohen Kosten belasteten Aufstände in vielen Kolonien (75 000 Tote in Deutsch-Ostafrika beim Maji-Maji-Aufstand 1905–07).

3.5 Der Weg in den europäischen Krieg

3.5.1 Das Entstehen der Bündnissysteme

Unaufgebbare Basis deutscher Außenpolitik war der Zweibund mit Österreich-Ungarn seit 1879. Die Nichtverlängerung des Rückversicherungsvertrages 1890 durch Bismarcks Nachfolger stellte Rußland frei und führte trotz Gegensätzen in ihren politischen Systemen bereits 1892/94 zu einer französisch-russischen Militärallianz. Damit war der Zweifrontenkrieg aus deutscher Sicht unvermeidlich geworden. Generalstabschef Alfred v. Schlieffen (1891–1905) zog mit einer allmählich ausgearbeiteten Kriegsstrategie die Konsequenz: Erst sollten die deutschen Truppen in sechs Wochen Frankreich schlagen, danach Rußland. Dazu sollte das neutrale Holland, Belgien und Luxemburg ein starker deutscher rechter Flügel durchqueren, um in einer riesigen Schwenkbewegung die französische Armee einzukesseln. Schwache Kräfte in Ostpreußen und das Heer Österreich-Ungarns hatten unterdessen die russischen Kräfte zu binden. Der „Schlieffen-Plan" in der endgültigen Fassung von 1905 setzte ein riskantes Vertrauen auf die äußerste Leistungsfähigkeit des deutschen Heeres und die Neutralität Englands trotz Durchmarsch durch Belgien. Der wacklige Zweibundpartner Österreich-Ungarn war unverzichtbar und mußte als Großmacht mit deutscher Hilfe erhalten bleiben. Typisch für den preußisch-deutschen Militarismus war, daß der Reichskanzler den Plan ohne Widerspruch hinnahm. Selbst die ältere Alternative eines einseitigen Ost-Aufmarsches versank 1913 in der Schublade; Sonstige Konzepte gab es nicht.

Von kolonialen Streitigkeiten zwischen Frankreich und England profitierte das Reich (Faschoda 1898). Doch Paris und London verständigten sich und vereinbarten in der Entente Cordiale (1904) koloniale Aufteilungen (Ägypten/Sudan an England, Marokko an Frankreich), die bald zu weiteren militärischen Absprachen führte. Der Burenkrieg (1899–1902) hatte England die Schwäche seiner Armee vor Augen geführt, da sogar indische Truppen gegen die Buren eingreifen mußten.

Mit der Aufteilung der Welt um 1900 wurde deutlich, daß sich die Mächtekonflikte zunehmend auf Europa zurückverlagerten, in denen sich Deutschland in britischen Augen als gefährlichster Störenfried erwies. Die Spannungen zwischen England und Rußland – Feindschaft zwischen „Walfisch und Bär" um die türkischen Meerengen und Asien – verloren an Bedeutung gegenüber der deutschen Provokation des Flottenwettrüstens. Daher einigte sich England mit Rußland, das durch den verlorenen Krieg gegen Japan 1904/05 und die folgende Revolution von 1905/06 geschwächt war, in einer Konvention (1907) über strittige Fragen in Asien (Aufteilung Persiens; Afghanistan und Tibet zwischen England und Rußland neutralisiert). Die neue informelle Triple Entente* hatte so den Zweibund „eingekreist", und Deutschland war isoliert, wie Bismarck es immer vermeiden wollte. Zudem hatte Italien 1902 ein Geheimabkommen mit Frankreich geschlossen, das beide zur Neutralität im Konfliktfall verpflichtete und damit den Dreibund von 1882 aushöhlte, obwohl er im gleichen Jahr formal verlängert wurde.

3.5.2 Haager Friedenskonferenzen, 1899/1907

Das imperialistische Wettrüsten rief nicht nur nationalistische Begeisterung hervor. Besorgte Zeitgenossen wie die österreichische Pazifistin Bertha v. Suttner (Roman „Die Waffen nieder!" 1889, Friedensnobelpreis 1905) wollten den drohenden europäischen Krieg verhindern und gründeten eine Friedensbewegung, die den jungen Zaren Nikolaus II. (1894–1917) gewinnen konnte. Auf der 1. Haager Friedenskonferenz 1899 forderte sie von den Großmächten Abrüstung und obligatorische Schiedsgerichtsbarkeit. Die deutsche Delegation erhielt jedoch folgende Direktive: „[...] Für den Staat gibt es keinen höheren Zweck als die Wahrung seiner Interessen. Letztere werden aber bei Großmächten nicht notwendig identisch mit der Erhaltung des Friedens, sondern viel eher mit der Vergewaltigung des Feindes und Konkurrenten durch eine richtig zusammengesetzte stärkere Gruppe sein. [...]" (Große Politik der Europäischen Kabinette 1871–1914, 4255). In anderen Staaten dachte man nicht anders, daher war das Scheitern programmiert. Besonders Deutschland taktierte so lange, bis der „Ständige Schiedsgerichtshof" als erstes stetes völkerrechtliches* Gremium (1901) in Den Haag nur noch fakultativ (= mit Zustimmung gültig) entscheiden durfte. Die deutsche Weltpolitik sollte nicht an Juristen scheitern. Obwohl die 2. Friedenskonferenz 1907 die Haager Landkriegsordnung mit ersten humanitären Grundsätzen der Kriegführung festlegte, waren die Erwartungen der Friedensbewegung enttäuscht.

3.5.3 Krisen um Marokko und auf dem Balkan, 1905–13

1905 enthüllte die 1. Marokkokrise die veränderte Situation Deutschlands: Da die Entente Cordiale Marokko zum französischen Interessengebiet erklärt hatte und damit auch deutsche Handelsinteressen berührte, wollte Deutschland Frankreich wieder von England trennen, zumal Rußland durch seinen Krieg mit Japan gerade abgelenkt war und sich vorübergehend sogar Chancen für ein deutsch-russisches Zusammengehen zu bieten schienen. Demonstrativ besuchte Wilhelm II. die Hafenstadt Tanger. Eine internationale Konferenz im spanischen Algeciras (1906) unter Vermittlung des US-Präsidenten Th. Roosevelt endete allerdings mit deutscher Isolation und Festigung der Entente Cordiale*.

1908 annektierte Österreich-Ungarn als Antwort auf die „Jungtürkische Revolution" gegen den Sultan Bosnien-Herzegowina, das trotz Besetzung seit 1878 formal noch zum Osmanischen Reich gehörte. Rußland protestierte als Schutzmacht der südslawischen Serben, mußte sich aber 1909 einer verschleierten deutschen Kriegsdrohung beugen. Das russische Verhältnis zum Deutschen Reich war an einen Tiefpunkt gelangt, in Rußland griff die Sorge vor dem „germanischen Drang nach Osten" um sich, die panslawistische Bewegung wurde stärker.

1911 betrieb die deutsche Außenpolitik in der 2. Marokkokrise eine „groß angelegte Politik des Bluffs" (Hildebrand). Mit einer kriegsbereiten öffentlichen Meinung im Rücken forderte Berlin kolonialen Zuwachs in Marokko oder ersatzweise Mittelafrika (Kongo). Zum Nachdruck schickte es unter Beifall der Alldeutschen das Kanonenboot „Panther" vor den Hafen Agadir. Die Drohgebärde des „Panthersprungs" ließ England auf die Seite Frankreichs treten, das Deutsche Reich wurde mit geringfügigen Kompensationen in Kamerun abgefertigt: Eine tiefsitzende Blamage! Ohne Krieg schien der deutschen „Weltpolitik" kein Erfolg beschieden.

1912/13 führte der Auflösungsprozeß der Türkei zu zwei Balkankriegen, in denen sich Serbien, Griechenland und Montenegro ihren Beuteanteil sicherten. Besonders die ge-

Südost- und Ostmitteleuropa 1914.

plante Ausdehnung Serbiens bis zur Adria unter russischem Schutz, dazu Massaker an der nichtserbischen Zivilbevölkerung, mißfielen Österreich-Ungarn, so daß aus dem Lokalkonflikt ein europäischer Krieg zu werden drohte. Die Diplomaten in Berlin und London erreichten noch einmal eine Abkühlung ihrer Partner. Mitten in die erhitzte Atmosphäre fiel der sog. „Kriegsrat" vom 8. Dezember 1912: Wilhelm II., enttäuscht über die britische Haltung, berief seine Militärberater ein, um das weitere deutsche Vorgehen abzustimmen, und trat für baldigen Krieg ein. Generalstabschef v. Moltke, ein Neffe des älteren Amtsvorgängers, stimmte zu, nur Admiral Tirpitz wollte Aufschub, bis noch einige Marinebauten (Befestigung Helgolands, Erweiterung des Nord-Ostsee-Kanals) fertig seien (→ M 17). Heraus kam die endgültige Durchsetzung einer deutschen Heeresverstärkung, finanziert durch neue Anleihen des bereits beträchtlich verschuldeten Reiches. Sie zog entsprechende Rüstung in Frankreich und Rußland nach sich.

Nach der „Jungtürkischen Revolution" 1908 verstärkte das Osmanische Reich eine Teilmodernisierung mit deutscher Hilfe (Weiterbau der Bagdad-Bahn), die Rußlands Expansionsbahn schnitt. Die Ernennung des deutschen Generals Liman von Sanders zum Generalinspekteur der türkischen Armee mit Kommandogewalt über die Meerengen Ende 1913 hätte fast erneut einen Krieg provoziert, wenn nicht Berlin eingelenkt hätte.

3.5.4 Das deutsch-englische Verhältnis

Intensive Kultur- und Wirtschaftsbeziehungen zwischen England und Deutschland bildeten die Basis für Zusammenarbeit und Rivalität. England war vielfaches Vorbild für deutsche Liberale. Zwischen Zweibund und französisch-russischem Block geriet Großbritannien in eine Schlüsselstellung für einen drohenden europäischen Krieg. Punktuell kamen sich London und Berlin nach 1890 mit Abkommen zur kolonialen Aufteilung näher: Helgoland-Sansibar-Abkommen (1890), Abkommen über die portugiesischen Kolonien (1898, ohne Umsetzung). In einer Schaukelpolitik der „freien Hand" trat die deutsche Außenpolitik des „Neuen Kurses", konzipiert von der „grauen Eminenz" Baron v. Holstein, den Briten in anderen Fragen jedoch entgegen: So nahm Wilhelm II. offen Partei für die Buren Transvaals in der „Krüger-Depesche*" 1896. Als wegen des aufwendigen Burenkrieges und der Faschoda-Krise London 1898 bis 1901 sogar zu einer informellen Defensivallianz bereit schien, wartete Berlin ab. Selbstbewußt glaubte es, durch Flottenrüstung seit 1898 England noch gefügiger machen („Tirpitz-Plan") und größere

Vorteile für die deutsche „Weltpolitik" aus einem England aufgezwungenen festen Bündnis ziehen zu können. Aber auch ein antibritisches Kontinentalbündnis mit Rußland oder gar Frankreich hielt Berlin für denkbar.

Seitdem vertiefte sich der deutsch-britische „Antagonismus*" (Paul Kennedy). Die Bagdadbahn schuf neue Konfliktlinien, denn über sie drohte Berlin das Osmanische Reich bis Persien zu beerben. Jedoch wollten die deutschen Banken aus Kapitalmangel das Projekt für ausländische Investoren öffnen und suchten Partner in London und Paris, während die Reichsleitung ein rein deutsches Unternehmen anstrebte. England reagierte mit einem Kurswechsel und schloß mit den USA und Japan (1902), Frankreich („Entente Cordiale"; 1904) und mit Rußland (1907) Abkommen bzw. Arrangements in Kolonial- und Flottenfragen. 1908 provozierte Wilhelm II. mit einem für England in Passagen beleidigenden Interview für den „Daily Telegraph" instinktlos eine schwere Staatskrise und Belastung der Beziehungen, die erst der Rücktritt Kanzler v. Bülows (1909) bereinigte.

Sein Nachfolger Theobald v. Bethmann Hollweg (1909–17) stellte sich eine erfolgreichere deutsche Weltpolitik faktisch als Juniorpartner Englands vor. 1912 kam Kriegsminister Haldane nach Berlin, um Gespräche über ein Neutralitätsabkommen zu führen. Doch Wilhelm II. und Admiral Tirpitz wollten nicht auf die englische Bedingung eingehen, auf den Flottenausbau zu verzichten. Die an einer Verständigung weiter interessierten Regierungen schlossen, um in kleinen Schritten wenigstens voranzukommen, ein neues Abkommen über die Aufteilung der portugiesischen Kolonien (August 1913), das Aussicht auf ein deutsches Mittelafrika gab, und die englische Fortführung der Bagdadbahn bis Basra (Juni 1914). Der Reichskanzler war optimistisch, so England vom französisch-russischen Block abzuziehen, als am 28. Juni die plötzliche Ermordung des österreichisch-ungarischen Thronfolgers die „Julikrise" 1914 auslöste.

Methodik-Exkurs: Ideologiekritik

Zu den obersten Zielen des Geschichtsunterrichts gehört die Fähigkeit historisch-politische Aussagen auf hinter ihnen stehende Grundanschauungen oder Interessen zu analysieren und sich vor naiver Übernahme von Ideologien zu hüten, also ideologiekritisch zu werden.

Was sind Ideologien? Dem Wortsinn nach könnte man darunter eine Zusammenstellung von Ideen im Sinne etwa einer Überzeugung oder Weltanschauung verstehen. Doch meist steckt hinter dem Wortgebrauch eine abwertende, entlarvende Absicht: Ideologien enthalten eine verfälschende Weltsicht. Motiv der Verschleierung ist, wie dem Durchschauenden auffällt, insgeheim ein eigennütziges Interesse. So rechtfertigten die goldgierigen spanischen Conquistadores ihre Grausamkeit gegen die amerikanischen Ureinwohner mit göttlichem Willen, oder die römische Herrschaftsideologie überhöhte die besondere friedensstiftende Wirkung des Imperium Romanum.

Im 20. Jahrhundert als einer „Zeit der Ideologien" (Bracher) faszinierten vor allem faschistische und marxistische Totalideologien breite Massen und zahlreiche Intellektuelle. Sie erheben auf den ersten Blick plausibel wirkende Teilwahrheiten (z. B. „Alle bisherige Geschichte ist die Geschichte von Klassenkämpfen.") zur ganzen Wahrheit und verbieten dazu weitere Fragestellungen. „Ideologiekritik heißt also, sich offenhalten für jede Art von Wahrheit und sich des relativen, perspektivischen Charakters aller wissenschaftlichen Erkenntnis bewußt bleiben." (Sutor) Sie weist nach, wo unbewiesene Annahmen, verborgene Wertungen oder sogar Tatsachenleugnungen (bspw. der Verbrechen von Katyn 1940 durch die sowjetische Geschichtswissenschaft) aus Eigennutz ein offenes, wahrhaftes Weltbild verstellen. Ein Dilemma tut sich auf, wenn Ideologiekritik selbst ideologische Aussagen macht, die ihrerseits wieder Kritik hervorrufen. Davor schützt sich nur, wer alle nachweisbaren Tatsachen logisch stimmig einbezieht und eigene letzte Wertungen zumindest offenlegt. Allerdings kommt Geschichtsforschung ohne Wertungen nicht aus, da auch Basisbegriffe wie „Tyrann“, „Revolution“, „Lebensqualität“ Personen und Sachverhalte bewerten.

Beispiel: Zur Rechtfertigung oder Erklärung des Imperialismus dienten verschiedene Theorien. Sozialdarwinistischer Rassismus geht von natürlicher Überlegenheit der Weißhäutigen, eine nur auf die leitenden Staatsmänner fixierte Perspektive vom weltpolitischen Machtstreben und die gesellschaftskritische Theorie des Sozialimperialismus vom Behauptungswillen der sozialen Oberschichten in Europa aus. Um Argumente und Beispiele einer Theorie zu überprüfen, sind Plausibilität und Reichweite der Erklärungen kritisch zu untersuchen. Ein Schulbuch bietet dazu zwar nur begrenztes Material, dennoch können auch Schüler und Schülerinnen auf Widersprüche und Schwierigkeiten von Theorien stoßen und ideologische Elemente selbst bestimmen.

Leitfragen sind: Lassen sich hinter einer (verkürzten) Wirklichkeitsauffassung Interessen erkennen, warum sie vertreten wird? Welche Vorteile (materiell, psychologisch, politisch) ergeben sich für den Autor einer Auffassung/Theorie, wenn andere sie als wahr akzeptieren?

Exemplarisch sei Lenins Imperialismustheorie (→ M 4) untersucht: Danach ist der Kapitalismus am Ende des 19. Jahrhunderts in ein Stadium getreten, in dem nicht mehr Kapitalisten und Proletariat eines Staates den Klassenkampf offen gegeneinander austragen, sondern das Kapital im unstillbaren Verwertungsinteresse weltweite Anlage- und Ausbeutungsmöglichkeiten sucht. Sozialpolitische Konzessionen stellen in den kapitalistischen Zentren die Arbeiterschaft ruhig, dafür beutet das Kapital die Kolonialbevölkerung in der Peripherie um so intensiver aus. Sie hat daher das größte Interesse am Sturz des internationalen Kapitalismus und organisiert ihren Befreiungskampf auch gegen das „bestochene“, nicht mehr klassenbewußte Proletariat in den Zentren. Der Sozialismus setzt sich nicht dort, sondern zuerst in den unterentwickelten Randstaaten durch. Für den Russen Lenin hatte das eine bedeutende Konsequenz: Nicht im industriereichen Westeuropa war die Revolution möglich, sondern in den wenigen Industriezentren seiner Heimat, die fast noch ein Agrarstaat war – für die umsturzwilligen Bolschewiki die willkommene Handlungsgrundlage. So verknüpfte Lenin die ökonomische Deutung des Imperialismus (dem Briten Hobson entlehnt und falsch verallgemeinert) mit marxistischer Klassen- und Revolutionstheorie und lieferte bis in die Gegenwart die Ideologie zahlloser Befreiungsbewegungen in der „Dritten Welt“.

Abgesehen von der fragwürdigen marxistischen Voraussetzung, Politik nur als Resultat von Klassenkämpfen zu sehen, ist speziell an Lenins Imperialismustheorie die historische Kernthese zu bezweifeln, die Initiative zur europäischen Expansion sei von führenden Großkapitalisten ausgegangen. Oft waren es eher Außenseiter und Abenteurer, die unkalkulierbare Geschäftrisiken in Übersee eingingen, oder machtbewußte Politiker und Militärs. Die Investitionen und Umsätze der meisten Branchen konzentrierten sich auf die Industriestaaten selbst. Mag auch die Hochfinanz in Einzelfällen auf koloniale Geschäfte gesetzt haben, aktuelle ökonomische Zwangslagen führten nicht unausweichlich zum Imperialismus. Lenin erhebt den Einzelfall zur Regel, ein Neben- zum Hauptfeld.

Der englische Imperialismus

M 1 Cecil Rhodes: Draft of Ideas (1877)

Mit diesem Frühwerk nach seinem Studium in Oxford leitete Rhodes (1853–1902), der mit Diamantenminen schon vorher reich geworden war, seine politische Karriere in der Kapkolonie ein: 1884 Finanzminister der Kapkolonie, 1890–1896 Premierminister. Er annektierte Betschuanaland und das spätere „Rhodesien" (Zimbabwe). 1895 scheiterte sein Versuch, die Burenrepubliken unter englische Kontrolle zu bringen („Jameson Raid").

Ich behaupte, daß wir die erste Rasse der Welt sind und es um so besser für die menschliche Rasse ist, je mehr von der Welt wir bewohnen. Ich behaupte, daß jeder Acker, der unserem Gebiete hinzugefügt wird, die Geburt von mehr Angehörigen der englischen Rasse bedeutet [...] Darüber hinaus bedeutet es einfach das Ende aller Kriege, wenn der größere Teil der Welt in unserer Herrschaft aufgeht [...] Die Förderung des britischen Weltreiches, um die ganze zivilisierte Welt unter britische Herrschaft zu bringen, die Wiedergewinnung der Vereinigten Staaten, um die angelsächsische Rasse zu einem einzigen Weltreich zu machen. Was für ein Traum! Aber dennoch ist er wahrscheinlich. Er ist möglich. Da [Gott] offenkundig die englisch sprechende Rasse zu seinem auserwählten Werkzeug formt, durch welches er einen Zustand der Gesellschaft hervorbringen will, der auf Gerechtigkeit, Frieden und Freiheit gegründet ist, muß er offensichtlich wünschen, daß ich tue, was ich kann, um jener Rasse so viel Spielraum und Macht wie möglich zu geben. Daher, wenn es einen Gott gibt, denke ich, daß das, was er gern von mir getan haben möchte, ist, so viel von der Karte von Afrika britisch rot[1] zu malen als möglich [...]

[1] Rot war die übliche Farbe des Empire auf Weltkarten.

Aus: Zimmermann, Ludwig (Hg.), Der Imperialismus, seine geistigen, wirtschaftlichen und politischen Zielsetzungen, Stuttgart 1966, S. 9f.

M 2 Reaktionen in Indien

1885 gründete der pensionierte britisch-indische Beamte Hume den All-Indischen Nationalkongreß zur Förderung des indischen Patriotismus. Ohne die englische Herrschaft in Frage zu stellen, bemühte sich der gemäßigte Reformer um Vorteile für Indien. Erst 1905 löste die beabsichtigte Verwaltungsteilung Bengalens Unruhen und Boykott englischer Waren aus. Seitdem standen sich Gemäßigte und Radikale im Kongreß gegenüber, hinzu kam 1906 die Moslem-Liga in Rivalität zu den Hindus.

Surendranath Banerjea (1848–1926), Kongreßpräsident, in einer Rede 1895:

Von England erwarten wir Erleuchtung und Führung. Von England erhoffen wir Verständnis für unsern Kampf. Von England muß das krönende Mandat kommen, durch das unser Volk das Wahlrecht und die politische Mündigkeit erhält. England ist unser politischer Führer und moralischer Lehrer auf dem erhabenen Felde der politischen Pflichten. Die englische Geschichte hat uns jene Grundsätze der Freiheit gelehrt, die wir schätzen wie das Blut unseres Lebens. Wir haben uns an die gesunde Nahrung englischer konstitutioneller Freiheiten gewöhnt.

[...] Eine Welle der Unruhe geht durch Indien. Es ist jedoch nicht die Unruhe der Aufsässigkeit und der Rebellion gegen die britische Regierung – nein, diese Unruhe ist ein Anzeichen eines neu erwachenden nationalen Lebens. Es ist die Leistung der Engländer – das edelste Denkmal ihrer Herrschaft – es ist die Verkörperung des ungemeinen moralischen Einflusses, den sie auf den Geist des indischen Volkes ausgeübt haben. [...] In diesem Kongreß bitten wir England Jahr für Jahr, dieses ruhmreiche Werk zu vollenden [...]

Aus: Rothermund, D., Der Freiheitskampf Indiens, Stuttgart 1976, Nr. 16

M 3 Der Radikale B. G. Tilak (1875–1920) vor Textilarbeitern in Bombay 1907:

[...] Da wir zu Bettlern erniedrigt worden sind, ist es unsere Pflicht, die Boykott-Bewegung und die Bemühungen um den Aufbau einer nationalen Industrie zu unterstützen, damit wir genug zu essen haben werden. Was unsere Herrscher tun, ist nur natürlich, sie arbeiten im Interesse ihrer eigenen Landsleute, warum hätten sie sonst wohl ein Weltreich aufgebaut? Die britische Regierung tut genau das, was ich auch getan hätte, wenn ich ein Weltreich hätte. Jedermann steht im Kampf ums Dasein. Die Schuppen fallen einem erst von den Augen, wenn man alles verloren hat. Siebzig Millionen Menschen unter uns haben nicht einmal

eine volle Mahlzeit pro Tag. Das einzige Heilmittel für unsere völlige Verelendung ist die Bewegung zum Aufbau nationaler Industrien. Um diese Bewegung wirkungsvoll zu machen, muß sie mit Boykott verbunden werden. Ihr solltet Euch diesen beiden Bewegungen feierlichst verpflichten [...]
Aus: Rothermund, D., a. a. O., Nr. 27

Imperialismustheorien

Die theoretischen Erklärungsversuche des modernen Imperialismus begannen mit John A. Hobson, dessen Analyse „Imperialism" 1902 unter dem Eindruck des Burenkriegs stand. Seine Nachfolger waren meist Sozialisten, die den ökonomischen Ansatz aufnahmen. Unter ihnen war der Russe W. I. Lenin am wirkungsvollsten:

M 4 Lenins Imperialismustheorie

Lenin analysiert den Kapitalismus:

Solange der Kapitalismus Kapitalismus bleibt, wird der Kapitalüberschuß nicht zur Hebung der Lebenshaltung der Massen in dem betreffenden Lande verwendet [...], sondern zur Steigerung der Profite durch Kapitalexport ins Ausland, in rückständige Länder. In diesen rückständigen Ländern ist der Profit gewöhnlich hoch, denn es gibt dort wenig Kapital, die Bodenpreise sind verhältnismäßig nicht hoch, die Löhne niedrig und die Rohstoffe billig. Die Möglichkeit der Kapitalausfuhr wird dadurch geschaffen, daß eine Reihe rückständiger Länder bereits in den Kreislauf des Weltkapitalismus hineingezogen ist, die Hauptlinien der Eisenbahnen bereits gelegt oder in Angriff genommen, die elementaren Bedingungen der industriellen Entwicklung gesichert sind usw. [...]

Die grundlegende Besonderheit des modernen Kapitalismus ist die Herrschaft der Monopolverbände der Großunternehmer. Derartige Monopole sind am festesten, wenn alle Rohstoffquellen in einer Hand zusammengefaßt werden, und wir haben gesehen, mit welchem Eifer die internationalen Kapitalistenverbände bemüht sind, dem Gegner jede Konkurrenz unmöglich zu machen, wie eifrig sie bemüht sind, z. B. Eisenerzlager oder Petroleumquellen usw. aufzukaufen. Einzig und allein der Kolonialbesitz bietet volle Gewähr für den Erfolg der Monopole gegenüber allen Zufälligkeiten im Kampfe mit den Konkurrenten [...] Je höher entwickelt der Kapitalismus, je stärker fühlbar der Rohstoffmangel, je schärfer ausgeprägt die Konkurrenz und die Jagd nach Rohstoffquellen in der ganzen Welt sind, desto erbitterter ist der Kampf um die Erwerbung von Kolonien.

[Es folgen Argumente zu Rohstoffmangel, Kapitalexport und ideologischem Überbau.]

[...] Der Imperialismus erwuchs als Weiterentwicklung und direkte Fortsetzung der Grundeigenschaften des Kapitalismus überhaupt. Zum kapitalistischen Imperialismus aber wurde der Kapitalismus erst auf einer bestimmten, sehr hohen Entwicklungsstufe, als einige seiner Grundeigenschaften in ihr Gegenteil umzuschlagen begannen, als sich auf der ganzen Linie die Züge einer Übergangsperiode vom Kapitalismus zu einer höheren ökonomischen Gesellschaftsformation herausbildeten und sichtbar wurden. Ökonomisch ist das Grundlegende in diesem Prozeß die Ablösung der kapitalistischen freien Konkurrenz durch die kapitalistischen Monopole. [...] diese begann sich vor unseren Augen zum Monopol zu wandeln, indem sie die Großproduktion schuf, den Kleinbetrieb verdrängte, die großen Betriebe durch noch größere ersetzte, die Konzentration der Produktion und des Kapitals so weit trieb, daß daraus das Monopol entstand und entsteht, nämlich: Kartelle, Syndikate, Trusts und das mit ihnen verschmelzende Kapital eines Dutzends von Banken, die mit Milliarden schalten und walten. Zugleich aber beseitigen die Monopole nicht die freie Konkurrenz [...], sondern bestehen über und neben ihr und erzeugen dadurch eine Reihe besonders krasser und schroffer Widersprüche, Reibungen und Konflikte. Das Monopol ist der Übergang vom Kapitalismus zu einer höheren Ordnung.

[Definition des Imperialismus mit fünf Merkmalen:] 1. Konzentration der Produktion und des Kapitals, die eine so hohe Entwicklungsstufe erreicht hat, daß sie Monopole schafft, die im Wirtschaftsleben die entscheidende Rolle spielen; 2. Verschmelzung des Bankkapitals mit dem Industriekapital und Entstehung einer Finanzoligarchie auf der Basis des ‚Finanzkapitals'; 3. der Kapitalexport, zum Unterschied vom Warenexport, gewinnt besonders wichtige Bedeutung; 4. es bilden sich internationale monopolistische Kapitalistenverbände, die die Welt unter sich teilen, und 5. die territoriale Aufteilung der Erde unter die kapitalistischen Großmächte ist beendet. Der Imperialismus ist der Kapitalismus auf jener Entwicklungsstufe, wo die Herrschaft der Monopole und des Finanzkapitals sich herausbildet, der Kapitalexport hervorragende Bedeutung gewonnen, die Aufteilung der Welt durch die internationalen Trusts begonnen hat und die Aufteilung des gesamten

Territoriums der Erde durch die größten kapitalistischen Länder abgeschlossen ist.

Aus dem Vorwort zur französischen und deutschen Ausgabe 1920:

Es sind eben der Parasitismus und die Fäulnis des Kapitalismus, die [...] dem Imperialismus eigen sind. Wie [...] nachgewiesen ist, hat der Kapitalismus jetzt eine Handvoll (weniger als ein Zehntel der Erdbevölkerung...) besonders reicher und mächtiger Staaten hervorgebracht, die [...] die ganze Welt ausplündern. [...]

Es ist klar, daß man aus solchem gigantischen Extraprofit (denn diesen Profit streichen die Kapitalisten über den Profit hinaus ein, den sie aus den Arbeitern ihres „eigenen" Landes herauspressen) die Arbeiterführer und die Oberschicht der Arbeiteraristokratie bestechen kann. Sie wird denn auch von den Kapitalisten der „fortgeschrittenen" Länder bestochen – durch tausenderlei Methoden, direkte und indirekte, offene und versteckte. Diese Schicht der verbürgerlichten Arbeiter oder der „Arbeiteraristokratie" in ihrer Lebensweise, nach ihrem Einkommen, durch ihre ganze Weltanschauung vollkommen verspießert, ist die Hauptstütze der [sozialdemokratischen] II. Internationale und in unseren Tagen die soziale (nicht militärische) Hauptstütze der Bourgeoisie. Denn sie sind wirkliche Agenten der Bourgeoisie innerhalb der Arbeiterbewegung, [...] wirkliche Schrittmacher des Reformismus und Chauvinismus. Im Bürgerkrieg zwischen Proletariat und Bourgeoisie stellen sie sich in nicht geringer Zahl unweigerlich auf die Seite der Bourgeoisie, auf die Seite der „Versailler" gegen die „Kommunarden".

Aus: Lenin, W. I., Der Imperialismus als höchstes Stadium des Kapitalismus (1917), in: Ausgewählte Werke in drei Bänden, Band I, Berlin 1979, S. 816ff.

M 5 Sozialimperialismus

Nach dem gesellschaftspolitischen Aufbruch der „1968er" fand Hans-Ulrich Wehlers Theorie des „Sozialimperialismus" großen Anklang, die einen engen Zusammenhang innerer Gesellschaftskrisen der Kolonialmächte mit dem Versuch einer kolonialpolitischen Ablenkung nach außen herstellt („Primat der Innenpolitik"):

Was wir [...] unter Sozialimperialismus verstehen, der immer auch ökonomische Expansion impliziert, ist [...] knapp zu definieren. Die Industrialisierung und der technologische Fortschritt haben in der weltwirtschaftlichen Krisenphase nach 1873 zuerst die industrie-, dann auch die agrarwirtschaftliche Wachstumsproblematik ungeheuer verschärft. Die Mitlebenden haben intensiv nach Auswegen aus ihrer bedrängten Lage gesucht. Eine Aushilfsmöglichkeit schien die ökonomische Expansion über die nationalen Grenzen hinweg, mithin der Waren- und Kapitalexport zu bieten. [...]

Außerdem aber ist vielen Zeitgenossen der unauflösliche Zusammenhang von Wirtschafts- und Gesellschaftsverfassung [...] bewußt gewesen [...] In einem für das politische Entscheidungshandeln womöglich noch dringenderen Sinn hofften sie daher, die Sprengkraft, die von den ökonomischen Erschütterungen her auf die Gesellschaft einwirkte, durch die Expansion abmildern und die traditionelle Gesellschaftsverfassung dadurch von einem unerträglichen Druck entlasten zu können. Sie hielten die Überproduktion für die Ursache der Depressionen und fürchteten als ihre Folge die Sozialrevolution. Die ideologische Furcht übersteigerte [...] die Bedeutung der ohnehin schwerwiegenden realen Probleme. Der Sozialimperialismus erkannte in dem sozialökonomischen Transformationsprozeß, den die Industrialisierung vorantrieb und während der Konjunkturschwankungen schmerzhaft verschärfte, eine tödliche Gefahr für die überkommene Gesellschaftsordnung, die unter dem Anprall der wirtschaftlichen und sozialen Veränderungen zu zerreißen drohte. In der Expansion nach außen glaubte er, ein Heilmittel zu finden, das den Markt erweiterte, die Wirtschaft sanierte, ihr weiteres Wachstum ermöglichte, die Gesellschaftsverfassung damit ihrer Zerreißprobe entzog und die inneren Machtverhältnisse aufs neue stabilisierte.

Mehr noch als der ökonomische Vorteil und das Streben nach Gewinnmaximierung war die gesellschaftliche Ruhelage sein Ziel, aber er blieb sich des Abhängigkeitsverhältnisses von wirtschaftlicher Prosperität [= Blüte] und Erhaltung des Sozialgefüges vollauf bewußt. [...] Das gilt sowohl für seine eher unreflektierte, naiv-selbstverständliche, sozusagen ehrlich an wirtschaftliche Abhilfe glaubende, auf unmittelbare Erleichterung gerichtete, als auch für seine bewußte, manipulatorische Form – oder die Verquickung beider in der historischen Wirklichkeit. Vor allem aber der manipulatorische, auf Ersatzbefriedigung zielende Sozialimperialismus strebte danach, die Dynamik der Wirtschaft und der sozialen und politischen Emanzipationskräfte in die äußere Expansion zu leiten, von den inneren Mängeln des sozialökonomischen und politischen Systems abzulenken und durch reale Erfolge seiner Expansion oder zumindest die Steigerung des nationalideologischen Prestiges zu kompensieren. In jedem Fall behielt er das Wirtschafts- und Sozialsystem als Ganzes und die konservative Utopie einer gleichsam bewegungsarmen Gesellschaftsordnung mit einer ungefährdeten Sozial- und Machthierarchie im Auge. […] Der Sozialimperialismus war die moderne, in entscheidendem Maße sozialökonomisch motivierte Form einer alten, schon von Machiavelli beschriebenen Herrschaftstechnik: um der Bewahrung des sozialen und politischen Status quo willen die inneren Bewegungskräfte und Spannungen nach außen abzulenken.

Aus: Wehler, H.-V., Sozialimperialismus. In: ders. (Hg.): Imperialismus, Köln/Berlin 1970, S. 85f.

M 6 Politisch-staatsbezogene Erklärung

Gegenwärtig herrscht große Skepsis gegenüber Theorien mit dem Anspruch einer umfassenden Erklärung des Imperialismus. Gregor Schöllgen hebt in einer verbreiteten historischen Epochendarstellung (1985) hervor:

„Unter Imperialismus versteht man den Drang der Völker und Machthaber nach einem wachsenden Anteil an der Weltherrschaft, zunächst durch überseeischen Besitz. Diese Begriffsbestimmung ist aber durch das Merkmal zu ergänzen, daß der Trieb zu klarem Bewußtsein gediehen, zur Richtschnur des Handelns erhoben worden ist.“ Diese klassische Definition, die H. Friedjung dem ersten, 1919 publizierten Band seines Werkes „Das Zeitalter des Imperialismus“ vorangestellt hat, benennt treffend die wichtigsten Merkmale. […] Schon die Tatsache, daß bereits die Miterlebenden die Jahre 1880/90–1914 in der Rückschau als das „Zeitalter des Imperialismus“ bezeichneten und daß sich die historische Forschung […] bis heute an diese Bestimmung gehalten hat, ist bemerkenswert: Ganz offensichtlich war das Bestreben der europäischen Mächte, sich Besitzungen bzw. wirtschaftliche oder politische Einflußsphären in der außereuropäischen Welt zu sichern, schon für die Zeitgenossen das hervorstechendste Merkmal dieses Zeitalters, angesichts dessen die Bedeutung aller anderen Erscheinungen, namentlich die ja keineswegs stagnierende innere Entwicklung der europäischen Staaten, eher in den Hintergrund zu treten schien. […]

Es waren nicht zuletzt im weitesten Sinne wirtschaftliche Gründe, die dazu führten, daß sich die europäischen Mächte verstärkt um den Erwerb von Kolonien bzw., wo dieser nicht möglich war oder nicht opportun erschien, um die Sicherung von Einflußsphären bemühten. Diese sollten vor allem die steigende Nachfrage nach Rohstoffen befriedigen, aber auch als Absatzmärkte für die Produkte der expandierenden Industrien oder Regionen für industrielle Investitionen […] dienen. Zudem wurden sie häufig als potentielle Siedlungsräume für die überschüssige Bevölkerung betrachtet. Hinzu kamen weitere, eher zweitrangige Motive, wie diejenigen der Missionierung der überseeischen Welt, der Unterdrückung des Sklavenhandels, vor allem in Afrika, oder aber der „Kulturarbeit“ in den weniger entwickelten Ländern der Erde. Freilich wurden diese hohen Erwartungen […] nur in seltenen Fällen erfüllt.

Schließlich aber war ein Motiv für das neuerliche Ausgreifen an die Peripherie Europas entscheidend mitverantwortlich, das in den vorausgegangenen Epochen imperialistischer Expansion kaum eine Bedeutung besessen hatte […] Dieses Motiv war das Prestigemoment, das seinen Niederschlag in dem allgemein empfundenen Bedürfnis nach weltmachtpolitischer Gleichberechtigung in der außereuropäischen Welt und, wie die Zeitgenossen annahmen, auf diese Weise auch in Europa selbst fand. […]

Aus: Schöllgen, G., Das Zeitalter des Imperialismus, München 1991, S. 1

Aus der Wirtschaftsstatistik

M 7 Außeninvestitionen der Kolonialmächte Großbritannien, Frankreich, Deutschland

Verteilung der Außeninvestitionen Großbritanniens in Zehnjahresabschnitten, berechnet in Prozentanteilen des gesamten überseeischen Kapitals

a) Nach politischem Status der Empfängerregion

	1871–1880	1881–1890	1891–1900	1901–1910	1911–1914
Britisches Empire	30,2	36,9	46,9	42,5	37,6
Selbständige Staaten ohne deren Kolonien	68,0	60,8	50,8	55,2	58,4

b) Nach geographischen Regionen

	1871–1880	1881–1890	1891–1900	1900–1910	1910–1913
Europa	28,5	11,9	4,0	7,0	12,6
Nordamerika	31,8	31,5	28,0	36,1	45,9
Südamerika	14,4	22,3	10,6	17,0	18,8
Afrika	4,7	5,5	16,0	17,8	5,1
Asien	8,0	11,3	23,0	17,2	10,1
Australien und Ozeanien	12,6	17,5	18,4	4,8	7,5

Geographische Verteilung der Auslandsinvestitionen Frankreichs in Prozentsätzen des Gesamtkapitals

	a) im Zeitraum von 1882–1914	b) im Stichjahr 1914
Osteuropa	38 %	29 %
West- und Nordeuropa	8 %	7 %
Naher Osten	7 %	12 %
Dt. Reich	3 %	8 %
Österreich-Ungarn, Schweiz		
Mittelmeerraum	1 %	12 %
amerik. Kontinent	21 %	16 %
Kolonien	11 %	9 %

Geographische Verteilung der Auslandsinvestitionen des Deutschen Reiches, in Mill. Mk. bzw. in Prozenten des Gesamtkapitals

	a) im Stichjahr 1898	b) im Stichjahr 1904	c) im Stichjahr 1914	
	Mill. Mk.	Mill. Mk.	Mill. Mk.	%
USA und Kanada	2,0	3,0	3,7	15,7
Rußland	?	?	1,8	7,7
Europa	?	?	8,9	37,8
Lateinamerika	2,9	3,3	3,8	16,2
Afrika u. Asien ausschl. d. dt. Kolonien	1,0	1,4	2,5	10,7
Dt. Kolonien	?	0,2 (1906)	0,5	2,1
Osmanisches Reich	0,4	0,7	1,8	7,7
Sonstige Regionen	?	?	0,5	2,1

Aus: Mommsen, W., Imperialismus. Hamburg 1977, S. 35 f.

M 8 Handelsbilanz im deutschen Kolonialhandel

	1912 (in Mio. Mark)	
Deutscher Handel mit	Einfuhr	Ausfuhr
fremden Ländern	10 639	8 900
deutschen Kolonien	53	57

Aus: Krieger, H.: Handbuch des Geschichtsunterrichts Bd. V, Frankfurt a.M. 1980, S. 102

Deutscher Imperialismus

M 9 Vorsichtiger Beginn unter Bismarck

Bismarcks Rede in der Budgetkommission des Reichstags (23. 6. 1884):

[...] Er habe sich schon früher dagegen ausgesprochen und sei auch heute noch der Ansicht, daß es für uns nicht richtig sein würde, Landstriche, wo wir noch keine Interessen haben, zu occupiren, um dort künstlich eine deutsche Einwanderung hervorzurufen, ein solches Gebiet von deutschen Beamten verwalten zu lassen und dort Garnisonen zu errichten. Für ein solches Colonialsystem fehle es uns an hierzu geschulten Beamten, dasselbe würde für uns zu theuer sein und würde unsere Marine zu sehr in Anspruch nehmen, deren Entwickelung durch die geringe Ausdehnung der deutschen Küste und die hieraus sich ergebende schwache seemännische Bevölkerung [...] begrenzt werde [...] Etwas Anderes aber sei es, die aus der deutschen Nation gewisser Maßen herauswachsenden freien Ansiedlungen von Reichsangehörigen in Gegenden, welche nicht unter der anerkannten Hoheit einer anderen Nation stehen, unter den Schutz des Reichs zu stellen. Er halte es für eine Pflicht des Reichs, den auf diese Art begründeten überseeischen Niederlassungen von Reichsangehörigen [...] mit dem Schutz des Reichs zu folgen. Auch hier lasse sich der Nutzen nicht rechnungsmäßig vorhersagen, aber man könne ihn auf Grund der von anderen Nationen gemachten Erfahrungen erwarten.

Aus: Mommsen, W., Imperialismus. Hamburg 1977, S. 122

M 10 „Ein Platz an der Sonne"

Außenstaatssekretär v. Bülow äußert sich zur Besetzung Kiautschous im Reichstag (6. 12. 1897):

Die Zeiten, wo der Deutsche dem einen seiner Nachbarn die Erde überließ, dem andern das Meer und sich selbst den Himmel reservirte, wo die reine Doktrin thront – diese Zeiten sind vorüber. Wir betrachten es als eine unserer vornehmsten Aufgaben, gerade in Ostasien die Interessen unserer Schiffahrt, unseres Handels und unserer Industrie zu fördern und zu pflegen. Wir müssen verlangen, daß der deutsche Missionar und der deutsche Unternehmer, die deutschen Waren, die deutsche Flagge und das deutsche Schiff in China geradeso geachtet werden, wie diejenigen anderer Mächte [...] Mit einem Worte: wir wollen niemand in den Schatten stellen, aber wir verlangen auch unseren Platz in der Sonne.

Aus: Mommsen,W., a. a. O., S. 130

M 11 Wilhelms II. „Hunnenrede" (1900)

Bei der Verabschiedung von Truppen zum Einsatz im „Boxerkrieg" in Bremerhaven (27. 7. 1900)

Inoffizielle (von Hörern mitgeschriebene) Version:

[...] Kommt ihr vor den Feind, so wird derselbe geschlagen! Pardon wird nicht gegeben! Gefangene werden nicht gemacht! Wer euch in die Hände fällt, sei euch verfallen! Wie vor tausend Jahren die Hunnen unter ihrem König Etzel sich einen Namen gemacht, der sie noch jetzt in Überlieferung und Märchen gewaltig erscheinen läßt, so möge der Name Deutscher in China auf 1000 Jahre durch euch in einer Weise betätigt werden, daß niemals ein Chinese es wagt, einen Deutschen auch nur scheel anzusehen!

Anlaß bot die Ermordung des deutschen Gesandten in Peking.

Aus: Johann, Ernst (Hg.), Reden des Kaisers. Ansprachen, Reden und Trinksprüche Wilhelms II., München 1977, S. 90 f.

M 12 Fremdenhaß in China

Aufruf der „Boxer", Umgebung von Paotingfu, April 1900:

Fremde Teufel sind gekommen und haben durch ihre Lehre viele zu ihrem römischen oder protestantischen Glauben verleitet. Ihre Kirchen stehen außerhalb menschlicher Beziehungen; sie haben sich indessen mit viel Bosheit Ehrgeizige und Begierige zugeführt. Sie haben ohne Grenze ihre Kraft mißbraucht, bis alle guten Beamten verdorben und ihre Diener geworden waren aus Begierde nach fremdem Reichtum. Der Telegraph und die Eisenbahnen sind eingerichtet worden, man hat Gewehr- und Geschützfabriken angelegt, und diese Anstalten verursachen den fremden Teufeln eine Freude der Bosheit voll; ebenso ist es mit den Lokomotiven, den Ballons und den elektrischen Lampen, Erfindungen, die diese fremden Teufel für vorzüglich halten. Obwohl ihr Rang ihnen dies Recht nicht gibt, lassen sie sich in Sänften tragen; China aber betrachtet sie doch als Barbaren, die Gott verdammen wolle. Geister und Genien steigen vom Himmel herab, um sie zu vernichten; die ersten dieser Himmelsmächte, die auf die Erde gekommen sind, das „Licht der roten Lampe" und die „Gesellschaft der Freiwilligen der geschlossenen Faust", werden die Häuser der Fremden verbrennen und die Tempel wiederherstellen.

Aus: Guggenbühl, Gottfried (Hg.), Quellen zur Geschichte der Neuesten Zeit, Zürich 1978, S. 299 f.

M 13 Karikatur: Die Kolonisationsepidemie (31. Oktober 1885)

Kolorierter Holzstich von Albert Robida, veröffentlicht in der Pariser Wochenzeitung „La Caricature":

Das ist eine Seuche. Die Europäer unterschiedlichen Stammes, befallen von der Kolonisationskrankheit, reißen sich um die Ehre, die nicht kultivierten Nationen die süßen Früchte unserer Kultur kosten zu lassen. Man fordert Kontinente, neue Inselgruppen, Inseln und notfalls auch winzige Eilande. Die Entdecker einer jeden Nation sind unterwegs und durchqueren die Ozeane, im Umlauf sind die besonders geeigneten Erzeugnisse der europäischen Industrie, um die guten Wilden zu verführen. Unglücklicherweise ist gerade die Konkurrenz dagewesen und hat die Kunden mit Kanonen, Mitrailleusen und anderen Produkten beliefert.

Aus: Bismarck in der Karikatur des Auslands, Berlin 1990, S. 186f.

M 14 Widerstand in Deutsch-Südwestafrika

Hendrik Witbooi, ein getaufter Namakapitän, schreibt an den Gouverneur Th. Leutwein (18. August 1894):

Mein lieber Hochedler Herr Leutwein, Major!

Sie sagen ferner, daß es Ihnen leid tut, daß ich den Schutz des Deutschen Kaisers nicht anerkennen will und daß Sie mir dies als Schuld anrechnen und mich mit Waffengewalt strafen wollen. Dies beantworte ich so: Ich habe den Deutschen Kaiser in meinem Leben noch nicht gesehen, deshalb habe ich ihn auch noch nicht erzürnt mit Worten oder Taten. Gott, der Herr hat verschiedene Königreiche auf die Welt gesetzt, und deshalb weiß und glaube ich, daß es keine Sünde und kein Verbrechen ist, daß ich als selbständiger Häuptling meines Landes und Volkes bleiben will, und wenn Sie mich wegen meiner Selbständigkeit über mein Land und ohne Schuld töten wollen, so ist das auch keine Schande und kein Schade, denn dann sterbe ich ehrlich über mein Eigentum. Es ist wahrlich keine Schuld, daß ich Ihnen nicht stehen will, denn ich habe wahrhaftig keine Schuld an all den Sachen, welche Sie mir in Ihrem Briefe als Verbrechen vorgetragen haben und welche Sie als Gründe gebrauchen, um über mich ein Todesurteil zu sprechen. Denn das sind Ihre eigenen Gedanken, die Sie zu Ihrem Vorteil ausgesonnen haben, die Sie selber ausgedacht haben, um vor der Welt die Ehre, das Recht und die Wahrheit auf Ihrer Seite zu haben. Aber ich sage Ihnen, lieber Freund, ich bin wahrhaftig frei und ruhig in meinen Gedanken, weil ich weiß, daß ich wahrhaftig unschuldig bin. Aber Sie sagen Macht hat Recht, und nach Ihren Worten handeln Sie mit mir, weil Sie mächtig in Waffen und allen Bequemlichkeiten sind, darin stimme ich überein, daß Sie wirklich mächtig sind und daß ich nichts gegen Sie bin. Aber, lieber Freund, Sie kommen zu mir mit Waffengewalt und haben mir erklärt, daß Sie mich beschießen wollen. So denke ich diesmal auch, wieder zu schießen, nicht in meinem Namen, nicht in meiner Kraft, sondern in dem Namen des Herrn und in Seiner Kraft, und mit Seiner Hilfe werde ich mich wehren. Weiter sagen Sie auch, daß Sie unschuldig sind an diesem Blutvergießen, welches nun geschehen soll, und daß Sie die Schuld auf mich legen; aber das ist unmöglich, daß Sie so denken können, da ich Ihnen gesagt habe, daß ich Ihnen den Frieden geboten habe und daß durch mich kein Blutvergießen geschehen soll. So liegt die Rechenschaft über das unschuldige Blut, das vergossen werden soll von meinen Leuten und von Ihren Leuten, nicht auf mir, denn ich bin nicht der Urheber dieses Krieges. Ich ersuche Sie, lieber Freund, nochmals! Nehmen Sie den wahren und aufrichtigen Frieden, den ich Ihnen geboten habe, und lassen Sie mich stehen in Ruhe. Gehen Sie zurück. Nehmen Sie Ihren Krieg zurück, gehen Sie von mir weg, dies ist mein ernstliches Ersuchen an Sie. Zum Schluß grüßt Sie Ihr Freund und Kapitän

gez. Hendrik Witbooi.

Aus: Leutwein, T., Elf Jahre Gouverneur in Deutsch-Südwestafrika, Berlin 1906, S. 43f.

M 15 „Genozid-Befehl" des Generals v. Trotha (2. 10. 1904):

Ich, der große General der deutschen Soldaten, sende diesen Brief an das Volk der Herero. Herero sind nicht mehr deutsche Untertanen. Sie haben gemordet, gestohlen, haben verwundeten Soldaten Ohren und Nase und andere Körperteile abgeschnitten und wollen jetzt aus Feigheit nicht mehr kämpfen. Ich sage dem Volke: Jeder, der einen der Kapitäne an einer meiner Stationen als Gefangenen abliefert, erhält 1000 M; wer Samuel Maharero bringt, 5000 M. Das Volk der Herero muß jeder das Land verlassen [sic]. Wenn das Volk dies nicht tut, so werde ich es mit dem groot Rohr dazu zwingen. Innerhalb der deutschen Grenze wird jeder Herero, mit oder ohne Gewehr, mit oder ohne Vieh erschossen. Ich nehme keine Weiber und keine Kinder mehr auf, treibe sie zu ihrem Volke zurück oder lasse auf sie schießen. Das sind meine Worte an das Volk der Herero.

Der Große General des mächtigen Kaisers
v. Trotha

Dieser Erlaß ist bei den Appells den Truppen mitzuteilen, mit dem Hinzufügen, daß auch der Truppe, die einen Kapitän fängt, die entsprechende Belohnung zuteil wird, und das Schießen auf Weiber und Kinder so zu verstehen ist, daß über sie hinweggeschossen wird, um sie zum Laufen zu zwingen. Ich nehme mit Bestimmtheit an, daß dieser Erlaß dazu führen wird, keine männlichen Gefangenen mehr zu machen, aber nicht zu Greueltaten gegen Weiber und Kinder ausartet. Diese werden schon fortlaufen, wenn zweimal über sie hinweggeschossen wird. Die Truppe wird sich des guten Rufes des deutschen Soldaten bewußt bleiben.

Der Kommandeur
gez. v. Trotha, Generalleutnant

Der Befehl wurde im Dezember nach Intervention Wilhelms II. zum Teil aufgehoben und v. Trotha abgelöst.

Aus: Rust, C., Krieg und Frieden im Hereroland. Aufzeichnungen aus dem Kriegsjahre 1904, S. 385

Der Weg in den Weltkrieg

M 16 Radikaler Imperialismus oder wirtschaftliche Expansion?

Gespräch zwischen dem Industriellen Hugo Stinnes und dem Alldeutschen Heinrich Class im September 1911 – wiedergegeben in Class' Erinnerungen „Wider den Strom. Vom Werden und Wachsen der nationalen Opposition im alten Reich" (1932):

Mit Leidenschaft, ja mit einer gewissen herrscherlichen Überlegenheit erklärte mir Stinnes, daß er die gesamte Politik des Alldeutschen Verbandes und meine persönliche Tätigkeit ziemlich genau verfolge und bis auf einen Punkt billige; das gelte insbesondere für alle innenpolitischen Fragen. Entscheidend aber sei für ihn gerade dieser eine Punkt, mein Kampf gegen Bethmann Hollweg. Es sei, das müsse er offen und uneingeschränkt sagen, ein Verbrechen, gegen diesen Kanzler anzugehen. [...]

Er sprach davon, wie falsch es sei, die äußerlich sichtbaren Machtmittel als entscheidend anzusehen. Es komme vielmehr auf die wirtschaftliche Macht an. „Und sehen Sie, was das heißt, wenn ich langsam aber sicher mir die Aktienmehrheit von dem oder jenem Unternehmen erwerbe, wenn ich nach und nach die Kohlenversorgung Italiens immer mehr an mich bringe, wenn ich in Schweden und Spanien wegen der notwendigen Erze Fuß fasse, ja mich in der Normandie festsetze – lassen Sie noch 3–4 Jahre ruhiger Entwicklung, und Deutschland ist der unbestrittene wirtschaftliche Herr in Europa. Die Franzosen sind hinter uns zurückgeblieben; sie sind ein Volk der Kleinrentner. Und die Engländer sind zu wenig arbeitslustig und ohne den Mut zu neuen Unternehmungen. Sonst gibt es in Europa niemanden, der uns den Rang streitig machen könnte. Also 3 oder 4 Jahre Frieden, und ich, ich sichere die deutsche Vorherrschaft im Stillen."

Ich warf ein, ob er wirklich glaube, daß ein Volk wie die Engländer sich diese Art um seine Weltstellung bringen lasse. Er müsse doch, wie ich, nach dem ganzen Wesen des englischen Volkes davon überzeugt sein, daß eine deutsche Beteiligung an englischen Unternehmungen im Ernstfalle nicht hindern werde, daß England sich gegen uns stelle. Ich sei vielmehr ganz durchdrungen davon, daß, je größer der deutsche Anteil an englischen Unternehmungen werde, umsomehr der britische Haß gegen uns wachse und mit ihm der Entschluß, in gewaltsamer Auseinandersetzung mit uns die deutsche Wirtschaftsmacht zu brechen, aber auch unser machtpolitisches Übergewicht auf dem Festlande zu beseitigen.

Stinnes tat nun so, als ob dies überlebte Anschauungen seien, da jetzt die Welt von den wirtschaftlichen Interessen, von den großen Unternehmern und den Banken regiert würde. Es war mir wahrhaft fürchterlich, einen solchen Mann in derartigen Wahngedanken befangen zu sehen.

Aus: Mommsen, W., Imperialismus. Hamburg 1977, S. 144f.

Wilhelm II.
Kolorierte Photographie von 1906.

M 17 „Kriegsrat" 1912 – Deutscher Präventivkrieg?

Auf dem Höhepunkt der Balkankrise 1912 versetzte eine Warnung des englischen Außenministers Grey den Berliner Hof in Kriegspanik. Wilhelm II. rief die militärischen Spitzen zu sich, ohne Kanzler Bethmann Hollweg hinzuzuziehen. Die Aufzeichnungen des Chefs des Marinekabinetts Admiral G. A. v. Müller halten zum 8. Dezember 1912 fest:

– 11 Uhr zum Kaiser ins Schloß befohlen, mit Tirpitz und den Chefs des Generalstabs und des Admiralstabs zusammen. Der Kaiser erzählt aus einem telegraphischen Bericht des neuen Botschafters in London [...] über die politische Lage. Haldane [engl. Lordkanzler] habe als Sprachrohr Greys [...] erklärt, daß England, wenn wir Frankreich angriffen, unbedingt Frankreich beispringen würde, denn England könne nicht dulden, daß die balance of power in Europa gestört würde. Se. Maj. begrüßte diese Mitteilung als erwünschte Klärung der Lage denjenigen gegenüber, die sich durch englische Pressefreundlichkeiten der letzten Zeit Englands sicher glaubten.

Se. Maj. habe sich folgendes Bild gemacht:

Österreich müsse den auswärtigen Slawen (Serben) gegenüber kraftvoll auftreten, sonst verliere es die Macht über die Serben der österreichisch-ungarischen Monarchie. Wenn Rußland die Serben stütze [...] wäre der Krieg für uns unvermeidlich. Wir könnten aber hoffen, Bulgarien und Rumänien, auch Albanien und vielleicht auch die Türkei auf unserer Seite zu haben. [...] Se. Majestät habe auch kürzlich den Kronprinzen von Rumänien [...] sehr zur Verständigung mit Bulgarien zugeredet. Träten diese Mächte auf Österreichs Seite, dann seien wir soweit frei, daß wir den Krieg mit ganzer Macht gegen Frankreich führen könnten. Die Flotte müßte sich natürlich auf den Krieg mit England einrichten. Der von dem Chef des Admiralstabes im letzten Vortrag erörterte Fall eines Krieges mit Rußland allein werde nach der Haldaneschen Erklärung außer Betracht bleiben. Also gleich Unterseebootskrieg gegen englische Truppentransporte etc. nach Dünkirchen, Minenkrieg in der Themse. An Tirpitz gerichtet: Schleunige Mehrbauten von U-Booten etc. – Empfehlung einer Konferenz aller Marinestellen.

General v. Moltke: „Ich halte einen Krieg für unvermeidlich und: je eher, desto besser. Wir sollten aber durch die Presse die Volkstümlichkeit eines Krieges gegen Rußland im Sinne der Kaiserlichen Ausführungen besser vorbereiten." Se. Majestät bestätigt dies [...]

Tirpitz macht darauf aufmerksam, daß die Marine gern das Hinausschieben des großen Kampfes um 1 1/2 Jahre sehen würde.

Moltke erwiderte: „Die Marine würde auch dann nicht fertig sein, und die Armee käme in immer ungünstigere Lage, denn die Gegner rüsteten stärker als wir, die wir mit dem Gelde sehr gebunden seien."

Das war das Ende der Besprechung. Das Ergebnis war so ziemlich Null. Der Chef des Großen Generalstabs sagt: Krieg je eher, desto besser, aber er zieht nicht die Konsequenz daraus, welche wäre: Rußland oder Frankreich oder beide vor ein Ultimatum zu stellen, das den Krieg mit dem Recht auf unserer Seite entfesselte. [...]

Aus: Mommsen, W., Imperialismus. Hamburg 1977, S. 151f.

Arbeitsvorschläge

1. *Analysieren Sie die Argumente und Sprache von M 1! Setzen Sie sich mit den Begriffen „Volk" und „Rasse" auseinander!*
2. *Vergleichen Sie die Sicht der englischen Herrschaft über Indien in M 2 und M 3!*
3. *Untersuchen Sie die wirtschaftliche Bedeutung von Kolonien für die einzelnen Volkswirtschaften! (M 7 und M 8)*
4. *Kanzler v. Bülow (1900–1909) galt zeitweise als der „Bismarck Wilhelms II.". Beurteilen Sie diese Einschätzung mit Hilfe von M 9 und M 10!*
5. *Charakterisieren Sie die Äußerungen des Kaisers! (M 11)*
6. *Erarbeiten Sie, wie die europäische Durchdringung in M 12 und M 14 wahrgenommen wird!*
7. *Entwickeln Sie aus M 16–17 verschiedene englische und deutsche Strategien der Außenpolitik!*
8. *Charakterisieren Sie die in M 4 bis M 6 enthaltenen Deutungen des Imperialismus! Versuchen Sie eine Kritik!*

4 Erster Weltkrieg 1914–1918 und seine Folgen

Links: Kriegsfreiwillige 1914. – Rechts: Beerdigung deutscher Gefallener in Frankreich.

Zeittafel

1914 28. 6. Ermordung des österreichisch-ungarischen Thronfolgers Erzherzog Franz Ferdinand in Sarajewo: Julikrise
5./6. 7. Deutsche „Blankovollmacht“ für Österreich-Ungarn
23. 7. Ultimatum Österreich-Ungarns an Serbien
25. 7. Abbruch der Beziehungen Wien–Belgrad
28. 7. Kriegserklärung Österreich-Ungarns an Serbien
30.7. Russische Generalmobilmachung
31. 7. Österreichisch-ungarische Generalmobilmachung
1. 8. Deutsche Kriegserklärung an Rußland
3. 8. Deutsche Kriegserklärung an Frankreich und Einmarsch in Belgien
4. 8. Englisches Ultimatum an Deutschland fordert Rückzug. Reichstag bewilligt Kriegskredite mit der SPD: Innenpolitischer „Burgfrieden“
5. 8. Englische Kriegserklärung an Deutschland
6. 8. Russische Kriegserklärung an Deutschland und österreichisch-ungarische Kriegserklärung an Rußland

1915 Stellungskrieg im Westen, Kriegseintritt Italiens auf seiten der Entente

1916 Schlacht von Verdun, 3. Oberste Heeresleitung (OHL Hindenburg/Ludendorff)
Errichtung des „Königreichs Polen“ durch Mittelmächte

1917 Wiederaufnahme des uneingeschränkten U-Boot-Kriegs: Kriegseintritt der USA
„Friedensresolution“ der Reichstagsmehrheit für Verständigungsfrieden
Februar- und Oktoberrevolution in Rußland

1918 US-Präsident Wilsons „14 Punkte" als Friedensgrundlage
3. 3. Frieden von Brest-Litowsk mit Rußland
Scheitern der deutschen Westoffensiven
Oktoberreformen mit Parlamentarisierung der Reichsverfassung
11. 11. Waffenstillstand an der Westfront
1919 Friedensverträge von Versailles (für Deutschland), St. Germain-en-Laye (Österreich),
1920 Trianon (Ungarn), Sèvres (Türkei)

4.1 Die Julikrise 1914

Am 28. Juni 1914 kamen der österreichisch-ungarische Thronfolger Erzherzog Franz Ferdinand und seine Frau in die Hauptstadt des 1908 annektierten Bosnien, Sarajewo. Der Neffe des 84jährigen Kaisers Franz Joseph I. vertrat eine reformbereite Öffnung der angeschlagenen Doppelmonarchie gegenüber den Südslawen als drittem Staatselement (Trialismus). Zum ersten Mal beging Serbien den Veitstag als offiziellen Staatsfeiertag, Jahrestag der Schlacht auf dem Amselfeld 1389, als die Türken die Serben vernichtend geschlagen hatten: Großserbische Nationalisten empfanden den Besuch als Affront. Der serbische Geheimdienst bereitete eine spektakuläre Aktion vor, für die er die bosnische Geheimorganisation „Schwarze Hand" und die Untergrundgruppe „Jung-Bosnien" benutzte. Nach einem fehlgeschlagenen Bombenattentat erschoß der bosnische Gymnasiast Gavrilo Princip das österreichische Paar im offenen Wagen. Die Doppelmonarchie stand in einer schweren Staatskrise, provoziert durch seinen südslawischen Nachbarstaat. Was war zu tun?

Doch Wochen vergingen, bis Österreich-Ungarn reagierte: Wien wartete die Abreise des französischen Staatspräsidenten Poincaré und Ministerpräsidenten Viviani nach ihrem Staatsbesuch aus St. Petersburg ab. Am 23. Juli stellte es Serbien ein Ultimatum zur Genugtuung, u. a. mit der Forderung, Belgrad solle k.u.k. Untersuchungsbeamte auf seinem Hoheitsgebiet tätig werden lassen. Vorangegangen waren hektische Aktivitäten zwischen Wien und Berlin. Ein Militärschlag gegen Serbien könnte Rußland zum Eingreifen bewegen und somit die europäischen Bündnisverpflichtungen in Gang setzen. Der Schritt von einem lokalen Kleinkonflikt zum Weltkrieg war möglich, sogar wahrscheinlich. In dieser Situation äußersten Risikos stellte das Deutsche Reich am 5./6. Juli einen „Blankoscheck" (→ M 1) aus, es werde jedenfalls zum Zweibund mit Österreich-Ungarn stehen, und drängte auf rasches, offensives Vorgehen gegen Serbien.

Wie weit zu diesem Zeitpunkt der europäische Krieg bereits im Kalkül der deutschen Führung lag, ist in der historischen Forschung bis heute umstritten. Eine von Fritz Fischer 1961 ausgelöste Historikerkontroverse versuchte, aus den Quellen den Grad des deutschen Kriegswillens zu ermitteln. Seine Position lautet, daß eine deutsche Kriegspartei um die Militärführung unter Generalstabschef Helmuth v. Moltke (1906–14) die Gelegenheit nutzen wollte, um der „Einkreisung" durch einen rechtzeitigen Befreiungsschlag (Präventivkrieg) zu entkommen. Den Ausschlag gegen anfängliche Bedenken Kanzler Bethmanns Hollwegs gab Wilhelm II., der am Rand eines diplomatischen Berichts aus Wien notierte: „Jetzt oder nie [...] Mit den Serben muß aufgeräumt werden, und zwar bald." Verschiedene Gegenpositionen halten entweder daran fest, Europa sei in den Krieg ohne Absicht „hineingeschlittert", wie der britische Politiker Lloyd George 1922 meinte, oder die Reichsleitung sei mit einem „kalkulierten Risiko" (Hillgruber) in den Konflikt gegangen: Sie habe vorzugsweise den Serbienkonflikt lokalisieren und die Entente auseinanderbringen wollen, jedoch im ungünstigeren Falle auch einen Kontinentalkrieg in Kauf genommen. Bezeichnend ist die Beurteilung der Nordreise Wilhelms II. vom 7. bis 27. Juli: Der Fischerschule gilt sie als raffiniert gespielte Arglosigkeit, der Gegenseite als Beleg der fehlenden Kriegsstimmung in der politischen Spitze. Die Fischer-Kontroverse ist ein gutes Beispiel dafür, wie die politisch brisante Kriegsschuldfrage, die in der Weimarer Republik die nationalen Leidenschaften weckte, bis heute das wissenschaftliche Urteil beeinflußt. (→ M 2–M 5)

Die Belgrader Antwort (25. 7.) auf das Wiener Ultimatum war über Erwarten nachgiebig, wurde aber dennoch als unzureichend abgelehnt. Der englische Außenminister Edward Grey (1905–16) versuchte mehrfach eine Friedensvermittlung mit deutscher Hilfe, scheiterte jedoch an Bethmann Hollwegs Doppelspiel, der einerseits die englischen Vorschläge an Wien weiterleitete, andererseits dorthin signalisierte, sie nicht ernst zu nehmen. Am 28. Juli erklärte Wien Serbien den Krieg und eröffnete am 29. die Beschießung Belgrads. Nun ging es Schlag auf Schlag: Als der zurückgekehrte Wilhelm II. nach Kenntnisnahme der serbischen Antwortnote plötzlich noch als Friedensstifter auftreten wollte (28. 6.), wiesen die Militärs unter Moltke auf die Zeitzwänge des Schlieffenplans hin und verhinderten jede Verzögerung. Ähnliches widerfuhr Zar Nikolaus II., als er am folgenden Tag die Mobilmachung zunächst noch auf die Grenze zu Österreich-Ungarn einschränkte. Nachdem am Abend des 30. Juli die russische Generalität die Generalmobilmachung durchgesetzt hatte, forderten am 31. deutsche Ultimaten von Rußland ihre Rücknahme und von Frankreich Neutralität. Unter gleichzeitiger Verkündigung des „Zustands drohender Kriegsgefahr“ bemühte sich Bethmann Hollweg weiter um englische Neutralität. Am 1. August eröffneten die deutsche Generalmobilmachung nach dem Schlieffenplan und Kriegserklärung an Rußland den Kontinentalkrieg. Auf die Kriegserklärung an Frankreich und den Einmarsch ins neutrale Belgien antwortete England mit Kriegseintritt. Nach weiteren Kriegserklärungen (Zeittafel) standen die Mittelmächte gegen den Ring der Ententemächte: In Europa „gingen die Lichter aus“ (Grey).

4.2 Der Kriegsverlauf bis 1917

Begeistert zog die Mehrheit der Deutschen wie die anderer Nationen in den Krieg. Der Schlieffenplan hatte für Deutschland 1905 die militärischen Abläufe vorgegeben bis hin zum völkerrechtswidrigen Einmarsch in Belgien und Luxemburg. Die deutschen Truppen drangen in Nordfrankreich ein und standen vor Paris in der Marneschlacht am 6.–9. September 1914, wo ihre überdehnten Linien infolge schlechter Koordination der deutschen Obersten Heeresleitung (OHL) den Rückzug antreten mußten. Den anschließenden „Wettlauf“ zur Kanalküste verloren die Deutschen ebenso, Generalstabschef v. Moltke trat nach einem Nervenzusammenbruch zurück. Danach tat sich über weite Strecken „im Westen nichts Neues“ mehr, wie es die Formel des täglichen deutschen Lageberichts ausdrückte (vgl. den Roman von E. M. Remarque). Aus dem Bewegungskrieg wurde ein Stellungskrieg, bei dem sich trotz gewaltigem Einsatz von schwerer Artillerie und Maschinengewehren die Frontlinie kaum noch verschob. Solche „Materialschlachten“ in den verdrahteten Schützengräben kosteten Tausende Menschenleben. Giftgasangriffe, die die deutsche Seite zuerst 1915 probierte, änderten nichts, denn nach anfänglichen Überraschungserfolgen schützten sich die Soldaten durch Gasmasken. Auch die neuen Militärflugzeuge zur Aufklärung und Bombardierung brachten keiner

Die West-front 1914 bis 1918.

Seite entscheidende Durchbrüche, und die schwerfälligen deutschen Zeppeline über London stellten noch weniger eine ernsthafte Bedrohung dar. Tragischer Höhepunkt und heutiges Symbol sinnloser Kriegsführung wurde der deutsche Angriff auf die französische Eckfeste Verdun 1916, um in einer begrenzten Offensive die französische Armee „zur Ader zu lassen“ (Generalstabschef 1914–16 v. Falkenhayn). Der Versuch scheiterte und kostete beide Seiten je über 300 000 Tote und Verwundete.

Im Osten verlief der Krieg völlig anders: Wider Erwarten gelang es den Deutschen, zwei schlecht geführte russische Armeen in Ostpreußen zu vernichten (vgl. A. Solschenizyns Roman: „August 1914“). Der Ruhm dieser Siege bei Tannenberg und den Masurischen Seen (Aug./Sept. 1914) fiel auf den kurz vorher eingesetzten General Paul v. Hindenburg und seinen Generalquartiermeister Erich Ludendorff als eigentlichen strategischen Kopf. Die Deutschen konnten 1915 die Front in Polen und im Baltikum nach Osten tragen, wenn auch die österreichisch-ungarische Südfront Schwächen aufwies, weil Soldaten slawischer Nationalität oft wenig Kampfgeist zeigten. Italien, das sich 1914 erst für neutral erklärte, schuf 1915 in den Südalpen und bei Triest eine neue, hart umkämpfte Front gegen Österreich. Nationalistische „Interventionisten“, am radikalsten der Linkssozialist Benito Mussolini, hatten Italiens Kriegseintritt durchgesetzt.

Im Seekrieg konnte England seine Überlegenheit ausspielen: Die deutsche Schlachtflotte mußte, um sich nicht der britischen Flotte auszusetzen, im Schutz ihrer Häfen bleiben. Im November 1914 errichtete England eine Handelsblockade in der nördlichen Nordsee. Die einzige größere Seeschlacht im Skagerrak 1916 endete unentschieden. Deutschland setzte verstärkt Unterseeboote ein, nach ersten Erfolgen gegen Kriegsschiffe zunehmend gegen Handelsschiffe zur Versorgung Englands. Als England mit der (verdeckten und seerechtswidrigen) Bewaffnung seiner Handelsflotte antwortete, ging die deutsche Seite zum uneingeschränkten U-Boot-Krieg über, in dem getauchte U-Boote Schiffe ohne Warnung völkerrechtswidrig torpedierten. Nach Versenkung des englischen Passagierdampfers „Lusitania" mit amerikanischen Passagieren (und vermutlich einer Munitionsladung für England) an Bord, wich Deutschland vor der schon 1915 drohenden Kriegserklärung der USA zurück und kehrte zum eingeschränkten U-Boot-Krieg zurück. Auf Druck der 3. OHL (Hindenburg/Ludendorff) und der Marineleitung erklärte Deutschland gegen Bethmann Hollwegs Willen doch zum 1. Februar 1917 erneut den uneingeschränkten U-Boot-Krieg, mit dem befürchteten Ergebnis – Kriegseintritt (6. 4.) der USA auf seiten der Ententemächte. Der deutschen Marine gelang es dagegen nicht, England in die Knie zu zwingen.

Schützengraben in vorderster Linie an der Westfront 1914.

Einzige Verbündete der Mittelmächte waren das Osmanische Reich (ab Nov. 1914) und Bulgarien, das im Oktober 1915 mit Annexionswünschen gegen Griechenland, Serbien und Rumänien in den Krieg eintrat. Im Osmanischen Reich erhoben sich 1915 arabische Nationalisten und verdrängten mit englischer Unterstützung (Lawrence von Arabien) ab 1916 im Arabischen Aufstand die Türken aus der Arabischen Halbinsel, Mesopotamien, Palästina und Syrien. 1916 teilten England und Frankreich im geheimen Sykes-Picot-Abkommen die asiatische Türkei auf. Hier schob sich das Problem des Zionismus in die englische Politik: Am 8. November 1917 versprach die Balfour-Erklärung (→ M 9) den Juden eine „nationale Heimstätte" in Palästina und eröffnete den bis heute währenden Nahostkonflikt zwischen Arabern und Juden. Fast unbemerkt von der Weltöffentlichkeit ermordeten die Türken mit kurdischer Hilfe 1915/16 ca. 1,2 Mio. anatolische Armenier, einer der großen Völkermorde des Jahrhunderts.

4.3 Innenpolitische Folgen in den kriegführenden Ländern

Zu Bethmann Hollwegs Kalkül gehörte es, das Reich als angegriffene Nation vor der deutschen Öffentlichkeit hinzustellen, besonders vor der Arbeiterschaft, aus der Hunderttausende Ende Juli gegen den drohenden Krieg protestierten. Doch auch die sozialdemokratischen Wähler versuchten keinen Generalstreik, um den Kriegsausbruch zu verhindern, sondern erfüllten ihre vermeintliche patriotische Pflicht, vor allem aus Furcht

Frauenarbeit in einer Munitionsfabrik.

vor der „russischen Dampfwalze" und der Autokratie des Zaren. Wilhelm II. appellierte zu Kriegsbeginn an sein Volk: „In aufgedrungener Notwehr mit reinem Gewissen und reiner Hand ergreifen wir das Schwert [...] Ich kenne keine Parteien mehr, ich kenne nur Deutsche!"

Als am 4. August 1914 der Reichstag die Kriegsfinanzierung durch Kredite beschließen wollte, war die SPD gespalten: In der Fraktion standen sich zwei Meinungen gegenüber: Die breite Mehrheit um Friedrich Ebert (1871–1925) wollte trotz Ablehnung des wilhelminischen Staates das erreichte rechts- und sozialstaatliche Niveau sichern. Eine Minderheit um Karl Liebknecht (1871–1919) wandte sich gegen jegliche Unterstützung des imperialistischen Krieges, den die kapitalistischen Regierungen angezettelt hätten. Im Reichstag stimmte die Fraktion den Kriegskrediten geschlossen zu, doch der Konflikt verschärfte sich bis zur Abspaltung der Unabhängigen Sozialdemokratischen Partei (USPD) im April 1917 mit marxistisch-radikalen „Spartakisten" (Karl Liebknecht, Rosa Luxemburg) und demokratischen Pazifisten (E. Bernstein).

Im Zeichen des Krieges war die SPD bereit, mit der Regierung zusammenzuarbeiten. Bethmann Hollweg verkündete im August 1914 zunächst einen „Burgfrieden" unter den innenpolitischen Gegnern, abgesichert durch die Verhängung des Belagerungszustandes mit erheblichen staatlichen Eingriffs- und Zensurrechten. Vor allem die Mitarbeit der Gewerkschaften war für eine störungsfreie Rüstungsproduktion erforderlich, zumal die englische Blockade Rohstoff- und Ernährungsengpässe bewirkte und die Einführung von Lebensmittelkarten seit Januar 1915 erzwang. Ein zentrales und planwirtschaftlich vorgehendes Kriegsamt (bis 1915 unter dem AEG-Vorsitzenden Walther Rathenau) regulierte die Zuteilung. 1916 trat als „Hindenburg-Programm" ein Drei-Jahres-Plan in Kraft. Die Chemieindustrie entwickelte Ersatzstoffe z. B. für Salpeter (Pulver) und Kautschuk (Reifen). Die Gewerkschaften erhielten für ihre Loyalität und Streikverzicht Ende 1916 die staatliche Anerkennung als paritätische Tarifpartner („Hilfsdienstgesetz"): Alle Männer von 17 bis 60 unterlagen Arbeitszwang und durften nicht ohne weiteres ihren Arbeitsplatz wechseln. Erst Ende 1917 kam es zu großen „wilden Streiks", ausgehend von den Berliner Munitionsfabriken und unterstützt von der USPD, die im „Januarstreik" 1918 etwa 1,3 Mio. Arbeiter erfaßten. Wegen des Arbeitskräfteausfalls drangen Frauen in bisher verschlossene Berufsbereiche ein: als Schaffnerinnen, Briefträgerinnen und Munitionsarbeiterinnen. Die von der OHL angestrebte Dienstpflicht für alle Frauen ließ sich allerdings nicht durchsetzen. Bäuerinnen und Mägde mußten die fehlende Arbeitskraft der Männer in der Landwirtschaft ersetzen. Trotz Bemühungen um Ersatz für den Ausfall importierter Produkte (z. B. Ammoniaksynthese) mußten die meisten Deutschen Hunger leiden, besonders im harten „Steckrübenwinter" 1916/17 nach einer Kartoffelmißernte. Schon 1914 wurde dem Brot Kartoffelmehl zugesetzt, später Rübenmehl. An die 750 000 Deutsche starben im Krieg an Mangelerscheinungen.

Im Ersten Weltkrieg zeigten sich in allen kriegführenden Mächten Erscheinungen des totalen Krieges: Die gesamte Gesellschaft mußte sich auf die Kriegführung umstellen, in der Güterproduktion ebenso wie mit der Lähmung des politischen Lebens oder Militarisierung in Erziehung und Medien. Selbst die kriegsfeindliche Linke deutete die Tendenz zum staatlichen „Kriegssozialismus" positiv als vorweggenommene Zukunftsordnung. Innenpolitische Konflikte schwelten unter der Decke weiter: Deutsche Kriegsziele standen zwischen extremen Annexions*- und Kolonialforderungen der Alldeutschen, die unter Konservativen und Nationalliberalen viele Fürsprecher fanden, und der sozialistischen Formel „Frieden ohne Annexionen und Kontributionen*". Gemäßigte Wirtschaftsliberale waren für eine deutsche indirekt-ökonomische Beherrschung Europas in einem „Mitteleuropa". Bethmann Hollwegs „Politik der Diagonale" stellte im „Septemberprogramm" (→ M 6) 1914 Forderungen für den Westen zusammen, die sich an Vorkriegsziele politischer und wirtschaftlicher Gruppen anschlossen. Seitdem Hindenburg und Ludendorff ab August 1916 nach dem Scheitern bei Verdun die 3. OHL bildeten, drängten sie den politischen Einfluß des Kanzlers bis zum Rücktritt (14. 7. 1917) zurück. Im Osten hatte Bethmann Hollweg lange auf einen Sonderfrieden mit Rußland gehofft. Die 3. OHL schlug einen Annexionskurs ein und errichtete 1916 ein Vasallenkönigreich Polen.

Verluste und Entbehrungen des sich hinziehenden Krieges schufen Unruhe in der Bevölkerung. Als Lohn für ein Ausharren stellte daher Wilhelm II. in der Osterbotschaft April 1917 die Abschaffung des preußischen Dreiklassenwahlrechts nach Kriegsende in Aussicht – zum Schrecken der bisherigen Nutznießer, die von einem siegreichen Krieg im Gegenteil die Festigung des konservativ-monarchischen Elementes erhofften. Daher verzögerten sie die Reformdiskussion bis Oktober 1918. Im Reichstag zerbrach Bethmann Hollwegs „Burgfrieden" immer mehr: Forderungen nach einem Verständigungsfrieden wurden lauter, bis SPD, Zentrum und FVP (die spätere „Weimarer Koalition") die „Friedensresolution" vom 19. Juli 1917 gemeinsam gegen den Kurs der 3. OHL formulierten. Die neuen Mittelparteien forderten auch die Parlamentarisierung des Reichs, die in der „Oktoberverfassung" 1918 des letzten kaiserlichen Kanzlers Prinz Max v. Baden Wirklichkeit wurde, nachdem die seit Sommer 1917 diktatorisch herrschende 3. OHL gescheitert war. Zu ihrer Unterstützung sammelte gegen die Friedensresolution auf dem rechten Rand die „Deutsche Vaterlandspartei" unter den Vorsitzenden Kapp und Tirpitz extreme Nationalisten, Annexionisten und Antisemiten.

Von den Entente-Mächten litten Frankreich und Belgien als Schauplätze der „Materialschlachten" und Großbritannien zeitweise unter den Folgen des deutschen U-Boot-Kriegs, während Februar- und Oktoberrevolution Rußland umstürzten. Obwohl in Frankreich im April 1917 massenweise Truppen meuterten und eine Streikwelle umlief, hielt der nationale Konsens („union sacrée"): Das Parlament wahrte seine Kontrolle über Regierung und Militär, wenn auch der greise Ministerpräsident Georges Clemenceau (1917–20) diktaturähnlich regierte. Parallel gelang es dem britischen Premierminister David Lloyd George (1916–22), die „Heimatfront" zu stabilisieren und die Bevölkerung zum Durchhalten zu bewegen, obwohl der Osteraufstand 1916 Irland erschütterte. Auch hier blieb das parlamentarische System intakt, England führte im Mai 1916 die allgemeine Wehrpflicht ein und organisierte die Kriegswirtschaft wirkungsvoll. Aber die Spaltung der Liberalen nach dem Sturz Asquiths 1916 als Premier bereitete nach dem Krieg den Aufstieg der jungen Labour-Party vor.

4.4 Waffenstillstand und Friede von Brest-Litowsk, 1917/18

Der Sturz des Zaren in der Februarrevolution und das Ende der demokratischen Zwischenperiode durch die bolschewistische Oktoberrevolution 1917 machten die Mittelmächte an der Ostfront vollends überlegen. Mit Hilfe des deutschen Generalstabs reiste der führende Bolschewik Wladimir I. Lenin mit der Eisenbahn aus der Schweiz über Finnland nach Petrograd und organisierte seit April 1917 die Revolution (7. 11.). Die Fortsetzung des Krieges stellte sich innenpolitisch als größte Schwäche der bürgerlich-sozialdemokratischen Provisorischen Regierungen Rußlands, Lwow und Kerenski, heraus. Mit dem Zerfall der russischen Armee rückten die Deutschen vor und schlossen mit der Regierung Lenin einen separaten Waffenstillstand in Brest-Litowsk am 15. Dezember 1917, dem sofort Friedensverhandlungen folgten. Die 3. OHL setzte gegen das Auswärtige Amt einen Siegfrieden durch: Rußland mußte Ostanatolien, Georgien, die Ukraine, Polen, Finnland und die baltischen Länder abtreten, wo teilweise deutsche Vasallenregierungen eingesetzt wurden. 60 Mio. Einwohner und 75 % der Eisen- und Stahlproduktion gingen verloren. Gegen den Diktatfrieden wollte sich Volkskommissar Trotzki noch einmal wehren, allein Lenin setzte seine Unterzeichnung am 3. März 1918 durch, weil er damit rechnete, daß bald die Weltrevolution die Vertragsinhalte ohnehin gegenstandslos machen würde. In Deutschland jubelte die Vaterlandspartei, nur die Sozialdemokraten verweigerten die Ratifizierung im Reichstag.

Der Krieg im Osten und Südosten 1914 bis 1918.

4.5 Niederlage der Mittelmächte, 1917/18

Als Reaktion auf den uneingeschränkten U-Boot-Krieg Deutschlands griffen am 6. April 1917 die USA, gegen ihre isolationistische* Tradition, in den europäischen Krieg ein. US-Präsident Woodrow Wilson (1913–21) nutzte das amerikanische Sendungsbewußtsein, um den Kriegseintritt in den Dienst eines „Kreuzzuges für die Demokratie“ gegen die halb-autokratischen Mittelmächte zu stellen, und erklärte als Kriegsziel „to make the world safe for democracy“. Die amerikanische Öffentlichkeit war sogar zur Einführung der allgemeinen Wehrpflicht bereit, nachdem Deutschland alle Sympathien verloren hatte, als die vom englischen Geheimdienst aufgefangene „Zimmermanndepesche“ bekannt wurde: In ihr hatte der Berliner Unterstaatssekretär angeregt, Mexiko zum Krieg gegen den Nachbarn aufzustacheln. Gegen das sozialistische/bolschewistische Programm eines „Friedens ohne Annexionen und Kontributionen“ und Annexionspläne der Entente stellte Wilson seine „14 Punkte“ (8. 1. 1918) auf der Grundlage des Selbstbestimmungsrechtes der Völker (→ M 9).

Die Überlegenheit der Entente wuchs mit jedem US-Soldaten, der den Atlantik überquerte. Die OHL sah ihre letzte Chance nach dem Sieg im Osten in Frühjahrsoffensiven vom März bis Juni 1918, die aber unter ungeheuren Verlusten scheiterten. In der Gegenoffensive setzten die Alliierten besonders ihre überlegenen Tanks ein, gegen die die deutsche Artillerie wehrlos war. Am „schwarzen Tag“, dem 8. August 1918, gingen sieben deutsche Divisionen bei Amiens verloren. Danach begann der Zusammenbruch der Mittelmächte: Bulgarien und die Türkei gaben auf. Am 29. September verlangte die OHL vom neuen Reichskanzler Max v. Baden plötzlich, ein Waffenstillstandsgesuch für die Westfront an Präsident Wilson auf der Basis der „14 Punkte“ abzusenden. Zugleich unterstützte die OHL in einer „Revolution von oben“ den Übergang zum parlamentarischen Regierungssystem in Deutschland, um die Position gegenüber der Entente zu verbessern und die Niederlage, in Vernebelung der wahren Ursachen, den demokratischen Kräften zuzuschieben („Dolchstoßlegende“). Wilson antwortete in einem hinauszögernden Notenwechsel, mit „militärischen Beherrschern und monarchischen Autokraten“ (23. 10.) könne über Frieden nicht verhandelt werden. In Österreich verkündete Kaiser Karl (1916–18) die Föderalisierung des Reiches, so daß jede Nationalität nur noch für sich selbst sorgte. Die Tschechen und die Slowaken verfügten bereits über einen „Nationalrat“ im Pariser Exil unter Thomas Masaryk. Am 3. November schloß Wien einen Waffenstillstand, der den alliierten Truppen den Durchmarsch gegen Deutschland erlaubte.

Den erneut kampfwilligen Ludendorff ersetzte am 26. Oktober General Groener, die Reichsverfassung wurde in den „Oktoberreformen“ parlamentarisiert, Max v. Baden regierte jetzt mit der Mehrheit des Reichstages. Dennoch zögerte sich der Waffenstillstand hinaus, da immer noch der Kaiser im Amt war und einige Militärs zum letzten Verzweiflungskampf entschlossen waren, darunter die Flottenleitung. Als Ende Oktober ein Befehl an die Hochseeflotte erging, sich zum Auslaufen klarzumachen, widersetzten sich Matrosen in Wilhelmshaven. Von dort breitete sich die Marine-Meuterei nach Kiel und anderen Häfen aus. Heimkehrende Matrosen trugen die Revolution weiter ins Reich („Novemberrevolution“). Die Unruhewelle erfaßte Berlin, am 9. November dankte Wilhelm II. als Kaiser ab und ging ins Exil in die Niederlande, am 11. November 1918 unterzeichnete der Zentrumspolitiker Matthias Erzberger den Waffenstillstand in einem Eisenbahnwaggon bei Compiègne. Er sah die Auslieferung fast aller schweren Waffen und Transportmittel sowie Gebietsräumungen bis hinter den Rhein vor. Ca. 10 Mio. Todesopfer forderte der Erste Weltkrieg als „Urkatastrophe des 20. Jahrhunderts“ (G. F. Kennan).

4.6 Versailles und Nachfolgestaaten

Auf der Pariser Friedenskonferenz (18. 1. 1919–21. 1. 1920) traten nach den Waffenstillständen des Ersten Weltkrieges 27 Nationen zusammen, um das internationale System weltweit neu zu ordnen. Die Führung fiel den „Großen Vier" zu: US-Präsident Wilson, dem englischen Premier Lloyd George, dem französischen Ministerpräsidenten Clemenceau und dem Italiener Orlando. Die besiegten Nationen durften nicht an der Konferenz teilnehmen, sondern nur schriftliche Stellungnahmen zu den Beschlüssen abgeben, so daß bei ihnen der Eindruck eines „Diktats" aufkam. Sowjetrußland wurde nicht eingeladen. Zwar bildeten Wilsons „14 Punkte" die Grundlage der Verhandlungen, doch nationale Interessen standen ihrer Umsetzung überall entgegen. Besonders Clemenceau zielte primär auf die französische Sicherheit und Macht, während Lloyd George in englischer Tradition die Hegemonie einer Nation in Europa zu verhindern suchte.

Wilson wollte vor allem den Völkerbund als übernationales Gremium zur Konfliktregelung auf der Basis kollektiver Sicherheit und garantierter Grenzen: Gegen Friedensbrecher hatten alle Mitglieder mit Sanktionen bis zum Militärschlag vorzugehen. Ein Internationaler Schiedsgerichtshof (Den Haag) sollte gewaltlose Lösungen auferlegen. Die Durchsetzung seiner Entscheidungen blieb jedoch zu unverbindlich wie die proklamierte Abrüstung, Ächtung von Geheimverträgen und das Annexionsverbot. Neben dem Selbstbestimmungsprinzip lag ein zweiter Schwerpunkt des Völkerbunds im Minderheitenschutz, der sich in den vielsprachigen Gebieten Osteuropas als besonders schwierig erwies. Außerdem sollten Völkerbundsmandate für die deutschen Kolonien und arabischen Gebiete der Türkei den Vorkriegsimperialismus überwinden helfen. 1920 nahm der Völkerbund in Genf seine Arbeit auf. Doch die neue Ordnung enthielt vielfache Ansatzpunkte für einen Revisionismus all derer, die sich ungerecht behandelt fühlten. Der größte Rückschlag war die Ablehnung des Versailler Vertrags im US-Senat (Nov. 1919).

Der Versailler Vertrag (28. 6. 1919) legte für Deutschland territoriale Abtretungen (Posen-Westpreußen, Oberschlesien, Elsaß-Lothringen, Eupen-Malmedy, Nordschleswig, teilweise nach Volksabstimmungen), militärische Beschränkungen (Berufsheer von 100 000 Mann, Marine mit 15 000 Mann, Verbot schwerer Waffen, entmilitarisierte Zonen) sowie Reparationen in unbestimmter Höhe und wirtschaftliche Sanktionen fest. Vorortverträge mit den deutschen Verbündeten folgten: St. Germain en-Laye (10. 9. 1919) für Österreich: Er ratifizierte das Ende der k.u.k. Doppelmonarchie und brachte die völkerrechtliche Anerkennung der Nachfolgestaaten Ungarn, Polen, Tschechoslowakei (ČSR) mit den allmählich so genannten „sudetendeutschen" Gebieten und „Oberungarn" (= Südslowakei), „Königreich der Serben, Kroaten und Slowenen" (= Großserbien mit Bosnien-Herzegovina, Kroatien und Slowenien – 1929 umbenannt in Jugoslawien); Abtretung Südtirols, Friauls und Istriens mit Triest an Italien; Abtretung der Bukowina, des Banats/Siebenbürgens an Rumänien; Verbot des Anschlusses an Deutschland und des Namens „Deutsch-Österreich".

Neuilly (27. 11. 1919) für Bulgarien: Verlust der Kriegsgewinne an der Ägäis (Griechenland) und der Dobrudscha (Rumänien); Anerkennung des Zaren Boris III.

Trianon (4. 6. 1920) für Ungarn: Verlust von $^2/_3$ des Staatsgebietes mit der Slowakei, Banat/Siebenbürgen, Kroatien und Slawonien.

Sèvres (10. 8. 1920) für die Türkei (Naher Osten): Abtretung von Smyrna und Thrakien an Griechenland; Anerkennung eines autonomen Armeniens und Kurdistans sowie Einrichtung von Völkerbundsmandaten über Libanon/Syrien (Frankreich) und Palästina/Mesopotamien bzw. Irak (Großbritannien); Sicherungsklauseln für die Meerengen und alliierte Finanzkontrolle des Staates; Konstantinopel Sitz des Sultans.

Südost- und Ostmitteleuropa 1919 nach den Bestimmungen der „Pariser Vorortverträge".

Im Nahen Osten schuf die britisch-französische Mandatspolitik neue imperialistische Protektorate und enttäuschte die Hoffnungen des arabischen Nationalismus (Hussein von Arabien) auf Unabhängigkeit. Nur England duldete nach Kämpfen abhängige Herrscherdynastien im Irak und Transjordanien. In Palästina, wo 1919 550000 Muslime, 65000 Juden und 62000 Christen lebten, begann aufgrund der Balfour-Deklaration (→ M 10) eine breite zionistische Einwanderung mit englischer Hilfe bei Bodenkäufen und auf dem Arbeitsmarkt. Sie traf auf den Widerstand der ansässigen Palästinenser, die den historischen Anspruch der Juden nicht anerkannten.

Der türkische General Mustafa Kemal sammelte in Anatolien (Ankara) seit 1919 eine Nationalbewegung gegen den harten Frieden von Sèvres und bildete mit sowjetischer Unterstützung eine republikanische Gegenregierung zum Sultan. Griechenlands Premier Venizelos griff 1919 zur Sicherung der Gebietsansprüche in Kleinasien in den türkischen Konflikt ein.

In Osteuropa setzten sich innenpolitisch, bis auf Finnland und die ČSR, mehr und mehr autoritäre Regimes durch. Formell waren es Monarchien (Ungarn unter „Reichsverweser" Admiral Horthy); „Königsdiktaturen" (Jugoslawien; Rumänien; Bulgarien; Griechenland wieder seit 1935) oder Republiken (Polen unter Marschall Pilsudski; Finnland, baltische Staaten), doch wiesen sie häufig faschistische Merkmale auf: Militärdiktatur über bäuerlicher Massenbasis, Führerstaat, Antisemitismus.

Weitere Aktionen und Regelungen bis 1923:

1919 Besetzung Fiumes (Rijeka) durch italienische Nationalisten.
„Curzon-Linie*“ von Alliierten vorgeschlagen als polnische Ostgrenze nach sprachlichen Kriterien – gegen polnische Ansprüche auf den Westen Weißrußlands und der Ukraine.
Polnische Besetzung Wilnas eröffnet Konflikt mit Litauen.
Niederlage Armeniens gegen türkische Truppen, Nordarmenien durch Rote Armee besetzt.

1920 Völkerbund in Genf übernimmt Mandate und überwacht Minderheitenschutzverträge in neuen Vielvölkerstaaten.
Polnisch-russischer Krieg: Erst Polen in Kiew, dann Russen an der Weichsel vor Warschau, französische Hilfe für Polen: „Wunder an der Weichsel.“
Anerkennung Estlands, Litauens und Lettlands durch Sowjetrußland.
Dorpater Frieden zwischen Sowjetrußland und Finnland.
Strittige Teilung Teschens zwischen Polen und ČSR.

1921 Friede von Riga beendet Polnisch-russischen Krieg: Kompromißlinie zwischen polnischen und russischen Ansprüchen.
„Cordon sanitaire*“ (= Sperrgürtel) in Osteuropa gegen Sowjetrußland, begründet durch französischen Bündnisvertrag mit Polen (1924 mit ČSR).
„Kleine Entente“ zwischen ČSR, Jugoslawien und Rumänien.

1922 „Kleinasiatische Katastrophe“ der Griechen im Krieg gegen die Türken.
Friede im Anglo-irschen Krieg (seit 1918): Irland geteilt.

1923 Vertrag von Lausanne zwischen Türkei und Griechenland: Griechische Niederlage im Krieg führt zum Bevölkerungsaustausch von ca. 2 Mio. Menschen; Ende der griechischen Besiedlung Kleinasiens (3000 Jahre!).
Türkische Republik unter Präsident M. Kemal „Atatürk“ (= Vater der Türken) mit Trennung von Islam und Staat (laizistischer Staat durch Säkularisierung).

Der Nahe Osten um 1920.

Kriegsausbruch 1914

M 1 Deutscher „Blankoscheck" vom 5./6. Juli 1914

Der österreichisch-ungarische Botschafter in Berlin v. Szögyeny teilte dem Wiener Außenminister Graf Berchtold zu seiner Unterredung mit Wilhelm II. am 5. Juli mit:

[...] als ich nochmals den Ernst der Situation mit großem Nachdrucke betonte, ermächtigte mich Seine Majestät, unserem Allergnädigsten Herrn zu melden, daß wir auch in diesem Falle auf die volle Unterstützung Deutschlands rechnen können. Wie gesagt, müsse er vorerst Meinung des Reichskanzlers anhören, doch zweifle er nicht im geringsten daran, daß Herr v. Bethmann H. vollkommen seiner Meinung zustimmen werde. Insbesondere gelte dies betreffend eine Aktion unsererseits gegenüber Serbien. Nach seiner [Kaiser Wilhelms] Meinung muß aber mit dieser Aktion nicht zugewartet werden. Rußlands Haltung werde jedenfalls feindselig sein, doch sei er hierauf schon seit Jahren vorbereitet, und sollte es sogar zu einem Krieg zwischen Österreich-Ungarn und Rußland kommen, so könnten wir davon überzeugt sein, daß Deutschland in gewohnter Bundestreue an unserer Seite stehen werde. Rußland sei übrigens [...] noch keineswegs kriegsbereit und werde es sich gewiß noch sehr überlegen, an die Waffen zu appellieren [...] Er begreife sehr gut, daß es Seiner k. u. k. Apostolischen Majestät bei seiner bekannten Friedensliebe schwerfallen würde, in Serbien einzumarschieren; wenn wir aber wirklich die Notwendigkeit einer kriegerischen Aktion gegen Serbien erkannt hätten, so würde er [Kaiser Wilhelm] es bedauern, wenn wir den jetzigen, für uns so günstigen Moment unbenutzt ließen. [...]

Bethmann Hollweg telegrafierte am 6. Juli dem deutschen Botschafter in Wien über seine Unterredung mit Szögyeny zur Serbienfrage vom gleichen Tage: [...] Kaiser Franz-Joseph könne sich aber darauf verlassen, daß S. M. im Einklang mit seinen Bündnispflichten und seiner alten Freundschaft treu an Seite Österreich-Ungarns stehen werde.

Aus: Geiss, I., Juli 1914, München 1986, S. 52

Die „Fischer-Kontroverse"

M 2 Fritz Fischers Provokation (1961)

Fischers (geb. 1908) Buch „Griff nach der Weltmacht" (1961) belebte die seit dem problematischen „Kriegsschuldartikel" des Versailler Vertrages geführte Kontroverse über den deutschen Anteil am Kriegsausbruch 1914 neu:

Bei der angespannten Weltlage des Jahres 1914, nicht zuletzt als Folge der deutschen Weltpolitik – die 1905, 1908/09 und 1911 bereits drei gefährliche Krisen ausgelöst hatte –, mußte jeder lokale Krieg in Europa, an dem eine Großmacht unmittelbar beteiligt war, die Gefahr eines allgemeinen Krieges unvermeidbar nahe heranrücken. Da Deutschland den österreichisch-serbischen Krieg gewollt und gedeckt hat und, im Vertrauen auf die deutsche militärische Überlegenheit, es im Juli 1914 bewußt auf einen Konflikt mit Rußland und Frankreich ankommen ließ, trägt die deutsche Reichsführung den entscheidenden Anteil der historischen Verantwortung für den Ausbruch des allgemeinen Krieges.

Aus: Fischer, F.: Griff nach der Weltmacht. Die Kriegszielpolitik des kaiserlichen Deutschland 1914/18, Königstein 1979, S. 82

M 3 Gerhard Ritter (1964)

Fischers Buch stieß auf viele Gegner. Ritter (1888–1967), bis zum Tode maßgebend in der deutschen Geschichtswissenschaft, bekämpfte Fischers Thesen nachdrücklich:

[...] Aber sie [die deutsche Nation] stieß dabei auf rasch wachsende Schwierigkeiten, in denen die natürlichen Grenzen der Machtentwicklung eines so zentral gelegenen Kontinentalstaates spürbar wurden. Außenpolitisch geriet sie [...] in jene „Einkreisung" durch Ententen und Militärbündnisse, die jeder politisch Denkende seit spätestens 1911 als schwere Bedrückung empfand. Nur eine Regierung von Abenteurern hätte in solcher Lage daran denken können, einen Krieg zu provozieren, um „nach der Weltmacht zu greifen", um Hegemonie zu erringen. Das Abenteuer wäre um so größer gewesen, als gerade in diesen Jahren die Unzulänglichkeit der deutschen Landrüstung für einen Zweifrontenkrieg und die Aussichtslosigkeit einer „Entscheidungsschlacht" unserer Panzerflotte gegen England den obersten Militärstellen klar bewußt wurde.

Aus: Ritter, G.: Staatskunst und Kriegshandwerk III, München 1964, S. 15f.

M 4 Andreas Hillgruber (1966): „Theorie des kalkulierten Risikos"

Hillgruber (1925–1989) teilte Ritters Kritik nicht mehr ganz, wie er nochmals 1980 zusammenfaßte:

Von einer zielbewußt auf den großen Krieg hin orientierten Reichspolitik, wie sie Fritz Fischer zu sehen meint, kann [...] keine Rede sein. [Es folgen außenwirtschaftliche Argumente.]

Vielmehr sah sich die Reichsleitung nach dem Attentat von Sarajewo [...] vor einem ihr unausweichlich erscheinenden Dilemma. Sie glaubte, aktiv werden zu müssen, aus bündnispolitischen Gründen (um der zunehmenden Schwächung Österreich-Ungarns entgegenzuwirken), aus innenpolitischer Rücksichtnahme (Druck von „rechts"), aber auch – entscheidend – aus einem eigenen außenpolitischen Kalkül heraus. Sie meinte, dabei das Risiko eines großen Krieges, ja, eines Weltkrieges auf sich nehmen zu müssen, spekulierte jedoch darauf, ihn dennoch vermeiden zu können, weil es auch die anderen Mächte bei einer bloß diplomatisch-politischen Kraftprobe belassen würden. Sie ging davon aus, daß die anderen Mächte, und das hieß vor allem Rußland, wie 1908/09 sich eingedenk der noch unfertigen Rüstungen rational verhalten würden. Bethmann Hollweg orientierte sich dabei an einer von seinem Berater Kurt Riezler in seiner Schrift „Grundzüge der Weltpolitik in der Gegenwart" im Winter 1913/14 entwickelten „Theorie des kalkulierten Risikos", einer Art Politik der „brinkmanship" [etwa: äußerstes Risiko]. Da es keine Möglichkeit zur Verschiebung der Machtverhältnisse in Europa zwischen den einander gegenüberstehenden Bündnisblöcken im großen mehr geben konnte ohne eine Kriegskatastrophe, die – so Riezlers optimistische Prämisse bei diesem Gedankengang – niemand wolle, richteten sich die Anstrengungen der Großmächte auf die wenigen Räume, in denen kleinere Verschiebungen noch möglich seien, wenn man mit taktischen Finessen vorginge. Eine Verschiebung dort sollte gleichsam erst wahrgenommen werden, „wenn sie bereits erfolgt war, nicht mehr oder nurmehr durch Gewalt (also einen großen Krieg) rückgängig gemacht werden konnte". [...]

Aus: Hillgruber, A.: Die gescheiterte Großmacht. Eine Skizze des Deutschen Reiches 1871–1945, Stuttgart 1989, S. 44f.

M 5 Klaus Hildebrand (1989)

Nach der Ermordung des österreichisch-ungarischen Thronfolgers [...] entschloß sich die deutsche Regierung dazu, die als günstig eingeschätzte Gelegenheit zu benutzen, um die in eine mittlerweile als unerträglich empfundene Defensive geratene Position des Reiches mit Hilfe einer Politik der begrenzten Offensive zu verbessern. Der Reichskanzler und der Staatssekretär des Äußeren gedachten, den „Ring" der Gegner diplomatisch zu sprengen und nahmen im Falle eines Mißlingens dieser Strategie das Risiko eines Krieges bewußt in Kauf. Um die Existenzprobe zu einem Zeitpunkt zu bestehen, der für die sich nach ihrem Urteil später doch mit Notwendigkeit ergebende Auseinandersetzung gerade noch als günstig angesehen wurde, ließen sich die Deutschen auf dieses Wagnis ein, das sie zu kalkulieren versuchten und das doch unwägbar war. Darin liegt die initiierende Verantwortung des Deutschen Reiches für den Verlauf der Julikrise und den Ausbruch des Ersten Weltkriegs [...]

Bethmann Hollweg und sein Staatssekretär v. Jagow hatten sich [...] auf den spezifischen Präventivkriegsgedanken der Militärs eingelassen. Dieser zielte nicht darauf, einem unmittelbar bevorstehenden Angriff des Feindes zuvorzukommen. Vielmehr ging es darum, eine sich insbesondere im Hinblick auf Rußland mit Gewißheit abzeichnende Kriegsgefahr im Jahre 1916/17, von der freilich niemand wußte, ob sie sich jemals entladen würde, von der jedoch alle Verantwortlichen mit Sicherheit annahmen, daß dieser Fall eintreten würde, auch unter Inkaufnahme des kriegerischen Risikos in einem Augenblick zu korrigieren, der das noch erfolgreich zu erlauben schien, falls die diplomatische Lösung versagte. Auf sie spekulierte B. H. einerseits im Hinblick auf die für eine Beilegung eines lokalisierten Konflikts notwendige englische Vermittlung [...] Dagegen stimmte den Kanzler andererseits die im Frühsommer 1914 [...] nach Berlin gelangte Nachricht von den britisch-russischen Marineverhandlungen überaus pessimistisch, drohte sich doch nunmehr das letzte Glied im „Einkreisungsring" zu schließen. Dadurch wurde seine Entscheidung, die „Flucht nach vorn" anzutreten, noch bestärkt.

Aus: Hildebrand, K.: Die deutsche Außenpolitik 1871–1918, München 1989, S. 41f.

M 6 Bethmann Hollwegs „Septemberprogramm"

Am 9. September 1914 autorisierte Kanzler Bethmann Hollweg folgende Denkschrift als „vorläufige Aufzeichnung über die Richtlinien unserer Politik beim Friedensschluß". Genaue Ziele für den Osten werden darin noch nicht ausgeführt.

Das allgemeine Ziel des Krieges:

Sicherung des Deutschen Reiches nach West und Ost auf erdenkliche Zeit. Zu diesem Zweck muß Frankreich so geschwächt werden, daß es als Großmacht nicht neu erstehen kann, Rußland von der deutschen Grenze nach Möglichkeit abgedrängt und seine Herrschaft über die nichtrussischen Vasallenvölker gebrochen werden.

Die Ziele des Krieges im einzelnen:

1. *Frankreich.* Von den militärischen Stellen zu beurteilen, ob die Abtretung von Belfort, des Westabhangs der Vogesen, die Schleifung der Festungen und die Abtretung des Küstenstrichs von Dünkirchen bis Boulogne zu fordern ist.

In jedem Falle abzutreten, weil für die Erzgewinnung unserer Industrie nötig, das Erzbecken von Briey.

Ferner eine in Raten zahlbare Kriegsentschädigung; sie muß so hoch sein, daß Frankreich nicht imstande ist, in den nächsten 15–20 Jahren erhebliche Mittel für Rüstungen aufzuwenden.

Des weiteren: ein Handelsvertrag, der Frankreich in wirtschaftliche Abhängigkeit von Deutschland bringt, es zu unserem Exportland macht und uns ermöglicht, den englischen Handel in Frankreich auszuschalten. Dieser Handelsvertrag muß uns finanzielle und industrielle Bewegungsfreiheit in Frankreich schaffen, so daß deutsche Unternehmungen nicht mehr anders als französische behandelt werden können.

2. *Belgien.* Angliederung von Lüttich und Verviers an Preußen, eines Grenzstrichs der Provinz Luxemburg an Luxemburg.

Zweifelhaft bleibt, ob Antwerpen mit einer Verbindung nach Lüttich gleichfalls zu annektieren ist.

Gleichviel, jedenfalls muß ganz Belgien, wenn es auch als Staat äußerlich bestehen bleibt, zu einem Vasallenstaat herabsinken, in etwa militärisch wichtigen Hafenplätzen ein Besatzungsrecht zugestehen, seine Küste militärisch zur Verfügung stellen, wirtschaftlich zu einer deutschen Provinz werden. Bei einer solchen Lösung, die die Vorteile der Annexion, nicht aber ihre innerpolitisch nicht zu beseitigenden Nachteile hat, kann franz. Flandern mit Dünkirchen, Calais und Boulogne mit größtenteils flämischer Bevölkerung diesem veränderten Belgien ohne Gefahr angegliedert werden. Den militärischen Wert dieser Position England gegenüber werden die zuständigen Stellen zu beurteilen haben.

3. *Luxemburg* wird deutscher Bundesstaat [...]

4. Es ist zu erreichen die Gründung eines mitteleuropäischen Wirtschaftsverbandes durch gemeinsame Zollabmachungen, unter Einschluß von Frankreich, Belgien, Holland, Dänemark, Österreich-Ungarn, Polen und evtl. Italien, Schweden und Norwegen. Dieser Verband, wohl ohne gemeinsame konstitutionelle Spitze, unter äußerlicher Gleichberechtigung seiner Mitglieder, aber tatsächlich unter deutscher Führung, muß die wirtschaftliche Vorherrschaft Deutschlands über Mitteleuropa stabilisieren.

5. Die Frage der kolonialen Erwerbungen, unter denen in erster Linie die Schaffung eines zusammenhängenden mittelafrikanischen Kolonialreichs anzustreben ist, desgleichen die Rußland gegenüber zu erreichenden Ziele werden später geprüft. [...]

Aus: Fischer, F.: Griff nach der Weltmacht, Düsseldorf 1961, S. 116–118

M 7 SPD gegen Annexionen

Eingabe des Partei- und Fraktionsvorsitzenden der SPD an Bethmann Hollweg (25. 6. 1915):

[...] Die Sozialdemokratische Partei hat sich am 4. August 1914 in Reih und Glied gestellt mit der Gesamtheit des deutschen Volkes, um seine nationale Existenz und Unabhängigkeit zu verteidigen. Sie hat in diesem Kampfe gegen eine Welt von Feinden zu ihrem Lande gestanden und wird dies weiter tun, bis das Ziel der Sicherung erreicht und die Gegner zum Frieden geneigt sind.

Aber angesichts jener immer deutlicher hervortretenden Bestrebungen, dem Kriege den Charakter eines Eroberungskrieges zu geben, halten wir es für unsere Pflicht, auch an das zu erinnern, was wir in jener Sitzung zum Kriegsbeginn sagten: Wir wollen einen Frieden, der die Freundschaft mit den Nachbarvölkern ermöglicht. Dabei leitete uns in erster Linie das Interesse unseres eigenen Volkes; denn nur ein solcher Frieden trägt die Gewähr einer dauernden Sicherung für uns selbst in sich [...] Jede gewaltsame Antastung der Selbständigkeit und Unabhängigkeit eines Volkes enthält den Keim neuer kriegerischer Verwicklungen, birgt in sich die Voraussetzungen für eine dem Deutschen Reiche gefährliche Koalition von Gegnern. [...]

Die Behauptung, daß das Deutsche Reich für seine wirtschaftliche Existenz Gebietserwerbungen im Osten und Westen brauche, wird durch den glänzenden wirtschaftlichen Aufschwung widerlegt, den wir innerhalb der bisherigen Reichsgrenzen erlebt haben. Unsere wirtschaftlichen Beziehungen zu Belgien insbesondere waren vor Ausbruch des Krieges die innigsten. Der Tätigkeit und dem Unternehmungsgeist unserer Reichsangehörigen wurden keinerlei Schwierigkeiten bereitet. [...]

Indem wir unter allen Umständen für die Selbständigkeit und Unabhängigkeit aller Völker und gegen jede Annexionspolitik eintreten, sind wir überzeugt, unserem Volke den größten Dienst zu leisten.

Aus: Michaelis, Herbert/Schraepler, Ernst (Hg.), Ursachen und Folgen. Von deutschen Zusammenbruch 1918 und 1945 bis zur staatlichen Neuordnung Deutschlands in der Gegenwart, Bd. 1, Berlin o.J., Nr. 189, S. 362ff.

M 8 Zustimmung Rußlands zu territorialen Forderungen Frankreichs

Aus der Note des russischen Ministers des Auswärtigen an den französischen Botschafter in Petersburg vom 14. II. 1917:

In der Note vom heutigen Tage waren Euer Exzellenz so freundlich, der kaiserlichen Regierung mitzuteilen, daß die Regierung der Republik beabsichtige, unter die Friedensbedingungen, welche Deutschland vorgeschlagen werden sollen, folgende Forderungen und Garantien territorialer Natur aufzunehmen:

1. Elsaß-Lothringen wird an Frankreich zurückgegeben.

2. Die Grenzen (dieses Gebiets) werden mindestens bis zum Umfange des früheren Herzogtums Lothringen ausgedehnt und sind nach den Wünschen der französischen Regierung festzusetzen, wobei die strategischen Notwendigkeiten berücksichtigt werden müssen, damit auch das ganze Eisenerzrevier Lothringens und das ganze Kohlenbecken des Saarreviers dem französischen Territorium einverleibt wird.

3. Die übrigen linksrheinischen Gebiete, die jetzt zum Bestande des Deutschen Reiches gehören, sollen von Deutschland ganz abgetrennt und von jeder politischen und wirtschaftlichen Abhängigkeit von Deutschland befreit werden.

4. Die linksrheinischen Gebiete, die dem Bestande des französischen Territoriums nicht einverleibt werden, sollen ein autonomes und neutrales Staatswesen bilden und so lange von französischen Truppen besetzt bleiben, bis die feindlichen Reiche endgültig alle Bedingungen und Garantien erfüllt haben werden, die im Friedensvertrage angeführt sein werden.

... Auf Befehl Seiner kaiserlichen Majestät, meines erlauchten Gebieters, habe ich die Ehre, im Namen der russischen Regierung auf die gegenwärtige Note Euer Exzellenz zu erklären, daß die Regierung der Republik auf die Unterstützung der kaiserlichen Regierung bei der Durchführung ihrer oben dargelegten Absichten rechnen kann.

Aus: Michaelis, H./Schraepler, E., Ursachen und Folgen. Vom deutschen Zusammenbruch 1918 und 1945 bis zur staatlichen Neuordnung Deutschlands in der Gegenwart, Bd. I, Berlin 1959. S. 371 f.

M 9 US-Präsident Wilsons „14 Punkte-Programm"

Botschaft an den US-Kongreß (gekürzt) vom 8. Januar 1918:

1. Öffentliche Friedensverträge, die in öffentlicher Verhandlung zustande gekommen sind; künftig soll es keine geheime internationale Abmachungen irgendwelcher Art geben; die diplomatischen Verhandlungen sollen immer offen und im Lichte der Öffentlichkeit sich vollziehen.

2. Vollkommene Freiheit der Schiffahrt auf dem Meere außerhalb der territorialen Gewässer, im Frieden sowohl wie im Kriege, [...]

3. Beseitigung aller wirtschaftlicher Schranken und Schaffung gleicher Handelsbedingungen für alle Nationen, die sich zum Frieden bekennen und sich zu seiner Aufrechterhaltung zusammenschließen.

4. Ausreichende Garantien dafür, daß die Rüstungen der Länder bis zu dem Mindestmaße, das mit der eigenen inneren Sicherheit noch vereinbar ist, eingeschränkt werden.

5. Freie, unvoreingenommene und streng unparteiische Regelung aller kolonialen Ansprüche bei strenger Berücksichtigung des Grundsatzes, daß bei der Entscheidung aller solcher Souveränitätsfragen die Belange der betroffenen Bevölkerungen das gleiche Gewicht haben wie die berechtigten Ansprüche der Regierung, über deren Rechtstitel befunden werden soll.

6. Räumung des gesamten russischen Gebietes und Regelung aller Rußland betreffenden Fragen derart, daß dadurch die beste und freieste Mitwirkung der anderen Nationen der Welt gewährleistet wird, um Rußland die unbehinderte Möglichkeit zu schaffen, selbständig über seine eigene politische Entwicklung zu bestimmen und ihm aufrichtig eine willkommene Rückkehr in die Gesellschaft der freien Nationen unter seiner selbstgewählten Regierung zuzusichern [...]

7. Belgien, die ganze Welt stimmt hierin überein, muß geräumt und wiederhergestellt werden, ohne irgendeinen Versuch, die Souveränität zu beschränken, die es gemeinsam mit allen anderen freien Nationen genießt. [...]

8. Das gesamte französische Gebiet soll geräumt und die von der Invasion betroffenen Teile wiederhergestellt werden; [...]

10. Den Völkern von Österreich-Ungarn, deren Platz unter den anderen Nationen wir sichergestellt zu sehen wünschen, soll die ungehinderte Möglichkeit zu einer autonomen Entwicklung gegeben werden. [...]

12. Den türkischen Teilen des gegenwärtigen ottomanischen Reiches soll sichere Souveränität garantiert werden. Den anderen Nationalitäten, die jetzt unter türkischer Herrschaft stehen, soll eine zweifelsfreie Lebenssicherheit und eine vollkommen uneingeschränkte Möglichkeit zu eigenständiger Entwicklung zugesichert werden. [...]

13. Ein unabhängiger polnischer Staat soll errichtet werden, der die von unbestreitbar polnischer Bevölkerung bewohnten Gebiete in sich schließt; er soll einen freien und sicheren Zugang zur See haben, und seine politische und wirtschaftliche Unabhängigkeit und die Unverletzbarkeit seines Gebietes sind durch ein internationales Übereinkommen zu garantieren.

14. Es ist eine allgemeine Vereinigung der Nationen unter Zugrundelegung einschlägiger Verträge zu bilden zum Zwecke gegenseitiger Garantieleistungen für die politische Unabhängigkeit und die territoriale Unversehrtheit der großen wie der kleinen Staaten.

Hinsichtlich dieser grundlegenden Berichtigungen des Unrechts und Zusicherungen betreffs des Rechtes fühlen wir uns eng verbunden mit allen gegen die Imperialisten vereinigten Regierungen und Völkern. In unseren Interessen und Zwecken können wir nicht getrennt oder geteilt werden. Wir stehen zusammen bis zum Ende.

Aus: Rock, Adolf (Hg.), Dokumente der amerikanischen Demokratie, Wiesbaden 1947, S. 173/175

M 10 Balfour-Deklaration (2. 11. 1917)

Brief des englischen Außenministers Balfour (1916–1919) an Lord Rothschild (Zionistische Föderation)

Lieber Lord Rothschild, zu meiner großen Genugtuung übermittle ich Ihnen namens S. M. Regierung die folgende Sympathie-Erklärung für die jüdisch zionistischen Bestrebungen, die vom Kabinett geprüft und gebilligt worden ist.

Seiner Majestät Regierung betrachtet die Schaffung einer nationalen Heimstätte in Palästina für das jüdische Volk mit Wohlwollen und wird die besten Anstrengungen machen, um die Erreichung dieses Zieles zu erleichtern, wobei klar verstanden wird, daß nichts getan werden soll, was die bürgerlichen und religiösen Rechte bestehender nichtjüdischer Gemeinschaften in Palästina, oder die Rechte und die politische Stellung von Juden in irgendeinem anderen Lande beeinträchtigen könnte. [...]

Aus: Mejcher, H.: Die Arabische Welt, Nr. 18, Stuttgart 1976

Arbeitsvorschläge

1. *Stellen Sie die Argumente der Kontroverse gegenüber! (M2–M5) Überlegen Sie, wo der polemische Tonfall herrührt, wenn Sie an die Rolle Deutschlands im 20. Jahrhundert denken! (Gruppenarbeit)*
2. *Geben Sie die deutsche Rolle in Europa an, die die Verfasser in M 6 und M 7 für die Nachkriegszeit anstreben! Wie grenzen sich beide von radikaleren Kräften ab?*
3. *Vergleichen Sie Wilsons „14 Punkte“ (M 9) mit Lenins „Aprilthesen“ (Kap. B. 6, M 5)!*

5 Neueuropa in der Neuen Welt: Die USA bis 1917

Gemälde von John Gast (1872). Der Maler nannte dieses Gemälde „Amerikanischer Fortschritt".

Zeittafel

1607	Erste dauerhafte englische Siedlung in Jamestown, Virginia
1619	Erste afrikanische Sklaven in Jamestown
1620	Ankunft der „Mayflower": Puritaner in Massachusetts
1775–1783	Amerikanischer Unabhängigkeitskrieg
1776	Unabhängigkeitserklärung der 13 englischen Kolonien als Vereinigte Staaten von Amerika
1787	USA erhalten bundesstaatliche Verfassung (Union), tritt 1788 in Kraft
1789–1797	George Washington ist 1. Präsident der USA
1808	Verbot der Einfuhr von Sklaven
1823	Monroe-Doktrin: „Amerika den Amerikanern"
1861–1865	Amerikanischer Bürgerkrieg: Endgültige Abschaffung der Sklaverei
1865–1877	„Reconstruction"-Periode
1898	Spanisch-Amerikanischer Krieg: Aufbruch in den Imperialismus
1917	Eintritt in den Ersten Weltkrieg

5.1 Anfänge als Kolonie, 1607–1776

„Alle Menschen sind gleich geschaffen; sie sind vom Schöpfer mit gewissen unveräußerlichen Rechten ausgestattet, darunter Leben, Freiheit und das Streben nach Glück*." Diese Sätze der amerikanischen Unabhängigkeitserklärung vom 4. Juli 1776 formulieren das Ideal, aus dem sich die Geschichte der USA – positiv wie negativ – auffächert (→ M 1). Im „Land der unbegrenzten Möglichkeiten" träumten schon die ersten Siedler von bürgerlicher Freiheit und Gleichheit. Die Bruchlinien der Erfolgsgeschichte offenbaren sich in der Indianer- und Sklavenfrage sowie in der Bürgerrechtsproblematik.

Die 13 englischen Kolonien, die 1776 ihre Unabhängigkeit erklärten, entstanden zwischen 1607 und 1733 an der nordamerikanischen Ostküste mit einer Charta, die der König Handelsgesellschaften oder Privatpersonen gewährte. Während für Aktiengesellschaften in der Regel der Profit im Vordergrund stand, trieb viele Siedler der Wunsch nach religiöser und politischer Toleranz oder wirtschaftliche Not in die Neue Welt. 13 Jahre nach dem ersten erfolgreichen Siedlungsversuch in Jamestown, Virginia, landeten 1620 mit der „Mayflower" 102 Männer, Frauen und Kinder in der Neuen Welt. Unter ihnen dominierten die Pilgrims (Pilger), eine radikale Richtung der Puritaner, die in Amerika ihren Gottesstaat auf Erden errichten wollten. Im „Mayflower Compact" formulierten sie Grundsätze zur Selbstverwaltung ihrer Kolonie. Ihre Nachfahren, inzwischen Millionen Amerikaner, bilden heute den ironisch so genannten „Mayflower-Adel".

Religiösen Motiven entsprang auch die Kolonie von Puritanern 1629 in Massachusetts. Doch demonstriert die Trennung eines Teils der Siedler in die neuen Kolonien Connecticut (1635) und Rhode Islands (1636) bereits enge Grenzen der religiösen Toleranz. Maryland entstand 1634 als Privatbesitz des katholischen Adligen Lord Baltimore und wurde Fluchtpunkt für viele Katholiken. Der Quäker William Penn versprach Siedlern in seinem „heiligen Experiment" Pennsylvania seit 1681 religiöse Toleranz. Georgia sollte die britische Einflußsphäre von den spanischen Kolonien abgrenzen und begann 1733 als Sträflingskolonie, die Schuldnern eine neue Existenz ermöglichte. In Virginia, North und South Carolina dominierten wirtschaftliche Überlegungen die Gründung.

So verhieß der Neuanfang in der Neuen Welt eine gerechtere, egalitäre Gesellschaft, in der nicht Herkunft zählt, sondern persönliche Leistung. Zunächst gab es keine festgefügte Hierarchie, keinen Adel, keine überkommene Wirtschaftsstruktur wie in der Alten Welt. Doch taten sich sofort zwei Quellen der Ungleichheit auf: Zwar besaß Nordamerika mit ca. 1 Mio. Einwohnern vor Ankunft der Europäer eine relativ geringe Bevölkerungsdichte (neuere Schätzungen gehen allerdings von 10–11 Mio. Indianern aus), doch war der Subkontinent keineswegs menschenleer. Die Indianer, die in Hunderten von Stämmen auf ganz unterschiedlichen Kulturstufen standen, lebten an der Ostküste in der Regel von der Landwirtschaft, waren also seßhaft. Zunächst suchten die Europäer ihre Kooperation: Die ersten Siedler lernten von ihnen den Mais- und Tabakanbau, im Norden waren Indianer lange Zeit begehrte Handelspartner vor allem für Pelze. Bald jedoch prägten blutige Konflikte um Land das Verhältnis von Weißen und Indianern. Je weiter Siedler nach Westen vordrangen, desto mehr wurden die Indianer verdrängt. Verträge wiesen ihnen Reservate zu, doch waren Bevölkerungsdruck, Abenteuerlust oder neue Gold- und Silberfunde („Bonanzas") immer wieder Anlaß, Verträge zu brechen. Der Zusammenschluß zersplitterter Volksstämme, z. T. im Bündnis mit Franzosen (im Siebenjährigen Krieg) oder Engländern (im und nach dem Unabhängigkeitskrieg), hatte wenig Erfolg. Bei Ende der Landnahme 1890 zählten die ursprünglichen Bewohner – durch Massaker, von Europäern eingeschleppte Krankheiten und Alkohol dezimiert – nur noch 250 000 Menschen.

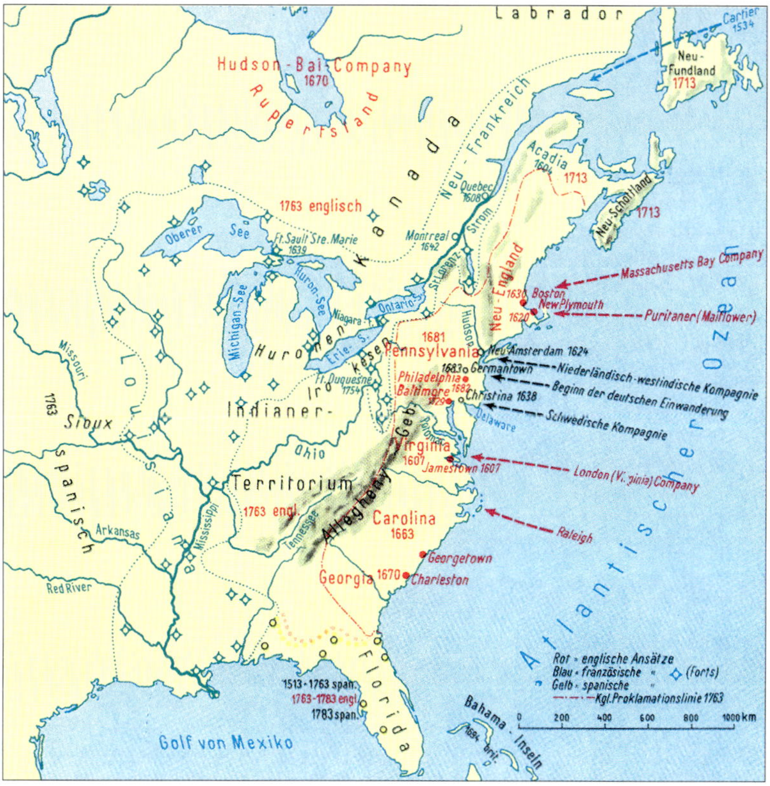

Siedlungsansätze im Osten Nordamerikas bis 1763.

Ein zweites großes Problem der frühen Kolonisation war das der Arbeitskräfte: Anfangs zahlten die Kolonisationsgesellschaften mittellosen Europäern die Überfahrt gegen die Verpflichtung, sich für 4–7 Jahre als *Indentured Servants* zu verdingen. Während ihrer Dienstzeit unterstanden sie der vollen Verfügungsgewalt ihres Herrn und hießen daher oft „weiße Sklaven". Seit 1619 arbeiteten auch Schwarze als *Indentured Servants* unter ähnlichen Konditionen wie ihre weißen Kollegen. In den 1640er Jahren führten Virginia und Maryland, die mit ihren großen Plantagenwirtschaften die größten „Nutzer" billiger Arbeitskräfte waren, jedoch erste gesetzliche Unterscheidungen zwischen weißen und schwarzen Servants ein: Für die Afrikaner wurde die Abhängigkeit schrittweise verlängert, bis schließlich 1670 der Sklavenstatus vererblich wurde.

5.2 Wachsende Distanz zwischen Mutterland und Kolonie: Der Weg in die Unabhängigkeit, 1689–1783

Erwartungen des Mutterlands an die Kolonien formulierte, noch vor den ersten erfolgreichen Siedlungsversuchen, Richard Hakluyt in seinem „Discourse Concerning Western Planting" (1584): England könnte Indianer missionieren, dem europäischen Hauptrivalen, Spanien, in Übersee Paroli bieten und die Kolonien als idealen Absatzmarkt für seine

Produkte nutzen. Zu Hause überflüssige Arbeitskräfte könnten dort exotische Rohstoffe (Baumwolle, Indigo, Tabak, Reis) anbauen, die nicht länger von anderen Kolonialmächten importiert werden müßten. Ein wesentlicher Schritt zur Verwirklichung dieses merkantilistischen Konzepts war die Navigationsakte (Navigation Act) von 1651: Englische Waren durften nur noch auf englischen Schiffen transportiert werden; der Handelsverkehr zwischen den Kolonien untereinander sowie mit dem Mutterland war nur auf englischen Schiffen oder Schiffen der Kolonien mit überwiegend englischer Besatzung erlaubt. Bestimmte Waren durften nur ins Mutterland verkauft werden. Direkte Importe aus dem Ausland waren den Kolonien verboten. Sie sollten vor allem Rohstoffe liefern, damit sie nicht zu lästigen Konkurrenten würden.

Die Distanz zwischen Mutterland und Kolonien ließ jedoch in der Praxis viele Bestimmungen milder ausfallen, zumal Nordamerika lange nur zweitrangig gegenüber der profitableren Zuckerkolonie Jamaika war. Zwar wurden die meisten Kolonien von einem vom König eingesetzten Gouverneur regiert, und ein vom Gouverneur ernanntes Oberhaus bestimmte über die Gesetze, doch besaßen auch sie gewählte Körperschaften, die über ihre Geschicke mitbestimmten. Wahlberechtigt waren alle freien weißen Männer mit Eigentum. Frauen, Sklaven, Besitzlose, Indianer und häufig auch Katholiken und Juden waren vom Wahlrecht ausgeschlossen. Seit der „Glorious Revolution" 1688/1689 in England genossen die nordamerikanischen Kolonien faktisch Autonomie, auch wenn sie formal unter der Herrschaft der Krone blieben. Die Prinzipien der „Glorious Revolution", 1689 in der „Bill of Rights" zu einem Grundgesetz der englischen Verfassung erhoben (Gesetze können nicht ohne Zustimmung des Parlaments erlassen oder geändert, Steuern nicht ohne seine Zustimmung erhoben werden), dienten ihnen fast 100 Jahre später als Argument für ihre Revolution gegen Westminster (→ M 2).

Nach dem Siebenjährigen Krieg 1756–1763 wurde die Banlance zwischen dem Einfluß Englands und der relativen Autonomie seiner nordamerikanischen Kolonien zunehmend gestört. Mit Hilfe seiner Kolonisten besiegte England Frankreich und sicherte sich den Besitz von Kanada. Doch provozierte sein Versuch, die Kolonien durch höhere und neue Steuern und Zölle an den Kriegskosten zu beteiligen, den offenen Konflikt mit den Kolonisten: 1763 erklärte das britische Parlament die Apalachen zur Grenze der nordamerikanischen Kolonien und verbot zum Schutz der Indianer eine weitergehende Besiedlung. 1764 erhöhte es im *Sugar Act* die Zölle auf Zucker und Melasse aus nichtenglischen Kolonien, die Einfuhr von Rum wurde verboten. 1765 belegte der *Stamp Act* die Ausstellung aller amtlichen Dokumente und öffentlichen Drucksachen mit einer Sondersteuer. Als die Amerikaner die neuen Steuern mit Pamphleten, Boykotten und tätliche Angriffen bekämpften, ersetzte London *Sugar Act* und *Stamp Act* durch erhöhte Einfuhrzölle auf Tee, Glas, Farben, Blei und Papier. Die Kolonien antworteten mit einem Einfuhrstopp für englische Waren, so daß das Parlament 1770 alle Einfuhrzölle außer den für Tee aufhob. Dennoch eskalierten die Konflikte vom „Boston-Massaker" 1770, bei dem fünf Amerikaner getötet wurden, zur „Boston Tea Party", bei der als Indianer verkleidete Kolonisten 1773 drei Schiffe der East India Company enterten und die Ladung über Bord warfen.

„No taxation without representation" – keine Besteuerung ohne Mitspracherecht (im englischen Parlament) – war die zentrale Forderung der Vertreter aller Kolonien (außer Georgia) auf ihrem 1. Kontinentalkongreß 1774. Der 2. Kontinentalkongreß stellte 1775 unter dem Eindruck erster bewaffneter Zusammenstöße zwischen Amerikanern und Briten eine gemeinsame Armee auf, die *Continental Army*, deren Oberbefehl George Washington (1732–1799) übernahm. Angesichts der Unnachgiebigkeit der Krone erklärten die Delegierten am 4. Juli 1776 die Unabhängigkeit der 13 nordamerikanischen Kolonien, die sich zum Staatenbund* (Konföderation) der United States of America zusammenschlossen (→ M 1). Thomas Jefferson (1743–1826), Rechtsanwalt und Pflanzer aus Virginia, begründete die Unabhängigkeitserklärung mit dem naturrechtlichen Postulat der Gleichheit aller Menschen.

Nach ersten militärischen Erfolgen erhielten die Aufständischen 1778 mit der Anerkennung Frankreichs finanzielle und bald auch militärische Unterstützung; Spanien und Holland stellten sich ebenfalls auf die Seite der Amerikaner. Die „bewaffnete Seeneutralität" Rußlands und anderer Mächte lähmte die britische Seeherrschaft und ermöglichte den amerikanisch-französischen Sieg bei Yorktown 1781. Der Frieden von Versailles 1783 erkannte die Unabhängigkeit der USA international an. Nur Kanada blieb britisch. Westgrenze der USA wurde der Mississippi.

5.3 Vom Staatenbund zum Bundesstaat, 1776–1861: Konsolidierung und kontinentale Expansion

Nach dem äußeren Sieg blieb die Frage der inneren Neukonstituierung der 13 ehemaligen Kolonien. Die *Articles of Confederation* hatten 1777 nur eine schwache Zentralgewalt begründet, da die neuen Staaten nicht bereit waren, die gerade erworbene Souveränität an eine übergeordnete Autorität abzugeben. Die Einzelstaaten gaben sich Verfassungen, die vielfach auf der königlichen Charta zur Gründung der Kolonie fußten, schwächten aber die Stellung des Gouverneurs. Erstmals in der Moderne wurde die Volkssouveränität Grundlage eines neuen Staatswesens. In Anlehnung an die Lehre der Gewaltenteilung bei Montesquieu setzten alle Einzelstaaten drei voneinander unabhängige Gewalten ein: Die gesetzgebende Gewalt (Legislative) lag im allgemeinen – nach britischem Vorbild – bei einem zweigliedrigen Parlament mit Ober- und Unterhaus (Senat, Repräsentantenhaus), die ausführende Gewalt (Exekutive) beim jährlich zu wählenden Gouverneur. Die Unabhängigkeit der Rechtsprechung (Judikative) sicherten die Verfassungen durch unbegrenzte Amtszeit der Richter.

Zusätzlich verabschiedete Virginia schon 1776 eine *Declaration of Rights,* die den staatstheoretischen Gedanken eines Gesellschaftsvertrags von John Locke aufnahm (→ M 2). Sie formulierte Grundrechte des Menschen – „das Recht auf Leben und Freiheit und dazu die Möglichkeit, Eigentum zu erwerben und zu behalten und Glück und Sicherheit zu erstreben" –, die in die ersten zehn Amendments* (Zusätze) zur amerikanischen Verfassung (1791) eingingen und die Erklärung der Menschenrechte in der Französischen Revolution (1789) inspirierten. In allen Verfassungen und Grundrechtserklärungen der Einzelstaaten nahm das Recht auf Eigentum eine herausgehobene Stellung ein – ein Hinweis darauf, daß die Verfasser der besitzenden Klasse angehörten. Doch schloß das an Eigentum gebundene Wahlrecht für die Wahlen zum Repräsentantenhaus immerhin drei Viertel der männlichen weißen Bevölkerung ein. Ausgeschlossen von der „Demokratie in Amerika" (Tocqueville) blieben Besitzlose (bis 1830), Afro-Amerikaner (bis 1870) und Frauen (bis 1920).

In der „kritischen Periode" nach dem Unabhängigkeitskrieg lösten die Folgen der Kriegsanstrengungen und die veränderte Außenhandelssituation die erste große Wirtschaftskrise der jungen Nation (1784–1788) aus. Sie ließ die Erkenntnis wachsen, daß nur ein stärkerer Zusammenschluß der Einzelstaaten der Probleme Herr werden und den europäischen Mächten Paroli bieten könnte. Von Mai bis September 1787 tagte daher in Philadelphia der Verfassungskonvent, der die Umwandlung der lockeren Konföderation in eine straffere Föderation* (Union = Bundesstaat) beschloß. Wie in den Einzelstaaten schuf er eine strikte Gewaltenteilung zwischen Präsident, Kongreß und Oberstem Gerichtshof. Der Präsident erhielt eine starke, quasi-monarchische Stellung und wurde vom Volk direkt gewählt, war also von beiden Kammern unabhängig. Er erhielt den Oberbefehl über Streitkräfte und Marine, konnte Richter des Obersten Bundesgerichts berufen und besaß das Recht auf Gesetzesinitiative. Sein aufschiebendes Veto konnte nur eine Zweidrittelmehrheit von Repräsentantenhaus und Senat aufheben.

Wesentliche Streitpunkte zwischen den Einzelstaaten waren die Sitzverteilung in den Bundesparlamenten und die Stellung der Sklaven. Im „Großen Kompromiß" einigten sich bevölkerungsreiche Staaten des Nordens und bevölkerungsarme Staaten des Südens darauf, das Repräsentantenhaus entsprechend der Einwohnerzahl zu beschicken, während jeder Bundesstaat im Senat mit zwei Senatoren vertreten war. Fünf Sklaven sollten bei der Feststellung der Bevölkerungszahl soviel zählen wie drei Freie („$^3/_5$-Klausel").

Ein weiterer Kompromiß war das Zugeständnis der nördlichen Staaten, die Einfuhr von Sklaven weitere 20 Jahre (bis 1808) zu dulden. Über die Beibehaltung der Sklaverei entschieden die Einzelstaaten: Nur Massachusetts verbot die Sklaverei direkt; einige Bundesstaaten (Pennsylvania, Connecticut, Rhode Island, New York und New Jersey) beseitigten sie schrittweise. *Die Northwest Ordinance* erklärte das zu erschließende Nordwestterritorium (die späteren Staaten Ohio, Indiana, Illinois, Michigan, Wisconsin) für sklavenfrei. Im Süden dagegen verteidigten selbst überzeugte Demokraten die „besondere Einrichtung" *(Peculiar Institution)*. So waren alle Kompromisse zur Sklavenfrage nur Aufschub und wiesen bereits auf die Bruchlinie hin, an der die amerikanische Union ein dreiviertel Jahrhundert später zu zerbrechen drohte.

Nach außen galt es, sich als Staatswesen zu behaupten: Während der Revolutionskriege in Europa profitierten die USA lange wirtschaftlich von ihrem Status als neutrale Macht. 1812 ließen sie sich zum Krieg gegen Großbritannien reizen, der Ende 1814 unentschieden ausging, jedoch die USA als ernstzunehmende Macht etablierte. Mit der Monroe-Doktrin* (1823) verbaten sich die USA die Einmischung europäischer Mächte in Amerika („Amerika den Amerikanern") und formulierten erstmals den Führungsanspruch für den gesamten Doppelkontinent (→ M 3). Der Blick über die eigenen Grenzen hinaus, gleichzeitig eine Abkehr von der europäischen (britischen) Dominanz, markiert

Pionierfrauen vor einer provisorischen Blockhütte an der Siedlungsgrenze (um 1870).

Die USA in der 2. Hälfte des 19. Jahrhunderts.

zugleich die „Hinwendung Amerikas zu sich selbst“ (U. Sautter), die sich auch in einer eigenständigen kulturellen und politischen Landschaft zeigte.

Zunächst jedoch trieb die Amerikaner ihr *Manifest Destiny* (offenkundige Bestimmung) dazu, die eigene „wandernde Grenze“ *(frontier)* bis zum Pazifik voranzuschieben, eröffnet mit der Aufnahme neuer Bundesstaaten (1792 Kentucky, 1796 Tennessee, 1803 Ohio). Der Kauf Louisianas von Frankreich 1803 verdoppelte das Territorium der USA. 1819 erwarben sie Florida von Spanien, 1867 Alaska von Rußland. Um 1850 überschritten die Siedler den Mississippi. Der Krieg gegen Mexiko (1846–1848) brachte Neumexiko und Kalifornien in den Besitz der USA. Im Konflikt mit den Indianern, die, wo sie sich der weißen Expansion entgegenstellten, vertrieben und massakriert wurden, entstand der Mythos vom „Wilden Westen“, wo Pioniere Natur und Ureinwohner zum Ruhm des amerikanischen Volkes bezwängen.

Der Westverschiebung der Grenze entsprach, schon unter dem Einfluß der Industrialisierung, eine Änderung der wirtschaftlichen Struktur: Die Agrarproduktion – vielfach auch mit industriellen Methoden (Sä- und Mähmaschinen, Stahlpflug) – verlagerte sich nach Westen, der durch Straßen, Kanalsysteme und (seit 1830) Eisenbahn erschlossen wurde. Mit der Wahl Andrew Jacksons aus Tennessee zum Präsidenten (1829–1837) erhielt der Westen auch politisches Gewicht. Im Nordosten dominierten Handel und verarbeitende Industrie. Dorthin zog es die großen Einwanderungsströme seit den 1830er Jahren. Mit den Ansätzen einer modernen Industriegesellschaft wuchsen die ersten Großstädte (New York, Philadelphia, Boston), während die Bedeutung der Landwirtschaft zurückging.

Den Süden dagegen prägten weiterhin Plantagenwirtschaft und Sklaverei, selbst wenn die meisten kleinen und mittleren Farmer keine Sklaven besaßen. Wurden im 17. und 18. Jahrhundert vor allem Tabak, Reis und Indigo auf den Plantagen produziert, so erlebte die Sklaverei ihren Höhepunkt im 19. Jahrhundert, als die Erfindung der Baumwollentkernungsmaschine durch Eli Whitney (1765–1825) 1793 den Baumwollboom auslöste.

Trotz des Sklavenhandelsverbots 1808 verdreifachte sich die Zahl der Sklaven bis zum Bürgerkrieg auf fast vier Millionen. Eine Sklavenmigration vom *Old South* (Virginia, Carolinas) an der Ostküste in den *Deep South* verschob auch hier das Schwergewicht nach Westen: Georgia, Missouri, Louisiana, Alabama und Arkansas, später auch Texas, waren die neuen Schwerpunkte der Sklaverei.

5.4 Zerreißprobe über die Sklavenfrage: Der Amerikanische Bürgerkrieg, 1861–1865

Die Sklavenfrage stellte sich daher nach der Jahrhundertwende dringender denn je. Moralischer Impetus in den Nordstaaten, wo seit 1835 die Abolitionisten* an Einfluß gewannen, ökonomisches Interesse auf seiten der Südstaaten standen einander zunehmend unversöhnlich gegenüber. Die Gegner der Sklaverei dominierten die öffentliche Meinung im Norden zuletzt, obwohl ökonomische Interessen (z. B. der Bostoner Textilindustrie) eng mit den Südstaaten verknüpft waren. Erstmals brach 1819 der offene Konflikt aus, als Missouri seine Aufnahme als sklavenhaltender Staat beantragte und damit das Gleichgewicht von je 11 sklavenfreien und sklavenhaltenden Staaten bedrohte. Im „Missouri-Kompromiß" von 1820 wurde neben Missouri das sklavenfreie Maine neuer Bundesstaat; nördlich der Linie von 36°30' Breite sollte die Sklaverei verboten sein. 1850 setzte der Norden gegen diese Absprache die Aufnahme Kaliforniens als sklavenfreien Staat durch, konzedierte jedoch gleichzeitig eine Verschärfung des Sklavenfluchtgesetzes *(2. Fugitive Slave Law)*, wonach flüchtige Sklaven auch in sklavenfreien Staaten nicht sicher waren. Der *Kansas-Nebraska Act** von 1854 widerrief den Missouri-Kompromiß vollends, als er den beiden nördlich der Demarkationslinie gelegenen Staaten die Entscheidung über die Zulassung von Sklaverei selbst überließ.

Der Sieg des Republikaners* Abraham Lincoln (1861–1865) bei den Präsidentschaftswahlen 1860 brachte das Faß zum Überlaufen: Noch vor dessen Amtsantritt erklärten South Carolina und weitere zehn sklavenhaltende Staaten den Austritt aus der Union und gründeten die *Confederate States of America* unter Präsident Jefferson Davis (1861–1865). Mit dem Angriff der Konföderierten auf Fort Sumter 1861 begann der Amerikanische Bürger- oder Sezessionskrieg, in dem die Südstaaten dem größeren Bevölkerungsreservoir und der stärkeren Wirtschaftskraft des Nordens unterlagen. Dem ersten modernen Krieg der Geschichte mit Massenheeren und Maschinengewehren fielen über 600 000 Menschen zum Opfer. Ergebnis war, neben der Rettung der Union, die Abschaffung der Sklaverei, die Lincoln mit der *Emancipation Proclamation* für die Sklaven der Südstaaten 1862 einleitete und das 13. Amendment zur Verfassung 1865 endgültig festschrieb (→ M 5). Die Eigenständigkeit der Einzelstaaten war zugunsten der Bundesregierung geschwächt, ihr Recht auf Sezession endgültig abgewehrt.

5.5 Aufbruch in die Moderne: Industrialisierung und Rassismus

Zwar konnten die Südstaaten unter relativ milden Bedingungen der „Reconstruction" (1865–77) in die Union zurückkehren, doch mußten sie die Sklaverei abschaffen und den Schwarzen demokratische Rechte gewähren. Der plötzliche Verlust von 4 Mio. Arbeitskräften zerstörte die profitable, aber rückständige Wirtschaftsstruktur der Region auf

Jahrzehnte. Zusätzliches Ressentiment schuf die Stationierung von Unionstruppen in den meisten Südstaaten zur Überwachung der Demokratisierung bis zum Ende der *Reconstruction* 1877.

Doch bedeutete die Abschaffung der Sklaverei keineswegs die Gleichstellung der nun freien Schwarzen (→ M 4). 1866 gründete sich in Tennessee der Ku-Klux-Klan, der Afro-Amerikaner und ihre weißen Fürsprecher, die Vertreter der Bundesregierung, terrorisierte. Schon während des Bürgerkriegs hatten sich im Norden mit rassistischen Ausschreitungen („riots") irische Einwanderer 1863 in New York dagegen gewehrt, für die Abschaffung der Sklaverei kämpfen zu müssen. Ursache war die neue Gesellschaftsstruktur in den Industriezentren des Nordens, die mit fortschreitender Modernisierung auch auf andere Regionen übergriff: An die Stelle der relativ egalitären Agrargesellschaft der Kolonialzeit und der jungen USA – in der es zwar auch reiche Farmer und Plantagenbesitzer gab, sich aber Neueinwanderer bereits in ein oder zwei Generationen selbst Eigentum (kleine Farmen, Handwerksbetriebe) aufbauten – trat die moderne Industriegesellschaft. Die soziale Schere zwischen Reich und Arm, zwischen Fabrikbesitzern und Bankiers auf der einen Seite, lohnabhängigen Arbeitern auf der anderen wuchs.

Wer als Einwanderer in die Neue Welt kam, mußte sich, wenn er nicht zur dominierenden Gruppe der White Anglo-Saxon Protestants (WASP) gehörte, im allgemeinen auf der untersten Stufe der sozialen Hierarchie einen Platz erkämpfen. Da die Einwanderung in verschiedenen Perioden verschiedene nationale Gruppen in die USA brachte, waren die Ankömmlinge häufig kollektiv als *newcomer* stigmatisiert. Bis 1892 kamen vor allem Nord- und Westeuropäer (Deutsche, nach der gescheiterten 1848er Revolution; Iren, nach der großen Kartoffelmißernte; Skandinavier), danach Süd- und Osteuropäer (Italiener; Juden aus Rußland und Polen seit den großen Pogromen nach 1881). Konkurrenten um die unteren Plätze in der Sozialhierarchie waren die aus der Sklaverei befreiten Schwarzen. Rassismus, den gerade die Einwanderer aus Süd- und Osteuropa sowie aus Asien auch am eigenen Leib erfuhren (Chinesen wurde 1882 als erster ethnischer Gruppe die Einwanderung verboten), war ein probates Mittel zur Abgrenzung (→ M 6).

Die Einwanderungsgesellschaft

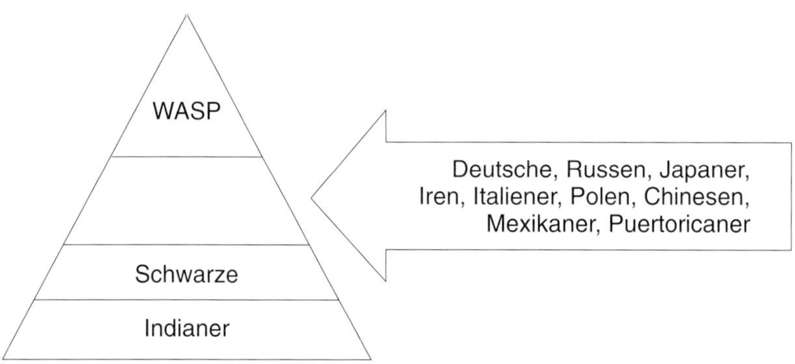

5.6 Aufbruch zur Weltmacht, 1890–1917

Die Wende vom Isolationismus zum Imperialismus unmittelbar nach Abschluß der kontinentalen Ost-West-Expansion und Niederwerfung des letzten Widerstands der Indianer bei Wounded Knee 1890 war begleitet von innenpolitischen Kontroversen, da sich die Gegner jeglicher Kolonialherrschaft, wie der Deutsch-Amerikaner Carl Schurz (1829–1906), gegen den Erwerb neuer Territorien wehrten. Tatsächlich beschränkte sich der amerikanische Imperialismus weitgehend auf Einflußsphären indirekter Herrschaft *(informal empire)*. „Speak softly and carry a big stick" brachte Präsident Theodore Roosevelt (1901–1909) die amerikanische Politik treffend auf den Punkt.

Mit der Kriegserklärung an Spanien 1898 stürzten sich die USA erstmals seit 1812–1814 wieder in einen Krieg gegen eine europäische Macht. Formal unterstützten sie die Aufstandsbewegungen auf Kuba und den Philippinen gegen die spanische Kolonialherrschaft. Tatsächlich jedoch reihten sich die USA mit dem Erwerb von Puerto Rico, Guam und den Philippinen, dem Protektorat über Kuba sowie der Annexion Hawaiis in die Reihe der imperialistischen Mächte ein und begannen ihren Aufstieg zur Weltmacht. Mit einer modernen Schlachtflotte, deren Bau in den 1880er Jahren begann, waren sie 1900 die drittstärkste Seemacht der Welt. Schon vorher hatten die USA wirtschaftlich die Grenzen des Subkontinents überschritten: 1853/1854 erzwangen sie die Öffnung Japans für amerikanisches Handelskapital, 1899 setzte ihr Außenminister John Hay (1898–1905) die „Politik der offenen Tür" *(Open Door Policy)* für alle auswärtigen Mächte in China durch. Hinter dem Plan zum Bau des Panamakanals seit 1903 standen ökonomische wie machtpolitische Überlegungen. Auch ihren endgültigen Aufstieg in den Kreis der Großmächte mit dem Eintritt in den Ersten Weltkrieg 1917 bereiteten die USA vor, indem sie – formal neutral – durch Rüstungslieferungen und Finanzhilfen der weltweit größte Gläubiger (vor allem Großbritanniens und Frankreichs) wurden.

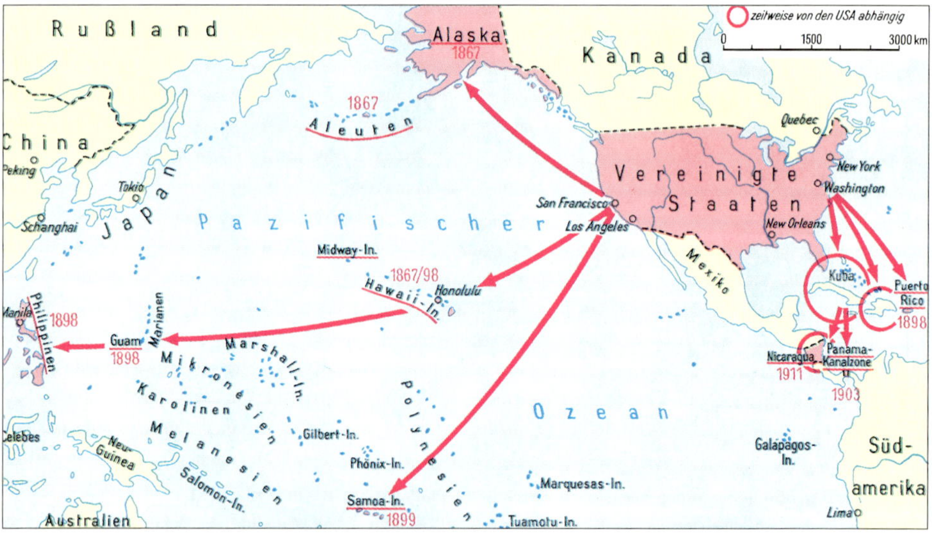

Die Expansion der USA in der Karibik und und im pazifischen Raum.

Verfassungsentwicklung

M 1 Amerikanische Unabhängigkeitserklärung, 4. Juli 1776

Wenn es im Zuge der Menschheitsentwicklung für ein Volk notwendig wird, die politischen Bande zu lösen, die es mit einem anderen Volke verknüpft haben, und unter den Mächten der Erde den selbständigen und gleichberechtigten Rang einzunehmen, zu dem Naturrecht und göttliches Gesetz es berechtigen, so erfordert eine geziemende Rücksichtnahme auf die Meinung der Menschheit, daß es die Gründe darlegt, die es zu der Trennung veranlassen.

Folgende Wahrheiten erachten wir als selbstverständlich: daß alle Menschen gleich geschaffen sind; daß sie von ihrem Schöpfer mit gewissen unveräußerlichen Rechten ausgestattet sind; daß dazu Leben, Freiheit und das Streben nach Glück gehören; daß zur Sicherung dieser Rechte Regierungen unter den Menschen eingesetzt werden, die ihre rechtmäßige Macht aus der Zustimmung der Regierten herleiten; daß, wenn immer irgendeine Regierungsform sich als diesen Zielen abträglich erweist, es Recht des Volkes ist, sie zu ändern oder abzuschaffen und eine neue Regierung einzusetzen und diese auf solchen Grundsätzen aufzubauen und ihre Gewalten in der Form zu organisieren, wie es ihm zur Gewährleistung seiner Sicherheit und seines Glückes geboten zu sein scheint. Gewiß gebietet die Weisheit, daß von alters her bestehende Regierungen nicht aus geringfügigen und vorübergehenden Anlässen geändert werden sollten; und demgemäß hat jede Erfahrung gezeigt, daß die Menschen eher geneigt sind zu dulden, solange die Mißstände noch erträglich sind, als sich unter Beseitigung altgewohnter Formen Recht zu verschaffen. Aber wenn eine lange Reihe von Mißbräuchen und Übergriffen, die stets das gleiche Ziel verfolgen, die Absicht erkennen läßt, sie absolutem Despotismus zu unterwerfen, so ist es ihr Recht und ihre Pflicht, eine solche Regierung zu beseitigen und neue Wächter für ihre künftige Sicherheit zu bestellen.

So haben diese Kolonien geduldig ausgeharrt, und so stehen sie jetzt vor der zwingenden Notwendigkeit, ihre bisherige Regierungsform zu ändern. Die Regierungszeit des gegenwärtigen Königs von Großbritannien ist von unentwegtem Unrecht und ständigen Übergriffen gekennzeichnet, die alle auf die Errichtung der absoluten Tyrannei über diese Staaten abzielen [...] Daher tun wir, die in einem gemeinsamen Kongreß versammelten Vertreter der Vereinigten Staaten von Amerika, unter Anrufung des Obersten Richters über diese Welt als Zeugen für die Rechtschaffenheit unserer Absichten namens und im Auftrag der anständigen Bevölkerung dieser Kolonien feierlich kund und zu wissen, daß diese Vereinigten Kolonien freie und unabhängige Staaten sind und es von Rechts wegen bleiben sollen; daß sie von jeglicher Treuepflicht gegen die britische Krone entbunden sind, und daß jegliche politische Verbindung zwischen ihnen und dem Staate Großbritannien vollständig gelöst ist und bleiben soll; und daß sie als freie und unabhängige Staaten das Recht haben, Krieg zu führen, Frieden zu schließen, Bündnisse einzugehen, Handel zu treiben und alle anderen Handlungen vorzunehmen und Staatsgeschäfte abzuwickeln, zu denen unabhängige Staaten befugt sind. Und zur Erhärtung dieser Erklärung verpflichten wir uns gegenseitig feierlich in festem Vertrauen auf den Schutz der göttlichen Vorsehung zum Einsatz unseres Lebens, unseres Gutes und der uns heiligen Ehre.

Aus: Moltmann: Die Vereinigten Staaten bis 1917, S. 15f.

M 2 „Bill of Rights“

Nach drei Lesungen verabschiedete der Provinzialkongreß von Virginia am 12. Juni 1776 mit der „Bill of Rights“ eine Grundrechteerklärung, die beispielgebend für sämtliche demokratische Verfassungen wurde:

Eine Erklärung der Rechte, verkündet von den Vertretern der rechtschaffenen Bevölkerung von Virginia, die sich in vollzähliger und freier Versammlung zusammengefunden haben, welche Rechte für sie und ihre Nachkommenschaft als Grundlage und Rechtsquelle ihrer Regierung Geltung besitzen.

Artikel 1: Alle Menschen sind von Natur gleichermaßen frei und unabhängig und besitzen gewisse angeborene Rechte, deren sie ihre Nachkommenschaft bei der Begründung einer politischen Gemeinschaft durch keinerlei Abmachungen berauben oder zwingen lassen können, sich ihrer zu begeben; nämlich das Recht auf Leben und Freiheit und die Möglichkeit, Eigentum zu erwerben und zu behalten und Glück und Sicherheit zu erstreben und zu erlangen.

Artikel 2: Alle Macht ruht im Volke und leitet sich daher von ihm ab; alle Amtspersonen sind seine Treuhänder und Diener und ihm jederzeit verantwortlich.

[...]

Artikel 4: Kein Mensch und keine Gruppe von Menschen hat ein Recht auf alleinige oder besondere Zuwendung oder Vergünstigungen seitens der Allgemeinheit, es sei denn in Anerkennung von der Allgemeinheit geleisteten Diensten; und so wie diese nicht übertragbar sind, so sollen auch Beamtenstellen und die Ämter von Abgeordneten und Richtern nicht erblich sein.

Artikel 5: Die gesetzgebende und die richterliche Gewalt sollen von der richterlichen Gewalt getrennt und klar geschieden sein, [...]

Artikel 6: Die Wahl der Männer, die als Abgeordnete des Volkes in die Volksvertretung entsandt werden, sind frei; alle Männer, die ihr ständiges Interesse an der Gemeinschaft und ihrer dauernden Anhänglichkeit an sie hinlänglich unter Beweis gestellt haben, genießen das Wahlrecht [...]

Artikel 12: Die Pressefreiheit ist eines der stärksten Bollwerke der Freiheit und kann niemals, außer durch despotische Regierungen, eingeschränkt werden.

[...]

Artikel 16: Religion oder die Ergebenheit, die wir unserem Schöpfer schuldig sind, und die Art, wie wir sie erfüllen, kann lediglich durch Vernunft oder Überzeugung bestimmt werden, nicht durch Zwang oder Gewalt, und deshalb haben alle Menschen einen gleichen Anspruch auf freie Ausübung der Religion nach den Geboten ihres Gewissens. Und alle haben die Pflicht, christliche Vergebung, Liebe und Barmherzigkeit untereinander zu üben.

Aus: Adams (Hg.). Die Amerikanische Revolution, S. 259–261

Außenpolitik

M 3 Monroe-Doktrin, 2. Dezember 1823

Gegen Überlegungen der Heiligen Allianz, die Unabhängigkeitsbewegungen Lateinamerikas zu unterdrücken, formulierte Präsident James Monroe (1817–1825) Prinzipien der amerikanischen Außenpolitik, die sich später zur „Doktrin" verfestigten und z. T. bis heute Bestand haben:*

[...] Wir sind immer höchst aufmerksame und interessierte Beobachter der Vorgänge gewesen, die sich in jenem Teil der Erde [= Europa] abgespielt haben, mit dem wir so viel Verkehr unterhalten und von dem wir unsere Ursprünge herleiten. Die Bürger der Vereinigten Staaten hegen die freundschaftlichsten Empfindungen zugunsten von Freiheit und Glück ihrer Mitmenschen auf jener Seite des Atlantiks. An den Kriegen der europäischen Mächte in Angelegenheiten, die sie selbst betreffen, haben wir niemals irgendeinen Anteil gehabt, und es entspricht auch nicht unserer Politik, dies zu tun. Nur wenn unsere Rechte beeinträchtigt oder ernsthaft bedroht sind, nehmen wir Unrecht übel oder bereiten wir uns auf unsere Verteidigung vor. Von den Entwicklungen in dieser Hemisphäre [= in Amerika] sind wir notwendigerweise direkter betroffen, und zwar aus Gründen, die allen aufgeklärten und unparteiischen Beobachtern klar sein müssen. Das politische System der alliierten Mächte [= die Heilige Allianz] ist in dieser Hinsicht wesentlich anders als das Amerikas. Dieser Unterschied ergibt sich aus demjenigen, der zwischen den jeweiligen Regierungen besteht; und zur Verteidigung unseres Systems, das mit dem Verlust von so viel Blut und Gut erkauft worden ist und das gereift ist durch die Weisheit seiner erleuchtetsten Bürger und unter dem wir beispielloses Glück genossen haben, ist unsere ganze Nation bereit. Wir schulden daher der Aufrichtigkeit und den freundschaftlichen Beziehungen zwischen den Vereinigten Staaten und diesen Mächten die Erklärung, daß wir jeden Versuch von ihrer Seite, ihr System auf irgendeinen Teil dieser Hemisphäre auszudehnen, als eine Gefahr für unseren Frieden und unserer Sicherheit ansehen würden. In die bestehenden Kolonien oder Dependenzen irgendeiner europäischen Macht haben wir uns nicht eingemischt und werden uns nicht einmischen. Bezüglich der Regierungen aber, die ihre Unabhängigkeit erklärt haben und behaupten und deren Unabhängigkeit wir nach sorgfältigen Erwägungen und auf Grund gerechter Prinzipien anerkannt haben, könnten wir einen jeglichen Eingriff von seiten einer europäischen Macht mit dem Ziel, sie zu unterdrücken oder in anderer Weise ihr Schicksal unter Kontrolle zu bringen, nur als Ausdruck einer unfreundlichen Haltung gegenüber den Vereinigten Staaten ansehen. [...]

Aus: Moltmann: Die Vereinigten Staaten bis 1917, S. 24

Von der Abschaffung der Sklaverei zur Rassensegregation

M 4 Probleme der Sklavenemanzipation

Bereits 1835, 30 Jahre vor Abschaffung der Sklaverei, sah der französische Politiker und Schriftsteller Alexis de Tocqueville in seiner Schrift „Über die Demokratie in Amerika" Probleme der Sklavenemanzipation voraus:

[...] Ein natürliches Vorurteil treibt den Menschen zur Geringschätzung des ihm einst Untergebenen, noch lange nachdem dieser sich ihm gleichgestellt hat; auf die wirkliche Ungleichheit nach Vermögen oder Gesetz folgt immer eine eingebildete Ungleichheit, die in den Sitten wurzelt; bei den Alten jedoch war diese Nebenwirkung der Sklaverei befristet. Der Freigelassene war dem Freigeborenen so ähnlich, daß deren Unterscheidung bald unmöglich wurde. [...]

Der heutige Sklave unterscheidet sich vom Herrn nicht nur durch die Freiheit, sondern auch durch die Abstammung. Ihr könnt dem Neger die Freiheit geben, ihr könnt aber nicht bewirken, daß er für den Europäer nicht in der Stellung eines Fremden sei. [...]

Das Rassenvorurteil scheint mir in den Staaten, die die Sklaverei abgeschafft haben, stärker als in jenen, wo die Sklaverei noch besteht, und nirgends erweist es sich so unduldsam wie in den Staaten, wo die Knechtschaft immer unbekannt geblieben ist.

Es stimmt, daß im Norden der Union das Gesetz den Negern und den Weißen rechtmäßige Ehen zu schließen erlaubt; aber die öffentliche Meinung erklärt den Weißen, der eine Negerin heiratet, als ehrlos, und es fällt schwer, ein Beispiel für eine solche Handlung zu nennen.

Man hat dem Neger in fast allen Staaten, welche die Sklaverei abschafften, Wahlrechte verliehen; geht er aber zur Urne, so setzt er sein Leben aufs Spiel. Zwar kann er nach Gesetz Geschworener werden, aber das Vorurteil hindert ihn daran. Sein Sohn ist von der Schule, in der das Kind der Europäer unterrichtet wird, ausgeschlossen. In den Theatern könnte er sich selbst mit Gold das Recht nicht verschaffen, neben seinem ehemaligen Herrn zu sitzen; in den Spitälern liegt er in einer besonderen Abteilung. Der Schwarze darf den gleichen Gott anrufen wie Weiße, aber nicht vor dem gleichen Altar zu ihm beten. [...]

Im Süden, wo Sklaverei noch besteht, sondert man die Neger weniger sorgsam ab; sie nehmen manchmal an der Arbeit und an den Vergnügungen der Weißen teil; bis zu einem gewissen Grade läßt man die Vermischung zwischen ihnen zu; das Gesetz ist für sie härter; die Gewohnheiten sind duldsamer und milder.

Im Süden hat der Herr kein Bedenken, den Sklaven zu sich emporzuheben, weil er weiß, daß er ihn jederzeit nach Belieben in den Staub niederwerfen kann. Im Norden bemerkt der Weiße die Schranke, die ihn von einer erniedrigten Rasse trennen soll, nicht mehr deutlich, und er hält sich vom Neger um so sorgfältiger fern, als er fürchtet, sich eines Tages mit ihm zu vermischen.

Aus: de Tocqueville, A.: Über die Demokratie in Amerika, S. 396–398

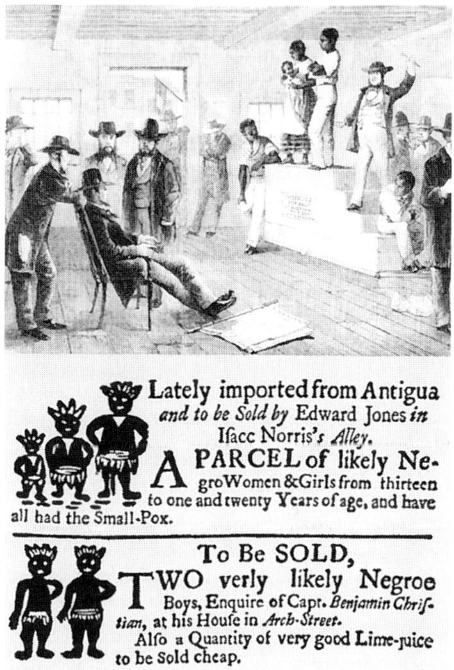

Sklavenmarkt in den Südstaaten. Zeitgenössische Darstellung.

M 5 Drei „Zusätze" (Amendments) zur Verfassung

Sie regelten 1865–1870 die Gleichstellung der schwarzen Bevölkerung:

13. (18. Dez. 1865): Weder Sklaverei noch Zwangsdienstbarkeit darf in den Vereinigten Staaten oder irgendeinem ihrer Gerichtsbarkeit unterstehendem Gebiet bestehen, es sei denn als Strafe für ein Verbrechen, zu dem die Person ordnungsgemäß verurteilt wurde.

14. (28. Juli 1868): Alle Personen, die in den Vereinigten Staaten geboren oder eingebürgert sind, sind Bürger der Vereinigten Staaten und des Einzelstaats, in dem sie wohnen. Kein Einzelstaat darf Gesetze erlassen oder erzwingen, die Rechte oder Freiheiten von Bürgern der Vereinigten Staaten einschränken, er darf auch keiner Person Leben, Freiheit oder Eigentum entziehen ohne ordentliches Verfahren, oder irgendeiner Person innerhalb seiner Gerichtsbarkeit den gleichen Schutz der Gesetze versagen. [...]

15. (30. März 1870): Die Vereinigten Staaten oder ein Einzelstaat dürfen das Wahlrecht Bürgern der Vereinigten Staaten nicht wegen deren Rasse, Hautfarbe oder früheren Sklavenstandes vorenthalten oder einschränken. [...]

Aus: Commager (Hg.): Documtents of American History, S. 147f.

M 6 Die Rassentrennung

Das Oberste Verfassungsgericht lieferte 1896 eine Interpretation des 14. Amendments, die mit der Formel „Separate but Equal" die Rassentrennung in den USA begründete:

Ziel des [14.] Verfassungszusatzes war ohne Zweifel, die absolute Gleichheit beider Rassen vor dem Gesetz zu erzwingen, aber der Natur der Sache nach konnte damit nicht beabsichtigt sein, Unterschiede, die auf der Hautfarbe beruhen, auszumerzen oder soziale Gleichheit, die von der politischen zu unterscheiden ist, durchzusetzen oder gar eine Vermengung der Rassen unter für beide Seiten unbefriedigenden Bedingungen. Gesetze, die die Rassentrennung dort erlauben oder sogar verlangen, wo beide Seiten in Kontakt kommen müssen, besagen nicht notwendigerweise auch, daß eine Rasse der anderen unterlegen sei. [...]

Wir sehen den entscheidenden Fehler der Beweisführung des Klägers darin, daß er annimmt, die vorgeschriebene Trennung der beiden Rassen versehe die Farbigen mit dem Makel der Unterlegenheit. Sollte dies so sein, dann nicht, weil es im Gesetz steht, sondern allein, weil die farbige Rasse diese Konstruktion willkürlich in das Gesetz hineinliest. Die Beweisführung unterstellt ferner als zwingend, daß dann, wenn die Farbigen die Vormacht in der Staatslegislative erhielten [...] und ein entsprechendes Gesetz beschlössen, die weiße Rasse dadurch auf eine untergeordnete Position verwiesen wäre. Wir könnten uns vorstellen, daß die weiße Rasse sich, gelinde gesagt, mit dieser Annahme nicht abfinden würde. [...] Die Gesetzgebung kann nicht rassische Instinkte auslöschen oder Unterschiede aufgrund physischer Merkmale aufheben; jeder Versuch, dies zu tun, kann nur die Schwierigkeit der gegenwärtigen Situation unterstreichen. Wenn bürgerliche und politische Gleichberechtigung für beide Rassen besteht, kann die eine gegenüber der anderen weder bürgerlich noch politisch niedriger gestellt sein. Wenn die eine Rasse gegenüber der anderen Rasse jedoch sozial niedriger steht, kann die Verfassung der Vereinigten Staaten sie auch nicht auf eine gemeinsame Ebene heben.

Aus: Moltmann: Die Vereinigten Staaten bis 1917, S. 58f.

Arbeitsvorschläge

1. *Erarbeiten Sie aus M 1 die Legitimation der Trennung der Vereinigten Staaten von England. Suchen Sie weitere Beispiele der Trennung von Staatsteilen vom Staat und untersuchen Sie deren Begründung!*
2. *Erarbeiten Sie die Bezüge von M 1 und M 2!*
3. *Erarbeiten Sie aus dem Text M 3 mögliche Hintergründe, die zur Monroe-Doktrin geführt haben!*
4. *Untersuchen Sie die Kapitel zur Geschichte der Vereinigten Staaten auf mögliche Anwendungen der Monroe-Doktrin!*
5. *Erstellen Sie ein chronologisches Schema zur Sklavenfrage und zur Gesetzgebung zugunsten und zuungunsten der farbigen Bevölkerung (M 4–M 6)!*
6. *Untersuchen Sie die Anwendung der Formel „seperate but equal" in dem erstellten chronologischen Schema!*

6 Rußland, 1815–1918

Heimfahrt eines Studenten. Gemälde von I. M. Prjanischnikow (1872).

Zeittafel

1825	Dekabristenaufstand scheitert
1825–55	Zar Nikolaus I.: Vorkämpfer gegen Revolution und Demokratie
1853–56	Krimkrieg verdeutlicht Rußlands Modernitätsrückstand
1855–81	Zar Alexander II. eröffnet liberale Reform mit Aufhebung der Leibeigenschaft (1861)
1881	Ermordung Alexanders II.: Reaktion unter Zar Alexander III. (bis 1894) verschärft Kampf gegen Revolutionäre: u. a. Überwachung durch Ochrana (polit. Polizei seit 1881); Pogrome gegen Juden
1883	Anfänge des Sozialismus unter Georg Plechanow (1856–1918), der in Genf die erste sozialdemokratische Gruppe „Befreiung der Arbeit" gründet
1894–1917	Zar Nikolaus II. hält am Bund zwischen Autokratie und Orthodoxie fest
1898	Gründungskongreß der Sozialdemokratischen Arbeiterpartei Rußlands (SDAPR) in Minsk wird von der Ochrana aufgelöst
1901	Gründung der Partei der Sozialrevolutionäre (SR)
1903	Im „Bund der Befreiung" (seit 1905: „Konstitutionelle Demokraten" = KD = „Kadetten") organisiert sich das liberale Bürgertum

	In London 2. Kongreß der SDAPR: Spaltung in Bolschewiki und Menschewiki
1904/05	Niederlage Rußlands im Krieg gegen Japan
1905/06	Erste Russische Revolution
1906–17	„Scheinkonstitutionalismus“: Spannungsreiches Nebeneinander von konstitutionellen und autokratischen Elementen
1906–11	Agrarreformen durch Ministerpräsident Stolypin
1914	Kriegseintritt Rußlands: Niederlagen
1917	Zweite Russische Revolution Februar: Massenstreiks, Sowjets der Arbeiter- und Soldatendeputierten, Provisorische Regierung unter Ministerpräsident Fürst Lwow, Außenminister Miljukow, später erweitert durch Sozialisten. 2. Koalitionskabinett unter Kerenski. Putsch der Bolschewiki am 25. Oktober/ 7. November: „Roter Oktober“
1918	Auflösung der Konstituante im Januar: „Idee der Demokratie liquidiert“ (Lenin): Russische Sozialistische Föderative Sowjetrepublik (RSFSR) im Juli 1918

6.1 Rußland bis zur Revolution, 1815–1917

6.1.1 Vom Wiener Kongreß zur Reform-Ära Alexanders II., 1815–1881

Nach seinem ersten „Vaterländischen Befreiungskrieg“ zur Abwehr Napoleons sah sich Rußland als „Retter Europas“: Beim Wiener Kongreß (1815) spielte Zar Alexander I. die Rolle eines Befreiers, Schiedsrichters und Hüters der traditionellen Ordnung. Im Dezember 1825 markierte jedoch der vergebliche Dekabristenaufstand (russ. für Dezember) junger Offiziere, die mit Ideen von Freiheit, Menschenrechten und Reformen aus den Kriegen gegen Napoleon heimkehrten, ein erstes rebellisches Aufbegehren.

In Europa übernahm Nikolaus I. (1825–1855) die Rolle eines „Polizisten“ gegenüber Polen und Österreich. Der Griff Rußlands zum Balkan und der Türkei verschärfte die „Orientalische Frage“ (vgl. S. 175 f.): Nach dem Krimkrieg verlor es aber im Frieden von Paris 1856 sein Protektorat über die Donaufürstentümer Moldau und Walachei: Der Westen zwang dem Zarenreich eine Entmilitarisierung des Schwarzen Meeres auf und sperrte ihm die Meerengen. Die Kluft zwischen überkommenem Großmachtanspruch, innerer Rückständigkeit und Reformbedürftigkeit machte Rußland zum „Koloß auf tönernen Füßen“.

Bald nach dem Krimkrieg folgten ab 1861 Reformen: Aufhebung der Leibeigenschaft (1861) und der staatsbäuerlichen Untertänigkeit (1866), landschaftliche und städtische Selbstverwaltung (1864/70), Ausbau des Bildungswesen (1864/65), Modernisierung der Gerichtsverfassung (1864) und schrittweiser Umbau des Militärsystems bis zur allgemeinen Wehrpflicht (1874). Hartnäckig hielt die wachsende Opposition an der westeuropäischen Aufklärung, am Fortschrittsglauben und am Liberalismus wie an einem „Glaubensgut“ fest. In der uneinheitlichen Intelligentsija* ragten die „Narodniki“ (Volkstümler) hervor, die bei den befreiten Bauern durch Aufklärungsarbeit in den Dorfgemeinschaften oder durch Terrorakte revolutionäre Veränderungen erzwingen wollten. Nach der Ermordung Zar Alexanders II. (1855–1881) wurden die Narodniki von der Polizei zerschlagen. Pogrome gegen Juden sollten von den inneren Problemen ablenken.

6.1.2 Von der industriellen zur politischen Revolution

Im Vielvölkerreich Rußland gab es, dank des Reichtums an Rohstoffen, an sich gute Voraussetzungen zur Industrialisierung. Doch krasse Entwicklungsdefizite erwiesen sich als ernsthafte Hindernisse – Mangel an einer wirtschaftlich unabhängigen Mittelschicht und an autonomen Städten, an Kapital, moderner Infrastruktur, an Bereitschaft, Technik und Know-how vom fortgeschrittenen Westen zu übernehmen. Unter dem Finanzminister Sergej Witte (1892–1903) brachten staatsdirigistische Maßnahmen einen ersten Durchbruch der Industrialisierung. Zur wirtschaftlichen Entwicklungsstrategie des „Witte-Systems" auf Kosten der Bauern gehörte die Steigerung der Staatseinnahmen, u. a. durch das Alkoholmonopol (1894), Anschluß des Rubels an den internationalen Goldstandard (1897), ausländische, hauptsächlich französische Kredite, rasche Erweiterung des Eisenbahnnetzes zur wirtschaftlichen und strategischen Erschließung des Landes. Die industrielle Expansion konzentrierte sich in Petersburg und Moskau, in den baltischen Provinzen und in Südrußland. Die 1913 etwa drei Millionen große Arbeiterschaft (1,4%) bei einer Gesamtbevölkerung von ca. 160 Millionen besaß weder Versammlungs- noch Streikrecht. Rußlands ökonomische Rückständigkeit nahm bis 1914 nicht ab, sondern noch zu.

Die Industrialisierung untergrub die gesellschaftlichen und ökonomischen Positionen der agrarischen Oberschichten. Allgemein machte sich in der Machtelite eine Identitätskrise breit. Die Reform des Innenministers Stolypin (1907–11 Ministerpräsident) wollte einem leistungsfähigeren, marktproduzierenden Klein- und Mittelbauerntum („Kulaken") zu Eigenständigkeit verhelfen (→ M 1). Aber nur eine Minderheit der Bauern wurde Grundeigentümer, und das gegen den Widerstand der Bauerngemeinde im patriarchalischen „Mir-System*". Ein Teil der Landbevölkerung wanderte als Fabrikarbeiter in die neuen Industriezentren ab, sie hielten aber auch als Industrieproletariat die Verbindung zu ihrem Dorf. Stolypin fiel 1911 einem Attentat zum Opfer.

Der Fortbestand der zaristischen Autokratie und Rußlands Großmachtstellung hatten Vorrang: Politische Partizipation* als Schlüssel zur durchgreifenden Modernisierung spielte keine Rolle. Die Tradition der Narodniki erneuerten ab 1902 die Sozialrevolutionäre, die im Bauerntum die entscheidende Kraft zur gesellschaftlichen Umgestaltung sahen. Noch 1917 waren ca. 80% der Bevölkerung Bauern. Mit der Industrialisierung kam aus dem Westen der Marxismus. In der Intelligentsija bildete die marxistische „Speerspitze" vor 1900 nur eine revolutionäre Minderheit: Ihre weltliche Heilslehre war angeblich wissenschaftlich begründet, mit revolutionärer Strategie und geschichtlich-ideologischer Siegesgewißheit ausgestattet. In den 90er Jahren vereinigten sich in der russischen Sozialdemokratie die in Genf gegründete Plechanow-Gruppe, die marxistischen Theoretiker, mit den aktiv-revolutionären Befürwortern unter Wladimir Iljitsch Uljanow, genannt Lenin. Dessen Ideen und revolutionäre Zielsetzungen veröffentlichte seit 1900 die Zeitschrift „Iskra" („Funke"). Der Gründungsparteitag der illegalen SDAPR in Minsk 1898 und der 2. Parteitag in London 1903 setzten für eine künftige Revolution auf das industrielle Proletariat. Über den taktischen Weg zur Revolution bestand jedoch Uneinigkeit: Lenin wollte eine Kaderorganisation von Berufsrevolutionären (→ M 2), die als Avantgarde die Geschicke des Proletariats in einem Bündnis mit den verelendeten Massen der Bauern lenken sollten. Die „Menschewiki" (Minderheitler) wollten als „legale Marxisten" die Entwicklung des Kapitalismus und des Proletariats abwarten, die sozialistische Revolution über eine bürgerliche erreichen und bis dahin mit den Liberalen zusammenarbeiten. Die radikalen „Bolschewiki" (Mehrheitler) unter Lenin verlangten als Kaderpartei „neuen Typs" von Berufsrevolutionären aus dem Untergrund den Sturz der Autokratie und die Diktatur des Proletariats.

Karikatur der russischen Gesellschaft (1900). Von der „Union russischer Sozialisten“ im Ausland herausgebrachtes Flugblatt. Am Fuß der Pyramide Arbeiter und Bauern mit dem Motto: „Wir arbeiten für Euch, wir ernähren Euch.“ Auf der Arbeiterfahne steht: „Leben in Freiheit, Sterben im Kampf.“ Über den Bauern und Arbeitern das Bürgertum mit dem Motto: „Wir prassen für Euch“. Darüber das Militär: „Wir schießen auf Euch.“ Die Geistlichen mit dem Motto: „Wir halten Euch zum Narren.“ Die darüberstehende Hocharistokratie wird gekennzeichnet mit den Worten: „Wir regieren Euch.“ An der Spitze das Zarenpaar mit dem Anspruch: „Wir herrschen über Euch.“

6.1.3 Die Revolution von 1905 und der „Scheinkonstitutionalismus“, 1905–1917

Rußlands Niederlage im russisch-japanischen Krieg (1904/1905) erschütterte das spannungsgeladene Sozialgefüge: Streiks und Aufstände eskalierten zur revolutionären Krise. Sie erreichte ihren Höhepunkt nach dem Petersburger „Blutsonntag“ am 9. (22.) Januar 1905. Ein vom Priester Gapon angeführter Demonstrationszug Petersburger Arbeiter wollte dem Zaren ein „Programm“ unterbreiten: Acht-Stunden-Tag, soziale Sicherheit, demokratische Freiheiten und Forderungen nach einer republikanischen Staatsform (→ M 3). Kosaken schossen die Menge zusammen, es gab Hunderte von Toten. Eine Welle der Erregung erfaßte das Land, Haß und Gewalt, Plünderungen und Streiks. Erstmals artikulierten „Räte*“ (Sowjets) der Arbeiterdeputierten mit sozialistischer Tendenz direkt Interessen der unterprivilegierten Schichten als basisdemokratische Alternative zur Autokratie. Ihr Generalstreik stürzte die russische Regierung in große Bedrängnis. Der Zar beruhigte die panikartigen Verhältnisse mit einem Manifest vom 17. (30.) Oktober und der Zusage bürgerlicher Freiheiten. Die Verfassung verwirklichte er mit dem Zusammentritt der I. Duma (Parlament), sicherte sich jedoch Eingriffsrechte in Belange des Parlaments. Diese wiederum unvollkommene Reform wurde durch einen zarentreuen Reichsrat (1906) nahezu ausgeschaltet. Da der Zar am Anspruch seiner Autokratie festhielt, entstand die widersprüchliche Form einer „konstitutionellen Autokratie“ zwischen 1906 und 1917, die Max Weber als „Scheinkonstitutionalismus“ erklärte. Integrierende

Regulative fehlten, und die Rolle der Intelligentsija in der „Generalprobe" von 1905 provozierte düstere Prognosen für die Zukunft Rußlands: Kritische Beobachter warnten 1909 in der Broschüre „Vechi" (Wegzeichen) dringend vor weltanschaulichen Überzogenheiten der Intelligentsija, riefen zur Umkehr auf und lösten mit ihrem nachdenklichen Angriff gegen die revolutionäre Tradition einen Skandal aus. Die „Vechi" vermochten den Kurs der Intelligentsija nicht zu bremsen.

6.2 Das Revolutionsjahr 1917

6.2.1 Februarrevolution und Notstandsdemokratie

Bei Kriegsausbruch 1914 war Rußland Gefangener seiner Bündnispolitik. Während die meisten Menschewiki, Sozialrevolutionäre und Kadetten (Liberale Konstitutionalisten) den „Burgfrieden" unterstützten, lehnten Bolschewiki (6 Abgeordnete) und einige Menschewiki Kriegskredite ab: Sie mußten fliehen oder wurden verbannt. Der Krieg beschleunigte den gesellschaftlichen Auflösungsprozeß. Bis Februar 1917 gab es enorme Menschenverluste, Rohstoffmangel, Transport- und Versorgungsschwierigkeiten sowie Finanzprobleme. In den Städten und Industriezentren herrschten nach drei Kriegsjahren Lebensmittelknappheit, Kriegsmüdigkeit, Niedergeschlagenheit und Verzweiflung. Die akute Gefahr eines Generalstreiks bedrohte Anfang 1917 die Autokratie: Sie wurde bei der Massenerhebung innerhalb von fünf Tagen hinweggefegt.

Die Petrograder Februarrevolution 1917 war keine bürgerliche Revolution, weder zielgerichtet noch tatorientiert, sondern ein spontaner Massenaufstand aus elementarer Not, dem sich die Petrograder Garnison anschloß. Am 2. (15.) März dankte Zar Nikolaus II. ab, die Provisorische Regierung konkurrierte mit dem wie 1905 verfaßten „Pro-

Zug zum Winterpalais des Zaren am 22. Januar 1905.

visorischen Exekutivkomitee des Petrograder Sowjets der Arbeiter- und Soldatendeputierten" (27.2./12.3.) in der „Doppelherrschaft". Das Zusammenwirken des Arbeiter- und Soldatenrats und der Regierung war seit dem 10.3./23.3. in einer Kontaktkommission institutionalisiert. Der Befehl Nr. 1 des Arbeiter- und Soldatenrats demonstrierte bereits den Interessenunterschied: Entmachtung der Offiziere und Lahmlegen alter Befehlsstrukturen durch Demokratisierung der Armee schien die reformpolitischen Ziele der Regierung zu durchkreuzen. Die endgültige Regelung der Staatsform blieb einer noch zu wählenden Verfassunggebenden Versammlung vorbehalten. Die Provisorische Regierung nahm die Arbeit zur rechtsförmigen Gestaltung der „Notstandsdemokratie" bei gleichzeitiger Fortsetzung des Krieges auf, schon wegen der vertraglich verbrieften Kriegsziele mit den Alliierten. Amerikas Kriegseintritt verpflichtete zusätzlich.

Während die Agrarreform gesetzgeberisch vorbereitet wurde, forderten die Räte eine neue Außenpolitik im Manifest vom 17.3./30.3: „An die Völker der ganzen Welt". Die „Petrograder Friedensformel" enthielt einen klaren Verzicht auf „Annexionen und Kontributionen" auf der Grundlage des Selbstbestimmungsrechts. Das Friedensprogramm der Rätedemokratie sah einen allgemeinen Frieden auf der geplanten internationalen Konferenz in Stockholm vor. Am Konflikt mit dem Arbeiter- und Soldatenrat entzündete sich über der Kriegszielfrage eine Regierungskrise, deren Lösung zum Eintritt der Sozialisten (Menschewisten, Sozialrevolutionäre, Volkssozialisten) am 5.5./18.5. in die Regierung führte. Das liberal-sozialistische Koalitionskabinett beschloß am 12.6./25.6. einschneidende Steuergesetze, stärkere staatliche Eingriffe in die Wirtschaft und den beschleunigten Zusammentritt der Konstituierenden Versammlung.

Lenins Rückkehr aus dem Schweizer Exil nach Rußland, am 3.4./16.4. mit deutscher Transporthilfe, verschärfte den politischen Kampf: 20 Millionen Goldmark von deutschen Regierungsstellen unterstützten seine Schlagkraft. Am Tage nach seiner Ankunft behauptete er in der zweiten seiner Aprilthesen: „Rußland ist zur Zeit das freieste von allen kriegführenden Ländern." (→ M 5) Zur Eroberung der Macht bekämpfte Lenin kompromißlos das Koalitionskabinett. Forderungen der Arbeiter und Bauern unterstützte er mit radikalem Nachdruck, um seine Basis gegenüber den anderen Sozialisten in den erregten Massen zu vergrößern. Land, Brot und Frieden, Einberufung einer Konstituante und „Alle Macht den Sowjets" waren suggestive Losungen. Um des Revolutionsziels willen („Diktatur des Proletariats") durfte das Experiment der Koalitionsregierung nicht glücken.

6.2.2 Lenins Machtergreifung

Lenins Charisma, Engagement und Unbeugsamkeit prägten die Mehrheit der Bolschewiki, deren Einfluß unter den Arbeitern und Soldaten bis Juni stieg. Ohne Rücksicht auf das Erstarken der revolutionären Opposition verharrte die Koalitionsregierung bei der Fortführung des Krieges: Die Wiederherstellung der Kampffähigkeit der Armee und eine Sommeroffensive sollten Rußlands Position der Stärke und Handlungsfähigkeit demonstrieren. Doch die Juli-Offensive endete mit einer verheerenden Niederlage: Die demoralisierte Lage der Soldaten bzw. ihre Disziplinlosigkeit spiegelte die hohe Zahl der Desertionen wider, weil die Soldaten nicht bei der Landverteilung in ihren Dörfern fehlen wollten. Die Notstandsdemokratie war in einem ausweglosen Dilemma: Sie war weder imstande, Krieg zu führen, noch kam sie zum Frieden. Die rasche Polarisierung der Gegensätze in Rußland machte eine geduldige Politik in Etappen zur Farce, wie sie die internationale Stockholmer Friedenskonferenz der Sozialisten wünschte.

Das Durcheinander nach dem Scheitern der Juli-Offensive nutzten die Bolschewiki zum Putschversuch in Petrograd, den die Provisorische Regierung mit Unterstützung des Petrograder Sowjets blutig niederschlug. Die Parteiorganisation der Bolschewiki wurde zerstört. Lenin, belastet mit dem Vorwurf, deutsche Hilfsgelder erhalten zu haben, floh nach Finnland. Unter dem Druck des Exekutivkomitees der Sowjets, die die Proklamation der Republik und das Verbot des Landverkaufs vor der Agrarreform verlangten, trat die Regierung zurück und bildete unter Kerenski, „dem großen Orator, dem erregten Schauspieler und phantasievollen Improvisator" (Wittram), die 2. Koalitionsregierung. Sie ließ sich mit Stimmenthaltung der Bolschewiki als „Diktatur" zur Rettung der Revolution proklamieren.

Ansprache Lenins in Moskau. Neben der Tribüne rechts steht Trotzki.

Forderungen der Alliierten nach höheren Kriegsanstrengungen der Russen und der angebliche oder wirkliche Putschversuch unter General Kornilow im August/September zugunsten rechtsgerichteter Kreise in Petrograd, erhöhten das Chaos und vereitelten eine Sanierung. Im September und Oktober drängte Lenin seine Anhänger zum Sturz der Kerenski-Regierung. Seit Oktober, als die Petrograder Situation immer chaotischer wurde, übernahm Trotzki auf Vorschlag der Menschewiki im Petrograder Sowjet die Aufgabe, die Verteidigung der Hauptstadt zu organisieren. Trotzki nutzte seine starke Macht zur Vorbereitung des Aufstands. Die Klage gegen Trotzkis revolutionäres Militärkomitee löste den Gegenschlag des Petrograder Sowjet heraus. „Generalstabmäßig geplant und kunstvoll in Gang gebracht" (Geyer) besetzten alle bolschewistischen Truppeneinheiten und „Rote Garden" in der Nacht vom 24. 10. zum 25. 10./7. 11. reibungslos alle strategisch wichtigen Punkte. Die Mitglieder der Provisorischen Regierung wurden verhaftet, Kerenski gelang die Flucht (→ M 6).

6.2.3 Der Sieg der Oktoberrevolution, 1917/18

Die Macht der Bolschewiki im Spätherbst/Winter 1917 war noch begrenzt, doch es gab keine anderen konkurrenzfähigen organisierten Kräfte. Dem bolschewistischen Sofortprogramm des Waffenstillstands und der Landaufteilung konnten im Oktober weder Regierung noch Rätedemokratie widerstehen. Lenins nächster Coup verdeutlichte die faktische Macht der Bolschewiki, die die Räteorgane mit dem „Willen der Massen" in Einklang zu bringen hatten: Am Abend des 25. 10./7. 11. wurde der II. Gesamtrussische Kongreß der Arbeiter- und Soldatenräte eröffnet und beschloß auf Antrag der Bolschewiki Dekrete über Frieden und Boden. Die Einsetzung eines „Rats der Volkskommissare" unter Lenins Vorsitz war als vermeintliches Übergangsorgan eine „Provisorische Arbeiter- und Bauernregierung", die die Verwaltung des Landes bis zur Einberufung der konstituierenden Versammlung übernahm. Weitere Dekrete und gesetzliche Grundlagen in den folgenden Wochen sicherten den Bolschewiki zur Selbsterhaltung „ihre Revolution",

Nach der bolschewistischen Oktoberrevolution leisteten linientreue Frauen ihren militärischen Beitrag zum Aufbau des Sozialismus. Das Photo zeigt ein sowjetisches Frauenregiment um 1919/20.

bei der organisierter „roter Terror" gegen Gegner in allen Schichten und der Intelligentsija eine vernichtende Rolle spielte.

Drei Wochen nach dem „Roten Oktober" fanden die ersten rechtmäßigen demokratischen Wahlen zur Konstituante statt, in der die Bolschewiki eine Minderheit von 175 zu 532 Sitzen hatten. Am 6. 1./19. 1. 1918 löste Lenin sie mit Waffengewalt auf. Vier Tage später bestätigte der III. Allrussische Kongreß der Arbeiter- und Soldatenräte wie der III. Bauernkongreß die Sowjetregierung. Damit war der Zerfall des Parlamentarismus und das Ende der Rätedemokratie endgültig. Unversöhnliche Gewalt hatte die Freiheit verdorben: Die Identität von Räten und Regierung duldete keine politische Opposition im neuen zentralistischen Sowjetstaat. Das Rätesystem fand seine gültige Ausprägung in der Verfassung der Russischen Sozialistischen Förderativen Sowjetrepublik (RSFSR) vom 10. Juli 1918.

In der Übergangsphase zwischen Oktober 1917 und Januar 1918, die Lenin als „Atempause" für seine Regierung verstand, begannen nach einem Waffenstillstand ab Dezember 1917 schwierige Friedensvertragsverhandlungen mit dem Deutschen Reich. Eine deutsche Offensive am 18. Februar 1918 beschleunigte die Zustimmung der Sowjetregierung zum Separatfrieden, der am 3. März 1918 in Brest-Litowsk (→ S. 217) unter dem Diktat harter Bedingungen unterzeichnet wurde. Rußland schien am Ende, zumal seit Ende 1917 ein blutiger Bürgerkrieg zwischen „Roten" und „Weißen" tobte, bis 1920.

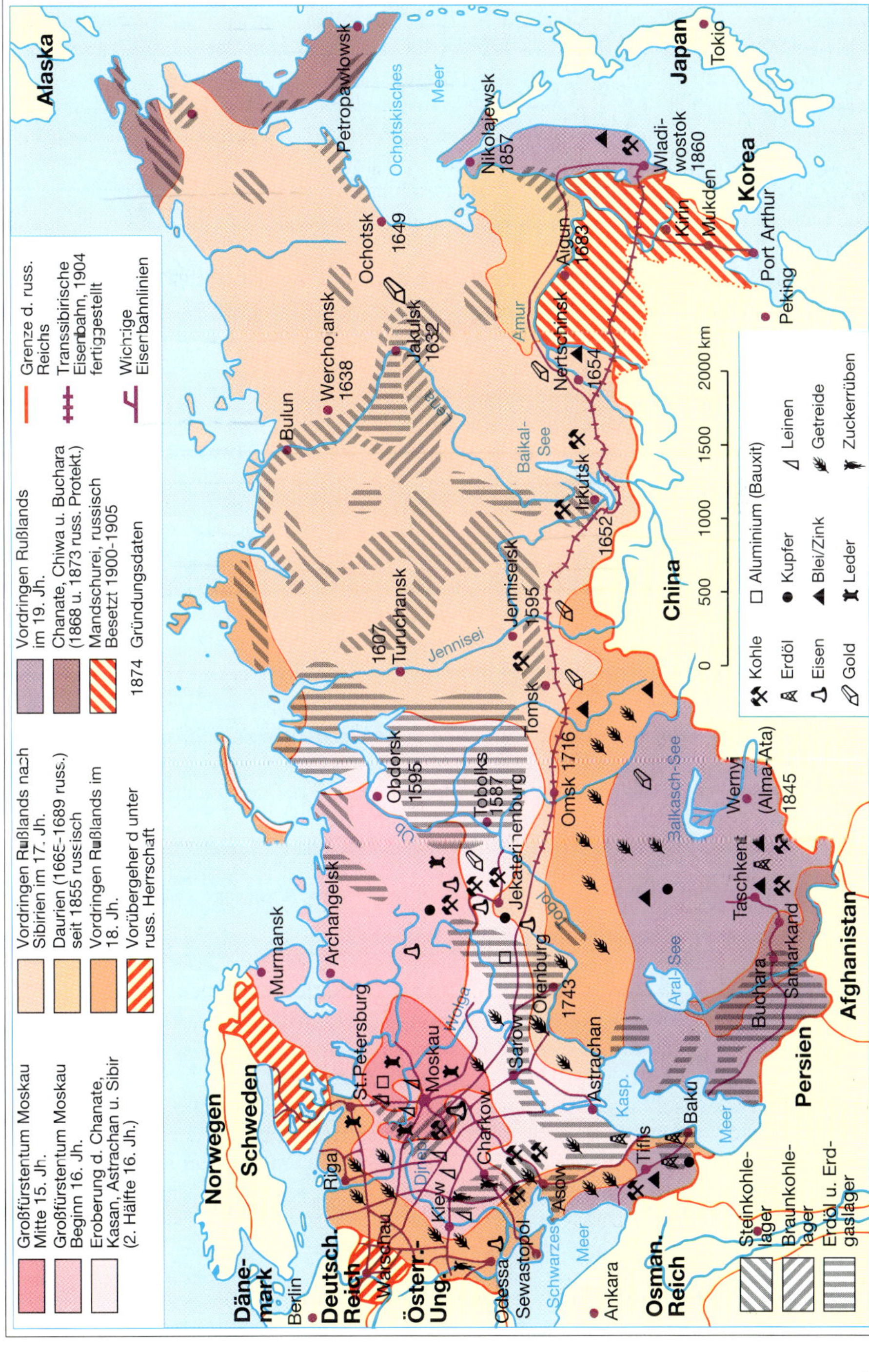

Rußland um 1905.

Was erkennt ein Historiker auf Landkarten? Aus historischen Dokumenten (z. B. Ebstorfer Weltkarte – um 1250; → Bd. 1, S. 206) erfahren wir wie aus anderen Quellengattungen etwas über die damaligen, teils erheblich abweichenden Raumvorstellungen und die eingetragenen Zustände. Eine prunkvolle Ausstattung historischer Karten weist auf die tiefere Absicht hin (z. B. Glaubenszeugnis, Besitzansprüche in strittigen Gebieten, Fürstenverherrlichung). Die moderne Kartographie hat die maßstabsgerechte Darstellungstechnik der Raumgegebenheiten mit verschiedenen Projektionsmethoden erheblich verbessert. Auch aus rein erdkundlichen Karten mit Angabe nur der Landschaftsformen, des Klimas oder der Ortslagen lassen sich Rückschlüsse auf menschliche Lebensbedingungen (Küstenhandel, Verkehrswege, natürliche Hindernisse) ziehen.

Eine moderne Geschichtskarte ist auf einen Informationszweck hin gestaltet: *Welchem Thema widmet sich die Karte?* Das ist der Überschrift oder der Kartenlegende zu entnehmen. Eine politische Übersichtskarte zeigt territoriale Grenzen. Spezialkarten vertiefen einen inhaltlichen Schwerpunkt der Wirtschafts-, Sozial-, Kulturgeschichte o. ä. Die Legende (das Lesbare) schlüsselt die verwendeten Symbole auf: *Welche Informationen/Einzelheiten zum Thema sind entnehmbar?* In komplexen Karten sind mehrere Themen übereinandergeschichtet, so daß jede Ebene zuerst für sich zu analysieren (Vorschlag: Tabellenform) und dann nach Zusammenhängen zwischen den Ebenen zu fragen ist. So ergeben sich Hypothesen und offene Fragen, die nur mit weiterer Literatur zu klären sind.

Geschichte ist an Entwicklungen und Verläufen interessiert. Eine statische Karte greift nur einen Zeitpunkt/-abschnitt heraus (z. B. Afrika vor 1884; → S. 184). Manchmal stellt dieselbe oder eine zweite Karte einen anderen Zeitpunkt/-abschnitt zum Vergleich daneben oder deutet durch Jahreszahlen einen Verlauf an (Kolonienerwerb). Eine dynamische Karte beschreibt ausdrücklich durch Pfeile und Diagramme Zwischenphasen (z. B. Westfront 1914–1918; → S. 213). So lassen sich Phasen bzw. Regionen besonderer Aktivität oder Höhepunkte erkennen. Nach Analyse und Interpretation eignen sich besonders historische Karten für ein kritisches Urteil. Die Karte „Deutschlands Verstümmelung" 1928 reizt zur Stellungnahme, ob der Titel aus eigener Sicht haltbar ist. Karten aus Schulbüchern der DDR sind voller Hinweise auf die ideologischen Vorgaben des staatsoffiziellen Geschichtsbildes. Die Grenzen des Deutschen Reiches von 1937 in einer heutigen Karte stießen in Polen auf besorgtes Unverständnis. Auch an modernen Geschichtskarten ist Kritik möglich mit der Frage, ob sie die erforderlichen Aspekte des Themas genügend und ausgewogen erfassen.

Beispiel: Die Karte „Rußland um 1905" enthält vier Ebenen: Politische Grenzen, russische Expansionsphasen, Eisenbahnen, Agrarprodukte und Rohstoffvorkommen. Zuerst fallen die Expansionsrichtungen Westen, Türkei, Mittel- und Ostasien zu verschiedenen Zeitpunkten auf. Westrußlands höhere Entwicklung wird an der Eisenbahndichte deutlich, doch ein eisfreier Zugang zu den Weltmeeren fehlt. In wenigen, zum Teil schlecht erreichbaren Zentren konzentriert sich Industrie. Die Transsibirische Eisenbahn erschloß erstmals das rohstoffreiche Sibirien und diente Truppentransporten. Eine Verknüpfung der Ebenen stellt z. B. einen Zusammenhang der Erdölförderung im Bakugebiet mit der Transkaspischen Eisenbahn her. Außerdem konnte sie Militär ins Grenzgebiet zu Persien transportieren. *Oder:* Die Hauptstädte Moskau und St. Petersburg sind auf Getreide aus Südrußland angewiesen: Die Eisenbahn mußte den Transport sicherstellen. Zur Bestätigung sind nun Quellen und Darstellungen zur russischen Geschichte heranzuziehen.

M 1 Reformen wirken langsam

In seinen Memoiren ergreift der ehemalige Großgrundbesitzer Baron Sergej S. von Podolinsky (1879–1944) und Vetter des russischen Ministerpräsidenten Stolypin für dessen Agrarreformen von 1905 Partei. Die wachsenden Schwierigkeiten auf dem Lande führt er einerseits auf das Versagen der Gutsbesitzer, anderseits auf die Unzulänglichkeiten bei der Bauernbefreiung von 1861 zurück:

„Vor allem war der Bauer nicht dazu erzogen, mehr als nur für die eigene Familie zu produzieren (...) Die Passivität des russischen Bauerntums aber hat wiederum ihre eigenen historischen Hintergründe. In den sechziger Jahren war durch Zar Alexander II. die Leibeigenschaft aufgehoben worden. Die Bauern hatten wohl ihre Freiheit bekommen, aber keinen Boden. So waren sie Landarbeiter geworden. Die Nachkommen dieser Landarbeiter aber waren 1905 die Anstifter der Unruhen und 20 Jahre später bildeten sie den Kern der ersten roten Truppen.

(...) Nicht nur waren viele Bauern unzufriedene Landarbeiter, sondern auch jene Bauern, die Boden von den ehemaligen Adelsgütern erhalten hatten, waren unzufrieden. Denn es hatte sich hier ein unbefriedigender Interimszustand ergeben: Der Besitzer des Bodens war nicht der Bauer, sondern das Mir, die Dorfgemeinde. Der Boden wurde nach Qualität aufgeteilt, zerstückelt; verteilt wurde er proportional zu der Anzahl der Familienmitglieder: Je nach Zunahme oder Abnahme der Familienzahl wurde immer wieder neu verteilt. Diese Neuverteilungen waren nicht nur Anlaß zu Unzufriedenheiten, sie riefen auch Arbeitsunlust hervor; denn wer arbeitet schon mit Hingabe in der Aussicht, daß ihm morgen das Land weggenommen werden kann.

(...) man muß die ungeheuren Schwierigkeiten eines so großen, so uneinheitlichen Landes bedenken noch dazu seine schlechten Verkehrsverbindungen. Vor allem darf man die Jahrhunderte der Leibeigenschaft nicht vergessen, wenn man verstehen will, wie groß und schwer die Aufgabe war, diese Menschen zur Selbständigkeit zu erziehen (...) Wohl gab es einzelne Bauern, denen es gelang, eigenen Grund und Boden zu erwerben. Diese Bauern bearbeiteten ihn mit Lust, sie wurden reich. Sie waren sparsam, vertranken ihr Geld nicht, hielten es fest. Daher wurden sie ‚Kulak', die Faust, genannt (...) Aber (...) ein Kulak war damals eine große Ausnahme."

Aus: von Podolinsky, S., Rußland vor der Revolution, Berlin 1971, S. 89–91

Russisches Bauernhaus um 1915.

M 2 Berufsrevolutionäre

Lenin über die „Organisation der Revolutionäre" in seiner 1902 erschienenen Schrift „Was tun?":

„Die Organisation der Revolutionäre muß [im Rußland der Selbstherrschaft] (...) hauptsächlich Leute erfassen, deren Beruf die revolutionäre Tätigkeit ist (...) Und nun behaupte ich, daß

1. keine einzige revolutionäre Bewegung ohne eine stabile und die Kontinuität wahrende Führerorganisation Bestand haben kann;

2. je breiter die Masse ist, die spontan in den Kampf hineingezogen wird, die die Grundlage der Bewegung bildet und an ihr teilnimmt, (...) um so fester muß diese Organisation sein (...);

4. je mehr wir die Mitgliedschaft einer solchen Organisation einengen, und zwar so weit, daß sich an der Organisation nur diejenigen Mitglieder beteiligen, die sich berufsmäßig mit revolutionärer Tätigkeit befassen und in der Kunst des Kampfes gegen die politische Polizei geschult sind, um so schwieriger wird es in einem absolutistischen Lande sein, eine solche Organisation ‚abzufangen' (...)"

Aus: Lenin, W. I., Was tun? Brennende Fragen unserer Bewegung. Studienausgabe Bd. 1, hrsg. von I. Fetscher, Frankfurt 1970, S. 58, 123, 133–134

M 3 Revolution von 1905 – Petition vom 9. Januar

Ein Demonstrationszug unter der Führung des Priesters Gapon wollte die folgende Petition überreichen:

„Wir, die Arbeiter der Stadt St. Petersburg, unsere Frauen, Kinder und hilflosen alten Eltern, sind zu Dir, Herrscher [Gosudar], gekommen, um Gerechtigkeit und Schutz zu suchen. Wir sind verelendet, wir werden unterdrückt, über unsere Kraft mit Arbeit belastet, man verhöhnt uns, man läßt uns nicht als Menschen gelten. Man behandelt uns wie Sklaven. Wir duldeten alles dies, aber man stößt uns immer weiter und weiter in den Pfuhl der Armut, der Rechtlosigkeit und der Unwissenheit. Despotismus und Willkür würgen uns, und wir ersticken. Unsere Kräfte versagen, Gosudar, unsere Geduld ist erschöpft. Wir sind bei dem furchtbaren Augenblick angelangt, in dem der Tod willkommener ist als die Fortsetzung der unerträglichen Qualen. [...]

Hier suchen wir die letzte Rettung. Verweigere Deinem Volke die Hilfe nicht, führe es heraus aus dem Grab der Rechtlosigkeit, des Elends und der Unwissenheit, gib ihm die Möglichkeit, selbst sein Schicksal zu bestimmen, nimm von ihm das unerträgliche Joch der Beamten, reiße nieder die Scheidewand zwischen Dir und Deinem Volke, – mag es das Land zusammen mit Dir regieren. Bist du doch zum Glück für das Volk bestellt, dieses Glück aber reißen uns die Beamten aus den Händen, es gelangt nicht zu uns, wir bekommen nur Leid und Demütigungen."

Auf diese Einleitung folgte eine Reihe politischer und sozialer Forderungen: Einberufung einer allrussischen Konstituierenden Versammlung aus Vertretern aller Stände, Ministerverantwortlichkeit, persönliche und öffentliche Freiheitsrechte, Abschaffung der indirekten Steuern, eine allmähliche Bodenreform, Arbeiterschutzgesetze und Achtstundentag, Mindestarbeitslohn, allgemeine obligatorische Volksbildung auf Staatskosten. Die Petition schließt mit den Worten:

„Das, Gosudar, sind unsere Hauptnöte, mit denen wir zu Dir gekommen sind [...] Gebiete und schwöre unsere Wünsche zu erfüllen, und du wirst Rußland glücklich und ruhmreich machen, Dein Name wird in unseren und unserer Nachkommen Herzen auf ewig eingegraben sein; befiehlst Du es nicht, dann sterben wir hier auf diesem Platz vor Deinem Schloß. Wir haben keinen Ausweg mehr und kein Ziel. Wir sehen nur zwei Wege vor uns: entweder zur Freiheit und zum Glück oder in das Grab. Zeige uns, Gosudar, einen von beiden – wir werden ihn widerspruchslos gehen, und sei er der Weg des Todes. Möge unser Leben ein Opfer für das leidende Rußland sein."

Aus: Oskar Anweiler: Die Russische Revolution 1905–1921, Stuttgart 1971, S. 11 f.

M 4 Bevölkerungsschichten um 1913

Die Bauernbefreiung von 1861 löste die geburtsständische Gliederung nur langsam auf. Viele Adlige sanken auf die Ebene mittlerer Bauern ab.

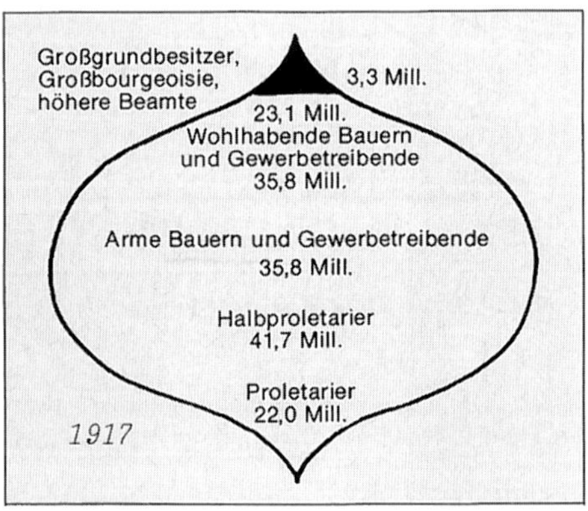

Aus: Informationen zur politischen Bildung Nr. 178. Kommunistische Ideologie I, S. 211

M 5 Lenins April-Thesen, 4. April 1917

Teilabdruck der „April-Thesen“:

1. In unserer Stellung zum Krieg, der von seiten Rußlands auch unter der neuen Regierung L'wow und Co. – infolge des kapitalistischen Charakters dieser Regierung – unbedingt ein räuberischer, imperialistischer Krieg bleibt, sind auch die geringsten Zugeständnisse an die „revolutionäre Vaterlandsverteidigung“ unzulässig.

Einem revolutionären Krieg, der die revolutionäre Vaterlandsverteidigung wirklich rechtfertigen würde, kann das klassenbewußte Proletariat seine Zustimmung nur unter folgenden Bedingungen geben: a) Übergang der Macht in die Hände des Proletariats und der sich ihm anschließenden ärmsten Teile der Bauernschaft; b) Verzicht auf alle Annexionen in der Tat und nicht nur in Worten; c) tatsächlicher und völliger Bruch mit allen Interessen des Kapitals. [...]

2. Die Eigenart der gegenwärtigen Lage in Rußland besteht im Übergang von der ersten Etappe der Revolution, die infolge des ungenügend entwickelten Klassenbewußtseins und der ungenügenden Organisiertheit des Proletariats der Bourgeoisie* die Macht gab, zur zweiten Etappe der Revolution, die die Macht in die Hände des Proletariats und der ärmsten Schichten der Bauernschaft legen muß.

Dieser Übergang ist gekennzeichnet einerseits durch ein Höchstmaß an Legalität (Rußland ist zur Zeit von allen kriegführenden Ländern das freieste Land der Welt), andererseits dadurch, daß gegen die Masse keine Gewalt angewandt wird, und schließlich durch die blinde Vertrauensseligkeit der Massen gegenüber der Regierung der Kapitalisten, der ärgsten Feinde des Friedens und des Sozialismus.

Diese Eigenart fordert von uns die Fähigkeit, uns den besonderen Bedingungen der Parteiarbeit unter den unerhört breiten, eben erst zum politischen Leben erwachten Massen des Proletariats anzupassen.

3. Keinerlei Unterstützung der Provisorischen Regierung, Aufdeckung der ganzen Verlogenheit aller ihrer Versprechungen, insbesondere hinsichtlich des Verzichts auf Annexionen. Entlarvung der Provisorischen Regierung statt der unzulässigen, Illusionen erweckenden „Forderung“, diese Regierung, die Regierung der Kapitalisten, solle aufhören, imperialistisch zu sein.

4. Anerkennung der Tatsache, daß unsere Partei in den meisten Sowjets der Arbeiterdeputierten in der Minderheit, vorläufig sogar in einer schwachen Minderheit ist gegenüber dem Block aller kleinbürgerlichen opportunistischen Elemente, die dem Einfluß der Bourgeoisie erlegen sind und diesen Einfluß in das Proletariat hineintragen. [...]

Aufklärung der Massen darüber, daß die Sowjets der Arbeiterdeputierten die einzig mögliche Form der revolutionären Regierung sind und daß daher unsere Aufgabe, solange sich diese Regierung von der Bourgeoisie beeinflussen läßt, nur in geduldiger, systematischer, beharrlicher, besonders

Schulung von Bauern durch den örtlichen Dorfsowjet.

den praktischen Bedürfnissen der Massen angepaßter Aufklärung über die Fehler ihrer Taktik bestehen kann.

Solange wir in der Minderheit sind, besteht unsere Arbeit in der Kritik und Klarstellung der Fehler, wobei wir gleichzeitig die Notwendigkeit des Übergangs der gesamten Staatsmacht an die Sowjets der Arbeiterdeputierten propagieren, damit die Massen sich durch die Erfahrung von ihren Irrtümern befreien.

Keine parlamentarische Republik – von den Sowjets der Arbeiterdeputierten zu dieser zurückzukehren wäre ein Schritt rückwärts –, sondern eine Republik der Sowjets der Arbeiter-, Landarbeiter- und Bauerndeputierten im ganzen Lande, von unten bis oben [...]

Aus: Lenin, W. I., Werke, Bd. 24, Berlin (Ost) 1978, S. 3ff.

M 6 Revolutionen des Jahres 1917

„Im Unterschied zu dem unvorbereiteten, *zufällig* ausgebrochenen und nicht zentral gelenkten Februarumsturz [...] ist der bolschewistische Oktoberaufstand das klassische Beispiel für eine *geplante Revolution,* die Kombination von organisierter Verschwörung einer Minderheit mit einer machtvollen, aber unklaren und daher leicht zu manipulierenden Massenströmung. Der Aufstand wurde gemacht von einer Minderheit, die aber mit der Sympathie oder mindestens Neutralität der Mehrheit rechnen konnte.

‚Niveau- und Stimmungsunterschiede der einzelnen Volksschichten werden durch die Aktion überwunden: die Fortgeschrittenen reißen die Schwankenden mit und isolieren die Widerstrebenden. Die Mehrheit wird nicht gezählt, sondern erobert', schrieb Trotzki in seiner Darstellung der Oktoberrevolution. Dieser dynamische Mehrheitsbegriff, der in einer Revolution allein zählt, machte es nicht erforderlich, daß die Bolschewiki überall und im gesamtnationalen Maßstab die zahlenmäßige Mehrheit des Volkes auf ihrer Seite hatten. Es genügte, wie Lenin es später ausdrückte, ‚im entscheidenden Augenblick, am entscheidenden Punkt ein erdrückendes Kräfteübergewicht zu haben', und dies war im Oktober 1917 der Fall.

Rußland stand im Herbst 1917 mitten in einer sozialen Umwälzung, die tiefere Ursachen hatte als die bolschewistische Agitation. Das Versagen der bürgerlich-sozialistischen Koalition [...] brachte Rußland an den Rand der Anarchie. Die Bolschewiki, die die Anarchie gefördert hatten, selbst aber als einzige politische Gruppe nicht in ihr untergingen, ergriffen die Macht ‚fünf Minuten vor zwölf' angesichts des drohenden Chaos. Von der kombinierten Revolte der Bauern in den Dörfern, die den sozialen Kern der Oktoberrevolution ausmachte, nach vorn geschoben, ergriffen sie im Handstreich die Macht. Emporgehoben von einer Massenstimmung gegen Kerenskij, gegen den Krieg, gegen die Gutsbesitzer und gegen die Bourgeoisie errichteten die Bolschewiki in der Oktoberrevolution ihre Diktatur.

Für den Gesamtablauf der russischen Revolution 1917 gilt der Satz von Werner Naef: ‚Rußland hat nur die Verkündung und den Untergang der Demokratie erlebt, nicht ihre Geltung und Wirksamkeit. Heftig drängte die Bewegung alsbald weiter zu einem Extrem, das dem bisherigen Absolutismus zugleich entgegengesetzt und verwandt war'".

Aus: Anweiler, O., Die russische Revolution, Stuttgart 1979, S. 50

Arbeitsvorschläge

1. *Erörtern Sie mit Hilfe der Karte (S. 249) naturräumliche Besonderheiten Rußlands, geopolitische Schwierigkeiten und den industriellen Modernitätsrückstand!*
2. *Diskutieren Sie die russische Gesellschaftskrise im Zusammenhang von zarischer Autokratie, Reformversuchen und revolutionärer Opposition (M 1)!*
3. *Untersuchen Sie Ursachen und Anlässe der Revolutionen von 1905 und 1917! Beachten Sie die These, Rußland sei zwischen 1906 und 1917 ein „scheinkonstitutioneller" Staat gewesen (M 3, M 6)!*
4. *Analysieren Sie den theoretischen Stellenwert von Revolution und Herrschaft unter dem Aspekt der „Diktatur des Proletariats" bei Lenin und Rosa Luxemburg (M 2, Kap. C. 2 M 1)!*
5. *Verdeutlichen Sie Lenins Zielsetzungen in den Aprilthesen; unterscheiden Sie seine Strategie von denen der bestehenden Sowjets, indem Sie besonders auf seine These „Alle Macht den Räten" eingehen (M 5)!*
6. *Vergleichen Sie einige Gesichtspunkte der Französischen Revolution von 1789 bis 1795 mit denen der Februar- und Oktoberrevolution von 1917: Ursachen, Verlauf und Ergebnisse!*

C 1918–1945

Aus konträren Ausgangsbedingungen am Ende des Ersten Weltkriegs erklären sich entgegengesetzte Entwicklungen der beiden kommenden Weltmächte: der USA und der Sowjetunion. Die USA profitierten am meisten vom Ersten Weltkrieg. Dennoch zogen sie sich, in der Tradition des Isolationismus, wieder aus Europa zurück. Nach den „roaring twenties" war 1929 der Absturz in die Weltwirtschaftskrise desto katastrophaler. Einen Ausweg wies ab 1933 der „New Deal" unter dem Demokraten F. D. R. Roosevelt durch eine milde Dosis staatlicher Planung und Lenkung der Wirtschaft.

Dagegen war das immer noch agrarische Rußland der erste große Verlierer des Ersten Weltkriegs. Der Kommunismus wollte Rußlands Zurückbleiben im „Prozeß der Zivilisation" durch einen Kraftakt der revolutionaren Industrialisierung von oben aufheben. Das Ergebnis war der Linkstotalitarismus des Leninismus und Stalinismus, der sich in „Säuberungen" und Mordkampagnen gegen immer neue „Feinde des Sozialismus" steigerte. Einher gingen Ideologisierung und Militarisierung. Ende August 1939 wurde die UdSSR mit dem Hitler-Stalin-Pakt Komplize des Dritten Reichs zur Eröffnung des Zweiten Weltkriegs durch den Überfall auf das beidseits ungeliebte Polen.

Die Weimarer Republik war Ergebnis des deutschen Zusammenbruchs nach verlorenem Krieg in der Novemberrevolution 1918. Da die deutsche Gesellschaft die Schuld der Republik zuschob, konnte sich die erste deutsche Demokratie unter dem Schatten von Versailles nicht behaupten. Die Weltwirtschaftskrise von 1929 schlug in Deutschland mit sechs Millionen Arbeitslosen verheerend durch und verschärfte die Polarisierung zwischen extremer Rechte (NSDAP) und Linke (KPD), die seit 1932 negative Mehrheiten bildeten. Hitlers Machtübernahme beendete die Erosion einer schwachen Demokratie. Der deutsche Nationalsozialismus stand im Gegensatz zum internationalistischen Sozialismus des regierenden Kommunismus. Als Erbe des großdeutschen Alldeutschtums und des Antisemitismus wollte Hitler den Deutschen neuen „Lebensraum" im Osten gewinnen und die „Jüdische Frage" auf seine Weise lösen.

Während die politische „Gleichschaltung" mit der formalen Beibehaltung der Weimarer Verfassung auskam, erfolgte die gesellschaftliche unter Terror. Wirtschaftsaufschwung und leichte Erfolge zur Revision des Versailler „Diktats" verschafften dem Dritten Reich weitgehende Massenloyalität. Die Initiative zum Zweiten Weltkrieg ging eindeutig von Deutschland aus, für das dieser Krieg eine Art Revanche für den verlorenen Ersten Weltkrieg war. Im ersten Anlauf, mit verdeckter Beihilfe Stalins, überrannte das Dritte Reich weite Teile des europäischen Kontinents, während England in anfänglicher Isolierung widerstand. Der deutsche Überfall auf die Sowjetunion (22. 6. 1941) als Hitlers eigentlicher Wunschkrieg machte die UdSSR zum Verbündeten der Westmächte, die mit Rüstungslieferungen und eigenen Offensiven entscheidend zum Sieg im „Großen Vaterländischen" Krieg beitrugen. Mit seinem Überfall auf Pearl Harbor schloß Japan seinen Fernostkrieg gegen China (seit 1931/37) dem Zweiten Weltkrieg an. Nach Anfangserfolgen erlag es der größeren Wirtschaftsmacht der USA, gesteigert zu den beiden Atombomben auf Hiroshima und Nagasaki Anfang August 1945.

Die Entrechtung und Verfolgung der Juden seit seiner Machtübernahme steigerte Hitler während des Krieges zum Massenmord an den Juden in seinem Herrschaftsbereich („Endlösung"/„Holocaust"): Auschwitz wurde zum Symbol des industrialisierten Völkermords (Genozid).

1 Europa und die Welt im 20. Jahrhundert

Fahnenmasten vor dem UNO-Gebäude in New York City.

Zeittafel

1914–1918	Erster Weltkrieg
7. 11. 1917	Sieg der „Oktoberrevolution“ in Rußland
1922	Gründung der Sowjetunion (UdSSR)
24.10.1929	„Schwarzer Freitag“: Beginn der Weltwirtschaftskrise
30. 1. 1933	Hitler wird deutscher Reichskanzler
1939–1945	Zweiter Weltkrieg
1945–1949	Beginn des „Kalten Krieges“ zwischen USA und UdSSR: Ost-West-Konflikt
seit 1945	Dekolonisation und Entstehung der „Dritten Welt“
1961	Bau der Berliner Mauer
1989–1991	Sturz des Kommunismus in Europa und Zerfall der UdSSR

Zwei Weltkriege, Aufstieg und Sturz von Kommunismus und Nationalsozialismus, Dekolonisation, Kalter Krieg und sein Ende haben die Welt zutiefst verändert, auch die einzelnen Länder und Völker. Das folgende Kapitel gibt einen knappen Überblick über einige ausgewählte Länder und Regionen (Balkan, Skandinavien, Iberische Halbinsel), schon um die eigene Existenz besser einordnen zu können. Die großen, welterschütternden Ereignisse und Bewegungen sind in ihren „nationalen“ Brechungen oder Ausformungen hinzuzudenken.

1.1 Frankreich

Frankreich ging in den Ersten Weltkrieg mit einer liberal-sozialistischen Regierung. Häufige Regierungswechsel als politische Reflexe militärischer Krisen verlagerten den parteipolitischen Schwerpunkt immer weiter nach rechts, zumal sich die Sozialisten (Section Française de l'Internationale Ouvrière = S.F.I.O.) 1920 spalteten, wie alle sozialdemokratischen Parteien, aber eine starke kommunistische Partei (KPF) freisetzten. Nach den schweren Verlusten des Krieges suchte Frankreich Sicherheit durch harte Bedingungen und Reparationen gegenüber Deutschland, sah sich aber durch England gebremst, das ein relativ starkes Deutschland als Puffer gegenüber Sowjetrußland erhalten wollte. Im Rücken Deutschlands erhoffte sich Frankreich daher Ersatz für das seit der Oktoberrevolution 1917 weggefallene Bündnis mit Rußland im „Cordon Sanitaire" und in der „Kleinen Entente", einem Arrangement von Nachfolgestaaten zwischen Deutschland und der Sowjetunion. Die Rechte unter Poincaré schaffte bis 1924 die Beseitigung der schlimmsten Kriegsschäden, vor allem Stabilisierung des Franc, die gemäßigte Linke unter Herriot, mit Aristide Briand als Außenminister, 1925 in Locarno ein begrenztes außenpolitisches Arrangement mit Deutschland, das schließlich in Ansätzen zu einer Europapolitik unter den dafür mit dem Friedensnobelpreis ausgezeichneten Außenministern Stresemann und Briand führte.

Erst die Wahlen von 1936 ermöglichten, schon als Reaktion auf NS-Deutschland seit 1933, mit der Parole des Antifaschismus die Volksfrontregierung unter dem Sozialisten Léon Blum, als Koalition der liberalen Radikalsozialisten mit der S.F.I.O., parlamentarisch toleriert von der KPF. Sie führte Sozialreformen ein, u. a. die 40-Stundenwoche, und polarisierte Frankreich nach innen, weil eine zahlenmäßig starke, aber organisatorisch uneinheitliche Rechte im Extrem bis zur Parole ging: „Lieber Hitler als Blum". Seit dem Aderlaß des Ersten Weltkriegs, symbolisiert in Verdun 1916, scheute Frankreich vor einem erneuten Krieg in Europa zurück, verhielt sich daher passiv im Spanischen Bürgerkrieg (1936–39) und gegenüber den systematischen Verletzungen des Versailler Vertrags durch Hitler, erst recht nach dem Sturz der Volksfrontregierung (1938). Seit dem Hitler-Stalin-Pakt 1939 erklärte sich die KPF gegen den „imperialistischen Krieg", so daß Frankreich nach innen durch Polarisierung zwischen seinen Extremen gelähmt war. Im Mai/Juni 1940 brach die III. Republik zusammen und wurde im Waffenstillstandsvertrag geteilt, zwischen einem direkt besetzten Gebiet ungefähr entlang der Loire und einem unbesetzten Gebiet mit einer Regierung in Vichy unter Marschall Pétain. Vichy und die Kollaboration hatten eine viel breitere Basis, wie sich heute herausstellt, als ihr rascher Zusammenbruch 1944 und der Résistance-Mythos vermuten lassen.

Die IV. Republik (1944/48–1958) setzte in vieler Hinsicht die Struktur der III. Republik fort. Namentlich war die liberale radikalsozialistische Partei an allen Regierungen beteiligt, u. a. mit François Mitterrand als Minister, dem späteren sozialistischen Präsidenten der V. Republik (1981–95). Wie in Versailles 1919 drängte Frankreich auf Schwächung Deutschlands. Als gegen seine Absicht im Kalten Krieg Westdeutschland 1949 eine Bundesregierung erhielt, verteidigte es seine Interessen durch Initiierung europäischer Institutionen, um Deutschland einzubinden und Frankreichs Hegemonie zu sichern. Nach außen schwächte sich die IV. Republik selbst durch das Festhalten am französischen Kolonialreich: Mit dem Vietnamkrieg (1946–54) geriet sie in die Agonie. Am Algerienkrieg (1954–62) zerbrach sie über ihrer Behauptung der „Algérie Française" mit dem Generalputsch von Algier, der De Gaulle an die Macht brachte (1958/59–1969) und die V. Republik gründete (1958), ohne „Algérie Française" für Frankreich erhalten zu können. Vielmehr gab De Gaulle, gegen seine ursprüngliche Absicht, Algerien frei (1962).

Europabegeisterung beim Besuch des französischen Präsidenten Charles de Gaulle (1959–69) (links) in der Bundesrepublik im September 1962. Neben ihm (rechts) Bundeskanzler Konrad Adenauer (1949–63).

Erst danach wandelte sich Frankreich von einem bis dahin noch überwiegenden Agrar- zu einem Industrieland, mit allen Problemen, die damit einhergehen (u. a. Betonsiedlungen an der Peripherie der Städte, dort mit einem überproportionalen Anteil von Ausländern aus Nord- und Westafrika, die teilweise als illegale Einwanderer kamen). Unter liberal-konservativen und einem sozialistischen Präsidenten (De Gaulle, Pompidou, Giscard d'Estaing, Mitterand) kämpfte Frankreich um eine Sonderstellung in Europa, u. a. durch eigene Atomwaffen *(„force de frappe")* und zeitweiliges Ausscheren aus der NATO, fiel aber hinter Deutschland an Wirtschaftskraft zurück, zumal nach dessen Vereinigung (1990). Nachdem sich die Sozialisten als Regierungspartei bis 1993 zerschlissen, steht Frankreich nach Mitterands Ausscheiden eine neue liberal-konservative Periode bevor.

1.2 Großbritannien und Irland

Großbritannien trat in den Ersten Weltkrieg ein, um seine Stellung als größte Weltmacht gegen Deutschland zu verteidigen. Äußerlich behauptete es sich dank seiner Flotte und einer immer stärkeren Armee. Nach innen wie außen war es tief verwandelt: Die regierenden Liberalen erweiterten ihre Regierung zu einer Allparteienkoalition („National Government"), unter Einschluß der jungen Labour Party. Über die Art der Kriegsführung stürzte jedoch Premierminister Asquith (1916), der dem energischeren Lloyd George wich. Zugleich spalteten sich die Liberalen, sichtbar erst nach Kriegsende, so daß sie zugunsten der Labour Party zur Splitterpartei absanken, in ihrer parlamentarischen Vertretung praktisch reduziert auf Teile des „Celtic fringe" (Wales, Schottland). Statt dessen stieg die Labour Party zur zweitstärksten Partei auf, als Opposition oder als von den Liberalen tolerierte Minderheitsregierungen unter Ramsay Macdonald (1923/24, 1929–31).

Nach Kriegsende führte Lloyd George mit den „Khaki Elections" vom Dezember 1918 das National Government fort (1918–22), aber ohne Labour Party und Asquith-Liberale. Wechselnde Regierungen bemühten sich um die Lösung der Nachkriegsprobleme und der Weltwirtschaftskrise: Konservative (1922/23, 1925–29), zwei Labour-Minderheitsregierungen, nach Spaltung der Labour Party auf dem Höhepunkt der Weltwirtschaftskrise 1931 das neue National Government, formal unter Ramsay Macdonald, aber dominiert von den Konservativen (1931–35), zuletzt nur noch Konservative (1935–39) lösten sich ab.

Obwohl das britische Kolonialreich durch Übernahme einiger deutscher Kolonialgebiete ($^1/_2$ Togo, $^1/_4$ Kamerun, Deutsch-Ostafrika = Tanganjika) und arabischer Gebiete des Osmanischen Reichs (Palästina, Transjordanien, Irak) noch wuchs, war es durch die Kriegsanstrengung erschüttert und wandelte sich zum „Commonwealth of Nations" um: Die bisherigen (weißen) Dominien – Australien, Neuseeland, Kanada – stiegen von der Autonomie zur Souveränität auf (1926, 1931), Indien erhielt begrenzte innere Autonomie auf Provinzebene (1937), Ägypten und Irak die formale Souveränität (1936), wenn auch unter britischer Oberaufsicht.

Großbritannien ließ das Kriegsbündnis mit Frankreich nach dem Versailler Vertrag auslaufen und überließ Frankreich auf dem Kontinent sich selbst. Auf Frankreichs Deutschlandpolitik wirkte es mäßigend, um Deutschland stark genug gegenüber Sowjetrußland zu erhalten. Wie Frankreich war Großbritannien durch die Verluste des Ersten Weltkriegs kriegsscheu und friedenswillig, so daß es ab 1935 die Führung in der „Appeasement"politik gegenüber NS-Deutschland übernahm, allerdings nicht grenzenlos.

Im Zweiten Weltkrieg wurde Winston Churchill zu Beginn des französischen Debakels Premier des Kriegs-National Government (1940–45) und organisierte, seit 1941 gestützt auf die USA, durch „Blut und Tränen" Englands Selbstbehauptung. Formal gehörte es, wie Frankreich, zu den „Großen Vier", aber durch den äußeren Sieg setzte sich, wie nach dem Ersten Weltkrieg, der Abstieg als Weltmacht fort: Nach innen stürzten einander ablösende Labour- und Konservative Regierungen (Labour: 1945–51, 1964–70, 1974–79; Konservative: 1951–64, 1970–74, seit 1979) Gesellschaft und Wirtschaft in Wechselbäder von Sozialisierung und Re-Privatisierung, zuletzt unter Margret Thatcher (1979–91). Ihre Politik der De-Industrialisierung spaltete das Land doppelt – zwischen prosperierender Mittel- und Oberschicht und zahlreichen arbeitslosen Arbeitern und Angestellten der unteren Schichten einerseits, prosperierendem Süden und de-industrialisiertem Norden (Midlands, Nordwesten, Schottland) und Westen (Wales) andererseits.

Parallel zum ökonomischen Abstieg verlor England seit der Unabhängigkeit Indiens (1947) endgültig sein Kolonialreich. Doch blieben die meisten früheren Kolonien im Britischen Commonwealth, einer lockeren Konföderation. Die anfängliche Freizügigkeit innerhalb des Commonwealth beendete England schon früh mit dem Stopp der Immigration aus Westindien und Pakistan. Eine Ghettobildung in vielen Großstädten nach US-amerikanischem Vorbild führte auch hier zu Unruhen, vor allem im „Hot Summer" 1982. Im europäischen Einigungswerk erweist sich England als eigenwilliger Partner.

An der Schnittstelle von innen und außen setzte der Anglo-Irische Krieg (1918–22) den Ersten Weltkrieg nahtlos fort: Mit deutscher Waffenhilfe hatte der Irische Osteraufstand in Dublin 1916 versucht, Englands Bindung durch den Krieg für einen erneuten Anlauf zur Unabhängigkeit zu nutzen. Der Dubliner Aufstand scheiterte zwar rasch militärisch,

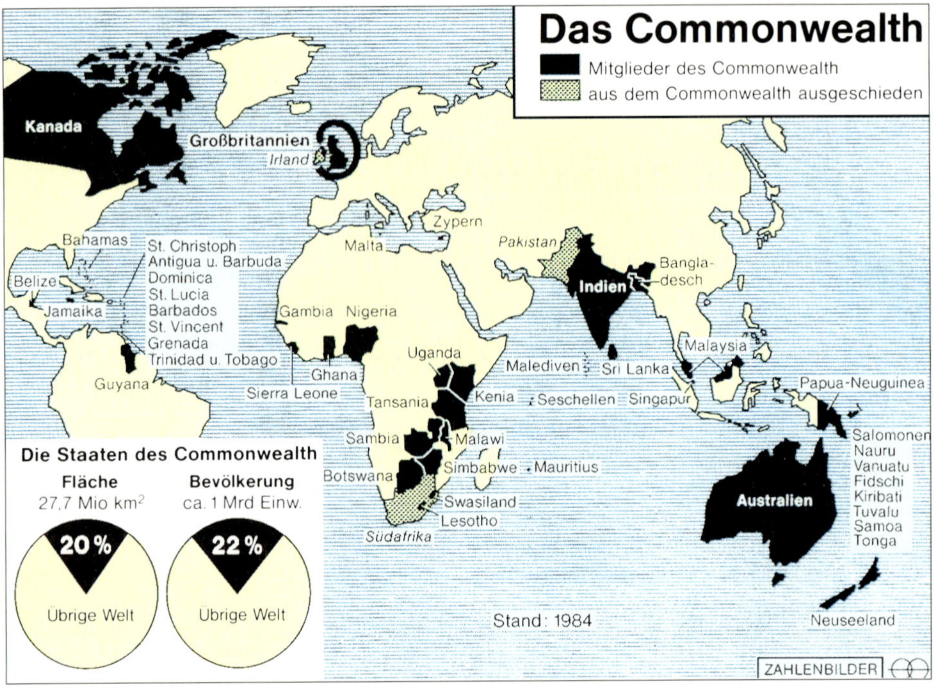

aber zu große Härte in der Bestrafung der Rebellen ließ den Erfolg psychologisch und damit politisch in eine Niederlage umschlagen. Zermürbt durch den irischen Guerillakrieg, zog sich England 1922 mit einer Kompromißlösung aus Irland weitgehend zurück. Der größte Teil wurde selbständig, zunächst im Rahmen des entstehenden Commonwealth, während der Norden (Ulster, vermindert um drei überwiegend katholische Grafschaften) bei England blieb, mit weitgehender innerer Autonomie. 1949 trat das südliche Irland als „Free State" (Republik) aus dem Commonwealth aus. An der weitgehenden sozialen Diskriminierung der katholischen Minderheit durch die protestantische Mehrheit entzündete sich seit 1966 der Bürgerkrieg in Nordirland, den auf beiden Seiten militante Untergrundarmeen führten, auf katholischer Seite die sozialistisch orientierte Irish Republican Army (I.R.A.). Der von der IRA-Führung proklamierte einseitige Waffenstillstand (1994) gibt Hoffnung auf endgültige Beilegung des Bürgerkriegs.

1.3 Die Iberische Halbinsel: Spanien, Portugal

Da Spanien und Portugal ihren Weg vom Abstieg als Weltmächte – Portugal seit seiner traumatischen Niederlage gegen Marokko 1578, Spanien seit dem Pyrenäenfrieden mit Frankreich 1659 – zur Gegenwart ungefähr im Gleichschritt zurücklegten, läßt sich ihre historische Entwicklung miteinander verzahnt behandeln: Im Ersten Weltkrieg blieb Spanien, damals konstitutionelle Monarchie, neutral, während Portugal, Englands ältester Alliierter seit dem Windsor-Vertrag 1386, Republik seit 1910, in den Krieg gegen die Mittelmächte eintrat (1916). Der Krieg und seine Folgen verschärften nur noch die allgemeine Malaise des Niedergangs. Portugal ging ab 1926, unter dem Eindruck der Weltwirtschaftskrise endgültig 1931 zu einem autoritären Ständestaat unter Antonio de Oliveira Salazar (bis 1969) über, erstarrte in ihm gleichsam politisch und sozialökonomisch.

In Spanien verlief die parallele Entwicklung in zahlreichen Bürgerkriegen und Regimewechseln komplizierter und stürmischer: Den Aufstand der Rif-Kabylen (1921–26) in Spanisch-Marokko vermochte Spanien allein nicht niederzuwerfen. In der Krise über die Niederlage an der Kolonialperipherie errichtete General Antonio Primo de Rivera eine Militärdiktatur (1923–31), gedeckt von der Krone. Auf den Wahlsieg der republikanischen Parteien nur in den Großstädten reagierte König Alfons XII. mit Abdankung und Exil (1931), so daß die II. Spanische Republik ins Machtvakuum eintrat. Sie blieb stets labil, zerrissen durch den Gegensatz zwischen Stadt und weiten Teilen des Landes, Zentrale (Kastilien) und Regionen, vor allem den Norden (Galicia, Baskenland), Nordosten (Katalonien) und Süden (Andalusien), zwischen Sozialisten, Anarchisten, Regionalisten, Kommunisten sowie konservativ-katholischen Zentralisten und reaktionären Royalisten (Karlisten). Spannungen und regionale Konflikte eskalierten 1936 zum Spanischen Bürgerkrieg, den der rechtskonservative Putschgeneral Francisco de Franco mit Hilfe NS-Deutschlands und des faschistischen Italiens 1939 gewann. 1945 war Franco-Spanien zunächst moralisch geächtet, wuchs aber im Kalten Krieg mit Stützpunkten für die US-Luftwaffe allmählich in den Westen hinein, später auch durch Touristen aus Westeuropa und Abwanderung von „Gastarbeitern“ in die Zentren der Hochkonjunktur nach 1961, vor allem in die Bundesrepublik. Als Nachfolger bestimmte Franco den Bourbonenprinz Juan, der 1975 als konstitutioneller Monarch die Rückkehr Spaniens zur parlamentarischen Demokratie durchsetzte, gegen einen Putschversuch mit persönlichem Einsatz auch absicherte (1976), seit 1979 mit den Sozialisten als Regierungspartei. Zugleich stieß Spanien seine letzten Kolonien ab, vor allem Spanien-Sahara, kehrte nach Europa zurück und fand Anschluß an die Industrialisierung, seit 1981 als Mitglied der EG/EU, zusammen mit Portugal.

Portugal hatte sich durch Annexion seiner Kolonien als „Überseeprovinzen“ (1951) und Massenansiedlung portugiesischer Siedler so an die Reste seines Kolonialreichs geklammert, daß langwierige Kolonialkriege, vor allem in Angola und Mozambique

Der Spanische Bürgerkrieg 1936–1939.

(1961/62–1974) das Land erschöpften – militärisch, ökonomisch, moralisch. Ein Militärputsch (1974) stürzte Salazars Nachfolger Caetano und löste die anfangs sanfte „Nelkenrevolution" aus, eskalierte allerdings rasch bis zur drohenden Machtübernahme der Kommunisten. Sie wurde von den Weltmächten durch einen denkwürdigen Kompromiß verhindert – Äthiopien wurde kommunistisch (1976–91), Moskau hielt die KP Portugals von der Revolution zurück. Wie Spanien gab Portugal sofort sein Kolonialreich auf (1975) und kehrte nach Europa zurück, 1981 als Mitglied der EG.

1.4 Italien

Zu Beginn des Ersten Weltkriegs blieb Italien, formal Mitglied des Dreibundes (mit Deutschland und Österreich-Ungarn), unter seiner liberalen Regierung Giolitti neutral, schloß sich aber unter Druck der „Interventionisten" 1915 den Alliierten an, zunächst gegen Österreich-Ungarn, 1916 auch gegen Deutschland. Zu den „Interventionisten" gehörte Benito Mussolini, bis dahin Führer der Linken in der Sozialistischen Partei. Italiens militärischer Beitrag zum Endsieg der Alliierten war eher unbedeutend. Dennoch fühlte es sich als Siegermacht in Versailles zu kurz gekommen. In der Nachkriegskrise war dieses Ressentiment die entscheidende Einbruchstelle für Mussolini, den das „Kriegserlebnis", auch an der Front, vom Internationalen zum Nationalen Sozialisten wandelte, gemäß seiner eigenen Formel: „Faschismus = Nationalismus + Sozialismus". Sein Sieg nach dem „Marsch auf Rom" (1922) etablierte den Faschismus erstmals auf staatlicher Ebene als Modell und übergreifenden Begriff für verwandte Bewegungen (vgl. S. 354). Dennoch war der italienische Faschismus weniger radikal und gewalttätig als der deutsche Nationalsozialismus, ging jedoch außenpolitisch vor allem gegenüber Äthiopien brutal vor (1935/36), u. a. mit Einsatz von Gas im Abessinienkrieg.

Nach dem Zusammenbruch des Faschismus (1943/45) verlor Italien im Friedensvertrag seine Kolonien, die als UN-Treuhandgebiete selbständig wurden (Libyen 1951, Somalia 1960). Italien wurde parlamentarisch-demokratischer Staat (1945) und Republik (1946), bis 1994 unter Führung der Democracia Christiana (DC), zunächst unter Alcide De Gaspari (1945–53). Stärkste Oppositionspartei war die KPI, die anfänglich in der Regierung war (1945–47). Unter wechselnden Regierungschefs der DC und anderer Koalitionspartner (Republikaner 1981/82, Sozialisten unter Craxi 1983–87) vollzog Italien den Durchbruch zur Industrienation als Mitglied der EWG/EG/EU, deren Gründungsakt, historisch passend, in Rom unterzeichnet wurde (Römische Verträge).

Gleichzeitig krankt Italien an mehreren langfristigen Problemen: Die jahrhundertealte Spaltung zwischen dem ab 1030 zurückeroberten Süden (Mezzogiorno) und dem seit der Neuzeit sich vollindustrialisierenden Norden, vor allem in der Poebene, schuf ein strukturelles Wohlstandsgefälle, an dem Italien als zentralisierter Nationalstaat zu zerschellen droht. Im Mezzogiorno breitete sich die (sizilianische) Mafia mit regionalen Varianten in Neapel und Apulien aus, seit der Befreiung Siziliens (1943) anfangs mit dem Segen der Alliierten, später verflochten mit DC wie Sozialisten. Einher gingen staatlich sanktionierte Korruption und Zerstörung der Umwelt in gigantischem Ausmaß. Unter Druck von unten setzte die italienische Justiz eine Revolution zum Sturz der „schmutzigen Hände" *(„manipulati")* in Gang (1993), die u. a. Ex-Ministerpräsidenten (Andreotti; Craxi) unter Anklage stellte. Die Umstellung des Wahlgesetzes auf direkte Wahl brachte das Ende der meisten traditionellen Parteien, bis auf die in „Partei des Demokratischen Sozialismus" (PDS) umgetaufte KPI, aber bisher keine Strukturreformen.

1.5 Die Benelux-Staaten: Niederlande, Belgien, Luxemburg

Die Benelux-Staaten schlossen sich erst 1946 zu einem lockeren Arrangement, das in seiner offiziellen Bezeichnung bereits die Namen der beteiligten Länder erhält, zusammen: *Be*lgien, *Ne*derlande, *Lux*emburg. Historisch gehörten sie zu den Alten Niederlanden vor ihrer Spaltung durch die spanische Rückeroberung des überwiegend katholisch gebliebenen Südens (1576) und die Sezession des überwiegend calvinistisch gewordenen Nordens in die Unabhängigkeit (1576/81). Seitdem bewegten sie sich auseinander, aber seit der Industrialisierung ab ca. 1850 ungefähr parallel, wenn auch weiterhin mit nationalen Unterschieden. Die drei Staaten werden hier nach ihrer geographischen Lage von Nord nach Süd knapp vorgeführt, gleichzeitig in chronologischer Reihenfolge, in der sie staatlich unabhängig wurden – Niederlande (1581), Belgien (1831), Luxemburg (1867).

Die *Niederlande* konnten im Ersten Weltkrieg neutral bleiben, weil die deutsche Kriegsplanung sie zur Sicherstellung deutscher Importe aus Übersee benötigte. So wurden die Niederlande ein wichtiger Umschlagplatz für Friedensbemühungen, vor allem pazifistischer Gruppierungen. Die üblichen Nachkriegskrisen bewältigten die Niederlande mit ihrem „versäulten“ Parteiensystem, dem festgefügte Sozialmilieus entsprachen – calvinistische Gruppierungen, Katholiken, Liberale, Sozialisten. Nach 1933 flohen vor allem Juden in die Niederlande. Die deutsche Invasion am 10. Mai 1940, verbunden mit der fast völligen Vernichtung Rotterdams durch Bomben, traf die Niederländer überraschend und unvorbereitet. Nach der raschen Kapitulation überwog Widerstand gegen die deutsche Besatzung, erst recht gegen Versuche, die Niederlande in ein „Großgermanisches Reich deutscher Nation“ (Himmler) einzubeziehen. Nach der Befreiung 1944/45 hielten sich Ressentiments gegenüber Deutschland am längsten und intensivsten, gerade seit der ökonomischen, mit der Vereinigung auch politischen Erstarkung Deutschlands, gespeist aus bitteren historischen Erfahrungen.

Mit nur geringen parteipolitischen Ausschlägen eines fragmentierten Parteigefüges sind die Niederlande eine der stabilsten parlamentarischen Demokratien. Ihr Kolonialreich Indonesien versuchten sie zurückzuerobern, mußten aber auf Druck der USA den Kolonialkrieg abbrechen (1949), weil die USA den Übergang der indonesischen Nationalbewegung ins kommunistische Lager befürchteten. Mit dem Frieden nahmen die Niederländer Ambonesen aus den Süd-Molukken auf, die als Kolonialtruppen loyal gedient hatten und die Rache der Indonesen fürchteten. Vorbildlich bauten die Niederlande ein Sozialsystem auf und engagierten sich in besonderer Weise im europäischen Einigungswerk.

Wechselvoller verlief die Geschichte *Belgiens*, seit dem frühen 19. Jahrhundert erstes Zentrum der Industrialisierung auf dem Kontinent, konzentriert im katholischen und französischsprachigen Süden (Wallonien), mit Lüttich als Zentrum. Belgien erhielt im Gefolge der französischen Julirevolution von 1830 die Souveränität (1831). Die Verletzung seiner 1839 völkerrechtlich garantierten Neutralität in zwei Weltkriegen durch Deutschland traf es schwer. Traumatische Zerstörungen (u. a. Universitätsbibliothek von Löwen, August 1914, Mai 1940) und die Materialschlachten des Ersten Weltkriegs hinterließen Wunden, die nur schwer verheilten. Im Ersten Weltkrieg betonte Belgien seinen Sonderstatus, indem es sich der Kriegskoalition der Alliierten nur als „Assoziierte Macht“ anschloß, ebenso wie später die USA (1917/18). Die deutsche Besatzungsmacht beutete Differenzen zwischen den politisch dominierenden Wallonen und noch überwiegend agrarisch geprägten Flamen durch Verwaltungsteilung zwischen Wallonien und Flandern aus, um ein geteiltes Belgien leichter in seine eigenen Machtpläne einzubeziehen. Nach dem Krieg beteiligte sich Belgien zur Sicherstellung deutscher Reparationen an Frankreichs Ruhrbesetzung (1923). Die Wiederholung der deutschen Invasion im Zweiten Weltkrieg am 10. Mai 1940 riß diese innere Wunde wieder auf. Hinzu kam, anders als im benachbarten Holland, eine relativ starke Bereitschaft zur Kollaboration, symbolisiert in König Leopold III., der im Lande blieb, konkretisiert durch faschistische Bewegungen in beiden Landesteilen, bis hin zu Freiwilligenformationen in der Waffen-SS.

Die innere Aufspaltung eskalierte nach dem Zweiten Weltkrieg bis zum Sprachenstreit, hinter dem soziale und ökonomische Differenzen sichtbar werden. Trotz seiner inneren Zerrissenheit spielte Belgien nach 1945 eine bedeutende Rolle in der Integration Europas. Seit 1958 ist Brüssel Sitz der Europäischen Kommission, damit heimliche ökonomische, mit der Übersiedlung der NATO-Zentrale von Fontainbleau (1966) auch militärisch-politische Hauptstadt des sich einigenden Europa. Belgien hielt seine einzige Kolonie, den Belgisch-Kongo, möglichst lange in paternalistischer Abhängigkeit, ließ ihn aber, nach ersten Unruhen (1959), sofort fallen, ohne ausreichende Vorbereitung (1960). Der ökonomische Wert des Kongo für Belgien läßt sich daran ablesen, daß einschneidende Einsparungen erforderlich wurden, um den „Verlust“ wieder wettzumachen, wogegen Sozialisten und Gewerkschaften Ende 1960 mit einem Generalstreik protestierten, der Belgien schwer erschütterte. Durch innere Krisen, bis zum Rande des Bürgerkriegs oder des Zerfalls der staatlichen Einheit, wandelte sich Belgien schrittweise von einem zentralistischen Einheitsstaat französischen Musters über einen Bundesstaat mit weitgehender Autonomie seiner vier Glieder (Flandern, Wallonien, Eupen-Malmedy, Brüssel) zu einer faktischen Konföderation, wenn auch mit einer nationalen Regierung. In dieser Form scheint sich Belgien zu stabilisieren.

Das kleine Großherzogtum *Luxemburg* – bis 1866 im Deutschen Bund, seit 1867 unabhängig, aber in Personalunion mit den Niederlanden einerseits, im Deutschen Zollverein andererseits (bis 1919) – wurde in beiden Weltkriegen von Deutschland besetzt. Als Kleinstaat fügte es sich äußerlich der Übermacht, aber ohne innere Begeisterung. Vor allem die forcierte Germanisierung provozierte, aus politischen Gründen, ein stärkeres Vordringen französischer Sprache und Kultur gegenüber dem einheimischen moselfränkischen Dialekt. Luxemburgs ökonomische Bedeutung liegt im hohen Grad der Industrialisierung (Stahl), weshalb es nicht zufällig Sitz der Hohen Behörde der Montan-Union für Kohle und Stahl wurde (1952). In den letzten Jahrzehnten stieg Luxemburg zu einem der bedeutendsten Finanzplätze Europas auf.

1.6 Skandinavien

Dänemark, Schweden und Norwegen (erst seit 1905 in voller Unabhängigkeit nach Lösung der Personalunion mit Schweden) blieben im Ersten Weltkrieg neutral. Erst im 20. Jahrhundert erlebten sie ihren Aufstieg zur Industrialisierung, alle als parlamentarische Monarchien. Als Reaktion auf die Weltwirtschaftskrise von 1929 entwickelten sie je nationale Varianten des skandinavischen Wohlfahrtsstaats, ab 1932 unter Führung der Sozialdemokratie. Finnland konnte sich erst mit der russischen Oktoberrevolution 1917 und nach einem blutigen Bürgerkrieg gegen einheimische Kommunisten die Unabhängigkeit erkämpfen (1918).

Der Zweite Weltkrieg traf Skandinavien ganz unterschiedlich: Dänemark und Norwegen konnten ihre Neutralität nicht gegen die deutsche Invasion vom April 1940 behaupten, leisteten jedoch Widerstand, Norwegen anfangs auch militärisch. Das neutrale Schweden wurde für die deutsche Kriegsführung unentbehrlich, da es wertvolle Rohstoffe lieferte, vor allem Erz. Im Windschatten des beginnenden Zweiten Weltkriegs überfiel die Sowjetunion das kleine Finnland (1939/40), um ihm strategisch wichtige Gebiete zu entreißen. Daher schloß sich Finnland 1941 dem deutschen Angriff auf die Sowjetunion an, aber nur zur Rückeroberung der 1940 verlorenen Gebiete. Nach seiner Kapitulation (August 1944) zerstörte die deutsche Wehrmacht auf ihrem Rückzug Nordfinnland und Nordnorwegen nach dem Prinzip der verbrannten Erde. Finnland blieb vom Kommunismus verschont, mußte sich aber der sowjetischen Außenpolitik anpassen. Massive Reparationen katapultierten es geradezu in die Industrialisierung. Mit seiner Initiative zur „Konferenz zur Sicherheit und Zusammenarbeit Europas" (1975) leistete es einen wichtigen Beitrag zur Überwindung des Kalten Kriegs. In ihm hatten die skandinavischen Länder unterschiedliche Positionen: Schweden blieb mit Rücksicht auf das benachbarte Finnland neutral, Dänemark und Norwegen schlossen sich der NATO an (1949). Insgesamt wirkte ganz Skandinavien mäßigend, später auch vermittelnd gegenüber der Dritten Welt, vor allem im amerikanischen Vietnamkrieg (1965–1973) und im Nahostkonflikt gegenüber den Palästinensern. Dänemark ist seit 1973 Mitglied der EG/EU, Schweden und Finnland ab 1. 1. 1995. Norwegen lehnte zweimal den Beitritt zur EG bzw. EU ab (1972, 1994). Schweden hat eine besondere Note in der Welt als Land, das die meisten Nobelpreise vergibt, Norwegen als Land der Friedensnobelpreise, 1993 auch durch aktive, wenn auch diskrete Vermittlung zur Beendigung des Nahostkonflikts zwischen Israel und der PLO.

1.7 Österreich

Österreich-Ungarn zerbrach am Ende des Ersten Weltkriegs in zahlreiche Nachfolgestaaten, unter ihnen Österreich. Da es sich nicht für lebensfähig hielt, suchte es „Anschluß" an das Reich, den jedoch die Alliierten verwehrten, weil sonst Großdeutschland wieder stärkste Macht auf dem Kontinent geworden wäre. So schleppte sich Österreich als Staat wider Willen durch seine ungeliebte Unabhängigkeit, meist unter Führung der Christlich-Sozialen Partei, seit dem Krisenjahr 1931 unter einem autoritären Regime. 1934 warf es einen sozialistischen Aufstand und einen nationalsozialistischen Putsch nieder, beide Male gedeckt vom faschistischen Italien. Unter dem Druck einer starken eigenen NS-Bewegung von innen, Hitlerdeutschland von außen, erzwang Hitler den „Anschluß" im März 1938, nicht in der von den Österreichern erhofften Form einer inneren Autonomie, sondern als „Ostmark", aufgegangen im zentralisierten Führerstaat.

Nach dem Zweiten Weltkrieg wurde Österreich als eigener Staat freigesetzt, zunächst unter den vier Besatzungsmächten (bis 1955). Anfangs etablierte Österreich mit seiner Großen Koalition (ÖVP/SPÖ) die Besonderheit des „Proporz", der Staat und Gesellschaft unter beiden Koalitionspartnern aufteilte. Nachdem die ÖVP mit absoluter Mehrheit regierte (1966–70), zog die SPÖ nach, ob mit Koalition oder mit absoluter Mehrheit (1970), so daß gegen eine SPÖ/ÖVP Koalition (seit 1983) die Opposition der rechtsgerichteten FPÖ beachtliche Gewinne erzielt.

Im Österreichischen Staatsvertrag (1955) verpflichtete sich Österreich, nach Schweizer Vorbild, zur ewigen Neutralität und hielt sich aus dem Kalten Krieg heraus. Als 3. Sitz der UNO (1979) und Tagungsort der ständigen Abrüstungskonferenz in Wien gewann Österreich eine zusätzlich ausgleichende Bedeutung, unter SPÖ-Bundeskanzler Bruno

Kreisky (1970–83) auch gegenüber der PLO im Nahostkonflikt. Zunächst Mitglied der EFTA, schloß sich Österreich, nach dem Zusammenbruch der Sowjetunion, der EU an (1995), aber unter Wahrung seiner militärischen Neutralität.

1.8 Die Schweiz

Die Schweizer Eidgenossenschaft wahrte in beiden Weltkriegen ihre Neutralität, im Zweiten Weltkrieg mit einer ambivalenten Mischung von Entgegenkommen und Widerstand gegenüber Pressionen NS-Deutschlands. So blieb die Schweiz eine Insel der politischen Stabilität und des Wohlstands, auch internationaler Kontakte, u. a. als Sitz des Internationalen Roten Kreuzes und des Völkerbundes, später von Organen der UNO in Genf. Nach 1945 stieg Zürich zu einem der bedeutendsten Finanzzentren des Kontinents auf, auch attraktiv für „Fluchtgelder“ und „Geldwäsche“. Der äußerlichen Stabilität zum Trotz erreichten selbst die abgeschirmte Schweiz Probleme der modernen Wohlstandsgesellschaft – Umweltprobleme durch Industrialisierung und ausgedehnten Tourismus, Jugendkrawalle in den Großstädten, Angst vor Überfremdung. Ein älteres Untertangebiet im Kanton Bern erhielt als neuer Kanton Jura Gleichberechtigung (1978), aber der Antrag der Bundesregierung auf Beitritt zur Europäischen Währungsunion scheiterte (1993), aus Sorge, eine ökonomisch-politische Integration in Europa könnte die multinationale Schweizer Eidgenossenschaft von innen her sprengen.

1.9 ČS(S)R – Tschechien, Slowakei

Im Ersten Weltkrieg brach der Wille zur staatlichen Selbständigkeit bei den Tschechen durch, zugleich auch im Namen ihrer industriell weniger entwickelten slowakischen Vettern: zunächst mit einem Tschechoslowakischen Komitee unter Tomas Garrigue Masaryk im westlichen Ausland, nach der russischen Oktoberrevolution 1917 mit der „Tschechoslowakischen Legion“ aus Kriegsgefangenen in Rußland. Die Legionäre bildeten später den Kern der Armee der ČSR. Stärkste Minderheit waren Deutsche, vor allem in den Grenzgebieten von Böhmen und Mähren („Sudetenland“ in der NS-Propaganda). Hinzu kamen Ungarn in der südlichen Slowakei („Oberungarn“), „Ruthenen“ in der Karpatoukraine und Polen in dem mit Polen geteilten Teschen.

Die ČSR blieb stets parlamentarische Demokratie, gab jedoch als Zentralstaat seinen Minderheiten keine politische Autonomie, um ihre Loyalität zu sichern, die bei den Deutschen (ausgenommen den Sozialdemokraten) ohnehin nicht besonders groß war. Mit dem „Anschluß“ Österreichs 1938 wurde das Kernland der ČSR, Böhmen und Mähren, von Hitler in einer Kombination von innerem und äußerem Druck in zwei Etappen zerdrückt – im Münchener Abkommen durch Abtretungen der „sudetendeutschen“ Grenzgebiete (Oktober 1938), durch Errichtung des „Reichprotektorats“ Böhmen und Mähren (März 1939) sowie Abspaltung der Slowakei als deutscher Klientelstaat unter einem klerikal-faschistischen Regime. Das „Reichsprotektorat“ blieb von Kriegseinwirkungen weitgehend verschont. Auf der Prager Burg regierte Reinhard Heydrich, einer der intelligentesten, aber auch gefährlichsten Funktionäre des NS-Regimes, der für die Durchführung der „Endlösung der Judenfrage“ verantwortlich war. Nach einem gelungenen Attentat auf ihn überzog NS-Terror das Land: Deutsche Truppen vernichteten das Dorf Lidice und töteten alle männlichen Einwohner (10. 6. 1942).

Einmarsch der deutschen Truppen in Prag am 15. März 1939.

Beim Herannahen der Roten Armee vom Osten bzw. der Alliierten Armeen vom Westen regte sich weiterer Widerstand, erst der Slowakische Nationalaufstand (Herbst 1944), Anfang Mai 1945 der Tschechen. Anschließend wurden die Deutschen vertrieben, während die Sowjetunion die Karpatoukraine annektierte (1945). In ihrer seit 1848 traditionellen Russophilie gewann die KP der ČSR bei freien Wahlen 1946 38% der Stimmen und wurde stärkste Partei. Den Versuch einer Koalitionsregierung, dem Marshall-Plan beizutreten, beantworteten die Kommunisten mit dem Prager Putsch (1948), der die ČSR zur Volksdemokratie umwandelte, stets mit einem relativ hohen Lebensstandard im Ostblock. Nach den blutigen Erfahrungen Ungarns und Polens 1956, versuchte der „Prager Frühling“ unter dem Slowaken Dubček eine sanfte Reform zum „Kommunismus mit menschlichem Antlitz“ (1968), scheiterte aber an der Militärintervention des Warschauer Pakts (21. 8. 1968), die verbliebene Sympathien für Rußland zerstörte.

Hinter der Fassade erzwungener „Normalisierung“ klammerten sich Bürgerrechtler in der (seit 1969) ČSSR mit der „Charta 77“ an die Reste westlicher „Zivilgesellschaft“ und an die Menschenrechte der Helsinki-Charta von 1975. In der Agonie der Sowjetunion brach nach dem Fall der Berliner Mauer auch in der ČSSR der Kommunismus zusammen (November 1989), und der Dichter Vaclav Havel wurde aus dem Gefängnis Staatspräsident. Er vermochte das Ressentiment der Slowaken über (angebliche oder wirkliche) Zurücksetzungen, obwohl sich nach 1945 die Slowakei massiv industrialisierte und modernisierte, nicht zu überwinden: Die ČSR zerbrach am 1. 1. 1993 friedlich in die beiden Republiken Tschechien und Slowakei. Beide Nachfolgestaaten streben in die EU und NATO, auch um ihre schweren Probleme in der postkommunistischen Periode zu lösen.

1.10 Polen

Eingekeilt zwischen Deutschen und Russen, ging Polen durch Wechselbäder: Aufteilung, Abhängigkeit, prekäre Unabhängigkeit. Der große Krieg zwischen den drei Teilungsmächten 1914–18 eröffnete die Chance zur Unabhängigkeit, erst recht nach ihrem Zusammenbruch 1917/18. Da das Ende 1918 wiedererstandene Polen die Grenzen von 1772 erzwingen wollte, stürzte es sofort in Konflikte mit fast allen Nachbarn – Deutschen, Tschechen, Litauern, Russen. Die Kompromißlinien in West und Ost (dort nach dem polnisch-sowjetischen Krieg 1920 gezogen im Frieden von Riga 1921) befriedigten niemanden. Polen war außerordentlich heterogen mit ca. 40% Minderheiten, einschließlich ca. 3 Mio. Juden (Aschkenasim*). Abgesehen von Ostoberschlesien, das Autonomie erhielt, war Polen ein zentralistisch regierter Staat, mit intensivem Antisemitismus. Polonisierung vor allem im Osten richtete sich gegen Ukrainer, Weißrussen und Litauer, weniger gegen Deutsche im Westen. Deshalb hatte das isolierte Polen auch aus inneren Gründen keine Chance, sobald Deutschland und Rußland wieder erstarkten und sich seit Rapallo 1922 zur geheimen Kooperation gefunden hatten, um den beiderseits ungeliebten „Saisonstaat" Polen wieder zu zerschlagen. Der Hitler-Stalin-Pakt 1939 als Auftakt zum Zweiten Weltkrieg war logische Folge antipolnischer Machtpolitik.

Eine erneute Teilung zerschlug Polen durch direkte Annexionen in West und Ost. Dazu errichteten die Deutschen das „Generalgouvernement Polen" (1939–44), nach dem Überfall auf die Sowjetunion erweitert um den Bezirk Lemberg (1941–44). Dort war den Polen bestenfalls das Schicksal eines Helotenvolks für die „deutsche Herrenrasse" zugedacht. Der Krieg kostete ca. 1/4 der Einwohner Polens das Leben – sechs Millionen, ungefähr je zur Hälfte Polen und Juden. Auf die Verfolgung und Ausrottung der Juden, zuletzt in Massenmord-KZs im Generalgouvernement (Auschwitz, Treblinka, Majdanek), reagierte die polnische Bevölkerung mit einer ambivalenten Mischung aus Antisemitismus und Widerstand durch Hilfe für bedrängte Juden aus kirchlicher oder sozialistischer

Gebietsveränderungen durch den Frieden von Riga, 1921.

Tradition. Die staatliche Kontinuität hielten die Londoner polnische Exilregierung und Exilarmee sowie die Heimatarmee („Armija Krajowa“, AK) im Untergrund aufrecht, weshalb Stalin den Warschauer Aufstand (August–Oktober 1944) verbluten ließ, um einen nationalpolnischen Staat schon im Keim zu ersticken. Statt dessen wandelte er das Lubliner Komitee zur effektiven kommunistischen Regierung um, die im anlaufenden Kalten Krieg die Gleichschaltung zur Volksrepublik erzwang.

Durch die „Westverschiebung“ verlor Polen seine Ostgebiete jenseits des Bugs und der Curzon-Linie, erhielt aber deutsche Ostgebiete bis zur Oder-Neiße-Grenze, aus denen Deutsche geflohen waren oder vertrieben wurden. Nach 1945 war Polen in seinen neuen Grenzen national so homogen wie noch nie zuvor. Die stalinistische Gleichschaltung lockerte es durch den Posener Aufstand und „polnischen Oktober“ 1956, denn er machte unter Gomulka (1956–70) die 1953 aufgezwungene Kollektivierung der Landwirtschaft rückgängig und beendete den staatlichen Druck auf die Katholische Kirche, die seitdem zum einzigen intakten autonomen Faktor wurde.

Kaum hatte der Warschauer Vertrag mit der Bundesrepublik Deutschland durch faktische Anerkennung der Oder-Neiße-Grenze den Druck von außen vermindert, als mit den Danzig-Unruhen (Dezember 1970) Spannungen nach innen wieder durchbrachen. Edward Gierek (1970–80) setzte auf erhöhten Konsum und industrielle Modernisierung durch Westkredite, aber Kommandowirtschaft und Korruption erstickten alle Initiativen. In der fortan chronischen Polen-Krise höhlten weitere Eruptionen – Radom (1976), Solidarność Danzig (1980) – das System weiter aus, das der gefürchteten Sowjetintervention durch die Erklärung des Kriegszustandes (13. Dezember 1981) zuvorkam. Hinhaltender passiver Widerstand und Rückbesinnung auf die lateinische „Zivilgesellschaft“ bereiteten den Zusammenbruch des Kommunismus vor, eingeleitet durch den „Runden Tisch“ und die erste Regierung unter einem nicht-kommunistischen Ministerpräsidenten, Tadeusz Mazowiecki (1989/90), mit Walesa als erstem nicht-kommunistischen Staatspräsidenten (seit 1990). In die post-kommunistische Labilität brachte der inzwischen üblich gewordene Wahlsieg von Reformkommunisten (1993) eine gewisse Stabilität, aber auf der Grundlage von Marktwirtschaft und Öffnung nach Westen, zur EU und NATO.

1.11 Baltische Staaten – Estland, Lettland, Litauen

Der Zusammenbruch des Zarenreichs 1917 setzte seine baltischen Provinzen, seit 1703 bzw. 1795 Teil Rußlands, als Kleinstaaten in eine ungesicherte Unabhängigkeit frei. Sie blieben eingeklemmt zwischen Deutschen und Russen, Litauen noch zwischen Polen, das ihm 1920/23 seine historische Hauptstadt Wilna wegnahm, weil dort in Stadt und Umland Polen überwogen. Trotz Nichtangriffspakten (1932) annektierte Stalin die baltischen Staaten, auf der Grundlage des Hitler-Stalin-Pakts (1939/40) sowie nach ihrer Rückeroberung („Befreiung“) (1944/45), gefolgt von Massakern, Deportationen und massiven Ansiedlungen von Russen, vor allem in den Städten im Zuge der Industrialisierung. In der Agonie der Sowjetunion regte sich der Unabhängigkeitswille zuerst in den baltischen Republiken (1988), der sich hier auch zuerst durchsetzte (1990), noch vor dem Ende der Sowjetunion (1991). Erst mit dem Abzug der letzten russischen Truppen (1994) erscheint die Unabhängigkeit einigermaßen gesichert, die die baltischen Staaten durch möglichst rasche Aufnahme in die EU und in die NATO abzusichern hoffen. Es bleibt die Präsenz starker russischer Minderheiten in Estland und Lettland, die nur teilweise zur Assimilierung bereit sind, u. a. angelockt vom höheren Lebensstandard.

1.12 Südosteuropa

Als Südosteuropa sind hier Völker und Länder zwischen Deutschen und Italienern im Westen, Russen und Türken im Osten zusammengefaßt, die sie abwechselnd beeinflußten oder beherrschten, zwischen Phasen prekärer Unabhängigkeit. Zu Südosteuropa gehören – von Nord nach Süd – lateinisch geprägte Staaten (Ungarn, Slowenien, Kroatien, Rumänien westlich der Karpathen), orthodoxe (Serbien, Montenegro, Bulgarien, Griechenland, Rumänien östlich und südlich der Karpathen) und relativ mehrheitlich muslimische (Albanien, Bosnien-Herzegowina). Die meisten Länder sind ethnisch und religiös heterogen, am wenigsten noch Ungarn und Slowenien. Daher sind klare „nationale" Grenzen schwer zu ziehen. Die beste Methode zur friedlichen und konstruktiven Organisation der Heterogenität sind theoretisch Föderalismus und ein Maximum an Autonomie: Aber die politisch führenden Nationen beanspruchen zwar für sich das nationale Selbstbestimmungsrecht der Völker, verweigern es aber meistens ihren Minderheiten, selbst politische oder kulturelle Autonomie. Statt dessen kombinieren sie den historischen Rückgriff auf imperiale Traditionen in ferner Vergangenheit mit dem Prinzip der tunlichst homogenen Nation, gemäß dem Prinzip der *„nation une et indivisible"* seit der Französischen Revolution. Die logische Konsequenz ist Zwangsassimilation durch Repression von oben, die Widerstand und noch mehr Repression provoziert, bis hin zu Massakern und „ethnischen Säuberungen".

Dieser Mechanismus zeigte sich zuerst in der langanhaltenden Agonie des Osmanischen Reichs mit Massakern der Türken an Armeniern (1895/96, 1909, 1915/16), der Serben (und Montenegriner) an Albanern im 2. Balkankrieg (1912/13), generell seit dem gleichzeitigen Untergang aller dynastischen Großreiche – Rußland (1917), Österreich-Ungarn (1918) und Osmanisches Reich (1920/23) – in und zwischen ihren Nachfolgestaaten. In ihrer Heterogenität und Rivalität waren alle Nachfolgestaaten Südosteuropas labil und gingen zu diktatorisch-autoritären Regimen über. Außenpolitisch orientierten sie sich zunächst als „Kleine Entente" oder *„Cordon Sanitaire"* an Frankreich, das Ersatz für das weggebrochene Bündnis mit Rußland suchte. Ab 1938 gerieten sie unter Vorherrschaft Deutschlands bzw. Italiens – durch Annexion (Slowenien), als Klientel- oder Satellitenstaaten (Ungarn, Rumänien, Kroatien, Bulgarien) oder durch Eroberung bzw. Besetzung (Jugoslawien, Griechenland, Albanien). Nach dem Zweiten Weltkrieg kamen sie, bis auf Griechenland, unter kommunistische Herrschaft, mit je nationalen Varianten, vor allem im Jugoslawien Titos, Albanien unter Hodscha (bis 1985), Rumänien unter Ceaucescu.

Groß-*Ungarn* der Stephanskrone verlor nach 1918 die Hälfte an Territorium und Bevölkerung, und substantielle ungarische Minderheiten gerieten in feindlich gesonnene Nachbar- und Nachfolgestaaten: (Tschecho)Slowakei, Rumänien (Siebenbürgen/Transylvanien), Jugoslawien (Voivodina), Österreich (Burgenland). Rumpf-Ungarn reagierte zunächst linksextrem mit einer Räterepublik (1919), danach gemäßigt rechtsextrem mit dem autoritären Regime des Reichsverwesers v. Horthy (1921–44). Dem Status als deutscher Klientelstaat (1938–44) folgte der eines sowjetischen Satellitenstaats (1946–89). Ein erstes Aufbegehren im Ungarnaufstand (1956) konnte die Sowjetunion mit Hilfe ungarischer Kollaborateure (Kadar) blutig ersticken. Hinter dem Rücken der scheinbaren Sieger gewannen jedoch die Ungarn durch schrittweise Reformen zum „Gulaschkommunismus" neuen Spielraum und leiteten mit der Öffnung ihrer Grenze zum Westen nach Österreich für DDR-Flüchtlinge (1989) den Sturz des Kommunismus ein. Nach einer konservativ-liberalen Übergangsregierung regieren seit 1994 Reformkommunisten unter dem letzten kommunistischen Außenminister Guylya Horn.

Rumänien wurde Ende 1916 nach seiner Kriegserklärung an die Mittelmächte überrannt, verdoppelte sich aber nach deren Zusammenbruch Ende 1918 nach Territorium und Bevölkerung, denn es gewann von Rußland Bessarabien und von Ungarn Siebenbürgen/Transylvanien. Nach Territorialverlusten im Zweiten Weltkrieg an Ungarn und die Sowjetunion (1940) beteiligte es sich am deutschen Überfall auf die Sowjetunion (1941), wechselte aber rechtzeitig die Seiten (August 1944). Es verlor wieder Bessarabien und die Nordbukowina an die Sowjetunion, erhielt jedoch ganz Siebenbürgen zurück, wo die deutsche Minderheit zum Teil bleiben bzw. aus der Deportation nach Sibirien zurückkehren durfte. Als Volksdemokratie (ab 1946) verfolgte Rumänien unter Ceaucescu (1965–89) einen nationalkommunistischen Kurs, der nach innen in eine orientalische Despotie umschlug und in der blutigen „Weihnachtsrevolution" von 1989 gestürzt wurde. Seitdem hält sich ein Regime gemäßigter Ex-Reformkommunisten.

Slowenien, klein an Bewohnern, aber national relativ kompakt, löste sich Ende 1918 aus 1000 Jahren staatlicher Verbindung mit Deutschland/Österreich durch Anschluß an das werdende Jugoslawien. Es wurde vom Großdeutschen Reich zum größten Teil annektiert (1944), kehrte aber wieder zum inzwischen kommunistischen Jugoslawien zurück. Dort bildete es als westlichstes und nördlichstes Gebiet die Spitze des Entwicklungsgefälles bis nach Makedonien und Kosovo. Aus dem post-titoistischen Jugoslawien rettete es sich glimpflich in seine erstmalige staatliche Unabhängigkeit (1991).

Kroatien, autonomes Nebenland Ungarns (1102–1918), mußte sich unter dem Druck Serbiens und der Westalliierten 1918 Jugoslawien anschließen, geriet aber, mit seinem höheren Entwicklungsstand und lateinischen Selbstbewußtsein, in Konflikt mit den orthodoxen Serben, die sich als Hegemonialnation auch die Kroaten unterwerfen wollten. Im Widerstand formierte sich im italienischen Exil die faschistische Ustaša-Partei, die nach dem Kollaps Jugoslawiens durch die deutsche Eroberung (April 1941) einen von Deutschland abhängigen Klientelstaat gründete. Das neue Groß-Kroatien ermordete in blutigen „ethnischen Säuberungen" ca. 300 000 orthodoxe Serben. Im titoistischen Jugoslawien erneuerten sich allmählich wieder soziale, ökonomische und kulturelle Spannungen, die im Zusammenbruch Jugoslawiens zur Sezession Kroatiens und zum verdeckten Eroberungskrieg Serbiens (1991/92) eskalierten. Unter dem ersten Staatspräsidenten Franjo Tudjman knüpften maßgebliche Kreise an den Ustaša-Staat wieder an. Kroatien beteiligte sich vorübergehend an der Zerreißung der Herzegowina (1993/94).

Serbien (und *Montenegro* = „Jugoslawien") stand als Nation faktisch hinter dem Attentat von Sarajevo, wurde 1915/16 von den Mittelmächten erobert, kehrte 1918 als Sieger und Hegemonialmacht in sein vor 1914 erträumtes Jugoslawien zurück. Sein großserbischer Zentralismus provozierte jedoch innere Konflikte, vor allem mit den Kroaten, die es entscheidend schwächten und in die Selbstzerstörung trieben. Nach dem deutschen Überfall 1941 wurde Serbien besetzt und aufgeteilt, blieb aber im titoistischen Jugoslawien II. dominierend. Als „Rest-Jugoslawien" (seit 1991) steht es hinter dem Krieg gegen Kroatien und Bosnien-Herzegowina, um mit „ethnischen Säuberungen" sein kurzlebiges mittelalterliches großserbisches Reich (1546–55) neu zu errichten. Dazu gehört auch die Unterdrückung der Muslime im Sandschak und in Kosovo.

Die jugoslawischen Nachfolgestaaten *Bosnien-Herzegowina* und *Makedonien* haben kaum eigenstaatliche Tradition. Da sich in ihnen sub-imperiale Herrschaftsansprüche von Serben und Kroaten bzw. Serben, Bulgaren und Griechen überschneiden, haben sie wenig Chance, sich als souveräne Staaten zu behaupten. Sie sind daher akut bzw. latent (Makedonien) Konfliktherde der Gegenwart bzw. Zukunft.

Albaniens Existenz, 1913 auf Drängen Österreich-Ungarns gegründet, um Serbien und Montenegro von der Adria fernzuhalten, war und ist stets gefährdet. Im Zweiten Welt-

Jugoslawien, 1918–1941.

Die Aufteilung Jugoslawiens nach dem Aprilkrieg 1941.

krieg wurde es von Italien besetzt (1940), später vom titoistischen Jugoslawien II. wie ein Klientelstaat behandelt, bis zum Bruch Titos mit Moskau (1948). In wachsender Radikalisierung wandte es sich 1960 dem maoistischen China zu, zog sich nach dessen Wandlung (1976/78) ganz auf sich selbst zurück, als erster offiziell atheistischer Staat (1967–90). In der Isolierung verarmte Albanien vollends, wie sich spätestens seit dem Sturz des Kommunismus (1990) und der Hungerflucht von Albanien nach Italien (1991) erwies. Durch die großserbische Unterdrückung der Albaner im Kosovo (Amselfeld) ist Albanien indirekt mit dem Konfliktherd Rest-Jugoslawien verbunden.

Bulgarien trat 1915 auf seiten der Mittelmächte in den Ersten Weltkrieg ein und kämpfte gegen Serbien, Rumänien und Griechenland. Seine Monarchie hielt sich trotz der Niederlage 1918. Im Zweiten Weltkrieg schloß es sich Deutschland an, blieb aber neutral. 1944 wurde seine Monarchie gestürzt. Als Volksdemokratie avancierte es zum eifrigsten Satellitenstaat der Sowjetunion, zumal das Bulgarische dem Russischen von allen slawischen Sprachen am nächsten steht. In der Agonie des Kommunismus suchte das Regime von inneren Schwierigkeiten durch teilweise Vertreibung seiner türkischen Minderheit abzulenken. Als die „Preußen des Balkans“ schienen die Bulgaren die postkommunistischen Probleme von allen orthodoxen Nachfolgestaaten am besten zu meistern, gaben aber bei Wahlen im Dezember 1994 den Ex-Kommunisten sogar die absolute Mehrheit.

Griechenland nutzte den Ersten Weltkrieg als weiteren Krieg gegen die Türken. Die Eroberung West-Anatoliens scheiterte in zwei Anläufen an der national erneuerten Türkei in der „Kleinasiatischen Katastrophe“ (1922). Der Friede von Lausanne (1923) führte zum ersten Mal staatlich regulierte wechselseitige Umsiedlungen von Türken und Griechen ein. Die politische Instabilität vor 1914 setzte sich fort, u. a. mit der Metaxas-Diktatur (1936–41). Die Abwehr eines italienischen Angriffs (1940) nutzte Hitler zur Eroberung Griechenlands (1941). Nach Abzug der Deutschen verhinderte England die Machtübernahme der kommunistisch geführten Widerstandsbewegung. Mit englischer, dann US-amerikanischer Hilfe behauptete sich im Griechischen Bürgerkrieg (bis 1949) die Monarchie, die sich 1952 der NATO anschloß. Im Wechsel zwischen Konservativen, Liberalen, Militär-Junta, Sozialisten, Konservativen und Sozialisten verschlissen sich rasch alle Regierungen in Korruption. Der Beitritt zur EG (1973) ermöglichte die Industrialisierung, verschärfte aber auch Umweltzerstörungen. Im Jugoslawienkrieg unterstützt Griechenland diskret Serbien und bedrängte ökonomisch durch Blockade das Nachbarland Makedonien, um angebliche Ansprüche auf Griechisch-Makedonien abzuwehren.

1.13 Die Türkei

Durch seinen Kriegseintritt auf seiten Deutschlands 1914 zog sich das Osmanische Reich die Feindschaft seiner bisherigen Schutzmächte England und Frankreich gegen Rußland zu. Im Ersten Weltkrieg begingen die Türken, meistens durch Kurden, mit ihrem Massenmord genozidalen Ausmaßes an den Armeniern 1915/16 die bis dahin gewaltigste „ethnische Säuberung“, fortgeführt durch Umsiedlungen von Griechen aus der Türkei, von Türken aus Griechenland im Frieden von Lausanne (1923). Aus dem Widerstand gegen den Frieden von Sèvres (1920), den der Sultan unterzeichnete, ging die türkische Republik unter Kemal Atatürk (1920–36) als säkularisierter Staat hervor, die auch das Kalifat beendete (1924). Mit finanzieller und militärischer Hilfe Sowjetrußlands wehrten die Türken zwei griechische Invasionen ab und zerschlugen gewaltsam die in Sèvres vorge-

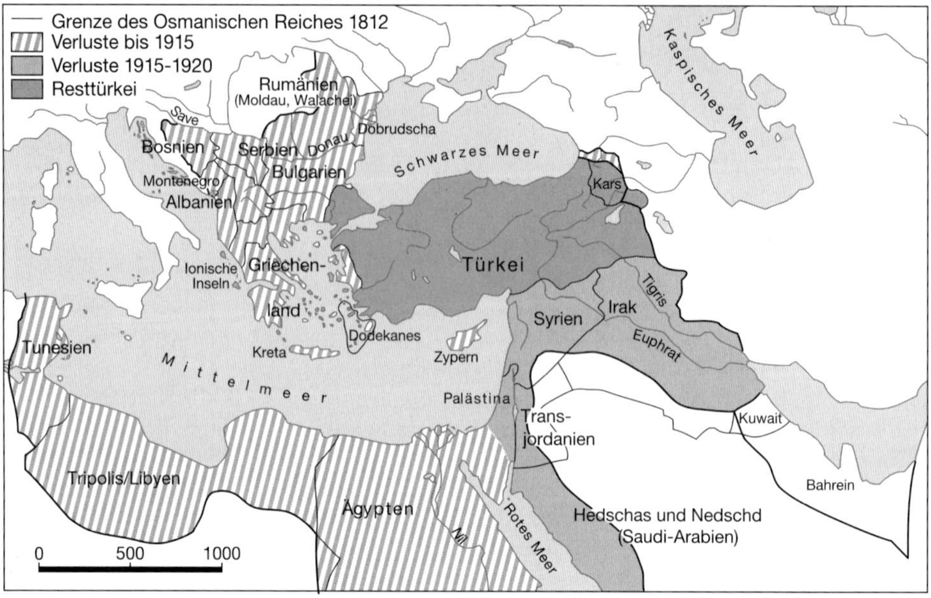

Die Auflösung des Osmanischen Reiches.

sehenen autonomen Republiken der Armenier und Kurden (1922/23). Anschließend setzte die Republik die Repression gegen Armenier und Kurden fort, deren ethnische und sprachliche Identität sie leugnete, indem sie die sperrigen Minderheiten zu „Bergtürken" erklärte. Assimilatorischer Druck traf später auch die Araber im Bezirk Alexandrette, den Frankreich von Nordsyrien an die Türkei abtrat (1938), um sie von Deutschland politisch abzuziehen.

Im Zweiten Weltkrieg blieb die Türkei neutral. Mit Hilfe der USA widersetzte sie sich 1946/47 sowjetischer Pression, Teile Armeniens und die Kontrolle über die Meerengen abzutreten. Über erste Entwicklungshilfe („Point IV Program", 1947) fand die Türkei zur NATO (1952), blieb aber mit dem benachbarten NATO-Partner Griechenland in „herzlicher" Feindschaft verbunden. Etwa ab 1961 gingen Millionen Türken als Gastarbeiter in die boomenden Industrieländer des westlichen Europa, vor allem in die Bundesrepublik. Zugleich drängte die Türkei in die EWG/EG/EU, ohne jedoch wesentliche Kriterien für die Mitgliedschaft in das politische Europa zu erfüllen (Menschenrechte). Die Verschärfung der Repression gegen Autonomiewünsche der Kurden eskalierten zu genozidalen Massakern, die umgekehrt die Kurden in die Radikalisierung der PKK mit einem nationalkommunistischen Programm staatlicher Unabhängigkeit trieb.

Der Sturz des Kommunismus eröffnete Aussichten, im Ex-Sowjetischen Zentralasien das ältere Programm des Panturanismus zu erfüllen, also die Turkvölker unter der Führung der Türkei zu einen. Gleichzeitig könnten anhaltende Massaker und „ethnische Säuberungen" der Serben an Muslims auf dem Balkan zur militärischen Intervention reizen, was den bisher regional begrenzten Konflikt zur allgemeinen Konflagration* ausweiten würde. Dann könnten auch in der Türkei muslimische Fundamentalisten* neuen Auftrieb gewinnen, die säkularisierte Republik mit ihrer Trennung von Religion und Staat zu stürzen, im „Heiligen Krieg" gegen die „Ungläubigen".

1.14 Arabische Länder

Bis zum Ersten Weltkrieg unterstanden die Araber dem Osmanischen Reich oder europäischen Kolonialherren – England (Ägypten, Sudan), Italien (Libyen), Frankreich (Tunesien, Algerien, Marokko, Mauretanien), Spanien (Spanisch-Marokko, Spanisch-Sahara). Der Arabische Aufstand gegen die Türken (1915/16) zielte auf Unabhängigkeit, der die siegreichen Alliierten jedoch keinen Raum gaben. Vielmehr erweiterten sie mit Völkerbundsmandaten ihre faktische Herrschaft, aus strategischen wie wirtschaftlichen Gründen (Suezkanal, Öl): England sicherte sich Irak, Palästina, Transjordanien; Frankreich Syrien und den Libanon.

Die Aufteilung durch die Konferenz von San Remo (1920) beantworteten Teile der Araber mit Aufständen, vor allem in Spanisch-Marokko (1921–26) und Ägypten, wo eine Delegation („Wafd") von Notabeln das Versprechen einer Verfassung erreichte (1922). Damit begann die Autonomie Ägyptens, gesteigert zur formalen Unabhängigkeit (1936), gleichzeitig auch des Irak. In Libyen konnte erst das faschistische Italien den Aufstand der Senussi allmählich ersticken (1931). Die Wahabbiten vereinten fast die ganze Arabische Halbinsel zu Saudi-Arabien (1925) und verdrängten die Söhne des Haschemiten-Sherif von Mekka, die als Herrscher über das 1925 von den Engländern abgetrennte Transjordanien (seit 1949: Jordanien) und den Irak abgefunden wurden. In Palästina gerieten die Araber in Konflikt mit dem werdenden nationaljüdischen-zionistischen Israel. So boten die arabischen Länder ein äußerst uneinheitliches Bild.

Der Zweite Weltkrieg komplizierte die Lage weiter, denn die französischen Gebiete blieben dem Vichy-Regime loyal, während England Putschversuche des Militärs zugunsten der Achsenmächte in Ägypten (1941) und Irak (1942) niederschlug und sie zu Basen der Kriegführung machten. Seit dem Herannahen des Kriegsendes erhielten die arabischen Länder schrittweise die Unabhängigkeit – Syrien (1943), Libanon (1944), Ägypten (1945), Libyen (1951), Sudan (1955), Tunesien, Marokko (1956), Mauretanien (1960), Algerien (1962), bis auf Algerien (1954–62) ohne größere kriegerische Konflikte. Einige stürzten bald ihre Monarchien – Ägypten (1952), Irak (1956), Tunesien (1957), Libyen (1962) und radikalisierten sich unterschiedlich. Die Gründung der Arabischen Liga, meist mit Sitz in Kairo (außer 1979–89), sollte einen lockeren Rahmen von Gemeinsamkeiten stiften, konnte aber den politischen Zerfall in „fortschrittliche" Republiken und gemäßigte (meist) Monarchien nicht verhindern. In Konkurrenz zu einem vagen Panarabismus steht der Panislamismus, der mit der Islamischen Revolution im Iran (1979) durch Sturz der säkularisierten Staaten zur Errichtung islamischer Theokratien („Gottesstaaten") nach iranischem Vorbild neuen Auftrieb erhielt. Am nachhaltigsten spaltete den arabischen Raum der Nahostkonflikt um Israel mit bisher vier Nahostkriegen (1948/49, 1956, 1967, 1973) und dem Libanonkrieg (1975–90) samt israelischer Militärintervention (1982/83). Im Konflikt fielen bisher Differenzen zwischen „Fortschrittlichen" und islamischen Fundamentalisten einerseits, Gemäßigten andererseits weitgehend zusammen, während der traditionelle Unterschied zwischen Sunniten und Schiiten dagegen eher zurückzutreten scheint. Sollte der Friedensprozeß mit Israel gelingen, könnte er eine Auflockerung auslösen, da nunmehr das Prinzip der Autonomie eine Chance erhielte. Alle arabischen Länder gehen durch schwere Krisen, derzeit (1995) am stärksten in Algerien: Rasches Bevölkerungswachstum, ökonomische und soziale Probleme der anlaufenden Industrialisierung fallen mit einer Weltkrise zusammen, für die Fundamentalisten Lösung durch Rückkehr zur theokratischen Einheit im „Gottesstaat" verheißen.

1.15 Der Iran

Der zweite Pahlewi-Schah, Mohammed (1942–1979), zielte auf Modernisierung mit Hilfe des Erdöls, gestützt auf die USA, entfremdete sich aber damit die sich radikalisierende Geistlichkeit der schiitischen Mullah. Gleichzeitig bemühte sich der Schah, den Iran zur Hegemonialmacht am Persischen Golf zu machen, vor allem in Konkurrenz zum arabischen Irak. In seiner Agonie unterlag das Schah-Regime einer Koalition „fortschrittlicher" Kräfte, unter Führung der kommunistischen Tudek (= Volks)Partei und der fundamentalistischen Schiiten unter Ajatollah Khomeini (1979–1989), die sich nach der Islamischen Revolution (1979) in der theokratischen Islamischen Republik blutig durchsetzten. Für die Islamisten waren die USA der größere „Satan" (ein persisches Wort), die Sowjetunion der kleinere. Im 1. Golfkrieg des Irak (1980–88) nahm der Iran aber Waffen von der Sowjetunion an, die auch dem Irak Waffen lieferten. Den Wiederaufbau hält Khomeni-Nachfolger Rafsandjani insgesamt pragmatischer, ohne das Todesurteil gegen den anglo-indischen Schriftsteller Salman Rushdie wegen seiner „Satanic Verses" (1989) aufzuheben. Der Zusammenbruch der Sowjetunion ermöglicht eine kulturpolitische Offensive in Ex-Sowjetisch-Zentralasien unter den kulturell überwiegend persisch geprägten Turkvölkern und persisch sprechenden Tadschiken in Tadschikistan und Afghanistan.

1.16 Lateinamerika

Der lateinamerikanische Kontinent ist mit seinen enormen Problemen ein Kosmos für sich, zu kompliziert, um ihn in einem deutschen Geschichtslehrbuch auch nur einigermaßen adäquat vorführen zu können. Von Mexiko bis Chile und Argentinien dominiert die spanische Sprache. Nur im Osten, in Brasilien, zugleich dem größten Staat Lateinamerikas, wird Portugiesisch gesprochen, sonst werden nur in kleineren Gebieten im Norden sowie auf Inseln der Karibik (Westindien) andere Sprachen gesprochen – Englisch, Französisch (Haiti, Guadeloupe, Martinique, Cayenne) sowie Holländisch (Surinam). Überall unterwarfen sich die europäischen Eroberer (spanisch/portugiesisch: „Conquistadores") die einheimischen Indios, zerstörten ihre Reiche (Azteken, Inkas), löschten teilweise ihre Bevölkerung aus, u. a. mit ihren den Einheimischen unbekannten Krankheiten. Lateinamerikas erste bedeutsame Region sind die Westindischen Inseln (weil Columbus annahm, er habe 1492 Indien vom Westen her erreicht) oder Karibik, benannt nach den Ureinwohnern, den Kariben. Der geographischen Fragmentierung entspricht eine politische, denn nach 1492 setzten sich Spanier, Franzosen, Engländer, Holländer, Dänen fest. Am wichtigsten waren stets die beiden größten Inseln, Kuba und Santo Domingo, heute unterteilt in die spanischsprachige Dominikanische Republik und das französischsprachige Haiti (früher: Saint-Domingue). Mit Anbau von „Kolonialwaren", vor allem Zuckerrohr, auf Plantagen wurde die Karibik ein frühes Zentrum europäischer Weltwirtschaft. So tobten Hegemonialkriege immer auch um die Karibik, erst nachdrängender Kolonialmächte gegen Spanien, zuletzt untereinander. Die Französische Revolution 1789 gab Freiraum zum Sklavenaufstand auf Saint-Domingue 1791, der die weiße Führungsspitze in Massakern wegsprengte. An ihre Stelle setzten sich im ab 1804 unabhängigen Haiti Mulatten (= Mischlinge zwischen Schwarzen und Weißen), die ihrerseits die Schwarzen ausbeuteten und unterdrückten. Danach versank Haiti im Chaos blutiger Machtkämpfe zwischen Führungscliquen hellhäutiger Mulatten und Schwarzen, die sich in der Macht abwechselten, bis zu jüngsten Wirren.

Im Windschatten der Französischen Revolution und napoleonischen Eroberungen errang Lateinamerika ab 1810 die Unabhängigkeit von Spanien und Portugal (Brasilien). Im Sieg der Befreiungsbewegungen zerfiel das spanische Kolonialreich in postkoloniale Nachfolgestaaten, die aus unterschiedlichen kolonialen Administrationseinheiten hervorgingen. Die für die schwere Arbeit in tropischen und subtropischen Gebieten eingeführten schwarzen Sklaven aus Afrika wurden im Laufe des 19. Jahrhunderts emanzipiert, zuerst in den britischen Kolonien (1834/38), zuletzt in Brasilien (1888). Aus Europa kamen, besonders aus Italien, vor allem seit dem 19. Jahrhundert viele Europäer. Aus den drei Bevölkerungselementen und ihren mannigfachen Verbindungen entstanden in typischen Einwanderungsgesellschaften koloniale Rassen-Kasten-Gesellschaften, die sich mit der Industrialisierung allmählich in Rassen-Klassen-Gesellschaften umwandelten. An der Spitze standen stets die Weißen, angeführt von den Konquistadoren und ihren Nachfahren („Kreolen"), am unteren Ende Schwarze und Indios, vor allem Stämme auf dem Niveau von Jägern und Sammlern. Ein Hauptgebrechen Lateinamerikas ist, daß es bis heute diese Grundstrukturen beibehalten hat, vor allem wo Nachfahren der Konquistadoren noch riesige Latifundien besitzen und die Indios in Abhängigkeit halten, so daß sich weder ökonomische noch soziale oder gar politische Demokratien entwickeln können. Die politische Macht übte die meist weiße politische Klasse bisher überwiegend durch das Militär aus, das sich in ungezählten Staatsstreichen („Pronunciamentos") innerhalb eines schmalen Spektrums politischer Positionen an der Staatsspitze ablöste.

Brasilien läßt als größter Staat, mit seiner Ausdehnung von tropischen bis zu gemäßigten Zonen im Süden, Grundstrukturen und Grundprobleme auf so riesigem Maßstab vielleicht am klarsten erkennen. In seiner Bevölkerung hält sich ein hoher Anteil von Indios und Afro-Amerikanern. Mit seinem überwiegenden Anteil am Regenwald im Amazonasbecken hat es zudem den Schlüssel zu einem der bedeutendsten Klima- und Umweltkomplexe in Händen, die Menschen noch direkt beeinflussen können.

In den Ersten Weltkrieg trat Brasilien spät auf seiten der Alliierten ein (1917). In der Weltwirtschaftskrise 1929 erlitt seine zunächst boomende Nachkriegswirtschaft einen schweren Schlag – vor allem der Export von Kaffee nach Europa litt durch ins Bodenlose fallende Preise. Unter einem massiven Bevölkerungsdruck, begleitet von Erosion in den alten Wirtschaftsschwerpunkten, vor allem im Nordosten, verschärfen sich die Probleme ständig. So schwankte Brasilien im 20. Jahrhundert, wie ganz Lateinamerika, zwischen Perioden verfassungsmäßigen Regierens (1889–1930, 1945–64, seit 1985), der Diktatur Vargas (1930–45) und der Militärdiktatur (1964–85). Die Verlagerung des Entwicklungsschwerpunkts in das Amazonasbecken, vorbereitet durch die Einweihung Brasilias als neue Bundeshauptstadt (1960), ist eine gigantische Umweltzerstörung durch Abbrennen des für die Regulierung des Weltklimas unentbehrlichen Regenwalds, u. a. zur Umwandlung in Weiden für Rinder, begleitet vom Genozid an den Urwald-Indios.

Eine Besonderheit Lateinamerikas seit den letzten Militärdiktaturen sind Todesschwadronen, ursprünglich zur Bekämpfung extrem marxistischer Stadtguerillas. Neuerdings schwappt die interne Gewalttätigkeit auch gegen obdachlose und mittellose Kinder auf den Straßen der Großstädte über.

2 Sowjetunion, 1918–1939

Sowjetisches Plakat von 1924, das Sieg und Aufbauleistung des Sozialismus preist.

Zeittafel

1918/21	Revolution, Bürgerkrieg und „Kriegskommunismus“: Hungerkatastrophen
1918/20	Bürgerkrieg
1921	Matrosenaufstand in Kronstadt und Arbeiterstreik in Petrograd. X. Parteitag zur „Neuen Ökonomischen Politik“ (NEP, bis 1927)
1922	Rapallo-Vertrag mit Deutschland. Stalin wird Generalsekretär der Partei. Gründung der Union der Sozialistischen Sowjetrepubliken (UdSSR, bis 1991)
1924	Tod Lenins: Aufstieg J. W. Dschugaschwili Stalins zum Diktator
1927	Ausstoßung Trotzkis und Sinowjews aus der Partei
1929	Flucht Trotzkis. Fünfjahrespläne. Kollektivierung der Landwirtschaft: Vernichtung („Liquidierung“) „des Kulakentums als Klasse“
1933/34	Anerkennung der UdSSR durch die USA. Aufnahme in den Völkerbund
1936	Stalin-Verfassung: Schein-Föderalismus
1936–38	„Säuberung“: Liquidierung alter Revolutionäre und Schauprozesse
1936–39	Eingreifen der UdSSR im Spanischen Bürgerkrieg
1939	Deutsch-sowjetischer Nichtangriffspakt (23. 8.). Besetzung Ostpolens (17. 9.)

2.1 Vom Bürgerkrieg zur Neuen Ökonomischen Politik (NEP), 1918–1921

Die russischen Revolutionen von 1905 und Oktober 1917 brachen nach schweren militärischen Niederlagen aus. Galt die Februarrevolution als Massenerhebung, so war die „Große Sozialistische Oktoberrevolution" ein planvoll organisierter Staatsstreich zur Machtergreifung durch die „eine" Partei der Bolschewiki. Die Sicherung ihrer Macht bis zur Alleinherrschaft löste bis Mai 1918 den Bürgerkrieg aus. Der Aufbau einer „neuen" Gesellschaft, die das Selbstbestimmungsrecht der nicht-russischen Nationen vorübergehend duldete, begann unter dem revolutionären Ideal, die Marx-Lenin-Theorie mit Gewalt in die Praxis umzusetzen: „Terror" durch die „Diktatur des Proletariats", um den Klassenfeind im Bürgerkrieg zu „liquidieren". Der verheerende Bürgerkrieg polarisierte zwischen den Bolschewiki und ihren Feinden („Konterrevolutionäre", „Weiße"), deren Hauptkräfte sich in Südrußland und Sibirien konzentrierten. Interventionstruppen der Engländer, Franzosen, Amerikaner und Japaner landeten im Norden (Archangelsk, Murmansk), im Süden (Sewastopol, Odessa, Baku, Krim), in Sibirien und im Fernen Osten (Wladiwostok). Der oft auf Messers Schneide stehende erbarmungslose militärische Überlebenskampf der Bolschewiki, die im sowjetisch-polnischen Krieg 1920 Polens Freiheit akzeptieren mußten, endete mit einem Sieg der Bolschewiki: Der Bürgerkrieg forderte ca. sechs Millionen Opfer und zwei Millionen elternlos vagabundierende Kinder; in Hungergebieten war Kannibalismus keine Seltenheit.

Die Leidenszeit des Kriegskommunismus erschütterte alle Gesellschaftsschichten. Straffe Gleichschaltung ersetzte Markt und Geld durch Zentralverwaltungswirtschaft: Verteilung der landwirtschaftlichen Produkte, Lebensmittel, Dienstleistungen, Gebrauchsgüter und industriellen Rohstoffe („Versorgungsdiktatur"). Einen hohen Blutzoll entrichtete die Intelligentsija. In der „Hexenjagd" wurde sie von der Sowjetmacht ausgelöscht oder vertrieben, soweit sie nicht selbst bei den Bolschewiki aktiv war. „Bürgerliche Spezialisten" in den Betrieben wurden nur geduldet, soweit sie unentbehrlich waren. Techniker, Ärzte, Ingenieure und Offiziere erhielten privilegierte Positionen. Doch Geisteswissenschaftler galten als „notorische Verderber der Jugend", die „bürgerliches Gerümpel" (Lenin) heranzögen. 1922 wurden mehrere hundert Philosophen, Philologen, Historiker, Ökonomen und Theologen des Landes verwiesen („Erziehungsdiktatur"). Trotzki lieferte in der Roten Armee das Modell dafür, wie mit den Offizieren zu verfahren war: Sie erhielten zur politischen Kontrolle Kommissare an die Seite, die meist aus den Rängen der Soldaten kamen. Der Kriegskommunismus 1917 bis 1921 zerschlug die nichtbolschewistischen Parteien (Menschewisten, Sozialrevolutionäre und Kadetten) und beseitigte die Opposition in den bolschewistischen Reihen durch den „Roten Terror". Die Folgen zeigten sich in der Stalin-Diktatur.

Hungernde Familie an der Wolga, 1921.

Der Bürgerkrieg in Rußland 1918/19.

Das Scheitern des Kriegskommunismus hatte katastrophale Folgen: Naturaltausch und Naturalentlohnung, kostenlose Leistungen (Bildungs- und Kultureinrichtungen, Post, Telephon), Verbot privaten Handels und öffentliche Speisehallen mit unentgeltlicher Essensausgabe hatten in drei Jahren alle Regulative menschlichen Zusammenlebens, Ordnung, Hygiene und soziales Engagement zerrüttet. Arbeiter und Bauern lebten in bitterster Armut, die Industrie war heruntergewirtschaftet, Betriebskomitees und Gewerkschaft waren uneinig über ihre Rolle. Anfang 1921 brachen im ganzen Land Bauernaufstände und Arbeiterunruhen aus, denen sich im Kronstädter Aufstand (März 1921) Matrosen der Baltischen Flotte anschlossen. Sie wollten die menschenverachtende Diktatur der Bolschewiki brechen, die Rätedemokratie wiederherstellen und einen neuen sozialistischen Aufbau auf breiter Grundlage verwirklichen. Blutig wurde der Kronstädter Aufstand von Trotzki niedergeschlagen. Dennoch beschloß der X. Parteitag, der zeitgleich stattfand, einen „strategischen Rückzug": Zur Abwehr des totalen Zusammenbruchs verkündete Lenin das Programm der „Neuen Ökonomischen Politik" (NEP) als lebensnotwendigen Kompromiß zur Überwindung momentaner Schwierigkeiten. Die Wiederzulassung privater Unternehmerinitiative in Mittel- und Kleinindustrie und im Binnenhandel sowie durch ausländisches Kapital sollte den wirtschaftlichen Wettbewerb wieder beleben. Lediglich die Großindustrie, das Transportwesen und der Außenhandel blieben verstaatlicht. Der Verzicht auf landwirtschaftliche Zwangsabgaben förderte die private Landwirtschaft. Unentgeltliche Leistungen (Lebensmittel, Kantinen, Kinderkrippen) fielen dem Rotstift zum Opfer, in der Lohnpolitik galt das Leistungsprinzip. Die NEP hatte Erfolg: bereits 1925 war der Vorkriegszustand der Erträge, Aussaatflächen und des Viehbestandes wieder erreicht, die Industrie zog bis 1926 nach.

Andererseits stärkte der X. Parteitag die Rolle der Partei: Das Prinzip einer straffen Kaderpartei zur Verankerung der diktatorischen Einparteienherrschaft erhielt eindeutig Priorität, der Parteiapparat wurde bürokratisiert und dem Dogma des „demokratischen Zentralismus" unterworfen. Lenins Kampf gegen die orthodoxe Kirche (1922) glich nun einem Vernichtungsfeldzug. Die Verfassung der UdSSR von 1922, die mit Ausnahme der Westgebiete wieder fast das gesamte Territorium des Zarenreichs umfaßte, sicherte die Vorherrschaft der Partei, obwohl sie als eigentliche Machtinstanz an keiner Stelle konkret vorkam. Ein Katalog von Grundrechten fehlte: Das föderative, nationale und rätedemokratische Element existierte nur auf dem Papier.

2.2 „Sozialismus in einem Land" – Industrialisierung und Kollektivierung der Landwirtschaft

Auf die Folgen des Kurswechsels von 1921 hatte Lenin nur noch begrenzt Einfluß, denn bis zu seinem Tode im Januar 1924 war er als Folge eines Attentats nahezu ausgeschaltet. Als Stalin mit Zustimmung Lenins 1922 Generalsekretär der Partei wurde, erkannte der todkranke Lenin wohl noch Stalins Charaktermängel, konnte ihn aber nicht mehr aus der Schaltstelle der Partei entfernen. Den innenpolitischen Stabilisierungskurs der NEP sicherte außenpolitisch die These der „Friedlichen Koexistenz" oder der „Zwei-La-

Die Union der Sozialistischen Sowjetrepubliken (UdSSR), 1922–1991.

ger-Theorie“ zwischen der Sowjetmacht und den kapitalistischen Ländern ab. Da der grenzüberschreitende Bürgerkrieg bis zur erwarteten Weltrevolution ausblieb, wurde eine flexible Außenpolitik notwendig: Internationale Anerkennung mit Mitteln der herkömmlichen Diplomatie, um Handelskontakte und Kredite zu erlangen. Deutschland (Rapallo 1922) und Großbritannien (1924) bis zu den USA (1933) waren wichtige Wegmarken. Dagegen hielt sich die weltrevolutionäre Zielsetzung im gefügigen Instrument der 3. Kommunistischen Internationale (Komintern) mit Sitz in Moskau. Zwischen beiden Möglichkeiten lagen vielfältige Chancen zur politisch-ideologischen Einflußnahme im Westen, u. a. durch kommunistische Parteien und Intellektuelle.

Die NEP überwand in den 20er Jahren weder die Kluft zum westeuropäischen Entwicklungsvorsprung noch die Furcht vor der „Einheitsfront“ des Westens und den Anspruch der eigenen ideologischen Überlegenheit. Der zukünftige Kurs in der Wirtschaftspolitik ließ sich nur über einen mehrjährigen harten innerparteilichen Kampf verwirklichen, aus dem Stalin als Sieger hervorging, indem er alle Gegner rücksichtslos ausschaltete (Trotzki, Sinowjew, Kamenew). Stalins „Aufbau des Sozialismus in einem Lande“, eine Kehrtwende gegenüber der Weltrevolution, orientierte sich am russischen Maßstab, dessen zeitlich kurze und dirigistische Zielvorgabe Vorbild für die Kommunisten der übrigen Welt werden sollte.

Das problematische Nebeneinander von kollektivwirtschaftlicher Industrie und privater Landwirtschaft beseitigte eine „Revolution von oben“, indem sie die Sozial- und Wirtschaftsstruktur umwälzend veränderte. Der XV. Parteitag von 1927 hatte bereits ein Signal zur beschleunigten Industrialisierung und Kollektivierung der Landwirtschaft gegeben. Im 1. Fünfjahresplan (1928/29–1932/33) begannen Zwangsmaßnahmen gegen die groß- und mittelbäuerliche Schicht („Kulaken“), die im Verhältnis zu anderen Bauern in der NEP zu bescheidenem Besitz gekommen war. Der schonungslosen Ausrottung des „Kulakentums“ seit 1930 fielen ca. 10 Millionen Menschen zum Opfer, meist durch Massaker, Hungersnot und Deportationen nach Sibirien, in den Ural oder nach Kasachstan. Überlebende Bauern fanden sich entschädigungslos in den neuen Kollektivwirtschaften, den Kolchosen und staatlichen Großbetrieben, den Sowchosen*, wieder, die ineffizient arbeiteten: bereits 1932 lebten 60% und 1937 93% aller Bauern in Kolchosen*. Katastrophale Einbrüche in der landwirtschaftlichen Produktion (Getreide, Vieh) und Hungerkatastrophen waren die Folge. Trotzdem drosselte Stalin nicht das Tempo der Kollektivierung. Extremes menschliches Leid, Massensterben und sogar Kannibalismus in den Jahren 1932/33 ließen die bolschewistischen Machthaber kalt. Die Hungersnot wurde von amtlicher Seite geleugnet, eine Hilfeleistung des Auslandes als unnötig bezeichnet. Ca. 20 Millionen Menschen gingen aus den Dörfern in die Städte und neuen Industriezentren, sie ersetzten teilweise auf den Großbaustellen die fehlenden Maschinen und trugen zur riesigen Wohnungsnot bei. Die staatliche Wertabschöpfung im Agrarbereich sollte einen finanziellen Beitrag zum Aufbau des industriellen Sektors leisten.

Noch in der Kollektivierungsphase peitschte Stalin ein gigantisches Industrialisierungsprogramm durch, in dem die Schwerindustrie Leitfunktion erhielt. Westliches Know-how und moderne Maschinenimporte, die mit Erlösen aus Getreide- und Holzexporten bezahlt wurden, sollten die wirtschaftliche Unabhängigkeit (Autarkie) vorantreiben. Das Wachstum der Schwerindustrie beeinflußte alle Wirtschaftszweige: Stahlerzeugung, Mechanisierung des Bergbaus, Maschinenbau, Automobil- und Rüstungsindustrie. Konsumgüter hingegen wurden vernachlässigt. Propaganda leistete dem „sozialistischen Wettbewerb“ Vorschub, überplanmäßige und persönliche Arbeitsleistungen wurden durch die „Stachanow-Aktion“ öffentlich geehrt und als „Sowjetpatriotismus“ bestätigt.

2.3 Stalinismus

Führungskämpfe nach Lenins Tod und Stalins Aufstieg zum allmächtigen Diktator dokumentieren das Ineinandergreifen von einschüchternder Polizeigewalt, wirtschaftlicher Radikalreform, von dogmatischem Denken und autoritär-administrativem Herrschen, mit der Machtkonzentration auf eine Person und dessen Terrorapparat. Stalins Wille war Partei- und Staatswille. Aus dem maßlos übersteigerten Personenkult, historisch in der Tradition orthodoxen Ikonenersatzes, sollte sich ein neues sozialistisches Staatsbewußtsein („Sowjetpatriotismus“) entwickeln. Spitzel der Geheimpolizei ermittelten Widerspruch und Gegner, Denunziantentum erschwerte Widerstand und Kritik. Kampagnen gegen die bürgerliche „Schädlingstätigkeit“ in den Betrieben begleiteten Terrormaßnahmen unter dem Vorwurf der Sabotage, die 1928 in einem Schauprozeß in Moskau, dem „Schachty-Prozeß“, ihren Höhepunkt fanden. In der Kaderpolitik sollten „rote“ Fachleute in den Betrieben das Rückgrat der Partei stärken, ihren politischen Einfluß sichern und die Arbeiter disziplinieren helfen (Arbeitsplatzwechsel, Qualitätsmängel, „Blaumachen“). Eine gezielte Bildungspolitik zur „Liquidierung des Analphabetentums“ und des Mangels an Fachkräften, ideologische Erziehungsprogramme, Schulpflicht und Parteikontrolle vor allem im Hochschulbereich garantierten geistige Konformität und das Kollektivziel des sozialistischen Menschenbildes. Literaten und Künstler lieferten im Parteiauftrag als „Ingenieure der menschlichen Seele“ einen beträchtlichen Kulturbeitrag zur beabsichtigten Uniformität der Massen durch verordneten „sozialistischen Realismus“. Familienfreundliche Gesetze, Abtreibungsverbot und Steuervorteile für kinderreiche Familien begünstigten das Bevölkerungswachstum, um die enormen Menschenverluste zu Beginn der 30er Jahre wettzumachen.

Terror und „Säuberungen“ prägten den Neuaufbau gesellschaftlicher Strukturen nach Stalins diktatorischem Anspruch: In Schauprozessen ließ er „antisowjetisch-trotzkistische Rivalen“ ausschalten und hinrichten. Von 1936 bis 1938 waren ungefähr 8 Millionen Sowjetbürger in Gefängnissen und Lagern („Archipel Gulag“). Als billige „Sklavenbrigaden“ trugen sie zum allgemeinen Aufbau bei. Schwere Menschenverluste hatte die „Rote Armee“ 1937/38 zu ertragen, da große Teile des Offizierskorps, der Generalität und des „Obersten Kriegsrates“ liquidiert, inhaftiert oder entlassen wurden: Stalintreue „Apparatschiks“ waren karrierebewußte, eiskalte und gefügige Befehlsausführer. Beim deutschen Überfall auf die Sowjetunion am 22. Juni 1941 machte sich das Fehlen befähigter und erfahrener Offiziere besonders bemerkbar.

Stalin erhob den absoluten Führungsanspruch in der kommunistischen Weltbewegung, dem sich alle beugen mußten. Der Furcht vor „imperialistischen“ Machenschaften an der sowjetischen Fernostgrenze Anfang der 30er Jahre begegnete die Moskauer Diplomatie mit großer Flexibilität: Die Abwehr von kriegerischen Konflikten bereitete eine Konzeption der „kollektiven Sicherheit“ vor, nach der im Westen und Osten zwischenstaatliche Verträge mit der Sowjetunion den Gewaltverzicht ausdrücklich festschrieben. Das gelang wohl mit Polen und den baltischen Staaten (1932) sowie Frankreich und der Tschechoslowakei (1935) im Völkerbund, aber nicht 1937 mit China, da keine Beistandsverpflichtungen bestanden. Stalins Sicherheitsinteressen verlangten äußerste diplomatische Zurückhaltung. Doch nach dem Münchener Abkommen im September 1938 schloß Stalin einen Nichtangriffspakt mit Hitler im August 1939, um einem angeblichen deutschen Angriff zuvorzukommen, und einen Neutralitätspakt mit Japan im April 1941. Das „Geheime Zusatzprotokoll“ zum Hitler-Stalin-Pakt bereitete die grundlegende Veränderung Ostmitteleuropas, den Zweiten Weltkrieg und umfangreiche Annexionen der Sowjetunion (1939/49) vor.

M 1 Rosa Luxemburgs Kritik an Lenins Auffassung von der Diktatur des Proletariats

„Lenin sagt: Der bürgerliche Staat sei ein Werkzeug zur Unterdrückung der Arbeiterklasse, der sozialistische zur Unterdrückung der Bourgeoisie. Es sei bloß gewissermaßen der auf den Kopf gestellte bürgerliche Staat. Diese vereinfachte Auffassung sieht von dem Wesentlichsten ab: Die bürgerliche Klassenherrschaft braucht keine politische Schulung und Erziehung der ganzen Volksmasse, wenigstens nicht über gewisse enggezogene Grenzen hinaus. Für die proletarische Diktatur ist sie das Lebenselement, die Luft, ohne die sie nicht zu existieren vermag [. . .] Gerade die riesigen Aufgaben, an die die Bolschewiki mit Mut und Entschlossenheit herantraten, erforderten die intensivste politische Schulung der Massen und Sammlung der Erfahrung [. . .]

Freiheit nur für die Anhänger der Regierung, nur für die Mitglieder einer Partei – mögen sie noch so zahlreich sein – ist keine Freiheit. Freiheit ist immer nur die Freiheit des anders Denkenden. Nicht wegen des Fanatismus der *Gerechtigkeit,* sondern weil all das Belehrende, Heilsame und Reinigende der politischen Freiheit an diesem Wesen hängt und seine Wirkung versagt, wenn die *Freiheit* zum Privilegium wird [. . .]

Es ist die historische Aufgabe des Proletariats, wenn es zur Macht gekommen ist, anstelle der bürgerlichen Demokratie sozialistische Demokratie zu schaffen, nicht jegliche Demokratie abzuschaffen. Sozialistische Demokratie aber beginnt nicht erst im gelobten Lande, wenn der Unterbau der sozialistischen Wirtschaft geschaffen ist, als fertiges Weihnachtsgeschenk für das brave Volk, das inzwischen treu die Handvoll sozialistischer Diktatoren unterstützt hat. Sozialistische Demokratie beginnt zugleich mit dem Abbau der Klassenherrschaft und dem Aufbau des Sozialismus. Sie beginnt mit dem Moment der Machteroberung durch die sozialistische Partei. Sie ist nichts anderes als die Diktatur des Proletariats.

Jawohl: Diktatur! Aber diese Diktatur besteht in der Art der Verwendung der Demokratie, nicht in ihrer Abschaffung, in energischen, entschlossenen Eingriffen in die wohlerworbenen Rechte und wirtschaftlichen Verhältnisse der bürgerlichen Gesellschaft, ohne welche sich die sozialistische Umwälzung nicht verwirklichen läßt. Aber diese Diktatur muß das Werk der Klasse und nicht einer kleinen, führenden Minderheit im Namen der Klasse sein, d. h., sie muß auf Schritt und Tritt aus der aktiven Teilnahme der Massen hervorgehen, unter ihrer unmittelbaren Beeinflussung stehen, der Kontrolle der gesamten Öffentlichkeit unterstehen, aus der wachsenden politischen Schulung der Volksmassen hervorgehen."

Aus: Rosa Luxemburg, Zur russischen Revolution (geschrieben 1918); in: Gesammelte Werke, Bd. 4, Berlin 1979, S. 359, S. 359 Anmerkung 3, S. 363–364

M 2 Kronstadter Aufstand

„Mitteilungen des Provisorischen Revolutionskomitees der Matrosen, Rotarmisten und Arbeiter der Stadt Kronstadt, No. 6, 8. März 1921":

Als die Arbeiterklasse die Revolution machte, hoffte sie, ihre Befreiung zu erlangen. Das Resultat war aber eine noch größere Versklavung der menschlichen Persönlichkeit.

Denkmal „Der Arbeiter und die Kolchosbäuerin" (1937) von Vera Muchina (1889–1953).

Die Macht der Polizeimonarchie ging in die Hände der Usurpatoren über, der Kommunisten, die, statt dem Volk die Freiheit zu lassen, ihm die Angst der Tscheka-Kerker brachten, deren Greuel die Methoden der zaristischen Gendamerie vielfach übertreffen.

[...] Die kommunistische Macht hat das glorreiche Abzeichen der Werktätigen, Hammer und Sichel, durch Bajonett und Kerkergitter ersetzt, wodurch die neue Bürokratie, die kommunistischen Kommissare und Beamten, sich ein ruhiges und sorgloses Leben sichern.

Die geistige Versklavung, die von den Kommunisten errichtet wurde, ist aber am meisten verabscheuungswürdig und verbrecherisch: Sie legten Hand auch an den Gedanken, das moralische Leben der Werktätigen, und zwangen jeden, ausschließlich nach ihrer Vorschrift zu leben. Mit Hilfe der verstaatlichten Gewerkschaft fesselten sie die Arbeiter an die Maschinen und verwandelten die Arbeit, statt sie anziehend zu gestalten, in eine neue Sklaverei. Auf die Proteste der Bauern, die bis zu spontanen Revolten gingen, auf die Forderungen der Arbeiter, die durch die Lebensbedingungen zu Streiks gezwungen waren, antworteten sie mit Massenerschießungen und mit einer Brutalität, die die zaristischen Generäle beneidet hätten. Das Arbeiterrußland, welches als erstes die rote Fahne der Befreiung der Arbeit erhoben hat, wird im Blut der Märtyrer, zum höheren Ruhm der kommunistischen Herrschaft, verleugnet. Die Kommunisten ersäufen in diesem Meer von Blut alle großen und schönen Versprechen und Möglichkeiten der proletarischen Revolution.

[...] Nein, es gibt kein Stehenbleiben auf halbem Wege! Das rote Kronstadt, der Schrecken der Konterrevolutionäre von links und rechts, hat das Beispiel gegeben. Hier wurde der große Vorstoß der Revolution zur Tat. [...]

Hier in Kronstadt wurde der Grundstein zur Dritten Revolution gelegt, die die letzten Ketten des Arbeiters zerbrechen und ihm den neuen und breiten Weg des sozialistischen Aufbaus eröffnen wird.

Aus: Lieber, H.-J./Ruffmann, K.-H. (Hrsg.), Der Sowjetkommunismus – Dokumente, Bd. 1: Die politisch-ideologischen Konzeptionen, Köln/Berlin 1963, S. 160 ff.

M 3 Viehbestand 1916–1965

Aus: Haseloff, W./Tent, W./Mitter, W. (Hg.), Die Union der Sozialistischen Sowjetrepubliken, Frankfurt/M. [5]1975, S. 95

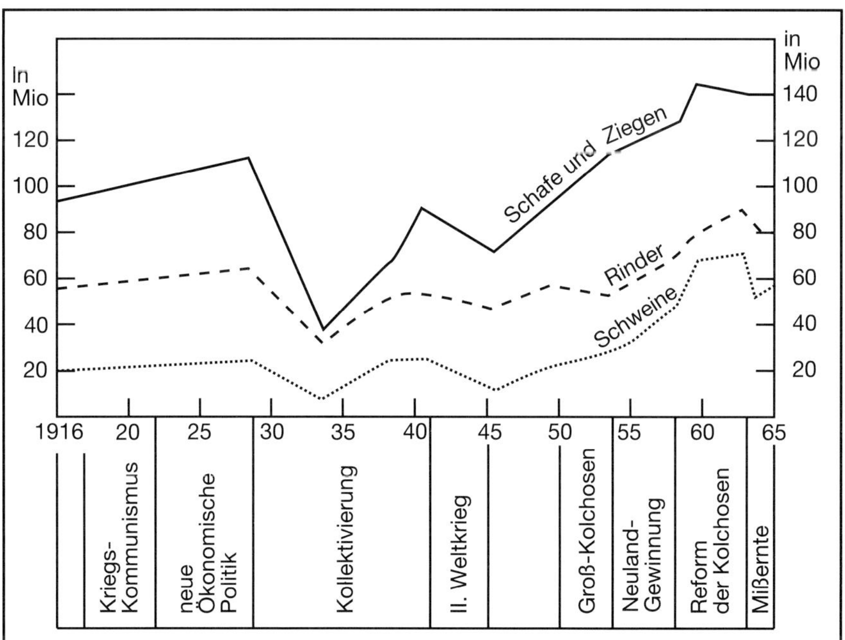

M 4 Rohstoff- und Industrieproduktion im internationalen Vergleich

Jahr	UdSSR	Deutsches Reich	Großbritannien	USA	Japan
		Kohlenförderung in Mill. to			
1929	41,8	177,0	262,0	552,3	34,3
1938	232,9	186,2	230,7	355,3	33,0
		Roheisenerzeugung in Mill. to			
1929	4,3	15,3	7,6	42,6	1,1
1938	14,7	18,6	6,9	19,5	0,7
		Index der gesamten Industrie-Produktion			
1929	100	100	100	100	100
1938	413,0	126,1	115,5	80,0	74,7

Aus: Raupach, H., Wirtschaft und Gesellschaft Sowjetrußlands 1917–1977, Wiesbaden 1979, S. 77

M 5 Zwangssystem

Der Chef der GPU, Jagoda, über die Macht seines Geheimdienstes (1923 oder 1924):

Jagoda prahlte mit seinen Erfolgen bei der Entwicklung des Informationsnetzes der GPU[1], das immer dichter das ganze Land überzog. Bubnow meinte, daß die Basis dieses Netzes alle Parteimitglieder seien, die ganz normal der GPU als Informanten zu dienen hätten; was die Parteilosen betreffe, müßte sich die GPU wohl jene Elemente aussuchen, welche der Sowjetmacht nahestünden und ihr ergeben seien. „Überhaupt nicht", erwiderte Jagoda, „wir können jeden beliebigen zum Seksot[2] machen, ganz besonders solche, die der Sowjetmacht feindlich gesonnen sind." – „Wie das?" fragte Bubnow neugierig.

„Sehr einfach", erwiderte Jagoda: „Wer will schon gern Hungers sterben? Wenn die GPU einen Menschen bearbeitet, aus ihm einen Informanten zu machen, haben wir ihn schon in der Hand, mag er sich dagegen noch so sträuben. Wir nehmen ihm seine Arbeit, eine andere findet er ohne geheime Zustimmung unserer Organe nicht. Und ganz besonders, wenn ein Mann Familie hat, Frau und Kinder, ist er gezwungen, schnell zu kapitulieren."

[1] russ. Abkürzung für „Staatliche politische Verwaltung"

[2] sekretnyj sotrudnik = geheimer Mitarbeiter

Aus: Baschanow, B., Ich war Stalins Sekretär, Frankfurt a. M. 1977, S. 173

M 6 Bedeutung und Organisation des Bildungswesens

Der Historiker K.-H. Ruffmann 1967 über das Bildungswesen der Sowjetunion:

Schon Lenin hatte nie einen Hehl daraus gemacht, daß er in Kultur und Bildung in erster Linie politische und wirtschaftliche Faktoren erblickte, die die junge Sowjetmacht einsetzen sollte, um die ungeheure, vor ihr sich auftürmende „grobe Arbeit" zu bewältigen und „um das Niveau eines gewöhnlichen zivilisierten westeuropäischen Staates zu erreichen". Indem er daran anknüpfte und den instrumentalen Charakter von Bildung, Erziehung und Wissenschaft womöglich noch verstärkte, verlangte Stalin nunmehr, d. h. im Zeichen des „Aufbaus des Sozialismus in einem Lande" und insbesondere nach dem Anlaufen des ersten Fünfjahresplans, „neue Kommandeure für die Wirtschaft und Kultur" heranzubilden, die „die Wissenschaften beherrschen". Den Höhepunkt in der sich daraus entwickelnden sogenannten Kaderkampagne bildete seine Rede vor Absolventen der Akademie der Roten Armee am 4. Mai 1935. Darin erklärte der Diktator u. a.: „Nach Überwindung der Periode des Mangels auf dem Gebiete der Technik sind wir in eine neue Periode eingetreten, in eine Periode, möchte ich sagen, des Mangels an Menschen, des Mangels auf dem Gebiete der Kader, auf dem Gebiete der Arbeitskräfte, die es verstehen, die Technik zu meistern und vorwärtszubringen [...] Eine Technik ohne Menschen, die sie gemeistert haben, ist tot. Eine Technik mit Menschen an der Spitze, die die Technik gemeistert haben, kann und muß Wunder vollbringen. Hätten wir in unseren erstklassigen Werken und Fabriken, in unseren Sowchosen und Kolchosen, in unserem Verkehrswesen, in unserer Roten Armee die genügende Anzahl von Kadern, die fähig sind, die Technik zu bewältigen, so würde unser Land dreimal und viermal so große Leistungen erzielen wie heute [...] Das ist der Grund, warum die alte Losung ‚Die Technik entscheidet alles' [...] jetzt durch eine neue Losung ersetzt werden muß, durch die Losung ‚Die Kader entscheiden alles'. Das ist jetzt die Hauptsache [...]" Und dann kommen die wohl wichtigsten und interessantesten Sätze der Rede, die freilich, losgelöst von der Kaderfrage als dem realen Bezugspunkt, vielfach im Sinne einer beabsichtigten Rückkehr zur Humanität mißverstanden und fehlinterpretiert worden sind. „Darum", so folgerte nämlich Stalin, „wenn wir den Mangel an Menschen mit Erfolg überwinden und es erreichen wollen, daß unser Land Kader in genügender Anzahl hat, die fähig sind, die Technik vorwärtszubringen und in Bewegung zu setzen, müssen wir vor allen Dingen lernen, die Menschen zu schätzen, die Kader zu schätzen, jede Arbeitskraft zu schätzen, die fähig ist, unserer gemeinsamen Sache Nutzen zu bringen. Man muß endlich begreifen, daß von allen wertvollen Kapitalien, die es in der Welt gibt, das wertvollste und entscheidendste Kapital die Menschen, die Kader sind. Man muß begreifen, daß unter unseren heutigen Verhältnissen die Kader alles entscheiden."

Um das Kaderproblem, so wie Stalin es hier in aller Schärfe umrissen hat, lösen zu können, war nicht allein die möglichste rasche Verwirklichung der allgemeinen Grundschulpflicht unbedingt erforderlich, sondern mindestens ebensosehr die Anpassung der Ausbildungs- und Bildungsvorgänge im mittleren Schulwesen an die planökonomischen Erfordernisse der forcierten Industrialisierungspolitik. Diesen Zwecken dienten folgende konkrete Maßnahmen:

1. Das allgemeinbildende Schulwesen erhielt durch Verordnung vom 16. Mai 1934 eine neue Struktur, die, wenn man von dem ideologischen Rahmen absieht, den gleichzeitigen Schulsystemen im Westen durchaus ähnlich war. [...]

2. Für die gesamte mittlere Berufsausbildung mit den mittleren Fachschulen und Technika, die weiterentwickelt und ausgebaut wurden, war ein unter dem 2. Oktober 1940 veröffentlichter Erlaß des Präsidiums der Obersten Sowjets „Über die staatlichen Arbeitsreserven der UdSSR" von einschneidender Bedeutung. Abgesehen von der völligen Zentralisierung und Reglementierung auch dieses Bildungszweiges wurde darin die alljährliche „Mobilisierung" Hunderttausender von Jugendlichen für die staatlichen Arbeitsreserven auf dem Wege ihrer Zwangseinweisung in die Anstalten der mittleren Berufsausbildung nebst anschließender vierjähriger Verpflichtung an vom Staat bestimmte Arbeitsplätze befohlen. [...]

3. Auch das Hochschulwesen machte darin keine Ausnahme. Die hier unmittelbar nach dem Anlaufen des ersten Fünfjahresplanes zunächst recht überstürzt vorgenommenen Änderungen begannen damit, daß die bestehenden Anstalten, vor allem die Technischen Hochschulen, in eng spezialisierte Fachinstitute, die meist nur Fakultätsbreite hatten, aufgespalten wurden – mit dem Ergebnis, daß sich die Zahl der Hochschulen allein von 1928/29 bis 1930/31 nahezu vervierfachte. [...]

Aus: Ruffmann, K.-H., Sowjetrußland, dtv-Weltgeschichte d. 20. Jahrhunderts, Bd. 8, München 1967, S. 159ff.

Arbeitsvorschläge

1. *Erläutern Sie die Methoden, die die Bolschewiki nach der Oktoberrevolution an der Regierung hielten und mit denen sie sich im Bürgerkrieg durchsetzten. Berücksichtigen Sie Programm und Zielsetzungen der Kronstadter Kommune von Anfang März 1921 (M 2)!*
2. *Erörtern Sie die These des Historikers K. D. Bracher „nicht erst Stalin, wie die Lenin-Legende geht", sondern bereits Lenin habe „die brutale Diktatur begründet"!*
3. *Vergleichen Sie die tatsächlich veränderte Lage der Bauern nach der Oktoberrevolution mit der Forderung Stalins nach erneuter „Aufbauleistung"!*
4. *Erläutern Sie die Wirtschaftsentwicklung im Zusammenhang von bolschewistischem Einparteiensystem und Zentralverwaltungswirtschaft (M 3, M 4)!*
5. *Kennzeichnen Sie den bolschewistischen Weg der tiefgreifenden gesellschaftlichen Umgestaltung als Kernfrage der sowjetischen Modernisierung (M 5, M 6)!*

Plakat mit dem Porträt Stalins. Von Kluzis, 1933.

3 Amerika – die kommende Weltmacht, 1917/18–1939

„City Building", Gemälde des amerikanischen Malers Thomas H. Benton aus dem Wandbildzyklus „Amerika heute" (1930).

Zeittafel

1917	Eintritt der USA in den Ersten Weltkrieg
1918	Woodrow Wilson formuliert amerikanische Kriegsziele im 14-Punkte-Programm
1919	Beginn der Prohibition: Alkoholverbot (bis 1933)
1920	Senat lehnt die Ratifizierung des Versailler Vertrags endgültig ab: Weigerung, in den Völkerbund einzutreten; Einführung des Frauenwahlrechts
1921	Erste Beschränkung der Einwanderung: Quotierung nach Nationen
1929	Börsenkrach an der New Yorker Wallstreet löst Weltwirtschaftskrise aus
1933–1945	Franklin D. Roosevelt ist 32. Präsident: Wirtschafts- und Sozialpolitik des „New Deal"
1939	Die USA wahren bei Ausbruch des Zweiten Weltkriegs formal Neutralität: Waffenexporte an Großbritannien und Frankreich (cash-and-carry)

3.1 Rückzug von der Bühne der Weltpolitik

Vom Rande des Großmachtsystems, an dem die USA seit ihrem Übergang zum Imperialismus um 1900 standen, rückten sie durch Eintritt in den Ersten Weltkrieg 1917 erstmals in dessen Zentrum. Die folgenden zwei Jahrzehnte sahen ihren Aufstieg zur führenden Weltmacht, die auch ökonomisch und kulturell zum Muster für weite Teile der übrigen Industrienationen wurde. Aus der ehemaligen kolonialen Pflanzstätte wurde – zunächst verdeckt – der Impulsgeber für das einstige Mutterland und die gesamte Alte Welt.

Nach Wiederaufnahme des uneingeschränkten U-Boot-Krieges durch Deutschland verließen die USA im April 1917 ihren Neutralitätsstatus und gaben mit 2 Mio. Soldaten und modernstem Kriegsmaterial den Ausschlag an der Westfront. Noch vor Ende des Krieges, im Januar 1918, reagierte US-Präsident Woodrow Wilson (1913–1921) mit seinem „14-Punkte-Programm" zur Neuordnung Europas auf die Herausforderung Lenins und der Oktoberrevolution. Getragen von der liberalen Reformära im eigenen Land (*Progressive Era*, 1901–1917), berief sich seine Alternative zur sozialistischen Weltrevolution auf das nationale Selbstbestimmungsrecht der Völker, als Kriterium für notwendige Grenzveränderungen. Gegen den „Siegfrieden" der Mittelmächte forderte Wilson einen „Frieden ohne Sieg": Die Mittelmächte sollten erobertes Territorium zurückerstatten, würden jedoch von Reparationen verschont bleiben. Teil des Demokratisierungsprozesses sollte der Völkerbund zur Lösung internationaler Probleme unter Wahrung der Menschenrechte werden.

Nach dem Waffenstillstand saß mit Wilson in Versailles zum ersten Mal ein amerikanischer Präsident am Tisch einer Konferenz, die über die Zukunft Europas entschied. Mit seinen „14 Punkten" beanspruchte er zudem, die gültige Formel für die Neuordnung zu liefern. Zwar konnte er sich gegen die Interessen Großbritanniens und Frankreichs nur mit der Gründung des Völkerbunds wirklich durchsetzen, doch wies sein Auftreten bereits auf die Stellung der USA als kommende Weltmacht voraus. Auch im eigenen Land wandte sich die Stimmung gegen Wilson und seine Reformära: Der republikanisch dominierte Senat verweigerte 1919/20 die Ratifizierung des Versailler Vertrags und den Beitritt zum Völkerbund wegen der Interventionsverpflichtung, die das Völkerbundsstatut als Teil des Vertrages enthielt. Nach dem in der Öffentlichkeit umstrittenen Engagement im Ersten Weltkrieg ließen die (kurze) Nachkriegsrezession und die „Undankbarkeit" der auf Durchsetzung ihrer eigenen Kriegsziele bedachten europäischen Alliierten die Stimmung bei den Präsidentschaftswahlen 1920 endgültig zugunsten der Republikaner umschlagen.

Mit dem Ende des Progressivismus, der innenpolitisch durch Staatsintervention Reformen zur Milderung der sozialen Gegensätze angestrebt und außenpolitisch auf aktive Präsenz in der Welt gesetzt hatte, begann der Rückzug der USA auf sich selbst. Doch war auch die republikanische* Herrschaft der Präsidenten Warren Harding (1921–1923), Calvin Coolidge (1923–1929) und Herbert Hoover (1929–1933) keineswegs eine einfache Rückkehr zum Isolationismus des 19. Jahrhunderts. Schon die über 10 Milliarden $, die die USA in und nach dem Ersten Weltkrieg vor allem Großbritannien und Frankreich als Kredit gewährt hatten, banden sie an Europa. Die ehemaligen Verbündeten gedachten ihre Schulden mit Hilfe deutscher Reparationen zurückzuzahlen. Die Kriegsentschädigungen flossen jedoch wegen des Zusammenbruchs der deutschen Wirtschaft nur sehr zögerlich. Eine Neuregelung der deutschen Reparationszahlungen kam daher 1924 (Dawesplan) und 1929 (Youngplan) auf amerikanische Vermittlung zustande: Durch Anleihen wollten die USA die deutsche Wirtschaft ankurbeln, um die Reparationsleistung zu ermöglichen, die über die amerikanischen Schuldnerländer in die USA zurückfließen sollten. Politisch waren die USA in Europa in erster Linie an der Verhinderung eines weiteren Großkonflikts interessiert. 1921 schlossen sie mit den Verlierern des Ersten Weltkriegs, Deutschland, Österreich und Ungarn, separate Friedensverträge. Höhepunkt der Deeskalationspolitik* ohne Risiko der Intervention war die Ächtung des Krieges im Kellogg-Briand-Pakt 1928, dem sich insgesamt 15 Mächte anschlossen.

Interalliierte Verschuldung bei Kriegsende (in Mio. Dollar)

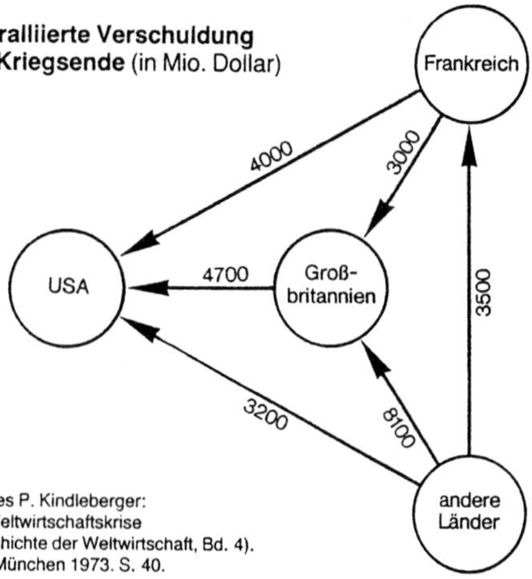

Charles P. Kindleberger: Die Weltwirtschaftskrise (Geschichte der Weltwirtschaft, Bd. 4). (dtv) München 1973. S. 40.

Direkter als in Europa engagierten sich die USA zur Wahrung ihrer Interessen vor ihrer „Haustür“ im pazifischen Raum und in Lateinamerika. Im Washingtoner Flottenabkommen von 1922 sicherten alle Großmächte die Politik der „Offenen Tür“ in China zu und beschränkten die Flottenrüstung Großbritanniens, der USA und Japans im Verhältnis 5:5:3. In Lateinamerika galt weiterhin die verschärfte Monroe-Doktrin*, nach der die USA seit 1904 ein Interventionsrecht beanspruchten. So stationierten sie 1926–1933 eine Besatzungstruppe in Nicaragua, die die Interessen der Großgrundbesitzer und des us-amerikanischen Kapitals durchsetzte.

Innenpolitisch entsprach dem weitgehenden Rückzug aus der Weltpolitik eine Besinnung auf traditionelle amerikanische Werte, die sich gegen alles „Unamerikanische“ richtete. Die Maxime Präsident Hardings lautete: „Wir brauchen nicht noch mehr Helden, sondern Heilung; keine Patentrezepte, sondern Ruhe und normale Zeiten.“ Der Wunsch nach „normalen Zeiten“ war eine Reaktion des alten (ländlichen) Amerika gegen die neue (städtische) Industriegesellschaft. So triumphierte die Temperance-Bewegung mit dem vollkommenen Alkoholverbot (Prohibition) durch den 18. Verfassungszusatz 1919–1933. Die Beschränkung der Einwanderung in drei Schüben (1921, 1924, 1929) richtete sich gegen Asiaten, Juden und Katholiken, denen die Verbreitung „unamerikanischer“ Lebensweisen ebenso unterstellt wurde wie den Schwarzen, die der 1915 wiedergegründete Ku-Klux-Klan mit 5 Mio. Mitgliedern bedrohte. Zu besonders schweren Rassenunruhen *(race riots)* kam es im blutigen „Red Summer“ 1919. Ein hysterischer Antikommunismus (*Red Scare* = Rote Panik), der 1919–1920 weit über die Relevanz sozialistischer Bewegungen in den USA hinausschoß, verdammte die amerikanische Arbeiterbewegung vollends zur politischen Bedeutungslosigkeit.

3.2 Wirtschaftsboom der „Goldenen zwanziger Jahre“

Unter dem Motto „the business of America is business“ brach mit dem Regierungswechsel 1921 eine neue Phase des *Laissez faire* an: Der Staat griff sowenig wie möglich in den Wirtschaftsprozeß ein und vertraute in der Hochkonjunktur auf die Marktmechanismen zu seiner Steuerung. In Arbeitskonflikten stellte er sich meist auf die Seite der Unternehmer. Nur nach außen sicherte er den Markt – eher symbolisch – durch

Schutzzölle ab, denn die USA produzierten ohnehin konkurrenzlos günstig, auf dem neuesten Stand der Technik.

Schon der Weltkrieg hatte beim wichtigsten Kriegslieferanten einen Industrialisierungsschub mit gleichzeitiger Steigerung der Produktion in allen Bereichen ausgelöst. In den 20er Jahren schlugen die Folgen der Industrialisierung voll durch: Die weite Verbreitung von Elektrizität und Automobil brachten in den *roaring twenties* einen Wirtschaftboom ohnegleichen. Neue Produktionsmethoden mit Fließband und automatischen Werkzeugen ermöglichten kostengünstige Produktion. Immer wieder zitiertes Beispiel waren die Fordwerke, in denen Henry Ford (1863–1947) 1909–1927 sein berühmtes Allzweckauto, das „T-Modell“, 15 millionenfach herstellte. Erschwingliche Preise führten zu großer Nachfrage, so daß die USA zur ersten Massenkonsumgesellschaft der Geschichte wurden. Die systematische Nutzung des Ratenkaufs eröffnete weiten Teilen der Bevölkerung Zugang zu den neuen Erfindungen – von Auto über Waschmaschine, Radio, Staubsauger bis zum Kühlschrank.

Gerade die Automobilindustrie wurde zum Motor weiterer Industriezweige, denn bereits 1929 besaß jeder fünfte Amerikaner ein Auto. Die Zulieferer von Stahl, Gummi, Leder, Glas und Textilien profitierten ebenso wie der Straßenbau. Die Mobilität – auch gefördert durch den Ausbau der öffentlichen Verkehrsmittel – ließ die Vororte der großen Städte zum typischen Wohnquartier vieler Amerikaner werden. Die Bauwirtschaft boomte. In den Innenstädten von New York und Chicago entstanden mit den Neuerungen der Stahlindustrie die ersten Wolkenkratzer. In den Städten entwickelten sich Mode und Lebensstil, die nach dem Zweiten Weltkrieg ihren Siegeszug um die Welt antraten: Der ehemals als „Niggermusik“ abgetane Jazz befreite sich aus seinem schwarzen Ghetto und wurde auch für Weiße interessant, die ihn zu Swing und Dixieland weiterentwickel-

Serienproduktion des „Model T“ am Fließband bei Ford.

Charlie Chaplin in dem amerikanischen Spielfilm „Goldrausch“, 1925.

ten. Während es die *lost generation* der Dichter wie T. S. Elliot bis Ezra Pound, abgestoßen von der restriktiven öffentlichen Moral, ins Ausland – meist nach Europa – zog, entwickelte sich der Film zum eigentlichen Medium der USA. Gefördert durch Werbung, die wie im Radio zu einem Massenphänomen wurde, faszinierten die ersten großen Produktionen aus Hollywood (u. a. Charly Chaplin) Millionen Menschen.

Neben den vom allgemeinen Wohlstand nur marginal profitierenden Arbeitern war die Landwirtschaft, von der immerhin noch ein Viertel aller Amerikaner lebte, der größte Problembereich. Die Farmer, die im Ersten Weltkrieg ihre Produktion ausgeweitet hatten, um die Exportchancen der daniederliegenden europäischen Landwirtschaft zu nutzen, waren nun mit sinkenden Absatzmöglichkeiten und wachsender Produktivität (von Mechanisierung und Einsatz chemischer Düngemittel) konfrontiert. Fallende Preise und Erträge waren die Folge. Der Versuch der Farmer, sich durch Interessenvertretungen (Farmer Labor Party) als Klasse, die die USA aufgebaut hatte, Vergünstigungen in Form eines garantierten Lebensstandards zu erstreiten, schlug 1924–1928 fehl: Das landwirtschaftliche Einkommen sank zwischen 1920 und 1930 fast um die Hälfte.

3.3 Die Weltwirtschaftskrise

Ein zweites Problemfeld der Hochkonjunktur blieb lange verdeckt. Die Euphorie der positiven Wirtschaftsentwicklung führte zu einer beispiellosen Spekulationswelle: Immer neue Aktien wurden ausgegeben. Die Aktienkurse stimmten nicht mehr mit der Wirtschaftsentwicklung überein. Käufe wurden zunehmend über Kredite finanziert, die über die Kurssteigerung anderer Werte gedeckt waren. Als die Börse eine Anpassung der Aktienwerte nach unten anstrebte, kam es zu Panikverkäufen: Allein am „Schwarzen Freitag“, dem 29. Oktober 1929, wechselten 16 Millionen Aktien ihren Besitzer. Die Börse brach zusammen. Viele Banken mußten schließen. Der Wert der Aktien fiel innerhalb einer Woche um 40 %. Bis 1932 schlossen 10 000 Banken ihre Schalter. Der größte Börsenkrach der Geschichte wurde der Auftakt für eine weltweite Wirtschaftskrise: Als das größte Gläubigerland der Welt forderten die USA nun ihre Kredite zurück und reduzierten ihre Auslandsinvestitionen. Trotz großer Schwierigkeiten vor allem in Deutschland und Japan, traf keine Industrienation die Rezession so hart wie die USA, wo der Glauben an das immerwährende Wirtschaftswachstum einen schweren Dämpfer erlitt. Hoover, der 1929 mit viel Vorschußlorbeeren das Präsidentenamt angetreten hatte, glaubte zunächst an eine kurzfristige Rezession wie 1919/20 und vertraute weiter auf die Selbstheilungskräfte der Wirtschaft (→ M 1). Ohne staatlichen Eingriff geriet jedoch die Wirtschaft im-

Arbeitslosenwohnung in den USA zur Zeit der Wirtschaftskrise, 1938.

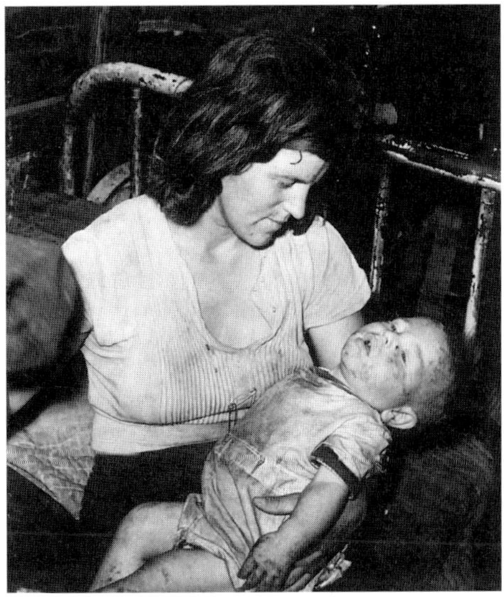

mer tiefer in den Strudel der Rezession: Arbeitslosigkeit (ohne Arbeitslosenversicherung) und sinkende Löhne schmälerten den Konsum; weniger Nachfrage stürzte die Industrieproduktion weiter in die Krise. 1932 hatte sich die Zahl der Arbeitslosen gegenüber 1929 fast verzehnfacht: Etwa jeder Vierte war ohne Arbeit. Die Industrieproduktion sank im gleichen Zeitraum um 50 %, das Bruttosozialprodukt um 27 %. Die gebeutelten Farmer traf es abermals am schwersten: Ihr Einkommen fiel auf ein Drittel, viele verloren ihren Grund und Boden. Die Armut auf dem Land wie in den Städten, abzulesen an den Schlangen der öffentlichen Essenausgaben, verschärfte sich mit der Dauer der Krise (→ M 4).

3.4 Neuorientierung im New Deal

Zögerliche Gegenmaßnahmen der Regierung Hoover konnten keine direkte Abhilfe schaffen: Weder griff 1930 die Erhöhung der Einfuhrzölle auf 50 % des Warenwerts, noch die Einfrierung aller internationalen Verbindlichkeiten durch das Hoover-Moratorium 1931 oder die Stützung der Landesbanken durch den Staat. Die bei Bevölkerung und Wirtschaft in Mißkredit geratene republikanische Ära ging mit den Präsidentschaftswahlen 1932 zu Ende. Es siegte der demokratische* Kandidat Franklin D. Roosevelt (1933–1945), der zwar keine Patentlösung zur Beendigung der Krise anbot, sich aber als Garant für wirtschafts- und gesellschaftspolitische Initiativen präsentierte.

In Abkehr vom Wirtschaftsliberalismus* vollzog Roosevelt die Wende zum Staatsinterventionismus*. Mit seinem *brain trust*, einer Gruppe von Wirtschaftsberatern, leitete er bis Juni 1933 in den ersten hundert Tagen seiner Regierung das improvisierte Programm der ersten „neuen Runde“ (*New Deal*) ein (→ M 2): Innerhalb weniger Tage löste er die Bankkrise, indem er sich selbst umfangreiche Vollmachten gewährte, Signale für eine Konsolidierung des Staatshaushalts setzte und psychologisch das Vertrauen in die Banken stärkte.

Im Mittelpunkt des New Deal stand die Förderung von Landwirtschaft und Industrie im *Agricultural Adjustment Act** (AAA) bzw. im *National Industrial Recovery Act* (NIRA). Prämien für Farmer zur Reduzierung ihrer Anbauflächen halfen zwar, die Überproduktion zu senken, gingen jedoch vor allem zu Lasten der kleinen Pächter, die vielfach entlassen wurden. Wie bei der Bankenkonsolidierung verzichtete der NIRA nicht auf die psychologische Seite im Wirtschaftsprozeß: Roosevelt rief zum „fairen“ Wettbewerb der Unternehmen auf, bis hin zu Preisabsprachen, und setzte neue Rahmen für die Zusammenarbeit von Arbeitgebern und Arbeitnehmern, die – im Gegensatz zu den 20er Jahren – das Recht auf Tarifverhandlungen erhielten. Ein freiwilliger Arbeitsdienst, in dem bis zu einer halben Million Menschen vor allem in den Nationalparks für den Umweltschutz wirkten, und Arbeitsbeschaffung durch öffentliche Aufträge (selbst für Künstler) zielten direkt auf Senkung der Arbeitslosigkeit durch staatliches Engagement. Das größte Einzelprojekt war das Tennessee-Valley-Projekt, das Überschwemmungen und Erosion mit Hilfe von 30 Staudämmen und Kraftwerken beendete und einen der ärmsten Landstriche der USA modernisierte.

Zu den begleitenden Maßnahmen der Roosevelt-Administration gehörten Ansätze einer Sozialgesetzgebung: Erstmals stellte die Bundesregierung direkt Fonds für die Unterstützung Bedürftiger zur Verfügung. Der *Social Security Act* 1935 schuf eine erste Arbeitslosen- und Altersversicherung. Eine progressive Einkommenssteuer sollte mit der stärkeren Besteuerung höherer Einkommen für ein weiteres Stück sozialer Gerechtigkeit sorgen. Obwohl der New Deal insgesamt lange nur mäßigen Erfolg zeigte und erst die neue Kriegskonjunktur seit 1939 die endgültige Überwindung der Wirtschaftskrise brachte, stellte Roosevelt entscheidende Weichen für die weitere Geschichte der USA: Bundesregierung und Präsident gingen deutlich gestärkt aus der Krise hervor. Sie hatten zusätzliche Kompetenzen gewonnen, doch oblagen ihnen auch zusätzliche Pflichten. Von ihnen wurde seitdem eine Wirtschaftssteuerung erwartet.

3.5 Außenpolitik Roosevelts bis zum Kriegseintritt 1941

Während der tiefgreifenden Wirtschaftskrise waren die USA vor allem mit sich selbst beschäftigt, abzulesen an den Neutralitätsgesetzen 1935–1937, in denen der Kongreß als Reaktion auf den Abessinienkrieg Italiens (1935/1936) und den Spanischen Bürgerkrieg (1936–1939) die Lieferung von Waffen, Munition und Krediten an die kriegführenden Parteien verbot. Der *Cash-and-Carry-Act* schrieb vor, daß auch nichtmilitärisches Material an kriegführende Nationen nur gegen Barzahlung und Abholung geliefert werden dürfe. 1937 zwang jedoch der japanische Angriff auf China, das die USA seit 1899 als ihre Einflußsphäre betrachteten, zu einer Umkehr in Politik und öffentlicher Meinung. Roosevelt antwortete mit seiner berühmten „Quarantäne-Rede" vom 5. Oktober 1937, in der er internationale Maßnahmen zur Eindämmung von Aggressoren forderte (→ M 3).

Die Aggression des Nationalsozialismus in Europa verfolgten die USA zunächst passiv. Zwar reagierten sie auf den Anschluß Österreichs und die Zerschlagung der ČSR 1938 schockiert, doch lehnten 75 % der US-Bevölkerung auch nach dem deutschen Angriff auf Polen eine direkte Intervention der USA ab. Sie beschränkten sich auf die Lieferung von Kriegsmaterial an Großbritannien und Frankreich nach dem „Cash-and-Carry"-System. Erst der deutsche Sieg in Frankreich 1940 sorgte für ein Umschwenken in der öffentlichen Meinung. Das Leih- und Pachtgesetz *(Lend-Lease-Act)* stellte die Rüstungslieferungen an Großbritannien auf Leihbasis um. Aufrüstungsprogramme und die Einberufung von Wehrpflichtigen bereiteten die USA auf den Kriegseintritt nach dem japanischen Angriff auf Pearl Harbor am 7. Dezember 1941 vor.

M 1 Amerikanische Tugenden

Zum Abschluß des Präsidentschaftswahlkampfs plädierte der Republikaner Herbert Hoover am 22. Oktober 1928 in New York City für eine Rückbesinnung auf die amerikanischen Tugenden des Individualismus und Liberalismus:

[...] Nach dem Ende des Krieges war die wesentliche Streitfrage in unserem Land und auf der ganzen Welt, ob die Regierungen an ihrem kriegsbedingten Einfluß und Wirken in vielen Bereichen von Produktion und Distribution festhalten sollten. Wir sahen uns in Friedenszeiten vor die Wahl gestellt zwischen dem amerikanischen System des rauhen Individualismus und einer europäischen Philosophie von einander diametral entgegengesetzten Doktrinen – Doktrinen von Paternalismus und Staatssozialismus. Die Akzeptanz dieser Ideen hätte die Zerstörung der Selbstregierung zugunsten einer Zentralisierung der Regierung bedeutet. Sie hätte individuelle Initiative und Unternehmungsgeist untergraben, durch die unser Volk zu unvergleichlicher Größe gewachsen ist.

Die Republikanische Partei hat sich von Anfang an von diesen Ideen und Kriegspraktiken abgewandt [...] Als die Republikanische Partei die Macht übernahm, ging sie sogleich entschlossen zurück zu unserer grundsätzlichen Staatskonzeption und den Rechten und Pflichten des Individuums. Sie stellte dabei Vertrauen und Hoffnung in das amerikanische Volk wieder her, befreite und stimulierte den Unternehmergeist und wies der Regierung wieder die Rolle des Schiedsrichters, nicht eines Spielers im ökonomischen Spiel zu. Deshalb kam das amerikanische Volk voran auf dem Weg des Fortschritts, während der Rest der Welt auf der Stelle stand und einige Länder zurückfielen. Wer nach den Ursachen der verspäteten Erholung in Europa sucht, wird sie einerseits in der Erstickung der Privatinitiative finden, andererseits in der Überlastung der Regierung mit Wirtschaftsaufgaben. [...]

Liberalismus ist eine Kraft, die aus dem Geist erwächst und von der Erkenntnis ausgeht, daß ökonomische Freiheit nicht geopfert werden darf, wenn politische Freiheit gewahrt werden soll. Selbst wenn staatliche Lenkung der Wirtschaft uns mehr Effektivität garantieren würde und nicht weniger, würde der grundsätzliche Einwand gegen sie unverändert und unvermindert bestehen bleiben. Staatliche Wirtschaftslenkung würde politische Gleichheit zerstören. Sie würde Mißbrauch und Korruption steigern und nicht mindern. Sie würde Initiative und Erfindungsgeist ersticken. Sie würde die Entwicklung von Führungsqualitäten schwächen. Sie würde die mentale und geistige Energie unsres Volkes hemmen und lähmen. Sie würde die Gleichheit und Entwicklungschancen [equality and opportunity] vernichten. Sie würde den Geist von Freiheit und Fortschritt austrocknen. Deshalb müssen wir ihr widerstehen. Seit 150 Jahren hat der Liberalismus seinen wahren Geist im amerikanischen System, nicht im europäischen gefunden. [...]

Aus: Commager: Documents of American History, S. 223f.

M 2 Der „New Deal"

Auf dem Tiefpunkt der Weltwirtschaftskrise war die Antrittsrede Präsident Franklin D. Roosevelts vom 4. März 1933 Auftakt zur Verwirklichung des New Deal:

Dies ist ein Tag der nationalen Weihe, und ich bin sicher, daß meine Mitbürger erwarten, daß ich mich zur Einführung in die Präsidentschaft mit einer Aufrichtigkeit und Entschlossenheit an sie wende, die der aktuellen Situation unseres Landes angemessen ist. Es ist vor allem Zeit, die Wahrheit zu sagen, die ganze Wahrheit, offen und deutlich. Auch haben wir nicht davor zurückzuscheuen, der Situation in unserem Land ehrlich entgegenzutreten. Diese große Nation wird überleben, wie sie immer überlebt hat, wird wiederauferstehen und erneut gedeihen. So lassen sie mich zunächst der festen Überzeugung Ausdruck verleihen, daß alles, was wir zu fürchten haben, die Angst ist – namenloser, unvernünftiger, ungerechtfertigter Terror, der den nötigen Antrieb zum Wechsel von Rückzug in Vormarsch behindert. [...]

Unsere größte Aufgabe ist es, den Menschen Arbeit zu geben. Dies ist kein unlösbares Problem, wenn wir es weise und mutig angehen. Es kann teilweise direkt durch Rekrutierung von seiten der Regierung gelöst werden, wie wir es im Kriegsfall tun würden, während zugleich sehr nützliche Projekte zur Verbesserung und Reorganisation der Nutzung unserer natürlichen Ressourcen verwirklicht werden können.

Hand in Hand damit müssen wir offen das Bevölkerungsübergewicht unserer industriellen Bal-

Franklin Delano Roosevelt bei seinem Amtsantritt am 4. März 1933.

lungszentren erkennen und denjenigen, die dazu am geeignetsten sind, eine bessere Nutzung des Landes ermöglichen, indem wir eine Umverteilung auf nationaler Ebene betreiben. Diese Aufgabe kann bewältigt werden durch deutliche Anstrengungen, den Preis landwirtschaftlicher Erzeugnisse anzuheben und so die Kaufkraft für städtische Produkte zu stärken. [...] Es gibt viele Möglichkeiten, sie zu bewältigen, nur wird es nichts helfen, nur darüber zu reden. Wir müssen handeln, und wir müssen schnell handeln.

Schließlich benötigen wir für unseren Fortschritt in der Arbeitsbeschaffung zwei Sicherungen gegen eine Rückkehr in die Übel des alten Systems – es muß eine strenge Kontrolle aller Bankgeschäfte, Kredite und Investitionen geben; die Spekulation mit dem Geld anderer Leute muß ein Ende haben, und es muß für eine angemessene, aber gesunde Währung gesorgt werden. [...]

Durch dieses Aktionsprogramm wenden wir uns an uns selbst, um unser eigenes Haus in Ordnung zu bringen und Einnahmen und Ausgaben wieder auszugleichen. Unsere internationalen Handelsbeziehungen sind, obwohl sehr wichtig, in Dringlichkeit und Notwendigkeit zweitrangig gegenüber der Schaffung einer gesunden Volkswirtschaft. Ich bevorzuge es als eine praktische Politik, die wichtigen Dinge zuerst zu tun. Auch wenn ich keine Mühen scheuen werde, den Welthandel durch eine internationale Neuordnung der Wirtschaft wiederherzustellen, erlaubt die Notlage zu Hause nicht, darauf zu warten. Der Grundgedanke dieser Politik der nationalen Genesung ist nicht im engen Sinne nationalistisch. Er beharrt zunächst auf der gegenseitigen Abhängigkeit der verschiedenen Elemente in und Teilen von den Vereinigten Staaten – eine Anerkennung der alten und immer noch wichtigen Manifestation des amerikanischen Pioniergeistes. Dies ist der Weg der Genesung. Es ist der direkte Weg. Und es ist die stärkste Versicherung dafür, daß die Genesung Bestand haben wird. [...]

Aus: Commager: Documents of American History, S. 240f.

M 3 Roosevelts „Quarantäne-Rede"

Während des Rückzugs auf den eigenen Subkontinent im Zeichen des New Deal erließen die USA aus Anlaß des Abessinenkriegs (1935/1936) und des Spanischen Bürgerkriegs (1936–1939) mehrere Neutralitätsgesetze, die jeglichen Export von Rüstungsgütern in (Bürger)kriegsgebiete verboten, um eine Verwicklung der USA auszuschließen. In seiner „Quarantäne-Rede" zeigte Roosevelt am 5. Oktober 1937 in Chicago nach dem Ausbruch des japanisch-chinesischen Kriegs am 7. Juli 1937 die Grenzen des amerikanischen Isolationismus auf:

Die gegenwärtige Schreckensherrschaft internationaler Rechtlosigkeit hat vor einigen Jahren eingesetzt. Sie begann mit unberechtigten Eingriffen in die inneren Angelegenheiten anderer Völker und mit dem Einfall in fremde Gebiete unter Bruch bestehender Verträge; sie hat nun ein Maß erreicht, das die Grundlagen der Zivilisation selbst ernstlich bedroht. Die Marksteine auf dem Wege der menschlichen Entwicklung zu Gesetzlichkeit, Ordnung und Gerechtigkeit werden umgestürzt, ihre Traditionen ausgerottet. [...]

Wenn es jedoch dazu nicht kommen soll, wenn wir in einer Welt leben wollen, in der wir frei atmen können, in einer Welt der Freundschaft, frei von Furcht, dann müssen die friedliebenden Nationen gemeinsam all ihre Kräfte anspannen, um dem Recht und dem Gesetz, auf denen allein der Friede sicher ruhen kann, Geltung zu verschaffen. Gemeinsam und in gegenseitigem Einverständnis müssen die friedliebenden Nationen der Verletzung von Verträgen und der Mißachtung menschlicher Gefühle entgegentreten, die heute einen Zustand internationaler Anarchie und Unsicherheit geschaffen haben, dem kein Land dadurch entrinnen kann, daß es sich isoliert oder neutral verhält. [...]

Unglücklicherweise scheint es wahr zu sein, daß sich die Seuche der Gesetzlosigkeit in der Welt ausbreitet. Wenn eine Epidemie um sich zu greifen beginnt, dann ordnet das Gemeinwesen eine Quarantäne für die Kranken an, um die Gesundheit des Gemeinwesens gegen die Ausbreitung der Krankheit zu schützen. [...]

Krieg ist eine ansteckende Krankheit, gleichviel ob ihm eine Kriegserklärung vorausgeht oder nicht. Er kann Staaten und Völker verschlingen, fern vom ursprünglichen Schauplatz der Feindseligkeiten. Wir sind entschlossen, uns von einem Kriege fernzuhalten; aber wir können uns nicht gegen die verheerenden Wirkungen eines Krieges und nicht gegen die Gefahr schützen, in den Krieg hineingerissen zu werden. Wir bedienen uns aller Mittel, um die Gefahr, in einen Krieg verwickelt zu werden, möglichst zu verringern, aber es gibt keinen vollkommenen Schutz dagegen in einer Welt ohne Ordnung, einer Welt, in der Vertrauen und Sicherheit erschüttert sind.

Aus: Moltmann, Die Vereinigten Staaten von Amerika von 1917 bis zur Gegenwart, S. 31 f.

M 4 Wirtschaftsentwicklung der USA, 1919–39 ***(Index 1929 = 100)***

	Bruttoinlandsprodukt	Industrieproduktion	Einzelhandelspreise	Arbeitslosigkeit in %
1919	71	66	101	1,4
1920	70	69	117	5,2
1921	69	52	104	11,7
1922	73	67	98	6,7
1923	82	79	100	2,4
1924	85	74	100	5,0
1925	87	83	102	3,2
1926	92	86	103	1,8
1927	93	86	101	3,3
1928	94	91	100	4,2
1929	**100**	**100**	**100**	**3,2**
1930	91	83	97	8,9
1931	86	69	89	16,3
1932	73	53	80	24,1
1933	71	64	76	25,2
1934	78	69	78	22,0
1935	88	79	80	20,3
1936	97	95	81	17,0
1937	105	103	84	14,3
1938	99	83	82	19,1
1939	107	100	81	17,2

Aus: Staint Etienne, C.: The Great Depression 1929–1938: Lessons for the 1980s. Stanford (Cal.), 1984, S. 5 und 10

Arbeitsvorschläge

1. *Untersuchen Sie M 1 und M 2 in ihren Aussagen über den Staat!*
2. *Arbeiten Sie die unterschiedlichen Adressaten der Rede (M 3) unter Berücksichtigung der allgemeinen Weltlage und der innenpolitischen Situation der USA heraus!*
   Welches Selbstverständnis der USA spricht aus den Worten ihres Präsidenten?

4 Die Weimarer Republik, 1918–1933

„Sie tragen die Buchstaben der Republik – aber wer trägt den Geist?" Karikatur von Th. Th. Heine.

Zeittafel

29. 9. 1918	Oberste Heeresleitung verlangt Waffenstillstand
3. 10. 1918	Prinz Max v. Baden wird Reichskanzler
4. 11. 1918	Beginn der Revolution in Kiel
9. 11. 1918	Abdankung Wilhelm II.; Ausrufung der Republik; Ebert Reichskanzler
10. 11. 1918	Rat der Volksbeauftragten; Bündnis Ebert-Groener
16. 12. 1918	Kongreß der Arbeiter- und Soldatenräte
Jan. 1919	Spartakusaufstand in Berlin; Mord an Karl Liebknecht und Rosa Luxemburg
19. 1. 1919	Wahl zur Nationalversammlung
28. 6. 1919	Unterzeichnung des Versailler Vertrages
13.–16. 3. 1920	Kapp-Putsch scheitert
März/April 1920	Kämpfe im Ruhrgebiet und in Mitteldeutschland
16. 4. 1922	Vertrag von Rapallo
11. 1. 1923	Einmarsch französischer und belgischer Truppen ins Ruhrgebiet
Herbst 1923	Höhepunkt der Inflation
Oktober 1923	Rheinische und Pfälzische Republik (Separatisten)
9. 11. 1923	Hitler-Putsch in München scheitert
16. 8. 1924	Londoner Konferenz, Dawes-Abkommen
7. 12. 1924	Reichstagswahl mit Verlusten der radikalen Parteien
28. 2. 1925	Tod des Reichspräsidenten Ebert
26. 4. 1925	Wahl Hindenburgs zum Reichspräsidenten

1. 12. 1925 Unterzeichnung der Locarno-Verträge
24. 4. 1926 Berliner Vertrag Deutschland-UdSSR
10. 9. 1926 Aufnahme Deutschlands in den Völkerbund
Mai 1928 Reichstagswahlen; letzte parlamentarische Regierung unter Hermann Müller (SPD)
9. 2.–7. 6. 1929 Young-Plan-Konferenz in Paris
3. 10. 1929 Tod Stresemanns
24. 10. 1929 Börsenkrach in New York und Beginn der Weltwirtschaftskrise
27. 3. 1930 Sturz der Regierung Müller; Nachfolger Brüning eröffnet Serie der Präsidialkabinette
14. 9. 1930 Reichstagswahl mit Gewinnen der extremen Parteien
20. 6. 1931 Hoover-Moratorium für Deutschland
11. 10. 1931 Harzburger Front: Bündnis der nationalen Opposition mit NSDAP
30. 5. 1932 Rücktritt Brünings; Nachfolger: v. Papen
16. 6.–8. 7. 1932 Konferenz von Lausanne; Ende der Reparationen
31. 7. 1932 Bei Reichstagswahlen NSDAP stärkste Partei
30. 1. 1933 Hindenburg ernennt Hitler zum Kanzler des 4. Präsidialkabinetts

4.1 Von der Novemberrevolution zur Weimarer Verfassung

4.1.1 Das Ende der Monarchie

Eine doppelte Revolution beendete den Krieg und eröffnete die erste Demokratie in Deutschland. Forderungen der Mehrheitsparteien nach Verfassungsänderung (28. 9. 1918) und die von der eigenen Verantwortung ablenkende Taktik der OHL, das für unumgänglich gehaltene Absenden eines Waffenstillstandsangebotes einer zivilen Regierung aufzunötigen (3./4. 10. 1918), markieren den Beginn der Parlamentarisierung, die forciert wurde durch die Weigerung des US-Präsidenten Wilson (23. 10. 1918), Friedensverhandlungen mit den bisherigen Machthabern zu führen. Die Regierung der Mehrheitsparteien unter Prinz Max von Baden als Reichskanzler verabschiedete mit dem Reichstag am 28. 10. 1918 eine Verfassungsreform, die Deutschland zur parlamentarischen Monarchie machte. Jedoch provozierte die Absicht der Seekriegsleitung, die Hochseeflotte in einem aussichtslosen Endkampf zu verheizen, eine Meuterei der Matrosen, die von Wilhelmshaven am 4. 11. 1918 auf Kiel übersprang: Garnisonen und sympathisierende Industriearbeiter schlossen sich an und gaben das Signal zu revolutionären Aufständen, die sich von Kiel über weitere Flottenstützpunkte durch mit der Eisenbahn heimkehrende Matrosen auf fast alle deutschen Großstädte ausweiteten. Spontan bildeten sich Arbeiter- und Soldatenräte und forderten die Abdankung des Kaisers sowie die Errichtung einer Republik.

Zur Abwehr eines Generalstreiks übergab Prinz Max von Baden am 9. November sein Amt an Friedrich Ebert, seit 1913 Vorsitzender der SPD, und verkündete eigenmächtig die Abdankung des Kaisers. Danach rief Philipp Scheidemann, Staatssekretär für die SPD im Kabinett des Prinzen, die Republik aus. Er kam damit Karl Liebknecht, einem ehemaligen SPD-Abgeordneten, der mit Revolutionären Obleuten und dem Spartakusbund links von der USPD stand, um zwei Stunden zuvor. Als am 10. 11. 1918 der Kaiser ins Exil nach Holland ging, war für die SPD die Revolution beendet: Die bis heute umstrittene Zusammenarbeit zwischen Ebert und Groener, Ludendorffs Nachfolger in der OHL, sollte ein damals auch von der SPD befürchtetes Übergreifen des Bolschewismus auf Deutschland verhindern.

Barrikadenkämpfe im Berliner Zeitungsviertel während des Spartakusaufstandes 1919.

4.1.2 Räteregierung oder parlamentarisches System?

Um die USPD, die sich 1917 von der SPD abgespalten hatte, wieder an seine Partei zu binden und die extreme Linke, besonders den 1915 von Karl Liebknecht und Rosa Luxemburg gegründeten Spartakusbund, zu schwächen, bildete Ebert eine provisorische Regierung aus je drei Vertretern der SPD und USPD, den Rat der Volksbeauftragten. Ihn bestätigten am 10. November die Berliner Arbeiter- und Soldatenräte auf einer Versammlung und gaben ihm die revolutionäre Legitimation von unten. Ein überwältigendes Bekenntnis zur parlamentarischen Demokratie leistete die Reichsversammlung der Arbeiter- und Soldatenräte vom 16.–21. 12. 1918 in Berlin. Mit 400:50 Stimmen sprachen sie sich, darunter nur 2 Frauen, für die Ausschreibung von Wahlen zur Nationalversammlung aus.

Um doch noch die Revolution nach russischem Vorbild zu erzwingen, verlagerten der äußerste linke Flügel der USPD und der Spartakusbund ihre Aktionen immer mehr auf die Straße. In den Weihnachtstagen tobten bürgerkriegsähnliche Kämpfe in Berlin, als die linksradikale Volksmarinedivision die Regierung Ebert bedrohte. Zur

Plakat der Reichsregierung vom Dezember 1918. Mit der Stereotype der „russischen Bestie“ wird um Unterstützung für die Freikorpsverbände geworben.

Niederwerfung des Aufstandes forderte Ebert reguläre Truppen an. Daran zerbrach die Zusammenarbeit zwischen SPD und USPD (29. 12. 1918). Die Reichskonferenz des Spartakusbundes erklärte den Rat der Volksbeauftragten am 31. 12. für abgesetzt und stimmte gegen eine Wahlausschreibung. Ein Teil der Mitglieder gründete am 1. 1. 1919 unter Führung von Karl Liebknecht die KPD. Obwohl er sich gegen weitere Gewaltaktionen aussprach, begannen Kommunisten den „Spartakusaufstand“, indem sie wichtige Verkehrsknotenpunkte und Redaktionen besetzten. Am 6. 1. war die Lage so zugespitzt, daß Gustav Noske, Wehrexperte der SPD im neuen Rat der Volksbeauftragten, die Bildung von Freikorps unterstützte und den Aufstand blutig niederschlagen ließ. Karl Liebknecht und Rosa Luxemburg wurden dabei ermordet. Bis zum Mai 1919 schlugen Freikorps Räterepubliken in Hamburg, Bremen, München und im Ruhrgebiet nieder. Ebert und Noske galten seitdem vor allem den Kommunisten als „Verräter des Proletariats“.

4.1.3 Nationalversammlung und Weimarer Verfassung, 1919

Am 19. 1. 1919 fanden die Wahlen zur Nationalversammlung statt, eine Woche nach Beendigung des Spartakusaufstandes. Neben den schon bestehenden Parteien SPD, USPD und Zentrum stellten sich drei weitere neugebildete Parteien zur Wahl: die Deutsche Demokratische Partei (DDP), die die ehemalige Fortschrittliche Volkspartei und Teile der Nationalliberalen in sich sammelte, die Deutsche Volkspartei (DVP), die praktisch die Nachfolge der Nationalliberalen antrat, und die Deutschnationale Volkspartei (DNVP) als Sammelbecken der Nationalisten und Konservativen. Das Wahlalter war von 25 auf 20 Jahre gesenkt, erstmals durften Soldaten und Frauen wählen. Mit 83 % war die Wahlbeteiligung hoch. SPD, Zentrum und DDP erhielten über 70 % aller abgegebenen Stimmen. Sie bildeten die Weimarer Koalition (bis 1920), die den Rat der Volksbeauftragten ersetzte.

Am 6. 2. trat die Nationalversammlung erstmals zusammen, wegen der unruhigen Situation nicht in Berlin, sondern in Weimar, auch als Symbol für einen geistigen Neuanfang. Mit 277 von 379 Stimmen wählte sie am 11. 2. Ebert zum Reichspräsidenten und Scheidemann zum Reichsministerpräsidenten. Die Nationalversammlung mußte eine neue Verfassung ausarbeiten und den Abschluß des Friedensvertrages erreichen.

Die Arbeit an der Verfassung fand wenig Beachtung, denn revolutionäre Unruhen im Frühjahr 1919 und der kommende Friedensvertrag beschäftigten das Volk mehr. Ebert erhoffte sich von einer zügigen Ver-

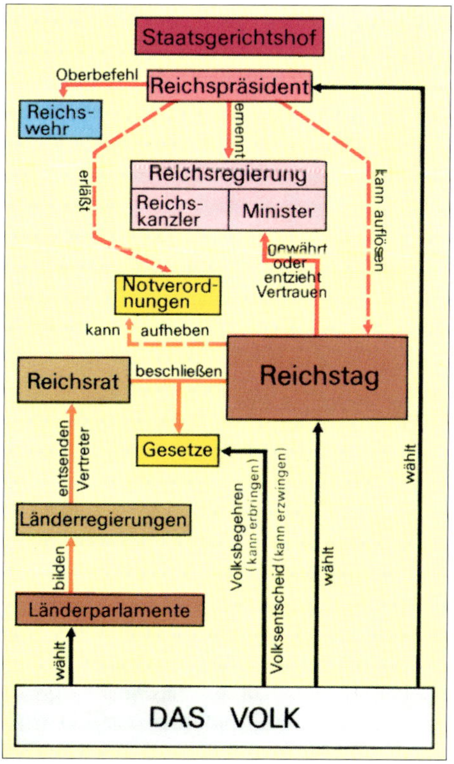

Die Verfassung der Weimarer Republik.

Wahl zur Nationalversammlung 19.9. 1919

Wahlberechtigte in Mio	36,766		Wahlbeteiligung: Frauen knapp unter 90%	
Abgegebene Stimmen in Mio	30,524		Gesamtzahl der Mandate	423
Wahlbeteiligung in %	83		davon Mandate: Frauen	41 = 9,6%

Mandatsverteilung:

SPD gesamt	165	DNVP gesamt	44	Wirtschaftspartei/Bayerischer Bauernbund:	4 (keine Frau)
SPD: Frauen	22	DNVP: Frauen	3		
Zentrum gesamt	91	USPD gesamt	22	Deutsche Hannoversche Partei:	1 (keine Frau)
Zentrum: Frauen	6	USPD: Frauen	3	Sonstige:	2 (keine Frau)
DDP gesamt	75	DVP gesamt	19		
DDP: Frauen	6	DVP: Frauen	1		

Aus: Kolb, E., Die Weimarer Republik, S. 258, und U. Frevert, Frauen Geschichte, S. 163ff.

abschiedung der Verfassung positive Rückwirkungen auf die Friedensverhandlungen. Schon am 21. 2. lag der erste Entwurf der Nationalversammlung vor, am 14. 8. 1919 trat die Verfassung förmlich in Kraft.

Die Weimarer Verfassung berücksichtigte liberale und demokratische Traditionen der Revolution von 1848 ebenso wie die Forderungen Wilsons und neue politische Fakten seit den Oktoberereignissen (z. B. das Frauenwahlrecht) sowie den föderalen Aufbau des Reichs, der erhalten blieb.

Die Weimarer Verfassung bestand inhaltlich aus zwei Teilen. Sie ordnete den politischen Funktionen entsprechende Institutionen zu und verankerte soziale Grundrechte, die weit über die klassisch-demokratischen Grundrechte und -pflichten und die Individualrechte des Liberalismus hinausreichten. Drei politische Ebenen (Reich-Länder/Reichstag-Reichspräsident/parlamentarische-plebiszitäre Elemente) sollten sich gegenseitig kontrollieren und dem Mißtrauen gegen die Regierungsfähigkeit der Parteien vorbeugen.

Deutschland blieb auch als Republik ein Bundesstaat. Doch schränkte das Reich die Länder in ihren Rechten erheblich ein. Der Reichstag war für die Gesetzgebung im Reich und die Kontrolle der Exekutive zuständig. Die Regierung wurde vom Reichspräsidenten berufen bzw. entlassen und war vom Vertrauen des Reichstags abhängig. Aus Mißtrauen vor allem der politischen Rechten gegen die reine Parlamentsherrschaft wurde der plebiszitär zu wählende Reichspräsident mit weitgehenden Befugnissen versehen und so zu einer Art „Ersatzkaiser auf Zeit". In Verbindung vor allem mit dem Artikel 48 der Verfassung (vgl. S. 320f.) konnte der Präsident das Parlament überspielen. Plebiszitäre Elemente sollten das Volk direkt und enger in die politischen Entscheidungsprozesse einbinden. Auf Dauer gaben die plebiszitären Einrichtungen dem Reichspräsidenten die Chance, das komplizierte Gleichgewicht zu seinen Gunsten zu verschieben.

Der liberale Charakter der Verfassung trat besonders im Verhältniswahlrecht zutage. Das Reichstagswahlgesetz von 1924 machte das Reich in seiner Gesamtheit zu einem einzigen Wahlbezirk. Abgestimmt wurde über Listen, nicht über Personen. Auf je 60000 Stimmen kam ein Abgeordneter. Einige Historiker machen das Verhältniswahlrecht für die Entstehung von radikalen Splitterparteien mitverantwortlich. Durch Herabsetzung des Wahlalters und Ausweitung der Wahlberechtigten stieg der Anteil der Berufspolitiker, die nur Volksschulbildung hatten, und das Parlament verlor seinen bisherigen Honoratiorencharakter. Da Politiker neuen Typs meist kein eigenes Vermögen hatten, mußten sie von der Politik leben, was zum Berufspolitiker und zu Parteibürokratien führte. Zugleich wuchs der Einfluß von Funktionären großer Interessenverbände, der Industrie und der Gewerkschaften.

4.1.4 Der Versailler Vertrag

Kaum hatte die junge Republik im Mai 1919 endgültig die innenpolitischen Umsturzversuche der linkssozialistischen Räte und der KPD abgewehrt, kam die nächste Zerreißprobe: Deutschland hatte sich von Wilsons 14 Punkten einen milden Frieden erhofft, doch Wilson konnte sich bei den Verhandlungen nur teilweise durchsetzen. Für sein vorrangiges Ziel, Gründung eines Völkerbundes, respektierte er Frankreichs Sicherheitsbedürfnisse und Englands Forderungen nach Aufrechterhaltung des kontinentalen Gleichgewichts. Der Friedensvertrag, der der Nationalversammlung am 16. Juni zur Unterzeichnung vorlag, war ein mühsam erarbeiteter Kompromiß unter den Siegern, aber ohne deutsche Beteiligung zustandegekommen. Quer durch alle Parteien galt er als unerfüllbar. Scheidemann trat als Reichsministerpräsident zurück, Ebert spielte mit Rücktrittsgedanken. Erst als die Alliierten mit erneuten Kampfhandlungen drohten und die OHL durch den Generalquartiermeister Wilhelm Groener am 23. Juni wissen ließ, daß eine militärische Lösung erfolglos wäre, nahm der Reichstag am 28. Juni 1919 mit 267:138 Stimmen (nur die Rechtsparteien stimmten dagegen) den Vertrag trotz schwerster Bedenken an (→ M 6).

Nicht die territorialen, wirtschaftlichen oder militärischen Bestimmungen des Vertrages erregten die Bevölkerung am meisten, sondern die Artikel 228 und 231: Artikel 228

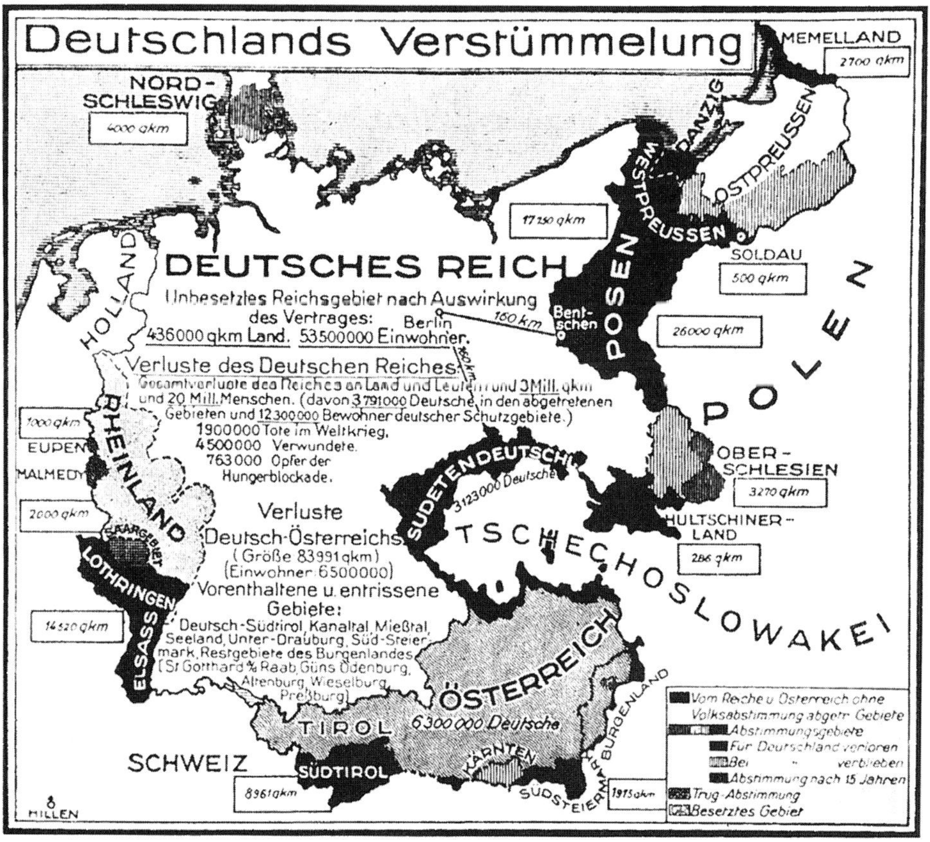

Von der Reichsregierung 1928 herausgegebene, offizielle Wandkarte für den Schulgebrauch.

verlangte die Auslieferung des Kaisers als Kriegsverbrecher. Artikel 231 rechtfertigte die Reparationszahlungen mit der alleinigen Kriegsschuld Deutschlands. Die Demontage eines Symbols, des Kaisers, der für weite Teile der Bevölkerung identitätsstiftend ihr Selbstbild bestimmt hatte, verstärkte die psychische Belastung und die Verunsicherung durch den verlorenen Krieg. Übrig blieb ein tief verletztes Ehrgefühl als „handlungsbestimmender Mythos" von Versailles (Hans Mommsen).

Der Vertrag war auch bei den Alliierten umstritten. Den einen ging er nicht weit genug, anderen war er ungerecht hart. Insgesamt beließ Versailles Deutschland seine Großmachtstellung, zumal die wirtschaftliche und demographische Überlegenheit gegenüber Frankreich blieb. Namentlich verwarf er die vom französischen Ministerpräsidenten Georges Clemenceau für Frankreich geforderte Hegemonie, z. B. durch Errichtung linksrheinischer Pufferstaaten. Um ein europäisches Kräftegleichgewicht zu erhalten, wie es der englische Premier Lloyd George wollte, mußte der Vertrag die Chance für eine friedliche Revision enthalten. Sie bahnte sich 1926 mit dem Eintritt Deutschlands in den Völkerbund, 1930 mit der vorzeitigen Räumung des Rheinlandes und der Anerkennung der grundsätzlichen militärischen Gleichberechtigung Deutschlands 1932 an.

4.2 Krisen der Anfangsjahre, 1920–1923

4.2.1 Umsturzversuche von rechts und links; Separatismus

Trotzdem blieb der Versailler Vertrag in den Augen der Antirepublikaner als „Schandfrieden" ein „Diktat", das den „Novemberverbrechern" und „Erfüllungspolitikern" zu verdanken war. Deutschland wurde eine „Republik ohne Republikaner", eine „unvollendete", eine „improvisierte" Republik. Die Rechten, die bis zur Etablierung der Demokratie aus Angst vor einem bolschewistischen Umsturz stillgehalten hatten, sahen nun ihre Zeit gekommen, offen gegen die verhaßte Demokratie vorzugehen, und machten sie für die mißliche Lage verantwortlich. Ein Untersuchungsausschuß der Nationalversammlung, als Anklageforum gegen die kaiserliche Regierung und die OHL gedacht, um Kriegsanfang und -ende zu erklären, verkehrte sich bald in sein Gegenteil. Um den Alliierten nicht noch Berechtigung für Artikel 228 und 231 zu liefern, vertuschte er unangenehme Erkenntnisse, so daß Hindenburg und Ludendorff als Zeugen ohne Widerspruch ihre „Dolchstoßlegende" ausstreuen durften. So konnten Monarchisten, Nationalisten und Antidemokraten die Politiker, die den Waffenstillstand auf Anraten der OHL unterzeichnet hatten, als „Novemberverbrecher" diffamieren.

Mord als politisches Mittel galt besonders in rechten Kreisen als legitim. Während in den Wirren der ersten Monate Linke das Ziel der Anschläge waren, wandten sie sich nun den Demokraten zu. Eine

Truppen des Kapp-Putsches in Berlin.

Morde und Mordversuche an bekannten Politikern	
15. 1. 1919	Rosa Luxemburg und Karl Liebknecht (KPD)
21. 2. 1919	Kurt Eisner (USPD), seit 1918 bayerischer Ministerpräsident
7. 11. 1919	Hugo Haase (USPD), 1918 Volksbeauftragter, stirbt an den Folgen eines Attentats vom 8. 10. 1919
26. 8. 1921	Matthias Erzberger (Zentrum), 1919–1920 Reichsfinanzminister
4. 6. 1922	Philipp Scheidemann (SPD), 1918/19 Volksbeauftragter, 1919 Reichsministerpräsident, durch Blausäureattentat verletzt
24. 6. 1922	Walther Rathenau (DDP), 1921 Wiederaufbauminister, 1922 Reichsaußenminister, Unterzeichner des Vertrags von Rapallo mit Sowjetrußland
20. 10. 1922	Attentat auf Joseph Wirth (Zentrum), mehrmals Reichsminister, 1921/22 Reichskanzler, mißlingt

Aus: Klett, erinnern und urteilen, S. 40

wichtige Rolle spielten Freikorpsleute, die nach den Abrüstungsbestimmungen des Versailler Vertrages nicht ins neue Heer, die Reichswehr, aufgenommen wurden und sich in paramilitärischen Gruppen organisierten.

Anfang März 1920 sollte in Berlin der Kapp-Putsch die Reichsregierung stürzen, weil sich die Marinebrigade Erhardt unter General von Lüttwitz nicht auflösen lassen wollte. Die rechtmäßige Regierung floh nach Stuttgart. Da ihr Aufruf zum Generalstreik überall befolgt wurde, gaben die Putschisten nach vier Tagen auf.

In Bayern versuchte im April 1919 die Münchener Räterepublik die kommunistische Revolution zu erneuern, wurde jedoch nach wenigen Tagen von Freikorps zerschlagen. Seitdem wurde die „Ordnungszelle Bayern" Sammelbecken nationalistischer Gruppierungen, darunter die von dem rhetorisch begabten Demagogen und „Trommler" der Bewegung, Adolf Hitler, dominierte NSDAP. Im Herbst 1923 hielt die bayerische Regierung die Zeit für günstig, Bayern aus dem Reich auszugliedern und wieder eine Monarchie zu errichten. Als Generalstaatskommissar von Kahr seine Putschpläne am 8. November im Bürgerbräukeller zu München vorstellen wollte, stürmte Hitler den Saal, verkündete die Absetzung der bayerischen Regierung und den Beginn der Nationalen Revolution. Die bayerische Landespolizei und Teile der Reichswehr schlugen am folgenden Tag den Hitler-Putsch beim „Marsch auf die Feldherrnhalle" nieder.

Antidemokratische Kräfte profitierten auch von der Zwangslage, daß die neue Regierungsform zu ihrer Verteidigung immer wieder die Hilfe der alten Mächte, des Heers, heranzog. Für die Linke und Teile der sozialdemokratischen Anhängerschaft war das Verrat an der sozialistischen Idee. Sie reagierte mit Stimmen für die USPD und kommunistischen Aufständen im Ruhrgebiet. Ein „deutscher Oktober" 1923 sollte durch Koalitionsregierungen von SPD und KPD in Thüringen und Sachsen doch noch eine revolutionäre Umgestaltung nach russischem Vorbild erzwingen. Bis Ende 1923 lag die Initiative zum Sturz der Republik von links überwiegend bei der KPD.

Zusätzlich zur Polarisierung zwischen rechts- und linksradikalen Gegnern der Republik in Bayern und Sachsen/Thüringen drohte 1923 noch eine weitere Gruppe, den Staat zu zerreißen. Im Rheinland und in der Pfalz zeigten sich schon 1919 separatistische Bewegungen quer durch alle sozialen und politischen Schichtungen. Finanziell wurden sie von Frankreich unterstützt, da es sich durch Abtrennung schwacher Pufferstaaten vom Reich mehr Sicherheit erhoffte. Die Aachener „Rheinische Republik" hielt sich nur vier Wochen, die in Speyer immerhin fünf Monate. Mit Stabilisierung der wirtschaftlichen Verhältnisse verlor das Hauptmotiv der Sezessionsbewegung seine Zugkraft.

4.2.2 Reichswehr und Bürokratie

Friedrich Ebert. Photo von Pahl, 1923.

Daß die junge Demokratie die turbulenten Anfangsjahre überlebte, war auch Folge einer, allerdings begrenzten, Zusammenarbeit von Regierung und Reichswehr. Bereits am 10. 11. 1918 hatte der neue Chef der OHL, General Wilhelm Groener, mit Ebert vereinbart, rasch wieder „gesetzmäßige Zustände" zu schaffen. Dieser Absprache kam das Heer jedoch eher einseitig bei Angriffen von links nach, während es sich bei Angriffen von rechts, wie beim Kapp-Putsch, mit dem Hinweis „Reichswehr schießt nicht auf Reichswehr" neutral verhielt. Aus monarchistisch-obrigkeitsstaatlicher Tradition entwickelte das Offizierskorps ein elitäres Überlegenheitsgefühl gegenüber dem demokratischen Parteienstaat. Als „Staat im Staate" widersetzte die Reichswehr sich Forderungen nach demokratischer Ausrichtung und hielt Distanz zur Weimarer Republik, deren Untergang 1933 sie tatenlos zusah.

In seinem Bemühen um Eingrenzung der revolutionären Unruhen hatte Ebert am 11. 11. 1918 verfügt, daß alle Beamten in ihren Ämtern blieben. Mit einem intakten Verwaltungsapparat übernahm er gleichzeitig die „kaiserliche" Beamtenschaft. Die erfüllte ihre Aufgaben zwar äußerlich „pflichtbewußt", befolgte z.B. auch den Aufruf zum Generalstreik beim Kapp-Putsch, nutzte aber in ihren täglichen Entscheidungen Ermessensspielräume doch häufig zum Schaden der demokratischen Ordnung. Vor allem die Justiz urteilte mit zweierlei Maß: Während sie Verbrechen der extremen Linken hart bestrafte, galten Verbrechen der Rechten als Ausdruck nationaler Gesinnung und wurden, wenn überhaupt, nur gering geahndet.

Die Sühne der politischen Morde	Politische Morde begangen von Linksstehenden	Rechtsstehenden	Gesamtzahl
Gesamtzahl der Morde	22	354	376
davon ungesühnt	4	326	330
teilweise gesühnt	1	27	28
gesühnt	17	1	18
Zahl der Verurteilungen	38	24	
Geständige Täter freigesprochen	–	23	
Geständige Täter befördert	–	3	
Dauer der Einsperrung je Mord	15 Jahre	4 Monate	
Zahl der Hinrichtungen	10	–	
Geldstrafe je Mord	–	2 Papiermark	

Aus: Hug, W., Unsere Geschichte Bd. 3, S. 110

4.2.3 Die Inflation des Jahres 1923

Einen gravierenden Vertrauensverlust erlitt das demokratische System durch die im Sommer 1923 zur Hyperinflation eskalierenden Geldentwertung.

Ein US-Dollar kostete:		
1 Juli 1914	4,20	Reichsmark
Dezember 1918	8,–	
Mai 1921	62,75	
Sommer 1921	100,–	
Sommer 1922	500,–	
November 1922	6000,–	
Januar 1923	10500,–	
Februar 1923	40000,–	
Juni 1923	150000,–	
15. November 1923	1260	Milliarden
20. November 1923	4200	Milliarden
danach:	4,20	Rentenmark

Am 5. November 1923 kosteten in Berlin:	Papiermark		Goldmark
1 kg Roggenbrot	78	Mrd.	0,78
1 kg Kartoffeln	6,4	Mrd.	0,06
1 kg Rindfleisch	240	Mrd.	2,40
1 kg Butter	420	Mrd.	4,20
10 km Eisenbahnfahrt	172	Mrd.	0,33
1 Fahrschein der Straßenbahn	10	Mrd.	0,08
1 Inlands Brief	1	Mrd.	0,01

Aus: Hug, W., Unsere Geschichte Bd. 3, S. 110

Der Weg zur Inflation hatte schon im Krieg begonnen, da das Reich seine Kriegskosten nicht durch Steuererhöhungen, sondern durch ungedeckte Kredite und Kriegsanleihen finanzierte. Schon bei Kriegsende war der Wert der Goldmark um 50 % gesunken. Bei geringem Steueraufkommen der Wirtschaft setzte sich der Wertverlust der Mark nach dem Krieg fort, durch hohe Kriegsfolgekosten, wie Umstellung von Kriegs- auf Friedenswirtschaft und Reparationszahlungen. Die Regierungen unternahmen nichts, da sie hofften, durch die Inflation die Reparationszahlungen zu senken und die Staatsschulden loszuwerden. Die wirtschaftliche Not traf besonders Schichten ohne Besitz oder nur mit Geldersparnissen (Rentiers, Beamte), weniger Handwerker, Kleinhändler, Kleingewerbetreibende und Landwirte, weil sie ihre höheren Kosten auf die Verbraucher abwälzen konnten. Auch Sachwertbesitzer erlitten kaum Verluste, da der Wert von Grundstücken, Häusern und Produktionsmitteln nicht vom Geldkurs abhängig ist. Gewinner der Inflation waren neben verhaßten Börsenspekulanten, Wucherern und Schiebern vor allem Industrielle, da sie mit Krediten Sachwerte schufen, die Kredite aber infolge der raschen Geldentwertung in nominal gleicher Höhe leicht zurückzahlen konnten.

So kaufte z. B. Hugo Stinnes mit Bankkrediten Firmen, Hotels, Zeitungen und andere Unternehmungen und errichtete leistungsfähige Produktionsstätten. Nach der Inflation erstritten die Gewerkschaften für ihre Mitglieder eine gewisse Lohnanpassung, so daß sich die Lage der Arbeiter gegenüber dem Vorkriegsniveau leicht verbesserte.

Der eigentliche Zusammenbruch der Währung kam mit dem Ruhrkampf: Als Deutschland mit Sachlieferungen (Kohle, Holz) leicht in Rückstand geriet, besetzten am 9. 1. 1923 fünf französische und eine belgische Division das Ruhrgebiet. Die deutsche Regierung rief den passiven Widerstand aus, der das Reich täglich etwa 40 Mio. Goldmark kostete. Im Sommer 1923 überstieg der Ausfall der Steuereinnahmen des größten Industriegebietes und die Unterstützung der von den Franzosen ausgewiesenen 140000 Beamten und ihrer Familien die Finanzkraft des Reiches, die Lebensmittelversorgung schien nicht mehr gesichert. Die Regierung Cuno stürzte darüber. Sein Nachfolger Gustav Stresemann stoppte, gestützt auf eine Regierung der Großen Koalition (Weimarer Koalition und DVP), den beschleunigten Druck wertlosen Geldes, brach den passiven Widerstand ab und kündigte für November eine Währungsreform (Rentenmark) an.

Währungsreform 1923: Kinder spielen mit wertlos gewordenem Geld.

Eine Rentenmark entsprach einer Billion Papiermark und hatte eine Parität zum Dollar von 4,20 Mark. Die Rentenmark war nicht durch Gold, sondern durch Rentenbriefe einlösbar, deren Absicherung in Hypotheken aus landwirtschaftlich genutztem Boden und industriellem Vermögen bestand. Bei dieser Reform ging der Staat eindeutig als Gewinner hervor: Seine Kriegsschulden von 154 Mrd. Mark hatten am 15. November nur noch den Wert von 15,4 Pfennig des Jahres 1914. Doch dieser finanzielle Gewinn machte den Vertrauensverlust der Hyperinflation nicht wett. Da sich allein vom November 1922 bis November 1923 drei Regierungen ablösten, sah die Bevölkerung die Schuld nicht bei Personen oder Parteien, sondern beim demokratischen System schlechthin.

4.3 Jahre der Stabilisierung, 1924–28

1923/24 hatte die außen- und innenpolitische Krise ihren Höhepunkt überschritten, NSDAP und KPD waren verboten, die Stabilisierung der Mark war eingeleitet. Für das Ausland erschien die Politik in Deutschland wieder berechenbarer: Erste internationale Annäherungen wurden möglich, Realismus in der Reparationsfrage zeichnete sich ab.

4.3.1 Reparationsverhandlungen und Reparationsforderungen

Der Versailler Vertrag hatte mit Artikel 231 die Reparationszahlungen begründet, ohne ihre Höhe jedoch näher festzulegen. Erst am 1. Juli 1920 stellten die Alliierten einen Verteilungsschlüssel auf: Frankreich sollte 52 %, England 22 %, Italien 10 % und Belgien 8 % der zu zahlenden Reparationen erhalten. Im Januar 1921 wurde in Paris die Höhe der Reparationen mit 226 Milliarden Goldmark plus 12 % der Ausfuhr veranschlagt. Als die deutsche Regierung ablehnte, wurden Düsseldorf und Duisburg besetzt. Zwei Monate später reduzierte die Londoner Konferenz die Höhe der Zahlungen um mehr als $^1/_3$, der Ausfuhr sogar um die Hälfte, drohte aber mit der Besetzung des Ruhrgebietes. Auch eine nochmalige Reduzierung im März 1923 auf 132 Milliarden Mark machte die Lage der deutschen Regierung nicht einfacher. Über die Außenpolitik – Revision des Versailler Vertrages – wollte sie eine Konsolidierung im Innern erreichen. Walter Rathenau, Vorsitzender der AEG und der Firma Telefunken, versuchte deshalb als Außenminister, entsprechend den Bestimmungen von Versailles zu handeln, um so der Weltöffentlichkeit die Unerfüllbarkeit des Vertrages zu beweisen und dessen Revision zu erlangen. Sein von der politischen Rechten als „Erfüllungspolitik" diffamierter Versuch kostete ihn das Leben: Er wurde 1922 von Angehörigen der rechtsextremen „Organisation Consul" erschossen. Daß eine Revision aber auch nicht durch Gewalt zu erzwingen war, zeigte der ergebnislose Abbruch des Ruhrkampfes. Das Ausland mußte erkennen, daß Reparationszahlungen und Schuldentilgung gegenüber dem Hauptschuldner USA nur durch Ankurbelung der deutschen Wirtschaft möglich waren. Sie lag im besonderen Interesse Amerikas. Die USA hatten sich nach Abschluß der Pariser Verträge wieder aus Europa zurückgezogen, beeinflußten jedoch massiv ab 1924 alle weiteren Reparationsverhandlungen. Das Londoner Reparationsabkommen vom 16. 4. 1924 stützte sich auf den Plan des amerikanischen Bankiers Dawes, der als Vorsitzender der Alliierten Reparationskommission 1925 den Friedensnobelpreis erhielt. Der Dawes-Plan verurteilte die französisch-belgische Ruhrbesetzung und räumte Deutschland zunächst vier Schonjahre ein, in denen das Reich nur 5,4 Milliarden RM aufbringen sollte. Eine amerikanische Anleihe über 800 Millionen Goldmark sollte stützend wirken, die Zahlung sollte sich aus Leistungen des Reichs, der Reichsbahn, der Industrie zusammensetzen. Reichsbahn und Reichsbank kamen unter internationale Kontrolle, Zoll- und Steuerpfändungen wurden vorgenommen. Der Reichstag nahm 1925 den Dawes-Plan gegen den Widerstand der Rechten an. Positiv bewertete die Öffentlichkeit die ab Juli 1925 beginnende Rheinlandräumung. Der große Nachteil der Regelung lag in der hohen Auslandsverschuldung durch US-Kredite. So brachte das Reich bis zum 30. 3. 1929 7,97 Milliarden Reparationszahlungen auf, hatte aber an Krediten bis zu 16 Milliarden erhalten (→ M 8).

Am 9. 2. 1929 arbeitete eine Reparationskonferenz erstmals mit deutscher Beteiligung in Paris den Young-Plan aus: Deutschland sollte 59 Jahre lang jeweils 2,05 Milliarden (ca. 3,5 % des Volkseinkommens von 1929) bezahlen. Der Vorteil gegenüber dem Dawes-Plan lag in der Senkung der Reparationslast um jährlich etwa 20 %. Politische Zugeständnisse waren noch größer: Deutschland erhielt volle finanzielle Souveränität durch Fortfall der internationalen Kontrollen der Wirtschaft, Reichsbank und Reichsbahn, seine äußere Souveränität mit der Rheinlandräumung fremder Truppen 1930. Trotzdem organisierte die nationale Rechte mit dem Aufruf: „Bis in die dritte Generation müßt ihr fronen!" einen Volksentscheid, der am 22. 12. 1929 zwar scheiterte, aber erstmals die NSDAP für weite Kreise hoffähig machte. Wieder war es die Anerkennung der Erfüllungspolitik, die den amerikanischen Präsidenten Hoover 1931 auf dem Höhepunkt der Weltwirtschaftskrise zu einem einjährigen Zahlungsaufschub, dem Hoover-Moratorium, bewegte. Die Reparationskonferenz in Lausanne legte im Juli 1932 Zahlungen von nur noch 3 Mrd. fest, die schließlich am 2. 11. 1932 ganz eingestellt wurden.

4.3.2 Außenpolitische Erfolge

Die Kontinuität in der Außenpolitik wuchs aus ihrem übergeordneten Leitziel: Revision des Versailler Vertrages. Sie war nur zu

Deutschnationales Plakat gegen den Locarnovertrag.

erreichen durch Berechenbarkeit der deutschen Politik, z. B. bei Handhabung der Reparationszahlungen. Gleichzeitig war eine vorsichtige Annäherung an die ehemaligen Kriegsgegner notwendig, um die Isolation zu überwinden und die internationale Politik wieder aktiv mitgestalten zu können. Rußland bot sich wegen seiner ideologischen Isolation, die USA wegen ihrer wirtschaftlichen Interessen, Frankreich wegen seines noch nicht zufriedengestellten Sicherheitsbedürfnisses, England wegen seiner Distanz zum Kontinent an. Am 16. 4. 1922 verzichteten Rußland und Deutschland in Rapallo auf gegenseitige Forderungen – Rußland auf Reparationszahlungen, Deutschland auf Entschädigung für sozialisiertes deutsches Eigentum. Beide nahmen diplomatische Beziehungen auf und verbesserten ihre Handelsbeziehungen, besonders zugunsten der deutschen Schwerindustrie, die nach Westen wenig verkaufen konnte. Angehörige der Reichswehr konnten sich an Waffen, die Deutschland nicht besitzen durfte, in der Sowjetunion geheim schulen lassen, sowjetische Offiziere erhielten in Deutschland Generalstabsausbildung. 1926 bestätigten beide Länder den Rapallo-Vertrag und erweiterten ihn im Berliner Vertrag zur Neutralität bei Angriffen von Dritten.

Die deutsche Forschung beurteilt den Vertrag von Rapallo kontrovers: Die einen bezeichnen ihn als „Sieg der Revisions- und Restaurationspolitik“, der die ersten positiven Annäherungen an die Westmächte zerstören sollte (Graml, 1970). Andere sehen in ihm einen aus „unmittelbaren wirtschaftlichen und politischen Bedürfnissen herausgewachsenen Normalisierungs- und Liquidationsvertrag“ (Th. Schieder, 1967). Heute überwiegt die Ansicht, daß durch den Vertragsabschluß die beiden isolierten Mächte ein Gegengewicht zur Entente in Europa bilden wollten, um so zu einer Gleichgewichtspolitik, besonders gegen französische Hegemonieansprüche, zu kommen (Hildebrand, 1977). Andererseits stellte Rapallo auch schon die Weichen zum Hitler-Stalin-Pakt 1939, weil seit 1922 beide großen Verlierer des Ersten Weltkrieges gegen Polen zusammenarbeiteten.

Eine Annäherung an Frankreich wurde erst durch den Sieg einer Linkskoalition im Sommer 1924 in Frankreich möglich. Im Vertrag von Locarno vom 16. 10. 1925 erkannte Deutschland durch seinen Außenminister Stresemann ausdrücklich die bestehende Westgrenze an, sicherte dauernde Entmilitarisierung des Rheinlandes zu und verpflichtete sich, die Ostgrenzen nicht gewaltsam zu ändern. So erreichte es am 1. 1. 1926 die vorzeitige Räumung der Kölner Zone und den Eintritt in den Völkerbund.

International bedeutete Locarno den Durchbruch zur Gleichberechtigung und Mitsprache in der Weltpolitik. Die Rechtsparteien allerdings sahen in Locarno eine erneute Bestätigung des Versailler Friedensvertrages und eine devote „Erfüllungspolitik“: Die deutschnationalen Minister traten aus der Regierung aus, Stresemanns Partei, die DVP, zerstritt sich darüber. Zwar stimmte der Reichstag mit 291 gegen 174 Stimmen bei drei Enthaltungen für die Annahme der Locarno-Verträge. Aber die Reichsregierung trat vier Tage nach Unterzeichnung der Verträge in London zurück. Heute gilt Locarno als erster Versuch einer deutsch-französischen Annäherung, gelten

Gustav Stresemann und der französische Außenminister Aristide Briand (links).

Stresemann und sein französischer Verhandlungspartner, der Außenminister Aristide Briand, als Vorläufer von Konrad Adenauer und Charles de Gaulle.

Stresemann gehörte schon vor dem Ersten Weltkrieg dem Reichstag als Nationalliberaler an, gründete nach dem Krieg die DVP und war ab 1923 in insgesamt neun Regierungen bis zu seinem Tod 1929 Reichsaußenminister „Ära Stresemann". Den Linken war er Annexionist, da er bis 1918 für einen Siegfrieden plädiert hatte. Nach Abbruch des Ruhrkampfes 1923 war er der Rechten als „Erfüllungspolitiker" verhaßt. Dennoch betrieb er wie zahlreiche Politiker dieser Zeit nationale Machtpolitik, unterschied sich aber in der Methode: Während die Rechten Macht nur militärisch verstanden, war Stresemann einer der ersten, der sie wirtschaftlich einsetzte, um z. B. durch wirtschaftliche Kooperation mit den USA deren Interessen an einer friedlichen Entwicklung in Europa zu fördern, während er andererseits den Druck auf Polen zur Revision der deutschen Ostgrenze bis zu einem Handelskrieg eskalierte (→ M 9).

Auch sein französischer Partner, Aristide Briand, war Patriot, wollte jedoch französische Bedürfnisse am besten durch ein freundschaftliches Verhältnis zu Deutschland befriedigen. Stresemann und Briand strebten weiterreichende Lösungen für beide Staaten an, die jedoch ihre Nationen nicht mittrugen. Ihre Idee des Völkerfriedens fand Ausdruck im Briand-Kellog-Pakt, einem internationalen Abkommen zur Ächtung des Krieges, dem 15 Staaten beitraten. Ihre Verständigungsbemühungen würdigte 1926 die Verleihung des Friedensnobelpreises.

4.3.3 Wirtschaftliche Entwicklung

Mit der Konsolidierung nach innen und außen (Rentenmark, Dawes-Plan) begann ein wirtschaftlicher Aufschwung, den jedoch die Weltwirtschaftskrise 1929 jäh beendete.

Die elektrotechnische, chemische und optische Industrie nahm wieder ihre führende Stellung auf dem Weltmarkt ein. Jedoch sank der Anteil am Weltexport. Ein hoher Einfuhrüberschuß und wachsende Auslandsverschuldung ließen erkennen, wie brüchig der Aufschwung war. Nur in Teilbereichen der Wirtschaft übertraf die Produktion den Vorkriegsstand. Die Inflation hatte die Konzentration in der Wirtschaft erheblich beschleunigt: 1926 befanden sich etwa 50 % des deutschen Aktienkapitals im Besitz von 1,5 % aller Aktiengesellschaften. Ungefähr 2500 Kartelle existierten. Große Konzerne kontrollierten 96 % des Bergbaus und 87 % der Elektroindustrie. Mit $^4/_5$ aller chemischen Industrie in Deutschland waren die IG-Farben größter europäischer Industriegigant. Neben Krupp waren die Vereinigten Stahlwerke mit $^1/_4$ aller Kohle-, Ei-

Der Potsdamer Platz in Berlin, um 1930.

sen- und Stahlwerke der mächtigste Konzern der Schwerindustrie. In der Elektrobranche waren AEG, Siemens und Bosch die Marktführer. Während die Schwerindustrie politisch der DNVP nahestand, hatten die übrigen Industrieverbände in der rechtsliberalen DVP ihren Ansprechpartner. In der kurzen Konsolidierungsphase schien eine Annäherung der Industrieverbände an die Republik möglich, zumal 1925 Hindenburg als Reichspräsident gewählt wurde, mit den Stimmen der vereinigten Rechten und der Bayerischen Volkspartei (BVP).

Im Aufschwung nach der Währungsreform verbesserte sich auch die soziale Lage: Zwar stiegen die Löhne der Arbeiter nach 1924 um etwa $^1/_3$ an, lagen damit aber 1929 nur wenig über dem Vorkriegsniveau. Einkommensunterschiede zwischen Arbeitern und kleinen und mittleren Angestellten wurden immer geringer. Gleichzeitig verstärkte der Ausbau der Sozialversicherungen und die neue Arbeitslosenhilfe das „soziale Netz", wie es heute heißt. Der öffentliche Dienst schwankte zwischen Ausweitung und Stellenabbau. Am wenigsten konnten Bauern, Kleinhändler und Kleinhandwerker Schritt halten. So bevorzugten viele langsam, aber spürbar „radikale Optionen" (Peukert).

Nach der Konsolidierungskrise 1924 hatte Deutschland noch keinen vollständigen Konjunkturzyklus erlebt, als 1926 eine kurze, aber heftige Weltwirtschaftskrise auftrat. Der Aufschwung zwischen 1927–29 bot alle Anzeichen einer gestörten Entwicklung. Obwohl die wichtigsten Wirtschaftsindikatoren der Vorkriegszeit erreicht waren, sank die Arbeitslosigkeit zwischen 1926–29 in keinem Jahr unter 1,3 Millionen.

Die Investitionsneigung war niedrig. Der Grabenkrieg am Lohn- und Gewinnanteil (die ökonomischen Verteilungskämpfe) wurde immer härter. Private und öffentliche Investitionen rutschten unter den Vorkriegsstand, während die Staatsausgaben im Verhältnis zum Nettosozialprodukt von 15 auf 26 % stiegen. Ab 1928 reichten die Kapitalzuflüsse aus dem Ausland nicht mehr zur Lösung der Zahlungsbilanzprobleme.

4.4 Die „Goldenen" Zwanziger Jahre

4.4.1 Sozialpolitik

Gegenüber den mannigfachen Schwierigkeiten der Weimarer Republik wird der Ausbau der Sozialleistungen besonders auffällig. Der Zusammenbruch von 1918 begünstigte den Ausbau des Sozialstaates, zumal die SPD als wichtiger Vorreiter, mit Unterbrechung, bis 1930 oft an der Regierung beteiligt war (1919/20, 1921/22, 1923, 1928–März 1930; → M 2). Sozialpolitiker der SPD und des Zentrums griffen auf Fundamente aus dem Kaiserreich zurück. Erst die Präsidialkabinette unterbrachen den Trend zum Wohlfahrtsstaat. Während heute die soziale Sicherung etwa 20 % des Sozialproduktes benötigt, brachte es die Weimarer Republik Ende der 20er Jahre schon auf 13 % – viermal so hoch wie vor dem Krieg. Zur Linderung der Kriegsfolgen für 1,5 Millionen Kriegsgeschädigte und 2,5 Millionen

Arbeitsloser Kriegsinvalide, um 1930.

Kriegswaisen und -witwen kamen weitere Sozialleistungen hinzu: Mutterschutz (1919/1927), Altersversicherung (1922), Krankenversicherung (1923), Sozial- und Fürsorgeabsicherung (1924), Unfallversicherung (1925), Rentenversicherung (1925) und Arbeitslosenversicherung (1927) wurden eingeführt bzw. verbessert.

Sozialleistungen im Verhältnis zum Sozialprodukt Aus: Schmidt, M. G., Sozialpolitik, S. 40ff.

Von dem Sozialprodukt in Höhe von 75 Milliarden RM entfallen 1928 11,1 % auf folgende Versicherungen:

Krankenv.:	2,7 %	Kriegsopferv.:	2,4 %
Rentenv.:	2,0 %	Sozialfürsorgev.:	2,1 %
Unfallv.:	0,5 %	Arbeitslosenv.:	1,4 %

Mitgliedschaft Erwerbstätiger in folgenden Versicherungen:

	Krankenversicherung	Altersversicherung	Unfallversicherung
1919	48 %	57 %	69 %

In der Sozialpolitik ist Deutschland seit Bismarcks Sozialgesetzgebung ab 1883 führend. Finanzpolitiker interpretieren deshalb das Ende von Weimar auch so: Der politisch labile Staat wollte sich Loyalität durch Sozialleistungen und Subventionen verschaffen, habe sich jedoch übernommen. Die Weimarer Republik lebte über ihre Verhältnisse. Deshalb sei auf den Ausbau der Sozialpolitik noch unter Brüning ein Umschlag in den forcierten Abbau sozialstaatlicher Leistungen gefolgt.

4.4.2 Kultur in der Weimarer Republik

Im Gegensatz zur politischen und wirtschaftlichen Entwicklung blühte das kulturelle und intellektuelle Leben in Deutschland. Zwischen 1918 und 1932 erhielten 20 Deutsche einen Nobelpreis, davon 16 Naturwissenschaftler. Walter Gropius, Gründer des Bauhaus, propagierte mit der Verbindung von Kunst und Technik in der Architektur die „Neue Sachlichkeit". Unter seinem Einfluß nahmen Künstler wie Paul Klee, Wassily Kandinsky die Wende zur abstrakten Kunst. Gegenständlich arbeitende Künstler wie Ernst Barlach, Käthe Kollwitz, George Grosz und Otto Dix prangerten gesellschaftliche Mißstände an. Im Theater ersetzte (durch Max Reinhardt) der Expressionismus den Naturalismus. Bert Brecht schrieb seine berühmte „Dreigroschenoper". Zuckmayers „Hauptmann von Köpenick" wollte durch karikierende Ironie gesellschaftskritisch wirken. Dadaismus und Surrealismus bewältigten auf ihre Art das Trauma des Ersten Weltkrieges durch Zerstörung bisheriger Kunstformen. Sigmund Freuds Entdeckung der Psychoanalyse wirkte wie ein Pendant im medizinisch-seelischen Bereich.

Zwar blieb die Oper der gehobenen Schicht vorbehalten, aber Volksbühnen fanden Zulauf einfacher Angestellter, während ins Kino besonders Angehörige der Unterschichten gingen, täglich ca. 2 Millionen. 1923 begann der Siegeszug des Radios. Auch die Illustrierte als neues Medium fand reißenden Absatz. In der Unterhaltungsmusik zeigte sich die neue Freiheit im Aufkommen des Jazz. In seinem Gefolge wurden Charleston, Rumba und der „verruchte" Tango bevorzugte musikalische und tänzerische Richtungen (→ M 16). Berlin war in diesen Jahren eine Weltstadt mit kosmopolitischen Strömungen jeder Art, für Presse, Mode, Film und Theater sogar das europäische Zentrum.

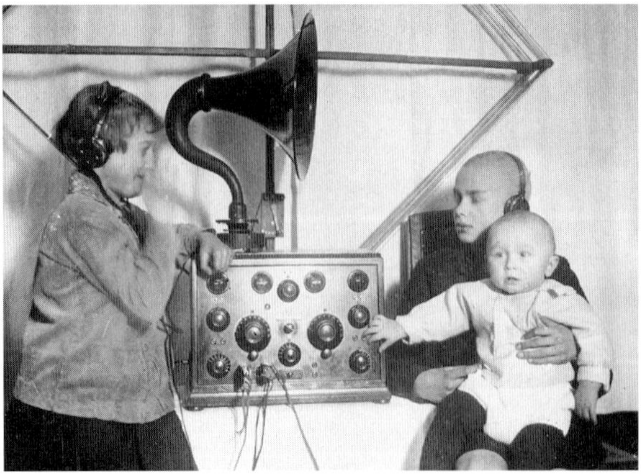

Radioempfänger mit Kopfhörern, um 1925.

An diesem kulturellen Hoch waren deutsche Juden maßgeblich beteiligt. Zahlreiche Schriftsteller (z. B. Kafka, Schnitzler, Hofmannsthal, Zuckmayer, Döblin, Tucholsky, Stefan Zweig), bedeutende Theaterleute (Max Reinhardt, Ernst Deutsch, Fritz Kortner, Elisabeth Bergner) waren Juden. Die drei größten Tageszeitungen („Berliner Tageblatt", „Vossische Zeitung", „Frankfurter Zeitung") gehörten Juden und hatten viele Juden in ihren Redaktionen. Die meisten deutschen Juden waren assimiliert, fühlten sich als Deutsche, gingen als säkularisierte moderne Menschen kaum noch in die Synagoge.

Der Anteil der Frauen an der kulturellen Entwicklung wurde bisher eher gering bewertet. Oft waren es ihre Lebensgefährten selbst, die sie in ihrem Schatten ließen: so Charlotte Behrend-Corinth, Sonia Delaunay, Hanna Höch u. a. Rigide wurde in ganz Europa die Zulassung zum Studium an den Kunstakademien gehandhabt. Zwar konnten Frauen den Zutritt ab 1919 fordern, doch war ihre Ausbildung nicht gleich der der Männer. Um ihnen dennoch Chancen zu eröffnen, gründete in Hamburg Ida Dehmel 1926 die GEDOK, einen Zusammenschluß österreichischer und deutscher Künstlerinnen. Schreibende Frauen wurden als Dilettanten abgetan. Vicki Baum, die als Lektorin ihren Unterhalt verdiente, hatte als Schriftstellerin nur Erfolg, weil ihre Romanheldinnen meist berufstätige Frauen waren, denen es gelang, sich in einer Männerwelt durchzusetzen. Ein jähes Ende fand der kulturelle Höhenflug 1933.

4.5 Frauen und Frauenbewegung

4.5.1 Frauen im Ersten Weltkrieg

Der Erste Weltkrieg bot den Frauen ungewollt Emanzipationshilfe. Da viele arbeitsfähige Männer an der Front waren, mußten Frauen in typischen Männerberufen arbeiten.

Frauenerwerbstätigkeit Aus: Frevert, U., Frauen Geschichte, S. 146 ff.

	Handel und Industrie	Angestellte
1895		20 Tsd.
1907	+60 %	150 Tsd. (65 % aller Frauen)

Industriebereiche:	Hütten	Elektro	Krupp
1914	7 %	–	2–3 Tsd.
1916	23 %	55 %	–

Sämtliche Schutzbestimmungen für Frauen (10-Stundentag, Nachtarbeitsverbot) entfielen zunächst mit der Hochkonjunktur in der Rüstungsindustrie, jedoch zwangen 1916 Zivil- und Militärbehörden die Unternehmer, mit sozialpolitischen Leistungen die Gesundheit der unabkömmlichen Arbeiterinnen zu verbessern. Rüstungsbetriebe führten den 8-Stundentag ein, zur Förderung der Arbeitswilligkeit von Frauen richtete der Staat spezielle Dienststätten ein. Frauen- und familienspezifische Sozialfürsorge schufen erste organisatorische Ansätze zur wohlfahrtsstaatlichen Familienpolitik. Kinderkrippen und Kindergärten sollten Frauen die Arbeitsaufnahme erleichtern. Der Dachverband der Frauen (BDF = Bund deutscher Frauen) hatte schon im Krieg die Mitsprache der Frauen in der Kommunalverwaltung erreicht und etwa 1000 Frauen in gehobene Dienststellen gebracht.

4.5.2 Frauenwahlrecht

In einer Denkschrift forderte 1917 der Dachverband unter Hinweis auf die engagierte und qualifizierte Mitarbeit vieler Frauen beim sozialen Kriegsdienst an der Heimatfront das passive und aktive Frauenwahlrecht. Aber erst der Rat der Volksbeauftragten führte es als eine seiner ersten Entscheidungen ein. Gezielte Wahlkampagnen hatten großen Erfolg: Fast 90 % der Frauen gingen zur Wahl. Mit dem Einzug in die Parlamente sahen die meisten Frauen ihre Forderungen als erfüllt an und begnügten sich damit, den Status quo zu erhalten. Mit Parolen wie „natürliche Wesensunterschiede" und „mütterliche Politik" (Helene Lange) setzten sie sich selbst Grenzen und blockierten eine eigenständige Weiterentwicklung. Die Integration der Frauenorganisationen in allgemeine politische Organisationen (z. B. Parteien) gehörte fortan zum politischen Selbstverständnis der Frauenbewegung. Es gab nur zwei Ausnahmen: Radikale Feministinnen verfochten die autonome Interessenvertretung von und für Frauen weiterhin. Die ältere Generation der gemäßigten Frauenbewegung plädierte für eine Doppelstrategie: Neben der allgemeinen politischen Vertretung sollten sich noch eigenständige Frauengruppen bilden, um nicht wieder zum Anhängsel der Männerpolitik zu werden.

Nach dem Zusammenbruch 1918 folgten Frauen zuerst eher dem Linkstrend, wie Mitgliederzahlen entsprechender Parteien und Verbände belegen (SPD 66 000 Frauen 1918, 207 000 1920. USPD: 70 000 Frauen 1918, 135 000 1920). Doch generell ließ die Organisationsbereitschaft der Frauen in den 20er Jahren stark nach, meist zu Lasten linker Verbände. Auch die Zahl der weiblichen Abgeordneten sank, da die bürgerlichen Parteien Frauen immer weniger sichere Listenplätze reservierten. Vom Frauenwahlrecht profitierten vor allem die konservativen Parteien, was die linke „Rheinische Zeitung" schon 1919 für die SPD als Ironie des Schicksals sah. Schließlich hatte sie das Wahlrecht durchgesetzt, das ihr nun zum Nachteil geriet.

Die stärkere religiöse Bindung der Frauen schlug sich bei den Wahlen nieder. Der katholische Frauenbund (1928: 250 Tsd. Mitglieder), noch enger der Jungfrauen- und Mütterverein (1,66 Millionen Mitglieder), verstanden sich als Hilfsorganisation des katholischen Klerus und waren politisch dem Zentrum verbunden. Der katholische Bevölkerungsanteil in Deutschland betrug etwa 30 %, wovon bei der Wahl 1920 etwa 20 % der Männer und 29 % der Frauen das Zentrum wählten. Den Katholiken war bis 1933 die Mitgliedschaft in der NSDAP verboten. Die konfessionelle Frauenbewegung „Deutscher Evangelischer Frauenbund" gehörte zum 1,5 Millionen starken evangelischen Frauenwerk. In 174 Ortsgruppen sammelten sich 200 000 Mitglieder. Aus Protest gegen die Forderung des BDF auf Frauenwahlrecht war diese Gruppe aus dem Dachverband ausgeschieden. Politisch stand sie der DNVP nahe.

Links: Plakat der SPD zur Mobilisierung von Frauen für die Wahl zur Nationalversammlung 1919. – Rechts: Plakat des Zentrums, das sich in evangelisch dominierten Regionen Christliche Volkspartei nannte, für die Wahlen zu den deutschen Landesversammlungen 1918/19.

4.5.3 Berufstätigkeit der Frauen

Der neue Prototyp von Frau war die Angestellte, Sekretärin, Stenotypistin, Verkäuferin (→ M 12). Ihr Einkommen war sehr gering. Fast die Hälfte der weiblichen Mitglieder des Verbands weiblicher Angestellter (VWA) verdiente maximal 100 RM und blieb damit nach Abzug der Sozialversicherungsbeiträge weit unter dem Existenzminimum. Deshalb lebten die meisten jungen Frauen zu Hause, oft ohne eigenes Zimmer. Die Attraktivität des Angestellten- und Verkäuferinberufs lag für Arbeitertöchter in der sozialen Achtung und den offeneren Kontakten. Beschäftigung zwischen Schule und Eheschließung galt jedoch nur als Zwischenlösung. Die meisten Mädchen hörten bei Eheschließung auf zu arbeiten.

Verheiratete Frauen wurden immer als erste in wirtschaftlichen Krisen entlassen. Verheirateten Beamtinnen konnten die Behörden kündigen, da die Ehe ihre Arbeitskraft schwächte. Nur mit Genehmigung ihrer Männer durften Frauen berufstätig sein. Der Ehemann konnte jederzeit mit dem Argument, seine Frau vernachlässige die ehelichen Pflichten, das Arbeitsverhältnis seiner Frau kündigen. Das Geld, das die Ehefrau verdiente, gehörte ihrem Mann. Bei der Eheschließung fiel das Vermögen der Frau zur Nutznießung und Verwaltung an den Mann. Verheirateten Frauen wurde nicht selten mit dem Hinweis auf ihren Ehemann die Erwerbslosenunterstützung verweigert, obwohl sie Beiträge zur Arbeitslosenversicherung geleistet hatten. Bei der Armenunterstützung erhielten Frauen bis 1925 nur $^{2}/_{3}$ des Satzes für Männer.

Geschlechtsspezifische Qualifikationsmuster waren üblich: So erhielten 50 % der Söhne, aber nur 15 % der Töchter aus Arbeiterfamilien eine handwerkliche Lehre, während als ungelernte Fabrikarbeiter 38 % der Töchter und nur 19 % der Söhne beschäftigt waren (Untersuchung zur Ausbildung von Arbeiterkindern in Fürth). Jungen erhielten häufig eine mehrjährige kaufmännische Lehre, während Mädchen z. B. nur eine einjährige Handelsschule besuchten. In Tarifverträgen für kaufmännische Angestellte erlitten deshalb Frauen einen Gehaltsabzug von 10–25 %, in Tarifverträgen für Arbeiter sogar 20–40 %, weil Männer mehr Geld für ihre Kleidung ausgeben müßten (Frauen sollten ihre Kleidung selbst nähen), ebenfalls Geld für Tabak und Alkohol brauchten (Frauen rauchen und trinken nicht!) und einen Familienlohn benötigten. Alleinstehende Frauen mit Kindern erhielten keinen Familienlohn.

Die Reichsverbände der Hausfrau kämpften zusammen mit der gemäßigten Frauenbewegung dafür, die Hausarbeit mit der Erwerbstätigkeit im Ansehen gleichzustellen. Im Arbeitsplatz „Haushalt" stand die Hausfrau an der Spitze eines nach betriebswirtschaftlichen Gesichtspunkten ausgerichteten Kleinstbetriebes. Sie besaß ein Berufsbewußtsein und wurde volkswirtschaftlich die umworbene Konsumentin. Da immer weniger Mädchen Hauspersonal werden wollten, nutzten Ehefrauen aus dem Mittelstand bereitwillig technische Verbesserungen, um Zeit zu sparen. Die wöchentliche Arbeitszeit einer Hausfrau betrug etwa 70 Stunden. Die Verwissenschaftlichung des Haushalts hob Normen und Standards häuslicher Sauberkeit und Bequemlichkeit. So unterstützte die Technisierung des Haushaltes die Emanzipation der Frau, förderte jedoch auch die enge Bindung an die Familie und idealisierte die Rolle der Frau. Seit 1925 lehrte eine Deutsche Frauenakademie Hauswirtschaft als Wissenschaft.

Hausfrauenverbände befreundeten sich schnell mit den nationalsozialistischen Werten der „Volksgemeinschaft", weil sie vermeintlich die Rolle der Hausfrau überhöhten. Den Wert der Hausfrau vermarktete auch der Handel: 1923 organisierte erstmals der Verband der Deutschen Blumengeschäftsinhaber einen Werbefeldzug für einen trauten „Muttertag". Schnell schlossen sich die Arbeitsgemeinschaft für Volksgesundung, große Wohlfahrtsverbände und Frauenverbände an. Der Muttertag erhielt die Funktion einer sittlichen Volkserziehung, um dem befürchteten Niedergang der Weiblichkeit und Mütterlichkeit entgegenzuwirken.

Ein Haushaltsratgeber aus den 20erJahren zeigt die Verwissenschaftlichung der Hausarbeit.

4.5.4 Bildung und Schule

Ein wesentliches Verdienst der gemäßigten Frauenbewegung war die Erkämpfung einer besseren Schulbildung für Mädchen. Die ersten sechs Abiturientinnen hatten 1896 in Preußen eine externe Reifeprüfung ablegen dürfen. Erst ab 1908 wurden Mädchenschulen in das höhere Schulwesen integriert. Das einheitliche Reichsgrundschulgesetz vom April 1920 verbot die private Vorschule und ersetzte sie durch vier Jahre obligatorische Grundschule für alle Kinder. Gleichzeitig durften Mädchen nun an Orten ohne gesondertes Mädchengymnasium Jungenschulen besuchen. Doch die Forderung der SPD nach strikter Trennung zwischen Kirche und Schule scheiterte am Widerstand der bürgerlichen Parteien. Die Konfessionsschule blieb Regelschule. Auf Antrag der Eltern konnte aber eine weltliche Schule eingerichtet werden. In Berlin gab es 50 solcher Schulen, in denen statt Religion das Fach Lebenskunde unterrichtet wurde.

Deutschland erlaubte als letztes Land in Europa Frauen den Zugang zu Hochschulen (→ M10). Probeweise durften Frauen sich in Baden 1900, in Preußen 1908 an Universitäten immatrikulieren. Doch auch nach einer guten Ausbildung hörte die Diskriminierung nicht auf. Die Reichsbahn stellte z. B. keine Ärztinnen ein, weil 99 % ihres Personals männlich sei und sich weigern würde, sich von einer Frau untersuchen zu lassen.

Anteil der Frauen an Abiturienten: | **Anteil der Frauen an Universitäten und Techn. Hochschulen**

1925: < 1/10 | 1918/1919: 18,5 % | 4,6 %
1931: 25 %

Untersuchung zum Frauenanteil der Universität Münster:

Semesterjahr:	1908/09	1913/14	1928/29	1982/83
Gesamtstudentenzahl:	1854	2284	4139	42802
%Anteil Frauen:	1,62	10,55	19,01	45,66
absolute Frauenzahl:	30	241	787	19544

Promotion und universitäre Laufbahnen von Frauen:

zwischen: 1908–33 promovieren: 10595
davon werden Dozentinnen: 54
davon werden Professoren: 24

Absolute Zahlen in akademischen (Frauen)Berufen 1925:

Lehrerin	Ärztin	Apothekerin	Zahnärztin	Chemikerin	Juristin

Aus: Schlüter, A./Kuhn, A., Lila Schwarzbuch

4.5.5 Die befreite Frau

Die 20er Jahre waren das Zeitalter der befreiten Frau, wie äußere Merkmale (Bubikopf, Zigarette, Minikleid, lange Herrenhose) unterstrichen. Gleichzeitig bildete sich der Trend zur Kleinfamilie aus, denn die Kinderzahl pro Familie war stark rückläufig. Gab es um 1900 noch ca. 5 Kinder pro Familie, so sank 1920 der statistische Durchschnittswert auf 2,27, zwischen 1925–29 sogar auf 1,98.

Eine unglaubliche Neuerung war, daß öffentlich und offen über Sexualmoral, Geburtenregelung und Verhütungstechniken geredet wurde. Das Bedürfnis nach Aufklärung

Studentinnen der Berliner Universität, 1928.

war immens. In Berlin eröffnete das Institut für Sexualwissenschaft 1919 eine Beratungsstelle. Ab 1930 gaben die Berliner Eheberatungsstellen Verhütungsmittel aus.

Die Zahl der Abtreibungen war enorm hoch: Für 1930 schätzt man etwa eine Million (1992: in der Bundesrepublik ca. 75 000). Abtreibung stand unter Zuchthausstrafe. Trotz Massenbewegung der SPD, der Kommunisten, der Sexualreformer und Feministinnen wurde 1931 keine Straffreiheit, sondern nur eine Umwandlung in Gefängnisstrafe erreicht (→ M 14).

4.6 Weltwirtschaftskrise und Agonie der Weimarer Republik, 1929–1932

4.6.1 Die Weltwirtschaftskrise, 1929–1932

Am 25. 10. 1929 eröffnete in den USA ein Börsenkrach die bis dahin schwerste Weltwirtschaftskrise. Maßlose Spekulationen, Kursstürze, Bankrotte und Zahlungseinstellungen von Banken stürzten das amerikanische Finanzsystem ins Chaos. Überproduktion in den USA hatte zu Absatzschwierigkeiten geführt, das Sinken der Produktion erzwang Entlassungen und schwächte die Kaufkraft (→ M 4). Weltweit ging die Industrieproduktion zwischen 1928–1932 um 62 %, die Getreideausfuhr um 50 % zurück. Da alle Staaten exportieren wollten, bauten sie Schutzzölle auf, um ihren Binnenmarkt abzuriegeln. Als die USA ihre meist kurzfristigen Kredite zurückrief, war Deutschland besonders betroffen, denn seine Wirtschaft hatte, ohne hinreichende Deckung, die US-Kredite meist langfristig angelegt. Der Zusammenbruch einiger Banken im Sommer 1931 zog weite Kreise der Wirtschaft mit sich in den Abgrund und verschärfte die Krise.

Da Überproduktion und das Einströmen billiger Agrarprodukte aus Übersee die Bauern schon vor der Weltwirtschaftskrise zur Aufnahme von Krediten gezwungen hatte, um Steuern und Schulden zurückzuzahlen, waren sie von der Bereitschaft der Banken, Kredite

Suppenküche der Heilsarmee für Arbeitslose und ihre Familien, 1931.

zu verlängern, zunehmend abhängig geworden. Alles zusammen trieb in die Zwangsversteigerung vieler Bauernhöfe. Die Industrie dagegen war stark exportabhängig. Lohnkosten, die mehr als in den meisten Konkurrenzländern gestiegen waren, machten die Produkte nun für den internationalen Markt zu teuer. Wettbewerbsvorteile im Außenhandel waren 1929 mit steigenden Lohnkosten, u. a. als Folge neuer Sozialleistungen, geschwunden, denn den Forderungen der Unternehmer nach Senkung der Löhne und bestimmter Steuern zur Stabilisierung der Betriebe widersetzten sich die Gewerkschaften. Die Weltwirtschaftskrise verschärfte die Arbeitskämpfe, das Schlichtungswesen verfiel, der Staat durfte keine verbindlichen Löhne mehr festsetzen. Andererseits konnten die Gewerkschaften bei sinkenden Mitgliedsbeiträgen keine Streiks mehr finanzieren.

4.6.2 Präsidialkabinette und Artikel 48: Bruch der Verfassung, 1930–1933

Die letzte parlamentarische Regierung, die Große Koalition (SPD, DDP, Z, DVP) unter Hermann Müller (SPD), hatte Anfang 1930 ein Haushaltsdefizit von über 1,5 Mrd. Mark und nach dem Etatplan für 1930 Ausgaben von insgesamt 11,5 Mrd. Während die Regierung mit der Annahme des Young-Plans zu einer Einigung kam, war sie unfähig, innen- und wirtschaftspolitisch einen Kompromiß zur Erhöhung der Arbeitslosenversicherungsbeiträge zu finden. Der Kompromißvorschlag des Zentrums (Erhöhung der Arbeitslosenversicherungsbeiträge) scheiterte an den Gewerkschaften. Am 27. 3. 1930 zerbrach die Große Koalition. Mit Antritt der Regierung Brüning am 30. 3. 1930 begann die „stufenweise Durchbrechung des Verfassungssystems“ (Revermann).

Bereits Ostern 1929 hatte der Fraktionsvorsitzende des Zentrums, Heinrich Brüning, erste Kontakte mit den Beratern des Reichspräsidenten Hindenburg. Im Dezember 1929 deutete Hindenburgs Staatssekretär Meißner Schleicher und Brüning gegenüber an, daß der Reichspräsident die Große Koalition nach Verabschiedung des Young-Plans nicht mehr halten wolle. Im Januar 1930 standen im Reichspräsidentenpalais die Umrisse der künftigen Regierung fest – ohne Rücksicht auf parlamentarische Mehrheiten. Dafür würde der Reichspräsident dem neuen Kabinett, so es „antimarxistisch und antiparlamentarisch" wäre, den Artikel 48 und die Reichstagsauflösung zur Verfügung stellen.

Der Artikel 48 der Weimarer Verfassung enthielt drei gesonderte Ermächtigungen: 48,1: Befugnisse gegen ein Land, eingesetzt z. B. 1923 gegen Sachsen; 48,2: Ausnahmezustand im Reich; 48,3: parlamentarische Gegenzeichnung von Notverordnungen nach Artikel 50. Daß die Ausnahmegewalt dem Reichspräsidenten zufiel, entsprach der Grundkonzeption seines Amtes. Aber unter Ebert diente sie zur Erhaltung der Demokratie, unter Hindenburg zu ihrer Zerstörung. In der Agonie der Weimarer Republik (1930–1932) diente der Artikel 48 zur Aushöhlung des parlamentarischen Systems: Der Kampf gegen wirtschaftlich-soziale Not bereitete den Übergang vom Parlamentarismus zur präsidialen Notstandsdiktatur. Erstmals rechtfertigte Innenminister Wirth seine Anwendung mit der Unmöglichkeit, eine parlamentarische Mehrheit zu finden. So begann der Weg zur außerparlamentarischen Gesetzgebung durch Präsidialkabinette. Während die Zahl der durch den Reichspräsidenten erlassenen Notverordnungen von 5 in 1930 auf 66 in 1932 stieg, reduzierte sich die Zahl der vom Reichstag erlassenen Gesetze von 98 auf 5, die der Reichstagssitzungen von 94 auf 13.

Mit präsidialer Rückendeckung begann Brüning seine Regierungszeit mit einem Eklat im Reichstag am 16. Juli 1930: Brüning suchte zur Sanierung der Finanzen durch rigorose Deflationspolitik* für eine Deckungsvorlage Zustimmung bei der DNVP, jedoch nicht bei der stärksten Fraktion, der SPD. Gleichzeitig drohte er dem Reichstag bei Ablehnung mit Artikel 48. Nachdem der Gesetzentwurf mit 256:193 Stimmen gescheitert war, erließ Brüning die Vorlage als Notverordnung. Zum ersten Mal wandelte die Regierung einen vom Reichstag abgelehnten Gesetzentwurf in eine Notverordnung um – gegen die herrschende Rechtslehre. Am 18. Juli beschloß deshalb der Reichstag auf Antrag der SPD die Aufhebung der Notverordnung mit 236:221 Stimmen. Daraufhin löste Brüning den Reichstag auf und erließ die Notverordnung erneut. Brünings Regierungspraxis betrat den Weg in eine neue Verfassungswirklichkeit.

Die Reichstagswahl vom 14. 9. 1930 kam einem Erdrutsch gleich: Die extremen Parteien konnten ihren Stimmenanteil gegenüber 1928 erheblich erhöhen. Die NSDAP war zweitstärkste Partei im Parlament, mit 107 statt bisher 12 Mandaten.

Die zweite Stufe zur Durchbrechung des parlamentarischen Verfassungssystems begann mit vom Reichstag tolerierten Präsidialregierungen. Mißtrauensanträge und Aufhebungsanträge gegen Notverordnungen scheiterten an der Stimmenthaltung der SPD, weil sie befürchtete, daß das Zentrum sonst aus der Weimarer Koalition in Preußen (SPD, Zentrum, DDP) ausbrechen und die SPD so ihre letzte wichtige Bastion verlieren würde.

Brünings Sturz am 29. Mai 1932 bahnte sich bereits bei der Wiederwahl Hindenburgs als Reichspräsident an: Hindenburg wollte eine plebiszitäre Bestätigung im Amt, während sich Brüning um eine vom Reichstag gebilligte Amtsverlängerung bemühte, scheiterte aber an KPD, NSDAP und DNVP. Erst beim zweiten Wahlgang siegte Hindenburg mit Stimmen der SPD, die so einen Sieg des stärksten Gegenkandidaten, Hitler, verhindern wollte. Nunmehr sah sich Hindenburg von einer Schicht akzeptiert, die er ablehnte, während sich seine Gesinnungsgenossen in DNVP und Stahlhelm gegen ihn ausgesprochen hatten. Die Umkehrung der innenpolitischen Front gegenüber der Reichspräsidentenwahl 1925 legte Hindenburg Brüning zur Last. Auch die Notverordnung vom 13. 4. 1932, die die SS und SA verbot, billigte Hindenburg nur ungern, da sie nicht gleichzeitig auch das republiktreue „Reichsbanner" aufhob. Als Brüning eine Notverordnung

Links: Sozialdemokratisches Wahlplakat, 1930. – Rechts: Nationalsozialistisches Wahlplakat, 1932.

erlassen wollte, um durch die Zwangsenteignung (bei voller Entschädigung) nicht mehr entschuldungsfähiger großer Güter bäuerliche Siedlungen zu ermöglichen, forderte Hindenburg Brüning „100 Meter vor dem Ziel" (Brüning in seinen Memoiren) zum Rücktritt auf.

In der historischen Forschung gibt es zwei gegenläufige Meinungen zu Brünings Präsidialkabinett: Die Verteidiger Brünings sahen den „Dammbruch" (Conze), die „Bahn zum Abgrund" (Meinecke) erst in der Entlassung Brünings, da der Übergang zum Präsidialsystem nötig, ja unausweichlich war, weil der Parteienstaat in einer akuten Krise steckte. Dagegen wandte sich vor allem der Historiker K.-D. Bracher, da für ihn schon der Einsatz der Präsidialgewalt bewußte Planung eines parlaments- und parteienunabhängigen Rechtsregimes war, nicht Folge einer ausweglosen Strukturkrise.

4.6.3 Die Außenpolitik Brünings, 1930–1932

Brünings Außenpolitik zielte, wie die seiner Vorgänger, auf Revision des Versailler Vertrages, ordnete ihr alle innen- und wirtschaftspolitischen Aspekte unter. Brüning schreibt in seinen Memoiren (1970), daß er erst die Befreiung von den Reparationszahlungen erreichen wollte, bevor er sich seinem Ideal, der Restaurierung der Hohenzollernmonarchie, widmen wollte. Die Weltwirtschaftskrise kam ihm gerade recht. Mit einer rigiden Deflationspolitik verringerte er die Deckungslücke im Haushalt, aber gleichzeitig wuchsen Arbeitslosigkeit, Verelendung und Unmut der Bevölkerung. Militärische Männerbünde der Rechten und Linken boten zur Ausfüllung des Alltags den Kampf auf der Straße. Die paramilitärischen Organisationen der NSDAP hatten Anfang 1932 fast eine halbe Million Mitglieder. Pläne für öffentliche Auftragsarbeiten lagen vor. Doch bevor sich diese Maßnahmen mit der seit Herbst 1932 abklingenden Wirtschaftskrise auswirkten, war Brüning gestürzt. Wie bei der endgültigen Streichung der Reparationszahlungen auf der Konferenz in Lausanne 1932 war sein Nachfolger der Nutznießer.

Die Wirtschaftskrise in Deutschland war, abgesehen von der hohen Arbeitslosenzahl, nicht schlimmer als in anderen Ländern, aber sie wirkte psychologisch verheerender. In den Augen weiter Teile der Bevölkerung war sie auch eine Demokratiekrise. Die rasche Aufeinanderfolge sozialer Katastrophen seit dem Kriegsende – Inflation 1922/23, Deflationspolitik in der Weltwirtschaftskrise – verschärfte die allgemeine Misere. Historiker und Wirtschaftsfachleute waren sich lange einig, daß Deflationspolitik kein Mittel ist, um aus einer Wirtschaftskrise herauszukommen, da sie keinen Anreiz für Investitionen bietet. Doch Ende der 70er Jahre relativierte sich das negative Urteil über die Deflationspolitik Brünings. Seinerzeit vertrat keine andere politische Gruppierung eine Alternative. Besonders die SPD war gegen jedes währungspolitische Experiment, aus Angst vor einer neuen Inflation. Auslandskredite schieden für Brüning aus, da sie mit politischen Auflagen verbunden worden wären und die Reparationszahlungen nur aufgeschoben hätten. Eine frühzeitige Stabilisierung der deutschen Wirtschaft, die ja bereits vor 1929 mit Schwierigkeiten kämpfte, hätte Strukturschäden nur konserviert. So sieht der Historiker Peukert die Weltwirtschaftskrise in Deutschland als Katalysator für den Bruch mit einem politischen System, das seine Legitimation schon vorher verloren hatte. Die wirtschaftliche Systemkrise eskalierte von der politischen Legitimationskrise zum Scheitern der Demokratie.

4.6.4 Das Ende der ersten deutschen Demokratie, 1932/33

Die Entlassung Brünings zeigte, daß fortan geheime Absprachen, Intrigen, nicht jedoch parlamentarische Arbeit die Politik bestimmten. Der von Hindenburg eingesetzte Nachfolger, Franz von Papen, zerschlug mit dem „Papenschlag" vom 20. 7. 1932 die SPD-Bastion Preußen und bemühte sich für sein „Kabinett der Barone" (fast alle Mitglieder waren adelig) nach der Reichstagswahl vom 31. 7. 1932, bei der die NSDAP mit 230 Abgeordneten die stärkste Fraktion stellte, vergebens um Unterstützung der NSDAP. Zwar reduzierte die folgende Wahl vom 6. 11. 1932 die Abgeordneten der NSDAP auf 196, aber sie schwächte die parlamentarischen Kräfte, führte zu Forderungen nach einer vom parlamentarischen Parteienwesen unabhängigeren Regierung" (so Großindustrielle und Großagrarier in einem Schreiben an Hindenburg) und erzwang den Rücktritt der Regierung von Papen. Hindenburg betraute am 2. 12. 1932 Reichswehrmeister General Kurt von Schleicher mit der Neubildung einer Regierung. Doch auch Schleicher gab nach Intrigen seines Vorgängers und angesichts der fehlenden Reichstagsmehrheit am 28. 1. 1933 auf.

Von Papen, vom Reichspräsidenten zu Verhandlungen beauftragt, konnte nun Hitler zu einem gemeinsamen Präsidialkabinett der „Nationalen Konzentration" bewegen, in dem Hitler Reichskanzler, von Papen Vizekanzler wurde. Nicht nur Papen glaubte, Hitler könne als Kanzler in einem mehrheitlich nationalkonservativen Kabinett „gezähmt" werden. Papens politische Prognose im Januar 1933: „In zwei Monaten haben wir Hitler in die Ecke gedrückt, daß er quietscht." Er sollte sich irren.

Wahlergebnisse und Parteien

M 1 Die Entwicklung der Parteien in der Weimarer Republik

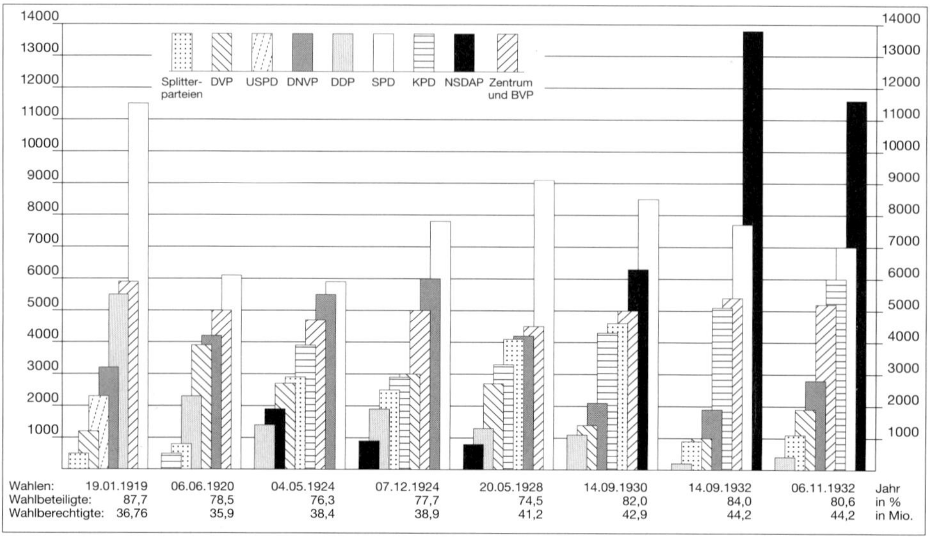

Aus: Tormin, W., Die Weimarer Republik, 1977, S. 265

M 2 Die Dauer der Parlamentarischen Reichsregierungen in der Weimarer Republik

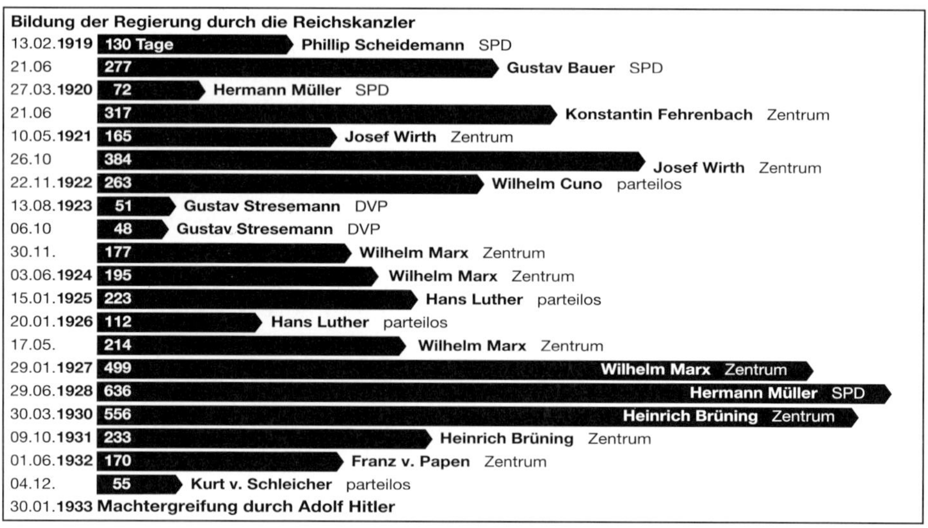

Aus: Informationen zur politischen Bildung, Heft 109/110, S. 43

M 3 Arbeitslosigkeit und Stimmenzuwachs der NSDAP

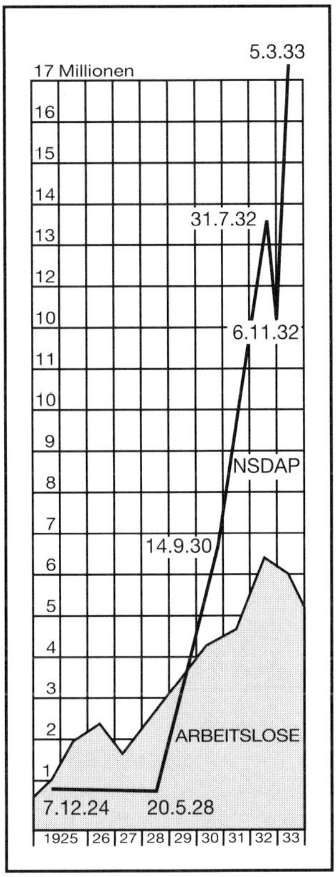

Aus: Zentner, C., Große Geschichte des Dritten Reichs und des Zweiten Weltkriegs, München 1989, S. 156

M 4 Auswirkungen der Arbeitslosigkeit

Der amerikanische Publizist Hubert Renfro Knickerbocker (1898–1949) schilderte die Not der Arbeiter im Berlin des Jahres 1931:

Nach den Angaben des Arbeitsamtes in Neukölln beträgt der Reichsdurchschnitt der Unterstützung, die ein beschäftigungsloser Arbeiter mit Frau und Kind bezieht, 51 Mark im Monat. Gemäß den Berechnungen dieser offiziellen Stelle kommen Miete, Beleuchtung, Beheizung und unvermeidliche Nebenausgaben auf ein unerbittliches Minimum von 32 Mark und 50 im Monat. Für die Ernährung dreier Menschen bleiben also 18 Mark 50 im Monat übrig. [...]

Nach einer Statistik des Arbeitsamtes kann der Berliner Unterstützungsempfänger 45 Pfund Brot für 6 Mark kaufen; einen Zentner Kartoffeln für 2 Mark 50; 9 Pfund Margarine für 3 Mark; 15 Liter Milch für 4 Mark 50; 20 Pfund Kohl für 2 Mark; 10 Heringe, Salz und Zucker für 1 Mark – und damit wären seine 18 Mark 50 aufgebraucht. Das bedeutet täglich ein halbes Brot, ein Pfund Kartoffeln, hundert Gramm Kohl, fünfzig Gramm Margarine und dreimal im Monat einen Hering pro Kopf.

Aus: Buchners Kolleg Geschichte. Von der Französischen Revolution bis zum Nationalsozialismus, Bamberg 1992, S. 371

M 5 Entwicklung des Parteiensystems

In den Revolutionsmonaten 1918/19 blieb das Parteiensystem des Kaiserreichs im wesentlichen erhalten. Es kam zwar zu einigen Namensänderungen, und die politische Linke hatte sich in zwei miteinander konkurrierende Parteien aufgespalten; aber die vier großen politischen Strömungen – Konservative, Zentrum, Liberale und Sozialdemokratie – waren 1919 in ungefähr demselben Kräfteverhältnis vertreten wie bei der Reichstagswahl 1912. Daß das Gesamtgefüge des deutschen Parteiensystems beim Übergang von der Monarchie zur Republik kaum verändert wurde und deshalb von einer Kontinuität des Parteiensystems gesprochen werden kann, ist heute communis opinio. [...] Die Stabilität des Parteiensystems führt Lepsius auf die unmittelbare Verbindung der Parteiformationen mit je relativ geschlossenen „Sozialmilieus“ zurück: Die politische Integration und Organisation der deutschen Gesellschaft erfolgte nicht nur nach Klasseninteressen, sondern wurde durch eine komplexe Konfiguration religiöser, regionaler, sozialer und wirtschaftlicher Faktoren bestimmt, keine der großen Parteigruppierungen war in einem strengen Sinn klassenhomogen, die Parteien blieben auf ihr jeweiliges „sozialmoralisches Milieu“ angewiesen. Daher brach dieses Parteiensystem zusammen, als sich im Zuge der fortschreitenden Industrialisierung, der wachsenden Mobilität und sozialen Differenzierung diese Milieus langsam auflösten. Die Bindung an die jeweiligen Sozialmilieus lockerten sich im Laufe der zwanziger Jahre zwar auch bei Zentrum und Sozialdemokraten, aber der eigentliche Zusammenbruch vollzog sich in der politischen Mitte.

Dieser Zusammenbruch erfolgte indessen nicht über Nacht. Schon 1920 trat bei der bürgerlichen Mitte eine Tendenz nach rechts in Erscheinung, die sich 1924 verstärkte; 1928 hingegen verbuchten mittelständische und bäuerliche Interessenparteien beachtliche Wahlerfolge. Man wird sagen dürfen, daß große Teile der deutschen Mittelschichten inzwischen längst aufgehört hatten, „liberal“ zu sein und sich auf der Suche nach einer neuen politischen und parteipolitischen Heimat befanden. Die Auflösung des Parteiensystems begann also, *bevor* die Weltwirtschaftskrise ausbrach, die Staatskrise einsetzte und die NSDAP zu einem politischen Faktor wurde.

Aus: Kolb, E., Die Weimarer Republik, 1988, S. 169

Arbeitsvorschläge

1. *Ordnen Sie Wahlergebnisse und Entwicklung der NSDAP entsprechenden politischen Ereignissen zu!*
2. *Der Text von Kolb (M 5) liefert Erklärungen für Anwachsen und Neugründungen von Parteien. Gleichzeitig enthält er immanent Hinweise auf das, was die NSDAP im Wahlkampf versprechen mußte, um so hoch gewinnen zu können. Listen Sie dies tabellarisch auf!*

Antidemokratisches Denken und Handeln

M 6 Deutsche Note zur Unterzeichnung des Versailler Vertrages vom 23. VI. 1919

Die Regierung der deutschen Republik hat aus der letzten Mitteilung der alliierten und assoziierten Regierungen mit Erschütterung ersehen, daß sie entschlossen sind, von Deutschland auch die Annahme derjenigen Friedensbedingungen mit äußerster Gewalt zu erzwingen, die, ohne eine materielle Bedeutung zu besitzen, den Zweck verfolgen, dem deutschen Volke seine Ehre zu nehmen. Durch einen Gewaltakt wird die Ehre des deutschen Volkes nicht berührt. Sie nach außen zu verteidigen, fehlt dem deutschen Volke nach den entsetzlichen Leiden der letzten vier Jahre jedes Mittel. Der übermächtigen Gewalt weichend und ohne damit ihre Auffassung über die unerhörte Ungerechtigkeit der Friedensbedingungen aufzugeben, erklärt deshalb die Regierung der deutschen Republik, daß sie bereit ist, die von den alliierten und assoziierten Regierungen auferlegten Friedensbedingungen anzunehmen und zu unterzeichnen.

Aus: Lautemann, W./Schlenke, M., Geschichte in Quellen, Band V, 1970, S. 131

M 7 Krisen und Probleme der Weimarer Republik

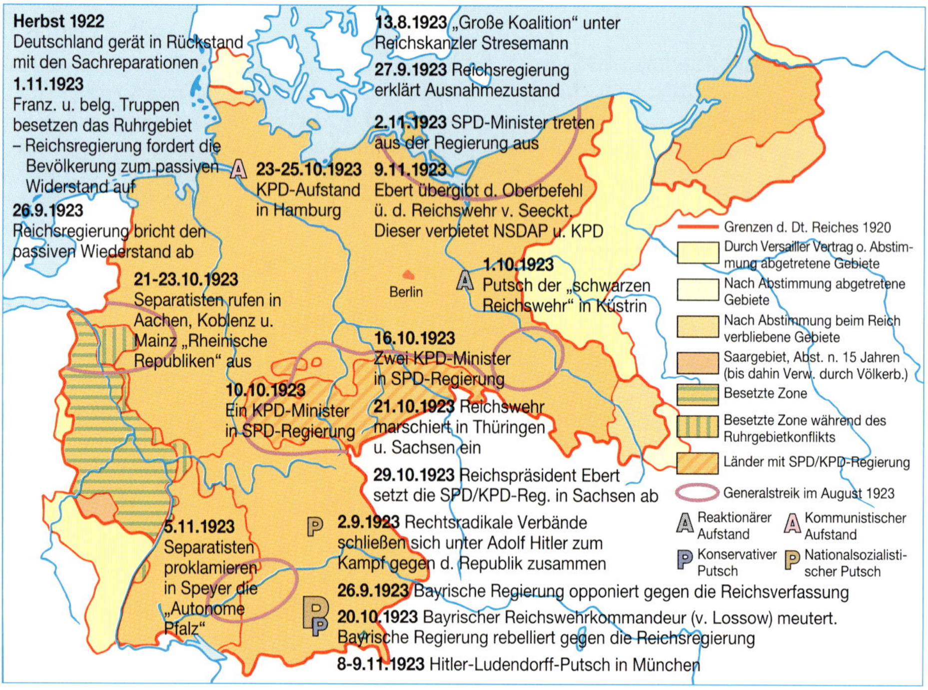

Arbeitsvorschläge

1. *Stellen Sie eine Verbindung her zwischen den Bestimmungen des Versailler Vertrages (vgl. Darstellung S. 303 f.) und den antidemokratischen Reaktionen in Deutschland! (Aufstände, politische Morde, Hetzkampagnen, verbale Schlagwörter usw.) Berücksichtigen Sie auch die Karte auf S. 303!*

2. *Arbeiten Sie an der Karte (M 7) die unterschiedlichen antidemokratisch/antirepublikanischen Gruppierungen heraus. Zeigen Sie die Interdependenz von außen-, innen- und wirtschaftspolitischen Ereignissen!*

Der Zusammenhang von Wirtschafts-, Außen- und Innenpolitik

M 8 Kapitalverflechtungen nach dem Ersten Weltkrieg bis 1932 ***(in Mrd. Dollar)***

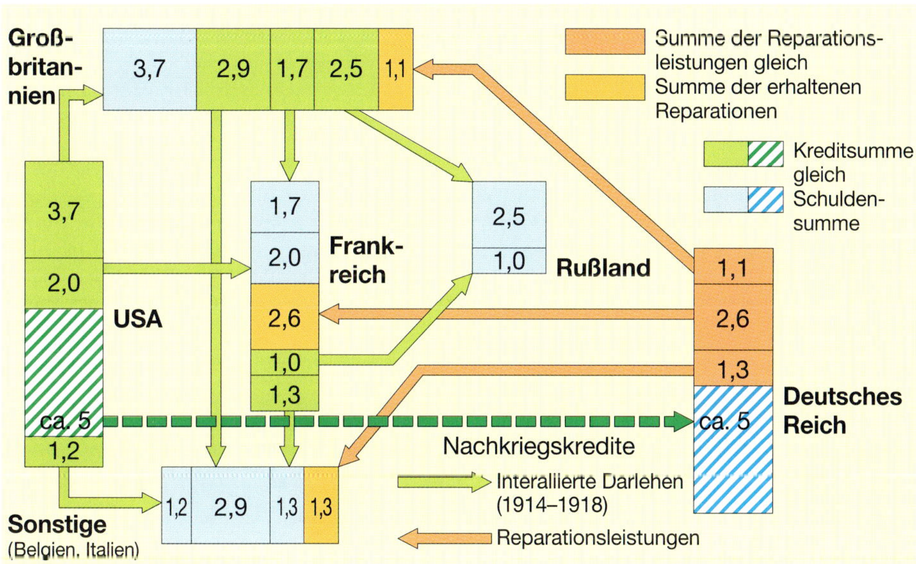

M 9 Der Zusammenhang zwischen Wirtschaft und Politik

Rede Stresemanns vor der Arbeitsgemeinschaft deutscher Landsmannschaften in Berlin am 14. XII. 1925 über Gründe für die Annahme des Dawes-Planes.

... Die einzige große Waffe unserer Außenpolitik sehe ich in unserer wirtschaftlichen Stellung und zwar in unserer wirtschaftlichen Stellung als Konsumentenland, in unserer Stellung als großes Schuldnerland gegenüber anderen Nationen. Unsere Stärke besteht nicht in der Stärke unserer Industrie und unserer Produktion. Völker sind immer Egoisten. Für andere Völker Mitleid, Interesse oder Liebe zu haben, ist eine Krankheitsform, die sich auf Deutsche stets beschränkt hat. Ich glaube, man wird am weitesten kommen, wenn man irgendein Verhältnis zu anderen Nationen auf gleichlaufenden Interessen aufbaut. An unserer Produktion haben die anderen kein Interesse; aber sie haben ein Interesse daran, daß die aus den Fugen geratene Weltwirtschaft, die sich in einer Zerstörung der Währungen mit Ausnahme von zwei großen Ländern ausgesprochen hat, wieder in Ordnung kommt, und sie glauben nicht daran, daß sie wieder in Ordnung kommt, wenn Deutschland in den Abgrund hineingezogen wird ... Die Londoner Konferenz sollte die Lösung der Reparationsfragen bringen. Wir diskutieren in Deutschland heute erregt darüber, ob dieser Plan auf die Dauer erfüllbar sein wird. Meine Herren, das ist erstens dogmatisch und zweitens unendlich unpolitisch. Wenn wir im Laufe der nächsten Jahre nicht mehr in die Lage kommen sollten, diese Lasten auf uns nehmen zu können, so ist das Törichteste, was ein Kaufmann tun kann, seine etwa in drei Jahren erfolgende Zahlungsunfähigkeit vorher auf dem ganzen Markt zu annoncieren und damit seine eigene Unterschrift zu diskreditieren ...

... Man muß nur genug Schulden haben, man muß soviel Schulden haben, daß der eigene Gläubiger seine eigene Existenz mitgefährdet sieht, wenn der Schuldner zusammenbricht ... Diese wirtschaftlichen Dinge schaffen Brücken politischen Verständnisses und künftiger politischer Unterstützung. Denn wenn neben Amerika auch England solche Kredite gewährt, übrigens in 25 Jahren rückzahlbar, zum Zinsfuß von $7^1/_2$ % – ich glaube, daß keiner unter Ihnen ist, der nicht dankbar wäre, wenn er auf ähnlicher Basis abschließen könnte. Wenn wir also auf diese Weise die Mächte an einem Wiederaufstieg Deutschlands interessieren – dann haben sie ein Interesse an uns –, dann ist das meiner Meinung nach das, was wir aus unserer wirtschaftlichen Lage machen können ... Wir können uns gegenwärtig nicht die Politik eines Kampfes gegen alle leisten, weil wir wirtschaftlich zugrunde gehen würden.

Aus: Lautemann, W./Schlenke, M., Geschichte in Quellen, Bd. V, 1970, S. 204, 205

Arbeitsvorschläge

1. *Kapitalverflechtungen nach dem Ersten Weltkrieg beeinflußten Reparationsentwicklungen und -verhandlungen. Skizzieren Sie die Rolle der USA!*
2. *Stresemann verfolgte Machtpolitik, aber durch wirtschaftliches Handeln. Weisen Sie am Text (M 9) diese These nach! Nennen Sie entsprechende Erfolge in seiner Amtszeit!*

Frauen- und Alltagsgeschichte

M 10 Frauenstudium

Rektor Ernst Bumm im August 1917 über negative Auswirkungen des Frauenstudiums:

„Es sieht so aus, als ob das Frauenstudium Mode werden wollte, und das wäre nicht gut. Allen den Frauen, die das heilige Feuer in sich fühlen, sollen die Pforten der Universitäten weit offen stehen. Die Alma Mater wird ihren Töchtern gewiß nicht weniger liebevolle Fürsorge für ihre geistigen Fortschritte entgegenbringen als ihren Söhnen. Aber die Mehrzahl der Frauen, und gerade der Frauen der mittleren Stände, die der Anreiz zum Studium am ehesten trifft, muß ihrer natürlichen Bestimmung erhalten bleiben. Unsere Kinder sollen von Müttern geboren werden, die ein ausgeruhtes Gehirn und genug Zeit zur Aufzucht einer zahlreichen Nachkommenschaft haben. So leistet die Frau sich, der Familie und dem Staate den höchsten Dienst, so ist das Geschlecht entstanden, das heute gegen eine Welt von Feinden die Heimat schützt und trotz allen Hasses und aller Schmähungen, im Grunde doch von der ganzen Welt bewundert wird."

Aus: Schlüter, A. und Kuhn, A., Lila Schwarzbuch, 1986, S. 21, 22.

M 11 „Mit Reizen darf sie nicht geizen"

Bei der Ausnutzung der erotischen Werbekraft ihrer Angestellten kannten manche Unternehmer wenig Skrupel. Wie weit teilweise in die Persönlichkeitssphäre der Frauen eingegriffen wurde, zeigt der folgende vor einem Arbeitsgericht in Berlin verhandelte Fall: Eine Verkäuferin in einem Schuhgeschäft des Berliner Westens war fristlos entlassen worden, weil sie sich nicht dem Wunsche des Geschäftsinhabers gefügt hatte, duftige Wäsche zu tragen. Der Unternehmer führte vor Gericht aus, daß bei dem ununterbrochenen Hinaufsteigen auf Leitern zum Herabholen der Schuhe den männlichen Besuchern ein möglichst angenehmer Anblick verschafft werden müsse.

Aus: Vollmer-Heitmann, H.: Wir sind von Kopf bis Fuß auf Liebe eingestellt, 1993, S. 221

Das Bild der Verkäuferin in der Populärkultur der 20er Jahre.

M 12 Der neue „Modeberuf": Angestellte

Gerade das neue Massenmedium Film nährte die Träume ganzer Generationen von Schulabgängerinnen: „Wenn durch ein Jugenderlebnis im Film dem jungen Mädchen das Warenhaus als märchenhafter Palast erscheint, in dem sich elegante Käufer um den Ladentisch drängen, liebenswürdige Gespräche mit der Verkäuferin führen und einer von ihnen die Angestellte in eine Ehe voller Glück und Luxus entführt... wenn die Handelsschülerin im Film erfahren hat, daß die Privatsekretärin ein sorgenloses schönes Leben ohne viel Arbeit führt, sich überaus elegant kleidet und nach kurzer Tätigkeit die Gattin ihres Chefs wird, dann werden die Wunschträume dieser jungen Menschen nach bestimmter Richtung tendieren, dann wird alles versucht, um sie zu verwirklichen."

In Scharen strömten die jungen Angestellten in die Kinos, um – nach einem grauen Arbeitsalltag – in die so viel schönere Filmwelt einzutauchen.

Aus: Vollmer-Heitmann, H., a.a.O., S. 212

M 13 Die Doppelbelastung der Frauen

Ein Beispiel für viele: „Mein Arbeitstag in der Fabrik (bin Weberin) beginnt früh 7 Uhr bis 5.30 Uhr abends mit 1½-stündiger Mittagspause. Der eigentliche Arbeitsbeginn ist meistens schon 5 Uhr, denn erst muß man doch ein bißchen Ordnung schaffen in der Wohnung, Frühstück, und meist auch schon zu Mittag kochen, Kinder wecken, die Kleinsten erst noch zur Spielschule oder in Pflege bringen. Kaffeekannen füllen, Brot schneiden und dann meistens hetzen wie toll. Ich bediene drei Stühle, und es ist den ganzen Tag ein Hetzen und Jagen. Gegenwärtig ist so schlechtes Material, daß man mittags lieber ruhen als essen möchte.

Wenn ich am Mittag nach Hause komme, dann heißt's erst recht dalli dalli. Zum Glück habe ich Gas, aber Hunderte von Kolleginnen haben diese Wohltat immer noch nicht. Wenn ich mir aber nicht am Abend oder Morgen schon etwas zurecht- oder weichkochen möchte, würden wir selten Gemüse oder dergleichen essen können.

Für mich ist der Sonnabend erst recht zur Arbeit da. Von 7 bis 1 Uhr ohne Pause in der Fabrik, meistens sehr abgespannt nach Hause, dann schnell etwas essen und dann geht's eben los. Erst die Wohnung ein bißchen saubermachen und da gibt es gewöhnlich sehr viel zu tun, denn an den anderen Arbeitstagen wird nur immer das allernötigste getan. Dann Einholen für den Sonntag, zum Fleischer, Konsum, Gemüsehändler usw. Der Abend ist da, man weiß nicht wie. Jetzt wird Feuer gemacht, dann wird gebadet in einer Wanne von ungefähr 20 Litern. Wer soll sonst dauernd zwei Treppen Wasser herauf- und herunterschleppen, da wird eben gespart..."

Aus: Vollmer-Heitmann, H., a.a.O., S. 235, 236

M 14 Ausweg: Abtreibung?

Das Hamburger Gesundheitsamt ging 1927 davon aus, daß auf jede Geburt beinahe eine Abtreibung kam. Und der Frauenarzt Max Hirsch schätzte, daß fast jede Frau zwischen 31 und 36 Jahren mindestens einmal abgetrieben hatte.

Weil das ganze Abtreibungsgeschehen weithin im Dunkel der Illegalität blieb, erregte die Patientenkartei eines Kleinstadtarztes großes Aufsehen. Nach dessen Tod gelangte diese Kartei in die Hände des bekannten Berliner Professors für Sozialhygiene Alfred Grotjahn, der sie 1932 veröffentlichte. An der „Grotjahn-Kartothek" konnte man sehen, was wirklich vor sich ging: Zu diesem – wohlgemerkt in einer Kleinstadt praktizierenden – Arzt kamen in einem einzigen Jahr 556 Frauen mit dem Wunsch nach einem Abbruch, von denen nur 74 nicht verheiratet waren.

Bei 426 dieser Frauen nahm er eine Abtreibung vor, sei es, weil sie ein uneheliches Kind erwarteten, sich in wirtschaftlicher Not befanden oder schon viele Kinder hatten. Der Arzt ließ sich den Eingriff gar nicht oder nur geringfügig bezahlen."

Aus: Vollmer-Heitmann, H., a.a.O., S. 77, 78

M 15 Wohnverhältnisse

Obwohl viel neu gebaut wurde, blieb der Bedarf hoch. Nach dem Weltkrieg fehlten etwa 1,5 Millionen Wohnungen, im Jahr 1927 waren es immer noch 700000 und 1933 dann schon wieder 1,1 Millionen.

Wie furchtbar die Wohnverhältnisse teilweise waren, geht aus dem Bericht eines Berliners Stadtrats, der gemeinsam mit anderen Politikern Altbauwohnungen in der Hauptstadt besichtigte, hervor: „Was sich am ersten Tag dem Auge bot, ist geradezu grauenhaft. Es wird uns eine Liste einiger Wohnungen überreicht: Brunnenstraße Nr. 15: eine Wohnung von zwei Stuben, Kammer, Küche, bewohnt von zehn Personen, Brunnenstraße Nr. 178: eine Einzimmerwohnung, bewohnt von elf Personen... Wir besichtigen die Wohnungen in der Friedrichsgracht. Beim Eintreten muß man sich erst an die Dunkelheit gewöhnen. In der Ecke des Korridors sitzt ein alter Mann. Bei unserem Eintreten bemerken wir erst, daß er sich auf das im Korridor befindliche Klosett niedergelassen hat. Jeder, der zur Wohnung will, muß durch diesen engen Gang an diesem Klosett vorbei, man gelangt dann in die sogenannte Küche, einen Raum von etwa zwei Quadratmetern, dunkel, ohne Licht und Luft, dazu ein Zimmer [...] Wir steigen auch in den Keller, etwa sieben Stufen tiefer, geraten in einen dunklen Raum mit Kellergewölbe, nicht ganz zwei Meter hoch. Eine Dame des Landtages fragt nach dem Wohnzimmer, die Frau antwortet: ‚Sie befinden sich in demselben. ‚Und Ihr Schlafzimmer?,' ‚Dasselbe'. ‚Und die Küche?' ‚Auch diese befindet sich in diesem Raume' (...) Der ganze Raum ist etwa 10 Quadratmeter groß, und für diesen Raum zahlt die Familie 17 Mark monatlich an Miete."

Aus: Vollmer-Heitmann, H., a.a.O., S. 160, 161

M 16 Die unanständigen modernen Tänze

Ein gewisser W. Montanus läßt in der Zeitschrift *Die Lebenskunst* seinem Unmut über diese Modeerscheinung freien Lauf: „Wer die illustrierten Zeitschriften, besonders die in Berlin erscheinenden, durchsieht, wird oft Gelegenheit finden, Bilder von modernen Tanzlustbarkeiten zu sehen, über die jeder halbwegs anständige Mensch nur Ekel empfinden muß. Die Dämchen in Kleidern, die [...] mit Recht als Dirnenkostüme bezeichnet werden müssen, die Herren allerdings meist im elegantesten Frackanzuge, aber mit vollständig blasierten und geistlosen oder stumpfsinnigen Gesichtern, aus denen nichts weiter als moralischer Tiefstand zu ersehen ist. Dazu beide Geschlechter oft in Stellungen, die an Schamlosigkeit nicht zu wünschen übrig lassen. So erfordert es eine Anzahl der sogenannten ›modernen‹ Tänze. Zwei Jahre lang dauert nun schon dieses Treiben, und noch ist kein Ende abzusehen. Im Gegenteil, es wird immer schlimmer."

Aus: Vollmer-Heitmann, H., a.a.O., S. 48

Die vergnügungssüchtige Damenwelt tanzt Charleston. „Großstadt", Gemälde von Otto Dix.

Arbeitsvorschläge

1. *Beschreiben Sie aus den vorliegenden Quellen das traditionelle Frauenbild, und heben Sie es vom emanzipierten der Weimarer Republik ab.*
2. *Suchen Sie in den Quellen nach Ansätzen, die die NS-Ideologie gerne aufgriff und ausweitete, um ihr Frauenideal zu formulieren.*
   (Vergleichen Sie dazu die Quellen zum NS-Frauenbild auf S. 377 f.)

5 Nationalsozialismus und europäische Faschismen

Das Verhängnis. Zeichnung von A. P. Weber, 1932.

Zeittafel

1919	Gründung der Deutschen Arbeiterpartei, 1920 in NSDAP umbenannt
1921	Hitler 1. Vorsitzender der NSDAP
1922	„Marsch auf Rom“ und Sieg des Faschismus unter Mussolini in Italien
1923	Hitler-Putsch in München scheitert
1924	Hitler verfaßt in achtmonatiger Haft „Mein Kampf“ Neugründung der NSDAP
ab 1929	Anwachsen der NSDAP infolge Weltwirtschaftskrise
Juli 1932	NSDAP bei Reichstagswahlen stärkste Partei
Nov. 1932	Reichstagsneuwahlen mit Verlusten für NSDAP
Jan. 1933	Rücktritt der Regierung Schleicher
30. 1. 1933	Hindenburg beruft Hitler als Kanzler des Koalitionskabinetts Hitler-Papen („Machtergreifung“)
Febr. 1933	Nach Reichstagsbrand Ausnahmezustand und Terror gegen politische Gegner (KPD, SPD, Gewerkschaften)
März 1933	„Gleichschaltung“ der Länder und „Ermächtigungsgesetz“
ab Mai 1933	Verbot von Parteien und Auflösung der Gewerkschaften
30. 6. 1934	Ermordung der SA-Führung („Röhm-Putsch“)
Juli 1933	Reichskondordat mit dem Vatikan
2. 8. 1934	Nach Tod Hindenburgs wird Hitler Reichspräsident: Vereidigung der Wehrmacht auf Hitler

März 1935	Wiedereinführung der allgemeinen Wehrpflicht
Juni 1935	Deutsch-britisches Flottenabkommen: Beginn der Appeasement-Politik
15. 9. 1935	„Nürnberger Gesetze" gegen Juden
März 1936	Kündigung des Locarno-Vertrages: Remilitarisierung des Rheinlands
Juli 1936	Spanischer Bürgerkrieg (bis 1939): Sieg Francos
Nov. 1936	Antikominternpakt mit Japan und Italien (ab 1937 Spanien)
1938	Nach „Fritsch-Krise" Gleichschaltung des Heeres
13. 3. 1938	Anschluß Österreichs an das Deutsche Reich
29. 9. 1938	Konferenz von München: Abtretung des Sudetenlandes an Deutschland
9. 11. 1938	Vorläufiger Höhepunkt der Judenverfolgung („Reichskristallnacht")
März 1939	Einmarsch deutscher Truppen in Prag: Zerschlagung der ČSR
1. 9. 1939	Mit deutschem Angriff auf Polen beginnt der Zweite Weltkrieg

5.1 Das Scheitern der Demokratie

5.1.1 Von den Anfängen der NSDAP zur Massenpartei – Adolf Hitler und seine Bewegung

Der Nationalsozialismus, Produkt der Krise nach dem Ersten Weltkrieg, stieg aus kleinsten Anfängen im Schatten tiefgreifender ökonomischer, politischer und gesellschaftlicher Krisenlagen auf, an denen die Weimarer Republik scheiterte: Die deutsche Niederlage 1918, Inflation 1923 und Weltwirtschaftskrise seit 1929 mobilisierten für den Nationalsozialismus (NS) in Deutschland Anhänger und Wähler, ebenso wie seine charismatische Führergestalt, Adolf Hitler. Wie in einem Brennspiegel fing er Ängste und Sehnsüchte weiter Bevölkerungsteile ein und nutzte sie für seine Bewegung aus. Hitler versprach die Utopie eines „Tausendjährigen Reichs", das allem Elend der Gegenwart ein Ende bereite. Für viele Zeitgenossen übernahm die nationalsozialistische Ideologie die Funktion einer säkularisierten Ersatzreligion.

Die NS-Bewegung begann 1919 in München mit der Deutschen Arbeiterpartei (DAP), bevor sie sich 1920 in Nationalsozialistische Deutsche Arbeiterpartei (NSDAP) umbenannte. Ihre Mitglieder, meist Arbeiter und Handwerker, waren scharf antirepublikanisch eingestellt und propagierten die Dolchstoßlegende: Demokratie und Republik seien für die Niederlage des Ersten Weltkriegs verantwortlich, allen voran Pazifisten und Sozialdemokraten, denn sie hätten dem unbesiegten deutschen Heer „den Dolch in den Rücken" gestoßen. Schon Anfang 1921 strömten zur ersten Massenversammlung der NSDAP im Zirkus Krone fast 2000 Menschen zusammen, vor allem dank der Agitationsgabe und Demagogie ihres Hauptredners Adolf Hitler, der 1919 der Partei beigetreten war.

Adolf Hitler wurde 1889 in Braunau am Inn als Sohn eines österreichischen Zollbeamten in verworrene Familienverhältnisse geboren: Der Vater, ein uneheliches Kind, tauschte erst spät den Namen Hitler gegen den Geburtsnamen Schicklgruber ein. Adolf war ein Kind aus dritter Ehe. Nach vorzeitigem Abbruch der Realschule ging Hitler 1909 nach Wien und bewarb sich um Aufnahme in die Kunstakademie, scheiterte aber mit zwei Anläufen. Seitdem lebte er in Wien mit seiner Waisenrente als bohemehafter Amateurmaler und verdiente sich zusätzlich Geld mit dem Malen von Postkarten. In Wien, der Großstadt mit sozialen Spannungen und Vielvölkermetropole des Habsburgerreichs, wo auch zahlreiche Juden aus Galizien lebten, bildete sich Hitlers Antisemitismus her-

Die Führer des Hitler-Putsches nach einer Verhandlung vor dem Münchener Sondergericht 1924. Von links: Pernet, Weber, Frick, Kriebel, Ludendorff, Hitler, Brückner, Röhm, Wagner.

aus: Er las Groschenhefte des Rassenfanatikers Jörg Lanz (von Liebenfels) mit schaurigen Hirngespinsten von arischen Edelmenschen und östlichen Untermenschen.

Den Weltkrieg begriff Hitler als Chance zum Ausbruch aus einem gescheiterten Leben. Als Freiwilliger der bayerischen Infanterie wurde er zweimal wegen Tapferkeit ausgezeichnet, blieb jedoch Gefreiter. In einem Gasangriff zeitweise erblindet, erlebte Hitler das Kriegsende als Schock: Ihn erwartete, wie viele andere Frontkämpfer, die Rückkehr in ein trübes Leben. Zunächst blieb Hitler in der Kaserne. Vom bayerischen Heer beauftragt, die politische Szene in München zu beobachten, traf Hitler schließlich auf die DAP, in der er rasch aufstieg, anfangs verantwortlich für Mitgliederwerbung.

Bereits das Parteiprogramm der DAP von Februar 1920 („25 Punkte") zeigte Hitlers Handschrift: Neben großdeutschen Forderungen nach Zusammenschluß aller Deutschen, Revision des Versailler Friedens und einem starken Staat verlangte es den Ausschluß der Juden aus der Volksgemeinschaft (→ M 1). Seit 1921 unterstützte der „Völkische Beobachter", die russischen Emigranten abgekaufte NSDAP-Zeitung, die Hitler-Bewegung mit antirepublikanischer und antisemitischer Polemik. Wo Hitlers Haßtiraden gegen Juden und Kommunisten nicht ausreichten, sorgten Schlägereien der SA-Trupps für Schlagzeilen. Die SA (Sturmabteilung) bestand aus jungen Männern, die den Saalschutz organisierten, militärisch ausgebildet waren und nach außen, bei Massenaufmärschen, Kraft und Geschlossenheit der Partei demonstrierten. Im Inflationsjahr 1923 wollte Hitler in seinem Münchner Putsch die Macht in Bayern an sich reißen, als Auftakt zum „Marsch nach Berlin", nach dem Vorbild von Mussolinis „Marsch nach Rom" 1922: Die Putschisten stürmten eine Wahlversammlung der bayerischen Regierung, setzten ihre Mitglieder fest und erpreßten von ihnen die Zusage zur Unterstützung Hitlers. Aber die Minister mobilisierten nach ihrer Freilassung die bayerische Reichswehr, so daß Hitler am 9. November einen Verzweiflungsmarsch durch München riskierte: Vor der Feldherrnhalle starben bei einer Schießerei mit bayerischer Landespolizei 16 Nationalsozialisten und 3 Polizisten. Erst später erhob Hitler den „Marsch zur Feldherrnhalle“ zum Opfergang und nahm den 9. November in den Zyklus seiner NS-Feiertage auf.

Die Strafen für Hitler und seine Mitverschwörer fielen milde aus. Von der fünfjährigen Haftstrafe auf der Festung Landsberg verbüßte Hitler nur ein einziges Jahr, hier entstand die Programmschrift des Nationalsozialismus: „Mein Kampf“. In radikalisierter Form, weitschweifig, aber Ressentiments vieler deutscher Zeitgenossen zusammenfassend, entwickelte er seine Überlegungen zu Rassismus und Lebensraum – Geschichte als Kampf von „Rassen“. Die beste sei die „arische Herrenrasse“, zu der auch der germanische Deutsche gehört. Solange ihr die Reinhaltung des Blutes gelang, herrschte sie unangefochten. An die Stelle des älteren, seit der Antike bekannten religiösen Antijudaismus trat in Hitlers dualistischer „Weltanschauung“ der biologische Rassenantisemitismus, der den Juden zum „jüdischen Untermenschen“ entstellte. Vorbedingung für das Überleben der arischen Rasse sei die „Bewahrung des Lebensraums“. Hitler spitzte den Sozialdarwinismus mit seinem „Kampf ums Dasein“ auf das Leben der Völker zu. Nur „Blutreinheit“ und ausreichender „Lebensraum“, konkret: die Unterwerfung anderer Völker, könnten Deutschlands Weiterleben sichern (→ M 2, M 3).

Nach Entlassung aus Landsberg 1925 begann Hitler den Wiederaufbau der Partei. Da der revolutionäre Weg gescheitert war, wollte er die politische Macht legal über den Reichstag erobern und baute die NSDAP bis 1929 auf Reichsebene aus, mit Unterführern, die teilweise auch nach 1933 das Dritte Reich bestimmten: Hermann Göring, hochdekorierter Flieger im Ersten Weltkrieg; Ernst Röhm, der mit seinen Verbindungen als Frontoffizier zur Reichswehr und den Freikorps für die NSDAP in ihrer „Kampfzeit“ wichtig war und später die Führung der SA übernahm; Rudolf Heß, persönlicher Sekretär Hitlers; Heinrich Himmler, Diplomlandwirt und ehemaliger Hühnerzüchter, dem er zur Belohnung für seine Teilnahme am Münchner Putsch den Aufbau der SS anvertraute. Die SS war Hitlers persönliche Schutzstaffel, dem „Führer“ bedingungslos durch Eid verbunden, als Leibstandarte für sein Leben verantwortlich. In Joseph Goebbels gewann Hitler einen jungen Propagandisten mit demagogischen Fähigkeiten: Ab 1926 organisierte er den Aufbau der NS-Bewegung im „roten“ Berlin und übernahm 1933 das Propagandaministerium.

Der Neuaufbau der NSDAP von 1925 bis 1929 fiel in die stabilen Jahre der Weimarer Republik. Trotz beträchtlicher propagandistischer Anstrengungen wuchsen Mitglieder- und Wählerzahlen nur langsam. Erst die anhaltende wirtschaftliche Notlage seit der Weltwirtschaftskrise 1929 begünstigte den Extremismus: Im Erdrutsch der Septemberwahlen von 1930 entschieden sich von 35 Mill. Wählern 6,4 Mill. für Hitler: 107 Braunhemden, die mit ihrer Uniform auch äußerlich die Ablehnung parlamentarischer Prinzipien demonstrierten, zogen in den Reichstag ein. Bei den Juliwahlen 1932, der zweitletzten und für die NSDAP erfolgreichsten Wahl vor der Machtergreifung, erreichte sie 37 % aller Wählerstimmen. Die NSDAP wuchs zur Massenpartei heran, die unterschiedliche berufliche Organisationen umfaßte und Wähler aus allen Schichten des Volkes mobilisierte (→ M 5, M 6).

Die Anfälligkeit des alten und neuen Mittelstands (Handwerk, Kleinhandel, Angestellte) war besonders hoch: Aus Angst, ins Proletariat abzurutschen, entschieden sie sich am leichtesten für den Nationalsozialismus. Aber auch der Anteil der Bauern war überdurchschnittlich hoch – auch Folge agrarromantischer NS-Parolen („Schutz des Nährstandes“). Indem die NSDAP Heilsbotschaften für alle gesellschaftlichen Gruppen verkündete und alles Bestehende ablehnte, wurde sie zu einer klassischen „negativen Integrationspartei“. Zwar zeigten sich gewerkschaftlich gebundene Arbeiter dem Na-

Joseph Goebbels, einer der wirksamsten Propagandisten der NSDAP.

tionalsozialismus gegenüber weniger anfällig als unorganisierte, aber allgemein war auch der Anteil von Arbeitern unter nationalsozialistischen Wählern beträchtlich. Je stärker der einzelne in politische oder gewerkschaftliche Gemeinschaften eingebunden war, desto schwerer ließ er sich für den Nationalsozialismus gewinnen. Traditionell katholische Wähler entschieden sich am wenigsten für Hitler. Ihrer Altersstruktur nach war die NSDAP eine jugendliche Bewegung: 70 % ihrer Mitglieder waren 1930 jünger als 40 Jahre.

5.1.2 Die Machtergreifung – Gescheiterte Zähmung

Hitlers Aufstieg zur Kanzlerschaft ging einher mit der zunehmenden Aushöhlung des parlamentarischen Lebens in der Spätphase der Weimarer Republik durch Präsidialkabinette, die seit 1930 parlamentarische Mehrheitsregierungen verdrängten. Die „Machtergreifung" der NSDAP am 30. Januar 1933 vollzog sich formal durch Hitlers Berufung an die Spitze des 4. Präsidialkabinetts. Seit den erfolglosen Versuchen der Regierung Brüning, durch Deflation* die Wirtschaft zu stabilisieren, befanden sich die antiparlamentarischen Parteien KPD und NSDAP auf dem Vormarsch: In den Neuwahlen zum Reichstag im September 1930 verachtfachte die NSDAP ihre Wählerstimmen von 800 000 auf 6,4 Millionen und stieg mit 18,3 % zur zweitstärksten Fraktion im Reichstag nach der SPD (24,5 %) auf. Zur Reichspräsidentenwahl am 10. 4. 1932 kandidierte Hitler auf Drängen seiner Anhänger gegen Hindenburg und den KPD-Vorsitzenden Ernst Thälmann. Nach aufwendigem Wahlkampf der NSDAP, begleitet von spektakulären „Deutschlandflügen" ihres „Führers", erreichte Hitler immerhin 30,1 % der Stimmen – zu wenig für die erforderliche absolute Mehrheit, aber eine schwere Niederlage für Hindenburg, der erst im zweiten Wahlgang siegen konnte. Dadurch schwand Hindenburgs Vertrauen in die Politik Brünings weiter und kulminierte im Sturz des Reichskanzlers am 30. Mai 1932. Als eine der letzten Notverordnungen verbot Brüning die SA (13. April 1932), die inzwischen 400 000 Mann umfaßte.

Auf Vorschlag des Reichswehrgenerals Kurt von Schleicher, des mächtigsten Mannes im Reichswehrministerium, trat Franz von Papen am 1. Juni 1932 als neuer Reichskanzler an die Spitze eines „Kabinetts der Nationalen Konzentration": Papen, konservativer westfälischer Adliger, politisch bis dahin als Zentrumsabgeordneter im Preußischen Landtag weitgehend unbekannt, sollte nach Absicht Hindenburgs und führender Kreise im Reichswehrministerium mit einem betont konservativ-autoritären, unternehmerfreundlichen Regierungsprogramm rechte Wählerschichten zurückgewinnen. Um Hitler zur Mitarbeit in einer Koalition zu animieren, hob Papen am 15. Juni 1932 das SA-Verbot auf – ohne erkennbare Folgen: In den Reichstagswahlen vom Juli 1932 legte die NSDAP nochmals zu: Mit 13,7 Millionen Stimmen stieg sie zur stärksten Partei des

Hitler-Anhängerinnen beim Turn- und Sportfest in Breslau 1938.

Reichstags auf. 319 von 608 Mandaten für die radikalen Parteien KPD und NSDAP ergaben im Reichstag eine negative Mehrheit der republikfeindlichen Parteien.

Nachdem Papens Versuch gescheitert war, Hitler zur Tolerierung seiner Politik zu gewinnen, blieb ihm nur die erneute Auflösung des Reichstags. Bei den folgenden Wahlen am 6. 11. 1932 zeigte sich, daß die NSDAP den Zenit ihrer Erfolge überschritten hatte. Gegenüber dem Sommer verlor sie über zwei Millionen Wähler – 4 % der Stimmen. „Miese Stimmung" herrsche in der Partei, schrieb Joseph Goebbels Ende 1932 in sein Tagebuch. Bei Kommunalwahlen in Thüringen (4. Dez. 1932) büßten die Nationalsozialisten Stimmenverluste bis zu 40 Prozent ein. Zudem war die sich nur teilweise aus Mitgliederbeiträgen und Eintrittsgeldern selbst finanzierende Partei bankrott und zu weiteren aufwendigen Wahlkämpfen unfähig. Konjunkturell aber zeigten sich gegen Jahresende die ersten Anzeichen einer gesamtwirtschaftlichen Aufwärtsbewegung. Zu Recht fürchtete Hitler bei einem Ende der wirtschaftlichen Talfahrt Stimmenverluste für seine Partei.

General Kurt von Schleicher wollte aus der Schwäche der NSDAP Nutzen ziehen: Noch unter Papens Kanzlerschaft schlug er Hindenburg vor, die NSDAP mit Hilfe ihres gewerkschaftlichen Flügels unter Gregor Strasser zu spalten. Das Konzept hieß „Querfront": Unter Schleichers eigener Kanzlerschaft, von den Gewerkschaften unterstützt, sollte quer durch alle Parteien mit dem linken Flügel der NSDAP eine breite Mehrheit im Parlament entstehen. Mit diesem Plan rückte Schleicher als Nachfolger des hoffnungslos isolierten Papen ins Reichskanzleramt ein (2. Dez. 1932). Geheimgespräche zwischen Schleicher und Strasser, die bald danach publik wurden, versetzten die NSDAP-Führung um Hitler in helle Panik. Würde Strasser den Parteibruch mit Hitler wagen? Am Ende schreckte Strasser vor dem entscheidenden Schritt zurück: Er legte alle seine Parteiämter nieder und verließ Berlin. Damit war Schleichers Spaltungskonzept gescheitert, da auch SPD und Gewerkschaften das Risiko einer Mitarbeit in der Regierung als zu hoch ablehnten.

In einem Intrigenspiel bahnte der eben gestürzte Papen Hitler den Weg ins Reichskanzleramt, um Hitler in einem Kabinett von mehrheitlich bürgerlichen Ministern einzurahmen. Am 4. Januar trafen sich Papen und Hitler im Haus des Kölner Bankiers Kurt von Schröder: Für sich selbst sah Papen in der zukünftigen Regierung, einer Art Duumvirat*, den Posten des Vizekanzlers vor. Weitere Schlüsselministerien, z. B. das Reichswehrministerium, sollten in der Hand bewährter, konservativ-bürgerlicher Minister verbleiben, um Hitler so zu „zähmen". Erst nach dem Treffen Hitlers mit Papen flossen größere Spendenbeiträge der Industrie in die leeren Kassen der NSDAP. Nach Überwindung der Strasser-Krise Mitte Dezember brachte Hitler die Gesamtpartei wieder auf seinen Kurs und mobilisierte ihre letzten Reserven zur Landtagswahl in Lippe am 15. Januar 1933. Der Ausgang mit 39,5 % für die NSDAP signalisierte eine Umkehr des Abstiegstrends und motivierte Papen, sich noch energischer für Hitler beim Reichspräsidenten einzusetzen. Am 30. Januar 1933 ernannte Hindenburg Adolf Hitler zum Reichskanzler. Das Ende der Demokratie in Deutschland war besiegelt.

5.2 Nationalsozialistische Herrschaft, 1933–1939

5.2.1 Die Durchsetzung der Diktatur: Gleichschaltung und Ausbau der NS-Herrschaft

Die Nationalsozialisten feierten Hitlers Ernennung zum Reichskanzler am Abend des 30. Januar mit einem riesigen Fackelzug durch das Berliner Regierungsviertel. Knapp ein halbes Jahr später hatte Hitler das Weimarer Parteiensystem ausgeschaltet, in wiederum nur einem halben Jahr seine Stellung als Diktator endgültig gegen jede Opposition im Innern gesichert. Entscheidend für die schnelle Durchsetzung der NS-Herrschaft war die Rücksichtslosigkeit, mit der Hitler den Notverordnungsartikel 48 der Weimarer Verfassung gebrauchte sowie gezielt Terror von SA und SS gegen politische Gegner einsetzte. Bereits am 1. Februar löste Hitler durch Notverordnung des Reichspräsidenten den Reichstag auf. In Preußen spannte Göring die Polizei als Instrument zur Bekämpfung der politischen Gegner ein. Zusätzlich stellte er am 22. Februar 1933 50 000 Hilfspolizisten ein, darunter 40 000 SA- und SS-Leute – quasi-staatliche Mordkommandos.

Aber erst der Reichstagsbrand vom 27. Feburar 1933 lieferte den eigentlichen Auftakt zur systematischen Verfolgung von Kommunisten und Sozialisten im Reich. Die Frage nach der Urheberschaft des Reichstagsbrands hat eine Flut gelehrter Kontroversen ausgelöst. Ob die Nationalsozialisten selbst den Reichstag ansteckten oder ob Marinus von der Lubbe, ein holländischer Anarchist und Maurer, wofür mehr spricht, den Brand tatsächlich allein verantwortete, ist jedoch nicht so entscheidend, vielmehr die Rücksichtslosigkeit, mit der Hitler den Brand für seine Zwecke ausnutzte. Schon am 28. Februar zerschlug eine Notverordnung den Rechtsstaat in Deutschland: Unter dem Vorwand akuter Bedrohung durch Kommunisten hob die Regierung fundamentale Grund- und Menschenrechte auf – Freiheit der Person, Meinungs-, Presse-, Versammlungs- und Vereinsfreiheit, Unverletzlichkeit von Wohnung und Eigentum.

SA verhaftet politische Gegner, 1933.

Allein bis zum März 1933 kamen aufgrund der Verordnung 10 000 Menschen in „Schutzhaft“ (→ M 7).

Noch in der Brandnacht erklärte die Hitler-Regierung die KPD für „staatsfeindlich“ und verbot ihre Versammlungen, ferner Publikationsorgane der SPD. Zur Inhaftierung politischer Gefangener richtete die NSDAP unter Führung Himmlers Konzentrationslager ein, zuerst in Dachau am 20. März 1933. In den Reichstagswahlen vom 5. März 1933 gewann die NSDAP trotz Ausnutzung aller legalen und illegalen Mittel nicht wie erhofft die alleinige absolute Mehrheit. Die SPD behauptete immerhin 18,3 % der Stimmen (20,4 % im Nov. 32), die KPD trotz Verbot öffentlicher Versammlungen 12,3 % (im Vergleich dazu 16,9 % im Nov. 32). Doch steigerte die NSDAP den Anteil ihrer Wähler im Vergleich zu den letzten Reichstagswahlen nochmals um mehr als zehn Prozent auf 43, 9 %.

An einer Mitarbeit des Parlaments lag Hitler schon nichts mehr. Es gehört zur scheinlegalen Taktik der NSDAP, sogar die Selbstausschaltung des Reichstags parlamentarisch abzusichern: Mit dem Ermächtigungsgesetz vom 23. März konnte der Reichskanzler Gesetze, auch solche verfassungsändernden Inhalts, ohne Zustimmung des Kabinetts und unabhängig vom Notverordnungsrecht des Reichspräsidenten erlassen (→ M 8, M 9). Aber zur Verabschiedung des Ermächtigungsgesetzes benötigte Hitler eine Zweidrittelmehrheit. Das Fehlen bereits verhafteter oder ins Ausland geflohener Abgeordneter (81 der KPD, 26 der SPD) ermöglichte es Hitler, mit Unterstützung der bürgerlichen Parteien, die erforderliche Mehrheit zu erringen. Das Zentrum köderte er mit der Aussicht auf ein Reichskonkordat*. Das Ermächtigungsgesetz, zunächst auf vier Jahre begrenzt, wurde immer wieder verlängert und war bis 1945 in Kraft.

Die Ausschaltung der Gewerkschaften erreichte Hitler mit einem raffinierten Täuschungsmanöver: Den 1. Mai, traditionell Tag der internationalen Arbeiterbewegung, erhob die Regierung zum gesetzlichen Feiertag, um den Arbeitern zu schmeicheln. Einen Tag später folgte die brutale Ernüchterung: Auf Anordnung der NSDAP besetzten Einheiten von SA und SS Gewerkschaftshäuser in ganz Deutschland, verprügelten führende Gewerkschaftler und verschleppten sie in Konzentrationslager. Der Schlag gegen die Gewerkschaften kam so blitzartig, daß Widerstand ausblieb. Ihrer Führung beraubt, rückten die Gewerkschaftsmitglieder zwangsweise in die am 10. Mai gegründete und von der NSDAP geführte „Deutsche Arbeitsfront“ (DAF) ein.

Ein Teil des SPD-Parteivorstands entzog sich seiner Verhaftung ins Exil nach Prag, am 22. Juni erging das Gesamtverbot der Partei, wegen angeblich staatsfeindlicher Aktivitäten. Die meisten bürgerlichen Parteien lösten sich unter Druck selbst auf – am 27./28. Juni Deutsche Staatspartei (früher DDP) und DNVP, am 4./5. Juli BVP* und Zentrum. Das „Gesetz gegen Neubildung der Parteien“ vom 14. Juli 1933 markierte das Ende des Weimarer Parteienstaats: Wer außerhalb der NSDAP eine Partei aufrecht-

Der „Tag von Potsdam“, 21. März 1933.

Heinrich Himmler inspiziert das Konzentrationslager Dachau (um 1936).

zuerhalten oder neu zu gründen versuchte, riskierte die Todesstrafe. Parallel zum Verbot der Parteien zerstörten die Nationalsozialisten faktisch die föderative Struktur der Reichsverfassung: An die Stelle des Bundesstaats trat der zentralisierte Einheitsstaat („Gleichschaltung"), wenn auch die Länder mit eigenen Verwaltungen formal weiterbestanden.

Im Frühjahr 1934 zählte die SA fast drei Millionen Mitglieder. Hatte sie bisher zur Monopolisierung der Macht wertvolle Dienste geleistet, wurde sie mit zunehmender Stärke für die NSDAP zum Problem: Ihre Radau-Radikalität ließ sich nicht zügeln. Bedroht fühlte sich vor allem die Reichswehr: Ernst Röhm, seit 1930 SA-Stabschef, träumte von einer Volksmiliz unter eigener Führung, in der die Reichswehr mit der SA in einem größeren Heer aufgehen sollte. So bedrohte Röhm, Duzfreund Hitlers, mit seiner neuen Machtfülle die Reichswehr, sogar den Parteiführer selbst, obwohl der SA-Stabschef keine „zweite" Revolution plante. Aber Hitler alarmierte seine Mordkommandos: Am 30. Juni überfielen Sondereinheiten der SS im Morgengrauen die Führer der SA auf einer Tagung in Bad Wiessee (bei München) – Auftakt zu einer dreitägigen Mordaktion in ganz Deutschland, weit über die SA-Führung hinaus. Röhm wurde nach seiner Verhaftung am 1. Juli standrechtlich erschossen. Insgesamt kostete das Massaker 89 Tote, unter ihnen der letzte Kanzler vor Hitler, Kurt von Schleicher, sowie Gregor Strasser.

Nach Hindenburgs Tod am 2. August 1934 vereinigte Hitler die höchsten Staatsämter in seiner Hand: Als Kanzler erbte er mit Hindenburgs Reichspräsidentenamt automatisch den Oberbefehl über die Reichswehr. Nach dem „Röhm-Putsch" war Hitlers Diktatur im Sommer 1934 vollendet. Dankbar für die Ausschaltung der SA, die das Waffenmonopol der Reichswehr bedroht hatte, änderten die Generäle von sich aus ihren Diensteid: Das Treuegelöbnis legten sie fortan nicht mehr auf Gesetz und Verfassung, sondern einzig auf die Person Adolf Hitlers ab. Noch bei der Planung zum Attentat auf Hitler am 20. Juli 1944 stürzte dieser Diensteid hohe Offiziere in Gewissenskonflikte.

Die hierarchische Parteiorganisation der NSDAP mit Blöcken, Zellen, Ortsgruppen, Kreisen, Gauen warf ein dichtes Netz von Kontrollen und delegierten Verantwortlichkeiten über die deutsche Gesellschaft. Über 50 NS-Organisationen und Verbände für Akademiker, Lehrer, Mediziner, Rechtsanwälte, Techniker, Frauen, Jugendliche sollten möglichst viele Menschen ideologisch erfassen, schulen, kontrollieren und für den Staat gewinnen. Hinzu kam ein umfangreiches Terrorsystem, das in alle gesellschaftlichen Bereiche hineinreichte, um etwaigen Widerstand zu ersticken.

Das reibungslose Funktionieren seiner Überwachungsorgane im „SS-Staat" (Eugen Kogon) darf jedoch nicht übersehen lassen, daß die Mehrheit der Deutschen die NS-Herrschaft anerkannte. Der Aufstieg der SS zum effektivsten Terrorinstrument Hitlers begann unmittelbar nach dem „Röhm-Putsch". Als Belohnung für ihre Henkersdienste löste Hitler die SS aus dem Oberbefehl der SA und erhob sie unter Heinrich Himmler als „Reichsführer" zu einer eigenständigen Formation. Die SS verstand sich als Elitetruppe und Orden „nordisch bestimmter Männer", als Vorhut eines neuen, utopischen Reichs: des „Dritten Reichs" unter der Herrschaft Adolf Hitlers. Eine Untergliederung der SS – die Totenkopfverbände – übernahm die Überwachung der Konzentrationslager (KZ). Die ersten Lager entstanden seit 1933 in Dachau, Oranienburg und Esterwegen. Nach der „Heimtückeverordnung" vom 21. März 1933 standen bereits auf mündliche Kritik am Regime schwerste Strafen, in Ausnahmefällen sogar der Tod (→ M 10, M 11). Seit 1935 baute die SS das KZ-System weiter aus: Groß-Rosen, Ravensbrück, Sachsenhausen, Bergen-Belsen, Flossenbürg, seit dem Krieg 1939 ergänzt um weitere 22 Konzentrationslager mit 165 Arbeitslagern. Als Himmler 1936 auch noch Chef der deutschen Polizei wurde, erlaubte ihm die Verschmelzung von Partei- und Staatsamt den Terror mit Unterabteilungen der SS zu bürokratisieren: Die Gestapo (Geheime Staatspolizei) mit Reinhard Heydrich an der Spitze übernahm die Bespitzelung und Verfolgung aller „Staatsfeinde", der Sicherheitsdienst (SD) seit 1936 Spionageabwehr und Nachrichtenbeschaffung.

Heute überschätzt man leicht das Maß an Einheitlichkeit von Lenkungs- und Entscheidungsprozessen im Staatsaufbau des Dritten Reichs: In Wirklichkeit erzeugte das Neben- und Ineinander von Partei- und Staatsstellen zahlreiche Kompetenz- und Rangstreitigkeiten. Viel eher glich der NS-Staat einem vielarmigen, an Funktionsstellen und Sondereinrichtungen überreichen Gebilde als dem propagierten, von oben nach unten streng hierarchisch nach Befehl und Gehorsam geordneten Einheitsstaat. Kompetenzstreitigkeiten waren vorprogrammiert, weil im System angelegt. Hitler schuf immer neue Sonderbehörden und „Führerbeauftragte" für besondere Aufgaben, deren Verantwortungsbereiche unklar blieben. Die Schiedsrichterrolle in Konflikten verschaffte Hitler Respekt bei seinen Unterführern, stürzte aber auch sein Reich in ein Kompetenzwirrwarr, häufig unnötige Verzögerungen bei Entscheidungsprozessen und ineffiziente Verwaltungsarbeit. Unklarheiten im Verwaltungsaufbau und Herausbildung weitgehend autonomer Herrschaftszentren im NS-Staat führten nachträglich zur Vorstellung von der „Polykratie" (Hans Mommsen), die angeblich den totalitären Charakter des „Führerstaats" von innen aufgelöst hätte. In Wirklichkeit schwankte das Dritte Reich zwischen beiden extremen Polen – rechtstotalitärem Führerstaat und chaotischer „Polykratie".

5.2.2 Die Wirtschaftspolitik

Zu den populärsten Legenden über den Nationalsozialismus zählt das angeblich von Hitler ausgelöste Wirtschaftswunder. Tatsächlich sank die Zahl der Arbeitslosen kontinuierlich von 6 Millionen 1933, über 4 Millionen 1934 und 1,7 Millionen 1935 auf unter 1 Million 1937. 1939 herrschte erneut Vollbeschäftigung in Deutschland. Der Abbau der Arbeitslosigkeit sicherte Hitler zwar Massenloyalität, aber bei näherem Hinsehen enthüllt sich die Wirtschaftskonjunktur nach 1933 als Scheinblüte: Zum Teil profitierte Hitler von einer weltweiten Besserung der Wirtschaftslage. Zum größeren Teil war der Wirtschaftsaufschwung Ergebnis einer bedenkenlosen Verschuldungs- und Aufrüstungspolitik, die von Anfang an auf den Krieg zusteuerte (→ M 14, M 15).

Seit 1933 verabschiedete die NS-Regierung konjunkturfördernde Beschäftigungsprogramme, zuerst für die Bauindustrie. Am spektakulärsten unter allen Infrastrukturmaßnahmen waren die Autobahnen. Sie wurden Hitlers größter propagandistischer Erfolg, obwohl die Pläne zum Autobahnbau noch aus der Weimarer Republik stammten: Hitler setzte solche Bauprojekte fort, freilich in einem Ausmaß, das die Neuverschuldung des Staates ins Astronomische trieb. Bis 1944 kostete der Autobahnbau 6,4 Mrd. Reichs-

Werbeplakat für den KdF-Wagen, 1939.

mark. Nicht weniger populär und konjunkturfördernd wirkten seit 1933 staatliche Ehestandsdarlehen: Berufstätige Frauen, die heirateten und ihren Beruf aufgaben, erhielten eine großzügige Abfindung bis zu 1000 Reichsmark. Soviel verdiente ein normaler Arbeiter in fünf Monaten. Die Kfz-Steuer wurde erlassen, um die Autoproduktion anzukurbeln. Mehr als 300 000 Deutsche zahlten für den Volkswagen wöchentliche Sparraten von 5 RM ein – der Wagen jedoch wurde nie ausgeliefert. Auf Sympathien der Bauern zielte das Reichserbhofgesetz vom 29. September 1933: Größere Bauernhöfe durften nicht mehr unter mehreren Erben aufgeteilt werden, um das selbständige Bauerntum, in der NS-Ideologie: „Reichsnährstand“, zu stärken und zu erhalten.

Seit 1935 übertrafen die Rüstungsausgaben erstmals die Staatsausgaben für öffentliche Investitionen. Betrug der Anteil der Ausgaben der Wehrmacht an den Gesamtausgaben 1933 4 %, so stieg er 1934 auf 18 %, 1936 auf 39 % und 1939 sogar auf 50 % aller öffentlichen Ausgaben. Die Staatsverschuldung kletterte 1939 auf die gigantische Summe von 47,3 Mrd. Reichsmark. Den Zeitgenossen blieb die verantwortungslose Finanzpolitik der NS-Regierung verborgen, denn sie griff auf Finanzwechsel einer Scheinfirma (Mefo) zurück: Sie stellte der Wirtschaft über Kredite der Reichsbank genügend Geld zur Verfügung, ohne Gegenwerte für den Konsum zu schaffen, blähte also durch Mefo-Wechsel künstlich den Geldumlauf inflationär auf. Reichsbankpräsident Hjalmar Schacht, ein international angesehener Wirtschafts- und Finanzfachmann und Erfinder dieses Scheinwechselsystems, trat 1938 zurück, als die Regierung ohne Rücksicht auf finanzpolitische Folgen immer weitere Staatsanleihen aufnahm.

1936 begann die zweite Phase der NS-Wirtschaftspolitik: Schwierigkeiten in der Rohstoffversorgung und im Außenhandel führten zu einem wirtschaftlichen Engpaß. Die Ideologie der „Autarkie“ (Selbstversorgung) drosselte den Außenhandel, der sich auf dem Stand des Krisenjahres 1933 einpendelte. Daher schrumpften die Gold- und Devisenbestände der Reichsbank auf den katastrophalen Tiefpunkt von 75 Millionen Reichsmark – 2,7 % des Bestandes von 1933. Zur Überwindung der Krise verkündete Hitler auf dem Nürnberger Reichsparteitag den Vierjahresplan unter Hermann Göring (→ M 16). Mit der Umstellung des Wirtschaftssystems auf staatliche „Kommandowirtschaft“ steuerte die NS-Führung offen auf den Krieg zu. Hitler verkündete in geheimer Sitzung vor Kommandeuren der Wehrmacht: „In vier Jahren muß die deutsche Armee einsatzbereit sein.“ Das Reich sollte wirtschaftlich „autark“ werden, um im Kriegsfall Rohstoffblockaden Englands und Frankreichs zu trotzen. Deshalb forcierte Hitler die Produktion von Ersatzstoffen: Die IG-Farben, ohnehin größter Chemiekonzern der Welt, erhielten vom Staat großzügige Unterstützung für weitreichende Forschungsvorhaben: Aus Braunkohle wurde Benzin hergestellt, die Produktion synthetischen Gummis – Buna – vorangetrieben.

SA mit Boykott-Aufruf vor einem jüdischen Geschäft, 1933.

5.2.3 Entrechtung und Verfolgung der Juden, 1933–1939

1933 lebten ca. 500000 Juden in Deutschland. Seit der NS-Machtergreifung traf die Juden eine eskalierende Diffamierungs- und Ausgrenzungskampagne, die bis 1939 über 250 Gesetze, Anordnungen und Erlasse hervorbrachte. Wie in Hitlers „Mein Kampf" angekündigt, wollten die Nationalsozialisten die gänzliche Ausschaltung der deutschen Juden aus Wirtschaft und Gesellschaft. Der gesetzlichen Preisgabe von Recht, Freiheit und Schutz für deutsche Jüdinnen und Juden folgte seit 1939 der systematische Versuch zu ihrer physischen Vernichtung: Der Holocaust oder die „Endlösung der Judenfrage" begann als Massenmord europäischer Juden im Krieg.

Schon die Reichstagsbrandverordnung stellte einen Freibrief zur Verhaftung jüdischer Bürger aus. Am 1. April 1933 rief die NSDAP mit Plakaten und Flugblättern zum Boykott jüdischer Geschäfte auf, angeblich als Notwehr gegen jüdische „Greuel"-Artikel über NS-Judenverfolgungen in ausländischen Zeitungen: Uniformierte SA-Leute zogen vor jüdischen Geschäften auf und hinderten Kaufwillige am Eintritt: „Kein Deutscher kauft mehr bei Juden" (→ M 20, M 21). Berufliche Ächtung, soziale Ausgrenzung und körperliche Drangsalierung waren erste Stufen einer rasch eskalierenden antijüdischen Politik: Nur acht Tage nach dem Wirtschaftsboykott schloß das „Gesetz zur Wiederherstellung des Berufsbeamtentums" jüdische Beamte vom Staatsdienst aus. Einen ersten Höhepunkt antisemitischer Propaganda bot die Bücherverbrennung vom 10. Mai 1933: Neben Werken linker und oppositioneller Autoren verbrannte die SA Bücher jüdischer Schriftsteller. 1933 emigrierten 33000 deutsche Juden ins Ausland – nach England, Amerika, Palästina, wo immer sie Zuflucht fanden. Die „Nürnberger Gesetze" vom 15. September 1935 schrieben in zwei berüchtigten Ausnahmegesetzen endgültig den Ausschluß von Juden aus dem deutschen Reichsverband fest: Auf persönlichen Befehl Hitlers raubte das „Reichsbürgergesetz" Juden jegliche politischen Rechte, wie Stimmrecht oder die Ausübung politischer Ämter (→ M 23). Unter ausdrücklicher Berufung auf die „Reinheit des deutschen Blutes" untersagte das sog. „Blutschutzgesetz" sexuelle Beziehungen zwischen Juden und Deutschen: Auf Eheschließung und außerehelichen Verkehr stand Zuchthaus (→ M 24).

Nach der taktischen Ruhepause während der Olympischen Spiele in Berlin 1936 begann seit 1937/38 eine neue Welle antijüdischer Verfolgungen: Das Reichspogrom (Kristallnacht) vom 9. November 1938 bildete den vorläufigen Höhepunkt antijüdischer Ausschreitungen (→ M 25). Herschel Grynszpan, ein 17jähriger polnisch-deutscher Jude, hatte aus Verbitterung über die Abschiebung seiner Eltern aus Deutschland in ein Niemandsland zwischen Deutschland und Polen den deutschen Diplomaten Ernst von Rath in Paris erschossen. Goebbels organisierte darauf in ganz Deutschland eine „Racheaktion" unter Führung der SA: Dem Pogrom fielen 91 Juden zum Opfer. 7500 Geschäfte von Juden wurden zerstört, 191 Synagogen niedergebrannt, Häuser und Wohnungen geplündert und ausgeraubt, viele jüdischen Friedhöfe geschändet. Die Gestapo verschleppte 30 000 Juden in Konzentrationslager, Gerichte sprachen die Brandstifter und Mörder in Scheinverhandlungen frei. Obendrein mußten die Juden die Schäden an das Reich selbst bezahlen, dazu eine „Buße" von 1 Mrd. Reichsmark als „Entschädigung" für die Ermordung des Diplomaten von Rath. Neue systematische wirtschaftliche Ausbeutung brachten die umfangreichen „Arisierungen" jüdischer Betriebe seit 1937: Firmen wurden zwangsenteignet, unter Wert in erzwungenen Notverkäufen an Deutsche veräußert oder „arischen" Treuhändern überstellt. Auswanderung als einziger Ausweg für Juden war schwer und kostspielig. Überseeische Länder wie die USA, Kanada, Brasilien oder Argentinien verlangten von Immigranten Vermögensnachweise oder die Qualifikation für Mangelberufe. Trotzdem verließ bis 1939 die Hälfte aller Juden Deutschland. Die Zurückgebliebenen, meist ältere und ökonomisch schwache Menschen, wurden Opfer des kommenden Holocaust.

5.3 Alltag im Nationalsozialismus

5.3.1 Arbeit und Privates

Der NS-Staat konnte dauerhaft nicht ohne die Loyalität seiner Bürger bestehen. Deshalb sollte eine raffinierte Überwachungs- und Wohlfahrtspolitik alle Deutschen für die Volksgemeinschaftsideologie der Nationalsozialisten gewinnen. Ihr besonderes Augenmerk richtete die NSDAP auf die Integration der deutschen Arbeiterschaft. Als Ersatz für die zerschlagenen Gewerkschaften gründete sie am 10. Mai 1933 die „Deutsche Arbeitsfront" (DAF) unter Robert Ley (→ M 17). Sie umfaßte Arbeitgeber und Arbeitnehmer und sollte vornehmlich die politische Schulung und Kontrolle organisieren. In Wahrheit stellte sie die Ar-

KdF-Plakat zu den ab 1934 angebotenen Schiffsreisen.

beits- und Sozialverfassung der Weimarer Republik auf den Kopf: Sie beschnitt radikal alle bisher erkämpften Errungenschaften der Arbeiterbewegung. Das Verhältnis zwischen Arbeitgeber und Arbeitnehmern im Betrieb wurde neu geordnet: An die Spitze des Betriebes rückte der „Betriebsführer", in der Regel der Eigentümer, dem die „Gefolgschaft" der Arbeitenden Treue und Gehorsam leisten mußte (→ M 18). Die Deutsche Arbeitsfront als größte NS-Massenorganisation zählte 1934 bereits 14 Millionen Mitglieder – Arbeiter, Angestellte, Handwerker, Unternehmer – 1942 25 Millionen. Auf besondere Resonanz unter Arbeitern stieß seit 1933 im Rahmen der DAF die Freizeitorganisation „Kraft durch Freude" (KdF). Vor allem verbilligte Reiseangebote der KdF nutzte die Bevölkerung ausgiebig, z. B. ein- bis zweitägige Urlaubsreisen durch Deutschland, für die Finanzkräftigen auch Dampferfahrten nach Norwegen oder Reisen nach Italien. Im Dritten Reich liegen daher die Anfänge des Massentourismus in Deutschland: Die Zahl der Urlauber steigerte sich von 2,3 Millionen 1934 auf 10,3 Millionen 1938.

Trotzdem stieß der Erziehungsanspruch der Nationalsozialisten auch auf Grenzen: Der Zugriff des Staates auf das private Leben seiner Bürger, die ideologische Berieselung durch neue Medien (Radio, Film), die Einführung des Hitler-Grußes erzeugten bei den Bürgern ebenso oft politische Apathie oder den Rückzug ins Private, wo Politik keine Rolle spielte: In den Großstädten trafen sich Jugendliche in Lokalen und Gaststätten zu Jazz- und Swingmusik. Solche Orte des Rückszugs respektierte die NSDAP manchmal bewußt, um Kontrolle z. T. mit breiten Zugeständnissen an Freizeit- und Konsumbedürfnisse Jugendlicher wie Erwachsener zu verbinden.

5.3.2 Die Jugend

Dauer und Stabilität des NS-Staates, die Utopie des „Tausendjährigen Reiches", hingen entscheidend von der Integration der Jugend ab: In den Jugendorganisationen der NSDAP, zusammenfassend Hitler-Jugend genannt, sollten „Soldaten der Bewegung" heranwachsen, zur Stärkung des jugendlichen „Wehrwillens". Im Sommer 1933 zählte die HJ bereits 3,5 Millionen Mitglieder. Im Sog der „nationalen Erhebung" gingen andere bündische Jugendbewegungen entweder unter oder lösten sich zwangsweise auf. Nur die streng kirchlich gebundene Jugendbewegung blieb vorerst im Schutz des Konkordats bestehen. Ihre erzwungene Auflösung folgte 1936, als die HJ Staatsjugend wurde, mit bereits 6 Millionen Mitgliedern. 1939 verpflichtete der nationalsozialistische Staat alle Jugendlichen zur Mitgliedschaft in der HJ.

Die HJ praktizierte Gemeinschaftssinn und Geschlossenheit, organisierte Gemeinschaftsabende, Zeltlager, Fahrten (→ M 28). Ihre paramilitärischen Erscheinungsformen (Uniformen, Fahnen, Aufmärsche) wirkten auf Jugendliche anziehend. Sport war populär: An den Reichssportwettkämpfen der HJ nahmen 1939 7 Millionen Jugendliche teil. Auch profitierte die HJ von Erfahrungen der bündischen Jugendbewegung von vor 1914, so vom Grundsatz der Selbstführung: „Jugend führt Jugend". Die HJ entsprach damit einem weitverbreiteten Bedürfnis Jugendlicher nach Selbstorganisation. Die wöchentlichen Heimabende (mit Singen, Basteln, Spielen) waren oft mit politischer Schulung und Indoktrination verbunden. Die Übernahme eines der zahlreichen HJ-Ämter – 1939 gab es bei 9 Millionen Mitgliedern ca. 800 000 HJ-Führerinnen und Führer – erforderte Grundkenntnisse in NS-Ideologie und „Rassenkunde". Mehrtägige Fahrten der HJ dienten vormilitärischer Ausbildung durch Märsche und Geländespiele.

Links: Angehörige der Hitlerjugend (HJ). – Rechts: Marschierende Gruppe des Bundes Deutscher Mädel (BDM).

NS-Plakat von 1936.

Wichtige Unterabteilungen der HJ bildeten die NS-Mädchengruppen: die Organisation der Jungmädel (JM) für die Zehn- bis Vierzehnjährigen, der „Bund deutscher Mädel" (BdM) für Vierzehn- bis Achtzehnjährige. Sportliche Ertüchtigung stand im Vordergrund der Erziehungsarbeit, intellektuelle Fähigkeiten waren – wie bei den Jungen – zuletzt gefordert. Ein Großteil der Freizeitbeschäftigungen des BdM bestand in Kochkursen, Handarbeitslehrgängen oder Säuglingspflege, um die zukünftige Frau auf ihre „Mission als Mutter" vorzubereiten. In der Schule revidierte der NS-Staat die Lehrpläne: „Rassenkunde" floß in den Unterricht ein. Lehrer mit demokratischen oder republikanischen Überzeugungen wurden entlassen. Das Autoritätsverhältnis zwischen Schülern und Lehrern veränderte sich: HJ-Jugendführer konnten Lehrer in Konflikten bei der NS-Leitung denunzieren. Neben den traditionellen Schulen sollten spezielle Internate –

Adolf-Hitler-Schulen und Nationalpolitische Erziehungsanstalten (Napola) – den NS-Elite-Nachwuchs für Partei und Verwaltung heranziehen (→ M 29).

5.3.3 Frauen

Der Nationalsozialismus trat als betont anti-emanzipatorische Bewegung auf (→ M 30, M 31). In der NSDAP, die sich als exklusiv männerbündisch verstand, spielten Frauen keine Rolle. Zwar betrug der Anteil der Frauen unter den Parteimitgliedern zwischen 1933 und 1937 zwischen 4 % und 5 %. Er stieg danach sogar steil an, doch blieben Führungsämter in Partei und Staat ausschließlich Männern vorbehalten. Die NSDAP besaß keine einzige weibliche Reichstagsabgeordnete. Politische Organisierung, Gleichschaltung und Kontrolle der Frauen besorgten die NS-Frauenschaft und das Deutsche Frauenwerk. Sie ersetzten seit 1933 die aufgelösten bürgerlichen Frauenverbände. Die Zahl der Mitglieder in den NS-Frauenorganisationen betrug zwischen 1933 und 1939 3,3 Millionen. Auffällig hoch ist der Anteil von etwa einer Million Funktionsträgerinnen, die als Block-, Zellen- und Ortsgruppenleiterinnen oder in anderer Stellung für die Partei arbeiteten. Was die NS-Machthaber Frauen auf höherer Parteiebene versagten, gestanden sie ihnen so in nachgeordneter Stellung gerne zu. Gegenseitige Kontrolle und Verantwortlichkeit ließen sich durch Delegation von Aufgaben und Pflichten künstlich steigern. Die NS-Frauenorganisationen beschränkten sich auf wöchentliche Heimabende mit der obligatorischen Einführung in weltanschauliche und politische Grundlagen des Nationalsozialismus. Daneben fanden, ganz im Sinne des NS-Frauenbildes, Kurse für Hauswirtschaft, Nähen, Kochen und Säuglingspflege statt.

Eines der zentralen Ziele der NS-Politik war die Verminderung weiblicher Erwerbstätigkeit. Staatliche Ehestandsdarlehen, seit 1935 auch Kinderbeihilfen und Steuerfreibeträge für kinderreiche Familien, sollten Frauen systematisch vom Arbeitsmarkt verdrängen. Seit 1936 durften Frauen weder Richterinnen noch Staats- oder Rechtsanwältinnen werden. Ärztinnen hatten extreme Schwierigkeiten, einen Arbeitsplatz zu finden. Höhere Staats- und Verwaltungsbeamtinnen wurden ausgeschlossen. Um die Akademikerarbeitslosigkeit zu senken, wollte der Staat die Zahl der Studentinnen durch Numerus-Clausus-Anforderungen auf 10 % drücken.

Trotz aller Lenkung und Steuerung gelang eine dauerhafte Verminderung der Frauenarbeit jedoch nicht. Im Gegenteil: Forcierte Arbeitsbeschaffungspolitik und steigende Rüstungsproduktion erhöhten die Zahl erwerbstätiger Frauen zwischen

Das Plakat der „NS-Volkswohlfahrt" von 1934 ist typisch für das Bild der „deutschen Frau" in der NS-Ideologie.

Von Nationalsozialisten organisierte, mit Reden und „Feuersprüchen" umrahmte Verbrennung mißliebiger Literatur am 10. Mai 1933.

1932 und 1939 von 10,7 auf 12,7 Millionen. Rüstungspolitische Sachzwänge der Kriegsvorbereitung konterkarierten die NS-Ideologie von der Hausfrauen-Rolle der Frau: Waren 1933 4,2 Millionen berufstätige Frauen verheiratet, so stieg ihre Zahl bis 1939 auf 6,2 Millionen. Die meisten Frauen, 1939 ca. 5 Millionen, arbeiteten in der Landwirtschaft. Löhne waren im Vergleich zu den Männern erheblich niedriger. 1,8 Millionen Industriearbeiterinnen (1933 1,2 Mill.) verdienten 1939 im Schnitt 25–40 % schlechter als ihre männlichen Kollegen. Die zunehmende Ausnutzung weiblicher Arbeitskraft suchte die NS-Propaganda geschickt zu verschleiern: Der Muttertag, noch aus der Weimarer Republik übernommen, wurde nationaler Feiertag. Besonderen Kinderreichtum belohnte das Regime mit „Mutterkreuzen". Das NS-Schönheitsideal der Frau in Wochenschauen war prüde. Dort erschien der biedere – germanische – Frauentyp: einfach, ungeschminkt, blond, im Ideal mit Zöpfen.

5.3.4 Kultur

Mit Errichtung der Reichskulturkammer (22. 9. 1933) unter Reichspropagandaminister Joseph Goebbels erzwang das Dritte Reich die Gleichschaltung und zentrale Steuerung des Kulturlebens. Abteilungen für Literatur, Malerei, Musik, Bildende Künste, Presse und Rundfunk setzten die Forderung nach systemtreuer – „artreiner" – Kunst in die Praxis um und vertrieben demokratische, republikanische Künstler sowie Vertreter moderner Kunstauffassungen aus der Öffentlichkeit. Mitgliedschaft in der Reichskulturkammer erforderte den Nachweis „arischer" Abstammung sowie die bedingungslose Unterwerfung unter den NS-Kunstprimat. Demonstrativ verbrannten NS-Studenten am 10. Mai 1933 vor der Friedrich-Wilhelms-Universität in Berlin sowie in anderen deutschen Städten Bücher verbotener Autoren, darunter Werke von Heinrich Heine, Kurt Tucholsky, Karl Marx, Erich Kästner, Erich Maria Remarque, Sigmund Freud, Bertolt Brecht. Die Bücherverbrennungen gehörten zu Goebbels Kampagne „Wider den undeutschen Geist", die rund 15 000 Buchtitel auf den Index setzte. Goebbels säuberte Bibliotheken von „un-

Monumentalwerke in der Werkstatt des von Hitler favorisierten Bildhauers Josef Thorak.

deutschen" Autoren, verstümmelte Museums- und Galeriebestände. Der Kunstgeschmack der Nationalsozialisten folgte romantisch-kitschigen Vorbildern, verabscheute jede moderne Kunstrichtung, z. B. Expressionismus und Avantgarde, mit Schlagwörtern wie „Blut und Boden", „Führertum", „Volk und Vaterland", „Heimat". Ihren Höhepunkt erreichte die Kunstfeindlichkeit der Nationalsozialisten in den von Goebbels organisierten Museumsausstellungen „Entartete Kunst" in München und Berlin 1937. Millionen von Besuchern sahen beschlagnahmte Werke verfolgter Künstler, die aus 25 Museen in ganz Deutschland zusammengeraubt worden waren – Ernst Barlach, Max Beckmann, Otto Dix, Wassily Kandinsky, Paul Klee, Käthe Kollwitz, Max Liebermann, Emil Nolde, Pablo Picasso. Die Spielpläne deutscher Theater wurden revidiert: Klassiker wie Lessings „Nathan der Weise" oder Schillers „Don Carlos" erhielten Aufführverbot.

Viele deutsche Künstler, Schriftsteller, Maler und Musiker entzogen sich der Gleichschaltung durch Flucht ins Exil, u. a. Thomas und Heinrich Mann, Arnold und Stefan Zweig, Franz Werfel, Alfred Döblin, Robert Musil, Bertolt Brecht, Carl Zuckmayer, Hermann Broch; Maler wie Max Beckmann, Oskar Kokoschka, Kurt Schwitters; Musiker wie Kurt Weil und Paul Hindemith; Regisseure wie Fritz Lang. Manche kamen bei den Strapazen der Flucht um, andere verübten Selbstmord (Kurt Tucholsky, Walter Benjamin, Stefan Zweig). Die NS-Kulturpolitik brachte neben unsagbarem menschlichen Leid einen Niveauverlust in Wissenschaft und Kunst, dessen Folgen bis heute andauern: Zu Anfang des 20. Jahrhunderts beherbergten deutsche Universitäten die berühmtesten Wissenschaftler der Welt, insgesamt 24 Nobelpreisträger. Viele von ihnen waren jüdische Bürger. Nach 1933 begann ihre Vertreibung. Bis 1938 besetzten die Nationalsozialisten 45 % aller Hochschulstellen neu. Mit der Vertreibung der Juden verlor Deutschland auch seine Vorrangstellung als Kultur- und Wissenschaftsland in der Welt.

5.4 NS-Herrschaftstechnik: Ideologisierung der Massen

Techniken der Massenmanipulation und -beeinflussung setzten die Nationalsozialisten in bis dahin ungekanntem Ausmaß zur Stabilisierung ihrer Herrschaft ein. Der italienische Faschismus unter Mussolini demonstrierte seit 1922 die Wirksamkeit propagandistischer

Modell für ein monumentales Stadion auf dem Nürnberger Parteigelände.

Methoden politischer Selbstdarstellung – in Feier, Kult und Aufmärschen. Der NS-Festkalender begann am 30. Januar mit dem „Tag der Machtergreifung", gefolgt von „Führers Geburtstag" am 20. April. Der 1. Mai war „Tag der deutschen Arbeit", der erste Sonntag im Oktober: „Erntedankfest", der 9. November: „Gedenktag für die Gefallenen der nationalsozialistischen Bewegung".

Jeweils im September fanden die Reichsparteitage statt. Acht Tage lang hielt die NSDAP Heerschau: Riesige Formationen von SA, Arbeitsdienst und Hitler-Jugend marschierten nach streng vorgeschriebenen Regeln. Albert Speer beaufsichtigte als Chefarchitekt Planung und Bau des Reichstagsgeländes in Nürnberg. Die imposante Architektur der Bauten – ihre gigantischen Ausmaße: weite, bis zu 400 Meter lange Plätze und eine 25 Meter hohe Treppe – sollten Einheit, Geschlossenheit und Größe der NS-Bewegung auch optisch ins Bild setzen. Adolf Hitler war Mittelpunkt der Parteitage. Sein Auftritt wurde spannungsvoll hinausgezögert, er sprach auf riesigen Führerkanzeln, besondere Lichteffekte, Batterien von Flakscheinwerfern, die einen „Lichtdom" erzeugten, in dem Hitler stand, unterstützten die magische Wirkung seiner Auftritte.

Als 1936 Berlin die Olympischen Spiele ausrichtete, gelang es der NS-Propaganda zeitweilig sogar, das Ausland über den wahren Charakter der Unrechtsherrschaft zu täuschen. Schon Wochen vor Beginn der Spiele stellte das Regime aus Rücksicht auf das Ausland antisemitische Hetzkampagnen ein. Friedenstauben eröffneten die Spiele am 1. August 1936.

Mit ihrer weiten Verbreitung in privaten Haushalten setzten Presse, Radio und Film den Totalitätsanspruch der Nationalsozialisten nach Durchdringung auch des privaten Lebens der Bürger nahezu vollständig um. Goebbels, als Leiter des Propagandaapparats, hielt Reichspressekonferenzen ab, in denen Zeitungsredakteure wöchentlich Anweisungen über wichtige Verlautbarungen erhielten. Zeitungen wurden verboten oder gleichgeschaltet. Als wichtigstes Propagandainstrument förderte das Dritte Reich die Verbreitung des Radios. 1939 besaßen 70 % aller Privathaushalte bereits den billigen Volksempfänger. Zu besonderen Anlässen wurden Führerreden über Radio in Betriebe, Schulen und Privatwohnungen übertragen.

5.5 Anpassung und Widerstand

Deutschland brachte in der Zeit des Nationalsozialismus keine einheitliche und breite Widerstandsbewegung hervor. Wirtschaftlicher Aufschwung und außenpolitische Erfolge des NS-Staates ließen eine weitgehend unkritische Öffentlichkeit leicht verstummen. Ein Klima der Denunziation und Tausende von Gestapo-Spitzeln vereitelten offene Kommunikation, unabhängige Meinungsbildung und organisierten Widerstand. Zudem unterschieden sich die Gegner Hitlers nach Herkunft und politischer Überzeugung erheblich voneinander.

Die politische Linke reagierte in den Anfangsjahren nach 1933 am schärfsten auf die NS-Unterdrückung. Nach dem Verbot ihrer Partei im Gefolge des Reichtagsbrandes und der Verhaftung von Tausenden ihrer Mitglieder gründete die KPD konspirative Zellen und Zirkel im Untergrund. Den Parteivorsitzenden der KPD, Ernst Thälmann, verhafteten die Nationalsozialisten am 3. März 1933. Thälmann verbrachte elf Jahre im KZ, bevor die Nationalsozialisten ihn wenige Wochen nach dem 20. Juli 1944 erschossen. Die übrige Parteileitung der KPD (Wilhelm Pieck, Franz Dahlem, Wilhelm Florin) floh ins Ausland; Im Herbst 1933 übersiedelte das Politbüro nach Paris, im Sommer 1935 nach Moskau. Die Verlustquote der KPD unter allen oppositionellen Gruppen war am höchsten. Zwischen 1933 und 1945 ging die Hälfte aller 300 000 Mitglieder der KPD ins KZ; die Hälfte aller hingerichteten politischen Häftlinge waren Kommunisten. Bis 1935 zerschlugen die Nationalsozialisten alle kommunistischen Widerstandszellen.

Die SPD beschränkte sich nach dem Parteiverbot vom 22. Juni 1933 darauf, durch persönliche Gesprächszirkel im Untergrund die organisatorischen Voraussetzungen für ein Weiterleben der Partei nach dem Sturz Hitlers zu bewahren. Sie verzichtete auf spektakuläre Widerstandsaktionen, nachdem bereits unmittelbar nach Zerschlagung der Gewerkschaften am 2. Mai die Verfolgung der Sozialdemokratie einsetzte. In Prag gründete die SPD unter Vorsitz von Otto Wels die Exilpartei Sopade, mit ihrem Zentralorgan, dem „Neuen Vorwärts“. Da ein Umsturz in Deutschland nach Hitlers ersten Erfolgen unmöglich schien, sah die Exil-SPD ihre Hauptaufgabe in möglichst umfassender Informationssammlung über die Situation in Deutschland. Ihre „Grünen Berichte“ sollten eine umfassende Lagebeurteilung über Deutschland im Exil und Ansätze zu möglichst effizienter politischer Untergrundarbeit liefern.

Mit Ausnahme der Linksparteien KPD und SPD blieb größerer politisch organisierter Widerstand gegen Hitler vor dem Krieg aus. Einen Sonderfall bildeten die Kirchen: In der Evangelischen Kirche protestierten einzelne mutige Vertreter der Bekennenden Kirche gegen die Gleichschal-

„Reichsbischof Müller stützt Hitler, Terror und Krieg“. Karikatur von Heinrich Vogeler, 1937/38.

tung durch die NSDAP mit Hilfe der „Deutschen Christen" (→ M 36). Martin Niemöller gründete die Bekennende Kirche am 21. September 1933 aus Protest gegen Versuche der NSDAP zur Schaffung einer „arisierten" Reichskirche (→ M 37). 1934 gehörte fast die Hälfte aller evangelischen Pfarrer (ca. 7000) der Bekennenden Kirche an. In einer Denkschrift verurteilte sie 1936 scharf die Rassenpolitik der NSDAP. 1937 wurden über 800 Pfarrer verhaftet, darunter auch Martin Niemöller, der bis 1945 im KZ saß.

Im Mai 1933 schloß Hitler ein Konkordat mit dem Vatikan (→ M 33). Es garantierte der Kirche Schutz vor Übergriffen der NSDAP, verpflichtete sie aber im Gegenzug zu strikter politischer Neutralität. Der Vatikan glaubte, durch Entgegenkommen gegenüber Hitler das Überleben der katholischen Kirche in Deutschland zu sichern und einen kräfteraubenden Kirchenkampf zu vermeiden. Katholischen Christen erschwerte das Konkordat Widerstand gegen Hitler, denn es verschaffte dem kirchenfeindlichen Nationalsozialismus unfreiwillig Anerkennung. Trotz Konkordat kam es wiederholt zu Konflikten zwischen NSDAP-Ortsleitungen und einzelnen Pfarrern; SA-Abteilungen störten absichtlich katholische Meßfeiern. Erst nachdem sich das Konkordat endgültig als gescheitert herausstellte, änderte der Vatikan seinen Kurs: Am 13. 3. 1937 veröffentlichte Papst Pius XII. die Enzyklika* „Mit brennender Sorge", in der er die Weltanschauung des Nationalsozialismus scharf kritisierte (→ M 34). Unterhalb des organisierten politischen Widerstands gab es nach 1933 zahlreiche Verhaltensformen, mit denen Bürger ihre Opposition gegen die NS-Herrschaft demonstrierten. Einzelne Bürger hielten Kontakte zu Juden aufrecht, boten ihnen gar Zuflucht gegen Verfolgung. Solche Akte des Widerstands waren christlich motiviert oder einfach Ausdruck von Zivilcourage, blieben jedoch Ausnahmen.

5.6 Außenpolitik

5.6.1 Die Revision des Versailler Vertrags

Hitlers Außenpolitik war vorgezeichnet durch sein Expansionsprogramm in „Mein Kampf": Hegemonie Deutschlands über Europa, Herrschaft der „arischen Rasse" durch Eroberung von „Lebensraum" im Osten, Weltherrschaft. Das Dritte Reich begann mit strategischen Täuschungsmanövern: Friedensbeteuerungen, taktische Bündnisse, scheinbares Anknüpfen an der Revisionspolitik der Weimarer Republik gegenüber dem Versailler Frieden sollten die europäischen Mächte über die wahren Ziele des NS-Regimes hinwegtäuschen. Gleitend ging Hitlers Außenpolitik nach 1933 von zunächst vorsichtiger Revision in ein offenes, fremde Staaten unterwerfendes Expansionsprogramm über.

Dem Machtantritt Hitlers folgte ein Paukenschlag: Im Oktober 1933 trat Deutschland aus dem Völkerbund aus, um die Voraussetzung für eine uneingeschränkte Aufrüstung zu schaffen. Ein überraschendes Nichtangriffsabkommen mit Polen im Januar 1934 befreite das Reich aus seiner außenpolitischen Isolierung und schuf ein Gegengewicht zum befürchteten französisch-russischen Bündnis. Der nächste Coup fiel Hitler fast in den Schoß: Nach den Bestimmungen des Versailler Vertrages stimmte das Saarland am 13. 1. 1935 in einer Volksabstimmung über seine nationale Zugehörigkeit ab. Mehr als 90 % der saarländischen Bevölkerung sprach sich für die „Heimkehr" ins Reich aus.

Mit Wiedereinführung der allgemeinen Wehrpflicht im Mai 1935 verstieß das Dritte Reich erstmals offen gegen den Versailler Vertrag. Ein neuer Bündnispartner erwuchs 1935 Hitler durch Mussolinis Einfall in Abessinien, der den Grundstein für ein erneuertes *Imperium Romanum* unter italienischer Herrschaft legen sollte. Als der Völkerbund ein Waffenembargo sowie Kredit- und Rohstoffsperren gegen Italien verhängte, unterstützte Hitler den außenpolitisch isolierten Mussolini mit Rüstungsgütern und intensivierte eine deutsch-italienische Annäherung. Mit Rückendeckung Mussolinis ließ Hitler unter abermaligem Bruch des Versailler Vertrags die Wehrmacht am 7. März 1936 in die entmilitarisierte Zone des Rheinlandes einmarschieren. Frankreich und England begnügten sich mit verbalen Protesten, weil sie einen europäischen Krieg scheuten.

Im Spanischen Bürgerkrieg 1936–1939 erprobten Deutschland und Italien erstmals ihre „Waffenbrüderschaft". Militärisch verdeckt unterstützten sie den Putschistengeneral Franco gegen die spanische Volksfrontregierung. Die vollständige Zerstörung der spanischen Stadt Guernica durch deutsche Fliegereinheiten führte schon 1937 den gezielten Einsatz von Bombenterror aus der Luft vor. Am 25. Oktober 1936 besiegelten Hitler und Mussolini die deutsch-italienische Zusammenarbeit im Vertrag über die „Achse" Berlin – Rom; einen Monat später trat Japan dem Vertrag durch den Antikomintern-Pakt zur Eindämmung des Kommunismus bei. Das neue Kräftedreieck Berlin – Rom – Tokio richtete sich eindeutig gegen die Sowjetunion und England. Der NS-Staat bereitete immer offener die Expansion vor. Vorerst jedoch enthüllte Hitler nur im inneren Kreis der Generalität seine wahren Ziele, am 7. November 1937 vor hohen Offizieren: Die Eroberung von „Lebensraum" im Osten müsse höchstes Ziel deutscher Außenpolitik in den nächsten Jahren sein (Hoßbach-Protokoll; → M 39).

5.6.2 Anschluß Österreichs und das Ende der Tschechoslowakei, 1938

Österreich ging nach dem Ende des Ersten Weltkriegs 1918 durch Krisen und innenpolitische Erschütterungen. Seit 1932 herrschte eine autoritäre Regierung unter Bundeskanzler Engelbert Dollfuß. Um den zum Bürgerkrieg eskalierenden Parteienkampf zu beenden, verbot Dollfuß NSDAP wie Sozialisten (1933/34) jede politische Tätigkeit. 1934 unternahm die österreichische NSDAP einen Putschversuch, dem Dollfuß zum Opfer fiel. Obwohl Hitler zu den Drahtziehern des Attentats gehörte, distanzierte er sich vom Putsch nach seinem Scheitern, denn Mussolini drohte bei einem Regierungsumsturz durch die NSDAP mit militärischer Intervention („Wacht am Brenner"). Hitler wich zurück – Krieg mit Italien schien ihm ein zu hohes Risiko.

Nach der deutsch-italienischen Bündnisfreundschaft seit dem Abessinienkrieg rückten Italien und Deutschland enger zusammen. 1938 begann Hitler, offene Forderungen an Österreich zu stellen. Nach einem Besuch des österreichischen Bundeskanzlers von Schuschnigg in Berchtesgaden im Februar 1938 verlangte Hitler ultimativ die Aufnahme der NSDAP in die österreichische Regierung. Andernfalls drohte er mit einem Militärschlag. In dieser Notlage ergriff von Schuschnigg die Flucht nach vorn: Für den 12. März 1938 sollte in einer Volksabstimmung die österreichische Bevölkerung selbst über ihre politische Zugehörigkeit entscheiden. Hitler kam der Abstimmung allerdings zuvor: am Morgen des 12. 3. marschierten deutsche Truppen in Österreich ein. Die prodeutsche Stimmung der österreichischen Bevölkerung nutzte Hitler am 13. März zur glatten Annexion: Als „Ostmark", mit ca. 7 Millionen Einwohnern, ging Österreich ohne innere Autonomie im „Großdeutschen Reich" auf, wie sich Deutschland fortan offiziell nannte.

Der nächste außenpolitische Schritt Hitlers war die Annexion des Sudetengebiets im Oktober 1938. Die Grenzgebiete am Rande des böhmischen Beckens waren seit dem Mittelalter überwiegend von Deutschen bewohnt und kamen mit dem Versailler Vertrag zur Tschechoslowakei. Seit 1938 verlangte Hitler über den NSDAP-nahen Führer der Sude-

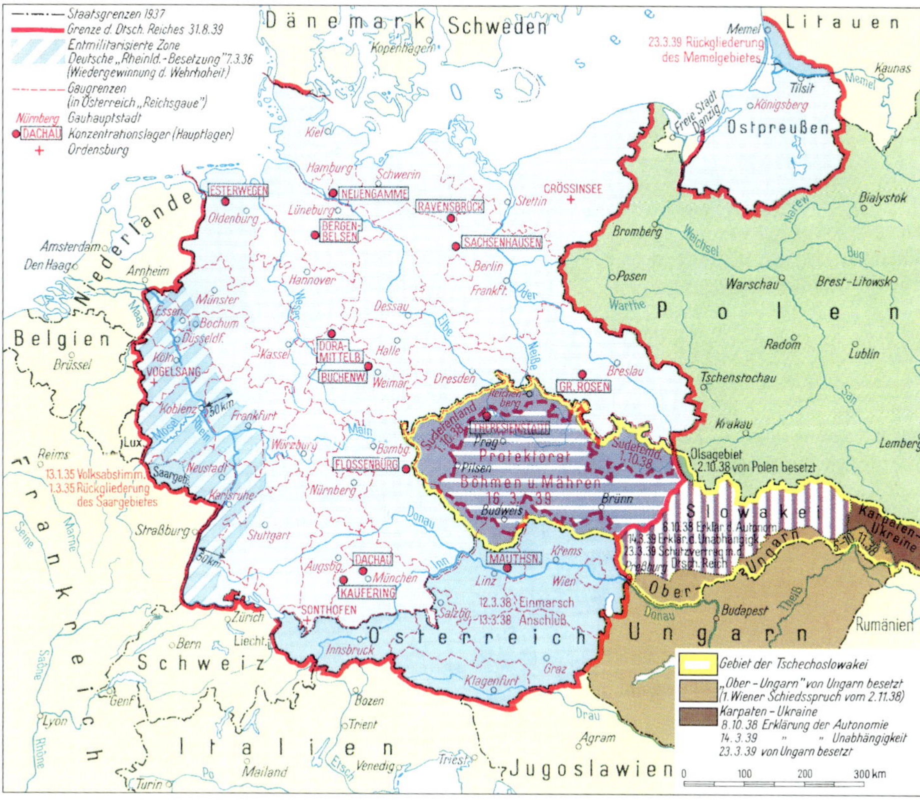

Die Expansion des Deutschen Reiches von 1933 bis 1939.

tendeutschen Partei, Konrad Henlein, offen die Eingliederung der sudetendeutschen Gebiete ins Deutsche Reich. In hektischen diplomatischen Aktivitäten bemühte sich vor allem England um Vermittlung zwischen Deutschen und Tschechen. Premierminister Chamberlain wollte den Frieden in Europa erhalten: Die Erfüllung territorialer Ansprüche sollte Hitler zufriedenstellen (Appeasement-Politik). Hitler erklärte wiederholt öffentlich das Sudetengebiet zu seiner letzten territorialen Forderung. Nach zweimaligen gescheiterten Verhandlungsbemühungen Chamberlains rettete, auf Vermittlung Mussolinis, das Münchner Abkommen in letzter Minute noch einmal den Frieden: Deutschland, Italien, Frankreich und England zwangen die ČSR zur Abtretung des Sudetengebietes.

Zwar erklärte Premierminister Chamberlain den Frieden als gerettet („peace for our time"), doch zeigte sich bald das Scheitern der britischen Appeasement-Politik: Bei einem Besuch des tschechoslowakischen Staatspräsidenten Hacha in Berlin drohte Hitler mit der Bombardierung Prags, sofern die tschechische Regierung der Unterwerfung unter das Reich nicht zustimme. Nach massiven Einschüchterungen und persönlichen Bedrohungen gab Hacha schließlich die Unterschrift unter ein Papier, das die Übergabe der „Rest-Tschechei" an das Reich erklärte. Die militärische Besetzung des Landes am 15. März 1939 und die Errichtung des Reichsprotektorats Böhmen und Mähren begleitete die tschechische Bevölkerung mit stummem Entsetzen. Gleichzeitig machte sich die Slowakei unabhängig, blieb jedoch ein Klientelstaat des Dritten Reichs. Die Zerschlagung der ČSR wurde der letzte „friedliche" Erfolg von Hitlers Außenpolitik.

5.7 Europäische Faschismen

Vor allem nach 1945 dehnte ein progressiver antifaschistischer Übereifer den Terminus „Faschismus“ zu weit aus, um vom italienischen Faschismus über den deutschen Nationalsozialismus alle möglichen verwandten und vergleichbaren Bewegungen oder Parteien in anderen Ländern auf einen Begriff zu bringen, bis ab 1968 der radikalen Studentenbewegung jeder politische Gegner als „Faschist“ galt. Vor allem kommunistisch-marxistische „Faschismustheorien“ erweisen sich zunehmend als relativ grob strukturiert und selbst wieder ideologisch bestimmt (R. Kühnl). Deshalb traten – schon vor dem Sturz des Kommunismus – mit der Zeit eher die Unterschiede stärker ins Bewußtsein (→ M 40–M43). Besonders zeigt sich der namengebende italienische Faschismus so viel weniger extrem als vor allem der deutsche Nationalsozialismus, daß eigentlich schon die historische Gerechtigkeit gebietet, die kategoriale Klammer zwischen beiden Rechtstotalitarismen wieder zu lösen. Andererseits ist der Oberbegriff „Faschismus“ für rechtsextreme bis autoritäre Systeme wie das Francos in Spanien auch in seriöser Literatur schon so eingebürgert, daß es schwerfällt, ganz auf ihn zu verzichten. Mit der Anmeldung dieses Vorbehalts mag der selektive Überblick über eine Problematik angehen, die komplexer ist als die an sich zu schlichte Überschrift „Faschismen“ sonst ahnen ließe.

5.7.1 Italien

Italien war der erste Staat in Europa, in dem der Faschismus als politische Herrschaftsform siegte, als Folge schwerer innenpolitischer Krisen nach dem Ersten Weltkrieg: Die Pariser Friedenskonferenzen 1918 enttäuschten nationalistische Hoffnungen. Zwar erhielt Italien, trotz militärischer Niederlagen formal Siegermacht des Ersten Weltkriegs, im Versailler Vertrag Südtirol und Istrien mit Triest, doch Annexionsforderungen nach den dalmatinischen Küstengebieten wiesen die Siegermächte zugunsten des neugegründeten Jugoslawien zurück. Die ungelöste Adria-Frage nutzten italienische Nationalisten für ihre revisionistische Propaganda aus.

Auf dem Höhepunkt der Krise im Sommer 1919 lähmten Streiks und Fabrikbesetzungen sozialistischer Arbeiter in norditalienischen Städten ganz Italien. Unternehmer fürchteten eine sozialistische Revolution, der die liberale Regierung durch Sozialreformen (8-Stundentag, Lohnerhöhungen, Sozialversicherung) zuvorzukommen suchte. Noch schärfere soziale Spannungen zerrissen die Agrargesellschaft in den Provinzen: Massen italienischer Landloser forderten von den wenigen Großagrariern Land, spontan gebildete Landarbeitervereinigungen setzten eine teilweise Landkollektivierung durch. Ohnmächtig sah die Regierung zu, wie nationalistische Offiziere und meuternde Truppen am 12. September 1919 die in Versailles Jugoslawien zugesprochene Stadt Fiume (Rijeka) eigenmächtig besetzten. Unter Führung des Dichters Gabriele D’Annunzio errichteten die Rebellen dort für 16 Monate eine Herrschaft, die zum Vorbild des Faschismus wurde: Paraden mit Totenkopffahnen, uniformierte Aufmärsche der Schwarzhemden, der römische Gruß, eine neue, Kapitalismus und Sozialismus gleichermaßen ablehnende autoritäre Sozialverfassung waren erstmals in Fiume erprobte Elemente des Faschismus, an die Mussolini beim Aufbau seiner Massenbewegung anknüpfte.

Am 29. März 1919 gründete Benito Mussolini in Mailand die *„Fasci di Combattimento“* aus ehemaligen Frontkämpfern mit nationalistischen Überzeugungen. Sie nannten sich, nach dem altrömischen Vorbild der *fasces,* Faschisten. Fasces waren Herrschaftszeichen (Rutenbündel mit Beil), mit denen Magistrate, die höchsten staatlichen

Der „Marsch auf Rom". Zweiter von links Mussolini, daneben die späteren Marschälle Balbo (links) und de Bono (ganz rechts).

Beamten im alten Rom, ihre Hoheitsgewalt über Leben und Tod ihrer Mitbürger dokumentierten. Im Italienischen heißt „fasces" aber einfach auch Bündnis, Verband. Mussolini stammte aus einfachen sozialen Verhältnissen (Vater: Dorfschmied, Mutter: Lehrerin). Zunächst Linkssozialist, wandelte er sich unter dem Eindruck des Kriegserlebnisses zum glühenden Nationalisten. Anfang 1921 besaß seine Partei schon 200 000 Mitglieder. Im radikalen Protest verwarf sie alles Bestehende – Kapitalismus, Liberalismus, Demokratie.

Bei den Wahlen vom April 1922 gewannen die Faschisten zwar nur 35 von insgesamt 535 Parlamentssitzen, doch profitierten sie von der Selbstblockierung des parlamentarischen Systems durch die Unfähigkeit der Mehrheitsparteien, sich auf eine gemeinsame Koalition zu verständigen. Am Abend des 27. Oktober 1922 befahl Mussolini seinen in Neapel versammelten Squadren (militärischen Kampfbünden) mit fast 40 000 Mann den „Marsch auf Rom", nach dem Vorbild des römischen Diktators Sulla. Noch bevor Mussolini in Rom eintraf, ernannte der italienische König Mussolini zum Ministerpräsidenten.

Konsolidierung und Ausbau der faschistischen Herrschaft dauerten länger als in Deutschland. Auch erreichte die Gleichschaltung kein der NS-Herrschaft vergleichbares Ausmaß. Krone, Militär und Kirche blieben einflußreiche politische Machtfaktoren, die Mussolini nie ganz ausschalten konnte. Schrittweise beseitigte er politische Sicherungen liberaler Staatlichkeit: Die Squadren bildete er um in eine vom Staat bezahlte, aber auf seine Person vereidigte und ihm unterstellte Parteimiliz, die jede Opposition sofort mit Terror unterdrückte. 1923 setzte Mussolini im Parlament ein dem deutschen Ermächtigungsgesetz vergleichbares neues Wahlgesetz durch, das der stärksten Partei bei mehr als 25 % der Wählerstimmen automatisch $^2/_3$ aller Parlamentssitze zusicherte.

Eine Besonderheit des italienischen Faschismus ist das Fehlen eines Rassenantisemitismus. Zwar erließ Mussolini im Zuge der deutsch-italienischen Achse 1936 an den Nürnberger Gesetzen orientierte antisemitische Dekrete gegen die in Italien lebenden Juden. Doch war der italienische Antisemitismus nie rassisch motiviert: Kein italienischer Jude ist von den Faschisten ermordet worden.

Mussolini verfolgte Hitlers Aufstieg anfangs mit Geringschätzung, denn er hielt den Faschismus nicht für übertragbar auf ein anderes Land. Erst seit dem Abessinienkrieg

1935, als Hitler Italiens Kolonialträume in Ostafrika unterstützte, schwenkte Mussolini in das Lager Hitlers über und unterstützte 1938 sogar die deutsche Annexion Österreichs. Trotz im ganzen aggressiver Außenpolitik trat Italien aufgrund unzureichender Rüstung erst unmittelbar vor dem Zusammenbruch Frankreichs am 10. Juni 1940 in den Krieg ein, beendete ihn aber mit militärischen Niederlagen: Feldzüge in Griechenland und Nordafrika scheiterten kläglich. Mit dem Anwachsen der inneritalienischen Widerstandsbewegung und der sich abzeichnenden Niederlage beschleunigten sie den Zusammenbruch des Faschismus. Am 25. Juli 1943 wurde Mussolini abgesetzt und gefangengenommen. Nach einer vorübergehenden Befreiung durch deutsche Fallschirmjäger und SS-Einheiten gründete er im deutschbesetzten Norditalien die Republik von Salò. Zuletzt nahmen ihn italienische Partisanen abermals gefangen und richteten ihn am 28. April 1945 in Mailand hin.

5.7.2 Spanien

Die einstige Weltmacht Spanien war seit ihrem Abstieg im Pyrenäenfrieden 1659, mit einer Kette von Umstürzen und Bürgerkriegen seit dem Spanischen Erbfolgekrieg (1701–1713/14), dem Verlust ihres Kolonialreiches und gescheiterten Industrialisierungsversuchen im 20. Jahrhundert ein wirtschaftlich rückständiges Land. Gegensätze zwischen dem agrarischen Süden und dem industrialisierten Norden zerrissen das Land wirtschaftlich und kulturell in zwei Teile: Der Süden Spaniens mit hoher Analphabetisierungsrate hinkte dem Norden in seiner Entwicklung um Jahre hinterher.

Der Sieg von Republikanern und Sozialisten bei den Gemeindewahlen von 1931 bedeutete eine tiefe Zäsur in der spanischen Geschichte: König Alfons XIII. verzichtete auf den spanischen Thron und floh ins Ausland. Die neue sozialistische Regierung unter Ministerpräsident Azana eröffnete ein umfangreiches Reformprogramm: Lohnerhöhungen, bezahlter Urlaub und Krankengeld verbesserten die Situation der Arbeiter. Die repressive Politik der Zentralregierung gegenüber den um Autonomie kämpfenden Randgebieten lockerte sich: Katalonien erhielt 1932 die Autonomie. Agrargesetze regelten die Verteilung des Landes neu: 100 000 arme Familien erhielten eigenen Grund und Boden. Trotzdem erschien der Masse des landlosen Proletariats die Reform nicht radikal genug: Streiks und Aufstände in Barcelona und Sevilla erschütterten die spanische Republik und verschärften die soziale Polarisierung. In dieser Krisensituation entstanden erste faschistische Gruppierungen in Spanien, die zunächst Splitterparteien blieben. Auch als sich die spanischen Faschisten nach dem Vorbild des italienischen Faschismus im Februar 1934 zur „Falange" zusammenschlossen, blieb ihr politischer Einfluß gering. Ihre Ideologie war streng antisozialistisch und nationalistisch.

Seit 1933 löste in Spanien eine bürgerliche Koalitionsregierung das sozialistische Kabinett ab. Sie machte Reformen wieder rückgängig, wovon Arbeitgeber, Kirche und Grundbesitzer profitierten, polarisierte jedoch das Land: Zur Verteidigung der Republik schlossen sich Linke (Kommunisten, Sozialisten) und Liberale 1936 zur Volksfront zusammen und bildeten eine neue Regierung, wieder unter dem sozialistischen Ministerpräsidenten Azana. Damit brach endgültig die letzte Phase der Spanischen Republik an: Fünf Armeegeneräle, darunter Francisco Franco, Kommandeur der spanischen Fremdenlegion in Marokko, putschten gegen die linksrepublikanische Regierung und besetzten große Teile Spaniens. Da sich regierungstreue Truppen auf die Seite der Republikaner stellten, weitete sich der Militärputsch zum ganz Spanien erfassenden Bürgerkrieg aus. Die Falange, die erst im Bürgerkrieg Zulauf erhielt, erklärte Franco am 19. April

Der spanische Diktator Francisco Franco (1936/39–1975).

1937 zur alleinigen Staatspartei. Sozialisten und Kommunisten aus ganz Europa und Amerika unterstützten in den Internationalen Brigaden die Republikaner, darunter berühmte Zeitgenossen wie der Schriftsteller Hemingway. Die deutsche Legion Condor führte einen brutalen Luftkrieg gegen das republikanische Spanien, in dessen Verlauf sie die baskische Stadt Guernica total zerstörte. Auch italienische Truppen unterstützten Franco. Hitlers Hoffnung, in Franco einen ideologischen Bundesgenossen zu finden, erfüllte sich, als Truppen des Generals im Januar 1939 den Ostteil Spaniens (Katalonien) mit Barcelona eroberten. Madrid, die spanische Hauptstadt und Regierungssitz der Republikaner, kapitulierte im März 1939.

Der Spanische Bürgerkrieg kostete insgesamt fast 600 000 Tote. Die wenigsten Opfer starben bei Kampfhandlungen, die meisten, ca. 400 000, durch Hinrichtungen, Inhaftierungen und Folter – auf beiden Seiten. Der Bürgerkrieg hinterließ 1939 ein verwüstetes Land. Auf seinen Trümmern errichtete Franco ein autoritäres Regime, das jede politische Opposition hart verfolgte. Als Caudillo (Führer) stand er an der Spitze von Partei und Staat, als Generalissimus befehligte er die Streitkräfte. Hitlers Forderung, Spanien solle an Deutschlands Seite in den Zweiten Weltkrieg ziehen, entzog sich Franco bei einem Treffen in Hendaye (Südwestfrankreich) 1940 geschickt: Francos militärische Hilfe für Deutschland beschränkte sich auf Rohstofflieferungen (spanisches Wolfram für Flugzeuge), die allerdings für die deutsche Kriegswirtschaft wichtig waren. Zusätzlich schickte Franco 1941 die „Blaue Division“ an die deutsche Ostfront gegen die Sowjetunion. Den Weltkrieg überstand Spanien ohne größere Verluste. Der Weg zur Demokratie eröffnete sich Spanien allerdings erst nach dem Tod des Dikators 1975 (vgl. S. 261).

5.7.3 Frankreich

Trotz wirtschaftlicher und politischer Krisenerscheinungen, die zeitweilig die Stabilität der Dritten Französischen Republik bedrohten, gewann der Faschismus in der Zwischenkriegszeit in Frankreich niemals Regierungsmehrheiten. Die Weltwirtschaftskrise 1929 traf Frankreich nicht im selben katastrophalen Ausmaß wie das stärker industrialisierte Deutschland. Trotzdem herrschte Krisenstimmung: Die Arbeitslosigkeit stieg an, zwar weniger als in Deutschland, aber erreichte 2 von 12,5 Millionen Lohnempfängern. Wie üblich stärkte die Krise die Parteien auf der extremen Linken und Rechten. Die Polarisierung eskalierte in Streiks und Straßenkämpfen zwischen faschistischen Ligen und Kommunisten. Besonders der „Bund der Feuerkreuzler“ aus ehemaligen Frontkämpfern erhielt seit 1931 erheblichen Zulauf und wuchs zur einzigen faschistischen Partei in Frankreich mit Massenbasis (1931: 150 000 Mitglieder) heran. Unter ihrer Führung versuchten die französischen Ligen am 6. 2. 1934 auf dem Höhepunkt der politischen Krise einen Putsch auf das Parlament. Der Aufstand scheiterte am vereinten Widerstand von Republikanern und Demokraten. Nach Niederschlagung des Putsches gaben die französischen Kommunisten ihren bisherigen Kurs der Diffamierung der Sozialisten als „Sozialfaschisten“ auf. Beide Linksparteien vereinigten sich zum „Aktionspakt gegen den Faschismus“ (Juli 1934). In den Volksfront-Wahlen 1936 siegten sie, und die (liberalen) Radikalsozialisten bildeten unter dem Sozialisten Leon Blum als Ministerpräsident eine Koalition, die die KPF im Parlament stützte (Volksfrontregierung).

Bei Kriegsbeginn wurde es zur schweren Belastung für Frankreich, daß die starke KPF seit dem Hitler-Stalin-Pakt die militärische Mobilmachung verurteilte, die französische Arbeiterschaft spaltete und ihren Kriegswillen schwächte. Auf der anderen Seite zogen Teile der extremen französischen Rechten offen die Herrschaft Hitlers einer Wiederholung der Volksfront-Regierung vor – „Lieber Hitler als Blum!“ Gelähmt zwischen extremer Linker und Rechter steuerte die Dritte Republik auf das militärische Debakel zu. Nach der vernichtenden Niederlage gegen Deutschland im Mai/Juni 1940 bildete Marschall Philippe Pétain im noch unbesetzten Frankreich eine autoritäre Regierung, die eng mit den Deutschen kollaborierte. Sie verfolgte politische Gegner – Demokraten wie Antifaschisten –, lieferte Emigranten aus und unterstützte Hitler bei der Deportation französischer Juden.

Als General De Gaulle in London 1940 eine Exilregierung bildete, verkörperte sie gegenüber dem Vichy-Regime das alternative demokratische Frankreich. De Gaulle erhielt Unterstützung von der innerfranzösischen Widerstandsbewegung (Résistance) und beteiligte sich 1944 an der Niederringung der deutschen Front und des Vichy-Regimes. Nach Kriegsende wurden Kollaborateure zu harten Strafen verurteilt, zunächst in ungeregelten Gerichtsverfahren, später in aufsehenerregenden Prozessen, die im Nachkriegsfrankreich die Vierte Französische Republik unter General De Gaulle einleitete.

5.7.4 England

Das Mutterland des Parlamentarismus gab faschistischen Kräften nur wenig Freiraum. Selbst in der Weltwirtschaftskrise blieben sie chancenlos. Im Generalstreik von 1926 boten sich erste faschistische Gruppierungen (British Fascists, Imperial Fascist League) zur Mitarbeit bei Niederschlagung des Generalstreiks an. Sie versanken rasch wieder in der Bedeutungslosigkeit, als die Konservativen energisch abwinkten.

Zwar gründete Sir Oswald Mosley, ehemaliges Mitglied der Labour Party und Sproß einer angesehenen aristokratischen Familie, im Herbst 1932 die *„British Union of Fascists“*. Doch hatte ihre an Vorbildern des Kontinents geschulte Taktik, durch gezielte Terroranschläge ihrer schwarzgekleideten Parteimilizen die Demokratie zu destabilisieren, in England keinen Erfolg. Nur in Städten und Regionen mit besonders hohen sozialen Konfliktpotentialen erzielte die streng antimarxistisch, national und antisemitisch auftretende Partei Mosleys größere Stimmengewinne, z. B. bei Lokalwahlen im Londoner East End mit einem besonders hohen Anteil von Arbeitern und Juden. Der vereinigte Widerstand von Demokraten und Antifaschisten drängte den Einfluß der BUF in den nächsten Jahren schrittweise zurück. Zwei Gründe erklären die erfolgreiche Abwehr des Faschismus: Die Sparpolitik des National Government unter Macdonald zeigte Erfolge: Die Arbeitslosigkeit sank, wenn sie auch nie ganz verschwand. Zusätzlich wirkten sich die lange parlamentarische Tradition und das demokratische Selbstverständnis als wirksames Präventivmittel gegen radikale Strömungen aus.

5.7.5 Rumänien

Rumänien, formal Siegermacht des Ersten Weltkriegs, stand nach 1918 vor schwerwiegenden innenpolitischen Problemen, trotz der Erweiterung des Königreichs um mehr als die Hälfte seines Staatsgebiets. Seine Wirtschaft blieb agrarisch geprägt: Noch 1930 lebte 80 % der rumänischen Bevölkerung auf dem Lande, nur 7,2 % arbeitete in Industriebetrieben. Hinzu kamen nationale Probleme des Königreichs: Eine Politik forcierter Zentralisierung und Assimilierung in den 1918 neu hinzugewonnenen Gebieten provozierte ständig neue Konflikte mit starken ethnischen und religiösen Minderheiten in den Grenzgebieten zu Ungarn (Transsylvanien). Besonderen Feindseligkeiten sah sich die jüdische Minderheit ausgesetzt: Da die Juden, 5 % der Bevölkerung Rumäniens, eine nahezu monopolartige Stellung in Handel, Gewerbe und Industrie besaßen, zogen sie sich Haß und Sozialneid vor allem der wirtschaftlich verarmten Landbevölkerung zu.

Corneliu Codreanu gründete 1927 mit einigen Studenten die „Legion des Erzengels Michael", eine am italienischen Vorbild orientierte faschistische Bewegung, die sich 1931 in „Eiserne Garde" umbenannte. Ihre Mitglieder traten mit äußerster Brutalität für ihre extrem nationalistischen, antikommunistischen und vor allem antisemitischen Ziele ein. Terror-Feldzüge gegen Juden und Kommunisten bescherten ihnen Sympathie in der Landbevölkerung. Die Wirtschaftskrise beschleunigte ihren Aufstieg: Bei den Wahlen von 1932 erhielten die Faschisten erstmals 5 Mandate, die sie 1937 auf 66 von 390 Parlamentssitzen steigerten. Einer drohenden Regierungsübernahme durch die Faschisten kam der rumänische König Carol II. im Februar 1938 durch einen Staatsstreich zuvor: Er setzte die Verfassung außer Kraft, erhöhte das Mindestalter für Wähler auf 30 Jahre und schränkte die Bürgerrechte ein. Am 30. März 1938 löste er sämtliche politischen Parteien auf. Die spektakulärste Maßnahme der Königsdiktatur war die Verhaftung des Führers der bereits verbotenen Eisernen Garde, Codreanu, und seine anschließende Ermordung, angeblich „auf der Flucht erschossen".

Trotz der Radikalität, mit der der rumänische Staat die Faschisten verfolgte, gelang ihm nicht die endgültige Zerschlagung der Eisernen Garde. Ihren späteren Aufstieg verdankte sie der deutschfreundlichen Außenpolitik König Carols, der Rumänien immer enger an die faschistischen Staaten Deutschland und Italien band. Obwohl mit dem Nachbarstaat verbündet, tolerierte Rumänien 1939 den deutschen Überfall auf Polen. Am 27. Mai 1940 schloß Rumänien einen „Ölpakt", der Deutschland die Lieferung der gesamten Erdölproduktion garantierte. Als Hitler Rumänien im August 1940 zur Abtretung Siebenbürgens an Ungarn zwang, stürzte er Rumänien in eine Staatskrise, in der König Carol zugunsten seines Sohnes abdankte. Er machte einer gemeinsamen Regierung von Militärs unter General Antonescu und Faschisten der Eisernen Garde Platz. Die autoritär-faschistische Militärdiktatur dauerte nur ein Jahr, aber Tausende von Kommunisten und Juden fielen der Schreckensherrschaft zum Opfer. Ein Machtkampf im Januar 1941 zwischen Antonescu und dem Führer der Eisernen Garde endete mit der Niederlage der Faschisten. Hitler verweigerte den rumänischen Faschisten seine militärische Unterstützung, da er aus taktischen Gründen eher an der Herrschaft Antonescus interessiert war. Als die Niederlage Rumäniens an der Seite Deutschlands im Zweiten Weltkrieg bereits klar war, gelang es Hitler 1944 nochmals für kurze Zeit, eine faschistische Satellitenregierung an die Macht zu bringen. Danach besetzte die Rote Armee das Land. Die Ära des Kommunismus in Rumänien begann.

Große faschistische Bewegungen in Europa 1919–1945

Land	Name der Partei	Oberster Führer	Gründungsjahr	Höchste Mitgliederzahl vor einer Regierungsbeteiligung	Höchster Stimmenanteil vor einer Regierungsbeteiligung	Regierungsbeteiligung
Italien	Partito Nazionale Fascista (PNF)	Benito Mussolini	1919	1922: 320 000	1921: 6,8%	1922: Faschistische Koalitionsregierung; 1925–1943: Autoritäres faschistisches Regime; 1944–1945: Faschistisches Kollaborationsregime (Mussolini)
Deutschland	Nationalsozialistische Deutsche Arbeiterpartei (NSDAP)	Adolf Hitler	1919	1933: 849 000	1932: 37,4%	1933: Faschistische Koalitionsregierung; 1934–1945: Totalitäres faschistisches Regime (Hitler)
Österreich	a) NSDAP b) Heimwehren	Adolf Hitler Fürst Rüdiger v. Starhemberg	1926 1930	1938: 147 000 1930: 150 000	1930: 3% 1930: 6%	a) 1933–1938: Opposition gegen autoritäres Regime b) 1934: Eingliederung in die Einheitspartei eines autoritären Regimes (Dollfuß, Schuschnigg)
Schweiz	Nationale Front	Rolf Henne u.a.	1933	1935: 10 000	1935: 1%	1943: Auflösung durch demokratische Regierung
Rumänien	Garda de Fier (Eiserne Garde)	Corneliu Zelea-Codreanu	1927	1937: 270 000	1937: 16%	1938–1940: Opposition gegen autoritäres Regime (König Carol); 1940–1941: Regierungsbeteiligung und 1941–1944: Opposition gegen autoritäres Regime (General Antonescu)
Ungarn	Nemzeti Akarat Partja (Pfeilkreuzler)	Ferenç Szálasi	1935	1939: 250 000	1939: 25%	1935–1944: Opposition gegen autoritäres Regime (Horthy); 1944–1945: Faschistisches Kollaborationsregime (Szálasi)
Jugoslawien/ Kroatien	Ustaša Hrvatska Revolucionarna Organizacija (Ustascha)	Ante Pavelić	1929	1938: 40 000	–	1941–1945: Faschistisches Kollaborationsregime (Pavelić)
Tschechoslowakei/ Slowakei	Hlinková Garda (Hlinka Garde)	Vojtěch Tuka u.a.	1938	1939: 120 000	–	1939: Eingliederung in die Einheitspartei eines autoritären Kollaborationsregimes (Josef Tiso)
Spanien	Falange Española de las Juntas de Ofensiva Nacional-Sindicalista (Falange)	José Antonio Primo de Rivera	1933	1936: 36 000	1936: 0,4%	1937: Eingliederung in die Einheitspartei eines autoritären Regimes (General Franco)
Frankreich	Parti Populaire Français (PPF)	Jacques Doriot	1936	1937: 60 000	–	1940–1945: Opposition gegen autoritäres Kollaborationsregime (Marschall Pétain; Laval)
Großbritannien	British Union of Fascists (BUF)	Oswald Mosley	1932	1934: 17 000	–	1940: Auflösung durch demokratische Regierung
Belgien	Front Populaire de Rex (Rexisten)	Léon Degrelle	1936	1939: 12 500	1936: 11,5%	1940–1944: Kollaboration mit deutscher Besatzung ohne Regierungsbeteiligung
Niederlande	Nationaal-Socialistische Beweging (NSB)	Adriaan Anton Mussert	1931	1936: 47 000	1935: 8%	1940–1944: Kollaboration mit deutscher Besatzung ohne Regierungsbeteiligung
Norwegen	Nasjonal Samling (NS)	Vidkun Abraham Quisling	1933	1936: 8 500	1933: 2,2%	1942–1945: Faschistisches Kollaborationsregime (Quisling)

Aus: Schieder, W., Faschismus – in: Fischer-Lexikon Geschichte, S. 188 f.

Zunächst sei ein allgemeines Konzept zur Erarbeitung politischer Reden vorgestellt, dann soll zumindest andeutungsweise eine Rede (Hitlers Rede zum 1. Mai 1933; vgl. S. 363 f.) untersucht werden.

I. Allgemeines Konzept

1. Eine Rede wird wie jede Quelle in einem Arbeitszusammenhang untersucht. Man erwartet Antworten auf Fragen, die bei der Arbeit an einem historischen Zusammenhang entstanden sind. Damit die Untersuchung zielgerichtet verläuft, sind zunächst die Erwartungen an den Redetext genau zu formulieren.
   Leitfrage: Welche Aufschlüsse erwarte ich von der Erarbeitung der Rede für den historischen Zusammenhang meiner Untersuchung?
2. Danach wendet man sich dem Text selbst zu. Zunächst sind die äußeren Merkmale des Textes – wie Textgestalt (z.B. Kürzungen, bei fremdsprachlicher Urform: die Übersetzung) und unbekannte Begriffe zu klären.
   Leitfrage: In welcher Gestalt liegt die Rede vor?
3. Zu den äußeren Merkmalen gehören auch die Umstände der Rede selbst: Zeitpunkt und Ort der Rede, Persönlichkeit des Redners und die Zuhörerschaft der Rede (Wer konnte Kenntnis von der Rede haben?)
   Leitfrage: Wer hat wann und wo vor welchem Publikum gesprochen?
4. Aus dem Arbeitszusammenhang sind Tatsachen bekannt, man hat also eine gewisse Anschauung von der Wirklichkeit. Der Redner wird seine Sicht, seine Interpretation der Wirklichkeit vortragen. Man muß aus der Rede diese Interpretation der Wirklichkeit herausarbeiten. Wichtige Erkenntnisse erlangt man aus dem Vergleich der vorher erarbeiteten Wirklichkeit und der Wirklichkeitsinterpretation des Redners.
   Leitfrage: Wie interpretiert der Redner die Wirklichkeit?
5. Jede Rede will etwas. Der Redner will sein Publikum von seiner Wirklichkeitsinterpretation überzeugen und zu einem bestimmten Verhalten bringen. So dient jede Rede auch der Verhaltenssteuerung des Publikums durch den Redner. Die Verhaltenssteuerung kann man durch Analyse der Zukunftsvorstellungen des Redners erkennen. Schon die Wirklichkeitsinterpretation gibt Hinweise auf die Zukunftsvorstellungen (z. B. schlimme Gegenwart – gute Zukunft). In diesem Schritt müssen also die intendierten Veränderungen untersucht werden.
   Leitfrage: Welches Verhalten erwartet der Redner von seinem Publikum?
6. Auch die Sprache einer Rede gehört zur Untersuchung. Dabei muß darauf aufmerksam gemacht werden, daß zwischen gehaltener Rede und Rede in Schriftform enorme Unterschiede bestehen können. So fehlen bei der Untersuchung eines Redemanuskripts die gesprochene Sprache des Redners, die oft anders betont als der Text, und die Reaktionen des Publikums, die Aufschluß über die Wirkungen geben können. (Hinweis: arbeitsteiliges Verfahren: 1. Gruppe: Untersuchung einer Rede mit allen Begleitumständen, z. B. im Fernsehen. 2. Gruppe: Untersuchung dieser Rede als Tondokument. 3. Gruppe: Untersuchung dieser Rede in Textform)
   Die Untersuchung einer Rede bezieht sich 1. *auf Sprachliches* d. h. auf das Wortmaterial, die Satzarten, die Sprachstufe, auf das Begriffsmaterial, Schlüsselwörter –

u. Begriffe, auf den Vorgang der Verknüpfung der Redeteile (behaupten, begründen, einschränken, folgern usw.) 2. *auf Sprecherisches* (eigentlich nur, wenn original gesprochen wird) d.h. auf die Tonhöhe, die Modulation, das Tempo, die Akzentuierungen, die Pausen. Hierhin gehören auch die Zuhörer- bzw. Zuschauer-Reaktionen und wiederum die Reaktionen des Redners auf deren Reaktionen. 3. *auf das Rhetorische* d.h. auf den Aufbau und die Gliederung, auf rhetorische Figuren, auf den Hörerbezug der Rede (monologisch-dialogisch).
Leitfrage: Welche sprachlichen Mittel verwendet der Redner?

7. Am Ende der Untersuchung, der Analyse, müssen die Ergebnisse interpretiert werden d. h. in den Arbeitszusammenhang eingeordnet werden. Wenn der erste Schritt: die Formulierung der Erwartungen an Aufschlüsse durch Analyse der Rede differenziert erarbeitet worden ist, lassen sich die Hypothesen mit den Ergebnissen der Analyse der Rede vergleichen, d. h. auch verändern.
Leitfrage: Wie verhält sich das Untersuchungsergebnis zu dem, was ich bisher erarbeitet habe?

II. Einige Anmerkungen zu einer Rede Hitlers zum 1. Mai 1933

1. Untersuchungszusammenhang
Der Arbeitszusammenhang kann sehr unterschiedlich sein: Hitlers Rede kann in einer Arbeit zur Gleichschaltungspolitik, zur Gewerkschaftspolitik, zur Propaganda des Nationalsozialismus, gar zur Geschichte des 1. Mai analysiert werden. Dementsprechend ändern sich auch die Hypothesen.

2./3. Äußere Merkmale und Umstände der Rede
Die Rede ist vollständig. Sie wurde am 1. Mai 1933 vor Arbeitern, die zur Kundgebung gefahren waren, gehalten, im Rundfunk übertragen und in Zeitungen veröffentlicht.

4. Wirklichkeitsinterpretation
Feststellende Funktion:
Genaues Lesen der Quelle ergibt eine Reihe von Feststellungen des gegenwärtigen oder vergangenen Zustandes: Klassenkampf; Gebundenheit der Arbeit an Gewerkschaften und Fabriken; Aufteilung der Menschen in Berufe; Standesdünkel; Massenwahnsinn usw. Wir finden eine Beschreibung der Wirklichkeit, wie der Redner sie sieht. Sprachliche Analyse erbringt die Wertung des Beschriebenen durch den Redner. Diese Rede enthält die Deutung der Wirklichkeit durch Hitler.

5. Intendierte Verhaltenssteuerung
Verändernwollende Funktion:
Auf der Basis der negativ wertenden Beschreibung wird ein Szenario der gewollten Zukunft entworfen: Symbol der Einigung, Erhebung der Nation; Wiedergewinnung der eigenen Kraft; schaffende Arbeit, die keine Grenzen kennt; Weg zueinander finden; Funktion der Handarbeit, Synthese zwischen der Freiheit des schöpferischen Geistes und der Verpflichtung dem Volksganzen gegenüber; Appell an den Mut, Schwierigkeiten zu überwinden usw. Die Gegenüberstellung der Beschreibung und des Gewollten – auch in ihrer durch die Sprache vollzogenen Wertung – macht die Position Hitlers deutlich.

6. Sprache der Rede
Die Sprache einer Rede ist auch unter dem Gesichtspunkt der verwendeten Metaphorik zu analysieren. In Hitlers Rede kann man die Metapher des Aufbruchs (Tag der erwachenden Natur), die Metapher der Gemeinschaft, des Ganzen und den Übergang in die religiöse Sphäre nachvollziehen. Seine Rede endet mit einem Gebet, das eigentlich noch nicht gesprochen werden kann, sondern erst zu einem Zeitpunkt, in dem das Gewollte zumindest zum größten Teil Wirklichkeit geworden ist. Schaut man genauer hin, so verwischt sich der Zukunftshorizont mit dem Gegenwartshorizont. Zukunft: Die Einleitung, „wir haben uns geändert. Volk ist nicht mehr das Volk der Ehrlosigkeit ...“; Gegenwart: „Mein Herr, das Volk ist wieder stark in seinem Willen.“ Zum Schluß bittet Hitler um Segen für den Kampf, also für die Zukunft des zu Ende gekämpften Kampfes. Die gegenwärtige Stärke des Volkes wird für den Kampf in der Zukunft gebraucht.

7. Interpretation
Bei der Interpretation hat man oder benötigt man Wissen aus anderen Quellen oder Darstellungen. Hier nur einige Hinweise zur Weiterarbeit: Viele Hitlerbiographien gehen auf seine Rede zum 1. Mai ein, interessant sind vor allem die Hinweise in den Tagebüchern von Goebbels und in seinen Biographien. Darüber hinaus findet man Interpretationshilfen in Geschichten zur Arbeiter- und Gewerkschaftsbewegung. Zur Wertung der Quelle kann man auch die Reden Hitlers vor Arbeitgebern heranziehen.

Die umfassende Interpretation gemäß der erarbeiteten Fragestellung führt dann zur Wertung der Rede innerhalb des Untersuchungszusammenhangs.

1. Hitlers Rede zum 1. Mai 1933

„Unseres Volkes Erwachen ist da. Das Symbol des Klassenkampfes, des ewigen Streites und Haders wandelt sich nun wieder zum Symbol der großen Einigung und Erhebung der Nation. Und deshalb haben wir diesen Tag der erwachenden Natur für alle kommenden Zeiten gewählt als Tag der Wiedergewinnung unserer eigenen Kraft und Stärke und damit auch zugleich jener schaffenden Arbeit, die keine Grenzen kennt, nicht gebunden ist an die Gewerkschaften, an Fabriken und Kontore, einer Arbeit, die wir überall dort anerkennen und fördern wollen, wo sie in gutem Sinne für Sein und Leben unseres Volkes geleistet wird.

Die Millionen Menschen, die in Berufe aufgeteilt, in künstlichen Klassen auseinandergehalten worden sind, die, vom Standesdünkel und Klassenwahnsinn befallen, einander nicht mehr verstehen können, sie müssen wieder den Weg zueinander finden! Wenn 70 Jahre lang der Wahnsinn als politische Idee vertreten und gepredigt wurde, wenn 70 Jahre lang die Zerstörung der Volksgemeinschaft politisches Gebot war, dann ist es schwer, mit einem Schlag den Sinn der Menschen wenden zu wollen.

Doch es ist kein Zufall, daß es unseren Gegnern, die diesen Tag seit 70 Jahren feiern wollen, und die 14 Jahre lang in Deutschland an der Macht gewesen sind, trotz allem nicht gelungen ist, das deutsche Volk an diesem Tag so zu erfassen, wie wir es bereits am ersten zuwege brachten.

Es bleibt unser unverrückbarer Entschluß, jeden einzelnen Deutschen, sei er, wer er sei, ob arm, Sohn von Gelehrten oder Sohn von Fabrikarbeitern, einmal in seinem Leben zur Handarbeit zu führen, damit er sie kennenlernt. Wir wollen in einer Zeit, da Millionen unter uns leben, ohne Verständnis für die Bedeutung des Handarbeitertums,

Adolf Hitler in Rednerpose (1933).

das deutsche Volk durch die Arbeitsdienstpflicht zu der Erkenntnis erziehen, daß Handarbeit nicht schändet, sondern vielmehr wie jede andere Tätigkeit dem zur Ehre gereicht, der sie getreu und redlichen Sinnes erfüllt.

Wir werden in diesem Jahre zum ersten Male als weitere große Aufgabe die Befreiung der schöpferischen Initiative von den verhängnisvollen Einwirkungen majoritativer Beschlüsse durchführen. Nicht nur im Parlament, nein, auch in der Wirtschaft. Wir wissen, daß unsere Wirtschaft nicht emporkommen kann, wenn nicht eine Synthese gefunden wird zwischen der Freiheit des schöpferischen Geistes und der Verpflichtung dem Volksganzen gegenüber.

Wir wissen, daß wir noch gewaltige Schwierigkeiten zu überwinden haben. Wir wissen auch, daß alle menschliche Arbeit am Ende vergeblich sein muß, wenn über ihr nicht der Segen der Vorsehung leuchtet. Wenn die Welt gegen uns steht, müssen wir um so mehr zu einer Einheit werden, müssen wir ihr um so mehr unentwegt versichern: Ihr könnt tun, was Ihr wollt! Aber niemals werdet Ihr uns beugen, niemals uns zwingen, ein Joch anzuerkennen. Das deutsche Volk ist zu sich gekommen. Es wird Menschen, die nicht für Deutschland sind, nicht mehr unter sich dulden. Wir wollen tätig sein, arbeiten, uns brüderlich vertragen, gemeinsam ringen, auf daß einmal die Stunde kommt, da wir vor den Herrn hintreten können und ihn bitten dürfen: „Herr, Du siehst, wir haben uns geändert. Das deutsche Volk ist nicht mehr das Volk der Ehrlosigkeit, der Schande, der Selbstzerfleischung, der Kleinmütigkeit und Kleingläubigkeit. Nein, Herr, das deutsche Volk ist wieder stark in seinem Willen, stark in seiner Beharrlichkeit, stark im Ertragen aller Opfer. Herr, wir lassen nicht von Dir! Nun segne unseren Kampf, unseren Kampf um unsere Freiheit und damit unser deutsches Volk und Vaterland!"

Zit. nach Max Domarus, Hitler – Reden 1932 bis 1945, Bd. I: Der Triumph, München 1965, S. 259 ff.

Anfänge der NSDAP

M 1 Das Programm der Nationalsozialistischen Deutschen Arbeiterpartei

Auf der ersten großen Massenversammlung der NSDAP am 24. 2. 1920 verkündete und erläuterte Adolf Hitler das Partei-Programm im Festsaal des Münchener Hofbräuhauses (Auszug):

Das Programm der Deutschen Arbeiterpartei ist ein Zeit-Programm. Die Führer lehnen es ab, nach Erreichung der im Programm aufgestellten Ziele neue aufzustellen, nur zu dem Zwecke, um durch künstlich gesteigerte Unzufriedenheit der Massen das Fortbestehen der Partei zu ermöglichen.

1. Wir fordern den Zusammenschluß aller Deutschen auf Grund des Selbstbestimmungsrechtes der Völker zu einem Groß-Deutschland.

2. Wir fordern die Gleichberechtigung des deutschen Volkes gegenüber den anderen Nationen, Aufhebung der Friedensverträge von Versailles und St. Germain.

3. Wir fordern Land und Boden (Kolonien) zur Ernährung unseres Volkes und Ansiedlung unseres Bevölkerungsüberschusses.

4. Staatsbürger kann nur sein, wer Volksgenosse ist. Volksgenosse kann nur sein, wer deutschen Blutes ist, ohne Rücksichtnahme auf Konfession. Kein Jude kann daher Volksgenosse sein. [...]

17. Wir fordern eine unseren nationalen Bedürfnissen angepaßte Bodenreform, Schaffung eines Gesetzes zur unentgeltlichen Enteignung von Boden für gemeinnützige Zwecke, Abschaffung des Bodenzinses und Verhinderung jeder Bodenspekulation.

18. Wir fordern den rücksichtslosen Kampf gegen diejenigen, die durch ihre Tätigkeit das Gemeininteresse schädigen. Gemeine Volksverbrecher, Wucherer, Schieber usw. sind mit dem Tode zu bestrafen, ohne Rücksichtnahme auf Konfession und Rasse. [...]

25. Zur Durchführung alles dessen fordern wir: Die Schaffung einer starken Zentralgewalt des Reiches. Unbedingte Autorität des politischen Zentralparlaments über das gesamte Reich und seine Organisationen im allgemeinen.

Die Führer der Partei versprechen, wenn nötig unter Einsatz des eigenen Lebens, für die Durchführung der vorstehenden Punkte rücksichtslos einzutreten.

Aus: Buchners Kolleg Geschichte. Von der Französischen Revolution bis zum Nationalsozialismus, Bamberg 1992, S. 390f. (gekürzt)

M 2 Hitler über Rassenlehre

[Aus „Mein Kampf"]

... Die Sünde wider Blut und Rasse ist die Erbsünde dieser Welt und das Ende einer sich ihr ergebenden Menschheit.

... Demgegenüber erkennt die völkische Weltanschauung die Bedeutung der Menschheit in deren rassischen Urelementen. Sie sieht im Staat prinzipiell nur ein Mittel zum Zweck und faßt als seinen Zweck die Erhaltung des rassischen Daseins der Menschen auf. Sie glaubt somit keineswegs an eine Gleichheit der Rassen, sondern erkennt mit ihrer Verschiedenheit auch ihren höheren oder minderen Wert und fühlt sich durch diese Erkenntnis verpflichtet, gemäß dem ewigen Wollen, das dieses Universum beherrscht, den Sieg des Besseren, Stärkeren zu fördern, die Unterordnung des Schlechteren und Schwächeren zu verlangen.

Aus: Hofer, W. (Hg.), Der Nationalsozialismus, Dokumente 1933–1945, Frankfurt a. M. 1957, S. 31

M 3 Hitlers Gedanken über die Aufgaben des völkischen Staates in seinem Buch „Mein Kampf"

So wie unsere Vorfahren den Boden, auf dem wir heute leben, nicht vom Himmel geschenkt erhielten, sondern durch Lebenseinsatz erkämpfen mußten, so wird auch uns in Zukunft den Boden und damit das Leben für unser Volk keine göttliche Gnade zuweisen, sondern nur die Gewalt eines siegreichen Schwertes ...

... Allerdings eine solche Bodenpolitik kann nicht etwa in Kamerun ihre Erfüllung finden, sondern heute fast ausschließlich nur mehr in Europa. Man muß sich damit kühl und nüchtern auf den Standpunkt stellen, daß es sicher nicht Absicht des Himmels sein kann, dem einen Volke fünfzigmal so viel an Grund und Boden auf dieser Welt zu geben als dem anderen. Man darf in diesem Falle sich nicht durch politische Grenzen von den Grenzen des ewigen Rechtes abbringen lassen. Wenn diese Erde wirklich für alle Raum zum Leben hat, dann möge man uns also den uns zum Leben nötigen Boden geben.

Man wird das freilich nicht gerne tun. Dann jedoch tritt das Recht der Selbsterhaltung in seine Wirkung; und was der Güte verweigert wird, hat eben die Faust sich zu nehmen ...

... Damit ziehen wir Nationalsozialisten bewußt einen Strich unter die außenpolitische Richtung unserer Vorkriegszeit. Wir setzen dort an, wo man vor sechs Jahrhunderten endete. Wir stoppen den ewigen Germanenzug nach dem Süden und Westen Europas und weisen den Blick nach dem Land im Osten. Wir schließen endlich ab die Kolonial- und Handelspolitik der Vorkriegszeit und gehen über zur Bodenpolitik der Zukunft.

Aus: Lautemann, W./Schlenke, M. (Hg.), Geschichte in Quellen, Weltkriege und Revolutionen 1914–1945, München 1979, S. 297f.

Aufstieg der NSDAP

M 4 Wirtschaftsdaten 1928–1934 in Deutschland

	Arbeitslosigkeit in Mio. und in %	Index der Industrieproduktion	Bruttoverdienst der Arbeiter (Reallöhne pro Woche)	Preisindex für Lebenshaltung	Wohnungsbau (neugebaute Wohnungen in 100000)
1928	1,3/ 6,3	100	100	100	3,30
1929	1,8/ 6,5	100	102	102	3,38
1930	3,0/14,0	87	97	95	3,30
1931	4,5/21,9	70	94	86	2,51
1932	5,6/29,9	58	86	76	1,59
1933	4,8/25,9	66	91	74	2,02
1934	2,7/13,5	83	95	77	3,19

Aus: Hey, B. u. a., Historisch-Politische Weltkunde, Weimarer Republik und Nationalsozialismus, Demokratie und Diktatur in Deutschland 1918–1945, Stuttgart 1992, S. 99 (gekürzt)

M 5 Reichsstagswahlergebnisse 1928–1933 (in Millionen)

Wahl vom	Wahlbeteilig. (in %)	Gültige Stimmen (in Mio.)	Von den abgegebenen gültigen Stimmen entfielen auf								
			NSDAP	DNVP	DVP	DDP	BVP	Zentr.	SPD	KPD	Sonstige Parteien
20. Mai 1928	75,6	30,73	0,81	4,38	2,68	1,50	0,95	3,71	9,15	3,26	4,30
			2,6 %	14,3 %	8,7 %	4,9 %	3,1 %	12,1 %	29,8 %	10,6 %	13,9 %
14. Sept. 1930	82,0	34,96	6,41	2,46	1,58	1,32	1,06	4,13	8,58	4,60	4,82
			18,3 %	7,0 %	4,5 %	3,8 %	3,0 %	11,8 %	24,5 %	13,1 %	13,7 %
31. Juli 1932	84,1	36,88	13,75	2,19	0,44	0,37	1,20	4,59	7,96	5,28	1,10
			37,3 %	5,9 %	1,2 %	1,0 %	3,2 %	12,5 %	21,6 %	14,3 %	3,0 %
6. Nov. 1932	80,6	35,47	11,74	3,02	0,66	0,34	1,10	4,23	7,25	5,98	1,15
			33,1 %	8,5 %	1,9 %	1,0 %	3,1 %	11,9 %	20,4 %	16,9 %	3,2 %
5. März 1933	88,8	39,34	17,28	3,14	0,43	0,33	1,07	4,43	7,18	4,85	0,63
			43,9 %	8,0 %	1,1 %	0,9 %	2,7 %	11,2 %	18,3 %	12,3 %	1,6 %

Aus: Mickel, W. (Hg.), Geschichte, Politik und Gesellschaft. Von der Französischen Revolution bis zum Ende des 2. Weltkrieges, Frankfurt a. M. 1988, S. 333

Arbeitsvorschläge

1. *Stellen Sie anhand von M 1–M 3 wesentliche Elemente nationalsozialistischer Weltanschauung zusammen!*
2. *Untersuchen Sie anhand des Parteiprogramms (M 1), in welchem Verhältnis die NSDAP-Forderungen zum Verfassungsrahmen von Weimar standen!*
3. *Erarbeiten Sie aus den vorgelegten Materialien das Staatsverständnis der NSDAP (M 1–M 3)!*
4. *Untersuchen Sie den Zusammenhang zwischen allgemeiner Wirtschaftssituation, Wahlergebnissen und Aufstieg der NSDAP! Beachten Sie auch die Hinweise im Teil „Weimarer Republik"!*
5. *Informieren Sie sich über den Aufstieg der NSDAP in Ihrer Heimatstadt!*

M 6 Anstieg der Mitgliederzahlen der NSDAP, 1919–1945

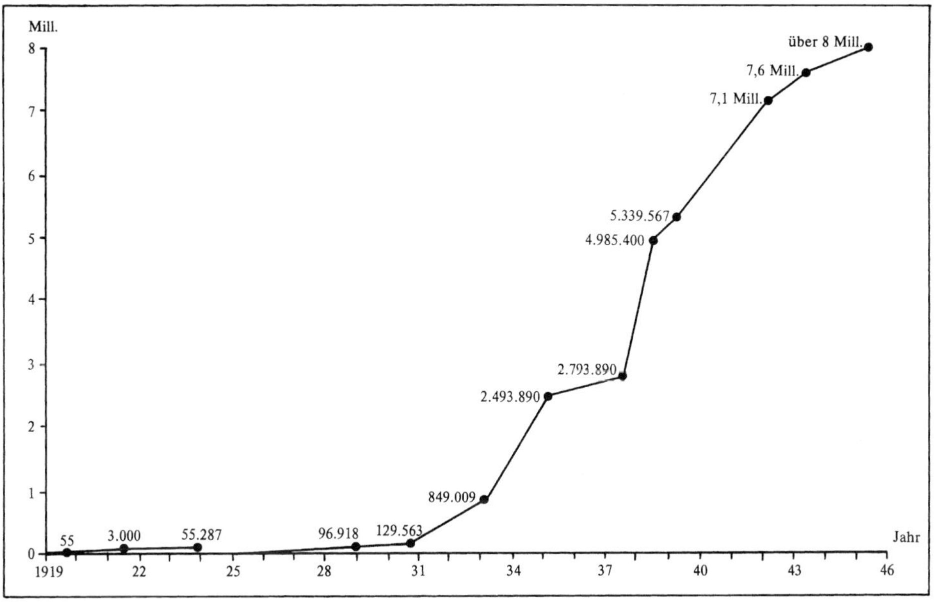

Aus: Thamer, H.-U., Verführung und Gewalt, Deutschland 1933–1945, Berlin 1986, S. 576

Übernahme der Macht, Konsolidierung und Ausbau des NS-Staats

M 7 „Verordnung des Reichspräsidenten zum Schutz von Volk und Staat"

Am 28. Februar 1933, dem Tag nach dem Reichstagsbrand, erließ Reichspräsident Hindenburg eine Notverordnung „zur Abwehr kommunistischer staatsgefährdender Gewaltakte":

§ 1. Die Art. 114, 115, 117, 118, 123, 124 und 153 der Verfassung des Deutschen Reiches werden bis auf weiteres außer Kraft gesetzt. Es sind daher Beschränkungen der persönlichen Freiheit, des Rechts der freien Meinungsäußerung einschließlich der Pressefreiheit, des Vereins- und Versammlungsrechts, Eingriffe in das Brief-, Post-, Telegraphen- und Fernsprechgeheimnis, Anordnungen von Haussuchungen und von Beschlagnahmen sowie Beschränkungen des Eigentums auch außerhalb der sonst hierfür bestimmten gesetzlichen Grenze zulässig.

Aus: Michalka, W., Das Dritte Reich, Bd. 1, München 1985, S. 27

M 8 „Gesetz zur Behebung der Not von Volk und Reich"

Zusammen mit der Notverordnung vom 28. Februar bedeutete das sogenannte „Ermächtigungsgesetz" vom 24. März 1933 die verfassungsrechtliche Grundlage des NS-Staates:

Art. 1: Reichsgesetze können außer in dem in der Reichsverfassung vorgesehenen Verfahren auch durch die Reichsregierung beschlossen werden. [...]

Art. 2: Die von der Reichsregierung beschlossenen Reichsgesetze können von der Reichsverfassung abweichen, soweit sie nicht die Einrichtung des Reichstages und des Reichsrates als solche zum Gegenstand haben. Die Rechte des Reichspräsidenten bleiben unberührt.

Art. 3: Die von der Reichsregierung beschlossenen Reichsgesetze werden vom Reichskanzler ausgefertigt und im Reichsgesetzblatt verkündet. Sie treten, soweit sie nichts anderes bestimmen, mit dem auf die Verkündigung folgenden Tag in Kraft. Die Art. 68–77 der Reichsverfassung finden auf die von der Reichsregierung beschlossenen Gesetze keine Anwendung.

Aus: Michalka, W., Das Dritte Reich, Bd. 1, S. 35

M 9 Die Auseinandersetzung um das Ermächtigungsgesetz im Reichstag am 23. März 1933

a) Aus der Rede Hitlers:

Um die Regierung in die Lage zu versetzen, die Aufgaben zu erfüllen, die innerhalb dieses allgemein gekennzeichneten Rahmens liegen, hat sie im Reichstag durch die beiden Parteien der Nationalsozialisten und der Deutschnationalen das Ermächtigungsgesetz einbringen lassen. Ein Teil der beabsichtigten Maßnahmen erfordert die verfassungsändernde Mehrheit. Die Durchführung dieser Aufgaben bzw. ihre Lösung ist notwendig. Es würde dem Sinn der nationalen Erhebung widersprechen und dem beabsichtigten Zweck nicht genügen, wollte die Regierung sich für ihre Maßnahmen von Fall zu Fall die Genehmigung des Reichstages erhandeln und erbitten. Die Regierung wird dabei nicht von der Absicht getrieben, den Reichstag als solchen aufzuheben: im Gegenteil, sie behält sich auch für die Zukunft vor, ihn von Zeit zu Zeit über ihre Maßnahmen zu unterrichten oder aus bestimmten Gründen, wenn zweckmäßig, auch seine Zustimmung einzuholen. Die Autorität und damit die Erfüllung der Aufgaben der Regierung würden aber leiden, wenn im Volke Zweifel an der Stabilität des neuen Regiments entstehen könnten. Sie hält vor allem eine weitere Tagung des Reichstages im heutigen Zustand der tiefgehenden Erregung der Nation für unmöglich. Es ist kaum eine Revolution von so großem Ausmaß so diszipliniert und unblutig verlaufen wie diese Erhebung des deutschen Volkes in diesen Wochen. Es ist mein Wille und meine feste Absicht, für diese ruhige Entwicklung auch in Zukunft zu sorgen. Allein um so nötiger ist es, daß der nationalen Regierung jene souveräne Stellung gegeben wird, die in einer solchen Zeit allein geeignet ist, eine andere Entwicklung zu verhindern. Die Regierung beabsichtigt dabei, von diesem Gesetz nur insoweit Gebrauch zu machen, als es zur Durchführung der lebensnotwendigen Maßnahmen erforderlich ist. Weder die Existenz des Reichstages noch des Reichrats soll dadurch bedroht sein. Die Stellung und die Rechte des Herrn Reichspräsidenten bleiben unberührt; die innere Übereinstimmung mit seinem Willen herbeizuführen, wird stets die oberste Aufgabe der Regierung sein. Der Bestand der Länder wird nicht beseitigt, die Rechte der Kirchen werden nicht geschmälert, ihre Stellung zum Staate nicht geändert.

b) Aus der Rede des sozialdemokratischen Fraktionsvorsitzenden Otto Wels:

Nach den Verfolgungen, die die Sozialdemokratische Partei in der letzten Zeit erfahren hat, wird billigerweise niemand von ihr verlangen oder erwarten können, daß sie für das hier eingebrachte Ermächtigungsgesetz stimmt. Die Wahlen vom 5. März haben den Regierungsparteien die Mehrheit gebracht und damit die Möglichkeit gegeben, streng nach Wortlaut und Sinn der Verfassung zu regieren. Wo diese Möglichkeit besteht, besteht auch die Pflicht. Kritik ist heilsam und notwendig. Noch niemals, seit es einen Deutschen Reichstag gibt, ist die Kontrolle der öffentlichen Angelegenheiten durch die gewählten Vertreter des Volkes in solchem Maße ausgeschaltet worden, wie es jetzt geschieht und wie es durch das neue Ermächtigungsgesetz noch mehr geschehen soll. Eine solche Allmacht der Regierung muß sich um so schwerer auswirken, als auch die Presse jeder Bewegungsfreiheit entbehrt [...] Wir Sozialdemokraten wissen, daß man machtpolitische Tatsachen durch bloße Rechtsverwahrungen nicht beseitigen kann. Wir sehen die machtpolitische Tatsache Ihrer augenblicklichen Herrschaft, aber auch das Rechtsbewußtsein des Volkes ist eine politische Macht, und wir werden nicht aufhören, an dieses Rechtsbewußtsein zu appellieren.

Die Verfassung von Weimar ist keine sozialistische Verfassung. Aber wir stehen zu den Grundsätzen des Rechtsstaates, der Gleichberechtigung, des sozialen Rechts, die in ihr festgelegt sind. Wir deutschen Sozialdemokraten bekennen uns in dieser geschichtlichen Stunde feierlich zu den Grundsätzen der Menschlichkeit und der Gerechtigkeit, der Freiheit und des Sozialismus. Kein Ermächtigungsgesetz gibt Ihnen die Macht, Ideen, die ewig und unzerstörbar sind, zu vernichten. Sie selbst haben sich ja zum Sozialismus bekannt. Das Sozialistengesetz hat die Sozialdemokratie nicht vernichtet. Auch aus neuen Verfolgungen kann die deutsche Sozialdemokratie neue Kraft schöpfen.

Aus: Buchners Kolleg, S. 38 ff.

M 10 Aus der „Disziplin- und Strafordnung des Konzentrationslagers Esterwegen" (1933/34)

Paragraph 8

Mit 14 Tagen strengem Arrest und mit je 25 Stockhieben zu Beginn und am Ende der Strafe wird bestraft [...]:

2. Wer in Briefen oder sonstigen Mitteilungen abfällige Bemerkungen über nationalsozialistische

Führer, über Staat und Regierung, Behörden und Einrichtungen zum Ausdruck bringt, marxistische oder liberalistische Führer oder Novemberparteien verherrlicht. Vorgänge im Konzentrationslager mitteilt. [...]

Paragraph 11

Wer im Lager, an der Arbeitsstelle, in den Unterkünften, in Küchen und Werkstätten, Aborten und Ruheplätzen zum Zwecke der

Aufwiegelung

politisiert, aufreizende Reden hält, sich mit anderen zu diesem Zwecke zusammenfindet. Cliquen bildet oder umhertreibt, wahre oder unwahre Nachrichten zum Zwecke der gegnerischen Greuelpropaganda über das Konzentrationslager oder dessen Einrichtungen sammelt, empfängt, vergräbt, weitererzählt, mittels Kassiber oder auf andere Weise aus dem Lager hinausschmuggelt. Entlassenen oder Überstellten schriftlich oder mündlich mitgibt, mittels Steinen usw. über die Lagermauer wirft, oder Geheimschriften anfertigt, ferner, wer zum Zwecke der Aufwiegelung auf Barackendächer steigt, durch Lichtsignale oder auf andere Weise Zeichen gibt, oder nach außen Verbindung sucht, oder wer andere zur Flucht oder einem Verbrechen verleitet, hierzu Ratschläge erteilt, oder durch andere Mittel unterstützt,

wird kraft revolutionären Rechts
als Aufwiegler gehängt!

Aus: Grossmann, K., Ossietzky, ein deutscher Patriot. München 1963, S. 483

M 11

Zeichnungen des KZ-Häftlings H. P. Sørensen vom „Alltag“ in einem Konzentrationslager: Essensausgabe in der Wohn- und Schlafbaracke; mehrere Häftlinge müssen sich eine Schlafkoje teilen, einige sind schon zu schwach zum Essenfassen. – Hinrichtung eines Häftlings.– Bei solchen Strafaktionen mußte die ganze Häftlingsschar antreten, eine Häftlingskapelle begleitet mit ihrem Spiel das makabre Geschehen.

Aus: Historisch-Politische Weltkunde, a. a. O., S. 182

Arbeitsvorschläge

1. *Prüfen Sie die NS-Gesetzgebung im Prozeß der Machtübernahme (M 7, M 8) auf ihre Inhalte und vergleichen Sie sie mit Weimarer Verfassung und Grundgesetz der Bundesrepublik!*
2. *Erarbeiten Sie die unterschiedliche Rechtsauffassung in den Reden Hitlers und Wels' zum Ermächtigungsgesetz (M 9)!*
3. *Informieren Sie sich mit Hilfe der abgedruckten (M 10, M 11) und weiterer gesammelter Quellen über Lagerbedingungen in deutschen KZs!*

Wirtschaft und Arbeit

M 12 „Völkische Wirtschaft"

Aus einer ideologischen Abhandlung:

Die Aufgaben der Wirtschaft

Die Wirtschaft dient dem Staat und damit dem Volk. Sie ist eine völkische Wirtschaft, also eine Wirtschaftsordnung, deren Aufgaben und Ziele vom völkischen Geschehen bestimmt werden.

1. Sie ist einerseits keine Staatswirtschaft, d. h. keine Wirtschaft, die vom Staat als Ganzes verwaltet wird.
2. Sie ist andrerseits keine gesellschaftliche Interessenwirtschaft, die in einer vom Staat völlig losgelösten Selbständigkeit nur den höchsten individuellen Nutzen erstrebt.
3. Sie ist vielmehr gleichzeitig gebunden und frei.
   a) Gebunden ist die Wirtschaft, weil sie völkischen Lebensgesetzen vorbehaltlos verpflichtet ist.
   b) Frei ist die Wirtschaft, weil die persönliche Schöpferkraft und Leistung in ihr sich voll entfalten können...

Aus: Hofer, W., Nationalsozialismus, S. 84

M 13 Lebenshaltung

Preisindex für die Lebenshaltung* (1928 = 100)

Jahresdurchschnitt	Ernährung	Wohnung	Heizung und Beleuchtung	Bekleidung	Insgesamt
1913/14	65	79	73	59	66
1924	90	43	100	102	86
1925	97	65	95	102	93
1926	95	79	96	96	93
1927	100	91	98	94	97
1928	100	100	100	100	100
1929	102	100	103	101	101
1930	95	102	104	96	97
1931	86	105	101	81	89
1932	76	96	93	66	80
1933	74	96	93	63	78
1934	77	96	93	65	80
1935	78	96	92	69	81
1936	80	96	92	71	82
1937	80	96	91	74	82
1938	80	96	91	77	83
1939	80	96	91	78	83
1940	84	96	91	82	86
1941	91	96	91	93	88
1942	86	96	90	101	90
1943	88	96	89	105	91
1944	90	96	90	108	92

* Nach den Verbrauchsverhältnissen (1934) einer 5-köpfigen Arbeiterfamilie.

Aus: Stat. Bundesamt (Hg.), Bevölkerung und Wirtschaft 1871–1957, Stuttgart 1958, S. 84

M 14 Die Wiederbelebung der deutschen Wirtschaft seit 1933

	Beschäftigung und Arbeitslosigkeit (in Millionen)		Lohnindex (1932 = 100)			
	Beschäftigte	Arbeitslose		Tarif-löhne	Wochen-löhne	Anteil der Löhne am Volkseinkommen
Oktober 1933	14,5	3,7	1932	100	100	57,0 %
" 1934	16,1	2,3	1933	99	98	56,0 %
" 1935	17,0	1,8	1934	97	100	55,5 %
" 1936	18,3	1,1	1935	95	103	54,6 %
" 1937	19,7	0,5	1936	94	107	53,5 %
" 1938	20,8	0,2	1937	93	112	52,7 %

Aus: Grosche, H., Der Nationalsozialismus und der Zweite Weltkrieg, Frankfurt 1972, S. 27 (gekürzt)

M 15 Entwicklung der Reichsschuld *(in Mrd. RM), 1926–1945*

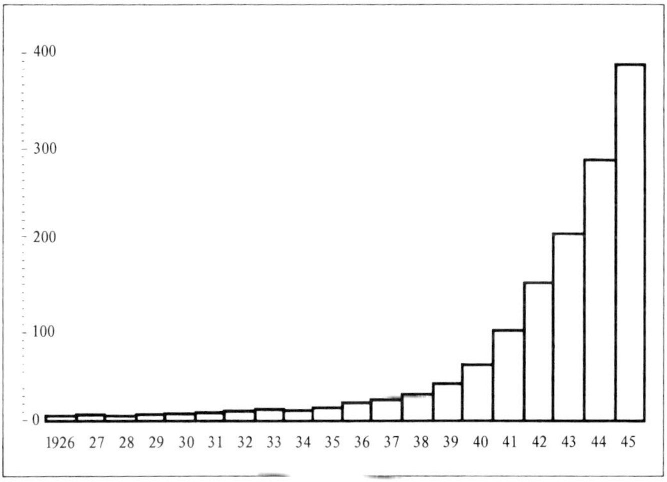

Aus: Thamer, Hans-Ulrich, Verführung und Gewalt, Berlin 1986, S. 471

M 16 Aus Hitlers geheimer Denkschrift über den Vierjahresplan [1936]

... Deutschland wird wie immer als Brennpunkt der abendländischen Welt gegenüber den bolschewistischen Angriffen anzusehen sein. Ich fasse dies nicht als eine erfreuliche Mission auf, sondern als eine leider durch unsere unglückliche Lage in Europa bedingte Erschwerung und Belastung unseres völkischen Lebens. Wir können uns aber diesem Schicksal nicht entziehen.

Wenn es nicht gelingt, in kürzester Frist die deutsche Wehrmacht in der Ausbildung, in der Aufstellung der Formationen, in der Ausrüstung und vor allem auch in der geistigen Erziehung zur ersten Armee der Welt zu entwickeln, wird Deutschland verloren sein! Es gilt hier der Grundsatz, daß das, was in Monaten des Friedens versäumt wurde, in Jahrhunderten nicht mehr eingeholt werden kann.

Es haben sich daher dieser Aufgabe alle anderen Wünsche bedingungslos unterzuordnen.

... Wir sind übervölkert und können uns auf der eigenen Grundlage nicht ernähren.

... Die endgültige Lösung liegt in einer Erweiterung des Lebensraumes bzw. der Rohstoff- und Ernährungsbasis unseres Volkes. Es ist die Aufgabe der politischen Führung, diese Frage dereinst zu lösen.

... Die Erfüllung dieser Aufgaben in der Form eines Mehr-Jahres-Plans der Unabhängigmachung unserer nationalen Wirtschaft vom Ausland wird es aber auch erst ermöglichen, vom deutschen Volk auf wirtschaftlichem Gebiet und dem Gebiete der Ernährung Opfer zu verlangen, denn das Volk hat dann ein Recht, von seiner Führung, der es die blinde Anerkennung gibt, zu verlangen, daß sie auch auf diesem Gebiete durch unerhörte und entschlossene Leistungen die Probleme anfaßt und sie nicht bloß beredet, daß sie sie löst und nicht bloß registriert!

Es sind jetzt fast 4 kostbare Jahre vergangen. Es gibt keinen Zweifel, daß wir schon heute auf dem Gebiet der Brennstoff-, der Gummi- und zum Teil auch in der Eisenerzversorgung vom Ausland restlos unabhängig sein könnten. Genauso wie wir zur Zeit 7 oder 800 000 t Benzin produzieren, könnten wir 3 Millionen t produzieren. Genauso wie wir heute einige Tausend t Gummi fabrizieren, könnten wir schon jährlich 70 und 80 000 t erzeugen. Genauso wie wir von $2^1/_2$ Millionen t Eisenerz-Erzeugung auf 7 Millionen t stiegen, könnten wir 20 oder 25 Millionen t deutsches Eisenerz verarbeiten und, wenn notwendig, auch 30. Man hat nun Zeit genug gehabt, in 4 Jahren festzustellen, was wir nicht können. Es ist jetzt notwendig, auszuführen das, was wir können.

Ich stelle damit folgenden Aufgabe:

I. Die deutsche Armee muß in 4 Jahren einsatzfähig sein.

II. Die deutsche Wirtschaft muß in 4 Jahren kriegsfähig sein.

Aus: Hofer, W., Nationalsozialismus, S. 84 ff.

M 17 Robert Ley zur Zerschlagung der Gewerkschaften, am 2. Mai 1933

... Das, was die Gewerkschaften aller Richtungen, die Roten und Schwarzen, die Christlichen und „Freien", auch nicht annähernd zustande brachten, was selbst in den besten Jahren des Marxismus nur ein Schatten, ein elender erbärmlicher Abklatsch gegenüber dem gewaltig Großen des gestrigen Tages war, der Nationalsozialismus schafft es im ersten Anlauf.

Er stellt den Arbeiter und den Bauern, den Handwerker und den Angestellten, mit einem Wort, alle schaffenden Deutschen in den Mittelpunkt seines Denkens und Handelns und damit in den Mittelpunkt seines Staates, und den Raffenden und den Bonzen macht er unschädlich.

Wir treten heute in den zweiten Abschnitt der nationalsozialistischen Revolution ein. Ihr werdet sagen, was wollt ihr denn noch, ihr habt doch die absolute Macht. Gewiß, wir haben die Macht, aber wir haben noch nicht das ganze Volk, dich, Arbeiter, haben wir noch nicht hundertprozentig, und gerade dich wollen wir, wir lassen dich nicht, bis du in aufrichtiger Erkenntnis restlos zu uns stehst. Du sollst auch von den letzten marxistischen Fesseln befreit werden, damit du den Weg zu deinem Volke findest.

Denn das wissen wir: Ohne den deutschen Arbeiter gibt es kein deutsches Volk! Und vor allem müssen wir verhüten, daß dir dein Feind, der Marxismus, und seine Trabanten noch einmal in den Rücken fallen können.

Aus: Hofer, W., Nationalsozialismus, S. 60

M 18 Die Rolle des Arbeiters im NS-Staat

Gesetz zur Ordnung der nationalen Arbeit vom 20. 1. 1934:

1. Im Betriebe arbeiten der Unternehmer als Führer des Betriebes, die Angestellten und Arbeiter als Gefolgschaft gemeinsam zur Förderung der Betriebszwecke und zum gemeinen Nutzen von Volk und Staat.

2. Der Führer des Betriebes entscheidet der Gefolgschaft gegenüber in allen betrieblichen Angelegenheiten, soweit sie durch dieses Gesetz geregelt werden. Er hat für das Wohl der Gefolgschaft zu sorgen. Diese hat ihm die in der Betriebsgemeinschaft begründete Treue zu halten ...

5. Dem Führer des Betriebes mit in der Regel mindestens zwanzig Beschäftigten treten aus der Gefolgschaft Vertrauensmänner beratend zur Seite. Sie bilden mit ihm und unter seiner Leitung den Vertrauensrat des Betriebes ...

16. Gegen Entscheidungen des Führers des Betriebes über die Gestaltung der allgemeinen Arbeitsbedingungen, insbesondere der Betriebsordnung, kann die Mehrheit des Vertrauensrates des Betriebes den Treuhänder der Arbeit unverzüglich schriftlich anrufen, wenn die Entscheidungen mit den wirtschaftlichen oder sozialen Verhältnissen des Betriebes nicht vereinbar erscheinen. Die Wirksamkeit der von dem Führer des Betriebes getroffenen Entscheidung wird durch die Anrufung nicht gehemmt.

Aus: Aleff, E., Das Dritte Reich, 4. Aufl. Hannover 1970, S. 40 f.

M 19 Lebenslage der Arbeiter 1933–1936

Der britische Historiker T. W. Mason 1978 über die Situation der Arbeiter im 3. Reich:

[...] Noch 1936 war der Alltag wohl der meisten deutschen Arbeiter von Armut und Entbehrung gezeichnet, ganz abgesehen von dem Druck des politischen Terrors. Einen ungefähren Eindruck von den damals noch vorherrschenden materiellen Lebensbedingungen mag der Versuch vermitteln, das

Haushaltsbudget einer Arbeiterfamilie zu rekonstruieren. Nach einer etwas schematischen Kalkulation des Wirtschaftsreferenten in der Reichskanzlei hätte sich im Jahr 1934 der Lohn eines niedrig bezahlten städtischen Arbeiters (25 RM pro Woche) in einem Fünf-Personen-Haushalt (Ehefrau und drei schulpflichtige Kinder) auf folgende Posten verteilen müssen: Abzüge 11 %; Nahrungsmittel 54 %; Miete, Heizung und Beleuchtung 30 %; Bekleidung 2 %. Zur besonderen Verwendung blieben ganze 73 Pf. übrig. Auffallend daran ist, daß Ausgaben für Verkehrsmittel, Bildung, Erholung oder für die Rückzahlung von Darlehen in der Aufstellung gar nicht vorkommen. Die bei diesem Einkommen mögliche Ernährung war außerordentlich karg bemessen: So entfielen pro Woche auf fünf Personen nicht mehr als zwei Pfund Fett und zweieinhalb Pfund Fleisch. Eier, Käse, Obst und Gemüse werden in der Statistik gar nicht aufgeführt. Wie sich fünf Personen mit zwei RM im Monat bekleiden sollten, wagte der Referent nicht zu schildern. Mochte auch in dieser Aufstellung, bei der die Zahlenangaben nur geschätzt waren, das Preisniveau zu hoch angesetzt worden sein, so vermittelt für das Jahr 1936 eine exakte Untersuchung der Haushaltsführung von Familien mit einem Durchschnittseinkommen von 32 RM pro Woche ein ähnliches Bild: Nur 1,5 % des Einkommens blieben für Getränke übrig, nur 3,1 % für Bildung, Unterhaltung und Erholung. Fast alle Familien dieser Einkommensgruppe waren hin und wieder auf öffentliche und private Unterstützungsquellen angewiesen. Es ist nicht möglich, die Zahl der Arbeiterhaushalte genau zu errechnen, die mit 32 RM pro Woche oder weniger auskommen mußten, sie war bestimmt nicht gering. Zu dieser Schicht der Notleidenden gehörten ohne Zweifel die Arbeitslosen, im Herbst 1936 noch immer über 1 Mill. Personen, zu denen im Winter weitere 800 000 beschäftigungslose Saisonarbeiter hinzukamen. [...]

Aus: Mason, T. W., Arbeiterklasse und Volksgemeinschaft, München 1978, S. 72

Arbeitsvorschläge

1. *Erörtern Sie das Verhältnis von Staat und Wirtschaft in der NS-Zeit (M 12, M 16)!*
2. *Setzen Sie sich mit der These von einem „nationalsozialistischen Wirtschaftswunder" auseinander (M 13–M 15)!*
3. *Erörtern Sie Lebens- und Arbeitsbedingungen von Arbeitern im NS-Staat (M 18, M 19)!*

Entrechtung und Verfolgung der Juden

M 20 Der Beginn der Verfolgung

Schon zwei Monate nach der Machtergreifung ordnete die Parteileitung der NSDAP am 28. März 1933 Maßnahmen gegen Juden an:

1. In jeder Ortsgruppe und Organisationsgliederung der NSDAP sind sofort Aktionskomittees zu bilden zur praktischen, planmäßigen Durchführung des Boykotts jüdischer Geschäfte, jüdischer Waren, jüdischer Ärzte und jüdischer Rechtsanwälte. Die Aktionskomitees sind verantwortlich dafür, daß der Boykott keinen Unschuldigen, um so härter aber die Schuldigen trifft. [...]

3. Die Aktionskomitees haben sofort durch Propaganda und Aufklärung den Boykott zu popularisieren. Grundsatz: Kein Deutscher kauft noch bei einem Juden oder läßt von ihm und seinen Hintermännern Waren anpreisen. Der Boykott muß ein allgemeiner sein. Er wird vom ganzen Volk getragen und muß das Judentum an seiner empfindlichsten Stelle treffen. [...]

5. Die Aktionskomitees überwachen auf das schärfste die Zeitungen, inwieweit sie sich an dem Aufklärungsfeldzug gegen die jüdische Greuelhetze im Ausland beteiligen. Tun Zeitungen dies nicht oder nur beschränkt, so ist darauf zu sehen, daß sie aus jedem Haus, in dem Deutsche wohnen, augenblicklich entfernt werden. Kein deutscher Mann und kein deutsches Geschäft soll in solchen Zeitungen noch Annoncen aufgeben. Sie müssen der öffentlichen Verachtung verfallen, geschrieben für die jüdischen Rassegenossen, aber nicht für das deutsche Volk.

6. Die Aktionskomitees müssen in Verbindung mit den Betriebszellenorganisationen der Partei die Propaganda der Aufklärung über die Folgen der jüdischen Greuelhetze für die deutsche Arbeit und damit für den deutschen Arbeiter in den Betrieb hineintragen und besonders die Arbeiter über die Notwendigkeit des nationalen Boykotts als Abwehrmaßnahme zum Schutz der deutschen Arbeit aufklären.

Aus: Hofer, W., Nationalsozialismus, S. 282 f.

M 21 Erinnerung an den ‚Judenboykott' am 1. April 1933

Bereits am frühen Morgen des Freitags sah man die SA mit ihren Transparenten durch die Stadt ziehen. „Die Juden sind unser Unglück", „Gegen die jüdische Greuelpropaganda im Auslande". In den Vormittagsstunden begannen sich die Posten der Nazis vor die jüdischen Geschäfte und Betriebe zu stellen, und jeder Käufer wurde darauf aufmerksam gemacht, nicht bei Juden zu kaufen. Auch vor unserem Lokal postierten sich zwei junge Nazis und hinderten die Kunden am Eintritt. Mir erschien das Ganze unbegreiflich. Es konnte mir nicht einleuchten, daß so etwas im 20. Jahrhundert überhaupt möglich sein konnte, denn solche Dinge hatten sich doch höchstens im Mittelalter ereignet. Und doch war es bittere Wahrheit, daß da draußen vor der Tür zwei Jungen in braunem Hemd standen, die ausführenden Organe Hitlers.

Und für dieses Volk hatten wir jungen Juden einst im Schützengraben in Kälte und Regen gestanden und haben unser Blut vergossen, um das Land vor dem Feind zu schützen. Gab es keinen Kameraden mehr aus dieser Zeit, den dieses Treiben anekelte? [...]

Ich nahm meine Kriegsauszeichnungen und legte sie an, ging auf die Straße und besuchte jüdische Geschäfte, wo man mich auch zuerst anhielt. Aber in mir gärte es, und ich hättte am liebsten diesen Barbaren meinen Haß ins Gesicht geschrien. Haß, Haß – seit wann hatte dieses Element in mir Platz ergriffen? – Seit einigen Stunden erst war in mir eine Wandlung eingetreten. Dieses Land, und dieses Volk, das ich bisher liebte und schätzte, war mir plötzlich zum Feinde geworden. Ich war also kein Deutscher mehr, oder ich sollte es nicht mehr sein. Das läßt sich natürlich nicht in einigen Stunden abmachen. Aber das eine empfand ich plötzlich: ich schämte mich, daß ich einst zu diesem Volk gehörte. Ich schämte mich über das Vertrauen, das ich so vielen geschenkt hatte, die sich nun als meine Feinde demaskierten. Plötzlich erschien mir auch die Straße fremd, ja die ganze Stadt war mir fremd geworden. Es gibt nicht die richtigen Worte, um die Empfindungen zu schildern, die ich in diesen Stunden erlebte. Zu Hause angelangt, ging ich auf den einen Posten zu, den ich kannte, und der auch mich kannte, und sagte ihm: „Als Sie noch in den Windeln lagen, hab ich schon draußen für dieses Land gekämpft.“ Er erwiderte: „Sie sollten mir aus meiner Jugend keinen Vorwurf machen, Herr ..., aber ich bin kommandiert worden, hier zu stehen.“ Ich sah in sein junges Gesicht und dachte mir, er hat recht, Arme, irrgeführte Jugend!

Aus: E. Landau, Mein Leben vor und nach Hitler. In: M. Richarz [Hrsg.], Bürger auf Widerruf. Lebenszeugnisse deutscher Juden 1780–1945. München 1989, S. 385 f.

M 22 Eine jüdische Schülerin berichtet

Ilse Oppenheim besuchte die Malwida-von-Mersenburg-Schule in Kassel von 1931–1935:

Zu der Zeit war es für uns, die jüdischen Schülerinnen, unmöglich weiter zu lernen. Rings um uns war Haß und Feindschaft, kein Mensch akzeptierte uns mehr, wir waren Dreck. Vaters Bruder, Onkel Julius, wurde geschändet. Man rasierte ihm die Haare vom Kopf und mißhandelte ihn. Er mußte mit einem Schild auf die Straße: ‚Ich bin ein Schwein. Ich habe mich mit einer Arierin abgegeben.‘ Ich hatte vorher viele Freundinnen. Wir besuchten uns gegenseitig, spielten und lernten. Plötzlich war alles aus. Wenn ich morgens in die Klasse kam, rümpften sie die Nase: ‚Ja, was stinkt denn da so? – Ah, das jüdische Schwein, das immer Knoblauch frißt!‘ Auch die Lehrer beachteten uns nicht mehr, und die Noten wurden immer schlechter. Ob ich in dieser Atmosphäre von selbst ging oder rausgeschmissen wurde, bleibt sich gleich. Meine Schwester Ruth wurde nach vier Jahren Volksschule in keine höhere deutsche Schule mehr aufgenommen. [...] Meine Schwester Alice war die einzige jüdische Schülerin ihrer Klasse im Oberlyzeum. Direktor Friedrich stand unter dem Druck der Nazis und bat unsere Eltern, sie aus der Schule zu nehmen.

Aus: C. Vollnhals, Jüdische Selbsthilfe bis 1938. In: W. Benz (Hg.), Die Juden in Deutschland 1933–1945. München 1988, S. 335 f.

M 23 Aus dem Reichsbürgergesetz vom 15. September 1935

Der Reichstag hat einstimmig das folgende Gesetz beschlossen, das hiermit verkündet wird.

§ 1 1. Staatsangehöriger ist, wer dem Schutzverband des Deutschen Reiches angehört und ihm dafür besonders verpflichtet ist.

2. Die Staatsangehörigkeit wird nach den Vorschriften des Reichs- und Staatsangehörigkeitsgesetzes erworben.

§ 2 1. Reichsbürger ist nur der Staatsangehörige deutschen oder artverwandten Blutes, der durch sein Verhalten beweist, daß er gewillt und geeignet ist, in Treue dem deutschen Volk und Reich zu dienen.

2. Das Reichsbürgerrecht wird durch Verleihung des Reichsbürgerbriefes erworben.

3. Der Reichsbürger ist der alleinige Träger der vollen politischen Rechte nach Maßgabe der Gesetze.

Aus: Hofer, W., Nationalsozialismus, S. 284

M 24 Gesetz „zum Schutz des deutschen Blutes und der deutschen Ehre"

Durchdrungen von der Erkenntnis, daß die Reinheit des deutschen Blutes die Voraussetzung für den Fortbestand des deutschen Volkes ist, und beseelt von dem unbeugsamen Willen, die deutsche Nation für alle Zukunft zu sichern, hat der Reichstag einstimmig das folgende Gesetz beschlossen, das hiermit verkündet wird.

§ 1.1. Eheschließungen zwischen Juden und Staatsangehörigen deutschen oder artverwandten Blutes sind verboten. Trotzdem geschlossene Ehen sind nichtig, auch wenn sie zur Umgehung dieses Gesetzes im Auslande geschlossen sind.

2. Die Nichtigkeitsklage kann nur der Staatsanwalt erheben.

§ 2. Außerehelicher Verkehr zwischen Juden und Staatsangehörigen deutschen oder artverwandten Blutes ist verboten.

§ 3. Juden dürfen weibliche Staatsangehörige deutschen oder artverwandten Blutes unter 45 Jahren nicht in ihrem Haushalt beschäftigen.

§ 4.1. Juden ist das Hissen der Reichs- und Nationalflagge und das Zeigen der Reichsfarben verboten.

2. Dagegen ist ihnen das Zeigen der jüdischen Farben gestattet.

Die Ausübung dieser Befugnis steht unter staatlichem Schutz.

§ 5. 1. Wer dem Verbot des § 1 zuwiderhandelt, wird mit Zuchthaus bestraft.

2. Der Mann, der dem Verbot des § 2 zuwiderhandelt, wird mit Gefängnis oder mit Zuchthaus bestraft.

3. Wer den Bestimmungen der §§ 3 oder 4 zuwiderhandelt, wird mit Gefängnis bis zu einem Jahr und mit Geldstrafe oder mit einer dieser Strafen bestraft.

§ 6. Der Reichsminister des Innern erläßt im Einvernehmen mit dem Stellvertreter des Führers und dem Reichsminister der Justiz die zur Durchführung und Ergänzung des Gesetzes erforderlichen Rechts- und Verwaltungsvorschriften.

§ 7. Das Gesetz tritt am Tage nach der Verkündigung, § 3 jedoch erst am 1. Januar 1936 in Kraft.

Nürnberg, den 15. September 1935,
am Reichsparteitag der Freiheit ...

Aus: Hofer, W., Nationalsozialismus, S. 285

M 25 Die „Reichskristallnacht"

Der Führer der SA-Gruppe Nordsee gab in der Nacht vom 9. zum 10. November 1938 folgenden Befehl aus München telefonisch durch:

Sämtliche jüdische Geschäfte sind sofort von SA-Männern in Uniform zu zerstören. Nach der Zerstörung hat eine SA-Wache aufzuziehen, die dafür zu sorgen hat, daß keinerlei Wertgegenstände entwendet werden können. Die Verwaltungsführer der SA stellen sämtliche Wertgegenstände einschließlich Geld sicher.

Die Presse ist heranzuziehen.

Jüdische Synagogen sind sofort in Brand zu stecken, jüdische Symbole sind sicherzustellen. Die Feuerwehr darf nicht eingreifen. Es sind nur Wohnhäuser arischer Deutscher zu schützen von der Feuerwehr. Jüdische anliegende Wohnhäuser sind auch von der Feuerwehr zu schützen, allerdings müssen die Juden raus, da Arier dort in den nächsten Tagen einziehen werden.

Die Polizei darf nicht eingreifen. Der Führer wünscht, daß die Polizei nicht eingreift.

Die Feststellung der jüdischen Geschäfte, Lager und Lagerhäuser hat im Einvernehmen mit den zuständigen Oberbürgermeistern und Bürgermeistern zu erfolgen, gleichfalls das ambulante Gewerbe.

Sämtliche Juden sind zu entwaffnen. Bei Widerstand sofort über den Haufen schießen.

An den zerstörten jüdischen Geschäften, Synagogen usw. sind Schilder anzubringen, mit etwa folgendem Text:

Rache für Mord an vom Rath.

Tod dem internationalen Judentum.

Keine Verständigung mit den Völkern, die judenhörig sind.

Aus: Bundeszentrale für politische Bildung (Hrsg.), Der Pogrom vom November 1938, Bonn o. J., S. 4

Ausgebrannte Synagoge in Berlin (1938).

Arbeitsvorschläge

1. *Arbeiten Sie unterschiedliche Etappen antijüdischer Maßnahmen zwischen 1933 und 1939 heraus (M 20–M 25)!*
2. *Rekonstruieren Sie die Vorgänge um den 9. November 1938 (M 25)!*
3. *Informieren Sie sich anhand einer Stadtchronik über Leben und Verfolgung der Juden in Ihrer Heimatstadt!*
4. *Vergleichen Sie das Staatsbürgerrecht (M 23) zur Zeit des Nationalsozialismus mit Weimarer Verfassung und Grundgesetz der Bundesrepublik!*

Jugend

M 26 Gleichschaltungsvisionen Hitlers

Seine Zukunftsvision von Gleichschaltung und Erfassung des Volkes in allen Alters-, Berufs- und Ständegruppen schilderte Hitler 1938 in einer Rede:

Diese Jugend, die lernt ja nichts anderes als deutsch denken, deutsch handeln, und wenn diese Knaben mit 10 Jahren in unsere Organisation hineinkommen und dort oft zum erstenmal überhaupt eine frische Luft bekommen und fühlen, dann kommen sie vier Jahre später vom Jungvolk in die Hitlerjugend, und dort behalten wir sie wieder vier Jahre. Und dann geben wir sie erst recht nicht zurück in die Hände unsrer alten Klassen- und Standeserzeuger, sondern dann nehmen wir sie sofort in die Partei, in die Arbeitsfront, in die SA oder in die SS, in das NSKK und so weiter. Und wenn sie dort zwei Jahre oder anderthalb Jahre sind und noch nicht ganze Nationalsozialisten geworden sein sollten, dann kommen sie in den Arbeitsdienst und werden dort wieder sechs Monate geschliffen. [. . .] Und was dann nach 6 oder 7 Monaten noch an Klassen- und Standesdünkel da und dort noch vorhanden sein sollte, das übernimmt die Wehrmacht zur weiteren Behandlung auf zwei Jahre. Und wenn sie nach zwei, drei oder vier Jahren zurückkehren, dann nehmen wir sie, damit sie auf keinen Fall rückfällig werden, sofort wieder in die SA, SS und so weiter, und sie werden nicht mehr frei ihr ganzes Leben. Und wenn mir einer sagt, ja da werden aber immer noch welche übrigbleiben: der Nationalsozialismus steht nicht am Ende seiner Tage, sondern erst am Anfang!

Aus: Bundeszentrale für politische Bildung (Hg.), Information zur politischen Bildung 123/126/127, Wiesbaden 1980, S. 28

M 27 Der Weg des „gleichgeschalteten" Staatsbürgers

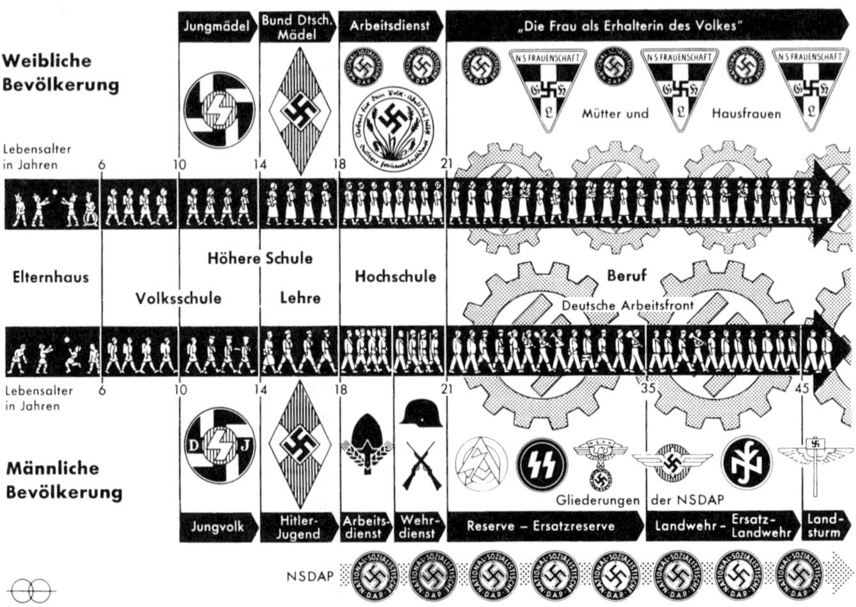

Aus: Thamer, a. a. O., S. 405

M 28 Die Hitlerjugend aus der Sicht eines Abiturienten

Diese Kameradschaft, das war es auch, was ich an der Hitlerjugend liebte. Als ich mit zehn Jahren in die Reihen des Jungvolks eintrat, war ich begeistert.

Denn welcher Junge ist nicht entflammt, wenn ihm Ideale, hohe Ideale wie Kameradschaft, Treue und Ehre entgegengehalten werden. Ich weiß noch, wie tief ergriffen ich dasaß, als wir die Schwertworte des Pimpfen lernten: „Jungvolkjungen sind hart, schweigsam und treu: Jungvolkjungen sind Kameraden: des Jungvolkjungen Höchstes ist die Ehre!“ Sie schienen mir etwas Heiliges zu sein. – Und dann die Fahrten! Gibt es etwas Schöneres, als im Kreis von Kameraden die Herrlichkeiten der Heimat zu genießen? Oft zogen wir am Wochenende in die nächste Umgebung von K. hinaus, um den Sonntag dort zu verleben. Welche Freude empfanden wir, wenn wir an irgendeinem blauen See Holz sammelten, Feuer machten und darauf dann eine Erbsensuppe kochten! [...] Und es ist immer wieder ein tiefer Eindruck, abends in der freien Natur im Kreise um ein kleines Feuer zu sitzen und Lieder zu singen oder Erlebnisse zu erzählen! Diese Stunden waren wohl die schönsten, die uns die Hitlerjugend geboten hat. Hier saßen dann Lehrlinge und Schüler, Arbeitersöhne und Beamtensöhne zusammen und lernten sich gegenseitig verstehen und schätzen.

Aus: K. Haß (Hg.). Jugend unterm Schicksal. Lebensberichte junger Deutscher 1946–1949, Hamburg 1950, S. 61 f.

M 29 Adolf Hitler über Jugenderziehung

Aus Hermann Rauschning: „Gespräche mit Hitler“:

... Meine Pädagogik ist hart. Das Schwache muß weggehämmert werden. In meinen Ordensburgen wird eine Jugend heranwachsen, vor der sich die Welt erschrecken wird. Eine gewalttätige, herrische, unerschrockene, grausame Jugend will ich. Jugend muß das alles sein. Schmerzen muß sie ertragen. Es darf nichts Schwaches und Zärtliches an ihr sein. Das freie, herrliche Raubtier muß erst wieder aus ihren Augen blitzen. Stark und schön will ich meine Jugend. Ich werde sie in allen Leibesübungen ausbilden lassen. Ich will eine athletische Jugend. Das ist das Erste und Wichtigste. So merze ich die Tausende von Jahren der menschlichen Domestikation aus. So habe ich das reine, edle Material der Natur vor mir. So kann ich das Neue schaffen.

Ich will keine intellektuelle Erziehung. Mit Wissen verderbe ich mir die Jugend. Am liebsten ließe ich sie nur das lernen, was sie ihrem Spieltriebe folgend sich freiwillig aneignen. Aber Beherrschung müssen sie lernen. Sie sollen mir in den schwierigsten Proben die Todesfurcht besiegen lernen. Das ist die Stufe der heroischen Jugend. Aus ihr wächst die Stufe des Freien, des Menschen, der Maß und Mitte der Welt ist, des schaffenden Menschen, des Gottmenschen. In meinen Ordensburgen wird der schöne, sich selbst gebietende Gottmensch als kultisches Bild stehen und die Jugend auf die kommende Stufe der männlichen Reife vorbereiten...

Aus: Hofer, W., Nationalsozialismus, S. 88

Arbeitsvorschläge

1. *Fassen Sie die wesentlichen Erziehungsziele des Nationalsozialismus zusammen (M 26, M 29)!*
2. *Informieren Sie sich anhand einer Schulchronik über die Geschichte Ihrer Schule während der NS-Zeit!*
3. *Diskutieren Sie die Begeisterung der Jugend für die HJ (M 28)!*

Frauen

M 30 Hitler über die Rolle der Frau, 1934

[...] Das Wort von der Frauenemanzipation ist nur ein vom jüdischen Intellekt erfundenes Wort, und der Inhalt ist von demselben Geist geprägt. Die deutsche Frau braucht sich in den wirklich guten Zeiten des deutschen Lebens nie zu emanzipieren [...]

Wenn man sagt, die Welt des Mannes ist der Staat, die Welt des Mannes ist sein Ringen, die Einsatzbereitschaft für die Gemeinschaft, so könnte man vielleicht sagen, daß die Welt der Frau eine kleinere sei. Denn ihre Welt ist der Mann, ihre Familie, ihre Kinder und ihr Haus. [...] Was der Mann einsetzt an Heldentum auf dem Schlachtfeld, setzt die Frau in ewig geduldiger Hingabe, in ewig geduldetem Leid und Ertragen. Jedes Kind, das sie zur Welt bringt, ist eine Schlacht, die sie besteht für das Sein oder Nichtsein ihres Volkes [...]

Wenn früher die liberalen intellektualistischen Frauenbewegungen in ihren Programmen viele, viele Punkte enthielten, die ihren Ausgang vom sogenannten Geiste nahmen, dann enthält das Programm unserer nationalsozialistischen Frauenbewegung eigentlich nur einen einzigen Punkt, und dieser Punkt heißt: das Kind, dieses kleine Wesen, das werden muß und gedeihen soll, für das der ganze Lebenskampf ja überhaupt allein einen Sinn hat [...]

Aus: M. Domarus, Hitler, Reden und Proklamationen, Würzburg 1962, S. 450 ff.

M 31 Eine NS-Frauenführerin zur Rolle der Frau 1936

Weil wir heute Hauswirtschaft anders werten müssen als früher, wissen wir, daß eine gute Haushaltführung eine für die deutsche Volkswirtschaft unersetzliche und entscheidende Leistung der Frau darstellt und deshalb für alle Mädchen Voraussetzung und Verpflichtung für ihren Einsatz in der Nation bedeutet.

Dann werden wir unseren Teil an der Erringung der Nahrungsfreiheit unseres Volkes lösen können. Wenn auch unsere Waffe auf diesem Gebiet nur der Kochlöffel ist, soll seine Durchschlagskraft nicht geringer sein als die anderer Waffen.

$11^1/_2$ Millionen Frauen stehen als [...] Berufstätige in den deutschen Betrieben, in Kontoren und Verkaufsräumen, in Krankenhäusern und Schulen und an vielen anderen Stellen. Ihre Leistung ist ein nicht wegzudenkender Bestandteil an der Gesamtleistung unserer Nation. Sie haben ihre besondere frauliche Fähigkeit auf zahlreichen Gebieten der Wirtschaft und des öffentlichen Lebens längst überzeugend bewiesen. Gerade dieser stille und selbstverständliche Einsatz verdient einmal aufgezeigt zu werden, in einer Zeit, in der das deutsche Volk, ebenso wie andere Völker, auf die größtmögliche Leistungsfähigkeit des einzelnen angewiesen ist.

Wir haben Ehe und Mutterschaft immer als die höchste Erfüllung eines Frauenlebens bezeichnet. Wir wissen aber auch, daß diese Erfüllung nicht abhängig ist allein vom Willen der Frau, sondern daß sie Schicksal ist. Tausende deutscher Frauen, denen diese Erfüllung versagt blieb, üben ihren Beruf mit der Kraft ihrer seelischen Mütterlichkeit aus und haben ihn als Dienst am Ganzen zum Inhalt ihres Lebens gemacht. Diese berufliche Auswirkung fraulicher Kraft stellt sie neben die deutschen Mütter als Mitträgerinnen der Nation und Mitgestalterinnen des Volkes: Heute sollen die berufstätigen Frauen fühlen, daß ein ganzes Volk ihnen Dank weiß für ihre Arbeit, ein Volk, dem sie unlösbar verbunden sind und zu dessen Gesundung ihre Arbeit täglich beiträgt.

Aus: Grundkurs Deutsche Geschichte, Frankfurt/M. 1982, S. 131

M 32 Plakat aus der „Kampfzeit"

Nationalsozialistischer Wochenspruch 1939

In höherem Maße als alle anderen Parteien hatten die Nationalsozialisten vor 1933 um die weiblichen Wählerstimmen geworben, indem sie Hitler als den Retter der Familie präsentierten. Wenige Jahre später wird die familiäre Symbolik durch die heroische abgelöst: der Mann hat für Deutschland mit dem Spaten oder dem Gewehr zu kämpfen, während die Familie gläubig allein bleibt.

Aus: Thamer, Verführung und Gewalt, S. 181

Arbeitsvorschläge

1. *Beschreiben Sie die Rolle der Frau in der nationalsozialistischen Weltanschauung (M 30–M 32)!*
2. *Vergleichen Sie die NS-Propaganda mit der tatsächlichen Situation der Frau im Dritten Reich!*

Anpassung und Widerstand

M 33 Aus dem Konkordat zwischen dem Heiligen Stuhl und dem Deutschen Reich vom 20. Juli 1933

Artikel 1: Das Deutsche Reich gewährleistet die Freiheit des Bekenntnisses und der öffentlichen Ausübung der katholischen Religion [...]

Artikel 4: [...] Anweisungen, Verordnungen, Hirtenbriefe, amtliche Diözesanblätter und sonstige die geistliche Leitung der Gläubigen betreffende Verfügungen, die von den kirchlichen Behörden im Rahmen ihrer Zuständigkeit (Art. I. Abs. 2) erlassen werden, können ungehindert veröffentlicht und in den bisher üblichen Formen zur Kenntnis der Gläubigen gebracht werden [...]

Artikel 16: Bevor die Bischöfe von ihrer Diözese Besitz ergreifen, leisten sie in die Hand des Reichsstatthalters in dem zuständigen Lande bzw. des Reichspräsidenten einen Treueid [...]

Artikel 21: Der katholische Religionsunterricht in den Volksschulen, Berufsschulen, Mittelschulen und höheren Lehranstalten ist ordentliches Lehrfach und wird in Übereinstimmung mit den Grundsätzen der katholischen Kirche erteilt. Im Religionsunterricht wird die Erziehung zu vaterländischem, staatsbürgerlichem und sozialem Pflichtbewußtsein aus dem Geiste des christlichen Glaubens- und Sittengesetzes mit besonderem Nachdruck gepflegt werden, ebenso wie es im gesamten übrigen Unterricht geschieht [...]

Aus: Grundkurs, a. a. O., S. 144f.

M 34 Aus der Enzyklika „Mit brennender Sorge", 14. 3. 1937

Mit brennender Sorge und steigendem Befremden beobachten Wir seit geraumer Zeit den Leidensweg der Kirche, die wachsende Bedrängnis der ihr in Gesinnung und Tat treubleibenden Bekenner und Bekennerinnen inmitten des Landes und des Volkes, dem St. Bonifatius einst die Licht- und Frohbotschaft von Christus und dem Reiche Gottes gebracht hat [...]

Als Wir, Ehrwürdige Brüder, im Sommer 1933 die Uns von der Reichsregierung in Anknüpfung an einen jahrealten früheren Entwurf angetragenen Konkordatsverhandlungen aufnehmen und zu Euer aller Befriedigung mit einer feierlichen Vereinbarung abschliessen liessen, leitete Uns die pflichtgemäße Sorge um die Freiheit der kirchlichen Heilsmission in Deutschland [...] Trotz mancher schwerer Bedenken haben Wir daher Uns damals den Entschluss abgerungen, Unsere Zustimmung nicht zu versagen. Wir wollten Unsern treuen Söhnen und Töchtern in Deutschland im Rahmen des Menschenmöglichen die Spannungen und Leiden ersparen, die andernfalls unter den damaligen Verhältnissen mit Gewissheit zu erwarten gewesen wären [...]

[...] Wenn einmal die Zeit gekommen sein wird, diese Unsere Bemühungen vor den Augen der Welt offen zu legen, werden alle Gutgesinnten wissen, wo sie die Friedenswahrer und wo die Friedensstörer zu suchen haben. Jeder, dessen Geist sich noch einen Rest von Wahrheitsempfinden, dessen Herz sich noch einen Schatten von Gerechtigkeitsgefühl bewahrt hat, wird dann zugeben müssen, dass in diesen schweren und ereignisvollen Jahren der Nachkonkordatszeit jedes Unserer Worte und jede Unserer Handlungen unter dem Gesetz der Vereinbarungstreue standen. Er wird aber auch mit Befremden und innerster Ablehnung feststellen müssen, wie von der anderen Seite die Vertragsumdeutung, die Vertragsumgehung, die Vertragsaushöhlung, schliesslich die mehr oder minder öffentliche Vertragsverletzung zum ungeschriebenen Gesetz des Handelns gemacht wurden [...]

Ein besonders wachsames Auge, Ehrwürdige Brüder, werdet Ihr haben müssen, wenn religiöse Grundbegriffe ihres Wesensinhaltes beraubt und in einem profanen Sinne umgedeutet werden. Offenbarung im christlichen Sinn ist das Wort Gottes an die Menschen. Dieses gleiche Wort zu gebrauchen für die „Einflüsterungen" von Blut und Rasse, für die Ausstrahlungen der Geschichte eines Volkes, ist in jedem Fall verwirrend. Solch falsche Münze verdient nicht, in den Sprachschatz eines gläubigen Christen überzugehen [...] Demut im Geist des Evangeliums und Gebet um Gottes Gnadenhilfe sind mit Selbstachtung, Selbstvertrauen und heldischem Sinn wohl vereinbar. Die Kirche Christi, die zu allen Zeiten bis in die jüngste Gegenwart hinein mehr Bekenner und freiwillige Blutzeugen zählt, als irgendwelche andere Gesinnungsgemeinschaft, hat nicht nötig, von solcher Seite Belehrungen über Heldengesinnung und Heldenleistung entgegenzunehmen. In seinem seichten Gerede über christliche Demut als Selbstentwürdigung und unheldische Haltung spottet der widerliche Hochmut dieser Neuerer seiner selbst [...]

Aus: Neuhäusler, J., Kreuz und Hakenkreuz, München 1946, S. 35f.

M 35 Aus einer Rede des Reichsinnenministers Frick vom 7. 7. 1935

Wir Nationalsozialisten fordern die Entkonfessionalisierung des gesamten öffentlichen Lebens. Was hat es für einen Sinn, daß es noch katholische Beamtenvereine gibt? Wir wollen keine katholischen und keine protestantischen Beamten, wir wollen deutsche Beamte. Was soll eine katholische Tagespresse? Wir brauchen keine katholische und keine protestantische, sondern eine deutsche Tagespresse. Auch die katholischen berufsständischen Vereine, Gesellenvereine und die katholischen Jugendverbände passen nicht mehr in unsere heutige Zeit. Diese Organisationen betätigen sich vielfach

auf Gebieten, die der nationalsozialistische Staat zur Erfüllung seiner Aufgaben für sich allein in Anspruch nehmen muß. Alle diese Dinge sind geeignet, die deutsche Volksgemeinschaft zu stören. Diese deutsche Volksgemeinschaft aber, die Adolf Hitler nach fünfzehnjährigem Kampf um die Seele des Deutschen geschaffen hat, lassen wir von niemandem mehr zerstören.
Aus: Hofer, W., Nationalsozialismus, S. 128

M 36 Entschließung der „Glaubensbewegung deutsche Christen" vom 13. November 1933

[...] Wir sind als nationalsozialistische Kämpfer gewohnt, das Ringen um die Gestaltung einer großen Idee nicht mit einem faulen Frieden abzubrechen.

[...] Ein dauernder Frieden kann hier nur geschaffen werden durch Versetzung oder Amtsenthebung aller der Pfarrer, die entweder nicht willens oder nicht fähig sind, bei der religiösen Erneuerung unseres Volkes und der Vollendung der deutschen Reformation aus dem Geist des Nationalsozialismus führend mitzuwirken.

Wir lassen uns keine Führer aufzwingen, die wir innerlich ablehnen müssen, weil wir weder zu ihrem Nationalsozialismus noch zu ihrem deutschen Glauben das rechte Vertrauen haben. Auf kirchlichem Gebiet können wir das Führerprinzip überhaupt nur hinsichtlich der äußeren Ordnung anerkennen.

Wir erwarten von unserer Landeskirche, daß sie den Arierparagraphen – entsprechend dem von der Generalsynode beschlossenen Kirchengesetz – schleunigst und ohne Abschwächung durchführt, daß Sie darüber hinaus alle fremdblütigen evangelischen Christen in besonderen Gemeinden ihrer Art zusammenfaßt und für die Begründung einer judenchristlichen Kirche sorgt.

Wir erwarten, daß unsere Landeskirche als eine deutsche Volkskirche sich frei macht von allem Undeutschen in Gottesdienst und Bekenntnis, insbesondere vom Alten Testament und seiner jüdischen Hohnmoral.
Aus: Gauger, J., (Hg.), Chronik der Kirchenwirren, Elberfeld 1934, S. 111

M 37 Aus der „Barmer Theologischen Erklärung" der Bekennenden Kirche vom Mai 1934

Jedem der Glaubenssätze ist neben einem Bibelzitat ein Kommentar vorangestellt.

[...] Wir verwerfen die falsche Lehre, als könne und müsse die Kirche als Quelle ihrer Verkündigung außer und neben diesem einen Wort Gottes auch noch andere Ereignisse und Mächte, Gestalten und Wahrheiten als Gottes Offenbarung anerkennen.

[...] Wir verwerfen die falsche Lehre, als gebe es Bereiche unseres Lebens, in denen wir nicht Jesus Christus, sondern anderen Herren zu eigen wären.

[...] Wir verwerfen die falsche Lehre, als dürfe die Kirche die Gestalt ihrer Botschaft und ihrer Ordnung ihrem Belieben oder dem Wechsel der jeweils herrschenden weltanschaulichen und politischen Überzeugungen überlassen.

[...] Wir verwerfen die falsche Lehre, als könne und dürfe sich die Kirche abseits von diesem Dienst besondere, mit Herrschaftsbefugnissen ausgestattete Führer geben oder geben lassen.

[...] Wir verwerfen die falsche Lehre, als solle und könne der Staat über seinen besonderen Auftrag hinaus die einzige und totale Ordnung menschlichen Lebens werden und also auch die Bestimmung der Kirche erfüllen.
Aus: Conrad, W., Der Kampf um die Kanzeln, Berlin 1957, S. 101 f.

Arbeitsvorschläge

1. *Erläutern Sie das Verhältnis von Christentum und Nationalsozialismus (M 35)! Wie reagierten Katholische (M 33, M 34) und Evangelische Kirche (M 36, M 37) auf die Machtergreifung?*
2. *Untersuchen Sie die früheren Materialteile (Arbeiter, Frauen, Jugend) auf Hinweise für Erscheinungsformen von Widerstand oder Resistenz!*
3. *Erarbeiten Sie – auch aus dem Kapitel Zweiter Weltkrieg – Formen, gesellschaftliche Struktur und Ziele des Widerstands!*

Außenpolitik

M 38 Hitlers Außenpolitik

Nur wenige Tage nach der Machtergreifung, am 3. Februar 1933, führte Hitler vor den Befehlshabern von Heer und Marine seine außenpolitischen Vorstellungen aus. Die Rede wurde von Generalleutnant Liebmann protokolliert:

Ziel der Gesamtpolitik allein: Wiedergewinnung

der pol. Macht. Hierauf muß gesamte Staatsführung eingestellt werden (alle Ressorts!).

1. Im Innern. Völlige Umkehrung der gegenwärt. innenpol. Zustände in D. Keine Duldung der Betätigung irgendeiner Gesinnung, die dem Ziel entgegensteht (Pazifismus!). Wer sich nicht bekehren läßt, muß gebeugt werden. Ausrottung des Marxismus mit Stumpf und Stiel. Einstellung der Jugend u. des ganzen Volkes auf den Gedanken, daß nur d. Kampf uns retten kann u. diesem Gedanken gegenüber alles zurückzutreten hat. (Verwirklicht in d. Millionen d. Nazi-Beweg. Sie wird wachsen.) Ertüchtigung der Jugend u. Stärkung des Wehrwillens mit allen Mitteln. Todesstrafe für Landes- u. Volksverrat. Straffste autoritäre Staatsführung. Beseitigung des Krebsschadens der Demokratie.

2. Nach außen. Kampf gegen Versailles. Gleichberechtigung in Genf aber zwecklos, wenn Volk nicht auf Wehrwillen eingestellt. Sorge für Bundesgenossen [...]

4. Aufbau der Wehrmacht wichtigste Voraussetzung für Erreichung des Ziels: Wiedererringung der pol. Macht. Allg. Wehrpflicht muß wieder kommen. Zuvor aber muß Staatsführung dafür sorgen, daß die Wehrpflichtigen vor Eintritt nicht schon durch Pazif., Marxismus, Bolschewismus vergiftet werden oder nach Dienstzeit diesem Gifte verfallen.

Wie soll pol. Macht, wenn sie gewonnen ist, gebraucht werden? Jetzt noch nicht zu sagen. Vielleicht Erkämpfung neuer Export-Mögl., vielleicht – und wohl besser – Eroberung neuen Lebensraumes im Osten u. dessen rücksichtslose Germanisierung.

Für die Öffentlichkeit gab Hitler am 17. Mai 1933 vor dem Reichstag erstmals eine außenpolitische Erklärung ab:

Wenn ich in diesem Augenblick bewußt als deutscher Nationalsozialist spreche, so möchte ich namens der nationalen Regierung und der gesamten nationalen Erhebung bekunden, daß gerade uns und dieses junge Deutschland das tiefste Verständnis beseelt für die gleichen Gefühle und Gesinnungen sowie für die begründeten Lebensansprüche der anderen Völker. Die Generation dieses jungen Deutschlands, die in ihrem bisherigen Leben nur die Not, das Elend und den Jammer des eigenen Volkes kennenlernte, hat zu sehr unter dem Wahnsinn gelitten, als daß sie beabsichtigen könnte, das gleiche anderen zuzufügen. Unser Nationalismus ist ein Prinzip, das uns als Weltanschauung grundsätzlich allgemein verpflichtet. Indem wir in grenzenloser Liebe und Treue an unserem eigenen Volkstum hängen, respektieren wir die nationalen Rechte auch der anderen Völker aus dieser selben Gesinnung heraus und möchten aus tiefinnerstem Herzen mit ihnen in Frieden und Freundschaft leben. [...]

Wir haben aber keinen sehnlicheren Wunsch als den, beizutragen, daß die Wunden des Krieges und des Versailler Vertrages endgültig geheilt werden, und Deutschland will dabei keinen anderen Weg gehen als den, der durch die Verträge selbst als berechtigt anerkannt wird.

Aus: Buchners Kolleg, a. a. O., S. 438 f.

M 39 Das Hoßbachprotokoll

Die Gedächtnisniederschrift von Hitlers Wehrmachtsadjutanten Oberst Hoßbach über eine Besprechung des Führers mit dem Reichsaußenminister und den Oberbefehlshabern von Heer, Marine und Luftwaffe vom 5. 11. 1937 zeigt Hitlers außenpolitische Pläne und Ziele. Nach dem von Hoßbach nie bestätigten Protokoll erklärte Hitler:

Das Ziel der deutschen Politik sei die Sicherung und die Erhaltung der Volksmasse und deren Vermehrung. [...]

Die Deutsche Volksmasse verfüge über 85 Millionen Menschen, die nach der Anzahl der Menschen und der Geschlossenheit des Siedlungsraumes in Europa einen in sich so fest geschlossenen Rassekern darstellte, wie er in keinem anderen Land wieder anzutreffen sei, wie er andererseits das Anrecht auf größeren Lebensraum mehr als bei anderen Völkern in sich schlösse. Wenn kein dem deutschen Rassekern entsprechendes politisches Ergebnis auf dem Gebiet des Raumes vorläge, so sei das eine Folge mehrhundertjähriger historischer Entwicklung und bei Fortdauer dieses politischen Zustandes die größte Gefahr für die Erhaltung des deutschen Volkstums auf seiner jetzigen Höhe. [...]

Die deutsche Zukunft sei daher ausschließlich durch die Lösung der Raumnot bedingt, eine solche Lösung könne naturgemäß nur für eine absehbare etwa 1–3 Generationen umfassende Zeit gesucht werden. [...]

Die einzige, uns vielleicht traumhaft erscheinende Abhilfe läge in der Gewinnung eines größeren Lebensraumes, ein Streben, das zu allen Zeiten die Ursache der Staatenbildung und Völkerbewegung gewesen sei. Daß dieses Streben in Genf und bei den gesättigten Staaten keinem Interesse begegne, sei erklärlich. Wenn die Sicherheit unserer Ernährungslage im Vordergrund stünde, so könne der hierfür nötige Raum nur in Europa gesucht werden, nicht aber ausgehend von liberalistisch-kapitalistischen Auffassungen in der Ausbeutung von Kolonien. [...]

Zur Lösung der deutschen Frage könne es nur den Weg der Gewalt geben, dieser niemals risikolos sein. [...]
Aus: Hofer, W., Nationalsozialismus, S. 193ff.

Arbeitsvorschläge

1. *Welche unterschiedlichen Etappen lassen sich in der Außenpolitik des NS-Staats von 1933 bis 1939 unterscheiden?*
2. *Vergleichen Sie Hitlers Geheimreden (M 38, M 39) mit offiziellen Verlautbarungen zur Außenpolitik!*

Theorien über den Faschismus

Faschismustheorien heißen unterschiedliche Interpretationsansätze, die den Aufstieg faschistischer Bewegungen in Europa nach dem Ersten Weltkrieg erklären sollen. Als wissenschaftliche Gegenposition zum marxistisch orientierten Faschismusbegriff entstanden „Totalitarismustheorien". Sie betonen die große Affinität, ja sogar Identität kommunistischer und faschistischer Diktaturen.

Neben marxistischer und „totalitärer" Lesart existieren weitere Erklärungsansätze. Stark vereinfacht lassen sie sich wie folgt darstellen: Phänomenologische Ansätze erklären den Faschismus aus seiner individuellen (geistigen wie materiellen) Erscheinungsweise (E. Nolte); sozialgeschichtliche Ansätze orientieren sich an den sozialen Hintergründen des Faschismus, z. B. der Situation des Mittelstands. Viele Untersuchungen zum Faschismus lassen sich nicht eindeutig einer theoretischen Position zurechnen oder betonen in ihrer Erklärung des Aufstiegs faschistischer Bewegungen vorrangig biographische und psychohistorische Daten.

M 40 Der klassische sowjetmarxistische Faschismusbegriff (1967)

Der Faschismus ist eine konterrevolutionäre Bewegung: die offen terroristische Diktatur der reaktionärsten, am meisten chauvinistischen und am meisten imperialistischen Gruppen des Finanzkapitals in der Periode der allgemeinen Krise des Kapitalismus. Der Faschismus entwickelte sich als politische Bewegung und ideologische Strömung, die die Klasseninteressen der reaktionärsten Kräfte der Monopolbourgeoisie zum Ausdruck brachten, von diesen Kräften entscheidend gefördert wurden, ihren Masseneinfluß jedoch hauptsächlich im Kleinbürgertum hatten. Ihrem Wesen nach ist die faschistische Diktatur Ausdruck der Unfähigkeit der Monopolbourgeoisie, ihre Politik der Ausplünderung des eigenen Volkes und der imperialistischen Expansion gegen den wachsenden Widerstand der Volksmassen mit den Mitteln der bürgerlich-parlamentarischen Demokratie durchzusetzen. Der Faschismus soll einen reaktionären Ausweg aus der Krise der monopolkapitalistischen Klassenherrschaft ermöglichen, indem er vor allem die revolutionäre Arbeiterbewegung und ihre marxistisch-leninistische Partei sowie alle anderen demokratischen Kräfte des Volkes unter Anwendung brutalster Methoden unterdrückt, das bürgerlich-parlamentarische System beseitigt und durch eine unverhüllt terroristische Staatsform ersetzt.
Aus: Kleines politisches Wörterbuch, Berlin-Ost 1967, S. 196ff.

M 41 Sozialgeschichtliche Aspekte des Faschismus

Wie man die Entstehung des Faschismus auch immer beurteilen mag, auf jeden Fall muß sie mit den ökonomischen und sozialen Wandlungen in Zusammenhang gebracht werden, welche die kapitalistische Industriegesellschaft seit Anfang des Jahrhunderts durchmachte und die ihre kritischen Höhepunkte in der ersten Nachkriegszeit und in der Weltwirtschaftskrise 1929 bis 1934 erreichten. Diese Veränderungen haben vor allem jene Schicht in einem tiefgehenden materiellen und moralischen Umwälzungsprozeß verwickelt, die am wenigsten darauf vorbereitet war: den kleinbürgerlich-bürgerlichen Mittelstand. Der Faschismus muß auf dem Hintergrund der ökonomischen und psychologischen Krisen gesehen werden, welche dieser Vorgang innerhalb des gesamten Mittelstandes hervorrief. Sein Erscheinen zeigte nicht die Kampfansage einer Klasse gegen eine andere an, er war vielmehr Ausdruck der Auseinandersetzung, welche die mittleren Schichten vorübergehend gleichzeitig gegen den Kapitalismus und gegen den Sozialismus zu führen suchte. Im Augenblick seines Entstehens war der Faschismus tendenziell sowohl antikapitalistisch wie antisozialistisch eingestellt.

Die doppelte Frontstellung ließ sich in der praktischen Politik allerdings nirgendwo aufrechterhalten; der Faschismus mußte sich für eine der beiden

Seiten entscheiden. Das konnte aber nur nach rechts sein, da eine Verständigung des Faschismus mit dem Sozialismus oder Kommunismus aus prinzipiellen Gründen ausgeschlossen war.

Aus: Schieder, W., Faschismus, in: Sowjetsystem und Demokratische Gesellschaft, Freiburg 1968, S. 439 ff.

M 42 Ernst Nolte: Die Individualität des Faschismus

Es scheint, daß sechs Charakterzüge von hervorstechender Wichtigkeit sind und in ihrer Gesamtheit genügen, die Individualität des neuen Phänomens zu kennzeichnen.

1. Der Faschismus entstand auf dem Boden der bis dahin schwersten Krise des liberalen Systems...

2. Der Faschismus war unmittelbar aus dem Kriege geboren und in seiner frühesten Erscheinungsform nichts anderes als eine Vereinigung von Kriegsteilnehmern zur Verteidigung des Sinnes dieses Krieges gegen eine weitverbreitete Verneinung... Er gab sich seine Organisation nach dem militärischen Muster...

3. Zum Bürgertum stand der Faschismus in dem merkwürdigen Verhältnis einer nichtidentischen Identität. Er machte sich zum Vorkämpfer der bürgerlichen Hauptintention: der Bekämpfung des marxistischen Revolutionsversuchs gegen die bürgerliche Gesellschaft im ganzen. Aber er unternahm diese Bekämpfung mit Methoden und mit Kräften, die den bürgerlichen Denk- und Lebenstraditionen fremd waren...

4. Der Faschismus weist eine eigentümliche Nähe zum Gegner auf. Eine ganze Anzahl seiner hervorragendsten Führer waren vor dem Kriege revolutionäre Sozialisten und Syndikalisten gewesen...

5. Der längst bekannte Nationalismus wird vom Faschismus übernommen und zu einem praktischen Höhepunkt geführt...

6. Die Tendenz zur Ideologie ist auch im frühen italienischen Faschismus schon erkennbar, obgleich er sich gern mit Emphase für untheoretisch und einen Ausdruck der reinen Aktion erklärt.

Alle diese Kennzeichen sind nicht etwa italienisch, sondern durchaus gemeineuropäisch...

Daß innerhalb desselben Typus sehr beträchtliche Unterschiede möglich waren, ist leicht einsichtig. Die Krise des liberalen Systems mochte schwerer oder oberflächlicher sein, der oberste Führer konnte nicht dem Sozialismus, sondern dem Konservativismus oder Nationalismus entstammen, die Rolle der Ideologie konnte größer sein (schwerlich geringer), der Grad der Irrationalität und das Ausmaß des Zurückstiegs in die Vergangenheit mochte bedeutender, die feindliche Entsprechung zum Marxismus konsequenter sein. Aber solange sich die Unterschiede im Rahmen der angeführten sechs Kennzeichen halten, darf die Verwendung des Allgemeinbegriffs „faschistisch“ als gerechtfertigt gelten.

Aus: Die Krise des liberalen Systems und die faschistischen Bewegungen, München 1968, S. 86 ff.

M 43 Karl Dietrich Bracher: Die totalitäre Verführung

So verschieden die Richtungen und die Erscheinungsformen „des“ Sozialismus in aller Welt sein mögen, und so gewiß sich der Nationalsozialismus als Gegenprinzip zum Marxismus verstand, so verwandt war er doch in seinen totalitären, antiliberalen Zügen und in der Tendenz, den Menschen zu organisieren und zu reglementieren, die dann in der Herrschaftspraxis des Dritten Reiches voll wirksam wurde. Gewiß ist die „linke“ Komponente dieses nationalen Sozialismus großteils im Führerabsolutismus Hitlers untergegangen; aber Ähnliches geschah auch dem revolutionären Sozialismus unter Stalin. Und die antibürgerliche Radikalität wurde im Kriegs- und Vernichtungsregime Hitlers ebenso sichtbar, wie sie auch in der extremen Schlußphase des italienischen Faschismus (Repubblica Sociale 1943–1945) wieder erschien: im Rückgriff des ehedem radikalen Sozialisten Mussolini auf die revolutionären Anfänge.

Die nivellierend egalisierenden quasi-sozialistischen Wirkungen solcher totalitären Bewegungen und Regime sind nicht zu verkennen. Wenn es sich nach Mode der alten und neuen Faschismustheorien durchsetzte, daß nur vom „deutschen Faschismus“ gesprochen wird, dann hieße dies den Begriff Nationalsozialismus nicht ernst nehmen oder ihn gar tabuisieren, weil er das für viele so positive, ja geheiligte Wort Sozialismus enthält.

Aus: Bracher, K. D., Zeitgeschichtliche Kontroversen, München 1983, S. 137 f.

Arbeitsvorschläge

1. *Stellen Sie die entscheidenden Kennzeichen der unterschiedlichen Faschismustheorien zusammen!*
2. *Untersuchen Sie, mit Hilfe welcher Theorie der Nationalsozialismus dargestellt werden kann!*
3. *Diskutieren Sie Vor- und Nachteile eines generalisierten Faschismusbegriffs!*

6 Zweiter Weltkrieg und Völkermord

Das zerstörte Frankfurt am Main, 1945.

Zeittafel

1937		Japanischer Einmarsch in China
1938	4.2.	Entlassung des Reichskriegsministers v. Blomberg: Hitler Oberbefehlshaber der Wehrmacht
	18.8.	Generalstabschef Becks Rücktritt wegen Hitlers riskanter Außenpolitik
		Otto Hahn/Fritz Straßmann/Lise Meitner entdecken Uranspaltung
1939	22.5.	„Stahlpakt“ (Militärbündnis) Deutschland–Italien
	23.8.	„Hitler-Stalin-Pakt“
	1.9.	Deutscher „Blitzkrieg“ gegen Polen beginnt
	3.9.	Englische und französische Kriegserklärung
	17.9.	Sowjetunion besetzt Ostpolen
1940	9.4.	Deutsche Besetzung Dänemarks und Norwegens (bis Juni)
	10.5.	Deutscher Überfall auf die Niederlande, Belgien, Luxemburg zur Offensive gegen Frankreich
	22.6.	Französische Kapitulation in Compiègne, „Vichy“-Frankreich (bis Nov. 1942) unter Marschall Pétain
	13.8.–17.9.	„Luftschlacht“ um England: Hitlers erste Niederlage

1941	6. 4.	Deutscher Überfall auf Jugoslawien und Griechenland
	22. 6.	Deutscher Überfall auf die Sowjetunion („Fall Barbarossa"), SS-Einsatzgruppen hinter der Front tätig
	Juli:	Predigten des Münsteraner Bischofs v. Galen gegen Euthanasie
	7. 12.	Japanischer Überfall auf Pearl Harbor (USA)
	11. 12.	Deutsche und italienische Kriegserklärungen an die USA: „Anti-Hitler-Koalition" (England, UdSSR, USA)
1942	20. 1.	Berliner „Wannsee-Konferenz" koordiniert Massenmord an den Juden („Endlösung")
	Juni:	Schlacht bei den Midway-Inseln: Kriegswende in Ostasien
	10. 6.	Deutsche Vergeltung am tschechischen Dorf Lidice für Attentat auf SS-Führer Heydrich
	7. 11.	Anglo-amerikanische Landung in Marokko und Algerien
1943	Januar:	Alliierte Konferenz von Casablanca: Roosevelt und Churchill fordern „bedingungslose Kapitulation"
	31. 1./2. 2.	Kapitulation der deutschen 6. Armee in Stalingrad
	18. 2.	Goebbels' „Sportpalast-Rede" ruft totalen Krieg aus
	19. 4.	Beginn des jüdischen Aufstands im Warschauer Ghetto
	13. 5.	Kapitulation des deutschen „Afrikakorps" in Tunesien
	25. 7.	Sturz Mussolinis nach alliierter Landung in Sizilien
	28. 11.–1. 2.	Teheraner Konferenz der „Großen Drei" Roosevelt, Churchill, Stalin legt erste Nachkriegsziele fest
1944	6. 6.	„D-day" – Alliierte Invasion in der Normandie
	10. 6.	Deutsche Vergeltung am Dorf Oradour-sur-Glane in Frankreich
	20. 7.	Stauffenbergs mißlungenes Attentat auf Hitler
	1. 8.–2. 10.	Warschauer Aufstand: Polnische „Heimat-Armee" versucht Befreiung von den Deutschen vor Ankunft der Roten Armee
	Dezember:	Letzte deutsche Offensive in den Ardennen (Belgien) – Flucht und Vertreibung aus deutschem Osten beginnen
1945	30. 4.	Hitlers Selbstmord in Berlin
	7./9. 5.	Kapitulation der Wehrmacht in Reims und Berlin-Karlshorst
	6. 8./9. 8.	Amerikanische Atombomben auf Hiroshima und Nagasaki
	2. 9.	Japanische Kapitulation in Tokio

6.1 Entfesselung des Krieges – Hitler-Stalin-Pakt und Überfall auf Polen, 1939

Mit der deutschen Besetzung der „Resttschechei" im März 1939 war Hitlers „Befriedung" durch das Münchner Abkommen offensichtlich gescheitert. Polen drohte das nächste Opfer Deutschlands zu werden, obwohl es sich an der Aufteilung der ČSR (Olsagebiet) beteiligt hatte und Hitler im Januar 1939 dem polnischen Außenminister Józef Beck ein Offensivbündnis gegen die UdSSR angeboten hatte. Warschau ging weder darauf noch auf Forderungen vom 21. März ein, Danzig mit dem Reich wiederzuvereinen und eine exterritoriale Auto- und Eisenbahn durch den Polnischen Korridor zuzulassen. Der englische Premierminister Chamberlain garantierte am 31. März zwar nicht Polens Grenzen, aber seine Unabhängigkeit. Die Einführung der Wehrpflicht in England beendete sichtbar die „Appeasement"-Politik.

Am 23. März besetzten deutsche Truppen das Memelgebiet, das Litauen 1923 annektiert hatte. Spanien unter General Franco trat am 27. März dem Antikominternpakt bei („Front von Madrid bis Yokohama“), Italien annektierte im April Albanien. Darauf garantierte England auch Polens und Rumäniens Bestand. Da sich die kommende Kriegskonstellation abzeichnete, wurden die Flügelmächte USA und UdSSR aktiv: Präsident F. D. Roosevelts (1933–45) „Quarantäne-Rede“ (5. 10. 1937) verurteilte die Aggressoren in Europa und Ostasien (japanischer Einmarsch in die Mandschurei 1931, Krieg gegen China seit 1937). Die USA glätteten ihr Verhältnis zu England (Handelsabkommen 1938), um gemeinsam einen weltweiten Konflikt gegen Japan und die „Achsenmächte“ zu bestehen. Die „Interventionisten“ um Roosevelt strebten eine globale Führungsrolle der USA auf der Basis ökonomischer Überlegenheit, militärischer Macht und demokratischer Ideale an. Doch traditionelle „Isolationisten“ im Kongreß und die meisten Wähler wollten kein erneutes Eingreifen in Europa wie 1917. Die Hauptgefahr erkannten sie in weiterer Expansion Japans im pazifischen Vorfeld. Trotz des Fehlschlags von 1938 forderte Roosevelt (15. 4. 1939) von Hitler und Mussolini, auf weitere Gewalt zu verzichten. Als Antwort kündigte Hitler das Nichtangriffsabkommen mit Polen von 1934 und das Deutsch-britische Flottenabkommen von 1935. Am 22. Mai schlossen die „Achsenmächte“ Deutschland und Italien ein Militärbündnis („Stahlpakt“).

Die Schlüsselrolle in Europa gegen Hitler fiel Stalin zu. Am meisten fürchtete er eine deutsch-britische Verständigung auf Kosten der Sowjetunion. Statt dessen wollte er die „Kapitalisten“ untereinander Krieg führen lassen und nach gegenseitiger Schwächung am Ende den größten Gewinn für die UdSSR sichern. Außerdem benötigte die sowjetische Aufrüstung noch längere Zeit. In parallelen Verhandlungen mit Deutschland und England kundete Stalin die günstigsten Bedingungen aus. Aus Mißtrauen vor seinen langfristigen Zielen in Ostmitteleuropa unterbreitete ihm Chamberlain über eine zweitrangige Delegation in Moskau ein englisch-französisches Beistandsangebot, in dem er Polens und Rumäniens Unabhängigkeit nicht aufgab, auch weil er nach Stalins „Säuberungen“ in der Roten Armee die russische Schlagkraft gegen Deutschland geringschätzte.

Hitler war zu einem höheren Preis bereit. Der Feldzugsplan gegen Polen („Fall Weiß“) war fertig, als Hitler der Wehrmachtsführung in einer Geheimbesprechung einen längeren Krieg „auf Leben und Tod“ auch mit den Westmächten ankündigte: „Danzig ist nicht das Objekt, um das es geht. Es handelt sich für uns um Arrondierung des Lebensraumes im Osten und Sicherstellung der Ernährung.“ („Schmundt-Protokoll“ 23. 5. 1939). Hitler hatte persönlich den Oberbefehl der Wehrmacht im Februar 1938 nach Reichskriegsminister v. Blombergs Entlassung übernommen und größeren Einfluß auf die Generalität gewonnen, zumal die willfährigen Generäle Keitel und Jodl im neugebildeten „Oberkommando der Wehrmacht“ (OKW) Kritik am außenpolitischen Risikokurs des „Führers“ unterbanden. Die Militärs hielten einen schnellen Sieg über Polen für möglich, doch ein längerer Krieg im Westen erforderte dringend, den Zweifrontenkrieg auch mit Rußland wie im Ersten Weltkrieg zu vermeiden.

Seit März/April 1939 kamen sich die beiden totalitären Diktatoren Hitler und Stalin näher, obwohl sich nationalsozialistische und kommunistische Ideologie und Propaganda gegenseitig als größte Feinde diffamierten. Im Juli entschied sich Japan gegen eine antisowjetische Militärallianz mit dem Deutschen Reich, so daß Hitler auf Stalins Entgegenkommen angewiesen war. Am 23. August erfuhr die erstaunte Öffentlichkeit vom deutsch-sowjetischen Nichtangriffspakt, den die Außenminister Molotow und v. Ribbentrop in Moskau unterzeichneten. Außer gegenseitigem Gewaltverzicht und wohlwollender Neutralität in Konflikten mit Drittmächten vereinbarten sie in einem „Geheimen Zusatzprotokoll“ die 4. Teilung Polens: Deutschland erhielt die polnischen Gebiete bis zu

Links: Außenminister v. Ribbentrop unterzeichnet den deutsch-russischen Nichtangriffspakt; hinter ihm Molotow (links) und Stalin. – Rechts: Karikatur von David Low im Londoner „Evening Standard" auf die Zerschlagung Polens. Hitler: „Der Abschaum der Erde, nehme ich an?" Stalin: „Der blutige Mörder der Arbeiter, wie ich vermute?"

Narew, Weichsel und San sowie Litauen, die UdSSR Ostpolen (etwa bis zur Curzon-Linie von 1919), Finnland, Estland, Lettland und Bessarabien als Interessensphären (→ M 1).

Im Gegenzug ordnete England eine Teilmobilisierung an und wies Hitlers „großzügiges Angebot" (25. 8.) strikt zurück, Juniorpartner eines Bündnisses zu werden. Der „Führer" glaubte nicht an den englischen Kriegswillen. Als Mussolini aber am gleichen Tag Italien als nicht kriegsfähig beurteilte, verschob Hitler den bereits erteilten Angriffsbefehl gegen Polen auf den 1. September 1939. Durch einen vorgetäuschten Angriff von SS-Männern in polnischen Uniformen auf den Radiosender Gleiwitz erweckte die NS-Propaganda den Eindruck einer polnischen Aggression. Ohne Kriegserklärung drang die Wehrmacht unerwartet schnell in Polen vor. England und Frankreich traten am 3. September in den Krieg ein, ohne jedoch anfangs im Westen anzugreifen. Nach Scheitern seines Vermittlungsversuchs erklärte der „Duce" Italien für „nichtkriegführend". Zum Ausbruch des Zweiten Weltkriegs gibt es keine Schulddiskussion: Hitler „entfesselte" (Hofer) bewußt und eindeutig den Krieg, auch wenn Stalins Paktschluß, Chamberlains „Appeasement" und die französische Defensivpolitik das deutsche Vorgehen im Vorfeld erleichterten.

6.2 Deutsche „Blitzkriege", 1939–1941

Der deutsche „Blitzkrieg" gegen Polen dauerte kaum fünf Wochen. Schnelle Panzerverbände durchbrachen mit Unterstützung der Luftwaffe („Sturzkampfbomber") die polnischen Linien, viele Zivilopfer der Bombardierung Warschaus erlitten die Grausamkeit moderner Kriegsführung. Doch nachdem anfangs die Erinnerung an die Opfer des Ersten Weltkriegs die meisten Deutschen tief bedrückt hatte und kaum Kriegsbegeisterung aufkam, hellten Hitlers überraschend schneller Erfolg sowie nur geringe eigene Verluste die Stimmung an der „Heimatfront" auf. Die deutsche Wirtschaft war auf keine längere Kriegsdauer eingestellt und hing von riskanten „Blitzkriegen" mit anschließender Ausplünderung der Besiegten ab. Die englische Handelsblockade zur See verschärfte die deutschen Rohstoffengpässe, besonders bei Erdöl und Metallerzen (Mangan, Chrom). Doch Lieferungen aus der Sowjetunion halfen seit dem Wirtschaftsabkommen (19. 8. 1939) aus.

Das eroberte Polen wurde geteilt: Die Abtretungen des Versailler Vertrages sowie weitere westpolnische Gebiete kamen zum „Großdeutschen Reich" und wurden durch Zwangsumsiedlung von „Volksdeutschen", meist aus dem Baltikum oder Bessarabien in den Warthegau, sowie Vertreibung von Polen „germanisiert". Hitler opferte seinen Zielen jahrhundertealte deutsche Siedlungen. In Restpolen errichtete er das „Generalgouvernement". Von der Krakauer Wawel-Burg aus herrschte dort Dr. Hans Frank, führender NS-Jurist, mit brutalem SS-Terror: Organisierte Ermordung der polnischen Führungsschicht, Zwangsarbeit von Hunderttausenden und Ausplünderung der Wirtschaft, Unterdrückung höherer Bildung, Raub von Kulturgütern, Diskriminierung und Ermordung der Juden. Junge „rassisch wertvolle" Polen mit vermuteten „deutschen Blutanteilen" kamen zur „Aufnordung", Millionen „Minderwertige" als „Fremdarbeiter" unter erbärmlichen Lebensbedingungen ins Reich. In Paris, später London bildete sich eine polnische Exilregierung unter General Sikorski mit einer Exil-Armee aus entkommenen Soldaten und einer „Heimat-Armee" („Armija Krajowa") im Untergrund.

Die SS trieb gewaltsam alle Juden in Ghettos großer polnischer Städte zusammen, deren Versorgung noch schlechter war als im übrigen Polen. Hier wurde erstmals das Tragen von gelben „Judensternen" zur Pflicht (im Reich 1941). Seit 1939 faßte das „Reichssicherheitshauptamt" (RSHA) in Berlin mit Sicherheitsdienst (SD), Gestapo und Kriminalpolizei im Reich Staats- und Parteiorgane zu einer allmächtigen Polizeibehörde unter Himmler zusammen, der außerdem „Reichskommissar für die Festigung des deutschen Volkstums" wurde und mit der „Waffen-SS" neben der Wehrmacht über eigene Kampftruppen verfügte. Die weiten Befugnisse in Polen vergrößerten noch den „SS-Staat" (Kogon) im Staate, zu dem im Krieg 22 KZ mit 165 Arbeitslagern und (1945) 700 000 Insassen sowie sechs „Vernichtungslager" (s. S. 392–394) gehörten.

Am 17. September besetzte die Sowjetunion Ostpolen, ein „Grenz- und Freundschaftsvertrag" (28. 9. 1939) legte die Demarkationslinie am Bug neu fest: Litauen fiel im Tausch gegen Lublin der UdSSR zu. Den drei baltischen Staaten aufgezwungene „Stützpunktabkommen" eröffneten 1940 Besetzung und Zwangsanschluß als Sowjetrepubliken. Überall wurden das Offizierskorps und andere Eliten ermordet oder verschleppt. In Massengräbern bei Katyn entdeckten die Deutschen 1943 über 4100 hingerichtete polnische Offiziere, deren Ermordung die sowjetische Führung und Geschichtswissenschaft bis 1989 den Deutschen zuschoben. Die UdSSR annektierte 1940 noch das rumänische Bessarabien und die Nordbukowina (Moldauische SSR), während sich Finnland im „Winterkrieg" (30. 11. 1939–12. 3. 1940) anfangs erfolgreich widersetzte und den Moskauer Frieden (Abtretung der Karelischen Landenge u. a. m.) abschloß.

Nach dem Sieg über Polen lockte Hitler den Wunschverbündeten England wieder vergeblich mit Anerkennung der britischen Überseestellung, wenn es dafür die deutsche Kontinentalhegemonie hinnahm. Der von der Generalität gefürchtete Westfeldzug war unausweichlich, für den die deutsche Rüstungsindustrie auf sichere Zufuhr schwedischen Eisenerzes über Norwegen angewiesen war. Deutsche Truppen besetzten kampflos Dänemark (9. 4. 1940) und warfen Norwegen bis Juni nieder, nur kurz vor einer britischen Intervention. Der deutsche Angriff am 10. Mai gegen die neutralen Staaten Belgien, Nie-

Die sogenannten „Blitzkriege" der deutschen Wehrmacht bis 1942.

derlande und Luxemburg öffnete den Zugang zu Frankreich. Ein Bombenangriff zerstörte Rotterdam.

Die französische Verteidigung hatte auf die starken Befestigungen der Maginot-Linie vertraut, doch die deutsche „Blitzkrieg"-Strategie glückte wie in Polen: Französische und gelandete englische Truppen wurden durch Panzerkeile zersplittert. Allerdings entkamen 350000 Soldaten bei Dünkirchen nach England. Am 14. Juni besetzten deutsche Truppen kampflos Paris, am 22. Juni kapitulierte Frankreich im Wald von Compiègne im selben Bahnwaggon, in dem die deutschen Vertreter 1918 den Waffenstillstand unterzeichnet hatten. Frankreich wurde geteilt: Deutschland besetzte den Norden und die Atlantikküste, das restliche Gebiet mit Flotte und Kolonien blieb formal eigenständig unter Marschall Pétain in Vichy (daher „Vichy-Regime"). Hitlers Erfolge machten ihn im Reich populär wie nie zuvor.

In England bildete im Mai 1940 Winston Churchill (1874–1965) eine Allparteienregierung („National Government") und setzte den Kampf gegen Hitler fort: „Ich habe nichts anzubieten als Blut, Mühsal, Tränen und Schweiß." Über den Ärmelkanal war eine deutsche Invasion (Operation „Seelöwe") nur bei See- und Luftüberlegenheit möglich. Mit verstärktem U-Boot-Krieg („Atlantikschlacht") gegen den Nachschub aus dem Empire und Amerika sowie der „Luftschlacht um England" (13. 8.–17. 9.) strebte die Wehrmacht das Ziel an. Die Überlegenheit im Luftkampf entschied für die „Royal Air Force", so daß Hitler gegen England 1940 die erste Niederlage einsteckte. Deutsche Bombenangriffe auf englische Städte gingen weiter, Coventry wurde zerstört.

Immer offener unterstützten die USA als „Arsenal der Demokratie" (Roosevelt) die britische Rüstung: Seit November 1939 galt für US-Waffenexporte das „cash and carry"-Prinzip, ab März 1941 gestattete das „Leih und Pacht"-Gesetz großzügige Kredite bis Kriegsende an England (ca. 30 Mrd. Dollar). Die US-Flotte übernahm seit 1940 Geleitschutz im Atlantik und versenkte deutsche U-Boote ohne Warnung ab September 1941. Auf einem Kriegsschiff einigten sich Roosevelt und Churchill auf ein politisches Programm, die Atlantik-Charta (14. 8. 1941): Annexionsverzicht, Selbstbestimmungsrecht der Völker, freier Welthandel und freie Schiffahrt, Vernichtung der Nazityrannei sowie ein „Leben aller Menschen frei von Furcht und Mangel".

Das militärisch schwache Italien griff im Juni 1940 das bereits geschlagene Frankreich an und öffnete den Mittelmeerraum (Libyen) für den Krieg mit England. Nach Außenminister v. Ribbentrop sollte der „Dreimächtepakt" (27. 9. 1940) nicht Defensivbündnis gegen die USA bleiben, sondern weitere Expansionsräume festlegen – für Deutschland Europa/Zentralafrika, für Italien den Mittelmeerraum/Nordostafrika, für Japan China/Ostasien. Der am Pakt nicht beteiligten UdSSR blieb der asiatische Süden (Indien/Persien) reserviert. Doch Außenminister Molotow interessierten beim Berlin-Besuch im November 1940 europäische Nahziele im sowjetischen Vorfeld mehr. In der historischen Forschung ist umstritten, ob der deutsche Vorschlag an Molotow, den „Dreimächtepakt" zu einem „Kontinentalblock" von vier Mächten zu erweitern, für Hitler eine ernsthafte Alternative oder nur zeitweilige taktische Ablenkung bedeutete.

Im Oktober 1940 scheiterte Mussolinis Angriff auf Griechenland. Den italienischen Vorstoß von Libyen aus gegen Ägypten schlugen die Briten zurück, Deutschland mußte Truppen („Afrikakorps") unter General Rommel zu Hilfe schicken. General Antonescus Staatsstreich (Sept. 1940) stellte Rumänien ins Lager der „Achsenmächte", obwohl die deutschen Verbündeten UdSSR, Ungarn und Bulgarien den Staat zuvor erheblich verkleinert hatten. Ein deutscher „Blitzkrieg" brachte im April 1941 zur Unterdrückung eines antideutschen Staatsstreichs in Belgrad Jugoslawien und Griechenland mit Hilfe Ungarns und Bulgariens unter Kontrolle zur Sicherung der rumänischen Erdölfelder. Dafür verschob Hitler den Rußlandfeldzug um sechs Wochen. Unter Ante Pavelič, Führer der radikalnationalistischen „Ustaša", wurde ein erweitertes Kroatien selbständig. Parallel zum Partisanenkrieg gegen die deutsche Besatzungsmacht tobten innerjugoslawische Bürgerkriege, die mindestens ebenso viele Opfer forderten: Ustaša-Kroaten ermordeten ca. 300 000 Serben. Serben standen in Rache-Massakern an Kroaten und Muslimen bis 1945 dem nicht nach, ferner in erbitterten Kämpfen zwischen den kommunistischen Partisanen unter Tito und royalistisch-großserbischen Tschetniks.

6.3 Deutscher Überfall auf die Sowjetunion, 1941

Trotz des Pakts von 1939 stand für Hitler der Krieg gegen die Sowjetunion als ideologisches Kernziel zur Eroberung neuen Lebensraumes im Osten vermutlich immer fest. Bereits im Sommer 1940, mitten im Kampf gegen das ungeschlagene England, kündigte er vertraulich den Ostfeldzug an. Die sowjetrussische Niederlage sollte zugleich England den „Festlandsdegen" entziehen und zu Verhandlungen zwingen. Die Weisung zur unmittelbaren Vorbereitung für den „Fall Barbarossa" erging am 18. Dezember an das OKW: So eröffnete die deutsche Seite selbst den gefürchteten Zweifrontenkrieg, um die vermeintlich schwache Sowjetunion in wenigen Monaten zu besiegen. Hitlers Pläne richteten sich schon auf den Nahen Osten und Indien.

Anders als bisher bestimmten von Beginn an weltanschauliche Ziele die Kriegsführung. Hitler sagte am 30. März 1941 vor über 200 Kommandeuren: „Es handelt sich um einen Vernichtungskampf. Wenn wir es nicht so auffassen, werden wir zwar den Feind schlagen, aber in 30 Jahren wird uns wieder der kommunistische Feind gegenüberstehen. Wir führen nicht Krieg, um den Feind zu konservieren" (Kriegstagebuch General Halder). Himmler befahl im Mai, vier „Einsatzgruppen" der SS im Rücken der Front zur „Sonderbehandlung" der sowjetischen Funktionäre, weiterer „Asiatisch-Minderwertiger", „Zigeuner" und Juden aufzustellen. Der „Kommissarbefehl" des OKW vom 6. Juni 1941 sah vor, gefangene Politkommissare der Roten Armee auszusondern und zu „erledigen", um den Bolschewismus auszurotten (→ M 3). Die Wehrmacht deckte damit trotz Protesten aus den eigenen Reihen das Mordprogramm.

Der Überfall am 22. Juni auf der ganzen Grenzlinie mit drei Vierteln der Wehrmacht kam für Stalin trotz Vorwarnungen unvorbereitet. Der rasche deutsche Vormarsch kostete die Rote Armee bis Jahresende über 3 Mio. Kriegsgefangene. Die Slowakei, Rumänien und Finnland griffen mit an, die faschistischen Verbündeten Italien und Ungarn, sogar das neutrale Spanien schickten Freiwillige zum „Kreuzzug gegen den Bolschewismus". Doch bei Wintereinbruch waren die gesteckten Ziele Moskau und Leningrad im weiten russischen Raum nicht erreicht und die sowjetische Rüstungsindustrie großenteils intakt jenseits des Urals zurückgezogen. Hitlers „Blitzkrieg" war gescheitert.

Stalins Appell an den russischen Patriotismus im „Großen Vaterländischen Krieg" mobilisierte ungeheure Kräfte (→ M 4). Ihm half die deutsche Besatzungspolitik durch brutale Behandlung der Kriegsgefangenen – von 5,7 Mio. (1941–45) kam über die Hälfte um – und der sowjetischen Völker, die zum Teil den Feind anfangs noch als Befreier vom Bolschewismus begrüßt hatten. Die unterschiedslose Behand-

Hitler, Keitel und Jodl im Führerhauptquartier, 1941.

In einem KZ für Zivilisten bei Ozaritischi umgekommene Mutter mit ihrem Kind.

lung als „Untermenschen“ vernachlässigte auch antirussische Einstellungen etwa der Balten oder Ukrainer. Die SS-Einsatzgruppen erschossen in wenigen Wochen Zigtausende von Kommunisten, Roma und Sinti („Zigeuner“), Erbkranken und besonders Juden. Meist mußten die Opfer ihre Gräber vorher selbst schaufeln. Die „minderwertigen Ostvölker“ waren als Arbeitssklaven des künftigen „Großgermanischen Reichs“ vorgesehen. Im Juni 1942 projektierte der „Generalplan Ost“ in Himmlers Auftrag die „Eindeutschung“ der Ostgebiete. Um die Siedlungsgrenze mit 8 Mio. Deutschen nach Osten zu verschieben, war zunächst der „Wille zum Kind“ beträchtlich zu steigern. Die bisherigen slawischen Bewohner (30–50 Mio.) sollten „beseitigt“ oder „ausgesiedelt“ werden. Zur Vorbereitung und rücksichtslosen wirtschaftlichen Ausbeutung entstanden 1941 die beiden Reichskommissariate Ostland (Baltikum, Weißruthenien) und Ukraine.

6.4 Holocaust – Völkermord an den europäischen Juden, 1941–1944

Die deutsche Besatzungsherrschaft richtete sich überall sofort, im Osten mit grausamster Härte, gegen die Juden. Der erste Schritt in Polen 1939 waren Massenerschießungen zusammen mit der polnischen Führungsschicht durch SS-Einsatzgruppen. Die Konzentration in Ghettos der größeren Städte begann 1940, in Warschau waren auf wenigen Quadratkilometern des alten Judenviertels an die 500000 Menschen zusammengepfercht. Ernährung, Kleidung und Heizung lagen unter minimalen Erfordernissen, dennoch galt Zwangsarbeitspflicht schon für Zehnjährige. Terror der SS verhinderte jede Gegenwehr.

Als Alternative zur Deportation der Juden in den Osten zirkulierte in hohen Reichsbehörden im Sommer 1940 der „Madagaskar-Plan“: Er sah die Umsiedlung aller Juden auf die französische Inselkolonie vor, um Europa „judenfrei“ zu machen. Doch mit Hitlers Entschluß zum Rußlandfeldzug verband sich seine „Endlösung der Judenfrage“ (Begriff erstmals bei SS-Führer Adolf Eichmann 12. 3. 1941). Flächendeckend organisierte die SS ihre „rassische Neuordnung“ durch Einsatzgruppen im Rußlandfeldzug: Erschießungskommandos folgten der vorrückenden Front. Um „effizienter“ vorzugehen, verwendeten sie auch Speziallastwagen, in denen die Opfer unter eingeleiteten Abgasen erstickten. Den Befehl zur „Endlösung“, d. h. vollständigen „Vernichtung der jüdischen Rasse in Europa“ (Hitlers Drohung im Reichstag am 30. 1. 1939), gab Hitler vermutlich selbst. Unklar ist das genaue Datum, wahrscheinlich mündlich im Juli 1941 nach Kund-

Selektion der für den Arbeitseinsatz und der für den Tod in der Gaskammer bestimmten Juden an der Rampe des Vernichtungslagers Auschwitz.

gabe seiner Absicht an Schlüsselfunktionäre seit März. Für die NS-Ideologie war die Bekämpfung des Bolschewismus, den Hitler im Juli schon für erledigt hielt, untrennbar verknüpft mit dem Ende des „Judentums". Am 31. Juli bestellte ein Erlaß Görings den SS-Führer Heydrich zum Leiter des Mordprogramms, seit Oktober durften Juden nicht mehr emigrieren – ihr Vermögen verfiel bei Deportation dem Reich.

Teils schon 1941 errichtete die SS in Polen die KZ Auschwitz-Birkenau (zugleich Arbeitslager mit Buna-Fabrik des IG Farben-Konzerns), Majdanek, Bełzec, Sobibor, Chelmno-Kulmhof, Treblinka als Vernichtungslager. Mit industriemäßiger Perfektion „kämmte" die SS Europa von Westen nach Osten durch. Die „Endlösung" sollte alle Juden Europas endgültig ausrotten. Zur Koordination berief Heydrich im Januar 1942 SS-Offiziere, Parteifunktionäre und hohe Beamte zur „Wannsee-Konferenz" nach Berlin ein. Züge deportierten Juden aus dem Westen seit Oktober 1941. Der systematische Massenmord begann 1942 (→ M 7). Als „Spediteur" organisierte der SS-Funktionär Adolf Eichmann (1962 hingerichtet in Jerusalem) per Bahn den aufwendigen Transport trotz dringende Erfordernisse bei Rüstungs- und Wirtschaftsgütern. Noch im Mai 1944 nach der deutschen Besetzung Ungarns brachte er 430 000 Juden nach Auschwitz. Dort teilte eine „Selektion an der Rampe" die herbeigeschafften Juden bzw. Roma, Sinti, Erbkranke u. a. nach ihrem Zustand zur Zwangsarbeit oder zur direkten „Sonderbehandlung" auf. In duschenähnlichen Kammern wurden die meist ahnungslosen Opfer mit Giftgas („Zyklon B") getötet, anschließend in Öfen verbrannt oder in Massengräbern verscharrt. Erste Gasversuche fanden in Auschwitz im September 1941 statt, daneben nahmen KZ-Ärzte auch „medizinische Experimente" an lebenden Menschen vor. Jüdischen Widerstand gegen die drohende Ausrottung leistete am deutlichsten der verzweifelte, aussichtslose Aufstand des Warschauer Ghettos im April/Mai 1943. Die SS machte das „Seuchensperrgebiet" in vier Wochen dem Erdboden gleich.

In Vernichtungslagern starben mindestens 3 Mio. Menschen. In Polen kamen insge-

Bewohner des Warschauer Ghettos werden von Angehörigen der Waffen-SS zusammengetrieben.

samt ca. 3 Mio. Juden um, in der Sowjetunion 2 Mio., im gesamten Europa mindestens 5,5 Mio. Die Zahlen sind unsicher, weil die SS teilweise ohne Registrierung vorging. Himmler befahl Einstellung und Spurenverwischung erst im November 1944. Namen für den einzigartigen Genozid (Völkermord) sind „Holocaust“ (griech. = Brandopfer) und „Shoah“ (hebr. = Unheil). Wieviel die Deutschen über das Schicksal der Juden wußten, ist umstritten. Viele fragten erst gar nicht nach ihrem Verbleiben, und das SS-Terrorsystem bemühte sich um Geheimhaltung, doch Zigtausende waren unmittelbar (Wach- und Bahnpersonal etc.) in das Mordsystem eingebunden. Der Wehrmachtsführung waren die Massenmorde vor ihren Augen im Osten bekannt, sie leistete sogar Unterstützung.

6.5 Ausweitung zum Weltkrieg, seit Dezember 1941

6.5.1 Japan vor dem Zweiten Weltkrieg

Die USA und England verhinderten 1921 eine japanische Vormacht auf dem chinesischen Festland und setzten im Washingtoner Abkommen 1922 gegenüber Japan ein Flottenverhältnis von 5:5:3 durch. Die Weltwirtschaftskrise 1929/30 erfaßte auch Japans Industrie und Landwirtschaft. Um sich durch Expansion von Korea in die Mandschurei einen größeren Wirtschaftsraum zu sichern, marschierte die Kwantung-Armee 1931 ein, allerdings ohne Tokioter Befehl. Die Gründung des Satellitenstaates Mandschukuo (1932) traf auf den Widerstand Chinas, des Völkerbundes und der USA. In Japan konkurrierten unter dem unangefochtenen, vermittelnden Tenno Hirohito eine liberal-gemäßigte (Minseito) und eine nationalistisch-expansionsorientierte (Seiyukai) Partei um die

Macht. Unter Führung von Militärs nahm die radikale Richtung faschistische Züge an: Extremer Nationalismus, Antiparlamentarismus, Ablehnung der „europäischen" Modernisierung, Staatssozialismus, Militarismus, Verherrlichung des Bauerntums und der traditionellen Gesellschaft (Gottkaisertum). Ihrer Gewalttätigkeit fielen in Attentaten und Militärputschversuchen hohe Politiker zum Opfer. Allerdings fehlte eine zentrale Führerfigur. Die Armee beanspruchte Unabhängigkeit gegenüber der politischen Führung, die durch häufige Regierungswechsel geschwächt war.

Der unter dem Druck des Heeres begonnene, brutale Krieg gegen China (1937) dauerte länger als erwartet. Die japanische Generalmobilmachung 1938 hob weitgehend die Grundrechte auf und unterdrückte kriegsfeindliche Opposition, das Parlament wurde vollends machtlos. Tokio rückte offiziell von der „open-door"-Handelspolitik in China ab und provozierte so amerikanische Boykottdrohungen. Der kompromißbereite Ministerpräsident Konoye suchte einen Ausgleich mit den USA, bestand aber unter innenpolitischem Druck auf der Stationierung japanischer Truppen in China. Ihn löste der konfliktwillige Kriegsminister Tojo (Oktober 1941 – Juli 1944) ab.

6.5.2 Kriegseintritt Japans und der USA, 1941

Die deutsch-japanische Zusammenarbeit (nach 1936) blieb stets geringfügig. Tokio nutzte Frankreichs Niederlage zur Besetzung Indochinas (1940/41). Hitler forderte Japan wiederholt zum südlichen Vorstoß gegen britisch-holländische Stellungen in Asien (Singapur, Niederländisch-Indien) auf und wollte Japan in einen Zweifrontenkrieg hineinziehen. Doch Tokio schloß einen Neutralitätsvertrag mit Stalin im April 1941 und entschied sich für einen Befreiungsschlag zur See gegen die USA. Roosevelts Embargo hatte Japan im Juli 1941 vom lebenswichtigen Eisen- und Ölimport aus Amerika und Niederländisch-Indien abgeschnitten. Geheimverhandlungen mit Washington über Interessengebiete in Asien („Großostasiatische Wohlstandssphäre") scheiterten im November.

Nach dem erfolgreichen Überraschungsangriff am 7. Dezember 1941 auf die US-Pazifikflotte in Pearl Harbor (Hawaii) eroberten die Japaner in „Blitzkriegen" Malaya, Hongkong, die Philippinen, Singapur, Niederländisch-Indien und US-Pazifikinseln (Guam). Deutschland und Italien erklärten den USA noch 1941 den Krieg. Seitdem brachten die USA ihr riesiges Industriepotential auf allen Schauplätzen des Zweiten Weltkrieges zur Geltung, auch die Sowjetunion erhielt Rüstungshilfe im Wert von 11 Mrd. Dollar. Der englische Außenminister Eden sondierte im Dezember 1941 beim neuen Verbündeten (seit 12. 7.) im von den Deutschen bedrohten Moskau Stalins Kriegsziele: Anerkennung der sowjetischen Westgrenze von 1941, weitere Expansion im Vorfeld, Westverschiebung Polens und Aufteilung Deutschlands. Trotz ideologischer Gegensätze schlossen Großbritannien und die USA mit der UdSSR die „Anti-Hitler-Koalition".

Hitler verbot Ende 1941 den Rückzug vor der sowjetischen Winteroffensive und übernahm persönlich den Oberbefehl des Heeres. Im Sommer 1942 gelangen zwar noch deutsche Teilerfolge in Ägypten und in Rußland (Wolga, Kaukasus), aber kein vernichtender Schlag mehr. Leningrad hielt dreijähriger Belagerung trotz schlimmster Entbehrungen stand. Im Oktober 1942 verlor General Rommel bei El Alamein die Initiative gegen die Briten unter Montgomery. Die von Stalin zur Entlastung verlangte „zweite Front" eröffneten die Anglo-Amerikaner im November, doch zunächst nur mit einer Landung in Französisch-Nordafrika, um von Süden über Italien vorzudringen. Churchills Plan einer Invasion über den Balkan stieß auf Stalins Widerspruch, da er keine Störung im sowjetischen Vorraum wollte. Die Deutschen besetzten Vichy-Frankreich.

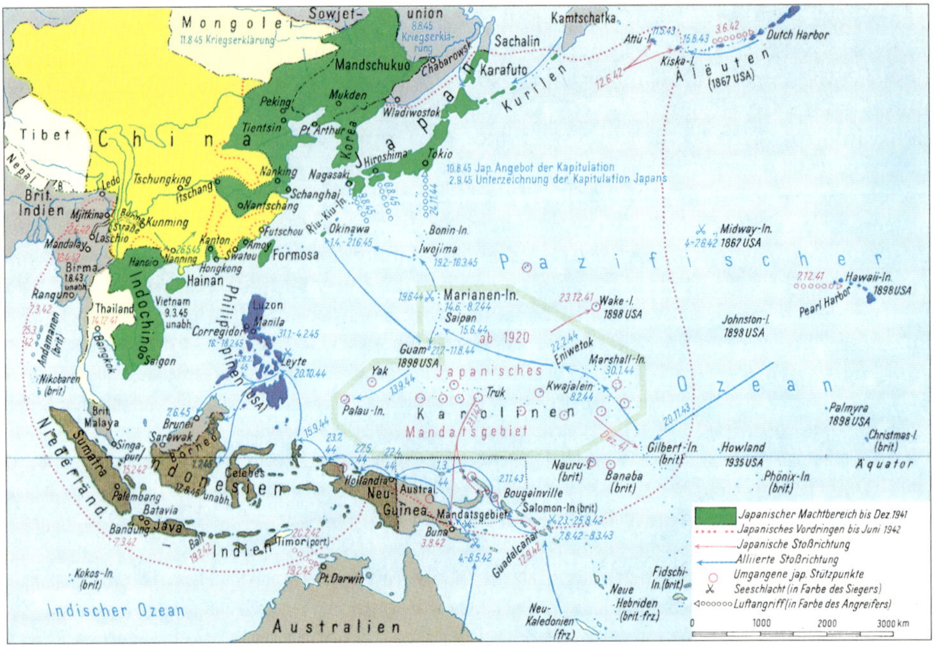

Der japanische Machtbereich 1941–1945.

Symbol der Wende wurde die Schlacht bei Stalingrad, als Anfang 1943 die deutsche 6. Armee nach Einkesselung kapitulierte. Das deutsche „Afrikakorps“ in Tunesien folgte im Mai 1943. In der „Atlantikschlacht“ versenkten die deutschen U-Boote, wegen besserer Radartechnik des alliierten Geleitschutzes, immer weniger Einheiten bei hohen eigenen Verlusten. Auf der Konferenz von Casablanca (Jan. 1943) legten Roosevelt und Churchill ihre Forderung fest, die Achsenmächte und Japan müßten bedingungslos kapitulieren („Unconditional Surrender“). Zur ersten Konferenz der „Großen Drei“ in Teheran (28. 11.–1. 12. 1943) kam Stalin hinzu, um erste Vereinbarungen für die Nachkriegsordnung zu treffen: Anerkennung der Curzon-Linie mit Annexion von Nordostpreußen, Westverschiebung Polens bis zur Oder, Teilung Deutschlands.

6.6 „Totaler Krieg“ in Deutschland, 1943–1945

Nach der Katastrophe von Stalingrad stärkte die NS-Propaganda den Durchhaltewillen an der „Heimatfront“. Zunehmende Flächenbombardierungen deutscher Städte (z. B. Zerstörung Kölns Mai 1942 oder Hamburgs Juli/Aug. 1943) durch englisch-amerikanische Luftflotten, denen die deutsche Luftabwehr kaum etwas entgegensetzen konnte, machten den baldigen „Endsieg“ immer fragwürdiger, stärkten jedoch den Widerstandswillen. Demagogisch geschickt rief Propagandaminister Goebbels im Berliner Sportpalast den „totalen Krieg“ aus, den ausgesuchte Zuhörer, darunter Ausgebombte, Kriegsinvaliden und Frauen, noch frenetisch bejubelten (18. 2.). Den „Führer“ sahen die Deutschen nicht mehr, zur Schaltstelle der Macht stieg seit 1941 der Reichsleiter der NSDAP, der „Sekretär des Führers“, Martin Bormann auf.

Die Ernährungslage im Reich blieb bis 1944 auf Kosten der besetzten Gebiete stabil. Die Minister für Bewaffnung und Munition Todt (1940–42) und besonders Speer (bis 1945) steigerten die Waffenproduktion noch bis Ende 1944. Kriegsgefangene und Zwangsarbeiter aus den KZ gehörten zum riesigen, teils unterirdischen Fabriksystem, das Staat und Privatindustrie unterhielten. Die Großindustrie war eine „tragende Säule des Dritten Reiches“ (Volkmann) auch im Weltkrieg: In loyaler Erfüllung der staatlichen Rüstungsbedürfnisse nutzte sie ihren Spielraum für privatwirtschaftliche Vorteile. Entgegen der NS-Mittelstandsideologie wuchs ihr Anteil an der Produktion. Besonders der Aufbau eines europäischen Großwirtschaftsraums unter deutscher Führung lag im gemeinsamen Interesse. Die Wirtschaft der eroberten Gebiete nahmen meist deutsche Gesellschaften unter Kontrolle, in Rußland organisierten private „Ostmonopolgesellschaften“ die Produktion von Eisen, Kohle und Chemie. Staatliche Vollmachten gingen „treuhänderisch“ an die Großindustrie.

Um alle Reserven auszuschöpfen, wurden seit Anfang 1943 deutsche Männer (16–65 Jahre) und Frauen (17–45 Jahre) für „Aufgaben der Reichsverteidigung“ erfaßt. Die tägliche Arbeitszeit stieg in der Regel auf 10 Stunden, die Belastung arbeitender Frauen wuchs durch die schwierigere Haushaltsführung und den Bombenkrieg. Trotz Appellen an die „Opferbereitschaft“ häuften sich Fehlzeiten und Verweigerungen, Damen aus „besseren Kreisen“ entzogen sich fast immer der Arbeitspflicht. Im Widerspruch zur Mutterideologie zog der NS-Staat auch mehr Frauen zu traditionellen Männerberufen heran, selbst für militärische Funktionen („Blitzmädel“ im Fernmeldeverkehr, Flakhelferin), doch die NS-Gauleiter verhinderten 1943 ihren Einsatz in der Rüstungsproduktion – anders als im Ersten Weltkrieg. So stieg die Beschäftigungszahl von Frauen kaum über den Vorkriegsstand. Im Vergleich zu England setzte das NS-System aus Rücksicht auf seine Ideologie und die Stimmung der Arbeiterschaft den „totalen Krieg“ weniger konsequent durch. Bombenkrieg, Fluchtbewegungen und Versorgungsmängel ebneten zum Kriegsende traditionelle soziale Unterschiede ein.

Unter dem „Generalbevollmächtigten für den Arbeitseinsatz“ Sauckel waren Ende 1944 7,6 Mio. (mit Kriegsgefangenen) ausländische „Fremdarbeiter“ tätig, von denen nur wenige freiwillig gekommen waren. Der Frauenanteil lag bei 30 % der Zivilarbeiter und mehr. Ihre Behandlung war differenziert nach Herkunftsländern: „Es war wie eine Treppe: ganz unten die Russen, dann die Polen, und oben standen die Arbeiter aus den Westgebieten. ... So gab man z. B. den Westarbeitern Bettücher, um sichtbar zu machen, daß man uns noch als Menschen behandelte. Die Ostarbeiter hatten dagegen nur Stroh und eine Decke, sie galten als Untermenschen.“ (Luce D'Eramo, italienische Schriftstellerin, zit. n. Westenrieder, „Deutsche Frauen und Mädchen!“, S. 108 f.)

Neuartige „Wunderwaffen“ sollten die

Überlebende eines Luftangriffs auf Mannheim.

Kriegswende bringen: In Peenemünde entwickelte Wernher v. Braun unbemannte Raketenwaffen zum Einsatz gegen England ab 1944 (V1, V2). Erste Düsenflugzeuge erzielten noch Überraschungserfolge. Atomwaffen waren nach Otto Hahns Uranspaltung und ihrer Erklärung durch Lise Meitner 1939 möglich, aber die aufwendigen Produktionsanlagen hätten die deutsche Rüstungsplanung überfordert. Auch zögerten deutsche Atomphysiker wie Werner Heisenberg, Hitler die Waffe zur Verfügung zu stellen. Die USA wendeten im „Manhattan District Project" 2 Mrd. Dollar auf und beschäftigten Tausende von Wissenschaftlern unter Robert Oppenheimer, um nach der ersten Zündung am 16. Juli 1945 in der Wüste von New Mexico als einzige Nation über die Atombombe zu verfügen.

6.7 Europäischer und deutscher Widerstand

In allen besetzten Gebieten von Norwegen bis Griechenland bildeten sich Widerstandsgruppen gegen die Deutschen, verstärkt seit 1943. In Rußland fügte ihnen hinter der Ostfront ein erbitterter Partisanenkrieg schwere Verluste zu. Nichtkommunistische Bewegungen arbeiteten häufig früh mit Exilorganisationen oder -regierungen ihrer Länder (meist in London) zusammen und erhielten englische Hilfe für Anschläge und Sabotage an Versorgungseinrichtungen. General Charles de Gaulle (1890–1970) organisierte seit 1940 als „Führer des freien Frankreich" den französischen Widerstand *(Résistance)*. Die Untergrundkämpfer (*Maquis* = frz. Buschwald) genossen die Unterstützung im Volk. Auslöser war häufig Solidarität mit Opfern deutscher Verschleppungen, den Zwangsarbeitern oder Juden. So rettete das dänische Volk fast alle jüdischen Bürger ins sichere Schweden. In einem Amsterdamer Haus hielt sich die Familie des jüdischen Mädchens Anne Frank über zwei Jahre bis 1944 verborgen, weil Niederländer ihr halfen. Nach ihrer Verhaftung starb Anne Frank im KZ Bergen-Belsen 1945.

Als Abschreckung griffen die Deutschen zu Massenhinrichtungen willkürlich zusammengestellter Geiseln: Im französischen Dorf Oradour ermordete die SS 1944 alle Einwohner, im tschechischen Lidice 1942 die Männer über 16 als Strafe für das gelungene Attentat auf den SS-Führer Heydrich und verschleppte Frauen und Kinder. In den Ardeatinischen Gräben bei Rom starben 335 Geiseln für 33 getötete deutsche Soldaten (1944). Daneben fand sich häufig aus Opportunismus und Sympathie mit Hitlers Antibolschewismus Kollaboration (Zusammenarbeit), deren Prototyp der Ministerpräsident Norwegens, Vidkum Quisling, war. Faschistische Bewegungen blieben aber überall eine kleine Minderheit: Mit geringem Erfolg riefen sie wie die SS Freiwillige zum „europäischen Kreuzzug" gegen den Kommunismus.

Kommunistische Gruppen beteiligten sich am Widerstand meist erst seit 1941. Wegen besonderer Aktivität beanspruchten sie oft eine führende Stellung, doch nur in Ostmitteleuropa setzten sie sich mit Gewalt durch. Die polnische Exilregierung verfügte über eine „Heimatarmee" im Untergrund („AK"), die 1944 unmittelbar vor dem sowjetischen Einmarsch sechs Wochen den Warschauer Aufstand vergeblich gegen die Deutschen wagte. Die Russen halfen den Aufständischen keineswegs, sondern ließen sie verbluten, um nationalistische Ansprüche im Keime zu ersticken. Generell wurde die AK als antisowjetisch verfolgt. In Jugoslawien kämpften die serbisch-nationalistischen Tschetniks (četa = Bande) unter Mihailovič gegen kommunistische Partisanen aus allen Landesteilen unter dem Kroaten Josip Broz, genannt „Tito". Ihm gelang schließlich 1944 die Befreiung Jugoslawiens aus eigener Kraft, ohne die Rote Armee.

 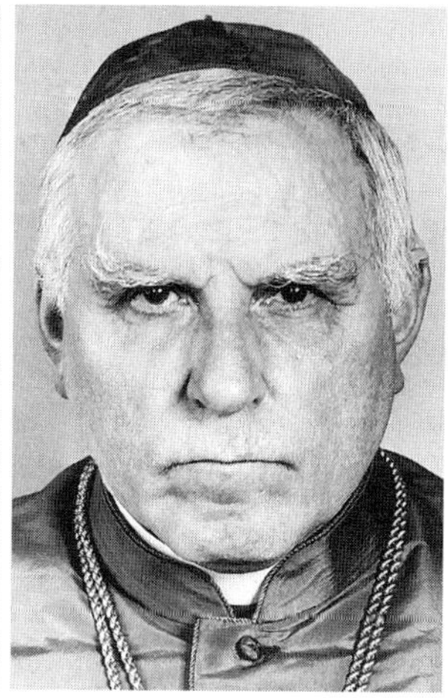

Links: Die Münchener Studenten Hans und Sophie Scholl und ihr Freund Christoph Probst (von links). – Rechts: Der Münsterer Bischof Graf von Galen, 1941.

Im Vergleich dazu blieben antifaschistische Aktionen bis zum Kriegsende in allen sozialen Gruppen Deutschlands gering. Organisierter Widerstand von Kirchen oder Parteien im Untergrund stieß rasch an Grenzen im Spitzel- und Terrorsystem.

Beide große Kirchen protestierten gegen die „Euthanasie" (Gnadentod) von ca. 120 000 Geisteskranken als „lebensunwert", darunter der „Löwe von Münster", Bischof Clemens A. Graf von Galen, in seinen Predigten im Sommer 1941 (→ M 10b). Nach Hitlers schriftlicher Ermächtigung vom Oktober 1939 mordeten die Ärzte der „Aktion T4" 1940/41 in insgesamt sechs deutschen Tötungsanstalten auch erstmals mit Gas. Nach erzwungener Unterbrechung (Aug. 1941) setzten sie das Programm unter besserer Tarnung vermindert fort.

Eine breitere Oppositionsgruppe des Militärs wollte schon seit 1938 von der NS-Ideologie zu einer traditionellen Großmachtpolitik zurück. Moralische Skrupel wegen der vielen Verbrechen im deutschen Namen kamen hinzu. Putschpläne jedoch hatten keine Aussicht auf Gelingen, solange Hitler stets nur Erfolge hatte. Ein Attentat auf den „Führer" war lange ohne Rückhalt im Volk, und England verweigerte mißtrauisch Zusagen auf einen großzügigen Frieden nach einem „preußisch-reaktionären" Staatsstreich.

Widerstand von Soldaten galt vielen einfach als ehrloser Landesverrat. Dennoch lieferten deutsche Offiziere (Oberst Oster 1939/40) Nachrichten an die Westmächte, aber auch an die UdSSR über die z. T. kommunistische „Rote Kapelle" (Gestapo-Name) um Arvid Harnack und Harro Schulze-Boysen in Berlin. Nach Aufdeckung 1942 wurden 75 Beteiligte hingerichtet, darunter 19 Frauen.

Erst mit der absehbaren Katastrophe wollten einzelne Offiziere eine Aktion um jeden Preis. Wenige nationalkonservative Politiker (Carl F. Goerdeler) und Generäle (der 1938 zurückgetretene Generalstabschef Ludwig Beck), jüngere idealistische Offiziere (Claus Graf Schenk v. Stauffenberg) und der „Kreisauer Kreis" standen untereinander in lockerer Verbindung. Um den OKW-Völkerrechtssachverständigen Helmuth J. Graf v. Moltke trafen hier engagierte Adlige, Geistliche beider Konfessionen, Politiker verschiedener Lager bis zu führenden Sozialdemokraten wie Julius Leber und Gewerkschaftler zusammen, auch um über die Zeit „danach" nachzudenken: Beck sollte Reichspräsident, Goerdeler Kanzler und Leber Innenminister werden (→ M 11). Lebers Verhaftung Anfang Juli 1944

Hitler und Mussolini nach dem Attentat im Führerhauptquartier „Wolfsschanze".

zwang zum Handeln: Am 20. Juli legte Stauffenberg eine Bombe im ostpreußischen Führerhauptquartier. Doch Hitler überlebte nur leicht verwundet. 7000 Verhaftungen und Hunderte von Hinrichtungen legten das gesamte Verschwörungsnetz lahm. Schon als das Überleben Hitlers noch unklar war, schlossen sich nur wenige Verantwortliche der Wehrmacht dem Putsch an, die deutsche Bevölkerung blieb ruhig.

Um so wichtiger für die Selbstachtung nach 1945 wurden mutige Einzelaktionen junger Deutscher. Besonders die Münchner Studentengruppe „Weiße Rose" um die Geschwister Sophie und Hans Scholl, mit Wirkungen bis Österreich und Hamburg, fand Bewunderung. Sie kamen aus „bürgerlichen" Familien und handelten aus christlich-humanen Motiven. Im Februar 1943 verriet ein Universitätshausmeister ihre Flugblattaktion, der Volksgerichtshof verurteilte sie als „verworfene Subjekte" zum Tode. Weniger ins Geschichtsbewußtsein drang die Opposition von Arbeiterjugendlichen seit etwa 1942 im Rhein-Ruhrgebiet gegen die Hitlerjugend bis zum politischen Widerstand im Untergrund. Zahlreiche Kölner „Edelweißpiraten" (nach ihrem Abzeichen unterm Jackenaufschlag) wurden teilweise ohne Urteil hingerichtet.

6.8 Niederlage der „Achsenmächte" und Japans, 1943–1945

Nach der Landung der Alliierten auf Sizilien (10. 7. 1943) brach Mussolinis Herrschaft durch Staatsstreich schnell zusammen: Der König ernannte Marschall Badoglio zum Regierungschef (25. 7.). Den inhaftierten Duce befreiten deutsche Fallschirmjäger wieder, doch Italien wechselte die Seiten. Deutsche Truppen besetzten rasch den größten Teil, um den Vormarsch der Alliierten aufzuhalten, und Mussolini gründete in Norditalien eine faschistische Republik mit Sitz in Salò (15. 9.). Die Rote Armee wurde an der Ostfront zunehmend überlegen und trieb die Deutschen verlustreich zurück. Stalin verdächtigte die Amerikaner und Briten, nicht energisch genug vom Westen her anzugreifen, damit die Russen den höheren Blutzoll zahlten. Am 6. Juni 1944 *„D-Day“* begann die lange erwartete Invasion in der Normandie: Schnell gelangen US-Kommandeur Eisenhower umfangreiche Geländegewinne.

Weitere deutsche Verbündete fielen aus. Die Wehrmacht besetzte Ungarn (März 1944). Rumänien (August) und Bulgarien (September) wechselten nach sowjetischer Besetzung

Der Zusammenbruch des Deutschen Reiches, 1945.

zu den Alliierten über, Finnland schloß einen Waffenstillstand mit der UdSSR. Im Oktober erreichten die Russen Ostpreußen, die Amerikaner Aachen.

Trotz nationalsozialistischer Durchhalteparolen floh im Osten die deutsche Bevölkerung vor der Front, etwa eine Million kam im harten Winter 1944/45 um. Gewalttätigkeiten vieler russischer Soldaten verbreiteten panische Furcht. Zuletzt sah die Wehrmacht den Sinn weiterer Kämpfe vor allem im Schutz der Flüchtlingstrecks Richtung Westen zu Lande oder über die Ostsee. Die letzte deutsche Großoffensive aber richtete sich im Dezember 1944 gegen die Westfront in den Ardennen. Als Motiv vermutet die historische Forschung die illusorische Hoffnung Hitlers, die Westmächte aus Angst vor hohen Verlusten auf deutschem Boden noch zum Ausscheiden aus der „Anti-Hitler-Koalition" zu bewegen, um die Deutschen gegen den russischen Bolschewismus zu unterstützen.

1945 rückten die Alliierten überall vor. Die Russen schlossen Berlin ein und trafen mit den Amerikanern bei Torgau an der Elbe (25. 4.) zusammen. Luftangriffe auf deutsche Städte voller Flüchtlinge (mind. 30 000 Tote in Dresden im Febr. 1945) zermürbten letzten Widerstand. Der „Führer" schwankte zwischen letzter Hoffnung, die ihm Roosevelts Tod (12. 4.) einflößte, und Resignation, dem „stärkeren Ostvolk" gehöre ausschließlich die Zukunft. Im März befahl er, beim Rückzug alle Industrie- und Versorgungsanlagen zu zerstören („Nero-Befehl"), und verstieß im April Göring (Selbstmord in der Nürnberger Haft 1946) und Himmler (Selbstmord 23. 5. 1945) aus der NSDAP und allen Ämtern, als sie eigenständig Kontakte zu den Westmächten suchten. Mussolini wurde beim Fluchtversuch in die Schweiz von italienischen Partisanen erschossen (28. 4.). Am 30. April verübte Hitler Selbstmord, nachdem er im Testament Großadmiral Dönitz zum Nachfolger als Reichspräsident und Goebbels (Selbstmord 1. 5.) als Reichskanzler ernannt hatte. Von Flensburg aus leitete die Regierung Dönitz die bedingungslose Kapitulation ein, die am 8. Mai wirksam wurde.

Im Krieg gegen Japan gewannen die USA mit der See-Luft-Schlacht bei den Midway-Inseln (Juni 1942) die Initiative. Japanische Bündnisse mit asiatischen Nationalbewegungen (z. B. Thailands, Indiens) gegen europäische Kolonialherrschaft scheiterten an der eigenen imperialistischen Praxis und rassistischen Behandlung anderer Asiaten. Die Amerikaner unter General MacArthur trieben den Gegner schrittweise zurück („Inselspringen"), hielten sich aber an die alliierte Vereinbarung „Germany first". Anfang 1945 erreichten sie das japanische Mutterland (Iwojima, Okinawa), fürchteten aber noch hohe eigene Opfer. Auf ihren Wunsch erklärte die Sowjetunion am 8. August 1945 Japan den Krieg und begründete so ihren Anspruch auf Einfluß in Asien (Annexion der Kurilen, Besetzung der Mandschurei und Nordkoreas). Die USA warfen am 6. und 9. August über den Städten Hiroshima (92 000 Tote) und Nagasaki (40 000 Tote) zwei Atombomben ab, um die japanische Kapitulation zu beschleunigen und eigene Verluste zu vermeiden. Tenno Hirohito selbst befahl Waffenruhe für den 16. August. Japanische Vertreter unterzeichneten die bedingungslose Kapitulation am 2. September 1945 auf einem US-Schlachtschiff in der Tokioter Bucht.

Über 55 Mio. Tote kostete der Zweite Weltkrieg, davon über die Hälfte Zivilisten. Historisch einzigartig bleibt der organisierte Massenmord an Millionen Juden aus rassenideologischen Motiven, symbolhaft verbunden mit dem Namen Auschwitz.

M 1 Deutschland und die Sowjetunion

Deutsch-sowjetischer Nichtangriffspakt (23. 8. 1939). Im Bereich des ehemaligen Ostblocks leugneten Regierung und Geschichtswissenschaft die Existenz des Geheimen Zusatzprotokolls bis zur „Wende“ 1989/90: Westliche Veröffentlichungen seien Fälschungen, die russische Ausfertigung wurde in Moskau strengstens geheimgehalten:

... Artikel I. Die beiden Vertragschließenden Teile verpflichten sich, sich jeden Gewaltakts, jeder aggressiven Handlung und jedes Angriffs gegeneinander, und zwar sowohl einzeln als auch gemeinsam mit anderen Mächten, zu enthalten.

Artikel II. Falls einer der Vertragschließenden Teile Gegenstand kriegerischer Handlungen seitens einer dritten Macht werden sollte, wird der andere Vertragschließende Teil in keiner Form diese dritte Macht unterstützen.

Artikel III. Die Regierungen der beiden Vertragschließenden Teile werden künftig fortlaufend zwecks Konsultation in Fühlung miteinander bleiben, um sich gegenseitig über Fragen zu informieren, die ihre gemeinsamen Interessen berühren.

Artikel IV. Keiner der beiden Vertragschließenden Teile wird sich an irgendeiner Mächtegruppierung beteiligen, die sich mittelbar oder unmittelbar gegen den anderen Teil richtet...

Artikel VI. Der gegenwärtige Vertrag wird auf die Dauer von 10 Jahren abgeschlossen mit der Maßgabe, daß, soweit nicht einer der Vertragschließenden Teile ihn ein Jahr vor Ablauf dieser Frist kündigt, die Dauer der Wirksamkeit dieses Vertrages automatisch für weitere fünf Jahre als verlängert gilt.

Artikel VII... Der Vertrag tritt sofort mit seiner Unterzeichnung in Kraft...

Geheimes Zusatzprotokoll

Aus Anlaß der Unterzeichnung des Nichtangriffsvertrages zwischen dem Deutschen Reich und der Union der Sozialistischen Sowjetrepubliken haben die unterzeichneten Bevollmächtigten der beiden Teile in streng vertraulicher Aussprache die Frage der Abgrenzung der beiderseitigen Interessensphären in Osteuropa erörtert. Diese Aussprache hat zu folgendem Ergebnis geführt.

1. Für den Fall einer territorial-politischen Umgestaltung in den zu den baltischen Staaten (Finnland, Estland, Lettland, Litauen) gehörenden Gebieten bildet die nördliche Grenze Litauens zugleich die Grenze der Interessensphären Deutschlands und der UdSSR. Hierbei wird das Interesse Litauens am Wilnaer Gebiet beiderseits anerkannt.

2. Für den Fall einer territorial-politischen Umgestaltung der zum polnischen Staate gehörenden Gebiete werden die Interessensphären Deutschlands und der UdSSR ungefähr durch die Linie der Flüsse Narew, Weichsel und San abgegrenzt.

Die Frage, ob die beiderseitigen Interessen die Erhaltung eines unabhängigen polnischen Staates erwünscht erscheinen lassen und wie dieser Staat abzugrenzen wäre, kann endgültig erst im Laufe der weiteren politischen Entwicklung geklärt werden.

In jedem Falle werden beide Regierungen diese Frage im Wege einer freundschaftlichen Verständigung lösen.

3. Hinsichtlich des Südostens Europas wird von sowjetischer Seite das Interesse an Bessarabien betont. Von deutscher Seite wird das völlige politische Desinteressement an diesen Gebieten erklärt.

4. Dieses Protokoll wird von beiden Seiten streng geheim behandelt werden.

Aus: Hofer, W., Die Entfesselung des Zweiten Weltkriegs, Frankfurt/M. 1960, S. 97 f., 102 f.

M 2 „Rußland ist Englands Hoffnung“

Ausführungen Hitlers in einer Konferenz auf dem Berghof am 31. Juli 1940. Aus dem Kriegstagebuch des Chefs des Generalstabs, Generaloberst Halder:

[...] Englands Hoffnung ist Rußland und Amerika. Wenn Hoffnung auf Rußland wegfällt, fällt auch Amerika weg, weil Wegfall Rußlands eine Aufwertung Japans in Ostasien in ungeheurem Maß folgt. [...]

Rußland Faktor, auf den England am meisten setzt. Irgend etwas ist in London geschehen! Die Engländer waren schon ganz down, nun sind sie wieder aufgerichtet. Abgehörte Gespräche. Rußland unangenehm berührt von schneller Entwicklung der westeuropäischen Lage.

Rußland braucht England nic mehr zu sagen, als daß es Deutschland nicht groß haben will, dann hofft England wie ein Ertrinkender, daß in 6–8 Monaten die Sache ganz anders sein wird. Ist aber Rußland zerschlagen, dann ist Englands letzte Hoffnung getilgt. Der Herr Europas und des Balkans ist dann Deutschland.

Entschluß: Im Zuge dieser Auseinandersetzung muß Rußland erledigt werden. Frühjahr 1941. Je schneller wir Rußland zerschlagen, um so besser. Operation hat nur Sinn, wenn wir Staat in einem Zug schwer zerschlagen. Gewisser Raumgewinn allein genügt nicht. Stillstehen im Winter bedenklich.

Daher besser warten, aber bestimmter Entschluß, Rußland zu erledigen. Notwendig auch wegen Lage an der Ostsee. 2. Groß-Staat [Rußland] an Ostsee nicht brauchbar.

[Beginn des Feldzuges:] Mai 1941. 5 Monate Zeit zur Durchführung.

Ziel: Vernichtung der Lebenskraft Rußlands...

Später: Ukraine, Weißrußland, Baltische Staaten an uns. Finnland bis ans Weiße Meer [...]

Aus: Halder, Franz, Kriegstagebuch, Bd. 2, Stuttgart 1963, S. 49f.

M 3 „Kommissarbefehl" (6. Juni 1941)

Das Oberkommando der Wehrmacht gab „Richtlinien für die Behandlung politischer Kommissare" der Roten Armee bekannt:

Im Kampf gegen den Bolschewismus ist mit einem Verhalten des Feindes nach den Grundsätzen der Menschlichkeit oder des Völkerrechts nicht zu rechnen. Insbesondere ist von den politischen Kommissaren[1] aller Art als den eigentlichen Trägern des Widerstandes eine haßerfüllte grausame und unmenschliche Behandlung unserer Gefangenen zu erwarten. Die Truppe muß sich bewußt sein:

1. In diesem Kampf ist Schonung und völkerrechtliche Rücksichtnahme diesen Elementen gegenüber falsch. Sie sind eine Gefahr für die eigene Sicherheit und die schnelle Befriedung der eroberten Gebiete.

2. Die Urheber barbarisch asiatischer Kampfmethoden sind die politischen Kommissare. Gegen diese muß daher sofort und ohne weiteres mit aller Schärfe vorgegangen werden. Sie sind daher, wenn im Kampf oder Widerstand ergriffen, grundsätzlich sofort mit der Waffe zu erledigen...

[1] Politische Kommissare der Roten Armee kontrollierten die politische Zuverlässigkeit der Truppe und waren selbst Soldaten in Uniform.

Aus: Buchheim, H./Broszat, M./Jacobsen, H.A./Krausnick, H., Anatomie des SS-Staates, Bd. 2, München 1967, S. 189

M 4 Stalins Aufruf zum „Vaterländischen Krieg"

Aus Stalins Rundfunkrede vom 3. Juli 1941:

Genossen! Bürger! Brüder und Schwestern! Kämpfer unserer Armee und Flotte! An Euch wende ich mich, meine Freunde!

Der von Hitlerdeutschland am 22. Juni begonnene militärische Überfall auf unsere Heimat dauert an. Trotz des heldenhaften Widerstands der Roten Armee [...] setzt der Feind, der neue Kräfte an die Front wirft, sein Vordringen weiter fort. Es ist den Hitlertruppen gelungen, Litauen, einen beträchtlichen Teil Lettlands, den westlichen Teil Weißrußlands, einen Teil der Westukraine zu besetzen. Die faschistische Luftwaffe erweitert den Tätigkeitsbereich ihrer Bombenflugzeuge und bombardiert Murmansk, Orscha, Mogilew, Smolensk, Kiew, Odessa, Sewastopol. Über unsere Heimat ist eine ernste Gefahr heraufgezogen [...]

Den Krieg gegen das faschistische Deutschland darf man nicht als gewöhnlichen Krieg betrachten. Er ist nicht nur ein Krieg zwischen zwei Armeen. Er ist zugleich der große Krieg des ganzen Sowjetvolkes gegen die faschistischen deutschen Truppen. Dieser Vaterländische Volkskrieg gegen die faschistischen Unterdrücker hat nicht nur das Ziel, die über unser Land heraufgezogene Gefahr zu beseitigen, sondern auch allen Völkern Europas zu helfen, die unter dem Joch des deutschen Faschismus stöhnen. In diesem Befreiungskrieg werden wir nicht allein dastehen. In diesem großen Krieg werden wir treue Verbündete an den Völkern Europas und Amerikas haben, darunter auch am deutschen Volk, das von den faschistischen Machthabern versklavt ist. Unser Krieg für die Freiheit unseres Vaterlandes wird verschmelzen mit dem Kampf der Völker Europas und Amerikas für ihre Unabhängigkeit, für die demokratischen Freiheiten. Das wird die Einheitsfront der Völker, die für die Freiheit, gegen die Versklavung und die drohende Unterjochung durch die faschistischen Armeen Hitlers eintreten [...]

Genossen! Unsere Kräfte sind unermeßlich. Der frechgewordene Feind wird sich bald davon überzeugen müssen. Zusammen mit der Roten Armee erheben sich Tausende und aber Tausende der Arbeiter, Kollektivbauern und der Intelligenz zum Krieg gegen den Feind, der uns überfallen hat. Erheben werden sich die Millionenmassen unseres Volkes. Die Werktätigen von Moskau und Leningrad sind schon dazu übergegangen, eine vieltausendköpfige Volkswehr zur Unterstützung der Roten Armee zu schaffen. In jeder Stadt, der die Gefahr eines feindlichen Überfalls droht, müssen wir eine derartige Volkswehr schaffen, müssen wir alle Werktätigen zum Kampf mobilisieren, um in unserem Vaterländischen Krieg gegen den deutschen Faschismus unsere Freiheit, unsere Ehre, unsere Heimat unter Einsatz unseres Lebens zu verteidigen [...] Alle unsere Kräfte – für die Unterstützung unserer heldenhaften Roten Armee, unserer ruhmvollen Roten Flotte!

Alle Kräfte des Volkes – für die Zerschmetterung des Feindes! Vorwärts zu unserem Sieg!

Aus: Jacobsen, H.A., 1939–1945. Der Zweite Weltkrieg in Chronik und Dokumenten, Darmstadt 1961, S. 253f.

M 5 Deutsche Herrschaft im Osten

Hitler bei einer Ministerbesprechung am 16. Juli 1941:

Grundsätzlich kommt es also darauf an, den riesenhaften Kuchen handgerecht zu zerlegen, damit wir ihn erstens beherrschen, zweitens verwalten und drittens ausbeuten können. Die Russen haben jetzt Befehl zum Partisanenkrieg hinter unserer Front gegeben. Dieser Partisanenkrieg hat auch wieder seinen Vorteil: Er gibt uns die Möglichkeit, auszurotten, was sich gegen uns stellt.

Grundsätzliches: Die Bildung einer militärischen Macht westlich des Ural darf nie wieder in Frage kommen, und wenn wir hundert Jahre darüber Krieg führen müßten. Alle Nachfolger des Führers müssen wissen: Die Sicherheit des Reiches ist nur dann gegeben, wenn westlich des Ural kein fremdes Militär existiert; den Schutz dieses Raumes vor eventuellen Gefahren übernimmt Deutschland. Eiserner Grundsatz muß sein und bleiben: Nie darf erlaubt werden, daß ein anderer Waffen trägt als der Deutsche! [...]

Aus den neugewonnenen Ostgebieten müssen wir einen Garten Eden machen; sie sind für uns lebenswichtig; Kolonien spielen dagegen eine ganz untergeordnete Rolle [...]

Aus: Nolte, H.-H.: Der deutsche Überfall auf die Sowjetunion, Hannover 1991, S. 113f.

NS-Verbrechen in Osteuropa

M 6 Deutsche Besatzungsherrschaft in Polen

Aus Staatssekretär Dr. Bühlers Rechenschaftsbericht „4 Jahre Generalgouvernement" (Krakauer Regierungssitzung 26. 10. 1943):

Was das Generalgouvernement an konkreten Leistungen für das Reich, vor allem für die Wehrmacht des Reiches erbracht hat, ist gewaltig [...]

a) An der Spitze stehen hier die Leistungen der Ernährungs- und Landwirtschaft. [...]

1940/41 an das Reich geliefert:
121 000 t Kartoffeln
4 500 t Zucker
7 610 t Vieh
800 t Fette

1941/42
53 000 t Getreide
134 000 t Kartoffeln
4 468 t Zucker
21 498 t Vieh
800 t Fette

1942/43
630 000 t Getreide
520 000 t Kartoffeln
28 666 t Zucker
55 000 t Vieh
7 500 t Fette [...]

c) Daneben hat sich das GG nach Kräften in den Dienst der Kriegsrüstung des Reiches gestellt. [...]

Es gab im Distrikt Warschau Mitte 1943 bereits 31 große W[ehrmachts]betriebe und weitere 43 vom Rüstungskommando beaufsichtigte Betriebe. Die Belegschaft der Rüstungsfabriken ist von 1600 Mann 1939 auf 65 000 Mann 1943 gestiegen. [...]

f) Im GG, dem Durchgangsgebiet zur größten Front aller Zeiten, mußte das Verkehrs- und Nachschubwesen tadellos funktionieren. Die Ostbahn hat die ihr gestellte Aufgabe gelöst. [...]

Es wurden umgesiedelt im Jahre 1939
Wolhynien- und Galiziendeutsche: 124 000 Personen mit 24 000 Pferden und 13 000 Wagen,
Polen und Juden: 90 000 Personen;
im Jahre 1940 insgesamt:
269 000 Personen (Nordbuchenländer[1], Volksdeutsche aus dem Gebiet San-Weichsel, Polen und Juden).

Das Jahr 1942 brachte die Rekordzahl im Sonderverkehr mit insgesamt 1641 Sonderzügen mit 2 460 000 russischen und polnischen Arbeitern. [...]

[1] Buchenland = Bukowina

Aus: Geiss, I., Jacobmeyer, W.: Deutsche Politik in Polen, Opladen 1980, S. 178–180

M 7 Massenvergasung in Belzec (Sommer 1942)

Kurt Gerstein berichtete 1945 von seinen Erlebnissen im technisch-ärztlichen Dienst der SS, in dessen Auftrag er 1942 mehrere deutsche Vernichtungslager in Polen besuchte. Über seinen Aufenthalt in Belzec:

Am anderen Morgen um kurz vor sieben Uhr

kündigt man mir an: In zehn Minuten kommt der erste Transport! – Tatsächlich kam nach einigen Minuten der erste Zug von Lemberg aus an. 45 Waggons mit 6700 Menschen, von denen 1450 schon tot waren bei ihrer Ankunft. Hinter den vergitterten Luken schauten, entsetzlich bleich und ängstlich, Kinder durch, die Augen voll Todesangst, ferner Männer und Frauen. Der Zug fährt ein: 200 Ukrainer reißen die Türen auf und peitschen die Leute mit ihren Lederpeitschen aus den Waggons heraus. Ein großer Lautsprecher gibt die weiteren Anweisungen: Sich ganz ausziehen, auch Prothesen, Brillen usw. Die Wertsachen am Schalter abgeben, ohne Bons oder Quittung. Die Schuhe sorgfältig zusammenbinden (wegen der Spinnstoffsammlung), denn in dem Haufen von reichlich 25 Meter Höhe hätte sonst niemand die zugehörigen Schuhe wieder zusammenfinden können. Dann die Frauen und Mädchen zum Friseur, der mit zwei, drei Scherenschlägen die ganzen Haare abschneidet und sie in Kartoffelsäcken verschwinden läßt. „Das ist für irgendwelche Spezialzwecke für die U-Boote bestimmt, für Dichtungen oder dergleichen!" sagt mir der SS-Unterscharführer, der dort Dienst tut. –

Dann setzt sich der Zug in Bewegung. Voran ein bildhübsches junges Mädchen, so gehen sie die Allee entlang, alle nackt, Männer, Frauen, Kinder, ohne Prothesen. Ich selbst stehe mit dem Hauptmann Wirth [dem Chef der Tötungsanlagen] oben auf der Rampe zwischen den Kammern. Mütter mit ihren Säuglingen an der Brust, sie kommen herauf, zögern, treten ein in die Todeskammern! [...] Die Mehrzahl, ohne ein Wort zu sagen. Eine Jüdin von etwa 40 Jahren mit flammenden Augen ruft das Blut, das hier vergossen wird, über die Mörder. Sie erhält 5 oder 6 Schläge mit der Reitpeitsche ins Gesicht, vom Hauptmann Wirth persönlich, dann verschwindet auch sie in die Kammer. – Viele Menschen beten [...]

Die Kammern füllen sich. Gut vollpacken – so hat es der Hauptmann Wirth befohlen. Die Menschen stehen einander auf den Füßen. 700–800 auf 25 Quadratmetern, in 45 Kubikmetern! Die SS zwängt sie physisch zusammen, soweit es überhaupt geht. – Die Türen schließen sich. Währenddessen warten die anderen draußen im Freien nackt [...]

50 Minuten, 70 Minuten – der Diesel springt nicht an. Die Menschen warten in ihren Gaskammern. Vergeblich. Man hört sie weinen, schluchzen [...] Der Hauptmann Wirth schlägt mit seiner Reitpeitsche dem Ukrainer, der beim Diesel helfen soll, 12-, 13mal ins Gesicht. Nach 2 Stunden 49 Minuten springt der Diesel an. – Von neuem verstreichen 25 Minuten. Richtig, viele sind jetzt tot. Man sieht das durch das kleine Fensterchen, in dem das elektrische Licht die Kammer einen Augenblick beleuchtet. Nach 28 Minuten leben nur noch wenige. Endlich, nach 32 Minuten ist alles tot! –

Von der anderen Seite öffnen Männer vom Arbeitskommando die Holztüren. Man hat ihnen – selbst Juden – die Freiheit versprochen und einen gewissen Promillesatz von allen gefundenen Werten für ihren schrecklichen Dienst. Wie Basaltsäulen stehen die Toten aufrecht aneinander gepreßt in den Kammern. Es wäre auch kein Platz, hinzufallen oder auch nur sich vornüber zu neigen. Selbst im Tode noch kennt man die Familien. Sie drücken sich, im Tode verkrampft, noch die Hände, so daß man Mühe hat, sie auseinander zu reißen, um die Kammern für die nächste Charge freizumachen. Man wirft die Leichen – naß von Schweiß und Urin, kotbeschmutzt [...] heraus. Kinderleichen fliegen durch die Luft. Man hat keine Zeit, die Reitpeitschen der Ukrainer sausen auf die Arbeitskommandos. Zwei Dutzend Arbeiter öffnen mit Haken den Mund und sehen nach Gold. Gold links, ohne Gold rechts. Andere brechen mit Zangen und Hämmern die Goldzähne und Kronen aus den Kiefern [...]

Aus: Rothfels, Hans (Hg.), Augenzeugenbericht zu den Massenvergasungen, in: Vierteljahreshefte für Zeitgeschichte 1, 1953, S. 187 ff.

M 8 Himmler und die Täter der „Endlösung" (4. 10. 1943)

Reichsführer-SS Heinrich Himmler in Posen vor SS-Gruppenführern:

Ich will hier vor Ihnen in aller Offenheit auch ein ganz schweres Kapitel erwähnen. Unter uns soll es einmal ganz offen ausgesprochen sein, und trotzdem werden wir in der Öffentlichkeit nie darüber reden. Genausowenig, wie wir am 30. Juni 1934 gezögert haben, die befohlene Pflicht zu tun und Kameraden, die sich verfehlt haben, an die Wand zu stellen und zu erschießen, genausowenig haben wir darüber jemals gesprochen und werden je darüber sprechen. Es war eine, Gott sei Dank, in uns wohnende Selbstverständlichkeit des Taktes, daß wir uns untereinander nie darüber unterhalten haben, nie darüber sprachen. Es hat jeden geschaudert und doch war sich jeder klar darüber, daß er es das nächste Mal wieder tun würde, wenn es befohlen wird und wenn es notwendig ist.

Ich meine jetzt die Judenevakuierung, die Ausrottung des jüdischen Volkes. Es gehört zu den

Dingen, die man leicht ausspricht. – „Das jüdische Volk wird ausgerottet“, sagt ein jeder Parteigenosse, „ganz klar, steht in unserem Programm, Ausschaltung der Juden, Ausrottung, machen wir.“ Und dann kommen sie alle an, die braven 80 Millionen Deutschen, und jeder hat seinen anständigen Juden. [...] Von allen, die so reden, hat keiner zugesehen, keiner hat es durchgestanden. Von Euch werden die meisten wissen, was es heißt, wenn 100 Leichen beisammen liegen, wenn 500 daliegen oder wenn 1000 daliegen. Dies durchgehalten zu haben, und dabei – abgesehen von Ausnahmen menschlicher Schwäche – anständig geblieben zu sein, das hat uns hart gemacht. Dies ist ein niemals geschriebenes und niemals zu schreibendes Ruhmesblatt unserer Geschichte, denn wir wissen, wie schwer wir uns täten, wenn wir heute noch in jeder Stadt – bei den Bombenangriffen, bei den Lasten und bei den Entbehrungen des Krieges – noch die Juden als Geheimsaboteure, Agitatoren und Hetzer hätten. Wir würden wahrscheinlich jetzt in das Stadium des Jahres 1916/17 gekommen sein, wenn die Juden noch im deutschen Volkskörper säßen. [Es folgen Ausführungen zu Enteignungen von Juden]

Aus: Graml, H.: Reichskristallnacht. Antisemitismus und Judenverfolgung im Dritten Reich, München 1988, S. 262f.

Die zwischen dem 1. September 1939 und dem 8. Mai 1945 ermordeten Juden: eine Schätzung.

M 9 Wissenschaftliche Kontroverse:
„Intentionalisten" gegen „Funktionalisten": Umstritten ist in der historischen Forschung, weil kein schriftlicher Befehl Hitlers zur „Endlösung" auffindbar ist, wann und wie die Vernichtungsaktion im einzelnen in Gang kam. Die vorliegende Darstellung geht mit der Mehrheit der Historiker (Jäckel, Hillgruber) von einem zielgerichteten Plan Hitlers aus, der am Ende die physische Vernichtung der europäischen Juden zusammen mit der Eroberung der UdSSR anstrebte. Hitler muß dann einen mündlichen Geheimbefehl, wahrscheinlich im Juli 1941, an die ausführende SS gegeben haben.

Vor allem Martin Broszat und Hans Mommsen meinen dagegen, daß es keinen zentralen Befehl gab, sondern die Vernichtung sich „aus Einzelaktionen heraus" allmählich und „improvisiert" entwickelt habe. Aus dem konkreten Problem vor Ort, was mit den vorgefundenen Juden zu machen sei, und im vorauseilenden Gehorsam hätten viele SS-Führer die „Endlösung" als „Funktion" der schwierigen Umstände (mißlungener „Blitzkrieg" in Rußland) in Gang gebracht, Hitler habe sie eher passiv gewähren lassen. Die „Funktionalisten" leugnen seine Mitwisserschaft und Verantwortung jedoch nicht.

Broszats Beitrag auf einer Podiumsdiskussion zwischen „Intentionalisten" und „Funktionalisten" in Stuttgart 1984:

Mir scheint, daß die gegensätzlichen Positionen in unserer Diskussion auch unterschiedliche Geschichtsbilder implizieren [...] Wollen wir uns begnügen mit dem gewiß eindrucksvollen, aber auch sehr einfachen Bilde eines von Hitler und seiner Weltanschauung beherrschten Geschehens, das von Anfang an zielstrebig und planvoll ablief? Oder haben wir es mit dem komplizierten, aber [...] authentischeren Bild eines Prozesses zu tun, im Verlauf dessen aufgrund der durchgängigen Außerkraftsetzung humanitärer Normen und der Ermunterung antisemitischer wie anderer aggressiver Aktivitäten [...] eine monströse Automatik zunehmender Gewalttätigkeit einsetzte, die sich, gestützt auf Hitler, immer wieder neu als Weltanschauungspolitik legitimieren konnte? Ein letztlich mörderischer Automatismus, der nicht planvoll gewollt, teilweise auch von niemandem mehr beherrscht wurde, wo die Handelnden zum Teil selbst Gefangene ihres Handelns wurden, die die Folgen ihres Tuns gar nicht mehr rational reflektieren konnten oder dies auch nicht wollten. [...] wir müssen uns diesem komplizierten Bild der Monströsität dieser Herrschaft stellen und sollten uns nicht mit dem vereinfachenden, und [...] unzulässig stilisierten Bild einer Hitlerschen Alleinherrschaft beruhigen. [...]

Der charismatische Führer an der Spitze ist Führer, wird absoluter Führer, vor allem durch die überlegene Integrationskraft, all dies entstanden aus dem Zustand einer extrem orientierungslos gewordenen Gesellschaft [...]

Die institutionellen Folgen und strukturellen Folgen waren aber gerade nicht hierarchische Ordnung und straffe bürokratische Lenkung, sondern miteinander konkurrierende, außernormative führer-unmittelbare Gewalten, die sich jeweils unabhängig voneinander auf tatsächliche oder angebliche Führerbefehle beriefen, bei ihrem Handeln nicht gesetzlich gebunden waren, sondern nur personalistisch nach dem Treue-Grundsatz des nationalsozialistischen Führerprinzips. Deshalb fehlt es bei den Maßnahmen dieser führerunmittelbaren Gewalten im Gegensatz zur „klassischen Polizei", auch an der nötigen Distinktheit und Begrenztheit von Aufträgen und ihrer Durchführung. Sie verfügen statt dessen über einen außerordentlich großen Handlungsspielraum, so z. B., wenn den nachgeordneten Organen des Reichsführers-SS und Chefs der Deutschen Polizei im eroberten Ostraum der Befehl gegeben wurde: Räumt dieses Dorf! oder: Macht diese Stadt judenfrei! – mit dem eventuell auch nur mündlich gegebenen Zusatz: Wie Ihr das zu machen habt, könnt Ihr selbst entscheiden, entscheidend ist, daß es in zwei Tagen erledigt ist. Von dieser Art ist, zugespitzt, die Befehlsgebung des Führerstaats, und es wachsen Instanzen und Agenturen heran, die darauf geeicht sind, entsprechend zu handeln. Dafür gibt es Tausende von Beispielen, und wer wollte bezweifeln, daß das als eine Verselbständigung der Barbarisierung, als ein Automatismus der Gewalt bezeichnet werden kann und muß, ein Automatismus, der vom Führer nicht im einzelnen geplant, gewollt und auch gar nicht übersehen worden ist.

Aus: Jäckel/Rohwer (Hg.): Der Mord an den Juden im Zweiten Weltkrieg, Frankfurt/M. 1987, S. 239–241

Deutscher Widerstand

M 10a Hitlers „Euthanasie"-Befehl
Führererlaß, Ende Oktober 1939, rückdatiert auf 1. Sept. 1939:

Reichsleiter Bouhler und Dr. med. Brandt sind unter Verantwortung beauftragt, die Befugnisse namentlich zu bestimmender Ärzte so zu erweitern, daß nach menschlichem Ermessen unheilbar Kranken bei kritischer Beurteilung ihres Krankheitszustandes der Gnadentod gewährt werden kann.

Adolf Hitler
(persönliche Unterschrift)

Aus: Mitscherlich, A./Mielke, F. (Hg.), Medizin ohne Menschlichkeit. Dokumente des Nürnberger Ärzteprozesses, Frankfurt/M. 1962, S. 169

M 10b Kirchlicher Widerstand gegen den Mord an Behinderten

Predigt des Münsteraner Bischofs v. Galen (3. August 1941) in der St. Lambertikirche:

Katholische Christen! [...] Seit einigen Monaten hören wir Berichte, daß aus Heil- und Pflegeanstalten für Geisteskranke auf Anordnung aus Berlin Pfleglinge, die schon länger krank sind und vielleicht unheilbar erscheinen, zwangsweise abgeführt werden. Regelmäßig erhalten dann nach kurzer Zeit die Angehörigen die Mitteilung, der Kranke sei verstorben, die Leiche sei verbrannt, die Asche könne abgeliefert werden. Allgemein herrscht der an Sicherheit grenzende Verdacht, daß diese zahlreichen, unerwarteten Todesfälle von Geisteskranken nicht von selbst eintreten, sondern absichtlich herbeigeführt werden, daß man dabei jener Lehre folgt, die behauptet, man dürfe sog. „lebensunwertes Leben“ vernichten, also unschuldige Menschen töten, wenn man meint, ihr Leben sei für Volk und Staat nichts mehr wert. Eine furchtbare Lehre, die die Ermordung Unschuldiger rechtfertigen will, die die gewaltsame Tötung der nicht mehr arbeitsfähigen Invaliden, Krüppel, unheilbar Kranken, Altersschwachen grundsätzlich freigibt. Demgegenüber erklären die deutschen Bischöfe: Nie, unter keinen Umständen, darf der Mensch außerhalb des Krieges und der gerechten Notwehr einen Unschuldigen töten. Wie ich zuverlässig erfahren habe, werden jetzt auch in den Heil- und Pflegeanstalten der Provinz Westfalen Listen aufgestellt von solchen Pfleglingen, die als sog. „unproduktive Volksgenossen“ abtransportiert und in kurzer Zeit ums Leben gebracht werden sollen. Aus der Anstalt Marienthal bei Münster ist im Laufe dieser Woche der erste Transport abgegangen.

Deutsche Männer und Frauen! Noch hat Gesetzeskraft der § 211 des Reichsstrafgesetzbuches, der bestimmt: Wer vorsätzlich einen Menschen tötet, wird, wenn er die Tötung mit Überlegung ausgeführt hat, wegen Mordes mit dem Tode bestraft. Wohl um diejenigen, die jene armen, kranken Menschen, Angehörigen unserer Familien, vorsätzlich töten, vor dieser gesetzlichen Bestimmung zu bewahren, werden die zur Tötung bestimmten Kranken aus der Heimat abtransportiert in eine entfernte Anstalt. [...]

Aus: Jacobsen, H. A./Jochmann, W. (Hg.), Ausgewählte Dokumente zur Geschichte des Nationalsozialismus, Bielefeld 1966, S. 1 ff.

M 11 Auseinandersetzungen im deutschen Widerstand (1944)

Bei einem konspirativen Treffen Mitte Mai 1944 traten Gegensätze im Verschwörerkreis zwischen der nationalkonservativen Gruppe um Goerdeler und den Sozialdemokraten Leber und Leuschner auf:

Goerdeler wollte die von ihm „seit dem Frühjahr ausgearbeiteten Pläne für die neue Regierung verlesen und durchsprechen.“ Bei diesen Plänen handelte es sich vermutlich um das Regierungsprogramm. Dazu kam es jedoch nicht, weil, von Leber und Leuschner ausgelöst, ein Streit über die Beurteilung der militärischen Lage ausbrach. „Leuschner stellte die Frage, ob es überhaupt noch Sinn und Zweck habe, sich auf eine Handlung der Militärs einzustellen. Es habe nach den vielen ergebnislos verstrichenen Terminen keinerlei Zutrauen mehr. Im Hinblick auf die unmittelbar bevorstehende Invasion sei es zweifelhaft geworden, ob der Anschlag nicht verspätet kommt und völlig nutzlos bleiben würde.“ Leber griff in die Diskussion ein und meinte, „daß sich eine Totalbesetzung Deutschlands nicht mehr abwenden läßt, ganz gleich, ob vorher noch ein Regierungswechsel erfolgt oder nicht“. Goerdeler hielt sein außenpolitisches Konzept, das einen Separatfrieden mit den Westmächten und gemeinsames Vorgehen gegen die Sowjetunion vorsah, weiterhin für tragfähig. Er widersprach Lebers Auffassung und „forderte eine rasche Änderung des Regimes unter Aufrechterhaltung eines militärischen Widerstandes, der es nicht zu einer Totalbesetzung Deutschlands kommen läßt.“

Leber beharrte auf seiner Auffassung und hielt Goerdeler entgegen, daß diese „Westpolitik“ unter den Bedingungen der gegenwärtigen militärischen Lage nicht mehr möglich sei, sondern daß man gleichermaßen mit den Westmächten und der Sowjetunion verhandeln müsse, sah er doch den „Katastrophenfall des völligen militärischen Zusammenbruchs“ unmittelbar bevorstehen.

Als man am 16. Juni 1944 zu einer nächsten Besprechung im Hotel Esplanade zusammentraf, war die erwartete Invasion angelaufen. Doch Goerde-

Claus Graf Schenk von Stauffenberg.

ler glaubte noch immer, seine Vorstellungen über Verhandlungen für einen Friedensschluß mit den Westmächten beibehalten zu können. Noch Ende Mai hatte er durch Hauptmann Hermann Kaiser Stauffenberg ein Elf-Punkte-Programm übergeben, was Stauffenberg über Verbindungsleute an Engländer und Amerikaner gelangen lassen wollte. [...]

So wurde die Forderung gestellt, den Plan zur Invasion aufzugeben, jede Besetzung Deutschlands zu vermeiden sowie volle Mitwirkung Deutschlands bei der Durchführung des Waffenstillstandes und bei der Vorbereitung des Friedensvertrages zu garantieren. Nach Goerdelers Auffassung sollte Deutschland ein weitgehend gleichberechtigter Partner der Westmächte sein, einziges Zugeständnis war die „Räumung aller besetzten Gebiete im Norden, Westen und Süden", jedoch primär unter dem Aspekt, daß dadurch die „Verteidigungsfähigkeit im Osten" erhalten bleibe.

Leber unterzog diese Vorstellungen „einer unfreundlichen Kritik". Goerdeler, so führte er aus, sei „in der Außenpolitik Illusionist". Leber ging insbesondere auf den Punkt acht des Programms ein, in dem es hieß, daß „die Reichsgrenze von 1914 im Osten, Erhalten Österreichs und der Sudeten beim Reich, Autonomie Elsaß-Lothringens, Gewinnung Tirols bis Bozen Meran" – Bedingungen für deutsche Verhandlungsbereitschaft seien. Obwohl er selbst hier von alten Träumen Abschied nehmen mußte, sprach Leber klar aus, man müsse „der Feindseite den Verzicht auf Ostpreußen, Elsaß-Lothringen, den Sudetengau usw." anbieten.

Aus: Beck, D.: Julius Leber, Sozialdemokrat zwischen Reform und Widerstand, Berlin 1983, S. 190f.

Nach dem Scheitern des 20. Juli

M 12a Der an der Verschwörung beteiligte Generalmajor Henning v. Tresckow (21. 7. 1944):

Jetzt wird die ganze Welt über uns herfallen und uns beschimpfen. Aber ich bin nach wie vor der felsenfesten Überzeugung, daß wir recht gehandelt haben. Ich halte Hitler nicht nur für den Erzfeind Deutschlands, sondern auch für den Erzfeind der Welt. Wenn ich in wenigen Stunden vor den Richterstuhl Gottes treten werde, um Rechenschaft abzulegen über mein Tun und Unterlassen, so glaube ich mit gutem Gewissen das vertreten zu können, was ich im Kampf gegen Hitler getan habe. Wie einst Gott Abraham verheißen hat, er werde Sodom nicht verderben, wenn auch nur zehn Gerechte darin seien, so hoffe ich, daß Gott auch Deutschland um unseretwillen nicht vernichten wird. [...] Der sittliche Wert eines Menschen beginnt erst dort, wo er bereit ist, für seine Überzeugungen das Leben hinzugeben.

Aus: Schlabbrendorff, Fabian v., Offiziere gegen Hitler, Zürich, Wien, Konstanz 1946, S. 195

M 12b Leitlinien des NS-Propagandaministeriums zu den Vorgängen des 20. Juli 1944:

Der Begriff des Offiziers ist auf diese Verschwörer nicht anzuwenden; vielmehr ist Wert darauf zu legen, daß erklärt wird, diese Männer seien überspitzt ehrgeizig, verräterisch, politisch dumm und im höchsten Maße treulos. Die Verbrecher waren in sozialer und politischer Hinsicht reaktionär. Die Ereignisse des 20. Juli stellen das größte Verbrechen der deutschen Militärgeschichte dar, das dadurch in seiner Erbärmlichkeit und Schändlichkeit noch mehr hervortritt, weil es sich in schwerster Stunde des Krieges zutrug. [...] Der wirkliche Soldat hat mit diesem Verbrechergesindel nichts gemeinsam. Die gesamte Wehrmacht ging makellos aus diesem Putschversuch hervor. [...] Diese Kamarilla von verräterischen Elementen ist es gewesen, die seit jeher aus Haß gegen die Bewegung und aus dünkelhaftem Kastengeist die Durchführung der nationalsozialistischen Idee in der Wehrmacht zu verhindern suchte. Diese Clique war es, die sich auch immer wieder dagegen gesträubt hat, daß frontbewährte, nationalsozialistisch überzeugte Offiziere in der Wehrmacht mit Führungsstellen beauftragt wurden.

Aus: Jacobsen, H. A./Jochmann, W., Ausgewählte Dokumente, a.a.O., S.4

M 13 Produktion und Konsum im Zweiten Weltkrieg

a) Arbeitskräftebilanz in Millionen

	1939	1940	1941	1942	1943	1944
Deutsche Beschäftigte	39,1	34,8	33,1	31,3	30,3	28,4
davon Frauen	14,6	14,4	14,1	14,4	14,8	14,9
Fremdarbeiter, Kriegsgefangene	0,3	1,2	3,0	4,1	6,3	7,1
Summe der Einberufenen	1,4	5,7	7,4	9,4	11,2	13,0
Summe der Verluste	–	0,1	0,2	0,8	1,7	3,9
Wochenstunden in der Industrie	48,7	49,2	49,1	48,7	49,1	48,3
Pf. Bruttostundenlohn Industrie	80,8	84,8	90,3	89,3	90,1	90,1

b) Tagesverbrauch an Lebensmitteln pro Kopf

	1939	1940	1941	1942	1943	1944	1945
Fleisch und Fisch, g	163	137	131	111	105	96	96
Butter, g	23	25	27	25	24	25	21
Fett, g	43	29	24	20	16	16	15
Kartoffeln, g	486	458	542	577	697	595	573

c) Rüstungsproduktion der Großmächte in Mrd. $; Preise von 1944

Land	1935–1939	1939	– 1941	Steigerung 1940–1941 in %	1943	Steigerung 1941–1943 in %
USA	1,5	0,6	4,5	200	37,5	733
Großbritannien	2,5	1,0	6,5	86	11,1	71
Sowjetunion	8,0	3,3	8,5	70	13,9	64
Zusammen:	12,0	4,9	19,5	95	62,5	221
Deutschland	12,0	3,4	6,0	0	13,8	130
Japan			2,0	100	4,5	125
Zusammen:			8,0		18,3	129
Verhältnis:			1:2,4		1:3,4	

Aus: Jacobsen, H. A., Der Zweite Weltkrieg in Chronik und Dokumenten, Darmstadt 1961, S. 565

Arbeitsvorschläge

1. *Untersuchen Sie die Bedeutung der Sowjetunion für die politischen Ziele Deutschlands von 1939 bis 1941! (M 1–M 5)*
2. *Erarbeiten Sie aus M 1 und M 4 Stalins Verhalten gegenüber Hitler! Wie motiviert er die sowjetische Bevölkerung zum Krieg?*
3. *Ermitteln Sie aus der „Atlantik-Charta" die Nachkriegsziele der USA und Englands. In welchen Punkten waren Konflikte mit der Sowjetunion zu erwarten (Vgl. Kap. D. 1, S. 413 ff.)?*
4. *Untersuchen Sie die Bedeutung des besetzten Polen für das Reich! (M 6)*
5. *Versetzen Sie sich in die Lage der Opfer und Täter der „Endlösung"! Welche seelischen Reaktionen auf die Erlebnisse vermuten Sie? (M 7, M 8)*
6. *Stellen Sie die „Geschichtsbilder" gegenüber, die Broszat unterscheidet! Sehen Sie politische Gefahren für die Gegenwart in Broszats Ansatz? (M 9)*
7. *Vermuten Sie Gründe für die vorsichtigen Formulierungen im Führererlaß! Schätzen Sie v. Galens Risiko bei seinen öffentlichen Predigten ein! (M 10)*
8. *Stellen Sie sich die internationale Lage nach einem erfolgreichen Attentat vor! Führen Sie denkbare Entwicklungen des Krieges aus! (M 11)*
9. *Erfassen Sie die Strategie, mit der M 12 b die Verschwörung erklärt!*

D 1945–1989

Nach 1945 polarisierte sich die Welt zwischen den neuen Weltmächten, USA und UdSSR. Während Stalin die von der Roten Armee besetzten Gebiete sowjetisierte, politisch gleichschaltete und wirtschaftlich ausbeutete, verbanden die USA ihre weltmachtpolitischen Ziele mit den Interessen der westlichen Länder. In der allgemeinen Erschöpfung blieb Europa der heiße Krieg erspart. Dafür explodierten im Kalten Krieg Stellvertreterkriege in Asien (Koreakrieg, 1950–53, Vietnamkrieg, 1946–54, 1965–75). Unter dem Schatten des atomaren Wettrüstens brachte die Kuba-Raketenkrise (1962) die Wende zur „Friedlichen Koexistenz"; zunächst als sowjetische Propagandaformel, wurde aber Realität, als der Westen sie beim Wort nahm und den „Wettkampf der Systeme" friedlich-konstruktiv wendete. Entspannung lockerte die starre Blockdisziplin des Kalten Kriegs.

Gleichzeitig schwächten sich die beiden Weltmächte gegenseitig: Die militärisch erfolglose Beteiligung am Vietnamkrieg (1965–1973) stürzte die USA in eine tiefe innenpolitische und mentale Krise. Noch selbstzerstörerischer eskalierte der Afghanistankrieg (1979–88) die chronische Krise der Sowjetunion zur Agonie und gab Raum zum erfolgreichen Aufbegehren der Satellitenstaaten. Der Zusammenbruch des europäischen Kommunismus 1989 und der Sowjetunion 1991 führte zur Auflösung der Blöcke. Als Kontrapunkt vollzog sich die Integration Westeuropas. Der wirtschaftliche Wiederaufbau suchte einen immer größeren Gemeinsamen Markt – mit der EWG der Römischen Verträge der Sechs (1957) bis zur gegenwärtigen Europäischen Union der Sechzehn. Nach dem Zusammenbruch des Kommunismus möchten am liebsten alle postkommunistischen Länder Mitglieder der EU werden.

Eng verflochten mit dem Kalten Krieg veränderte die Dekolonisation als „Auflösung der Kolonialreiche" (Ansprenger) die politische Weltkarte friedlich oder unter schweren Konflikten: Von Indien wölbt sich ein gewaltiger Spannungsbogen über den Nahen Osten, den Maghreb und Schwarzafrika bis zur Karibik neuer Nationalstaaten.

Gleichzeitig entfaltete sich die Deutsche Frage. Alliierte Kriegskonferenzen schufen einen äußeren Rahmen, den der Kalte Krieg ganz anders ausfüllte: Das Provisorium von Besatzungszonen verhärtete sich im Rivalitätskampf um Deutschland zur geteilten Staatlichkeit. Danach gingen die beiden deutschen Staaten getrennte Wege. In der DDR provozierte der Versuch, durch aufgezwungenen Sozialismus das Lebensniveau tendenziell dem in der UdSSR anzugleichen, d. h. zu senken, mit dem 17. Juni 1953 die erste blockinterne Explosion. Trotz wachsender Massenflucht bis zur Berliner Mauer am 13. August 1961 arrangierte sich die Mehrheit notgedrungen mit dem ungeliebten Zwangssystem. Während der Abstand im Lebensstandard zur Bundesrepublik wuchs, behauptete die DDR ihren Spitzenplatz im Sowjetblock, schon weil sich dessen Gesamtkrise verschärfte.

Die Bundesrepublik profitierte dagegen vom Kalten Krieg, da sie im „Wirtschaftswunder" seit dem Koreaboom zu einer Wirtschaftsmacht heranwuchs, zuletzt überholt von Japan. Unter Konrad Adenauer (CDU) (1949–63) kombinierte sie ökonomische Dynamik mit politischer Stabilität, die zuletzt in Erstarrung überging. Nach der ersten schweren Rezession 1966 bereitete die Große Koalition (1966–69) der sozialliberalen Koalition unter Willy Brandt und Helmut Schmidt (1969–82) den Weg. Sie ergänzte die Westbindung durch die neue Ostpolitik als Öffnung nach Osten. Die konservativ-liberalen Regierungen Kohl (seit 1982) waren begleitet durch einen langanhaltenden Boom. Andererseits geriet die Vereinigung Deutschlands (1990) nach dem Fall der Berliner Mauer (1989) zu einer schweren Krise der Deutschen in Ost und West, u. a. weil sie unvorbereitet „hineinstolperten" und die Folgekomplikationen unterschätzten.

1 Der Kalte Krieg, 1945–1989

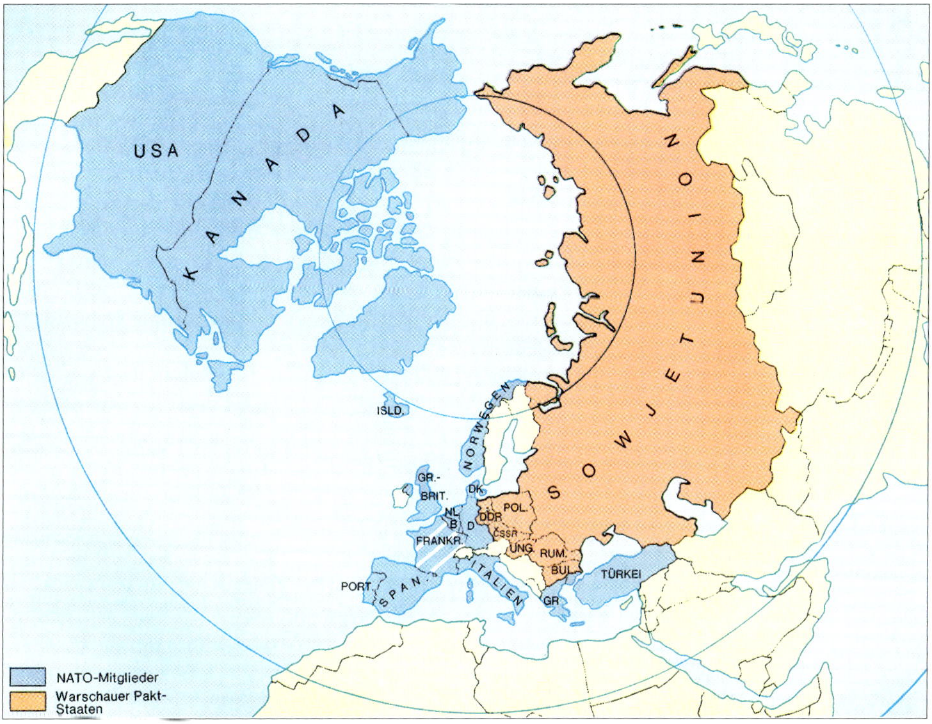

Nato und Warschauer Pakt im „Kalten Krieg", 1945/55–1989.

Zeittafel

Februar 1945	Konferenz von Jalta: Erste Festlegungen über Deutschland
26. 6. 1945	Gründung der UNO in San Francisco
August 1945	Konferenz von Potsdam: Richtlinien für Friedensregelungen mit Deutschland
1948	Umsturz in Prag: Berlin-Blockade (bis 1949)
April 1949	Gründung des Nordatlantikpakts (NATO)
1950–1953	Koreakrieg; Teilung des Landes in Nord- und Südkorea
März 1953	Tod Stalins
1955	Gründung des Warschauer Paktes
1956	Chrustschow leitet auf dem XX. Parteitag der KPdSU Entstalinisierung ein
Okt./Nov. 1956	Suezkrise; Ungarnaufstand scheitert
1958	Berlinultimatum der Sowjetunion
August 1961	Bau der Berliner Mauer
Okt./Nov. 1962	Kubakrise
August 1975	Unterzeichnung der KSZE-Schlußakte in Helsinki

1979–1989 Militärintervention der Sowjetunion in Afghanistan
1985 Amtsantritt Gorbatschows: Reformen und Zerfall des Sowjetimperiums

1.1 Zum Begriff Kalter Krieg

Bis zum Zusammenbruch des Kommunismus 1989/91 bestimmte der Ost-West-Gegensatz die Weltpolitik. Etwa seit 1947 galt die Konfrontation zwischen den USA und der Sowjetunion samt Bündnispartnern als *Kalter Krieg*, im Unterschied zum „heißen" Krieg mit seinem unmittelbaren Einsatz militärischer Mittel. Zwar vermieden beide rivalisierenden Weltmächte die direkte Konfrontation, unterstützten aber regionale Kriegsgegner propagandistisch und durch Lieferung militärischer Ausrüstung. Regionalkonflikte im Nahen und Fernen Osten, in Afrika und Lateinamerika sowie antikoloniale Befreiungskriege in der Dritten Welt wurden zu „Stellvertreterkriegen". Vor allem setzten die Weltmächte diplomatischen und wirtschaftlichen Druck ein, ergänzt durch den „Ätherkrieg", die weltweite propagandistische „Schlacht" über Rundfunksender. Letzte Steigerung war in akuten Weltkrisen (Kuba 1962) die Androhung einer militärischen Aktion.

1.1.1 Theorien zur Entstehung des Ost-West-Konflikts

In Ost und West gab es über die Ursachen des Kalten Kriegs unterschiedliche Erklärungen: Für die Sowjetpropaganda – weitgehend verbindlich für den Ostblock wie seinen Anhang im Westen – fiel die Verantwortung für diese „friedensgefährdende Politik" allein auf den Westen, angeführt von den USA. Umgekehrt antwortete der Westen mit analogen Schuldzuweisungen. In der wissenschaftlichen Diskussion traten zwei entgegengesetzte Richtungen zur Interpretation der Ursachen des Kalten Krieges hervor, „Traditionalisten" gegen „Revisionisten".

Die traditionelle Auffassung bildete schon früh die Basis der US-Politik gegenüber der Sowjetunion. Ihre Verfechter nahmen die kommunistische Idee der Weltrevolution ernst und wörtlich: Die Sowjetunion, getreu ihrer marxistisch-leninistischen Ideologie, förderte den weltweiten Klassenkampf zum Sturz der kapitalistischen Ordnung. Zusammenarbeit mit dem Westen ist nur taktischer Natur. Neben der Sicherung ihrer Herrschaft über Osteuropa wollte die UdSSR die Ausdehnung ihres Machtbereiches auf Westeuropa, den Mittelmeerraum und Asien. Der Westen hielt trotzdem seine Kooperationsbereitschaft aufrecht und bot der Sowjetunion die Teilnahme am Marshallplan (vgl. Kapitel 1.3.1) an. Erst ihre Weigerung habe die Welt in zwei Blöcke gespalten. Durch die Sowjetisierung Osteuropas fühlte sich Westeuropa bedroht und suchte den Schutz der USA. Umsturz in Prag 1948 und Berlin-Blockade 1948/49 provozierten die Gründung der NATO und Aufnahme der Bundesrepublik 1955 in das Atlantische Verteidigungsbündnis.

Revisionismus begann als „linke" Kritik an den „Traditionalisten" in den USA in den 50er Jahren und eskalierte mit der inneramerikanischen Kontroverse über den Vietnamkrieg (vgl. Kapitel 1.6). Die „Revisionisten" kehrten die Schuldfrage fast um: Als Hauptsieger des Zweiten Weltkrieges drängten die USA aggressiv zur Entfaltung ihres Wirtschaftspotentials auch gegenüber der Sowjetunion, die im Kriege ohnehin die größten Opfer gebracht hatte. In Osteuropa wollte sie nur einen Sicherheitsgürtel aus ihr freundlich gesonnenen Staaten schaffen, auch zur Abwehr gegen eine neue deutsche Gefahr. Überhaupt sei Stalins Politik defensiv gewesen. Spannungen seien vielmehr von den USA und ihrer politisch-gesellschaftlichen Ordnung ausgegangen. Ihr Versuch, ihren Einfluß auch auf Osteuropa auszudehnen, richtete sich gezielt gegen die Sowjetunion. Dank ihrem Atomwaffenmonopol bis 1949 wollten die USA durch militärischen Druck eine Friedensordnung gemäß ihren Vorstellungen erzwingen. Der Widerstand der Sowjetunion vereitelte diese Pläne, und die USA mußten sich auf Westeuropa beschränken, die Teilung Europas und Deutschlands in Kauf nehmend, ja sogar fördernd. Der angeblich ideologisch begründete Expansionsdrang der Sowjetunion war nur Vorwand zur Einbindung Westeuropas in ein Militärbündnis mit den USA. Die Politik der Sowjetunion, ihrem Herrschaftsbereich die „volksdemokratische" Ordnung überzustülpen, war nur Reaktion auf die Formierung eines Westblocks unter Führung der USA. Moskau bemühte sich dennoch wiederholt durch Verhandlungen mit dem Westen um einen Interessensausgleich.

Beide Interpretationen fanden ihre Befürworter und Kritiker. Nicht erst seit dem Sturz des Kommunismus 1989/91 war zu erkennen, daß die Ängste des Westens nicht unberechtigt waren.

1.1.2 Vorgeschichte des Kalten Krieges

Mit der bedingungslosen Kapitulation der großdeutschen Wehrmacht am 7. und 8. Mai 1945 hatten die Alliierten ihr vorrangig militärisches Kriegsziel erreicht und übernahmen in der Berliner Erklärung vom 5. Juni die Souveränität über Deutschland. Nichts hätte die totale Niederlage des Deutschen Reiches deutlicher machen können. Hitlers gewaltsamer Versuch, Europa zu unterwerfen und Deutschland zur Weltmacht zu erheben, hatte 1941 die Koalition geschaffen, die nach ergebnislosen Verhandlungen zwischen der Sowjetunion, England und Frankreich im August 1939 noch gescheitert war. Die zögerliche Verhandlungsführung der Westmächte ließ Moskau an deren Absichten zweifeln und rief die Zeit nach der Oktoberrevolution in Erinnerung: London und Paris hatten den neuen sozialrevolutionären Staat mit seiner Propaganda der Weltrevolution bekämpft, ihn einzudämmen und zu isolieren versucht. Erst 1924 erkannten sie die Sowjetunion an. Die Einmischung in Streiks in England über die Kommunistische Internationale (Komintern) provozierte 1927 den vorübergehenden Abbruch der diplomatischen Beziehungen Englands. Die USA entsandten erst 1933 einen Botschafter in die Sowjetunion.

Parallel zu den Gesprächen mit London und Paris liefen geheime Sondierungen zwischen Deutschland und der UdSSR, in denen beide Diktatoren ihre Interessen in Mittelosteuropa absteckten. Nach dem Hitler-Stalin-Pakt vom 23. August 1939 eröffnete die Wehrmacht am 1. September den Angriff auf Polen. Doch der Überfall auf die Sowjetunion am 22. Juni 1941 schmiedete die Allianz der Sowjetunion mit England und seit Dezember 1941 mit den USA. Gegenüber der deutschen Aggression trat der fundamentale Gegensatz zwischen den westlichen Demokratien und der Sowjetunion vorübergehend in den Hintergrund.

Roosevelt war geprägt von der Überzeugung, daß die USA für ihre Selbstisolierung der Zwischenkriegszeit teuer bezahlen mußten – Krieg mit Deutschland und Japan. Die politische Distanz zu Europa und zum Völkerbund habe zum Scheitern der Bemühungen um eine Weltfriedensordnung beigetragen. Nach dem Krieg müßten sich die USA weiterhin ihrer Verantwortung in der Welt stellen. In der Öffentlichkeit fand Roosevelt breite

Unterstützung, doch blieben isolationistische Strömungen wirksam und drohten immer wieder die Oberhand zu gewinnen, zur tiefen Sorge Roosevelts. Er knüpfte an Präsident Wilson und sein Ideal einer Weltordnung an, wie die Atlantik-Charta von 1941 bezeugt, die allerdings nicht für die noch zu besiegenden Achsenmächte gelten sollte. Ausdrücklich bekannte sie sich zum Selbstbestimmungsrecht der Völker, zum Recht aller Nationen auf Teilnahme am Welthandel („open door"-Politik), zur Zusammenarbeit im Rahmen der Weltwirtschaft. In einer Rede im Januar 1941 hatte Roosevelt die amerikanischen Ideale der Welt verkündet und ihre Verwirklichung als das Ziel der USA feierlich proklamiert. Vorstellungen für die Nachkriegszeit waren in den USA nicht einheitlich, u. a. abzulesen am Morgenthau-Plan*. Er fand die Unterstützung Roosevelts, um bald wieder verworfen zu werden und einer anderen, an den langfristigen Wirtschaftsinteressen der USA ausgerichteten Konzeption zu weichen. Nach einigem Schwanken setzte sich unter Präsident Truman als Nachfolger des im April 1945 verstorbenen Roosevelt eine Richtung durch, die der bisherigen Linie skeptisch bis ablehnend gegenüberstand.

1.2 Die Kriegsalliierten, 1944/45

Nach einem Militärabkommen vom 12. Juli 1941 zwischen England und der UdSSR setzten sofort umfangreiche Hilfslieferungen der USA ein: Washington gewährte der Sowjetunion einen zinsfreien Kredit. Nach dem Kriegseintritt Japans nahmen die Lieferungen noch zu, zeitweise bis an die Grenzen der Transportkapazitäten. Dennoch blieb grundsätzliches Mißtrauen zwischen den ungleichen Partnern: Die Möglichkeit, daß der eine sich auf Kosten des anderen mit Deutschland in einem Sonderfrieden arrangieren könnte, schloß keine Seite aus, vertraglichen Zusicherungen zum Trotz. Schon früh forderte Stalin eine Zweite Front zur Entlastung der Roten Armee. Militärische Vorbehalte der Westalliierten oder die Schwierigkeit, die geforderte Militäroperation genau zu datieren, bestärkten Stalins Zweifel an der Zuverlässigkeit der Verbündeten.

Zunehmend drängte die Frage der Friedensregelung auf die Tagesordnung: Sofort verlangte Stalin die Anerkennung der territorialen Veränderungen im Baltikum. Nach anfänglichem Protest gab England, gegen vage Zusicherungen für die baltische Bevölkerung, der sowjetischen Forderung nach, aber die USA weigerten sich beharrlich. Der im Bündnisvertrag zwischen England und der Sowjetunion verankerte Verzicht auf territoriale Ausweitung sowie der Grundsatz der Nichteinmischung in die inneren Angelegenheiten anderer Staaten sollten nach Auffassung Stalins keinesfalls für seine Erwerbungen seit 1939 gelten. Dagegen beharrten beide Westmächte darauf, die Interessen Polens, repräsentiert durch die Exilregierung in London, bei

Churchill, Roosevelt und Stalin auf der Konferenz von Jalta, dahinter die Außenminister Eden, Hull und Molotow.

Die sogenannte „Westverschiebung“ Polens im 20. Jahrhundert.

Festlegung der polnischen Ostgrenze zu wahren, auch wenn sie die polnische Forderung nach Rückgabe aller Territorien nicht unterstützten, da die gegenwärtige sowjetisch-polnische Grenze weitgehend der von den Briten selbst 1919 vorgeschlagenen Curzon-Linie entsprach. Polen sollte sich auf Kosten Deutschlands im Westen entschädigen.

Der Sieg der Sowjetarmee bei Stalingrad Ende Januar 1943 hob Stalins Prestige, verschärfte aber auch Spannungen mit den Westalliierten über die Zweite Front: Die Landung der Westalliierten in Nordafrika im November 1942 und in Italien im Sommer 1943 anerkannte Stalin nicht als vollgültige „Zweite Front“. 1943 endete mit einer Reihe von Konferenzen: In Teheran trafen Ende November Stalin, Roosevelt und Churchill zum ersten Male zusammen. Auf der Themenliste stand, außer den Erfordernissen der gegenwärtigen Situation, die Nachkriegsordnung. Die Alliierten einigten sich über die künftige polnisch-sowjetische Grenze entlang der Curzon-Linie und die Entschädigung Polens mit deutschen Ostprovinzen. Die territoriale Zerstückelung Deutschlands rückte ins Blickfeld, jedoch ohne feste Vereinbarungen. Ferner erörterten sie die sowjetische Beteiligung am Krieg gegen Japan und die Gründung einer Nachfolgeorganisation zum Völkerbund, der UNO. Die Konferenz endete in offensichtlicher Harmonie, vorausgegangene Spannungen schienen überwunden.

Das Jahr 1944 brachte weitere Erfolge der Alliierten gegen Deutschland und Japan. Mit der Invasion in der Normandie eröffneten die Westalliierten im Juni 1944 die Zweite Front: Im Herbst standen ihre Armeen an der Westgrenze, zu Jahresende die Sowjets an den Ostgrenzen des Reiches und kontrollierten weite Teile Osteuropas. Niederlage Deutschlands und Ende des Krieges in Europa zeichneten sich ab. Auf einer Besprechung in Moskau im Oktober 1944 griffen Churchill, Eden und Stalin das schon zuvor erörterte Thema der Einflußsphären der Großmächte auf. Churchill und Stalin einigten sich auf eine Aufteilung Südosteuropas: Rumänien, Bulgarien und Ungarn fielen der Sowjetunion zu, Griechenland galt als britisches Einflußgebiet, während Jugoslawien beiden Mächten offenstehen sollte. Sie versicherten sich gegenseitig strikter Nichteinmischung in die Politik der Mächte in den jeweiligen Einflußzonen.

Vom 4. bis 10. Februar 1945 trafen die Führer der Alliierten in Jalta auf der Krim zusammen. In Anbetracht des bevorstehenden Sieges über Deutschland wurden Entscheidungen zur Neuordnung der Welt notwendig. Auch der Krieg im Pazifik verlief erfolgreich, obwohl sein Ende noch nicht abzusehen war. Basis der neuen Weltordnung sollte die Zusammenarbeit der Alliierten bleiben, allen Mißhelligkeiten zum Trotz.

Roosevelt betonte die Verwirklichung seiner Idee der UNO als sinnfälligen Ausdruck des „One World"-Konzepts: In der Einen Welt, einer großen Gemeinschaft aller Völker, sollten Freiheit und Gleichheit als bestimmende Prinzipien gelten. Die USA, England, die Sowjetunion und China sollten im Rahmen der UNO gemeinsam für den Weltfrieden sorgen, gleichsam als Weltpolizisten mit Hilfe des UN-Weltsicherheitsrats. Daher suchte Roosevelt die Verständigung mit Stalin, um ihn von der Aufrichtigkeit der USA zu überzeugen und Mißtrauen abzubauen. Unterschiede zeigten sich beim Vetorecht der Großmächte und bei der Rolle der kleineren Staaten in der UNO. Stalin setzte die zusätzliche Aufnahme von zwei Sowjetrepubliken, der Ukraine und Weißrußlands, in die UNO durch, um bei Abstimmungen in der UN-Vollversammlung drei Stimmen für die Sowjetunion in die Waagschale werfen zu können, als Gegengewicht zu England mit seinen souveränen Dominien (Kanada, Australien, Neuseeland, Südafrika). Nach zähen Verhandlungen einigten sich die drei Mächte auf die Westverschiebung Polens, ohne die Grenze zu Deutschland im einzelnen festzulegen. Die von der Sowjetunion eingesetzte polnische Regierung, das Lubliner Komitee, sollte um einige Mitglieder der Londoner Exilregierung erweitert werden. Einigung erzielten die Alliierten über die gemeinsame Besatzungspolitik sowie deutsche Reparationsleistungen, jedoch nicht über die Höhe ihrer Anteile. Dem Wunsch der Westalliierten, Frankreich als Siegermacht stärker ins Spiel zu bringen und an der Besetzung Deutschlands einschließlich Berlins zu beteiligen und in die Kontrollgremien aufzunehmen, entsprach Stalin nur widerwillig. Die Sowjetunion sagte den Eintritt in den Krieg gegen Japan für einen späteren Zeitpunkt zu und erhielt dafür grünes Licht für Annexionen (Kurileninseln, Südsachalin) und Sicherung von Einflußzonen. Daß einige Abmachungen im Widerspruch zum feierlich proklamierten Selbstbestimmungsrecht standen, übersahen die Führer der Alliierten.

Die Potsdamer Konferenz (Juli 1945) brachte außer Details der Deutschlandpolitik (s. Kap. 4.1.1) wenig Zukunftweisendes. Umstrittene Fragen wie die endgültige Festlegung der polnischen Westgrenze überließen die Alliierten späteren Verhandlungen. Die vielzitierten Potsdamer Beschlüsse waren gedacht als Rahmenrichtlinien für den kommenden Friedensvertrag mit Deutschland. Aber schon bald zerbrach die „Anti-Hitler-Koalition", nachdem sie ihr äußeres Ziel erreicht hatte, an der strukturellen Unvereinbarkeit der beiden Hauptpartner, wie zuvor viele andere Bündnisse in der Geschichte.

1.2.1 Außenpolitik der UdSSR

In den Gebieten Osteuropas, die die Rote Armee erobert hatte, begann die Sowjetunion sofort mit dem Umsturz der politischen und sozialen Verhältnisse: Kommunisten übernahmen die Schlüsselstellungen, vor allem mit den Innenministerien die Polizei. Andere Parteien und Vereinigungen mußten sich in der „demokratischen" oder „nationalen Front" unter kommunistischer Führung zusammenschließen. Tatsächliche und vermeintliche Gegner wurden rigoros ausgeschaltet, teilweise mit brutaler Gewalt, gestützt auf die

Die Ausweitung des sowjetischen Machtbereichs in Europa seit 1939.

Rote Armee und sowjetische „Berater“. So begann ab 1945 die Sowjetisierung der vorgelagerten Länder Polen, Rumänien, Bulgarien und Ungarn. Auch in der Sowjetischen Besatzungszone (SBZ) setzte die „volksdemokratische“ Umwandlung ein (vgl. S. 479f.). Die Tschechoslowakei kam 1948 hinzu, als die KP, ohnehin nur dort in freier Wahl zur stärksten Partei aufgestiegen, mit einem Staatsstreich alle anderen politischen Kräfte gleichschaltete und ihre faktische Alleinherrschaft erzwang. So konsolidierte die Sowjetunion ihren Machtbereich in Mittelosteuropa mit einem Gürtel von Satellitenstaaten.

1.2.2 Außenpolitik der USA

Nach der Niederlage Deutschlands im Mai 1945 verlagerte sich das Schwergewicht der US-Politik zunächst zum Fernen Osten: Die beiden Atombomben auf Hiroshima und Nagasaki beschleunigten die Kapitulation Japans, zu dessen Besetzung die Rote Armee nicht mehr erforderlich war. Danach rückte Europa wieder in den Vordergrund: Zunehmend stieß die Sowjetisierung Osteuropas auf Kritik der Westalliierten. Churchills Bild vom „Eisernen Vorhang", der Europa zwischen Ost und West trennte, wurde sprichwörtlich. In Griechenland und Italien griffen England und die USA militärisch bzw. politisch ein, um die Kommunisten von der Macht fernzuhalten bzw. wieder zu entfernen.

Seit dem Tod Roosevelts im April 1945 traten die Kritiker seiner Politik gegenüber der Sowjetunion verstärkt auf den Plan. Das Vorgehen der Sowjets in Osteuropa und ihre Forderungen nach Militärstützpunkten an den Meerengen der Türkei sowie einem Protektorat über Libyen war ihnen Beweis für Stalins Expansionsstreben. Für den US-Botschafter in Moskau, Averell Harriman, den prominentesten Wortführer, bedrohte die UdSSR den Weltfrieden. Von der US-Regierung verlangten sie die Stabilisierung der Länder außerhalb des direkten Machtbereichs der Roten Armee. Trotz seines Versprechens, die Außenpolitik Roosevelts fortzusetzen, vollzog Truman den Kurswechsel. Die Innenpolitik, u. a. Rücksichtnahme auf den großen osteuropäischen Bevölkerungsanteil, schlug nachhaltig durch. Wirtschaftliche Abhängigkeit der Sowjetunion bot den Hebel, Moskau zu einer amerikanischen Vorstellungen entsprechenden Politik in Osteuropa zu veranlassen – Stop der Lieferungen aus dem Pacht- und Leihvertrag, Forderung nach Rückzahlung der Kriegsschulden und Ablehnung neuer Kredite. Fortan bestimmte die Containment-Politik (Eindämmung der sowjetischen Expansion) die Beziehungen zu Moskau.

Theoretische Grundlage bildete die Analyse der Sowjetpolitik durch George F. Kennan, Diplomat mit langjähriger Erfahrung in der Sowjetunion. Als Planungschef des State Department skizzierte er die „Containment"-Politik in einem Artikel in der Zeitschrift „Foreign Affairs" unter dem Pseudonym „Mr. X": Festigkeit und Entschlossenheit gegenüber sowjetischen Pressionen, wirtschaftliche und militärische Hilfe für gefährdete Nationen als Präventivmaßnahme (→ M 1).

Erster Konfliktfall war im Februar/März 1946 die sowjetische Verzögerung der vertraglich vereinbarten Räumung des Nordiran (Aserbeidschan). Schon zuvor hatten die USA der Sowjetunion Grenzen ihrer Expansion aufgezeigt. Nach der Sowjetisierung Persisch-Aserbaidschans und der Forderung an die iranische Regierung, der UdSSR Ölkonzessionen zu gewähren, erzwangen die USA über den UN-Weltsicherheitsrat den Rückzug der Sowjetarmee im April 1947. Der nächste Konflikt betraf die Türkei, ausgelöst durch die sowjetische Forderung nach Revision der Schiffahrtsregelung am Bosporus, Beteiligung an den Kontrollen und Stationierung sowjetischer Truppen vor Ort. England und die USA sahen den Mittelmeerraum sowie den Nahen und Mittleren Osten gefährdet, sollte sich die Sowjetunion durchsetzen. Eine harsche Protestnote ging nach Moskau, flankiert von der Konzentration amerikanischer Flotteneinheiten im östlichen Mittelmeer. Das US-Außenministerium kalkulierte den Einsatz der Streitkräfte ein. Stalin zuckte zurück. Im Januar 1947 signalisierte der Wechsel in der Führung des State Department von Byrnes zu General Marshall die Fortführung der anlaufenden Containment-Politik, und im Frühjahr 1947 übernahmen die USA von England auch die Last der militärischen Abwehr eines kommunistischen Aufstands in Griechenland.

1.3 Brennpunkte des Kalten Krieges, 1947–1953

1.3.1 Truman-Doktrin, Marshall-Plan, Kominform-Politik, Entstehung der Militärblöcke

Die Wirtschaftsentwicklung Westeuropas gab 1946/47 wenig Anlaß zu Optimismus: US-Anleihen des Vorjahres waren schnell verbraucht, ohne die Wirtschaft anzukurbeln. Die Industrieproduktion blieb unter dem Vorkriegsstand, England und Skandinavien ausgenommen. Der harte Winter verschärfte die Not: Brennstoffe und Nahrungsmittel fehlten, in Deutschland kamen Transportschwierigkeiten hinzu. Die USA und England befürchteten, Westeuropas schwere Krise könnte die Ausbreitung des Kommunismus begünstigen. Um eine ähnliche Entwicklung wie in der Weltwirtschaftskrise von 1929, diesmal nach links, zu verhindern, wollten die USA durch umfangreiche Finanzhilfen die Lage stabilisieren. Die kommunistische Bedrohung stand im Zentrum der Botschaft Trumans an den Kongreß am 12. März 1947: Der Präsident forderte direkte wirtschaftliche und militärische Hilfe für die Türkei und Griechenland und warb für eine aktive Politik zur Unterstützung aller freien Völker in Verteidigung ihres Rechts auf Selbstbestimmung. Beide Häuser des Kongresses bewilligten die beantragten 400 Millionen Dollar.

Am 5. Juni 1947 stellte Außenminister Marshall in Ergänzung des Hilfeversprechens des Präsidenten, der sog. Truman-Doktrin, das „Programm für den Wiederaufbau Europas" („European Recovery Program" – ERP) vor. In seiner Rede an der Harvard-Universität entwickelte er den Marshall-Plan – „Wiederherstellung einer funktionierenden

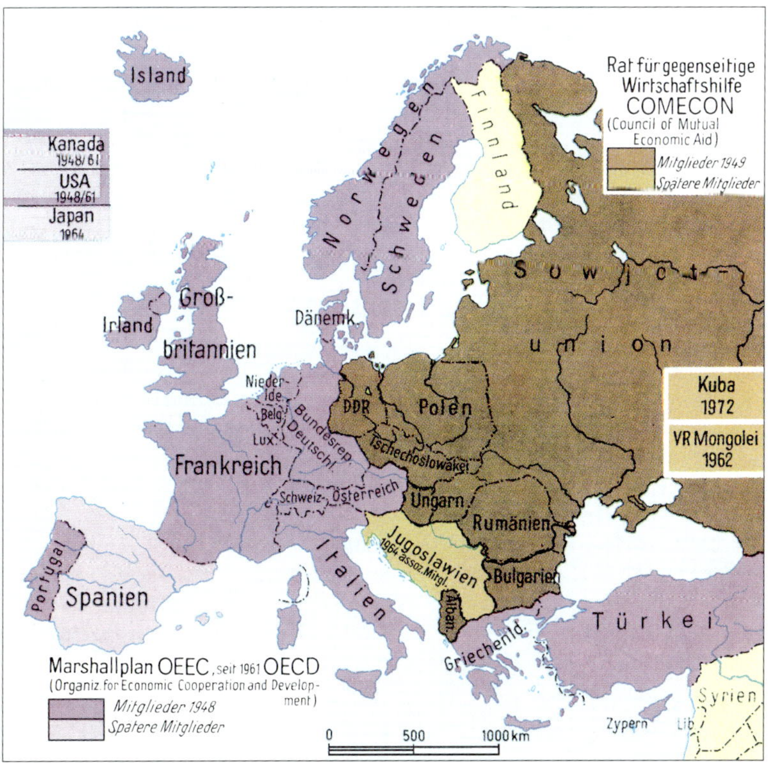

Marshallplan und COMECON.

Weltwirtschaft, und damit auch die Herstellung politischer und sozialer Verhältnisse, die zum Existieren freiheitlicher Institutionen nötig" seien. Das Hilfsangebot galt für jede Regierung, die den Wiederaufbau unterstützen wollte, schloß andererseits alle aus, „die es darauf abgesehen haben, das menschliche Elend zu einem Dauerzustand zu machen, um in politischer und anderer Hinsicht Nutzen daraus zu ziehen." (Marshall, zitiert nach Jürgen Weber). Nach anfänglichem Schwanken lehnte Stalin die Beteiligung am Marshall-Plan ab. Die Satellitenstaaten beugten sich massivem Druck und zogen ihre Zusage zurück. In Prag stürzten die Kommunisten darüber die Koalitionsregierung im Februar 1948.

Die Pariser Konferenz von 1947 gilt als Wendepunkt in den Ost-West-Beziehungen, denn fortan beendete die Sowjetunion ihre Kooperation mit den Westmächten. Für Moskau setzte Paris einen Schlußpunkt hinter jahrelange Auseinandersetzungen um Kredite, Reparationen, die Beteiligung der Sowjetunion an der Kontrolle des Ruhrgebietes und ihre Politik im entstehenden Ostblock. Das Mitglied des Politbüros, Shdanow, formulierte im September 1947 auf einer Tagung kommunistischer Parteiführer die Konsequenzen: Er brandmarkte die USA und ihre Verbündeten als Imperialisten und Kriegstreiber. Der Marshall-Plan diene der imperialistischen Expansion und Versklavung Europas. Er warnte vor der Gefahr eines imperialistischen Deutschland, gefördert von amerikanischen Monopolen. Shdanow stellte der „One World"-Konzeption der USA die „Zwei-Lager-Theorie" gegenüber – die Welt geteilt in ein imperialistisch-antidemokratisches und ein anti-imperialistisches, demokratisches Lager. Abschluß der Zusammenkunft bildete die Gründung des „Kommunistischen Informationsbüros" (Kominform) als Zusammenschluß der kommunistischen Parteien in Ost und West.

Das Kominform war deutliches Signal für die veränderten Beziehungen, denn es ersetzte die 1943 im Interesse der Zusammenarbeit mit den Westalliierten demonstrativ aufgelöste „Kommunistische Internationale" (Komintern). Die kommunistischen Parteien des Westens gaben jetzt die Taktik der Volksfrontpolitik* auf und unterstützten Streiks in ihren Ländern. In Frankreich und Italien zeigte die Strategie des Kominform Wirkung: Sie festigte in der Öffentlichkeit Westeuropas das Mißtrauen gegen die Sowjetunion und die kommunistischen Parteien, die überall im Westen aus den Übergangskoalitionen nach Kriegsende verdrängt wurden. Um die Jahreswende 1947/48 reagierten die Regierungen der Westmächte mit Konsultationen über gemeinsame Verteidigungsanstrengungen. Schon im März 1948 schlossen England, Frankreich und die Beneluxstaaten den Brüsseler Pakt als Defensivmaßnahme gegen einen bewaffneten Angriff in Europa. Hinzu trat die vertragliche Intensivierung der politischen und wirtschaftlichen Kooperation durch den Marshall-Plan. Die USA blieben aus innenpolitischen Erwägungen vorerst im Hintergrund, aber nach dem Staatsstreich in Prag drängten Franzosen und Briten Washington, sich dem militärischen Bündnis anzuschließen. Die ersten Schritte zu einem westlichen Block waren getan.

1.3.2 Berlin-Krise, 1948/49

Im anlaufenden Kalten Krieg einigten sich die Kriegsalliierten nach zähen Verhandlungen im Februar 1947 noch über Friedensverträge mit Italien, Ungarn, Bulgarien, Rumänien und Finnland, Deutschlands Kriegsverbündeten. Komplizierter war die Regelung für Deutschland und Österreich, da beide Länder und Hauptstädte von den Besatzungsmächten geteilt waren. Unterschiedliche Interessen konnten an der Nahtstelle der Großmächte zu schwerwiegenden Konflikten führen. In der Praxis erwies sich die Umsetzung der Potsdamer Beschlüsse als schwierig (s. Kapitel 4.1.7). Spätestens mit der Rede des

US-Außenministers Byrnes in Stuttgart am 6. September 1946 wurde deutlich, daß die USA aus ökonomischen und politisch-ideologischen Gründen eine Verständigung mit der UdSSR für unmöglich hielten und sich auf die Westzonen beschränkten. Die Behandlung Deutschlands als wirtschaftliche Einheit, von Anfang an eine Kompromißformel und durch die Reparationsregelung, nach der jede Siegermacht sich zunächst in der eigenen Besatzungszone bedienen sollte, weiter verwässert, verlor vollends ihre Basis.

Truman-Doktrin und Marshall-Plan sowie die sowjetische Reaktion darauf bestimmten ab 1947 die Politik der Mächte in Deutschland und die Tonart in der Öffentlichkeit. So unterstrich der Außenministerrat in London im November/Dezember 1947 die Entschlossenheit der Westalliierten, ihre Besatzungszonen in das Wiederaufbauprogramm des Marshall-Plans einzubinden. Sowjetische Reparationsforderungen lehnten sie rundweg ab. Die heftige Polemik des sowjetischen Außenministers Molotow gegen die USA und ihre westeuropäischen Partner zeigte das Ausmaß der Entfremdung. Verhandlungen versprachen keine Lösung der Probleme, zu Kompromissen fand sich keine Seite mehr bereit. So verfestigte sich die Teilung Deutschlands. Die Sowjetunion reagierte auf den Fehlschlag mit der Verhärtung ihrer Position im Alliierten Kontrollrat in Berlin. Nach erfolglosen Provokationen verließ sie am 20. März 1948 das interalliierte Gremium.

Die USA und England setzten jetzt ihre Deutschlandkonzeption zielstrebig um: Mit den Londoner Empfehlungen erging im Juni 1948 der Auftrag an die westdeutschen Ministerpräsidenten, eine Verfassung auszuarbeiten. Die Währungsreform vom 20. Juni 1948 schuf die wirtschaftlichen Voraussetzungen für die Teilnahme am Marshall-Plan. Als empfindliche Nadelstiche gedacht, verschärfte die UdSSR die Kontrolle des Eisenbahnverkehrs nach Berlin, bot den USA aber gleichzeitig Gespräche auf höchster Ebene an, um die Bildung eines westdeutschen Staates zu verhindern. Londoner Empfehlungen und Währungsreform demonstrierten jedoch die feste Haltung der USA. Daraufhin setzte die Sowjetunion den Hebel in Berlin an und verhängte ab 4. August eine Blockade gegen

Berliner Kinder spielen „Luftbrücke“.

die Westsektoren, um die mehrfach geforderten Verhandlungen zu erzwingen. Der Ost-West-Konflikt eskalierte. Als Alternative zu militärischen Aktionen zu Lande versorgte die alliierte Luftbrücke West-Berlin auf dem Luftwege mit dem Nötigsten. Mit der Berlinblockade bewirkte Stalin das Gegenteil seiner Absichten: Der Ausbau Westdeutschlands ging zügig voran, im Schatten der sowjetischen Bedrohung beschleunigten sich die politische Formierung des Westblocks und sein militärischer Zusammenschluß mit Bildung der Nordatlantischen Verteidigungsgemeinschaft (NATO) durch die USA und elf weitere Staaten im April 1949. Präsident Truman gewann im November 1949, entgegen allen Vorhersagen, die Wahl, nicht zuletzt aufgrund der Krise um Berlin. Als die Westmächte wider Erwarten selbst die prekäre Situation des Winters 1948/49 mit der Luftbrücke meisterten und dem Druck der Sowjetunion standhielten, erwies sich die Blockade als Fehlschlag. Moskau versuchte, den Konflikt zu beenden unter Wahrung des Gesichts, was nur zum Teil gelang. Im Mai 1949 hob Stalin die Blockade Berlins auf. Seine Antwort auf die Gründung des Weststaats war die Konstituierung der DDR.

1.3.3 Der Koreakrieg, 1950–1953

Neuer Konfliktherd wurde nach der Berlin-Krise der Ferne Osten. Dort sahen die USA ihre Position durch den Vormarsch des Kommunismus beeinträchtigt und ihre Sicherheit bedroht. In China erlebten sie ein totales Fiasko: Der von Washington gestützte General Tschiangkaischek floh im Oktober 1949 nach Formosa. Der Sieg Mao Zedongs und die Proklamation der Volksrepublik China gaben der kommunistischen Weltbewegung enormen Auftrieb. Danach machten republikanische Politiker und ein Teil der Öffentlichkeit die Regierung für den „Verlust Chinas“ verantwortlich. In der Innenpolitik schlugen die Wogen des Antikommunismus hoch (vgl. Kapitel 1.4). Schon im August 1949 hatten die Sowjets eine Atombombe gezündet, worauf Politiker und Militärs die verstärkte konventionelle Aufrüstung forderten, um den Verlust des Kernwaffenmonopols wettzumachen. Ende 1949 gewann die US-Regierung die Überzeugung, einer weltweiten kommunistischen Offensive gegenüberzustehen. Entsprechend verstärkte sie die Containment-Politik und dehnte sie auf andere Regionen aus, um das Vertrauen in die USA und die von ihr geführte „Freie Welt“ durch politische, wirtschaftliche und militärische Auslandshilfe zu festigen oder zu gewinnen. Der VR China verweigerten die USA die Anerkennung und den Zugang zur UNO. Im April 1950 stockte die Regierung den Rüstungshaushalt deutlich auf, nachdem sie schon zuvor den Bau der Wasserstoffbombe beschlossen hatte.

Am 25. Juni 1950 griffen Truppen des kommunistischen Nordkorea den Süden des Landes an. Korea, seit 1910 von Japan annektiert, wurde nach Vertreibung der Japaner 1945 zwischen den USA und der UdSSR entlang dem 38. Breitengrad in Besatzungszonen aufgeteilt. Jede Besatzungsmacht beeinflußte die politische und wirtschaftliche Entwicklung in ihrem Sinne. So entstand im Norden eine „Volksdemokratie“ unter Kim Il Sung, im Süden eine westliche Staatsordnung mit autoritären Zügen unter Syngman Rhee. Beide Teile strebten die Wiedervereinigung des Landes an, unter entsprechenden Vorzeichen. Partisanen aus dem Norden versuchten nach Abzug der US-Besatzungstruppen, die Entscheidung herbeizuführen. Den folgenden Angriff regulärer Verbände werteten die USA als Versuch einer von Moskau geförderten kommunistischen Expansion.

Unter dem Druck ihrer Kritiker, die an die Machtübernahme der Kommunisten in China erinnerten, demonstrierte Washington militärische Stärke, versuchte aber gleichzeitig, die Ausweitung des Konflikts – das Eingreifen der VR China und der Sowjetunion – zu vermeiden. Im Weltsicherheitsrat erwirkten die USA das Mandat der UNO für Militäropera-

Das westliche Bündnis als Damm gegen die „rote Flut". Westdeutsches Propagandaplakat für den Wehrbeitrag 1952.

tionen. Das Veto der UdSSR unterblieb, weil sie wegen der Verweigerung der Aufnahme Chinas die Sitzungen boykottierte. Über ein Dutzend weiterer UNO-Mitgliedsstaaten entsandten danach Truppenkontingente nach Korea. So wurde aus dem Bürgerkrieg ein internationaler Konflikt.

Als die UNO-Truppen unter US-General MacArthur weit in den Norden zur chinesischen Grenze vorstießen, griffen nach mehrfacher Vorwarnung „Freiwilligen"-Verbände der VR China auf seiten des Nordens in die Kämpfe ein und warfen die UNO-Kontingente zurück. Als Antwort auf die chinesische Intervention forderte MacArthur den Angriff auf China mit Atomwaffen. Da Truman ein Krieg als unkalkulierbares Risiko erschien, berief er den General im April 1951 ab. Der Krieg zog sich noch über zwei Jahre hin. Erst im Juli 1953, nach Stalins Tod, schwiegen die Waffen. Am Ende war der alte Zustand wiederhergestellt, von einer kleinen Grenzkorrektur zugunsten Südkoreas abgesehen.

In den USA und Westeuropa verstärkte der Koreakrieg die antikommunistische Grundstimmung, besonders in der Bundesrepublik aus Angst vor einer Wiederholung des koreanischen Musters in Europa. Die Westmächte rüsteten konventionell wieder auf und drängten auf einen westdeutschen Wehrbeitrag, den Bundeskanzler Adenauer 1950 auch zusagte. Zugleich bewirkten die verstärkten Rüstungsanstrengungen eine spürbare Belebung der Wirtschaft, auch in der Bundesrepublik und Japan, die vom „Korea-Boom" und den anfangs noch geringen Rüstungskosten profitierten. Beider „Wirtschaftswunder" begann eigentlich erst mit dem Koreakrieg. Die Propagandakampagnen der Blöcke – Antikommunismus im Westen, Antiimperialismus im Osten – ließen keine Differenzierungen zu. Die beiden deutschen Staaten hatten ihren festen Platz im Ost-West-Konflikt, beide standen vor der Wiederbewaffnung und Eingliederung in das jeweilige Militärbündnis.

1.3.4 Die „roll back"-Strategie

Die innere Entwicklung in den USA am Ende der Amtsperiode des Präsidenten Truman machte einen Wahlsieg der oppositionellen Republikaner wahrscheinlich. Der von Truman entlassene General MacArthur brachte sich selbst als Kandidat der Republikaner ins Gespräch, genoß er doch in der Öffentlichkeit großes Ansehen, vor allem als siegreicher Feldherr im Krieg gegen Japan. Seine Kritik an der Außenpolitik der Truman-Administration fand breite Zustimmung. Führende Kreise der Republikaner entschieden sich aber für einen anderen Kriegshelden, General Eisenhower, Oberbefehlshaber der westalliierten Streitkräfte im Krieg gegen Deutschland. Eisenhower, seit Januar 1953 neuer Präsident, machte den republikanischen Kongreßabgeordneten Richard Nixon, durch seine Aktivitäten in Senatsausschüssen als glühender Antikommunist bekannt, zum Vizepräsidenten. Außenminister wurde John F. Dulles, der die Containment-Politik der Demokraten stets als zu lasch verwarf und die Befreiung der von Kommunisten beherrschten Länder verlangte („roll back").

Die US-Politik blieb trotz der im Wahlkampf verstärkten antikommunistischen Rhetorik in der Praxis in ihren Grundzügen unverändert. Allerdings baute Dulles mit seiner „Politik der Stärke" einen Ring von Militärstützpunkten um die Sowjetunion auf, gestützt auf Militärbündnisse in Asien (SEATO) und im Mittleren Osten (Bagdad/CENTO-Pakt). Die atomare „massive Vergeltung" galt als neue Militärdoktrin. Nur die USA verfügten in jener Zeit über Langstreckenbomber und Raketen als Trägerwaffen. Dennoch versuchte Dulles nirgendwo ernsthaft ein „roll back", die Beseitigung kommunistischer Regime. Der Status quo* blieb insgesamt unangetastet. In Indochina veränderte er sich nach der Niederlage der Franzosen in Vietnam 1954 (vgl. Kapitel 1.6) sogar zugunsten der Kommunisten. Als nach Stalins Tod im März 1953 die Führung in Moskau zeitweilig größere Kompromißbereitschaft zeigte, gelang der Waffenstillstand in Korea.

1.4 Inneramerikanische Entwicklung Auswirkungen des Kalten Krieges

Die sowjetische Bedrohung zur Begründung des Kurswechsels in der Außenpolitik schlug auch auf die Innenpolitik durch. Parallel zum Hilfeversprechen an die durch den Kommunismus gefährdeten Staaten verkündete Truman im März 1947 das „Loyalty Program", das u. a. die Beschäftigung von Kommunisten verbot, als Auftakt zu den Aktivitäten des Kongreßausschusses unter Leitung des republikanischen Senators Joseph R. McCarthy, der in den folgenden Jahren der Innenpolitik seinen Stempel aufdrückte (McCarthyism*). Der Ausschuß untersuchte den Kulturbetrieb, die Unterhaltungsindustrie und die Medien, zitierte prominente Vertreter zu den Sitzungen und beschuldigte sie antiamerikanischer Aktivitäten oder „Umtriebe" („un-American activities"), damit kommunistischen „Sympathisantentums". Als sich der Ost-West-Konflikt durch den Sieg der chinesischen Kommunisten 1949 und den Koreakrieg 1950–1953 ausweitete, steigerte sich die Kommunistenfurcht noch weiter: Selbst die Demokratische Partei und die Regierung Truman gerieten ins Schußfeld der „Patrioten". Fälle von Spionage und Geheimnisverrat wurden ausgemacht, als es der Sowjetunion 1949 gelang, das Atomwaffenmonopol der USA zu brechen. 1950 verhafteten Sicherheitsbehörden das Ehepaar Rosenberg wegen des Verrats von Atomgeheimnissen an die UdSSR. 1951 vor Gericht gestellt und zum Tode verurteilt, wurden sie 1953 hingerichtet. Sogar der Wahlsieg der Republikaner und Amtsantritt des neuen Präsidenten Eisenhower hinderten McCarthy nicht daran, seinen „Kampf um Amerika" fortzusetzen. Die „Voice of America", weltweites Radioprogramm der USA, sah er von Kommunisten unterwandert. Zuletzt verstieg sich McCarthy zur Behauptung, auch in den Streitkräften wimmele es von Sympathisanten der Kommunisten. Präsident Eisenhower stellte sich schützend vor die Militärs und unterstützte die Bildung eines Senatsausschusses, der den Vorwürfen nachging. Das Fernsehen, das die öffentlichen Anhörungen übertrug, offenbarte vor Millionen Zuschauern die Maßlosigkeit der Anklagen des Senators, für die er keine Beweise beibringen konnte. Der Senat beendete 1954 das Verfahren mit einer Verurteilung McCarthys. Aber selbst auf dem Höhepunkt des „McCarthyism" blieben die USA ein liberaler

Rechtsstaat. Gravierender war die sich allmählich verschärfende Rassenproblematik: Die Afro-Amerikaner, Nachfahren schwarzer Sklaven aus Afrika, forderten immer drängender tatsächliche Gleichberechtigung, für die USA typisch mit einem Urteil vor dem US-Bundesgerichtshof 1955 zu Beginn der weltpolitischen Entspannungsphase.

1.5 Konfrontation und Koexistenz unter den Bedingungen des atomaren Patt

1.5.1 Von Stalins Tod bis zum Ungarnaufstand, 1953–1956

Stalins Tod am 5. März 1953 bedeutete eine tiefe Zäsur in der Entwicklung der Sowjetunion und der Welt. Seine persönliche Diktatur ließ sich weder fortsetzen noch wiederholen. Nach ihm übernahm eine kollektive Führung, die Troika* Malenkow, Berija, Chruschtschow, Partei und Staat. Interne Machtkämpfe entbrannten sofort, bekannte Personen verloren ihre Ämter, wurden kaltgestellt oder, so der Innenminister und stellvertretende Ministerpräsident Berija, erschossen. Malenkow kündigte die Neuorientierung der Wirtschaftspolitik an – Drosselung der Schwerindustrie, Priorität aller Wirtschaftsplanung zugunsten der Konsumgüterproduktion. Das „Tauwetter*" als erste zaghafte Lösung vom Stalinismus brachte Millionen von Häftlingen des GULAG* die persönliche Freiheit, ohne das totalitäre System in Frage zu stellen. Zur außenpolitischen

Die Paktsysteme in Europa 1949 bis 1989.

Entlastung propagierte Malenkow das Prinzip der „Friedlichen Koexistenz*" mit den kapitalistischen Ländern und deutete den Wunsch nach Entspannung an: Die Polemik gegen den Westen verschwand aus der Presse, Gesprächsfäden wurden neu geknüpft. Der Waffenstillstand in Korea (vgl. Kapitel 1.3.3) war eine erste Folge.

Die Viermächtekonferenz in Berlin Anfang 1954, vom Westen zur Behandlung der Deutschlandfrage vorgeschlagen, brachte keine Fortschritte: Dem westlichen Verlangen nach freien Wahlen in Deutschland stellte Moskau die Forderung nach Abschluß eines Friedensvertrages unter paritätischer Beteiligung beider deutscher Staaten entgegen. In Westeuropa ging der Integrationsprozeß weiter. Auf die Einbindung der Bundesrepublik in die NATO 1955 und die Wiederbewaffnung reagierte die UdSSR mit der offenen Militarisierung der DDR, die schon vorher getarnt angelaufen war – von der Kasernierten Volkspolizei (KVP) zur Nationalen Volksarmee (NVA). Im Mai 1955 schuf sie mit dem Warschauer Pakt ein Militärbündnis gegen die NATO. Die Blockbildung war abgeschlossen.

In der sowjetischen Partei- und Staatsführung gab es im Februar 1955 erneut Veränderungen: Malenkow trat zurück. Chruschtschow rückte an die Spitze mit Bulganin als Ministerpräsidenten. Das Gespann entfaltete rege Reiseaktivitäten ins Ausland. Trotz der unergiebigen Resultate der Berliner Konferenz und Auseinandersetzungen um die militärische Westintegration der Bundesrepublik schien sich das Verhältnis zum Westen zu entspannen. Die Machtbereiche waren abgesteckt. Noch im Mai 1955 setzten die Sieger des Zweiten Weltkrieges ihre Unterschriften unter den Staatsvertrag mit Österreich, der das Land neutralisierte. Die Genfer Gipfelkonferenz blieb in der Deutschlandfrage ergebnislos, aber sie beschloß eine Konferenz zu Vietnam. In den Abrüstungsgesprächen bot Präsident Eisenhower eine gegenseitige Luftinspektion („open sky") zur Sicherung gegen Überraschungsangriffe an, auf die die Führung der Sowjetunion allerdings nicht einging. Das Verhandlungsklima war auffällig angenehm, und in der Folgezeit wurde der „Geist von Genf" zur Beschwörungsformel der Entspannungsbefürworter. Im September 1955 nahmen die Bundesrepublik und die UdSSR diplomatische Beziehungen auf, obwohl die sowjetische Position in der Deutschlandfrage unverändert blieb und die Bundesregierung ihren Alleinvertretungsanspruch nicht durchsetzen konnte.

Auch die folgenden Monate waren angefüllt mit Reisen führender sowjetischer Politiker in alle Welt. So überwanden Chruschtschow und Bulganin 1955 den Bruch zwischen Stalin und Tito von 1948 mit ihrem demonstrativen Besuch in Belgrad. Die Politik der friedlichen Koexistenz nahm mit der „Offensive des Lächelns" Gestalt an. In seiner Geheimrede auf dem XX. Parteikongreß 1956 rechnete Chruschtschow mit dem Stalinismus ab und räumte die orthodoxe Position Shdanows von 1947, als er verschiedene Wege zum Sozialismus zugestand. Folgerichtig löste Moskau das Kominform als zentrale Instanz zur Lenkung der kommunistischen Weltbewegung auf, auch Ausdruck der Anerkennung verschiedener Zentren, außer Moskau nun Peking und Belgrad (Polyzentrismus).

Selbst in der Abrüstung ging die UdSSR offensiv vor, um die konventionelle Hochrüstung abzubauen, gestützt auf beachtliche Fortschritte in der atomaren Rüstung: Seit 1953 verfügte auch die Sowjetunion über die Wasserstoffbombe, und die Entwicklung von Interkontinentalraketen als Trägersysteme lief auf Hochtouren. Im Oktober 1957 versetzte Moskau dem Westen den „Sputnik"-Schock: Den Sowjets war es gelungen, vor den USA einen künstlichen Erdsatelliten in den Weltraum zu schießen. Jetzt schien der technologische Vorsprung der USA geschwunden. Als Antwort forcierte die US-Regierung die Entwicklung der Weltraumfahrt und Raketenwaffen, modernisierte das Bildungssystem mit dem Schwerpunkt der Naturwissenschaften.

„Tauwetter" und Entstalinisierung in Moskau bis 1956 hatten für den sowjetischen Machtbereich allerdings in den Satellitenstaaten schwerwiegende Konsequenzen: Konnte

Der Volksaufstand in Ungarn, November 1956.

die polnische KP-Führung die Bewegung nach dem Posener Aufstand noch im Zaume halten, weitete sich in Ungarn die innerparteiliche Entstalinisierung zu einer antikommunistischen und antirussischen Aufstandsbewegung aus. Als die neue Regierung Imre Nágy Anfang November 1956 den Austritt aus dem Warschauer Pakt verkündete und die Sowjetunion zum Abzug ihrer Truppen aufforderte, schlug Moskau den Aufstand militärisch nieder (→ M2).

Da England und Frankreich gleichzeitig, koordiniert mit dem zweiten Nahostkrieg, Suez angriffen, war die Position des Westens gegenüber der Sowjetunion äußerst schwach. Ägyptens Staatspräsident Nasser, wegen Waffenkaufs im Ostblock von den Westmächten von der bereits zugesagten Finanzierung des Baus des Assuanstaudamms abgeschnitten, hatte den Suezkanal verstaatlicht und sich die Unterstützung der Sowjetunion gesichert. Sie drohte England und Frankreich mit dem Einsatz sowjetischer Truppen und sogar mit der Atombombe. Die Eisenhower-Administration mußte mitten im Wahlkampf das imperialistische Suezabenteuer ihrer Verbündeten beenden. Die Hilferufe der Ungarn an den Westen dagegen blieben unbeantwortet. Die „roll back"-Politik erwies sich als leere Rhetorik wie schon beim Aufstand vom 17. Juni 1953. Vor einem „heißen" Krieg schreckte Dulles doch zurück, und von der „Politik der Stärke" blieb wenig übrig. Das Ansehen des Westens und die Glaubwürdigkeit der USA erlitten großen Schaden. Die US-Regierung entschied sich 1956 für die Militärstrategie der massiven atomaren Vergeltung gegen einen sowjetischen Angriff und ersetzte konventionelle Streitkräfte durch Kernwaffen. Nun forderte auch Bonn die Ausrüstung der Bundeswehr mit taktischen Atomwaffen. Gegner dieser Politik unterstützten den Vorschlag des polnischen Außenministers Rapacki, eine atomwaffenfreie Zone in Mitteleuropa einzurichten. Selbst Kennan zählte dazu, und auch die Sowjetunion machte sich die Anregung zu eigen.

1.5.2 Neue Konfrontationen, 1957–1963

Nachdem die NATO Ende 1957 die Umsetzung der Umrüstungspläne im ganzen Bündnisgebiet bestätigte und im Mai 1958 der Bundestag in Bonn die Ausrüstung der Bundeswehr mit Kernwaffen billigte, setzte die UdSSR erneut den Hebel in Berlin an, um auf die Westmächte Druck auszuüben: Im November 1958 forderte Moskau den Abschluß eines Friedensvertrags mit beiden deutschen Staaten innerhalb von sechs Monaten und Umwandlung West-Berlins in eine „freie und entmilitarisierte Stadt". Sonst würde die DDR die Kontrolle der Zugänge nach West-Berlin erhalten. Das sowjetische Berlin-Ultimatum sollte Verhandlungen zur Anerkennung des Status quo und Verzicht auf Atomwaffen für die Bundeswehr erzwingen. Zwar stimmte der Westen Verhandlungen in Genf im Beisein von Vertretern beider deutscher Staaten zu, lehnte jedoch die Anerkennung

„Die Bezwinger des Kosmos". Aquarell des sowjetischen Malers Dejneka, 1961.

der DDR und ein atomwaffenfreies Mitteleuropa ab. Das Berlin-Ultimatum trieb Hunderttausende DDR-Bürger zur Flucht über West-Berlin bis zur Errichtung der Berliner Mauer (1961).

Chruschtschows Besuch in den USA 1959 versprach Fortschritte in der Entspannungspolitik (→ M 3), aber in der Berlin-Frage konnte der Westen aus Prestigegründen keine Kompromisse schließen. Im Mai 1960 ließ Chruschtschow in Paris die Gipfelkonferenz spektakulär platzen unter propagandistischer Ausschlachtung des Abschusses eines US-Spionageflugzeugs vom Typ U-2 über der Sowjetunion. Der Pilot wurde gefangengenommen, vor Gericht gestellt, aber nicht zum Tode verurteilt. Mit einem prestigeträchtigen Erfolg im Rücken, dem ersten bemannten Weltraumflug, nutzte Chruschtschow im Juni 1961 die Begegnung mit dem neuen US-Präsidenten, John F. Kennedy (1961–1963), in Wien zur Erneuerung der ultimativen Forderungen in der Deutschlandfrage, die Kennedy mit den „three essentials*" beantwortete. Auf den Bau der Berliner Mauer am 13. August 1961 reagierten die USA mit verbalen Protesten und militärischen Demonstrationen an den Sektorenübergängen.

Der Ost-West-Gegensatz eskalierte in der Kubakrise im Oktober 1962: Lagen bislang die Krisenherde fernab der USA, so wurde der Konflikt nun vor die Haustür getragen und berührte ihre Sicherheit unmittelbar. In Kuba hatte Fidel Castro 1959 nach mehrjährigem Guerillakrieg das von den USA gestützte Battista-Regime vertrieben. Von Beginn an bekämpfte ihn die Regierung Eisenhower, erst recht nach der Agrarreform, die auch amerikanischen Besitz erfaßte. Als Castro 1960 diplomatische Beziehungen zur Sowjetunion aufnahm, antworteten die USA mit Boykott, denn sie sahen die Anlehnung Castros an Moskau als Teil der kommunistischen Weltrevolution. Ganz Lateinamerika schien gefährdet. Exilkubanische Formationen, von den USA finanziert und ausgebildet, landeten 1961 auf der Insel an der Schweinebucht, um Castro zu verjagen. Das Unternehmen endete in einem Desaster, Kubas Bindungen zur Sowjetunion wurden noch enger. Wirtschafts- und nun auch Militärhilfe stabilisierte Castros Herrschaft, wurde aber für die UdSSR zu einer enormen finanziellen Belastung.

Als Mitte 1962 die Sowjetunion mit dem Bau von Raketenstellungen begann (→ M 4) – auf Ersuchen Castros und nur zum Schutz vor weiteren Angriffen der USA, wie die Sowjets argumentierten –, sah Washington neben der unmittelbaren Bedrohung des eigenen Landes die Sicherheit der westlichen Hemisphäre insgesamt und damit den Status quo gefährdet(→ M 5). Da die Raketen unter größter Geheimhaltung nach Kuba gebracht wurden, interpretierten die USA die Aktivitäten der Sowjetunion als Aggression und verlangten ultimativ den Abzug der Waffen, verstärkt durch eine Quarantäne über Kuba (Sperre des Zugangs) – als „Akt der Selbstverteidigung", so die USA, als „Akt der Piraterie", so die UdSSR. In den folgenden Tagen spitzte sich die Lage zu, als sowjetische mit Raketen beladene Frachter auf den Blockadering der US-Marine zuliefen und die Konfrontation zum Nuklearkrieg zu eskalieren drohte. Die Schiffe drehten jedoch ab, Chruschtschow bot Kennedy den Abtransport der Raketen unter UNO-Kontrolle an gegen die Garantie, daß sich die USA jeden Angriffs auf Kuba enthalten, und verlangte den Abbau der gegen die Sowjetunion gerichteten US-Raketen in der Türkei. Kennedy stellte Abrüstungsgespräche nach der Beilegung der Krise in Aussicht; der Abzug der veralteten Raketen aus der Türkei war 1961 ohnehin schon beschlossene Sache.

Die Kubakrise – Höhepunkt der Ost-West-Konfrontation im Kalten Krieg, denn tagelang stand die Welt am Rande des Nuklearkrieges – schärfte das Bewußtsein der Regierenden in Ost und West für ihre Verantwortung: Die Verhinderung des Krieges zwischen den Weltmächten, der die Menschheit insgesamt vernichten könnte, zwang zur Kooperation trotz machtpolitischer und ideologischer Gegensätze. So eröffnete der Oktober 1962 zugleich die Wende zur Entspannung: Nachdem sich die Lage beruhigt hatte, bescheinigte Kennedy seinem Gegenspieler Chruschtschow, er habe eine „staatsmännische Entscheidung" getroffen und „einen bedeutsamen und konstruktiven Beitrag zum Frieden" geleistet. Auf die Frage nach dem Sieger und Verlierer über Kuba antwortete Chruschtschow, daß „die Vernunft, die Sache des Friedens und die Sicherheit der Völker gewonnen haben."

Die Kubakrise in der zeitgenössischen Karikatur:

„Was für eine Unverschämtheit, mir Raketen vor die Haustür zu stellen!" Karikatur aus dem Londoner „Evening Standard".

„Einverstanden, Herr Präsident, wir wollen verhandeln ...". Englische Karikatur.

1.5.3 Friedliche Koexistenz

Die Regierungen in Washington und Moskau zogen die notwendigen Konsequenzen: Statt Krisenbewältigung kam es vor allem auf Krisenvermeidung an (→ M 6). Im Juni 1963 schalteten die USA und die UdSSR eine ständige Fernschreibverbindung („Heißer Draht"), um die Kommunikation zwischen den Supermächten bei Bedarf sofort sicherzustellen. Im Rahmen der Gespräche über Abrüstung und Rüstungsbegrenzung einigten sich die Sowjetunion, die USA und England schon im Juli 1963 auf die Beschränkung von Kernwaffentests auf unterirdische Versuche. Seit 1958 auf der Tagesordnung, war das Problem jetzt zu lösen, weil sich alle Seiten kompromißbereit zeigten.

Im Oktober 1964 stürzte Chruschtschow, weil allen Reformversuchen zum Trotz die Effizienz der Wirtschaft gering blieb. Neben dem persönlichen Führungsstil geriet auch seine Abrüstungs- und Entspannungspolitik nach der Kubakrise in die Kritik: Militärische Kreise wie „Ideologen" warfen ihm vor, durch den Konflikt mit der KP Chinas die kommunistische Weltbewegung gespalten zu haben. Die neue Führung – Breschnew als Generalsekretär und Kossygin als Leiter des Ministerrats – setzte Prioritäten in innenpolitischen Reformen, während sie in der Außenpolitik Kontinuität wahrte. Bemühungen um Verbesserung der Beziehung zum Westen flankierte sie durch große Rüstungsanstrengungen: Interkontinentalraketen und forcierter Ausbau der U-Boot-Flotte als Trägersystem, die Stationierung eines größeren Marineverbandes im Mittelmeer und größere Präsenz auf allen Weltmeeren unterstrichen den Anspruch auf den Status einer Weltmacht.

Gegenüber den USA vermied die Sowjetunion trotz Vietnamkrieg (vgl. Kapitel 1.6) jede unmittelbare Konfrontation. Zwar ging die antiimperialistische Propaganda und Unterstützung der Proteste gegen den Krieg weiter, und Nordvietnam erhielt umfangreiche Militärhilfe; dennoch setzte Moskau mit Washington Gespräche über Rüstungsbegrenzung fort bis zum Kernwaffensperrvertrag 1968, um die Zahl der Atommächte zu begrenzen und die nukleare Abrüstung zu erleichtern. Gleichzeitig liefen vorbereitende Gespräche über strategische Waffen (SALT = Strategic Arms Limitation Talks), Dauerthema der folgenden zwei Jahrzehnte. Beide Mächte schlossen Abkommen über Konsularfragen, direkte Flugverbindungen und Kulturaustausch. Interne Widersprüche im Ostblock kulminierten in der militärischen Besetzung der ČSSR durch Truppen des Warschauer Pakts zur Unterdrückung des „Prager Frühlings" im August 1968. Die Breschnew-Doktrin* bekräftigte enge Grenzen, in denen politischer Wandel im Sowjetreich erlaubt war.

Einmarsch sowjetischer Truppen in Prag im August 1968.

1.6 Die USA und der Vietnamkrieg, 1946–1975

Vietnam, Teil des französischen Kolonialreiches in Indochina, wurde 1942 von japanischen Truppen besetzt. Nach der Niederlage Japans 1945 rief die von Kommunisten geführte Partisanenbewegung des Viet Minh, an ihrer Spitze Ho Chi Minh (1945–1969), die Demokratische Republik Vietnam aus, mit Hanoi, im Norden Vietnams, als Regierungssitz. 1950 erkannten die Sowjetunion und die VR China den Staat an, die USA dagegen die von Frankreich 1949 in Saigon eingesetzte „nationale" Regierung. Die Restauration der französischen Kolonialherrschaft hatte 1946 zum Krieg mit Guerillaverbänden Ho Chi Minhs geführt. Die „Vietnamesische Volksarmee" gewann durch soziale Reformen in den von ihr kontrollierten Gebieten die Unterstützung der Bevölkerung. Chinas Militärhilfe ermöglichte bald offensive Operationen.

Im Rahmen der „containment/roll back"-Strategie weiteten die USA ihre Militär- und Wirtschaftshilfe an Frankreich aus (→ M 7), konnten aber die kriegsentscheidende Niederlage der französischen Kolonialtruppen in der Dschungelfestung Dien Bien Phu im Mai 1954 nicht verhindern. Die Genfer Konferenz der Großmächte im Juli 1954 beschloß die Teilung Vietnams am 17. Breitengrad, aber auch die Wiedervereinigung durch Wahlen bis 1956. In Südvietnam errichtete Ngo Dinh Diem ein antikommunistisches, autoritäres Regime, das jegliche Opposition unterdrückte. Das Genfer Abkommen sabotierte er rundheraus. Umfangreiche Wirtschafts- und Militärhilfe der USA sicherte sein politisches Überleben. Indessen baute Ho Chi Minh Nordvietnam unter sozialistischem Vorzeichen aus, mit Unterstützung Moskaus und Pekings.

Als Diem 1963 Teile der Armee und buddhistische Mönche (Selbstverbrennungen) gegen sich aufbrachte, beendete ein Putsch sein Leben. Auf dem Lande wuchs der Einfluß des Vietcong*, verschlechterte sich die Position der Regierung Südvietnams, und verstärkt sickerten aus dem Norden Einheiten der Guerillabewegung ein. US-Präsident Kennedy entsandte weitere Militärberater, deren Zahl von 2000 (1960) auf ca. 16 000 (1963) anstieg. Südvietnam geriet in völlige Abhängigkeit von den USA. Das Engagement Washingtons erreichte unter Präsident Johnson (1963–1969) sein größtes Ausmaß. Nach einem (angeblichen) nordvietnamesischen Angriff auf US-Kriegsschiffe im Golf von Tonking im August 1964 – die Umstände blieben im dunkeln – bombardierten US-Luftstreitkräfte ab Februar 1965 Ziele in Nordvietnam und Nachschublinien des Vietcong im Süden. Gleichzeitig verstärkte Washington die Kampftruppen. Die amerikanische Taktik, den Guerillas durch Umsiedlung von Bevölkerungsgruppen und Verwüstung weiter Landstriche, z. B. durch „Entlaubung" aus der Luft mit dioxinhaltigen Chemikalien, die Basis zu entziehen, schlug fehl, hinterließ aber immense ökologische Dauerschäden.

Weil der Krieg trotz technischer Überlegenheit nicht zu gewinnen war, stellten die USA im Mai 1968 die Bombardierung des Nordens zeitweilig ein. Gleichzeitig begannen in Paris Gespräche zwischen den kriegführenden Parteien, zunächst ohne greifbaren Erfolg. US-Präsident Nixon (1969–1974), im Wahlkampf mit dem Versprechen aufgetreten, den Krieg zu beenden, bereitete durch deutliche Truppenreduzierung eine Verhandlungslösung vor. Die „Vietnamisierung" des Konflikts verlagerte die Hauptlast des Krieges auf die südvietnamesische Armee. Nixons Besuch der VR China im Februar 1972 auf Einladung Mao Zedongs normalisierte die Beziehungen zwischen beiden Ländern und eröffnete auch die Lösung des Vietnamproblems: Nach Geheimverhandlungen schlossen die USA und Nordvietnam im Januar 1973 ein Waffenstillstandsabkommen, das den Rückzug der US-Truppen unter „ehrenvollen Bedingungen" ermöglichte. Als die letzten Soldaten Ende März vietnamesischen Boden verließen, war für die USA der Vietnamkrieg zu Ende. Trotz massiver amerikanischer Unterstützung brach Anfang 1975 der Wider-

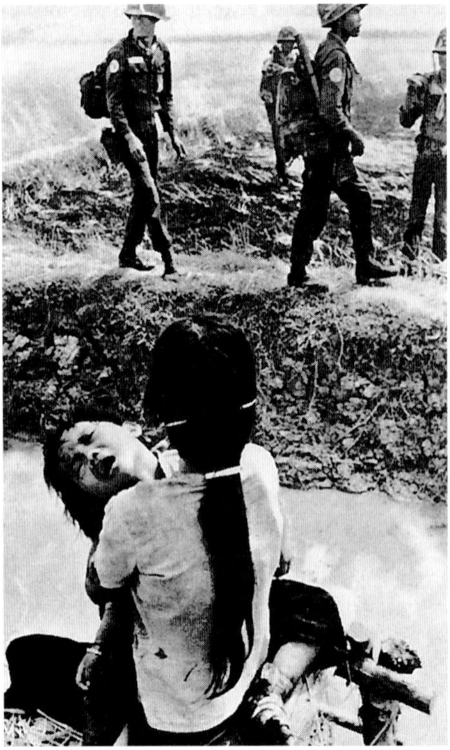

Vietnamesisches Mädchen mit seiner verwundeten Schwester im Arm. Im Hintergrund südvietnamesiche Soldaten.

stand der südvietnamesischen Streitkräfte zusammen, und der Norden vereinigte beide Landesteile zur „Sozialistischen Republik Vietnam".

Kein Krieg hat die USA so aufgewühlt wie der Vietnamkonflikt. Tagtäglich trug das Fernsehen das Geschehen in die Wohnzimmer der US-Bürger. Die Bilder von der Einnahme Saigons, Besetzung der amerikanischen Botschaft und panischen Flucht des Botschaftspersonals trafen die USA wie ein Schock. Vietnam wurde zum Trauma. Danach lag auf der Außenpolitik der Schatten dieses „schmutzigen Krieges": Verbrechen amerikanischer Soldaten wie das Massaker von My Lai, durch das ca. 300 vietnamesische Zivilisten ihr Leben verloren, gezielte Umweltzerstörung, ausgedehnte Bombardierungen – in Vietnam fielen angeblich mehr Bomben als im Zweiten Weltkrieg insgesamt –, der Einsatz der Kriegsmaschinerie der Supermacht gegen ein Land, das seine koloniale Vergangenheit abzuschütteln versuchte, der offenkundige Widerspruch zu den proklamierten Idealen trieben einen Teil der Bevölkerung, besonders die akademische Jugend, zum Widerstand. Fälle von demonstrativer Wehrdienstverweigerung und Desertion wurden bekannt. Die verantwortlichen Politiker hingegen beriefen sich auf die „schweigende Mehrheit" zur Legitimation ihrer Kriegführung. Die Protestbewegung schwoll Ende der sechziger Jahre weltweit stark an. Im November 1969 marschierten annähernd eine Viertelmillion Demonstranten gegen die Vietnampolitik in Washington auf. Lange haftete der Vietnamkrieg im Bewußtsein der amerikanischen Öffentlichkeit. Literatur, Fernsehen und Film nahmen sich des Themas an und arbeiteten es auf, um die Schäden aufzuzeigen, die Vietnam an Körper und Seele von Individuen, an der amerikanischen Gesellschaft (u. a.: Drogenprobleme) insgesamt hinterlassen hatte. Dazu litten die Streitkräfte an der demütigenden Niederlage des südvietnamesischen Verbündeten. Auch der Stachel des eigenen eher unrühmlichen Abzugs saß tief. Erst der Krieg um Kuwait befreite die USA vom „Vietnam-Syndrom."

1.7 Entspannungspolitik, 1970–1980

Hatte der Sowjetunion in Europa bislang der angebliche Revanchismus und Militarismus der Bundesrepublik als Argument gedient, so noch bei der Intervention in der ČSSR, mußte sie hiervon vollends abrücken, als 1969 die Brandt-Scheel-Regierung ihre neue Ostpolitik eröffnete. Die SPD/FDP-Koalition fand mit dem Moskauer und Warschauer

Vertrag 1970 Anschluß an die internationale Entspannung und gab ihr zusätzliche Impulse. Breschnew hatte schon 1969, nach der Invasion der ČSSR, eine Konferenz für Sicherheit und Zusammenarbeit in Europa (KSZE) vorgeschlagen. Jetzt fand sie Resonanz im Westen, nachdem die UdSSR ihren Widerstand gegen die USA und Kanada als außereuropäische Staaten aufgegeben hatte. Zur Lösung ihrer Wirtschaftsprobleme benötigten die Sowjets bessere Beziehungen zu Westeuropa und den USA. Nixons Besuch in Moskau im Mai 1972 war der erste offizielle Aufenthalt eines US-Präsidenten in der Sowjetunion. Neben einem Handelsvertrag war das SALT I-Abkommen der unmittelbare Ertrag der Reise. Im Gegenzug besuchte Breschnew im Juni 1973 die USA und unterzeichnete mehrere Abkommen, die die Zusammenarbeit der beiden Weltmächte auf vielen Gebieten fördern sollten.

In der KSZE-Schlußakte vom 1. August 1975 mußte die Sowjetunion in Helsinki in der Frage der Menschenrechte und Grundfreiheiten weitgehende Zugeständnisse machen, wollte sie ihre Ziele, Anerkennung des territorialen Status quo und Wirtschaftshilfe, erreichen, gegen internen Widerstand von Stalinisten (W. Ulbricht: „Aggression auf Latschen!"): Freizügigkeit für Menschen, Informationen und Ideen höhlten langfristig in der Tat die kommunistischen Systeme von innen und unten aus. Mit „vertrauensbildenden Maßnahmen" verpflichteten sich die Vertragspartner zur Vorankündigung militärischer Operationen wie Großmanöver u. ä., die ausländische Experten beobachten konnten. Unumstritten waren Vereinbarungen über wirtschaftliche, wissenschaftlich-technische Zusammenarbeit sowie ökologische Grundsätze. Die Umsetzung der Schlußakte sollte auf Folgekonferenzen erfolgen, das erste Mal 1977 in Belgrad. Schon dieses Treffen machte deutlich, wie sehr die Ergebnisse hinter den Erwartungen zurückblieben.

Konferenzen zur Rüstungsbegrenzung und Abrüstung kamen nicht voran, da beide Seiten beim Rüstungsstand unterschiedliche Kriterien anlegten. Das gegenseitige Mißtrauen gewann erneut die Oberhand. Auch in der ideologischen Auseinandersetzung hielt sich die UdSSR kaum zurück, da sie besonders in der DDR die „ideologische Abgrenzung" zum Westen forcierte und die KP Portugals unterstützte. In Afrika, vor allem Äthiopien ab 1974, und im Nahen Osten verstärkte die Sowjetunion vor und nach Unterzeichnung der KSZE-Urkunde ihre Präsenz, in Angola und Mosambik durch kubanische „Freiwillige" ab 1975/76. Entsprechend wuchs in den USA Kritik an der Sowjetunion und den Abrüstungsgesprächen. Auf beiden Seiten mit großem Einfluß auf die politischen Entscheidungen, entwickelte die Rüstungsindustrie neue Technologien, die Ansätze zur Rüstungsbegrenzung zusätzlich belasteten, so daß Spannungen zwischen den USA und der UdSSR wieder zunahmen.

US-Präsident Carter (1977–1981) machte die Einhaltung der Menschenrechte in der Welt zu seinem Hauptanliegen, besonders im sowjetischen Machtbereich. Dort gerieten Menschenrechtsgruppen, die sich auf das Helsinki-Dokument beriefen, in die Fänge des Sicherheitsapparates. Als Carter die UdSSR und die Ostblockstaaten an ihre Verpflichtungen erinnerte, schlugen seine Anklagen negativ auf die Gespräche zur Rüstungsbegrenzung durch. Auf Drängen einiger westeuropäischer Regierungschefs gelang dennoch im Juni 1979 die Unterzeichnung des SALT II-Abkommens. Ein SALT III-Vertrag sollte bis 1985 unterschriftsreif sein.

Neuen Konfliktstoff barg die forcierte Aufrüstung der UdSSR seit 1976 mit SS 20-Mittelstreckenraketen, worauf die NATO im Dezember 1979 mit dem „Doppelbeschluß" reagierte – Aufstellung von cruise missiles (Marschflugkörpern) und Pershing II-Raketen in Westeuropa, es sei denn die Sowjets reduzierten ihre SS 20-Raketen. Gegen den NATO-Doppelbeschluß lief Anfang der 80er Jahre, besonders in der Bundesrepublik, eine „Friedensbewegung" Sturm, die sich dem Vorwurf ausgesetzt sah, im Einklang mit der sowjetischen Rüstungs- und Außenpolitik zu stehen.

Schon zuvor hatte die Sowjetunion Ende Dezember 1979 mit dem Einmarsch ihrer Truppen in Afghanistan die Ost-West-Beziehungen weiter verschlechtert. In Afghanistan hatte 1973 ein Militärputsch die Monarchie beseitigt. Kommunisten, in sich ethnisch gespalten, übernahmen später die Macht, stießen aber auf den Widerstand islamischer Gruppen, die seit dem Sieg der Islamischen Revolution im Iran 1979 die Regierung in Kabul zu stürzen drohten. Neben dem Verlust seines Einflusses in Afghanistan befürchtete Moskau das Übergreifen des Fundamentalismus auf seine muslimischen Republiken im Süden der UdSSR und die Destabilisierung seiner Herrschaft.

Mit seiner militärischen Intervention riskierte Moskau das Ende der Entspannung. Prompt antworteten die USA mit Sanktionen, neben dem Embargo für Getreide und hochtechnisierte Ausrüstung mit dem spektakulären Boykott der Olympischen Spiele in Moskau 1980, dem sich neben England und der Bundesrepublik noch eine Reihe von Staaten anschlossen. Die verbale Auseinandersetzung führten beide Seiten wieder mit dem Vokabular des Kalten Krieges. Die USA beschleunigten das Aufrüstungsprogramm der Interkontinental- und Mittelstreckenraketen. Die Wahl des Republikaners Ronald Reagan zum neuen Präsidenten der USA Ende 1980 gab den Entspannungskritikern Auftrieb. Reagan sprach ihnen aus der Seele, als er die Sowjetunion als „Reich des Bösen" (The Empire of Evil) apostrophierte. Ein kalter Wind wehte wieder zwischen den Blöcken (→ M 9, M 10).

1.8 Die Ära Reagan/Gorbatschow, 1981–1991

Die schwere außenpolitische Bürde, die sich die Sowjets mit dem Afghanistankrieg aufgeladen hatten, zeigte auch innenpolitisch Wirkung: Die anhaltenden Kämpfe in Afghanistan, das Bekanntwerden der Verluste, die Einberufung Wehrpflichtiger zum Einsatz im Kampfgebiet machten der Öffentlichkeit den Kriegszustand bewußt. Wie der Vietnamkrieg für die USA eröffnete der Afghanistankrieg den Abstieg der UdSSR als Weltmacht, aber gleichsam im freien Fall. Die größte Gefahr ging von der Wirtschaftskrise in den RGW-Staaten, aber auch in der Sowjetunion selbst, aus. In Rumänien und Polen uferten die Probleme zur Systemkrise aus. Ehrgeizige Industrialisierungsprogramme, von westlichen Kreditgebern oft großzügig finanziert, führten zu einer starken Verschuldung. Mit der chronischen Vernachlässigung der Landwirtschaft verschlechterte sich die Versorgung mit Grundnahrungsmitteln. Im August 1980 mündeten Streiks in Polen, ausgehend von Danziger Werftarbeitern, in die Gründung der unabhängigen Gewerkschaft „Solidarność" unter Lech Walesa, die mit Millionen von Mitgliedern zum Zentrum der Reformbewegung aufstieg. Massenproteste zwangen die Partei- und Staatsführung zum Austausch der Führungskader, ohne aber grundlegende Verbesserungen zu erreichen.

Vielmehr stellte die permanente Krise in Polen das kommunistische System insgesamt in Frage, konnte doch der „polnische Bazillus" auf andere Staaten des RGW überspringen. Eine militärische Intervention in Polen gemäß der Breschnew-Doktrin nach dem Beispiel von 1968, wie sie Honecker und einflußreiche sowjetische Kreise forderten, war ein zu großes Risiko, schon weil sich Moskau kein zweites Afghanistan, jetzt im Westen, leisten konnte. Am Ende scheiterte auch die interne Lösung: Dem angekündigten Generalstreik begegnete der Partei- und Regierungschef, General Jaruzelski, am 13. Dezember 1981 mit Verhängung des Kriegsrechts und Internierung Hunderter von Oppositionsführern. Die USA griffen wieder zu Wirtschaftssanktionen gegenüber Polen wie der UdSSR, die sie für die Maßnahmen der polnischen Militärs verantwortlich machte (→ M 9). Ein Teil der westeuropäischen Staaten, vor allem die Bundesrepublik und Frankreich, verweigerten sich jedoch den USA. Trotz Afghanistan und Polen gingen Verhandlungen über Abrüstung und Rüstungsbeschränkung weiter: NATO und Warschauer Pakt einigten sich über Truppenreduzierungen in Europa, in Genf verhandelten die Sowjets über Mittelstreckenraketen, auch im Rahmen der UNO-Abrüstungskonferenz.

Als Breschnew 1982 starb, traten die innersowjetischen Probleme deutlich hervor: Das Land stand vor hausgemachten Schwierigkeiten, die sich durch westliche Sanktionen und die Krisen in anderen RGW-Staaten noch vergrößerten. Das System war erstarrt („Stagnation"), symbolisiert in seiner „Gerontokratie" (Herrschaft der Greise): Die meisten leitenden Funktionäre waren über 70 Jahre alt und gesundheitlich angeschlagen. Der neue Generalsekretär Andropow, schon todkrank, versuchte erste Wirtschaftsreformen. Um die hohen Rüstungslasten herunterzuschrauben und die Auswirkung des Embargos der USA zu mildern, war er an der Verbesserung der Beziehungen interessiert. Aber gegenüber den Befürwortern sowjetischer Weltmachtpolitik vermochte sich Andropow nicht durchzusetzen, so daß Moskau weitere Rüstungskontrolle und Abrüstung blockierte. Die NATO begann noch im November mit der Umsetzung des Doppelbeschlusses von Brüssel vom Dezember 1979. Die UdSSR kündigte die Aufstellung von Kurzstreckenraketen in der DDR und ČSSR an, aus westlicher Perspektive eine Nach-Nachrüstung. Selbst die DDR zeigte sich beunruhigt über dieses „Teufelszeug" (Honecker), und Honecker unterstrich die Notwendigkeit, die Politik der friedlichen Koexistenz fortzuführen.

Im Gegenzug kündigte im März US-Präsident Reagan die Entwicklung eines neuen Raketenabwehrsystems (SDI = Strategic Defense Initiative) an, das die USA ab Ende des Jahrhunderts vor Raketenangriffen schützen sollte. Der Abschuß einer südkoreanischen Verkehrsmaschine über sowjetischem Territorium im September 1983 vergiftete zusätzlich die Atmoshphäre. Im Mai 1984 sagte die UdSSR die Teilnahme an den Olympischen Sommerspielen in Los Angeles ab, „aus Sicherheitsgründen". Mit Ausnahme Rumäniens schlossen sich die Staaten des Ostblocks dem Boykott an.

Die Verschlechterung der Beziehungen ließ den wirtschaftlichen Sektor weitgehend unberührt. Intensive Gespräche der Sowjetunion mit der Bundesrepublik führten zu einer Reihe von Abkommen. Die USA nahmen ab Oktober 1983 ihre Getreidelieferungen an die UdSSR wieder auf. Auch die Abrüstungsgespräche kamen wieder in Gang. Im Februar 1984 begann in Stockholm eine KSZE-Folgekonferenz mit dem Schwerpunkt der „vertrauens- und sicherheitsbildenden Maßnahmen und Abrüstung in Europa" (KVAE), und 1985 nahmen die Supermächte die Verhandlungen in Genf und Wien wieder auf.

Neuer Generalsekretär nach Andropow wurde Tschernenkow, zum Zeitpunkt der Amtsübernahme 72 Jahre alt und ebenfalls schon todkrank. Er führte die Politik seines Vorgängers fort. Als ihn Ende des Jahres der schlechte Gesundheitszustand zu weitgehender Passivität verurteilte, trat ein jüngeres Politbüromitglied, Michail Gorbatschow, verstärkt in die Öffentlichkeit und hinterließ im Westen durch sein Auftreten in England einen nachhaltig positiven Eindruck. Gorbatschow signalisierte einen neuen Stil im Umgang mit den Westmächten. Nach seiner Wahl zum Nachfolger des verstorbenen Tschernenkow am 11. März 1985 wich anfängliche Skepsis führender westlicher Politiker zunehmend der Hoffnung auf eine positive Wende in den Ost-West-Beziehungen (→ M 11).

Grundpositionen im „Kalten Krieg"

M 1 George F. Kennans Theorie der Eindämmungspolitik (Auszug):

Der amerikanische Diplomat, Rußlandexperte und Historiker G. F. Kennan, 1947–49 Leiter der Planungsabteilung des Außenamtes, nahm wesentlichen Einfluß auf die amerikanische Politik des „containment" (Eindämmung) gegenüber der UdSSR (vgl. auch M 9):

Wir werden ... noch lange Schwierigkeiten mit den Russen haben. Darum brauchen wir aber nicht anzunehmen, daß die Russen auf Biegen oder Brechen entschlossen sind, unsere Gesellschaftsordnung bis zu einem bestimmten Termin zu stürzen. Die Theorie von der Unabwendbarkeit des Untergangs des Kapitalismus hat den Vorzug, daß es mit diesem Finale keine Eile hat... (Deshalb) ist es zugleich einfacher und schwieriger, sich auf die Sowjetdiplomatie einzustellen, als auf die Diplomatie aggressiver Gestalten wie etwa Napoleon und Hitler. Einerseits reagiert die Sowjetdiplomatie feinfühliger auf Gegenwirkungen und ist eher bereit, an einzelnen Sektoren der diplomatischen Front nachzugeben, wenn sie merkt, daß die Gegenkraft zu stark ist – sie zeigt also machtpolitischer Logik und Sprache gegenüber mehr Vernunft. Andererseits kann sie nicht so leicht durch einen einzelnen Sieg des Gegners zurückgeschlagen oder entmutigt werden. Und da geduldige Beharrlichkeit ihr Grundprinzip ist, können ihre Gegenspieler ihr nicht mit Einzelaktionen, ... sondern nur mit einer auf lange Sicht berechneten intelligenten Politik erfolgreich entgegentreten ...

Unter diesen Umständen liegt es auf der Hand, daß die Politik der Vereinigten Staaten der Sowjetunion gegenüber in erster Linie und auf lange Zeit hinaus darauf gerichtet sein muß, Rußlands Expansionstendenzen geduldig, aber wachsam und fest in Schranken zu halten. Dabei muß man sich klar darüber sein, daß eine solche Politik theatralische Gesten wie Drohungen ... zu vermeiden hat. Es ist richtig, daß der Kreml sich politischen Realitäten geschmeidig anpaßt, aber das macht ihn noch keineswegs unempfindlich in Prestigefragen ... Unser Land muß auch in Zukunft davon ausgehen, daß die Politik der Sowjetunion nicht von abstrakter Friedensliebe und dem Wunsch nach Stabilität, nicht von einem Glauben an die Möglichkeit eines dauernden glücklichen Nebeneinanderexistierens der sozialistischen und der kapitalistischen Welt diktiert ist, daß sie vielmehr ... ihre Bemühungen fortsetzen wird, alle mit ihr rivalisierenden Einflüsse und Kräfte zu desorganisieren und zu schwächen. Dem steht entgegen, daß Rußland im Vergleich zu der westlichen Welt als Ganzem der bei weitem schwächere Teil ist, daß die Sowjetpolitik äußerst anpassungsfähig ist und daß die Sowjetgesellschaft Schwächen aufweist, die schließlich ihr ganzes Kräftepotential beeinträchtigen könnten. Schon diese Tatsachen würden es rechtfertigen, wenn die Vereinigten Staaten getrost einen politischen Kurs einschlügen, der darauf abzielte, Rußland entschlossen in Schranken zu halten und ihm mit unbeugsamer Kraft entgegenzutreten, wann und wo immer es Miene macht, die Interessen einer friedlichen und auf Stabilität bedachten Welt anzutasten ... Natürlich wäre es übertrieben zu glauben, daß das Verhalten Amerikas allein über Leben und Tod der kommunistischen Bewegung entscheiden oder ein baldiges Ende der Sowjetherrschaft über Rußland herbeiführen könnte. Es steht jedoch durchaus in der Macht der Vereinigten Staaten, die sachlichen Schwierigkeiten, unter denen die Sowjetpolitik arbeiten muß, ganz außerordentlich zu steigern und so dem Kreml ein weit größeres Maß von Zurückhaltung und Vorsicht aufzuzwingen, als er in den letzten Jahren zu beobachten genötigt war. Das aber würde die Tendenzen fördern, die schließlich entweder zum Zerfall oder zu einer allmählichen Milderung der Sowjetherrschaft führen müssen.

Aus: „X", Bemerkungen zur Politik der UdSSR, „Amerikanische Rundschau", IV (1948), Heft 17, S. 9, 11, 17

M 2 Georg v. Rauch über die Methoden des Bolschewismus

Der Text stammt aus einem 1957 vom Verteidigungsministerium der Bundesrepublik herausgegebenen politisch-historischen Handbuch:

Die Geschichte der Nachkriegszeit von 1945–1956 hat gezeigt, daß sich der Bolschewismus zur Durchsetzung seiner Ziele einer sehr differenzierten Skala von Methoden zu bedienen weiß. Diese umfaßt:

den militärischen Einsatz der Roten Armee

(etwa in den baltischen Staaten und in Polen und kürzlich in Ungarn);

einen von örtlichen Kommunisten vorbereiteten und von der sowjetischen Gesandtschaft gelenkten Staatsstreich (Tschechoslowakei 1948);

die Herstellung neuer wirtschaftlicher Verflechtungen mit dem Osten (Donauraum, aber auch gesamter Ostblock bis China);

die Nutzbarmachung kirchlicher Verbindungen seitens der griechisch-orthodoxen Kirche und der islamischen Gemeinschaften (auf dem Balkan und in Nahost, aber auch in der Verbindung zu den protestantischen Kirchen mit besonderer Berücksichtigung Englands und Deutschlands);

die Verwendung von Tarnparolen und Tarnorganisationen im Bereich der intellektuellen Schichten (Weltfriedensbewegung, demokratische Erneuerung, sowjetische Freundschaftsvereine);

die Unterwanderung der Betriebsorganisationen der Arbeitnehmer in den nichtkommunistischen Ländern, auch dort, wo einwandfreie soziale Verhältnisse vorliegen.

Den eigentlichen Schlüssel auch zu den heutigen Expansionsbestrebungen des Weltbolschewismus liefert nach wie vor Stalins Theorie von Ebbe und Flut. Danach läuft die revolutionäre Entwicklung in einer bestimmten Gesetzmäßigkeit ab, nach der auf das Anschwellen einer revolutionären Flut jeweils die Ebbe ruhigerer Zeiten folge. Diesem Wechsel von Expansion und Kontraktion ist auch die Ausbreitung des Kommunismus im Weltmaßstab unterworfen. Die Revision des Stalinismus auf dem 20. Parteikongreß im Februar 1956 hat an dieser Tatsache weder in den theoretischen Grundlagen, noch in den praktischen Auswirkungen etwas geändert. Die Reaktion des Kreml auf die Versuche des Jahres 1956, in Polen und in Ungarn sich dem sowjetischen Druck zu entziehen, hat die Grenzen aufgezeigt, die einer „Entstalinisierung" im Bereich der machtpolitischen und ideologischen Einflüsse gesetzt sind.

Aus: Rauch, Georg v.: Das sowjetische und sowjetzonale Geschichtsbild, in: Schicksalsfragen der Gegenwart. Handbuch politisch-historischer Bildung, Bd. 1, Tübingen 1957, S. 323f

Das Veto der Bombe

„Es wird hier dauernd vom Frieden gesprochen – meine Herren, der Friede bin ich!" Karikatur von H. M. Brockmann (1956).

M 3 Die Politik der „friedlichen Koexistenz" aus sowjetischer Sicht

Mit der Herausbildung des sozialistischen Weltlagers nach dem zweiten Weltkrieg begann eine neue Etappe in den internationalen Beziehungen, die auch der Idee der friedlichen Koexistenz von Staaten verschiedener Systeme gewaltige neue Perspektiven eröffnete, den Kampf der Völker für den Frieden beflügelte und bestärkte. Vertrat bis zum Jahr 1945 die Sowjetunion das sozialistische System allein, besteht heute neben dem schwächer gewordenen imperialistischen System die mächtige Gemeinschaft sozialistischer Staaten, das sozialistische Weltlager, das von der Elbe bis an den Stillen Ozean, vom Hohen Norden bis in die tropischen Wälder von Vietnam reicht. Im Ergebnis dieser grundlegenden Veränderung des internationalen Kräfteverhältnisses zugunsten der Kräfte des Friedens müssen auch immer mehr Vertreter imperialistischer Staaten die Politik der friedlichen Koexistenz als die einzig reale Politik ansehen. Frieden ist der natürliche Zustand der Völker, Krieg dagegen ist für die Menschheit ein Unglück, das von Menschen ausgelöst, aber auch von Menschen verhindert werden kann. Das Lenin'sche Prinzip der friedlichen Koexistenz gebietet daher allen Politikern, dafür einzutreten, daß die zwischen Staaten verschiedener Systeme ohne Zweifel immer wieder auftauchenden Probleme nicht durch Gewaltanwendung, sondern auf friedlichem Wege, durch Verhandlungen am runden Tisch gelöst werden.

Hinter den Ereignissen des internationalen Lebens stehen reale Klasseninteressen und folglich ist auch in der internationalen Arena der Klassenkampf stets im Gange. Friedliche Koexistenz fordert, daß dieser Klassenkampf zwischen den Staaten verschiedener Systeme mit friedlichen Mitteln ausgetragen wird, d. h. mit den Mitteln des ideologischen Kampfes und des ökonomischen Wettbewerbes der beiden Systeme.

Wenn die Gegner des Friedens und Sozialismus fordern, in den Beziehungen der Staaten verschiedener Systeme untereinander müsse auch eine ideologische Koexistenz herrschen, bedeutet das, von der Arbeiterklasse und den sie führenden kommunistischen Parteien zu verlangen, auf ihre wissenschaftliche Weltanschauung, den Marxismus-Leninismus zu verzichten, bedeutet von ihnen zu verlangen, sie sollen nicht mehr für die Wahrheit, für den gesellschaftlichen Fortschritt kämpfen. [...]

Genosse Chruschtschow hat sich in seinem Artikel „Über friedliche Koexistenz", der im September 1959 in der USA-Zeitschrift „Foreign Affairs" veröffentlicht wurde, ausführlich damit auseinandergesetzt, wie sich die Frage der Koexistenz von Staaten verschiedener Systeme zum ideologischen Kampf verhält und betont, man dürfe die Probleme des ideologischen Kampfes nicht mit den Beziehungen zwischen den Staaten vermengen. An die Leser der USA-Zeitschrift gewandt, betonte Genosse Chruschtschow:

„Wir Kommunisten glauben, daß die Idee des Kommunismus letzten Endes in der ganzen Welt siegen wird, ebenso wie sie in unserem Lande, in China und in vielen anderen Staaten gesiegt hat. Viele Leser der Zeitschrift ‚Foreign Affairs' werden uns möglicherweise nicht zustimmen. Vielleicht sind sie der Ansicht, daß letzten Endes die Idee des Kapitalismus triumphieren wird. So zu denken ist ihr Recht. Wir können zwar streiten, wir können verschiedener Auffassung sein. Das Wichtigste ist aber, daß wir auf dem Felde des ideologischen Kampfes bleiben und nicht zu den Waffen greifen, um die eigene Sache zu verfechten."

Warum fürchten die Imperialisten den ideologischen Kampf, den Kampf mit den Mitteln der Überzeugung, der ein friedlicher ist, so sehr? Warum greifen sie immer wieder zu den Methoden der gröbsten Fälschung, zur Verleumdung des Kommunismus, zu den Methoden der ideologischen Diversion[1]? Weil sie, wie führende Vertreter aus ihren Reihen selbst bekennen, keine konstruktiven Ideen haben, die sie den Ideen des Kommunismus entgegenstellen könnten.

[1] Diversion: Ablenkungs-/Täuschungsmanöver

Aus: Anderle, A.: Die Leninsche Theorie der friedlichen Koexistenz und ihre Bedeutung für den Kampf gegen den deutschen Imperialismus, Halle (Saale), 1960, S. 8 ff.

Arbeitsvorschläge

1. *Beurteilen Sie den Erfolg der von Kennan konzipierten Eindämmungspolitik der USA bis 1961. Stellen Sie dazu wichtige Ereignisse zusammen (M 1, M 2, M 3)!*
2. *Vergleichen Sie Kennans Position mit den sowjetischen Thesen zur „Friedlichen Koexistenz" (M 1, M 3)!*

M 4 Die sowjetische Unterstützung für Kuba

Es heißt, die Sowjetunion liefere Waffen und entsende sogar Truppen nach Kuba ... Wir verheimlichen der Weltöffentlichkeit ... nicht, daß wir Kuba wirklich Industrieausrüstungen und Waren liefern, die dazu dienen, seine Wirtschaft zu stärken und den Wohlstand des kubanischen Volkes zu heben. Auf Ersuchen der kubanischen Regierung schicken wir auch sowjetische Agronomen, Fachleute der Mechanisierung, Traktoristen und Zootechniker nach Kuba ... Die kubanischen Staatsmänner richteten an die Sowjetregierung ferner das Ersuchen, sowjetische Militärfachleute und Techniker nach Kuba zu entsenden ... Die Waffen und die militärische Ausrüstung, die an Kuba geliefert werden, sind ausschließlich für Verteidigungszwecke bestimmt ... Die Regierung der Sowjetunion hat TASS auch ermächtigt zu erklären, daß die Sowjetunion es nicht nötig hat, die ihr zur Verfügung stehenden Mittel zur Abwehr einer Aggression, für einen Gegenschlag, in irgendein anderes Land, zum Beispiel nach Kuba, zu verlagern. Unsere Kernmittel sind in ihrer Sprengkraft so mächtig, und die Sowjetunion verfügt über so starke Raketenträger für diese Kernladungen, daß es sich erübrigt, einen Platz für deren Stationierung irgendwo außerhalb der Sowjetunion zu suchen ... Womit wird die Vorbereitung einer Aggression gegen Kuba motiviert? Damit, daß die Handelsflotte der Sowjetunion Frachtgut nach Kuba bringt und man in den USA der Meinung ist, dies sei militärisches Frachtgut ... Die ganze Welt weiß, daß die Vereinigten Staaten von Amerika die Sowjetunion und die anderen sozialistischen Länder mit ihren Militärstützpunkten umgeben haben. Haben sie dort Traktoren stationiert? ... Man muß allen Ländern der Welt die gleichen Rechte und die gleichen Möglichkeiten zugestehen. Das entspricht nur den anerkannten Völkerrechtsnormen ... An sie muß man sich im praktischen Leben und in der praktischen Tätigkeit strikt halten. Was aber geschieht in Wirklichkeit? Die USA z. B. führen jetzt eine Mobilmachung durch, angeblich, weil unsere Handelsschiffe nach Kuba fahren. Zugleich befindet sich ... die ganze Sechste Kriegsflotte der USA im Mittelmeer... Wie weit ist es von den Vereinigten Staaten von Amerika entfernt? Die Siebente Kriegsflotte der USA befindet sich in der Straße von Taiwan... Ja, hinzu kommt noch, daß man in den USA erklärt, diese Schiffe befänden sich dort zu Recht...

Aus: Prawda, Moskau, 12. Sept. 1962, dt. in der Beilage „Dokumente" zu „Die Sowjetunion heute" vom 16. Sept. 1962, S. 2–5

M 5 Kongreß der USA zur Kuba-Frage, 20./26. 9. 1962:

Da Präsident James Monroe, als er 1823 die Monroe-Doktrin verkündete, erklärt hat, daß die Vereinigten Staaten jeden Versuch seitens europäischer Mächte, „ihr System auf irgendeinen Teil dieser Hemisphäre auszuweiten, als gefährlich für unseren Frieden und unsere Sicherheit" ansehen würden; und – da die Vertragspartner im Rio-Pakt von 1947 übereinkamen, daß „ein von irgendeinem Staat gegen einen der amerikanischen Staaten gerichteter Angriff als Angriff gegen alle amerikanischen Staaten anzusehen ist, und daß sich daher jeder der Vertragspartner verpflichtet, an der Zurückweisung eines solchen Angriffs in Ausübung des in Art. 51 der UN-Charta anerkannten unveräußerlichen „Rechtes auf individuelle oder kollektive Selbstverteidigung mitzuwirken"; und – da die Außenminister der OAS[1] im Januar 1962 erklärten: „Die gegenwärtige Regierung Kubas hat sich mit den Grundsätzen der Marxistisch-Leninistischen Ideologie identifiziert, ein politisches, wirtschaftliches und soziales System auf der Grundlage dieser Doktrin errichtet und militärische Hilfe von nichtkontinentalen kommunistischen Mächten angenommen, darunter sogar die Drohung einer militärischen Intervention in Amerika seitens der Sowjetunion"; und – da die internationale kommunistische Bewegung ihre politische, wirtschaftliche und militärische Einflußsphäre immer stärker auch auf Kuba ausgedehnt hat: – entscheiden Senat und Repräsentantenhaus der USA, die im Kongreß versammelt sind, daß die USA entschlossen sind, (A) mit allen notwendigen Mitteln einschließlich der Waffengewalt das marxistisch-leninistische System in Kuba daran zu hindern, seine aggressiven oder subversiven Tätigkeiten mit Gewalt oder durch die Androhung von Gewalt auf irgendeinen Teil dieser Hemisphäre auszudehnen; (B) die Schaffung oder die Verwendung einer von außen unterstützten militärischen Macht, die die Sicherheit der USA gefährden würde, auf Kuba zu verhindern; und (C) mit der OAS und mit den freiheitsliebenden Kubanern zusammenzuarbeiten, um das Streben des kubanischen Volkes nach Selbstbestimmung zu unterstützen.

[1] OAS: Organisation amerikanischer Staaten. Zusammenschluß von 30 nord-, mittel- und südamerikanischen Staaten

Aus: Archiv der Gegenwart 1962, S. 10127 C

M 6 Kennedys „Friedensrede", 1963

Rede des Präsidenten John F. Kennedy vor der American University, Washington D. C., am 10. Juni 1963 über neue Friedensbemühungen der USA.

[...] Ich spreche vom Frieden, weil der Krieg ein neues Gesicht bekommen hat. Ein totaler Krieg ist sinnlos in einem Zeitalter, in dem Großmächte umfassende und verhältnismäßig unverwundbare Atomstreitkräfte unterhalten können und sich weigern, zu kapitulieren, ohne vorher auf diese Streitkräfte zurückgegriffen zu haben. [...] Es ist heute, wenn der Friede gewahrt werden soll, unerläßlich, jedes Jahr Milliarden von Dollar für Waffen auszuwerfen, die lediglich zu dem Zweck geschaffen werden, sicherzustellen, daß wir sie niemals einzusetzen brauchen. Aber zweifellos ist die Anlage solcher unnützen Arsenale, die nur der Vernichtung und niemals dem Aufbau dienen können, nicht der einzige, geschweige denn der wirksamste Weg zur Gewährleistung des Friedens.

Ich spreche daher vom Frieden als dem zwangsläufig vernünftigen Ziel vernünftiger Menschen. Ich bin mir bewußt, daß das Streben nach Frieden nicht so dramatisch ist wie das Streben nach Krieg – und oft treffen die Worte desjenigen, der nach Frieden strebt, auf taube Ohren. Und doch gibt es keine dringlichere Aufgabe für uns.

Manche sagen, es sei zwecklos, von Weltfrieden, internationalem Recht oder internationaler Abrüstung zu sprechen – und alles sei nutzlos, solange die Führer der Sowjetunion keine aufgeschlossenere Haltung einnehmen. Ich hoffe, sie werden dies tun. Ich glaube, wir können ihnen dabei helfen. Aber ich glaube auch, daß wir unsere eigene Haltung überprüfen müssen – als Einzelpersonen und als Nation –, denn unsere Einstellung ist genauso wichtig wie die ihre. Jeder Absolvent dieser Universität, jeder denkende Bürger, der den Krieg verabscheut und mithelfen will, Frieden zu schaffen, sollte damit beginnen, in sich zu gehen und seine eigene Einstellung zu den Möglichkeiten des Friedens, zur Sowjetunion, zum Verlauf des Kalten

US-Präsident John F. Kennedy, Berlins Oberbürgermeister Willy Brandt und Bundeskanzler Konrad Adenauer (v. links) beim Berlin-Besuch des US-Präsidenten am 26. Juni 1963.

Krieges, zur Freiheit sowie zum Frieden hier im eigenen Lande zu überprüfen. [...]

Lassen Sie uns zweitens unsere Haltung gegenüber der Sowjetunion überprüfen. Der Gedanke ist entmutigend, daß die sowjetischen Führer wirklich glauben könnten, was ihre Propagandisten unablässig schreiben. Es ist entmutigend, eine kürzlich erschienene autoritative[1] sowjetische Veröffentlichung über militärische Strategie zu lesen und Seite um Seite völlig grundlose und unglaubliche Behauptungen zu finden – wie die Behauptung „amerikanische imperialistische Kreise bereiten sich darauf vor, verschiedene Arten von Kriegen auszulösen ..., daß die sehr reale Gefahr eines Präventivkrieges besteht, der von amerikanischen Imperialisten gegen die Sowjetunion gestartet wird ..., daß die politischen Ziele der amerikanischen Imperialisten in der wirtschaftlichen und politischen Versklavung der europäischen und anderen kapitalistischen Länder ... und in der Erreichung der Weltherrschaft ... durch aggressive Kriege bestehen“. [...]

[Es ist] traurig, diese sowjetischen Erklärungen zu lesen und die Größe der Kluft, die uns trennt, zu erkennen. Es ist aber auch eine Warnung – eine an das amerikanische Volk gerichtete Warnung, nicht in die gleiche Falle wie die Sowjets hineinzutappen, sich nicht nur ein verzerrtes und verzweifeltes Bild von der anderen Seite zu machen, den Konflikt nicht als etwas Unvermeidliches und den Ausgleich als unmöglich anzusehen und nicht jede Kommunikation lediglich als Austausch von bloßen Worten und Drohungen zu betrachten.

Keine Regierung und kein Gesellschaftssystem ist so schlecht, daß man das unter ihm lebende Volk als bar jeder Tugend ansehen kann. Wir Amerikaner empfinden den Kommunismus als Verneinung der persönlichen Freiheit und Würde im tiefsten abstoßend. Dennoch können wir das russische Volk wegen vieler seiner Leistungen – sei es in der Wissenschaft und Raumfahrt, in der wirtschaftlichen und industriellen Entwicklung, in der Kultur und in seiner mutigen Haltung – rühmen.

Unter den vielen Zügen, die den Völkern unserer beiden Länder gemeinsam sind, ist keiner ausgeprägter als unsere beiderseitige Abscheu vor dem Krieg. [...]

Sollte heute – wie auch immer – ein totaler Krieg ausbrechen, dann würden unsere beiden Länder die Hauptziele darstellen. Es ist eine Ironie, aber auch eine harte Tatsache, daß die beiden stärksten Mächte zugleich auch die beiden Länder sind, die in der größten Gefahr einer Zerstörung schweben. Alles, was wir aufgebaut haben, alles, wofür wir gearbeitet haben, würde vernichtet werden. Und selbst im Kalten Kriege – der für so viele Länder, unter ihnen die engsten Verbündeten der Vereinigten Staaten, Lasten und Gefahren bringt – tragen unsere beiden Länder die schwersten Lasten. Denn wir werfen beide für gigantische Waffen riesige Beträge aus – Beträge, die besser für den Kampf gegen Unwissenheit, Armut und Krankheit aufgewandt werden sollten. Wir sind beide in einem unheilvollen und gefährlichen Kreislauf gefangen, in dem Argwohn auf der einen Seite Argwohn auf der anderen auslöst und in dem neue Waffen zu wieder neuen Abwehrwaffen führen.

Kurz gesagt: Beide, die Vereinigten Staaten und ihre Verbündeten sowie die Sowjetunion und ihre Verbündeten, haben ein gemeinsames tiefes Interesse an einem gerechten und wirklichen Frieden und einer Einstellung des Wettrüstens. [...]

Wir wollen also gegenüber unseren Differenzen nicht die Augen verschließen – aber wir wollen auch unsere Aufmerksamkeit auf die gemeinsamen Interessen und auf die Mittel richten, durch die diese Differenzen beseitigt werden können. Wenn wir unsere Differenzen auch noch nicht ganz aus der Welt schaffen können, so können wir doch zumindest dazu beitragen, daß die Welt trotz Meinungsverschiedenheiten sicher bleibt. Denn letztlich bildet die Tatsache, daß wir alle Bewohner dieses Planeten sind, doch das uns im tiefsten gemeinsame Band. Wir alle atmen die gleiche Luft, uns allen liegt die Zukunft unserer Kinder am Herzen, und wir sind alle sterblich. [...]

[1] Maßgebend, im Einklang mit der offiziellen Politik stehend

Aus: Weltpolitik der USA nach 1945, Schriftenreihe der Bundeszentrale für politische Bildung, Band 276, Bonn 1989, S. 277 ff.

Arbeitsvorschläge

1. *Vergleichen Sie die Argumentation der UdSSR und der USA miteinander (M 4, M 5, M 6)!*
2. *Ordnen Sie die Argumente bestimmten Bereichen (z. B. wirtschaftlichen, politischen, ideologischen Motiven) zu. Nehmen Sie Stellung zu den Textaussagen!*

Die globale Dimension des Konfliktes

M 7 Die „Dominotheorie" Präsident Eisenhowers, 1954

Auf einer Pressekonferenz am 8. April 1954 erklärte der US-Präsident Eisenhower auf die Frage eines Korrespondenten, warum sich die USA mit Wirtschafts- und Militärhilfe für Frankreich im Krieg Frankreichs gegen Nordvietnam engagierten:

[...] Es geht da um Spezifisches und Allgemeines, wenn man sich über alle diese Dinge Gedanken macht. Zum ersten geht es um den spezifischen Wert eines geographischen Raumes im Hinblick auf die Produktion von Rohstoffen, die die Welt braucht. Dann besteht die Möglichkeit, daß viele Menschen unter eine Diktatur geraten, die der freien Welt feindlich gegenübersteht. Schließlich gibt es allgemeinere Erwägungen, die sich ableiten aus einem Prinzip, das man als „Dominotheorie" bezeichnen kann. Es steht da eine Reihe von Dominosteinen. Sie stoßen den ersten um und was mit dem letzten geschieht, ist die Gewißheit, daß es sehr schnell gehen wird. So könnte der Anfang eines Zerfalls mit außerordentlich weitreichenden Folgen aussehen.

Nun zu dem ersten Punkt: Zwei Dinge, die die Welt aus dieser speziellen Gegend bezieht, sind Zinn und Wolfram. Diese sind sehr wichtig. Natürlich gibt es noch andere, die Gummiplantagen usw. Dann zu der zunehmenden Anzahl von Menschen, die unter diese Herrschaft geraten: Asien hat schließlich bereits ungefähr 450 Millionen Menschen seiner Bevölkerung an die kommunistische Diktatur verloren, und wir können uns größere Verluste einfach nicht leisten. Aber wenn wir zu dem möglichen Ablauf der Ereignisse kommen, dem Verlust von Indochina, Burma, Thailand, der Halbinsel und danach Indonesiens, hier geht es um Gebiete, die nicht nur die Nachteile vervielfachen, die durch den Verlust von Rohstoffen und Rohstoffquellen entstünden, jetzt geht es hier vielmehr in Wirklichkeit um Millionen und Millionen und Millionen von Menschen. Schließlich wird durch die damit entstandene geographische Situation vieles bewirkt: Sie verschiebt die sogenannte Inselverteidigungskette: Japan, Formosa, Philippinen weiter südwärts; mit dieser Verschiebung kommt es zur Bedrohung Australiens und Neuseelands. In wirtschaftlicher Hinsicht verliert Japan die Gebiete, die es als Handelspartner braucht; oder aber Japan müßte seinerseits, um weiterzuleben, sich in eine ganz bestimmte Richtung hin orientieren, nämlich zu den kommunistischen Gebieten. So

sind also die möglichen Konsequenzen des Verlusts für die freie Welt gar nicht auszudenken. [...]
Aus: Weltpolitik der USA nach 1945, Schriftenreihe der Bundeszentrale für politische Bildung, Band 276, Bonn 1989, S. 154

Der „Kalte Krieg" in den 80er Jahren

M 8 Einschätzung der Lage aus sowjetischer Sicht

Leonid Breschnew, Generalsekretär der KPdSU, auf dem 26. Parteitag der KPdSU am 23. Februar 1981:

Die Schwierigkeiten, mit denen der Kapitalismus konfrontiert ist, wirken sich auch auf seine Politik, darunter auf seine Außenpolitik, aus. Zugespitzt hat sich der Kampf um die wichtigsten Fragen des außenpolitischen Kurses der kapitalistischen Länder. In letzter Zeit sind die Gegner der Entspannung, einer Rüstungsbegrenzung, einer Verbesserung der Beziehungen zur Sowjetunion und zu den anderen sozialistischen Ländern merklich aktiver geworden. Abenteurertum, Bereitschaft, die Lebensinteressen der Menschheit um ihrer engstirnigen egoistischen Ziele willen aufs Spiel zu setzen – das kommt in der Politik der aggressivsten Kreise des Imperialismus besonders offen zum Ausdruck. Indem sie eine absolute Mißachtung der Rechte und Wünsche der Völker demonstrieren, versuchen sie, den Befreiungskampf der Volksmassen als „Terrorismus" hinzustellen. Sie haben sich doch tatsächlich das Ziel gesetzt, etwas Unerreichbares zu erreichen – eine Barriere auf dem Wege zu fortschrittlichen Veränderungen in der Welt zu errichten und wieder die Geschicke der Völker zu lenken [...]

Leider sind auch nach dem Führungswechsel im Weißen Haus[1] aus Washington unverhohlen kriegerische Aufrufe und Erklärungen zu vernehmen, als seien sie eigens darauf berechnet, die Atmosphäre der Beziehungen zwischen unseren Ländern zu vergiften. Man möchte aber dennoch hoffen, daß diejenigen, die heute die Politik Amerikas bestimmen, die Dinge schließlich doch noch realistischer betrachten werden. Das entstandene militärstrategische Gleichgewicht zwischen der UdSSR und den USA, zwischen dem Warschauer Vertrag und der NATO dient objektiv der Erhaltung des Friedens in unserer Welt. Wir strebten und streben keine militärische Überlegenheit über die andere Seite an. Das ist nicht unsere Politik. Wir werden aber auch nicht gestatten, daß die andere Seite Überlegenheit über uns erreicht. Derartige Versuche sind genauso aussichtslos wie Verhandlungen mit uns von der Position der Stärke.

[1] Amtsantritt des US-Präsidenten Ronald Reagan
Aus: Europa-Archiv, Folge 8/1981, S. D214–D215

M 9 George F. Kennan über das Bild von der Sowjetunion zu Beginn der Reagan-Ära.

[...] Mir ist bewußt, daß sich die sowjetisch-amerikanischen Beziehungen in letzter Zeit drastisch und sehr ernsthaft verschlechtert haben und daß sich diese Entwicklung durch jede Verschlechterung der Lage in Polen[1] durchaus weiter verschärfen könnte. Diese verschärften Beziehungen sind ein eigenständiges Faktum, ein Faktum, das nicht leicht zu korrigieren sein wird; denn es hat auf beiden Seiten neue Bitterkeiten und neuen Argwohn hervorgerufen. Daß das Denken und die Gespräche über die sowjetisch-amerikanischen Beziehungen in der heutigen Atmosphäre Washingtons und in einem guten Teil unserer Presse fast ausschließlich in militärischen Bahnen verlaufen – eine Militarisierung, die, so scheint es mir manchmal, nicht anders aussehen könnte, wenn wir genau wüßten, daß wir uns innerhalb von Monaten mit der Sowjetunion im Krieg befinden würden –, ist für sich genommen schon ein gefährlicher Zustand, der sich nicht ohne weiteres korrigieren lassen wird. Ich glaube also nicht, daß ich das Problem in seiner ganzen Tragweite unterschätze.

All das vorausgeschickt, muß ich aber nun sagen: Ich finde die Vorstellung von der Sowjetunion, die heute in großen Teilen unseres staatlichen und journalistischen Establishments vorherrscht, so extrem, so subjektiv, so weit entfernt von dem, was jede nüchterne Untersuchung der außenpolitischen Realität enthüllen würde, daß sie als Leitfaden des politischen Handelns nicht nur untauglich, sondern gefährlich ist.

Diese endlose Kette von Entstellungen und unzulässigen Vereinfachungen; diese systematische Entmenschlichung der Führung eines anderen großen Landes; diese gewohnheitsmäßige Übertreibung der militärischen Kapazitäten Moskaus und der vermuteten Bösartigkeit sowjetischer Absichten; diese monotone Entstellung des Wesens und der Denkungsart eines anderen großen Volkes – eines leiderprobten Volkes zudem, schwer geprüft von den Wechselfällen des vergangenen Jahrhunderts –, dieses Übergehen seines Stolzes, seiner Hoffnungen, ja, auch seiner Illusionen (denn es hat seine Illusionen, so wie wir unsere haben; und auch Illusionen verdienen Respekt); diese hemmungslose Doppelmoral bei der Beurteilung des sowjetischen Verhaltens und unseres eigenen; schließlich diese Unfähigkeit, zu erkennen, daß viele seiner Probleme auch unsere sind, da beide Völker sich unaufhaltsam ins technologische Zeitalter fortbewegen, und die dazugehörige Tendenz, das Verhältnis ganz aus der Sicht eines angeblich totalen und unversöhnlichen Widerspruchs unserer Sorgen und Ziele zu beurteilen: Dies, glauben Sie mir, sind nicht Kennzeichen einer Reife und Urteilskraft, die man von der Diplomatie einer Großmacht erwartet; dies sind Kennzeichen einer intellektuellen Primitivität und Naivität, die für einen großen Staat unverzeihlich sind. Ich benutze das Wort Naivität, weil es nicht nur eine Naivität der Unschuld, sondern auch eine Naivität des Zynismus und Mißtrauens gibt.

Und wir werden so lange nicht imstande sein, auf dem Felde der militärischen und nuklearen Rivalität die gebotene Wende herbeizuführen, bis wir gelernt haben, diese kindischen Verdrehungen richtigzustellen – bis wir unsere Neigung korrigieren, die Sowjetunion nur für einen Spiegel zu halten, in den wir hineinsehen, um den Widerschein unserer eigenen Vortrefflichkeit zu erblicken – bis wir uns bereit finden, dort ein anderes großes Volk zu sehen, eins der größten der Welt, in seiner ganzen Vielfalt und Unterschiedlichkeit, mit Gut und Böse, ein Volk, dessen Leben, dessen Ansichten, dessen Gewohnheiten, dessen Ängste und Hoffnungen, Erfolge und Mißerfolge genau wie die unseren nicht irgendeiner angeborenen Schändlichkeit entspringen, sondern Ergebnis der gnadenlosen Schule der Geschichte, der Tradition und der nationalen Erfahrung sind. Vor allen Dingen müssen wir lernen, in dem Benehmen der Führung jenes Landes zum Teil den Reflex auf die Behandlung zu sehen, die wir selbst dem Lande angedeihen lassen. Wenn wir dabei bleiben, diese Sowjetführer zu dämonisieren – sie absolut und unkorrigierbar als Feinde zu sehen, nur von ihrer Angst oder ihrem Haß auf uns besessen und nichts anderem als unserer Vernichtung geweiht –, dann werden wir sie am Ende mit Sicherheit genauso haben, und sei es aus keinem anderen Grunde als dem, daß unsere Vorstellung von ihnen gar nichts anderes zuläßt, weder für sie noch für uns.

[1] gemeint ist die Verhängung des Ausnahmezustandes infolge der Aktivitäten der Gewerkschaft „Solidarność".

Aus: Kennan, G. F., Im Schatten der Atombombe. Eine Analyse der amerikanisch-sowjetischen Beziehungen von 1947 bis heute. Köln 1982, S. 285–287

M 10 Das Atompotential der USA und UdSSR (1979/80)

Interkontinental	USA	UdSSR
Raketen, landgestützt	1054	1398
Rakten, seegestützt	656	1028
U-Boote	41	72
Schwere Bomber	431	156
Zahl der Sprengköpfe	9200	5000
Kontinental (Europa)	**NATO + ER**	**UdSSR**
Raketen, landgestützt	18	690
Rakten, seegestützt	208	21
Bomber	190	430
Zahl der Sprengköpfe	1238	1646
Megatonnen	331	1391

M 11 Realpolitik statt Propaganda

Plädoyer Gorbatschows, der als Generalsekretär der KPdSU ab 1985 eine Politik innerer Reformen („Glasnost" und „Perestroika") und eine vehemente Entspannungspolitik betrieb, den Zerfall der Sowjetunion (1991) und des europäischen Kommunismus jedoch nicht verhindern konnte:

Wir sind schon zu oft auf verdrehte Ansichten über unser Land sowie auf weitverbreitete antisowjetische Klischees gestoßen – und daher wissen wir nur zu gut, wieviel Schaden eine bewußt oder unbewußt geäußerte Unwahrheit anrichten kann –, um die USA nur schwarzweiß zu sehen.

Ich weiß, daß amerikanische Propaganda – ja, Propaganda – Amerika als eine „strahlende Stadt auf einem Hügel" darstellt.

Amerika hat eine große Geschichte. Wer wird schon die Bedeutung der amerikanischen Revolution für den sozialen Fortschritt der Menschheit oder die Kreativität Amerikas im wissenschaftlich-technischen Bereich, auf dem Gebiet der Literatur, Architektur und Kunst in Frage stellen? (...) Doch Amerika hat heutzutage auch akute soziale und andere Probleme. Und dafür hat die amerikanische Gesellschaft nicht nur noch keine Lösung gefunden, sondern, was noch schlimmer ist, sie sucht an Stellen und auf eine Art danach, die dazu führen könnte, daß andere die Zeche bezahlen müssen.

Die Vereinigten Staaten verfügen über ein riesiges Produktionspotential und einen enormen materiellen Reichtum, doch gleichzeitig leben dort Millionen unglücklicher Menschen. Darüber sollte man nachdenken. Einerseits haben die Amerikaner eine fast missionarische Leidenschaft für Predigten über Menschenrechte und die Freiheit, und andererseits mißachten sie in ihrem eigenen Haus eben diese elementaren Rechte. Auch das gibt Anlaß zum Nachdenken. Es werden endlose Gespräche über die Freiheit des Menschen geführt und gleichzeitig Versuche unternommen, anderen den eigenen Lebensstil aufzuzwingen. Und es gibt umfangreiche Propaganda für Macht und Gewalt. Wie sollen wir das verstehen? Die Arroganz der Macht, insbesondere der militärischen Macht, konstantes Wachstum der Rüstungsausgaben und Lücken im Haushalt, interne und nun auch externe Schulden. Wozu? Was motiviert die USA? Wir stellen uns all diese und noch viele andere Fragen und versuchen, (...) die treibende Kraft zu entdecken, die hinter der US-Politik steht.

Ich gebe offen zu, daß das, was wir wissen, die Vorstellung von den Vereinigten Staaten als einer „strahlenden Stadt auf einem Hügel" nicht gerade stützt. Mit gleicher Bestimmtheit kann ich aber sagen, daß wir die USA nicht als „Reich des Bösen" betrachten. Wie in jedem anderen Land gibt es auch in Amerika Licht und Schatten. Wir sehen die USA, wie sie wirklich sind, mit den unterschiedlichen Ansichten, die sowohl innerhalb der Gesellschaft als auch über diese herrschen.

Die sowjetische Führung erfaßt nicht nur eine einzige Dimension der Vereinigten Staaten, sondern sie nimmt deutlich alle Gesichter der amerikanischen Gesellschaft wahr: die Millionen Werktätigen, die ihrer täglichen Arbeit nachgehen und im allgemeinen sehr friedfertig sind; realistisch denkende Politiker; einflußreiche Konservative und direkt daneben reaktionäre Gruppen, die Beziehungen zum militärisch-industriellen Komplex haben und von der Waffenproduktion profitieren. Wir wissen, daß man in den USA ein gesundes, normales Interesse an uns hat, daß es aber daneben auch eine ziemlich weit verbreitete antisowjetische und antikommunistische Haltung gibt.

Wir glauben, daß das politische System und die soziale Ordnung in den Vereinigten Staaten Sache der Amerikaner ist. Sie müssen entscheiden, wie ihr Land regiert werden soll und wie sie ihre politische Führung und ihre Regierung wählen wollen. Wir achten dieses souveräne Recht. Was würde dabei herauskommen, wenn wir anfingen, die freie Entscheidung des amerikanischen Volkes anzuzweifeln? Politik muß sich auf Realitäten gründen, auf ein Verständnis für die Tatsache, daß jede Nation das Recht hat, unabhängig ihren eigenen Lebensstil und ihr eigenes Regierungssystem zu wählen.

Die Vereinigten Staaten sind eine Großmacht, mit der wir leben und zu der wir Beziehungen aufbauen müssen. Das ist die Realität.

Aus: Gorbatschow, M., Perestroika. München 1987, S. 281–283

M 12 Eine Bilanz der Entstehung des Kalten Krieges

Die Interpretation der Entstehung des Kalten Krieges durch den westdeutschen Historiker Wilfried Loth zeigt eine Forschungsposition aus den 80er Jahren, jedoch vor dem Zerfall des Sowjetsystems:

Im Rückblick lassen die Vorgänge des Jahres 1945 einige für die Entstehung des Kalten Krieges zentrale Sachverhalte erkennen.

Erstens: Die Wende von 1945 war eine Wende der amerikanischen Politik, nicht der sowjetischen. Während die amerikanische Regierung ihre Interessen durchzusetzen suchte und Konfliktlösungen nur noch in Form von Zugeständnissen der sowjetischen Seite erwartete, räumte die sowjetische Regierung zwar der Konsolidierung ihres Hegemonialbereiches Priorität ein, blieb aber im übrigen bis in den Herbst 1947 hinein um die Herstellung eines kooperativen Verhältnisses zu den USA bemüht.

Zweitens: Diese Wende in der amerikanischen Politik war gewiß durch die sowjetische Osteuropa-Politik ausgelöst worden; unvermeidlich geworden war sie aber erst dadurch, daß sich die amerikanische Öffentlichkeit Illusionen über die Systemnotwendigkeiten der Sicherheitspolitik des Sowjetstaates gemacht hatte. Diese Illusionen wiederum waren in den Traditionen der amerikanischen Politik tief verwurzelt und bildeten geradezu eine Voraussetzung für die amerikanische Teilnahme am Weltkrieg; insofern wird in dem Konflikt über Osteuropa der tiefgreifende strukturelle Gegensatz der beiden Weltmächte und ihrer Politik deutlich: Gegen das Interesse des expandierenden Kapitalismus der USA an weltweitem Freihandel und weltweiter Durchsetzung liberaler Prinzipien stand das Interesse der sowjetischen Mobilisierungsdiktatur an einer Abschirmung gegen diese Prinzipien und gegen den ökonomischen Vormarsch der USA.

Drittens: Dieser Gegensatz mußte zwar zum Ausbruch kommen, aber es war zunächst keineswegs entschieden, daß er zu einer Teilung der Welt in einander absolut feindlich gegenüberstehende Machtblöcke führen würde, die sich wechselseitig bedroht fühlten. Natürlich war das amerikanische Wirtschaftssystem auf eine immer stärkere Ausrichtung der Weltwirtschaft auf die amerikanischen Bedürfnisse hin angelegt, aber die ökonomischen Interessen der Sowjetunion und der USA waren zunächst einmal weithin komplementär, so daß nicht von vornherein feststand, daß Kooperationsgewinne einseitig zugunsten der USA gehen mußten. Der expandierende Kapitalismus der USA war um so weniger definitiv imperialistisch, als die amerikanischen Führungskräfte zunächst weder bereit noch in der Lage waren, sich in Europa auch politisch dauerhaft zu engagieren. Selbst die Zusammenarbeit mit der europäischen Linken und die Tolerierung sozialistischer Transformationsprozesse waren zunächst keineswegs ausgeschlossen. Ebenso hielten die Sowjetregierung und die kommunistischen Parteien der anderen Länder natürlich an ihrem revolutionären Selbstverständnis und Anspruch fest, aber in den Methoden der sowjetischen Interessensicherung in Osteuropa herrschten Pragmatismus und Flexibilität vor, und an eine Ausweitung des sowjetischen Einflußbereiches über den Machtbereich der Roten Armee hinaus war im Rahmen konkreter Perspektiven überhaupt nicht zu denken, so daß die tatsächliche sowjetische und kommunistische Politik hier alles andere als systemgefährdend war.

Viertens: Aufgrund ihrer strukturellen Überlegenheit besaßen die USA größere Möglichkeiten, die tatsächliche Gestaltung des künftigen sowjetisch-amerikanischen Verhältnisses zu bestimmen. In ihrer Macht lag es, die bestehende Asymmetrie in der Sicherheitslage der beiden Mächte abzubauen, etwa durch eindeutigere Anerkennung der sowjetischen Sicherheitsinteressen in Osteuropa, durch eine tatsächliche internationale Atomwaffenkontrolle oder durch eine Wirtschaftshilfe, die den ökonomischen Interessen beider Seiten entsprach. Indem die amerikanische Regierung die sowjetische Sicherheitssphäre de facto nicht anerkannte und die atomare und wirtschaftliche Überlegenheit, wenn auch vergeblich, zur Revision der in Osteuropa geschaffenen Lage einzusetzen versuchte, initiierte sie 1945 einen Mechanismus wechselseitiger Fehlwahrnehmungen und Konflikteskalation: Die amerikanischen Entscheidungsträger mißdeuteten die Sicherheitspolitik der Sowjetunion als Beleg für prinzipiell unbegrenzten sowjetischen Expansionismus und reagierten mit der Verweigerung weiterer Kooperation; die sowjetische Führung mißdeutete diese Kooperationsverweigerung als Beleg für einen notwendigerweise aggressiven Charakter des expandierenden US-Kapitalismus und reagierte mit weiterer Verhärtung ihrer Sicherheitspolitik. Dieser Circulus vitiosus[1] ist in den Jahren nach 1945 nicht mehr unterbrochen worden; und so wurde die Blockbildung dann mehr und mehr definitiv. [...]

Die Tatsache, daß die fundamentalen Prinzipien „westlicher“ Lebensform innerhalb der westlichen Hemisphäre zu keinem Zeitpunkt des Konflikts ernsthaft bedroht waren, der sowjetische Machtanspruch innerhalb der sowjetischen Sicherheitssphäre jedoch ständig (und zwar weniger infolge der amerikanischen „Imperialisierung“ als vielmehr aufgrund der inneren Schwäche des sowjetischen Systems), macht deutlich, daß der dem Kalten Krieg zugrundeliegende, aber keineswegs notwendigerweise in ihn mündende Systemkonflikt zwischen „östlicher“ und „westlicher“ Lebensform kein Konflikt zwischen zwei im Prinzip gleichrangigen Größen war (und ist), sondern ein Konflikt zwischen dem prinzipiell eine Vielzahl von Lebensformen und Machtkonfigurationen zulassenden westlichen System und der tendenziell totalitären Verabsolutierung einer dieser Möglichkeiten im Ostblock, und daß für die „westlichen“ Prinzipien darum von einer „offenen“, das heißt kooperativen und jede Chance zur Entspannung nützenden Systemkonkurrenz nichts zu befürchten, vielmehr alles zu erhoffen war. Daß sich die große Mehrheit der relevanten Kräfte des „Westens“ letztlich für die andere Möglichkeit entschied, macht die Tragik des Kalten Krieges aus.

[1] Teufelskreis

Aus: Loth, W., Die Teilung der Welt 1941–1955, München 1987, S. 116–118, S. 340

Arbeitsvorschläge

1. *Arbeiten Sie Muster der wechselseitigen Wahrnehmungen der Supermächte und damit verbundene Gefahren heraus (M 8, M 9, M 10)!*
2. *Analysieren Sie die in der Kuba-Krise sichtbar werdenden Mechanismen von Eskalation und Entspannung zwischen den Supermächten (M 4, M 5)!*

2 Europa und seine Integration, 1945–1995

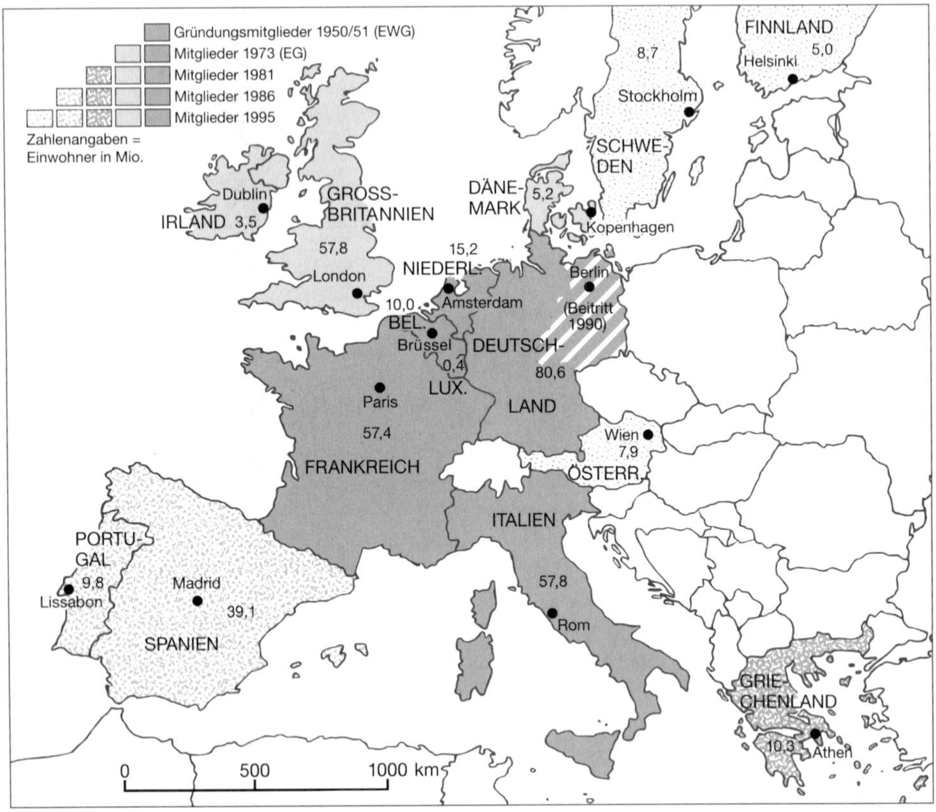

Europa auf dem Weg zur Einigung.

Zeittafel

1949	Gründung des Europarats in London
1951	Gründung der Europäischen Gemeinschaft für Kohle und Stahl (EGKS, auch: Montanunion)
1954	Scheitern der Europäischen Verteidigungsgemeinschaft (EVG)
1957	Römische Verträge begründen Europäische Wirtschaftsgemeinschaft (EWG) und Europäische Atomgemeinschaft (EURATOM)
1959	Gründung der European Free Trade Association (EFTA)
1967	Zusammenschluß von EGKS, EWG und EURATOM zur Europäischen Gemeinschaft (EG)
1973	Dänemark, Großbritannien und Irland treten der EG bei

1975	Schlußakte von Helsinki institutionalisiert die Konferenz für Sicherheit und Zusammenarbeit in Europa (KSZE, seit 1972): wechselseitige Nichteinmischung, gemeinsame Konfliktlösung, Anerkennung der Menschenrechte
1979	Erste Direktwahl zum Europäischen Parlament
1981–1986	„Süderweiterung" der EG durch Griechenland, Portugal und Spanien
1992	Vertrag von Maastricht über die Europäische Union (EU)
1993	Verwirklichung des EG-Binnenmarktes
1995	Aufnahme Finnlands, Österreichs und Schwedens in die EU

2.1 Zwischen Einheit und Vielfalt: Geschichte der Integrationsidee

Die Verfechter einer europäischen Einheit bewegten sich stets auf sensiblem politischem Terrain, denn staatliche Vielfalt ist seit dem Mittelalter ein charakteristisches Merkmal Europas. Sie fand in der Neuzeit ihre Verkörperung in Nationalstaaten, die in Rivalität und wechselnden Bündnissen um ein Gleichgewicht auf dem Kontinent rangen. Bestrebungen einzelner Nationen, den Kontinent unter ihrer Vorherrschaft zu einen, trafen auf den Widerstand der übrigen Staaten. Vereintes Handeln bedurfte eines äußeren „Feindes" (z. B. Osmanen). Da die Geschichte des europäischen Pluralismus jedoch auch die Geschichte innereuropäischer Kriege war, hat die Idee der Überwindung der Spaltung lange Tradition. Schon William Penn (1644–1718) dachte in seinem „Essay über den gegenwärtigen und künftigen Frieden Europas" 1693 über die Schaffung eines geeinten Europa nach; für Jean-Jacques Rousseau (1712–1778) war 1756, für Immanuel Kant (1732–1805) war 1795 ein föderativer europäischer Bund gar die Voraussetzung für den „ewigen Frieden". Zusätzlichen Auftrieb gewann die Europaidee im 19. Jahrhundert in den demokratischen (National-)Bewegungen und den Arbeiterbewegungen, die hofften, mit der Gleichstellung aller Bürger in den jeweiligen Nationalstaaten auch die zwischenstaatliche Rivalität zu überwinden.

Zwei Weltkriege offenbarten im 20. Jahrhundert das Scheitern der nationalstaatlichen Pluralität und Rivalität. Weder das „Gleichgewicht der Kräfte" des 19. Jahrhunderts noch der von Europa dominierte Völkerbund nach dem Ersten Weltkrieg konnten als Instrumente des internationalen Interessenausgleichs die Selbstzerfleischung des alten Kontinents verhindern. Nach dem Ersten Weltkrieg war die 1923 gegründete Paneuropa-Union des Österreichers Graf Richard Coudenhove-Kalergi (1894–1972) Sammelpunkt der Einigungsbewegung. Der französische Außenminister Aristide Briand (1925–1932) schlug 1929/30 vor dem Völkerbund (u. a. zur Eindämmung des Wirtschaftsriesens Deutschland) eine „Europäische Konferenz" mit einem „Ständigen Politischen Ausschuß" in Erweiterung des Locarnopakts (1925) vor: Sein Projekt scheiterte, weil Deutschland nicht zur Anerkennung seiner Ostgrenze (Ostlocarno) bereit war und England sich nicht in europäische Institutionen einbinden lassen oder solche neben sich dulden wollte. Ein Gegenvorschlag des deutschen Außenministers Gustav Stresemann (1923–1929), zunächst mit der wirtschaftlichen Integration zu beginnen, traf auf Frankreichs Veto, das befürchtete, Deutschland werde seine Wirtschaftskraft noch stärker ausspielen. So gingen die Keime der Europaidee, die auch im Widerstand gegen die NS-Herrschaft reiften, erst nach 1945 auf. Nach dem Verlust der kollektiven Hegemonialstellung Europas in der Welt zugunsten der neuen „Supermächte" USA und UdSSR sowie der Spaltung des Kontinents waren erste Anläufe zur Einigung vielfältig motiviert:

- Allen Plänen lag eine tiefe Friedenssehnsucht, ein Wunsch nach Ausgleich zwischen den Völkern zugrunde, um eine Wiederholung des Zweiten Weltkriegs zu verhindern.
- Dazu war Deutschland, das beide Weltkriege ausgelöst hatte, in übernationale Organisationen einzubinden, seine wirtschaftliche Energie zu kanalisieren und zu kontrollieren.
- Europa sollte sich zwischen den beiden Supermächten ökonomisch und machtpolitisch behaupten können.
- Mit der Teilung der Welt in zwei Machtblöcke spielte sich die europäische Integration im anhebenden Kalten Krieg fast ausschließlich diesseits des sich senkenden Eisernen Vorhangs ab. Sie galt der Stärkung Westeuropas gegen den sowjetischen Machtblock und wurde als Teil der allgemeinen Westintegration (NATO) von den USA unterstützt.

2.2 Europäische Vielfalt – vielfältiges Europa

Die historische Neuartigkeit eines sich demokratisch, in freier Selbstbestimmung der Nationen organisierenden Europa und die vielschichtige Motivlage komplizierten die Integration zu einem vielstimmigen Konzert, in dem bis heute die Dissonanzen nicht fehlen. Tatsächlich gab es nach 1945 nicht *einen* Weg, Europa zu verwirklichen, sondern viele – mit je unterschiedlichem geographischem Umfang und unterschiedlicher Zielsetzung, teils miteinander konkurrierend, teils einander ergänzend (vgl. Abb. S. 457).

Im historischen Rückblick erweist sich die Europäische Union mit ihren Vorläufern der „Gemeinschaft der Sechs“ (Benelux-Länder, Bundesrepublik Deutschland, Frankreich, Italien) als innerster Kern der Integration Westeuropas. Um sie herum bilden die EFTA-Staaten (ursprünglich Dänemark, Großbritannien, Norwegen, Österreich, Portugal, Schweden, Schweiz) einen nebengeordneten Ring. Die nächstweitere geographische Definition Europas liefert die 1948 ursprünglich zur Verteilung der Marshallplan-Gelder gegründete Organisation für Europäische Wirtschaftliche Zusammenarbeit (Organization for European Economic Cooperation, OEEC), die den Zusammenhang von Zugehörigkeit zur westlichen Welt und Teilhabe an der europäischen Integration erstmals institutionalisierte: Ihr gehörten die Benelux-Länder, die Bundesrepublik Deutschland, Dänemark, Frankreich, Griechenland, Großbritannien mit Nordirland, Irland, Island, Italien, Norwegen, Österreich, Portugal, Schweden, die Schweiz und die Türkei an. Nach 1960 wurde ihre Nachfolgeorganisation, die OECD (Organization for Economic Cooperation and Development), mit dem Beitritt der nichteuropäischen Staaten Kanada und USA (beide 1960), Japan (1964), Australien (1971) und Neuseeland (1973) als Vollmitglieder (neben Finnland und Spanien) noch deutlicher zu einer Organisation des Westens.

Als erste politische Frucht der Europa-Bewegung beschränkte der Europarat* mit Sitz in Straßburg 1949 die Teilnahme ebenfalls auf westliche Staaten. Er ist seit der Öffnung nach Osteuropa mit seinen bisher 32 Mitgliedern und 10 Staaten mit Sondergastrecht (Stand 1995) – nach der OSZE (53 Staaten) – die Organisation, der die meisten europäischen Staaten angehören. Er verschrieb sich mit seiner Gründungscharta vor allem der Wahrung von Menschenrechten und Demokratie; weitere Betätigungsfelder sind Kultur und Soziales. Bisher wichtigster Beschluß war 1950 die Verabschiedung der „Europäischen Konvention zum Schutz der Menschenrechte und Grundfreiheiten“, über deren Einhaltung der Europäische Gerichtshof für Menschenrechte wacht.

Die jüngste und geographisch ausgedehnteste Facette der vielgestaltigen Europaidee bietet die Konferenz für Sicherheit und Zusammenarbeit in Europa (KSZE*), die seit ihrer Einberufung 1972 auch Osteuropa umfaßte. Ihr gehören alle europäischen Staaten sowie die USA und Kanada an. Teilweise in Übereinstimmung mit den Zielen des Europarats, nahm die Beschäftigung mit Menschenrechtsfragen einen großen Teil der Arbeit der KSZE ein. Seit der Folgekonferenz von Helsinki 1992 definiert sich die KSZE (seit Dezember 1994: OSZE) als regionale Organisation der UNO, die selbständig friedenstiftende Maßnahmen unterhalb des militärischen Eingriffs in Europa realisieren kann.

2.3 Die Europäische Gemeinschaft zwischen Föderation und Union

Für die europäische Einigung am bedeutendsten, weil inhaltlich am weitestgehenden, war und ist die Europäische Gemeinschaft (seit 1994: Europäische Union), die seit ihren Anfängen 1951 zum Motor der Integration wurde. Auch sie entkommt nicht dem Dilemma der unterschiedlichen Zielsetzungen der an ihr beteiligten Staaten und politischen Gruppierungen. Aus verschiedenen nationalen Erfahrungen mit der Nationsbildung und dem Selbstverständnis der Nationalstaaten entwickelten sich unterschiedliche Europakonzeptionen, die sich im wesentlichen in zwei Varianten niederschlugen: Die konföderative* will die nationalstaatlichen Kompetenzen gegenüber der europäischen Zentrale wahren (Charles de Gaulle: „Europa der Vaterländer"), während die föderative* der Gemeinschaft möglichst viele Kompetenzen übereignen will. Die konfliktreiche Diskussion um das Endziel des Einigungsprozesses – Bundesstaat* oder Staatenbund* – ist eine Grundkonstante der europäischen Integration. Schon der Haager Kongreß der Europa-Bewegung 1948 konnte sich in seinem Schlußdokument nur auf die Doppelformel „Union oder Föderation" einigen. Ähnlich vage heißt es 1952 im Vertrag der Europäischen Verteidigungsgemeinschaft über die langfristigen Perspektiven: „Die endgültige Organisation, die an die Stelle der vorläufigen Organisation treten wird, soll so beschaffen sein, daß sie den Bestand eines späteren bundesstaatlichen oder staatenbündischen Gemeinwesens bilden kann..." Kennzeichnend für das Schwanken zwischen beiden Konzeptionen ist auch die sprachliche Verwirrung um den Begriff der „Union": Während er ursprünglich auf dem Haager Kongreß die losere Variante meinte, wird er seit den 1980er Jahren als engerer Zusammenschluß („politische Union") verstanden.

Gegen die europäische Integration wirkten vor allem die Interessen der traditionellen Großmächte Großbritannien und Frankreich, sich als eigenständige Machtfaktoren zu behaupten, die sich nicht mit der Übertragung souveräner Kompetenzen an übernationale europäische Einrichtungen vertrugen. Kleine und mittlere Mächte dagegen zählten eher zu den treibenden Kräften. Einfluß auf Intensität und Dringlichkeit des Einigungsprozesses hatte darüber hinaus die internationale Konstellation (insbesondere der Ost-West-Konflikt) sowie die globale Wirtschaftsentwicklung, die ein Zusammengehen der westeuropäischen Staaten oder nationale Alleingänge begünstigte.

2.4 Von der wirtschaftlichen Zusammenarbeit zur politischen Integration

Die Geschichte der Europäischen Union ist daher von Phasen der sprunghaften Entwicklung, Rückschlägen und nur mühsamen Kompromissen geprägt. Bald nach dem Zweiten Weltkrieg sorgten engagierte Fürsprecher der Integration wie der französische

Außenminister Robert Schuman (1948–1952), der italienische Ministerpräsident Alcide de Gasperi (1944–1953) und der deutsche Bundeskanzler Konrad Adenauer (1949–1963) für schnelle Erfolge: Nachdem mit dem Europarat 1949 ein geographisch weitreichendes, politisch aber nur bedingt handlungsfähiges Instrument entstanden war, nahm der Schuman-Plan zur Bildung einer Montanunion 1950 den Vorschlag des ehemaligen britischen Premierministers Winston Churchill von 1946 auf, „Vereinigte Staaten von Europa“ mit Frankreich und Deutschland zu schaffen (→ M 1). Die Gründung der Europäischen Gemeinschaft für Kohle und Stahl (EGKS) 1951 besaß große Symbol- und Sogwirkung, da sie ein für Schwerindustrie und Rüstung bedeutendes Wirtschaftsgebiet integrierte. Neben den „Erzfeinden“ Frankreich und Deutschland beteiligten sich die Benelux-Länder und Italien am Keim der späteren EG (→ M 2).

Bereits der Schuman-Plan nährte die pragmatische Hoffnung, über punktuelle Zusammenarbeit eine Eigendynamik in Richtung auf politische Integration zu initiieren. Folgerichtig unterzeichneten die Mitglieder der EGKS 1952 den Vertrag für eine Europäische Verteidigungsgemeinschaft (EVG), der – u. a. mit der Integration der Bundesrepublik in das Militärbündnis – zugleich auf die Verschärfung des Kalten Krieges reagierte. Parallel entstanden Pläne für eine Europäische Politische Gemeinschaft (EPG), für die die erweiterte Versammlung der EGKS 1953 einen Verfassungsentwurf ausarbeitete (→ M 3). In ihrem Anfangselan und der relativen wirtschaftlichen Prosperität der 1950er Jahre schien die Einigungsbewegung nicht einmal ein Jahrzehnt nach dem Zweiten Weltkrieg ihrem Ziel zumindest in „Kerneuropa“ nahe zu sein. Doch überforderte die schnelle Einigung offensichtlich die beteiligten Staaten: Beide Gemeinschaften hätten die Abtretung wesentlicher Souveränitätsrechte an übernationale Institutionen bedeutet, die in diesem Fall Frankreich nicht zugestehen wollte, zumal nach dem Tod Stalins (1953) und den Waffenstillständen in Korea (1953) und Vietnam (1954) die Angst vor sowjetischer Bedrohung geringer geworden war. So zerstoben 1954 Hoffnungen auf rasche politische und militärische Integration, als das französische Parlament die Ratifizierung des EVG-Vertrags verweigerte und auch die Europäische Politische Gemeinschaft zu Fall brachte.

Befürchtungen, daß mit diesem Rückschlag die Europaidee insgesamt am Ende sei, bewahrheiteten sich nicht, denn nach der französischen Absage stifteten mehrere Teillösungen eine neue Dynamik: 1954 schlossen sich die Bundesrepublik und Italien dem 1948 in Brüssel unterzeichneten militärischen Beistandspakt Großbritanniens, Frankreichs und der Benelux-Länder an und erweiterten ihn zur Westeuropäischen Union (WEU). Die Aufnahme der Bundesrepublik in die NATO 1955 ermöglichte die Wiederaufrüstung Westdeutschlands zur Einbindung seines Potentials in das westliche Militärbündnis. Planungen für eine Europäische Wirtschaftsgemeinschaft (EWG) mit einem Gemeinsamen Markt und für eine Europäische Atomgemeinschaft (EURATOM) zur friedlichen Nutzung der Kernenergie seit 1955 mündeten 1957 in die Römischen Verträge zur Gründung beider Gemeinschaften.

Europa-Euphorie in der frühen Nachkriegszeit: Franzosen und Deutsche 1952.

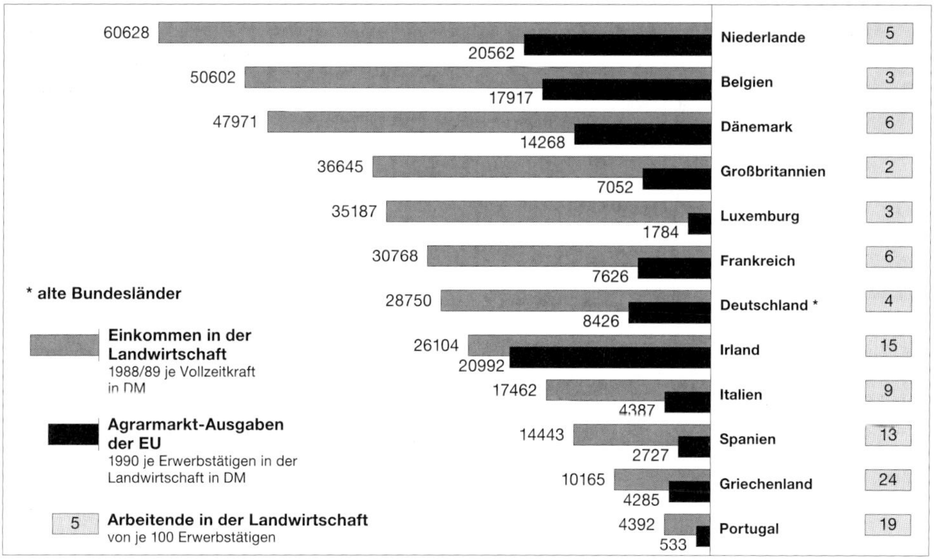

Europäische Zusammenschlüsse im Überblick (Stand 1995).

Typisch für den weiteren Integrationsprozeß war das Zustandekommen der Vereinbarungen: Das Scheitern der weitergehenden Integrationspläne zog nicht Resignation oder Abkehr von der Europaidee nach sich, sondern die Suche nach pragmatischen Lösungen, um sich in kleinen Schritten einem Ziel anzunähern, über das keine Einigkeit bestand (Union oder Föderation) und das deshalb in *einem* Anlauf nicht zu verwirklichen war. Neben der Motivation durch die erfolgreiche EGKS – 1950–1955 hatte sich die Stahlproduktion im Rahmen der Gemeinschaft fast verdoppelt, während sie in Großbritannien nur um ca. 20 % zunahm – stand hinter den Römischen Verträgen 1957 wiederum der Gedanke, „daß die Schaffung eines geeinigten Europas durch die Entwicklung gemeinsamer Institutionen, die schrittweise Verschmelzung der nationalen Wirtschaften, die Schaffung eines gemeinsamen Marktes und die schrittweise Harmonisierung ihrer Sozialpolitik weiterverfolgt werden muß" (Schlußkommuniqué der EGKS-Außenminister auf der Konferenz von Messina 1955; → M 4). Der EWG-Vertrag sollte die „Grundlage für einen immer engeren Zusammenschluß der europäischen Völker" schaffen. Die Annäherung geschah auf dem Weg der „negativen Integration" durch Abbau der Hemmnisse (vor allem Zollschranken) im Waren- und Dienstleistungsverkehr, während die Übertragung von Souveränitätsrechten auf die Gemeinschaft als stärkste Form der „positiven Integration" zunächst wieder in weite Ferne rückte.

Mit dem Triumph der Pragmatiker über die Visionäre der Europa-Bewegung (Schuman, Adenauer, De Gasperi) können die Römischen Verträge im doppelten Sinn als eigentlicher Beginn der Europäischen Gemeinschaft gelten. Die EWG wurde zur tragenden Säule der „Gemeinschaft der Sechs". 1967 trat nach Errichtung eines gemeinsamen Außenzolls und Wegfall der Binnenzölle die Zollunion in Kraft. Schwerpunkt der EWG war jedoch die Integration des Agrarsektors, die bis heute den größten Teil der Finanzen und Verwaltungsaufgaben der Gemeinschaft in Anspruch nimmt. Mindestpreis- und Abnahmegarantien stärkten die Landwirtschaft und verhalfen den Bauern zu einem an der allgemeinen Einkommensentwicklung orientierten Unterhalt. Doch waren Preise oberhalb des Weltmarktniveaus nur durch hohe Einfuhrzölle gegen Nicht-EWG-Länder, Stützungskäufe und direkte Subventionen an die Landwirte zu erreichen, die die Agrarpolitik bald zum Sorgenkind der Gemeinschaft machten. In den 1970er und 1980er Jahren wuchsen Butterberge, Milchseen und Fleischtürme in den Kühlhäusern der EG, während der Haushalt der Gemeinschaft schwer belastet wurde.

Gleichzeitig mit EWG und EURATOM entstand 1957 das Europäische Parlament in Straßburg als Versammlung von aus den Nationalparlamenten entsandten Vertretern von EGKS, EWG und EURATOM. Formal fusionierten die drei Gemeinschaften erst 1967 zur Europäischen Gemeinschaft. Seit 1979 wird das Europäische Parlament direkt gewählt und entwickelte sich von einem bloßen Forum der Meinungen zu einem Ort der Mitgestaltung. Sein gewachsener Einfluß auf Haushalt, Gesetzgebungsverfahren und Zusammensetzung der Europäischen Kommission seit den jüngsten Reformen der Europäischen Union durch den Vertrag von Maastricht 1992 kann jedoch nicht über die begrenzten (vor allem beratenden) Kompetenzen hinwegtäuschen. Im Unterschied zu den Nationalparlamenten fehlt dem Europaparlament das Recht, eine Regierung (die es nicht gibt, solange die politische Einigung nicht vollzogen ist) zu wählen und zu kontrollieren.

Exekutivorgan der Gemeinschaft ist die von den Einzelstaaten beschickte Europäische Kommission in Brüssel, deren einvernehmlich ernannter Präsident (1985–1995 der Franzose Jacques Delors, seit 1995 der Luxemburger Jacques Santer) die Gemeinschaft nach außen vertritt. Die Kommission besitzt das Recht, Gesetzesinitiativen zu starten. Entscheidungen fällt in letzter Instanz der Ministerrat, der sich aus den Fachministern der Mitgliedsländer zusammensetzt und auf französichen Druck hin 1966–1986 durch das Vetorecht praktisch nur einstimmig beschließen konnte.

2.5 Erweiterungen der „Gemeinschaft der Sechs“

Unmittelbares Zeichen für den ökonomischen Erfolg der „Gemeinschaft der Sechs“ war 1960 der Zusammenschluß einer Reihe von westeuropäischen Nichtmitgliedsländern zur Europäischen Freihandelszone (European Free Trade Association, EFTA), um sich gegen die Wirtschaftsmacht der EWG zur wehren. Neben Großbritannien, das sich zur Wahrung seiner insularen Sonderstellung den Integrationsbestrebungen ferngehalten hatte, schlossen sich die neutralen Staaten Österreich und die Schweiz sowie Portugal, Dänemark, Norwegen und Schweden zur EFTA zusammen. Die Freihandelszone entwickelte jedoch keine der EWG vergleichbare Dynamik, da sie sich auf „negative Integration“, also den Abbau von Zöllen, beschränkte, ohne „positiv“ Wirtschaftszweige zu integrieren. 1961 war die Attraktivität der EWG so groß, daß Dänemark, Großbritannien und Irland einen Aufnahmeantrag stellten.

Die Erweiterung der EG zur Neunergemeinschaft durch die Aufnahme Großbritanniens, Irlands und Dänemarks 1973 gestaltete sich wegen des (abgesehen von Irland) relativ homogenen Wirtschaftspotentials der neuen Mitgliedsstaaten im Verhältnis zu den sechs Gründungsmitgliedern ökonomisch relativ problemlos. Einzig Großbritannien fühlte sich durch die Agrarsubventionen – von denen es wegen der geringen Bedeutung der eigenen Landwirtschaft kaum profitierte, die es aber zunächst voll mitfinanzierte – derart benachteiligt, daß die Briten 1982 einen Sonderfinanzstatus erstritten.

Problematischer war die „Süderweiterung“ durch den Beitritt Griechenlands (1981) sowie Spaniens und Portugals (1986). Beweggründe für die Aufnahme waren in erster Linie politische: Nachdem sich die Länder von ihren jeweiligen Diktaturen befreit hatten, sollte ihr Übergang zur Demokratie durch Eingliederung in die EG „belohnt" und gestärkt werden. Gleichzeitig bot sich die Möglichkeit, der Gemeinschaft wirtschafts- und machtpolitisch größeres Gewicht zu verleihen. Das ökonomische Gefälle zu den neuen Mitgliedern mit stark landwirtschaftlicher Wirtschaftsstruktur war jedoch enorm, so daß die Gemeinschaft zusätzliche Gelder für Landwirtschafts- und Regionalfonds bereitstellen mußte. Organe und Entscheidungsfindungsverfahren, die einst für sechs ausgelegt waren, mußten nun mit 12 Mitgliedern funktionieren. Für Griechenland, Spanien und Portugal verband sich mit der Mitgliedschaft ein hoher Modernisierungsdruck, der sie zwang, innerhalb weniger Jahre europäische Normen zu übernehmen und ohne schützende Zollschranken konkurrenzfähig zu werden.

Eine weitere Möglichkeit zur Ausweitung des Einflußbereichs der EG ist das Instrument der Assoziierung, durch das Drittstaaten per Vertrag Begünstigungen erhalten. Assoziierungsabkommen können auf spätere Mitgliedschaft vorbereiten (wie im Falle Griechenlands, das seit 1961 der EG assoziiert war) oder der Schaffung einer großen Freihandelszone innerhalb Europas dienen (wie durch die Assoziierungsabkommen mit der Türkei 1963, Malta 1970, Zypern 1972). Ähnliche Motive veranlaßten EG und EFTA 1994 zum Zusammenschluß im Europäischen Wirtschaftsraum, dem sich nur die Schweiz verweigerte. Innerhalb Europas sind die Grenzen zwischen Beitritts- und Freihandelsassoziierungen fließend, und viele Staaten hoffen, über Handelsverträge eine Aufnahme in die EG zu erreichen. Reine Handelsabkommen sind diejenigen mit Staaten außerhalb Europas, wie die Lomé-Abkommen seit 1975 mit heute 69 Staaten Afrikas, der Karibik und des Pazifik sowie Abkommen mit den Maghreb-Staaten und Israel (1975).

2.6 Europa nach dem Ende seiner Spaltung, seit 1989/90

Mitte der 1980er Jahre fanden der wachsende Reformbedarf innerhalb der Gemeinschaft und die Hartnäckigkeit ihres Präsidenten Jacques Delors zu einer fruchtbaren Synthese, die den seit den 1970er Jahren stagnierenden Integrationsprozeß neu belebte. Wichtiges Ergebnis war 1986 die Einheitliche Europäische Akte, die erste umfassende Revision der Römischen Verträge von 1957. Sie stellte die Weichen zur Verwirklichung des Binnenmarktes mit den „vier Freiheiten" (Freizügigkeit von Waren, Dienstleistungen, Kapital und Arbeit) zum 31. 12. 1992 und zur Politischen Union. Der Europäische Rat (Konferenz der Staats- und Regierungschefs und des Präsidenten der Kommission der EG) erhielt Weisungsbefugnis gegenüber dem Ministerrat und wurde zum entscheidenden Organ der Europäischen Politischen Zusammenarbeit (EPZ; seit 1992 Gemeinsame Außen- und Sicherheitspolitik, GASP), die die Außenpolitik der Gemeinschaft koordiniert. Der Ministerrat gewann seinerseits durch die Möglichkeit, Entscheidungen in Zukunft „mit qualifizierter Mehrheit" – statt wie bisher einmütig – zu fällen, größere Handlungsmöglichkeit. Erweitert wurden auch die Kompetenzen des Europaparlaments.

Den zweiten großen Schritt in Richtung auf die Europäische Union ging die Gemeinschaft mit dem Vertrag von Maastricht 1992 (→ M 5). Nur sechs Jahre nach der Einheitlichen Europäischen Akte zwang der selbst gesetzte Zeitplan zu weitergehenden Maßnahmen, sollte die ökonomische Integration nicht in der Luft hängenbleiben: Ergebnis waren u. a. die Einführung einer Unionsbürgerschaft und Vereinbarungen über die „Kohärenz" der Außen- und Sicherheitspolitik der Mitglieder. Für 1999 visierte die Gemeinschaft die Wirtschafts- und Währungsunion an; daran anschließen soll sich die Politische Union. Mit dem Inkrafttreten des Vertrages am 1. 11. 1993 wechselte die EG ihren Namen in „Europäische Union".

Anfang 1995 besiegelte der Beitritt Finnlands, Österreichs und Schwedens zur EU das Ende der EFTA, da von den zuvor sieben Mitgliedern nur noch Island, Liechtenstein, Norwegen und die Schweiz übrigblieben. Die verbliebenen EFTA-Mitglieder leiteten 1994 die Auflösung der Freihandelszone ein. Das Aufnahmegesuch der Schweiz in die EU ruht, nachdem sich die Bevölkerung in einer Volksabstimmung 1992 gegen den Beitritt ausgesprochen hat. Auch Norwegen entschied sich in einer Volksabstimmung 1994 gegen einen Beitritt. Die bisher assoziierten Staaten Türkei (1987), Zpyern und Malta (beide 1990) beantragten ihre Aufnahme.

Neben der Eigendynamik des Integrationsprozesses trieb der Umbruch in Mittel- und Osteuropa zu schnellen und weitreichenden Entscheidungen: Nach der deutschen Einigung 1990 wuchs bei den übrigen europäischen Staaten das Bedürfnis, den gewachsenen wirtschaftlichen und nun auch politischen Riesen Bundesrepublik stärker in die Gemeinschaft einzubinden. Die Bonner Regierung wiederum wollte ihre europäische Orientierung bekräftigen, um den Partnern die Angst vor dem wiedervereinigten Deutschland zu nehmen, das durch Einbeziehung der Ex-DDR nunmehr in allen Belangen das quantitativ stärkste Mitglied der EG geworden war. Darüber hinaus bewirkte die Auflösung des Ostblocks und des Rates für gegenseitige Wirtschaftshilfe (RGW), des östlichen Pendants der EWG, einen enormen Beitrittsdruck in Richtung EG, der wieder eine gesamteuropäische Orientierung ermöglichte.

Heute steht die Gemeinschaft daher vor der doppelten Aufgabe, die Europäische Union zu vertiefen (Wirtschafts- und Währungsunion, Politische Union) und gleichzeitig zu erweitern: Beide Prozesse bergen große Probleme in sich, beide fordern von allen Partnern Kompromisse und Verhandlungsbereitschaft. Vorausgehen müssen Grundsatzentscheidungen darüber, welches Europa verwirklicht werden soll. Viele Fragen harren der Beantwortung: Wer gehört zu Europa?, wer kann und soll Mitglied der Union werden?, wie groß darf die Union sein, ohne ihre politische und ökonomische Handlungsfähigkeit zu verlieren? Verschiedene Modelle Europas stehen zur Disposition: Schon 1975 sprach der Bericht des belgischen Premierministers Leo Tindemans angesichts der Inhomogenität der Mitgliedsstaaten von der Notwendigkeit, die politische Integration in zwei Schritten zu vollziehen: Im „Europa der zwei Geschwindigkeiten" sollten sich zunächst nur Staaten näher zusammenschließen, die politisch und ökonomisch dazu in der Lage wären. Heute ist die Europäische Union der 15 vielschichtiger als die Gemeinschaft der Neun 1975. Die Beitrittswelle schafft zusätzliche Harmonisierungsschwierigkeiten. Schon die Konflikte bei der Integration der EFTA-Staaten haben gezeigt, daß bei der Aufnahme neuer Mitglieder nicht allein das mögliche ökonomische Entwicklungsgefälle Probleme bereitet, sondern auch die Angleichung „der Neuen" an Normen und Regeln der Union.

Die meisten Probleme bereitet jedoch die Integration Mittel- und Osteuropas. Zwar haben formal bisher nur Ungarn und Polen um Aufnahme nachgesucht, doch ist der Sog Westeuropas derart groß, daß die Staaten des ehemaligen Ostblocks eine Aufnahme in die EU als einzige Chance betrachten, Anschluß an die Weltwirtschaft zu gewinnen. Die EU ist grundsätzlich einer Erweiterung nach Osten nicht abgeneigt, weil sie die Gemeinschaft politisch wie ökonomisch im Weltmaßstab stärken würde, will jedoch den Zusammenhalt und die Integration der Partner zunächst ausbauen. Das Assoziierungsabkommen mit den Ländern der „Višegrád-Gruppe" (Polen, Slowakei, Tschechische Republik, Ungarn) 1991 sowie Rumänien und Bulgarien 1993 soll den Beitrittsdruck dämpfen und vorbereitende Schritte zur Harmonisierung der Wirtschaftsstruktur einleiten.

Alles deutet also darauf hin, daß sich das „gemeinsame Haus Europa“ (M. Gorbatschow) nur schrittweise erbauen läßt. Ein aktuelles Modell der Europaexperten geht unter dem Schlagwort „Europa der konzentrischen Kreise“ von einem Kerneuropa der EU aus, um das herum sich mit abnehmendem Grad der Integration die EFTA-Staaten, mit der EU assoziierte osteuropäische Länder und die übrigen Mitglieder der OSZE gruppieren. Es bleibt abzuwarten, ob sich der Erwartungsdruck Osteuropas in dieses Phasenmodell kanalisieren läßt oder ob ökonomische und ethnisch-kulturelle Konflikte in den neuen Demokratien schnelleres Handeln erforderlich machen.

Wie sich Europa auch immer abgrenzt, es bleibt das Problem seiner Außenbeziehungen, insbesondere des Verhältnisses zur in Konflikten versinkenden „Dritten Welt“. Europa ist nach dem Ende des Ost-West-Konflikts zu einem wesentlichen Ordnungsfaktor in der Welt geworden, denn mit dem Abbau der Konfrontation der Weltmächte vollzogen die USA und Rußland zugleich einen partiellen Rückzug aus Europas Mitte. Zwar ist die EU aus den ersten Bewährungsproben nach dem Ende des Ost-West-Konflikts (Golfkrieg, Jugoslawienkrieg) angeschlagen hervorgegangen: Gemeinsame Aktionen waren häufig, wenn überhaupt, nur unter Mühen zu koordinieren. Doch stellt sich ihr die Aufgabe einer gemeinsamen Außenpolitik, die in der Lage ist, einen Ausgleich zwischen legitimen Eigeninteressen und Bedürfnissen der Menschen außerhalb der EU zu finden, will sie den Kontinent nicht zur „Festung Europa“ ausbauen, zu einer Oase des Wohlstands inmitten von Kriegen, Hunger und Flüchtlingsbewegungen. Der Weg dorthin wird bestenfalls – in der Tradition vergangener Jahrzehnte – mit pragmatischen Kompromissen gepflastert sein.

Land	**Europarat**	**EU**	**EFTA**	**WEU**	**NATO**
Belgien	x	x	–	x	x
Bulgarien	x	3	–	3	–
Dänemark	x	x	–	2	x
Deutschland	x	x	–	x	x
Estland	x	–	–	3	–
Finnland	x	x	x	–	–
Frankreich	x	x	–	x	x
Griechenland	x	x	–	x	x
Großbritannien	x	x	–	x	x
Irland	x	x	–	2	–
Island	x	–	x	3	x[a]
Italien	x	x	–	x	x
Ex-Jugoslawien	–[b]	–	–	–	–
Lettland	x	–	–	3	–
Liechtenstein	x	–	x	–	–
Litauen	x	–	–	3	–
Luxemburg	x	x	–	x	x
Malta	x	–	–	–	–
Niederlande	x	x	–	x	x
Norwegen	x	–	x	3	–
Österreich	x	x	x	2	–
Polen	x	–	–	3	–
Portugal	x	x	–	x	x
Rumänien	x	3	–	3	
Rußland	1	–	–	–	–
Schweden	x	x	x	–	–
Schweiz	x	–	x	–	–
Slowakei	x	3	–	3	–
Slowenien	x	3	–	–	–
Spanien	x	x	–	x	x
Tschech. Republik	x	3	–	3	–
Türkei	x	3	–	3	x
Ungarn	x	3	–	3	–
Ukraine	1	–	–	–	–
Kanada	–	–	–	–	x
USA	–	–	–	–	x

1 = Gaststatus, 2 = Beobachter, 3 = Assoziiert,
[a] = ohne eigene Streitkräfte
[b] = 1992 angeschlossen

Europäische Zusammenschlüsse (Stand 1995).

M 1 Der Europagedanke

Die Züricher Rede Winston Churchills vom 19. September 1946 gab der Europabewegung entscheidende Impulse:

Dieser edle Kontinent, der letzten Endes die schönsten und kultiviertesten Gebiete der Erde umschließt und sich eines gemäßigten und ausgeglichenen Klimas erfreut, ist die Heimat aller großen Stammvölker der westlichen Welt. Er ist die Quelle des christlichen Glaubens und der christlichen Ethik. Er war in alter und neuer Zeit der Ursprung fast jeglicher Kultur, Kunst, Philosophie und Wissenschaft. Wenn Europa einmal einträchtig sein gemeinsames Erbe verwalten würde, dann könnten seine drei- oder vierhundert Millionen Einwohner ein Glück, einen Wohlstand und einen Ruhm ohne Grenzen genießen. [...]

Der erste Schritt zur Neubildung der europäischen Familie muß eine Partnerschaft Frankreichs und Deutschlands sein. Nur so kann Frankreich die moralische Führung in Europa wiedererlangen. Es wird keine Erneuerung Europas geben ohne ein geistig großes Frankreich und ein geistig großes Deutschland. Wenn das Gebäude der Vereinigten Staaten von Europa gut und gewissenhaft errichtet wird, muß darin die materielle Stärke eines einzelnen Staates von untergeordneter Bedeutung sein. Kleine Nationen werden ebensoviel zählen wie große und sich durch ihren Beitrag zur gemeinsamen Sache Ehre erwerben.

Aus: Foerster (Hg.): Die Idee Europa 1300–1946, S. 253, 256

M 2 Die Keimzelle der EG

Mit der Europäischen Gemeinschaft für Kohle und Stahl vom 18. April 1951 entstand der Keim zur EG. Ihre Präambel formuliert allgemeine Ziele, die mit der Gründung verfolgt werden sollten:

Der Präsident der Bundesrepublik Deutschland, Seine Königliche Hoheit der Kronprinz von Belgien, der Präsident der Französischen Republik, der Präsident der Italienischen Republik, Ihre Königliche Hoheit die Großherzogin von Luxemburg, Ihre Majestät die Königin der Niederlande,

in Erwägung, daß der Weltfriede nur durch schöpferische, den drohenden Gefahren angemessene Anstrengungen gesichert werden kann,

in der Überzeugung, daß der Beitrag, den ein organisiertes und lebendiges Europa für die Zivilisation leisten kann, zur Aufrechterhaltung friedlicher Beziehungen unerläßlich ist,

in dem Bewußtsein, daß Europa nur durch konkrete Leistungen, die zunächst eine tatsächliche Verbundenheit schaffen, und durch die Errichtung gemeinsamer Grundlagen für die wirtschaftliche Entwicklung aufgebaut werden kann,

in dem Bemühen, durch die Ausweitung ihrer Grundproduktionen zur Hebung des Lebensstandards und zum Fortschritt der Werke des Friedens beizutragen,

entschlossen, an die Stelle der jahrhundertealten Rivalitäten einen Zusammenschluß ihrer wesentlichen Interessen zu setzen, durch die Errichtung einer wirtschaftlichen Gemeinschaft den ersten Grundstein für eine weitere und vertiefte Gemeinschaft unter Völkern zu legen, die lange Zeit durch blutige Auseinandersetzungen entzweit waren, und die institutionellen Grundlagen zu schaffen, die einem nunmehr allen gemeinsamen Schicksal die Richtung weisen können,

haben beschlossen, eine Europäische Gemeinschaft für Kohle und Stahl zu gründen [...]

Aus: Gasteyger: Europa zwischen Spaltung und Einigung, S. 85

M 3 Der Satzungsentwurf von 1953

Am 10. März 1953 verabschiedete die erweiterte Ad-hoc-Versammlung der EGKS in Straßburg einen Entwurf für die Satzung der Europäischen Politischen Gemeinschaft, die 1954 am französischen Einspruch scheiterte:

Artikel 1

Mit diesem Vertrag wird eine Europäische Gemeinschaft übernationalen Charakters errichtet.

Die Gemeinschaft ist gegründet auf den Zusammenschluß der Völker und Staaten, die Achtung ihrer Eigenheit, die Gleichheit der Rechte und Pflichten. Sie ist unauflöslich.

Artikel 2

Die Gemeinschaft hat folgende allgemeine Ziele und Aufgaben:

- zur Wahrung der Menschenrechte und Grundfreiheiten in den Mitgliedstaaten beizutragen;
- mit den anderen freien Nationen zum Schutze der Mitgliedstaaten gegen jede Aggression beizutragen;
- in den Fragen, die den Bestand, die Sicherheit oder den Wohlstand der Gemeinschaft berühren

können, die Koordinierung der Außenpolitik der Mitgliedstaaten zu sichern;

– im Einklang mit der Gesamtwirtschaft der Mitgliedstaaten die Ausweitung der Wirtschaft, die Steigerung der Beschäftigung und die Hebung der Lebenshaltung in den Mitgliedstaaten zu fördern, insbesondere durch fortschreitenden Ausbau eines gemeinsamen Marktes, wobei durch Übergangsbestimmungen oder andere Maßnahmen tiefgreifende und anhaltende Störungen in der Wirtschaft der Mitgliedstaaten zu vermeiden sind;
– auf die Erreichung der in der Satzung des Europarats, im Vertrag über die europäische wirtschaftliche Zusammenarbeit und im Nordatlantikpakt aufgestellten allgemeinen Ziele gemeinsam mit den Mitgliedstaaten und den anderen Staaten, die an diesen Verträgen beteiligt sind, hinzuarbeiten. [...]

Artikel 10

Das Parlament beschließt Gesetze, Empfehlungen und Vorschläge. Es beschließt auch den Haushalt und das Rechnungsgesetz. Es übt die Kontrollbefugnisse aus, die ihm durch diese Satzung übertragen werden.

Aus: Europa. Dokumente zur Frage der europäischen Einigung. Bd. 2, S. 947f.

M 4 Das Schlußkommuniqué der Konferenz von Messina

1955 wurde die Grundlage für eine Neuorientierung der „Gemeinschaft der Sechs“ in EWG und EURATOM gelegt:

Die Regierungen der Bundesrepublik Deutschland, Belgiens, Frankreichs, Italiens, Luxemburgs und der Niederlande glauben, daß der Augenblick gekommen ist, um eine neue Phase auf dem Wege zur Schaffung Europas einzuleiten. Sie sind der Ansicht, daß Europa zunächst auf wirtschaftlichem Weg gebaut werden muß.

Sie erachten es als notwendig, die Schaffung eines vereinigten Europa durch die Weiterentwicklung gemeinsamer Institutionen, durch die schrittweise Fusion der nationalen Wirtschaften, durch die Schaffung eines gemeinsamen Marktes und durch die schrittweise Harmonisierung ihrer Sozialpolitik fortzusetzen. Eine derartige Politik erscheint ihnen unerläßlich, um Europa den Platz zu erhalten, den es in der Welt einnimmt, um ihm seinen Einfluß und seine Ausstrahlungskraft zurückzugeben und um den Lebensstandard seiner Bevölkerung stetig zu heben.

Zu diesem Zweck haben sich die sechs Minister über die folgenden Ziele geeinigt:

I.

1. Die Steigerung des Warenaustauschs und der Freizügigkeit der Personen verlangen den gemeinsamen Ausbau großer Verkehrswege. [...]
2. Reichlichere und billigere Energie ist ein fundamentales Element des wirtschaftlichen Fortschritts. Deshalb muß alles getan werden, um den Austausch von Gas und elektrischem Strom zu fördern, der geeignet ist, die Rentabilität der Investierungen zu erhöhen und die Preise für die Versorgung zu senken. [...]
3. Die Entwicklung der Atomenergie zu friedlichen Zwecken eröffnet binnen kurzem die Aussicht auf eine neue industrielle Revolution von ungleich größerem Ausmaß als jene der letzten hundert Jahre. Die sechs Signatarstaaten erachten es als notwendig, die Frage einer gemeinsamen Organisation zu untersuchen, die mit der Verantwortung und den Mitteln für die Gewährleistung der friedlichen Entwicklung der Atomenergie auszustatten wäre, wobei die besonderen Vereinbarungen einzelner Regierungen mit dritten Staaten berücksichtigt werden müßten. [...]

Aus: Gasteyger: Europa zwischen Spaltung und Einigung, S. 159

M 5 Der Vertrag von Maastricht

Am 7. 2. 1992 legten die Außen- und Finanzminister der Europäischen Gemeinschaft die Grundlage für die Vertiefung der EG zur EU:

Artikel A

Durch diesen Vertrag gründen die hohen Vertragsparteien untereinander eine Europäische Union, im folgenden als „Union“ bezeichnet.

Dieser Vertrag stellt eine neue Stufe bei der Verwirklichung einer immer engeren Union der Völker Europas dar, in der die Entscheidungen möglichst bürgernah getroffen werden. Grundlage der Union sind die Europäischen Gemeinschaften, ergänzt durch die mit diesem Vertrag eingeführten Politiken und Formen der Zusammenarbeit. Aufgabe der Union ist es, die Beziehungen zwischen den Mitgliedstaaten sowie zwischen ihren Völkern kohärent und solidarisch zu gestalten.

Artikel B

Die Union setzt sich folgende Ziele:

– die Förderung eines ausgewogenen und dauerhaften wirtschaftlichen und sozialen Fortschritts, insbesondere durch Schaffung eines Raumes ohne Binnengrenzen, durch Stärkung des wirtschaftlichen und sozialen Zusammenhalts und durch Errichtung einer Wirtschafts- und Währungsunion, die auf längere Sicht auch eine einheitliche Währung nach Maßgabe dieses Vertrages umfaßt;

- die Behauptung ihrer Identität auf nationaler Ebene, insbesondere durch eine gemeinsame Außen- und Sicherheitspolitik, wozu auf längere Sicht auch die Festlegung einer gemeinsamen Verteidigungspolitik gehört, die zu gegebener Zeit zu einer gemeinsamen Verteidigung führen könnte;
- die Stärkung des Schutzes der Rechte und Interessen der Angehörigen ihrer Mitgliedstaaten durch Einführung einer Unionsbürgerschaft;
- die Entwicklung einer engen Zusammenarbeit in den Bereichen Justiz und Inneres;

[...] Artikel 8

(1) Es wird eine Unionsbürgerschaft eingeführt. Unionsbürger ist, wer die Staatsangehörigkeit eines Mitgliedsstaats besitzt.

(2) Die Unionsbürger haben die in diesem Vertrag vorgesehenen Rechte und Pflichten.

Artikel 8a

(1) Jeder Unionsbürger hat das Recht, sich im Hoheitsgebiet der Mitgliedstaaten vorbehaltlich der in diesem Vertrag und in den Durchführungsvorschriften vorgesehenen Beschränkungen und Bedingungen frei zu bewegen und aufzuhalten.

(2) Der Rat kann Vorschriften erlassen, mit denen die Ausübung der Rechte nach Absatz 1 erleichtert wird; sofern in diesem Vertrag nichts andres bestimmt ist, beschließt er einstimmig auf Vorschlag der Kommission und nach Zustimmung des Europäischen Parlaments.

Artikel 8b

(1) Jeder Unionsbürger mit Wohnsitz in einem Mitgliedstaat, dessen Staatsangehörigkeit er nicht besitzt, hat in dem Mitgliedstaat, in dem er seinen Wohnsitz hat, das aktive und passive Wahlrecht bei Kommunalwahlen, wobei für ihn dieselben Bedingungen gelten wie für Angehörige des betreffenden Mitgliedstaats. Dieses Recht wird vorbehaltlich der Einzelheiten ausgeübt, die vom Rat vor dem 31. Dezember 1994 einstimmig auf Vorschlag der Kommission und nach Anhörung des Europäischen Parlaments festzulegen sind; in diesen können Ausnahmeregelungen vorgesehen werden, wenn dies aufgrund besonderer Probleme eines Mitgliedstaats gerechtfertigt ist.

(2) [...] besitzt jeder Unionsbürger mit Wohnsitz in einem Mitgliedstaat, dessen Staatsangehörigkeit er nicht besitzt, in dem Mitgliedstaat, in dem er seinen Wohnsitz hat, das aktive und passive Wahlrecht bei den Wahlen zum Europäischen Parlament, wobei für ihn dieselben Bedingungen gelten, wie für die Angehörigen des betreffenden Mitgliedstaats. [...]

Aus: Gasteyger: Europa zwischen Spaltung und Einigung, S. 474, 479

Arbeitsvorschläge

1. *Stellen Sie nach M 1 die Grundlegung Europas dar und untersuchen Sie die geographische Reichweite der angesprochenen Europaidee!*
2. *Vergleichen Sie M 2 – M 4 unter dem Gesichtspunkt der Funktion der Verträge für die europäische Einigung!*
3. *Überprüfen Sie, inwieweit der Vertrag von Maastricht eher zu einem Bundesstaat oder eher zu einem Staatenbund führt (M 5)!*

3 Dekolonisation und „Dritte Welt", 1918–1989

Die Dekolonisation Südostasiens, 1945–1965.

Zeittafel

1914–18	Erster Weltkrieg erschüttert Kolonialimperialismus
1919	Massaker von Amritsar: Beginn der Unabhängigkeitsbewegung in Indien
1939–45	Zweiter Weltkrieg stärkt Forderung nach Unabhängigkeit
1945	Ägypten wird unabhängig
1947	Indien und Pakistan unabhängig: wechselseitige Massaker
1948	Proklamation des Staates Israel
1949	Proklamation der Volksrepublik China
1946–75	Vietnamkrieg mit Sieg des kommunistischen Nordvietnam
1954–62	Algerienkrieg
1960	„Jahr Afrikas": zahlreiche Staaten werden unabhängig
1966	„Kulturrevolution" in China
1975	Portugiesische Kolonien (Angola, Mosambik, Guinea-Bissão) werden unabhängig
1993	Ende der Apartheid in Südafrika

Das gewaltige Erdbeben des Zweiten Weltkrieges setzte mit der Dekolonisation als „Auflösung der Kolonialreiche" (Franz Ansprenger) postkoloniale Nachfolgestaaten frei, die „unterentwickelten Länder", wie sie anfangs hießen, später „Entwicklungsländer", seit etwa 1960 „Dritte Welt" im Unterschied zur „Ersten Welt" des marktwirtschaftlich-demokratischen Westens unter Führung der USA und zur kommunistischen „Zweiten Welt". Nach dem Zusammenbruch des europäischen Kommunismus 1989/91 ist die bisherige Bezeichnung „Dritte Welt" problematisch. Dennoch empfiehlt sich, aus praktischen Gründen, den historisch gewordenen Begriff „Dritte Welt" beizubehalten.

3.1 Zweiter Weltkrieg und Dekolonisation – friedliche und kriegerische

Schon der Erste Weltkrieg hatte die Kolonialreiche in den globalen Konflikt gezogen, den Kolonialimperialismus erstmals erschüttert und antikolonialer Opposition Freiräume verschafft. Für Indien hatte sich der Indian National Congress, angespornt durch das Massaker von Amritsar (1919), seit 1937 Autonomie auf Provinzebene erkämpft. Der Zweite Weltkrieg radikalisierte milde Opposition zu National- und Befreiungsbewegungen, zumal Japan sie in Südostasien taktisch gegen die Kolonialmächte einsetzte und sich scheinbar an ihre Spitze setzte, während der Fall von Singapur Ende 1941 das Prestige des Britischen Empire zerstörte. Daher vergrößerte der Zweite Weltkrieg die politische Handlungsfreiheit der Nationalbewegungen, denn sie gerieten teilweise unter Führung einheimischer Kommunisten oder konnten damit drohen, ins kommunistische Lager überzuwechseln. Nach ihrer Unabhängigkeit suchten Staaten der „Dritten Welt" die „Erste" und „Zweite Welt" im Kalten Krieg gegeneinander auszuspielen, während die Supermächte die jungen Nationalstaaten für sich instrumentalisierten.

Je nach historischen Voraussetzungen in Mutterländern und Kolonialländern verlief der Weg von Protektoraten und Kolonien zu souveränen Nationalstaaten friedlich oder gewaltsam. Die meisten Länder gewannen ihre Unabhängigkeit unblutig, je indirekter europäische Herrschaft war, je demokratischer eine Kolonialmacht zu Hause strukturiert war. Jedenfalls setzte England am wenigsten Gewalt ein und schuf sich mit dem Commonwealth eine elastische Nachfolgekonstruktion zum Britischen Empire: Kolonien erhielten zunächst als Dominien innere Autonomie und blieben meist nach der Unabhängigkeit im Commonwealth, wie die meisten weißen Dominien.

Mit der Dekolonisation gewann die Institution des Protektorats neue historische Bedeutung, wie das Frankreichs über Tunesien und Marokko: 1955 reichte es formal, Protektoratsverträge aufzuheben und einheimische Herrscher wieder in ihre Rechte einzusetzen, um ihre Länder 1956 „in die Unabhängigkeit zu entlassen". Allerdings wurde in beiden Fällen innerer und äußerer Druck nötig – Drohung mit einem kolonialen Befreiungskrieg, wie er in Algerien am 1. November 1954 schon angelaufen war. Je direkter europäische Kolonialherrschaft war, je mehr weiße Siedler in den Territorien lebten, desto hartnäckiger klammerten sich Kolonialmächte an ihren „Besitz". In Schwarzafrika zeichnet sich ungefähr eine aufsteigende Linie der Intensität der Konflikte ab, – Kenia (Mau-Mau-Aufstand, 1952–56), Algerienkrieg (1954–62), die portugiesischen Kolonien, seit 1951 „Überseeterritorien" mit Befreiungskriegen in Guinea-Bissau (1959), Angola (1960) und Mosambik (1961) jeweils bis 1974, Südrhodesien/Sambia (ca. 1973–78), Südafrika bis zur Abschaffung der Apartheid (1993). Kapitel für sich sind die beiden Vietnamkriege – Frankreichs (1946–54) und der USA (1965–73).

3.2 Ein chronologischer Durchgang

Für den Gesamtprozeß zeichnen sich regionale Etappen ab. Jeder Schritt zur Unabhängigkeit wurde für andere Kolonialländer anspornendes Beispiel, teilweise auch politische, finanzielle oder militärische Hilfe. Besonders elektrisierend wirkten die Unabhängigkeit Indiens 1947, die Gründung der Volksrepublik China 1949, der Algerienkrieg 1954 und die Unabhängigkeit Ghanas 1957.

Nach Kriegsende wurde die arabische Region weitgehend unabhängig, die vorher als Völkerbundsmandate (Syrien, Libanon, Irak, Palästina) oder Protektorate (Ägypten, Aden, Emirate, Kuwait) europäischer Herrschaft nur indirekt unterstanden hatten. Rasch entwickelte Ägypten als stärkstes arabisches Land an der strategischen Nahtstelle zwischen Afrika und Asien unter Abdel Nasser (1954–70) eine besondere Dynamik, die bis Schwarzafrika reichte. Weitere Länder folgten, u. a. Libyen (1951), Sudan (1955), Tunesien und Marokko (1956), Algerien (1962). Riesige Ölfunde auf der Arabischen Halbinsel schufen explosive Unterschiede zwischen reichen und armen arabischen Staaten, teilweise identisch mit „reaktionären" Monarchien (Saudi-Arabien, Kuwait, Öl-Emirate) und „fortschrittlichen" Republiken, obwohl Irak und Libyen seit dem Sturz ihrer Monarchien (1956, 1969) sich ebenfalls zu den „fortschrittlichen" Staaten zählen. Locker zusammengefaßt sind sie in der Arabischen Liga (seit 1945), deren Vormacht meist Ägypten war, abgesehen von der Periode seines Ausschlusses (1979–89) als Bestrafung für seinen Friedensschluß mit Israel (1979). Das Verhältnis zu Israel verursachte eine tiefgehende Spaltung innerhalb der arabischen Länder. Die Spannungen entluden sich teilweise im langwierigen Libanonkrieg (1975 – ca. 1989) in unmittelbarer Nachbarschaft Israels, auch sachlich verknüpft mit Israel, und wenn nur durch militärische Interventionen.

Die USA gaben schon 1946 den Philippinen die Unabhängigkeit. Weltweite Signalwirkung ging jedoch von Indien aus: Obwohl das kriegsmüde England im Juli 1945 eine Labourregierung ins Amt gewählt hatte, um einen aussichtslosen Kolonialkrieg in Indien zu vermeiden, bedurfte es erst eines Aufstandes der Indischen Flotte (1946), daß Indien 1947 selbständig wurde. Jedoch zersplitterte der Subkontinent vielfältig, in die Republiken Indien und Pakistan, aufgeteilt in einen West- (West Punjab, Sind, Belutschistan) und Ostteil (West-Bengalen). Umstritten und geteilt zwischen beiden ist noch immer Kaschmir. Gegen leidenschaftliche Warnungen Mahatma Gandhis entluden sich aufgestaute Ressentiments in ausgedehnten wechselseitigen Massakern von Hindus und Muslims mit Fluchtbewegungen, die in einigen Aufnahmeregionen, vor allem im Sind, bis heute Sozialkonflikte schwelen lassen. 1948 lösten sich auch Ceylon und Birma von Britisch-Indien.

In Indonesien verhinderten die USA eine Radikalisierung der Nationalbewegung unter Sukarno, indem sie die Niederlande

Mahatma Gandhi, der Führer der indischen Nationalbewegung (um 1948).

zur Preisgabe ihres Kolonialreichs (1949) zwangen. Gleichzeitig begann gegen die kommunistische Vietminh unter Ho Tschi Minh der französische Vietnamkrieg (1946), anfänglich im Mutterland getragen auch von den Kommunisten in der Regierung der IV. Republik, während der kommunistische Ostblock, nach ihrer Konstituierung (1949) auch die Volksrepublik China, antikoloniale Befreiungsbewegungen unterstützte, die so teilweise in eine kommunistische Revolution umschlugen. So geriet Vietnam in die Mechanismen des Kalten Krieges: Die USA hielten Frankreich mit umfangreichen Waffenlieferungen, gekoppelt an Wirtschaftshilfe, im Krieg gegen den Vietminh fest. Als die IV. Republik nach der Niederlage von Dien Bien Phu aufgab (1954), engagierten sich die USA direkt selbst mit der amerikanischen Phase des Vietnamkrieges (1965–74), der durch Flächenbombardements und chemische „Entlaubungsaktionen" der Regenwälder die Zivilbevölkerung und Umwelt besonders schädigte.

Der Algerienkrieg begann ein halbes Jahr nach Ende des französischen Vietnamkrieges, am 1. November 1954, unterstützt von Ägypten. Manche Führer der algerischen Unabhängigkeitsbewegung hatten zuvor in der französischen Armee in Vietnam gekämpft, wie Ahmed Ben Bella. Jetzt wandten sie ihre militärischen Erfahrungen gegen Frankreich, da es das Versprechen der „assimilation" und Gleichberechtigung nicht eingelöst hatte. Algerien war schon seit 1848 annektiert; als drei französische Departments formal Teil des französischen Mutterlandes, mit zahlreichen französischen Kolonisten, die teilweise den Arabern das beste Land weggenommen hatten. Deshalb verteidigte Frankreich seine „Algérie Française" so verbissen, daß darüber die IV. Republik im Generalsputsch von Algier (1958) zerbrach und von der V. Republik unter De Gaulle ersetzt wurde. Militärisch konnte Frankreich zwar das Land unter Kontrolle halten, die algerische Widerstands-Armee nach Marokko und Tunesien abdrängen. Aber moralisch war Algerien nicht zu halten, zumal der Ostblock Waffen lieferte. Gegen seine ursprüngliche Absicht rang sich De Gaulle zur Freigabe Algeriens durch, besiegelt im Vertrag von Evian (1962). Im Windschatten des Algerienkrieges hatten Tunesien und Marokko die Autonomie (1955) und Souveränität (1956) erhalten, damit sich Frankreich besser auf die Niederschlagung des algerischen Aufstandes konzentrieren konnte.

3.3 China und Korea, 1918–1995

Der Versailler Vertrag 1919 gab die ehemals deutsche Kolonie Qingdao nicht an China zurück, sondern sprach sie Japan zu und löste in China eine gewaltige Protestwelle aus, die „4.-Mai-Bewegung". Unter jüngeren Intellektuellen begann eine Debatte über die Erneuerung des Landes und die Rolle der Tradition, speziell des Konfuzianismus. Viele sahen in den traditionellen Werten ein Hemmnis zur Modernisierung und suchten, vor allem im Westen, neue Leitideologien. Die Oktoberrevolution in Rußland 1917 und deren antiimperialistische Parolen sowie die Erklärung des jungen Sowjetstaats, die mit „ungleichen Verträgen" im 19. Jh. von Rußland annektierten Gebiete an China zurückzugeben, trugen zur Popularität des Marxismus-Leninismus bei. So entstand 1921 die Kommunistische Partei Chinas (KPCh). Herrschende Partei war die Guomindang (Volkspartei, GMD), die im Süden das nicht von Militärmachthabern kontrollierte Territorium der Republik regierte. Deren Führer, Sun Yat-sen, ging Anfang der 20er Jahre eine Zusammenarbeit mit der Sowjetunion ein, da die Westmächte desinteressiert waren und Moskau sich als einzig größere Macht als Partner anbot. Nach dem Tod Sun Yat-sens 1925 wandte sich sein Nachfolger Chiang Kai-shek gegen die Kommunisten, aus Angst, die KPCh nutze die Zusammenarbeit lediglich zur Machtergreifung. 1927/28 vernichtete er große Teile der KPCh in den Städten, eingeleitet mit einem schrecklichen Massaker in Shanghai. Die Kommunisten folgten ihren sowjetischen Beratern, über Aufstände in den Städten eine eigene Machtbasis zu schaffen, scheiterten allerdings mit blutigen Niederlagen.

Mao Zedong, Mitbegründer der KPCh, formulierte einen eigenen, „chinesischen" Weg der Revolution. In ihm nahmen die Bauern, die überwiegende Mehrheit der Bevölkerung, den zentralen Platz ein. Die Partei solle sich aufs Land zurückziehen, die Bauern organisieren und mobilisieren, um funktionierende kleine Gemeinwesen zu schaffen, in denen die Kommunisten ihre Vorstellungen als Alternative verwirklichen könnten. Nach heftigen innerparteilichen Auseinandersetzungen setzte sich Mao durch und wurde Parteivorsitzender. Zwar griff die GMD „befreite Gebiete" der Kommunisten immer wieder mit militärischer Übermacht an, so daß sich die „Rote Armee" mit ihrem legendären „Langen Marsch" (1934/35) aus dem Süden zurückziehen und über 12 000 km hinweg nach Nordchina ausweichen mußte. Aber die Vernichtung seiner Gegner gelang Chiang nicht.

Der Einfall der Japaner in China 1931 und der 2. Chinesisch-japanische Krieg 1937 erforderten eine Konzentration aller Kräfte auf den Widerstand gegen Japan. Schon 1936 nahmen führende Generäle der GMD-Truppen Chiang Kai-shek gefangen und zwangen ihn zur erneuten Zusammenarbeit mit der KP gegen Japan. Zwar konnte China Japan nicht aus eigener Kraft besiegen, aber die Partisanentaktik der Kommunisten band starke Kräfte und versetzte den Japanern empfindliche Schläge. Nach der japanischen Niederlage 1945 loderte der alte Konflikt wieder auf. Im Bürgerkrieg erstarkten die Kommunisten und zwangen Chiang Kai-shek und seine Regierung 1949 zur Flucht auf die Insel Taiwan (Formosa). Am 1. Oktober 1949 proklamierte Mao in Peking auf dem Platz des Himmlischen Friedens (Tian'anmen-Platz) die Volksrepublik China.

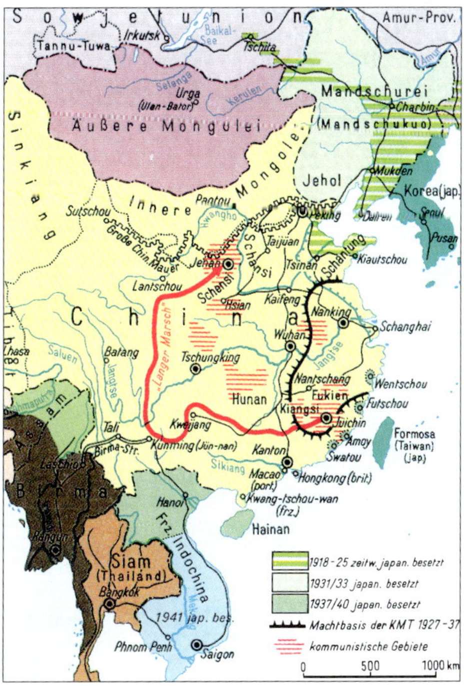

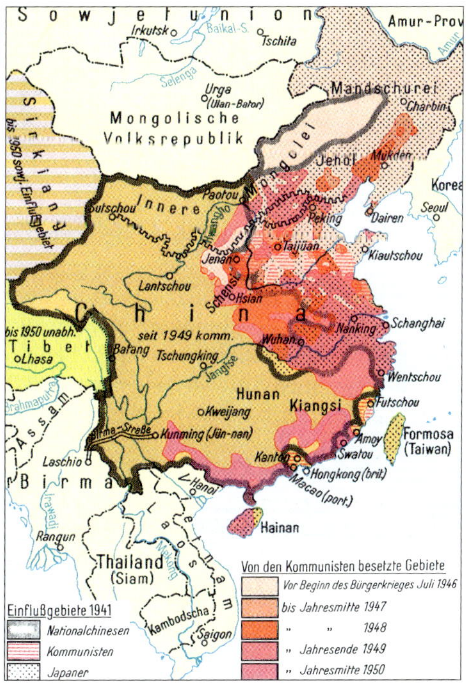

Links: China 1918–1941. – Rechts: Der Sieg der chinesischen Kommunisten.

Die Kommunisten übernahmen die Macht in einem von Krieg und Bürgerkrieg verwüsteten Land. Industrie und Infrastruktur waren weitgehend zerstört. China zählte mit einem Pro-Kopf-Einkommen von 54 US-$ zu den ärmsten Ländern der Erde. Der Boden befand sich überwiegend im Besitz von Großgrundbesitzern, 70% der Dorfbevölkerung waren landlose Bauern, Tagelöhnern und Kleinstbauern. Die Landwirtschaft dominierte, der geringe Anteil an moderner Industrie, weitgehend in ausländischem Besitz, blieb auf wenige Großstädte an der Ostküste beschränkt. Die Kommunisten erreichten wieder das Vorkriegsniveau, dämmten Inflation und Arbeitslosigkeit ein. Trotz der Belastung durch den Koreakrieg (1950–53) hatten sie Erfolg. Eine „Bodenreform" enteignete 1949–52 den Großgrundbesitz und verteilte den Boden an die Bauern. Großbetriebe in ausländischem Besitz wurden verstaatlicht.

Mit dem 1. Fünfjahresplan (1953–57) folgte China weitgehend dem sowjetischen Industrialisierungsmodell – Aufbau einer Schwerindustrie auf Kosten der Landwirtschaft und des Konsums. Die Folgen waren dieselben: Einer forcierten Schwerindustrie gegenüber blieb der Agrarsektor zurück. Die Versorgung der rapide wachsenden Bevölkerung und das industrielle Wachstum verlangten dagegen eine deutliche Steigerung der Agrarerzeugung. Diese Erfahrung führte zu einer innerparteilichen Diskussion über Zweck und Nutzen des sowjetischen „Modells" für China. Rasch kristallisierten sich zwei Auffassungen heraus: eine pragmatische, die wirtschaftliche Entwicklung, Technisierung und Mechanisierung zur Voraussetzung für sozialistische Strukturen (Kollektivierung) erklärte, und eine idealistische, die in der Revolutionierung des „Bewußtseins" vor allem der Bauernschaft die Bedingung für einen raschen Übergang zum Sozialismus sah (Hauptvertreter: Mao Zedong).

Mit mehreren politischen Kampagnen erzwang Mao einen eigenständigen „chinesischen" Weg. Er glaubte an die Überwindung ökonomischer Schwierigkeiten durch Massenbewegungen. Sein „Großer Sprung nach Vorn" (1958–60) sollte China aus wirtschaftlicher Rückständigkeit herausreißen, weil eine rasche Kollektivierung und Überführung von Kollektiv- in Volkseigentum die Bauernschaft mobilisieren würden. Die Organisation der „Massen" in Großverbänden (Volkskommunen), ihre einheitliche ideologische Ausrichtung und geballte Kraft waren für Mao der Schlüssel zur Lösung der Wirtschaftsprobleme. Eine dieser berühmten Massenbewegungen zur Herstellung von Eisen und Stahl sollte Großbritannien in der Stahlproduktion übertreffen. Jeder Bauernhof sollte in „Hinterhofhochöfen" eigenen Stahl erzeugen, der jedoch minderwertig bis unbrauchbar war und die Bauern von ihrer agrarischen Aufgabe abzog. China stürzte so in eine schwere Wirtschaftskrise. Naturkatastrophen und der Abzug der sowjetischen Experten nach dem Bruch mit der Sowjetunion 1960 verschärften sie zur Hungerkatastrophe, die Millionen Menschen das Leben kostete – Preis für die Ideologisierung Chinas.

Jetzt gewannen Vertreter einer pragmatischeren Politik Auftrieb. Von 1961 an sollte die Landwirtschaft volkswirtschaftliche Priorität erhalten. Die Volkskommunen wurden verkleinert, der Privatsektor erhielt wieder größere Bewegungsfreiheit, im Industriesektor die Leicht- und Konsumgüterindustrie Vorrang. Die Rolle des Managements wurde gestärkt, und Leistungslöhne wurden eingeführt. So gelang es relativ rasch, die Wirtschaft wieder auf den Wachstumspfad zu führen und die Versorgung der Bevölkerung zu verbessern. Die Gruppe um Mao wandte sich bald gegen dieses „kapitalistische" Konzept. 1964 leitete sie die „Sozialistische Erziehungsbewegung" zur Bekämpfung „kapitalistischer Tendenzen" ein, um private Wirtschaftstätigkeiten wieder einzudämmen und eine stärkere Kollektivierung vorzubereiten. So wollte Mao abermals die Anerkennung seiner Lehren auf dem Land erzwingen.

Das Debakel des „Großen Sprungs" hatte eine innerparteiliche Opposition provoziert, die Maos Einfluß eindämmen und einen pragmatischeren, wirtschafts- und konsumorientierten Kurs einschlagen wollte. Die Kritik an Mao drückte sich am stärksten im Kulturbereich aus. 1966 schlug Mao zurück: Von Shanghai aus organisierte er eine Kritikkampagne gegen die „bürgerliche Strömung“ in Kunst und Literatur und weitete diese, unter Umgehung des statutmäßig vorgeschriebenen Verfahrensweges, auf die zentralen Partei- und Staatsgremien zur „Kulturrevolution“ aus. Er behauptete, viele Ebenen der Partei beherrschten schon „Machthaber auf dem kapitalistischen Weg“, die das sozialistische System von innen heraus beseitigen wollten. Vor allem wandte er sich an die Jugend sowie unzufriedene Teile der Arbeiterschaft und der unteren Funktionärsschicht.

Gründe für Unzufriedenheit gab es viele: Schüler und Studenten beklagten rigide Aufnahme- und Prüfungsverfahren an den Lehranstalten und, daß der Prozentsatz von Studenten aus Arbeiter- und Bauernfamilien immer mehr abnahm. Bei den Arbeitern riefen die großen Unterschiede bei Löhnen und Sozialleistungen zwischen regulären städtischen Arbeitern und unterprivilegierten ländlichen Kontraktarbeitern Protest hervor, bei Teilen der Bauern wachsende Einkommensunterschiede durch Ausweitung privaten Wirtschaftens. Allgemein war die Unzufriedenheit mit dem zunehmenden Bürokratismus, dem Privilegienwesen und der Korruption in Partei- und Staatsapparat. Daher fiel Maos Aufruf, den Bürokratismus und alle Abweichungen von seinen Vorstellungen des „revolutionären Wegs“ zu bekämpfen, auf fruchtbaren Boden. Die Verehrung seiner charismatischen Person durch weite Bevölkerungskreise, seit den 50er Jahren zu einem von ihm selbst geförderten Personenkult ausgebaut, begünstigten seine Strategie.

Mao wollte sein im „Großen Sprung“ diskreditiertes Konzept neuerlich durchsetzen. Da er sich in der Machtelite zunehmend isoliert fand, wollte er seine Vorstellungen mit Gewalt durchsetzen und seine Gegner politisch ausschalten. So begann 1966 die „Kulturrevolution“, im Kern als Machtkampf zwischen Fraktionen der politischen Elite. Ökonomisch mündete die Kulturrevolution in die schwerste Wirtschaftskrise seit dem „Großen Sprung“. Die Wachstumsraten wichtiger Güter und das Nationaleinkommen sanken drastisch und erreichten 1976 einen Tiefststand. Einseitige Wirtschaftsstrukturen, stagnierender Lebensstandard, Wohnungsknappheit und Engpässe in vielen Bereichen des täglichen Lebens waren die Folge. Die Kulturrevolution, in einer Neubewertung durch die Parteiführung Anfang der 80er Jahre zur „zehnjährigen, schlimmsten Katastrophe in der Geschichte der VR China“ deklariert, eskalierte 1967/68 zu bürgerkriegsähnlichen Zuständen: im ganzen Land bekriegten sich rivalisierende „Rebellenor-

Auf dem Höhepunkt der Macht? Mao Zedong (mit Stellvertreter Lin Biao und Ministerpräsident Zhou Enlai) im Kreise von die „Mao-Bibel“ (Zitatenband) schwenkenden Soldaten im Jahre 1967, dem Höhepunkt der Kulturrevolution.

ganisationen", die sich groteskerweise alle auf den „Vorsitzenden Mao" und seine „Ideen" beriefen. Partei, Staat und Justizwesen waren fast aufgelöst, es herrschten Willkür und Anarchie. Schulen und Hochschulen waren jahrelang geschlossen, Bildung und Wissenschaft verfemt, Intellektuelle wurden verfolgt, die nichtchinesischen Völker sollten gewaltsam assimiliert werden: China wurde zum weltabgeschlossenen Überwachungsstaat.

Die Protagonisten der Kulturrevolution widersetzten sich jedem Versuch zur Lösung der Wirtschaftsprobleme. Erst nach Maos Tod im September 1976 schlugen Kräfte in der Parteiführung zu, die selbst Opfer der Kulturrevolution geworden waren oder erkannt hatten, daß eine permanente Kulturrevolution die Krise nur noch weiter verschärfte. Im Frühjahr 1976 deuteten Unruhen gegen die Kulturrevolution an, daß die Geduld der Bevölkerung erschöpft war. Kurz nach Maos Tod wurden die verbleibenden Vertreter der Kulturrevolution, die „Viererbande", darunter die Witwe Maos, Jiang Qing, verhaftet und in einem späteren Prozeß zu hohen Haftstrafen verurteilt.

Deng Xiaoping, vor der Kulturrevolution Generalsekretär der KPCh und wichtigster überlebender Parteiführer, der 1966 und im Frühjahr 1976 „gestürzt", d. h. aller Ämter enthoben worden war, galt als Garant einer Neuordnung. 1977 wurde er rehabilitiert und kehrte an die Schalthebel der Macht zurück. Ende 1978 setzte er Wirtschaftsreformen durch, zunächst in der Landwirtschaft: Ab 1979 blieb zwar der Boden „Kollektiveigentum", da er weder ge- noch verkauft werden durfte, aber vertraglich ging er an die Bauernhaushalte zur Bewirtschaftung über, und die Großkollektive (Volkskommunen) mit ihren Untergliederungen wurden aufgelöst. Agrargüter über das staatliche Abgabesoll hinaus konnten die Bauern zu höheren Preisen auf dem freien Markt verkaufen oder selbst konsumieren. Die Rückkehr zur traditionellen Familienbewirtschaftung erwies sich als höchst erfolgreich: Höhere Agrarerträge, Leistungsbereitschaft und Einkommen der Bauern verbesserten nachhaltig die Versorgung der Stadtbevölkerung.

Die Erfolge in der Landwirtschaft spornten die Parteiführung 1984 an, nunmehr auch die Industrie und die Wirtschaft insgesamt zu reformieren. Unternehmen und Regionen erhielten größere Entscheidungskompetenzen, Marktfaktoren sollten das Planungssystem effektivieren, Förderung des nichtstaatlichen Sektors, Ausbau der Wirtschaftssonderzonen und Einwerbung ausländischen Kapitals die Wirtschaft ankurbeln. Fortan wuchs die chinesische Wirtschaft rasch. Der Bruttoproduktionswert von Industrie und Landwirtschaft nahm zwischen 1979 und 1992 um durchschnittlich 9% jährlich zu, ein internationaler Spitzenwert. Die sich ständig verbessernde Versorgung und hohe Einkommenszuwächse machten die Reformen populär. Dennoch war die Reformära begleitet von internen Auseinandersetzungen: Zwar war sich die Parteielite einig über ihre Notwendigkeit, aber nicht über Tempo und Tiefe, denn sie gingen manchen alten Parteiführern zu weit. Korruption, Inflation, wachsende Kriminalität, politische Liberalisierung, Erodierung der marxistisch-leninistischen Ideologie, wachsende Einkommens- und Entwicklungsdisparitäten, Unruhen unter den Studenten und anderen Bevölkerungsteilen boten der „Alten Garde" Vorwände, gegen „überzogene" Reformkonzepte und deren Protagonisten im Parteiapparat vorzugehen.

Interne Widersprüche entluden sich in den „Ereignissen" von 1989 (wie sie in China diskret heißen), in einem Massaker in Peking und an anderen Orten am 4. Juni 1989. Die Unzufriedenheit akademischer Kreise mit ihrem gesunkenen Status, Verschlechterung ihrer materiellen Lage und dem Ausbleiben politischer Reformen verband sich mit Beschwerden der übrigen Stadtbevölkerung – Korruption, Nepotismus*, Inflation. Die Protestbewegung der Städte wollte keine Beseitigung des politischen Systems, sondern Demokratisierung, größere Partizipation, freiere Diskussion über die ökonomische und politische Entwicklung des Landes. Die Parteiführung sah jedoch nur einen Angriff auf ihr Macht-

Demonstranten setzen einen Panzer in Brand (Peking im Juni 1989).

monopol, den sie brutal zerschlug. Sie untergrub so selbst ihre Legitimation in den Städten, zumal große Teile der Parteimitglieder mit der Protestbewegung sympathisierten oder sich ihr anschlossen.

Bauern beteiligten sich nicht an den Protesten. Dennoch wuchs in den folgenden Jahren Unmut auch unter ihnen: Staatliche Schuldscheine zur Bezahlung der Abgaben an den Staat konnten die Behörden wegen Geldknappheit oft nicht einlösen. Parteifunktionäre schröpften über Zwangsumlagen für öffentliche Projekte die Bauern immer mehr und bereicherten sich durch Spekulation mit für den Agrarsektor wichtigen Gütern. Der Unmut äußerte sich handgreiflich in Gewalt gegen Staats- und Parteiinstitutionen oder in tätlichen Angriffen auf Funktionäre. Allgemein wächst die Sorge, nach dem Tod Deng Xiao Pings könnte China mit seinen heute 1,2 Mrd. Menschen zerfallen.

Die Halbinsel Korea war eine Randkultur chinesischer Prägung, aber, anders als Japan, unter chinesischer Suzeränität stets abhängig von China. In dessen Agonie trennte Japan, in Konkurrenz zu Rußland, mit dem Russisch-japanischen Krieg Korea von der chinesischen Oberherrschaft (1905), annektierte es (1910) und beutete es als Kolonie rücksichtslos aus. 1945 wurde es am 38. Breitengrad geteilt in eine US-Zone (Süden) und eine Sowjetische Zone (Norden), aus denen sich rasch Teilstaaten unterschiedlicher gesellschaftlicher und ökonomischer Prägung entwickelten: Der Norden wurde Volksdemokratie und unter Kim-il Sung (1945–1994) eine Variante des totalitären Kommunismus, mit extremem Personenkult und rigoroser Abschirmung von der Außenwelt. Den Süden regierte Staatspräsident Singman Rhee von der letzten koreanischen Königsdyna stie, formal westlich-demokratisch, der Sache nach autoritär (1948–1960). Mit seinem Überfall auf den Süden (25. 6. 1950) zur gewaltsamen Wiedervereinigung eröffnete der Norden den Koreakrieg (1950–53), den ersten heißen Stellvertreterkrieg des Kalten Kriegs, mit weltweiten Rückwirkungen (u. a. Koreaboom, Aufrüstung der Bundesrepublik Deutschland, Krise der Labour-Regierung in England). Die Militärintervention der USA zum Schutze Südkoreas mit dem Mandat der UNO und unter Beteiligung zahlreicher westlicher Staaten sowie die Intervention chinesischer „Freiwilliger“ (vgl. Kap. D. 1.3.3) gaben dem Koreakrieg eine internationale Dimension. Nach Stalins Tod (5. 3. 1953) öffnete das „Tauwetter“ unter Stalins Nachfolger den Weg zum Waffenstillstand von Panmunjom (1953). Danach drifteten beide Staaten extrem auseinander: Südkorea stieg zu einer modernen Industrienation auf, die sich durch schwere Krisen hindurch allmählich soweit demokratisierte, daß zuletzt wirklich faire Wahlen mit Siegeschancen für die (zersplitterte) Opposition möglich wurden (1993). Nordkorea, anfangs gestützt von der Sowjetunion, seit 1960 von der Volksrepublik China, kam jedoch mit seiner anfänglichen Industrialisierung nicht weiter und verarmte in der Isolierung, auch durch seine extreme Militarisierung und das kostspielige Programm zum heimlichen Bau von Atombomben, das 1994 eine schwere internationale Krise provozierte. Nach allen historischen Erfahrungen dürfte das kommunistische System nach dem Tod Kim-il Sungs (1994) unter seinem Sohn als Nachfolger kaum lange vorhalten.

3.4 Israel und der Nahostkonflikt

Das 19. Jahrhundert war in Europa ein Jahrhundert der nationalen Bewußtwerdung. Sie ersetzte frühere übernationale Bezugsideen wie „christianitas“ oder dynastische Bindungen durch die Idee der Nation. Nationalismus als Anspruch auf den eigenen Staat steigerte sich zu einem Kollektiv-Egoismus auf Kosten anderer. Hauptopfer waren überall nationale Minderheiten und (außer in Italien und Griechenland) die Juden. Gesellschaften, die mit geringem Integrationsgrad der Juden in das Zeitalter des Nationalismus eintraten, waren für Antisemitismus besonders anfällig. So entstand der rassistische Antisemitismus, der zwar Wurzeln im christlichen Antijudaismus hatte, dennoch durch den Nationalismus zu einem neuen Phänomen wurde.

Russischer, französischer (Pogrome in den 80er Jahren) (Dreyfus-Affäre, 1894) und deutscher Antisemitismus (antisemitische Parteien) förderten bei den Juden – verbunden mit ihrer Rezeption des nationalen Denkens – den Wunsch nach einem eigenen Staat. 1896 erschien das Buch „Der Judenstaat“ von Theodor Herzl (1860–1904). Das Buch wurde zum Kristallisationspunkt der „zionistischen Bewegung“ (Zion = ursprünglich die Davidstadt, später Bezeichnung für ganz Jerusalem, dann für das jüdische „gelobte“ [d.h. versprochene] Land.), die schon 1897 ihren ersten Kongreß in Basel veranstaltete und bald in vielen Ländern eigene Vereinigungen gründete, die oft im Gegensatz zu integrierten und vor allem assimilierten Juden standen.

Die Politik der alliierten Mächte im Ersten Weltkrieg gegenüber dem damals mit Deutschland verbündeten Osmanischen Reich führte in der Gemengelage des Nahen Ostens zu sich teilweise widersprechenden Abkommen und Erklärungen, mit denen Juden und arabische Gesellschaften auf die Seite der Alliierten gezogen werden sollten.

Nach der Eroberung Jerusalems durch britische Truppen versprach die Balfour-Deklaration des britischen Außenministers Balfour Ende 1917 Unterstützung unter der Bedingung, daß die Juden die Rechte der übrigen Einwohner respektieren. Die Balfour-Deklaration wurde völkerrechtliche Basis zum britischen Völkerbundsmandat über Palästina (1920), mit autonomen Institutionen für einwandernde Juden, zunächst vor allem aus Rußland und Polen. Existentielle Dringlichkeit erhielt ihre Einwanderung durch die Judenverfolgungen im Dritten Reich ab 1933.

Jedoch wehrten sich die Araber gegen den Zuzug von Juden, erstmals organisiert im Arabischen Aufstand (1936–39). Als Antwort begrenzte die Mandatsmacht die jüdische Einwanderung (Macdonald-Papier 1939), worauf jüdische Extremisten mit Terror gegen die Briten reagierten. Der Zweite Weltkrieg unterbrach nur den Dreieckskampf. Mit dem deutschen Massenmord an den Juden („Endlösung“/„Holocaust“) spitzte sich die Existenzfrage für die Überlebenden von Auschwitz weiter zu, symbolisiert im Drama um das Schiff „Exodus“, von dem illegale jüdische Einwanderer aus Europa gegen den Widerstand der Mandatsmacht heimlich nach Palästina eingeschleust wurden.

Im Kampf um das Heilige Land zwischen Zionismus und palästinensischen Arabern hatte die UNO 1947 eine Teilung Palästinas beschlossen, die nur die Juden akzeptierten. Mit dem Rückzug der Briten aus ihrem Völkerbundsmandat am 15. Mai 1948 proklamierte Israel seine Unabhängigkeit, worauf die umliegenden arabischen Staaten versuchten, Israel militärisch auszulöschen. Anfangs mit politischer Unterstützung der Sowjetunion und Waffenlieferungen aus alten Beständen der deutschen Wehrmacht, auch dank seiner überlegenen politischen und militärischen Organisation, konnte sich Israel behaupten und ein Territorium gewinnen, das über das im Teilungsplan vorgesehene hinausging. Der Waffenstillstand von Rhodos beendete 1949 den 1. Nahostkrieg. Aber die ungelöste Grenzfrage und das Schicksal der palästinensischen Flüchtlinge rund um Israel belasteten weiterhin seine Zukunft: Beide Seiten verharrten in ihren Ansprüchen, wobei sich die arabische Seite nicht einmal zur Anerkennung des Staates Israel verstand, Israel dagegen keine Kompromisse in der Flüchtlingsfrage anbot.

Seitdem entluden sich die Spannungen in weiteren Nahostkriegen – zunächst Ende 1956 koordiniert mit der Suezaktion Englands und Frankreichs, um das widerspenstige Ägypten Nassers auszuschalten. Im Juni 1967 gelang Israel im Sechstagekrieg die Besetzung Ost-Jerusalems, des 1948 von Jordanien annektierten West-Jordanlands („West Bank"), des von Ägypten besetzten Gazastreifens, der Sinai-Halbinsel sowie der zu Syrien gehörenden Golanhöhen. Andererseits provozierte der militärische Zusammenbruch der arabischen Nachbarstaaten Israels den Aufstieg der „Palestine Liberation Organization" (PLO). Wie so oft in der Geschichte übernahm die PLO Organisationsstrukturen des bisher überlegenen Feindes, finanziell und politisch unterstützt, aber auch im je eigenen Interesse instrumentalisiert oder manipuliert von arabischen Staaten. Die Aufspaltung der PLO zwischen Gemäßigte unter Yassir Arafat und Radikale (z. B. „Schwarzer September") lähmte teilweise die antiisraelische „Ablehnungsfront".

Im Yom-Kippur-Krieg (1973) brachen die ägyptische und syrische Armee mit überraschenden Anfangserfolgen den Mythos der Unbesiegbarkeit Israels. Israel behauptete sich zwar militärisch, annektierte gar die Golanhöhen (1981) und Ost-Jerusalem (1982) und gewann freiere Hand durch den allmählich in Gang kommenden Friedensprozeß, zu-

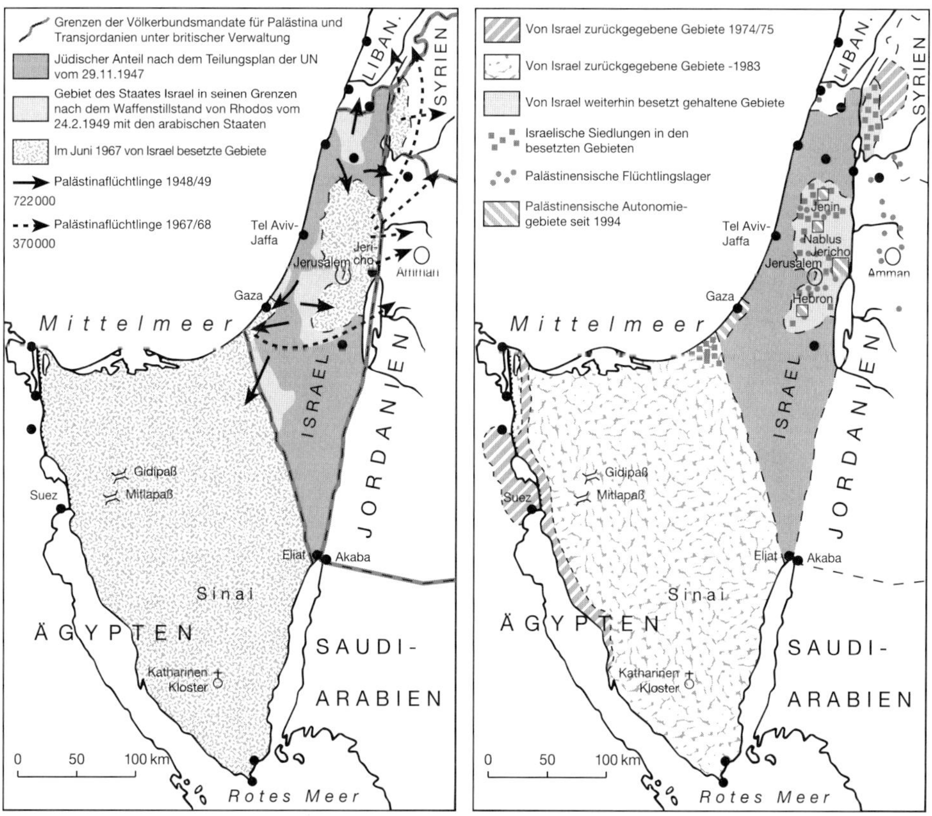

Links: Israel, vom britischen Mandat bis 1968. – Rechts: Israel heute (Stand 1996).

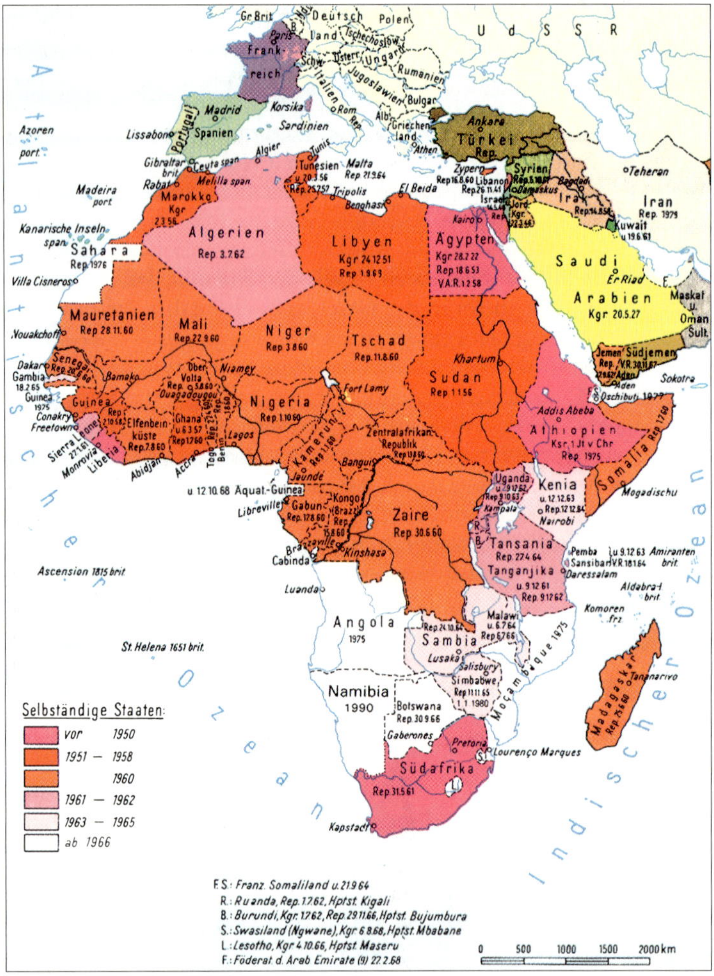

Die Dekolonisation Afrikas bis 1990.

erst mit Ägypten (1979), das von der arabischen Welt zunächst isoliert und verfemt wurde (bis 1989). Andererseits stürzte Israel in eine tiefe Dauerkrise, nach innen um die Definition des erwünschten Friedens, auch gegenüber Arabern im eigenen Land, nach außen durch seine Intervention in den Libanonkrieg 1982/83. Namentlich jüdische Wehrsiedlungen in den besetzten Gebieten seit 1974 breiteten zusätzlichen Sprengstoff aus, da fundamentalistische, orthodoxe und chauvinistische Kräfte die meisten Siedler stellten.

Arabische Proteste gegen massive Enteignungen des Bodens ab 1976 eskalierten zur Intifada seit 1986, die Israel endgültig in ungefähr zwei gleich starke Blöcke spaltete, einen zum Kompromißfrieden bereiten, repräsentiert in der Friedensbewegung „Peace Now“, seit den letzten Wahlen von 1992 auch von der Arbeiterpartei, und einen unversöhnlichen bis chauvinistischen Block, der sich vor allem auf die Siedler in den besetzten Gebieten stützte (Massaker von Hebron 1994). Unterschiedlich sind die Vorstellungen der israelischen Gesellschaft zur Gestaltung des Raumes Palästina: religiöse Vorstellungen, die erst durch israelische Herrschaft über das in der Bibel versprochene (aber nicht genau beschriebene Gebiet) zum Ziele kommen, sicherheitspolitische Motive, die, ausgehend vom

Holocaust, jegliche mögliche Bedrohung jüdischen Lebens ausschalten möchten, und Vorstellungen von einem friedlichen, auf Vertrauen gegründeten Zusammenleben in diesem Raum. Auch auf der arabischen Seite streiten unterschiedliche Vorstellungen über die Zukunft miteinander (PLO und die terroristische Hamas-Bewegung).

3.5 Schwarzafrika

Wie Schwarzafrika südlich der Sahara erst um 1900 zuletzt unter europäische Kolonialherrschaft geraten war, gewann es auch von allen größeren Kolonialregionen die Unabhängigkeit zuletzt. Symboldatum wurde 1960, des „Jahr Afrikas", als rund ein Dutzend afrikanischer Länder die Souveränität erhielten. Nach dem Ersten Weltkrieg hatten isolierte Gruppen teileuropäisierter Afrikaner an den Küsten Britisch-Westafrikas (Sierra Leone, Goldküste, Nigeria) nach indischem Vorbild beschränkte Autonomie gefordert. Die Beteiligung an den Kriegsanstrengungen des Zweiten Weltkriegs steigerte die Forderungen zur Unabhängigkeit, teilweise schon mit Blick auf die Sowjetunion. Als eigene Befreiungsideologie entwickelten afrikanische Intellektuelle den Panafrikanismus, unter dem Einfluß von Afro-Amerikanern in den USA und aus der Karibik, zuletzt auch des Kommunismus (Nkrumah).

Der afrikanische Kontinent gewann seine Unabhängigkeit ungefähr von Nord nach Süd. Voraussetzung war die Dekolonisation im arabischen Nordafrika, denn sie schlug erste Breschen südlich der Sahara: Mit der Souveränität Ägyptens votierte der Sudan, seit 1899 unter dem anglo-ägyptischen Kondominium, für Unabhängigkeit von Ägypten (1955), und die südliche Hälfte des Sudan ragt tief nach Schwarzafrika hinein. Für Französisch-Afrika hatte der Algerienkrieg eine analoge Wirkung: Um einen unkontrollierbaren kolonialen Befreiungskrieg südlich der Sahara zu vermeiden, initiierten die Franzosen, wie zuvor in Marokko und Tunesien, mit dem Loi Cadre (1956) des sozialistischen Kolonialministers Gaston Deferre den Dekolonisationsprozeß. Zunächst verliehen sie den einzelnen Territorien die Autonomie, um die Unabhängigkeitsbewegung abzulenken und zu beschwichtigen. Aber mit Fortgang des Algerienkrieges und Anlaufen der Dekolonisation in Britisch-Afrika brachen alle Dämme, so daß Frankreich im „Jahr Afrikas" 1960 doch die volle Unabhängigkeit gewähren mußte.

Schrittmacher wurde Britisch-Westafrika. In den Küstenstädten hatten sich seit dem Transatlantischen Sklavenhandel am frühesten und intensivsten europäischgebildete Schichten entwickelt, die nun auf nationale Unabhängigkeit drängten. Nach Unruhen in Accra 1948 erhielt die Goldküste unter Kwame Nkrumah die begrenzte Autonomie (Self-Government) (1951) und Unabhängigkeit (1957), mit dem neuen Namen Ghana, der an ein altafrikanisches Reich anknüpfte. Guinea unter Sekou Touré war das nächste Land, als es 1958 von dem Recht auf Austritt aus der Communauté Française Gebrauch machte, das die V. Französische Republik als Auffangorganisation, in Nachahmung des Britischen Commonwealth, konstruiert hatte. 1958 wurde in der Karibik die Westindische Föderation unabhängig, die bald in ihre Insel-Bestandteile auseinanderfiel (1962).

Der entscheidende Durchbruch kam im „Jahr Afrikas" 1960: Die früher französischen Territorien Kamerun und Togo (beide Völkerbundsmandate), Madagaskar, Kongo-Brazzaville, Dahomey (heute: Benin), Niger, Obervolta (Burkina Faso), Elfenbeinküste, Tschad, Zentralafrikanische Republik, Gabun, Senegal, Mali, Mauretanien wurden unabhängig, ebenso das einst britische Nigeria. Ein Sonderfall war Belgisch-Kongo (Zaïre): Nach einer panikartigen Entlassung in die Unabhängigkeit, ohne politische und infrastruktuelle Vorbereitungen (1960), stürzte die Abspaltung des kupferreichen Katanga (Shaba) das Land ins Chaos, das nur eine konfuse Intervention der UNO und eine ideologisch getarnte Militärdiktatur Mobutus für eine Generation aufschob. Später wurden weitere afrikanische Länder unabhängig: Sierra Leone, Tanganjika (Tansania) (1961), Rwanda, Burundi, Uganda, Algerien (1962), Kenia, Sansibar (1963), Njassaland (Malawi), Nordrhodesien (Sambia) (1964), Basutoland (Lesotho), Betschuanaland (Botswana) (1966), Swasiland (1968), Guinea Bissau (1974), Angola, Mosambik (1975), Südrhodesien (Simbabwe) (1980), Namibia, das frühere Deutsch-Südwestafrika, (1990).

3.6 Südafrika: Aufstieg und Ende der Apartheid, 1652–1994

Ein Fall für sich ist Südafrika. Die Herrschaft seiner weißen Minderheit auf der Basis strikter Rassentrennung (Apartheid) entwickelte sich aus der Keimzelle Kapstadt (1652) durch gewaltsame Expansion in sein dünnbewohntes Hinterland zu einem Stück Neu-Europa am Südende Afrikas. Gründer waren holländische Siedler (Buren), ergänzt durch Engländer in der Kapprovinz (ab 1815) und Natal (ab 1843). Hinzu traten Inder, die in Natal ab 1860 als Kontraktarbeiter (indentured labour) im Zuckerrohrbau arbeiteten und später als Kaufleute und Angehörige freier Berufe einen modernen, aber nicht afrikanischen Mittelstand zwischen herrschenden Weißen und der Mehrheit der Afrikaner bildeten. Im Protest gegen die Abschaffung der Sklaverei im Britischen Empire (1834) zogen Buren im Großen Trek (ab 1834) ins Landesinnere und gründeten dort zwei Burenrepubliken, Oranje (1842/54) und Transvaal (1836/52), über die England gleichwohl die Oberherrschaft beanspruchte.

Die Entdeckung von Diamanten (1867) und Gold (1884) eröffnete die Industrialisierung, trieb jedoch mit dem Zuzug von Weißen, meist Engländern, zum Burenkrieg (1899–1902). Nach anfänglichen Rückschlägen siegte England zwar militärisch, verlor aber mittel- und langfristig politisch: Mit der Autonomie (1908) und faktischen Unabhängigkeit der vier Territorien (Kapprovinz, Oranje-Freistaat, Transvaal, Natal), die sich zur Südafrikanischen Union zusammenschlossen (1910), gab England den dominierenden Buren freie Hand zur Behandlung der Schwarzen. Sofort begann die wirtschaftliche und soziale Rassentrennung in der Industrie (Job Reservation 1911) und auf dem Land (Lands Act 1912), die nach dem Ersten Weltkrieg eine Koalitionsregierung aus Nationalpartei und Labour Party (1924–33) unter der Parole „civilised labour policy“ weiter ausbaute. Mit dem Sieg der „Gereinigten Nationalpartei“ unter Daniel F. Malan (1948–54) begann der Aufstieg der systematischen Apartheid – in eine weltpolitische Sackgasse. Auf das „Jahr Afrikas“ 1960 reagierte das Apartheid-Regime mit verschärfter Unterdrückung, dem Austritt aus dem Commonwealth und der Umwandlung in die Südafrikanische Republik (1961). Zwar stieg Südafrika zum Wirtschaftsgiganten Afrikas auf, mit erheblichem politischen Einfluß trotz seiner moralischen Stigmatisierung und politischen Isolierung auf dem Kontinent, wie zunehmend auch in der Welt. Dennoch trieb die Logik der Apartheid zunehmend in die Selbstzerstörung. Sein weitgespanntes Vorfeld nach Norden brach mit der Dekolonisation weg: von Kenia mit seinem von ursprünglich aus Südafrika stammenden Weißen okkupierten Hochland (1963) bis Namibia (1989). Unter vielfältigem Druck von innen und außen liquidierte sich die Apartheid in einer welthistorischen Flucht nach vorn selbst (1993) bis zu ersten freien allgemeinen Wahlen für alle Bürger Südafrikas (1994), nach bürgerkriegsähnlichen Konflikten zwischen ANC* und Inkatha* bis zu den Wahlen.

4 Deutschland nach 1945

Nach dem Fall der Mauer: Feiernde Menschen vor dem Brandenburger Tor in Berlin am 9. November 1989.

Zeittafel

Juli 1945	„Demokratischer Block“ und Einheitsgewerkschaft FDGB in der SBZ
17. 7.–2. 8. 1945	Potsdamer Konferenz
ab Sept. 1945	Enteignung von Großgrundbesitz in der SBZ
1945–1946	Nürnberger Prozeß gegen NS-Hauptkriegsverbrecher
April 1946	UdSSR forciert in der SBZ die Vereinigung von KPD und SPD zur SED
1947	Bildung der Bizone (1. 4. 1949 Trizone) in den Westzonen
20. 6. 1948	Währungsreform in den Westzonen und Westberlin
1948–1949	Berlin-Blockade

Bundesrepublik Deutschland

1949	Grundgesetz, Gründung der Bundesrepublik Deutschland (23. 5.): Bundesregierungen unter Bundeskanzler K. Adenauer (bis 1963)
1955	Ratifikation der Pariser Verträge im Bundestag, Souveränität der Bundesrepublik, Beitritt zur NATO
1958–1961	Berlin-Krise (13. 8. 1961 Bau der Berliner Mauer)
1966–1969	Große Koalition aus CDU/CSU und SPD in Bonn
1967–1968	Studentenunruhen (Außerparlamentarische Opposition)

1969–1982	Sozialliberale Koalition in Bonn (Innere Reformen, Neue Ostpolitik) Bundeskanzler W. Brandt (1969–74), H. Schmidt (1974–82)
1982	CDU/CSU-FDP Koalition unter Bundeskanzler H. Kohl
1990	Beitritt der neuen Bundesländer zum Grundgesetz: Vereinigung (3.10.)

Deutsche Demokratische Republik

7. 10. 1949	„Deutscher Volksrat" proklamiert die DDR W. Pieck Staats-, O. Grotewohl Ministerpräsident
ab 1950	größte Machtkonzentration in Partei und Staat bei W. Ulbricht
1952	SED-Führung forciert den „Aufbau der Grundlagen des Sozialismus"
17. 6. 1953	Normerhöhungen führen zu Arbeiterprotesten und zum Aufstand (Massenflucht in den Westen)
1960	Zwangskollektivierung der Landwirtschaft
13. 8. 1961	Bau der Berliner Mauer: Relative innere Stabilisierung
3. 5. 1971	Ablösung W. Ulbrichts durch E. Honecker
21. 12. 1972	Unterzeichnung des Grundlagenvertrags mit der Bundesrepublik
seit 1986	DDR-Führung schottet das Land gegenüber Reformansätzen in der UdSSR („Glasnost", „Perestroika") ab
2. 5. 1989	Beginn der Massenflucht vor allem junger DDR-Bürger
25. 9. 1989	Erste Demonstration in Leipzig (am 23. 10. schon 300 000 Teilnehmer)
18. 10. 1989	Absetzung E. Honeckers, Nachfolger E. Krenz
9. 11. 1989	Öffnung der Berliner Mauer
18. 3. 1990	Erste freie Wahl mit Sieg der „Allianz für Deutschland", Ministerpräsident wird L. de Maizière (CDU)
3. 10. 1990	DDR tritt dem Geltungsbereich des Grundgesetzes bei

4.1 Deutschland, 1945–1949

4.1.1 Potsdamer Konferenz

Im Zeichen zunehmender Spannungen mußten die Sieger Grundlagen für eine gemeinsame Nachkriegspolitik in Europa schaffen. Vom 17. Juli bis zum 2. August 1945 tagten in Potsdam die „Großen Drei": der neue US-Präsident Truman, Stalin und der britische Premierminister Churchill, an dessen Stelle, da er während der Konferenz die Unterhauswahlen verlor, der Labourpolitiker Attlee trat. Die Potsdamer Konferenz setzte einen Rat der Außenminister ein, der die endgültige Friedensregelung vorbereiten sollte. Für den politischen Wiederaufbau Deutschlands stellte sie die Zulassung demokratischer Parteien in Aussicht und bestätigte die Grundsätze von Jalta zur Ahndung von NS-Verbrechen, Entnazifizierung und Entmilitarisierung. Die deutsche Wirtschaft wollten die Siegermächte dezentralisieren (entflechten), um wirtschaftlich-politische Machtkomplexe des Dritten Reiches zu zerschlagen. Das besetzte Deutschland sollte über die Zonengrenzen hinweg eine wirtschaftliche Einheit bleiben, dem die Entscheidung über Reparationsverpflichtungen jedoch widersprach, da jede Besatzungsmacht ihre Reparationsansprüche aus der eigenen Zone befriedigen sollte. Zusätzlich erhielt die Sowjetunion eine Zusage über 10 % der Reparationen aus den Westzonen ohne Gegenleistung sowie 15 % im Tausch gegen Lebensmittel und Rohstoffe. Die Teilung des Reparationsgebietes stellte die Weichen zur Spaltung Deutschlands.

Zur polnischen Westgrenze konnte Stalin auf Beschlüsse von Jalta verweisen; inzwischen hatte er bereits vollendete Tatsachen geschaffen, indem er das nördliche Ostpreußen der UdSSR und die Gebiete östlich von Oder und Neiße Polen zugeschlagen hatte. Da sich Stalin in der Reparationsfrage kompromißbereit zeigte, nahmen die Westmächte die Abtrennung der Ostgebiete hin und stimmten einer Ausweisung (Vertreibung) der Deutschen aus Polen, der ČSR und Ungarn zu. Daher vermochte der formale Vorbehalt, die endgültigen Grenzen erst in einem Friedensvertrag zu regeln, eine endgültige Abtrennung der deutschen Ostgebiete nicht zu verhindern. Dieser Friedensvertrag kam jedoch nie zustande. Da er im Sommer 1945 angestrebt wurde, waren noch nicht alle Wege zur Kooperation versperrt. Allerdings traf das durch die Atombombe gesteigerte Machtbewußtsein der USA auf eine sowjetische Politik hegemonialer Interessensicherung im Machtbereich der Roten Armee, so daß sich künftige Konflikte ankündigten.

4.1.2 Bestandsaufnahme nach dem Zusammenbruch

Zweiter Weltkrieg und NS-Eroberungspolitik hatten Bevölkerungsbewegungen ausgelöst, die Menschen vieler europäischer Nationen aus ihrer Heimat rissen und ab Ende 1944 auch die Deutschen ergriffen (→ M 1). Wer in den Besatzungszonen nach Sicherheit, Nahrung und Wohnung suchte, traf auf zerstörte Städte, zerrissene Verkehrsverbindungen und eine sich rapide verschärfende Ernährungslage. Nur notdürftig milderten staatliche Wohnraumbewirtschaftung und Zwangseinquartierungen die Wohnungsnot. Lebensmittelrationen und Bezugsscheine sollten den Mangel gleichmäßig verteilen, aber Hunger und Unterernährung blieben bis Ende 1947 das größte Problem. Meist Frauen beseitigten die Trümmerberge in den Städten. Aber die „Trümmerfrauen" leisteten mehr: Neben Erwerbstätigkeit im Kriege in „Männerberufen" trat zur Hausarbeit die „Überlebensarbeit": Nahrungsmittelbeschaffung durch Eigenanbau, „Hamstern", Schwarzhandel, improvisierte Herstellung von Kleidung und Gegenständen des täglichen Ge-

„Trümmerfrauen" bei Aufbauarbeiten in einer kriegszerstörten deutschen Stadt.

brauchs. Der Krieg und seine Folgen änderten die Stellung der Frau in der Familie. Die traditionelle Autorität des Vaters war durch Abwesenheit in Krieg und Gefangenschaft häufig geschwächt; Frauen vertraten ihre Interessen mit größerem Selbstbewußtsein in Frauenverbänden und Publikationen. Mit Währungsreform (1948) und Ende der Lebensmittelrationierung (1950) trat die traditionelle Rollenverteilung wieder deutlicher hervor.

4.1.3 Die Besatzungsmächte und Neuanfänge der deutschen Politik in den Westzonen

„Der Staat Preußen, der seit jeher Träger des Militarismus und der Reaktion in Deutschland gewesen ist, hat in Wirklichkeit zu bestehen aufgehört." Mit diesen Worten löste das oberste Machtorgan der Siegermächte, der Alliierte Kontrollrat, am 25. 2. 1947 offiziell den preußischen Staat auf. Die Zoneneinteilung hatte bereits 1945 jeder Siegermacht Teile Preußens zugewiesen und den Weg für eine neue föderale Ordnung bereitet. In der US-Zone entstanden die Länder Bayern, Württemberg-Baden und Hessen (dazu kam die Enklave Bremen als Zugang der Truppen zum Meer), in der Britischen Zone Schleswig-Holstein, Nordrhein-Westfalen und Niedersachsen, in der Französischen Zone Süd-Baden, Württemberg-Hohenzollern und Rheinland-Pfalz. Frankreich unterstellte das Saargebiet einem Sonderstatut, um seinen Anschluß vorzubereiten. Berlin, die ehemalige Reichshauptstadt, verwaltete eine Alliierte Kommandantur der vier Sieger.

Die politische Entwicklung in den Zonen rückte anfangs Trennendes in den Vordergrund: Jeder Militärgouverneur war Souverän seiner Zone, während der Alliierte Kontrollrat rasch an Bedeutung verlor, da er Entscheidungen nur einstimmig treffen konnte. Zum Aufbau der deutschen Verwaltung griffen die Alliierten auf Politiker aus der Weimarer Republik zurück, ernannten und entließen Bürgermeister, Landräte und Ministerpräsidenten. Deren politischem Wirken waren enge Grenzen gesetzt, nur lokale Kommunalpolitik ließ erste eigenverantwortliche Schritte unter Aufsicht zu. Für ihre Zone gestatteten die Amerikaner einen „Länderrat", um die Gesetzgebung der Länder zu koordinieren. In der Britischen Zone erhielt der „Zonenbeirat" als Vertretung der Länder lediglich beratende Aufgaben. Da Frankreich eine deutsche Zentralregierung verhindern wollte, begegnete es Gremien oberhalb der Länderebene mit Mißtrauen.

Der Wiederbeginn der politischen Willensbildung in der deutschen Bevölkerung durch Parteien, Verbände und Publizistik hing von einer Lizenz durch die Besatzungsmacht ab. Episode blieb der Versuch „Antifaschistischer Ausschüsse" (Antifa), meist aus Sozialdemokraten, Kommunisten und Gewerkschaftern, über die Bewältigung des Nachkriegschaos hinaus Veränderungen in der Wirtschafts- und Gesellschaftsstruktur anzubahnen: Sie wurden bald von den Militärbehörden verboten oder in die lokalen Verwaltungen integriert. Mit mehr Erfolg etablierten sich Parteien und Gewerkschaften, zunächst mit vielfachen Einschränkungen durch die Besatzungsbehörden. Die Christlich-Demokratische Union (CDU) aus katholischen Zentrumspolitikern, Konservativen und Liberalen vereinigte Christen beider Konfessionen und aller sozialen Schichten (→ M 2) mit zwei Flügeln: Exponenten eines „christlichen Sozialismus", aus der christlichen Gewerkschaftsbewegung, und eher Konservative um den späteren Bundeskanzler Konrad Adenauer (1876–1967). Seit 1949 wurde der linke Flügel zunehmend in die Sozialpolitik abgedrängt. Auch die Christlich-Soziale Union (CSU), in der Tradition der Bayrischen Volkspartei, verstand sich als christliche Sammlungsbewegung, war allerdings stärker föderalistisch.

Für die Parteien der Linken stellte sich 1945 die Frage nach Wiedervereinigung der seit dem Ersten Weltkrieg gespaltenen Arbeiterbewegung. Insbesondere Überlebende der Konzentrationslager aus SPD und KPD vertraten den Gedanken einer Einheitspartei. Die Bewältigung der Notlage sollte unter sozialistischem Vorzeichen geschehen (→ M 3). Die Führung der Berliner SPD im Ostsektor unter Otto Grotewohl propagierte eine Einheitspartei mit der KPD. Für die Westzonen setzte Kurt Schumacher, ein entschiedener Antikommunist, den Kurs einer selbständigen SPD durch: Die Konferenz von Wennigsen (Okt. 1945) beschloß für die Dauer der Besatzung eine organisatorische Trennung zwischen Ost- und Westzonen. Unter dem Druck der Sowjets wurde die auf sich allein gestellte SPD der SBZ im April 1946 mit der KPD zur Sozialistischen Einheitspartei Deutschlands (SED) zwangsvereinigt.

Die liberalen Parteien konnten besonders im Südwesten Deutschlands Fuß fassen. Im Gegensatz zu SPD und CDU finden sich keine sozialistischen Gedanken in ihrer Programmatik. Aber die Beschränkung auf ein Aufsichtsrecht des Staates in Wirtschaftsfragen schien der Mehrheit der damaligen Bevölkerung kaum erfolgversprechend. Statt dessen erwarteten viele von gemeinwirtschaftlichen (Sozialisierung*) und planwirtschaftlichen Eingriffen des Staates eine Lösung der drängenden Probleme. Kleinere Parteien (KPD, Zentrum, Bayernpartei), seit 1950 der BHE (Bund der Heimatvertriebenen und Entrechteten) u. a. komplettierten eine vielfältige Parteienlandschaft, die sich nach den ersten Kommunal- und Landtagswahlen in folgenden Anteilen niederschlug: CDU/CSU 38 %, SPD 35 %, Liberale 9 %, andere 9 %.

4.1.4 Neuanfänge der Politik in der SBZ, 1945–1949

Die Deutschen in der Sowjetischen Besatzungszone (SBZ) traf das Kriegsende besonders hart: Kaum war die Front der letzten Kriegstage hinweggezogen, prägten Hunger, Zerstörungen und Obdachlosigkeit die Lage. Plünderungen und Vergewaltigungen durch Soldaten der Roten Armee kamen hinzu. NS-Konzentrationslager in der SBZ – Buchenwald und Sachsenhausen – führten die Sowjets als Internierungslager weiter und lösten sie erst ab Anfang 1950 schrittweise auf. Neben Naziaktivisten und Kriegsverbrechern kamen in diese Lager auch politische Gegner, darunter zahlreiche Sozialdemokraten. Andere wurden von der Roten Armee in sibirische Lager deportiert, die später Alexander Solschenizyn (*1918) in seinem Buch „Der Archipel GULAG" beschrieb. Zehntausende überlebten diesen stalinistischen Terror nicht.

Vor diesem düsteren, aber offiziell verleugneten Hintergrund begann in der SBZ die Arbeit der politischen Parteien. Die Sowjetische Militäradministration in Deutschland (SMAD) ließ im Befehl Nr. 2 vom 10. Juni 1945 „antifaschistisch-demokratische Parteien" zu: KPD und SPD, als Neugründungen die CDU und die Liberal-Demokratische Partei Deutschlands (LDPD) bildeten am 14. Juli 1945 als Demokratischer Block die „Einheitsfront antifaschistisch-demokratischer Parteien", ab Februar 1950 die „Nationale Front des demokratischen Deutschland". Parallel gründete ein „Vorbereitender Gewerkschaftsausschuß" am 15. Juni 1945 die Einheitsgewerkschaft „Freier Deutscher Gewerkschaftsbund" (FDGB). Aus „Antifaschistischen Jugendausschüssen" entstand am 7. März 1946 unter Erich Honecker (1912–1994) der Einheitsjugendverband „Freie Deutsche Jugend" (FDJ).

Ein gravierender Einschnitt war die von der Besatzungsmacht und der KPD forcierte Vereinigung mit der SPD zur SED im April 1946. Nach dem Vereinigungsparteitag und besonders seit Mitte 1948 wurde sie unter sowjetischem Druck immer stärker zu einer

Vereinigungsparteitag der SED am 21./22. April 1946 in Ost-Berlin. Vorn von links: Wilhelm Pieck, Otto Grotewohl und Walter Ulbricht.

stalinistischen Partei, verdrängte mit Gewalt sozialdemokratische Restbestände. Sie übernahm die Führung im Demokratischen Block, gestützt auf die 1948 neu gegründeten Parteien Demokratische Bauernpartei Deutschlands (DBD) und National-Demokratische Partei Deutschlands (NDPD) sowie den ebenfalls in den Block aufgenommenen FDGB – gegen oppositionelle Kräfte in CDU und LDPD.

Seit sich Ende 1947 mit der ergebnislosen Londoner Außenministerkonferenz die deutsche Teilung abzeichnete, schuf die SED mit Hilfe des Demokratischen Blocks in der „Volkskongreßbewegung für Einheit und gerechten Frieden" ein propagandistisches Gegengewicht zum Westen, löste jedoch in CDU und LDPD erheblichen Widerstand aus: Jakob Kaiser (1888–1961) und Ernst Lemmer (1898–1970) lehnten die Volkskongreßbewegung als einseitige SED-Propaganda ab und wurden noch im Dezember 1947 durch die SMAD ihrer Parteiämter enthoben. 1948 setzten SMAD und SED ein umfangreiches Revirement* in den Führungen der Blockparteien durch und festigten ihre Herrschaft.

Nach der Währungsreform in den Westzonen forcierte die SED verdeckt den Aufbau staatlicher Organe: Zu Strukturen in Ländern und Gemeinden nach Gemeindewahlen im September und Landtagswahlen im Oktober 1946 kamen seit 1945/46 Zentralverwaltungen der deutschen Industrie und 1947 die Deutsche Wirtschaftskommission (DWK), die ab Mitte 1948 die Wirtschaft für die gesamte SBZ lenkte. Diese Ansätze konnte im Oktober 1949 die provisorische Regierung der DDR übernehmen.

4.1.5 Entnazifizierung und Nürnberger Prozeß

Im Oktober 1945 eröffneten die vier Siegermächte den „Internationalen Militärgerichtshof" in Berlin, den sie ab November in Nürnberg, der Stadt der NS-Reichsparteitage, fortsetzten. Das Tribunal erhob Anklage gegen 22 Hauptkriegsverbrecher aus der Reichsregierung, der NSDAP, SS, Gestapo, militärischen Führung u. a. Organisationen in folgenden Punkten:

„1. Verbrechen gegen den Frieden. Nämlich: Planen, Vorbereitung, Einleitung oder Durchführung eines Angriffskrieges [...] 2. Kriegsverbrechen. Nämlich: Verletzungen der Kriegsgesetze oder -gebräuche [...] 3. Verbrechen gegen die Menschlichkeit. Nämlich: Mord, Ausrottung, Versklavung [...] begangen an irgendeiner Zivilbevölkerung [...]"

Der große Parteigenosse: „Mir tut er nichts mehr! Der ist längst von den Kleinen satt ...". „Neue Zeitung" vom 16. 9. 1948.

Das Gericht verhängte zwölf Todesurteile und Haftstrafen zwischen 10 Jahren und lebenslänglich; in drei Fällen erfolgte Freispruch. Die Führercorps der NSDAP, Gestapo, SS und SD wurden als verbrecherische Organisationen gebrandmarkt. An die Verhandlungen in Nürnberg schlossen sich Verfahren vor Militärgerichten der einzelnen Siegermächte an, die u. a. Verbrechen von Ärzten, Juristen und Wirtschaftsführern ahndeten.

1946/47 legten die (westlichen) Siegermächte die Entnazifizierung in deutsche Hände. Die Bescheide der Spruchkammern, einer Laienjustiz, vorwiegend aus Mitgliedern der neuen Parteien, kannten fünf Kategorien: Hauptschuldige, Belastete, Minderbelastete, Mitläufer und Entlastete. Strafen reichten von Freiheitsentzug über Eigentumsverlust und Ausschluß von öffentlichen Ämtern bis zu Bußgeldzahlungen. Meist blieben die Spruchkammern in der Masse der Bagatellfälle stecken; schwere Fälle wurden verschoben und profitierten mit Verschärfung des Kalten Kriegs vom Abbruch der Verfahren. Symbolisch wurde der „Persilschein", ein Gefälligkeitszeugnis aus dem Bekanntenkreis, der Nachbarschaft oder von Arbeitskollegen, um die Vergangenheit der Angeklagten reinzuwaschen. Häufig desinformiert und von der Fülle der Verfahren überlastet, gerieten die Spruchkammern zu einem „Instrument der Massenrehabilitation ehemaliger NS-Mitglieder" (C. Vollnhals). Aus der Selbstreinigung der deutschen Gesellschaft wurde die Eingliederung von Millionen ehemaliger Nationalsozialisten, die sich der neuen politischen Ordnung anpaßten.

Nach außen säuberte die SBZ die Verwaltungen gründlicher als im Westen. Die „umfassende Entnazifizierung" des öffentlichen Lebens (Hermann Weber) traf etwa 512 000 ehemalige Mitglieder der NSDAP und ihrer Gliederungen: Viele wurden aus dem öffentlichen Dienst, vor allem der Justiz, Polizei, Schulen und Verwaltungen entfernt und mußten „einfacher, manueller Arbeit" nachgehen. Dagegen blieben Ärzte und Spezialisten in Wirtschaft und Technik trotz teilweise erheblicher politischer Belastung mangels qualifizierten Ersatzes auf Druck der Besatzungsmacht in ihren Berufen tätig, auch Spezialisten mit NS-Vergangenheit im Sicherheitsbereich, wenn sie sich zur Zusammenarbeit unter den neuen Machtverhältnissen bereit fanden. In Justiz und Verwaltung übernahmen meist Mitglieder der KPD/SED die Schlüsselfunktionen. Das Berufsbeamtentum wurde abgeschafft, in Schnellkursen Berufsanfänger für Justiz und Verwaltung sowie den Schuldienst ausgebildet. Anfangsschwierigkeiten nahm die SMAD zugunsten einer politischen Säuberung in Kauf.

4.1.6 Kalter Krieg in Deutschland

Schon 1946 begann sich das Scheitern einer gemeinsamen alliierten Deutschlandpolitik abzuzeichnen. So blockierte Frankreich Initiativen zur Errichtung einer deutschen Zentralverwaltung. Doch alsbald reduzierten sich die Gegensätze auf den anlaufenden Ost-West-Konflikt: Die UdSSR bestand auf den in Jalta vereinbarten Reparationen für den eigenen Wiederaufbau (10 Mrd. Dollar) und einer Viermächtekontrolle des Ruhrgebietes, was die USA als Versuch deuteten, ganz Deutschland dem kommunistischen Hegemonialanspruch zu unterwerfen, wie ihn seit April 1945 die „Gruppe Ulbricht" in Berlin sowie zwei weitere Gruppen in Mecklenburg und Sachsen tatsächlich vorbereiteten. Dagegen eröffnete US-Außenminister Byrnes in seiner Stuttgarter Rede vom 6. 9. 1946 eine neue Deutschlandpolitik als Teil des amerikanischen „Containment" (→ M 4).

4.1.7 Von der Bizone zur Berlin-Blockade, 1947–1949

Unter dem Eindruck der schweren Versorgungskrise in Deutschland forderten die USA 1946 die anderen Besatzungsmächte zur wirtschaftlichen Verbindung der Zonen auf. (Byrnes: „Wir können Deutschland nicht auf unbegrenzte Zeit in vier luftdichten Kammern verwalten".) Da Frankreich und die Sowjetunion ablehnten, bildeten die USA und

Die Besatzungszonen der Alliierten in Deutschland und Österreich.

Volle Schaufenster nach der Währungsreform, 20. 6. 1948.

England am 1. Januar 1947 ein „Vereinigtes Wirtschaftsgebiet" (Bizone), von westdeutschen Politikern begrüßt als erster Schritt zur Wiederherstellung deutscher Souveränität. Die Westzonen wurden über die Wirtschafts- und Währungspolitik geeint: Wichtigstes Gremium wurde der Wirtschaftsrat in Frankfurt/Main, dessen Delegierte die Landtage der Bizone, entsprechend den Mehrheitsverhältnissen, benannten. Seine gesetzgeberische Tätigkeit stand jedoch unter Kontrolle der Amerikaner und Briten. Durch Beitritt der Französischen Zone erweiterte sich die Bizone 1948 zur „Trizone". Mit der am 1. März 1948 gegründeten „Bank deutscher Länder", der Vorläuferin der Bundesbank, entstand die erste trizonale Einrichtung Westdeutschlands. Im Wirtschaftsrat verfügten die bürgerlichen Parteien (CDU/CSU, Liberale und andere Parteien) über eine knappe Mehrheit gegen SPD und KPD. Die SPD übernahm die führende Oppositionsrolle und blieb von der Mitwirkung an den ersten Weichenstellungen zum westdeutschen Teilstaat weitgehend ausgeschlossen.

Die Einbeziehung der Westzonen in den Marshallplan* vertiefte die Kluft zwischen West- und Ostzone: Kredite und Rohstoffe öffneten den Westzonen den Zugang zum Weltmarkt. Angesichts der zunehmenden Ost-West-Spannungen einigten sich die USA, Großbritannien, Frankreich und die Beneluxländer über die Ausarbeitung einer westdeutschen Verfassung und die Bildung einer Regierung. Die Sowjetunion protestierte und verließ im März den Alliierten Kontrollrat. Am 20. 6. vollzogen die Westmächte in ihren Zonen eine Währungsreform, vier Tage später zog die UdSSR in ihrer Zone nach. Rein wirtschaftlich war die Notwendigkeit einer Geldreform allgemein anerkannt, um den hohen Geldüberhang (Inflation) abzubauen. Politisch aber zerschnitt dieser Schritt das letzte Band der Wirtschaftseinheit. Die westdeutsche Währungsreform erlaubte jedem Einwohner, 60 Mark einzutauschen, davon 40 sofort. Löhne, Gehälter, Renten, Pensionen, Mieten und Aktien wurden im Verhältnis 1:1 umgestellt. Sparer mußten eine Abwertung bis zu 100:6,5 hinnehmen. Zugleich entfielen Preisbindung und Bezugsscheinsysteme in vielen Bereichen zugunsten marktwirtschaftlicher Mechanismen.

Sozial war die Währungsreform unausgewogen, denn sie begünstigte die Wirtschaft und Sachwertbesitzer zu Lasten der Sparer. Das plötzliche Warenangebot am Tag nach der Währungsreform verschaffte ihr den Ruf, das westdeutsche „Wirtschaftswunder" begründet zu haben. Als wichtige Starthilfe war sie an weniger offensichtliche Voraussetzungen geknüpft: So erwiesen sich die industriellen Kriegszerstörungen als nicht so gravierend wie zunächst befürchtet, das Ausmaß an Demontagen blieb im Westen deutlich geringer als im Osten. Der vorausgegangene Produktionsanstieg hatte Waren hervorgebracht, die der Handel jedoch meist bis zum Tag der Reform hortete. Preissteigerungen nach der Preisfreigabe bei gleichzeitigem Lohnstopp (bis Nov. 1948) verschärften die wirtschaftliche Lage. Eine Rationalisierungswelle in der Industrie hob die Arbeitslosenzahl fast zur Millionengrenze. Erst das Ende des Preisauftriebs zum Jahreswechsel 1948/49, positive Auswirkungen des Marshallplans und der Koreaboom ab 1950 ließen den Währungsschnitt – für die ältere Generation der zweite in ihrem Leben – bei der Bevölkerung in einem günstigen Licht erscheinen.

Als Antwort auf die Währungsreform sperrte die UdSSR am 4. August 1948 den Personen- und Güterverkehr sowie die Lebensmittel- und Stromversorgung Westberlins aus dem Westen. Daraufhin stellte der Westen Kohle- und Stahllieferungen in die SBZ ein. Zur Versorgung der Berliner Westsektoren benutzten die Westalliierten ihre vertraglich gesicherten Luftkorridore („Luftbrücke"). Blockade und Gegenblockade wurden am 12. Mai 1949 aufgehoben, ohne Erfolg für Moskau. Die Weststaatgründung erhielt für die Westmächte nunmehr Priorität.

4.1.8 Der Kampf um die Wirtschaftsordnung des Weststaates

Die Wirtschaftsnot und die Erfahrungen mit der Verstrickung der Großindustrie in den Nationalsozialismus machten die Forderung nach Verstaatlichung (Sozialisierung) der Schlüsselindustrien zu einem zentralen Thema der ersten Nachkriegszeit. Beschlüsse der Potsdamer Konferenz zur Dezentralisierung und Kontrolle der deutschen Nachkriegswirtschaft sowie Programme der SPD und CDU (Ahlener Programm 1947) wiesen in die gleiche Richtung. Einigkeit bestand zwischen den großen Parteien, nicht die Unternehmerinitiative zu bekämpfen, sondern nur monopolistisches Streben und politische Einflußnahme von Großunternehmen. Aber die SPD bezeichnete staatliche Planung „als Hauptregulator der neu zu errichtenden Wirtschaft" (V. Agartz). Entschieden dagegen war der Wirtschaftspolitiker Ludwig Erhard, den CDU/CSU und FDP zum Direktor der Verwaltung für Wirtschaft beim Frankfurter Wirtschaftsrat wählten. Mit Rückendeckung durch die US-Militärregierung, die Sozialisierung und Planwirtschaft ablehnte, begann er seit der Währungsreform, staatliche Bewirtschaftung und Preisvorschriften aufzuheben. Die privatwirtschaftliche „Soziale Marktwirtschaft" konnten weder SPD noch Gewerkschaften aufhalten. Die CDU trennte sich 1949 mit den Düsseldorfer Leitsätzen, die SPD 1959 im Godesberger Programm von Sozialisierungsplänen, die im Kalten Krieg zunehmend ins politische Abseits gerieten.

4.1.9 Umwälzungen der Wirtschafts- und Eigentumsstrukturen in der SBZ

Tiefgreifende Veränderungen in der Wirtschafts- und Eigentumsstruktur der SBZ begannen schon im Herbst 1945. Eine Bodenreform enteignete Großgrundbesitzer mit über 100 Hektar Land, denn die Sowjets sahen in „Junkern und Großgrundbesitzern" eine Stütze des Naziregimes. Aus diesem Bodenfonds von über 2 Mio. Hektar erhielten etwa 550000 Personen, darunter zahlreiche Landarbeiter und Flüchtlinge, bis zu 10 Hektar Land. Der KPD-Vorsitzende Wilhelm Pieck eröffnete in Kyritz (Brandenburg) als revolutionäre Aktion unter der Losung „Junkerland in Bauernhand" die von Bodenreformkommissionen überwachte Landverteilung. Bewerber erhielten ihr Land aus dem Gemeindefonds durch Los. Die Versorgung der Bevölkerung mit Nahrungsmitteln gelang der neu strukturierten Landwirtschaft erst nach einigen Jahren.

Ähnlich hatte die SMAD schon im Juli 1945 die Schließung der Banken und Versicherungen verfügt und jegliche Kreditoperationen untersagt. Unter Berufung auf das Potsdamer Abkommen beschlagnahmte sie Ende Oktober das Eigentum des Staates und der NS-Organisationen. Ab Juni 1946 mußten 202 der zur Demontage vorgesehenen Betriebe als Sowjetische Aktiengesellschaften (SAG-Betriebe) auf Reparationskonten arbeiten, u. a. Leuna und Buna, die Krupp-Stahlwerke in Magdeburg und die Neptun-Werft in Rostock. In einem Volksentscheid in Sachsen Ende Juni 1946 sprachen sich knapp 80 % für die „Enteignung der Industriebetriebe von Nazi- und Kriegsverbrechern" aus. Danach schritt die Gründung „Volkseigener Betriebe" (VEB) schnell voran. 1949, unmittelbar nach Gründung der DDR, hatten die VEB einen Anteil von 46,6 %, die SAG-Betriebe 21,9 %, Privatbetriebe 31,5 % an der Industrieproduktion.

4.2 Die (alte) Bundesrepublik Deutschland, 1949–1989

4.2.1 Gründung durch Parlamentarischen Rat, 1948/49

Am 1. September 1948, mitten in der Berlinkrise, trat in Bonn der Parlamentarische Rat zusammen, um im Auftrag der USA, Großbritanniens und Frankreichs mit seinen 65 Abgeordneten eine Verfassung auszuarbeiten. Die parteipolitische Zusammensetzung des Parlamentarischen Rates spiegelte die Kräfteverhältnisse in den westdeutschen Landtagen wider, die die Abgeordneten benannten. Der Parlamentarische Rat wollte den neuzugründenden Weststaat als parlamentarische Demokratie und Bundesstaat organisieren. Auseinandersetzungen um das Kräfteverhältnis zwischen Bund und Ländern mündeten in ein föderales Konzept, das die Ländervertretung (Bundesrat) dem Bundestag unterordnete. Sozial- und wirtschaftspolitische Ordnungsvorstellungen blieben unentschieden, da die großen Parteien die konkrete Ausgestaltung des neuen Staates der künftigen politischen Willensbildung überlassen wollten. Hier erhofften CDU/CSU und SPD jeweils als bestimmende politische Kraft, ihre Vorstellungen durchsetzen zu können. Einigkeit bestand im hohen Rang der Grundrechte, die bewußt den organisatorischen Artikeln vorangestellt wurden. Aber schon bei der inhaltlichen Ausgestaltung des Grundrechtsteils taten sich Differenzen auf (→ M 5).

Mit der Bezeichnung „Grundgesetz" betonte der Parlamentarische Rat den vorläufigen Charakter der Verfassung, ferner mit dem Verzicht auf eine Volksabstimmung, an deren Stelle ein Ratifizierungsverfahren durch die einzelnen Landtage trat. Am 23. Mai 1949 trat das Grundgesetz als „Provisorium" in Kraft. Ergänzend zum Grundgesetz regelte ein „Besatzungsstatut" verbliebene Zuständigkeiten der Alliierten für Außenbeziehungen, wirtschaftliche Entflechtung, Ruhrkontrolle und Reparationen. Erst mit den Pariser Verträgen 1955 gewann die Bundesrepublik begrenzte Souveränität.

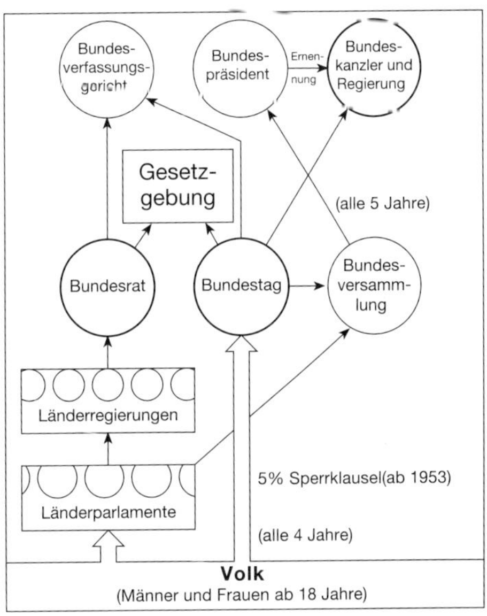

Die Verfassung der Bunderepublik Deutschland.

4.2.2 Die Ära Adenauer, 1949–1963

Erich Ollenhauer (SPD-Vorsitzender): „Dem seiner ist viel schöner!" Karikatur von E. M. Lang zum Godesberger Programm der SPD (1959).

Das Ergebnis der Wahlen zum 1. Deutschen Bundestag 1949 leitete die „Ära Adenauer" ein. Als Vorsitzender der CDU in der Britischen Zone (1946), des Parlamentarischen Rates (1948/49) und der Bundes-CDU (1950) wurde der Jurist Konrad Adenauer zum Gegenspieler des Sozialdemokraten Kurt Schumacher, der noch vor der ersten Bundestagswahl über einen höheren Bekanntheitsgrad als sein konservativer Rivale verfügte. Die erste Regierung des (knappen) Wahlsiegers Adenauer war eine Koalition aus CDU/CSU, FDP und Deutscher Partei (DP). Erster Bundespräsident wurde der Liberale Theodor Heuss (1949–59). Die SPD ging in die Opposition und erlitt 1953, 1957 und 1961 trotz stetigen Stimmenzuwachses Niederlagen. Im Godesberger Programm (1959) vollzog die Partei einen innerparteilich umstrittenen Kurswechsel, indem sie sich in Außen-, Verteidigungs- und Wirtschaftspolitik Positionen der Regierung anpaßte. Die SPD wollte nunmehr „Volkspartei" sein, offen für alle Schichten der Bevölkerung, während ihre traditionell marxistische Begründung des demokratischen Sozialismus in den Hintergrund trat. Mit Blick auf die Erfolge der Marktwirtschaft forderte das neue Grundsatzprogramm: „Wettbewerb soweit wie möglich – Planung so weit wie nötig".

Nach der Bundestagswahl 1961 deutete sich das Ende der Ära Adenauer an: Die FDP wurde ein schwer zu steuernder Koalitionspartner, der sich nur durch die drohende Große Koalition von SPD und CDU/CSU zügeln ließ. 1963 trat Bundeskanzler Adenauer zurück, sein Nachfolger wurde Ludwig Erhard. Die christlich-liberale Koalition zerbrach 1966, da Erhard in der ersten Wirtschaftsrezession an einer Finanzkrise des Bundes und einer Strukturkrise des Ruhrgebiets (Zechenstillegungen) scheiterte.

4.2.3 Wirtschaft und Gesellschaft

Den erstaunlichen Wirtschaftsaufschwung in der Ära Adenauer („Wirtschaftswunder") hatten Währungsreform und Aufhebung staatlicher Bewirtschaftung und Preisbindung keineswegs zwangsläufig vorgezeichnet. Nach zwei Jahren steigender Arbeitslosigkeit und spürbaren Kaufkraftmangels löste erst der Koreakrieg einen sprunghaften Anstieg der Auslandsnachfrage nach Investitionsgütern aus und regte die Inlandsnachfrage nach Konsumgütern an. Die Umrisse einer „Wohlstandsgesellschaft" begannen sich abzuzeichnen. Ludwig Erhard, Wirtschaftsminister in der Regierung Adenauer, setzte mit seiner „Sozialen Marktwirtschaft" auf hohe Wachstumsraten (1951: 10,4 %) und freien Wettbewerb, um „Wohlstand für alle" zu erreichen. In der Hochkonjunktur (Wachs-

Neuer Wohlstand in den 50er Jahren: typische Wohnzimmereinrichtung.

tumsraten durchschnittlich 1955–58: 7,2 %, 1959–63: 5,7 %) wurde es möglich, Sozialleistungen um Kindergeld, Zahlungen an Kriegsopfer und Heimkehrer, Lastenausgleich für Kriegssachschäden und „dynamische Rente" (Anpassung der Renten an die jeweilige Lohnentwicklung) auszuweiten. Versuche, über Belegschaftsaktien, „Volksaktien" und Vermögensbildung in Arbeitnehmerhand „immer weitere Schichten zu besitzenden Bürgern zu machen" (L. Erhard), vermochten die ungleiche Verteilung, besonders beim Produktivvermögen, nicht nachhaltig zu verändern. Unter Adenauer verdoppelten sich die Reallöhne. Zum neuen Wohlstand trug, besonders in Arbeiterhaushalten, erheblich die Erwerbstätigkeit der Ehefrauen bei.

Auseinandersetzungen um eine neue Betriebsverfassung gehörten zur Ausgestaltung der noch jungen sozialen Demokratie. 1951 beschloß der Bundestag die paritätische Mitbestimmung der Arbeitnehmer in den Aufsichtsräten und Vorständen der Unternehmen nur des Bergbaus und der eisen- und stahlerzeugenden Industrie (Montanmitbestimmung). Für die übrigen Wirtschaftsbereiche beschnitt ein Gesetz die Mitbestimmung gegenüber dem Montanmodell und ließ die Hoffnungen auf eine wirtschaftliche Gleichberechtigung der Arbeitnehmer unerfüllt. Diese Niederlage der Gewerkschaften beschädigte allerdings die Akzeptanz der Sozialen Marktwirtschaft bei Arbeitnehmern nicht nachhaltig, da das wachsende Konsum- und Freizeitangebot in den Mittelpunkt des Interesses rückte. Die weitgehend krisenfreie Entwicklung der ersten anderthalb Jahrzehnte nährte den Glauben an einen ungebrochenen Aufschwung und entzog den Kritikern an der Marktwirtschaft den Boden. Soziologen sahen in zunehmendem Wohlstand eine „Entproletarisierung" der Arbeiterschaft, die Gesellschaft beschrieben sie als „nivellierte Mittelstandsgesellschaft", in der tiefgreifende soziale Auf- und Abstiegsprozesse Klassengegensätze abbauen würden. Andere hielten den steigenden Lebensstandard für ungeeignet, den Gegensatz von „Kapital" und „Arbeit" aufzuheben. Unbestritten blieb, daß sich das Selbstverständnis der Arbeiter deutlich vom proletarischen Klassenbewußtsein abwandte.

Die politische Diskussion der Nachkriegszeit kreiste oft um den Begriff der „Restauration". Linke Kritiker beanstandeten, daß alliierte und deutsche Politiker nach 1945 gesellschaftliche und politische Alternativen zugunsten älterer Macht- und Besitzverhältnisse blockiert hätten. Als restaurativ galten Rückgriffe auf die Zeit vor 1933 und Hindernisse einer Demokratisierung von Wirtschaft und Gesellschaft. Ein Blick auf alle Facetten der westdeutschen Nachkriegsgeschichte bietet ein widersprüchliches Bild: Justiz, Bürokratie, Wirtschaft und das Bildungswesen knüpften tatsächlich an ältere Strukturen und Einstellungen an. Der Rückzug vieler Bundesbürger ins Private begünstigte „restaurative" Tendenzen. Daneben zeigten sich jedoch auch „moderne" Durchbrüche: Der republikanisch-demokratische Charakter der Verfassung blieb – „Bonn ist nicht

Weimar" – unbestritten. Der technische Wandel brachte neue Lebensumstände und Mentalitäten hervor (Motorisierung, Fernsehen, Massentourismus), die Mobilität der Bevölkerung nahm zu, Bindungen an soziale Milieus (Kirchen) wurden geringer.

4.2.4 Die Bewältigung der Vergangenheit

Die Absage der offiziellen Politik an das NS-Unrechtssystem war eindeutig. Große Teile der westdeutschen Literatur, Geschichtsschreibung und Publizistik setzten sich kritisch mit der jüngsten Vergangenheit auseinander. Angriffspunkte boten dagegen die halbherzige Entnazifizierung, die verspätete Entschädigung und personelle Kontinuität auf allen Ebenen des Beamtenapparats. „Das Fortwirken der alten Nationalsozialisten ist ein Grundgebrechen der inneren Verfassung der Bundesrepublik", warf der Philosoph Karl Jaspers 1965 den politisch Verantwortlichen vor.

Nach Übernahme der Verfolgung der NS-Verbrechen aus alliierter Verantwortung durch deutsche Gerichte brachten erst die Gründung der Ludwigsburger Zentralstelle zur Verfolgung von NS-Gewaltverbrechen (1958) und der Frankfurter Auschwitz-Prozeß (1963–65) eine Wende. Passivität bei der personellen und juristischen Bewältigung der Vergangenheit und die Bereitschaft „zu vergessen", schien manchen Zeitgenossen, besonders Teilen der nachrückenden Generation, moralisch unerträglich.

4.2.5 Außen- und Verteidigungspolitik, 1949–1963

Die Aufsicht der Westmächte begrenzte anfangs den innen- und außenpolitischen Spielraum der Bundesrepublik. Die Regierung Adenauer arbeitete daher auf größere Eigenständigkeit hin, bis sie 1955 die staatliche Souveränität erlangte, wenn auch mit Vorbehaltsrechten der Siegermächte (Wiedervereinigung, Stationierung der alliierten Truppen). Besonders Frankreichs Streben nach Sicherheit vor dem wirtschaftlich wiedererstarkenden deutschen Nachbarn mußte Adenauer Rechnung tragen. Ein erster Schritt war der Schuman-Plan (1950), benannt nach seinem Initiator, dem französischen Außenminister Robert Schuman (1886–1963). Aus Schumans Idee, die Kohle- und Stahlindustrien der Beneluxstaaten, Italiens, Frankreichs und der Bundesrepublik einer gemeinsamen Kontrolle zu unterstellen, ging eine unabhängige supranationale „Hohe Behörde" hervor, die über Produktion, Ausfuhren und Preise entschied (Europäische Gemeinschaft für Kohle und Stahl, 1952). Die Gründung der „Montanunion" konnte französische Besorgnisse wegen der verhängnisvollen Rolle der deutschen Schwerindustrie als Waffenschmiede zweier Weltkriege zerstreuen. Das Abkommen eröffnete der Bundesrepublik die Chance, politische Gleichberechtigung in der anlaufenden europäischen Integration zu erlangen und das Saarproblem zu lösen: Frankreich ließ Pläne zur Annexion des Saargebietes fallen; nach einer Volksabstimmung wurde es 1957 der Bundesrepublik angegliedert. Die deutsch-französische Aussöhnung mündete 1963 in einen Vertrag, der regelmäßige Konsultationen vorsah, Jugendaustausch und Kulturbeziehungen intensivierte.

Adenauers Westintegration hatte von Anfang an auch eine militärische Dimension. Der Koreakrieg 1950 verstärkte die Sorge vor einer Bedrohung durch die Sowjetunion, so daß Adenauer die Frage eines westdeutschen Verteidigungsbeitrags aufwarf. Mit Zustimmung der Westmächte lief nach 1950 die Wiederbewaffnung an, bis hin zur Gründung der Bundeswehr als Wehrpflichtigenarmee (1956). Westintegration und Wiederbewaffnung fügten sich in die westliche „Politik der Stärke", gegründet auf Militär und

Demonstration gegen die Wiederbewaffnung in München (November 1954).

Wirtschaft. Nach dem Scheitern der Europäischen Verteidigungsgemeinschaft (EVG) in der Französischen Nationalversammlung 1954 ermöglichten 1955 die „Pariser Verträge" die Beendigung des Besatzungsregimes der Westmächte und den Beitritt der Bundesrepublik zur NATO. Zwei Jahre später führten die „Römischen Verträge" mit der Gründung der Europäischen Wirtschaftsgemeinschaft (EWG) die wirtschaftliche Vereinigung in Europa weiter (Frankreich, Italien, Bundesrepublik, Belgien, Niederlande, Luxemburg).

Die sozialdemokratische Opposition bekämpfte die Westintegration heftig, da sie eine endgültige Zementierung der Teilung Deutschlands befürchtete. Bei vielen Bürgern stieß die Wiederbewaffnung auf tiefsitzendes Unbehagen („Ohne-mich"-Stimmung). Die Auseinandersetzungen verschärften sich, als sich die Regierung 1957 für die atomare Bewaffnung der Bundeswehr aussprach. Die Aktionsgemeinschaft „Kampf dem Atomtod" und die von England ausgehende pazifistische Ostermarschbewegung entwickelten neue Formen gewaltlosen Protests. Dem politischen Konformitätsdruck des Kalten Krieges stellte eine Minderheit kritisches Engagement und moralischen Appell entgegen.

4.2.6 Die Deutsche Frage, 1949–1969

Die Teilung Deutschlands blieb beherrschendes politisches Thema nach der Gründung zweier deutscher Staaten. Die Bundesregierung bestand auf einem Friedensvertrag, weil sie auf eine Revision der Grenzziehungen und Machtverhältnisse östlich der Elbe hoffte. Die UdSSR verlangte dagegen die Anerkennung des Status quo*, wie ihn die Potsdamer Konferenz unter westlicher Beteiligung projeziert hatte. Bundesregierung wie DDR erhoben einen völkerrechtlichen Alleinvertretungsanspruch für alle Deutschen. Im Zeichen der „Politik der Stärke" lehnte die Bundesregierung einen Dialog mit der nicht demokratisch legitimierten Regierung der DDR strikt ab. Für sie war die Westintegration der Bundesrepublik unabdingbare Voraussetzung für eine Wiedervereinigung in „Frieden und Freiheit" (Adenauer). Das westliche Mißtrauen gegenüber östlichen Verhandlungsangeboten gründete im Verdacht, der Osten wolle nur die Westintegration verhindern. So galt auch die sowjetische Note vom 10. 3. 1952, die das weitestgehende Angebot (Wiedervereinigung, Neutralität Deutschlands) der Sowjetunion enthielt, Adenauer und den westlichen Regierungen als gezieltes Störmanöver. Stalins Neutralitätsforderung an ein wiedervereinigtes Deutschland barg für Adenauer die Gefahr, daß Deutschland in den sowjetischen Machtbereich geriet. Die sozialdemokratische Opposition sowie einzelne Persönlichkeiten in CDU und FDP plädierten erfolglos für eine ernsthafte Prüfung des Angebots auf dem Verhandlungsweg.

Nach dem Beitritt der Bundesrepublik zur NATO (1955) glaubte Adenauer, alle Voraussetzungen für die Wiedervereinigung geschaffen zu haben: „Wir sitzen nun im stärksten Bündnis der Geschichte. Es wird uns die Wiedervereinigung bringen." Verhandlungen der Großmächte im Juli 1955 nach Abschluß der Pariser Verträge blieben jedoch erfolglos. Neue Hoffnungen knüpften sich im September 1955 an den Besuch einer Regierungsdelegation unter Bundeskanzler Adenauer in Moskau. Gegen Bedenken einiger Mitarbeiter nahm Adenauer das sowjetische Angebot zur Aufnahme gegenseitiger diplomatischer Beziehungen an. Als Gegenleistung zur damit vollzogenen indirekten Anerkennung der sowjetischen Zwei-Staaten-Theorie ließ die sowjetische Regierung die letzten 10000 Kriegsgefangenen und 20000 Zivilinternierten frei. Die Aufnahme diplomatischer Beziehungen zur östlichen Hegemonialmacht sollte freilich Ausnahme bleiben: Mit der „Hallstein-Doktrin" (1955, benannt nach Staatssekretär W. Hallstein) reagierte die Bundesregierung auf eine Anerkennung der DDR durch einen dritten Staat – mit Ausnahme der UdSSR – ihrerseits mit dem Abbruch der diplomatischen Beziehungen. Bis Mitte der sechziger Jahre gelang es ihr so weitgehend, die DDR international zu isolieren. Besonders imponierte die spektakuläre Heimkehr der Kriegsgefangenen durch den Bundeskanzler: „Der alte Mann, der dank seiner Zähigkeit die Gefangenen in Rußland befreit hatte – dieses Bild gehörte fortan zum innersten Kern des Adenauer-Mythos." (H.P. Schwarz)

Gegen Chruschtschows Berlin-Ultimatum 1958 hielten die Westmächte am Vier-Mächte-Status Berlins fest, begrenzten aber ihre politischen Grundsätze (Verbleib der alliierten Truppen, freier Zugang und Lebensfähigkeit der Stadt) nur auf Westberlin. Der anwachsende Flüchtlingsstrom veranlaßte die östlichen Führungen schließlich zu einer totalen Sperrung der Grenzen durch den Bau der Berliner Mauer am 13.8. 1961. Neue Quellen decken auf, daß Ulbricht mit einem militärischen Schlag Westberlin kassieren wollte. Dagegen setzte die sowjetische Führung als mittlere Kompromißlinie den Bau der Mauer, um einen Dritten Weltkrieg zu vermeiden. Die Passivität der Westmächte führte vor Augen, daß sie die Nachkriegsgrenzen in Europa anerkannt hatten. Die buchstäbliche „Zementierung" der Teilung Deutschlands durch die Berliner Mauer erschütterte die Erwartungen, mit einer „Politik der Stärke" die Wiedervereinigung zu erzwingen, da keine Seite der anderen ihre Bedingungen aufzwingen konnte. Indem sie den Status quo ständig in Frage stellte, drohte sich die Bundesrepublik im beginnenden

Wahlplakat der CSU aus dem Jahr 1957.

Entspannungsprozeß zu isolieren. Den Durchbruch zu einer „neuen Ostpolitik“, die diese Selbstblockade aufhob, brachte erst 1969 die sozialliberale Koalition.

4.2.7 Große Koalition in Bonn, 1966–1969

Die erste Wirtschaftskrise (Rezession) der Bundesrepublik 1966/67 erschütterte den Glauben an eine krisenfreie Entwicklung der Volkswirtschaft. Unter dem Druck von Preisanstieg, Arbeitslosigkeit und staatlicher Finanzkrise zerfiel die christlich-liberale Koalition unter Bundeskanzler Erhard. An ihre Stelle trat eine Große Koalition aus CDU/CSU und SPD (Bundeskanzler Kurt-Georg Kiesinger, CDU; Außenminister Willy Brandt, SPD). Ihre Wirtschafts- und Finanzpolitik orientierte sich an den Theorien des englischen Ökonomen J. M. Keynes (1883–1946), der zyklische Schwankungen des Wirtschaftsverlaufs durch staatliche „Globalsteuerung“ ausgleichen wollte, die das Wirtschaftswachstum in Krisenzeiten durch erhöhte Staatsausgaben anregen, in der Hochkonjunktur durch Einsparungen bremsen sollte (antizyklische Konjunkturpolitik). Mittelfristige Finanzplanung, alljährlicher Jahreswirtschaftsbericht und die „Konzertierte Aktion“, eine Gesprächsrunde von Regierung, Bundesbank, Gewerkschaften und Wirtschaftsverbänden zu gesamtwirtschaftlichen Fragen, vervollständigten das Modernisierungsvorhaben. Die neuen Steuerungsinstrumente bewältigten zwar die Rezession bis 1969, versagten jedoch gegenüber Problemen der folgenden Jahre (Umweltzerstörung, hohe Staatsverschuldung, Strukturkrisen).

4.2.8 Außerparlamentarische Opposition (APO), 1967/68

Seit Beginn der sechziger Jahre deutete sich in der Bundesrepublik, wie in anderen westlichen Industriestaaten, eine außerparlamentarische Protestbewegung an. Insbesondere die atomare Aufrüstung der Großmächte rief wachsende Unzufriedenheit in der Nachkriegsgeneration hervor. Bald traten neue Themen hinzu, die von den Bundestagsparteien weitgehend ignoriert wurden: Der „schmutzige Krieg“ der USA in Vietnam (vgl. S. 433 f.), die Pressekonzentration, besonders in Berlin, wo der Springer-Konzern („Bild-Zeitung“) den Markt beherrschte, veraltete Strukturen im Hochschul- und Bildungsbereich und die als halbherzig empfundene politische und juristische Auseinandersetzung mit dem Nationalsozialismus während der Adenauer-Ära. Der studentische Kern der Protestbewegung, vor allem der Sozialistische Deutsche Studentenbund (SDS), griff auf marxistisches Gedankengut zurück. Anstelle der von Karl Marx für die Industriestaaten vorausgesagten, aber nicht eingetretenen politisch-sozialen Umwälzung des Kapitalismus erwarteten Teile der APO nun die Revolution in den verarmten Staaten der Dritten Welt: Ho-Tschi Minh und der lateinamerikanische Revolutionär Ernesto Che Guevara wurden zu Kultfiguren.

Studenten und Hochschullehrer lenkten den Blick auf Ergebnisse der Soziologie und Sozialpsychologie, die vor schädlichen Folgen autoritär geprägter Lebensformen in Staat, Gesellschaft und Familie warnten. Irritiert verfolgte die Öffentlichkeit die Versuche kleiner studentischer Gruppen, neue Formen von Erziehung und Sexualität zu erproben („antiautoritäre Erziehung“). Die meist jugendlichen Protestierer übten ungewohnte, z. T. von der amerikanischen Bürgerrechtsbewegung übernommene Formen des Widerstands (Demonstration, Schweigemarsch, Sit-in). Doch da manche Aktionen in Gewalt mündeten, wurde die Gefährdung dieser Bewegung von innen heraus sichtbar. Eine

Studentendemonstration gegen veraltete Strukturen an den Hochschulen. Anlaß war der Rektoratswechsel an der Hamburger Universität am 9.11.1967.

mißbräuchliche Verwendung des Faschismus-Vorwurfs, mit dem u. a. Überreaktion der Staatsgewalt angegriffen wurde, führte zu einer verzerrten Wahrnehmung der Wirklichkeit und verstrickte eine Minderheit in terroristische Aktionen. Indem sich der Zulauf vergrößerte, zerfiel die Bewegung in zahlreiche, z. T. erheblich voneinander abweichende Organisationen und Strategien. Ein Teil schloß sich der SPD an, andere gründeten „Basisgruppen", anarchistische Zirkel oder kommunistische Parteien, in denen sich neuer Dogmatismus breitmachte. 1970 entstand die „Rote Armee Fraktion" (RAF), deren Terroranschläge die Bundesrepublik in den siebziger Jahren erschütterten. Die Mehrheit der Bevölkerung, besonders die von den sozialistischen Studenten angesprochene Arbeiterschaft, blieb der APO fern.

4.2.9 Das sozialliberale Reformjahrzehnt, 1969–1982

1969 wurde der Sozialdemokrat Gustav Heinemann Bundespräsident. Er löste Heinrich Lübke (CDU) ab, der das Amt 1959 übernommen hatte. Die Wahl Heinemanns mit den Stimmen von SPD und FDP wurde Signal zum „Machtwechsel" in Bonn. Aus der Bundestagswahl im September 1969 ging eine Koalition von SPD und FDP hervor. Bundeskanzler Willy Brandt (SPD) kündigte innere Reformen und eine Neuorientierung in der Deutschland- und Ostpolitik an: „Wir wollen mehr Demokratie wagen [...] Mitbestimmung, Mitverantwortung in den verschiedenen Bereichen unserer Gesellschaft wird eine bewegende Kraft der kommenden Jahre sein." Die neue Koalition stellte die FDP vor eine Zerreißprobe: Konservative FDP-Abgeordnete und zwei Abgeordnete der SPD wechselten zur CDU/CSU, so daß die Regierungsmehrheit abbröckelte. In der Hoffnung auf weitere Überläufer beantragte die CDU/CSU-Fraktion am 27.4.1972 ein konstruktives Mißtrauensvotum* nach Art. 67 des Grundgesetzes; ihr Fraktionsvorsitzender Rainer Barzel sollte Bundeskanzler werden. Der Antrag scheiterte knapp. Vorgezogene Neuwahlen (19.11.1972) stärkten die sozialliberale Koalition: Die SPD wurde erstmals stärkste Fraktion im Bundestag.

Die Aufbruchstimmung spiegelte sich in zahlreichen Reformprojekten, getragen von einem neuen Glauben an die Notwendigkeit politischer Steuerung der gesellschaftlichen Entwicklung: Ausbau des Sozialsystems und des Umweltschutzes, Reform des Bodenrechts (Zurückdrängen der Spekulation), des Strafrechts, des Bildungssystems und der Mitbestimmung in der Wirtschaft. Die Ergebnisse fielen unterschiedlich aus: Zu Ausweitungen der sozialen Sicherung (Renten- und Krankenversicherung) traten Neuerungen im Bildungswesen und – mit Einschränkungen – im Mitbestimmungsrecht. Die Neufassung des Abtreibungsparagraphen (§ 218 StGB) scheiterte vor dem Bundesverfassungsgericht. Die nächste weltwirtschaftlich bedingte Rezession schränkte den politischen Bewegungsspielraum ein. Gleichzeitig begann eine öffentliche umweltpolitische Diskussion über ökologische „Grenzen des Wachstums" (Club of Rome). Die Errichtung von Atomkraftwerken stieß auf den Widerstand zahlreicher Bürgerinitiativen.

Im Mai 1974 wurde Günter Guillaume, ein enger Mitarbeiter des Bundeskanzlers, als DDR-Spion enttarnt. Brandt übernahm die politische Verantwortung und trat zurück. Die tieferen Ursachen dieses Schrittes lagen wohl in der ungünstigen Wirtschaftsentwicklung seit dem Ölschock* im Gefolge des Yom-Kippur-Kriegs (1973). Unter Bundeskanzler Helmut Schmidt (SPD) beendete die sozialliberale Koalition die euphorische Reformphase und setzte auf Stabilität: „In einer Zeit weltweit wachsender Probleme konzentrieren wir uns in Realismus und Nüchternheit auf das Wesentliche [...]" (Regierungserklärung Helmut Schmidts, 1974). Zu den erschwerenden Rahmenbedingungen gehörte der RAF-Terrorismus mit Gewaltverbrechen (Entführungen, Morde, Überfälle gegen Repräsentanten von Staat und Wirtschaft). Die staatlichen Organe reagierten mit einem großen Fahndungsaufgebot und Eingriffen in das Rechtssystem, um die RAF zu isolieren und zu schwächen. Insgesamt zeigte sich das demokratische System der Herausforderung gewachsen. Terrorismus von rechts setzte 1980 ein, als ein Bombenattentat auf dem Münchener Oktoberfest ein Blutbad anrichtete. Spätere Gewalttaten Rechtsradikaler richteten sich meist gegen Ausländer und deren Wohnungen.

Die Bundestagswahl 1980 führte SPD und FDP noch einmal zusammen, doch rasch verringerten sich die Gemeinsamkeiten: Gegen die „keynesianische", nachfrageorientierte Wirtschaftspolitik der SPD verfolgte der starke wirtschaftsliberale Flügel der FDP eine eher angebotsorientierte Linie (steuerliche Entlastung der Unternehmen, geringere staatliche Kreditaufnahme, Kürzungen der Sozialleistungen). Dazu schwächten SPD-interne Auseinandersetzungen um den NATO-Doppelbeschluß (vgl. S. 435) die Position des Kanzlers. Ein konstruktives Mißtrauensvotum der CDU/CSU und FDP stürzte am 1. 10. 1982 Helmut Schmidt und wählte Helmut Kohl (CDU) zum Bundeskanzler.

4.2.10 Neue Deutschland- und Ostpolitik, 1969–1989

Trotz erster Lockerungsbemühungen durch die Große Koalition hielt die Bundesrepublik an der Nichtanerkennung der DDR bis 1969 fest. Zur Vermeidung einer weltpolitschen Isolierung entschloß sich die sozialliberale Koalition zu neuen Wegen in der Deutschland- und Ostpolitik.

Entsprechend den Machtverhältnissen im Ostblock mündeten die Verhandlungen zuerst in den Moskauer Vertrag mit der Sowjetunion (1970), gefolgt vom Warschauer Vertrag mit der Volksrepublik Polen. Das Viermächteabkommen über Berlin schrieb 1971 die westliche Präsenz in Berlin, die Sicherung der Zufahrtswege und die Bindungen des Westteils an die Bundesrepublik fest, als Voraussetzung zum deutsch-deutschen Teil der neuen Ostpolitik: Verkehrsvertrag, Transitabkommen, das den behinderungsfreien Verkehr von und nach Berlin sicherte, und Grundlagenvertrag (1972) (→ M 6, M 7).

Bundeskanzler Willy Brandt kniet am 7. Dezember 1970 in Warschau vor dem Mahnmal für die Opfer des Warschauer Ghettoaufstandes.

Alle Ostverträge waren Kompromisse: Dem Osten gelang die faktische Anerkennung der DDR als Staat, ohne die Bundesrepublik zwingen zu können, die DDR als Ausland zu betrachten. Deutsch-deutsche Beziehungen „besonderer Art" kamen in der Einrichtung „Ständiger Vertretungen" anstelle von Botschaften zum Ausdruck. An der Wiedervereinigung und einheitlicher deutscher Staatsbürgerschaft hielt die Bundesregierung fest, jedoch nicht an der Hallstein-Doktrin. Die Westgrenze Polens wurde anerkannt, sie galt laut Warschauer Vertrag als „unverletzlich", jedoch, wegen des fehlenden Friedensvertrags, nicht als endgültig. Allen Ostverträgen gemeinsam war die Bekundung der gegenseitigen Achtung der territorialen Integrität sowie ein Bekenntnis zum Gewaltverzicht. 1971 erhielt Willy Brandt den Friedensnobelpreis. 1973 wurden beide deutsche Staaten Mitglieder der UNO, 1975 unterzeichneten ihre Regierungen die KSZE-Schlußakte von Helsinki.

Die deutsch-deutschen Beziehungen im Zeichen der Entspannung brachten zahlreiche Fortschritte, aber auch Verstimmungen und Rückschläge: Menschliche Erleichterungen (Reisen, innerdeutscher Handel, Kultur- und Sportbeziehungen) stand die politische und ideologische Abgrenzung der DDR-Führung gegenüber. Fluchtversuche an der Grenze verhinderte sie weiter mit Waffengewalt. Die CDU/CSU-Opposition griff die neue Ostpolitik heftig an; eine Prüfung der Verfassungsmäßigkeit des Grundlagenvertrags durch das Bundesverfassungsgericht ergab jedoch keinen Verstoß gegen das Wiedervereinigungsgebot in der Präambel des Grundgesetzes. So vergrößerten die Ostverträge den politischen, wirtschaftlichen und kulturellen Handlungsspielraum der Bundesrepublik in Osteuropa. Die Lösung praktischer Fragen überwog die Mängel, so daß auch die CDU/CSU nach der „Wende" 1982 die Politik der Ostverträge fortsetzten. Nach dem Ende der DDR setzte eine erneute publizistische Kontroverse um die neue Ostpolitik ein, nunmehr mit neuen Quellen aus ehemaligen DDR-Archiven. (→ M 8, M 9)

4.2.11 Politik und Gesellschaft, 1982–1989

Die christlich-liberale Koalition ging 1983 gestärkt aus den vorgezogenen Neuwahlen hervor. Der Einzug der Grünen in den Bundestag (6,6 %) erweiterte das Parteienspektrum. Bei zunehmender Arbeitslosigkeit erzielte die Regierung Kohl ein Wirtschaftswachstum, das Defizite auf anderen Gebieten (z. B. Gesundheits- und Rentenreform) überdeckte. In der Europapolitik leitete die Einheitliche Europäische Akte (1986) eine neue Etappe der europäischen Integration ein. Die Gesellschaft der Bundesrepublik erlebte in den achtziger Jahren weiterhin rasche Veränderungen – „Neue Armut", „Zweidrittelgesellschaft", „Risikogesellschaft", „Wertewandel", „multikulturelle Gesellschaft". Insbesondere der wachsende Migrationsstrom ausländischer Arbeitnehmer, Asylsuchender, deutscher Aus- und Umsiedler brachte neue Herausforderungen.

Technologische Umbrüche in der Arbeitswelt verursachten Unsicherheiten und Ängste, da der Verfall überkommener Strukturen (Kohle, Stahl, Werften, Textilindustrie, Landwirtschaft) Arbeitsplätze vernichtete und fachliche Qualifikationen entwertete. „Gewinner" waren der Dienstleistungsbereich und die „high-tech"-Industrie, besonders stark in Bayern und Baden-Württemberg. Teile der Bevölkerung nahmen ökologische Folgen der Industrialisierung schärfer wahr (Tschernobyl-Reaktorkatastrophe 1986) und rückten sie in z. T. spektakulären Aktionen ins öffentliche Bewußtsein (Umweltinitiativen). Der Nato-Doppelbeschluß von 1979 war der Anstoß für eine Friedensbewegung aus linken Sozialdemokraten, Kommunisten, pazifistischen und kirchlichen Gruppen. Seit der Einigung der USA und der UdSSR über eine „Null-Lösung" bei den Mittelstreckenraketen 1987 verlor diese politisch heterogene Bewegung an Resonanz.

Die Bundesregierung führte in den Jahren 1982–89 die Deutschland- und Ostpolitik ihrer Vorgängerin im wesentlichen fort. Mit dem Amtsantritt Michail Gorbatschows als Generalsekretär der KPdSU (1985) verbesserte und komplizierte sich das deutsch-deutsche Verhältnis gleichermaßen. 1987 besuchte Erich Honecker als Staatsratsvorsitzender die Bundesrepublik und vollendete in den Augen der DDR-Führung den Prozeß der Gleichberechtigung ihres Staates. Für die westliche Seite, die beim Besuch auch auf die nach wie vor bestehenden Meinungsverschiedenheiten zur deutschen Frage hinwies, standen weitere innerdeutsche Abkommen und die praktische Zusammenarbeit im Interesse der Menschen im Vordergrund, z. B. mit einem deutsch-deutschen Kulturvertrag. In der Folgezeit verschlechterten sich die Beziehungen wegen des wachsenden innenpolitischen Drucks auf Regimegegner und zunehmender Behinderungen der Berichterstattung westlicher Journalisten. Die DDR geriet politisch und wirtschaftlich in eine ausweglose Situation, in der das hochgerüstete Regime kurz darauf durch eine friedliche Revolution gestürzt wurde.

Als historische Quelle lassen sich Plakate in folgenden Schritten erschließen:

- Zeitgeschichtlichen Hintergrund erkunden
- Urheber und Adressaten benennen
- Stoßrichtung und Absicht (Information, Werbung, Mobilisierung, Appell an Vorurteile oder Feindbilder...) herausarbeiten
- Gestaltungsmittel herausarbeiten (Symbol, Bild, Schrift, Farbe)
- Mit Plakaten politischer Konkurrenten vergleichen
- Wirkung auf Zeitgenossen/heutigen Betrachter ermitteln

Beispiel zur Interpretation eines Plakats
Das Plakat „Deutsche Patrioten lassen sich nicht vor den Kriegskarren der Amis spannen" gab 1952 das Amt für Information der DDR heraus. Es greift auf dem Höhepunkt des Kalten Kriegs in die innenpolitischen Auseinandersetzungen in der Bundesrepublik um Wiederbewaffnung und Westintegration ein. Der Schriftzug „Gegen Wehrgesetz und Schumanplan" zielt auf die Vertragsentwürfe über die Europäische Verteidigungsgemeinschaft (EVG) und die Gründung der Europäischen Gemeinschaft für Kohle und Stahl (Montanunion), die sich beide im Ratifizierungsverfahren des Bundestags befanden. Dagegen hebt das Plakat den Friedensvertragsentwurf der UdSSR positiv hervor.

Die zentrale Aussage des Plakats richtet sich gegen die US-Amerikaner in der Bundesrepublik Deutschland. Ein nicht näher identifizierbarer Mann („Patriot") pinselt eine bekannte antiamerikanische Parole auf das Heck eines Jeeps, das damals wohl bekannteste Symbol amerikanischer Militärpräsenz im deutschen Alltag. Im Hintergrund feiern amerikanische Soldaten im „Deutschen Haus" ein Trinkgelage. Die Ruine daneben steht in auffallendem Kontrast zur übermütigen Stimmung im hellerleuchteten Restaurant. Insgesamt will das Plakat Vorurteile gegenüber amerikanischer Lebensart mobilisieren. Es appelliert an Ressentiments vieler Deutscher gegen die „kulturlosen" Amerikaner. Politisch lautet die Botschaft an den Betrachter: Die amerikanische Besatzungsmacht, die sich in Deutschland luxuriös, ja parasitär eingerichtet hat, steht einer Lösung der Probleme im Wege. Anstelle der sonst auf Plakaten der Nachkriegszeit üblichen parteipolitischen Agitation tritt hier der Appell an einen parteipolitisch nicht gebundenen Patriotismus, eine Taktik, die vermutlich auch bürgerliche Kreise ansprechen sollte, die sonst für kommunistische Propaganda nicht erreichbar waren. Während in der DDR das Klischee vom kulturlosen und kriegstreibenden Amerikaner verbreitet wurde, griff die Plakatpropaganda in der Bundesrepublik auf Feindbilder zurück, die die Sowjetunion dämonisierten.

4.3 Die Deutsche Demokratische Republik, 1949–1989

4.3.1 Die Gründung der DDR, Herbst 1949

Am 7. Oktober 1949 konstituierte in Berlin der Deutsche Volksrat unter Leitung des SED-Vorsitzenden Wilhelm Pieck (1876–1960) die Deutsche Demokratische Republik (DDR) und erklärte sich zur provisorischen Volkskammer, dem Parlament der DDR. Parlamentspräsident wurde der LDPD-Vorsitzende Johannes Dieckmann (1893–1969). Am 10. Oktober bildete sich als zweite Kammer die Länderkammer der DDR, die 1958 formal ihre Tätigkeit einstellte. Ministerpräsident wurde Otto Grotewohl (1894–1964), seit April 1946 neben Wilhelm Pieck paritätischer SED-Vorsitzender, mit drei Stellvertretern. Der Regierung gehörten 14 Minister an: aus der SED (6), Ost-CDU (3), LDPD (2) und je einer aus NDPD und DBD sowie ein Parteiloser.

An die Stelle der SMAD trat die „Sowjetische Kontrollkommission" (SKK) unter General Tschuikow. Die DDR-Verfassung war noch gesamtdeutsch angelegt, mit Parallelen zur Weimarer Verfassung: die Grundrechte Rede-, Presse-, Versammlungs- und Religionsfreiheit, Streikrecht für Gewerkschaften waren formal vorhanden. Nach Artikel 22 stand das Eigentum unter dem Schutz der Verfassung. Die Realität sah jedoch ganz anders aus.

4.3.2 Von der Staatsgründung zum Arbeiteraufstand, 1949–1953

4.3.2.1 Die Herausbildung stalinistischer Strukturen

Die Machtausübung der SED, zunächst im Auftrag und unter Kontrolle der Besatzungsmacht, orientierte sich am sowjetischen Vorbild und schuf stalinistische Strukturen. Schon 1950 wurden in den Waldheimer Prozessen neben Nazi- und Kriegsverbrechern auch Systemkritiker, vor allem Sozialdemokraten, aber auch unbequeme Kommunisten, die aus der Westemigration kamen, zu extrem hohen Zuchthausstrafen verurteilt. Einige wurden zwischen 1956 und 1962 stillschweigend rehabilitiert oder vorzeitig aus der Haft entlassen.

Anfangs bestand die DDR aus den Ländern Brandenburg, Mecklenburg, Sachsen, Sachsen-Anhalt und Thüringen, dazu als Hauptstadt der Sowjetsektor Berlins, 1950 mit einer Bevölkerung von rund 18,36 Millionen Einwohner auf 108 333 qkm. Durch „Abstimmung mit den Füßen" (Lenin), Abwanderung oder Flucht in den Westen sank die Bevölkerung auf zuletzt 16 Millionen. Die fünf Länder wurden zur Zentralisierung der Verwaltung im Juni 1952 aufgelöst und durch 15 Bezirke ersetzt. Parlamente in Ländern und Kreisen blieben trotz erheblicher Veränderungen seit 1946 ohne Neuwahlen bestehen. Dagegen fanden am 15. Oktober 1950 Wahlen zu den zentralen Verfassungsorganen nach dem Einheitslistenprinzip unter Vorherrschaft der SED statt, mit einer für DDR-Verhältnisse üblichen „Zustimmung" von über 99 %. Bereits zuvor hatte die SED ihre Macht abgesichert durch Oberstes Gericht und Oberste Staatsanwaltschaft (7. 12. 1949). Das Oberste Gericht wurde zur ersten und letzten Instanz bei Straftaten von „überragender Bedeutung". Vor allem in den fünfziger Jahren führte es zahlreiche Schauprozesse durch und war verantwortlich für die Auslegung der Verfassung. Die „Deutsche Volkspolizei" war schon vor der DDR-Gründung als wichtiges Machtinstrument aufgebaut worden.

Zum wichtigsten Herrschafts- und Repressivinstrument der SED wurde das „Mini-

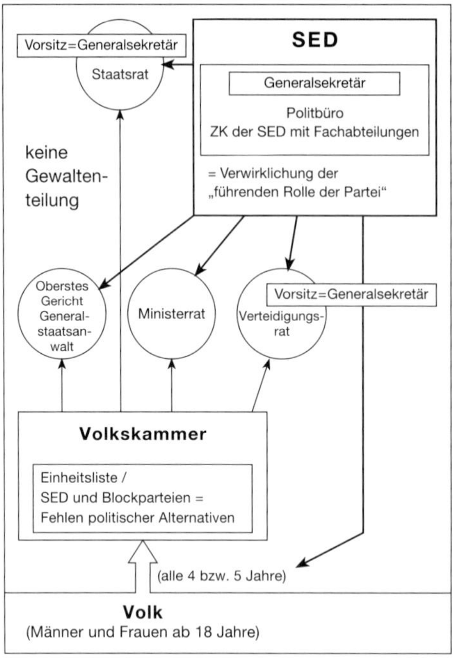

Die Verfassung der Deutschen Demokratischen Republik.

sterium für Staatssicherheit" (MfS) als „Schild und Schwert" der Partei. Der Staatssicherheitsdienst vereinigte die innere Überwachung der DDR-Bürger, die Abwehr westlicher Geheimdienste, den Personenschutz von Politikern, die verfassungswidrige Post- und Telefonüberwachung und ab 1953 die „Hauptverwaltung Aufklärung". Seit November 1957 leitete Erich Mielke (*1907) bis zur Wende 1989 das MfS. Er steigerte die „flächendekkende" Überwachung der DDR-Bürger zur Perfektion und baute den Apparat der Stasi immer mehr aus. Zuletzt arbeiteten in der DDR über 80000 Personen hauptamtlich für die Stasi, dazu mehr als 100000 „Inoffizielle Mitarbeiter" (IM).

4.3.2.2 Die Herausbildung der zentralistischen Plan- und Kommandowirtschaft

Den Zentralismus sowjetischen Modells forcierte die SED auch in der Wirtschaft durch mehrheitliches Staatseigentum an Produktionsmitteln sowie an Grund und Boden, ferner durch zentrale mittel- und längerfristige Planung. Das staatliche Außenhandelsmonopol stärkte die Staatsbetriebe weiter. Bis 1953 flossen Gewinne der „Sowjetischen Aktiengesellschaften" (SAG-Betriebe) als Reparationsleistungen in die Sowjetunion ab. Insgesamt leistete die SBZ/DDR Reparationen von über 14 Milliarden Dollar, nach dem damaligen Kurs ungefähr 56 Milliarden DM. Mehr als 2000 Betriebe wurden ganz oder teilweise demontiert (etwa 30 % der industriellen Kapazitäten nach dem Stand von 1944), während in den Westzonen nur rund 3 % der industriellen Kapazitäten durch Demontagen verlorengingen: Damit leistete die ostdeutsche Bevölkerung, trotz wesentlich schlechterer Ausgangsposition, einen erheblichen Anteil an der Wiedergutmachung für Kriegsschäden und -verluste gegenüber der UdSSR und Polen.

Traditionell war die Wirtschaft Sachsens und Sachsen-Anhalts von Zulieferungen aus dem Westen und Kohle aus Oberschlesien abhängig. Aus beiden Richtungen kamen nunmehr aus unterschiedlichen Gründen erheblich weniger Lieferungen. Das stellte die Industrie vor große Probleme, die auch die Sowjetunion mit umfangreichen Rohstofflieferungen nicht lösen konnte. Engpässe und Zulieferungsstörungen bestimmten den Alltag in den Betrieben. Dennoch gelang es der DDR, bis 1952/53 die stark zerstörte Wirtschaft wiederaufzubauen und den Vorkriegsstand zu übertreffen, vor allem die Eisen- und Stahlindustrie, die Energieerzeugung und die chemische Industrie. Konsumgüterindustrie und Versorgung der Bevölkerung blieben jedoch erheblich zurück.

Im Juni 1950 beschloß der 3. SED-Parteitag die Grundlagen für den 1. Fünfjahrplan von 1951 bis 1955 und damit den Übergang zur langfristigen Wirtschaftsplanung nach sowjetischem Muster. Er wurde mehrfach korrigiert und mit dem „Neuen Kurs" vom

Juni 1953 erheblich verändert. Die Arbeitsproduktivität wuchs nur langsam, lag bei der niedrigen Ausgangsposition mit durchschnittlichen Jahreszuwachsraten von 11 % aber immer noch höher als in späteren Jahren. Die DDR entwickelte sich vor allem extensiv. In der Produktivität hinkte sie stark hinter der für sie als Maßstab geltenden Bundesrepublik her. Ihre schwerindustrielle Basis bestand teils aus neuen Betrieben, wie dem Eisenhüttenkombinat Ost, der Großkokerei in Lauchhammer, teils aus modernisierten älteren Stahlwerken (Henningsdorf, Brandenburg, Thale und Riesa). Wegen zahlreicher Korrekturen verfehlte die Industrie ursprüngliche Planziele. Vor allem aber wuchs der Lebensstandard der Bevölkerung wesentlich langsamer als von der SED versprochen. Das verstärkte die Unzufriedenheit in der Bevölkerung, die ihre Lebensverhältnisse ständig mit denen in der Bundesrepublik verglich.

4.3.2.3 Bildungswesen und Kultur der DDR, 1949–1959

Für die SED hatte die Umgestaltung des Bildungswesens und die Entwicklung von Kunst und Kultur einen hohen ideologischen Stellenwert. Früh begann sie unter der Losung „Wir brechen das bürgerliche Bildungsprivileg“ eine Umwälzung des Schul-, Hoch- und Fachschulwesens. Seit 1949 sollten an verschiedenen Universitäten Arbeiter- und Bauern-Fakultäten minderprivilegierten Bevölkerungsschichten den Zugang zu höherer Bildung eröffnen. Gleichzeitig drosselte sie mit einem rigiden Numerus clausus die Studienmöglichkeiten für Personen bürgerlicher oder intellektueller Herkunft. 1951 wurde das obligatorische gesellschaftswissenschaftliche Grundstudium von Schriften von Marx, Engels und Lenin sowie von Parteibeschlüssen für Studenten aller Fachrichtungen eingeführt, ferner Russisch als Pflichtfach für alle Studierenden.

Schulen und Oberschulen waren bereits vor 1949 erheblich reformiert worden. NS-belastete Lehrer wurden aus dem Schuldienst entfernt, Neulehrer eingestellt, die sich ihre pädagogische und fachliche Ausbildung erst in einem „Schnellverfahren“ erwerben mußten (1949 etwa 45000). An den Oberschulen (Gymnasien) waren sie jedoch mit einem Anteil von etwa 30 % in der Minderheit. Nach 1950 gestaltete die SED das Schulwesen weiter um: Sie erweiterte ihre ideologische Einflußnahme, schuf mehr Möglichkeiten für

Jugendweihe 1969 in Ost-Berlin.

die naturwissenschaftliche Ausbildung und bezog Ausbildungselemente in Betrieben (Unterrichtstage in der Produktion als Pflichtfächer ab der 7. Klasse) ein. 1959 führte die DDR die zehnklassige allgemeine polytechnische Schulausbildung zur höheren Qualifikation ihrer Schulabgänger ein. In einem einheitlichen Bildungssystem lernten seit 1952 alle Schüler nach denselben Lehrplänen und Lehrinhalten.

Wichtiger Bestandteil der Erziehung wurde der Atheismus gegen die noch starke Position vor allem der Evangelischen Kirche. 1954 führte die SED die Jugendweihe für 14jährige ein. Diese gewann trotz von der Partei vorgegebenen Rituals einen festen Platz im Leben der meisten DDR-Jugendlichen, während die Konfirmation oder Kommunion, nicht nur unter dem Druck des Staates, von immer weniger Jugendlichen und ihren Eltern akzeptiert wurden. Auch nach der Wende 1989 behauptete sich die Jugendweihe in den neuen Bundesländern.

Wie in Wissenschaft und Volksbildung dirigierte die SED-Führung die Entwicklung von Kunst und Kultur, attackierte vor allem moderne Kunstrichtungen. 1951 übernahm die SED aus der Sowjetunion die „Formalismusdebatte“ und verwarf „volksfeindliche Theorien des Kosmopolitismus und des bürgerlichen Objektivismus“ sowie die „amerikanische Kulturbarbarei“. Statt dessen propagierte sie den „sozialistischen Realismus“ und bemühte sich um die Pflege des „deutschen Kulturerbes“, u. a. mit Klassikerpublikationen von DDR-Verlagen, der Würdigung von Goethe, Schiller, Herder und Beethoven anläßlich von Jubiläen sowie dem Wiederaufbau einiger Kulturstätten (z. B. Zwinger und Hofkirche in Dresden, Deutsche Staatsoper in Berlin).

4.3.2.4 Der Arbeiteraufstand am 17. Juni 1953

Im Juni 1952 ging die SED-Führung durch Forcierung der Schwerindustrie zum „Aufbau der Grundlagen des Sozialismus“ über. Zuwächse im Lebensstandard der Bevölkerung blieben im ersten Halbjahr 1953 aus. So entstand eine massive Gegenstimmung im Lande, zumal nach Stalins Tod am 5. März 1953 die SED-Führung verunsichert war. Am 28. Mai 1953 beschloß sie drastische Normerhöhungen von 10 bis 30 % ohne Lohnausgleich und verfügte den Abbau einiger Sozialleistungen. Am 16. und 17. Juni 1953 demonstrierten in Berlin, Leipzig, Dresden, Halle, Magdeburg sowie anderen Städten und Gemeinden der DDR vorwiegend Arbeiter gegen die Senkung ihres Lebensstandards. Sie beriefen sich auf ihr Recht zur freien Meinungsäußerung, zu Demonstrationen und zu Streiks, das sogar in der DDR-Verfassung stand. Bauarbeiter des Krankenhauses im Friedrichshain in Berlin forderten am 15. Juni in einer Resolution von der Regierung die Rücknahme der Normerhöhungen. Bauarbeiter der Berliner Stalinallee folgten dem Beispiel. Regierung und Parteiführung verdrängten diese Forderungen. Am 16. Juni verteidigte die Zeitung des FDGB „Tribüne“ die Steigerung der Arbeitsnormen: Die SED-Führung war nur bereit, mit der jüngsten „Politik des neuen Kurses“ einige Sozialkürzungen rückgängig zu machen.

Mit der Parole „Wir fordern Herabsetzung der Normen“ begann am Vormittag des 16. Juni ein Protestmarsch von Bauarbeitern in der Berliner Stalinallee, dem sich schnell Tausende Berliner anschlossen. Zwar verkündete die SED-Führung nunmehr in einer Parteiaktivtagung am Nachmittag im Berliner Friedrichstadtpalast die Rücknahme der Normerhöhung, konnte aber die Streikbereitschaft der Arbeiter nicht mehr unterdrücken. Der US-Rundfunksender RIAS hatte um 16.00 Uhr auf Bitten der Berliner Bauarbeiter ihren Aufruf zum Generalstreik verbreitet. Danach verboten die Vertreter der Westmächte den Westberliner Sendern die Verwendung des Begriffs „Generalstreik“ und untersagten das Ausstrahlen weiterer Aufrufe.

Demonstranten bewerfen am 17. Juni 1953 sowjetische Panzer in Ost-Berlin mit Steinen.

Am 17. Juni demonstrierten in Ostberlin und anderen Städten der DDR Hunderttausende gegen die Normerhöhungen. Sie forderten Senkung der HO-Preise um 40 %, Rücktritt der Regierung, freie und geheime Wahlen in der DDR. Gegen Mittag überschlugen sich die Ereignisse: Vor dem Haus der Ministerien in der Leipziger Straße fielen erste Schüsse. Die Polizei setzte Wasserwerfer, Gummiknüppel und Tränengas ein. Steine flogen, Häuser und Kioske brannten. Um 13.00 Uhr verhängte der Militärkommandant des Sowjetsektors von Berlin den Ausnahmezustand. Sowjetpanzer räumten gewaltsam die Straßen und Plätze Berlins. Nach Berichten der Volkspolizei wurden über 6000 Personen verhaftet, darunter etwa zwei Drittel Arbeiter. Die Niederschlagung des Arbeiteraufstandes forderte mindestens 30 Todesopfer. Tausende flohen nach Westberlin. (→ M 1)

Der 17. Juni 1953 wurde beiderseits der innerdeutschen Grenze unterschiedlich bewertet: Die SED diffamierte den Arbeiteraufstand als „faschistischen", später etwas moderater „konterrevolutionären Putschversuch". Die Bundesrepublik erhob den 17. Juni als „Tag der deutschen Einheit" zum offiziellen Feiertag auch in Westberlin. Für die SED-Führung wurde der 17. Juni zum Trauma: Die Angst vor der eigenen Bevölkerung trieb zum Ausbau eines überdimensionierten Sicherheitsapparates von Polizei und MfS.

4.3.3 Vom 17. Juni zur Berliner Mauer, 1953–1961

4.3.3.1 Die Einbindung der DDR in den Ostblock

Von Anfang an stand die DDR unter starker sowjetischer Fremdbestimmung: Die Rote Armee, etwa 400 000 Soldaten, garantierte, wie am 17. Juni 1953, für Moskau Stabilität im Osten Deutschlands. Den ersten Schritt zur Eingliederung in den Ostblock hatte die DDR schon mit ihrem Beitritt zum RGW im September 1950 getan. Im Juli 1950 hatte Ministerpräsident Grotewohl mit dem Görlitzer Abkommen die Oder-Neiße-Grenze als deutsch-polnische Grenze anerkannt.

Nach Beitritt der Bundesrepublik zur NATO gründete der Ostblock Mitte Mai 1955 den Warschauer Pakt, dem auch die DDR angehörte. Der Moskauer Staatsvertrag zwischen der DDR und der Sowjetunion vom September 1955 verlieh der DDR formal die Souveränität.

Im Januar 1955, noch vor dem NATO-Beitritt der Bundesrepublik, hatte die Sowjetunion offiziell den Kriegszustand mit Deutschland für beendet erklärt. Nach dem Adenauer-Besuch in Moskau im September 1955 kehrten namhafte Wissenschaftler zurück, einige, wie Nobelpreisträger Gustav Hertz (1887–1975) sowie Manfred von Ardenne (*1907) in die DDR. Zwischen Sommer 1955 und Herbst 1959 folgte die teilweise Rückgabe wertvoller in Kriegs- und Nachkriegszeit von der Roten Armee beschlagnahmter Kulturschätze, u. a. wichtige Archivmaterialien, etwa 750 Gemälde der Dresdener Galerie, die Landesbibliothek Gotha und der Pergamon-Altar.

Im Herbst 1955 und Frühjahr 1956 begann die DDR eine außenpolitische Offensive, um aus ihrer diplomatischen Isolierung herauszukommen. Um die Hallstein-Doktrin, die die Anerkennung der DDR durch dritte Staaten zum „unfreundlichen Akt" erklärte, zu unterlaufen, besuchten DDR-Regierungsdelegationen Indien, Ägypten, Sudan, Syrien und Libanon, ohne jedoch die Aufnahme von Beziehungen auf Botschafterebene zu erreichen. Nur Jugoslawien (1957) und Kuba (1963) anerkannten die DDR und setzten sich über die Hallstein-Doktrin hinweg, so daß Bonn seine Botschafter aus diesen Ländern zurückzog. Nach ergebnislosen internationalen Konferenzen war eine schrittweise Annäherung beider deutscher Staaten blockiert, ihre Einbindung in sich gegenüberstehende Militärbündnisse machte jeden Gedanken an eine schnelle Vereinigung zur Illusion.

4.3.3.2 Reaktionen in der DDR auf den 20. KPdSU-Parteitag, 1956

Im Februar 1956 eröffnete Chruschtschow (1894–1971) auf dem 20. KPdSU-Parteitag die Entstalinisierung. In seiner „Geheimrede" prangerte er Personenkult und die Verbrechen Stalins an, forderte die Veränderung der politischen und wirtschaftlichen Strukturen in der Sowjetunion. Seine Reformversuche lösten jedoch Demokratisierungsbestrebungen in Ungarn und Polen aus und gaben oppositionellen Kräften in der SED Auftrieb. Da SED-Chef Walter Ulbricht keine „Fehlerdiskussion" zuließ und im März 1956 lediglich einräumte, daß Stalin kein Klassiker des Marxismus sei, geriet er ins Feuer der Kritik. Frühere innerparteiliche Gegner, u. a. Franz Dahlem, die er 1953 gemaßregelt hatte, wurden rehabilitiert, ohne in ihre alte Funktion zurückzukehren. Max Fechner und Paul Merker wurden aus der Haft entlassen. Unter Wolfgang Harich und Walter Janka bildete sich im Aufbau-Verlag eine oppositionelle Gruppe, die Kontakt zu Georg Lukács in Budapest, dem sowjetischen Botschafter Puschkin und dem Ostbüro der SPD aufnahm. Zu ihren Gesprächspartnern gehörte Paul Merker, den sie als potentiellen Ulbricht-Nachfolger ansahen. Im November/Dezember 1956 wurden Janka, Harich (→ M 2) und andere verhaftet, 1957 zu langjährigen Freiheitsstrafen verurteilt.

1957/58 wollte eine prominente Gruppe in der SED-Führung mit Karl Schirdewan und Ernst Wollweber, unterstützt von den Wirtschaftspolitikern Fred Oelßner und Fritz Selbmann, die Macht Ulbrichts einschränken, Reformen und Annäherung an die Bundesrepublik einleiten. Da sich auf einer Weltberatung der kommunistischen Parteien Mitte November 1957 die dogmatische Linie der sowjetischen Führungsmacht wieder durchsetzte, konnte Ulbricht auch diesen Angriff abwehren. Im Februar 1958 wurden Schirdewan, Wollweber und Oelßner aus dem Politbüro ausgeschlossen.

4.3.3.3 Industrie und Landwirtschaft der DDR um 1960

Mit der 3. SED-Parteikonferenz im Februar/März 1956 wollte die Partei mit dem 2. Fünfjahresplan (1956–1960) die Wirtschaft qualitativ ausbauen und Zuwachsraten in der industriellen Warenproduktion von mindestens 55 % erreichen. Priorität behielten Kohle, Energie und die Chemische Industrie. Die Konsumgüterindustrie blieb erneut hintenan. Dennoch erzielte die DDR, gemessen an ihrer Ausgangssituation, 1958 und 1959 vergleichsweise gute wirtschaftliche Ergebnisse: Ende Mai 1958 wurde die Lebensmittelrationierung aufgehoben, ein einheitliches Preisniveau entstand. Der Durchschnittsverdienst von Arbeitern und Angestellten erreichte 1959 etwa 530 Mark. Die Spareinlagen pro Kopf der Bevölkerung stiegen auf rund 760 Mark. Fortschritte im Wohnungsbau konnten jedoch die Wohnungsnot nicht lindern: Zwischen 1950 und 1959 in der DDR neugebaute bzw. reparierte 476 880 Wohnungen waren kaum mehr als ein Tropfen auf den heißen Stein, denn gleichzeitig gab es mehr als 600 000 wohnungssuchende Familien. Technische Fortschritte der Industrie und der Lebensstandard der Bevölkerung fielen weiter hinter der Bundesrepublik zurück. Das erklärte Ziel der SED, den Rückstand zu verringern, blieb unerreicht.

Unter der Parole „Der Sozialismus siegt" wollte der 5. Parteitag im Juli 1958 die wirtschaftliche Leistungskraft der DDR so steigern, „daß der Pro-Kopf-Verbrauch der Werktätigen Bevölkerung an allen wichtigen Lebensmitteln und Konsumgütern höher liegt als der Pro-Kopf-Verbrauch der Gesamtbevölkerung in Westdeutschland". Bis 1961 sollte die DDR die Bundesrepublik im Lebensstandard „einholen und überholen", ein völlig irrealer Versuch, der die wirtschaftlichen Möglichkeiten der DDR weit überschätzte. Die hausgemachte Krise verschärfte die SED durch Kollektivierung der Landwirtschaft: In allen ländlichen Kreisen beschleunigte sie mit politischem Druck ab Herbst 1959 die Bildung Landwirtschaftlicher Produktionsgenossenschaften (LPG), um die nach der Bodenreform von 1945 überlebenden Groß- und Mittelbauernwirtschaften zu beseitigen. Auch Bauern, die erst durch die Bodenreform Land erhalten hatten, wurden zum Beitritt in Genossenschaften gedrängt. Im April 1960 schloß die SED die Kollektivierung ab: Rund 90 % der landwirtschaftlichen Nutzfläche wurden von LPG bzw. Staatlichen Gütern bewirtschaftet. Für viele Bauern war der Verlust des Bodens ein herber Schlag. Ganze Familien flüchteten in die Bundesrepublik. Die meisten LPG-Bauern arbeiteten später mit relativ guten wirtschaftlichen Ergebnissen in ihren Genossenschaften.

Propaganda für die Kollektivierung der Landwirtschaft.

4.3.3.4 Berlin-Krise und Berliner Mauer, 13. August 1961

Der ehrgeizige Überholversuch der SED vermehrte die wirtschaftlichen Schwierigkeiten in der DDR. Der Fünfjahresplan wurde 1959 abgebrochen und durch einen Siebenjahresplan für 1959 bis 1965 ersetzt. Eine politische Verschärfung brachte Chruschtschows Berlin-Ultimatum vom November 1958: Daraufhin nahm die Zahl der Flüchtlinge aus der DDR deutlich zu. Die Verschlechterung der Versorgungslage, Kollektivierung der Landwirtschaft und zunehmender politischer Druck waren die Hauptmotive, dazu die Furcht, der freie Zugang nach Westberlin von der DDR würde geschlossen. 1960 verließen 199188 Bürger die DDR, rund 55000 mehr als 1959. Die steigende Tendenz setzte sich 1961 ungebremst fort. Bis Anfang August waren bereits über 150000 Flüchtlinge registriert. Nach Angaben des Statistischen Bundesamtes durchliefen von 1949 bis zum 13. August 1961 insgesamt 2686942 Antragsteller die Notaufnahmelager.

Die extremen Forderungen Ulbrichts nach militärischer Besetzung Westberlins bog Chruschtschow zur Abriegelung der Westsektoren um. So beschlossen auf einem Gipfeltreffen vom 3. bis 5. August in Moskau die Warschauer Paktstaaten auf Vorschlag der DDR und der Sowjetunion die Abriegelung Westberlins von Ostberlin und der DDR. An der Grenze zu Westberlin errichtete die DDR am 13. August Grenzbefestigungen aus Stacheldraht und Panzersperren. Später wurde daraus die Berliner Mauer, die mitten durch die Stadt ging. Seitdem endete die Massenflucht aus der DDR, von nun an war der Grenzübertritt für DDR-Bürger lebensgefährlich. Hunderte, die es trotzdem versuchten, mußten diesen Schritt mit dem Leben bezahlen.

Gegenmaßnahmen der Westmächte blieben im von der Sowjetunion kalkulierten Rahmen, gingen über verbale Proteste nicht hinaus. Die USA-Regierung und ihre Verbündeten nahmen den „Status quo minus“ (minus Ostberlin) hin und riskierten keine militärische Aktion gegen den Mauerbau. Der Regierende Bürgermeister von Berlin, Brandt, und Bundeskanzler Adenauer reagierten scharf, ohne den Mauerbau verhindern zu können.

4.3.4 Von Ulbricht zu Honecker, 1961–1971

Mit dem Mauerbau begann zunächst eine wirtschaftliche und politische Stabilisierung: Das Verlassen der DDR in Richtung Westen war ihren Bürgern verwehrt. Nun mußten sie sich mit ihrem Staat arrangieren. Trotz Modifizierungen blieben die alten stalinistischen Strukturen und zentralistische Leitung von Staat und Wirtschaft bestehen. Die oberste Macht blieb beim SED-Politbüro mit etwa 20 Vollmitgliedern und Kandidaten. Seit September

Mauerbau in Berlin: Flucht eines DDR-Grenzsoldaten nach West-Berlin am 22. 8. 1961.

1960, nach dem Tode des DDR-Präsidenten Pieck, war SED-Chef Ulbricht als Vorsitzender des neu geschaffenen Staatsrates faktisch Staatsoberhaupt, vereinigte in seiner Person die nahezu uneingeschränkte Macht in der DDR. Schon im Juni 1960 hatte das Politbüro verfügt, der Staatsapparat habe Parteibeschlüsse der jeweiligen Ebene als absolute Autorität umzusetzen. Damit wurden die DDR-Regierung sowie die Räte der Bezirke und Kreise weiter entmachtet. Alle Macht ging von der Parteizentrale in Berlin sowie den Bezirks- und Kreisleitungen aus. Grotewohls Nachfolger als Regierungschef war Politbüromitglied Willy Stoph (*1911) ab 1964, mit dreijähriger Unterbrechung (1973–76), bis zu seinem Rücktritt im November 1989 Ministerratsvorsitzender.

In der Wirtschaft hatte sich bis 1962 eine Eigentumsstruktur herausgebildet, die für die DDR spezifisch war: Auf staatliches Eigentum entfielen 1962 etwa 72 % der Gesamtproduktion, auf genossenschaftliches 13 %. Für den Privatsektor sowie Unternehmen mit staatlicher Beteiligung blieben noch fast 15 % der Jahresproduktion.

Großen Wert legte die SED-Führung auf die Einbeziehung von Frauen in den Arbeitsprozeß, um den Arbeitskräftemangel aufgrund extensiver Strukturen und großer Abwanderungsverluste vor 1961 durch Vollbeschäftigung der Frauen auszugleichen. Ende 1961 waren bereits 44 % aller Berufstätigen Frauen. Die emanzipatorische Wirkung der formal gleichberechtigten Teilnahme der Frauen am Berufsleben hob ihr Selbstbewußtsein, zumal sie sich keineswegs nur auf typisch weibliche Berufsgruppen beschränkte. In den tatsächlichen Entscheidungsgremien von Partei, Staat und Wirtschaft waren jedoch kaum Frauen zu finden. Am 9. März 1972 strich die Volkskammer, gegen einen Teil der CDU-Fraktion, den § 218 zugunsten einer reinen Fristenlösung, flankiert von sozialpolitischen Maßnahmen zur Förderung von Mutter und Kind. Dieser Schritt führte zwar nicht zu dem vielfach befürchteten Geburtenrückgang, jedoch blieb die DDR, ebenso wie die Bundesrepublik, Schlußlicht in der europäischen Geburtenstatistik. Die Abschaffung der Fristenlösung nach der deutschen Vereinigung 1993 kritisierte eine große Mehrheit in den neuen Bundesländern als gesellschaftlichen Rückschritt. (→ M 3)

In einer äußerlich stabileren Situation durch Abschottung gen Westen begannen 1962 in Wirtschaft, Kultur und Kunst Ansätze zu Reformen. Ein „Neues ökonomisches System der Planung und Leitung der Volkswirtschaft“ (NÖS) sollte höhere Effizienz durch begrenzte Marktelemente und leistungsorientierte Entlohnung erreichen. Da die Konsumgüterindustrien wieder nicht zu den „strukturbestimmenden Zweigen“ gehörten, jedoch die Einnahmen der Bevölkerung deutlich wuchsen, stieg der ohnehin schon hohe Kaufkraftüberhang weiter an. Der Wohlstand des Westens als Vorbild für Konsumbedürfnisse flimmerte den DDR-Bürgern via Fernsehen ins Haus, und sie nahmen das Fernsehen unkritisch für bare Münze. Diesen Unter-

Frauenarbeit in der DDR: Kranführerin auf der Warnow-Werft (1959).

schied konnte das NÖS nicht annähernd ausgleichen. Ständige Modifizierung und der Druck durch den RGW zwangen 1970 zum Abbruch der Wirtschaftsreform.

Schon Ende 1965 hatte die SED-Führung den Versuch beendet, Kunst und Kultur größere Freiheiten zu gewähren. In Literatur, Film- und Fernsehdramatik sowie in der bildenden Kunst versuchten zahlreiche Künstler und Schriftsteller, nach dem Mauerbau zeitweilig breitere Spielräume zu nutzen. Filme wie „Spur der Steine" nach dem Roman von Erik Neutsch oder Kurt Mätzigs „Das Kaninchen bin ich", aber auch Christa Wolfs „Der geteilte Himmel" wurden in dieser Zeit gedreht, einige davon später verboten. Wolf Biermanns kritische Texte und das Interesse der Jugend an der westlichen Beat-Musik wurden Ende 1965 der SED-Führung Stein des Anstoßes. Die 11. ZK-Tagung wandte sich gegen „feindliche Tendenzen im Kulturbereich" und ging wieder zur dogmatischen Kulturpolitik über.

In der Spannung zwischen Modernisierung und Dogmatismus stabilisierte sich die DDR äußerlich, aber um einen hohen Preis: Die Mauer nahmen die meisten DDR-Bürger nur widerwillig hin. Die Rückkehr zur dogmatischen Politik provozierte innere Unruhen, ebenso der Einmarsch in die ČSSR und das Abwürgen des „Prager Frühlings" 1968, an dem sich die DDR beteiligte. Gegenüber der neuen Ostpolitik unter Willy Brandt und Walter Scheel aber gab die DDR Signale zur Dialogbereitschaft. Die deutsch-deutschen Gespräche von Erfurt und Kassel 1970 zwischen Willi Stoph und Willy Brandt blieben zwar ohne greifbare Ergebnisse, deuteten jedoch die Möglichkeit an, daß sich beide deutsche Staaten am europäischen Entspannungsprozeß beteiligten.

4.3.5 Die DDR unter Honecker, 1971–1989

4.3.5.1 Die DDR in der Phase der Entspannungspolitik, 1971–1980

Im Mai 1971 endete in der DDR eine wichtige Etappe mit dem Sturz des fast 78jährigen Walter Ulbricht. Die Nachfolge durch den zwanzig Jahre jüngeren Erich Honecker hatte Moskau entschieden, weil Ulbricht mit seinem „Altersstarrsinn" nicht mehr in die Entspannungslandschaft zwischen Ost und West paßte. Wegen illegaler Tätigkeit für den Kommunistischen Jugendverband war Honecker 1935 verhaftet und 1937 vom „Volksgerichtshof" zu zehn Jahren Zuchthaus verurteilt worden. Nach dem Krieg war er fast zehn Jahre FDJ-Vorsitzender und galt bereits in den sechziger Jahren als potentieller Nachfolger Ulbrichts.

Die neue Ära begann praktisch mit dem 8. SED-Parteitag. Honecker kritisierte in seiner Parteitagsrede das häufige Abweichen von beschlossenen Plänen und die übermäßige Konzentration auf Wirtschaftszweige, die nicht direkt dem Konsum dienten. Als erhebliches Problem nannte er die Wohnungsnot in der DDR und forderte ihre Beseitigung bis 1990 durch Neubau bzw. Modernisierung von etwa 3 Millionen Wohnungen. Allen Mängeln zum Trotz (z. B. industrielle Betonplattenbauweise) verbesserten sich die Wohnbedingungen vieler Familien. Parallel zum Neubau in riesigen Stadtrandsiedlungen (Marzahn, Hellersdorf und Hohenschönhausen in Berlin, Leipzig-Grünau, Großer Dreesch in Schwerin, Jena-Lobeda, Hoyerswerda, Rostock-Lichtenhagen) verfiel jedoch in den Innenstädten erhaltenswerte Bausubstanz in großem Umfang. Der übrige Konsumbereich konnte nicht Schritt halten: Investitionen flossen vor allem in neue Schlüsseltechnologien – Elektronik, Mikroelektronik, Bau von Industrierobotern.

Außenpolitisch maß die DDR-Führung dem Verhältnis zur Bundesrepublik größere Bedeutung bei: Moskauer und Warschauer Vertrag (1970), Vier-Mächte-Abkommen

Flucht aus dem Alltag: „Datsche" (Wochenendhaus) in Neu-Venedig (Ost-Berlin), davor der „Trabbi", meistverbreiteter PKW in der DDR.

über Berlin (September 1971), Transitabkommen (Dezember 1971), Verkehrsvertrag (Mai 1972) und Grundlagenvertrag (Ende 1972) ebneten den Weg zur Aufnahme beider deutscher Staaten in die UNO im September 1973. 1974 tauschten sie Ständige Vertreter (nicht Botschafter) aus.

Die KSZE-Schlußakte wurde für die DDR wichtig: Sie fühlte sich als Staat gleichberechtigt in die Gemeinschaft europäischer Staaten aufgenommen. Die daraus erwachsenen Pflichten wollte die SED-Führung jedoch nicht akzeptieren: „Wir werden die Schlußakte im Rahmen unserer Gesetze erfüllen", erklärte Honecker, wohl wissend, daß zur Realisierung des Menschenrechtsteils die Änderung von DDR-Gesetzen notwendig gewesen wären. Doch am Reiseverbot in den Westen änderte sich für die meisten DDR-Bürger nichts, Familienzusammenführungen waren nur in Ausnahmefällen möglich, die Chance zur freien Information blieb nur begrenzt über westliche Massenmedien möglich. Immerhin durften DDR-Bürger unter Berufung auf die KSZE die Ausreise aus der DDR beantragen, wurden jedoch von der DDR-Bürokratie häufig drangsaliert.

Nach einer seit 1972 wieder eher flexibleren Kulturpolitik folgte erneut die dogmatische Verengung gegenüber Wissenschaft und Kunst. Wolf Biermann, der schon 1965 Anstoß bei der DDR-Führung erregt hatte, wurde im November 1976 während einer Konzertreise in die Bundesrepublik die DDR-Staatsbürgerschaft entzogen und ausgebürgert. Diese Maßnahme beantworteten zahlreiche Schriftsteller und Künstler mit Protestbriefen an die SED. Einige, u. a. Karl-Heinz Jakobs, Günter Kunert, Erich Loest, Klaus Schlesinger, Rolf Schneider, verließen die DDR. Ein Jahr später wurde Rudolf Bahro wegen seines Buchs „Die Alternative" zu acht Jahren Zuchthaus verurteilt und später in die Bundesrepublik abgeschoben.

Als Ersatz für die anfängliche, internationale Isolierung und als Identifikationsfaktor förderte die DDR früh, mit zum Teil fragwürdigen Methoden (Doping), den Hochleistungssport. Erste Erfolge konnten vor allem im Radsport, Boxen und Skispringen Gustav-Adolf Schur, Wolfgang Behrendt und Helmut Recknagel erzielen. Später stieg die DDR seit den Olympischen Spielen in München 1972 neben der Sowjetunion und den USA zu einer Weltmacht im Leistungssport auf. Bei vielen Olympischen Spielen, Welt- und Europameisterschaften gewannen DDR-Sportler Medaillen und bestimmten das Spitzenniveau.

Gegen Ende der siebziger Jahre geriet die DDR, wie der gesamte Ostblock, erneut in

Schwierigkeiten: Preisexplosionen für Roh- und Brennstoffe auf dem Weltmarkt schlugen auch auf den RGW durch und belasteten besonders die rohstoffarme DDR. Die Hochzinspolitik wirkte sich negativ aus, hatte sich doch die DDR mit Krediten im Westen hoch verschuldet. Ihren chronischen Devisenmangel versuchte sie über die Firmen der „Kommerziellen Koordinierung" unter Alexander Schalck-Golodkowski (*1932) auszugleichen. Neben normalen Geschäften lieferten auch Waffenhandel, dubiose Kunst- und Antiquitätengeschäfte und der Freikauf von in DDR-Gefängnissen Inhaftierten begehrte Devisen. Wohnungsbau und Mikroelektronik wurden erheblich teurer als erwartet und zwangen zu Einschränkungen. Hochgesteckte Erwartungen der Bevölkerung ließen sich nur noch teilweise erfüllen. So reagierte die Führung erneut nervös und dogmatisch: Sie setzte Repressalien gegen Künstler und Intellektuelle fort und baute ihren Unterdrückungsapparat weiter aus. MfS und Polizei, der Staats- und Parteiapparat, erhielten zusätzliche – unproduktive – Planstellen und weiteten ihre Überwachung aus. Die Dauerkrise ab 1980 wollte die Parteiführung wieder nur administrativ bewältigen.

4.3.5.2 Die DDR, 1980–1989

Nach 1980 geriet die DDR immer stärker in den Sog der äußeren Ereignisse: Die vorsichtige Öffnung des Westhandels unter Beibehaltung der festen Einbindung in den RGW, Auswirkungen der Weltwirtschaftskrise seit dem Ölschock 1973 und kostspielige Sozialausgaben seit 1971 stürzten die DDR in fatale wirtschaftliche Probleme. Im Dezember 1982 räumte Honecker „Rhythmusstörungen" in der Versorgung ein, die in einigen Gebieten dem Zusammenbruch nahe war. Nur Ostberlin, als Schaufenster des Ostens ohnehin immer bevorzugt beliefert, konnte mühsam das gewohnte Bild aufrechterhalten. Parallel dazu versuchte die DDR-Führung, sich außenpolitisch zu profilieren: Honecker forderte die Aufhebung des NATO-Nachrüstungsbeschlusses und den Abzug dieses „Teufelzeugs" aus Mitteleuropa, meinte damit auch sowjetische Atomwaffen. Die SED setzte sich für eine „Atomwaffenfreie Zone" in Mitteleuropa ein, auch frei von C-Waffen. Das Wort von der „Verantwortungsgemeinschaft" beider deutscher Staaten unterstrich seine eigenständige Rolle in der Außen- und Sicherheitspolitik, zumal der Kreml unter Breschnew (1906–1982) seit dem Afghanistankrieg und der Polenkrise 1980/81 zuletzt kaum noch handlungsfähig war. Im Dezember 1981 besuchte Bundeskanzler Schmidt die DDR und führte mit Honecker Gespräche im Jagdschloß Hubertusstock am Werbellinsee. Beide nahmen die Minimalformel, „daß von deutschem Boden nie wieder Krieg, sondern stets Frieden ausgehen" müsse, auf. Den Kanzler-Besuch überschattete die Einführung des Kriegsrechts in Polen am 13. Dezember 1981.

Während die DDR-Führung nach außen Flexibilität demonstrierte, verhärtete sie sich nach innen und lehnte jegliche Reformen ab. Im Sommer 1983 lösten Sicherheitskräfte eine oppositionelle Demonstration in Jena und eine Mahnwache in Berlin gewaltsam auf. Die Zahl der Ausreiseantragsteller nahm deutlich zu. 1984 wurden rund 40000 DDR-Bürger „aus der Staatsbürgerschaft der DDR entlassen" und reisten legal in die Bundesrepublik. Diese bis 1988 nicht wieder erreichte Zahl stand indirekt im Zusammenhang mit zwei Milliardenkrediten der Bundesrepublik für die DDR 1983 und 1984 und dem intensiven Dialog zwischen Spitzenpolitikern beider deutscher Staaten. Höhepunkt war Honeckers Staatsbesuch in der Bundesrepublik im September 1987: In Bonn wurde er von Bundespräsident Richard von Weizsäcker empfangen und führte offizielle Gespräche mit Kanzler Helmut Kohl, den Vorsitzenden der Bundestagsparteien und Spitzenmanagern der deutschen Wirtschaft. Die Vertreter von DDR und Bundesrepublik unterzeichneten mehrere bilaterale Verträge. Nach seinem Bonn-Besuch folgten Staatsbesuche in

Kontrolle von Straßenmusikanten in Leipzig durch Volkspolizei.

den Niederlanden, Belgien, Frankreich und Spanien. Honecker fühlte sich auf dem Gipfel seines politischen Lebens. In der DDR wurde er jedoch an anderen Themen gemessen.

Ein deutliches Signal für eine schrittweise Demokratisierung erhofften sich viele DDR-Bürger, auch die etwa 2,3 Millionen SED-Mitglieder von der Wahl Gorbatschows zum KPdSU-Generalsekretär im März 1985. Das SED-Politbüro blockte jedoch alle Reformideen ab und propagierte einen eigenen „Sozialismus in den Farben der DDR". Entsetzen über die ignorante Haltung der DDR-Führung zur Demokratisierung in anderen osteuropäischen Staaten löste 1987 das Interview des „Stern" mit Politbüromitglied Kurt Hager aus, der seine Ablehnung der Perestroika in die Worte kleidete, daß man seine Wohnung nicht neu tapezieren müsse, nur weil dies der Nachbar täte. Sowjetische Filme („Das Thema", „Die Kommissarin" u. a.) wurden im Oktober 1987 verboten. Honecker verfügte die Streichung der sowjetischen Zeitschrift „Sputnik" von der Postzeitungsliste der DDR. DDR-Journalisten hatten sich an eine Indexliste verbotener Begriffe zu halten, an deren Spitze „Perestroika" und „Glasnost". Das Maß war endgültig voll, als angesichts der anlaufenden Demokratisierung in Polen, Ungarn und der Sowjetunion am 7. Mai 1989 die Kommunalwahlen in der DDR wie üblich gefälscht wurden, mit angeblich 98,85 % für die Einheitsliste. Zehntausende meist junge DDR-Bürger zogen für sich die Konsequenzen und verließen im Sommer 1989 über Ungarn und Österreich sowie über die Vertretungen der Bundesrepublik in Warschau, Prag bzw. Ostberlin die DDR. Die Führung war unfähig zu reagieren. Offizielle Verlautbarungen nach langer Sprachlosigkeit („niemandem eine Träne nachweinen") ernteten nur noch Hohn. Die DDR, die vielen 1949 als Alternative zur Bundesrepublik gegolten hatte, lag zu ihrem 40. Jahrestag in der Agonie.

4.3.6 Die DDR in ihrem 41. Jahr, der Beitritt zur Bundesrepublik, 1989/90

Während die SED-Führung zum 40. Jahrestag der DDR in Berlin offizielle Feierlichkeiten abhielt, demonstrierten am 6. und 7. Oktober 1989 in vielen Städten Zehntausende für eine demokratische DDR. In Leipzig nahmen am 9. Oktober über 70 000 Menschen an der Montagsdemonstration teil, eine Woche später über 100 000. Bereitstehende Si-

Karikatur zum 40. Jahrestag der Gründung der DDR.

cherheitskräfte griffen, anders als am 6. und 7. Oktober, nicht ein. Vor dem Einsatz militärischer Gewalt gegen die Demonstranten, wie am 4. Juni 1989 in Peking, scheute die SED-Führung zurück, obwohl sie ihr Volk monatelang mit der „chinesischen Lösung" einzuschüchtern versucht hatte. Am 18. Oktober riskierte sie einen letzten Befreiungsschlag, als sie den 77jährigen Erich Honecker stürzte und Egon Krenz (*1937) zum Generalsekretär wählte. Krenz, der nur 51 Tage im Amt blieb, war das falsche Signal, zudem die nur um wenige Personen veränderte SED-Führung konzeptionslos blieb.

Das Spektrum der Parteien und politischen Bewegungen entfaltete sich nunmehr rasant: Noch am 20. September 1989 hatten die DDR-Behörden die Zulassung des „Neuen Forum" als politische Bewegung (→ M 7) abgelehnt. Die Gründung der Sozialdemokratischen Partei (SDP) am 7. Oktober und des Demokratischen Aufbruch (DA) am 2. Oktober erfolgte noch in der Illegalität. Ab November 1989 konnte die SED deren legale Tätigkeit nicht mehr verhindern. Immer mehr Menschen schlossen sich der Bürgerbewegung an. Die Berliner Künstlerverbände riefen zu einer Großdemonstration am 4. November 1989 auf dem Berliner Alexanderplatz auf, an der etwa 500000 Menschen aus der gesamten DDR teilnahmen. Zu den 26 Rednern gehörten die Schriftsteller Stefan Heym, Christoph Hein, Christa Wolf, der oppositionelle Pfarrer Friedrich Schorlemmer, die Schauspielerin Steffi Spira auf der einen, das Politbüromitglied Günter Schabowski und der pensionierte Geheimdienstchef Markus Wolf auf der anderen Seite. Ziel der Großdemonstration war eine demokratische DDR. Eine der Losungen lautete: „Es geht nicht um Bananen, es geht um die Wurst."

Die Bürgerbewegungen vollzogen mit dem Slogan „Wir sind das Volk" die Wende gewaltlos und erreichten mit der Maueröffnung am 9. November 1989 einen Höhepunkt. Erstmals seit 27 Jahren konnten die Ostberliner den Westteil der Stadt besuchen, reisten Sachsen, Thüringer und Mecklenburger nach Bayern, Hessen oder Niedersachsen. Am 1. Dezember 1989 strich die Volkskammer den Artikel 1 der Verfassung, der den Führungsanspruch der SED festschrieb. Die Autorität im Lande verkörperten die neue Regierung Hans Modrow (*1928) (SED) und der zentrale „Runde Tisch", an dem alle Parteien und Bürgerbewegungen saßen.

Nach dem Fall der Mauer und dem schnellen Rückgang der Produktion im Lande

Großdemonstration für Presse- und Meinungsfreiheit am 4. November 1989 in Ost-Berlin mit 500 000 Teilnehmern.

wandelte sich in den Demonstrationen die Losung „Wir sind das Volk" Ende November/Anfang Dezember in „Wir sind ein Volk." Modrow hatte in seiner Regierungserklärung eine Vertragsgemeinschaft mit der Bundesrepublik angeregt (→ M 9), Helmut Kohl am 28. November im Bundestag in seinem 10-Punkte-Programm eine deutsche Föderation gefordert (→ M 8). Beide Vorschläge waren wenig später bereits überholt: Die SED-Basis setzte Anfang Dezember den Rücktritt von Politbüro und Zentralkomitee durch. Auf einem Sonderparteitag im Dezember wählten von der Parteibasis legitimierte Delegierte einen neuen Parteivorstand und den Berliner Rechtsanwalt Gregor Gysi (*1948) zum Vorsitzenden. Im Februar 1990 änderte die SED ihren Namen in Partei des Demokratischen Sozialismus (PDS). Aufgrund der zunehmenden wirtschaftlichen Schwierigkeiten wurden in Übereinstimmung von Volkskammer und Rundem Tisch die Parlamentswahlen vom 6. Mai auf den 18. März 1990 vorgezogen. Den klaren Sieg der „Allianz für Deutschland" aus CDU, DSU und Demokratischem Aufbruch mit insgesamt fast 50 % aller Stimmen hatten nur wenige erwartet. Die im Bündnis 90 zusammengeschlossenen Bürgerbewegungen Neues Forum, Initiative für Frieden und Menschenrechte, Demokratie Jetzt! landeten als Initiatoren und Träger der Wende in der DDR nur bei 3 % (→ M 10).

Nach der ersten freien Wahl in der DDR bildeten die Allianz-Parteien mit der SPD und den Liberalen eine Große Koalition, um der Regierung eine verfassungsändernde Zweidrittelmehrheit zu sichern, unter dem CDU-Vorsitzenden Lothar de Maizière (*1940). Seine Regierung (→ M 11) sah es als Wählerauftrag an, möglichst schnell die deutsche Einheit herzustellen und zog den ursprünglich in der Regierungserklärung anvisierten Zeitpunkt Ende 1992 aufgrund der Dynamik der Ereignisse mehrfach vor. Auch spielte der Bundestagswahltermin am 2. Dezember 1990 im Kalkül der regierenden Parteien eine große Rolle.

Wichtigste Schritte zur deutschen Vereinigung waren Bildung der Treuhandanstalt noch unter Modrow mit dem späteren Privatisierungsauftrag der Wirtschaft; Währungs-, Wirtschafts- und Sozialunion am 1. Juli 1990; der am 12. September 1990 in Moskau von den Außenministern der Vier Mächte sowie Hans-Dietrich Genscher (*1927) und Lothar de Maizière (*1940) unterzeichnete „Vertrag über die abschließende Regelung in bezug auf Deutschland", der die Zustimmung der ehemaligen Siegermächte zur deutschen Einheit ermöglichte; sowie der von Volkskammer und Bundestag ratifizierte Einigungsvertrag, der mit dem Beitritt der DDR zur Bundesrepublik nach Artikel 23 des Grundgesetzes am 3. Oktober 1990 in Kraft trat. Damit war die deutsche Einheit juristisch vollzogen. Es folgte mit den Landtagswahlen in den fünf neuen Ländern am 14. Oktober 1990 die abschließende Konstituierung der Parlamente und Landesregierungen. Die Bundestagswahl am 2. Dezember 1990 konnte bereits als gesamtdeutsche Wahl in zwei getrennten Wahlgebieten stattfinden.

4.4 Das vereinigte Deutschland, seit 1990

Seine plötzliche Vereinigung machte Deutschland wieder zum stärksten Land Europas, rief aber auch alte Ängste vor seinem Übergewicht in der Mitte des Kontinents hervor, besonders im Westen (England, Frankreich, Niederlande). In der Tat zerschlugen die Deutschen als Nation, waren sie ganz oder annähernd vereinigt, bisher jedes politische Gleichgewicht. So stellt sich wieder das Problem, wie Deutschland mit seiner Wirtschaftskraft und Bevölkerungszahl (80 Mio.) in Europa einzufügen ist, ohne daß es der üblichen Versuchung zu mehr Macht erliegt. In der Spannung zwischen „innerer Einheit" und neuer Instabilität, zwischen zu großer Macht und Rückfall Europas in neue Nationalismen, z. B. politische Rückwirkungen des Jugoslawienkriegs, müssen die Deutschen ihren Weg finden.

Nach der überschäumenden Wende-Euphorie seit dem Fall der Berliner Mauer am 9. November 1989 dämmerte dem „glücklichsten Volk der Erde" (Walter Momper) nur allmählich, daß nicht so schnell „zusammenwächst, was zusammengehört" (Willy Brandt). Vielmehr fingen die eigentlichen Probleme erst richtig an: 40 Jahre Teilung hinterließen größere Unterschiede: im Lebensstandard (→ M 13), in Denk- und Verhaltensweisen. Unterschiedliche Biographien hatten in Ost wie West unterschiedliche Identitäten geschaffen: In ihrer Vereinigung erfuhren die Deutschen erst, wie fremd sie sich geworden waren. Äußerlich vollzog sich der Beitritt der fünf neuen Bundesländer am 3. Oktober 1990 glatt, ratifiziert vom Wahlsieg der CDU/CSU und FDP unter Bundeskanzler Helmut Kohl (seit 1982) in den ersten gesamtdeutschen Bundestagswahlen vom 2. Dezember 1990. Die PDS hielt sich erstaunlich gut. Die Grünen rutschten im Westen unter die 5 %-Hürde, dafür errang das „Bündnis 90" aus früheren Bürgerrechtsgruppen im Osten einige Mandate.

Zur Sanierung von Wirtschaft, Infrastrukturen heruntergekommener Städte und geschädigter Umwelt brachte die alte Bundesrepublik seit 1990 pro Jahr ca. 140 Mrd. DM für den Osten auf, wo nach einer rasanten Talfahrt die Wirtschaftserholung erst ab 1993 begann. Lasten der Vereinigung rissen im Westen neue Defizite auf, vergrößerten ältere: Die öffentlichen Hände (Bund, Länder, Kommunen) stürzten in wachsende Verschuldung. Rasch rutschte die erweiterte Bundesrepublik vom wirtschaftlichen Spitzenplatz in Europa 1989 auf ein Mittelmaß ab, das die „fetten Jahrzehnte" beendete: Vielfältiger Sozialabbau provozierte Proteste.

In den neuen Bundesländern demontierte der Westen mit rigoroser Einführung des freien Markts die sozialistische Kommandowirtschaft, während sich alte Seilschaften erstaunlich gut umstellten. Überstürzte Privatisierung durch die Treuhand-Anstalt bewirkte, verschärft durch das Wegbrechen der Ostmärkte, zunächst weitgehende De-Industralisierung und katastrophale Arbeitslosigkeit. Auch sinnvolle Strukturen der alten

DDR gingen unter, wie die Kultur- und Jugendarbeit. Kommunale oder staatliche Programme hätten sie fortführen müssen, natürlich ohne die frühere Ideologie, um drohende Jugendarbeitslosigkeit abzufedern.

Orientierungslosigkeit, Arbeitslosigkeit, sozialer Abstieg und Zerrüttung vieler Familien nährten nationalistische Mißstimmung gegen den Westen, die teilweise in Gewalttätigkeit gegen Ausländer umschlug. Teils waren sie aus der DDR-Zeit noch im Lande (Vietnamesen, Mosambikaner), teils waren sie als Asylsuchende nach der Vereinigung in eine Gesellschaft hinzugekommen, die mit ihren eigenen Problemen selbst schon genug ausgelastet, dazu in ihrer früheren Isolierung auf den plötzlichen Zustrom von Fremden völlig unvorbereitet war. Fremdenfeindliche Umtriebe (Unruhen in Hoyerswerda, Rostock 1991) breiteten sich aus, auch im Westen (Mordanschläge von Mölln, Solingen), von West-Rechtsextremen geschürt und verschärft. Große und kleine Wirtschaftskriminalität, mangelndes Engagement, Arroganz vieler „Helfer" aus dem Westen, der vergiftende Stasi-Komplex provozierten Ressentiments, während viele positive Beispiele des Engagements von Westlern und konstruktiver Initiativen von Ostlern als selbstverständlich meist untergehen. Parteipolitisch profitierte die PDS von Fehlentwicklungen, wie im anfänglichen Systemwechsel unvermeidlich, blieb aber, anders als exkommunistische Parteien im postkommunistischen Ostmitteleuropa (u. a. Litauen, Polen, Ukraine, Ungarn, Rumänien, Bulgarien), von der Regierungsverantwortung ferngehalten. Gleichzeitig schlugen Probleme und Konflikte der neuen Welt-Unordnung durch: Bürgerkriegsflüchtlinge, vor allem 400000 aus Ex-Jugoslawien, kamen nach Deutschland, Konflikte zwischen Kurden und Türken schwappten auf die Bundesrepublik über.

Insgesamt tut sich das vergrößerte Deutschland schwer mit seiner größeren Verantwortung gegenüber der Welt: Anfangs galten historische Belastungen aus zwei Weltkriegen als Argument, sich Anforderungen der UNO und NATO zu deutschen, auch militärischen, Beiträgen zur Friedensstiftung in Konfliktherden zu verweigern, erschien Bereitschaft dazu als „Militarisierung deutscher Außenpolitik" und „Bellizismus". Trotz allen öffentlichen Unbehagens ist den Deutschen durch die Vereinigung eine nationale Identität zugefallen, aus der sie konstruktive und friedenserhaltende Konsequenzen ziehen müssen. Rationale Kenntnis der Geschichte, der deutschen wie der übrigen in der Welt, könnte helfen, die notwendige innere Distanz und Gelassenheit zu gewinnen, um aus der neuen Bürde das Beste zu machen, für alle Beteiligten.

Das vereinigte Deutschland.

Bundesrepublik Deutschland

Von der Zusammenbruchsgesellschaft zur Bundesrepublik Deutschland

M 1 Stammbevölkerung und Flüchtlingsstrom *(Stand 1. April 1947)*

Zone	Bevölkerung 1939 Mill.	Zuwanderung in 1000 aus: den Ostgebieten	dem Ausland	den Westzonen	der russ. Zone einschl. Berlin	Zuwanderung in 1000	Abwanderung in 1000	Wanderungssaldo Mill.	Wanderungssaldo v. H. Bev. 1939
Britische	19,8	2926	267	102	626	3921	251	+ 3,67	+ 18
Amerikanische	14,2	802	2102	218	260	3382	132	+ 3,25	+ 23
Französische	6,1	30	20	50	15	115	96	+ 0,02	+ 0,3
Russische (einschl. Berlin)	19,5	2762	1187	109	–	4058	901	+ 3,16	+ 16
Deutsches Restgebiet insges.[1])	59,6	6520	3576	–	–	–	–	+ 10,1	+ 17

[1] Binnenwanderungen innerhalb des deutschen Restgebietes sind nicht addiert.

Aus. Kleßmann, C., Die doppelte Staatsgründung, Göttingen 1986 (4. Aufl.), S. 355

M 2 Kölner Leitsätze der CDU, Juni 1945

Vorläufiger Entwurf zu einem Programm der Christlichen Demokraten Deutschlands, Vorgelegt von den Christlichen Demokraten Kölns im Juni 1945

Der Nationalsozialismus hat Deutschland in ein Unglück gestürzt, das in seiner langen Geschichte ohne Beispiel ist.

Er bedeckte den deutschen Namen vor aller Welt mit Schmach und Schande. Nie wäre dies alles über uns gekommen, wenn nicht weite Kreise unseres Volkes von einem habgierigen Materialismus sich hätten leiten lassen.

So erlagen allzu viele der nationalsozialistischen Demagogie, die jedem Deutschen ein Paradies auf Erden versprach.

Ohne eigenen sittlichen Halt verfielen sie dem Rassenhochmut und einem nationalistischen Machtrausch.

Mit dem Größenwahn des Nationalsozialismus verband sich die ehrgeizige Herrschsucht des Militarismus und der großkapitalistischen Rüstungsmagnaten.

Am Ende stand der Krieg, der uns alle ins Verderben stürzte.

Was uns in dieser Stunde der Not allein noch retten kann, ist eine ehrliche Besinnung auf die christlichen und abendländischen Lebenswerte, die einst das deutsche Volke beherrschten und es groß und angesehen machten unter den Völkern Europas.

[...]

Soziale Gerechtigkeit und soziale Liebe sollen eine neue Volksgemeinschaft beschirmen, die die gottgegebene Freiheit des einzelnen und die Ansprüche der Gemeinschaft mit den Forderungen des Gemeinwohls zu verbinden weiß. So vertreten wir einen wahren christlichen Sozialismus, der nichts gemein hat mit falschen kollektivistischen Zielsetzungen, die dem Wesen des Menschen von Grund aus widersprechen. [...]

Darum haben wir
Christliche Demokraten Deutschlands
uns zusammengefunden und folgende Leitsätze für den Wiederaufbau unseres Vaterlandes beschlossen.

1. Die geistige Würde des Menschen wird anerkannt. Der Mensch wird gewertet als selbstverantwortliche Person, nicht als bloßer Teil der Gemeinschaft.

2. Die Familie ist die Grundlage der sozialen Lebensordnung. Ihr Lebensraum ist heilig. Von Na-

tur aus hat sie ihre eigenen Rechte, die unter dem besonderen Schutz des Staates stehen.

3. Die Gerechtigkeit ist das Fundament des Staates. Der Rechtsstaat wird wiederhergestellt. Die Gerichtsbarkeit ist unabhängig und frei. Ihr einziger Leitstern ist das Gesetz, vor dem alle gleich sind.

4. Jeder Deutsche hat das Recht, seine Meinung in Wort und Schrift im Rahmen der bestehenden Gesetze frei zu äußern. Die Vereins- und Versammlungsfreiheit wird gewährleistet.

5. Alle religiösen Bekenntnisse sind frei in ihrer öffentlichen Betätigung.

6. Das natürliche Recht der Eltern auf die Erziehung ihrer Kinder ist die Grundlage der Schule.

[...]

10. Das Recht auf Eigentum wird gewährleistet. Die Eigentumsverhältnisse werden nach dem Grundsatz der sozialen Gerechtigkeit und den Erfordernissen des Gemeinwohls geordnet. Durch gerechten Güterausgleich und soziale Lohngestaltung soll es dem Nichtbesitzenden ermöglicht werden, zu Eigentum zu kommen. [...]

11. Das Ziel der Wirtschaft ist die Bedarfsdeckung des Volkes auf der Grundlage einer freien körperlichen Selbstverwaltung. Die Vorherrschaft des Großkapitals, der privaten Monopole und Konzerne wird gebrochen. Privatinitiative und Eigenverantwortlichkeit werden erhalten. Mittel- und Kleinbetriebe werden gefördert und vermehrt.

[...]

20. Die Grundlage der deutschen Außenpolitik ist die Achtung fremden Volkstums und die treue Innehaltung der Verträge. Es muß Gemeingut des ganzen Volkes werden, daß die Politik der Gewalt und des Krieges nicht nur eine Versündigung am eigenen Vaterland, sondern auch ein Verbrechen an der Menschheit ist. Deutschland muß führend sein in der Verwirklichung der Sehnsucht der Völker nach einem ewigen Frieden.

Aus: Flechtheim, O. K. (Hg.), Dokumente zur parteipolitischen Entwicklung Deutschlands seit 1945, Bd. 2, Berlin (West) 1963, S. 30 ff.

M 3 Grundgedanken eines sozialistischen Wirtschaftsprogramms – Wege und Ziele sozialdemokratischer Wirtschaftspolitik

Herausgegeben vom Wirtschaftspolitischen Ausschuß beim Parteivorstand der SPD im November 1946:

[...] Die Revolutionen der bürgerlichen Epoche haben mit der Erklärung der Grundrechte und der Einführung eines allgemeinen, gleichen, geheimen und unmittelbaren Wahlrechts die staatsrechtliche Befreiung des bisherigen Untertanen aus der feudalistischen Hörigkeit gebracht. Sie haben jedoch die wirtschaftliche Unfreiheit fortbestehen lassen, weil in der kapitalistischen Wirtschaft eine besitzlose, ausschließlich auf die Verwertung ihrer Arbeitskraft angewiesene Volksschicht dem Klassenmonopol der Produktionsmittelbesitzer in hoffnungsloser Abhängigkeit gegenüberstand. Die Versäumnisse der bürgerlichen Revolutionen nachzuholen und die rechtliche Freiheit des Einzelmenschen zu ergänzen durch Herstellung der wirtschaftlichen Freiheit, ist sittliche Aufgabe unserer Epoche. Sie kann nur durch den Sozialismus gelöst werden. Hierbei geht es nicht allein um eine gerechte Verteilung des Sozialproduktes, sondern zugleich um eine bessere Produktionsordnung mit wesentlich erhöhtem Ertrag. [...]

Die Sozialdemokratische Partei erblickt in ihren wirtschaftspolitischen Forderungen den Weg zum Sozialismus. [...]

Deshalb müssen alle durch Sitte, Recht und überlieferte Besitzformen geschaffenen Benachteiligungen für den sozialen Aufstieg beseitigt werden. Allein Tüchtigkeit und Charakter sollen maßgebend sein. Fleiß und vorbildliche Leistungen müssen ihre Anerkennung und ihren gerechten Lohn finden. Besitz, der durch redliche Arbeit erworben ist und der unabhängigen Verwertung der Arbeitskraft des Besitzers dient, findet den Schutz der Sozialdemokratischen Partei, hingegen nicht Großeigentum mit Rentenansprüchen, das zur Ausbeutung fremder Arbeitskraft verwandt wird und zur wirtschaftlichen Abhängigkeit vieler von wenigen Großbesitzern führt. Leitende Posten in Verwaltung und Wirtschaft dürfen nicht zu Pfründen werden. Jeder Volksangehörige hat Anspruch auf umfassenden Versicherungsschutz gegen Krankheit, Unfall, Invalidität, Alter und Tod. [...]

Was sie [die SPD] will, ist vielmehr die Beseitigung jener Zustände, aus denen Klassengegensätze sich zwangsläufig entfalten. Sie will eine gerechte Sozial- und Wirtschaftsverfassung – entsprechend ihrer von Karl Marx begründeten hundertjährigen wissenschaftlichen Tradition und nach den humanitären und sozialen Ideen der Vorläufer des wissenschaftlichen Sozialismus.

[...]

Innerhalb der einzelnen Unternehmungen ist auf demokratischer Grundlage die Mitwirkung der unselbständigen Mitarbeiter an der Verwaltung der Unternehmungen sowie an ihrer Produktion über ihre Betriebsräte und Gewerkschaften zu gewährleisten. Dies gilt auch für die öffentlichen Unternehmungen. Bei Kapitalgesellschaften jeder Größe und bei privaten Großunternehmen anderer Rechtsform ist diese demokratische Mitwirkung überdies durch die Berufung von Betriebsratsmitgliedern und Vertretern der Gewerkschaften in den Aufsichtsrat oder die entsprechenden Organe vorzuschreiben. [...]

Aus: Bucher, P. (Hg.): Nachkriegsdeutschland 1945–49, Darmstadt 1990, S. 221 ff.

M 4 Rede des amerikanischen Außenministers James F. Byrnes in Stuttgart, 6. 9. 1946

[...]

Im Jahre 1917 wurden die Vereinigten Staaten zur Teilnahme am Ersten Weltkrieg gezwungen. Nach diesem Krieg weigerten wir uns, dem Völkerbund beizutreten. Wir glaubten, uns den europäischen Kriegen fernhalten zu können und verloren das Interesse an europäischen Angelegenheiten. Dies schützte uns aber nicht davor, zum Eintritt in den Zweiten Weltkrieg gezwungen zu werden. Wir wollen jenen Fehler nicht wiederholen. Wir sind entschlossen, uns weiter für die Angelegenheiten Europas und der Welt zu interessieren. Wir haben zur Organisierung der Vereinten Nationen beigetragen und glauben, daß dadurch Angreifernationen davon abgehalten werden, Kriege anzufangen. Weil wir das glauben, wollen wir die Vereinten Nationen mit unserer ganzen Macht und allen unseren Hilfsquellen unterstützen.

Das amerikanische Volk will den Frieden. Es hat schon seit langem nicht mehr von einem strengen oder milden Frieden für Deutschland gesprochen. Darauf kam es auch wirklich niemals an. Was wir wollen, ist ein dauerhafter Friede. Wir werden uns gegen zu harte und von Rachsucht diktierte Maßnahmen wenden, die einem wirklichen Frieden im Wege stehen. Wir werden uns zu milden Maßnahmen widersetzen, welche zum Bruch des Friedens einladen.

Es liegt weder im Interesse des deutschen Volkes noch im Interesse des Weltfriedens, daß Deutschland eine Schachfigur oder ein Teilnehmer in einem militärischen Machtkampf zwischen dem Osten und dem Westen wird [...]

Die jetzigen Verhältnisse in Deutschland machen es unmöglich, den Stand der industriellen Erzeugung zu erreichen, auf den sich die Besatzungsmächte als absolutes Mindestmaß einer deutschen Friedenswirtschaft geeinigt hatten. Es ist klar, daß wir, wenn die Industrie auf den vereinbarten Stand gebracht werden soll, nicht weiterhin den freien Austausch von Waren, Personen und Ideen innerhalb Deutschlands einschränken können. Die Zeit ist gekommen, wo die Zonengrenzen nur als Kennzeichnung der Gebiete angesehen werden sollten, die aus Sicherheitsgründen von den Streitkräften der Besatzungsmächte besetzt gehalten werden, und nicht als eine Kennzeichnung für in sich abgeschlossene wirtschaftliche oder politische Einheiten.

[...]

Wir treten für die wirtschaftliche Vereinigung Deutschlands ein. Wenn eine völlige Vereinigung nicht erreicht werden kann, werden wir alles tun, was in unseren Kräften steht, um eine größtmögliche Vereinigung zu sichern.

Der Hauptzweck der militärischen Besetzung war und ist, Deutschland zu entmilitarisieren und entnazifizieren, nicht aber den Bestrebungen des deutschen Volkes hinsichtlich einer Wiederaufnahme seiner Friedenswirtschaft künstliche Schranken zu setzen.

[...]

Die amerikanische Regierung steht auf dem Standpunkt, daß jetzt dem deutschen Volk innerhalb ganz Deutschlands die Hauptverantwortung für die Behandlung seiner eigenen Angelegenheiten bei geeigneten Sicherungen übertragen werden sollte.

[...]

Die Vereinigten Staaten treten für die baldige Bildung einer vorläufigen deutschen Regierung ein. Fortschritte in der Entwicklung der öffentlichen Selbstverwaltung und der Landesselbstverwaltungen sind in der amerikanischen Zone Deutschlands erzielt worden, und die amerikanische Regierung glaubt, daß ein ähnlicher Fortschritt in allen Zonen möglich ist.

[...]

Während wir darauf bestehen, daß Deutschland die Grundsätze des Friedens, der gutnachbarlichen Beziehungen und der Menschlichkeit befolgt, wollen wir nicht, daß es der Vasall irgendeiner Macht oder irgendwelcher Mächte wird oder unter einer in- oder ausländischen Diktatur lebt. Das amerikanische Volk hofft, ein friedliches und demokratisches Deutschland zu sehen, das seine Freiheit und seine Unabhängigkeit erlangt und behält.

[...]

Das amerikanische Volk wünscht, dem deutschen Volk die Regierung Deutschlands zurückzugeben. Das amerikanische Volk will dem deutschen Volk helfen, seinen Platz zurückzufinden zu einem ehrenvollen Platz unter den freien und friedliebenden Nationen der Welt.

Aus: Steininger, R., Deutsche Geschichte 1945–61, Bd. 1, Frankfurt a. M. 1983, S. 214 ff.

Arbeitsvorschläge

1. *Vergleichen Sie die Niederlagen Deutschlands 1918 und 1945 in politischer, völkerrechtlicher und wirtschaftlicher Sicht! (Kap. B. 4; C. 4)*
2. *Welche Entscheidungen und Maßnahmen der Siegermächte wirkten sich längerfristig prägend auf die innere Struktur von Bundesrepublik und DDR aus? (Kap. 4.1, 4.2)*
3. *Untersuchen Sie die Entstehung des westdeutschen Parteiensystems auf Kontinuität und Neuansätze hin. Berücksichtigen Sie dabei organisatorische und programmatische Aspekte! (Kap. 4.1.3; M2, M3)*
4. *Welches waren die wichtigsten Stationen der Teilung Deutschlands 1945–1949? Erläutern Sie den Stellenwert der Rede des amerikanischen Außenministers Byrnes vom 6. 9. 1946 im Teilungsprozeß! (Kap. 4.1.6; M 4)*

Frauenpolitik

M 5 Die Gleichberechtigung der Geschlechter in den Debatten des Parlamentarischen Rats

Angst vor gleichem Recht? – In Bonn wird im Dezember 1948 über Frauenfragen beraten:

In Bonn im Parlamentarischen Rat wurde über die Grundrechte des staatlichen Lebens gesprochen, das sind die persönlichen Rechte des einzelnen Staatsbürgers, die Gesetze, nach denen sich unser aller Alltag prägen und ordnen soll. Und eine Frau stand auf und forderte: „Männer und Frauen seien gleichberechtigt!"

Es hat sich herumgesprochen, daß diese Forderung einer verantwortungsbewußten Frau – es war Dr. Elisabeth Selbert, Abgeordnete der Sozialdemokratischen Partei – viel Staub aufgewirbelt hat. Staub von Artikeln, die vor nahezu fünfzig Jahren Männer im Bürgerlichen Gesetzbuch niederschrieben und die unangetastet mitgeschleppt wurden durch Auf und Ab unserer bewegten Staatsgeschichte bis auf den heutigen Tag. Es sind Artikel, in denen die Frau höflich an ihre „biologische Eigenart" erinnert wird, ohne Umschweife gesprochen, Artikel, in denen eine deutliche Geringfügigkeit der Frau gegenüber dem Mann zutage tritt. Das hat vor fünfzig Jahren, wenn es in einem Gesetzbuch stand, die Frau nicht allzu sehr gekränkt, aber wer hat sie in Zeiten des Zwangskriegsdienstes, der Bombennächte und des Hungers danach gefragt, ob sich solche Umstände mit ihrer „biologischen Eigenart" vertrügen? Die Frauen haben sich zusammengerissen und ihren Mann gestanden, und noch immer müssen sie es tun. Heute haben sie, ob sie sich im einzelnen dessen bewußt sind oder nicht, die gleichen Beziehungen zur Wirtschaft des Staates und der gesamten Politik wie die Männer, und es ist an der Zeit, die Gleichberechtigung auf allen Gebieten deutlich zu proklamieren. [...]

Viele gibt es, die sich täglich neuer Verzweiflung nahe sehen, einfach weil sie „nur eine Frau" sind. Frauen, die Männerarbeit leisten, aber nie den Lohn bekommen, den der Mann neben ihnen bei gleicher, vielleicht längst nicht so gewissenhaft verrichteter Arbeit hat, Mütter, die von ihrem Mann getrennt sind und über Fragen, die die eigenen Kinder betreffen, nicht entscheiden dürfen, Hausfrauen, die Mann und Kinder allein ernähren müssen, aber in finanzieller Not nicht das alte Sofa verkaufen dürfen, das sie als Aussteuer mitbrachten, wenn es des Hausherrn Lieblingsplatz ist und er den Verkauf nicht gestattet. Dies sind nur wenige Beispiele, willkürlich aus der Menge der komplizierten Fälle herausgegriffen, in denen den Frauen durch das Gesetz ihre ureigensten Rechte beschnitten werden.

Die anderen Parteien im Parlamentarischen Rat haben sich gegen die Forderung von Frau Dr. Selbert gestellt und gemeint, die alte Formulierung „Mann und Frau haben die gleichen staatsbürgerlichen Rechte und Pflichten" drücke schon aus, was sie fordere, und eine Änderung wie sie vorschlage, würde so weite Auswirkungen haben, daß sie bei der Fülle der in Betracht kommenden Gesetze gar nicht zu übersehen seien. Ist das nicht ein billiges Argument? Wir sind ja der gleichen Meinung, sagen sie, aber in einer „Fülle von Gesetzen" haben wir nun jahrzehntelang anders gehandelt, daß es zu kompliziert wäre, den ganzen Komplex der Frauengesetze zu reformieren, und sie flüchteten sich in einige neue Gesetzesformulierungen, die unklar und fließend sind, während Frau Dr. Selbert auf dem Satz besteht: Männer und Frauen sind gleichberechtigt.

Gewiß, es ist ein ungeheures Unterfangen, von Grund auf das Gesetzbuch neuzugestalten und alle Frauenfragen so ins Licht zu rücken, daß keine Nachteile den Männern gegenüber unbeleuchtet und unbereinigt bleiben. Aber es ist dennoch eine Aufgabe, die die Frauen fordern müssen, nachdem von ihnen in bitteren Jahren so viel Mut und Selbständigkeit und Verantwortungsbewußtsein gefordert – und erfüllt wurde.

Aus: Hannoversche Presse vom 18. Dezember 1948

Titel der Zeitschrift „Kristall" (1952). Parallel zur Debatte um die rechtliche Gleichstellung der Frau schürt die konservative Presse Männerängste.

Arbeitsvorschlag

1. *Vergleichen Sie die Argumente für die Gleichberechtigung der Frau in M 5 mit heutigen Argumentationsmustern. Was war das Besondere der damaligen Situation?*

Kontroverse um die Ostpolitik der 70er Jahre

M 6 Der Grundlagenvertrag

Vertrag über die Grundlagen der Beziehungen zwischen der Bundesrepublik Deutschland und der Deutschen Demokratischen Republik vom 21. Dezember 1972:

Die Hohen Vertragschließenden Seiten

eingedenk ihrer Verantwortung für die Erhaltung des Friedens, in dem Bestreben, einen Beitrag zur Entspannung und Sicherheit in Europa zu leisten,

in dem Bewußtsein, daß die Unverletzlichkeit der Grenzen und die Achtung der territorialen Integrität und der Souveränität aller Staaten in Europa in ihren gegenwärtigen Grenzen eine grundlegende Bedingung für den Frieden sind,

in der Erkenntnis, daß sich daher die beiden deutschen Staaten in ihren Beziehungen der Androhung oder Anwendung von Gewalt zu enthalten haben, ausgehend von den historischen Gegebenheiten und unbeschadet der unterschiedlichen Auffassungen der Bundesrepublik Deutschland und der Deutschen Demokratischen Republik zu grundsätzlichen Fragen, darunter zur nationalen Frage,

geleitet von dem Wunsch, zum Wohle der Menschen in den beiden deutschen Staaten die Voraussetzungen für die Zusammenarbeit zwischen der Bundesrepublik Deutschland und der Deutschen Demokratischen Republik zu schaffen,

sind wie folgt übereingekommen:

Artikel 1

Die Bundesrepublik Deutschland und die Deutsche Demokratische Republik entwickeln normale gutnachbarliche Beziehungen zueinander auf der Grundlage der Gleichberechtigung.

Artikel 2

Die Bundesrepublik Deutschland und die Deutsche Demokratische Republik werden sich von den Zielen und Prinzipien leiten lassen, die in der Charta der Vereinten Nationen niedergelegt sind, insbesondere der souveränen Gleichheit aller Staaten, der Achtung der Unabhängigkeit, Selbständigkeit und territorialen Integrität, dem Selbstbestimmungsrecht, der Wahrung der Menschenrechte und der Nichtdiskriminierung.

Artikel 3

Entsprechend der Charta der Vereinten Nationen werden die Bundesrepublik Deutschland und die Deutsche Demokratische Republik ihre Streitfragen ausschließlich mit friedlichen Mitteln lösen und sich der Drohung mit Gewalt oder der Anwendung von Gewalt enthalten.

Sie bekräftigen die Unverletzlichkeit der zwischen ihnen bestehenden Grenze jetzt und in der Zukunft und verpflichten sich zur uneingeschränkten Achtung ihrer territorialen Integrität.

[...]

Artikel 5

Die Bundesrepublik Deutschland und die Deutsche Demokratische Republik werden friedliche Beziehungen zwischen den europäischen Staaten fördern und zur Sicherheit und Zusammenarbeit in Europa beitragen.

Sie unterstützen die Bemühungen um eine Verminderung der Streitkräfte und Rüstungen in Europa, ohne daß dadurch Nachteile für die Sicherheit der Beteiligten entstehen dürfen.

Die Bundesrepublik Deutschland und die Deutsche Demokratische Republik werden mit dem Ziel einer allgemeinen und vollständigen Abrüstung unter wirksamer internationaler Kontrolle der internationalen Sicherheit dienende Bemühungen um Rüstungsbegrenzung und Abrüstung, insbesondere auf dem Gebiet der Kernwaffen und anderen Massenvernichtungswaffen, unterstützen.

[...]

Artikel 7

Die Bundesrepublik Deutschland und die Deutsche Demokratische Republik erklären ihre Bereitschaft, im Zuge der Normalisierung ihrer Beziehungen praktische und humanitäre Fragen zu regeln. Sie werden Abkommen schließen, um auf der Grundlage dieses Vertrages und zum beiderseitigen Vorteil die Zusammenarbeit auf dem Gebiet der Wirtschaft, der Wissenschaft und Technik, des Verkehrs, des Rechtsverkehrs, des Post- und Fernmeldewesens, des Gesundheitswesens, der Kultur, des Sports, des Umweltschutzes und auf anderen Gebieten zu entwickeln und zu fördern. Einzelheiten sind in dem Zusatzprotokoll geregelt.

[...]

Artikel 9

Die Bundesrepublik Deutschland und die Deutsche Demokratische Republik stimmen darin überein, daß durch diesen Vertrag die von ihnen früher abgeschlossenen oder sie betreffenden zweiseitigen und mehrseitigen internationalen Verträge und Vereinbarungen nicht berührt werden.

Artikel 10

Dieser Vertrag bedarf der Ratifikation und tritt am Tage nach dem Austausch entsprechender Noten in Kraft.

Zu Urkund dessen haben die Bevollmächtigten der Hohen Vertragschließenden Seiten diesen Vertrag unterzeichnet.

Geschehen in Berlin, am 21. Dezember 1972, in zwei Urschriften in deutscher Sprache.

Für die Bundesrepublik Deutschland
Egon Bahr
Für die Deutsche Demokratische Republik
Dr. Michael Kohl

Aus: Bundesgesetzblatt, 1973 II, S. 423 ff.

M 7 Brief zur deutschen Einheit

Anläßlich der Unterzeichnung des Grundlagenvertrags läßt der Vertreter der Bundesregierung, E. Bahr, der DDR diesen Brief übergeben:

Sehr geehrter Herr Kohl!

Im Zusammenhang mit der heutigen Unterzeichnung des Vertrages über die Grundlagen der Beziehungen zwischen der Bundesrepublik Deutschland und der Deutschen Demokratischen Republik beehrt sich die Regierung der Bundesrepublik Deutschland festzustellen, daß dieser Vertrag nicht im Widerspruch zu dem politischen Ziel der Bundesrepublik Deutschland steht, auf einen Zustand des Friedens in Europa hinzuwirken, in dem das deutsche Volk in freier Selbstbestimmung seine Einheit wiedererlangt.

Mit vorzüglicher Hochachtung
Bahr

Aus: Europa-Archiv, Folge 1/1973, D. 13

M 8 Neue Ostpolitik im Rückblick

Eine Verteidigung von Peter Glotz, Bundestagsabgeordneter und im Parteivorstand der SPD:

[...]

Die sozialdemokratische Ostpolitik war ein Produkt der Verzweiflung aus den frühen sechziger Jahren. Die – durchaus von gesamtdeutschem Patriotismus und nationalen Sentiments beflügelte – Mannschaft um Brandt und Bahr hatte zusehen müssen, wie die Westalliierten den Bau der Mauer stoisch zuließen. Adenauer war in den entscheidenden Augusttagen des Jahres 61 in Westdeutschland geblieben. Die Hoffnung, daß die Sowjetunion auf eine durch Widerstand und Flucht geschwächte DDR verzichten könne, war geschwunden, die „Politik der Stärke" auf unabsehbare Zeit gescheitert. Das war die Geburtsstunde eines neuen Kalküls, das später als „Ostpolitik" berühmt wurde: Den Kommunisten sollten gegen staatsrechtliche und ökonomische Zugestandnisse eine Lockerung des Ausreiseverbots, eine Intensivierung der Kommunikation, eine Zivilisierung des politischen Strafrechts abgerungen werden. Diese Politik konnte in den zwanzig Jahren ihrer konkreten Anwendung – von 1969 bis 1989 – viele sichtbare Erfolge verzeichnen: Passierscheine, Rentnerreisen, die Verklammerung Westberlins mit der Bundesrepublik, Abrüstungsvereinbarungen, neue Grenzübergänge und die Etablierung eines immer dichter werdenden Beziehungsgeflechts zwischen West und Ost, das dem Marxismus-Leninismus schließlich zum Verhängnis wurde. Die kommunistische Scholastik zerbrach an Hunderttausenden Dialogen unter vier, sechs oder acht Augen, die die Stasi zwar aufzeichnen, aber nicht mehr auswerten konnte. Die Tatsache, daß die christ-demokratisch geführte Regierung seit 1982 die von der Sozialdemokratie begonnene Politik ziemlich geradlinig fortführte, zeigt, daß der Erfolg dieses Konzepts für sich zu sprechen schien. [...]

Die Wahrheit ist, daß die erdrückende Mehrheit der Täter und Merker in Deutschland und Westeuropa – von links bis rechts – die Ergebnisse der Konferenzen von Jalta und Potsdam auf unabsehbare Zeit für nicht veränderbar hielt. Dieses Urteil war – vielleicht seit 1987, vielleicht auch seit 1988 – falsch; paradoxerweise ist es allerdings höchst unsicher, ob es Europa gut bekommen wäre, wenn seine politischen Eliten den Bruch in der sowjetischen Nomenklatura schneller begriffen hätten. Eine ruckartig-visionäre Politik hätte auch in den Krisenjahren 1987/1988 noch leicht bissige Machtkämpfe im Kreml und eine lebensgefährliche Situation herbeiführen können.

Die nachträgliche Idealisierung der antikommunistischen „Visionäre" verkennt: In den siebziger und den meisten achtziger Jahren bestand ein reales nukleares Kriegsrisiko. Die konsequent-brutale Politik der Sowjetunion 1953 (Berlin), 1956 (Ungarn), 1968 (ČSSR) und 1981 (Polen) war keine Spielerei. Die internen Oppositionsbewegungen waren – bis auf eine einzige Ausnahme, die im Schatten des polnischen Katholizismus agierende Solidarność – moralisch argumentierende kulturelle Gegeneliten ohne Verankerung im Volk, ohne Organisationserfahrung und ohne konsistentes politisches Programm. [...]

Ich weiß nicht, warum es kaum jemals offen ausgesprochen wird: Daß in der Kreml-Hierarchie einer zur Nummer Eins aufsteigen konnte, der das Riesenreich Sowjetunion fast gewaltlos dem Zerfall preisgeben würde, war nicht vorherzusehen. Nicht einmal die engsten Mitarbeiter Gorbatschows haben es für möglich gehalten; sie sagten uns zum Beispiel bis in die Kaukasus-Verhandlungen zwischen Kohl und Gorbatschow hinein, daß Ostdeutschland niemals NATO-Gebiet werden könne. Ein verantwortlicher Politiker, der Gorbatschows reale Politik zwischen 1987 und 1990 vorhergesagt hätte, wäre für ganz unverantwortlich erklärt worden. Man hätte ihn für einen gefährlichen Irren gehalten, für einen haltlosen Naivling. Zu Recht. Michail Gorbatschow hat viele Menschen vor dem Sterben bewahrt. Auf einen Gorbatschow an der Spitze der KPdSU zu setzen wäre aber Russisches Roulette gewesen. [...]

Weder die Charta 77 in Prag noch die evangelische Friedensbewegung der DDR hat die kommunistischen Regime gestürzt, von bulgarischen, rumänischen, serbischen oder ukrainischen Oppositionsbewegungen zu schweigen. Gorbatschow selbst hat das Geschäft erledigt, von oben, durch Spaltung der Apparate.

Deshalb ist die Vorstellung, man hätte die mitteleuropäische Revolution, die im Frühwinter 1989 losbrach, durch geregeltere und demonstrativere Beziehungen zu den Oppositionsbewegungen fördern oder beschleunigen können, falsch. Man kann über die moralische Frage sprechen, ob wir den Mut einsamer, in hoffnungsloser Lage widerstehender Regimegegner immer ausreichend gewürdigt haben. Das haben wir nicht. Aber die Vorstellung, die deutsche Sozialdemokratie hätte – zum Beispiel – 1981 durch kräftige Unterstützung Wałesas das polnische Blatt wenden können, ist naiv. 1981 herrschte im Kreml Breschnew; er hätte marschieren lassen. Die ganze Entspannungspolitik – einschließlich der deutsch-deutschen – wäre auf Jahre zerschlagen worden. Dieser Preis wäre zu hoch gewesen, für die Polen übrigens genauso wie für die Deutschen. Selbst die im polnischen Volk verwurzelte Solidarność wäre damals noch weggeräumt worden. Wie die tschechischen Kommunisten mit der Charta, die Ostberliner mit den vereinzelten Friedens- und Umweltkämpfern umgegangen wären, kann man sich vorstellen. Der Gefahrenpunkt war ein Temperatursturz, in dem die kommunistischen Regime auf ihre Reputation nicht mehr hätten achten müssen, weil sie – beispielsweise durch eine Intervention in Warschau oder Danzig – eh wieder einmal verspielt war. Daß die Ostpolitiker vom Schlage Helmut Schmidts diesen Temperatursturz verhindert haben, zeugt nicht, wie der Zeitgeist seit 1989 vermutet, von Feigheit, sondern von Verstand.

Aus: Glotz, P.: Wir Komplizen, Kursbuch 111, Berlin 1993, S. 163 ff.

M 9 Kritik an der Bonner Deutschlandpolitik

Aus einem Interview mit dem Historiker Timothy Garton Ash:

[...]

Die sozial-liberale Ostpolitik hatte ein wesentliches Diktum: Entspannung durch Besänftigung, Liberalisierung durch Stabilisierung. In Ihrem Buch versuchen Sie darzulegen, daß es sich vielmehr umgekehrt verhalten hat. Nämlich daß gerade keine Liberalisierung in den Staaten Ostmitteleuropas, insbesondere in der DDR, stattgefunden hat, sondern die Stabilisierung – bezogen auf den Staat und das System – Mittel zum Zweck wurde.

Ich glaube in der Tat, daß gerade in der DDR die Liberalisierung durch Stabilisierung der ursprüngliche Ansatz war. Was dieser Politik Mitte der 80er

„Toupet, Gebiß, Ring, Uhr ...“ Diese Karikatur gibt die Position der damaligen Opposition (CDU/CSU) zu den finanziellen Auswirkungen des Grundlagenvertrags wider.

Jahre folgte, war eher eine Stabilisierung ohne Liberalisierung. Diese Stabilisierung wurde auch gefördert von den finanziellen Transfers und durch die Anerkennung seitens der Bundesrepublik, durch diese behutsame und zurückhaltende Politik der Bundesregierung. Sie hat mit dazu beigetragen, daß die Honecker-Führung meinte, sie könnte so weitermachen, ohne Reformen, auch wirtschaftlich. Und weil sie so weitergemacht hat, ist das Regime innerlich ausgehöhlt worden. Als die Chance dann 1989 kam, ist dieses Regime zusammengebrochen.

Man hat also auf unbeabsichtigte Weise dazu beigetragen, indem man die DDR stabilisierte, daß sie am Ende gründlich destabilisiert war. Es stellt sich heute natürlich die Frage, ob man sich diese ganz unbeabsichtigte Wirkung als Erfolg auf das eigene Konto verbuchen darf!

In Ostmitteleuropa war es ja anders. Denn diese Staaten standen in der deutschen Ostpolitik dieser Zeit immer weit hinten an dritter Stelle. Ostpolitik wurde im Dreieck Bonn–Moskau–Berlin gemacht, also an erster Stelle die deutsch-sowjetischen Beziehungen, dann die Deutschlandpolitik und ganz zum Schluß die Beziehungen zu den Ostmitteleuropäern, zu Polen, Ungarn und der Tschechoslowakei. Sie sollten beim Aufbau der Beziehungen zu Ostberlin und Moskau behilflich sein und bitte nicht stören. Eine Charta ’77, ein Vaclav Havel oder eine Solidarnosc-Bewegung in Polen haben ja gestört. Und da muß ich in nüchterner Analyse feststellen, daß die Bonner Politik manchmal die Stabilität vor die Freiheit gestellt hat. Stabilisierung wurde, wenn nicht gar zum Selbstzweck, dann doch zumindest Mittel zum höheren Zweck der Rußland- und der Deutschlandpolitik.

Sie sprechen in Ihrem Buch, anhand intensivster Aktenstudien, nicht nur von einem lockeren, kameradschaftlichen Umgang, insbesondere zwischen Vertretern der Sozialdemokratie und der SED, sondern von Anbiederei, an einer Stelle sogar von „prinzipienlosem, parteipolitischem Opportunismus“. Was läßt Sie zu diesem Schluß kommen?

Das Etikett „prinzipienlos“ ist ja interessanterweise gerade nicht von mir, sondern von Martin Gutzeit, einer der ersten Gründer der neuen sozialdemokratischen Partei in der DDR 1989. D. h. es ist eine Kritik eines Sozialdemokraten an anderen Sozialdemokraten. Und das Wort „kameradschaftlich“ stammt ebensowenig von mir, sondern von keinem anderen als Erich Honecker, mit dem ich ja ein recht außergewöhnliches Gespräch im Krankenhaus des Gefängnisses Berlin-Moabit führte. Er sagte, daß alle Gespräche mit dem hohen Besuch aus der Bundesrepublik immer sehr höflich waren, doch jene mit der SPD waren „kameradschaftlich“.

Letztlich war doch der gesamte Politikansatz, über den wir eben sprachen, gewissermaßen als eine Art der Beschwichtigung angelegt. Der Gedanke „Entspannung durch Besänftigung“ besagte gerade, nur wenn sich die kommunistischen Machthaber in der DDR, in Osteuropa, in der Sowjetunion im eigenen Machtbereich sicher fühlten – durch die Anerkennung seitens des Westens –, wären sie bereit, sich zu entspannen, auch innenpolitisch. Es war sozusagen als Konzept eine Beschwichtigungspolitik, mit einer im Kern verhaltenspsychologischen Hypothese, die sich als falsch erwiesen hat.

Aus: Frankfurter Rundschau, 23. 10. 93, S. ZB 3

M 10 **Ergebnisse der Wahlen zum deutschen Bundestag**

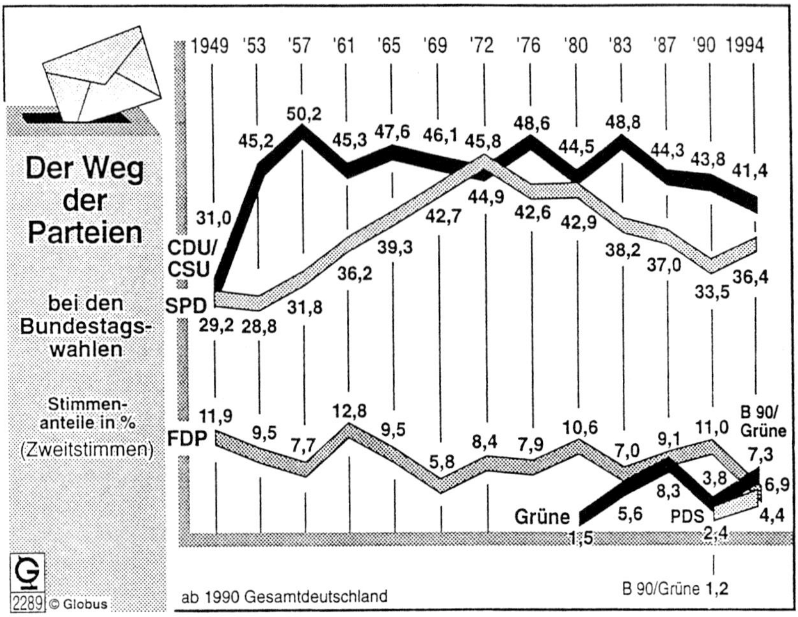

Arbeitsvorschläge

1. *Welche Zusammenhänge zeigen sich zwischen den internationalen Ost-West-Beziehungen und der Neuen Ostpolitik der Bundesrepbulik ab 1969? (Kap. D. 1, M 6–M 9)*
2. *Vergleichen Sie die Deutschlandpolitik von CDU/CSU und SPD in den siebziger Jahren. Inwieweit waren diese Ansätze aus Ihrer Sicht geeignet, die Teilung Deutschlands zu erleichtern oder zu überwinden? (M 6–M 9)*

Deutsche Demokratische Republik

Politischer Widerstand in der DDR

M 1 **17. Juni 1953: Arbeiteraufstand in der DDR**

1. FDGB besteht auf Normerhöhung

Im Zusammenhang mit der Veröffentlichung der Kommuniqués des Politbüros und des Ministerrats vom 9. bzw. 11. Juni 1953 wird in einigen Fällen die Frage gestellt, inwieweit die Beschlüsse über die Erhöhung der Arbeitsnormen noch richtig sind und aufrechterhalten bleiben. Die Beschlüsse über die Erhöhung der Normen sind in vollem Umfang richtig. Gestützt auf das unbedingte Vertrauen der Bevölkerung zu ihrer Regierung haben das Politbüro des Zentralkomitees der SED und die Regierung der Deutschen Demokratischen Republik offen vor dem ganzen Volke einen Fehler der Vergangenheit in ihrer Arbeit dargelegt und sofort Maßnahmen eingeleitet, die einer entscheidenden Verbesserung der Lebenshaltung aller Teile der Bevölkerung der Deutschen Demokratischen Republik dienen. Weil aber all das davon abhängt, inwieweit wir die großen Aufgaben des Fünfjahrplanes auf der Grundlage eines fortgesetzten Anwachsens der Arbeitsproduktivität bei strengster Sparsamkeit erreichen können, gilt es, den Beschluß des Ministerrats über die Erhöhung der Arbeitsnormen um durchschnittlich 10 Prozent bis zum 30. Juni 1953 mit aller Kraft durchzuführen. [...] *Otto Lehmann*

Tribüne (Organ des FDGB-Bundesvorstandes), 16. Juni 1953. (Der Autor Otto Lehmann war Sekretär des FDGB-Bundesvorstandes.)

2. Rücknahme der administrativen Normerhöhungen durch das SED-Politbüro am 16. Juni 1953

Anläßlich von Anfragen der Arbeiter einer Reihe von Betrieben und Baustellen zur Frage der

Erhöhung der Arbeitsnormen hält es das Politbüro des ZK der SED für erforderlich, zu erklären:

1. Der Aufbau eines neuen Lebens und die Verbesserung der Lebensbedingungen der Arbeiter sowie der gesamten Bevölkerung sind einzig und allein auf der Grundlage der Erhöhung der Arbeitsproduktivität und der Steigerung der Produktion möglich. Nur die Verwirklichung der alten Losung unserer Partei „Mehr produzieren – besser leben" hat zur Wiederherstellung und zur schnellen Entwicklung der Volkswirtschaft der Deutschen Demokratischen Republik nach dem Kriege geführt. Dieser Weg war und bleibt der einzig richtige Weg. [...]

2. Das Politbüro hält es zugleich für völlig falsch, die Erhöhung der Arbeitsnormen in den Betrieben der volkseigenen Industrie um 10 Prozent auf administrativem Wege durchzuführen.

Die Erhöhung der Arbeitsnormen darf und kann nicht mit administrativen Methoden durchgeführt werden, sondern einzig und allein auf der Grundlage der Überzeugung und der Freiwilligkeit.

3. Es wird vorgeschlagen, die von den einzelnen Ministerien angeordnete obligatorische Erhöhung der Arbeitsnormen als unrichtig aufzuheben. Der Beschluß der Regierung vom 28. Mai 1953 ist gemeinsam mit den Gewerkschaften zu überprüfen.

3. Typische Forderungen der Arbeiter auf Belegschaftsversammlungen im Metall-Bereich. Einen umfassenden Katalog typischer Forderungen des 17. Juni, die zumeist auf Belegschaftsversammlungen in den bestreikten Betrieben erhoben wurden, listet eine Streikanalyse der IG Metallurgie auf:

„1. Gesamte, freie Wahlen für ganz Deutschland.
2. Einen sofortigen Friedensvertrag für ganz Deutschland.
3. Abzug der Besatzungstruppen für ganz Deutschland.
4. Presse- und Funkfreiheit.
5. Strengste Bestrafung der Schuldigen, die diese Fehler verursachten.
6. Preissenkung sämtlicher HO-Waren um 40 %.
7. Mitbestimmungsrecht der Gewerkschaften beim ZK und der Regierung.
8. Die in den Zuchthäusern unschuldig sitzen, sollen freigelassen werden.
9. Die Zeitungen sollen über alle Geschehnisse in der DDR die Bevölkerung in Kenntnis setzen.
10. Keine Repressalien gegenüber den Kollegen.
11. Aufklärung über den Aufenthalt des Genossen Wilhelm Pieck und was er tut.
12. Aufklärung über die Vermißten des letzten Krieges.
13. Lohnkürzungen nicht nur bei den Arbeitern, sondern auch bei der Intelligenz.
14. Wegfall der Klassenunterschiede zwischen der Arbeiterschaft (Aktivisten, Helden der Arbeit usw.). [...]

Aus: Spittmann, I. (Hg.), DDR-Lesebuch, Stalinisierung 1949–1955, Köln 1991, S. 213–218

M 2 Plattform für einen besonderen deutschen Weg zum Sozialismus

Auszug aus dem Papier vom Wolfgang Harich vom November 1956:

Bedingungen für die Wiedervereinigung Deutschlands

1. Wenn die SED auf dem Territorium der DDR eine Verbesserung der Lebensverhältnisse erzielt und eine konsequente sozialistische Demokratisierung durchführt, wie sie in dem eben entwickelten Reformprogramm skizziert ist, dann – und nur dann – wird die Regierung der DDR, gestützt auf den Willen der breiten Massen in ganz Deutschland, die Wiedervereinigung von Bedingungen abhängig machen können.

2. Die Bedingungen für die Wiedervereinigung, von denen die Regierung der DDR – und mit ihr das ganze sozialistische Lager – nicht abgehen kann, sind die folgenden:

a) Die Wiedervereinigung muß durch Verhandlungen zwischen beiden bestehenden deutschen Teilstaaten herbeigeführt werden. Die Besatzungsmächte müssen in Ost und West die Form der Wiedervereinigung akzeptieren, auf die sich die Regierungen der Bundesrepublik und der DDR geeinigt haben.

b) Bei der Wiedervereinigung müssen die folgenden sozialistischen Errungenschaften der DDR erhalten bleiben:

–aa– die demokratische Bodenreform;

–bb– das Volkseigentum in der Industrie unter Beibehaltung der selbständigen Leitung der Betriebe durch Arbeiterräte;

–cc– das Recht der Werktätigen auf Arbeit und unentgeltliche Bildung;

–dd– die sozialen Rechte und Freiheiten der Werktätigen, die in der Verfassung verankert sind.

c) In Westdeutschland müssen die Forderungen, die der Münchener Parteitag der SPD in bezug auf die soziale Neuordnung aufgestellt hat, verwirklicht werden.

d) In Westdeutschland muß die Wehrpflicht abgeschafft und müssen führende Faschisten, SS-Führer u. dgl. aus dem Staatsapparat entfernt werden.

e) Bevor es zur Wiedervereinigung kommt, müssen für eine genügend lange Zeit sämtliche in Deutschland bestehenden Parteien und Massenorganisationen in beiden Teilen Deutschlands zugelassen werden und die Möglichkeit erhalten, beliebige Fusionen und Wahlbündnisse einzugehen, und müssen sämtliche Druckerzeugnisse der DDR und der Bundesrepublik in ganz Deutschland verbreitet werden können. Das Verbot der KPD in der Bundesrepublik ist aufzuheben.

[...]

g) Nach der Wiedervereinigung darf niemand in Deutschland, der in den Jahren seit 1945 einer der vier Besatzungsmächte oder einer der beiden deutschen Regierungen gedient hat oder Mitglied einer in Ost oder West zugelassenen Partei gewesen ist, persönlich benachteiligt werden.

h) Das wiedervereinigte Deutschland darf keiner der bestehenden Militärallianzen des kapitalistischen und des sozialistischen Lagers angehören, sondern muß entweder den Status der Neutralität zwischen den Militärallianzen erhalten – wie Österreich – oder in ein gesamteuropäisches kollektives Sicherheitssystem eingefügt werden.

i) Eine aus freien gesamtdeutschen Wahlen hervorgegangene Regierung muß auf der Grundlage völliger Gleichberechtigung den Friedensvertrag mit allen am Zweiten Weltkrieg auf der Seite der antifaschistischen Koalition kämpfenden Staaten aushandeln.

k) Die aus gesamtdeutschen freien Wahlen hervorgegangene Nationalversammlung muß eine neue Verfassung des Deutschen Reiches ausarbeiten.

l) Deutschland muß unmittelbar nach erfolgter Wiedervereinigung in die Vereinten Nationen aufgenommen werden.

m) Deutschland muß ein Jahr nach Unterzeichnung des Friedensvertrages von allen ausländischen Truppen geräumt werden. [...]

Aus: Harich, W., Keine Schwierigkeiten mit der Wahrheit, Berlin 1993, S. 154–156

Arbeitsvorschläge

1. *Erläutern Sie die Unterschiede zwischen den Forderungen in M 1, 1–2 und den Forderungen zu M 1, 3. Ziehen Sie Rückschlüsse auf die Aufstandsmotive!*
2. *Diskutieren Sie die Chancen der Vorstellungen Harichs (M 2) vor dem Hintergrund der nationalen wie internationalen Lage. Vergleichen Sie Harichs Bedingungen mit den Forderungen ausgewählter Reformgruppen 1989/90!*

Frauenpolitik

M 3 Schwangerschaftsabbruch in der DDR und in der Bundesrepublik

1. DDR:

Schwangerschaftsabbruch

Im März 1972 wurde in der DDR die Fristenregelung eingeführt. 14 Abgeordnete der Ostberliner Volkskammer hatten gegen die Liberalisierung des Abtreibungsverbots gestimmt, acht hatten sich der Stimme enthalten. Zum ersten und bislang einzigen Mal in der Geschichte der DDR war ein Gesetz nicht einstimmig angenommen worden. Das Recht jeder Frau, in den ersten drei Monaten „in eigener Verantwortung" über den Fortbestand einer Schwangerschaft zu entscheiden, blieb noch längere Zeit umstritten. Die Gegenargumente konzentrierten sich im wesentlichen auf drei Punkte: ethische Bedenken gegen den Eingriff in „keimendes Leben", Furcht vor zunehmender moralischer Leichtfertigkeit, Sorge um die Entwicklung der Geburtenrate.

Insbesondere der dritte Vorbehalt schien sich zunächst zu bestätigen. In den ersten Monaten nach Inkrafttreten des Gesetzes machten rund 70 Prozent aller Erstschwangeren und etwa 60 Prozent der Schwangeren insgesamt von dem Recht auf Abbruch innerhalb der 12-Wochen-Frist Gebrauch. Als Reaktion darauf wurde sogar die Überlegung laut, die gesetzliche Regelung zu revidieren. Doch in den folgenden Jahren entwickelten sich die Relationen zunehmend günstiger: 1984 stand 2,6 Geburten noch ein Schwangerschaftsabbruch gegenüber.

Die Befragung von 200 Patientinnen, die in Karl-Marx-Stadt eine Abtreibung vornehmen ließen, gab Mitte der siebziger Jahre Aufschluß über die vorherrschenden Motive. So zeigte sich, daß die Neigung zum Schwangerschaftsabbruch mit dem Alter und der Kinderzahl steigt. 60 Prozent der Befragten waren älter als 25, 47 Prozent hatten zwei oder mehr Kinder. Als Gründe für ihren Entschluß gaben die Frauen am häufigsten Wohnungsprobleme, Zeitmangel wegen beruflicher Weiterbildung, fehlenden Kinderwunsch und finanzielle Schwierigkeiten an. Mit deutlichem Abstand folgten gesundheitliche und weitere Motive. Außerdem stellte sich heraus, daß die Mehrzahl der Patientinnen den Schwangerschaftsabbruch nicht als letzten Ausweg angesehen, sondern mehr oder weniger bewußt als Mittel der Familienplanung einkalkuliert hatte. 66 Prozent der befragten Frauen hatten in der Vergangenheit auf jede Antikonzeption verzichtet. Nur 39 Prozent wollten in

Demonstration für eine Reform des Paragraphen 218 zum Schwangerschaftsabbruch.

Zukunft die auf Rezept kostenlos abgegebene Pille nehmen oder eine andere Methode zur Schwangerschaftsverhütung anwenden.

2. Bundesrepublik:
Schwangerschaftsabbruch

Die 1974 vom Deutschen Bundestag mit absoluter Mehrheit verabschiedete Fristenregelung wurde im Februar 1975 vom Bundesverfassungsgericht für verfassungswidrig erklärt. Zwei der mit diesem – auf Antrag der CDU/CSU eingeleiteten – Verfahren befaßten Richter formulierten eine von der Mehrheitsentscheidung abweichende Stellungnahme, in der es einleitend heißt: „Das Leben jedes einzelnen Menschen ist selbstverständlich ein zentraler Wert der Rechtsordnung. Unbestritten umfaßt die verfassungsrechtliche Pflicht zum Schutz dieses Lebens auch seine Vorstufe vor der Geburt. Die Auseinandersetzungen im Parlament und vor dem Bundesverfassungsgericht betrafen nicht das *Ob*, sondern allein das *Wie* dieses Schutzes. Die Entscheidung hierüber gehört in die Verantwortung des Gesetzgebers. Aus der Verfassung kann unter keinen Umständen eine Pflicht des Staates hergeleitet werden, den Schwangerschaftsabbruch in jedem Stadium der Schwangerschaft unter Strafe zu stellen. Der Gesetzgeber durfte sich sowohl für die Beratungs- und Fristenregelung wie für die Indikationslösung entscheiden."

Die am 21. Juni 1976 als Kompromißlösung in Kraft getretene Reform des § 218 StGB erlaubt den Abbruch einer Schwangerschaft unter bestimmten Voraussetzungen (Indikationen).

Indikationen: 1. medizinisch (Gefahr für Leben oder Gesundheit der Schwangeren); 2. eugenisch (bei zu erwartender Schädigung des Kindes); 3. kriminologisch (wenn die Schwangerschaft auf einer „rechtswidrigen Tat" – Vergewaltigung – beruht); 4. sozial (schwerwiegende Notlage der Schwangeren). Bei medizinischer Indikation ist ein Abbruch unbegrenzt möglich, bei der eugenischen in den ersten 22 Wochen, bei der kriminologischen und sozialen in den ersten 12 Wochen.

Jede erlaubte Abtreibung setzt eine medizinische und eine soziale Beratung voraus sowie die Feststellung einer Indikation durch einen Arzt. Anschließend darf der Eingriff von einem *anderen* Arzt vorgenommen werden.

Das Bundesministerium für Jugend, Familie und Gesundheit hat Ende der siebziger Jahre eine Sachverständigen-Kommission beauftragt, die Auswirkungen des Gesetzes zu überprüfen. Fazit des Berichts: Die Zahl der illegalen Abbrüche hatte abgenommen, doch wendeten sich immer noch viele Frauen an Kliniken im Ausland (schätzungsweise 80000 pro Jahr). 1978 wurden insgesamt 73548 Abbrüche registriert, davon rund drei Viertel wegen sozialer Indikation (medizinische Indikation 22 Prozent, eugenische 3,7 Prozent, kriminologische 0,1 Prozent).

Aus: Helwig, G., Frau und Familie. Bundesrepublik Deutschland – DDR, Köln 1987, S. 80f.

Arbeitsvorschlag

1. *Vergleichen Sie die Bestimmungen zum Schwangerschaftsabbruch (M 4) in der DDR mit denen in der Bundesrepublik!*

M 4 Zur Integration der Flüchtlinge und Umgesiedelten in der SBZ/DDR

Flüchtlinge, Umgesiedelte, Vertriebene – Versuch einer Bilanz:

Die Kluft, die in den Lebensverhältnissen zwischen der Altbevölkerung und den Umgesiedelten existierte, blieb lange Jahre bestehen. Sie wurde im Laufe der Jahre allerdings nicht breiter, wie teilweise im westlichen Teil Deutschlands. Dort bot das beginnende Wirtschaftswunder eine breite Palette von Chancen des erfolgreichen Neuanfangs. In der DDR dagegen, wo der Privatbesitz mehr und mehr eingeschränkt und die freie wirtschaftliche Entfaltung mehr und mehr behindert wurde, blieben solche Möglichkeiten eher gering. Die wirtschaftliche Genesung ging nur schleppend voran. Die letzten Lebensmittelkarten konnten erst im Jahre 1958 abgeschafft werden. Um diese Zeit begann in begrenztem Umfang die Produktion hochwertiger Konsumgüter. Möglichkeiten, neue Statussymbole zu erwerben, etwa das eigene Haus, ein Auto oder ähnliches, waren kaum gegeben. Die offizielle Politik zielte auf eine weitgehende Nivellierung der Unterschiede innerhalb der Gesellschaft. Das begünstigte das Bemühen der Vertriebenen, nach und nach das Ausstattungsniveau der Altbevölkerung zu erreichen. Der Lebensstandard blieb bei beiden Bevölkerungsgruppen eher bescheiden, was den gegenseitigen „Sozialneid" in Grenzen hielt. Auch die Veränderung der überkommenen gesellschaftlichen Strukturen durch die Entwicklung in der Nachkriegszeit schuf eine Reihe günstiger Faktoren für die Vertriebenen. Da die aufnehmende Gesellschaft sich selbst im Umbruch befand, gelang es den Umgesiedelten eher, sich einzubringen und teilzuhaben an den Veränderungen. Die einzige „Bedingung", die sie dabei zu erfüllen hatten, war die Bereitschaft, sich an den Veränderungen aktiv zu beteiligen und sich politisch anzupassen. Unter diesen Voraussetzungen eröffneten sich ihnen in der Sowjetischen Besatzungszone vielfältige Möglichkeiten des Aufstiegs. Stellten sie sich jedoch gegen die offizielle Entwicklung, so machten sie, ebenso wie die Altbevölkerung, schlimmstenfalls die Bekanntschaft mit den verschiedenen Repressivorganen der sowjetischen Besatzungsmacht oder der einzelnen Länder. [...] Vor allem die Bodenreform ermöglichte es einer größeren Zahl von ihnen, ein neues Leben zu beginnen. Ähnliche Wirkungen hatte die Entnazifizierung, die viele belastete Staatsdiener zum Abtreten zwang. Da Angaben über die Vergangenheit des einzelnen Umgesiedelten nur sehr schwer zu erlangen waren, verließen sich die Verwaltungen auf die kaum nachprüfbaren Erklärungen der Vertriebenen. Dadurch gelangten eine ganze Reihe von Belasteten und Unbelasteten aus den Reihen der Vertriebenen in den Staats- und Verwaltungsapparat. [...]

Ein anderes zentrales Problem: Auf Grund der politischen Abhängigkeit von der Sowjetunion werteten die SED und die Blockparteien nach der DDR-Gründung die Oder-Neiße-Grenze ausschließlich als gerechte Friedensgrenze. Alle anderen Auffassungen wurden als Revanchismus verunglimpft und strafrechtlich verfolgt. Die Heimatgefühle der Vertriebenen, ihre wehmütige Erinnerung an die alten Wohngegenden waren kein Gegenstand der öffentlichen Diskussion. [...] Man ließ die Vertriebenen mit ihren schrecklichen Erlebnissen und verständlichen Sehnsüchten allein, offerierte statt dessen nur eine neue, auf die „Zukunft" orientierte Lebensmaxime – den Sozialismus. Dieser sollte für die Umgesiedelten mit der verordneten Verleugnung der eigenen Lebensgeschichte beginnen. Es fand zum Teil ein Verdrängungsprozeß statt, der eine Aufarbeitung solcher Erfahrungen aber in keinem Fall ersetzen kann. Das Heimatgefühl blieb bei den Vertriebenen über viele Jahre (oder Jahrzehnte?) wach. Sie erkannten zwar den neuen Wohnort nach und nach als „Zuhause" an, aber auch als neue Heimat? [...]

Aus: Alexander von Plato/Wolfgang Meinicke, Alte Heimat – neue Zeit. Flüchtlinge, Umgesiedelte, Vertriebene in der Sowjetischen Besatzungszone, S. 77–81

Vertriebene kommen 1945 mit Trecks aus den deutschen Ostgebieten in die westlichen Besatzungszonen.

M 5 Beschluß des Präsidiums des Ministerrates der DDR vom 23. August 1972

über die Darstellung beider deutscher Staaten auf Karten:

Richtlinie

über die Darstellung der DDR, ihrer Hauptstadt, der BRD und Westberlins in kartographischen Erzeugnissen der DDR

1. (1) In kartographischen Erzeugnissen sind die DDR und die BRD als selbständige Staaten darzustellen.

Als Staatsbezeichnungen sind „Deutsche Demokratische Republik“ und „Bundesrepublik Deutschland“ und als Kurzform der Staatsbezeichnungen sind „DDR“ und „BRD“ anzuwenden.

(2) Die Bezeichnung „Deutschland“ oder „Deutsches Reich“ ist in Übereinstimmung mit der marxistisch-leninistischen Geschichtsauffassung nur dann zu verwenden, wenn sich Darstellungen in kartographischen Erzeugnissen auf Zeitabschnitte vor 1945 beziehen.

(3) die kartographischen Erzeugnisse, in denen selbständige Staaten in unterschiedlichen Farben dargestellt werden, sind für die DDR und die BRD solche Farben zu verwenden, die sich eindeutig voneinander unterscheiden.

2. (1) In kartographischen Erzeugnissen ist die Grenze um Westberlin als Staatsgrenze darzustellen und das Gebiet Westberlins mit „Westberlin“, in der Kurzform mit „WB“ zu beschriften.

(2) In kartographischen Erzeugnissen, in denen selbständige Staaten in unterschiedlichen Farben und die Fläche von Städten im Umriß mit einheitlicher Flächenfüllung dargestellt werden, muß sich die Fläche von Westberlin klar von der Flächenkennzeichnung der DDR und der BRD abheben.

3. Die Beschriftung „Westberlin“ oder „WB“ hat in der für Städtenamen verwendeten Schriftart und Farbe, jedoch in einer Beschriftung der Hauptstadt der DDR, Berlin, angemessen untergeordneten Schriftgröße zu erfolgen. [...]

Aus: Bundesarchiv, Abteilungen Potsdam: DC-20, I/4-2711

M 6 „Westliteratur“ in der DDR

Erich Loest in seinem Roman „Es geht seinen Gang oder Mühen in unserer Ebene“ zum Problem des Lesens von „Westliteratur“ in der DDR (Auszug):

Nachmittags stieg ich mit Wilfried in den Giftturm hinauf, zuletzt wanden wir uns auf einer steilen stählernen Wendeltreppe himmelwärts, wo nur für einen schlanken Menschen Platz war; die Dame Kummet hatte mit ihrer südlichen Hälfte hier bestimmt Schwierigkeiten. Oben klopfte Wilfried an eine eiserne Tür, Schlüssel rasselten, die Tür wurde geöffnet, keine junge Dame bediente hier wie hinter allen anderen Schaltern der DB, sondern ein stämmiger Mann, er trat keineswegs zur Seite, sondern schaute uns wachsam an, Wilfried Neuker, den er augenscheinlich kannte, und mich, den er keineswegs kannte. „Ich hab allerlei bestellt“, sagte Wilfried. „Guten Tag.“

„Guten Tag“, erwiderte der Stämmige mit einem Gesicht und einer Stimme und ließ uns ein mit einer Bewegung, als wären wir verdächtige Individuen, die sich unter einem Vorwand hier einschlichen, um verbotene Frucht zu naschen. Wilfried nannte die genaue Bezeichnung seines Instituts.

Der Zerberus über geistigen Unrat und Unflat, über Lüge und Hetze forschte in einer Mappe, fand ein Schreiben, schob die Brille hoch und stellte fest: „Geht in Ordnung.“ Ein Blick traf mich, da sagte ich schülerbrav: „Ich lese Herrn Neuker vor.“ Hinter der Stirn des Wächters arbeitete es, ich vermutete, daß sich dort Überlegungen kreuzten: keine Bescheinigung, aber humanitäres Anliegen, unbefugte Augen sahen Schmutz, aber man war ja kein Bürokrat. „Sie können schon oben Platz nehmen.“

Oben, das war ein auf drei Seiten verglaster Raum über allen Dächern der Deutschen Bücherei, von dort hatte ich einen Halbrundblick über Stötteritz bis zur Thälmannstraße, und gern hätte ich gewiesen: Sieh mal, Wilfried, zwischen dieser Kirche und dem Schornstein da bin ich geboren. Sanierungsgebiet. Mir fiel der Fragebogen ein, der bei meiner Mutter lag.

Eine Frau blätterte in einem Stapel Illustrierter, „Quick“, „Stern“, erkannte ich und äugte auf großformatige schöne Damen und hätte gern gewußt, wieviel in Wilfrieds Gedächtnis von Brischidds Lächeln geblieben war, ich versuchte mir Margot aus Zerbst vorzustellen, meinen letzten Ausrutscher, hörte eine schnelle, laute, fröhliche Stimme und sah einen Mund, aber Augen und Stirn blieben dunkel. Die Grenzen des menschlichen Gedächtnisses waren wohl eng, wozu trugen sonst viele die Bilder ihrer Lieben in der Brieftasche bei sich?

Der Giftwächter brachte Bücher und stapelte sie leise vor Wilfried, ließ seinen Blick zwischen mir und ihm hin- und hergehen und flüsterte: „Kommen Sie besser mit runter.“ Er nahm die Bücher wieder auf, wir folgten ihm, jetzt führte ich Wilfried am Ellbogen, in einer Nische machte der Wächter halt und verwies uns an einen Tisch zwischen Regalen und verkündete laut: „So, hier stören Sie keinen.“

Ich las Wilfried die Titel vor, er packte seinen Notizenmechanismus aus, Kärtchen und ein Apparatchen, eine Stenomaschine, er nannte ein Kapitel und aus dem Kopf beinahe die richtige Seitenzahl, und ich las vor. Von einer Luftschlacht über England war die Rede und von einem gewissen Galland, 94 Luftsiege, der mit einem gewissen Göring nie einig geworden war, mit welcher Taktik man die Engländer schlug. Es hatte immerzu Streit zwischen Jägern und Bombern gegeben, die Jäger wollten zweitausend Meter über den Bombern fliegen, um dann auf die feindlichen Jäger herabstürzen zu können, aber so blieben den britischen Jägern einige Minuten zum Angriff, und die Bomber hatten arge Verluste. Die Jäger wollten nicht zu dicht an die Bomber gebunden sein, obendrein flogen sie schneller – ein Streit wie bei uns um die Verzinkerei, meinte ich, im Prinzip gab es überall vergleichbare Probleme. Ich stieß auf englische Ausdrücke, die ich mühelos las: Fighter Command, Spitfire, Royal Air Force, und ein Nebengedanke kam in mir auf, ob das wohl so wäre ohne die Beatles und die Stones zu ihrer Zeit. Ich staunte, daß vor nicht mehr als fünfunddreißig Jahren Flugzeugverbände nicht vom Boden aus geführt werden konnten, sie sammelten sich bei schönem Wetter beispielsweise über einer Stadt, und wenn sie alle da waren, flogen sie los und stürzten sich auf die englischen Flugplätze; die Rollfelder von Manston und Ramsgate wurden umgepflügt, aber immer wieder stiegen Spitfires und Hurricanes auf, und ein Achtel ihrer Piloten waren Polen. Wilfried hackte auf seiner Stenomaschine, seine Augen waren starr auf meinen Mund gerichtet. Manches nahm ich auf und vieles nicht, neunzehn Nazibomber waren am 26. August verlorengegangen – da regte sich in mir keine Faser des Herzens und kein Gehirnmolekül. Vielleicht lag das daran, daß Weihnachtsmann Gerhard, als ich zehn oder zwölf war, mir nie erzählt hat, wie er etwa in Norwegen bombardiert und in der Ukraine von Panzern gejagt oder in Jugoslawien von Partisanen in die Pfanne gehauen worden war. Mir fiel mein Geschichtsunterricht ein, ich konnte mich auf keine Stunde besinnen, in der nicht Kommunisten gestreikt und revolutioniert hätten; von der Me 110 als Begleitjäger hatte ich nie gehört und schon gar nicht von der angeblich so berühmten halben Rolle, mit der deutsche Jäger von ihrem Gegner wegtauchten.

Während wir hinuntergingen, die Garderobe holten und uns durch die Eingangstür in die frische Luft schoben, bedankte sich Wilfried zehnmal.

Aus: Loest, E., Es geht seinen Gang oder Mühen in unserer Ebene, Rudolstadt 1979, S. 111–113

Arbeitsvorschläge

1. *Skizzieren Sie positive und negative Aspekte des Lebens in der DDR aus der Perspektive von Flüchtlingen bzw. Vertriebenen (M 4)!*
2. *Erarbeiten Sie das Selbstverständnis der DDR aus den DDR-Richtlinien zur Kartographie (M 5)!*
3. *Welche Rückschlüsse auf die offizielle Geschichtsvermittlung in der DDR lassen sich aus dem Text von Erich Loest ableiten (M 6)?*

Das Ende der DDR

M 7 Gründungsaufruf des Neuen Forum vom 9. September 1989

(in der DDR nur illegal vertrieben) – Auszug –

In unserem Lande ist die Kommunikation zwischen Staat und Gesellschaft offensichtlich gestört. Belege dafür sind die weitverbreitete Verdrossenheit bis hin zum Rückgang in die private Nische oder zur massenhaften Auswanderung. Fluchtbewegungen diesen Ausmaßes sind anderswo durch Not, Hunger und Gewalt verursacht. Davon kann bei uns keine Rede sein.

Die gestörte Beziehung zwischen Staat und Gesellschaft lähmt die schöpferischen Potenzen unserer Gesellschaft und behindert die Lösung der anstehenden lokalen und globalen Aufgaben. [...]

Auf der einen Seite wünschen wir uns eine Erweiterung des Warenangebots und bessere Versorgung, andererseits sehen wir deren soziale und ökologische Kosten und plädieren für die Abkehr vom ungehemmten Wachstum. Wir wollen Spielraum für wirtschaftliche Initiative, aber keine Entartung in eine Ellenbogengesellschaft. Wir wollen das Bewährte erhalten und doch Platz für Erneuerung schaffen, um sparsamer und weniger naturfeindlich zu leben. Wir wollen geordnete Verhältnisse, aber keine Bevormundung. Wir wollen freie, selbstbewußte Menschen, die doch gemeinschaftsbewußt handeln. Wir wollen vor Gewalt geschützt sein und dabei nicht einen Staat von Bütteln und Spitzeln ertragen müssen. Faulpelze und Maulhelden sollen aus ihren Druckposten vertrieben werden, aber wir wollen dabei keine Nachteile für sozial Schwache und Wehrlose. Wir wollen ein wirksames Gesundheitswesen für jeden, aber niemand soll auf Kosten anderer krank feiern. Wir wollen an Export und Welthandel teilhaben, aber weder zum Schuldner und Diener der führenden Industriestaaten noch zum Ausbeuter und Gläubiger der wirtschaftlich schwachen Länder werden.

Um all diese Widersprüche zu erkennen, Meinungen und Argumente dazu anzuhören und zu bewerten, allgemeine von Sonderinteressen zu unterscheiden, bedarf es eines *demokratischen Dialogs* über die Aufgaben des Rechtsstaates, der Wirtschaft und der Kultur. Über diese Fragen müssen wir in aller Öffentlichkeit, *gemeinsam und im ganzen Land,* nachdenken und miteinander sprechen. Von der Bereitschaft und dem Wollen dazu wird es abhängen, ob wir in absehbarer Zeit aus der gegenwärtigen krisenhaften Situation finden. [...]

Allen Bestrebungen, denen das NEUE FORUM Ausdruck und Stimme verleihen will, liegt der Wunsch nach Gerechtigkeit, Demokratie, Frieden sowie Schutz und Bewahrung der Natur zugrunde. Es ist dieser Impuls, den wir bei der kommenden Umgestaltung der Gesellschaft in allen Bereichen lebensvoll erfüllt wissen wollen.

Wir rufen alle Bürger und Bürgerinnen der DDR, die an einer Umgestaltung unserer Gesellschaft mitwirken wollen, auf, Mitglieder des NEUEN FORUM zu werden.

Die Zeit ist reif.

Aus: Oktober 1989. Wider den Schlaf der Vernunft, Berlin 1989, S. 18f.

M 8 Kooperation – Konföderation – Föderation

Der 10-Punkte-Plan Helmut Kohls vom 28. November 1989:

Der Weg zur deutschen Einheit, das wissen wir alle, ist nicht vom „grünen Tisch“ oder mit einem Terminkalender in der Hand zu planen. Abstrakte Modelle kann man vielleicht polemisch verwenden, aber sie helfen nicht weiter. Aber wir können, wenn wir nur wollen, schon heute jene Etappen vorbereiten, die zu diesem Ziel hinführen. Ich möchte diese Ziele an Hand eines Zehn-Punkte-Programms erläutern:

Erstens: Zunächst sind Sofortmaßnahmen erforderlich, die sich aus den Ereignissen der letzten Wochen ergeben, insbesondere die Fluchtbewegung und die neue Dimension des Reiseverkehrs. [...]

Zweitens: Die Bundesregierung wird wie bisher die Zusammenarbeit mit der DDR in allen Bereichen fortsetzen, die den Menschen auf beiden Seiten unmittelbar zugute kommt. [...]

Drittens: Ich habe angeboten, unsere Hilfe und unsere Zusammenarbeit umfassend auszuweiten, wenn ein grundlegender Wandel des politischen und wirtschaftlichen Systems in der DDR verbindlich beschlossen und unumkehrbar in Gang gesetzt wird. „Unumkehrbar“ heißt für uns vor allem, daß sich die DDR-Staatsführung mit den Oppositionsgruppen auf eine Verfassungsänderung und auf ein neues Wahlgesetz verständigt. [...]

Viertens: Ministerpräsident Modrow hat in seiner Regierungserklärung von einer Vertragsgemeinschaft gesprochen. Wir sind bereit, diesen Gedanken aufzugreifen. Denn die Nähe und der besondere Charakter der Beziehungen zwischen den beiden Staaten in Deutschland erfordern ein immer dichteres Netz von Vereinbarungen in allen Bereichen und auf allen Ebenen. [...]

Fünftens: Wir sind aber auch bereit, noch einen entscheidenden Schritt weiterzugehen, nämlich konföderative Strukturen zwischen beiden Staaten in Deutschland zu entwickeln mit dem Ziel, eine Föderation, das heißt eine bundesstaatliche Ordnung, in Deutschland zu schaffen. Das setzt aber eine demokratisch legitimierte Regierung in der DDR zwingend voraus. [...]

Stufenweise können neue Formen institutioneller Zusammenarbeit entstehen und ausgeweitet werden. [...] Ein solches Zusammenwachsen liegt in der Kontinuität der deutschen Geschichte. Staatliche Organisation in Deutschland hieß in unserer Geschichte fast immer auch Konföderation und Föderation. Wir können doch auf diese historischen Erfahrungen zurückgreifen.

Wie ein wiedervereinigtes Deutschland schließlich aussehen wird, das weiß heute niemand. *Daß* aber die Einheit kommen wird, wenn die Menschen in Deutschland sie wollen, dessen bin ich sicher. [...]

Siebtens: Die Anziehungs- und Ausstrahlungskraft der Europäischen Gemeinschaft ist und bleibt eine entscheidende Konstante der gesamteuropäischen Entwicklung. Wir wollen und müssen sie weiter stärken. [...] Die Bundesregierung befürwortet deshalb den baldigen Abschluß eines Handels- und Kooperationsabkommens mit der DDR, das den Zugang der DDR zum Gemeinsamen Markt erweitert, auch was die Perspektive 1992 betrifft. [...]

Zehntens: Mit dieser umfassenden Politik wirken wir auf einen Zustand des Friedens in Europa hin, in dem das deutsche Volk in freier Selbstbestimmung seine Einheit wiedererlangen kann. Die Wiedervereinigung, das heißt die Wiedergewinnung der staatlichen Einheit Deutschlands, bleibt das politische Ziel der Bundesregierung. [...]

Aus: Diemer, G./Kurz, E., Kurze Chronik der Deutschen Frage, München 1991, S. 230ff.

Demonstration vor dem Gebäude des Staatsrates der DDR am 23.Oktober 1989.

M 9 Aus der Regierungserklärung von Ministerpräsident Hans Modrow (SED) vor der Volkskammer am 17. November 1989

Diese Regierung, die ich Ihnen nach vorangegangenen Konsultationen mit den sie tragenden politischen Parteien – SED, CDU, DBD, LDPD, NDPD – vorschlagen werde, ist eine Regierung der Koalition, des neu verstandenen, kreativen politischen Bündnisses; das zeigen auch die Positionspapiere dieser Parteien. Sie will alles tun, damit die eben begonnene demokratische Erneuerung des gesamten öffentlichen Lebens tiefe Wurzeln bekommt und behält. Sie will alles tun, damit die dringend notwendige Stabilisierung unserer Wirtschaft erreicht und das Sozialprodukt wieder real vergrößert wird. [...]

Noch ist es zu früh für die notwendige gründliche Analyse der am 9. November eingeleiteten Veränderungen. Aber ich betone: Stabilität der DDR ist eine Bedingung für Stabilität in Mitteleuropa, ja in Europa, und deshalb ist es im wohlverstandenen Interesse zumindest aller Nachbarn der DDR, den Wandel in unserem Staat nicht nur wohlwollend zu betrachten, sondern auch politisch und wirtschaftlich zu fördern. [...]

Ich nenne als Wichtiges: Erstens Reformen des politischen Systems, verbunden mit gesetzgeberischen Schritten, um Rechtsstaatlichkeit und Rechtssicherheit zu stärken. Dazu gehören insbesondere ein Wahlgesetz ebenso wie ein Gesetz über den Ministerrat sowie ein Mediengesetz. Änderungsvorschläge für das Strafrecht können relativ bald erfolgen. Das Reisegesetz, eventuell auch Paßgesetz genannt, ist nach geführter Diskussion vorzulegen.

Zweitens geht es um eine Wirtschaftsreform, die zum Ziel haben muß, die Eigenverantwortung der wirtschaftenden Einheiten zu erhöhen. [...]

Drittens ist eine Bildungsreform erforderlich [...], die sich an die Schüler und Studenten wendet und sie auffordert: Fürchtet euch nicht, eure Meinung zu sagen!

Viertens brauchen wir ein langfristig angelegtes [...] Programm, das zum Ziel haben sollte, Ökonomie und Ökologie mehr als bisher in Übereinstimmung zu bringen. [...]

Fünftens eine Verwaltungsreform mit dem Ziel, die staatliche Leitung und Verwaltung zu demokratisieren, ihre Arbeit überschaubarer zu machen sowie nicht zuletzt den Verwaltungsaufwand finanziell und personell erheblich zu verringern. [...]

Aus den Positionspapieren aller politischen Parteien unserer Koalition ist die Übereinstimmung zu entnehmen, daß Wirtschaftsreform nicht Abschaffung der Planung bedeutet. Wohl aber sollte die neue Regierung bei der Wirtschaftsreform sich ebenso deutlich davon leiten lassen, den Markt mit seinen Ware-Geld-Beziehungen zum organischen Bestandteil sozialistischer Planwirtschaft zu machen.

Von hohem politischen Rang ist der Ausbau des sozialistischen Rechtsstaates. [...] Die Regierung geht in ihrem Rechtsstaatsverständnis davon aus, daß den Bürgern alles erlaubt sein muß, was nicht ausdrücklich untersagt ist; dem Staat darf nur erlaubt sein, was ihm rechtlich gestattet ist. [...]

Aus: Süß, W., Ende und Aufbruch, S. 98–100

M 10 **Ergebnis der Volkskammerwahl am 18. März 1990**
(Stimmenanteil und Mandatsverteilung)
Wahlberechtigte 12426443
Wahlbeteiligung 11604418 (93,4 %)
Gültige Stimmen 11541155

	Stimmen	Mandate
CDU (Christlich-Demokratische Union)	40,6 %	163
DA (Demokratischer Aufbruch)	0,9	4
DSU (Deutsche Soziale Union)	6,3	25
DBD (Demokratische Bauernpartei Deutschlands)	2,2	9
BFD (Bund Freier Demokraten)	5,3	21
NDPD (Nationaldemokratische Partei Deutschlands)	0,4	2
SPD (Sozialdemokratische Partei Deutschlands)	21,8	88
PDS (Partei des Demokratischen Sozialismus)	16,3	66
Bündnis 90	2,9	12
Grüne – Unabhängiger Frauenverband	2,0	8
Aktionsbündnis Vereinigte Linke – Die Nelken	0,2	1
Demokratischer Frauenbund Deutschlands	0,3	1
		gesamt 400

Aus: Süß, W., Ende und Aubruch, S. 131

M 11 **Aus der Regierungserklärung von Ministerpräsident Lothar de Maizière (CDU) am 19. April 1990 vor der frei gewählten Volkskammer**

Die Erneuerung unserer Gesellschaft stand unter dem Ruf „Wir sind das Volk!“ Das Volk ist sich seiner selbst bewußt geworden. Zum ersten Mal seit vielen Jahrzehnten haben sich die Menschen in der DDR als Volk konstituiert. […]

Nicht die Staatssicherheit war die eigentliche Krankheit der DDR, *sie* war nur einer ihrer Auswüchse. Die eigentliche Erbkrankheit der sozialistischen Gesellschaft war der diktatorische Zentralismus, der aus stalinistischer Verblendung an die Stelle der Demokratie, an die Stelle der Selbstbestimmung der Menschen gesetzt worden war. Dieser Zentralismus war es, der eine alles gesellschaftliche Leben vergiftende Atmosphäre des Drucks erzeugte. Zwang und Druck vernichteten Initiative, Verantwortungsbereitschaft, eigene Überzeugung und machten zu einer menschlichen Leistung, dem eigenen Gewissen zu folgen. […]

Wir wollen arbeiten, leben und wohnen in einer ökologisch verpflichteten sozialen Marktwirtschaft. Wir werden sie in Zusammenarbeit mit der Bundesrepublik und der EG jetzt Schritt für Schritt entwickeln. In den nächsten acht bis zehn Wochen wollen wir die Grundlagen für die Wirtschafts-, Währungs- und Sozialunion legen, damit diese vor der Sommerpause in Kraft treten kann. Dabei ist 1:1 der grundlegende Kurs. Dazu gehört die Sicherung der Eigentumsrechte aus der Bodenreform und aus Eigentumsübertragungen, die nach Treu und Glauben rechtens waren und daher auch rechtens bleiben müssen. […]

Der Wählerauftrag, dem die Regierung verpflichtet ist, fordert die Herstellung der Einheit Deutschlands in einem ungeteilten, friedlichen Europa. Diese Forderung enthält Bedingungen hinsichtlich Tempo und Qualität.

Die Einheit muß so schnell wie *möglich* kommen, aber die Rahmenbedingungen müssen so gut, so vernünftig, so zukunftsfähig sein wie *nötig*. Die Diskussionen um die Währungsumstellung 1:1 oder 1:2 haben uns mit aller Deutlichkeit vor Augen geführt, daß hier ein Zusammenhang besteht und daß wir Bedingungen vereinbaren müssen, die sichern, daß die DDR-Bürger nicht das Gefühl bekommen, zweitklassige Bundesbürger zu werden. […]

Wir werden gefragt: Haben wir gar nichts einzubringen in die deutsche Einheit? Und wir antworten: Doch, wir haben!

Wir bringen ein unser Land und unsere Menschen, wir bringen geschaffene Werte und unseren Fleiß ein, unsere Ausbildung und unsere Improvisationsgabe. Not macht erfinderisch.

Wir bringen die Erfahrungen der letzten Jahrzehnte ein, die wir mit den Ländern Osteuropas gemeinsam haben.

Wir bringen ein unsere Sensibilität für soziale

Gerechtigkeit, für Solidarität und Toleranz. In der DDR gab es eine Erziehung gegen Rassismus und Ausländerfeindlichkeit, auch wenn sie in der Praxis wenig geübt werden konnte. Wir dürfen und wollen Ausländerfeindlichkeit keinen Raum geben.

Wir bringen unsere bitteren und stolzen Erfahrungen an der Schwelle zwischen Anpassung und Widerstand ein. Wir bringen unsere Identität ein und unsere Würde.

Unsere Identität, das ist unsere Geschichte und Kultur, unser Versagen und unsere Leistung, unsere Ideale und unsere Leiden. Unsere Würde, das ist unsere Freiheit und unser Menschenrecht auf Selbstbestimmung.

Aus: Regierungspressedienst Deutsche Demokratische Republik, Nr. 12, Berlin 23.4. 1990

Arbeitsvorschlag

1. *Erarbeiten Sie die Gemeinsamkeiten und Unterschiede zwischen den Erklärungen M 9–M 12. Überprüfen Sie die Zukunftsperspektiven aller Autoren anhand der tatsächlichen Entwicklung!*

M 13 Vergleiche zur Sozialstruktur in der DDR und der Bundesrepublik

Abb. 1: Gleichstellungsvorsprung der ostdeutschen Frauen

Frauenanteil in verschiedenen Sektoren von Bildung, Beruf und Politik (in Prozent)

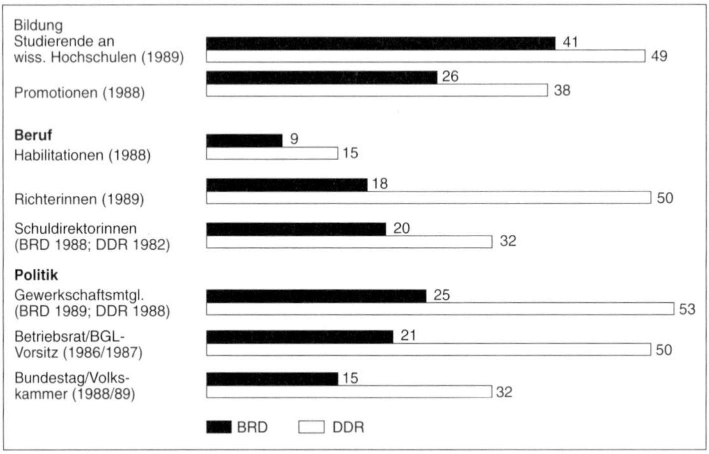

Abb. 2: Sozialprofil der Studierenden an Wissenschaftlichen Hochschulen

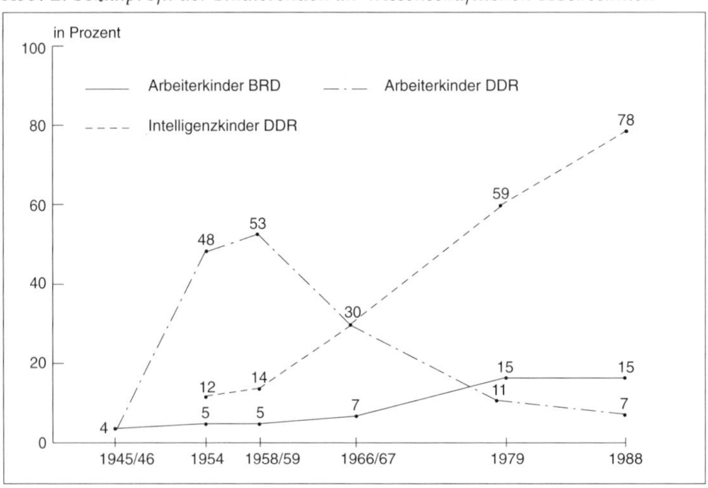

Abb. 3: Verfügbares Durchschnittseinkommen je Haushaltsmitglied
Abweichungen vom Durchschnittseinkommen

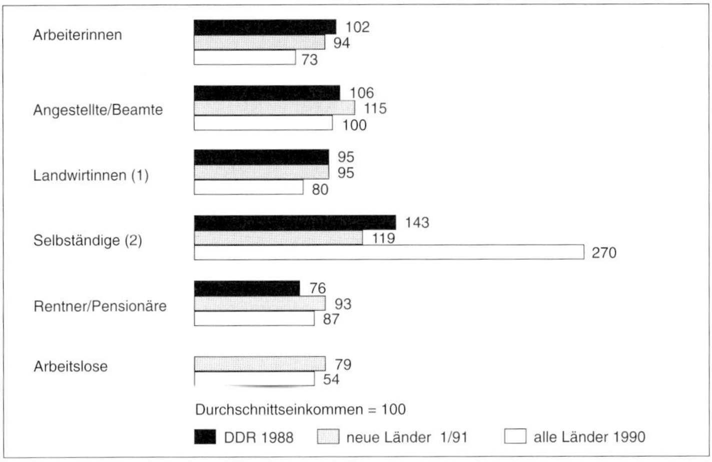

(1) Ostdeutschland: LPG-Mtgl. (2) Westdeutschland: ohne Landwirte

Aus: Geißler, R., Die ostdeutsche Sozialstruktur unter Modernisierungsdruck. In: Politik und Zeitgeschichte, Beilage zur Wochenzeitung Das Parlament, B 29–30/92, vom 10. Juli 1992, S. 15–28

Arbeitsvorschlag

1. *Vergleichen Sie die statistischen Angaben zu den einzelnen Bevölkerungsgruppen. Formulieren Sie begründete Prognosen über „Gewinner" und „Verlierer" der Vereinigung (M 13)!*

E 1989–1995

Die postkommunistische Welt ist nicht einfacher geworden. Nachträglich entpuppt sich der vielgescholtene Kalte Krieg als (relativer) Kalter Friede, jedenfalls für Europa. Gleichzeitig versinkt die bisherige Dritte Welt in eine schwere Existenzkrise – Überbevölkerung, Hungersnöte, ökologische Katastrophen, Bürgerkriege. Nach dem Ende der „Zweiten" Welt des Kommunismus hängt die „Dritte Welt" gleichsam in der Luft. In der übriggebliebenen „Einen" Welt verschärfen sich postimperiale Konflikte – postkoloniale wie postkommunistische. Im Jugoslawienkrieg explodieren jahrhundertealte Haß-Komplexe. Die meisten postsowjetischen Nachfolgestaaten könnten folgen. EG, KSZE und UNO sind paralysiert, weil alte Bündniskonstellationen wiederauftauchen. Migrationsbewegungen in die Reichtumspole, vor allem Deutschland, entzünden schwere interne Konflikte, wiederum u. a., weil sich niemand auf die vorhersehbaren Flüchtlingsströme innerlich konstruktiv einstellte. Die Gewalttätigkeiten im vereinigten Deutschland gegen Ausländer sind eine Folge. Nach innen wie außen türmen sich Probleme auf, die sich zu ebenso vielen Härteprüfungen für die Demokratie in Deutschland auswachsen. Zu meistern ist die Krise nur durch eine konsequente und allseitige Anwendung demokratischer Prinzipien nach innen und außen. Sonst werden Sarajevo und Solingen Präzedenzfälle für unsere Zukunft.

1 Die postkommunistische Welt, seit 1989/91

Kampf um das „Weiße Haus" in Moskau, in dem sich die Aufständischen des Putschversuchs vom Oktober 1993 verschanzt hatten.

3/1985	Beginn der Reformpolitik in der UdSSR unter Michail Gorbatschow
6/1989	Massaker in Peking beendet politischen Reformversuch in China. Aber: weitere Liberalisierung der Wirtschaft
8/1989	In Polen erste nichtkommunistische Regierung des Ostblocks Ungarn öffnet „Eisernen Vorhang": Massenflucht aus DDR DDR öffnet die Grenze zur Bundesrepublik
1989/1990	Friedliche Revolutionen in Tschechoslowakei, Ungarn, Bulgarien beenden *„Imperium Sovieticum"*
12/1989	Blutige „Weihnachtsrevolution" in Rumänien stürzt Diktatur Ceaucescus
10/1990	Nach friedlicher Revolution und freien Wahlen Beitritt der DDR zum Geltungsbereich des Grundgesetzes
bis 12/1990	Unabhängigkeitserklärungen von 15 Sowjetrepubliken, gefolgt von blutigen ethnischen Konflikten, vor allem im Kaukasus
8/90–2/91	Golfkrise und Golfkrieg: Irakische Invasion Kuwaits wird unter US-Führung zurückgeschlagen
5/1991	Beginn des Jugoslawienkrieges
8/1991	Putsch gegen Gorbatschow scheitert; Aufstieg Jelzins
12/1991	Oberster Sowjet bestätigt die Auflösung der UdSSR; Nachfolgeorganisation GUS bleibt machtlos
10/1993	Putschversuch gegen russischen Präsidenten Jelzin scheitert
seit 12/1994	Jelzin setzt Truppen gegen Sezessionsversuch der russischen Republik Tschetschenien ein

1.1 Der Untergang des Sowjetkommunismus

Mit der Auflösung des Ost-West-Konfliktes und des Kalten Krieges zerfielen auch Ostblock und Sowjetimperium. Ein rationales Verständnis dieses welterschütternden Vorgangs, seiner historischen Voraussetzungen und bestürzenden Folgen in unserer postkommunistischen Welt wird unerläßlich. Nachträglich erscheint der regierende Kommunismus mit seinen hybriden Forderungen und Versprechungen vielfach überfordert: Im zurückgebliebenen agrarischen Rußland, mit nur wenigen Inseln hektischer Industrialisierung seit der Bauernemanzipation 1861, versuchten die Bolschewiki, eine nachholende Modernisierung rasch von oben zu erzwingen, gemäß Lenins Gleichung: „Kommunismus = Herrschaft der Räte + Elektrifizierung des Landes". Das Ergebnis war unter Stalin ab 1929 die forcierte Industrialisierung auf Kosten der Landwirtschaft, in der Schere von Zwangsabgaben zu niedrigen Preisen für Agrarprodukte und überhöhten Preisen für Industriegüter. Durch Zwangskollektivierung der Landwirtschaft gerieten Millionen Bauern („Kulaken") in Stalins Todesmühlen.

In seiner dem Westen entliehenen Ideologie (Marxismus) verband der Kommunismus unterschiedliche Vorstellungen – messianische Heilsverheißungen der Welterlösung, nun linkssäkularisiert (d. h.: ohne religiöse Formen), modernisierte Formen traditioneller Orthodoxie (Rechtgläubigkeit) und autokratischer Herrschaft, nun totalitär gewendet. Wie der Nationalsozialismus unterdrückte der Kommunismus in komplexen modernen Gesellschaften normale Differenzen und Spannungen, lenkte sie aber, anders als der Nationalsozialismus, vor allem nach innen: Hauptopfer des Terrors unter Lenin und Stalin waren eigene Untertanen. Hitler drängte die Sowjetunion aus der Isolierung durch seine Aggression 1941 und brachte sie im Gegenschlag 1945 bis zur historischen Elbe-Saale-Böhmerwald-Linie der Zeit um 800 n. Chr.

Aus der Spannung zwischen politisch herrschender, aber sozio-ökonomisch rückständiger Orthodoxie autokratisch-totalitärer Prägung und Gesellschaften lateinischer Prägung, die seit 1000 Jahren, mit nach Osten abnehmender Intensität, an den westlichen Entwicklungen teilgenommen hatten, erklärt sich der Kollaps des *Imperium Sovieticum*: Seine innere Struktur wies dieselben Merkmale auf wie traditionelle Großreiche, zumal das Sowjetreich in der Kontinuität seiner Vorgängerreiche stand, machthistorisch wie ideologisch: Kiewer Rus, Byzanz, Tributsoberherrschaft der Mongolen/Tataren, Großfürstentum Moskau und Zarenreich. Den Kern direkter Herrschaft dominierten als Reichsvolk die Großrussen, ergänzt um verwandte Ukrainer und Weißrussen, ferner Angehörige nichtrussischer Minderheiten, soweit sie loyal dem Sowjetreich dienten: Georgier (Stalin, Berija), Armenier (Mikojan), anfangs auch Juden, die später wieder verdrängt wurden (Trotzki, Sinowjew, Kamenew, Bucharin). Ab 1945 erweiterte sich die Sowjetunion vor allem im Westen um Bereiche indirekter Herrschaft – „Satellitenstaaten", seit der Breschnew-Doktrin (1969) auch formell nur mit eingeschränkter Souveränität. Nach 1960 kam in Übersee ein Dutzend von Klientelstaaten hinzu, u. a. Kuba, VR Jemen, Benin, Kongo-Brazzaville, Madagaskar, Angola, Mosambik, das vereinigte Vietnam, Laos und Kambodscha. Dagegen entzogen sich Jugoslawien (1948) und Albanien (1960) der Sowjetherrschaft, ohne ihre linkstotalitäre Struktur zu ändern. Die VR China (seit 1949) war zu groß und hatte eigene imperiale Traditionen, so daß sie ab 1960 zum ideologischen und machtpolitischen Rivalen der Sowjetunion aufstieg.

Entgegen seinem fortschrittlich-humanistischen Pathos holten innere Widersprüche und sein totalitärer Charakter das Sowjetimperium immer wieder ein. Es wurde nur durch eisernen Zwang zusammengehalten, unter Stalin und seinen Nachfolgern, beutete ökonomisch seine Stallitenstaaten im westlichen Glacis aus, institutionalisiert in RGW (engl.: COMECON), militärisch im Warschauer Pakt. Seit Stalins Tod (1953) lockerte sich in Schüben die eiserne Klammer um das Riesenreich, schwand der innere Zusammenhalt im Sowjetblock, seitdem sich der Kalte Krieg auflöste und der Westen sowjetische Propagandaparolen konstruktiv aufgriff. Gleichzeitig zeigten regionale Eruptionen, von der Außenwelt wahrnehmbar zunächst im westlichen Satellitenbereich, innere Bruchstellen an. Wichtigste Etappen waren der 17. Juni in der DDR (1953), Aufstände in Posen (Polen) und Ungarn (1956), der „Prager Frühling" und seine Niederschlagung durch Militärintervention des Warschauer Paktes (1968), Unruhen in Polen (Danzig 1970, Radom 1976, wieder ausgehend von Danzig 1980/81).

Jeder blutigen Unterdrückung folgte zwar eine Milderung des totalitären Systems, aber ohne grundsätzliche Strukturreformen, so daß der Kreml selbst Konfliktpotentiale in den Untergrund abdrängte und sie zur Systemopposition gleichschaltete. Parolen der Sowjetpropaganda – „friedliche Koexistenz", „Wettbewerb der Systeme", „internationale Zusammenarbeit" – schlugen, vom Westen beim Wort genommen, mit der Konferenz für Sicherheit und Zusammenarbeit in Europa (KSZE) in Helsinki (1975) im „Wandel durch Annäherung" (Egon Bahr) dialektisch gegen das Sowjetsystem zurück: Als Preis für Wirtschafts- und Kredithilfe mußte es wenigstens deklamatorisch Gewährung der Menschenrechte konzedieren, auf die sich fortan die Untergrund-Opposition berief.

Als entscheidende militärische und moralische Niederlage an der Peripherie im Osten markiert der Afghanistankrieg (1979–88) den Anfang vom Ende der Sowjetunion. Die Schwäche ihrer Zentralmacht tat an ihrem Westrand sofort Freiraum für die größte und nationalbewußteste Satellitennation auf – Polen. Mit der Katholischen Kirche hatte Polen sich, einzigartig im *Imperium Sovieticum,* eine intakte Struktur außerhalb der Atomisierung der Gesellschaft und des kommunistischen Machtapparats erhalten, 1956 auch die private Landwirtschaft zurückgewonnen. Seit den Auguststreiks 1980 in Danzig und der Gründung der „Solidarność" demonstrierte die chronische polnische Krise im kleinen die strukturelle Reformunfähigkeit des Sowjetsystem im großen, eskalierte dessen Krise zur Agonie: Hyperzentralisierung, „Tonnenmentalität", aufgeblähte Mehrfach-Bürokratien (allgemeine Verwaltung, Partei, Gewerkschaften, Geheimpolizei), Militarisierung durch einen überdimensionierten militär-industriellen Rüstungskomplex zu Lasten der Konsumgüterindustrie, Vernichtung der Bauernschaft und ihre Ersetzung durch eine mechanisierte Großlandwirtschaft, zuletzt eine hoffnungslos überalterte Führung, zur Reformunfähigkeit erstarrt, zersetzten das Regime von innen und schufen ein allgemeines Desinteresse an Staat und Gesellschaft. Mit sozialistischer Plan- und Zwangswirtschaft, Terror (GULAG, KGB) und unerfüllbaren Heilsversprechen auf ein besseres Leben war in einer tristen Realität auf Dauer kein moderner Staat zu machen.

Zuletzt verkörperte die Trinität todkranker greiser Generalsekretäre (Breschnew, Andropow, Tschernenko) die Lähmung des Sowjetsystems in einer Gerontokratie (Herrschaft der Alten). Die versuchte Wende Gorbatschows durch „Perestrojka" (Wandel) und „Glasnost" (Offenheit) ab 1985 machte nur die Agonie weltweit sichtbar: Mit Lockerung der Zentralmacht und Selbstkritik an den eigenen ideologischen Grundlagen setzte er unterdrückte Strömungen frei, zunächst an der nichtrussischen Peripherie – Armenien, baltische Republiken, westliche Satellitenstaaten. Wie beim Prozeß der Dekolonisation beflügelten Fortschritte zu größerer Freiheit an einer Stelle die Opposition anderswo.

Im Epochenjahr 1989 trieben die wachsende ökonomische Attraktivität des EG-Europa im Westen und Angst vor dem Chaos im Osten zwischen Werra und Kamtschatka zur Flucht nach vorn ins neuentdeckte „Haus Europa" (Gorbatschow). Gorbatschows Reformpolitik der „Glasnost" und „Perestrojka" gaben unterdrückten Kräften an der nichtrussischen Peripherie neuen Auftrieb, innerhalb wie außerhalb der Sowjetunion: Die baltischen Republiken (Litauen, Lettland, Estland) forderten ihre Unabhängigkeit zurück, ebenso Georgien, Armenien und Aserbeidschan, die sich jedoch ab 1988 sofort in ethnisch-religiöse Konflikte stürzten. In einer Kettenreaktion politischer Sezessionen brach zunächst das westliche Vorfeld des Sowjetimperiums zusammen: Die Polen nahmen ihren vom „Kriegszustand" (1981–83) unterbrochenen Reformprozeß wieder auf. Die zuletzt wieder legalisierte „Solidarność" brach das Machtmonopol regierender Kommunisten am „runden Tisch" und isolierte mit der ersten Regierung unter einem Nicht-Kommunisten, Mazowiecki, das bisher reformfeindliche SED-Regime Honeckers in der DDR zwischen dem sich reformieren wollenden Osten (UdSSR, Polen) und dem demokratischen Westen (Bundesrepublik Deutschland). Ungarn, seit dem blutigen Schock von 1956 am weitesten in der Evolution vom Konsum („Gulasch")-Kommunismus zum freien Markt, öffnete im Mai 1989 auf eigenes Risiko die gemeinsame Grenze zu Österreich. Somit erhielt der Ausreisedruck junger DDR-Bürger nach Westen ein weltweit sichtbares Ventil, zunächst über Ungarn nach Österreich.

Seitdem war die DDR nicht mehr zu halten: Ihre überalterte und reformunfähige Führung selbst stachelte die Opposition an, u. a. mit wachsender Distanz zum Reformkurs Gorbatschows und Verfälschung der Kommunalwahlen vom 8. Mai 1989. Die Billigung des Massakers auf dem Tiananmen-Platz in Peking (4. 6. 1989) wirkte wie eine indirekte Drohung, es bei gegebenem Anlaß in der DDR zu wiederholen. Im äußersten Westen des Sowjetreichs konnte das DDR-Volk das relative Absinken seines Lebensstandards gegenüber dem „Goldenen Westen" beobachten, bei Verwandtenbesuchen und im Westfernsehen. Wachsender Druck von Ausreisewilligen gemäß den Helsinki-Vereinbarungen, seit Sommer 1989 „illegal“ über Ungarn und Österreich, ferner über Botschaften der Bundesrepublik in Prag und Warschau, provozierte periodische („Montags“)Demonstrationen, vor allem in Leipzig, mit aussagekräftigen Parolen: „Wir bleiben hier“, „Wir sind das Volk.“ Eingekeilt zwischen reformfreudiger Sowjetunion und Polen im Osten sowie dem Westen, stürzte der reformunwillige Erich Honecker (18. 10.). Die versprochene „Wende“ (Krenz) erhöhte nur die Konfusion. In Panik öffnete die neue SED-Führung die Berliner Mauer (9. November 1989) und leitete die Selbstauflösung der DDR durch Beitritt zur Bundesrepublik (3. Oktober 1990) ein.

Die übrigen kommunistischen Staaten folgten, wie in einer riesigen Kettenreaktion – ČSR, Bulgarien, Rumänien, Albanien, Mongolei, bis auf die „Weihnachts-Revolution“ in Rumänien, friedlich. Zuletzt brach der Kommunismus auch in seiner staatlichen Zentrale zusammen: Gorbatschows Reformanläufe waren längst im zähen Geflecht des Machtapparats steckengeblieben. Den drohenden Zerfall der Sowjetunion sollte im letzten Moment der Moskauer Augustputsch 1991 aufhalten, beschleunigte ihn aber nur in seinem Scheitern an Moskauer Demokraten unter dem inzwischen zum Staatspräsidenten Rußlands avancierten Boris Jelzin. Sturz Gorbatschows, Verbot der KPdSU, Auflösung der UdSSR und ihre Ersetzung durch die lose Struktur der „Gemeinschaft Unabhängiger Staaten“ (GSU) im Dezember 1991, jedoch ohne die inzwischen unabhängigen baltischen Staaten, bis 1994 auch ohne Georgien, folgten Schlag auf Schlag.

Der Untergang des Sowjetkommunismus 1989/91 trennt als gewaltige Zäsur die jüngste Globale Zeitgeschichte von der bisherigen seit 1917/18 oder 1945. Nichts mehr ist seitdem wie bisher. Die Rückwirkungen sind katastrophal – weltweit.

1.2 Konflikte im postkommunistischen Europa: Gewalt nach dem Kollaps

Mit dem Zerfall der bipolaren Welt seit dem Fall der Berliner Mauer begannen neue Probleme: Der Kalte Krieg und Kalte Friede zwischen den Weltblöcken wurde abgelöst von heißen Regionalkriegen, auch in Europa. Insgesamt war der regierende Kommunismus daran gescheitert, hinter der Fassade totalitärer und extrem zentralisierter Einparteienstaaten seine Heterogenitäten ökonomisch, sozial und politisch durch wirkliche Autonomie und Föderalismus wenigstens tendenziell zu überbrücken. Sobald sich der eiserne Zugriff der Zentrale lockerte, brachen ältere Differenzen wieder durch, wenn auch modifiziert, neu aufgeladen und verschärft, vor allem seit der Industrialisierung. Wieder folgen untergegangenen Imperien postimperiale – postkommunistische – Nachfolgestaaten mit Nachfolgekonflikten, auf dem Boden der Ex-Sowjetunion im großen, Ex-Jugoslawiens im kleinen. Wieder waren große Veränderungen mit Gewalt verbunden. Wo sie sich als „sanfte Revolution“ durchsetzten, folgte ihr die Gewalt oft auf dem Fuße, zunächst (seit 1988) im Regionalkonflikt um Berg-Karabach zwischen christlichen Armeniern und Aserbeidschanern, einem muslimischen Turkvolk persischer Kultur. Das Reichsvolk der (Groß)Russen in der Sowjetunion, der Serben in Jugoslawien verlor plötzlich seine dominierende Position in föderativ verschleierten Reichsverbänden und stilisiert sich nachträglich zum Hauptopfer des leninistisch-stalinistischen bzw. titoistischen Kommunismus. Rund 25 Millionen Russen fanden sich über Nacht als Minderheiten in ungeliebten Nachfolgestaaten wieder, umgeben von neuen Mehrheiten, die sich nun an den Eindringlingen für deren imperiale Drangsalierungen rächen wol-

Staatenbildung auf
dem Gebiet der
ehemaligen UdSSR
Mitglieder der GUS (1992)
Armenien, Aserbeidschan
Kasachstan, Kyrgystan,
Moldowa, Russische Föderation
Tadshikistan, Turkmenistan,
Ukraine, Usbekistan,
Belorußland
Autonome Republiken
innerhalb der
Russischen Föderation
Nordpol
Atlantischer Ozean
Nordsee
Ostsee
Barents-
see
Karasee
Laptewsee
Ostsibirische See
Ochotski-
sches
Meer
Gelbes
Meer
Schwarzes
Meer
Kaspisches
Meer
Aral-
see
Spitzbergen
Nowaja
Semlja
Sewernaja
Semlja
(Nordland)
Neusibirische
Inseln
Kamtschatka
Sachalin
Nördlicher
Polarkreis
RUSSISCHE FÖDERATION
Karel. Rep.
Rep. d. Komi
Jakutische
Republik
Burjatische
Republik
Tuwinische
Rep.
Wytschegada
Wolga
Ob
Jenissej
Lena
Amur
Irtysch
Dnjestr
Djnepr
Donau
Euphrat
Tigris
Irland
Großbritannien
Belgien
Niederlande
F.
Dänemark
Norwegen
Schweden
Finnland
Bundesrep.
Deutschland
Polen
Öst.
T.
R.
Sl.
S.
R.
Kr.
Ung.
B.
Se.
Rumänien
Bulg.
Est.
Let.
Lit.
Belo-
Rußl.
Moldawa
Ukraine
Türkei
Georgien
Armenien
Aserbeid-
schan
Kasachstan
Turkmenistan
Usbekistan
Tadshikistan
Kyrgystan
Iran
Irak
Syrien
L.
I.
Jord.
Saudi-
Arabien
Mongolische Volksrepublik
China
N.
Korea
S.
Korea
0 200 400 600 km

len. Gleichzeitig entbrannten ältere ethnische Konflikte zwischen beherrschten Völkern neu.

Im Zusammenbruch der „Zweiten Welt“ des Kommunismus stürzten die von ihm regierten Völker auch ökonomisch und sozial ab, in der Ex-UdSSR auf das Niveau der „Dritten Welt“. Soziale und ethnische Konflikte zwischen wiedererwachenden Nationalismen schlossen sich an, zunächst vor allem am Rande Europas, im Kaukasus und auf dem Balkan. Parallel zum Sturz des Sowjetkommunismus löste sich das post-titoistische Jugoslawien als faktisch von Serben dominierte Schein-Föderation auf und trieb durch die Hartnäckigkeit der Serben in den Jugoslawienkrieg (ab 27. 6. 1991).

1.3 Globale Rückwirkungen: Die neue Weltunordnung

Auch sonst wirkte das Verschwinden des *Imperium Sovieticum* wie ein ungeheures Erdbeben, das buchstäblich die gesamte Menschheit erschüttert. Ältere Konflikte, wie in Südafrika um die Apartheid, oder in Indien um die Ablösung des uralten Kastenwesens, veränderten ihre Qualität, da die UdSSR als Bündnispartner der Opposition (ANC) oder der Regierung (Indien) weggefallen war. US-Präsident Bush proklamierte zwar 1991 eine „Neue Weltordnung“. Aber die Wirklichkeit drängt eher zu einer neuen Weltunordnung, deren Umrisse zu erfassen sind, wollen wir sie konstruktiv und human meistern.

Nach der Anfangs-Euphorie stellte sich rasch heraus, daß die neuen Probleme und Konflikte noch brisanter waren als die alten: Die deutsche Einigung stürzte die Deutschen in ihre schwerste Krise seit 1945, nach innen wie außen: 40 Jahre Teilung hinterließen Unterschiede, die sich mit der staatlichen Einheit nur schwer entschärfen lassen. Als 80-Millionen-Staat in der Mitte Europas ist die neue Bundesrepublik Deutschland wieder zu groß und mächtig für ein Europa, das mit seinen großen und kleinen Nationen auf Vielfalt angelegt ist.

Die ČSR spaltete sich in ihrer postkommunistischen Freiheit 1993 in eine Tschechische und Slowakische Republik, ohne deren Probleme zu erleichtern. Spannungen um überwiegend russisch bewohnte Gebiete im Osten der Ukraine (Donbass), Südosten („Neu-Rußland“ um Odessa) und Süden (Krim) drohen zum Bürgerkrieg in der verarmten Ukraine zu eskalieren, in den Rußland als alt-neue imperiale „Ordnungsmacht“ eingreifen würde. Andererseits bleibt die Föderation Rußland so multiethnisch, daß auch sie bei Anhalten der ökonomischen und sozialen Krise und mit dem Tschetschenienkrieg (seit 1994) zerfallen könnte. Das Ergebnis wäre eine neue „Smuta“ (Zeit der Wirren, wie in Rußland 1598–1613), mit unabsehbaren Folgen für die Umwelt: Zerstörungen, nukleare Katastrophen (auch ohne Einsatz von Atomwaffen), Flüchtlinge.

Selbst das sich einigende Europa der Europäischen Union geriet durch seine Erweiterung nach Norden (Schweden, Finnland) und Süden (Österreich) und wie gefordert nach Osten (Polen, Tschechische Republik, Slowakei, Ungarn, baltische Republiken) in schwere Turbulenzen. Die Ausdehnung der NATO zum Schutz der lateinischen Völker östlich der Deutschen stößt auf Widerstand des postkommunistischen Rußland, dessen neo-imperiale Aspirationen neue Ängste vor traditioneller russischer Expansion und Hegemonie erwecken. Im relativ stabilen Westeuropa treibt der traditionell zentralistische Nationalstaat manche Länder in schwere Krisen: Belgien, Italien, Spanien, Frankreich. England driftet in einen wohlhabenden, Europa zugewandten Süden und einen verarmenden, deindustrialisierten Norden samt „keltischem“ Gürtel (Celtic fringe), Schottland und Wales, auseinander. Italien droht an der traditionellen Spanne zwischen industrialisiertem Norden und zurückgebliebenen Süden (Mezzogiorno) zu zerbrechen. In Frankreich erzwangen Sezessionsforderungen an der Peripherie (Korsika, Bretagne, Baskenland) schon erste Tendenzen zur föderativen Auflockerung des starren Zentralismus.

Am Eingang zum Jugoslawienkrieg (seit 1991) stand die Weigerung des großserbischen Nationalismus, jede Umwandlung des Bundesstaates zu einem echten Staatenbund souveräner Republiken zuzulassen. Statt dessen verfocht das offizielle Serbien unter Milošević die Vereinigung aller Serben in einem neuen Groß-Serbien. Wo Serben nur Minderheiten waren, erzwangen systematische Zerstörungen, Massenmorde und Vertreibungen „ethnische Säuberungen" weiter Gebiete in Kroatien und Bosnien. Wie ein Damoklesschwert hing über Europa und der Welt die militärische Intervention des orthodoxen Rußland und der muslimischen Türkei zur „brüderlichen Hilfe" für ihre jeweiligen Glaubensgenossen, mit unabsehbaren Folgen. Das Friedensabkommen von Dayton (1995) soll einen dauerhaften Frieden von außen erzwingen.

Die Türkei richtet ihre „ethnische Säuberung" gegen die Kurden, deren Existenz als eigene Minderheit sie weiterhin leugnet, und der türkisch-kurdische Konflikt schwappt auf deutschen Boden über. Der Irak betreibt eine analoge Politik gegenüber seinen Kurden, denen er zwar, unter schwerem internationalen Druck, nach dem 2. Golfkrieg (1990/91) formal die Autonomie gewähren mußte, sie aber durch eine rigorose Wirtschaftsblockade stranguliert. In Pakistan toben bürgerkriegsartige Konflikte zwischen Einheimischen im Sind und Flüchtlingen aus dem Ost-Punjab, die nach der Teilung Indiens (1947) gekommen waren. In Indien sind Konflikte zwischen den großen Religionsgemeinschaften der Muslims und Hindus 1990 schon angelaufen, angeheizt von fundamentalistischen Hindus und aus dem Zusammenbruch der Kastenordnung in den Industriestädten.

Selbst die Neue Welt hat ihr Nord-Süd-Gefälle: Die bisher stabilen USA kommen ins Schleudern, seitdem sie mit ihrem Vietnamkrieg (1965–73) schon den Höhepunkt ihrer Weltgeltung überschritten hatten. Rassenunruhen in Kalifornien, mit Kern in Los Angeles (1993), zeigen an, daß die soziale Integration der Afro-Amerikaner nur mit formalen Bürgerrechten (1965) noch keineswegs gelungen ist. Im Jubeljahr 1992 meldeten sich die Nachfahren der von den Europäern vertriebenen und genozidal behandelten Indianer drängender zu Worte denn je zuvor, ohne in den USA als numerisch verschwindende Minderheit politische Effekte erzielen zu können.

Dafür entzündete sich, im Protest gegen die Nordamerikanische Freihandelszone (NAFTA) (1. 1. 1994), im äußersten Süden Mexikos, in Chiapas, sozialer Sprengstoff am chronischen Wohlstandsgefälle, an der notorischen Vernachlässigung und Ausbeutung des Südens. An der Schnittstelle von „Erster" und „Dritter Welt" in Mittelamerika könnten sich gravierende Rückwirkungen auch für die USA einstellen. Dort und im übrigen Lateinamerika der formalen Demokratisierung stürzten in den 80er Jahren zwar traditionelle Diktaturen, vor allem in Argentinien (1983) und Brasilien (1985), wurden langanhaltende Bürgerkriege durch freie Wahlen beendet – Nicaragua (1990), El Salvador (1992/94). Aber das strukturelle Grundgebrechen bleibt: die faktische Diktatur der Konquistadoren-Nachfahren auf Latifundien (haziendas) mit ihrem Staats-Terrorismus. In Kolumbien und Peru tritt zu diesem Konflikt die Drogen-Mafia der Konquistadoren-Elite, kompliziert durch die maoistische Guerrilla-Bewegung „Leuchtender Pfad", die mit den Drogen-Bossen kollaboriert. Die Rückkehr der Indios in die Politik, wo sie sich als Massen auf dem Land erhalten haben (Zentralamerika, Andenregion), wird in den nächsten Jahren die Lage umstürzend verändern. Chiapas würde nur den Weg in eine stürmische Zukunft weisen.

Parallel zur Kettenreaktion in Europa lösten sich auch Klientelstaaten in Schwarzafrika (u. a. Madagaskar, Benin, Kongo-Brazzaville, Angola, Mosambik) von ihren einheimischen quasi-kommunistischen Regimen, Äthiopien 1991 nach einem schrecklichen Bürgerkrieg gegen ein besonders totalitäres Regime, das sich als kommunistisches Nachfolgereich des Negus-Negusti wie ein Rußland-Sowjetunion im kleinen ausnimmt.

Parallel, aber zeitlich versetzt zur sowjetischen „Perestrojka", suchte Südafrikas Staatspräsident de Klerk ab 1989 durch eine Flucht nach vorn die Apartheid von innen her abzubauen, die realpolitisch gegen eine trotz allen Behinderungen sich in den Städten modernisierende schwarze Mehrheit nicht mehr zu halten war. Mit dem Wegfall der eisernen Klammer von oben droht aber auch Südafrika ins Chaos zu stürzen, in einen Krieg aller gegen alle. Die Situation komplizierte sich durch die Tatsache, daß die stärkste Oppositionsgruppe der Schwarzen, der African National Congress (ANC), ursprünglich 1912 nach indischem Vorbild gegründet, seit 1928 politisch von der KP Südafrikas geleitet wird und sich nach 1961 immer weiter radikalisierte. Damit drohte auch Südafrika in die Mechanismen des Kalten Krieges zu driften. Mit Niedergang und Ende der Sowjetunion fiel zwar der Rückhalt des ANC an der Sowjetunion weg, aber de Klerks nobler Versuch, die Apartheid abzuschaffen, kam um 40 Jahre zu spät und hatte eine ähnliche Wirkung wie Gorbatschows Perestrojka: Gefahr des Chaos. Nach Zerfall des weißen Buren-Reichs entfalten weißer Rassismus und der Ruf nach Wiederherstellung des kurzlebigen Zulu-Reichs unter Shaka (1818–28) eine tödliche Brisanz: Traditionell antikommunistische Buren und Zulus verbanden sich gegen die Neue Mitte von Liberalen Weißen mit dem ANC, der seinerseits zu lange an zentralistischen Strukturen festhielt, durch Boykott der ersten freien Wahlen vom April 1994 und drohten Südafrika, in einen komplizierten Bürgerkrieg zu stürzen. Wieder einmal würde Gewalt alles nur noch schlimmer machen.

Dagegen zeichnen sich für den chronischen Nahostkonflikt Hoffnungen auf Frieden zwischen Israel, repräsentiert von Rabins Arbeiterpartei-Regierung, und den Palästinensern mit dem gemäßigten Kern der PLO um Arafat ab. Auch hier wären Autonomie und Föderalismus Schlüssel zur Konfliktlösung, so daß sich der Friedensprozeß allmählich doch durchsetzen und auf die gesamte Region des Nahen Osten ausstrahlen könnte. Am Anfang stand das Autonomie-Abkommen für den Gazastreifen und Jericho zwischen Israel und der PLO (1993). Aber wie in Südafrika provoziert die Aussicht auf ausbrechenden Frieden innerisraelische und -palästinensische Konflikte, verschärft durch das Massaker von Hebron an Muslims in der Ibrahim-Moschee (1994). Seitdem eskaliert Terror extremer jüdischer und muslimischer Gruppen, um den Frieden im Keim zu ersticken. Wie in Südafrika kämpfen traditionell verfeindete Gruppen vom fundamentalistisch-extremistischen Rand gegen den Kompromißfrieden einer Neuen Mitte.

1.4 Ostasien

Ostasien ist die Weltregion, die sich in den letzten Jahrzehnten am schnellsten entwickelt hat: Japan produzierte sein eigenes Wirtschaftswunder, denn sein Pro-Kopf-Einkommen machte 1950 lediglich 18 % dessen der USA aus, nach 1990 aber bereits 80 %. Japan nutzte den technologischen Fortschritt, indem es modernste Technologie aus dem Ausland importierte und das Bildungswesen modernen Erfordernissen anpaßte, um notwendige Qualifikationen zu schaffen. Niedrige Steuern reizten Investitionen und Innovationen an. Danach wurden die „Schwellenländer" Ostasiens (Südkorea, Taiwan, Hongkong, Singapur) Wachstumslokomotiven seit den 70er Jahren. Ihre Aufholjagd im „Miracle of Asia" (Weltbank) gegenüber den anderen Industrieländern trieb eine Kombination mehrerer Faktoren an: Staatliche Lenkung und Unterstützung gaben entscheidende Impulse zu grundlegenden wirtschaftspolitischen Rahmenbedingungen: hohes Ausbildungsniveau und niedrige Steuerbelastung, Erhaltung der gesamtwirtschaftlichen Stabilität, Investitionen in das Humankapital, rationale Preisgestaltung, stabiles Finanzsystem, Öffnung der Wirtschaft für ausländische Technologien. Importsubstitution regte die Industrialisierung an, indem sie teure Importe durch billigere einheimische Produkte ersetzte, während der Export von Industriegütern subventioniert wurde.

Das gemeinsame chinesische „konfuzianische Erbe", unter anderem bestimmt durch eine hohe Motivation zu Leistung, Selbstdisziplin, Sparsamkeit und Ausdauer, erklärt, warum das geballte Wirtschaftswachstum gerade im ostasiatischen Raum auftrat. Finanzielle und technologische Hilfestellung der USA für Taiwan und Südkorea im Kalten Krieg als „Bastionen gegen den Kommunismus" in Nordkorea und auf dem chinesischen Festland hatte begleitenden Effekt. So steigt der asiatisch-pazifische Raum mit Ost- und Südostasien zu Beginn der Jahrtausendwende ökonomisch und vermutlich auch politisch zu einem globalen Zentrum auf, sollte er seine politische Stabilität wahren können.

Der chinesische Wirtschaftsboom erhöhte den Anteil des chinesischen Wirtschaftsraums, am Sozialprodukt aller Entwicklungsländer, zwischen 1983 und 1992 von 10 % auf 25 % mit besonderer Dynamik im Süden. Der rasche ökonomische Wandel in den 80er und 90er Jahren, angezeigt an hohen Wachstumsziffern und der Vervielfachung des Lebensstandards vieler Chinesen, schuf erhebliche regionale, sektorale und soziale Unterschiede. Er setzte eine ökonomische Flexibilität und soziale Mobilität in Gang, die traditionelle Strukturen wie die Familienwirtschaft veränderte und zunächst auf dem Land, dann aber auch in den Städten eine Vielfalt der Eigentumsformen hervorbrachte. Zugleich unterscheidet sich der relativ erfolgreiche Prozeß ökonomischen und gesellschaftlichen (nicht aber politischen) Wandels in der VR China seit 1978 grundlegend von den Zerfallsprozessen in Osteuropa und in der ehemaligen Sowjetunion. Zwar ging die Volksrepublik bis in die Gegenwart durch politische Wechselbäder, gleichwohl muß es nicht zu einem erdrutschartigen Zusammenbruch des politischen Systems wie in Osteuropa kommen. Relativ erfolgreiche Wirtschaftsreformen bewirken einen rasanten Wandel von unten, der sich zu Beginn der 90er Jahre vor allem in raschem sozialem Wandel, in tendenzieller Privatisierung der Wirtschaft, in der Herausbildung neuer Eliten und wachsender wirtschaftlicher Selbständigkeit von Provinzen und Städten ausdrückt. In China zeichnet sich erstmals ab, daß der Übergang von einer Planwirtschaft stalinistischen Typs zu einem (autoritären) Marktsystem unter der Herrschaft einer Kommunistischen Partei möglich ist und nicht zwangsläufig in wirtschaftlichem Abschwung endet.

Eine Wirtschaftsgemeinschaft in Ostasien könnte die Einbindung der Volksrepublik China in den Entwicklungsprozeß des ostasiatisch-pazifischen Raumes und einen Übergang Chinas zu demokratischeren Strukturen erleichtern.

1.5 Ausblick auf die Eine Welt

Durch weitgehende Technisierung haben wir mit der Revolution elektronischer Kommunikationsmittel praktisch schon die Eine Welt erreicht, von der amerikanische Demokraten nach dem Zweiten Weltkrieg träumten: Wenigstens durch moderne Nachrichtenmittel und Reisemöglichkeiten sind wir alle zu Nachbarn geworden. Die Folge ist eine Angleichung subjektiver materieller Ansprüche in einer Welt, in der die objektive Spanne zwischen dem Lebensstandard immer weiter wächst, global wie national.

1.5.1 Ökonomische und ökologische Probleme

Hinter vielfältigen Krisen und Konflikten unserer Zeit zeichnen sich schwere ökonomische und ökologische Probleme ab: Die Bevölkerungsexplosion vor allem in den ärmeren Regionen, wie zuvor in Europa der Neuzeit teilweise Gefolge moderner Hygiene und Medizin, frißt alle ökonomischen Gewinne durch Modernisierung von Landwirtschaft und Industrie wieder auf, die wiederum elementare Grundlagen des Ökosystems Erde (Luft, Wasser, Boden, Flora, Fauna) durch Hyper-Industrialisierung bedrohen. So benötigen wir zum Überleben der Menschheit zu humanen Bedingungen einen sparsamen Umgang mit den natürlichen Ressourcen, durch moderne, die Umwelt schonende und schützende Technologien. Sonst werden sich Konflikte um materielle Ressourcen weiter verschärfen, je weiter die Selbstzerstörung fortschreitet, durch Vernichtung großer Waldgebiete (Amazonas, Schwarzafrika, Südostasien, Indien, Nordamerika, Sibirien), Erosion, Vergiftung von Böden, Ausbreitung der Wüsten, vor allem der Sahara, Ansteigen des Meeresspiegels, Zerstörung der Ozonschicht.

Zudem wächst aus der bisherigen Entwicklung der Menschheit ein folgenschweres Dilemma: Selbst eine ökonomische Angleichung der gesamten Menschheit auf das Niveau der westlichen (oder nördlichen) Industrieländer würde die Erde ökologisch nicht verkraften. Andererseits müssen die relativ reichen Industrienationen von ihrem Wohlstand abgeben, in welcher Form auch immer. Sie können sich auch nicht in ein Groß-„Lager" zurückziehen, um egoistisch ihren höheren Lebensstandard mit Gewalt zu verteidigen. Selbstisolierung und „Lager"-Mentalität führen nur in den Kollaps, wie die Sowjetunion mit ihrer revolutionären Selbstisolierung im großen, Südafrika mit seiner besonderen Apartheid im kleinen, gerade schlagend beweisen. Wie schwer wir uns aber mit dem Teilen tun, demonstriert seit 1989 das vereinigte Deutschland.

1.5.2 Nationalismen und Rückgriff auf Reichsstrukturen

Neue Nationalismen und Regionalismen greifen im Anspruch auf den eigenen Staat ideologisch auf ältere Reiche in ihren weitesten Grenzen zurück – großserbisches, -kroatisches, -griechisches, -deutsches, -jüdisches, -armenisches usw. Reich. Die Grenzen solcher meist ungleichzeitigen Reiche überschneiden sich oft geographisch, so daß sich an Überlappungszonen Konflikte entzünden, wie über Makedonien und Bosnien. Die selbstzerstörerische Kraft ethnisch-nationaler Konflikte steigert sich noch durch konsequente Anwendung einer Formel aus der Französischen Revolution – *„la nation une et indivisible"* (die eine und unteilbare Nation): Versuchen zentralistische Einheitsstaaten durch Zwangsassimilation alle ihre Untertanen, die nicht zur Titular-Staatsnation gehören, sprachlich, kulturell oder religiös anzugleichen, provoziert ihre Repression von oben nur Widerstand von unten. Wo der zentralistische Einheitsstaat „nationale" Homogenität fordert und erzwingt, eröffnet er eine tödliche Eskalationsschraube, an deren Ende die Logik „ethnischer Säuberungen" und Genozide steht, wie gegenwärtig vor allem in der Türkei (gegen Kurden) und in Ex-Jugoslawien.

Da die meisten Staaten der Welt jedoch ethnisch, religiös und kulturell nicht homogen sind, sondern vielfältig heterogen, treibt jede „völkische" (ethnische) exklusive Definition von Nation oder Nationalstaat, gar das „Postulat der homogenen Nation" (Karlheinz Weißmann), in die Selbstzerstörung. Dagegen wäre Föderalismus mit Autonomie auf möglichst vielen Ebenen (kommunalen, regionalen) unterhalb der nationalen Ebene das humanste Mittel zur politischen Organisierung vielfältiger Heterogenitäten. Als

Faustregel mag dienen: Je heterogener ein Staat, desto mehr Autonomie oder Föderalismus erscheint notwendig. Autonomie und Föderalismus sind zwar teuer, aber billiger als Selbstzerstörung durch zentralistische und assimilierende National-Egoismen.

1.5.3 Fundamentalismen und globale Sinnkrise

Neben der Renaissance imperialer Träume für neue Nationalismen verschärfen Fundamentalismen in den großen Religionsgemeinschaften gegenwärtige Konflikte, die in sich schon schwer genug sind: Religiöse Fundamentalismen – in christlichen Kirchen, bei Muslims, Juden, Hindus und Buddhisten – sind Symptom und Ausdruck schwerer Existenz- und Sinnkrisen, materieller wie geistig-geistlicher. Religiöse Fundamentalisten als Volk Gottes und säkularisierte Extremisten, nationaler oder rassistischer, kommunistischer wie nationalsozialistisch-faschistischer Art, machen alles nur schlimmer: Ihre Programme sind Kriegserklärungen gegenüber dem jeweiligen Rest der Welt und landen unweigerlich in der Gewaltanwendung, die sie ebenso fordern wie fördern. Die Ermordung des israelischen Ministerpräsidenten Rabin durch einen jemenitischen Israeli (1995) und die Reaktion des iranischen Staatsoberhauptes Rafsanjani („Rache Allahs") beleuchten blitzartig diese Zusammenhänge, wie auch explosive Konfliktlinien innerhalb Israels.

Ein tieferer Grund für die Sinnkrise liegt darin, daß Hochreligionen in bestimmten Konstellationen dazu neigen, *ihren* Ausschnitt aus einem Spektrum denkbarer Welterklärungen zu verabsolutieren und zum einzig möglichen oder erlaubten zu erheben. Fundamentalismen an Sektenrändern steigern den Monopolanspruch noch weiter. Als Reaktion gegen die fortschreitende Säkularisierung durch Technisierung beharren sie in aller Härte auf buchstäblicher Auslegung ihrer heiligen Schriften, stürzen sich und die Umwelt jedoch so in ein neues Dilemma: Die heiligen Schriften entstammen einer agrarischen Epoche, deren Sprache eine industrialisierte Menschheit heute nicht mehr erreicht. Nur noch ihr Verständnis als mythisch verfremdete Welt-Erklärungen erschließt den ursprünglichen Sinn durch moderne Interpretationen, zu denen auch die modernen Naturwissenschaften zählen – vom Urknall bis zum vorstellbar gewordenen Ende des Universums. Verabsolutierung fragmentierter Welterklärung macht den Rest der Welt zu Feinden, obwohl sich Fundamentalisten aller Weltreligionen, auch der säkularisierten des atheistischen Kommunismus Marxismus, in ihren Denkstrukturen überraschend ähneln. Jedoch brauchen sie einander zum Aufbau ihrer Feindbilder – gegen alle, die nicht ihre Welt-Anschauung teilen.

Die wachsenden Probleme der Menschheit lassen sich aber nicht durch Gewalt lösen. Heute haben wir nur noch die Wahl: Entweder wir leben zusammen in dieser Einen Welt – eine andere haben wir nicht – oder wir müssen zusammen sterben. Zusammenleben fordert gewiß Kompromisse, komplizierte und teure. Toleranz und Respektierung der Vielfältigkeiten, aber auch Menschenrechte als grundsätzliche Gleichberechtigung aller Menschen, wären dringend erforderliche Gebote zum gemeinsamen Überleben. Das wären genügend realistische Utopien. Eine rationale Kenntnis der Geschichte kann – vielleicht – helfen, besser zu verstehen, wie Konflikte in der Vergangenheit und Gegenwart entstanden sind, in der Hoffnung, sie für die Zukunft vielleicht zu dämpfen, kanalisieren und zivilisieren, sie gar zu vermeiden, um die in ihnen sonst sich austobenden destruktiven Energien friedlich und konstruktiv zu wenden.

Glossar

Abolitionismus: Bewegung zum Verbot (= Abschaffung) des Sklavenhandels und der Sklaverei.
Absolute Monarchie: auch: Absolutismus. Form der Monarchie, in der die Krone losgelöst von Zwischengewalten und bindenden Rechtsnormen herrscht, z. B. Frankreich unter Ludwig XIV.
Act: Engl. „Gesetz" (in England „Act of Parliament", in den USA „Act of Congress")
Agonie: Todeskampf, im Unterschied zu Krise, in der sich entscheidet, ob eine Krankheit zur Genesung oder eben in die Agonie einmündet; Agonie eines Reiches bis zum Exitus (Dahinscheiden, Untergang) kann sehr lange dauern, z. B. Byzanz (1071–1453) oder Osmanisches Reich 1774–1920).
Amendment: Zusatzartikel zur US-Verfassung, u. a. Bill of Rights (I.–X., 1791), Abschaffung der Sklaverei (XIII., 1865), Verbot einer zweimaligen Wiederwahl eines US-Präsidenten (XXXII., 1951).
Anarchie: Perioden ohne Zentralgewalt (= Herrschaft), mit vielen fragmentierten Machtfaktoren; ähnlich gebraucht wie Chaos.
ANC: African National Congress: Befreiungsbewegung der Afrikaner in Südafrika, seit 1912; seit 1994 stärkste Regierungspartei.
Ancien Régime: Herrschafts- und Gesellschaftssystem des absolutistischen Frankreich vor 1789, übertragen auch anderer vorrevolutionären Systeme.
Annexion: Einverleibung eroberter Gebiete, ohne politische Rechte, mit direkter Regierung durch Beauftragte der Zentralgewalt, meist Gouverneure; dazugehöriges Verb: annektieren.
Antagonismus: Allgemein: Gegensatz, Gegnerschaft. „Gesellschaftliche Antagonismen" haben in marxistischen Theorien große Bedeutung.
Antisemitismus: Sammelbezeichnung für anfangs religiös, später rassisch begründete Feindschaft gegen Juden. Andere Begriffe ähnlichen Inhalts: Antijudaismus (religiös bestimmt) oder Antizionismus (gegen den Staat Israel).
Aristokratie: („Herrschaft der Besten"): Ursprünglich Herrschaft des Adels, im Unterschied zu Monarchie und Demokratie; später Bezeichnung für Adel, besonders den Hochadel
Aschkenasim: „Juden aus Deutschland", nach Massakern während der Großen Pest 1349 nach Polen geflohen; später, neben Sephardim, eine der großen Gruppierungen der modernen Judenheit.
Assignaten: Papiergeld der Französischen Revolution. Nach Nationalisierung der Kirchengüter im November 1789 als verzinsliche Staatsobligationen auf enteignete Kirchengüter zur Deckung der Staatsschulden ausgegeben, rasch inflationiert.
Assimilation: Kulturelle, sprachliche und/oder religiöse Angleichung an ein herrschendes Volk, erzwungen von oben mit Gewalt, die oft Gegengewalt von unten provoziert, oder freiwillig („Aufstiegsassimilation"); z. B. Germanisierung, Polonisierung, Russifizierung, Islamisierung.
Assoziierung: Lockeres Vertragsverhältnis der EWG/EG/EU mit Nicht-Mitgliedern, auch als Vorstufe zur späteren Mitgliedschaft.
aufgeklärter Absolutismus: Absolute Monarchie im lateinischen Westen zur Zeit der Aufklärung, mit Reformen von oben.
Bill of Rights: Zentrales Verfassungsdokument Englands zum Abschluß der „Glorious Revolution" 1689. Es gab dem Parlament weitgehende Rechte im Übergang zur Parlamentarischen Monarchie. In den USA Name für die ersten zehn Verfassungszusätze, Amendments.
Bonapartismus: Ursprünglich polemische Bezeichnung von links (Marx) gegen den Herrschaftsstil Napoleons III., später auch übertragen auf Bismarck (H.-U. Wehler): Kombination bürgerlich-moderner Inhalte mit monarchischen (Kaisertum, bei Napoleon I. auch neuer Verdienstadel) und demokratisch-plebiszitären Formen.
Bourgeoisie: 1. marxistischer Kampfbegriff gegen die Kapitalbesitzer (gegenüber Proletariat), 2. Bürger einer Stadt, 3. Bürgertum, oft pejorativ (abwertend).
Breschnew-Doktrin: Von der UdSSR unter Breschnew 1968 nach der Besetzung Prags verkündeter Grundsatz beschränkter Souveränität sozialistischer Staaten. Interventionsrecht der UdSSR, falls Kommunismus nicht mehr garantiert war.
Bundesstaat: Im Unterschied zum Staatenbund Zusammenschluß mehrerer Staaten zu einem Gesamtstaat, in dem Einzelstaaten autonome Kompetenzen behalten (eigene Parlamente und Gesetzgebung), die Souveränität aber bei der Zentralregierung liegt. Beispiele: Österreich, Bundesrepublik Deutschland, Schweiz, USA (vgl. Föderalismus).
BVP: Bayerische Volkspartei: Ableger des Zentrums in Bayern, 1918–33. Gab 1925 Ausschlag für Wahl Hindenburgs zum Reichspräsidenten.
Chartered Companies: Halbstaatliche Gesellschaften im 17.–19. Jh., zur Organisierung des Überseehandels (stilprägend: English East India Company, 1600), mit Privilegien, u. a. Monopolanspruch auf Überseehandel und Recht, in eigenen Herrschaftsbereichen hoheitliche Funktionen wahrzunehmen (Erhebung von Zöllen, Unterhalt eigener See- und Landstreitkräfte); im späten 19. Jh. wichtig zur

Gründung neuer Kolonien (England, Deutschland).
Code Civil (auch Code Napoleon): Zivilgesetzbuch in Frankreich, 1804, mit erheblicher Prägung auf das süddeutsche Rechtsleben nach 1815.
Commonwealth: Ursprünglich: Republik in England unter den beiden Cromwells (1649–60), seit 1926 offizieller Name für die Gemeinschaft souveräner Dominions mit dem britischen Mutterland.
Cordeliers: 1790 von radikalen Jakobinern (u. a. Danton, Brissot, Hébert) gegründeter Klub zur Mobilisierung der Sansculotten von Paris.
Cordon Sanitaire: Ursprünglich: Sperrzone gegen Seuchengebiet (z. B. bei Pest); nach dem Ersten Weltkrieg Schutzgürtel Frankreichs zur Isolierung Sowjetrußlands und als Ersatz für das seit 1917 entfallene Bündnis mit Rußland gegen Deutschland, mit den meisten Nachfolgestaaten, u. a. ČSR, Jugoslawien, Rumänien, Polen.
Curzon-Linie: Nach dem englischen Außenminister Lord Curzon 1919 benannter Grenzvorschlag zwischen Polen und Rußland nach ethnisch-sprachlichen Kriterien.
Deeskalation: Abschwächung eines Konfliktes. Gegensatz: Eskalation.
Deflation: Im Gegensatz zu Inflation Sinken des Preisniveaus, u. a. in einer Wirtschaftskrise und/oder durch gezielte Regierungspolitik. Größeres Güterangebot bei geringerer Geldmenge.
Demographie: Wissenschaft von der Bevölkerungsentwicklung und -bewegung.
Demokratie: Ursprünglich: In griechischer Antike Herrschaft des Demos (freie Bauern und Handwerker), in der Moderne des gesamten Staatsvolks, mit Volkssouveränität.
Demokratische Partei: Ältere der beiden großen Parteien in den USA, gegründet von Andrew Jackson 1828; gewann als Interessenvertreterin der Südstaaten (für Sklaverei, später Rassendiskriminierung) nach 1865 nur langsam Anhänger im Norden und Westen; liberalisierte sich im 20. Jh.; Trägerin des „New Deal" unter F. D. Roosevelt.
Denunziation: (Heimliche) Anzeige von Menschen bei Regierungen und sonstigen Machthabern, zum Schaden der so Denunzierten.
Deutscher Volksrat: Leitendes Organ der „Volkskongreßbewegung für Einheit und gerechten Frieden"; aus ihr ging am 7. Oktober 1949 die Provisorische Volkskammer der DDR hervor.
Devolutionskrieg: 1. Eroberungskrieg Frankreichs unter Ludwig XIV. 1667/68, benannt nach dem brabantischen Privatrecht („dévolution"), das Kindern aus erster Ehe den Vorzug vor Kindern aus späteren Ehen gab; von Ludwig XIV. auf das Staats- und Völkerrecht übertragen, als juristischer Vorwand zur Eroberung der Spanischen Niederlande.
Direktorium: Regierung in Frankreich nach der Jakobinerherrschaft, mit fünf Direktoren, 1795–99.
Doktrin: Lehre oder Grundsatz; erstarrtes Dogma, z. B. Monroe-Doktrin
Doppelherrschaft: Spannungsreiches Nebeneinander von „Provisiorischer Regierung" und „Petrograder Sowjet" in der Russischen Revolution, März–November 1917.
Dreibund: Bündnis zwischen Deutschland, Österreich-Ungarn und Italien, 1882–1914.
Duumvirat: Zweierherrschaft, analog zum Triumvirat 60 und 43 v. Chr.
Dynastie: Ursprünglich Generationsabfolge einer Herrscherfamilie (Fürsten, Könige, Kaiser, Hochadel), z. B. Han, Karolinger, Capetinger, Staufer, Rurikiden, Habsburger, Hohenzollern, Ming; später auch übertragen für Familien von Industriellen (z. B. Krupp) oder überragender Musiker und Komponisten (Bach).
Emigration: Auswanderung, meist aus wirtschaftlichen Gründen oder aufgrund politischer oder religiöser Verfolgung. Gegensatz: Immigration
Empirismus: Überzeugung von Wissenschaftlern, daß Erkenntnisse nur aus der Erfahrung („Empirie") mit der Natur zulässig seien.
Endlösung: Abkürzender NS-Tarnbegriff für die Ermordung der Juden (Holocaust) im NS-Herrschaftsbereich, 1941–45, vollständige Version: „Endlösung der Judenfrage".
Enragés: Linksradikaler Flügel der Sansculotten, angeführt von Jacques Roux.
Entente Cordiale: Kolonialpolitische Verständigung zwischen Frankreich und England über Marokko (an Frankreich 1911) und Ägypten (Okkupation von 1882 anerkannt). 1904, zur weltpolitischen Eindämmung Deutschlands; durch anglo-russische Verständigung 1907 erweitert zur Triple Entente gegen den Dreibund, abgelöst nach Kriegsausbruch durch Londoner Vertrag (5. 9. 1914).
Enzyklika: Rundschreiben des Papstes
Erbfeindschaft (deutsch-französische): Aus Kriegen zwischen Frankreich und Deutschland entstandene Ideologie eines unversöhnlichen Antagonismus, im Zweiten Kaiserreich symbolisiert u. a. durch „Sedanstag" (2. 9. 1870) als nationaler Feiertag, Kriegerdenkmale, Standbild der „Germania" (1883) bei Rüdesheim/Rhein. Erst durch Versöhnung nach dem Zweiten Weltkrieg unter Adenauer und de Gaulle überwunden.
Ethnie/ethnisch: Volk, Volksstamm; die Volkszugehörigkeit betreffend.
Europarat: 1949 von ursprünglich 10 europäischen Staaten gegründeter Zusammenschluß zur Annäherung der Staaten Europas, Wahrung der Menschenrechte und kulturellen Zusammenarbeit der heute 34 Mitgliedstaaten.
Evolutionismus: Seit Charles Darwins „Ursprung der Arten" (1859) verbreitete Überzeugung, daß sich die biologischen Formen und Arten über lange Zeit auseinander entwickelten, nicht geschaffen wurden – umstritten besonders beim Menschen.
ex cathedra: Verkündigungen des Papstes ex cathedra (vom Stuhle Petri) in Glaubens- und Sittenfragen mit Anspruch auf Unfehlbarkeit (definitiv seit I. Vatikanischen Konzil 1870).

Exterritorialität: Diplomatisches Prinzip: Gesandt- und Botschaften fremder Staaten stehen rechtlich nicht auf dem Territorium des Gastlandes.
Feuillants: Nach Spaltung des ursprünglichen Jakobinerklubs am 16. Juli 1791 Mehrheit konstitutioneller Monarchisten, benannt nach dem Kloster der Feuillanten (reformierte Zisterzienser) in Paris.
Föderalismus: Im Gegensatz zum Zentralismus Struktur eines Staates, der sich aus Bundesstaaten mit unabhängigen Kompetenzen zusammensetzt, über denen eine Zentralmacht mit Souveränität gemeinsame Aufgaben erfüllt: Beispiele USA, Bundesrepublik Deutschland.
Föderation: Zusammenschluß von mehreren Staaten, als Bundesstaat oder Staatenbund.
Fragmentierung: Zersplitterung.
Friedliche Koexistenz: Schon in den 20er Jahren proklamierter taktischer Grundsatz zur Regelung der Beziehungen der Sowjetunion mit kapitalistischen Staaten; 1956 von Chruschtschow als langfristige Strategie im Kalten Krieg propagandistisch wiederbelebt, aber ohne ideologische Koexistenz.
Fronde: (franz.: = „Schleuder") Opposition in Frankreich gegen absolutistische Tendenzen des Kardinals Mazarin, in zwei Phasen – des Pariser Parlement („Parlementsfronde") 1648/49, des Hochadels und Teilen des Klerus („Prinzenfronde") 1652/53. Nach Scheitern Weg frei zum Asolutismus.
Fundamentalismus: Religiöse Gruppierung am Sektenrand aller Hochreligionen, die zentrale Aussagen ihrer heiligen Schriften wörtlich nehmen und die Säkularisierung rückgängig machen wollen.
Genozid: Völkermord, ursprünglich zur Bezeichnung des deutschen Massenmords an Juden im Zweiten Weltkrieg („Endlösung"/„Holocaust"), später auch übertragen auf vergleichbare Vorgänge, vorher oder nachher.
Girondisten: Gemäßigter Flügel der Jakobiner, benannt nach dem Departement Gironde, aus dem mehrere ihrer Führer stammten, u. a. Brissot.
Glasnost: Neben Perestroika Schlüsselparole, mit der M. Gorbatschow (1985–91) in der Agonie der Sowjetunion einen letzten Reformversuch riskierte: Öffentlichkeit politischer Prozesse und Meinungsfreiheit im Rahmen des Sozialismus.
Glück: In der Sprache des 17. und 18. Jh. gleichbedeutend mit „hoher Lebensstandard", „sein Glück machen" = wohlhabend werden.
Große Furcht (La grande peur): Nach dem Sturm auf die Bastille Bauernaufstände in der Provinz gegen adlige Grundherren (Juli/August 1789).
Hegemonie: Ursprünglich: Oberbefehl in einem Bündnis griechischer Stadtstaaten (poleis), der meistens dem stärksten Bündnispartner zufiel; daraus übertragen: Vorherrschaft eines Staates.
Heloten: Bezeichnung für die Unfreien im spartanischen Staat (vgl. Bd. 1). Übertragen: unterdrücktes, rechtloses, ausgebeutetetes Volk
HEP: „Hierosolyma est perdita." Kampfruf gegen Juden seit den Hep-Hep-Krawallen von 1819.
Heterogenität: Ungleichartigkeit, Vielfalt. Gegensatz: Homogenität
Holocaust: „Brandopfer": Aus dem Griechischen und Englischen übernommener Begriff für die Ermordung der Juden im NS-Machtbereich.
Homogenität: Gleichartigkeit, Einheitlichkeit. Gegensatz: Heterogenität.
Honoratiorenparteien: Parteien, in denen nur hochstehende Persönlichkeiten (Honoratioren, Notabeln) Mitglieder sind, um politische Probleme im engen Kreis unter sich zu lösen. Gegensätze: Massenpartei, Volkspartei.
IM: Inoffizieller Mitarbeiter des Ministeriums für Staatssicherheit der DDR (MfS), von hauptamtlichen MfS-Mitarbeitern zur Überwachung der Bevölkerung eingesetzt.
Inflation: Geldentwertung, Kaufkraftverlust des Geldes. „Hyperinflation" führt zur völligen Entwertung einer Währung und meist zu einer Währungsreform, z. B. in Deutschland 1923.
Informal Empire: Herrschaft in Übersee, vor allem Englands bis zur formellen Kolonialherrschaft, ohne direkte staatliche Machtausübung (Verwaltung, Militär) mit Hilfe lokaler Herrscher über lockere wirtschaftliche Einflußsphären, Protektorate, z. B. durch Chartered Companies.
Infrastruktur: Summe aller öffentlichen Einrichtungen, die Produktion und Handel nutzen: z. B. das Wegesystem, die Eisenbahn, Telefonnetze, Gesundheitswesen, Ausbildungsstätten.
Inkatha: Umabhängigkeitsbewegung der Zulu in Südafrika, meist in Rivalität zu ANC.
Intelligencija: (Russisch): Mehr oder weniger akademisch Gebildete, sozial vom Adel bis zum Kleinbürgertum, mit revolutionärer Gesinnung.
Interventionsstaat: Staat, der in das wirtschaftliche und soziale Leben regulierend eingreift (interveniert).
Isolationismus: Außenpolitische Tradition der USA seit Gründung, sich auf den amerikanischen Kontinent zu beschränken, im Ersten und seit dem Zweiten Weltkrieg aufgegeben.
Jakobiner: Radikale Vertreter der Französischen Revolution, nach Abspaltung der Feuillants aus dem bis dahin gemeinsamen Jakobinerklub übriggebliebener linker Flügel: Bergpartei um Robespierre, benannt nach dem Tagungsort, dem Jakobinerkloster in Paris.
Jingoismus: Jingo war ein englischer Spottname für radikale Imperialisten, besonders aus der Unterschicht, entstanden während des Russisch-türkischen Krieges 1877/78.
k. u. k. Doppelmonarchie (kaiserlich und königlich): Österreich-Ungarn (1867–1918) als Fast-Konföderation des Kaiserreichs Österreich mit dem Königreich Ungarn.
Kartelle und Syndikate: Absprachen zwischen Unternehmen über Produktionsmengen, Preise, Märkte zur Wettbewerbsbeschränkung.
Klasse: Soziale Gruppe mit gemeinsamen ökonomischen Lebensbedingungen, im Marxismus durch Besitz oder Nichtbesitz von Produktionsmitteln ge-

kennzeichnet; im Unterschied zu Stand, mit individueller und kollektiver Aufstiegsmobilität.

klerikalfaschistisch: Autoritäre Bewegungen oder Regime, die sich auf konservative Strömungen in der katholischen Kirche stützten, z. B. in Österreich 1927–38, Slowakei 1939–45.

Klientelstaat: Staat in faktischer Unabhängigkeit, mit lockerer Abhängigkeit von einem Großreich.

Koalitionskriege: Kriege wechselnder europäischer Koalitionen gegen das revolutionäre bzw. napoleonische Frankreich (1792–1807), 1. Koalitionskrieg, 1792–1797, 2. Koalitionskrieg, 1798–1801/02, 3. Koalitionskrieg, 1805, 4. Koalitionskrieg, 1806/07.

Koexistenz: Gemeinsame Lebensmöglichkeit, Nebeneinanderbestehen.

Kohärenz: Fachbegriff zur Harmonisierung der Innen- und Außenpolitik in der EG/EU.

Kolchose: 1928 bis 1937 durch Zwangskollektivierung entstanden, formal „genossenschaftliche" Betriebsform in der Landwirtschaft der UdSSR.

Kollaboration: Zusammenarbeit mit einer Besatzungsmacht, meist polemisch abwertend gemeint.

Kondominium: Gemeinsame Herrschaft von mindestens zwei Staaten über ein Land

Konflagration: Feuersbrunst, Katastrophe.

Konföderation = Staatenbund.

Konkordat: Vertrag mit dem Papst zur Regelung der Beziehungen zwischen Staat und Vatikan, u. a. Reichskonkordat 1933.

Konstitutionalismus: Regierungssystem auf der Grundlage einer (geschriebenen oder ungeschriebenen) Verfassung, in konstitutioneller Monarchie.

Konstitutionelle Monarchie: Durch Verfassung (Konstitution) gesetzlich eingeschränkte Monarchie, historisch zwischen absoluter und parlamentarischer Monarchie; zuerst in England mit Restauration 1660, mit ungefährem Gleichgewicht zwischen Krone und Parlament.

Konstruktives Mißtrauensvotum: Aus der Erfahrung der Weimarer Republik eingeführte Entscheidung der Mehrheit des Bundestages, dem Bundeskanzler das Mißtrauen auszusprechen, indem ein Nachfolger gewählt wird (Art. 67 des Grundgesetzes), um die Stabilität der Regierung zu erhöhen.

Kontinentalsperre: Handelsembargo Napoleons gegen England (1806–1813).

Kontribution: Kriegssteuer: Abgabe und Entschädigungsleistung.

Korruption/korrumpieren: Bestechung, Bestechlichkeit. Übertragen: jemanden moralisch verderben.

Krüger-Depesche: Telegramm Kaiser Wilhelms II. 1896, in dem er dem burischen Präsidenten Krüger von Transvaal zur Abwehr des britischen Einfalls („Jamesson Raid") gratulierte.

Krümpersystem: System zur Umgehung der im Pariser Vertrag (1808) festgelegten Höchstgrenze von 42 000 preußischen Soldaten. Rekruten wurden kurzfristig ausgebildet und schnell wieder entlassen, so daß Reserven von ca. 150 000 Soldaten für den späteren Krieg gegen Napoleon entstanden.

KSZE (Konferenz für Sicherheit und Zusammenarbeit in Europa): 1975 auf der ersten Konferenz von Helsinki (seit 1972) von 35 Teilnehmerstaaten Ost- und Westeuropas (plus USA und Kanada) ins Leben gerufenes Gesprächsforum der Regierungen Europas, seit 1992 Regionalorganisation der UNO mit heute 53 Mitgliedern. In der Schlußakte von Helsinki verpflichteten sich alle Mitglieder auf ein friedliches Zusammenleben in Europa durch Gewaltverzicht und Anerkennung der Menschenrechte und des Selbstbestimmungsrechts der Völker. Heute: OSZE.

Legitimitätsprinzip: Prinzip des Wiener Kongresses (1815): Legitime Herrscher sind die historischen Dynastien der Staaten durch ihr Gottesgnadentum (Habsburger, Hohenzollern). Illegitim sind Herrschaften, die sich nur auf den plebiszitären Volkswillen stützen (Napoleon).

Lethargie: Teilnahmslosigkeit, Trägheit.

Levée en masse: Dekret des Konvents über Massenaufgebot zur Verteidigung der Republik vom 23. Aug. 1793: Faktische allgemeine Wehrpflicht.

LPG: Landwirtschaftliche Produktionsgenossenschaft, seit 1952 genossenschaftlicher Zusammenschluß von Einzelbauern unter staatlichem Druck, 1960–1990 Hauptproduktionsstruktur in der Landwirtschaft der DDR.

Maharadscha: „Großkönig": Indischer Fürstentitel

Manifest Destiny: Schlagwort in den USA seit 1840, die territoriale Ausdehnung nach Westen sei schicksalhaft bestimmt.

Manufaktur: Gewerbeform zwischen Handwerk und Fabrik, im Merkantilismus: Arbeitsteilige Handarbeit, geringer Maschineneinsatz, fehlende Zunftzugehörigkeit, staatliche Förderung, Produktion meist für Luxus- oder Armeebedarf.

Marshall-Plan: Nach US-Außenminister George Marshall benanntes wirtschaftliches Hilfsprogramm der USA für Europa nach dem 2. Weltkrieg (European Recovery Program, ERP).

McCarthyism: antikommunistische „Hexenjagd", Verfolgung tatsachlicher und vermeintlicher Kommunisten und ihre politisch-soziale Ächtung, geleitet vom republikanischen Senator Joe McCarthy.

Mediatisierung: Aufhebung der Reichsunmittelbarkeit weltlicher Reichsstände durch den Reichsdeputationshauptbeschluß 1803.

Mehrheitswahl: Wahlrecht, nach dem die Wahl eines Kandidaten mit Mehrheit in einem Wahlkreis erfolgt; in einem Wahlgang, bei mehr als zwei Kandidaten auch mit relativer Mehrheit; oder mit absoluter Mehrheit, wozu oft Stichwahl in einem zweiten Wahlgang erforderlich wird.

Merkantilismus: (zu lat.: „mercator" = Kaufmann) System staatlicher Lenkung und Förderung der eigenen Wirtschaft im 16.–19. Jahrhundert, abgelöst durch Freihandel seit dem 18. Jahrhundert, zuerst in England.

Messianismus: Bewegung im Judentum, die das Kommen des Messias zur Erlösung des jüdischen Volkes erwartet, aktiv vorbereitet oder unterstützt.

Milieu: Soziales Umfeld, auch einer Partei, z. B. Arbeiterschaft/SPD; Katholiken/Zentrum.
Militarismus: Dominanz des Militärs in Staat und Gesellschaft.
Ministerrat: Regierung der DDR, 1949 bis 1990, formal Exekutivorgan der Volkskammer, tatsächlich Beschlüssen des SED-Politbüros unterworfen.
Mir: Bäuerliche Dorfgemeinde im alten Rußland mit kollektivem Gemeindebesitz. Nach Aufhebung der Leibeigenschaft 1861 mit kollektiver Steuerhaftung und Umverteilung des Bodens gesetzlich verankert, 1917 endgültig abgeschafft.
Monarchie: Herrschaft eines Einzelnen, gemeint von Königen, Kaisern, Fürsten, im Gegensatz zu Diktatur und Republik.
Monroe-Doktrin: Grundsatz der US-Präsidenten James Monroe 1823, „Amerika den Amerikanern“: Die USA wiesen (europäische) Einmischung in der Neuen Welt zurück und sicherten ihre Zurückhaltung in europäischen Angelegenheiten zu.
Morgenthau-Plan: 1944/45 von US-Präsident Roosevelt akzeptierter Plan zur De-Industrialisierung Deutschlands.
Nationalversammlung (assemblée nationale): Ursprünglich revolutionäres Parlament. Nach dem Zusammentritt der Generalstände erklärte sich der 3. Stand zur Nationalversammlung; bis 1795 gab es drei verschiedene Versammlungen:
1. die Konstituante oder Verfassunggebende Versammlung, 1789–1791
2. die Legislative oder Gesetzgebende Versammlung, 1791–1792
3. den Nationalkonvent, 1792–1795
Später Übernahme des Begriffs, z. B. in Deutschland 1848, 1919.
Nepotismus: „Vetternwirtschaft“, Begünstigung eigener Verwandtschaft bei Vergabe von Ämtern.
NÖS: Neues Ökonomisches System der Planung und Leitung der DDR-Volkswirtschaft, 1962–1971.
Notablen/Notablenversammlung (Assemblée des notables): Erweiterte Ratsversammlung aus allen drei Ständen. Instrument der französischen Könige seit dem 15. Jh. zur Ergänzung oder Umgehung der Generalstände. 1787 zur Sanierung der Staatsfinanzen einberufen.
„Novemberverbrecher“: Diffamierende Bezeichnung der NS-Propaganda gegen demokratische Kräfte, die nach der Novemberrevolution 1918 die Weimarer Republik trugen.
Okkupation: Meist abwertende Bezeichnung für die militärische Besetzung fremden Gebietes.
Oligarchie: Begriff seit Aristoteles, für die Herrschaft einer kleinen, eng abgeschlossenen Gruppe, im Unterschied zu Aristokratie und Monarchie einerseits, Demokratie andererseits; z. B. „Herrschaft der 400“ in Athen (411–410 v. Chr.), des Patriziats in Städten des Mittelalters und der Frühen Neuzeit.
Ölschock: Wirkungen der Erdölverknappung, als arabische Staaten nach dem 4. Nahostkrieg 1973 Erdöllieferungen als politische Waffe einsetzten: Abschwächung der Konjunktur.
Panslawismus: Bewegung zur kulturellen und staatlichen Einheit der Slawen unter Führung Rußlands (seit ca. 1850).
Parlament: Zuerst in England Weiterentwicklung der mittelalterlichen Stände zum modernen Parlament; generell Vertretungsorgan des Volkes.
Parlamentarische Monarchie: Weiterentwicklung der konstitutionellen Monarchie zur Herrschaft des Parlaments, zuerst in England, nach der „Glorious Revolution“ (1688/89), mit dem „Act of Settlement“ (1701) verfassungsrechtlich festgelegt.
Parlamentarisches System/Parlamentarismus: Regierungsform, bei dem die Macht beim vom Volk gewählten Parlament liegt: Es kann den Regierungschef durch Mißtrauensbekundung zum Rücktritt zwingen; Herrschaft des Parlaments mit Volkssouveränität, ob in parlamentarischer Monarchie (seit 1701) oder demokratischer Republik. Weiterentwicklung des Konstitutionalismus.
Partizipation: Wörtlich Teilhabe; allgemeinerer Begriff für politische und gesellschaftliche Beteiligung.
Paternalismus/paternalistisch: Väterlich-fürsorglich, ohne Partizipation der Untergebenen.
Pentarchie: Nach dem Vorbild der Italienischen Pentarchie (1455–94), kollektive Herrschaft der fünf Großmächte Europas – Frankreich (1214), Österreich (1683), England (1713), Rußland (1721), Preußen 1763/72), Deutschland (1871) – zur Wahrung des Gleichgewichts der Kräfte („balance of power“) im „Konzert (Zusammenwirken) der (Groß-)Mächte“ in Kongressen und Konferenzen; in der Hauptsache zwischen Wiener Kongreß und Ausbruch des Ersten Weltkriegs (1914).
Perestroika: Neben Glasnost Schlüsselparole im letzten Reformversuch M. Gorbatschows zur Rettung der Sowjetunion (1985–91): Umgestaltung der UdSSR im Rahmen des Sozialismus.
Peripherie: Übertragen auch vage Grenze eines Kultur- und/oder Herrschaftsbereichs.
Physiokraten: Französische Wirtschaftstheoretiker, die eine erste Volkswirtschaftslehre entwarfen: Boden als Quelle allen Reichtums; Ansätze zur Marktwirtschaft.
plebiszitär: Allgemein: Legitimation durch dauernde Zustimmung des Volkes oder Gruppe.
Plebiszitäre Monarchie: Monarchie, die sich durch Plebiszite (Volksabstimmungen) legitimiert: besonders das Kaisertum beider Napoleons, Gegensatz: Legitime Dynastien.
Politbüro: Oberstes Führungs- und Machtgremium kommunistischer Parteien; P. der SED mit 20 bis 25 Mitgliedern und Kandidaten, nach sowjetischem Muster, 1949–1989.
Popularisierung: Dem Volk verständlich machen, näherbringen.
Positivismus: Philosophische Richtung im 19./20. Jh., die nur das „positiv Gegebene“, d. h. das sinnlich Wahrgenommene und exakt naturwissenschaftlich Meßbare, anerkennt.

Prärogative: Vorrechte der Krone gegenüber Ständen/Parlament.
prekär: Bezeichnung eines nur durch Bitten erlangten Zustands. Daher die Bedeutung unsicher, schwierig, heikel.
Pression: Druck, Zwang. Hier: politischer Druck.
Proklamation: öffentliche Ausrufung, Verkündigung eines Rechtsaktes.
Protektionismus: Schutz des inländischen Marktes vor Importen durch Zölle u. a. Handelshemmnisse.
Protektorat: Indirekte Schutzherrschaft oder Hegemonie, mit innerer Autonomie, z. B. Frankreichs über Tunesien (1881–1957); „Reichsprotektorat Böhmen und Mähren" des „Großdeutschen Reiches" (1939–45).
Rätesystem: Ideologischer Entwurf einer basisorientierten Demokratie, um bisher benachteiligte Schichten an der Herrschaftsausübung zu beteiligen, seit den Revolutionen von 1905 und 1917, mit „imperativem Mandat" und Ämterrotation.
Rationalismus: Grundhaltung von Philosophen, daß der Verstand (ratio) des Menschen unbegrenzte Erkenntniskraft habe und die Welt vollständig und objektiv erklären könne.
Rechtspositivismus: Fragt nicht nach absoluten Begründungen des Rechts (in Gott, Natur, Vernunft), sondern nimmt das Recht hin, wie es historisch entstand. Erst die Erfahrung des NS-Unrechts stellte nach 1945 wieder die Frage nach unveränderlichen Rechtsgrundlagen.
Rechtsstaat: Bindung der öffentlichen Gewalt (Staat) an gültiges Recht, zuerst in England erkämpft vom aufsteigenden Bürgertum und niederen Adel (gentry) durch Englische Revolution (1640–60, 1688/89), auf dem Kontinent durch aufgeklärten Absolutismus, vor allem Preußen im 18. Jh. und seit der Französischen Revolution 1789; Grundlage für meist späteren Verfassungsstaat.
Regime: (Meist) abwertend für (oft diktatorische) Regierungs- oder Herrschaftsform.
Reichsdeputationshauptschluß: Letztes Reichsgrundgesetz von 1803: Entschädigung deutscher Reichsfürsten für Annexionen der linksrheinischen Gebiete durch Frankreich.
Reparationen: Kriegsentschädigungen als Sachleistungen oder Geld, zur Wiedergutmachung.
Repression: Unterdrückung. Hier: politische Gewaltanwendung
Republikanische Partei: Zweite große Partei in den USA, 1854 in Abspaltung von der Demokratischen Partei entstanden; anfangs Interessenvertreterin der Handelsinteressen der Nordstaaten; entwickelten sich im 20 Jh. zur konservativen Partei.
Restauration: Wiederherstellung eines älteren Zustands, aber als Kompromiß mit wichtigen Modifizierungen, u. a. Rückkehr der Monarchie, nicht als absolute sondern als konstitutionelle; Anerkennung inzwischen eingetretener sozialer Veränderungen, z. B. der Boden- und Besitzverhältnisse durch Säkularisierung; zuerst stilprägend „Restoration" in England (1660) und Frankreich (1814/15). Bezeichnung des Zeitalters nach 1815 in Europa (vgl. Pentarchie).
Revirement: Wechsel in der Besetzung von Ämtern.
RGW: Rat für gegenseitige Wirtschaftshilfe (auch: Comecon): Osteuropäischer Wirtschaftsblock unter Führung der UdSSR, 1949–1990.
Runder Tisch: Ursprünglich Verhandlungsforum der englischen Regierung mit Vertretern der indischen Unabhängigkeitsbewegung („Round Table"), 1931; von polnischer Opposition aufgegriffen zur friedlichen Liquidierung des kommunistischen Regimes, 1989; auch in der DDR 1989/90.
Russophilie: Russenfreundlichkeit
SAG-Betriebe: Sowjetische Aktiengesellschaften, 1946 in der SBZ für Reparationen gebildet, bis 1954, mit Ausnahme der Wismut AG (Uran!) in DDR-Eigentum überführt.
Säkularisierung: Verweltlichung: 1. Einzug geistlicher Güter zugunsten weltlicher Herren, in Europa seit der Reformation, in Frankreich 1789, in Deutschland 1803 (Reichsdeputationshauptbeschluß); 2. Trennung von Religion und Staat, zuerst in Europa; 3. Zurückdrängung der Religion in der Gesellschaft.
Sansculotten: Unterschichten von Paris. Träger von langen blau-weiß-rot gestreiften Hosen (Pantalons) zur Demonstration ihrer sozialen Einordnung und politischen Gesinnung. Radikale Patrioten für die Republik.
Sektion: Unterabteilung, hier: der Sansculotten von Paris.
Sephardim: „Juden aus Spanien" (vgl. Aschkenasim).
Sezession: Austritt eines Gebiets aus einem Staat gegen dessen Willen, in die Unabhängigkeit.
SKK: Sowjetische Kontrollkommission, zur Überwachung der Erfüllung des Potsdamer Abkommens in der DDR 1949–1954.
SMAD: Sowjetische Militäradministration in Deutschland, Militärregierung in der Sowjetischen Besatzungszone (SBZ) Juni 1945–1949
Souveränität: Höchste Gewalt in einem Staat, nach innen (Gesetzgebungs-, Gewaltmonopol) und außen (Entscheidung über Krieg und Frieden).
Sowchose: Landwirtschaftlicher Großbetrieb in der UdSSR, 1919 aus staatlichen und privaten Gutswirtschaften gebildet. Im Gegensatz zur Kolchose waren Boden und Inventar Staatseigentum, die Beschäftigten Lohnarbeiter.
Sozialisierung: Überführung von Produktionsmitteln, Dienstleistungsbetrieben oder Grund und Boden in Gemeineigentum.
Staatenbund: Lockerer Zusammenschluß von Staaten ohne Zentralregierung, aber mit gemeinsamen Institutionen; im Gegensatz zum Bundesstaat verbleibt die Souveränität bei den Einzelstaaten (z. B. Deutscher Bund 1815–66).
Staatsinterventionismus: Lenkender Eingriff des Interventionsstaates in die Volkswirtschaft – durch Gesetze, eigene Wirtschaftsaktivitäten (z. B. vom

Staat finanzierte Arbeitsbeschaffungsmaßnahmen), Geldpolitik, Staatskonzerne.
Staatsrat: „Kollektives Staatsoberhaupt" der DDR, nach dem Tode von Präsident Wilhelm Pieck 1960 gebildet, Staatsratsvorsitzende waren: Walter Ulbricht (1960–1973), Willi Stoph (1973–1976), Erich Honecker (1976–1989), Egon Krenz (Okt.–Dez. 1989), Manfred Gerlach Dez. 1989–April 1990 amt. Vorsitz).
Stand: In der älteren Geschichte (bis ca. 1789) Fortentwicklung früherer Arbeits- und Funktionsteilungen in Priester, Krieger/Adel, Bauern zu festgefügten Schichtungen in agrarischen Gesellschaften, in Indien erstarrt zu Kasten; oft kamen Kaufleute als eigener Stand hinzu. Im europäischen Mittelalter entstanden daraus die bekannten drei Stände – Klerus, Adel, alle übrigen (Dritter Stand), vor allem Bürger in Städten, politisch vertreten in Ständen; wurden mit der Industriellen Revolution auf- und abgelöst durch die für soziale Mobilität durchlässigeren Klassen.
Stände: Repräsentativorgane der mittelalterlich-frühzeitlichen Stände (Singular: Stand) im Ständestaat, mit dem Recht zur Steuerbewilligung für die Krone; zuerst Cortes (span.: Höfe) in Léon (1188), rasch ausgedehnt auf gesamten lateinischen Westen, im Westen mit Reichsständen und Land/Provinzständen (Landtagen), eingeteilt in Klerus (1. Stand), Adel (2.Stand), Dritter Stand, in Ausnahmefällen (u. a. Württemberg, Tirol) mit (wohlhabenden) Bauern als 4. Stand; in England Weiterentwicklung zum Parlament, das Souveränität erkämpfte, mit konstitutioneller (1660) und parlamentarischer Monarchie (1701).
Status quo (ante): lat. = gegenwärtiger Zustand (vorheriger Zustand).
survival of the fittest (engl. = Überleben des Bestangepaßten): Prinzip der Evolution zur Selektion.
Syllabus errorum: 1864 von Papst Pius IX. veröffentlicht, verurteilte 80 Irrlehren, besonders Aufklärung, Liberalismus und Sozialismus.
synchron: gleichzeitig verlaufend
Tauwetter-Periode: Nach der „Eiszeit" des Stalinismus begrenzte Liberalisierung in der Innenpolitik der Sowjetunion nach Stalins Tod (bis ca. 1957); „Tauwetter" lautete der Titel eines Buches des sowjetischen Schriftstellers Ilja Ehrenburg.
Three Essentials: Von J. F. Kennedy im Juli 1961 proklamierter Grundsatz zur Wahrung der Freiheit West-Berlins und seiner Bevölkerung.
Triple Entente: Zunächst lockere Gegenkoalition (noch kein formelles Bündnis) zum Dreibund, aus französisch-russischem Zweibund (1894), Entente Cordiale (1904) und anglo-russischer Verständigung (1907) zur weltpolitischen Eindämmung Deutschlands, formalisiert als Bündnis erst durch Londoner Vertrag (5. 9. 1914).
Troika: Russisch für Wagen oder Schlitten mit drei Zugpferden; übertragen auf drei sowjetische Politiker als kollektive Partei- und Staatsführung, nach Tod Lenins (1924) und Stalins (1953).
Urbanisierung: Trend, vor allem in Industriegesellschaften, daß immer mehr Menschen in städtische Zentren ziehen („Verstädterung").
VEB: Volkseigener Betrieb; Verstaatlichtes Wirtschaftsunternehmen in der DDR, 1946–1990.
Vendée: Synonym für Gegenrevolution. Benannt nach dem Aufstand (März bis Dezember 1793) in der westfranzösischen Provinz.
Verfassungsstaat: Auf der Grundlage des Rechtsstaats Ausweitung des Rechtsprinzips auf die Staatssphäre, seit den Revolutionen in England (1640–60, 1688/89), Amerika (1775–83) und Frankreich (1789) seitdem Staaten mit Verfassung, als konstitutionelle oder parlamentarische Monarchie oder als Republik.
Verhältniswahl: Wahlrecht, das die Zahl der Parlamentsmandate „proportional", d. h. im Verhältnis zu für Parteienlisten abgegebenen Stimmen, zuteilt.
Vietcong: Kommunistisch gelenkte „Nationale Front zur Befreiung Südvietnams"; ihre Guerillaeinheiten bekämpften die Truppen Südvietnams und der USA, 1954–75.
Völkerrecht: Recht zwischen Staaten und Völkern sowie internationalen Einrichtungen; problematisch ist seine Durchsetzung.
Volksfrontpolitik: In den 30er Jahren von der Sowjetunion propagiertes Bündnis sozialistischer und kommunistischer, aber auch bürgerlich-liberaler Gruppierungen zur Abwehr des Faschismus, Volksfrontregierungen in Frankreich 1936–38, und Spanien 1936–39; wiederbelebt nach dem Zweiten Weltkrieg, 1945–47.
Volkspartei: Partei, deren Programm alle sozialen Schichten anspricht, nicht nur einzelne Zielgruppen; z. B. CDU in der Bundesrepublik, SPD nach Godesberger Programm, 1959.
Volkssouveränität: Hoheitsgewalt des Volkes, ausgeübt durch Parlament im Parlamentarismus.
Warschauer Pakt: Militärische Allianz des Ostblocks unter Führung der UdSSR, 1955–90, gegen die NATO.
Westeuropäische Union (WEU): Nach Scheitern der Europäischen Verteidigungsgemeinschaft von den sechs Mitgliedern der späteren EWG und Großbritannien 1954, zur Zusammenarbeit in Politik, Wirtschaft und Kultur vor allem der Koordination der gemeinsamen Verteidigung gegründet. Ihre Bedeutung gegenüber der NATO erfährt heute eine Aufwertung als mögliche Verteidigungsgemeinschaft der Europäischen Union.
Wirtschaftsliberalismus: Reduzierung der Rolle des Staates im Wirtschaftsleben auf Gewährleistung der Rahmenbedingungen privaten Wirtschaftens.

Neben dem politischen Liberalismus zielt Wirtschaftsliberalismus auf die Befreiung der Individuen von allen Hemmnissen wirtschaftlicher

Tätigkeit durch den Staat, religiöse Schranken oder soziale Rücksichten. Als „Manchesterliberalismus“ im 19. Jh. wurde er berüchtigt, weil er das Arbeiterelend in den Industriestädten im freien Spiel der Kräfte ignorierte.

Wohlfahrtsausschuß: Wichtigster Ausschuß des Konvents, im April 1793 gebildet, mit diktatorischen Vollmachten. Organ der Jakobinerregierung auf dem Höhepunkt des Großen Terrors.

Zentralkomitee: Formal oberstes Führungsgremium kommunistischer Parteien zwischen den Parteitagen, Beschlüsse waren für die Gesamtpartei bindend, in seiner Tätigkeit immer stärker vom Politbüro beeinflußt.

Zionismus: (benannt nach „Zion“, Hügel mit Davidsgrab in Jerusalem, später für die Stadt Jerusalem); Bewegung zur Gründung eines modernen national-jüdischen Staates (Theodor Herzl: „Der Judenstaat 1896) in Palästina für vom Antisemitismus verfolgte Juden seit Pogromen in Rußland nach Ermordung Alexander II. (1881); Baseler Kongreß mit „Zionistischer Organisation“ (1897); erfolgreich mit Gründung des Staats Israel (1948).

Zivilverfassung des Klerus: Gesetz der Nationalversammlung vom 12. Juli 1790: Kirche von Rom getrennt. Von den Priestern wurde ein Eid auf die Zivilverfassung verlangt.

Literatur (Das Verzeichnis bezieht sich überwiegend auf zitierte Literatur)

1. Nachschlagewerke, Handbücher

AUBIN, HERMANN/ZORN, WOLFGANG (HG.): Handbuch der deutschen Wirtschafts- und Sozialgeschichte, Bd. 2, Stuttgart 1976

EUROPA VON A–Z. Taschenbuch der europäischen Integration. Hg. v. Werner Weidenfeld und Wolfgang Wessels, 3. Aufl., Bonn 1994

FISCHER, ALEXANDER (HG.): Ploetz. Die Deutsche Demokratische Republik. Daten – Fakten – Analysen, Freiburg/Würzburg 1988

DER GROSSE PLOETZ. Auszug aus der Geschichte von den Anfängen bis zur Gegenwart, Würzburg, 1992

DER FISCHER WELTALMANACH, SONDERBAND DDR, Frankfurt/M. 1990

GEISS, IMANUEL.: Geschichte griffbereit, 6 Bände u. Registerband, Dortmund, 1993

GEISS, IMANUEL.: Geschichte im Überblick. Daten und Zusammenhänge der Weltgeschichte, Reinbek, 1986

GEYER, DIETRICH (HG.): Osteuropa-Handbuch: Sowjetunion. Außenpolitik, Bd.1, Köln/Wien 1972

GÖRTEMAKER, MANFRED: Kuba-Krise, in: Wichard Woyke (Hg.), Handwörterbuch Internationale Politik, Leverkusen 1986

GRIX, ROLF/KNÖLL, WILHELM: Das EG-Buch, Frankfurt/M. 1992

KINDER, HERMANN U. HILGEMANN, WERNER: dtv-Atlas zur Weltgschichte, Karten und chronologischer Abriß, Bd. 2, München, 1991

KLEINES POLITISCHES WÖRTERBUCH: Berlin-Ost 1967

NOHLEN, DIETER/NUSCHELER, FRANZ (HG.): Handbuch der Dritten Welt, Bd. 8, Ostasien und Ozeanien, Bonn 1994

ROTTECK, K./WELCHER, K. (HG.): Das Staatslexikon. Enzyklopädie der sämtlichen Staatswissenschaften für alle Stände, Bd. 11, Leipzig 1864

SCHICKSALSFRAGEN DER GEGENWART. Handbuch politisch-historischer Bildung, Bd. 1, Tübingen 1957

USA-PLOETZ, Reihe: Ploetz Staatengeschichte, (3. Aufl.) Freiburg/Würzburg 1993

WIRTSCHAFTS-PLOETZ. Die Wirtschaftsgeschichte zum Nachschlagen, Würzburg, 1989

2. Quellensammlungen

BISMARCK, OTTO V.: Werke in Auswahl. 8 Bände, Jahrhundertausgabe zum 23. September 1862. Hg. v. G. A. Rein u. a., Darmstadt 1962ff.

DIE BRITISCHEN AMTLICHEN DOKUMENTE ÜBER DEN URSPRUNG DES WELTKRIEGES 1898–1914. Im Auftrag des Britischen Auswärtigen Amtes, 11 Bde. Hg. v. G. P. Gooch und Harold Temperley, Deutsche Ausgabe Stuttgart 1926

CODE NAPOLEON, Buch I, Würzburg 1813,

COMMAGER, HENRY STEEL: Documents of American History, 8. Aufl., New York 1968

CZEMPEL, ERNST-OTTO/SCHWEITZER, CARL-CHRISTOPH (HG.): Weltpolitik der USA nach 1945. Einführung und Dokumente, Bonn 1989

DEUTSCHE POLITIK IN POLEN 1939–1945. Aus dem Diensttagebuch von Hans Frank, Generalgouverneur, hg. v. Imanuel Geiss und Wolfgang Jacobmeyer, Opladen 1980

DOKUMENTE ZUR DEUTSCHEN GESCHICHTE 1910–1914, hg. v. Dieter Fricke, bearb. v. Annelies Laschitza, Frankfurt/M. 1977

DOMARUS, M.: Hitler – Reden und Proklamationen, Bd. 1, Würzburg 1962

EUROPA. Dokumente zur Frage der Europäischen Einigung. Hg. im Auftrag des Auswärtigen Amtes, 3 Bde., Bonn 1962, München 1962

FISCHER, W. U. A. (HG.): Sozialgeschichtliches Arbeitsbuch I. Materialien zur Geschichte des Deutschen Bundes 1815–1970, München 1982

FISCHER, WOLFRAM: Quellen zur Geschichte des deutschen Handwerks, Göttingen 1957

FRANZ, GÜNTHER (HG.): Staatsverfassungen, Darmstadt 1973

GESCHICHTE IN QUELLEN:
Bd. 4, Das bürgerliche Zeitalter 1815–1914, bearb. v. Günther Schönbrunn, München 1980
Bd. 5, Weltkriege und Revolutionen 1914–1945, bearb. v. Günther Schönbrunn, München [3]1979

DIE GROSSE POLITIK DER EUROPÄISCHEN KABINETTE 1871–1914. Sammlung der diplomatischen Akten

des Auswärtigen Amtes. Hg. v. J. Lepsius u. a., 39 Bde., Berlin 1922–27
Grundlach, G.: Die sozialen Rundschreiben Leos XIII. und Pius XI., Paderborn 1931
Guggenbühl, Gottfried (Hg.): Quellen zur Geschichte der Neuesten Zeit, Zürich 1978
Guratzsch, Herwig (Hg.): James Gillray 1757–1815. Meisterwerke der Karikatur, Stuttgart 1986
Halder, Franz: Kriegstagebuch, Bd. 2, Stuttgart 1963
Hohlfeld, Johannes (Hg.): Dokumente der deutschen Politik und Geschichte von 1848 bis zur Gegenwart, Bd. 4, Berlin 1953
Hohorst, Gerd u. a. (Hg.): Sozialgeschichtliches Arbeitsbuch II (1870–1914), 2. Aufl., München 1978
Huber, E. R. (Hg.): Dokumente zur deutschen Verfassungsgeschichte, Bd. 1, Stuttgart 1978
Jacobsen, H. A./Jochmann, W. (Hg.): Ausgewählte Dokumente zur Geschichte des Nationalsozialismus, Bielefeld 1966
Johann, Ernst (Hg.): Reden des Kaisers. Ansprachen, Reden und Trinksprüche Wilhelms II., München 1977
Die Idee Europa 1300–1946. Quellen zur Geschichte der politischen Einigung. Hg. v. Rolf Hellmut Foerster, München 1963
Kautsky, Karl (Hg.) u. a.: Die deutschen Dokumente zum Kriegsausbruch, Bd. I, Berlin 1919
Kocka, Jürgen/Mütter, Bernd (Hg.): Wirtschaft und Gesellschaft im Zeitalter der Industrialisierung. Quellen und Arbeitsbuch für die Sekundarstufe II, München 1984
Köllmann, Wolfgang: Die Industrielle Revolution. Quellen zur Sozialgeschichte Großbritanniens und Deutschlands im 19. Jahrhundert, Neubearbeitung Stuttgart 1987
Krieger, Herbert (Hg.): Handbuch des Geschichtsunterrichts. Bd. IV: Die Neuzeit, Frankfurt/M. 1978
Krieger, Herbert (Hg.): Handbuch des Geschichtsunterrichts. Materialien für den Geschichtsunterricht: Bd. V, Die Neueste Zeit 1850–1945, Frankfurt/M. [4]1980
Landauer, Gustav: Briefe aus der Französischen Revolution, Bd.1, 1919
Lieber, H. J./Ruffmann, K.-H. (Hg.): Der Sowjetkommunismus – Dokumente, Bd. 1, Köln/Berlin 1963
Ludwig XIV.: Memoiren, Basel 1931
Luxemburg, Rosa: Zur Russischen Revolution, in: Gesammelte Werke, Bd. 4, Berlin 1979
Moltmann, Günter: Die Vereinigten Staaten von Amerika von 1917 bis zur Gegenwart, (Zeiten und Menschen Ausgabe Q) Paderborn 1987
Pribram, A. F.: Urkunden und Akten zur Geschichte der Juden in Wien, Bd. 1, Wien 1919
Pross, Harry (Hg.): Dokumente zur deutschen Politik 1806–1870, Frankfurt/M. 1963
Pross, Harry (Hg.): Die Zerstörung der deutschen Politik. Dokumente 1871–1933, Neuausgabe Frankfurt/M. 1983
Quellen zum politischen Denken der Deutschen im 19. und 20. Jahrhundert. Freiherr vom Stein-Gedächtnisausgabe, Bd. 1, Darmstadt 1988
Quellen zur deutschen Aussenpolitik im Zeitalter des Imperialismus 1880–1911, hg. v. Michael Behnen (Freiherr vom Stein-Gedächtnisausgabe XXVI), Darmstadt 1977
Quellen zur deutschen Innenpolitik 1890–1914, hg. v. Hans Fenske (Feiherr vom Stein-Gedächtnisausgabe XXV), Darmstadt 1991
Ranke, Leopold v.: Aus dem Briefwechsel Wilhelm IV. mit Bunsen, 1873
Ripper, W. (Hg.): Weltgeschichte im Aufriß 2. Von den bürgerlichen Revolutionen bis zum Imperialismus, Frankfurt/M. 1978
Ripper, Werner (Hg.): Weltgeschichte im Aufriß. Ausgabe in Themenheften: Die nationalsozialistische Außenpolitik und der Zweite Weltkrieg, Frankfurt/M. 1977
Ritter, Gerhard A./Kocka, J. (Hg.): Deutsche Sozialgeschichte, Dokumente und Skizzen, Bd. II 1870–1914, München 1974
Rock, Adolf (Hg.): Dokumente der amerikanischen Demokratie, Wiesbaden 1947
Salomon, F.: Die deutschen Parteiprogramme. Heft I: Von 1844–1871, Leipzig 1907
Wasmund, Klaus: Politische Plakate aus dem Nachkriegsdeutschland, Frankfurt/M. 1986

3. Epochenübergreifende Darstellungen

Adams, Willi Paul: Die Vereinigten Staaten von Amerika, (Fischer Weltgeschichte Bd. 30) Frankfurt/M. 1977
Albertini, Rudolf v.: Europäische Kolonialherrschaft. Die Expansion in Übersee von 1880–1940, München 1982
Altrichter, Helmut: Kleine Geschichte der Sowjetunion 1917–1991, München 1993
Angermann, Erich: Die Vereinigten Staaten von Amerika, Reihe: dtv-Weltgeschichte des 20. Jahrhunderts. Hg. v. Martin Broszat und Helmut Heiber, Band 7, München 1966
Anweiler, Oskar: Die Russische Revolution 1905–1921, Stuttgart 1971
Arendt, Hannah: Eichmann in Jerusalem. Ein Bericht von der Banalität des Bösen, Leipzig 1990 (zuerst 1964)
Bebel, August: Aus meinem Leben, Berlin [6]1980
Berg, Hans-Walter: Indochina im Wandel der Machtkonstellationen, in: Fischer Weltgeschichte. Hg. v. Wolfgang Benz und Hermann Graml, Bd. 36, Frankfurt/M. 1992
Bergstraesser, A./Oberndörfer, D.: Klassiker der Staatsphilosophie, Bd. I, Stuttgart 1962
Bismarck in der Karikatur des Auslands. Auswahl, Einleitung und Kommentar von Heinrich Dormeier, Berlin 1990
Bracher, Karl D.: Die Krise Europas 1917–1975, Frankfurt/M. 1982
Buchners Kolleg Geschichte. Von der Französischen Revolution bis zum Nationalsozialismus. Von Klaus Dieter Hein-Mooren u. a., Bamberg 1992
Cipolla, Carlo M./Borchardt, Knut (Hg.): Europäische Wirtschaftsgeschichte. Bd. 3, Industrielle Revolution, Stuttgart 1985; Bd. 4, Die Entwicklung der industriellen Gesellschaften, Stuttgart 1985
Craig, Gordon A.: Deutsche Geschichte 1866–1945, München 1980

Dahms, Hellmuth Günther: Grundzüge der Geschichte der Vereinigten Staaten, 3. Aufl., Darmstadt 1991

Diemer, G./Kurz, E.: Kurze Chronik der Deutschen Frage, München 1991

Dürr, Hans Peter: Der Mythos vom Zivilisationsprozeß, bisher 3 Bde., Frankfurt/M. 1988 ff.

Elias, Norbert: Über den Prozeß der Zivilisation, Frankfurt/M. 1973

Ellwein, Thomas: Krisen und Reformen, München 1989

Fenske, Hans/Mertens, Dieter/Reinhard, Wolfgang/Rosen, Klaus: Geschichte der politischen Ideen. Von Homer bis zur Gegenwart, Frankfurt/M. 1987

Frauen suchen ihre Geschichte. Hg. v. Karin Hausen, München 1987

Frevert, Ute: Frauengeschichte. Zwischen Bürgerlicher Verbesserung und Neuer Weiblichkeit, Frankfurt/M. 1986

Gasteyger, Curt: Europa zwischen Spaltung und Einigung 1945 bis 1993. Darstellung und Dokumentation, überarbeitete und wesentlich erweiterte Neuauflage, Bonn 1994

Geschichte, Politik und Gesellschaft. Von der Französischen Revolution bis zum Ende des 2. Weltkriegs, hg. v. Wolfgang W. Mickel, Frankfurt/M. 1988

Görtemaker, Manfred: Deutschland im 19. Jahrhundert. Entwicklungslinien, Opladen ²1986

Guggisberg, Hans R.: Geschichte der USA, 2 Bde., Stuttgart 1975

Haseloff, W./Tent, W./Mitter, W. (Hg.): Die Union der Sozialistischen Sowjetrepubliken, Frankfurt/M. 1975

Heberer, Thomas: Wenn der Drache sich erhebt. China zwischen Gestern und Heute, Baden-Baden 1988

Heinisch, Severin: Die Karikatur. Über das Irrationale im Zeitalter der Vernunft, Wien 1988

Henning, Friedrich-Wilhelm: Die Industrialisierung in Deutschland 1800–1914. Wirtschafts- und Sozialgeschichte, Bd. 2, 8. Auflage, Paderborn 1993

Hepp, Corona: Avantgarde. Moderne Kunst, Kulturkritik und Reformbewegungen nach der Jahrhundertwende, München 1987

Hillgruber, Andreas: Die gescheiterte Großmacht. Eine Skizze des Deutschen Reiches 1871–1945, Düsseldorf ⁴1984

Hobsbawn, Eric J.: Industrie und Empire. Britische Wirtschaftsgeschichte seit 1750, 2 Bde. (engl. 1968), Frankfurt/M. ⁹1980

Informationen zur Politischen Bildung 151: Geschichte Rußlands und der Sowjetunion (1972)

Informationen zur politischen Bildung 178: Kommunistische Ideologie

Informationen zur politischen Bildung 235: Sowjetunion, 1917–1953 (1992)

Kaiser, Karl/Schwarz, Hans-Peter (Hg.): Weltpolitik. Strukturen – Akteure – Perspektiven, Stuttgart 1987

Kampmann, Wanda: Deutsche und Juden. Die Geschichte der Juden in Deutschland vom Mittelalter bis zum Beginn des Ersten Weltkriegs, Frankfurt/M. 1979

Kiesewetter, Hubert: Industrielle Revolution in Deutschland 1815–1914, NHB, Frankfurt/M. 1989

Klönne, Arno: Die deutsche Arbeiterbewegung, Geschichte – Ziele – Wirkungen, Düsseldorf/ Köln 1980

Kohler, Georg (Hg.): Die schöne Kunst der Verschwendung. Fest und Feuerwerk in der europäischen Geschichte, Zürich/München 1988

Landes, David S.: Der entfesselte Prometheus, Köln 1973

Lenin, W. I.: Studienausgabe, Bd. I, Frankfurt 1970

Loth, Wilfried: Der Weg nach Europa, Göttingen 1991

Marker, Sherry: Illustrated History of the United States, London (Guild Publishing) 1988

Marx, Karl/Engels, Friedrich: Ausgewählte Schriften in zwei Bänden, Bd. I, 1951

Michaelis, Herbert/Schraepler, Ernst (Hg.): Ursachen und Folgen. Vom deutschen Zusammenbruch 1918 und 1945 bis zur staatlichen Neuordnung Deutschlands in der Gegenwart, Bd. 1, Berlin 1959

Miller, Susanne/Potthoff, Heinrich: Kleine Geschichte der SPD. Darstellung und Dokumentation 1848–1983, Bonn ⁵1983

Münch, Richard: Das Projekt Europa. Zwischen Nationalstaat, regionaler Autonomie und Weltgesellschaft, Frankfurt/M. 1993

Nave-Herz, R.: Die Geschichte der Frauenbewegung in Deutschland, hg. v. Niedersächs. Landeszentrale für politische Bildung, Hannover 1989

Pandel, Hans-Jürgen: Industrialisierung im 19. Jahrhundert, in: Geschichte lernen 41 (Sept. 1994), S. 19–23

Petzina, Dietmar u. a.: Sozialgeschichtliches Arbeitsbuch III, München 1978

Podolinsky, S.: Rußland vor der Revolution, Berlin 1971

Pohl, Manfred: Japan, München 1992

Radkau, J./Varchim, J.: Kraft, Energie und Arbeit – Energietechnik und Gesellschaft im Wechsel der Zeiten, Reinbek 1979

Rauch, Georg von: Geschichte der Sowjetunion, Stuttgart 1990 (8. Aufl.)

Raupach, Hans: Wirtschaft und Gesellschaft Sowjetrußlands 1917–1977, Wiesbaden 1977

Ruffmann, Karl-Heinz: Sowjetrußland. Struktur und Entfaltung einer Weltmacht, Reihe: dtv-Weltgeschichte des 20. Jahrhunderts. Hg. v. Martin Broszat und Helmut Heiber, Bd. 8, (5. Aufl.) München 1971

Rühl, Lothar: Aufstieg und Niedergang des Russischen Reiches, Stuttgart 1992

Rürup, Reinhard: Deutschland im 19. Jahrhundert 1815–1871, Göttingen 1992

Sandweg, Jürgen/Stürmer, Michael: Industrialisierung und Soziale Fragen in Deutschland im 19. Jh. Arbeitsmaterialien für den Geschichtsunterricht in der Kollegstufe, München 1979

Sautter, Udo: Die Vereinigten Staaten von Amerika, 3. Aufl., Stuttgart 1986

Schlüter, Anne/Kuhn, Annette (Hg.): Lila Schwarzbuch. Zur Diskriminierung von Frauen in der Wissenschaft, Düsseldorf 1986

Schmidt, Manfred G.: Sozialpolitik. Historische Entwicklung und internationaler Vergleich, Opladen 1988

SCHNEIDER, HEINRICH: Europäische Integration: die Leitbilder und die Politik, in: Michael Kreile (Hg.): Die Integration Europas, Opladen 1992
STÖKL, GÜNTHER: Russische Geschichte von den Anfängen bis zur Gegenwart, Stuttgart 1990 (5. Aufl.)
TILLY, RICHARD H.: Vom Zollverein zum Industriestaat. Die wirtschaftlich-soziale Entwicklung Deutschlands 1834–1914, München 1990
WAGENBACH, KLAUS (HG.) U. A.: Vaterland, Muttersprache, Deutsche Schriftsteller und ihr Staat, Berlin 1994
WEGGEL, OSKAR: China, München 1994
WEIS, EBERHARD: Der Durchbruch des Bürgertums, Propyläen Geschichte Europas Bd. 4, Berlin 1978
ZINN, HOWARD: A People's History of the United States, New York 1980

4. Kapitel A 1750–1870

ADAMS, ANGELA UND WILLI PAUL (HG.): Die Amerikanische Revolution und die Verfassung 1754–1791, München 1987
ARIES, PHILLIPPE/DUBY, GEORGES: Geschichte des privaten Lebens, Bd. 3, Von der Renaissance zur Aufklärung, Frankfurt/M. 1991
BAECQUE, ANTOINE DE: La Revolution à travers la caricature, o. O. 1989
BARUDIO, GÜNTER: Das Zeitalter des Absolutismus, Frankfurt/M. 1981
BETRAUD, JEAN-PAUL: Alltagsleben während der Französischen Revolution, Würzburg 1989
BUCHHEIM, CHRISTOPH: Industrielle Revolution, München 1994
BURKE, PETER: Ludwig XIV. Die Inszenierung des Sonnenkönigs, Berlin 1993
DARTON, ROBERT: Glänzende Geschäfte. Die Verbreitung der ENCYKLOPÄDIE oder: Wie verkauft man Wissen mit Gewinn, Berlin 1993
DEUTSCHLAND UND DIE FRANZÖSISCHE REVOLUTION 1789/1989. Eine Ausstellung des Goethe-Instituts zum Jubiläum des welthistorischen Ereignisses, Stuttgart 1989
DUCHHARDT, HEINZ: Das Zeitalter des Absolutismus, München 1992
EGNER, ANTON U. A.: Revolutionen und Reformen, Hannover o. J.
EHRENTEICH, H.: Heinrich Luden und sein Einfluß auf die Burschenschaft. Quellen und Darstellungen zur Geschichte der Burschenschaft, Bd. 4, Berlin 1913
FEHRENBACH, ELISABETH: Vom Ancien Régime zum Wiener Kongreß, München 1981
FOUCAULT, MICHEL: Überwachen und Strafen, Frankfurt/M. 1977
FRAUENEMANZIPATION IM DEUTSCHEN VORMÄRZ, Reclams UB 9903
FREUND, MICHAEL: Der Liberalismus in ausgewählten Texten, Stuttgart 1965
FURET, FRANCOIS/RICHET, DENIS: Die Französische Revolution, München 1981
GERHARD, UTE: Über die Anfänge der deutschen Frauenbewegung um 1848, in: Frauen suchen ihre Geschichte. Hg. v. Karin Hausen, München 1987
GREFFRATH, MATHIAS: Montaigne. Ein Panorama, Frankfurt/M. 1992
HALLER, K. L. V.: Restauration der Staatswissenschaft oder Theorie des natürlich-geselligen Zustandes der Chimäre der künstlich bürgerlichen entgegengesetzt, Bd. 1, Winterthur 1820
HENRY, RUTH: Zwischen Straße und Salon. Olympe de Gouges und Germaine de Stael, in: Inge Stephan und Sigrid Weigel (Hg.): Die Marseillaise der Weiber. Frauen, die Französische Revolution und ihre Rezeption, Hamburg 1989
HUBATSCH, WALTER: Das Zeitalter des Absolutismus 1600–1789, Braunschweig 1974
KERNER, CHARLOTTE: Seidenraupe, Dschungelblüte. Das Leben der Maria Sibylla Merian, Weinheim/Basel 1989
KINDERMANN, HEINZ: Theatergeschichte Europas, Bd. III, Barockzeit, Salzburg 1959
MANDROU, ROBERT: Staatsräson und Vernunft, Frankfurt/M./Berlin/Wien 1982
MÖHRMANN, RENATE (HG.): Frauenemanzipation im Vormärz. Texte und Dokumente, Stuttgart 1989
OTTEN, DIETER: Die Welt der Industrie. Entstehung und Entwicklung der modernen Industriegesellschaften. Bd. 1: Aufstieg und Expansion, Reinbek 1986
PETERSEN, SUSANNE: Die Große Revolution und die Kleinen Leute. Französischer Alltag 1789/95, Köln 1988
REICHARDT, ROLF (HG.): Die Französische Revolution, Würzburg 1988
REICHARDT, ROLF: Die Französische Revolution, in: Funkkolleg Geschichte, Studienbegleitbrief 8, Tübingen 1980
REINERS, LUDWIG: Friedrich, München 1952
SCHAMA, SIMON: Der zaudernde Citoyen. Rückschritt und Fortschritt in der Französischen Revolution, München 1989
SCHIEDER, THEODOR.: Das Jahr 1813 und das heutige Europa, in: Schieder, Theodor/Hubatsch, Walter, Das Jahr 1813 und der Freiherr v. Stein, Freiherr-vom-Stein-Gesellschaft, Heft 4, Münster 1964
SCHMITT, EBERHARD (HG.): Die Französische Revolution. Anlässe und langfristige Ursachen, Darmstadt 1973
SCHULIN, ERNST: Die Französische Revolution, München 1988
SCHWEITZER, STEPHANIE U. A.: Die Forderung der Frauen nach Gleichberechtigung in der Französischen Revolution, in: Annette Kuhn, Gerhard Schneider (Hg.): Frauen in der Geschichte I, Düsseldorf ³1984
SIEMANN, WOLFRAM: Die Revolution von 1848/49 in Deutschland, Frankfurt/M. 1984
SOBOUL, ALBERT: Die Große Französische Revolution, Frankfurt/M. ³1973
STAMMEN, THEO/EBERLE, FRIEDRICH (HG.): Deutschland und die Französische Revolution 1789–1806
TICHY, CHRISTIANE/TORNOW, LUTZ: Französische Revolution. Menschenrechte, Machtkampf, Ideologie, Frankfurt/M. 1989
TOCQUEVILLE, ALEXIS DE: Der alte Staat und die Revolution, München 1978
TOCQUEVILLE, ALEXIS DE: Über die Demokratie in Amerika, 2. Aufl., München 1984

5. Kapitel B 1870–1918

BAUMGART, WINFRIED: Deutschland im Zeitalter des Imperialismus 1890–1914. Grundkräfte, Thesen und Strukturen, Stuttgart [5]1986

BAUMGART, WINFRIED: Der Imperialismus. Idee und Wirklichkeit der englischen und französischen Kolonialexpansion 1880–1914, Wiesbaden 1975

FRÖHLICH, MICHAEL: Imperialismus. Deutsche Kolonial- und Weltpolitik 1880–1914, München 1994

GALL, LOTHAR: Bismarck. Der weiße Revolutionär, Frankfurt/M. u. a. 1983

GEISS, IMANUEL: Das Deutsche Reich und die Vorgeschichte des Ersten Weltkriegs, München 1985

GEISS, IMANUEL: Der lange Weg in die Katastrophe. Die Vorgeschichte des Ersten Weltkrieges 1815–1914, München 1990

GRÜNDER, HORST: Geschichte der deutschen Kolonien, Paderborn [2]1991

HILDEBRAND, KLAUS: Deutsche Außenpolitik 1871–1918. Enzyklopädie deutscher Geschichte 2, München 1989

LEUTWEIN, THEODOR: Elf Jahre Gouverneur in Deutsch-Südwestafrika, Berlin 1906

MAI, GUNTHER: Das Ende des Kaiserreichs. Politik und Kriegführung im Ersten Weltkrieg, München 1987

MOMMSEN, WOLFGANG J.: Imperialismus. Seine geistigen, politischen und wirtschaftlichen Grundlagen. Ein Quellen- und Arbeitsbuch, Hamburg 1977

MOMMSEN, WOLFGANG J.: Imperialismustheorien, Göttingen [3]1987

NIPPERDEY, TH.: Deutsche Geschichte 1866–1918; Bd. I, Arbeitswelt und Bürgergeist; Bd. II, Machtstaat vor der Demokratie, München 1990/1992

PLETICHA, HEINRICH: Deutsche Geschichte 10. Bismarck-Reich und Wilhelminische Zeit 1871–1918, Gütersloh 1984

RITTER, GERHARD: Staatskunst und Kriegshandwerk. Bd. III, Die Tragödie der Staatskunst. Bethmann Hollweg als Kriegskanzler (1914–1917), München 1964

ROTHERMUND, DIETMAR: Der Freiheitskampf Indiens. Quellen- und Arbeitshefte zur Politik, Stuttgart [2]1976

SCHÖLLGEN, GREGOR: Flucht in den Krieg. Die Außenpolitik des Kaiserlichen Deutschland, Darmstadt 1991

SCHÖLLGEN, GREGOR: Das Zeitalter des Imperialismus, Grundriß der Geschichte, München [2]1991

STILLIG, JÜRGEN: Die Russische Februarrevolution 1917 und die Sozialistische Friedenspolitik, Dissertationen zur neueren Geschichte 2, Köln/Wien 1977

STÜRMER, MICHAEL (HG.): Bismarck und die preußisch–deutsche Politik 1871–1890, München

TROTZKI, LEO: Geschichte der russischen Revolution, Berlin 1960 (1931)

WEHLER, HANS-ULRICH (HG.): Imperialismus. NWB 37, Köln/Berlin 1970

ZIMMERMANN, LUDWIG (HG.): Der Imperialismus, seine geistigen, wirtschaftlichen und politischen Zielsetzungen, Stuttgart 1966

6. Kapitel C 1918–1945

ABELSHAUSER, W. (HG.): Die Weimarer Republik als Wohlfahrtsstaat, in: Vierteljahreshefte für Sozial- und Wirtschaftsgeschichte, Beiheft 81, Wiesbaden 1987

BASCHANOW, B.: Ich war Stalins Sekretär, Frankfurt/M. 1977

BECK, DOROTHEA: Julius Leber. Sozialdemokrat zwischen Reform und Widerstand, Berlin 1983

BRACHER, KARL D./FUNKE, M./JACOBSON, H. A. (HG.): Nationalsozialistische Diktatur. Eine Bilanz, Bonn 1983

BRACHER, K. D./FUNKE, M./JACOBSON, H.-A. (HG.): Die Weimarer Republik 1918–1933. Politik, Wirtschaft, Gesellschaft, Düsseldorf 1987

BROSZAT, MARTIN: Die Machtergreifung. Der Aufstieg der NSDAP und die Zerstörung der Weimarer Republik, München 1984

BUCHHEIM, H./BROSZAT, M./JACOBSEN, H. A./KRAUSNICK, H.: Anatomie des SS-Staates, Bd. 2, München 1967

BUNDESZENTRALE FÜR POLITISCHE BILDUNG: Informationen zur politischen Bildung 109/110: Die Weimarer Republik.

CONRAD, W.: Der Kampf um die Kanzeln, Berlin 1957

FREI, NORBERT: Der Führerstaat. Nationalsozialistische Herrschaft 1933 bis 1945, München 1987

GILBERT, MARTIN: Endlösung. Die Vertreibung und Vernichtung der Juden. Ein Atlas, Reinbek 1982

GRAML, HERMANN: Reichskristallnacht. Antisemitismus und Judenverfolgung im Dritten Reich, München 1988

GRAML, HERMANN (HG.): Widerstand im Dritten Reich. Probleme, Ereignisse, Gestalten, Frankfurt/M. 1984

GROSCHE, HEINZ: Der Nationalsozialismus und der Zweite Weltkrieg, Frankfurt/M. 1977

GRUCHMANN, LOTHAR: Totaler Krieg. Vom Blitzkrieg zur bedingungslosen Kapitulation, München 1991

HILBERG, RAUL: Täter, Opfer, Zuschauer. Die Vernichtung der Juden 1933–1945, Frankfurt/M. 1992

HILDEBRAND, KLAUS: Deutsche Außenpolitik 1933–1945. Kalkül oder Dogma?, Stuttgart u. a. [5]1990

HILLGRUBER, ANDREAS: Der Zweite Weltkrieg. Kriegsziele und Strategie der großen Mächte, Stuttgart [5]1989

HISTORISCH-POLITISCHE WELTKUNDE. Weimarer Republik und Nationalsozialismus, Demokratie und Diktatur in Deutschland 1918–1945, hg. v. Bernd Hey u. a., Stuttgart 1992

JACOBSEN, H. A.: Der Zweite Weltkrieg in Chronik und Dokumenten, Darmstadt 1961

KERSHAW, IAN: Der NS-Staat. Geschichtsinterpretationen und Kontroversen im Überblick, Reinbek 1994

KOGON, EUGEN U. A. (HG.): Nationalsozialistische Massentötungen durch Giftgas. Eine Dokumentation, Frankfurt/M. 1986

KOGON, EUGEN: Der SS-Staat. Das System der deutschen Konzentrationslager, München 1974 (zuerst 1946)

KOLB, EBERHARD: Die Weimarer Republik, München 1988

LORENZ, RICHARD: Sozialgeschichte der Sowjetunion I, 1917–1945, Frankfurt/M. 1976

MITSCHERLICH, A./MIELKE, F. (Hg.): Medizin ohne Menschlichkeit. Dokumente des Nürnberger Ärzteprozesses, Frankfurt/M. 1962

MOMMSEN, HANS: Die verspielte Freiheit. Der Weg der Republik von Weimar in den Untergang 1918 bis 1933, Frankfurt/M. 1986
NEUHÄUSLER, J.: Kreuz und Hakenkreuz, München 1946
NOLTE, HANS-HEINRICH: Der deutsche Überfall auf die Sowjetunion 1941. Text und Dokumentation, Hannover 1991
PEUKERT, DETLEF J. K.: Die Weimarer Republik. Krisenjahre der Klassischen Moderne, Frankfurt/M. 1987
ROON, GER VAN: Widerstand im Dritten Reich, München [4]1987
ROTHFELS, HANS (HG.): Augenzeugenbericht zu den Massenvergasungen, in: Vierteljahreshefte für Zeitgeschichte 1, 1953
SCHLABBRENDORFF, FABIAN V.: Offiziere gegen Hitler, Zürich, Wien, Konstanz 1946
SONTHEIMER, KURT: Antidemokratisches Denken in der Weimarer Republik, München 1992
STERN, J. P.: Hitler. Der Führer und das Volk, München 1978
THAMER, HANS-ULRICH: Verführung und Gewalt, Deutschland 1933–1945, Berlin 1986
VOLLMER-HEITMANN, HANNA: Wir sind von Kopf bis Fuß auf Liebe eingestellt. Die Zwanziger Jahre, Hamburg 1993
WENDT, BERND-JÜRGEN: Großdeutschland. Außenpolitik und Kriegsvorbereitung des Hitler-Regimes, München 1987
WESTENRIEDER, NORBERT: „Deutsche Frauen und Mädchen!" Vom Alltagsleben 1933–1945, Düsseldorf 1984

7. Kapitel D 1945–1989

ABELSHAUSER, WERNER: Die langen Fünfziger Jahre, Düsseldorf 1987
BRACHER, KARL DIETRICH (HG.) U. A.: Geschichte der Bundesrepublik Deutschland, Bd. 1–5, Stuttgart/Wiesbaden 1981 ff.
BÜHRER, WERNER (HG.): Die Adenauer-Ära, München 1993
CERNY, JOCHEN (HG.): Wer war wer – DDR. Ein biographisches Lexikon, Berlin 1992
GLAESSNER, GERT-JOACHIM: Die andere deutsche Republik. Gesellschaft und Politik in der DDR, Opladen 1989
HEBERER, THOMAS/WEIGELIN, RÜDIGER (HG.): Xiandaihua. Versuch einer Modernisierung. Entwicklungsprobleme der VR China, Bad Honnef 1990
HERBST, ANDREAS/RANKE, WINFRIED/WINKLER, JÜRGEN: So funktionierte die DDR. Bd. 1 bis 3, Reinbek 1994
KAELBLE, HARTMUT/KOCKA, JÜRGEN/ZWAHR, HARTMUT (HG.): Sozialgeschichte der DDR, Stuttgart 1994
KARLSCH, RAINER: Allein bezahlt? Die Reparationsleistungen der SBZ/DDR 1945–53, Berlin 1993
KENNAN, GEORGE F.: Im Schatten der Atombombe. Eine Analyse der amerikanisch-sowjetischen Beziehungen von 1947 bis heute, Köln 1982
KLESSMANN, CHRISTOPH: Die doppelte Staatsgründung. Deutsche Geschichte 1945–1955, Bonn 1982
KLESSMANN, CHRISTOPH: Zwei Staaten, eine Nation. Deutsche Geschichte 1955–1970, Bonn 1988
LOTH, WILFRIED: Europa in der Weltpolitik, in: Fischer Weltgeschichte. Hg. v. Wolfgang Benz und Hermann Graml, Bd. 35, Europa nach dem Zweiten Weltkrieg 1945–1982. Das Zwanzigste Jahrhundert II, Frankfurt/M. 1992
LOTH, WILFRIED: Europa nach 1945. Die Formation der Blöcke, in: Fischer Weltgeschichte. Hg. v. Wolfgang Benz und Hermann Graml, Bd. 35, Europa nach dem Zweiten Weltkrieg 1945–1982. Das Zwanzigste Jahrhundert II, Frankfurt/M. 1992
LOTH, WILFRIED: Die Teilung der Welt. Geschichte des Kalten Krieges 1941–1955, Reihe: dtv-Weltgeschichte des 20.Jahrhunderts. Hg. v. Martin Broszat und Helmut Heiber, Bd. o. A., (7.Aufl.) München 1989
PLATO, ALEXANDER V./MEINICKE, WOLFGANG: Alte Heimat – neue Zeit. Flüchtlinge, Umgesiedelte, Vertriebene in der Sowjetischen Besatzungszone und in der DDR, Berlin 1991
SPITTMANN, ILSE/HELWIG, GISELA (HG.): DDR-Lesebuch. Von der SBZ zur DDR 1945–1949, Köln 1989
SPITTMANN, ILSE/HELWIG, GISELA (HG.): DDR-Lesebuch. Stalinisierung 1949–1955, Köln 1991
STARITZ, DIETRICH: Geschichte der DDR, Frankfurt/M. 1987
STEININGER, ROLF: Deutsche Geschichte 1945– 1961, Bd. 1 und 2, Frankfurt/M. 1983
WEBER, HERMANN: Aufbau und Fall einer Diktatur. Kritische Beiträge zur Geschichte der DDR, Köln 1991
WEBER, HERMANN: DDR. Grundriß der Geschichte 1945–1990, Hannover 1991
WEBER, JÜRGEN: Geschichte der Bundesrepublik Deutschland, Bd. 1–4, Paderborn 1984 ff.
WILHARM, IRMGARD: Deutsche Geschichte, 1962–1983, Frankfurt/M. 1985
WORONOFF, ION: Wirtschaftswunder in Fernost. Japan, Taiwan, Korea, Singapur, Hongkong. Heidelberg 1986

8. Kapitel E 1989–1995

DRAGUHN, WERNER (HG.): Neue Industriekulturen im pazifischen Asien, Hamburg 1993
GORBATSCHOW, MICHAIL: Perestroika, München 1987
OKTOBER 1989: Wider den Schlaf der Vernunft, Berlin 1989
REGIERUNGSPRESSEDIENST DEUTSCHE DEMOKRATISCHE REPUBLIK: Nr. 12, Berlin 23. 4. 1990

Orts- und Sachregister

Personenregister (Lebensdaten in Klammern)

Abbildungsnachweis

action-press/Ullsass, Hamburg: S. 475
Archiv für Kunst und Geschichte, Berlin: S. 44, 89, 102, 121, 126, 138, 158, 159, 166, 177, 189, 208, 248, 278, 287, 292, 293, 300 o., 306, 308, 311, 312, 314, 316 re., 319, 328, 338, 339, 342, 346, 384, 391, 429, 430, 463, 501, 526
Associated Press, Frankfurt: S. 399 li., 477
Bildarchiv Preuss. Kulturbesitz, Berlin: S. 5, 70, 75, 99, 107, 117, 123, 148, 206, 241, 247, 291, 333, 348, 350 (© VG Bild-Kunst, Bonn, 1996)
Bundesarchiv Bonn: S. 337
Bundesarchiv Koblenz: S. 400, 480, 505, 507
Bundesbildstelle Bonn: S. 504
CCC/Behrendt, München: S. 521
Deutsche Staatsbibliothek, München: S. 142
Deutsches Museum, München: S. 111
dpa, Frankfurt: S. 161 o., 161 u.re., 256 (Rauchwetter), 267, 432, 452, 469, 503, 534
Dokumentenkabinett Vlotho: S. 49, 244
Fotoagentur Lade/Röhrig, Frankfurt: S. 487
Fotoagentur transit/Jehnichen, Berlin: S. 509
Fotoagentur ZENIT/Paczensky, Berlin: S. 551, 530
G. Franz, Bremen: S. 118
Galerie der Stadt Stuttgart: S. 330 (© VG Bild-Kunst Bonn, 1996)
Globus Kartendienst GmbH, Hamburg: S. 14, 129, 522
Graph. Sammlung Albertina, Wien: S. 22
Hessisches Landesmuseum, Darmstadt: S. 300 u., 316 li. (Foto: W. Kumpf)
Historia-Photo, Hamburg: S. 81
Historisches Museum, Frankfurt: S. 82
Keystone Pressedienst, Hamburg: S. 416, 489, 499
Landesbildstelle Berlin: S. 442, 483
Librairie Hachette, Paris: S. 8, 32 (2)
Lichtbild-Archiv Dr. Keil, Neckargemünd: S. 284
Musée Carnavalet, Paris: S. 64
Nationalbibliothek, Kupferstichkabinett, Paris: S. 28
Photographie Giraudon, Paris: S. 3, 37, 48, 180
H. Roger-Viollet, Paris: S. 279
Staatsbibliothek, Bern: S. 156
Stadtarchiv München: S. 192
Süddeutscher Verlag, Bilderdienst, München: S. 161 u. li., 210 li., 214, 253, 258, 310, 320, 336, 345 o. (2), 349, 375, 410, 434, 467, 492
Ullstein Bilderdienst, Berlin: S. 151, 210 re., 215, 245, 296, 304, 335, 347, 355, 357, 364, 387 li., 393, 394, 397, 399 re., 494, 525
United States Information Service, Bonn: S. 423
© VG Bild-Kunst, Bonn, 1996: S. 331
Zeitbild Maiwald, Garmisch-Partenkirchen: S. 239

987 654 321